首届向全国推荐优秀古籍整理图书

李白集校注

一

[唐]李白 著
瞿蜕園 朱金城 校注

上海古籍出版社

圖書在版編目(CIP)數據

李白集校注/（唐）李白著；瞿蜕園，朱金城校注. —上海：上海古籍出版社，2018.10（2024.3重印）
（中國古典文學叢書）
ISBN 978-7-5325-8984-5

Ⅰ.①李… Ⅱ.①李… ②瞿… ③朱… Ⅲ.①唐诗—注释 Ⅳ.①I222.742

中國版本圖書館CIP數據核字(2018)第220774號

中國古典文學叢書

李白集校注

（全五册）

[唐]李白 著

瞿蜕園 朱金城 校注

上海古籍出版社出版、發行

（上海市閔行區號景路159弄1-5號A座5F 郵政編碼201101）

(1) 網址：www.guji.com.cn

(2) E-mail：guji1@guji.com.cn

(3) 易文網網址：www.ewen.co

上海展强印刷有限公司印刷

開本 850×1168 1/32 印張 73.375 插頁 27 字數 1,235,000

2018年10月第2版 2024年3月第4次印刷

印數：3,451—4,250

ISBN 978-7-5325-8984-5

I·3318 平裝定價：280.00元

如有質量問題，請與承印公司聯繫

電話：021-66366565

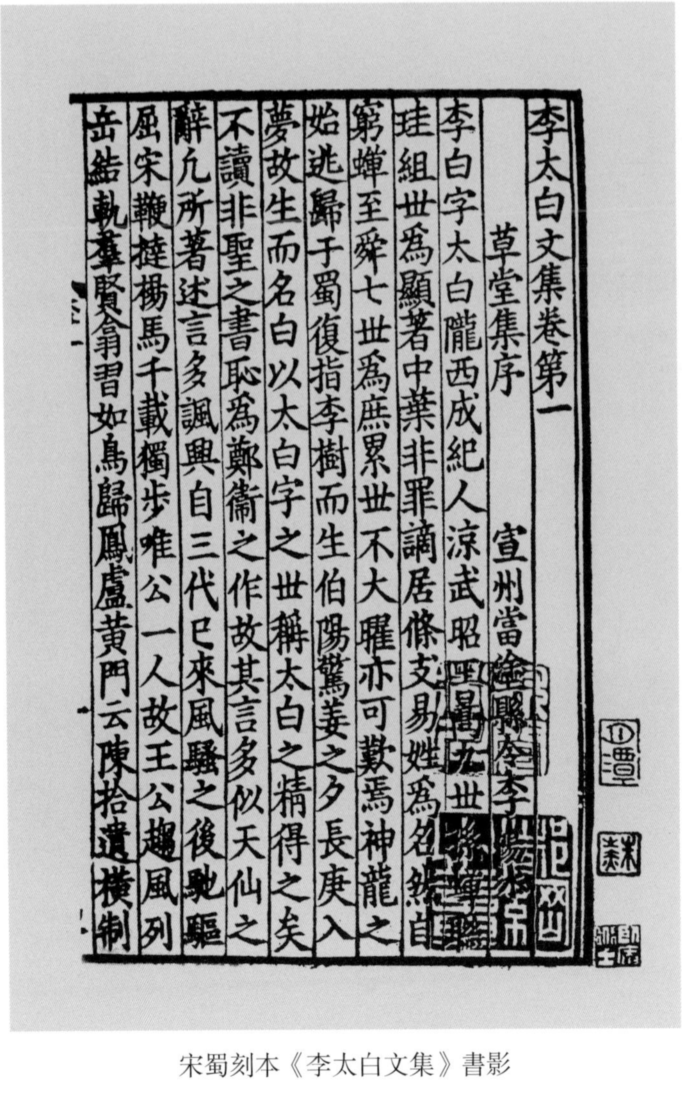

李太白文集卷第一

草堂集序　宣州當塗縣令李陽冰

李白字太白隴西成紀人涼武昭王暠九世孫蟬聯
珪組世爲顯著中葉非罪謫居條支易姓爲名然自
窮蟬至舜七世爲庶累世不大曜亦可歎焉神龍之
始逃歸于蜀復指李樹而生伯陽驚姜之夕長庚入
夢故生而名白以太白字之世稱太白之精得之矣
不讀非聖之書恥爲鄭衛之作故其言多似天仙之
辭凡所著述言多諷興自三代已來風騷之後馳驅
屈宋鞭撻揚馬千載獨步唯公一人故王公趨風列
岳結軌羣賢翕習如鳥歸鳳盧黃門云陳拾遺橫制

宋蜀刻本《李太白文集》書影

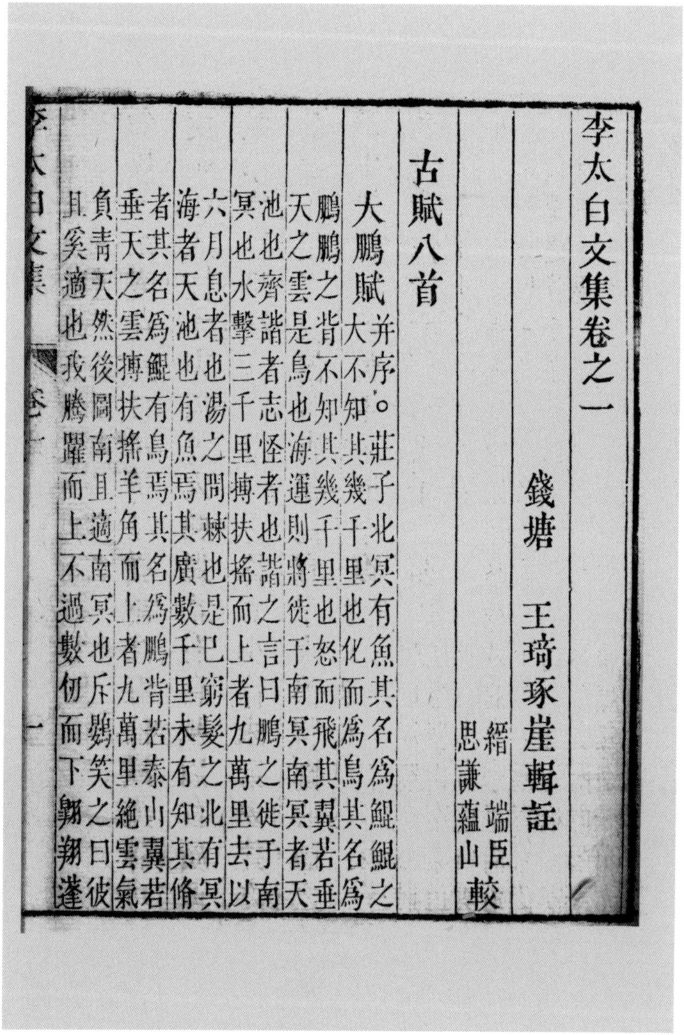

李太白文集卷之一

錢塘　王琦琢崖輯註

縉端臣　思謙蘊山　較

古賦八首

大鵬賦并序。莊子北冥有魚其名爲鯤鯤之大不知其幾千里也化而爲鳥其名爲鵬鵬之背不知其幾千里也怒而飛其翼若垂天之雲是鳥也海運則將徙于南冥南冥者天池也齊諧者志怪者也諧之言曰鵬之徙于南冥也水擊三千里摶扶搖而上者九萬里去以六月息者也湯之問棘也是已窮髮之北有冥海者天池也有魚焉其廣數千里未有知其脩者其名爲鯤有鳥焉其名爲鵬背若泰山翼若垂天之雲摶扶搖羊角而上者九萬里絶雲氣負青天然後圖南且適南冥也斥鴳笑之曰彼且奚適也我騰躍而上不過數仞而下翱翔蓬

李太白文集　卷一　一

清乾隆刊本王琦輯注《李太白文集》書影

李白《上陽臺帖》

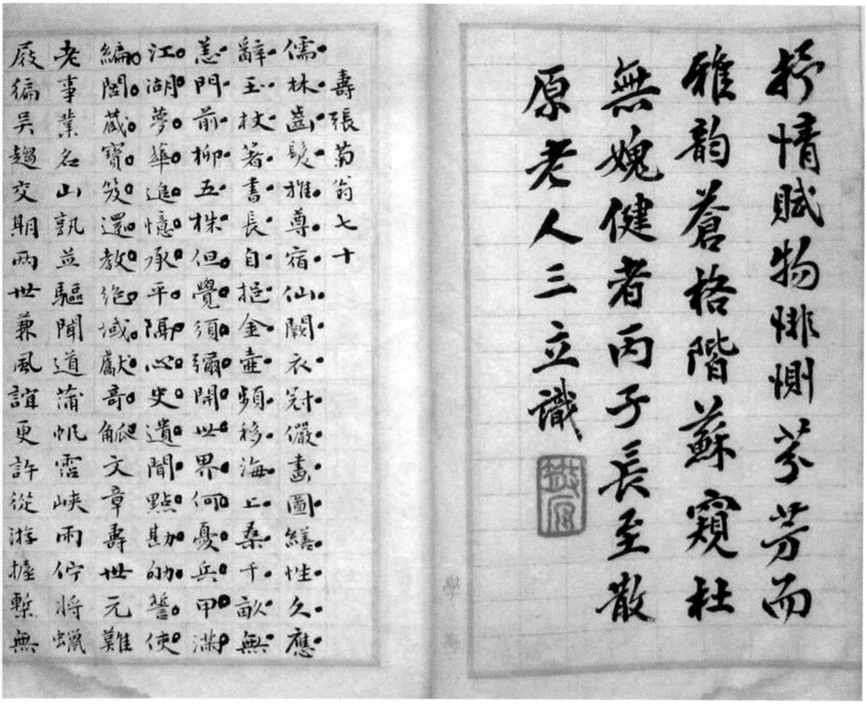

瞿蜕園《丙子詩存》手稿及陳三立題詞

前言

王運熙

一

我國古代素以詩歌發達著稱，詩人輩出，佳作如林，進入唐代中期，更呈現出百花齊放、争妍競豔的繁榮局面，其中李白和杜甫的成就尤爲卓越，奇葩怒放，光輝燦爛，成爲我國古代詩歌發展史上的突出現象。

李白生于唐武后長安元年（公元七〇一年），卒于唐代宗寶應元年（公元七六二年），主要活動是在玄宗、肅宗兩朝。唐玄宗前期，即開元年間，是唐朝的昌盛時期。唐王朝從建國到開元年間，已有一百年左右，在這段時間内，國家統一，社會比較安定，由于長期的積累，到開元年間，唐王朝的封建經濟和文化的發展都達到了高峯。在文藝領域，不論詩歌、音樂、舞蹈、書法、繪畫、雕塑等方面，都出現了若干傑出人物，創造了不少優秀的作品，在我國文化史上焕發異采。但是好景不長，玄宗後期，政治日趨腐敗，各種原來潛伏的社會矛盾逐漸激化，終于爆發了前後跨歷八個年頭的安史之亂。戰争使廣大人民紛紛死亡，社會經濟受到嚴重破壞。强大的唐王朝從此一蹶不振，開始走上衰亡的下坡路。李白就是生活在這樣一個重要的歷史轉折時代。他成長于開元年間，在安定的社會環境中獲得了深厚的文化教養，培育了優異的藝術才能；更可貴的是他運用了他那文生花妙筆，不是專門去歌唱昇平，粉飾現實，而是抱着滿腔政治熱情，着重地反映了安史之亂前後政治的黑暗、社會的混亂和人民的痛苦，反映了他那個時代的某些本質方面，同時表現了他對于這種不合理社會現象的憎恨和要求改變這種現象的願望，在藝術描寫上又是如此氣勢磅礴，筆落驚風雨，呈現出非凡的創造性，這就使他成爲屈原以後偉大的積極浪漫主義詩人。

李白的祖先在隋末因故遷居西域，李白即出生于西域的碎葉城（在今中亞細亞巴爾喀什湖南，當時屬于唐王朝所建置的安西都護府）。李白約五歲時，他家從西域遷回内地，住在綿州昌隆縣（今四川省江油縣）。父親李客，生平事跡不詳，李白青壯年時家境富裕，輕財好施，現代某些李白研究者推測李客是一位大商人，但也找不到確鑿證據。李白少年時代的閲讀範圍就相當廣泛，「五歲觀六甲，十歲觀百家」（上安州裴長史書），接受古代思想家多方面的影響。李唐王朝一開始就認老子爲祖先，提倡道教，玄宗時道教更爲得勢，祠宇遍于全國，信徒廣泛。在這種社會風氣影響下，李白在蜀中少年時代即開始和道士們交游，喜歡隱居和求仙學道。他曾和隱士東嚴子隱居于岷山達數年之久。他登上峨眉山時，所企羨的是「倘逢騎羊子，攜手凌白日」（登峨眉山）的神仙境界。但另一方面，他又喜愛縱橫術，有參加政治活動、建功立業的志願。在蜀中時，他同梓州的趙蕤很友好，趙蕤善爲縱横學，喜談王霸之術，著有長短經。李白頗受其思想影響。李白的政治抱負很大，他想當帝王的輔弼大臣，常以歷史上的這類人物管仲、諸葛亮、謝安等作爲自己的效法對象。

隱居學道與願爲輔弼、出世與入世是一對矛盾，李白統一這對矛盾的途徑是：通過隱居和廣泛的社會交際來培養自己的聲譽，象初唐時馬周那樣，獲得帝王青睞，以布衣而取卿相，一躍而登高位；而在政治上有所建樹以後，則又不慕榮利，飄然遠引，歸隱山林。李白在作品中屢屢宣稱「功成身退」，這是指導他一生出處的原則，首先要功成，然後再身退；功業不成，他是不甘心于避世退隱的。因此，積極入世，關心政治，是他一生經歷和詩歌思想內容的主導方面。

天寶元年（公元七四二年），他與道士吴筠一起隱居剡中（今浙江嵊縣），不久吴筠被徵召至長安。吴筠向唐玄宗推薦李白，玄宗徵他到朝廷，命他供奉翰林，作爲文學侍從之臣，參加起草一些文件。李白開始心情非常興奮，以爲實現抱負的機會果然來到。然而，唐王朝的政治這時已日趨腐敗，玄宗陶醉于過去的成績和表面的昇平，荒淫昏瞶。「口蜜腹劍」的李林甫把持着政權，任人唯親，打擊異己，比較正直和有才能的人往往受到迫害。李白對這種現象表示痛恨和憤慨，同時，他那種蔑視權貴的大膽行爲又深爲當權派所憎恨，遭到了他們的讒毀，不久即被迫離開長安，結束了前後不滿兩年的帝京生活。李白這一次政治活動是失敗了，但他對唐王朝統治階層的腐朽黑暗却獲得了比較深刻的認識。

離開長安以後，他繼續到許多地方游歷。由于政治上的挫折，他感到悒鬱憤懣，醉酒求仙的狂放行爲在這時期有所發展，藉以排遣苦悶。但是，他毫不放棄原先的政治理想。他懷念長安，希望得到帝王的重新任用，「一朝復一朝，髮白心不改」（單父東樓秋夜送族弟沈之秦）。他自比謝安，準備「東山高卧時起來，欲濟蒼生未應晚」（梁園吟）。當他一時找不到光明出路時，他也曾説過「人生在世不稱意，明朝散髮弄扁舟」（宣州謝朓樓餞别校書叔雲）一類洩氣的話，但他並没有放棄先功成再身退的原則，正如他自己所説「我本不棄世，世人自棄我」（送蔡山人），只要統治者不拋棄他，他在功業未成之前是不甘心「棄世」的。

安史之亂爆發時，李白正在江南宣城、廬山一帶隱居，後來永王李璘率師東下，他接受徵聘進入李璘幕府，參加討伐安史叛軍的活動。當時心情也非常興奮，希望實現建功立業、報效國家的宿願。他唱道：「但用東山謝安石，爲君談笑静胡沙」（永王東巡歌其二），樂觀地認爲做輔弼大臣的機會來臨了。不料李璘企圖借機擴大自己的勢力，不聽朝廷節制，被肅宗疑忌，派兵消滅。李白也因此獲罪，受到流放夜郎（今貴州桐梓縣一帶）處分。幸而中途遇到大赦，才得東歸。李白第二次從政活動又這樣悽慘地失敗了。流放回來後，李白雖已年近六十，但參加政治活動的熱情迄未衰退。肅宗上元二年（公元七六一年），他從金陵上路，準備到臨淮（今安徽泗縣一帶）去參加太尉李光弼的部隊討伐史朝義的叛亂，不幸途中忽然得病，只能折回。次年即病逝于當塗（在今安徽省）。他的臨終歌有云：「大鵬飛兮振八裔，中天摧兮力不濟。」對自己政治抱負的不能實現還表現了深深的遺憾。

李白一生有不少時間消耗在隱居醉酒、求仙學道的生活裏，他的不少詩篇反映了這方面的消極頹廢的思想情感；但是，李白生活和創作的更爲主要的一面是關心政治和社會，對黑暗腐朽的封建勢力進行了尖銳的揭露和批判，表現了他要求國家強大、社會安定的進步理想。這是貫穿李白一生活動和創作的一條主綫，也是李白所以成爲偉大詩人的決定性因素。

二

李白一生始終熱切地關注着唐朝的政治和國家的命運，他憎恨黑暗和不合理的現實，希望國家強大，社會安定，希望自己通過參加政治活動對祖國有所貢獻。這種充沛的政治熱情在他的詩歌中有着鮮明的表現。

玄宗後期，信任權臣李林甫、楊國忠，寵幸宦官、藩鎮，溺愛楊妃，在他周圍形成了一個極端腐朽的統治集團。李白通過在長安短期供奉翰林的生活，對這個集團有了比較清醒的認識。他的古風第四六描繪那些權貴、宦官平時過着鬭鷄走馬的荒淫生活：「鬭鷄金宮裏，蹴踘瑶臺邊。舉動摇白日，指揮回青天。」古風第二四更描繪了那些善于鬭鷄的宦官因得到玄宗寵幸而氣焰囂張，「鼻息干虹蜺，行人皆怵惕」，李白對此表示無比憤慨。他對玄宗提倡道教、追求神仙，影響國計民生的行爲也作了無情的譴責，古風第三(「秦皇掃六合」篇)、第四三(「周穆八荒意」篇)、第四八(「秦皇按寶劍」篇)和登高丘而望遠海等詩篇，都通過歷史題材的歌詠諷刺了這種荒淫行爲。奸臣掌握政權，專務結黨營私，打擊賢能之士，李白自己也遭到讒毀和排斥。他的不少詩篇對這種黑白顛倒的現象作了控訴。他的「珠玉買歌笑，糟糠養賢才」(古風第十五)、「梧桐巢燕雀，枳棘棲鴛鸞」(古風第三九)等詩句，可以説是這種現象的鮮明的藝術概括。

李白離開長安以後的天寶年間，唐朝的政治進一步趨於黑暗。李林甫憑藉權勢，大肆傾陷異己，虐殺大臣。李白雖然不在長安，對中央朝廷的政治仍然非常關心，對這種現象無比痛心和憤慨。古風第五一(「殷后亂天紀」篇)以詠史方式把唐玄宗斥爲殷紂王、楚懷王一類昏暴之君，把受迫害的臣僚比作比干和屈原。答王十二寒夜獨酌有懷詩更直接悲悼了李邕、裴敦復被李林甫所殺害。天寶後期，玄宗寵信李林甫、楊國忠和藩鎮安禄山等，大權旁落，國勢危殆，李白的古風第五三(「戰國何紛紛」篇)指出了這種「奸臣欲竊位，樹黨自成羣」的現象，他的遠別離更以「君失臣兮龍爲魚，權歸臣兮鼠變虎」的形象化語句表現了對國家前途的深刻憂慮。

安史之亂起來後，李白對叛軍破壞國家、虐殺人民的罪惡異常憎恨，這種感情在他的經亂後將避地剡中留贈崔宣城、扶風豪士歌、猛虎行、古風第十九（「西上蓮花山」篇）等詩中都有鮮明的表現。他參加永王李璘幕府，目的是爲了貢獻才能，盪平叛亂，使國家統一，社會安定。「過江誓流水，志在清中原」（南奔書懷），「浮雲在一決，誓欲清幽燕」（在水軍宴贈幕府諸侍御），這類詩句表明了他消滅叛亂、澄清北方的決心。一直到臨終前夕，他還極端關懷國家的前途，并且渴望投身戰鬬，爲最終盪平叛亂貢獻力量，這種老當益壯的政治熱情在他的經亂離後天恩流夜郎憶舊遊書懷贈江夏韋太守良宰等詩篇中有着深摯的反映。

李白對人民生活也非常關注，他痛恨統治階級虐害人民的殘暴行爲，這在他描寫戰爭的詩篇中表現得最爲突出。李白對正義戰爭是支持和擁護的，他的塞下曲六首，以昂揚的筆調歌頌了將士們抗擊騷擾、保衛邊塞的堅強意志和英勇行爲，但對天寶年間唐王朝所發動的黷武戰爭則予以明確的譴責。古風第三四（「羽檄如流星」篇）控訴了楊國忠、鮮于仲通發動的攻打南詔之戰，使大量兵士死亡，「千去不一回」。北風行從思婦悼念征夫的角度批判了安祿山在東北的黷武行爲。古風第十四（「胡關饒風沙」篇）則致慨于邊將不得其人，守衛無方，以致「邊人飼豺虎」。對安史叛軍屠殺人民的獸行，他更是無比憤慨，他指斥叛軍「流血塗野草，豺

狼盡冠纓」(古風第十九),並嚴厲地責問:「白骨成丘山,蒼生竟何罪?」(經亂離後天恩流夜郎憶舊遊書懷贈江夏韋太守良宰)

對勞動人民日常的艱苦生活,在李白詩篇中也有所反映。他的宿五松山下荀媪家、丁都護歌、秋浦歌(第十四)分別對農民、船夫、礦工的生活作了描繪,並表現了真摯的關懷。他的不少詩篇則是表現封建社會中婦女所遭受的各種痛苦,諸如丈夫遠出不歸或死亡,遭受遺棄,宫女的淒涼寂寞等等,長干行、北風行、關山月、白頭吟、玉階怨等是這方面的代表作品。

李白的政治社會理想是「寰區大定,海縣清一」(代壽山答孟少府移文書),是「牛羊散阡陌,夜寢不扃户」(贈清漳明府姪聿),就是要求國家强盛和統一,社會安定,人民能够過和平的生活。因此,對于破壞國家和虐害人民的黑暗腐朽勢力,他給予無情的揭露和鞭撻。從李白一生的活動和作品看,他不像唐代其他作家如陳子昂、柳宗元、杜牧等人那樣,發表過一些比較具體深刻的政治見解,或者表現出干練的辦事能力,他不是一個有才能的政治家,而是一個富有政治熱情和抱負的詩人。李白抱負很大,自比管晏,願爲輔弼,但實際才能與抱負很有距離。李白的這種誇張的自負正表明了他作爲浪漫主義詩人的狂放氣質。李白的社會理想深受老子小國寡民的影響,什麽「心和得天真,風俗猶太古」(贈清漳明府姪聿)、「百里獨太古,陶然卧羲皇」(經亂離後天恩流夜郎憶舊遊書懷贈江夏韋太守良宰)一類向往上古社會的詩句,在他的集子中出現的次數相當多。從政治思想家和活動家的角度看,李白實在不算高明。但是，我們評價古典作品的思想性，關鍵不在于作者是否具有突出的政治見解和干練的活動能力，而在于這些作品對待人民的態度如何，在歷史上有無進步意義。李白的詩歌既然表現了他希望國家強盛、社會安定、人民得以過和平生活的美好理想，表現了他對破壞這種理想的反動勢力的強烈憎恨，這就無疑地具有了鮮明的進步意義。

李白關心國事民生，把建功立業放在生活理想的首要方面。然而，他不能爲了邀取統治者的賞識，在政治上得志，像當時多數士人那樣，對當權派採取小心翼翼的恭順態度，甚至諂媚逢迎。他要求「平交王侯」，甚至以帝王師自居，要求統治者認識他的才能，以師禮相待；他是不願意卑躬屈膝地去追求政治出路的。在長安供奉翰林時期，李白對權貴們顯示了非常傲岸的態度。他把那些得勢的外戚呼爲「賣珠輕薄兒」（古風第八），對那些囂張跋扈、路人側目的宦官，也是厲聲斥責（見古風第二四）。他叫高力士脱靴的故事，更爲人所傳誦。離開長安以後，李白並不因爲政治上遭受嚴重挫折而改變心意，相反，對那些日益貪暴腐朽的統治者滿懷着鄙夷和憎恨，以睥睨黑暗勢力的昂揚氣概，唱出了高亢的歌聲：「安能摧眉折腰事權貴，使我不得開心顏！」（夢游天姥吟留别）「嚴陵高揖漢天子，何必長劍拄頤事玉階。達亦不足貴，窮亦不足悲。」（答王十二寒夜獨酌有懷）這些詩句，突出地表現了李白對于反動的當權派的兀傲不馴的態度和對于封建秩序強烈的反抗精神。對于統治階級中一般人士所豔羨追求的榮華富貴，李白也採取了鄙棄蔑視的態度。他唱道：「功名富貴若長在，漢水亦應西北流。」

（江上吟）「鐘鼓饌玉不足貴，但願長醉不復醒。」（將進酒）這種態度同傲視權貴的思想行爲是緊密結合着的，因爲榮華富貴正是權貴們所急切追求並藉以驕人的東西。如果説，關懷國事民生，李白詩歌内容在廣度和深度上還比不上杜甫；那麽，在這一方面的反抗精神，李白詩歌却是遠遠地超過了杜甫的。

李白這方面的思想作風，除了追隨古代策士魯仲連、隱士嚴子陵一流人物的行踪外，明顯地接受了道家莊周的思想影響。莊周輕視統治者和爵禄富貴。他把那些貪婪殘暴的統治者斥爲大盜。他追求個人自由，不願受爵禄的羈絆，把權位富貴看得像腐鼠一樣。所有這些，都在李白詩歌中表現出鮮明的繼承關係。龔自珍説：「莊屈實二，不可以并；并之以爲心，自白始。」（最録李白集）確實，李白詩歌把屈原和莊子兩家很有距離的思想内容融合在一起：他既有屈原那種熱愛祖國、憎恨黑暗勢力、積極關心政治的進步思想，又有莊子那種鄙夷權要、蔑視富貴、衝擊封建傳統的反抗精神。這使他詩歌的思想内容既熱情，又潑辣，既執着，又超脱，開闢出一個前無古人的新境界。

李白詩歌的思想内容豐富多采，除掉直接表現政治傾向的詩歌外，他還有許多在日常生活中抒情寫景的篇章，其中一部分相當優秀。

李白全集中投贈友人的作品占着很大的比重。這些作品中有一小部分表現出鮮明的政治態度，像送裴十八圖南歸嵩山、鳴皋歌送岑徵君、答王十二寒夜獨酌有懷、經亂離後天恩流夜郎憶舊遊書懷贈江夏韋太守良宰等等，有的思想性、藝術性結合得較好，有的藝術上平庸一些，但也是研究李白思想的重要資料。集中還有許多日常投贈的佳篇，像黄鶴樓送孟浩然之廣陵、金陵酒肆留别、以詩代書答元丹丘、沙丘城下寄杜甫、聞王昌齡左遷龍標遥有此寄、憶舊游寄譙郡元參軍、贈汪倫等等，或述别時離愁，或述别後懷念，或追敘昔時交遊，或稱頌對方情誼，常常感情深厚真摯，具有相當强烈的感染力量。

李白還有不少描繪山水風景的佳篇。其中有些作品，像獨坐敬亭山、清溪行、宿清溪主人、尋雍尊師隱居等，風格清新雋永，接近王維、孟浩然一派。更能表現李白特色的是蜀道難、廬山謡寄盧侍御虚舟、西岳雲臺歌送丹丘子、横江詞一類作品，其中有高入雲霄的廬山、華山和蜀道，有波浪奔騰的黄河和長江，形象雄偉，境界壯闊，產生摇撼人心的藝術效果。這類詩篇，表現了他的豪情壯志和開闊胸襟，從側面顯示出他追求不平凡事業的渴望，以及對于那種狹隘而庸俗生活的鄙棄。他謳歌壯美的高山大川，正如他的大鵬賦謳歌大鵬鳥一樣，表現了他那要求衝破束縛，不願「拘攣而守常」的思想性格特徵。這類詩篇，在我國古代山水風景詩中也是異軍突起，境界獨闢，罕有倫比的。

李白詩歌中也包含着不少封建性的糟粕。他宣稱人生若夢，應當及時行樂，醉酒狂歡。他描繪求仙學道，宣揚煉丹服藥。封建地主階級的消極頽廢思想和宗教迷信在他的作品中常常出現。莊周的虚無主義人生觀也常常對他產生不良影響。以上這些詩篇在他的集子中不占主導地位，但也有相當數量，閲讀時必須注意批判對待。李白在政治上失意時，常常憑藉縱酒求仙來排遣苦悶，他的某些詩篇，如像梁園吟、將進酒等，虛無頹廢思想常常同對黑暗政治的批判糅合在一起，需要我們作更加細緻的分析，區別其精華和糟粕。

三

李白是屈原以後最偉大的積極浪漫主義詩人，他的詩歌在藝術上顯示出鮮明的積極浪漫主義特色。他感情熱烈，性格豪放；他詩歌藝術的主要特徵，是善于運用誇張的手法、生動的比喻、豐富的想象、自由解放的體裁和語言來表現他的思想、感情和性格。

李白經常運用誇張的手法和生動的比喻來表現自己熾熱的感情。他強調對自己才能的自信，就説：「天生我材必有用，千金散盡還復來。」（將進酒）強調自己的才能没有受到人們的重視，就説：「吟詩作賦北窗裏，萬言不值一杯水！」（答王十二寒夜獨酌有懷）突出他長安政治失敗以後的悲憤，就説：「白髮三千丈，緣愁似個長。」（秋浦歌其十五）突出他對長安朝廷的懷念，就説：「狂風吹我心，西挂咸陽樹。」（金鄉送韋八之西京）突出他掃蕩安史叛軍的抱負，就説：「南風一掃胡塵静，西入長安到日邊。」（永王東巡歌其十一）這些詩句儘管異常誇張，但由于真實地表現了詩人內心世界燃燒着的熾熱感情，所以讀者毫不感到虛僞和浮誇，而是受到深刻的感染和激動。李白投贈朋友的詩歌，在這方面也有很好的例子。他懷念杜甫道：「思君若汶水，浩蕩寄南征。」（沙丘城下寄杜甫）懷念王昌齡道：「我寄愁心與明月，隨風直到夜郎西。」（聞王昌齡左遷龍標遥有此寄）贈汪倫道：「桃花潭水深千尺，不及汪倫送我情。」都是聯繫眼前景色，運用生動的比喻，發揮豐富的想象，用誇張的筆墨來表現自己對友人的真摯情誼，産生巨大的藝術效果。

由于感情洋溢，奔騰欲出，李白詩歌長于以奔放的語言來抒洩熱情，而不像杜甫、白居易那樣長于對客觀事物作具體細緻的描繪。例如同樣寫兵士被徵發去參加玄宗後期的擴張戰爭，他的古風第三四（「羽檄如流星」篇）比起杜甫的兵車行來描寫就要簡括得多，後邊更是着重抒發自己的感想。他的豫章行寫安史亂後人民應徵入伍之苦，同杜甫的三吏、三别相比，也有類似上述的情況。他的丁都護歌寫船夫痛苦也比較簡括，同王建的水夫謡大異其趣。他的宿五松山下荀媪家觸及農家日常艱苦勞動，但只有「田家秋作苦，鄰女夜舂寒」寥寥兩句，同白居易觀刈麥一類詩作迥然不同。這些正表現出浪漫主義詩人同現實主義詩人在表現方法上的顯著差别。同是學習、繼承漢樂府民歌的藝術，杜甫、白居易着重學習它敘事具體生動的特色，李白則是着重學習它那些誇張的手法和奇特的想象。

李白具有豪放的性格和坦率的胸懷，他的詩歌善于以明朗直率的筆調來表現他的這種思想性格特點，很少顧忌和掩飾，使人洞見他的肺腑。這一特點在他贈送親友的詩篇中表現得特別鮮明。李白希望真誠的友誼建立在互相瞭解和幫助的基礎上，他唱道：「人生貴相知，何必金與錢！」（贈友人其二）但在現實世界中却是到處碰壁，實際情況乃是：「承恩初入銀臺門，著書獨在金鑾殿。……當時笑我微賤者，却來請謁爲交歡。一朝謝病游江海，疇昔相知幾人在？前門長揖後門關，今日結交明日改。」（贈從弟南平太守之遥其一）世態炎涼，理想破滅，表述得何等直率坦露。他要朋友痛飲時，就説：「岑夫子，丹丘生，進酒君莫停。與君歌一曲，請君爲我傾耳聽。」（將進酒）酒後困倦時，就説：「我醉欲眠卿且去，明朝有意抱琴來。」（山中與幽人對酌）這裏用語沿襲陶淵明，其真率處也似陶淵明。他的上李邕詩云：「時人見我恒殊調，見余大言皆冷笑。」生動地刻劃了他的自負和世人對他的奚落，一點不爲自己掩飾。他描寫被召入長安時的喜悦心情道：「仰天大笑出門去，我輩豈是蓬蒿人。」（南陵别兒童入京）坦率地表白了他不甘心長期隱遁、迫切要求在政治上有所建樹的心情，同時也無遮掩地流露了他急于求官的庸俗思想。坦率和誇張常會發生矛盾，不適當的誇張使人感到不真實，不坦率。但李白詩歌却把二者和諧地結合在一塊，處處顯示出浪漫詩人的熱情和稚氣，雖然有時不免有些可笑，但更多的是天真可愛。

在李白作品裏，除掉直接抒發自己的思想感情以外，還出現許多其他的人物形象，其中寫得較多并且值得注意的是婦女。他繼承了漢魏六朝樂府民歌的優秀傳統，善于表現封建社會中備受各種壓迫的婦女的悲慘命運和痛苦心情。在塑造婦女的形象時，李白也善于以誇張的手法來刻劃她們的思想感情，他寫熱烈的愛情是：「十五始展眉，願同塵與灰。」「相迎不道遠，直至長風沙。」（長干行）寫浩蕩的愁思是：「秋風吹不盡，總是玉關情。」（子夜吴歌）「黄河捧土尚可塞，北風雨雪恨難裁。」（北風行）在這些詩句裏，李白已經把自己的熱烈奔放的感情傾注到這些人物身上去了。

李白的一部分咏史詩，表現了他對于一些傑出的歷史人物的仰慕。他稱頌魯仲連道：「明月出海底，一朝開光耀。……意輕千金贈，顧向平原笑。」（古風第十）稱頌嚴子陵道：「長揖萬乘君，還歸富春山。清風洒六合，邈然不可攀。」（古風第十二）這些詩句不僅是對歷史人物的客觀描繪，而且也是對自己的不愛富貴、功成身退的思想作風的生動寫照。他的那些歌咏張良、諸葛亮、謝安等政治家的詩篇裏，都寄託着自己的生活理想和政治理想。

李白所寫的自然景物有着特殊的藝術魅力，它們不是一般的客觀景物的描繪，而是染上了詩人濃厚的感情色彩。他喜歡在繁複多樣的自然現象裏攫取不平凡的題材，高山大河、飛瀑巨浪、長風萬里等等。這些自然現象，本來已經具有雄偉驚險的面貌，經過詩人的藝術加工，更顯得氣勢不凡。他并不注意刻劃景物的各個方面，而是抓住他自己感受最深的某些方面，用誇張的筆墨加以描繪，並用豐富的想象加以渲染，塑造出鮮明突出的形象。他的某些篇幅較長的詩，如蜀道難、夢游天姥吟留别，更藉助于神話傳説描繪了色彩繽紛、瑰奇壯麗的境界，再加上作者感情的昂揚激蕩，熱烈奔放，這些詩篇使人讀後爲之胸懷開闊，精神振奮，向往廣闊的天地和雄偉有力的事物。儘管某些詩篇的内容描繪了山河的艱險可怖的面貌，抒發了作者的哀愁（如蜀道難、横江詞），但其基調却不是陰暗的，而是豪放的，仍然具有振奮人心的藝術效果。

除七言律詩外，李白對各體詩都頗擅長。但他更喜歡寫形式比較自由的古體和絶句，而不愛寫格律束縛較嚴的律詩。

李白的五言古詩有很大成就。其中古風五十九首是他的代表作品。它們直接繼承了阮籍詠懷詩、陳子昂感遇詩的傳統，廣泛地表現了他對黑暗政治的不滿，他的懷才不遇的感慨和隱遁游仙的消極思想。除掉阮、陳的傳統外，還多方面接受了曹植、左思、郭璞等詩人的影響，較之阮、陳之作，情調更爲慷慨，表現更爲顯豁，文采更爲豐富，語言更爲明朗，具有胡震亨所説的「以才情相勝，以宣洩見長」（李詩通）的特色。他的樂府中的五古，繼承漢魏六朝樂府民歌的優良傳統，具有很强的藝術感染力。例如丁都護歌、豫章行等，以比較樸素的語句反映人民痛苦，風格與漢樂府民歌爲近，長干行、子夜吴歌等，以宛轉纏綿的筆調描繪婦女的愁思，風格與南朝民歌爲近。但不論前者後者，都傾注了作者洋溢的熱情，具有鮮明的個性。

李白的七言古詩（包括樂府七言歌行和一般七古）較之五古具有更大的創造性。七言古詩一般篇幅較長，容量較大，除七言句外，可以兼採長短不齊的雜言句，形式最爲自由，便于表現豐富複雜的思想内容，李白在這方面特多名篇，如遠别離、蜀道難、行路難、梁園吟、將進酒、夢游天姥吟留别、宣州謝朓樓餞别校書叔雲、廬山謡寄廬侍御虚舟等篇都是，寫景則形象雄偉壯闊，色彩瑰麗，抒情則感情奔放激盪，跳脱起伏，變化多端，誠如唐宋詩醇所贊許的那樣：「往往風雨争飛，魚龍百變；又如大江無風，波浪自涌，白雲從空，隨風變滅，誠可謂怪偉奇絶者矣！」（評憶舊游寄譙郡元參軍詩語）這種雄奇俊逸的風格，繼承了屈原辭賦和鮑照樂府歌行擬行路難等的傳統，但顯得更爲縱横恣肆，如同奔騰跳躍、不可羈勒的駿馬。

李白擅長絶句。他的五絶如静夜思、玉階怨等，藴藉含蓄，意味深長。他的七絶工力更深，語言明朗精鍊，聲調和諧優美，不論寫景抒情，都能做到深入淺出，使讀者一接觸就了解喜愛，但又經得起咀嚼玩味，吟誦不厭。像黄鶴樓送孟浩然之廣陵、望廬山瀑布其二、望天門山、早發白帝城、贈汪倫等等，都是膾炙人口的名作。從文學淵源講，李白的絶句接受了南北朝樂府民歌和南朝詩人謝朓的明顯影響，但經過李白的努力創造，表現更爲精鍊動人，造詣是更深了。

李白不愛寫束縛較多的律詩。他集子中七律最少，僅十多首，也少佳作。五律有七十多首，有的寫得很好，像渡荆門送别、送友人、送友人入蜀、秋登謝朓宣城北樓，格律工整，情景交融，説明他不是不會寫律詩，而是不愛寫。他的夜泊牛渚懷古篇中間四句不用對偶，打破了五律的常規，語言流暢，聲調鏗鏘，意境開闊，顯示出浪漫主義詩人自然奔放、衝破束縛的特色。

李白詩歌語言的基本特色是明朗自然，他反對「雕蟲喪天真」（古風第三五）的雕章琢句之風。「清水出芙蓉，天然去雕飾」（經亂離後天恩流夜郎憶舊遊書懷贈江夏韋太守良宰），李白通過生動的比喻，提出了他自己認爲優良的詩歌語言的原則，他的全部作品努力實踐着這一原則，并且獲得輝煌的成就。這種成就主要得力於學習漢魏六朝的樂府民歌。李白詩歌語言真率自然，音節和諧流暢，渾然天成，不假雕飾，經常散發着民歌的氣息。但他不是一般地模擬民歌語言，而是把它們加以提高，使之更加精鍊優美，含意深長，具有更強的表現力和感染力。在明朗自然的總前提下，李白詩歌的語言風格，又因體裁不同而顯示出各别的特色，例如他的七言古詩以雄健奔放見長，其絶句則特别清新雋永，同中有異，表現出豐富多采的藝術風貌。李白的少數詩歌，也存在着語言過于淺露、詩味不足的缺點，這是要分别看待的。

李白的出現，不但把我國古代五七言詩歌的創作推到了高峯，而且對後代産生了深遠的影響。唐代的韓愈、李賀、杜牧，宋代的歐陽修、蘇軾、陸游，明代的高啓，清代的黄景仁、龔自珍等著名詩人，都在不同程度上向李白學習，進一步發展了古典詩歌的浪漫主義傳統。今天，批判地繼承李白的優秀作品，亦將有助于認識我們古代的封建社會，培養愛國感情和民族自信心，並對社會主義新文藝的創作起有益的借鑒作用。

一九七八年三月

凡例

一、本書校勘以清乾隆刊本王琦輯注李太白文集爲底本（簡稱王本），並用以下各本進行校勘：

（一）北京圖書館藏宋刊本李太白文集（簡稱宋甲本）。

（二）日本京都大學人文科學研究所影印静嘉堂藏宋刊本李太白文集（即陸心源皕宋樓藏本，簡稱宋乙本，宋甲本與宋乙本合稱兩宋本）。

（三）元刊本分類補注李太白集（宋楊齊賢集注，元蕭士贇删補，簡稱蕭本）。

（四）四部叢刊影印明郭雲鵬重刊李太白文集（係增删楊、蕭本而成，簡稱郭本）。

（五）南京圖書館藏清刊本李詩通（簡稱胡本）。

（六）清康熙繆曰芑刊本李太白文集（簡稱繆本）。

（七）清光緒劉世珩玉海堂影刻宋咸淳刊本李翰林集（簡稱咸本）。

（八）北京圖書館藏清何焯校明陸元大刊本李翰林集（簡稱何校陸本）。
（九）北京圖書館藏清黄丕烈校繆曰芑刊本李太白文集（簡稱黄校）。
二、除上列刊本及校記外，並以唐、宋兩代重要總集及選本進行校勘：
（一）鳴沙石室影印敦煌殘卷唐寫本唐人選唐詩（簡稱敦煌殘卷）。
（二）四部叢刊影印明刊本河嶽英靈集（簡稱英靈）。
（三）古典文學出版社影印日本江户昌平坂學問所官板本又玄集（簡稱又玄）。
（四）四部叢刊影印述古堂鈔本才調集（簡稱才調）。
（五）明隆慶刊本文苑英華（簡稱英華，其中並採録傅增湘宋本殘卷文苑英華校語，簡稱傅校英華）。
（六）四部叢刊影印明嘉靖本唐文粹（簡稱文粹）。
（七）文學古籍刊行社影印宋本樂府詩集（簡稱樂府）。
（八）文學古籍刊行社影印明嘉靖本唐人萬首絶句（簡稱絶句）。
三、本書注釋及評箋部份，除以楊齊賢、蕭士贇、胡震亨、王琦四家爲主外，並旁搜唐、宋以來有關詩話、筆記、考證資料，以及近人研究成果，復加以箋釋補充與考訂其中之繆誤。
四、所徵引楊齊賢、蕭士贇、胡震亨、王琦四家之説，因採録較多，不再舉其全名及書名，即冠以「某云」二字。如楊齊賢注稱「楊云」，蕭士贇注稱「蕭云」，胡震亨注稱「胡云」，王琦注稱「王云」等。注及評箋均適用此例。

五、注文中以王琦注本徵引最多。凡王注單獨徵引之一般習見古籍，則直接徵引原書，加注篇名或卷數，有删節而無改易。因已變更王注形式，故不再冠以「王云」字樣。

六、凡王注中徵引數書而加以論斷，或雖未加論斷而意在羅列衆説，或雖非羅列衆説而所徵引之書無從核校，如此之類則仍冠以「王云」字樣。

七、凡歷來各家注釋未備及繆誤者，詩文詞意非僅引證故典所能闡發者，或旁引其他材料以爲補注，或略申所見以資辨析，皆另加按語低二格排列，以示區别。

八、王注于疑難字之音釋，但取便於誦讀，本無深意，而體例亦不純，今酌採其切于實用者，仍附于注文之下，以△號别之，不加「王云」字樣。

九、所引各書，卷帙較繁者皆注明卷數或篇名。惟我國古籍板本素極紛紜，不僅内容有異，而卷次亦各不同。即以後漢書爲例，本書卷九贈何七判官昌浩詩注所引後漢書卷八五清河孝王慶傳係據武英殿本，而此傳别本如商務印書館影印宋紹興本後漢書及中華書局標點本後漢書等，則編在第五十五卷，相去三十卷之多。其餘諸例，不一一列舉。

十、集中所收僞作，凡歷來各家均有定論者，如卷七之笑歌行、悲歌行等，今仍依王本編次，存詩校而不加注。若在存疑之列者，如卷八草書歌行等，則仍加注釋。

十一、附録六卷依王本略加調整：（一）年譜，（二）碑傳，（三）序跋，（四）詩文，（五）叢説,(六)外記。碑傳中自朱駿聲傳經堂文集增輯唐李白小傳。序跋中增輯李調元重刻李太白全集序、晁公武郡齋讀書志、陳振孫直齋書録解題、錢曾讀書敏求記、黄丕烈百宋一廛書録、王芑孫書李翰林别集、丁丙善本書室藏書志、陸心源北宋本李太白文集跋等十餘篇,以供研究者參考。

十二、第三十卷詩文補遺,除王本所輯者外,復增輯鶴鳴九皋詩(據傳校文苑英華補録)、上清寶鼎詩二首(蘇軾書李白詩墨跡)、北斗延生經注解序(全唐文卷三四九)、題上陽臺(李白所書墨跡)等,所録建丑月十五日虎丘山夜宴序、冬夜裴郎中薛侍御宴集序、鄭縣劉少府兄宅月夜登臺宴集序三篇乃獨孤及文,爲黄錫珪李太白年譜所誤輯,擬删去,見後校補記。

十三、本書標點,校文不用引號,注釋、評箋引文除對話外,亦一律不用引號,其斷句疑難者均儘量擇善而從。如卷一擬恨賦「及夫李斯受戮」句注引史記李斯列傳:「二世二年七月,具斯五刑論,腰斬咸陽市。」此處斷句,中華書局標點本史記誤作「具斯五刑,論腰斬咸陽市」,現據標點本資治通鑑,較爲合理。餘例不一一列舉。

十四、本書所據王本係乾隆二十三年刊行之早期印本,與後印本文字出入甚大,如錢謙益,在早期印本中,王琦自序仍稱錢蒙叟,而非如後印本中將錢蒙叟改作張邇可。餘例不一一列舉。

李白集校注目録

卷三　樂府三十首

卷四　樂府三十七首

卷五　樂府四十四首

卷六　樂府三十八首

卷七 古近體詩二十八首

卷八　古近體詩五十三首

卷九　古近體詩四十三首

卷十　古近體詩二十四首

卷十一　古近體詩三十二首

卷十二　古近體詩二十五首

卷十三　古近體詩二十五首

卷十四 古近體詩二十六首

卷十五　古近體詩三十五首

卷十六　古近體詩二十一首

卷十七　古近體詩四十四首

卷十八　古近體詩三十五首

卷十九 古近體詩三十二首

卷二十　古近體詩六十首

卷二十一　古近體詩三十六首

卷二十三　古近體詩四十七首

卷二十四　古近體詩六十五首

卷二十五　古近體詩九十首

卷二十八　記頌讚二十首

卷二十九　銘碑祭文九首

卷三十　詩文補遺七十一首

李白集校注卷一

古賦八首

大鵬賦 并序

余昔于江陵，見天台司馬子微，謂余有仙風道骨，可與神遊八極之表。因著大鵬遇希有鳥賦以自廣。此賦已傳于世，往往人間見之。悔其少作，未窮宏達之旨，中年棄之。及讀晉書，覩阮宣子大鵬贊，鄙心陋之。遂更記憶，多將舊本不同。今復存手集，豈敢傳諸作者？庶可示之子弟而已。其辭曰：

【校】

〔今復〕復，兩宋本、蕭本、繆本俱作腹。王本注云：蕭本、繆本俱作腹，非。郭本作復。

【注】

〔大鵬〕莊子逍遥遊篇：北冥有魚，其名爲鯤。鯤之大不知其幾千里也。化而爲鳥，其名爲鵬。鵬之背不知其幾千里也。怒而飛，其翼若垂天之雲。是鳥也，海運則將徙于南冥。南冥者天池也。齊諧者志怪者也，諧之言曰：鵬之徙于南冥也，水擊三千里，摶扶摇而上者九萬里，去以六月息者也。……湯之問棘也是已。……窮髮之北有冥海者，天池也。有魚焉，其廣數千里，未有知其修者，其名爲鯤。有鳥焉，其名爲鵬，背若泰山，翼若垂天之雲，摶扶摇羊角而上者九萬里，絶雲氣，負青天，然後圖南，且適南冥也。斥鴳笑之曰：「彼且奚適也？我騰躍而上，不過數仞而下，翱翔蓬蒿之間，此亦飛之至也，而彼且奚適也？」此小大之辯也。

〔江陵〕舊唐書地理志：山南東道：荆州江陵府：天寶元年改爲江陵郡，乾元元年三月，復爲荆州大都督府。

〔司馬子微〕大唐新語：司馬承禎，字子微，隱于天台山，自號白雲子，有服餌之術。則天、中宗朝，頻徵不起。睿宗雅尚道教，稍加尊異，承禎方赴召。無何苦辭歸，乃賜寶琴花帔以遣之。

〔八極〕淮南子原道訓：廓四方，坼八極。高誘注：八極，八方之極也。

〔希有鳥〕神異經：崑崙山……有大鳥，名曰希有。南向張左翼覆東王公，右翼覆西王母，背上小處無羽一萬九千里，西王母歲登翼上之東王公也。……其鳥銘曰：有鳥希有，緑赤煌煌。不鳴不食，東覆東王公，西覆西王母。王母欲東，登之自通。陰陽相須，唯會益工。

〔阮宣子〕晉書卷四九阮修傳：阮修，字宣子。……嘗作大鵬贊曰：蒼蒼大鵬，誕自北溟。假精靈鱗，神化以生。如雲之翼，如山之形。海運水擊，扶摇上征。翕然層舉，背負太清。志存天地，不屑雷霆。鷽鳩仰笑，尺鷃所輕。超然高逝，莫知其情。

〔多將〕王云：韻會：將，與也。

南華老仙，發天機于漆園。吐峥嶸之高論，開浩蕩之奇言。徵至怪于齊諧，談北溟之有魚。吾不知其幾千里，其名曰鯤。化成大鵬，質凝胚渾。脱鬐鬣于海島，張羽毛于天門。刷渤澥之春流，晞扶桑之朝暾。燀赫乎宇宙，憑陵乎崑崙。一鼓一舞，烟朦沙昏。五岳爲之震蕩，百川爲之崩奔。

【校】

〔老仙〕兩宋本、王本、繆本俱注云：一作仙老。按：仙字與園言叶韻，於義較長。英華亦作老仙。

〔至怪〕至，兩宋本、繆本、王本俱注云：一作志。按：依莊子逍遥遊之文，以作志爲是。

〔有魚〕有，文粹作巨。
〔知其〕兩宋本、繆本俱無其字。王本注云：繆本脱其字。文粹亦無其字。
〔鬐鬣〕英華作脩鱗。
〔羽毛〕英華作廣翅。
〔天門〕天，英華作塞。
〔燀赫〕燀，兩宋本、繆本、咸本俱作烜。文粹作赫奕。按：烜即烜字避宋諱缺筆。蕭本注云：按烜赫當作燀赫。莊子曰：鬐揚而奮鬐，白波若山，海水震蕩，聲侔鬼神，燀赫千里。世本作烜字，傳寫者作此烜字之誤，人解不得，遂作烜字，今就釐正之。
〔朦〕英華作蒙，是。文粹作矇。
〔震蕩〕蕩，兩宋本、繆本俱作落。王本注云：繆本作落。

【注】

〔南華〕舊唐書玄宗紀：天寶元年，詔封莊子爲南華真人。按：姚範援鶉堂筆記卷五〇：南華之名未詳所出，隋志有梁曠南華論二十五卷，南華論音三卷。其號南華真人，名書爲真經，在開元二十五年。唐地理志：曹州濟陰郡有南華本離狐，天寶元年更名，疑亦以莊子而名也。俞樾湖樓筆談卷七云：唐天寶元年封莊子爲南華真人，列子爲沖虚真人，文子爲通玄真人，庚桑子爲洞靈真人，其四子所著書並隨號稱爲真經，事見舊唐書禮儀志，今石刻尚在盩厔縣樓。

〔漆園〕史記老莊申韓列傳：莊子者，蒙人也，名周。嘗爲蒙漆園吏，其學無所不闚，然其要本歸于老子之言，故其著書十餘萬言，大抵率寓言也。正義曰：括地志云：漆園故城在曹州寃句縣北十七里，莊周爲漆園吏即此。王云：按其城古屬蒙縣。

〔崢嶸〕音撐横，一音争營。

〔齊諧〕莊子逍遥遊篇：齊諧者，志怪者也。陸德明音義：齊諧，人姓名。

〔胚渾〕文選郭璞江賦：類胚渾之未凝。李善注：胚胎渾沌，尚未凝結。

〔渤澥〕史記司馬相如列傳：子虚賦：浮渤澥。集解：駰按漢書音義曰：海别枝名也。索隱：案齊都賦：海旁曰渤，斷水曰澥也。△澥音解。

〔扶桑〕王云：淮南子：日出于暘谷，浴于咸池，拂于扶桑，是謂晨明。楚辭：暾將出兮東方，照吾檻兮扶桑。王逸注：謂日始出東方，其容暾暾而盛貌。東方有扶桑之木，其高萬仞，日下浴于湯谷，上拂其扶桑，爰始而登，照耀四方。牛弘樂府：扶桑上朝暾。

〔崑崙〕博物志：地部之位起形高大者有崑崙山，廣萬里，高萬一千里，神物之所生，聖人仙人之所集也。出五色雲氣，五色流水，其泉南流入中國，名曰河也。其山中應于天最居中，八十城布繞之，中國東南隅居其一分。

〔崩奔〕文選謝靈運入彭蠡湖口詩：圻岸屢崩奔。吕向注：水激其岸，崩頹而奔波也。

爾乃蹶厚地，揭太清。亘層霄，突重溟。激三千以崛起，向九萬而迅征。背嶪太山之崔嵬，翼舉長雲之縱横。左迴右旋，倏陰忽明。歷汗漫以夭矯，羾閶闔之崢嶸。簸鴻蒙，扇雷霆。斗轉而天動，山摇而海傾。怒無所搏，雄無所争。固可想像其勢，髣髴其形。

【校】

〔爾乃〕兩宋本、繆本俱無爾字。王本注云：繆本脱爾字。

〔揭〕文粹作摩。

〔向〕文粹作搏。

〔太山〕兩宋本、繆本作大山，注云：一作虚。王本注云：一作太虚，繆本作大山。

〔長雲〕文粹作垂雲。

〔羾〕蕭本作塌。王本注云：許本作塌。郭本、文粹俱作排。

【注】

〔太清〕王云：高誘淮南子注：太清，元氣之清者也。抱朴子：上昇四十里，名曰太清。太清之中，其氣甚剛。

〔三千〕〔九萬〕均見上文「大鵬」注。

〔崛〕王云：韻會：勃起曰崛起。△崛音掘。

〔汗漫〕淮南子俶真訓：徙倚于汗漫之宇。高誘注：汗漫，無生形形生元氣之本神也。故盧敖見若士者言曰：吾與汗漫期于九垓之上是也。

〔玒〕揚雄甘泉賦蘇林注：玒，至也。

〔鴻蒙〕莊子在宥篇：雲將東遊，過扶摇之野而適遭鴻蒙。陸德明音義：鴻蒙，自然元氣也，一云海上氣也。

若乃足縈虹蜺，目耀日月。連軒沓拖，揮霍翕忽。噴氣則六合生雲，灑毛則千里飛雪。邈彼北荒，將窮南圖。運逸翰以傍擊，鼓奔飈而長驅。燭龍銜光以照物，列缺施鞭而啓途。塊視三山，杯觀五湖。其動也神應，其行也道俱。任公見之而罷釣，有窮不敢以彎弧。莫不投竿失鏃，仰之長吁。

【校】

〔足縈〕英華作足策。

〔目耀〕英華作目輝。

〔灑毛〕英華作落目。

〔南圖〕英華、文粹俱作南隅。英華南圖下運逸翰二句作魂視三山，杯觀五湖。

〔逸翰〕文粹作逸翮。

〔杯觀〕觀，咸本作看。王本注云：一作看。

【注】

〔連軒沓拖〕文選木華海賦：翔霧連軒，長波沓灕。張銑注：連軒，飛貌。李周翰注：沓灕，延長貌。

〔揮霍翕忽〕文選張協七命：翕忽揮霍。劉良注：並飛走亂急也。

〔飈〕音標。

〔燭龍〕王云：山海經：西北海之外，赤水之北，有章尾山，有神人面蛇身而赤，直目正乘，其瞑乃晦，其視乃明，不食不寢不息，風雨是謁，是燭九陰，是爲燭龍。郭璞注：離騷曰：日安不到，燭龍何曜？詩含神霧曰：天不足西北，無有陰陽消息，故有龍銜精以往照天門中云。謝惠連雪賦：若燭龍銜耀照崑山。

〔列缺〕王云：天隙電光也。

〔三山〕史記秦始皇本紀：海中有三神山，名曰蓬萊、方丈、瀛洲，仙人居之。

〔五湖〕王云：初學記：周官揚州，其浸五湖。案張勃吴録：五湖者太湖之别名，以其周行五百餘里，故以五湖爲名。又虞翻云：太湖有五道，别謂之五湖，或説以太湖、射貴湖、上湖、洮湖、滆湖爲五湖。按國語：吴、越戰于五湖，直在笠澤一湖中戰耳，則知或説非也。並參見卷八永王東巡歌第七首注。

〔任公〕莊子外物篇：任公子爲大鉤巨緇，五十犗以爲餌，蹲乎會稽，投竿東海，旦旦而釣，期年不得魚。已而大魚食之，牽巨鉤錎（陷）没而下，鶩揚而奮鬐，白波若山，海水震蕩，聲侔鬼神，憚（王注引作燀。）赫千里。任公子得若魚，離而腊之，自制河以東，蒼梧以北，莫不厭若魚者。

〔有窮〕左傳襄四年：有窮后羿。正義：孔安國云：羿，諸侯名。杜云：有窮君之號，則與孔不同也。羿善射，論語文也。説文云：羿，帝嚳射官也。賈逵云：羿之先祖世爲先王射官，故帝嚳賜羿弓矢，使司射。淮南子云：堯時十日並出，堯使羿射九日而落之。楚辭天問云：羿彈日烏焉解羽？歸藏易亦云羿彈十日也。言雖不經，難以取信，要言嚳時有羿，堯時有羿，則羿是善射之號，非復人之名字，信如彼言，則不知此羿名爲何也。

爾其雄姿壯觀，坱軋河漢。上摩蒼蒼，下覆漫漫。盤古開天而直視，羲和倚日以旁嘆。繽紛乎八荒之間，掩映乎四海之半。當胸臆之掩晝，若混茫之未判。忽騰覆以迴轉，則霞廓而霧散。

【校】

〔坱軋〕蕭本、咸本俱作映背。王本注云：蕭本作映背。

〔以旁嘆〕以，繆本作而。王本注云：繆本作而。

〔繽紛〕英華作繽翻。

〔掩映〕文粹作隱映。

〔當胸臆之〕英華作横大明而。

〔掩晝〕何校陸本云：晝，晏本作晝。按：晝，蕭本、王本、繆本俱作晝，據兩宋本改。

〔騰覆〕英華作騰陵。

【注】

〔坱軋〕王云：賈誼鵩鳥賦：坱圠無垠。揚雄甘泉賦：忽軮軋而無垠。顔師古注：軮軋，遠相映也。坱圠、軮軋音義俱同。

〔盤古〕太平御覽卷二：徐整三五曆紀曰：天地混沌如雞子，盤古生其中，萬八千歲，天地開闢，陽清爲天，陰濁爲地，盤古在其中，一日九變，神于天，聖于地，天日高一丈，地日厚一丈，盤古日長一丈，如此萬八千歲。天數極高，地數極深，盤古極長，後乃有三皇。

〔羲和〕王云：山海經：東南海之外，甘水之間，有羲和之國，有女子名曰羲和。方浴日于甘淵。羲和，帝俊之妻，生十日。郭璞注：羲和，蓋天地始生主日月者也。廣雅：日御謂之羲和。

然後六月一息，至于海湄。欻翳景以横翥，逆高天而下垂。憩乎泱漭之野，入乎汪湟之池。猛勢所射，餘風所吹。溟漲沸渭，巖巒紛披。天吴爲之怵慄，海若爲之躨跜。巨鼇冠山而卻走，長鯨騰海而下馳。縮殼挫鬣，莫之敢窺。吾亦不測其神怪之若此，蓋乃造化之所爲。

【校】

〔海湄〕英華作天池。湄，兩宋本俱作濁，非。

〔翥〕蕭本作楮。王本注云：蕭本作楮。

〔沸渭〕以下直至薦鶵，英華作：丘陵遷移。長鯨扶栗以辟易，巨鼇攝竄而躨跜。窮洪荒之壯觀，浮萬里之清漪。借如羽蟲三百，鳳爲之王。或歎不至，時無望遑。猶迫脅於雲羅，乃賢哲之所傷。彼衆禽之瑣屑，同蟭螟之渺茫。

〔巖巒〕巒，文粹作嶽。

〔怵〕文粹作怞。

〔之若此〕之，蕭本、咸本、文粹俱作而。王本注云：蕭本作而。

【注】

〔海湄〕文選嵇康琴賦：俯闞海湄。吕向注：海湄，海畔也。

〔欻〕音忽。

〔泱漭〕文選司馬相如上林賦：過乎泱漭之野。如淳曰：大貌也。

〔溟漲〕文選謝靈運遊赤石進帆海詩：溟漲無端倪。李周翰注：溟漲皆海也。

〔沸渭〕文選王褒洞簫賦李善注引埤蒼曰：沸渭，不安貌。

〔天吴〕山海經海外東經：朝陽之谷，神曰天吴，是爲水伯。……其爲獸也，八首人面，八足八尾，背皆青黄。

〔海若〕楚辭遠遊：令海若舞馮夷。王逸注：海若，海神名也。

〔躨跜〕文選王延壽魯靈光殿賦：頷若動而躨跜。李善注：躨跜，動貌。

〔巨鼇〕文選左思吴都賦：巨鼇贔屭，首冠靈山。吕向注：巨鼇，大龜也。靈山，海中蓬萊山，而大鼇以首戴之，冠猶戴也。

豈比夫蓬萊之黄鵠，誇金衣與菊裳？恥蒼梧之玄鳳，耀綵質與錦章。既服御于靈仙，久馴擾于池隍。精衛殷勤于銜木，鶢鶋悲愁乎薦觴。天雞警曉于蟠桃，踆烏晣耀于太陽。不曠蕩而縱適，何拘攣而守常？未若兹鵬之逍遥，無厥類乎比方。不矜大而暴猛，每順時而行藏。參玄根以比壽，飲元氣以充腸。戲暘谷而徘徊，馮炎洲而抑揚。

【校】

〔服御〕蕭本作御服。王本注云：蕭本作御服。

〔殷勤〕兩宋本、繆本、咸本俱作勤苦。王本注云：繆本作勤苦。

〔警曉〕曉，兩宋本、繆本、文粹俱作曙。王本注云：繆本作曙。

〔不曠蕩〕以下二句郭本無。

〔玄根〕玄，兩宋本俱作方。

〔充腸〕文粹作爲漿。

【注】

〔黄鵠〕王云：西京雜記：始元元年，黄鵠下太液池，上爲歌曰：黄鵠飛兮下建章，羽肅肅兮行蹡蹡，金爲衣兮菊爲裳。唼喋荷荇，出入蒹葭。自顧菲薄，媿爾嘉祥。按太液池中起三山，以象瀛洲、蓬萊、方丈，故曰蓬萊黄鵠也。

〔精衛〕山海經北山經：……發鳩之山，……有鳥焉，其狀如烏，文首白喙赤足，名曰精衛。其鳴自詨，是炎帝之少女，名曰女娃，女娃遊于東海，溺而不反，化爲精衛，常銜西山之木石，以堙于東海。

〔鶢鶋〕王云：國語：海鳥曰爰居，止于魯東門之外三日，臧文仲使國人祭之。展禽曰：「今茲海其有災乎！夫廣川之鳥獸，恒知而避其災也。」是歲也，海多大風冬暖。莊子：昔者海鳥止于魯郊，魯侯御而觴之于廟，奏九韶以爲樂，具太牢以爲膳。鳥乃眩視憂悲，不敢食一臠，不敢飲一杯，三日而死。

〔天雞〕王云：述異記：東南有桃都山，上有大樹曰桃都，枝相去三千里。上有天雞，日初出照此木，天雞則鳴，天下之雞皆隨之鳴。河圖括地象：桃都山有大桃樹，盤屈三千里，上有金雞，日照則鳴。

〔踆烏〕淮南子精神訓：日中有踆烏。高誘注：踆猶蹲也。謂三足烏。

〔晰〕咸本作晰。△晰音錫。

〔拘攣〕王云：後漢書章懷太子注：拘攣猶拘束也。

〔玄根〕文選盧諶贈劉琨詩：「處其玄根，廓然靡結。」李善注：玄，道也。張衡玄圖曰：玄者無形之類，自然之根。作于太始，莫與爲先。

〔暘谷〕王云：書堯典：分命羲仲，宅嵎夷，曰暘谷。孔安國傳曰：暘，明也，日出于谷而天下明，故稱暘谷。隋書：東曰暘谷，日之所出，西曰濛汜，日之所入。十洲記：炎洲在南海中，地方二千里，去北岸九萬里，亦多仙家。△暘音陽。

俄而希有鳥見謂之曰：偉哉鵬乎，此之樂也。吾右翼掩乎西極，左翼蔽乎東荒。跨躡地絡，周旋天綱。以恍惚爲巢，以虛無爲場。我呼爾遊，爾同我翔。于是乎大鵬許之，欣然相隨。此二禽已登于寥廓，而斥鷃之輩，空見笑于藩籬。

【校】

〔見謂〕文粹見下有而字。

〔右翼〕英華、文粹右左西東均互易。

〔爾同〕同，蕭本、文粹俱作呼。王本注云：蕭本作呼。

〔斥鷃〕斥，兩宋本、繆本俱作尺。王本注云：繆本作尺。

【注】

〔躡〕音聶。

〔地絡〕〔天綱〕王云：地絡者，地之脈絡，謂山川之屬。天綱者，天之綱維，謂南北二極不動之處。

〔寥廓〕漢書卷五七司馬相如傳：猶焦明已翔乎寥廓，而羅者猶視乎藪澤。顔師古注：寥廓，天上寬廣之處。

〔斥鷃〕莊子逍遥遊篇：斥鷃笑之曰。陸德明音義：斥，小澤也，本亦作尺。鷃，鷃雀也，今野澤中鶬鶊是也。

【評箋】

王云：古賦辨體：太白蓋以鵬自比，而以希有鳥比司馬子微。賦家宏衍巨麗之體，楚騷遠遊等作已然。司馬、班、揚猶尚此。此顯出莊子寓言，本自宏闊，太白又以豪氣雄文發之，事與辭稱，俊邁飄逸，去騷頗近。

張道云：太白之希有鳥賦、惜餘春賦，子美之三大禮賦，實可仰揖班、張，俯提徐、庾。（蘇亭詩話）

今人詹鍈云：薛仲邕年譜繫此賦開元十年下，王譜謂此賦未詳作於何年。按衛憑唐王屋山中巖台正一先生廟碣（見全唐文）謂司馬尊師嘗遊勾曲，步華陽之天……登衡山窺華陽之祕。又云：歲乙亥（開元二十三年）夏六月十八日乘空而去。舊唐書司馬承禎傳：開元九年，遣使迎入京，親受道籙。十年，駕還西都，承禎又請還天台山，玄宗賦詩以遣之。十五年，又召至都。玄宗令承禎於王屋山自選形勝，置壇室以居焉。顏真卿茅山玄靖先生廣陵李君碑：開元十七年，從司馬鍊師於王屋山，傳授大法。蓋開元十五年後，承禎即居王屋以迄於終，則其遊衡山當在開元十五年以前。唐大詔令集卷七十四令盧從愿等祭嶽瀆詔：令太常少卿張九齡祭南嶽，下注開元十四年正月。張曲江集登南嶽事畢謁司馬道士詩云：「將命祭靈岳，迴策詣真士。」此司馬道士即承禎也。白之遇承禎於江陵，當在開元十三四年間司馬道士遊衡山之前後。

擬恨賦

晨登太山，一望蒿里。松楸骨寒，宿草墳毁。浮生可嗟，大運同此。于是僕本壯夫，慷慨不歇。仰思前賢，飲恨而没。昔如漢祖龍躍，羣雄競奔。提劍叱咤，指揮中原。東馳渤澥，西漂崑崙。斷蛇奮旅，掃清國步。握瑶圖而倏昇，登紫壇而雄顧。一朝長辭，天下縞素。若乃項王虎鬥，白日争輝。拔山力盡，蓋世心違。聞楚歌之四合，知漢卒之重圍。帳中劍舞，泣挫雄威。騅兮不逝，喑噁何歸？至如荆卿入秦，直度易水。長虹貫日，寒風颯起。遠讐始皇，擬報太子。奇謀不成，憤惋而死。若夫陳后失寵，長門掩扉。日冷金殿，霜淒錦衣。春草罷緑，秋螢亂飛。恨桃李之委絶，思君王之有違。昔者屈原既放，遷于湘流。心死舊楚，魂飛長楸。聽江風之嫋嫋，聞嶺狖之啾啾。永埋骨于渌水，怨懷王之不收。及夫李斯受戮，神氣黯然。左右垂泣，精魂動天。執愛子以長别，嘆黄犬之無緣。或有從軍永訣，去國長違。天涯遷客，海外思歸。此人忽見愁雲蔽日，目斷心飛。莫不攢眉痛骨，拉血霑衣。若乃錯繡轂，填金門。烟塵曉沓，歌鐘晝諠。亦復星沉電滅，閉影潛魂。已矣哉！桂華滿兮明月輝，扶桑曉兮白日飛。玉顔滅兮螻蟻聚，碧臺空兮歌舞稀。與天道兮共盡，莫不委骨而同歸。

【校】

〔太山〕太，兩宋本俱作大。

〔宿草〕兩宋本、繆本、咸本俱作草宿。王本注云：繆本作草宿。

〔指揮〕揮，兩宋本、繆本、咸本俱作麾。王本注云：繆本作麾。

〔奮旅〕旅，兩宋本、繆本、咸本俱作怒。王本注云：繆本作怒。

〔心違〕違，兩宋本、繆本俱作微。

〔喑噁〕噁，兩宋本、繆本、咸本俱作嗚。王本注云：繆本作嗚。

〔江風〕兩宋本、繆本、咸本俱作江楓。王本注云：繆本作楓。

〔永訣〕訣，咸本作決。

〔抆血〕抆，兩宋本俱作杖，非。血，咸本作淚，注云：一作血。

〔玉顏滅〕滅，兩宋本、蕭本、繆本俱作減。王本注云：蕭本作減。

【注】

〔太山〕王云：元和郡縣志：泰山一曰岱宗，在兗州乾封縣西北三十里。蒿里山在乾封縣西北二十五里。一統志：泰山在泰安州北五里，亭禪山在泰安州西南五里，一名蒿里山，上有蒿里祠。古蒿里曲：蒿里誰家地？聚斂魂魄無賢愚。蓋古時蒿里爲塋墓之所，故言葬埋處多借蒿里爲名。猶之九原、北邙也。按：日知録卷三〇：自哀、平之際而讖緯之書出，然後有如遁甲開山圖所云：泰山在左，亢父在右，亢父知生，梁父主死。博物志所云：泰山一曰天孫，言爲天帝之孫，主召人魂魄，知生命之長短者。其見於史者，則後漢書方術傳：許峻自云嘗篤病三年不愈，乃謁泰山請命。烏桓傳：死者神靈歸赤山，赤山在遼東西北數千里，如中國人死者魂神歸泰山也。三國志管輅傳：謂其弟辰曰：但恐至泰山治鬼，不得治生人，如何？而古辭怨詩行云：「齊度遊四方，各繫泰山録。人間樂未央，忽然歸東嶽。」陳思王驅車篇云：「魂神所繫屬，逝者感斯征。」劉楨贈五官中郎將詩云：「常恐游岱宗，不復見故人。」應璩百一詩云：「年命在桑榆，東嶽與我期。」然則鬼論之興其在東京之世乎！此賦中之泰山非實指泰山也。

〔宿草〕禮記檀弓：曾子曰：朋友之墓，有宿草而不哭焉。鄭注：宿草謂陳根也。

〔大運〕文選何晏景福殿賦：乃大運之攸戾。李周翰注：大運，天運也。

〔叱咤〕叱，尺栗切。咤，丑亞切。

〔斷蛇〕史記高祖本紀：高祖以亭長爲縣送徒酈山，……到豐西澤中止飲。夜乃解縱所送徒曰：「公等皆去，吾亦從此逝矣。」徒中壯士願從者十餘人。高祖被酒，夜徑澤中，令一人行前，行前者還報曰：「前有大蛇當徑，願還。」高祖醉曰：「壯士行何畏？」乃前拔劍擊斬蛇，蛇遂分爲兩，徑開，行數里，醉因卧。後人來至蛇所，有一老嫗夜哭。人問何哭，嫗曰：「人殺吾子，故哭之。」人曰：「嫗子何爲見殺？」嫗曰：「吾子白帝子也，化爲蛇當道，今爲赤帝子斬之。」人以嫗爲不誠，欲笞之，嫗忽不見。後人至，高祖覺。後人告高祖，高祖乃心獨喜自負。又漢書叙傳：爰兹發跡，斷蛇奮旅。神母告符，朱旗乃舉。

〔紫壇〕王云：藝文類聚：漢舊儀曰：皇帝祭天，紫壇帷幄。楊升菴曰：漢行宫用紫泥爲壇，齊、梁郊祀歌所謂紫壇也。

〔項王〕史記項羽本紀：項王軍壁垓下，兵少食盡，漢軍及諸侯兵圍之數重。夜聞漢軍四面皆楚歌，項王乃大驚曰：「漢皆已得楚乎？是何楚人之多也！」……起飲帳中，有美人名虞，常幸從，駿馬名騅，常騎之。于是項王乃悲歌慷慨，自爲詩曰：「力拔山兮氣蓋世，時不利兮騅不逝。騅不逝兮可奈何，虞兮虞兮奈若何！」歌數闋，美人和之。項王泣數行下，左右皆泣，莫能仰視。于是項王乃上馬騎，直夜潰圍南出馳走。平明，漢軍乃覺之，令騎將灌嬰以五千騎追之。項王……自度不得脱，……乃自刎而死。

〔騅〕音追。

〔喑噁〕史記淮陰侯列傳：項王喑噁叱咤，千人皆廢。索隱：喑噁，懷怒氣也。

〔荆卿〕戰國策燕策：燕太子丹質于秦，亡歸，見秦且滅六國，兵已臨易水，恐其禍至。……荆軻見太子，……太子曰：「丹之私計，以爲誠得天下之勇士，使于秦，劫秦王，使悉反諸侯之侵地，……不可，因而刺殺之。……此丹之上願，……唯荆卿留意焉。」荆軻……許諾，……燕國有勇士秦武陽，年十三，殺人，人不敢忤視。乃令秦武陽爲副。……太子賓客知其事者，皆白衣冠以送之，至易水上。既祖取道，高漸離擊筑，荆軻和而歌，爲變徵之聲，士皆垂淚涕泣。又前而爲歌曰：「風蕭蕭兮易水寒，壯士一去兮不復還。」復爲慷慨羽聲，士皆瞋目，髮盡上衝冠。于是荆軻遂就車而去，終已不顧。……至秦，……秦王見燕使者咸陽宫，荆軻奉樊於期之頭函，秦武陽奉地圖匣，以次進。至陛，秦武陽色變振恐，羣臣怪之。荆軻顧笑武陽，前爲謝曰：「北蠻夷之鄙人，未嘗見天子，故振慴，願大王少假借之。」……軻既取圖奉之，發圖，圖窮而匕首見，因左手把秦王之袖，而右手持匕首揕抗之。未至身，秦王驚，自引而起，袖絶，拔劍，……劍堅……不可立拔，……環柱而走，……卒惶急不知所爲。左右乃曰：「王負劍！王負劍！」遂拔以擊荆軻，斷其左股。荆軻廢，乃引匕首以提秦王，不中，中柱。秦王復擊軻，被八創，軻自知事不就，倚柱而笑，箕踞以罵曰：「事所以不成者，乃欲以生劫之。必得約契以報太子也。」……左右……前斬荆軻。如淳史記注：列士傳曰：荆軻發後，太子自相氣見虹貫日不徹，曰：吾事不成矣。後聞軻死，事不立，曰：吾知其然也。

〔颯〕音悉合切。

〔陳后〕漢書外戚傳：孝武陳皇后……擅寵驕貴十餘年而無子，……又挾婦人媚道，頗覺，……

上遂窮治之。……使有司賜皇后策，……罷，退居長門宫。

〔屈原〕王云：楚辭章句：屈原與楚同姓，仕于懷王，爲三閭大夫。同列大夫上官、靳尚妒害其能，共譖毁之。王乃疏屈原，屈原執履忠貞而被讒衺，憂心煩亂，不知所愬，乃作離騷經。是時秦昭王使張儀譎詐懷王，令絶齊交，又使誘楚，請與俱會武關，遂脅與俱歸，拘留不遣，卒客死于秦。其子襄王復用讒言，遷屈原于江南。屈原放在山野，復作九章，援天引聖，以自證明，終不見省，不忍以清白久居濁世，遂赴汨淵自沉而死。楚辭漁父云：屈原既放，遊于江潭，蓋原所遷之地，在江之南，湘水經流之處也。

〔長楸〕王云：九章云：望長楸而太息兮，涕淫淫其若霰。王逸注：長楸，大梓也。言顧望楚都，見其大道長樹，悲而太息，涕下淫淫如雨霰也。又九歌云：嫋嫋兮秋風。王逸注：嫋嫋，秋風摇木貌。

〔嶺狖〕王云：九歌云：猿啾啾兮狖夜鳴。劉逵三都賦注：異物志曰：狖，猿類，露鼻，尾長四五尺，樹上居。雨則以尾塞鼻。建安臨海北有之。△狖音又。

〔渌水〕王云：韻會：渌，水清也。張衡東京賦：渌水澹澹。太白詩中多用渌水字，疑本此。或有改作緑水者，非是。

〔李斯〕史記李斯列傳：二世二年七月，具（李）斯五刑論，腰斬咸陽市。斯出獄，與其中子俱執，顧謂其中子曰：「吾欲與若復牽黄犬，出上蔡東門，逐狡兔，豈可得乎？」遂父子相哭而夷三族。

〔拭〕文選江淹別賦：拭血相視。李善注：拭，拭也。△拭音問。

〔桂華〕酉陽雜俎卷一天咫：舊言月中有桂有蟾蜍，故異書言月桂高五百丈，下有一人常斫之，樹創隨合。人姓吴名剛，西河人，學仙有過，謫令伐樹。

【評箋】王云：古恨賦，齊、梁間江淹所作，爲古人志願未遂抱恨而死者致慨。太白此篇，段落句法，蓋全擬之，無少差異。酉陽雜俎：李白前後三擬文選，不如意，輒焚之，惟留恨、別賦，今別賦已亡，惟存恨賦矣。

惜餘春賦

天之何爲令北斗而知春兮，迴指于東方。水蕩漾兮碧色，蘭葳蕤兮紅芳。試登高而望遠，極雲海之微茫。魂一去兮欲斷，淚流頰兮成行。吟清風而咏滄浪，懷洞庭兮悲瀟湘。何余心之縹緲兮，與春風而飄揚。飄揚兮思無限，念佳期兮莫展。平原萋兮綺色，愛芳草兮如剪。惜餘春之將闌，每爲恨兮不淺。漢之曲兮江之潭，把瑶草兮思何堪？想遊女于峴北，愁帝子于湘南。恨無極兮心氳氳，目眇眇兮憂紛紛。披衞情于淇水，結楚夢于陽雲。春每歸兮花開，花已闌兮春改。嘆長河之流速，送馳波于東海。春不留兮時已失，老衰颯兮逾疾。恨不得掛長繩于青天，繫此西飛之白日。若有人兮情相親，去南國兮往西秦。見遊絲之横路，網春輝以留人。沈吟兮哀歌，躑躅兮傷別。送行子之將遠，看征鴻之稍滅。醉愁心于垂楊，隨柔條以糾結。望夫君兮咨嗟，横涕淚兮怨春華。遥寄影于明月，送夫君于天涯。

【校】

〔望遠〕英華作遠望，注云：一作望遠。

〔欲斷〕欲，英華作目，注云：一作欲。

〔流頩〕頩，英華作顔，注云：一作頩。

〔清風〕風，繆本作楓。王注云：繆本作楓。

〔余心〕文粹作餘心。

〔飄揚句〕此句英華作思飄揚兮無限。

〔無限〕限，兩宋本俱作垠。

〔恨兮〕兮，英華作而。

〔恨無極〕英華作悵無晤，注云：一作恨無極。

〔氲氲〕英華作氤氳。

〔流速〕速，兩宋本、繆本、文粹俱作春。英華作春，注云：一作速。王本注云：繆本作春。

〔兮逾疾〕英華逾上有情字。文粹作而情逾在。

〔遥寄影〕蕭本作寄遥影。

【注】

〔知春〕王云：鶡冠子：斗柄東指，天下知春。何休公羊傳注：昏斗指東方曰春，指南方曰夏，指西方曰秋，指北方曰冬。

〔蕤〕王云：廣韻：葳蕤，草木花垂貌。△蕤，儒追切。

〔滄浪〕王云：韻會：江水出荆山，東南流爲滄浪之水。括地志云：水出嶓冢山，爲沮、爲瀁、爲沔、爲漢，至均州爲滄浪之水。楚辭漁父：歌曰：滄浪之水清兮，可以濯吾纓。滄浪之水濁兮，可以濯吾足。

〔洞庭〕王云：一統志：洞庭湖在岳州府城西南。禹貢：九江孔殷。注云：即洞庭也。沅、漸、元、辰、叙、酉、澧、濱、湘九水，皆合于此，故名九江。又九江沅、濱、湘最大，皆自南而入，荆江自北而過，洞庭瀦其間，名爲五瀦。戰國策云：秦與荆戰，大破之，取洞庭五瀦，是也。每歲六七月間，岷峨雪消水暴漲，自荆江逆入洞庭，清流爲之改色。瀟水源出九疑山，南流至三江口，東北與逌水合，又東北流至永州府城外，北流至湘口，會于湘。湘水源出廣西興安縣陽海山。西北流至永州，與瀟水合，曰瀟湘。至衡陽，與蒸水合，曰蒸湘。至沅州，與沅水合，曰沅湘。會衆流以達洞庭。

〔闌〕王云：韻會：闌，晚也，又盡也，衰也。

〔江之潭〕王云：張衡南都賦：遊女弄珠于漢皋之曲。楚辭：屈原既放，遊于江潭。漢曲，謂漢水灣曲處，江潭，謂湘江深匯處。

〔瑶草〕蕭云：山海經中山經曰：姑瑶之山，帝女死焉，化爲瑶草，其葉胥成，其花黄，其實如兔絲，服者媚於人。王云：瑶草，草之珍美者，故以美玉喻之，猶琪花玉樹之謂。江淹詩：瑶草正翕赩。

〔遊女〕詩周南漢廣：漢有遊女，不可求思。

〔峴北〕王云：太平寰宇記：峴山在襄州襄陽縣南十里。△峴音顯。

〔帝子〕楚辭湘夫人：帝子降兮北渚，目眇眇兮愁余。王逸注：帝子謂堯女也。堯二女，娥皇女英，隨舜不反，墮于湘水之渚，因爲湘夫人。

〔淇水〕詩衛風竹竿：淇水在右，泉源在左。巧笑之瑳，佩玉之儺。

〔陽雲〕文選宋玉高唐賦：昔者楚襄王與宋玉遊于雲夢之臺，玉曰：「昔者先王遊于高唐，怠而晝寢，夢見一婦人曰：妾在巫山之陽，高丘之岨。旦爲朝雲，暮爲行雨。朝朝暮暮，陽臺之下。旦朝視之，如言，故爲立廟，號曰朝雲。」王云：江淹詩：相思巫山渚，悵望陽雲臺。一統志：陽臺山在夔州府巫山縣治北，高百丈，上有陽雲（志作雲陽）臺遺趾。陽雲臺即陽臺也。

〔白日〕王云：傅玄詩：「歲暮景邁羣光絶，安得長繩繫白日？」

〔若有人〕楚辭九歌山鬼：若有人兮山之阿。

〔躑躅〕王云：韻會：躑躅，駐足也。△音擲逐。

〔夫君〕楚辭九歌雲中君：思夫君兮太息。

愁陽春賦

東風歸來，見碧草而知春。蕩漾惚怳，何垂楊旖旎之愁人？天光青而妍和，海氣緑而芳新。野綵翠兮阡眠，雲飄颻而相鮮。演漾兮夤緣，窺青苔之生泉。縹緲兮翩緜，見遊絲之縈煙。魂與此兮俱斷，醉風光兮悽然。若乃隴水秦聲，江猿巴吟。明妃玉塞，楚客楓林。試登高而望遠，痛切骨而傷心。春心蕩兮如波，春愁亂兮如雪。兼萬情之悲歡，兹一感于芳節。若有一人兮湘水濱，隔雲霓而見無因。灑别淚於尺波，寄東流于情親。若使春光可攬而不滅兮，吾欲贈天涯之佳人。

【校】

〔青〕蕭本作清。王本注云：蕭本作清。

〔野〕蕭本、咸本俱無此字。

〔阡眠〕兩宋本、繆本俱作芊緜。王本注云：繆本作芊緜。

〔飄颻〕兩宋本、繆本、咸本俱作飄颻。王本注云：繆本作飄飄。

〔青苔〕青，兩宋本、繆本、王本俱注云：一作新。

〔醉〕兩宋本、繆本、王本俱注云：一作對。

〔痛切〕兩宋本、繆本、王本俱注云：一作咸痛。

〔如波〕如，兩宋本俱作始。

〔茲一〕茲，才調注云：一作紛。

〔若有一人〕兩宋本、繆本、王本俱注云：一作我所思。

〔不滅〕兩宋本俱作花成。

【注】

〔旖旎〕王云：韻會：旖旎，柔弱貌。

〔阡眠〕王云：廣韻：阡眠，廣遠也。按：方以智通雅卷九云：瑉瑉通作芊芊、阡阡、仟仟。説文：瑉，望山谷，瑉瑉，青也。芊，草盛也。箋引陸機賦青麗瑉眠，今文選作精麗芊眠。……李白賦：移草兮芊眠。

〔演漾〕王云：演漾，水流而動貌。

〔夤緣〕王云：韻會：夤緣，連絡也。△夤音寅。

〔隴水〕後漢書郡國志：隴州有大阪名隴坻。劉昭注：三秦記：其坂九迴，不知高幾許。欲上者七日乃越，高處可容百餘家，清水四注下。郭仲産秦川記曰：隴山東西百八十里，登山嶺東望秦川四五百里，極目泯然，山東人行役昇此而顧瞻者，莫不悲思。故歌曰：「隴頭流水，分離四下。念我行役，飄然曠野。登高望遠，涕零雙墮。」

〔江猿〕水經注江水：常有高猿長嘯，屬引凄異。空谷傳響，哀轉久絶，故漁者歌曰：「巴東三峽猿鳴悲，猿鳴三聲淚沾衣。」

〔明妃〕王云：明妃即昭君也。晉人以文帝諱昭，改稱明君，後人又改爲明妃。藝文類聚：琴操曰：王昭君者，齊國人也。顔色皎潔，聞于國中。獻于孝元帝，訖不幸納。積五六年，昭君心有怨曠，僞不飾其形容。元帝每歷後宫，疎略不過其處。後單于遣使者朝賀，元帝陳設倡樂，令後宫粧出，昭君怨恚日久，乃便脩飾善粧盛服光暉而出，俱列坐，元帝謂使者曰：「單于何所願樂？」對曰：「珍奇怪物，皆悉自備，唯婦人醜陋，不如中國。」乃令後宫欲至單于者起。昭君喟然越席而前曰：「妾幸得備在後宫，粗醜卑陋，不合陛下之心，誠願得行。」帝大驚，悔之，良久，太息曰：「朕已誤矣。」遂以與之。昭君至單于，心思不樂，乃作怨曠思惟歌曰：「秋木萋萋，其葉萎黄。有鳥處山，集于苞桑。養育毛羽，形容生光。既得昇雲，遊倚曲房。離宫絶曠，身體摧藏。志念抑沉，不得頡頏。雖得餧食，心有徊徨。我獨伊何？改往變常。翩翩之鷰，遠集西羌。高山峨峨，河水泱泱。父兮母兮，道里悠長。嗚呼哀哉！憂心惻傷。」謝莊舞馬賦：乘玉塞而歸寳。玉塞謂玉門關，乃入西域之路。昭君入胡之路，未必由此，蓋借作邊塞字用耳。按日知録卷七：李太白詩：「漢家秦地月，流影照明妃。一上玉關道，天涯去不歸。」按史記言：匈奴左方王將直上谷以東，右方王將直上郡以西，而單于之庭，直代、雲中。漢書言：呼韓邪單于自請留居光禄塞下，又言：天子遣使，送單于出朔方雞鹿塞（原注：今在河套内。）後單于竟北歸庭。乃知漢與匈奴往來之道，大抵從雲中、五原、朔方。明妃之行，亦必出此。故江淹之賦李陵，但云，情往上郡，心留雁門。而玉關與西域相通，自是公主嫁烏孫所經。太白誤矣。顔氏家訓謂，文章地理，必須愜當，其論梁簡文雁門太守行而言日逐康居，大宛月氏，蕭子暉隴頭水而云北注黄龍，東流白馬。沈存中論白樂天長恨歌：「峨眉山下少人行」，謂峨眉在嘉州，非幸蜀路。文人之病，蓋有同者。

〔楓林〕王云：楚辭：宋玉憐哀屈原忠而斥棄，愁懣山澤，魂魄放佚，厥命將落，故作招魂，欲以復其精神，延其年壽。其卒章曰：「湛湛江水兮上有楓，目極千里兮傷春心。」王逸注：言湛湛江水浸潤楓木，使之茂盛，傷己不蒙君惠而身放棄，曾不若樹木得其所也。或曰：水旁林木中，鳥獸所聚，不可居也。

〔尺波〕文選劉孝標重答劉秣陵沼書：尺波電謝。李善注：陸機詩：「寸陰無停晷，尺波豈徒旋。」

【評箋】

王云：古賦辨體：先用連綿字以起下句之意，是學九辯第一首，若乃以下則是梁、陳體。

悲清秋賦

登九疑兮望清川，見三湘之潺湲。水流寒以歸海，雲横秋而蔽天。余以鳥道計于故鄉兮，不知去荆吴之幾千。于時西陽半規，映島欲没。澄湖練明，遥海上月。念佳期之浩蕩，渺懷燕而望越。荷花落兮江色秋，風嫋嫋兮夜悠悠。臨窮溟以有羡，思釣鼇于滄洲。無修竿以一舉，撫洪波而增憂。歸去來兮人間不可以託些，吾將採藥于蓬丘。

【校】

〔託些〕些，兩宋本俱作此。

【注】

〔九疑〕王云：史記正義：括地志云：九疑山在永州唐興縣東南一百里。太平御覽：湘中記曰：九疑山在營道縣，九山相似，行者疑惑，因名九疑。盛弘之荆州記曰：九疑山盤基數郡之界，連峯接岫，競秀争高，含霧卷霞，分天隔日。

〔三湘〕王云：隋書五行志：巴陵南有地名三湘。太平寰宇記：湘潭、湘鄉、湘源，是爲三湘。岳州府志：三湘浦在臨湘縣南四十五里。湘中記曰：湘水至清，深五六丈，下見底了了，石子如樗蒲，白沙如雪霜，赤岸如朝霞。湖嶺之間，湘水貫之，凡水皆會焉，無出湘之右者。與瀟水合則曰瀟湘，與蒸水合則曰蒸湘，與沅水合則曰沅湘，故謂之三湘。琦按：湘水源出廣西桂林府，東北流至湖廣永州府城西，瀟水自南來會焉。至衡州府城東，蒸水自西南來會焉。又北流環長沙府城，東北至湘陰縣，達青草湖而入于洞庭，凡行二千五百餘里，大小諸水會入者頗衆。若沅水則不與湘會而自入于洞庭，雖沅湘之稱，起自屈平，但雙舉二水，並未言其會同相合也。三湘之名，恐未必由此。

〔潺湲〕王云：廣韻：潺湲，水流貌。△潺，士山切；湲，于權切。

〔西陽〕王云：西陽謂西落之日，其半爲峯所蔽，僅見其半，如半規然。謝靈運詩：遠峯隱半規。蕭云：意太白時在荆湘，故懷燕而望越也。

〔上月〕王云：謝惠連詩：分袂澄湖陰。古賦辨體：澄湖練明遥海上月，與赤壁賦人影在地仰見明月語意同謂之倒語。若云遥海上月澄湖練明，仰見明月人影在地，語意一順，意味大減。琦按：太白故鄉在西蜀，而荆、吴則其東也，燕地居北，越地居南，蓋登高而徧覽四方之意。翻作兩層抒寫，便覺變幻不可測。

〔釣鼇〕王云：楚辭九歌：嫋嫋兮秋風。又九辯：襲長夜之悠悠。木華海賦：翔天沼，戲窮溟。窮溟，即莊子所云窮髮之北溟海也。漢書：古人有言曰：臨淵羨魚，不如退而結網。列子：龍伯之國有大人，舉足不盈數步，而暨五山之所，一釣而連六鼇。阮籍爲鄭沖勸晉王牋：臨滄洲而謝支伯，登箕山以揖許由。滄洲謂滄海中之洲渚也。

〔託些〕王云：楚辭招魂：歸來歸來，不可以託些。朱子注：些，説文云語辭也。沈存中云：今夔、峽、湖、湘及南北江獠人凡禁呪句尾皆云些，乃楚人舊俗。

〔蓬丘〕王云：十洲記：蓬丘，蓬萊山也。對東海之東北岸，周迴五千里。

【評箋】

王云：古賦辨體：太白諸短賦，雕脂鏤冰，是江文通别賦等篇步驟。

劍閣賦

咸陽之南直望五千里，見雲峯之崔嵬。前有劍閣横斷，倚青天而中開。上則松風蕭颯瑟颸，有巴猿兮相哀。旁則飛湍走壑，灑石噴閣，洶湧而驚雷。送佳人兮此去，復何時兮歸來？望夫君兮安極？我沉吟兮歎息。視滄波之東注，悲白日之西匿。鴻別燕兮秋聲，雲愁秦而暝色。若明月出于劍閣兮，與君兩鄉對酒而相憶。

【校】

〔題〕此下王本云：原注：送友人王炎入蜀。繆本、兩宋本無原注二字。注中之入字，兩宋本俱訛作乂。

【注】

〔劍閣〕王云：通志地理略：劍閣在劍州普安縣界，今謂之劍門。左思蜀都賦：緣以劍閣，阻以石門。劉逵注：劍閣，谷名，自蜀通漢中道一由此。背有閣道，在梓潼郡東北。一統志：劍閣在劍州北三十里，兩岸峻拔，鑿石架閣而爲棧道，連山絶險，故謂之劍閣。秦司馬錯由此道伐蜀。並參見卷八上皇西巡南京歌十首注。

〔咸陽〕王云：通典：京兆郡咸陽縣東十五里有故咸陽城，秦所都也。三輔黄圖：咸陽在九嵕山渭水北，山水俱在南，故名咸陽。今文士概指秦地曰咸陽也。

〔颸〕王云：韻會：颸颸，風貌。△颸音聿。

〔巴猿〕見本卷愁陽春賦注。

【評箋】

王云：古賦辨體：其前有「上則」「旁則」等語是擘歛上林、兩都鋪叙體格，而裁入小賦，所謂「天昊與紫鳳，顛倒在短褐」者歟！故雖以小賦亦自浩蕩而不傷儉陋。蓋太白天才飄逸，其爲詩也，或離舊格而去之，其賦亦然。

明堂賦 并序

昔在天皇，告成岱宗，改元乾封。經始明堂，年紀總章。時締構之未集，痛威靈之遐邁。天后繼作，中宗成之。因兆人之子來，崇萬祀之丕業。蓋天皇先天，中宗奉天。累聖纂就，鴻勳克宣。臣白美頌，恭惟述焉。其辭曰：

【校】

〔未集〕集，兩宋本、繆本、咸本俱作輯。王本注云：繆本作輯。

【注】

〔明堂〕王云：册府元龜：唐高宗上元元年八月，皇帝稱天皇，皇后稱天后，以避先帝先后之稱。舊唐書高宗本紀：麟德三年春正月戊辰朔，車駕至泰山頓，是日親祀昊天上帝于封祀壇，以高祖太宗配享。己巳，帝升山，行封禪之禮。庚午，禪于社首，祭皇地祇，以太穆太皇太后、文德皇太后配享。壬申，御朝覲壇，受朝賀，改麟德三年爲乾封元年。乾封三年二月丙寅，以明堂制度歷代不同，漢、魏以還，彌更訛舛。遂增損古今，新制其圖，下詔大赦，改元爲總章元年。初學記：太山，五經通義云：一曰岱宗，言王者受命易姓，報功告成，必于岱宗也。岱者，代也，東方萬物始交代之處。宗，長也，言爲羣岳之長。王又云：按新、舊唐書及通鑑：隋無明堂，季秋大享，常寓雩壇。唐高祖、太宗時，寓于圜丘。高宗永徽二年，勅令所司與禮官學士考覈故事，造立明堂。于是太常博士柳宣依鄭玄義，以爲明堂之制，當爲五室。内直丞孔志約據大戴禮及盧植、蔡邕等義，以爲九室。諸儒紛争，互有不同。乾封二年二月，詔以製造明堂，宜及時起作，于是大赦天下，改元爲總章，分萬年縣置明堂縣，示必欲立之，而議者益紛然。乃下詔率意班其制度，至取象黄琮，上設鴟尾，其言益不經，而明堂亦不能立。則天臨朝，儒者屢上言請創立明堂，則天以高宗遺意，乃與北門學士議其制，盡棄羣言。垂拱三年春，毁東都之乾元殿，以其地立明堂。爲三層，下層象四時，各隨方色，中層法十二辰，上層法二十四氣。凡高二百九十四尺，廣三百尺。明堂以下，圜繞施鐵渠，以爲辟雍之象。四年正月，明堂成，號萬象神宫。證聖元年正月，爲火所焚，又令重造，規模率小于舊制。其上施一金塗鐵鳳，高一丈，後爲大風所損，更爲銅火珠，羣龍奉之。天册萬歲二年三月，重造明堂成，號爲通天宫。玄宗開元五年，幸東都，將行大享之禮。以武太后所造明堂，有乖典制，遂依舊拆改爲乾元殿。訖唐之世，季秋大享，皆寓圜丘。太白此賦，蓋在開元五年未復改乾元殿以前所作者也。考賦中所言，多係書傳所載古時規模制度，與則天所造明堂，或有不同。蓋身在遠方，聞其事而賦之，固未親至東都，得之目見。以古準今，約當如是以修詞焉耳。

〔子來〕詩大雅靈臺：經始勿亟，庶民子來。

〔先天〕易繫辭傳：先天而天弗違，後天而奉天時。孔穎達正義：先天而天勿違者，若在天時之先行事，天乃在後不違，是天合大人也。後天而奉天時者，若在天時之後行事，能奉順上天，是大人合天也。

伊皇唐之革天創元也，我高祖乃仗大順，赫然雷發以首之。于是横八荒，漂九陽，掃叛换，開混茫。景星耀而太階平，虹蜺滅而日月張。

【校】

〔叛换〕叛，蕭本作畔。换，郭本、咸本作涣。按：二字均通。

【注】

〔革天〕王云：革天謂改革天命，創元謂創造基業之始。

〔大順〕文選劉琨勸進表：抗明威以攝不類，仗大順以肅宇内。

〔九陽〕楚辭遠遊：夕晞予身兮九陽。王逸注：九陽謂天地之涯。按：洪興祖補注：仲長統云：沆瀣當餐，九陽代燭。注云：九陽，日也。

〔叛換〕王云：漢書：項氏畔換。顔師古注：畔換，强恣之貌，猶言跋扈也。詩大雅皇矣篇曰：無然畔換。

〔混茫〕王云：子華子：混茫之初，是名太初。此喻隋季擾亂，有若混沌茫昧之世也。

〔景星〕王云：史記：天精而見景星。景星者，德星也。其狀無常，常出于有道之國。孟康注：精，明也，有赤方氣與青方氣相連，赤方中有兩黄星，青方中有一黄星，凡三星合爲景星。宋書：景星，大星也，狀如半月，生于晦朔，助月爲明。太平御覽：孫氏瑞應圖曰：景星者，星之精也，先後月出于西方。王者不私人以官，使賢者在位則見，佐月爲明。

〔太階〕漢書東方朔傳：願陳泰階六符以觀天變。孟康注：泰階，三台也，每台二星，凡六星。應劭注：黄帝泰階六符經曰：泰階者天之三階也，上階爲天子，中階爲諸侯公卿大夫，下階爲士庶人。上階上星爲男主，下星爲女主。中階上星爲諸侯三公，下星爲卿大夫，下階上星爲元士，下星爲庶人。三階平，則陰陽和，風雨時，社稷神祇咸獲其宜，天下大安，是爲太平。三階不平，則五神乏祀，日有食之，水潤不浸，稼穡不成，冬雷夏霜，百姓不寧，故治道傾。

〔虹蜺〕晉書天文志：虹蜺，日旁氣也。斗之亂精，主惑心，主内淫，主臣謀君，天子詘，后妃顓，妻不一。

欽若太宗，繼明重光。廓區宇以立極，綴蒼顥之頹綱。淳風沕穆，鴻恩滂洋。

武義烜赫于有截，仁聲馺䮶乎無彊。

【校】

〔顥〕兩宋本、繆本俱作昊。王本注云：繆本作昊。

〔䮶〕蕭本、咸本俱作沓。王本注云：蕭本作沓。

【注】

〔欽若〕書堯典：欽若昊天。

〔繼明〕易離卦：大人以繼明照于四方。

〔重光〕書顧命：昔君文王武王宣重光。

〔蒼顥〕王云：班固答賓戲：超忽荒而躆顥蒼。顔師古注：顥，顥天也，元氣顥汗，故曰顥天。其色蒼蒼，故曰蒼天。晉書：振千載之頹綱，落周孔之繩網。穀梁傳疏：上下無序，綱紀頹壞，故曰頹綱。

〔沕穆〕王云：賈誼鵩賦，沕穆無窮兮，胡可勝言。顔師古注：沕穆，深微貌。李善注：沕穆，不可分别也。

〔烜赫〕蕭云：按詩：赫兮咺兮，咺字當作烜。爾雅釋詩者曰，赫兮烜兮者，威儀也。郭璞注云：貌光宣。陸德明音義曰：赫，火格反。烜，吁遠反。烜者，光明宣著。唐、宋以前詩之咺字皆作烜，今作咺者，緣宋朝舊諱故改之耳。

〔有截〕詩商頌長發：海外有截。鄭箋：截，整齊也。四海之外率服，截爾齊整。

〔駛騁〕王云：廣韻：駛騁，馬行也。喻仁聲之流行，如馬行之疾速也。周易：牝馬地類，行地無疆。△駛騁音颯踏。

若乃高宗紹興，祐統錫羡。神休旁臻，瑞物咸薦。元符剖兮地珍見。既應天以順人，遂登封而降禪。將欲考有洛，崇明堂。惟厥功之未輯兮，乘白雲于帝鄉。天后勤勞輔政兮，中宗以欽明克昌。遵先軌以繼作兮，揚列聖之耿光。

【校】

〔以順人〕以，蕭本作而。王本注云：蕭本作而。

【注】

〔錫羡〕文選揚雄甘泉賦：𠦝胤錫羡，拓跡開統。李善注：應劭曰：錫，與也。羡，饒也。……言神明饒與福祥也。

〔神休〕甘泉賦：雍神休，尊明號。李善注：晉灼曰：休，美也。言見祐護以休美之祥也。

〔元符〕文選揚雄長楊賦：方將俟元符。李善注：晉灼曰：元符，大瑞也。

〔順人〕易革卦：湯、武革命，順乎天而應乎人。

〔登封〕文選張衡東京賦：登封降禪，則齊德乎黄軒。薛綜注：登謂上太山封土，降謂下禪梁父也。

〔未輯〕王云：輯，集也。古字通用。

〔帝鄉〕莊子天地篇：千歲厭世去而上仙，乘彼白雲，至于帝鄉。

〔欽明〕書堯典：欽明文思。僞孔安國傳：欽，敬也。

〔耿光〕書立政：以覲文王之耿光。

則使軒轅草圖，羲和練日。經之營之，不綵不質。因子來于四方，豈殫稅于萬室？乃準水臬，攢雲榤。罄玉石于隴坂，空瓌材于瀟湘。巧奪神鬼，高窮昊蒼。聽天語之察察，擬帝居之將將。雖暫勞而永固兮，始聖謨于我皇。

【校】

〔將將〕兩宋本、繆本、咸本俱作鏘鏘。王本注云：繆本作鏘鏘。按：此用詩大雅緜之文，作鏘者非。

【注】

〔軒轅〕漢書郊祀志：上欲治明堂奉高旁，未曉其制。濟南人公玉帶上黄帝時明堂圖。

〔練日〕王云：孔安國書傳：重黎之後，羲氏、和氏世掌天地四時之官。漢書郊祀歌：練時日，候有望。顔師古注：練，選也。

〔水臬〕王云：周禮匠人：建國水地以縣，置槷以縣，眂以景。鄭康成注：于四角立植而縣以水，望其高下，高下既定，乃爲位而平地。槷，古文臬假借字，于所平之地中央樹八尺之臬以懸正之，眂之以其景，將以正四方也。何晏景福殿賦：制無細而不協于規景，作無微而不違于水臬。

〔隴坂〕王云：通典：天水郡有大坂，名曰隴坻，亦曰隴山。三秦記曰：其坂九迴，上者七日乃越。顔師古漢書注：隴坻謂隴坂，即今之隴山也。

〔瀟湘〕王云：圖經：瀟水去零陵縣三十里，源出九疑山，至永與湘水合。湘水在零陵縣北十五里，其原自全來，與瀟水合。二水合流謂之瀟湘。

〔將將〕詩大雅緜：乃立應門，應門將將。毛傳：將將，嚴正也。

觀夫明堂之宏壯也，則突兀曈曨，乍明乍蒙。若大古元氣之結空。巃嵸頹沓，若嵬若嶪。似天闕地門之開闔。爾乃劃岩巔以嶽立，郁穹崇而鴻紛。冠百王以垂動，燭萬象而騰文。寥惚恍以洞啓，呼嵌巖而傍分。又比乎崑山之天柱，矗九霄而垂雲。

【校】

〔若大古〕兩宋本、蕭本、咸本、繆本俱無若字。郭本若作像。王本注云：蕭本、繆本俱脱若字。

〔以垂動〕以，兩宋本、繆本、咸本俱作而。王本注云：繆本作而。

【注】

〔曈曨〕說文：曈曨，日欲明也。

〔巃嵸〕文選司馬相如上林賦：巃嵸崔巍。郭璞注：皆高峻貌。△嵸音聳，又音宗。

〔若嵬若嶪〕文選張衡西京賦：狀嵬峩以岌嶪。張銑注：嵬峩岌嶪，高壯貌。

〔峷嶺〕文選木華海賦：啓龍門之峷嶺。李善注：峷嶺，高貌。△峷嶺音宅額。

〔天柱〕神異經：崑崙之山有銅柱焉，其高入天，所謂天柱也，圍三千里，圓如削。

〔矗〕王云：韻會：矗，聳上貌。

〔九霄〕王云：沈約詩：「託慕九霄中。」張銑注：九霄，九天仙人所居也。按道書：九霄之名，謂赤霄、碧霄、青霄、絳霄、黅霄、紫霄、練霄、玄霄、縉霄也。一説以神霄、青霄、碧霄、丹霄、景霄、玉霄、琅霄、紫霄、大霄爲九霄。

于是結構乎黄道，岧嶤乎紫微。絡勾陳以繚垣，闢閶闔而啓扉。崢嶸嶒嶷，粲宇宙兮光輝。崔嵬赫奕，張天地之神威。

【注】

〔黄道〕晉書天文志：黄道，日之所行也。半在赤道外，半在赤道内。

〔岧嶤〕王云：岧嶤、崢嶸、嶒嶷、崔嵬，並言山之高峻，借以喻室之高峻也。△岧音條，嶒音層。

〔紫微〕王云：李善文選注：七略曰：王者師天體地而行，是以明堂之制，内有太室象紫微宫，南出明堂象太微。

〔勾陳〕王云：西都賦：周以鉤陳之位。李周翰注：鉤陳，星名，衛紫微宫。今離宫别衛以取象焉。

〔閶闔〕楚辭離騷：倚閶闔而望予。王逸注：閶闔，天門也。洪興祖補曰：天文大象賦曰：儼閶闔以洞開。注云：宫牆兩藩正南開如門象者曰閶闔門。淮南子曰：排閶闔，淪天門。注云：閶闔，始升天之門也；天門，上帝所居紫微宫門也。説文云：閶，天門也。闔，門扇也。楚人名門曰閶闔。文選注云：閶闔，天門也，王者因以爲門，屈原亦以閶闔喻君門也。

夫其背泓黄河，垠瀨清洛。太行卻立，通谷前廓。遠則標熊耳以作揭，豁龍門以開闢。點翠綵于鴻荒，洞清陰乎羣山。及乎煙雲卷舒，忽出乍没。岌嵩噴伊，倚日薄月。雷霆之所鼓蕩，星斗之所伍扢。挐金龍之蟠蜿，挂天珠之硉矶。

【校】

〔鴻荒〕鴻，兩宋本、繆本俱作洪。王本注云：繆本作洪。

〔扢〕蕭本作仡。王本注云：蕭本作仡。

〔矶〕蕭本作兀。王本注云：蕭本作兀。

【注】

〔泓〕王云：廣韻：泓，水深也。

〔垠瀨〕王云：垠，岸也。韻會：瀨，説文：水流沙上也。師古曰：瀨，疾流也。又湍也。△垠音銀。

〔清洛〕王云：元和郡縣志：洛水在洛陽縣西南三里，河南縣北四里。郭璞山海經注：洛水出上洛冢嶺山，東北經弘農至河南鞏縣入河。潘岳籍田賦：清洛濁渠，引流激水。

〔太行〕王云：元和郡縣志：太行山在懷州河内縣北二十五里。河南志：太行山在懷慶府城北，其山西自濟源，東北接河内、修武、輝縣、林縣，至磁州界，緜亘數十里。其間峯谷巖洞，景物萬狀，雖各因地立名，實太行一山也，爲中州巨鎮。

〔通谷〕文選曹植洛神賦：背伊闕，越轘轅。經通谷，陵景山。李善注：華延洛陽記曰：城南五十里有大谷，舊名通谷。

〔熊耳〕王云：史記正義：括地志云：熊耳山在虢州盧氏縣南五十里。水經注：洛水之北有熊耳山，雙巒競舉，狀同熊耳。

〔作揭〕文選張衡東京賦：太室作鎮，揭以熊耳。薛綜注：揭猶表也。

〔龍門〕王云：歸田録：西京龍門山夾伊水上，自端門望之如雙闕，故謂之闕塞。一統志：闕塞山在河南府城西南三十里，一名伊闕，亦名闕口。大禹疏龍門，伊水出其間。漢服虔謂南山伊闕是也，俗名龍門山。

〔岌嵩〕王云：史記正義：括地志云：嵩高山亦名太室山，亦名外方山，在洛州陽城縣北二十三里。

〔噴伊〕王云：元和郡縣志：伊水在河南縣東南十八里。郭璞山海經注：伊水出上洛盧氏縣熊耳山，東北至河南洛陽縣入洛。

〔伾扢〕王云：廣韻：扢磨也。按説文：伾，有力也。△伾音胚，扢音骨。

〔挐〕王云：説文：持也，又牽引也。

〔天珠〕隋唐嘉話：今明堂始微于西南傾，工人以木于中薦之。武后不欲人見，因加爲九龍盤糾之狀。其圓蓋上本施一金鳳，至是改鳳爲珠，羣龍捧之。

〔硉矹〕王云：廣韻：硉矹，不穩貌。△硉音勒没切。

勢拔五岳，形張四維。軋地軸以盤根，摩天倪而創規。樓臺崛屼以奔附，城闕崟岑而蔽虧。珍樹翠草，含華揚蕤。目瑶井之熒熒，拖玉繩之離離。擻華蓋以儻漭，仰太微之參差。

【校】

〔崟岑〕蕭本作嶔崟。王本注云：蕭本作嶔崟。

【注】

〔四維〕王云：淮南子：横四維而含陰陽。又曰：東北爲報德之維，西南爲背陽之維，東南爲常羊之維，西北爲號通之維。高誘注：四角爲維也。初學記：纂要曰：東西南北曰四方，四方之隅曰四維。

〔地軸〕王云：初學記：河圖括地象曰：崑崙者，地之中也。地下有八柱，柱廣十萬里，有三千六百軸，互相牽制，名山大川，孔穴相通。北堂書鈔：河圖括地象云：崑崙之山，横爲地軸。

〔天倪〕莊子齊物論篇：和之以天倪。陸德明注：倪，李云分也，崔云或作霓，際也。天倪，謂天之邊際也。

〔崛岉〕文選王延壽魯靈光殿賦：隆崛岉乎青雲。劉良注：隆崛岉，極高貌。

〔崟岑〕文選張衡思玄賦：慕歷阪之崟岑。張銑注：崟岑，高貌。

〔蕤〕王云：説文：蕤，草木花垂貌。

〔瑶井〕王云：鮑照詩：參差玉繩高，掩映瑶井没。瑶井，玉井也。晉書：玉井四星，在參左足下，主水漿以給廚。

〔玉繩〕太平御覽卷五：春秋元命苞曰：玉衡北兩星爲玉繩，玉之爲言溝刻也，瑕而不掩，折而不傷。宋均注曰：繩能直物，故名玉繩。

〔㩻〕王云：甘泉賦：㩻北極之嶟嶟。應劭注：㩻，至也。説文：㩻，刺也。

〔華蓋〕晉書天文志：大帝上九星曰華蓋，所以覆蔽大帝之座也。

〔儻漭〕王云：陸機感時賦：望八極之曭漭。儻漭即曭漭，廣大之貌。

〔太微〕王云：史記正義：太微宫垣十星在翼軫北，天子之宫庭，五帝之座，十二諸侯之府也。張衡靈憲：太微爲五帝之庭，明堂之房。春秋合誠圖：太微其星十二四方。

擁以禁扃，横以武庫。獻房心以開鑿，瞻少陽而舉措。採殷制，酌夏步。雜以代室重屋之名，括以辰次火木之數。壯不及奢，麗不及素。層簷屹其霞矯，廣厦鬱以雲布。掩日道，遏風路。陽烏轉影而翻飛，大鵬横霄而側度。

【校】

〔屹〕蕭本作屼。王本注云：蕭本作屼。

【注】

〔房心〕王云：史記索隱：春秋説題辭云：房心爲明堂，天王布政之宫。晉書天文志：房四星爲明堂，天子布政之宫也，心三星，天王正位也，中星曰明堂，天子位。

〔少陽〕王云：魯靈光殿賦：承明堂于少陽。漢書：少陽者，東方也。

〔代室〕王云：考工記：夏后氏世室，堂修二七，廣四修一。五室三四步，四三尺，九階，四旁兩夾窗，白盛門，堂三之二，室三之一。鄭康成注：夏度以步，令堂脩十四步，其廣益以四分修之一，則堂廣十七步半。堂上爲五室，象五行也。三四步，室方也。四三尺，以益廣也。木室于東北，火室于東南，金室于西南，水室于西北，其方皆三步，其廣益之以三尺。土室于中央，方四步，其廣益之以四尺。此五室居堂南北六丈，東西七丈。代室即世室也。唐以太宗諱改世爲代也。又考工記：殷人重屋，堂修七尋，堂崇三尺，四阿重屋。鄭康成注：重屋者王宫正堂，若大寢也。其修七尋，五丈六尺，放夏。周則其廣九尋，七丈二尺也。五室各二尋。蔡邕明堂論：夏后氏曰世室，殷人曰重屋，周人曰明堂。

〔辰次〕太平御覽卷五三三：春秋合誠圖：明堂在辰巳者，言在木火之際。辰木也，巳火也，木生數三，火成數七，故在三里之外七里之內。

〔日道〕漢書天文志：日有中道，月有九行，中道者黄道，一曰光道。光道北至東井，去北極近，南至牽牛，去北極遠，東至角，西至婁，去極中。

〔陽烏〕文選張協七命：陽烏爲之頓羽。李善注：春秋元命苞曰：陽成于三，故日中有三足烏。烏者陽精。張銑注：陽烏，日中烏也。

近則萬木森下，千宫對出。熠乎光碧之堂，炅乎瓊華之室。錦爛霞駮，星錯波沏。颯蕭寥以颼飀，窅陰鬱以櫛密。含佳氣之青葱，吐祥烟之鬱嵂。

【校】

〔嵂〕兩宋本、繆本、咸本俱作律。王本注云：繆本作律。

【注】

〔熠〕王云：韻會：熠，盛光也。△熠音逸。

〔光碧〕王云：十洲記：有墉城金臺玉樓相鮮，如流精之闕，光碧（今本碧下有玉字）之堂，瓊華之室。

〔炅〕王云：廣韻：炅，光也。△炅音景。

〔錦爛〕王云：錦爛霞駮者，言其鮮麗如錦彩之焕爛，雲霞之斑駮也。星錯波沏者，言其布列如天星之錯落，水波之叠起也。

〔沏〕文選木華海賦：激勢相沏。劉良注：沏，浪相拂也。

〔颼飀〕文選左思吴都賦張銑注：颼飀，風聲也。

〔窅〕王云：韻會：窈，深遠也。通作窅。△窅音伊鳥切。

〔櫛密〕文選馬融長笛賦：密櫛重重。李善注：密櫛，密如櫛也。

〔鬱𡸣〕文選郭璞江賦：時鬱律其如烟。李善注：鬱律，烟上貌。

九室窈窕，五闥聯綿。飛楹磊砢，走栱夤緣。雲楣立岌以横綺，彩桷攢欒而仰天。皓壁書朗，朱甍晴鮮。赬欄各落，偃蹇霄漢。翠楹迴合，蟬聯汗漫。沓蒼穹之絶垠，跨皇居之太半。遠而望之，赫煌煌以輝輝，忽天旋而雲昏；迫而察之，粲炳焕以照爛，倏山訛而晷换。蔑蓬壺之海樓，吞岱宗之日觀。

【校】

〔欒〕蕭本作巒。王本注云：蕭本作巒。

〔皓壁〕壁，兩宋本俱作璧。

〔蔑〕蕭本作誇。兩宋本俱訛作篾。王本注云：蕭本作誇。

【注】

〔九室〕王云：三輔黄圖：大戴禮云：明堂九室。考工記云：明堂五室。稱九室者，取象陽數也，五室者，象五行也。

〔磊砢〕文選魯靈光殿賦李周翰注：磊砢，參差不齊貌。△磊音壘，砢音裸。

〔夤緣〕王云：夤緣，聯絡也。吴都賦：夤緣山岳之岊。

〔雲楣〕文選張衡西京賦：繡栭雲楣。薛綜注：楣，梁也。吕延濟注：雲楣，畫雲飾之。

〔桷〕王云：説文：桷，榱也，椽方曰桷。

〔欒〕王云：韻會：欒，曲枅木也。柱上横木承棟者謂之枅，曲枅謂之欒。

〔甍〕王云：説文：甍，屋棟也。△甍音萌。

〔絶垠〕文選張華鷦鷯賦：或託絶垠之外。李善注：絶垠，天邊之地也。

〔晷〕王云：説文：晷，日影也。△晷音癸。

〔蓬壺〕拾遺記：三壺，海中三山也。一曰方壺，則方丈也；二曰蓬壺，則蓬萊也；三曰瀛壺，則瀛洲也。形如壺器。此三山上廣中狹下方，皆如工制，猶華山之似削成。

〔日觀〕水經注汶水：應劭漢官儀云：泰山東南山頂，名曰日觀。日觀者，雞一鳴時，見日始欲出，長三丈許，故以名焉。

猛虎失道，潛虬蟠梯。經通天而直上，俯長河而下低。玉女攀星于網户，金娥納月于璇題。藻井綵錯以舒蓬，天牕赩翼而銜霓。扶標川而罔足，擬跟絓而罷躋。要離欻矐而外喪，精視冰背而中迷。

【校】

〔蟠梯〕蟠，蕭本、咸本俱作登。王本注云：蕭本作登。

〔下低〕下，蕭本、咸本俱作復。王本注云：蕭本作復。

〔舒蓬〕何校陸本云：蓬當作蓮。

〔跟絓〕絓，兩宋本俱作挂。

〔欻矐〕矐，兩宋本俱作睢。

【注】

〔猛虎〕王云：失字當是夾字之訛。猛虎夾道，謂刻爲猛虎，以夾立道上。潛虬蟠梯，謂鏤作虬龍，以蟠繞梯側也。

〔通天〕後漢書補禮儀志引蔡邕明堂論：通天屋徑九丈，陰陽九六之變也，……高八十一尺，黄鐘九九之實也，二十八柱列于四方，亦七宿之象也。

〔綱户〕王云：楚辭：綱户朱綴。王逸注：綱户，綺文鏤也。雍録：綱户者，刻爲連文，遞相綴屬，其形如綱也。宋玉曰：綱户朱綴，刻方連，是也。既曰刻，則是彫木爲之，其狀如綱耳。

〔璇題〕王云：鮑照詩：璇題納行月。吕向注：璇，玉也；題，椽頭也。甘泉賦：璇題玉英。應劭注：題，頭也。榱椽之頭皆以玉飾，言其英華相燭也。

〔藻井〕王云：西京賦：蔕倒茄于藻井。薛綜注：藻井，當棟中交木方爲之，如井幹也。夢溪筆談：屋上覆橑，古人謂之綺井，亦曰藻井，又謂之覆海，今令文中謂之鬬八，吴人謂之罳頂，唯宫室祠觀有之。海録碎事：藻井，屋棟之間爲井形，而加水藻之飾，所以壓火災也。胡三省通鑑注：風俗通云：殿堂象東井，刻爲荷菱。荷菱水物，所以厭火。杜佑曰：漢宫殿率號屋仰爲井，皆畫水藻蓮芡之屬以厭火。何晏景福殿賦：繚以藻井，編以綷疏。又王文考靈光殿賦：圓淵方井，反植荷蕖。蓋爲方井而畫荷蕖其上也。

〔艴〕音赩，又音赫。

〔要離〕〔精視〕王云：要離事用此處不合，恐誤。精視亦未詳。按：班固西都賦：雖輕迅與僄狡，猶愕眙而不能階。攀井幹而未半，目眴轉而意迷。王延壽魯靈光殿賦：魂悚悚其驚斯，心猥猥而發悸。何晏景福殿賦：雖離朱之至精，猶眩曜而不能昭晰也。皆極言高峻足以駭人。要離言人之至勇者，精視言目之至明者。疑皆詞賦家習用之語。離婁、離朱皆狀明朗，即以爲明目人之名，非謂真有人名要離、名精視也。

〔矔〕王云：韻會：矔，失明也。

亘以複道，接乎宫掖。坌入西樓，是爲崑崙。前疑後丞，正儀躅以出入；九夷五狄，順方面而來奔。

【校】

〔複道〕以下蕭本有而字。王本注云：蕭本下多一而字。

〔是爲〕是，兩宋本、繆本俱作實。王本注云：繆本作實。

〔前疑後丞〕兩宋本、繆本俱作前丞後疑。王本注云：繆本作前丞後疑。

【注】

〔複道〕史記留侯世家：上在雒陽南宫，從複道望見諸將。集解：如淳曰：複音復，上下有道，故謂之複道。韋昭云閣道。

〔坌入〕漢書司馬相如傳：坌入曾宫之嵳峩。注：張揖曰：坌，並也。△坌音焚，上聲。

〔崑崙〕漢書郊祀志：濟南人公玉帶上黄帝時明堂圖，明堂中有一殿，四面無壁，以茅蓋通水，水圜宫垣，爲複道，上有樓，從西南入，名曰昆侖。天子從之入，以拜祀上帝焉。

〔後丞〕尚書大傳卷一：古者天子必有四鄰，前曰疑，後曰丞，左曰輔，右曰弼。天子有問無以對，責之疑。可志而不志，責之丞。可正而不正，責之輔。可揚而不揚，責之弼。其爵視卿，其禄視次國之君也。

〔九夷〕王云：禮記：昔者周公朝諸侯于明堂之位，天子負斧依，南鄉而立，三公中階之前，北面東上，諸侯之位，阼階之東，西面北上，諸伯之國，西階之西，東面北上，諸子之國，門東北面東上，諸男之國，門西北面東上，九夷之國，東門之外，西面北上，八蠻之國，南門之外，北面東上，六戎之國，西門之外，東面南上，五狄之國，北門之外，南面東上，九采之國，應門之外，北面東上，四塞世告至，此周公明堂之位也。後漢書：夷有九種，曰畎夷、于夷、方夷、黄夷、白夷、赤夷、玄夷、風夷、陽夷。

其左右也，則丹陛崿崿；彤庭煌煌。列寶鼎，敞金光。流辟雍之滔滔，像環海之湯湯。闢青陽，啓總章。廓明臺而布玄堂，儼以太廟，處乎中央。發號施令，采時順方。

【注】

〔寶鼎〕舊唐書禮儀志：萬歲通天……其年，鑄銅爲九州鼎，既成，置于明堂之庭，各依方位列焉。神都鼎高一丈八尺，受一千八百石。冀州鼎名武興，雍州鼎名長安，兗州鼎名日觀，青州鼎名少陽，徐州鼎名東源，揚州鼎名江都，荆州鼎名江陵，梁州鼎名成都。其八州鼎高一丈四尺，各受一千二百石。司農卿宗晉卿爲九鼎使，都用銅五十六萬七百一十二觔。鼎上圖寫本州山川物産之象，仍令工書人著作郎賈膺福……等分題之。左尚方署令曹元廓圖畫之。鼎成，自玄武門外曳入。令宰相諸王南北牙宿衛兵十餘萬人并仗内大牛白象共曳之。則天自爲曳鼎歌，令相倡和。……九鼎初成，欲以黄金千兩塗之。納言姚璹曰：「鼎者神器，貴于質朴，無假别爲浮飾。臣觀其狀，先有五采輝焕，錯雜其間，豈待金色爲之炫燿？」乃止。

〔辟雍〕王云：大戴禮：明堂外水曰辟雍。藝文類聚：桓譚新論曰：王者作圓池如璧形，實水其中，以圜雍之，名曰辟雍。言其上承天地，以班教令，流轉王道，周而復始。獨斷：天子曰辟雍，謂流水四面如璧，以節觀者。李善文選注：三輔黄圖曰：明堂辟雍水四周于外，象四海也。毛萇詩傳：滔滔，流貌。湯湯，水盛貌。班固辟雍詩：乃流辟雍，辟雍湯湯。

〔湯湯〕湯音商。

〔青陽〕王云：蔡邕明堂論：明堂者，天子太廟，所以崇祀其祖，以配上帝者也。東曰青陽，南曰明堂，西曰總章，北曰玄堂，中曰太室。人君南面向明而治，故雖有五名而主以明堂也。其正中皆曰太廟，取其宗祀之貌，則曰清廟，取其正室之貌，則曰太廟，取其尊崇，則曰太室，取其向明，則曰明堂，取其四門之學，則曰太學，取其四面周水環如璧，則曰辟雍。異名而同事，其實一也。書冏命：發號施令，罔有不臧。高誘淮南子注：明堂王者布政之堂，上圓下方，堂四出各有左右房謂之个，凡十二所，王者月居其房，告朔朝廟，頒宣其令。宋均禮含文嘉注：明堂者布政之宫，在國之陽，三室四面，十二法十二月也。天子孟春上辛于南郊總受十二月之政，還藏于祖廟，月取一政，頒于明堂也。蔡邕明堂月令論：天子發號施令，祀神受職，每月異禮，故謂之月令。所以順陰陽，奉四時，効氣物，行王政也。成法具備，各從時月，藏之明堂，所以示承祖考神明不敢泄瀆之義。

其閫域也，三十六户，七十二牖。度筵列位，南七西九。白虎列序而躨跜，青龍承隅而蚴蟉。

【校】

〔南七西九〕兩宋本、繆本、咸本俱作西八東九。王本注云：繆本作西八東九。

〔躨跜〕跜，兩宋本俱訛作跪。

〔蚴蟉〕蟉，兩宋本俱訛作蟉。

【注】

〔二牖〕大戴禮明堂篇：明堂者古有之也。凡九室，一室而有四户八牖，三十六户七十二牖。

〔度筵〕王云：考工記：周人明堂，度九尺之筵，東西九筵，南北七筵，堂崇一筵，五室凡室二筵。爾雅：東西牆謂之序。邢昺疏云：此謂室前堂上東廂西廂之牆也，所以序次分別内外親疏，故謂之序也。尚書顧命云：西序東嚮，敷重底席；東序西嚮，敷重豐席。及禮經每云東序西序，皆謂此也。沈括筆談：今謂兩廊爲東西序，非也，序乃堂上東西壁在室之外者。

〔蚴蟉〕文選上林賦李善注：蚴蟉，龍行貌。△蚴音有，蟉音柳。

其深沉奥密也，則赤熛掌火，招拒司金。靈威制陽，叶光摧陰。坤斗主土，據乎其心。

【校】

〔叶光〕叶，蕭本作汁。王本注云：蕭本作汁。

【注】

〔赤熛〕王云：南齊書：按禮及孝經援神契並云：明堂有五室，天子每月于其室聽朔布教，祭五帝之神，配以有功德之君。藝文類聚：黄圖曰：明堂者，明天地之堂也。所以順四時，行月令，宗祀先王，祭五帝，故謂之明堂。尚書帝命驗：帝者承天立五府，以尊天重象，蒼曰靈府，赤曰文祖，黄曰神斗，白曰顯紀，黑曰玄矩。鄭康成注：天有五帝，集居太微，降精以生聖人，故帝者承天立五帝之府，是爲天府。唐、虞之天府，夏之世室，殷之重屋，周之明堂，皆同矣。其蒼帝靈威仰之府名靈府。周曰青陽。其赤帝赤熛怒之府名文祖。火積光明，文章之祖，故曰文祖。周曰明堂。其黄帝含樞紐之府，名曰神斗。斗，主也，土精澄静，四行之主，故謂神斗。周曰太室。其白帝白招拒之府，名顯紀，紀，統也，金精斷割，萬物以成，故謂之顯紀。周曰總章。其黑帝叶光紀之府，名曰玄矩。矩，法也，水精玄昧，能權輕重，故謂玄矩。周曰玄堂。據此，本文坤斗當是神斗之訛。△熛音飄。叶音協，或作汁，亦讀爲協。

若乃熠燿五色，張皇萬殊。人物禽獸，奇形異模。勢若飛動，瞪眄睢盱。明君暗主，忠臣烈夫。威政興滅，表示賢愚。

【校】

〔表示賢愚〕兩宋本、繆本、咸本俱作表賢示愚。王本注云：繆本作表賢示愚。

【注】

〔張皇〕王云：此言室中圖畫之狀。韻會：熠燿，鮮明貌。書康王之誥：張皇六師。正義曰：

皇，大也。

〔瞪〕王云：廣韻：瞪，直視貌。△瞪音橙。

〔眄〕王云：説文：眄，邪視也。△眄音勉。

〔睢盱〕王云：説文：睢，仰目也；盱，張目也。△睢盱音雖吁。

于是王正孟月，朝陽登曦。天子乃施蒼玉，轡蒼螭。臨乎青陽左个，方御瑤瑟而彈鳴絲。展乎國容，輝乎皇儀。傍瞻神臺，順觀雲之軌；俯對清廟，崇配天之規。欽若肸蠁，維清緝熙。崇牙樹羽，熒煌葳蕤。納六服之貢，受萬邦之籍。張龍旗與虹旌，攢金戟與玉戚。延五更，進百辟。奉珪瓚，獻琛帛。顒昂俯僂，儼容疊跡。乃潔葅醢，修粢盛。奠三犧，薦五牲。享于神靈。太祝正辭，庶官精誠。鼓大武之隱轔，張鈞天之鏗鍧。孤竹合奏，空桑和鳴。盡六變，齊九成。羣神來兮降明庭。蓋聖主之所以孝治天下而享祀窅冥也。

【校】

〔王正〕兩宋本、咸本俱作天正，非。

〔六服〕六，蕭本作五。王本注云：蕭本作五。

〔奉珪〕奉，蕭本作舉。王本注云：蕭本作舉。

〔轔〕郭本作麟。

〔錡〕兩宋本、繆本、咸本俱作訇。王本注云：繆本作訇。

【注】

〔王正〕左傳隱元年：春王正月。正義：正是時王所建，故以王字冠之，言是今王之正月也。

〔曦〕王云：廣韻：曦，日光也。

〔螭〕文選甘泉賦吕向注：蒼螭，蒼龍也。凡稱龍者皆馬也。言龍，美之也。△螭音鴟。

〔青陽〕淮南子時則訓：孟春之月，……天子衣青衣，乘蒼龍，服蒼玉，建青旗，……東宫御女青色，衣青采，鼓琴瑟，……朝于青陽左个，以出春令。高誘注：馬七尺已上曰龍，明堂中方外圜，通達四出，各有左右房，謂之个，猶隔也。東出謂之青陽，南出謂之明堂，西出謂之總章，北出謂之玄堂。是月天子朝日告朔，行令于左个之房，東向堂北頭室也。

〔神臺〕王云：太平御覽：禮統曰：所以置靈臺何？以尊天重民，備災禦害，豫防未然也。夫王者當承順天地，禦節陰陽也。夏所以爲清臺何？明明相承，太平相續，故爲清臺。殷爲神臺，周爲靈臺何？質者具天而王，天者稱神，文者具地而王，地者稱靈，是其異也。

〔清廟〕左傳桓二年：清廟茅屋。杜預注：清廟，肅然清静之稱也。正義：清廟者，宗廟之大稱。

〔肸蠁〕文選司馬相如上林賦：肸蠁布寫。顔師古注：肸蠁，盛作也。李善注：司馬彪曰：肸，過也。芬芳之過，若蠁之布寫也。吕延濟注：肸蠁，天中遊氣也，言香氣發越積浮而似之。△肸音迄，蠁音響。

〔崇牙〕王云：詩周頌：維清緝熙，文王之典。鄭箋曰：緝熙，光明也。又周頌：設業設虡，崇牙樹羽。毛傳曰：業，大板也，所以飾栒爲懸也，捷業如鋸齒。或曰：畫之植者爲虡，横者爲栒，崇牙上飾，卷然可以懸也。樹羽，置羽也。正義曰：設其横者之業，又設其植者之虡，其上刻爲崇牙，因樹置五采之羽，以爲之飾。又云：虡者立于兩端，栒則横入于虡，其栒之上加于大板，側著于栒，其上刻爲崇牙，似鋸齒捷業然，故謂之業，牙即業之齒矣，以其形卷然，得挂繩于上，故言可以懸也。樹羽置羽者，置之于栒虡之上角。漢禮器制度云：爲龍頭及頷曰銜璧，璧下有旄牛尾。禮記：夏后氏之龍簨虡，殷之崇牙，周之璧翣。鄭康成注：簨虡所以懸鐘磬也，横曰簨，飾之以鱗屬，植曰虡，飾之以赢屬羽屬，簨以大板爲之謂之業，殷又于龍上刻畫之爲崇牙，以挂懸紘也。周人畫繒爲翣，載以璧，垂五采羽于其下，樹于簨之角上，飾彌多也。正義曰：殷之崇牙者，謂于簨之上刻畫木爲崇牙之形，以挂鐘磬。皇氏云：崇牙者，崇，重也，謂刻畫大板，重疊爲牙。杜氏通典：樂懸，横曰簨，竪曰虡。飾簨以飛龍，飾趺以飛廉。鐘虡以鷙獸，磬虡以鷙鳥。上則樹羽，旁懸流蘇，周制也。懸以崇牙，殷制也。飾以博山，後代所加也。

〔六服〕王云：周禮：邦畿方千里，其外方五百里，謂之侯服，其貢祀物。又其外方五百里，謂之甸服，其貢嬪物。又其外方五百里，謂之男服，其貢器物。又其外方五百里，謂之采服，其貢服物。又其外方五百里，謂之衛服，其貢材物。又其外方五百里，謂之要服，其貢貨物。鄭康成注：此六服去王城三千五百里，相距方七千里，公侯伯子男封焉。書周官：六服羣辟，罔不承德。正指此六服。又益稷篇云：弼成五服，則指甸、侯、綏、要、荒五服也。

〔玉戚〕王云：公羊傳：朱干玉戚。何休注：戚，斧也。以玉飾斧。

〔五更〕王云：禮記：遂設三老五更羣老之席位焉。鄭康成注：三老五更各一人也，皆年老更事致仕者也。天子以父兄養之，示天下之孝弟也。名以三五者，取象三辰五星，天所因以昭明天下者。獨斷：天子父事三老者，適成于天地人也。兄事五更者，訓于五品也。更者，長也，更相代至五也。能以善道改更已也，取首妻男女完具者。古者天子親袒割牲，執醬而饋，三公設几，九卿正履，使者安車輭輪送迎而至其家，天子獨拜于屏，其明旦三老詣闕謝，以其禮過厚故也。又五更或爲叟，叟老稱，與三老同義也。通典：大唐制：仲秋吉辰，皇帝親養三老五更于太學，所司先奏定三師三公致仕者，用其德行及年高者一人爲三老，次一人爲五更。

〔琛〕詩魯頌：來獻其琛。毛傳：琛，寶也。△琛音癡林切。

〔菹醢〕禮記郊特牲篇：恒豆之菹，水草之和氣也，其醢，陸産之物也，加豆陸産也，其醢水物也。鄭注：此謂諸侯也，天子朝事之豆有昌本麋臡、茆菹麐臡，饋食之豆有葵菹蠃醢、豚拍魚醢，其餘則有雜錯也。

〔粢盛〕穀梁傳桓十四年：天子親耕以供粢盛。范寧注：黍稷曰粢，在器曰盛。

〔三犧〕王云：左傳昭二十五年：爲六畜五牲三犧以奉五味。杜預注：五牲，麋鹿麕狼兔。三犧，祭天地宗廟三者謂之犧。東都賦：于是薦三犧，效五牲，禮神祇，懷百靈。

〔神靈〕按：此爲單句有韻，不合。疑脱一句，或享于上有「以」字。

〔太祝〕王云：周禮：太祝掌六祝之辭，以事鬼神示，祈福祥，求永貞。唐書百官志：太祝六人，正九品上，祭祀則跪讀祝文。左傳：祝史正辭，信也。杜預注：正辭，不虚稱君美也。正義曰：正其言辭，不欺誑鬼神，是其信也。

〔大武〕周禮春官大司樂……大武。鄭注：大武，武王樂也。武王伐紂以除其害，言其德能成武功。

〔隱轔〕王云：上林賦：隱轔鬱𡾊，是言堆壟不平之貌。此作樂聲用，未詳。或者即殷轔之訛。

〔鈞天〕王云：史記：趙簡子疾，五日不知人，七日寤，語大夫曰：「我之帝所甚樂，與百神遊于鈞天，廣樂九奏萬舞，不類三代之樂，其聲動人心。」按淮南子：九野之名，中央曰鈞天。鈞天之樂，謂天樂也。

〔鏗鎗〕王云：廣韻：鏗鎗，鐘鼓聲相雜也。

〔孤竹〕〔空桑〕王云：周禮：孤竹之管，空桑之琴瑟。鄭康成注：孤竹，竹特生者。空桑，山名。述異記：東海畔有孤竹焉，斬而復生，中爲管。周武王時，孤竹之國獻瑞筍一株。空桑生大野山中，爲琴瑟之最者空桑也。

〔六變〕〔九成〕王云：周禮：凡六樂者，一變而致羽物及川澤之示，再變而致臝物及山林之示，三變而致鱗物及丘陵之示，四變而致毛物及墳衍之示，五變而致介物及土示，六變而致象物及天神。凡樂，圜鐘爲宫，黄鐘爲角，太簇爲徵，姑洗爲羽，靁鼓靁鼗，孤竹之管，雲和之琴瑟，雲門之舞，冬日至于地上之圜丘祭之。若樂六變，則天神皆降，可得而禮矣。鄭康成注：變猶更也，樂成則更奏也。書益稷：簫韶九成。正義曰：成謂樂曲成也。鄭云：成猶終也，每曲一終必變更奏。故經言九成，傳言九奏。周禮謂之九變，其實一也。公羊傳疏：鄭氏云：樂備作謂之成。王應麟曰：節奏俱備謂之成，備而更新謂之變。

〔明庭〕王云：邢昺孝經疏：按史記云：黄帝接萬靈于明庭，明庭即明堂也。子華子：黄帝之治天下也，百神出而受職于明堂之庭。

〔窅冥〕文選劉孝標辨命論：未達窅冥之情，未測神明之數。

然後臨辟雍，宴羣后。陰陽爲庖，造化爲宰。餐元氣，灑太和。千里鼓舞，百寮賡歌。于斯之時，雲油雨霈。恩鴻溶兮澤汪濊，四海歸兮八荒會。哤聒乎區宇，駢闐乎闕外。羣臣醉德，揖讓而退。

【校】

〔餐〕王本注云：繆本作湌。

〔濊〕郭本訛作穢。

【注】

〔鴻溶〕楚辭九歎：波淫淫而周流兮，鴻溶溢而滔蕩。

〔汪濊〕王云：漢書：澤汪濊輯萬國。顔師古注：汪濊，言饒多也。司馬相如難蜀父老文：威武紛紜，湛恩汪濊。顔師古注：汪濊，深廣也。△濊音穢。

〔哤聒〕王云：説文：哤，雜語也。聒，讙語也。馬融長笛賦：哤聒其前後。李善注：哤聒，雜聲也。△哤音厖。

〔闕外〕王云：古今注：闕，觀也。古每門樹兩觀于其前，所以標表宫門也。其上可居，登之則可遠觀，故謂之觀。人臣將朝至此，則思其所闕，故謂之闕。其上皆丹堊，其下皆畫雲氣、仙靈、奇禽、怪獸以昭示四方焉。韻會：闕，説文：門觀也。蓋爲二臺于門外，作樓觀于上，上圓下方。以其縣法，謂之象魏。象，治象也。魏者，言其狀巍巍然高大也。使民觀之，因謂之觀。兩觀雙植，中不爲門，闕而爲道，故謂之闕。

而聖主猶夕愓若厲，懼人未安。乃目極于天，耳下于泉。飛聰馳明，無遠不察。考鬼神之奧，推陰陽之荒。下明詔，班舊章。振窮乏，散敖倉。毁玉沉珠，卑宮頽牆。使山澤無間，往來相望。帝躬乎天田，后親于郊桑。棄末反本，人和時康。建翠華兮萋萋，鳴玉鑾之鉠鉠。遊乎昇平之圃，憩乎穆清之堂。天欣欣兮瑞穰穰。巡陵于鶉首之野，講武于驪山之旁。封岱宗兮祀后土，掩粟陸而苞陶唐。遨遊乎崆峒之上，汾水之陽。吸沆瀣之精英，黜滋味之馨香。貴理國其若夢，幾華胥之故鄉。於是元元澹然，不知所在。若羣雲從龍，衆水奔海。此真所謂我大君登明堂之政化也。

【校】

〔推陰陽〕推，兩宋本俱作催。

〔苞〕王本注云：蕭本作包。

〔遨遊〕此下至故鄉三十五字，兩宋本、繆本俱作遂邀崆峒之禮，汾水之陽。吸沆瀣之精，黜滋味而貴理國，其若夢華胥之故鄉。王本注云：自遨遊以下至故鄉三十五字，繆本作遂邀崆峒之禮，汾水之陽，吸沆瀣之精，黜滋味而貴理國，其若夢華胥之故鄉三十字。

【注】

〔夕惕〕易乾卦：君子終日乾乾，夕惕若，厲無咎。王弼注：終日乾乾，至于夕惕，猶若厲也。

〔不察〕按：此句獨不叶韻，疑脱句，或察字誤。

〔敖倉〕王云：史記：敖倉天下轉輸久矣。臣聞其下乃有藏粟甚多。正義曰：敖倉在鄭州滎陽縣西十五里，石門之東，北臨汴水，南帶三皇山，秦時置倉于敖山上，故名敖倉。

〔天田〕〔郊桑〕王云：東京賦：躬三推于天田，脩帝籍之千畝。吕延濟注：天田，天子之籍田也。何休公羊傳注：禮，天子親耕東田千畝，諸侯百畝，后夫人親西郊采桑，以供粢盛祭服，躬行孝道，以先天下。

〔翠華〕王云：上林賦：建翠華之旗。顔師古注：翠華之旗，以翠羽爲旗上葆也。説文：萋，草盛也。言旗上之翠羽萋萋然如草色之鮮縟也。

〔玉鑾〕王云：楚辭：鳴玉鸞之啾啾。王逸注：鸞，鸞鳥也，以玉作之，著于衡。東京賦：鸞聲噦噦，和鈴鉠鉠。薛綜注：鸞在衡，和在軾，皆以金爲鈴也。鉠鉠，小聲。玉鑾即玉鸞，字異而義同也。

〔穆清〕王云：漢書：受命于穆清。顔師古注：穆，美也。言天子有美德而政化清也。

〔穰穰〕王云：甘泉賦：瑞穰穰兮委如山。顔師古注：穰穰，多也。

〔巡陵〕王云：唐會要：貞觀式文，春秋仲月，命使巡陵，春則掃除枯朽，秋則芟薙繁蕪。據此巡陵乃公卿事，文則借爲天子謁陵之稱矣。

〔鶉首〕晉書天文志：自東井十六度至柳八度爲鶉首，於辰在未，秦之分也。

〔栗陸〕易繫辭：包犧氏没。正義：女媧氏没，次有大庭氏、柏黄氏、中央氏、栗陸氏、驪連氏、赫胥氏、尊盧氏、混沌氏、皞英氏、有巢氏、朱襄氏、葛天氏、陰康氏、無懷氏，凡十五世，皆襲庖犧氏之號也。

〔陶唐〕王云：邢昺論語疏：書傳云：堯年十六，以唐侯升爲天子，遂以爲號，或謂之陶唐氏。書曰：惟彼陶唐。世本云：帝堯爲陶唐氏。韋昭云：陶、唐皆國名，猶易稱殷、商也。案經傳契居商，故湯以商爲國號，後盤庚遷殷，故殷商雙舉。歷檢書傳，未聞帝堯居陶而以陶冠唐，蓋以二字爲名，所稱或單或複也。

〔崆峒〕〔汾水〕莊子在宥篇：黄帝立爲天子十九年，令行天下。聞廣成子在于空同之上，故往見之。又曰：堯治天下之民，平海内之政，往見四子藐姑射之山，汾水之陽，窅然喪其天下焉。

〔沆瀣〕王云：楚辭：飡六氣而飲沆瀣。王逸注：陵陽子明經言冬飲沆瀣者，北方夜半氣也。張衡思玄賦：餐沆瀣以爲粻。注云：沆瀣，夕霞也。吕向注：沆瀣，露氣也。△沆音杭上聲，瀣音械。

〔華胥〕列子黄帝篇：黄帝……晝寢而夢，遊于華胥氏之國。華胥氏之國在弇州之西，台州之北，不知斯齊國幾千萬里。蓋非舟車足力之所及，神遊而已。其國無師長，其民無嗜欲，自然而已，不知樂生，不知惡死，故無夭殤。不知親己，不知疏物，故無愛憎。不知背逆，不知向順，故無利害。都無所愛憎，都無所畏忌。入水不溺，入火不熱，斫撻無傷痛，指擿無痟癢，乘空如履實，寢虛若處牀，雲霧不硋其視，雷霆不亂其聽，美惡不滑其心，山谷不躓其步，神行而已。黄帝既寤，怡然自得，召天老、力牧、太山稽告之曰：「朕閑居三月，齋心服形，思有以養身治物之道，弗獲其術，疲而睡，所夢若此。今知至道不可以情求矣，朕知之矣，朕得之矣，而不能以告若矣。」又二十有八年，天下大治，幾若華胥氏之國。

〔元元〕王云：後漢書：下爲元元所福。章懷太子注：元元謂黎庶也。史記索隱：戰國策云：制海内，子元元。高誘注：元元，善也。又按姚察云：古者謂人云善人也，因善爲元，故云黎元，其言元元者，非一人也。顧野王云：元元猶喁喁，可憐愛貌。未安其説，聊記異也。

〔澹然〕王云：長楊賦：海内澹然。李善注：澹，安也。李周翰注：謂晏然無事也。

豈比夫秦趙吴楚，爭高競奢。結阿房與叢臺，建姑蘇及章華。非享祀與嚴配，徒掩月而淩霞。由此觀之，不足稱也。況瑶臺之巨麗，復安可以語哉？敢揚國美，遂作辭曰：

【校】

〔叢臺〕叢，蕭本作崇。王本注云：蕭本作崇。按：以上下文觀之，作叢爲是。

【注】

〔阿房〕史記秦始皇本紀：始皇以爲咸陽人多，先王之宫庭小。吾聞周文王都豐，武王都鎬，豐、鎬之間，帝王之都也。乃營作朝宫渭南上林苑中。先作前殿阿房，東西五百步，南北五十丈，上可以坐萬人，下可以建五丈旗，周馳爲閣道，自殿下直抵南山，表南山之巔以爲闕。爲複道，自阿房渡渭，屬之咸陽，以象天極閣道絶漢抵營室也。阿房宫未成，成更欲擇令名名之。作宫阿房，故天下謂之阿房宫。

〔叢臺〕水經注濁漳水：其水又東逕叢臺南，六國時趙王之臺也。郡國志曰：邯鄲有叢臺，故劉劭趙都賦曰：結雲閣于南宇，立叢臺于少陽者也。

〔姑蘇〕吴越春秋：……吴王不聽，遂受而起姑蘇之臺，三年聚材，九年乃成，高見二百里。

〔章華〕王云：左傳：楚子成章華之臺。杜預注：臺今在華容城内。水經注：離湖在華容縣東七十五里。湖側有章華臺，臺高十丈，基廣十五丈。左丘明曰：楚築臺于章華之上，韋昭以爲章華亦地名也。王與伍舉登之。舉曰：臺高不過望國之氛祥，大不過容宴之俎豆，蓋譏其奢而諫其失也。太平寰宇記：章華臺在荆州江陵縣東三十里。按渚宫故事云：楚靈王所築，臺形三角。並參見卷四司馬將軍歌注。

〔嚴配〕孝經：孝莫大于嚴父，嚴父莫大于配天。

〔瑤臺〕新序：紂作瑤臺。

穹崇明堂，倚天開兮。龍嵸鴻濛，構瓌材兮。偃蹇坱莽，邈崔嵬兮。周流辟雍，岌靈臺兮。赫奕日，噴風雷。宗祀肸蠁，王化弘恢。鎮八荒，通九垓。四門啓兮萬國來。考休徵兮進賢才。儼若皇居而作固，窮千祀兮悠哉！

【校】

〔莽〕蕭本作漭。王本注云：蕭本作漭。

【注】

〔鴻濛〕王云：羽獵賦：鴻濛沆茫。顔師古注：鴻濛沆茫，廣大貌。

〔坱莽〕王云：坱莽，廣遠寥廓之意。上林賦：過乎泱漭之野。杜甫八哀詩：胡塵昏坱漭。泱漭、坱莽，其義同也。

【評箋】

王云：古賦辨體云：太白明堂賦從司馬、揚、班諸賦來，氣豪辭豔，疑若過之。論其體格，則不及遠甚。蓋漢賦體未甚俳，而此篇與大獵賦則悅于時而俳甚矣。晦翁云：白有逸才，尤長于詩，而其賦乃不及魏、晉。斯言信夫。

何焯云：明堂、大獵二賦，晉、宋以降未有此作。（陸本李集校評）

今人詹鍈云：按通鑑開元十年：冬十月癸丑復以乾元殿爲明堂。又開元二十五年：是歲命將作大匠康㬚素之東都毁明堂，㬚素上言毁之勞人，請去上層，卑於舊九十五尺，仍舊爲乾元殿，從之。是開元十年以後、二十五年以前白亦有作明堂賦之可能。

大獵賦 并序

白以爲賦者古詩之流。辭欲壯麗，義歸博遠。不然，何以光贊盛美，感天動神？而相如、子雲競誇辭賦，歷代以爲文雄，莫敢詆訐。臣謂語其略，竊或褊其用心。子虚所言，楚國不過千里，夢澤居其大半，而齊徒吞若八九，三農及禽獸無息肩之地，非諸侯禁淫述職之義也。

【校】

〔博遠〕遠，蕭本作達。王本注云：蕭本作達。

〔其略〕文粹略上有大字。

〔大半〕大，兩宋本、咸本俱作太。

【注】

〔賦者〕文選班固兩都賦序：或曰：賦者，古詩之流也。李善注：毛詩序曰：詩有六義，二曰賦，故賦爲古詩之流也。

〔夢澤〕文選司馬相如子虛賦：臣聞楚有七澤，……臣之所見，蓋特其小小者耳，名曰雲夢。雲夢者，方九百里。……烏有先生曰：且齊東渚巨海，南有琅琊，觀乎成山，射乎之罘，浮渤澥，遊孟諸。邪與肅慎爲鄰，右以湯谷爲界。秋田乎青丘，徬徨乎海外。吞若雲夢者八九，于其胸中曾不蔕芥。又上林賦：亡是公曰：夫使諸侯納貢者，非爲財幣，所以述職也。封疆畫界者，非爲守禦，所以禁淫也。……從此觀之，齊、楚之事，豈不哀哉？地方不過千里，而囿居九百，是草木不得墾闢，而人無所食也。

〔三農〕周禮天官大宰：三農生九穀。鄭注：鄭司農云三農，平地山澤也。玄謂三農，原澤及平地也。

上林云：左蒼梧，右西極。考其實地，周袤纔經數百。長楊誇胡，設網爲周阹，放麋鹿其中，以搏攫充樂。羽獵于靈臺之囿，圍經百里而開殿門，當時以爲窮壯極麗。迨今觀之，何齷齪之甚也！

【校】

〔窮壯〕窮，蕭本作雄。郭本作窮。王本注云：蕭本作雄。

【注】

〔上林〕王云：上林賦：獨不聞天子之上林乎？左蒼梧，右西極。丹水更其南，紫淵經其北。文穎注：蒼梧郡屬交州，在長安東南，故言左。爾雅云：西至于豳國爲西極。在長安西，故言右。漢書：武帝廣開上林，東南至宜春鼎湖，御宿昆吾，旁南山西至長楊五柞，北繞黄山，濱渭而東，周袤數百里。師古曰：袤，長也。△袤音茂。

〔長楊〕文選揚雄長楊賦序：上將大誇胡人以多禽獸。秋命右扶風發民入南山，西自褒斜，東至弘農，南驅漢中，張羅網罝罘，捕熊羆豪猪虎豹狖玃狐兔麋鹿，載以檻車，輸長楊射熊館，以網爲周阹，縱禽獸其中，令胡人手搏之，自取其獲，上親臨觀焉。是時農民不得收斂，雄從至射熊館還，上長楊賦。

〔周阹〕李善文選注：李奇曰：阹，遮禽獸圍陣也。△阹音區。

〔殿門〕文選揚雄羽獵賦：虎落三嵕，以爲司馬，圍經百里，而爲殿門。

〔齷齪〕文選左思吴都賦張銑注：齷齪，局小貌。

但王者以四海爲家，萬姓爲子，則天下之山林禽獸，豈與衆庶異之？而臣以爲不能以大道匡君，示物周博，平文論苑之小，竊爲微臣之不取也。今聖朝園池遐荒，殫窮六合。以孟冬十月大獵于秦，亦將曜威講武，掃天蕩野。豈荒淫侈靡，非三驅之意耶！臣白作頌，折中厥美。其辭曰：

【校】

〔匡君〕匡，咸本注云：一作淫。

〔荒淫〕兩宋本、繆本、咸本俱作淫荒。王本注云：繆本作淫荒。

【注】

〔三驅〕王云：周易：王用三驅，失前禽。正義曰：三驅之禮，先儒皆云：三度驅禽而射之也。三度則已。又漢書：田狩有三驅之制。顔師古注：三驅之禮，一爲乾豆，二爲賓客，三爲充君之庖也。

〔折中〕王云：楚辭：令五帝以折中。王逸注：折猶分也，分明言是與非也。賦意謂分之而求其中，惟兹所頌美較勝古人也。

粤若皇唐之契天地而襲氣母兮，粲五葉之葳蕤。惟開元廓海寓而運斗極兮，總六聖之光熙。誕金德之淳精兮，漱玉露之華滋。文章森乎七曜兮，制作參乎兩儀。

括衆妙而爲師。明無幽而不燭兮，澤無遠而不施。慕往昔之三驅兮，順生殺于四時。

【校】

〔括衆妙〕按：此句單行叶韻，文氣不屬，疑上脱一句。

【注】

〔氣母〕莊子大宗師篇：狶韋氏得之以挈天地，伏羲氏得之以襲氣母。陸德明音義：挈，司馬云：要也，得天地要也。崔云：成也。司馬云：襲，入也。氣母，元氣之母也。崔云：取元氣之本。

〔五葉〕王云：葉，世也。自高祖至玄宗凡五世。葳蕤，草木盛貌，喻言其粲美如草木之盛也。

〔斗極〕王云：爾雅：北戴斗極爲空桐。邢昺疏：斗，北斗也。極者，中宫天極星。其一明者，太乙之常居也。以其居天之中，故謂之極。極，中也，北斗拱極，故曰斗極。長楊賦：高祖奉命，順斗極，運天關。李善注：服虔曰：隨天斗極星運轉也。雒書曰：聖人受命，必順斗極。宋均尚書中候注曰：順斗機爲政也。

〔六聖〕王云：六聖者，高祖、太宗、高宗、武后、中宗、睿宗也。玄宗誕生于八月，故以金德玉露頌言也。

〔七曜〕初學記天部上：日月五星謂之七曜。

〔兩儀〕王云：河圖括地象：易有太極，是生兩儀，兩儀未分，其氣混沌。清濁既分，伏者爲天，偃者爲地。

〔衆妙〕老子：玄之又玄，衆妙之門。

若乃嚴冬慘切，寒氣凜冽。不周來風，玄冥掌雪。木脱葉，草解節。土囊烟陰，火井冰閉。是月也，天子處乎玄堂之中。滄八水兮休百工，考王制兮遵國風。樂農人之閑隙兮，因校獵而講戎。

【校】

〔滄八水〕滄，兩宋本、繆本俱作滄。王本注云：繆本作滄。

【注】

〔不周〕王云：春秋正義：易緯通卦驗云：立冬不周風至。史記律書：不周風居西北，主殺生。

〔玄冥〕禮記月令：孟冬之月，其神玄冥。

〔土囊〕文選宋玉風賦：盛怒于土囊之口。李善注：土囊，大穴也。盛弘之荆州記曰：宜都佷山縣有山，山有穴，口大數尺，爲風井，土囊當此之類也。

〔火井〕華陽國志：臨邛縣……有火井，夜時光映上照，民欲其火光，以家火投之，頃許如雷聲，火燄出，通耀數十里。以竹筒盛其光藏之，可拽行終日不滅。

〔玄堂〕禮記月令：孟冬之月，天子居玄堂左个。鄭注：玄堂左个，北堂西偏也。

〔滄〕按：滄有涼義，今云滄八水，蓋謂冬令水寒也。

〔八水〕王云：三輔黄圖：關中八水，皆出入上林苑。霸水出藍田谷，西北入渭。滻水亦出藍田谷，北至霸陵入霸。涇水出安定涇陽幵頭山，東至陽陵入渭。渭水出隴西首陽縣鳥鼠同穴山，東北至華陰入河。豐水出鄠縣南山豐谷，北入渭。鎬水在昆明池北，牢水出鄠縣，西南入潦谷，北流入渭。潏水在杜陵，從皇子陂西北流，經昆明池入渭。駱賓王詩：「五緯連影集星躔，八水分流横地軸。」許景先詩：「千門望成錦，八水明如練。」皆謂此八水也。

〔校獵〕王云：漢書成帝紀：行幸長楊宫，從胡客大校獵。如淳曰：合軍聚衆，有幡校擊鼓也。周禮：校人掌王田獵之馬，故謂之校獵。顔師古曰：如説非也。此校謂以木自相貫穿爲闌校耳。校人職云：六廐成校，是則以遮闌爲義也。校獵者，大爲欄校，以遮禽獸而獵取也。軍之幡旗雖有校名，本因部校，此無豫也。上林賦：天子校獵。李奇曰：以五校兵出獵也。李周翰注：校獵，謂出校隊而獵也。

乃使神兵出于九闕，天仗羅于四野。徵水衡與林虞，辨土物之衆寡。千騎飈掃，萬乘雷奔。梢扶桑而拂火雲兮，括月窟而搜寒門。赫壯觀于今古，業摇蕩于乾坤。此其大略也。而内以中華爲天心，外以窮髪爲海口。豁咽喉以洞開，呑荒裔而盡取。大章按步以來往，夸父振策而奔走。足跡乎日月之所通，囊括乎陰陽之未有。

【校】

〔括月窟〕括，兩宋本、蕭本、咸本俱作刮。

〔寒門〕寒，兩宋本、蕭本、咸本、文粹俱作塞。王本注云：蕭本作塞。

〔業〕蕭本、咸本俱作業。

〔而盡取〕而，兩宋本、繆本、咸本、文粹俱作以。王本注云：繆本作以。

〔未有〕文粹作所有。

【注】

〔九闕〕王云：九闕即九門也。

〔水衡〕〔林虞〕王云：漢書：水衡都尉，武帝元鼎二年初置，掌上林苑。應劭注：古山林之官曰衡，掌諸池苑，故稱水衡。張晏注：主都水及上林苑，故曰水衡。周禮有山虞澤虞，皆掌山澤之官，今稱林虞者，變文言之也。

〔月窟〕〔寒門〕王云：長楊賦：西壓月窟。服虔注：月窟，月所生也。大人賦：軼先驅于寒門。應劭注：寒門，北極之門也。

〔窮髮〕莊子逍遥遊篇：窮髮之北。李注云：髮，毛也。司馬彪注：北極之下，無毛之地也。

〔大章〕淮南子墬形訓：禹乃使太章步自東極至于西極，二億三萬三千五百里七十五步。使豎亥步自北極至于南極，二億三萬三千五百里七十五步。高誘注：太章、豎亥善行人，皆禹臣也。

〔夸父〕列子湯問篇：夸父不量力，欲追日影，逐之于隅谷之際。渴欲得飲，赴飲河、渭，河、渭不足，將走北飲大澤，未至，道渴而死。棄其杖，尸膏肉所浸生鄧林。鄧林彌廣數千里焉。

君王于是撞鴻鐘，發鑾音。出鳳闕，開宸襟。駕玉輅之飛龍，歷神州之層岑。遊五柞兮瞰三危，挾細柳兮過上林。攢高牙以總總兮，駐華蓋之森森。于是擢倚天之劍，彎落月之弓。崑崙叱兮可倒，宇宙噫兮增雄。河漢爲之却流，川岳爲之生風。羽毛揚兮九天絳，獵火燃兮千山紅。

【校】

〔羽毛〕毛，兩宋本、繆本、文粹俱作旄。王本注云：繆本作旄。

【注】

〔鑾音〕王云：爾雅翼：有虞氏之輅謂之鸞車，亦曰鸞輅。明堂月令：春則乘之。蔡邕稱以金爲鸞鳥，懸鈴其中，施于衡爲遲速之節。崔豹古今注亦以爲五輅衡上金雀者，朱鳥也，口銜鈴，鈴謂之鑾。禮云：衡前朱雀。或謂朱雀者鸞鳥，以前有鸞鳥，故謂之鸞，鸞口有鈴，故謂之鑾，事一而義異。然則鳥之鸞主形，鈴之鑾主聲，鈴之爲鑾，亦以象鸞鳥之聲爲名耳。

〔鳳闕〕王云：史記：建章宫，其東則鳳闕，高二十餘丈。水經注：漢武故事曰：鳳闕高二十丈。關中記曰：建章宫圓闕臨北道，有金鳳在闕上，高丈餘，故號鳳闕也。

〔五柞〕三輔黄圖：五柞宫，漢之離宫也。在扶風盩厔，宫中有五柞樹，因以爲名。五柞皆連抱，上枝覆蔭數畝。

△柞音昨。

〔三危〕王云：甘泉賦：攀璇璣而下視兮，行遊目乎三危。張銑注：言臺高可攀北斗，下視三危山。史記正義：括地志云：三危山上有三峯，故曰三危，俗亦名卑羽山。在沙州燉煌縣東南三十里。

〔細柳〕王云：上林賦：登龍臺，掩細柳。郭璞注：細柳，觀名也，在昆明池南。西京賦：斜界細柳。薛綜注：細柳在長安西北。

〔高牙〕王云：潘岳詩：桓桓梁征，高牙乃建。李善注：牙，牙旗也。薛綜東京賦注：兵書曰：牙旗者將軍之旗。古者天子出建大牙旗，竿上以象牙飾之，故云牙旗。

〔總總〕王云：甘泉賦：齊總總撙撙其相膠葛兮。顔師古注：總總撙撙，聚貌。

〔華蓋〕王云：古今注：華蓋，黄帝所作也。與蚩尤戰于涿鹿之野，常有五色雲氣，金枝玉葉，止于帝上，有花葩之象，故因而作華蓋也。

〔九天〕王云：楚辭：指九天以爲正兮。王逸注：九天謂中央八方也。淮南子：天有九野，中央曰鈞天，東方曰蒼天，東北方曰變天，北方曰玄天，西北方曰幽天，西方曰顥天，西南方曰朱天，南方曰炎天，東南方曰陽天。

乃召蚩尤之徒，聚長戟，羅廣澤。呵雨師，走風伯。稜威耀乎雷霆，烜赫震于蠻貊。陋梁都之體制，鄙靈囿之規格。而南以衡霍作襟，北以岱恒作阹。夾東海而爲塹兮，拖西冥而流渠。麾九州之珍禽兮，迴千羣以坌入。聯八荒之奇獸兮，屯萬族而來居。

【校】

〔岱恒〕岱，文粹作代，恒，繆本作常。王本注云：繆本作常。按：作常仍宋本之舊。

〔陋梁都之體制〕何校陸本都改作鄒。

〔作陸〕陸，兩宋本、繆本俱作祛。王云：繆本作祛。

【注】

〔蚩尤〕太平御覽卷七九：龍魚河圖曰：黄帝攝政，前有蚩尤兄弟八十一人，並獸身人語，銅頭鐵額，食沙石子。造立兵仗刀戟大弩，威震天下，誅殺無道，不仁不慈。萬民欲令黄帝行天子事，黄帝仁義，不能禁止蚩尤，仰天而歎。天遣玄女下授黄帝兵信神符，制伏蚩尤，以制八方。蚩尤殁後，天下復擾亂，黄帝遂畫蚩尤形像，以威天下，天下咸謂蚩尤不死，八方萬邦，皆爲殄伏。俞正燮癸巳存稿卷一云：管子五行篇云：黄帝得蚩尤而明於天道。又云：蚩尤明乎天道，故使爲當時。困學紀聞云：黄帝六相，一曰蚩尤，通鑑外紀改爲風后，此一蚩尤也。吕刑云：蚩尤乃始作亂。大戴禮用兵篇云：蚩尤，庶人之貪者也。史記云：黄帝戮蚩尤。任昉述異記云：冀州有蚩尤神，涿鹿間往往得髑髏如銅鐵，言是蚩尤骨。雲笈七籤：廣成子傳云：蚩尤飛空走險，以馗牛皮爲鼓，九擊而止之，蚩尤不能飛走。此又一蚩尤也。太平御覽引尸子云：造冶者蚩尤也，謂作兵。

〔雨師〕〔風伯〕王云：風俗通：飛廉，風伯也。玄冥，雨師也。搜神記：風伯者箕星也，雨師者畢星也。龍魚河圖：太白星主兵凶，其精下爲雨師之神。熒惑星主司非，其精下爲風伯之神。揚雄河東賦：呵雨師于西東。

〔稜威〕王云：漢書：威稜憺乎鄰國。李奇曰：神靈之威曰稜。

〔梁都〕王云：梁都當是梁鄒之訛。東都賦：制同乎梁鄒，義合乎靈囿。章懷太子注：魯詩傳曰：古有梁鄒者，天子之田也。

〔襟〕〔阹〕王云：襟字以下文作阹爲壍流渠例之，當是襟字之訛。方言：襟，格也。類篇：今竹木格，蓋籬落之屬。若以襟帶義解之，與文義不合。上林賦：江河爲阹。郭璞注：因山谷遮禽獸爲阹。蘇林曰：阹，獵者，圖陣遮禽獸也。説文：阹，依山谷爲牛馬圈也。

〔壍〕王云：廣韻：壍，遶城水也。△壍音籤上聲。

〔坌入〕按：入字突與上下文不叶韻，古無此例，似有誤。△坌音焚上聲。

雲羅高張，天網密布。罝罘緜原，峭格掩路。蟣蠓過而猶礙，蜵蜞飛而不度。彼層霄與殊榛，罕避鳥與伏兔。從營合技，彌巒被岡。金戈森行，洗晴野之寒霜。虹旗電掣，卷長空之飛雪。吴驂走練，宛馬蹀血。縈衆山之聯緜，隔遠水之明滅。

【校】

〔高張〕兩宋本俱無張字。

〔殊榛〕文粹作翳榛。

〔避鳥〕兩宋本、繆本、郭本俱作翔鳥。蕭本作身鳥。

〔從營〕文粹作促營。

【注】

〔罝罘〕禮記月令：田獵罝罘羅網。鄭注：獸罟曰罝罘，鳥罟曰網。△罝音嗟，罘音孚。

〔峭格〕文選左思吴都賦：峭格周施。吕向注：峭，高也。格，張網之木也。

〔蠛蠓〕爾雅釋蟲：蠓，蠛蠓。郭璞注：小蟲，似蜹，喜亂飛。

〔焦螟〕列子湯問篇：江浦之間生麽蟲，其名曰焦螟。羣飛而集于蚊睫，弗相觸也。栖宿去來，蚊弗覺也。離朱、子羽方晝，拭眥揚眉而望之，弗見其形。鯱俞、師曠方夜，擿耳俛首而聽之，弗聞其聲。

〔殊榛〕王云：上林賦：騰殊榛。張揖注：殊榛，異栫也。顔師古注：殊榛，特立株栫也。張守節注：爾雅曰：木叢生爲榛也。殊，異也。西京賦：超殊榛。薛綜注：殊猶大也。

〔吴騶〕論衡言虚篇：顔淵與孔子俱上魯太山，孔子東南望吴閶門，外有繫白馬，引顔淵指以示之曰：「若見吴閶門乎？」顔淵曰：「見之。」孔子曰：「門外何有？」曰：「有如繫練之狀。」

〔宛馬〕漢書武帝紀：（太初）四年，貳師將軍廣利斬大宛王首，獲汗血馬來。應劭注：大宛舊有天馬種，蹋石汗血，汗從前肩膊出如血，號一日千里。

〔蹀〕音疊。

使五丁摧峯，一夫拔木。下整高頽，深平險谷。擺椿栝，開林叢。喤喤呷呷，盡奔突于場中。而田疆古冶之疇，烏獲中黄之黨。越峥嶸，獵莽蒼。喑鳴哮嘯，風旋電往。脱文豹之皮，抵玄熊之掌。批狻手猱，挾三挐兩。既徒搏以角力，又揮鋒而争先。行趡號以䴈睨兮，氣赫火而敵烟。拳封貐，肘巨狿。梟羊應叱以斃踣，猰貐亡精而墜巔。或碎腦以折脊，或歕髓而飛涎。窮遐荒，蕩林藪。扼土狛，殪天狗。脱角犀頂，探牙象口。掃封狐于千里，捩雄虺之九首。咋騰蛇而仰吞，拖奔兕以卻走。

【校】

〔下整〕文粹作下塹。

〔擺椿栝〕擺，兩宋本俱訛作欏。

〔田疆〕疆，兩宋本、繆本俱作彊。王本注云：繆本作彊。

〔喑鳴〕鳴，兩宋本、繆本、文粹俱作呼。王本注云：繆本作呼。

〔哮嘯〕嘯，王注承繆刻誤作嘯，今依各本改。

〔肘巨狿〕肘，兩宋本、繆本俱作引。王本注云：繆本作引。

〔而飛涎〕而，兩宋本、繆本俱作以。王本注云：繆本作以。

〔林藪〕林，文粹作淵。

〔探牙〕牙，蕭本作采。

【注】

〔擺椿栝〕王云：韻會：擺，開也，撥也。椿，杙也。類編：栝，木杖也。△椿音莊，栝音忝。

〔喤喤呷呷〕王云：韻會：喤呷，衆聲。

〔田疆古冶〕晏子春秋內篇諫下：公孫接、田開疆、古冶子事景公，以勇力搏虎聞。

〔烏獲〕孟子告子篇：然則舉烏獲之任，是亦爲烏獲而已矣。趙岐注：烏獲，古之有力人也。能移舉千鈞。孫奭疏：皇甫士安帝王世紀云：秦武王好多力之士，烏獲之徒並皆歸焉。秦王于洛陽舉周鼎，烏獲兩目血出。六國時人也。

〔中黄〕文選張衡西京賦：乃使中黄之士。李周翰注：中黄，國名，其俗多勇力。李善注：尸子：中黄伯曰：余左執太行之猱，而右搏彫虎。

〔莽蒼〕莊子逍遥遊篇：適莽蒼者三月而反。司馬彪注：莽蒼，近郊之色。崔氏注：草野之色。

〔哮𡁥〕文選陸機辨亡論：哮𡁥之羣風驅。李周翰注：哮𡁥，虎震聲，言兵勇叫之聲，若虎之震聲也。△哮音孝平聲，𡁥音喊。

〔玄熊〕王云：爾雅翼：熊類大豕，人足黑色，春出冬蟄，輕捷好緣高木，見人自投而下，亦以革厚而筋駑，用此自快，故稱熊經鳥伸。方冬蟄時，惟自舐其掌，故其掌特美。魯靈光殿賦：玄熊蚺蜦以齗齗。

〔批狻〕〔手猱〕王云：韻會：批，手擊也。狻有二義，一音酸，乃獅子之名。爾雅：狻麑如虦貓，食虎豹者是也。一借用音俊，又音逡，又音詮，乃狡兔之名。戰國策：東郭逡者，海内之狡兔也。或作䨲，亦有作狻者。此賦與猱類用，而繼之以挾三挈兩，是可用之于幺麽之獸，而難以試之雄猛之獅，當作兔解爲當。陸璣詩疏：猱，獮猴也，楚人謂之沐猴，老者爲玃，長臂者爲猿。△猱，奴刀切。

〔虣號〕王云：爾雅：虣，白虎。宋書：接衝拔距，鷹瞵鶚視。言獵徒勇健，其聲猛如虎之號，其視精如鶚之睨也。△虣音酣。

〔貒〕〔豜〕王云：廣韻：貒，野豚也。字林：貒獸似豕而肥。西京賦：鼻赤象，圈巨豜。薛綜注：巨豜，麆也，怒走者爲豜。△貒音彖。

〔梟羊〕王云：郭璞爾雅注：狒狒，梟羊也。山海經曰：其狀如人，面長脣黑，身有毛，反踵，見人則笑。交、廣及南康郡山中多有此物，大者長丈許，俗呼之曰山都。

〔猰貐〕王云：爾雅：猰貐類貙，虎爪食人迅走。述異記：猰貐獸中最大者，龍頭馬尾虎爪，長四百尺，善走，以人爲食，遇有道君即隱藏，無道君即出食人。△猰音札，貐音與。

〔狛〕王云：説文：狛如狼，善驅羊。古賦辨體：狛似狼有角。

〔殪〕王云：韻會：殪，殺也。

〔天狗〕山海經西山經：……陰山有獸焉，其狀如狸而白首，名曰天狗。其音如榴榴，可以禦凶。又大荒西經：大荒之中，……金門之山，……有赤犬，名曰天犬，其所下者有兵。郭璞注：周書云：天狗所止地盡傾，餘光燭天爲流星，長十數丈，其疾如風，其聲如雷，其光如電。吴、楚七國反時，吠過梁國者是也。

〔犀〕王云：埤雅：犀形似水牛，大腹卑脚，脚有三蹄，黑色。三角，一在頂上，一在額上，一在鼻上，鼻上者即食角也。亦有一角者，犀亦絶愛其角，墮角即自埋之。交州記曰：犀有二角，鼻上角長，額上角短，或曰：三角者水犀也，二角者山犀也。

〔象口〕王云：爾雅翼：象，南越之大獸。獸之最大者，形體特詭。三歲一乳，其身倍數牛，而目不踰豕。鼻長六七尺，大如臂。其牙長一尺。每雷震，必倉卒間似花暴出，逡巡隱没。其齒歲脱，猶愛惜之，掘地而藏焉。削木爲僞齒，潛往易之，覺則不藏故處。

〔封狐〕〔雄虺〕楚辭招魂：蝮蛇蓁蓁，封狐千里些，雄虺九首，往來儵忽，吞人以益其心些。王逸注：封狐，大狐也。……大狐健走千里，……雄虺一身九頭。△虺音毁。

〔捩〕王云：捩，紾也。△捩音列。

〔咋〕王云：咋，嚙也。△咋音責。

〔騰蛇〕〔奔兕〕王云：郭璞爾雅注：騰蛇，龍類也，能興雲霧而遊其中。通志略：兕如野牛，青色，重千斤，一角，長三尺餘，形如馬鞭柄。其皮堅厚可製鎧。陳琳與魏文帝書：駭鯨之決細綱，奔兕之觸魯縞。

君王于是峩通天，靡星旃。奔雷車，揮電鞭。觀壯士之効獲，顧三軍而欣然。曰：夫何神抶鬼摽之駭人也！又命建夔鼓，勵武卒。雖躪轢之已多，猶拗怒而未歇。集赤羽兮照日，張烏號兮滿月。戎車轞轞以陸離，彀騎煌煌而奮發。鷹犬之所騰捷，飛走之所蹉蹶。攫麏麚之咆哮，蹂豻貉以挂格。膏鋒染鍔，填巖掩窟。觀殊材與逸羣，尚揮霍以出没。

【校】

〔神抶〕抶，繆本作挾。兩宋本俱作狹。文粹作讋。王本注云：繆本作挾。

〔鬼摽〕摽，兩宋本俱作慓。何校陸本云：慓，急也，晏本訛慓。

〔躪轢〕轢，兩宋本、繆本俱作躒。王本注云：繆本作躒。

〔與逸羣〕與，王本注云：諸本皆作舉，今從唐文粹本校正。

【注】

〔通天〕王云：蔡邕獨斷：天子冠通天冠。後漢書：通天冠高九寸，正豎，頂少邪却，乃直下爲鐵卷梁，前有山展筩爲述。乘輿所常服。唐書車服志：通天冠者，冬至受朝賀祭還燕羣臣養老之服也。二十四梁，附蟬十二，首施珠翠，金博山，黑介幘，組纓翠緌，玉犀簪導。

〔靡星旃〕王云：琦按子虛賦：靡魚須之橈旃，靡字本此。靡，偃也，方獵而偃其旗者，即王制天子殺則下大綏之義。廣韻：旃，曲柄旗，以招衆士也。羽獵賦：立歷天之旗，曳捎星之旃。吕向注：言旗旃之高，歷拂于天星也。

〔抶〕文選羽獵賦李善注：埤蒼曰：抶，笞擊也。△抶音叱。

〔摽〕王云：廣韻，摽，擊也。△摽音鰾。

〔夔鼓〕山海經大荒東經：東海中有流波山，其上有獸，狀如牛，蒼身而無角，一足。出入水則必風雨，其光如日月，其聲如雷，其名曰夔。黄帝得之，以其皮爲鼓，撅以雷獸之骨，聲聞五百里，以威天下。

〔躪轢〕文選上林賦郭璞注：躪，踐也。轢，踝也。△躪音吝，轢音歷。

〔抝〕文選西都賦李善注：抝猶抑也。△抝音於絞切。

〔烏號〕王云：子虛賦：左烏號之雕弓，右夏服之勁箭。史記索隱：張揖云：黄帝乘龍上仙，小臣不得上，挽持龍髯，髯拔，墮黄帝弓，羣臣抱弓而號，故名弓烏號。見封禪書及郊祀志。又韓詩外傳云：弓工之妻曰，此弓是泰山南烏號之柘。案淮南子云：楚有柘桑，其材堅勁，烏棲其上，將飛，枝勁復起，摽呼其上，伐取其材爲弓，因曰烏號。古史考、風俗通皆同此説也。

〔轞轞〕王云：詩小雅：戎車嘽嘽。韻會：轞，車聲，通作檻。詩國風：大車檻檻。毛傳曰：檻，車行聲也。△轞音檻。

〔陸離〕漢書卷五七司馬相如傳：先後陸離。顔師古注：陸離，分散也。文選李善注引廣雅曰：陸離參差。

〔彀騎〕史記廉頗藺相如列傳：彀者十萬人。索隱：彀謂能射者也。△彀音姤。

〔麏麚〕王云：楚辭：白鹿麏麚兮，或騰或倚。朱子注：麏，麞也。按韻會：麏即麕字。埤雅：麞，麕也。齊人謂麕爲麞，麞如小鹿而美。或曰：麞性善驚。蓋麕鹿皆健駭，而麕膽尤怯，飲水見影輒奔。道書曰：麞鹿無魂。又曰：麞鹿白膽善怖，爲是故也。説文：麚，牡鹿，以夏至解角。

〔豺貉〕王云：埤雅：豺似狗，而長尾白頰，高前廣後，其色黄。季秋取獸，四面陳之，以祀其先世，謂之豺祭獸。故先王候之以田。貉似貍，善睡，其營窟與貛皆爲曲穴，以避雨暘，亦以防患。△貉音鶴。

〔揮霍〕王云：揮霍謂飛走亂急也。

別有白貆飛駿，窮奇貙貗。牙若錯劍，鬣如叢竿。口呑叒鋋，目極槍櫓。碎琅弧，攫玉弩。射猛彘，透奔虎。金鏃一發，旁疊四五。雖鑿齒磨牙而致伉，誰謂南山白額之足覩？

【校】

〔別有〕文粹作則有。

〔貓〕蕭本作貓。王本注云：蕭本作貓。

〔牙若〕若，蕭本作如。王本注云：蕭本作如。

【注】

〔白貀〕王云：白貀飛駿俱未詳。按：駿，疑當作駮。

〔窮奇〕山海經西山經：邽山其上有獸焉，其狀如牛蝟毛，名曰窮奇，音如嘷狗，是食人。

〔貙貓〕王云：爾雅：貙獌似狸。郭璞注：今山民呼貙虎之大者爲貙豻。邢昺疏：字林云：貙似狸而大，一名獌。釋文云：獌一作貓。是貙貓即貙獌也。韻會：説文，貙獌似狸者，能捕獸祭天。陸佃云：虎五指爲貙。△貙音樞。貓音瞞。

〔殳〕文選吴都賦：干鹵殳鋋。張銑注：殳鋋，戈類也。△殳音殊。

〔琅弧〕〔玉弩〕王云：狼弧玉弩者，以玉石飾弧弩之上爲觀美也。

〔鑿齒〕漢書卷八七揚雄傳：鑿齒之徒，相與磨牙而争之。服虔曰：鑿齒，齒長五尺似鑿，亦食人。參見卷五北上行注。

〔白額〕王云：晉書周處傳以南山白額虎爲三害之一。白額虎，蓋虎之老者，力雄勢猛，人所難禦。今以鑿齒磨牙之怪獸尚能與之相抗而不懼，彼南山白額虎又焉在目中耶？深狀獵士之勇。

總八校，搜四隅。馳專諸，走都盧。趫喬林，撇絶壁。抄獑猢，攬貊貗。囚鼬鼯于峻崖，頓豰玃于穹石。養由發箭，奇肱飛車。巧聒更羸，妙兼蒲且。墜鶤鴡于青雲，落鴻雁于紫虛。捎鶬鴰，漂鸕鷀。彈地廬與神居。斬飛鵬于日域，摧大鳳于天墟。龍伯釣其靈鼇，任公獲其巨魚。窮造化之譎詭，何神怪之有餘？

【校】

〔豰〕蕭本作豰。王本注云：蕭本作豰。

〔鴡〕蕭本作鵶。郭本作鴟。王本注云：蕭本作鵶。

〔與神居〕與，文粹作空。

【注】

〔八校〕王云：漢書：中壘校尉、屯騎校尉、步兵校尉、越騎校尉、長水校尉、胡騎校尉、射聲校尉、虎賁校尉，凡八校尉，皆武帝初置。通典：漢武帝初置中壘、屯騎、步兵、越騎、長水、胡騎、射聲、虎賁等校尉爲八校。文獻通考：漢八校尉領禁衛諸軍，皆尊顯之官。

〔專諸〕吴越春秋：勇士專諸，堂邑人也。……碓顙而深目，虎膺而熊背。

〔都盧〕王云：漢書地理志：有都盧國。顔師古注：都盧國人勁捷善緣高，故張衡西京賦曰：烏獲扛鼎，都盧尋橦。又曰：非都盧之輕趫，孰能超而究升也？西域傳作巴俞都盧之戲。李奇曰：都盧，體輕善緣者也。

〔趫〕王云：廣韻，趫，緣木也。△趫音蹺。

〔撇〕王云：韻會：撇，略也。△撇音匹蔑切。

〔抄〕王云：説文：鈔，叉取也。徐鉉曰：今俗别作抄。

〔獑猢〕王云：上林賦：獑胡豰蛫。張揖曰：獑胡似獼猴，頭上有髦，腰以後黑。薛綜西京賦注：獑猢猿類而白，腰以前黑，在木表。陸璣詩疏：猿之白腰者爲獑胡，獑胡駿捷于獼猴，其鳴噭噭而悲。太平御覽：蜀地志曰：僰道有獸名獑猢，似猴而四足短，爲獸奇捷，常在樹上，欻然騰躍，可一百五十步，若迅鳥之飛。取此皮爲狐白之用，盈百方成。△獑音讒。

〔貊獨〕王云：劉逵三都賦注：貊，獸毛黑白臆，似熊而小，以舌舐鐵，須臾便數十斤。出建寧郡。章懷太子後漢書注：南中八郡志曰：貊大如驢，狀頗似熊，多力，食鐵，所觸無不拉。廣志曰：貊色蒼白，其皮温暖。獨音義俱無考。△貊音麥。

〔鼬鼯〕王云：郭璞爾雅注：鼬似貂，赤黄色，大尾，啖鼠。江東呼爲鼪。埤雅：鼬鼠健于捕鼠，今俗謂之鼠狼。郭璞爾雅注：鼯鼠狀如小狐，似蝙蝠肉翅，翅尾項脅毛紫赤色，背上蒼艾色，腹下黄，喙頷雜白，脚短爪長，尾三尺許，飛且乳，亦謂之飛生。聲如人呼，食煙火，能從高赴下，不能從下上高。△鼬音又。

〔豰玃〕王云：史記索隱：郭璞曰：豰似鼬而大，腰以後黄，一名黄腰，食獼猴。爾雅：玃父善顧。郭璞注：貑，玃也。似獼猴而大，色蒼黑，能攫持人，好顧盼。邢昺疏：大猨也。説文：玃，母猴也。△豰音忽，玃音覺。

〔養由〕戰國策西周策：楚有養由基者善射，去柳葉者百步而射之，百發百中。

〔奇肱〕博物志：奇肱國民……能爲飛車，從風遠行。湯時西風至，吹其車至豫州。湯破其車，不以視民。後十年東風至，乃復作車，遣反其國，去玉門關四萬里。

〔更嬴〕戰國策楚策：更嬴與魏王處京臺之下。仰見飛鳥，謂魏王曰：「臣爲王引弓虚發而下鳥。」魏王曰：「然則射可至此乎？」更嬴曰：「可。」有間雁從東方來，更嬴以虚發而下之。王曰：「然則射可至此乎？」更嬴曰：「此孽也，……其飛徐而鳴悲，飛徐者故瘡痛也，鳴悲者久失羣也。故瘡未息，驚心未忘，聞絃音引而高飛，故瘡隕也。」

〔蒱且〕列子湯問篇：蒱且子之弋也，弱弓纖繳，乘風振之，連雙鶬於青雲之際，用心專動手均也。

〔鸀鳿〕王云：史記正義：鸀鳿，郭云似鴨而大，長頸赤目，紫紺色，辟水毒。晉灼漢書注：屬玉水鳥，似鵁鶄。△鸀鳿音燭玉。

〔捎〕王云：韻會：捎，取也，掠也。

〔鶬鴰〕王云：子虛賦：雙鶬下。顔師古注：鶬，鶬鴰也。今關西呼爲鴰鹿，山東通謂之鶬，鄙俗名爲錯落，錯落者，言鶬聲之急耳。又謂之鴰將，鴰鹿、鴰將，皆象其鳴聲也。史記正義：司馬彪云：鶬似雁而黑，亦呼爲鶬括。韓詩外傳云：胎生也。按本草：鶬者，水鳥也，食于田澤洲渚之間，大如鶴，青蒼色，亦有灰色者。頂無丹，兩頰紅，長頸高脚，羣飛。爾雅謂之麋鴰，關西呼曰鴰鹿，山東呼曰鶬鴰，南人呼爲鶬雞，江人呼爲麥雞。天將霜，鶬先知而鳴，不過旬日而霜下。鵠者，今謂之天鵝。禽經云：鵠鳴哠哠，故謂之鵠。身大于雁，羽毛白澤，所謂鵠不日浴而白也。亦有黃鵠、丹鵠，其翔極高而善步，所謂黃鵠一舉千里是也。湖、海、江、漢之間皆有之。△鴰音括。

〔漂鸕鷀〕王云：埤雅：鸕鷀，水鳥，似鶂而黑，一名鷧。嘴曲如鉤，食魚入喉則爛，其熱如湯。其骨主哽及噎，蓋以類推之者也。此鳥吐而生子。神農書所謂鸕鷀不卵生，口吐其雛，獨爲一異，是也。楊孚異物志云：鸕鷀能没于深水，取魚而食之。不生卵而孕雛于池澤間，既胎而又吐，生多者坐七八，少生五六，相連而出，若絲緒焉。水鳥而巢高樹之上。上林賦：煩鶩鷛鷞。漢書作庸渠。郭璞曰：庸渠似鳧，灰色而雞脚，一名章渠。顔師古曰：庸渠即今之水雞也。

〔彈地廬〕王云：彈當作殫，盡也。魏都賦：天宇駭，地廬驚。木華海賦：惟神是宅，亦祇是廬。劉良注：宅，居也，言神祇之所居處。

〔日域〕漢書卷八七揚雄傳：東震日域。顏師古注：日域，日所出之處也。

〔大鳳〕王云：大鳳非瑞鳥之鳳也，若是瑞鳥之鳳，則下文有解鳳凰與鸑鷟之語，而此又云摧大鳳，不但重複，兼亦自相矛盾。考楊升菴字説引通史：繳大鳳于青丘，戮修蛇于洞庭，大鳳作大風云云。是古書先有以大風爲大鳳者，而太白因之歟！淮南子云：堯之時，猰貐、鑿齒、九嬰、大風、封豨、修蛇皆爲民害。堯乃使羿誅鑿齒于疇華之野，殺九嬰于凶水之上，繳大風于青丘之澤下，殺猰貐，斷修蛇于洞庭，擒封豨于桑林。夫大風與猰貐、鑿齒、封豨、修蛇並稱，是亦物類中之凶怪者。而高誘注云：大風，風伯也，能壞人屋舍，則又以爲神名矣。風俗通云：飛廉，風伯也。漢書音義：應劭曰：飛廉神禽，能致風氣者也。晉灼曰：身似鹿，頭如爵，有角而蛇尾，文如豹文，豈大風即飛廉之神鳥，而因以訛爲風伯歟！姑廣其説，以俟知者。升菴又引内典鳳當作鳯，中從馬，非鳳凰之鳳。然鳯字他書不載，恐未足據。

〔龍伯〕見本卷悲清秋賦注。

〔任公〕見本卷大鵬賦注。

所以噴血流川，飛毛灑雪。狀若乎高天雨獸，上墜於大荒；又似乎積禽爲山，下崩於林穴。陽烏沮色於朝日，陰兔喪精於明月。思騰裝上獵於太清，所恨穹昊於路絶。而忽也莫不海晏天空，萬方來同。雖秦皇與漢武兮，復何足以争雄？

【校】

〔狀若〕文粹作乍若。

【注】

〔雨獸〕文選司馬相如子虚賦：獲若雨獸，揜草蔽地。

〔騰裝〕文選枚乘七發：如三軍之騰裝。李善注：裝，束也。

〔忽也〕蕭本於此斷句。按：絶字與上文叶韻，應於絶字斷句爲是。

俄而君王茫然改容，愀然有失。於居安思危，防險戒逸。斯馳騁以狂發，非至理之弘術。且夫人君以端拱爲尊，玄妙爲寶。暴殄天物，是謂不道。乃命去三面之網，示六合之仁。已殺者皆其犯命，未傷者全其天真。雖剪毛而不獻，豈割鮮以焠輪？解鳳凰與鸑鷟兮，旋騶虞與麒麟。獲天寶于陳倉，載非熊于渭濱。

【校】

〔於居安思危〕兩宋本、繆本、咸本俱無居字。王本注云：繆本少居字。文粹無於字。按：此句文氣似有不屬，故各本或無居字，或無於字。

〔人君〕文粹無人字。

〔焠輪〕焠，兩宋本俱作悴。繆本作淬。王本注云：繆本作淬。文粹作染。何校陸本云：淬，染也。作悴無義。

【注】

〔茫然〕〔愀然〕王云：上林賦：天子芒然而思。顔師古注：芒然，猶罔然也。又上林賦：愀然改容，超若自失。李善注：郭璞曰：愀然，變色貌。

〔三面〕史記殷本紀：湯出，見野張網四面，祝曰：「自天下四方皆入吾網。」湯曰：「嘻！盡之矣。」乃去其三面，祝曰：「欲左左，欲右右，不用命乃入吾網。」諸侯聞之曰：「湯德至矣，及禽獸。」

〔剪毛〕王云：毛萇詩傳：面傷不獻，剪毛不獻。正義曰：面傷不獻者，謂當面射之。剪毛不獻者，謂在旁而逆射之。二者皆爲逆射，不獻者嫌誅降之意。

〔割鮮〕王云：子虛賦：割鮮染輪。李奇曰：鮮，生也。染，擩也。切生肉擩車輪，鹽而食之也。吕向注：鮮，牲也，謂割牲之血，染於車輪也。又子虛賦：將割輪焠。韋昭曰：焠謂割鮮焠輪也。郭璞曰：焠，染也。顔師古注：焠亦擩染之義，言臠割其肉擩車輪，鹽而食之。

按：王先謙漢書補注：梁章鉅云：史記焠作淬，説文繫傳引亦作淬。

〔鸑鷟〕王云：陸璣詩疏：雄曰鳳，雌曰凰，其雛爲鸑鷟。説文：鸑鷟，鳳屬，神鳥也。江中有鸑鷟，似鳧而大，赤目。張華禽經注：鳳之小者曰鸑鷟，五彩之文，三歲始備。按：國語周語：周之興也，鸑鷟鳴於岐山。韋昭解：鸑鷟，鳳皇之別名也。

〔騶虞〕〔麒麟〕王云：埤雅：騶虞尾參于身，白虎黑文，西方之獸也。王者有至信之德則應。不踐生草，食自死之肉。傳曰：白虎仁，即此是也。夫其色見於白，其文見於黑，又義獸也，而名之曰虎，則宜只以殺爲事。今反不履生草，食自死之肉，蓋仁之至也。故序詩者曰，仁如騶虞，則王道成也。山海經曰：騶虞五采畢具，尾長於身，乘之日行千里。陸璣詩疏：麟，麕身牛尾馬足，黄色，圓蹄，一角，角端有肉。音中鐘吕，行中規矩，遊必擇地，詳而後處，不履生蟲，不踐生草，不羣居，不侣行，不入陷阱，不罹羅網，王者至仁則出。史記索隱：張揖云：雄曰麒，雌曰麟，其狀麇身牛尾狼蹄，一角。郭璞云：麒似麟而無角。京房傳云：麟有五采，腹下黄色。

〔天寶〕漢書卷八七揚雄傳：追天寶。應劭注：天寶，陳寶也。晉灼注：天寶雞頭而人身。又文選羽獵賦注引太康記曰：秦文公時，陳倉人獵得獸若彘，而不知其名。道逢二童子曰：「此名糟弗述。」糟弗述亦語曰：「彼二童子名爲寶雞。得雄者王，得雌者霸。」陳倉人舍糟弗述，逐二童子，化爲雉，雌止陳倉仙爲石，雄如楚止南陽也。

〔非熊〕搜神記：呂望釣於渭陽，文王出遊獵，占曰：今日獵得一獸，非龍非螭，非熊非羆，合得帝王師。果得太公於渭之陽，與語大悦，同車載而還。

於是享獵徒，封勞苦。軒行炰，騎酌酤。韜兵戈，火網罟。然後登九霄之臺，宴八紘之圃。開日月之扃，闢生靈之户。聖人作而萬物覩，覽蒐岐與狩敖，何宣成之足數？哂穆王之荒誕，歌白雲之西母。

【校】

〔行炰〕炰，兩宋本、繆本俱作庖。王本注云：繆本作庖。

〔蒐岐〕以下五字兩宋本、繆本俱作蒐敖與狩岐。王本注云：繆本作蒐敖與狩岐。

〔宣成〕成，文粹作城。何校陸本云：成有岐陽之蒐，作城訛。

【注】

〔炰〕説文：炰，毛炙肉也。△炰音庖。

〔酤〕説文：酤，一宿酒也。△酤音古。

〔九霄〕見本卷明堂賦注。

〔八紘〕淮南子墬形訓：九州之外，乃有八殥，方千里，……八殥之外，乃有八紘，亦方千里。高誘注：紘，維也，維落天地而爲之表，故曰紘也。△紘音横。

〔蒐岐〕〔狩敖〕王云：左傳：成有岐陽之蒐。杜預注：周成王歸自奄，大蒐於岐山之陽，岐山在扶風美陽縣西北。詩小雅：建旐設旄，搏獸於敖。美宣王田獵之詩也。東京賦：搏獸於敖，既瑣瑣焉。岐陽之狩，又何足數？薛綜注：敖，鄭地，今之河南滎陽也。謂宣王所狩之地。岐陽，岐山之陽，謂成王所狩之地。

〔穆王〕穆天子傳：吉日甲子，天子賓於西王母。乃執白圭元璧，以見西王母。好獻錦組百純，組三百純，西王母再拜受之。乙丑，天子觴西王母於瑶池之上。西王母爲天子謡曰：「白雲在天，山陵自出。道里悠遠，山川間之。將子無死，尚能復來！」天子答之曰：「予歸東土，和洽諸夏。萬民平均，吾顧見汝。比及三年，將復而野。」

曷若飽人以淡泊之味，醉時以淳和之觴。鼓之以雷霆，舞之以陰陽。虞乎神明，狃於道德。張無外以爲罝，琢大朴以爲杙。頓天綱以掩之，獵賢俊以御極。若此之狩，罔有不克。使天人晏安，草木繁殖。六宫斥其珠玉，百姓樂于耕織。寢鄭衞之聲，却靡曼之色。天老掌圖，風后侍側。是三階砥平而皇猷允塞。豈比夫子虛、上林、長楊、羽獵計麋鹿之多少，誇苑囿之大小哉！

【校】

〔繁殖〕殖，兩宋本、繆本俱作植。王本注云：繆本作植。

〔大小哉〕文粹哉上有也字。

【注】

〔天老〕太平御覽卷七九：河圖挺佐輔曰：黄帝修德立義，天下大治，乃召天老而問焉，余夢見兩龍挺日圖即帝以授余於河之都，覺昧素喜不知其理，敢問於子，……天老以授黄帝，舒視之，名曰録圖。

〔風后〕史記五帝本紀正義：帝王世紀云：黄帝夢大風，吹天下之塵垢皆去。……帝寤而歎曰：「風爲號令，執政者也，垢去土，后在也。天下豈有姓風名后者哉？」于是依占而求之，得風后于海隅，登以爲相。

方將延榮光於後昆，軼玄風於邃古。擁嘉瑞，臻元符。登封於太山，篆德於社首。豈與乎七十二帝同條而共貫哉？君王于是迴蜺旌，反鑾輿。訪廣成於至道，問大隗之幽居。使罔象掇玄珠於赤水，天下不知其所如也。

【校】

〔蜺旌〕旌，文粹作旍。

【注】

〔七十二帝〕王云：漢書：管仲曰：古者封泰山禪梁父者七十二家，而夷吾所記者十有二焉。昔無懷氏封泰山，禪云云，虙羲封泰山，禪云云，神農氏封泰山，禪云云，炎帝封泰山，禪云云，黄帝封泰山，禪亭亭，顓頊封泰山，禪云云，帝嚳封泰山，禪云云，堯封泰山，禪云云，舜封泰山，禪云云，禹封泰山，禪會稽，湯封泰山，禪云云，周成王封泰山，禪於社首。風俗通：封泰山，封者立石高一丈二尺，刻之曰：「事天以禮，立身以義，事父以孝，成名以仁，四守之内，莫不爲郡縣，四夷八蠻，咸來俱職，與天下無極，人民蕃息，天禄永得。」祭上玄尊而俎生魚。壇廣十二丈，高三尺，階三等，必於其上，示增高也。刻石紀號，著己績也。或曰：金泥銀繩，印之璽下，篆德，謂篆刻于石以頌功德也。應劭曰：社首，山名，在博縣。元和郡縣志：社首山在兗州乾封縣西北二十六里。

〔廣成〕見本卷明堂賦「崆峒」注。

〔大隗〕莊子徐無鬼篇：黄帝將見大隗乎具茨之山，方明爲御，昌寓驂乘，張若謵朋前馬，昆閽滑稽後車。至于襄城之野，七聖皆迷，無所問途。適遇牧馬童子問途焉，曰：「若知具茨之山乎？」曰：「然。」「若知大隗之所存乎？」曰：「然。」黄帝曰：「異哉小童，非徒知具茨之山，又知大隗之所存。」陸德明注：大隗或云大司，神名也。△隗音五賄切。

〔罔象〕莊子天地篇：黄帝遊乎赤水之北，登乎崑崙之丘而南望，還歸遺其玄珠，使知索之而不得，使離朱索之而不得，使喫詬索之而不得，乃使象罔。象罔得之。黄帝曰：「異哉，象罔乃可以得之乎！」陸德明注：赤水在崑崙山下。並參見卷十五感時留别從兄徐王延年從弟延陵詩注。

【評箋】

王云：古賦辨體：大獵賦與子虚、上林、羽獵等賦，首尾布叙，用事遣辭，多相出入。又曰：太白天才英卓，所作古賦差强人意。但俳之蔓雖除，律之根故在。雖下筆有光燄，時作奇語，只是六朝賦爾。

俞樾云：李太白集有大獵賦，序言「以孟冬十月大獵於秦」，不言何年。據史則先天元年、開元元年、八年並有其事。太白生年或云聖曆二年己亥，或云長安元年辛丑，則作此賦總在十三歲以後、二十三歲以前。（九九銷夏録）

今人詹鍈云：薛譜：開元元年十月甲辰，帝獵渭川，有大獵賦。王曰：按賦序但云以孟冬十月大獵於秦而不書年分。考通鑑：先天元年十月癸卯，上幸新豐，獵於驪山之下，開元元年十月甲辰，獵於渭川，八年十月壬午，畋於下邽。十月而獵於秦地凡三見。舊譜竟屬之癸丑歲者，大約以太白生于聖曆二年，至是合十有五歲。因十五觀奇書、作賦凌相如一詩而附會其説。若以太白生日自長安元年數之，至是始十有三歲耳。恐未是。然王譜竟不注其著於何年。按賦中自稱臣，則當爲上於君王者。且賦中所鋪叙者亦每有實事可據，非盡出於想像。開元初年，太白尚在蜀中，安得而出此？太白温泉侍從歸逢故人詩云：「……獻賦有光輝。」答杜秀才五松山見贈詩云：「……昔獻長楊賦。」秋夜獨坐懷故山：「誇胡新賦作……。」則白所獻者即此賦歟！獨孤及送李白之曹南序云：曩子之入秦也，上方覽子虛賦，喜相如同時，……亦可證白嘗獻賦於玄宗也。天寶二年十月帝獵渭川一事不見正史。唐張讀宣室志云：明皇狩近郊，射中大鹿，張果曰：千年仙鹿也。據唐新語知張果入京在開元二十三年。又唐薛用弱集異記徐佐卿條：明皇天寶十三載重陽日獵於沙苑。二事均不見正史，蓋畋獵之事不見於正史者甚多，大獵一賦未必作於開元初年也。

李白集校注卷二

古詩五十九首

古風五十九首

大雅久不作，吾衰竟誰陳？王風委蔓草，戰國多荆榛。龍虎相啖食，兵戈逮狂秦。正聲何微茫！哀怨起騷人。揚馬激頹波，開流蕩無垠。廢興雖萬變，憲章亦已淪。自從建安來，綺麗不足珍。聖代復元古，垂衣貴清真。羣才屬休明，乘運共躍鱗。文質相炳煥，衆星羅秋旻。我志在删述，垂輝映千春。希聖如有立，絶筆於獲麟。

【校】

〔啖食〕啖，胡本作啗。

〔廢興〕廢，咸本注云：一作占。

〔自從〕兩宋本、繆本、王本俱注云：一作蹉跎。

〔垂輝〕垂，兩宋本、繆本俱作重。王本注云：繆本作重。

【注】

〔大雅〕詩大序：雅者正也，言王政之所由廢興也。政有小大，故有小雅焉，有大雅焉。

〔王風〕詩大序：關雎麟趾之化，王者之風。

〔揚馬〕王云：揚、馬，揚雄、司馬相如也。

〔無垠〕王云：史記：推而大之，至于無垠。無垠，謂無畔岸也。△垠音銀。

〔建安〕王云：建安，漢末年號。于時曹氏父子及鄴中七子作焉。詩體一變，世謂之建安體。自是而後，每降每變，下逮梁、陳、隋氏，靡麗極矣。世總謂之六朝體。

〔垂衣〕易繫辭傳：黄帝、堯、舜垂衣裳而天下治。

〔秋旻〕爾雅釋天：秋爲旻天。邢疏引李巡注：秋萬物成熟，皆有文章，故曰旻天。△旻音民。

〔希聖〕王云：夏侯湛閔子騫贊：聖既擬天，賢亦希聖。

〔獲麟〕杜預春秋左傳集解序：麟鳳五靈，王者之嘉瑞也。今麟出非時，虚其應而失其歸，此聖人所以爲感也。「絶筆于獲麟」之一句者，所感而起，固所以爲終也。

【評箋】

蕭云：按本事詩話曰：李白才逸氣高，與陳拾遺子昂齊名，先後合德。其論詩云：齊、梁以來，豔薄斯極，沈休文又尚以聲律，將復古道，非我而誰？觀此詩則太白之志可見矣。斯其所以爲有唐詩人之稱首者歟！

徐禎卿云：此篇白自言其志也。（郭本李集引）

胡云：統論前古詩源，志在删詩垂後，以此發端，自負不淺。

王云：楊齊賢曰：詩大雅凡三十六篇。詩序云：雅者，正也，言王政之所由廢興也。大雅不作，則斯文衰矣。平王東遷，黍離降於國風，終春秋之世，不復能振。戰國迭興，王道榛塞。干戈相侵，以迄于秦。中正之聲，日遠日微。一變而爲離騷，軒翥詩人之末，奮飛詞家之前。司馬、揚雄激揚其頽波，疏導其下流，使遂閎肆，法乎無窮。而世降愈下，憲章乖離。建安諸子，夸尚綺靡，摛章繡句，競爲新奇，雄健之氣，由此萎爾。至于唐，八代極矣。掃魏、晉之陋，起騷人之廢，太白蓋以自任乎！覽其著述，筆力翩翩，如行雲流水，出乎自然，非由思索而得，豈欺我哉？琦按：「吾衰竟誰陳」，是太白自嘆吾之年力已衰，竟無能陳其詩于朝廷之上也。楊氏以斯文衰萎爲釋，殊混。唐仲言詩解引孔子吾衰之説更非。徐昌穀謂首二句爲一篇大旨，綺麗不足珍以上是申第一句意，聖代復元古以下是申第二句意。其説極爲明了。學者試一玩味，前之二解不待辯而確知其誤矣。本事詩曰：李白才逸氣高，與陳拾遺齊名，先後合德，其論詩云，梁、陳以來，豔薄斯極，沈休文又尚以聲律，將復古道，非我而誰？此詩乃自明其素志歟！

唐宋詩醇云：古風詩多比興，此篇全用賦體，括風雅之源流，明著作之意旨，一起一結，有山立波迴之勢。昔劉勰明詩一篇略云：兩漢之作，結體散文，直而不野，爲五言之冠冕。又云：建安之初，五言騰踊，不求纖密之巧，惟取昭晰之能。何晏之徒，率多浮淺。惟嵇志清峻，阮旨遥深，故能標焉。晉世羣才稍入輕綺，采縟於正始，力柔於建安。觀白此篇即劉氏之意。指歸大雅，志在删述，上溯風騷，俯觀六代，以綺麗爲賤，情真爲貴，論詩之義，昭然明矣。舉筆直書所見，氣體實足以副之。陽冰稱其馳驅屈、宋，鞭撻揚、馬，千載獨步，惟公一人。洵非阿好。其纂草堂集以古風列於卷首，又以此弁之，可謂有卓見者。枕上授簡，同不朽矣。

沈德潛云：昌黎云：「齊梁及陳隋，衆作等蟬噪。」太白則云：「自從建安來，綺麗不足珍。」是從來作豪傑語。不足珍謂建安以後也。謝朓樓餞别云「蓬萊文章建安骨」一語可證。（唐詩别裁）

周中孚云：太白云：「自從建安來，綺麗不足珍。」昌黎云：「齊梁及陳隋，衆作等蟬噪。」二公俱有鄙棄六朝之意。嚴久能注云：鄙意謂太白、昌黎詩亦自六朝出，此云云者英雄欺人語耳。少陵云：「李侯有佳句，往往似陰鏗。」亦以六朝許之。（鄭堂札記）

其二

蟾蜍薄太清，蝕此瑶臺月。圓光虧中天，金魄遂淪没。螮蝀入紫微，大明夷朝暉。浮雲隔兩曜，萬象昏陰霏。蕭蕭長門宫，昔是今已非。桂蠹花不實，天霜下嚴威。沉嘆終永夕，感我涕沾衣。

【校】

〔螮蝀〕蝀，兩宋本俱作蝀，誤。繆本改。

〔沾衣〕繆本沾作沾，誤，據兩宋本、王本改。

【注】

〔蟾蜍〕淮南子精神訓：月中有蟾蜍。高誘注：蟾蜍，蝦蟆也。又説林訓：月照天下，蝕于詹諸。高誘注：詹諸，月中蝦蟆食月，故曰蝕于詹諸。

〔薄〕王云：薄，侵也，迫也。釋名：日月虧曰蝕，稍稍侵虧，如蟲食草木葉也。

〔金魄〕王云：沈佺期詩：「玉流含吹動，金魄度雲來。」魄，月體黑暗處。朔日之月謂之死魄，望日之月謂之生魄。金魄者，是言滿月之影，光明燦熳，有似乎金，故曰金魄也。

〔螮蝀〕王云：毛詩正義：螮蝀，虹也，色青赤，因雲而見。春秋潛潭巴：虹出日旁，后妃陰脅主。後漢書：凡日旁氣色白而純者名爲虹。琦按：螮蝀亦日之光氣，但日在東則螮蝀見西方，日在西則螮蝀見東方。與日旁白色之氣均有虹之名，而實則判然二物也。太白以日旁之虹呼爲螮蝀，不無混稱。△螮蝀音帝凍。

〔紫微〕晉書天文志：紫宫垣十五星，其西蕃七，東蕃八，在北斗北。一曰紫微，大帝之座也，天子之常居也，主命主度也。參見卷一明堂賦注。

〔大明〕禮記禮器：大明生於東，月生於西。鄭注：大明，日也。

〔兩曜〕王云：初學記：日月謂之兩曜。

〔長門宫〕漢書卷九七外戚傳：孝武陳皇后，長公主嫖女也。……初，武帝得立爲太子，長主有力，取主女爲妃。及帝即位，立爲皇后，擅寵驕貴，十餘年而無子。聞衛子夫得幸，幾死者數焉。上愈怒。后又挾婦人媚道，頗覺。元光五年，上遂窮治之。女子楚服等坐爲皇后巫蠱祠祭祝詛，大逆無道，相連及誅者三百餘人。楚服梟首於市。使有司賜皇后策曰：皇后失序，惑于巫祝，不可以承天命。其上璽綬，罷退居長門宫。

〔桂蠹〕王云：楚辭：桂蠹不知所淹留。漢書：成帝時歌謡曰：桂樹花不實，黄雀巢其顛。

【評箋】

楊云：按唐書，王皇后久無子而武妃有寵，后不平，顯詆之，遂廢。武妃進册爲惠妃，欲立爲后。太白詩意似屬乎此。

胡云：此詩舊注以爲白詠玄宗寵武妃廢王皇后事，桂蠹一聯實用廢后詔「皇后華而不實，不可承宗廟」語，其説是矣。然白之意自謂當世相如惟我，賦長門悟主，我事耳。纔詠志在删述，即及此事，故當自有深指，不作是觀，倫次將無突如！

王云：新唐書：玄宗皇后王氏，同州下邽人。梁冀州刺史神念之裔孫。帝爲臨淄王，聘爲妃。將清内難，預大計。先天元年，立爲皇后，久無子，而武妃稍有寵，后不平，顯詆之。然撫下素有恩，終無肯譖短者。帝密欲廢后，以語姜皎，皎漏言即死。后兄守一懼，爲求厭勝，浮屠明悟教祭北斗，取霹靂木刻天地文及帝諱合佩之，曰后有子與則天比。開元十二年事覺，帝自臨劾有狀。乃制詔有司：皇后天命不祐，花而不實，有無將之心，不可以承宗廟，母儀天下。其廢爲庶人。賜守一死。當時王諲作翠羽帳賦諷帝。未幾卒，以一品禮葬，後宫思慕之。此詩蓋詠其事也。蕭士贇曰：王后事與漢武陳后事極相類，二后雖各以無子巫蠱厭勝廢，然推原其由，實衞子夫、武惠妃争寵有以激之也。陳后之廢，司馬相如作長門賦。王后之廢，王諲亦作翠羽帳賦。先後一致。太白引此爲證，最爲切當。桂蠹不實，是采廢后制中語。唐仲言曰：蟾蜍蝕月，比武妃逼后，月光虧而魄没，見后已廢而憂死也。蝃蝀借日之光以成形，今入紫微，而日反爲所蔽，比武妃既得幸，而蠱惑帝心，至于荒亂也。苟日月俱爲陰邪所傷，而蒼生無以仰照，則萬象皆昏冥矣。因言后之被廢，正如陳后之居長門。然陳后以嫉妒幾絶皇嗣，實有可廢之條。今王后撫下有恩，明皇特以武妃之故而謀廢之，則非陳后比矣。所謂昔是而今非也。且帝以后無子，罪其花而不實，然不觀諸桂樹乎？桂蠹則不能成實，寵分則不能有子，奈何遽以天霜之威加之哉？大抵國家之亂，起自宮闈。我因念及此事，爲之感嘆沾衣也。其後武妃幸早世，而明皇卒以太真亂國，太白可謂知幾矣。琦按：舊唐書：開元十二年秋七月壬申月蝕既。己卯，廢皇后王氏爲庶人。太白此篇，首以月蝕爲喻，是雖比而實賦也。

沈德潛云：意指武惠妃有寵，王皇后見廢而作，通體皆作隱語，而「蕭蕭長門宮」二句若晦若顯，布置最佳。（唐詩別裁）

按：前人但見詩中長門宮一語，遂附會爲指王皇后之被廢，其實唐人詩中託宮怨以喻士之見棄者已成常調，李詩中亦不止此一首。王氏更據開元十二年七月月蝕，同月王后被廢，遂指此首爲是年所作。然是年李才二十四歲，遠在蜀中，無由知此，即知之亦無緣關心此宮闈中之事。若云事後追詠，則天下事大於此者甚多，李意恐不在此也。

方東樹云：此似感禄山之亂而作。（昭昧詹言）

其三

秦王掃六合，虎視何雄哉！揮劍決浮雲，諸侯盡西來。明斷自天啓，大略駕羣才。收兵鑄金人，函谷正東開。銘功會稽嶺，騁望琅邪臺。刑徒七十萬，起土驪山限。尚採不死藥，茫然使心哀。連弩射海魚，長鯨正崔嵬。額鼻象五岳，揚波噴雲雷。髻鬣蔽青天，何由覩蓬萊？徐市載秦女，樓船幾時回？但見三泉下，金棺葬寒灰。

【校】

〔秦王〕兩宋本、繆本俱作秦皇。

〔揮劍〕揮，蕭本、胡本俱作飛。王本注云：蕭本作飛。

〔明斷〕此句兩宋本、繆本、王本俱注云：一作雄圖發英斷。

〔心哀〕心，兩宋本、繆本、王本俱注云：一作人。

〔由覩〕覩，咸本作觀。

〔徐市〕市，兩宋本、咸本俱作氏。

【注】

〔虎視〕後漢書卷七〇班固傳：西都賦：周以龍興，秦以虎視。章懷太子注：龍興虎視，喻盛强也。

〔浮雲〕莊子説劍篇：天子之劍，……直之無前，舉之無上，按之無下，運之無旁。上決浮雲，下絶地紀。此劍一用，匡諸侯，天下服矣。

〔收兵〕史記秦始皇本紀：二十六年，……收天下兵聚之咸陽，銷以爲鐘鐻，金人十二，重各千石，置宫廷中。

〔函谷〕水經注河水：（潼關）歷北出東崤通謂之函谷關也。邃岸天高，空谷幽深，澗道之峽，車不容軌，號曰天險。函谷正東開者，當六國未滅之時，慮其侵伐，以函谷爲守禦之要樞，啓閉甚嚴。六國已滅，天下一統，無事守禦，函谷可以常開矣。

〔銘功〕王云：史記：始皇三十七年，上會稽，祭大禹，望于南海，而立石刻，頌秦德。又云：二十八年，南登琅邪，大樂之，留三月，乃徙黔首三萬户琅邪臺下。復十二歲，作琅邪臺，立石刻，頌秦德，明得意。太平御覽伏滔地記曰：琅邪東南十里有琅邪山，即古琅邪臺也。秦始皇二十八年，至琅邪，大樂之，留三月，作琅邪臺。臺亦孤山也，然高顯出于衆山之上，高五里，下周二十五里，山上壘石爲臺，石形爲磚，長八尺，廣四尺，厚八寸。三級而上，級高三丈，上級平敞，二百餘步，刊石立碑，紀秦功德。

〔刑徒〕史記秦始皇本紀：三十五年，……隱宫徒刑者七十餘萬人，乃分作阿房宫，或作麗山，發北山石槨。

〔不死藥〕王云：史記又云：三十一年，使韓終、侯公、石生求仙人不死之藥。又云：二十八年，齊人徐市等上書言海中有三神山，名曰蓬萊、方丈、瀛洲，仙人居之，請得齋戒，與童男女求之。于是遣徐市發童男女數千人，入海求仙人。徐市等入海求神藥，數歲不得，費多恐譴，乃詐曰：蓬萊藥可得，然常爲大蛟魚所苦，故不得至。願請善射者與俱，見則以連弩射之。

始皇夢與海神戰，如人狀，問占夢，博士曰：水神不可見，以大魚蛟龍爲候，今上禱祠備謹，而有此惡神，當除去而善神可致。乃令入海者齎捕巨魚具，而自以連弩候大魚出射之。自琅邪北至榮成山弗見，至之罘見巨魚，射殺一魚。木華海賦：魚則横海之鯨，巨鱗插雲，鬐鬣刺天。顱骨成岳，流膏爲淵。

〔三泉〕史記秦始皇本紀：葬始皇酈山。始皇初即位，穿治酈山。及并天下，天下徒送詣七十餘萬人，穿三泉，下銅而致槨，宫觀百官奇器珍怪徙藏滿之。正義曰：顔師古云：三重之泉，言其深也。

【評箋】

蕭云：白意者曰：仙者清浄自然，無爲而化，秦皇之所爲若此，求仙者豈如是乎？宜其卒爲方士之所欺而不免於死也。

徐禎卿云：此篇借秦皇以爲諷也。（郭本李集引）

沈德潛云：既期不死而又築高陵，自相矛盾矣。（唐詩别裁）

陳沆云：此亦刺明皇之詞，而有二意：一則太白樂府中所謂「窮兵黷武有如此，鼎湖飛龍安可乘」。二則人心苦不足，周穆、秦、漢同一轍也。（詩比興箋）

今人詹鍈云：通鑑：天寶九載十月，太白山人王玄翼上言：見玄元皇帝言寶仙洞有妙寶真符，命刑部尚書張均等往求得之。時上尊道教，慕長生，故所在争言符瑞，羣臣表賀無虚月。此詩所譏倘指此等事而言，當是天寶十載作。

其四

鳳飛九千仞，五章備綵珍。銜書且虛歸，空入周與秦。横絶歷四海，所居未得鄰。吾營紫河車，千載落風塵。藥物祕海嶽，採鉛青溪濱。時登大樓山，舉首望仙真。羽駕滅去影，飈車絶回輪。尚恐丹液遲，志願不及申。徒霜鏡中髮，羞彼鶴上人。桃李何處開？此花非我春。惟應清都境，長與韓衆親。

【校】

〔舉首〕首，蕭本作手。王本注云：蕭本作手。

〔丹液〕咸本注云：一作神州，又作金液。

〔徒霜〕霜，咸本作落。

【注】

〔五章〕左傳昭二十五年：爲九文六采五章以奉五色。杜預注：青與赤謂之文，赤與白謂之章，白與黑謂之黼，黑與青謂之黻，五色備謂之繡。集此五章，以奉成五色之用。

〔銜書〕宋書符瑞志：有鳳凰銜書，遊文王之都。書又曰：殷帝無道，虐亂天下。黄命已移，不得復久。靈祇遠離，百神吹去。五星聚房，昭理四海。

〔横絶〕漢書卷四〇張良傳：鴻鵠高飛，一舉千里。羽翮以就，横絶四海。顔師古注：絶謂飛而直度也。

〔紫河車〕蕭云：道家蓬萊修煉法：河車是水，朱雀是火。取水一斗鐺中，以火炎之令沸，致聖石九兩其中，初成姹女，次謂之玉液。後成紫色，謂之紫河車，白色曰白河車，青色曰青河車，赤色曰赤河車，亦曰黄芽。

〔鉛〕音沿。

〔青溪〕王云：一統志：清溪在池州府，源出涔溪山，與石人嶺水合，北流匯爲玉鏡潭，又東流經府門外，復折而北，至清溪口入大江。大樓山在池州府城南七十里。按：青當作清。

〔丹液〕抱朴子金丹篇：抱朴子曰：余考覽養性之書，鳩集久視之方，曾所披涉，篇卷以千計矣，莫不皆以還丹金液爲大要者焉。然則此二事蓋仙道之極也。

〔清都〕列子周穆王篇：王實以爲清都紫微，鈞天廣樂，帝之所居。

〔韓衆〕王云：楚辭：見韓衆而宿之兮，問天道之所在。王逸注：韓衆，仙人也。抱朴子：韓衆服菖蒲十三年，身生毛，日視書萬言，皆誦之，冬恒不寒。

【評箋】

蕭云：此篇遊仙詩，太白自言其志云。

胡云：舊注云：此遊仙詩。太白少遇司馬承禎，謂其有仙風道骨，可與學仙，故自言其志。今考古風爲篇六十，言仙者十有二，其九自言遊仙，其三則譏人主求仙，不應通蔽互殊乃爾。白之自謂可仙，亦借以抒其曠思，豈真謂世有神仙哉！他詩云：「此人古之仙，羽化竟何在。」意自可見，是則雖言遊仙，未嘗不與譏求仙者合也。時玄宗方用兵吐蕃、南詔而受籙投龍，崇尚玄學不廢，大類秦皇、漢武之爲，故白之譏求仙者亦多借秦、漢爲喻。白他詩又云：「窮兵黷武今如此，鼎湖飛龍安可乘？」其本旨也歟！

王夫之云：規運廣遠，而示人者恒以新密。若直以太白爲一往豪宕人，則視此類詩爲何語邪？（唐詩評選）

方東樹云：此託言仙人，放懷忘世。（昭昧詹言）

按：卷二十二宿鰕湖詩云「明晨大樓去……」，卷二十七金陵與諸賢送權十一序云：「而嘗采姹女於江華，收河車於清溪，與天水權昭夷服勤爐火之業久矣。」皆與此首所云「採鉛青溪濱，時登大樓山」，情事相合。

其五

太白何蒼蒼！星辰上森列。去天三百里，邈爾與世絶。中有綠髮翁，披雲臥松雪。不笑亦不語，冥棲在巖穴。我來逢真人，長跪問寶訣。粲然啓玉齒，授以錬藥説。銘骨傳其語，竦身已電滅。仰望不可及，蒼然五情熱。吾將營丹砂，永與世人別。

【校】

〔披雲〕兩宋本、繆本、王本俱注云：一作千春。

〔啓玉齒〕兩宋本、繆本、咸本俱作忽自哂，注云：一作啓玉齒。王本注云：一作忽自哂。

〔永與世人別〕王本訛作永世與人別，今據各本改。

【注】

〔太白〕水經注渭水：……太白山在武功縣南，去長安二百里，不知其高幾許。俗云：武功、太白，去天三百。……杜彦達曰：太白山南連武功山，于諸山最爲秀傑，冬夏積雪，望之皓然。

〔粲然〕王云：穀梁傳：軍人粲然皆笑。范寧注：粲然，盛笑貌。郭璞詩：「靈妃顧我笑，粲然啓玉齒。」李善注：啓齒笑也。

〔五情〕文選曹植上責躬應詔詩表：形影相弔，五情愧赧。劉良注：五情，喜怒哀樂怨也。

【評箋】

蕭云：太白少遇司馬承禎，謂其有仙風道骨，可與學仙，太白亦有志焉。凡方外異人圖録丹訣無不參授，其四五兩詩非泛然之作，蓋亦一時紀實之詞也。

徐禎卿云：此篇語意與上亦相類，蓋白真有慕於仙而作也。（郭本李集引）

唐宋詩醇云：郭璞遊仙「青谿百餘仞」一首純是寓意。白詩與彼不同。蓋士之不得志於時者，姑寄其意於此耳。舊史稱白少有逸才，志氣宏放，飄然有超世之心。殆亦性之所近。或其被放東歸，將受道籙時作也。

今人詹鍈云：按岑參有太白胡僧歌，序云：太白中峯絶頂有胡僧，不知幾百歲。眉長數寸，身不製繒帛，衣以草葉，恒持楞伽經，雲壁迴絶，人跡罕到。歌云：「聞有胡僧在太白，蘭若去天三百尺。一持楞伽入中峯，世人難見但聞鐘。」太白所見之緑髮翁疑即此人。

按：岑詩所詠爲胡僧，李詩意指仙者，恐不能牽合。同時常建有夢太白西峯詩云：「夢寐昇九崖，杳靄逢元君。遺我太白峯，寥寥辭垢氛。」而岑亦有太白東溪張老舍即事詩云：「主人東溪老，兩耳生長毫。遠近知百歲，子孫皆二毛。」蓋以太白爲仙境，自是當時人共有之觀念耳。

其六

代馬不思越，越禽不戀燕。情性有所習，土風固其然。昔别雁門關，今戍龍庭前。驚沙亂海日，飛雪迷胡天。蟣虱生虎鶡，心魂逐旌旃。苦戰功不賞，忠誠難可宣。誰憐李飛將，白首没三邊？

【校】

〔代馬〕代，蕭本作岱，咸本注云：一作岱。

【注】

〔代馬〕王云：代馬，代地所産之馬。曹植詩：「願騁代馬，倏忽北徂。」張協詩：「土風安所習，由來有故然。」徐禎卿曰：代北越南，鳥獸各有所戀，以比去家就戍，非人之情也。按：文選古詩：「胡馬依北風，越鳥巢南枝。」

〔雁門關〕王云：山西通志：雁門山在代州北三十五里，雙闕陡絶，雁欲過者必由此徑，故名。一名雁門塞，倚山立關，謂之雁門關。山西之關凡四十有餘，皆踞隘保固，而聳拔雄壯則雁門爲最。趙李牧、漢郅都備邊於此，匈奴不敢近塞。固皆一時良將，然不可謂非藉地險也。

〔龍庭〕後漢書卷五三竇憲傳：班固燕然山銘：躡冒頓之區落，焚老上之龍庭。章懷太子注：匈奴五月大會龍庭，祭其先天地鬼神。按：漢書匈奴傳云大會龍城，龍庭蓋以龍城爲單于之庭也。

〔虎鶡〕王云：後漢書：武冠俗謂之大冠，環纓無蕤，以青系爲緄，加雙鶡尾，豎左右，爲鶡冠。五官左右虎賁羽林五中郎將羽林左右監皆冠鶡冠，紗縠單衣。虎賁將虎文袴，白虎文劍佩刀，虎賁武騎皆鶡冠虎文單衣。襄邑歲獻織成虎文衣。鶡者勇雉也，其鬭對一死乃止，故趙靈王以表武士。秦施安焉。太白所謂蟣虱生虎鶡者，蓋謂其生於虎衣鶡冠之上，猶之甲胄生蟣虱也。

〔飛將〕王云：史記：李廣爲右北平太守，匈奴聞之，號曰漢之飛將軍。避之，數歲不敢入右北平。元狩四年，從大將軍青擊匈奴，引兵出東道。軍無導，惑失道，後大將軍。大將軍使長史問失道狀，欲上書報天子軍曲折。廣謂其麾下曰：「廣結髮與匈奴大小七十餘戰，今幸從大將軍出，接單于兵，而大將軍徙廣部行回遠，而又迷失道，豈非天哉！廣年六十餘矣，終不能復對刀筆之吏。」遂引刀自剄。顧炎武曰：昔人譏此詩以飛將軍剪截作飛將，然古人自有此語。後漢班勇傳：班將能保北鹵不爲邊害乎？後魏唐永，正光中爲北地太守，數與賊戰，未嘗敗北。時人語曰：莫陸梁，恐爾逢唐將。並以將軍爲將。

〔三邊〕王云：小學紺珠：三邊，幽、并、涼三州也。

【評箋】

蕭云：此篇感諷之詩，於時必有所爲而作也。

徐禎卿云：此篇言塞下事，或有所感於時而作也。（郭本李集引）

唐宋詩醇云：民安鄉井，離别爲難，況驅之死地乎！起意惻然可念。杕杜勞士，道其室家之情；出車勞率，美其執獲之功。盛世豈無征役哉！明皇喜邊事，致有冒賞掩功者，故蕭士贇謂其感諷時事，有爲而作。揚水圻父，所以爲風雅之變也。

今人詹鍈云：詩比興箋：此傷王忠嗣也。忠嗣兼河西、隴右、河東節度使，仗四節，制萬里，屢破突厥、吐蕃、吐谷渾。李林甫忌其功名日盛，恐其入相，因事構陷幾死。賴哥舒翰力救，乃貶漢陽太守而卒。故悲傷其功高不賞，忠誠莫諒也。按舊唐書王忠嗣傳：天寶六載十一月貶漢陽太守，七載量移漢東郡太守，明年暴卒。則此詩之作當亦在天寶八載以後。

其七

客有鶴上仙，飛飛淩太清。揚言碧雲裏，自道安期名。兩兩白玉童，雙吹紫鸞笙。去影忽不見，回風送天聲。舉首遠望之，飄然若流星。願餐金光草，壽與天齊傾。

【校】

〔客有〕此句咸本注云：一本作家有鶴上來。

〔舉首〕首，蕭本作手。王本注云：蕭本作手。此句兩宋本、繆本俱注云：一作我欲一問之。

〔齊傾〕以上全首兩宋本、繆本俱注云：一作五鶴西北來，飛飛淩太清。仙人緑雲上，自道安期名。兩兩白玉童，雙吹紫鸞笙。飄然下倒景，倏忽無留行。遺我金光草，服之四體輕。將隨赤松下，對博坐蓬瀛。胡本前四句作五鶴西北來，飛飛淩太清，仙人緑雲上，自道安期名。注云：一作客有鶴上仙，飛飛淩太清，揚言碧雲裏，自道安期名。兩兩白玉童，雙吹紫鸞笙。飄然下倒影，倏忽無留形。遺我金光草，服之四體輕。將隨赤松去，對博坐蓬瀛。

【注】

〔淩〕王云：淩，經歷也。

〔太清〕楚辭九嘆：譬若王僑之乘雲兮，載赤霄而淩太清。

〔安期〕史記封禪書：（李）少君曰：……臣嘗游海上，見安期生。安期生食臣棗大如瓜。安期生仙者，通蓬萊中。合則見人，不合則隱。於是天子……遣方士入海，求蓬萊安期生之屬。參見卷六對酒行注。

〔回風〕楚辭悲回風：悲回風之摇蕙兮。王逸注：回風爲飄風。

〔金光草〕唐宋詩醇注引廣異記：東岳夫人所居有異草，葉如芭蕉，花正黄色，光可鑑，曰此金明草。

【評箋】

葛立方云：李太白古風兩卷近七十篇，身欲爲神仙者殆十三四。或欲把芙蓉而躡太清，或欲挾兩龍而淩倒影，或欲留玉舄而上蓬山，或欲折若木而游八極，或欲結交王子晉，或欲高揖衛叔卿，或欲借白鹿於赤松子，或欲餐金光於安期生，豈非因賀季真有謫仙之目，而因爲是以信其説耶？抑身不用鬱鬱不得志而思高舉遠引耶？（韻語陽秋）

蕭云：此篇亦遊仙詩體，恐是贈答之詩，非泛然之作也。

其八

咸陽二三月，宮柳黄金枝。緑幘誰家子？賣珠輕薄兒。日暮醉酒歸，白馬驕且馳。意氣人所仰，冶遊方及時。子雲不曉事，晚獻長楊辭。賦達身已老，草玄鬢若絲。投閣良可歎，但爲此輩嗤。

【校】

〔咸陽二三月〕王注云：此首繆本編入二十二卷，題作感寓，與諸本不同。按：此首兩宋本亦均編入第二十二卷。

〔輕薄兒〕以上三句，蕭本注云：一作百鳥鳴花枝。玉劍誰家子，西秦豪俠兒。兩宋本、繆本俱作百鳥鳴花枝。玉劍誰家子，西秦豪俠兒。注云：一作宮柳黄金枝。緑幘誰家子，賣珠輕薄兒。

〔所仰〕仰，兩宋本、繆本、王本俱注云：一作傾。

〔冶遊〕兩宋本、繆本俱作遊冶。王本注云：繆本作遊冶。

【注】

〔緑幘〕漢書卷六五東方朔傳：帝姑館陶公主，號竇太主，堂邑侯陳午尚之。午死，主寡居，年五十餘矣。近幸董偃。始偃與母以賣珠爲事，偃年十三，隨母出入主家，左右言其姣好。主召見曰：「吾爲母養之。」因留第中，教書計、相馬、御射，頗讀傳記。至年十八而冠，出則執轡，入則侍内，爲人温柔愛人。以主故，諸公接之，名稱城中，號曰董君。主因推令散財交士，令中府曰：「董君所發，一日金滿百斤，錢滿百萬，帛滿千匹，乃白之。」安陵爰叔……與偃善，謂偃曰：「足下私侍漢主，挾不測之罪，將欲安處乎？……何不白主獻長門園，此上所欲也。如是上知計出于足下，則安枕而卧，長無慘怛之憂。」偃入言之主，主立奏書獻之。上大悦，更名竇太主園爲長門宫。……上以錢千萬從主飲，後數日，上臨山林。主自執宰蔽膝，道入登階就坐。坐未定，上曰：「願謁主人翁。」主乃下殿，去簪珥，徒跣頓首謝。……有詔謝。主簪履起，之東廂自引董君。董君緑幘傅鞲隨主前，伏殿下。主乃贊館陶公主庖人臣偃昧死再拜謁，因叩頭謝。上爲之起，有詔賜衣冠上。……當是時，董君見尊不名，稱爲主人翁，飲大驩樂。主乃請賜將軍列侯從官金錢雜繒各有數。于是董君貴寵，天下莫不聞。

〔子雲〕文選楊修答臨淄侯牋：吾家子雲，老不曉事。

〔草玄〕漢書卷八七揚雄傳：揚雄，字子雲，蜀郡成都人。……孝成帝時，……待詔承明之庭，……從至射熊館還，上長楊賦……以風。……哀帝時，丁、傅、董賢用事，諸附離之者或起家至二千石。時雄方草太玄，有以自守，泊如也。……王莽時，劉歆、甄豐皆爲上公，莽既以符命自立，即位之後，欲絶其原，以神前事。而豐子尋、歆子棻復獻之。莽誅豐父子，投棻四裔，辭所連及，便收不請。時雄校書天禄閣上，治獄事使者來欲收雄，雄恐不能自免，乃從閣上自投下，幾死。莽聞之曰：「雄素不與事，何故在此？」間請問其故，乃劉棻嘗從雄學作奇字，雄不知情。有詔勿問。然京師爲之語曰：惟寂寞，自投閣。爰清浄，作符命。

〔嗤〕音鴟。

【評箋】

蕭云：此時戚里驕縱踰制，動致高位，儒者沈困下僚，是詩必有所感諷而作。

宋長白云：劍具稍短，佩于脅下者，謂之腰品。隴西韋景珍常衣玉篆袍，佩玉鞥兒腰品，酣飲酒肆，李太白識之，有詩曰：「玉劍誰家子，西秦豪俠兒。」謂景珍也。見陶穀清異録。（柳亭詩話）

王云：唐仲言曰：此刺戚里驕横而以子雲自況。所謂緑幘必有所指。

吴昌祺云：言子雲不能自守，則反爲小人所嗤，謂以子雲自況者非也。（唐宋詩醇引）

方東樹云：此言少年乘時，賢者無位。（昭昧詹言）

今人詹鍈云：「緑幘誰家子，賣珠輕薄兒」一作「玉劍誰家子，西秦豪俠兒」。一作是也。五代陶穀清異録云：唐劍具稍短，常施於脅下者名腰品，隴西人韋景珍有四方志，呼盧酣酒，衣玉篆袍，佩玉鞶兒腰品，修飾若神人，李太白常識之，見感寓詩云：「玉劍誰家子，西秦遊俠兒。」謂景珍也。是知此詩本無諷刺之意，蕭士贇、唐仲言二家之説皆左矣。

按：清異録説此詩姑無論有無確據，即使李意果指韋景珍而言，篇末「但爲此輩嗤」一語，顯非褒許之詞。

其九

莊周夢胡蝶，胡蝶爲莊周。一體更變易，萬事良悠悠。乃知蓬萊水，復作清淺流。青門種瓜人，舊日東陵侯。富貴故如此，營營何所求？

【校】

〔題〕英靈此首題作詠懷。

〔乃知〕乃，兩宋本、繆本、王本俱注云：一作那。

〔故如此〕故，兩宋本、繆本俱作固，又注云：一作苟。咸本作固。王本注云：一作苟，繆本作固。

【注】

〔莊周〕莊子齊物論篇：昔者莊周夢爲胡蝶，栩栩然胡蝶也，自喻適志與，不知周也。俄然覺，則蘧蘧然周也。不知周之夢爲胡蝶與，胡蝶之夢爲周與！周與胡蝶則必有分矣。此之謂物化。

〔蓬萊〕神仙傳：麻姑自説云：接待以來，已見東海三爲桑田，向到蓬萊，水又淺於往者。會時略半耳，豈將復爲陵陸乎？

〔青門〕三輔黄圖：長安城東出南頭第一門曰霸城門，民見門色青，名曰青城門，或曰青門。門外舊出佳瓜，廣陵人邵平爲秦東陵侯，秦破，爲布衣，種瓜青門外，瓜美，故時人謂之東陵瓜。

【評箋】

蕭云：此詩達生者之辭也，然意却有三節。謂忽然爲人，化爲異物，忽爲異物，化而爲人，一體變易尚未能知，悠悠萬事豈能盡知乎？況又何能知桑田滄海之變乎？故侯種瓜，富貴者固如是也。既燭破此理，則尚何所求而營營苟苟以勞吾生哉？

徐禎卿云：此篇嘆世之難保而人貴達理以自守也。（郭本李集引）

王夫之云：用事總别，意言之間，藏萬里于尺幅。（唐詩評選）

沈德潛云：言一體尚有變易，而富貴能長保耶？（唐詩别裁）

方東樹云：言世事幻妄，不必營營富貴。（昭昧詹言）

其十

齊有倜儻生，魯連特高妙。明月出海底，一朝開光曜。却秦振英聲，後世仰末照。意輕千金贈，顧向平原笑。吾亦澹蕩人，拂衣可同調。

【校】

〔一朝〕朝，文粹作夕。

【注】

〔倜〕音惕。

〔魯連〕史記魯仲連列傳：魯仲連者，齊人也。好奇偉倜儻之畫策，而不肯仕宦任職。……適遊趙，會秦圍趙，聞魏將欲令趙尊秦爲帝，乃見平原君曰：「事將奈何？」平原君曰：「勝也何敢言事？前亡四十萬之衆于外，今又内圍邯鄲而不去，魏王使客將軍辛垣衍令趙帝秦，今其人在是。」……魯仲連曰：「梁客辛垣衍安在？吾請爲君責而歸之。」……魯仲連見辛垣衍而無言。辛垣衍曰：「吾視居此圍城之中者，皆有求於平原君者也。今觀先生之玉貌，非有求於平原君者也，曷爲久居此圍城之中而不去？」魯仲連曰：「……彼秦者棄禮義而上首功之國也。權使其士，虜使其民。彼即肆然而爲帝，過而爲政於天下，則連有蹈東海而死耳，吾不忍爲之民也。所爲見將軍者，欲以助趙也。」辛垣衍曰：「先生助之將奈何？」魯連曰：「吾將使梁及燕助之，齊、楚則固助之矣。」辛垣衍曰：「吾乃梁人也，先生惡能使梁助之？」魯連曰：「梁未覩秦稱帝之害耳，使梁覩秦稱帝之害，則必助趙矣。……秦無已而帝，則且變易諸侯之大臣，奪其所不肖，而與其所賢。奪其所憎，而與其所愛。又將使其子女讒妾，爲諸侯妃姬，處梁之宮。梁王安得晏然而已乎？而將軍又何以得故寵乎？」於是辛垣衍起再拜謝曰：「……吾請出，不敢復言帝秦。」秦將聞之，爲卻軍五十里。適會魏公子無忌奪晉鄙軍以救趙擊秦軍，秦軍遂引而去。於是平原君欲封魯連，魯連辭讓。使者三，終不肯受。平原君乃置酒，酒酣，起前，以千金爲魯連壽。魯連笑曰：「所爲貴於天下之士者，爲人排患釋難解紛亂而無所取也。即有取者，是商賈之事也。而連不忍爲也。」遂辭平原君而去，終身不復見。

【評箋】

楊云：此篇蓋慕魯仲連之爲人也。

梅鼎祚云：曹植詩：「南國有佳人，容華若桃李。朝遊江北岸，夕宿瀟湘沚。時俗薄朱顏，誰爲發皓齒？俛仰歲將暮，榮耀難久恃。」白此詩全用之。（李詩鈔評）

唐宋詩醇云：曹植詩「大國多良材，譬海出明珠」即「明月出海底」意。白姿性超邁，故感興於魯連。後篇子陵、君平，亦此志也。

方東樹云：此託魯連起興以自比。（昭昧詹言）

按：以魯連功成不受賞自比，爲李詩中常用之調，例如：在水軍宴幕府諸侍御：「所冀旄頭滅，功成追魯連。」留別王司馬：「願一佐明主，功成返舊林。」五月東魯行：「我以一箭書，能取聊城功。」皆是。此蓋受左思詠史詩之影響，即以下第十二、十三首亦不出左詩之範圍。

其十一

黄河走東溟，白日落西海。逝川與流光，飄忽不相待。春容捨我去，秋髮已衰改。人生非寒松，年貌豈長在？吾當乘雲螭，吸景駐光彩。

【校】

〔年貌〕兩宋本、繆本、王本俱注云：一作顔色。

〔光彩〕以上二句，兩宋本、繆本、王本俱注云：一作誰能學天飛，三秀與君採。

【注】

〔春容〕王云：春容謂少年之容，秋髮謂衰暮時之髮。

〔雲螭〕文選郭璞遊仙詩：雖欲騰丹谿，雲螭非我駕。吕延濟注：雲螭，龍也。△螭音鴟。

〔吸景〕楊云：吸景，吸日月之景以駐吾之顔。

【評箋】楊云：蕭云：古詩：「人生非金石，豈能長壽考？奄忽隨物化，榮名以爲寶。」太白此詩亦此之意。

徐禎卿云：此篇悲年命也。（郭本李集引）

唐宋詩醇云：郭璞遊仙詩云：「雖欲騰丹谿，雲螭非我駕。」結語本此。别本作「誰能學天飛，三秀與君采」。語意殊穉。

其十二

松柏本孤直，難爲桃李顔。昭昭嚴子陵，垂釣滄波間。身將客星隱，心與浮雲閑。長揖萬乘君，還歸富春山。清風灑六合，邈然不可攀。使我長嘆息，冥棲巖石間。

【校】

〔本孤直〕本，蕭本作峯。

【注】

〔嚴子陵〕後漢書卷一一三嚴光傳：嚴光字子陵，會稽餘姚人。少有高名，與光武同遊學。及光武即位，乃變名姓，隱身不見。帝思其賢，令以物色訪之。後齊國上言，有一男子，披羊裘，釣澤中。帝疑其光，備安車玄纁，遣使聘之。三反而後至。舍於北軍，給牀褥，太官朝夕進膳。……車駕即日幸其館，光卧不起。帝即其卧所撫光腹曰：「咄咄子陵，不可相助爲理耶！」光眠不應，良久，張目熟視曰：「唐堯著德，巢父洗耳，士固有志，何至相迫乎？」帝曰：「子陵，我竟不能下汝耶！」於是升輿嘆息而去。復引光入，論道舊故，相對累日。因共偃卧，光以足加帝腹上。明日，太史奏客星犯御座甚急。帝笑曰：「朕故人嚴子陵共卧耳。」除爲諫議大夫，不屈，乃耕於富春山，後人名其釣處爲嚴陵瀨。

〔身將〕王云：將猶與也。按：已詳卷一大鵬賦注。

〔富春山〕明一統志卷四一：富春山在桐廬縣西三十里，一名嚴陵山。清麗奇絶，號錦峯繡嶺，乃漢嚴子陵隱釣處，前臨大江，上有東西二釣臺。

【評箋】

徐禎卿云：此篇蓋有慕乎子陵之高尚也。（郭本李集引）

邢昉云：詠史亦人所同，氣體高妙則獨步矣。（唐風定）

其十三

君平既棄世，世亦棄君平。觀變窮太易，探元化羣生。寂寞綴道論，空簾閉幽情。騶虞不虚來，鸑鷟有時鳴。安知天漢上，白日懸高名？海客去已久，誰人測沉冥？

【校】

〔探元〕元，兩宋本、繆本、王本俱注云：一作玄。胡本作玄。

〔道論〕兩宋本、繆本、王本俱注云：一作真道。

〔幽情〕情，兩宋本、繆本、王本俱注云：一作清。

〔虚來〕虚，兩宋本、繆本、王本俱注云：一作復。

〔誰人〕人，兩宋本、繆本、王本俱注云：一作能。

【注】

〔君平〕王云：鮑照詩：「君平獨寂寞，身世兩相棄。」李善注：身棄世而不仕，世棄身而不任。漢書：嚴君平卜筮於成都市。以爲卜筮者賤業，而可以惠衆人。有邪惡是非之問，則依蓍龜爲言利害。與人子言依於孝，與人弟言依於順，與人臣言依於忠，各因勢道之以善，從吾言者已過半矣。裁日閲數人，得百錢足自養，則閉肆下簾而授老子，博覽無不通。依老子嚴周之旨，著書十萬餘言。（按：嚴周即莊周。）

〔太易〕王云：列子：有太易，有太初，有太始，有太素。太易者，未見氣也。太初者，氣之始也。太始者，形之始也。太素者，質之始也。孝經鉤命訣：天地未分之前，有太易，有太初，有太始，有太素，有太極，是爲五運。形象未分，謂之太易。元氣始萌，謂之太初。形氣之端，謂之太始。形變有質，謂之太素。質形已具，謂之太極。鄭康成乾鑿度注，以其寂然無物，故名之爲太易。

〔道論〕漢書卷三二司馬遷傳：太史公……習道論於黄子。

〔騶虞〕詩召南騶虞：于嗟乎騶虞。毛傳：騶虞，義獸也。白虎黑文，不食生物，有至信之德則應之。參見卷一明堂賦注。

〔天漢〕博物志：舊説云：天河與海通，近世有人居海濱者，年年八月有浮槎去來不失期。人有奇志，立飛閣於槎上，多齎糧，乘槎而去。十餘日中，猶觀星月日辰，自後茫茫忽忽，亦不覺晝夜。去十餘日，奄至一處，有城郭狀，屋舍甚嚴。遥望宫中多織婦，見一丈夫牽牛渚次飲之。牽牛人乃驚問曰：「何由至此？」此人見説來意，并問此是何處。答曰：「君還至蜀郡訪嚴君平則知之。」竟不上岸，因還如期。後至蜀，問平君，曰：某年月日，有客星犯牽牛宿。計年月，正是此人到天河時也。

〔沉冥〕王云：漢書：蜀嚴湛冥，不作苟見，不治苟得，久幽而不改其操。孟康注：蜀郡嚴君平沉深玄默無欲也。揚子：蜀莊沉冥。李軌注：沉冥猶玄寂，泯然無跡之貌。吴祕注：晦跡不仕，故曰沉冥。陳子昂詩：「玄感非象識，誰能測沉冥？」

【評箋】

蕭云：此詩雖詠史事，其自負之意亦深矣，大意與詠子陵詩意同。

徐禎卿云：此篇白自託於君平之詞也。（郭本李集引）

沈德潛云：言人之不泯如騶虞鸑鷟，必然見知，即世人不知，天上猶懸其名也。天漢二句用海渚人乘槎至織女宫意。（唐詩别裁）

方東樹云：此言賢士不求名，非人所知。（昭昧詹言）

其十四

胡關饒風沙，蕭索竟終古。木落秋草黄，登高望戎虜。荒城空大漠，邊邑無遺堵。白骨横千霜，嵯峨蔽榛莽。借問誰陵虐？天驕毒威武。赫怒我聖皇，勞師事鼙鼓。陽和變殺氣，發卒騷中土。三十六萬人，哀哀淚如雨。且悲就行役，安得營農圃？不見征戍兒，豈知關山苦？李牧今不在，邊人飼豺虎。

【校】

〔蕭索〕索，兩宋本、繆本、王本俱注云：一作颯。

〔木落〕木，兩宋本、繆本俱作歲。王本注云：繆本作歲。

〔陵虐〕虐，咸本注云：一作虎。

〔征戍〕戍，繆本誤作成，今據兩宋本、黄校本改。

〔關山苦〕兩宋本、繆本、王本俱注云：一本此下多争鋒徒死節，秉鉞皆庸豎。戰士塗蒿萊，將軍獲圭組四句。

〔李牧〕兩宋本、繆本、王本俱注云：一作衞、霍。

【注】

〔胡關〕王云：胡關，近胡地之關。若雁門、玉門、陽關之類。張正見詩：「胡關辛苦地。」

〔大漠〕文選班固封燕然山銘：經鹵磧，絶大漠。李周翰注：大漠，沙漠也。

〔遺堵〕王云：説文：堵，垣也，五板爲一堵。張載詩：「周墉無遺堵。」

〔榛莽〕楚辭離騷：夕攬洲之宿莽。洪興祖補注：莽，莫補切。

〔李牧〕史記廉頗藺相如列傳：李牧，趙之北邊良將也。常居代雁門備匈奴。……匈奴小入，佯北不勝。……單于聞之，大率衆來入。李牧多爲奇陣，張左右翼擊之，大破殺匈奴十餘萬騎。滅襜襤，破東胡，降林胡。單于奔走。其後十餘歲，匈奴不敢近趙邊城。

【評箋】

楊云：聖皇，玄宗也。玄宗承國家富庶，侈心動，遂貪邊功，罷張九齡，相李林甫、楊國忠，從事吐蕃、南詔，訖唐世爲患。

嚴羽云：此首可與老杜塞上諸篇伯仲。（嚴羽評點李集）

蕭云：此詩楊子見以爲討閤羅鳳之事，非也。雲南乃西南邊，此詩專指北邊而言，當是爲哥舒翰攻吐蕃石堡城之事而作也。唐史，天寶六載，上欲使河西、隴右節度使王忠嗣攻吐蕃石堡城。忠嗣上言，石堡城險固，吐蕃舉國守之，今頓兵其下，非殺數萬人不能克，臣恐所得不如所亡。上意不決，將軍董延光自請將兵攻石堡城，上命忠嗣分兵，哥舒翰率隴右、河西、朔方、河東兵凡六萬三千攻吐蕃石堡城，其城三面險絶，唯一徑可上，吐蕃但以數百人守之，多貯糧食，積擂木及石，唐兵前後屢攻之不能克，翰進攻拔之。獲吐蕃鐵刃悉諾羅等四百人，唐士卒死亡略盡，果如忠嗣之言。蓋當時上好邊功，諸將皆希旨開邊隙，忠嗣獨能持重安邊不生事，嘗曰：平世爲將，撫衆而已，吾不欲竭中國力以幸功名。傳中所載全與李牧相類。此詩末句曰「李牧今不在，邊人飼豺虎」者，蓋以李牧比忠嗣也。今不在者，翰取石堡時，忠嗣已死二年，無能諫止，卒喪數萬之師也。（按：此注據郭本分類補注李太白詩所引。）

徐禎卿云：此篇之意，蕭説近是。（郭本李集引）

胡云：楊注以爲詠鮮于仲通南詔之役。蕭注以爲辭指北邊詠哥舒翰石堡之役。考翰傳，石堡用兵止十萬，與所云三十六萬者亦未合。此亦約略言開、天數十年間用兵吐蕃之概，歎中外之騷蔽耳。指石堡一役言則非也。

唐宋詩醇云：開元以來，歲有征役，至王君㚟戰勝青海，益事邊功。石堡一城耳，得之不足制敵，不得無害於國。唐兵前後屢攻，所失無數，哥舒翰雖能拔之，而士卒死亡亦略盡矣。此詩極言邊塞之慘，中間直入時事，字字沉痛，當與杜甫前出塞參看。別本多四句，語盡而露。詩詞意已足，不當更益。

今人詹鍈云：哥舒翰拔石堡城在天寶八載，王忠嗣卒亦在是年，此詩之作當在本年（八載）以後。

其十五

燕昭延郭隗，遂築黄金臺。劇辛方趙至，鄒衍復齊來。奈何青雲士，棄我如塵埃！珠玉買歌笑，糟糠養賢才。方知黄鶴舉，千里獨徘徊。

【校】

〔燕昭〕昭，兩宋本俱作趙，誤。

〔趙至〕至，兩宋本、繆本、王本俱注云：一作往。

〔黄鶴〕鶴，王本注云：一作鵠。文粹作鵠。

【注】

〔燕昭〕史記燕召公世家：燕昭王……即位，卑身厚幣，以招賢者。謂郭隗曰：「齊因孤之國亂而襲破燕，孤極知燕小力少不足以報，誠得賢士以共國，以雪先王之恥，孤之願也。先生視可者，得身事之。」郭隗曰：「王必欲致士，先從隗始。況賢於隗者，豈遠千里哉？」於是昭王爲隗改築宫而師事之。樂毅自魏往，鄒衍自齊往，劇辛自趙往，士争趨燕。△隗音危，或讀上聲。

〔黄金臺〕王云：李善文選注：上谷郡圖經曰：黄金臺在易水東南十八里。燕昭王置千金於臺上，以延天下之士。

按：葛立方韻語陽秋云：余考史記，不載黄金臺之名，止云昭王築臺以尊郭隗。上谷郡圖經乃云……遂因以爲名。又按：齊東野語卷一七：王文公詩云：「功謝蕭規慙漢第，恩從隗始詫燕臺。」然史記止云爲隗改築宫而師事之，初無臺字，而李白詩有「何人爲築黄金臺」之語。吴虎臣漫録以此爲據。按新序、通鑑亦皆云築宫，不言臺也。然李白屢慣用黄金臺事，如：「誰人更埽黄金臺」、「燕昭延郭隗，遂築黄金臺」、「掃灑黄金臺，招邀廣平客」、「如登黄金臺，遥謁紫霞仙」、「侍筆黄金臺，傳觴青玉案」。杜甫亦有「揚眉結義黄金臺」、「黄金臺貯賢俊多」。柳子厚亦云「燕有黄金臺，遠致望諸君」。白氏六帖有「燕昭王置千金於臺上以延天下士，謂之黄金臺」。此語唐人相承用者甚多，不特本於白也。又按唐文粹有皇甫松登郭隗臺詩，又梁任昉述異記：燕昭爲郭隗築臺，今在幽州燕王故城中，土人呼賢士臺，亦爲招賢臺。然則必有所謂臺矣。後漢孔文舉論盛孝章書曰：昭築臺以延郭隗。然皆無黄金字。宋鮑照放歌行云：豈伊白屋賜？將起黄金臺。然則黄金之名始見於此。李善注引王隱晉書：段匹磾討石勒，屯故燕太子丹黄金臺。又引上谷郡圖經曰：黄金臺在易水東南十八里，昭王置千金臺上以延天下士。且燕臺事多以爲昭王，而王隱以爲燕丹何也？余後見水經注云：固安縣有黄金臺，耆舊言昭王禮賢，廣延方士，故修建下都館之南陲，燕昭創於前，子丹踵於後云云，以此知王隱以爲燕丹者：蓋如此也。又按：孫璧文玫古録略謂：王隱晉人，太興初爲著作郎，在鮑照之前，則金臺之説不始於鮑照，但隱書不以爲燕昭，鮑詩亦未明言燕昭，……燕昭金臺似始於酈注。又白氏六帖云云，御覽一百七十七引史記與此一字不差，雖今本史記無此條，似燕昭金臺之説由來已久。但李善爲唐初人，果史記有此語，何以鮑詩注不引及而引隱書圖經耶？又引史記曰：虞卿説趙王賜黄金百鎰，何以不引此黄金臺而但引賜黄金耶？孔融書注引史記與今本史記同，何以御覽所引者竟不引及耶？故知御覽沿六帖之誤，未足據也。

〔黄鶴〕韓詩外傳卷二：田饒事魯哀公而不見察，田饒謂哀公曰：「臣將去君，黄鵠舉矣。」哀公曰：「何謂也？」曰：「……雞有此五德，君猶日瀹而食之者，何也？以其所從來者近也。夫黄鵠一舉千里，止君園池，食君魚鼈，啄君黍粱，無此五德，君猶貴之，以其所從來者遠也。臣將去君，黄鵠舉矣。」按：古鶴、鵠二字往往通用。

【評箋】

楊云：太白意謂吳姬越女資其一歌笑，則不惜珠玉之費，至於賢人才士，則待之以糟糠，其好色而不好德如此，則賢者將遠去，徘徊顧望而不肯輒下。

按：詩意似指李林甫之蔽賢，「珠玉買歌笑」不過比喻讒諂面諛之近倖。楊說似失之淺。蕭云：太白少有高尚之志，此詩豈出山之後不爲時相所禮，有輕出之悔歟！不然，何以曰：「方知黄鵠舉，千里一徘徊？」吁！讀其詩者，百世之下猶有感慨。

徐禎卿云：此篇刺時貴也。（郭本李集引）

唐宋詩醇云：國策：田需對管燕云：士三日不得咽，而君鵝鶩有餘粟。與孟子所云豕交獸畜者，更有甚焉。乃知穆生辭楚，見色斯舉耳。

陳沆云：刺不養士求賢也。天寶之末，宰臣媢嫉，林甫賀野無遺賢，國忠非私人不用。廟堂惟聲色是娱，而天地閉賢人隱矣。（詩比興箋）

其十六

寶劍雙蛟龍，雪花照芙蓉。精光射天地，雷騰不可衝。一去別金匣，飛沉失相從。風胡殁已久，所以潛其鋒。吴水深萬丈，楚山邈千重。雌雄終不隔，神物會當逢。

【校】

〔寶劍雙蛟龍〕王注云：此首繆本編入二十三（當作二）卷，與咸陽二三月一首俱題作感寓。

按：此首兩宋本亦編在第二十二卷。

〔雷騰〕雷，兩宋本、繆本俱作電騰。王本注云：繆本作電。

〔已久〕此句兩宋本、繆本俱注云：一作聖人歿已久。蕭本、咸本俱作風胡滅已久。王本注云：一作聖人歿已久，蕭本作風胡歿已久。

【注】

〔風胡〕王云：越絶書：客有能相劍者，名薛燭。越王句踐召而問之。乃召掌者使取純鉤。薛燭望之，手振拂揚，其華捽如芙蓉始出。又越絶書：楚王召風胡子而問之曰：「寡人聞吳有干將，越有歐冶子，此二子甲世而生，天下未嘗有。寡人願齎邦之重寶以奉子，因吳王請此二人作鐵劍，可乎？」于是乃令風胡子之吳，見歐冶子、干將使作鐵劍，歐冶子、干將鑿茨山，洩其溪，取鐵英，作爲鐵劍三枚。風胡子奏之楚王，楚王見此三劍之精神，大悦。問之曰：「此三劍何物所象，其名爲何？」風胡子對曰：「一曰龍淵，二曰泰阿，三曰工布。」楚王曰：「何爲龍淵、泰阿、工布？」風胡子對曰：「欲知龍淵，觀其狀如登高山，臨深淵。欲知泰阿，觀其鈲巍巍翼翼，如流水之波。欲知工布，鈲從文起，至脊而止，如珠不可衽，文若流水不絶。」

〔雌雄〕晉書卷三六張華傳：華聞豫章人雷焕妙達緯象，……焕曰：「僕察之久矣。惟斗牛之間頗有異氣。」華曰：「是何祥也？」焕曰：「寶劍之精上徹於天耳。……」即補焕爲豐城令，焕到縣掘獄屋基，入地四丈餘，得一石函，光氣非常，中有雙劍，並刻題，一曰龍泉，一曰太阿，……遣使送一劍并土與華，留一自佩。……焕曰：「靈異之物終當化去，不永爲人服也。……」華報焕書曰：「……莫邪何不復至？雖然，天生神物終當合耳。……」焕卒，子華……行經延平津，劍忽於腰間躍出墮水，但見兩龍各長數丈，……華歎曰：「先君化去之言，張公終合之論，此其驗乎？」

【評箋】

胡云：此篇全祖鮑照詩云：「雙劍將離别，先在匣中鳴。烟雨交將夕，從此遂分形。雌沉吴江裏，雄飛入楚城。吴江深無底，楚闕有崇扃。一爲天地别，豈直恨幽明。神物終不隔，千祀儻還并。」張華干鏌二劍並入吴水，此兼言楚者，借用湛盧飛入楚事也。詳吴越春秋。

徐禎卿云：此篇白自況也。（郭本李集引）

王云：鮑照贈故人馬子喬詩：「雙劍將别離，先在匣中鳴。烟雨交將夕，從此忽分形。雌沉吴江水，雄飛入楚城。吴江深無底，楚闕有崇扃。一爲天地别，豈直限幽明？神物終不隔，千祀倘還并。」太白此篇蓋擬之也。然鮑詩爲故人而贈别，其居要處在神物一聯。李詩感知己之不存，其警策處在風胡二語。辭調雖近，意旨自别。

其十七

金華牧羊兒，乃是紫烟客。我願從之遊，未去髮已白。不知繁華子，擾擾何所迫？崑山採瓊蕊，可以鍊精魄。

【校】

〔繁華〕兩宋本、繆本、王本俱注云：一作朱顔。

〔瓊蕊〕蕊，兩宋本、繆本、王本俱注云：一作蕤。

【注】

〔金華〕神仙傳：皇初平者，丹溪人也。年十五，家使牧羊，有道士見其良謹，便將至金華山石室中，四十餘年，不復念家。其兄初起行山尋索初平，歷年不得。後見市中有一道士，初起召問之曰：「吾有弟名初平，因令牧羊，失之四十餘年，莫知死生所在，願道君爲占之。」道士曰：「金華山中有一牧羊兒，姓黄名初平，是卿弟非疑。」初起聞之，即隨道士去求弟，遂得相見，悲喜語畢，問初平羊何在？曰：「近在山東耳。」初起往視之不見，但見白石而還。謂初平曰：「山東無羊也。」初平曰：「羊在耳。兄但自不見之。」初平與初起俱往看之，初平乃叱曰：羊起！於是白石皆變爲羊數萬頭。初起曰：「弟獨得仙道如此，吾可學乎？」初平曰：「惟好道便可得之耳。」初起便棄妻子留住，就初平學，共服松脂茯苓，至五百歲，能坐在立亡，行於日中無影，而有童子之色。後乃俱還鄉里，親族死終略盡，乃復還去。初平改字爲赤松子，初起改字爲魯班，其後服此藥得仙者數十人。

〔瓊蕊〕王云：司馬相如大人賦：「噍瓊華。」張揖注：瓊樹生崑崙西流沙濱，大三百圍，高萬仞。華蕊也，食之長生。陸機詩：「上山采瓊蕊，穹谷饒芳蘭。」吕延濟注：瓊蕊，玉英也。

〔精魄〕文選江淹雜擬詩：「隱淪駐精魄。」吕向注：精魄，魂魄也。

【評箋】

徐禎卿云：此篇諷不知止也。（郭本李集引）

其十八

天津三月時，千門桃與李。朝爲斷腸花，暮逐東流水。前水復後水，古今相續流。新人非舊人，年年橋上遊。雞鳴海色動，謁帝羅公侯。月落西上陽，餘輝半城樓。衣冠照雲日，朝下散皇州。鞍馬如飛龍，黄金絡馬頭。行人皆辟易，志氣横嵩丘。入門上高堂，列鼎錯珍羞。香風引趙舞，清管隨齊謳。七十紫鴛鴦，雙雙戲庭幽。行樂争晝夜，自言度千秋。功成身不退，自古多愆尤。黄犬空嘆息，緑珠成釁讎。何如鴟夷子，散髮棹扁舟？

【校】

〔復後水〕復，兩宋本、繆本、王本俱注云：一作非。

〔新人〕新，兩宋本、繆本、王本俱注云：一作今。
〔西上陽〕兩宋本、繆本、王本俱注云：一作上陽西。
〔棹扁舟〕棹，兩宋本、繆本、胡本、王本俱注云：一作弄。

【注】

〔天津〕王云：元和郡縣志：天津橋在河南縣北四里。隋煬帝大業元年初造此橋，以駕洛水，用大船維舟，皆以鐵鎖鉤連之。南北夾路對起四樓，其樓爲日月表勝之象。然洛水溢，浮橋輒壞。唐貞觀十四年，更令石工累方石爲脚。爾雅曰：斗牛之間爲天漢之津，故取名焉。
〔海色〕楊云：海色，曉色也。雞鳴之時，天色昧明，如海氣朦朧然。
〔上陽〕舊唐書地理志：東都上陽宫在宫城之西南隅。南臨洛水，西距穀水，東即宫城，北連禁苑。宫内正門正殿皆東向，正門曰提象，正殿曰觀風。其内别殿亭觀九所。上陽之西，隔穀水有西上陽宫，虹橋跨穀，行幸往來，皆高宗龍朔後置。
〔馬頭〕古雞鳴曲：「黄金絡馬頭，頻頻何煌煌。」
〔辟易〕漢書卷三一項羽傳：楊喜人馬俱驚，辟易數里。顔師古注：辟易謂開張而易其本處。
　△辟音闢。
〔嵩丘〕王云：嵩丘即嵩山也。又藝文類聚：俗説曰：傅亮北征，在黄河中，垂至洛，遥見嵩高山。于時同從客在坐問傅曰：「潘安仁懷舊賦云，前瞻太室，旁眺嵩高。嵩高、太室故是一山，何以言旁眺？」亮曰：「有嵩丘山，去太室七十里，此是寫書誤耳。」據此則嵩丘别是一山矣。

〔齊謳〕太平御覽卷五七三古樂志曰：齊歌曰謳，吴歌曰歈。

〔鴛鴦〕王云：古雞鳴曲：「鴛鴦七十二，羅列自成行。」西京雜記：茂陵富人袁廣漢於北邙山下築園，養白鸚鵡紫鴛鴦牦牛青兕，奇獸怪禽，委積其間。爾雅翼：瀉鶒亦鴛鴦之類，其色多紫。李白詩所謂「七十紫鴛鴦，雙雙戲庭幽」，謂瀉鶒也。

〔緑珠〕晉書卷三三石崇傳：崇有妓曰緑珠，美而豔，善吹笛。孫秀使人求之。崇時在金谷别館，方登涼臺，臨清流，婦人侍側。使者以告，崇盡出其婢妾數十人以示之，皆蕴蘭麝，被羅縠。曰：「在所擇。」使者曰：「君侯服御，麗則麗矣，然本受命指索緑珠，不識孰是。」崇勃然曰：「緑珠吾所愛，不可得也。」使者曰：「君侯博古通今，察遠照邇，願加三思。」使者出而又反，……崇竟不許。秀怒，乃勸（趙王）倫誅崇，……崇正宴於樓上，介士到門。崇謂緑珠曰：「我今爲爾得罪！」緑珠泣曰：「當効死於官前。」因自投於樓下而死。崇母兄妻子無少長皆被害。

〔鴟夷子〕漢書卷九一貨殖傳：越王句踐困於會稽之上，迺用范蠡、計然。……十年國富，厚賂戰士，遂報強吴，刷會稽之恥。范蠡……乃乘扁舟，浮江湖，變姓名，適齊爲鴟夷子皮。

注：孟康曰：扁舟，特舟也。師古曰：自號鴟夷者，言若盛酒之鴟夷，多所容受，而可卷懷，與時弛張也。史記越王句踐世家：范蠡浮海出齊，變姓名，自謂鴟夷子皮。索隱：范蠡自謂也，以吴王殺子胥而盛以鴟夷，今蠡自以有罪，故爲號也。韋昭曰：鴟夷，革囊也，或曰生牛皮也。按：伍子胥列傳集解：應劭曰：取馬革爲鴟夷。鴟夷，榼形。

【評箋】

蕭云：大意蓋謂天津橋水閲人亦多矣。富與貴者自謂可以長保而不知退，安知其無李斯、石崇之禍乎？何如范蠡之勇退爲高也？

徐禎卿云：此篇諷時貴也。（郭本李集引）

胡云：神仙傳：衛叔卿降漢，殿謁武帝，自稱中山人。武帝曰：「中山乃朕臣也。」叔卿默不應去。白自比叔卿，辭翰林供奉，亦不臣玄宗，因得免禄山之難。視天下之流血而豺狼冠纓也。

王云：徐禎卿曰：黄犬句應前貴寵之言，緑珠句應前歌舞之言，鴟夷句應前功成身退之言。

唐宋詩醇云：此刺當時貴幸之徒，怙侈驕縱而不恤其後也。杜甫麗人行其刺國忠也微而婉，此則直而顯，自是異曲同工。

沈德潛云：歷言權貴豪侈，沉溺不返，而有李斯、石崇之禍，不如范蠡扁舟歸去之爲得也。

前用興起。(唐詩别裁)

今人詹鍈云:蕭注以爲天津橋在咸陽,誤。……是年(開元二十三年)春,玄宗在東都,白親見上朝之盛,乃有此詩。

按:蕭注據三輔記渭水貫都以象天河之語,以天津橋爲在咸陽,是未諦觀下文西上陽一語,誠不足取。但必以此詩爲白述所親見,亦稍拘牽。

其十九

西上蓮花山,迢迢見明星。素手把芙蓉,虚步躡太清。霓裳曳廣帶,飄拂昇天行。邀我登雲臺,高揖衛叔卿。恍恍與之去,駕鴻淩紫冥。俯視洛陽川,茫茫走胡兵。流血塗野草,豺狼盡冠纓。

【校】

〔西上〕上,蕭本作嶽。兩宋本、繆本、王本俱注云:一作嶽。咸本作嶽,注云:一作上。

【注】

〔蓮花山〕太平御覽卷三九:華山記曰:山頂有池,生千葉蓮花,服之羽化,因曰華山。

〔明星〕太平廣記卷五九:集仙録:明星玉女者,居華山,服玉漿,白日升天。

〔雲臺〕王云：慎蒙名山記：雲臺峯在太華山東北，兩峯峥嶸，四面陡絶。上冠景雲，下通地脈。巋然獨秀，有若靈臺。

〔衞叔卿〕神仙傳：衞叔卿者，中山人也。服雲母得仙。漢元封二年八月壬辰，孝武皇帝閑居殿上，忽有一人，乘雲車，駕白鹿，從天而下，來集殿前。其人年可三十許，色如童子，羽衣星冠。帝驚問曰爲誰，答曰：「吾中山衞叔卿也。」帝曰：「子若是中山人，乃朕臣也，可前共語。」叔卿本意謁帝，謂帝好道，見之必加優禮，而帝今云是朕臣也。於是大失望，默然不應，忽焉不知所在。帝甚悔恨，即遣使者梁伯至中山推求叔卿，不得見，但見其子度世……共之華山，求尋其父。……未到其嶺，於絶巖之下，望見其父與數人博戲於石上，紫雲鬱鬱於其上，白玉爲牀，又有數仙童執幢節立其後。……

【評箋】

蕭云：太白此詩似乎紀實之作，豈禄山入洛陽之時，太白適在雲臺觀乎！

按：此説不妨姑作擬議之據，但詩云「恍恍與之去，駕鴻淩紫冥」，恐不能即謂身在雲臺觀也。

徐禎卿云：此篇刺玄宗也。（郭本李集引）

王云：此詩大抵是洛陽破没之後所作，胡兵謂禄山之兵，豺狼謂禄山所用之逆臣。蕭氏以胡兵爲回紇，以豺狼盡冠纓爲用官爵賞功不分流品，似未是。

陳沆云：皆遯世避亂之詞，託之游仙也。古風五十九章，涉仙居半，惟此二章差有古意，則詞含寄託故也。世人本無奇臆，好言昇舉，雲離鶴駕，翻成土苴。太白且然，況觸目悠悠者乎？（詩比興箋）

按：陳氏此評並鄭客西入關一首言之也。

其二十

昔我遊齊都，登華不注峯。兹山何峻秀？緑翠如芙蓉。蕭颯古仙人，了知是赤松。借予一白鹿，自挾兩青龍。含笑凌倒景，欣然願相從。泣與親友别，欲語再三咽。勗君青松心，努力保霜雪。世路多險艱，白日欺紅顔。分手各千里，去去何時還？在世復幾時？倏如飄風度。空聞紫金經，白首愁相誤。撫己忽自笑，沉吟爲誰故？名利徒煎熬，安得閑余步？終留赤玉舄，東上蓬萊路。秦帝如我求，蒼蒼但煙霧。

【校】

〔借予〕予，咸本注云：一作與。

〔分手〕手，兩宋本、繆本俱作首。才調注云：一作首。王本注云：繆本作首。

〔在世〕胡本以下另爲一首。

〔閑余〕余，咸本作途，注云：一作余。

〔蓬萊〕萊，兩宋本、繆本、咸本俱作山，注云：一作萊。胡本作山。王本注云：一作山。

【注】

〔華不注〕王云：水經：濟水又東北徑華不注山。酈道元注：單椒秀澤，不連丘陵以自高。虎牙桀立，孤峯特拔以刺天。青崖翠發，望同點黛。山下有華泉。通典：齊州歷城縣有華不注山，其山直上如筍。山東通志：華不注山在濟南府城東北十五里。不字即柎字，如詩棠棣之華鄂不韡韡之不，花之蒂也。喻此山孤秀如華柎之注於水者然。△不音乎。按：凌揚藻蠡勺編卷三十二：華不注：成公二年，戰於鞌，齊師敗績，逐之，三周華不注。胡傳讀不如卜，非也。蓋不，芳無切，與柎通，花萼跗也。詩常棣箋：不當作柎。陸璣詩疏作跗。東晳補亡詩白華絳趺。作趺，皆同。花之蔕也。伏琛齊記引摯虞畿服經言此山孤秀如華跗之注於水。丹鉛録謂水經注言華不注山單椒秀澤，孤峯刺天，青崖翠發，望同點黛。九域志言大明湖望華不注山，如在水中。太白詩：「昔我游齊都，登華不注峯。茲山何峻秀，綵翠如芙蓉。」比以芙蓉，亦可爲華不之一證也。

〔赤松〕太平御覽卷六六一：真誥：赤松子者，黄帝時雨師也。號太極真人。

〔青龍〕蕭云：列仙傳：衛叔卿乘雲駕鹿，傳于華山石上，追之不可得。又呼子先者，漢中關下卜師，壽百餘歲，臨去，呼酒家嫗令急裝，便有仙人持二茅狗來至（來至御覽卷九二九引作呼子先），子先持一與酒嫗，因各騎之，乃龍也。上華陰，常於山大呼曰：子先酒母在此。按：此注王氏不取，然蕭氏似得詩意，不宜略去。

〔倒景〕王云：司馬相如大人賦：貫列缺之倒景兮。服虔注：人在天上，下向視日月，故景倒在下也。張揖注：陵陽子明經曰：倒景氣去地四千里，其景皆倒在下也。漢書：登遐倒景。如淳注：在日月之上，反從下照，故其景倒也。沈約詩：「一舉陵倒景，無事適華嵩。」

〔咽〕音一結切。

〔閑余步〕文選沈約宿東園詩：「聊可閑余步。」李善注：七啓：從容閑步。張銑注：閑，緩也。

〔赤玉舄〕抱朴子極言篇：……安期受而置之於阜鄉亭，以赤玉舄一量爲報。

【評箋】

蕭云：此詩恐其是一時與親友話別者，故中有不能忘情之詞，未有永訣割斷之語也。

徐禎卿云：此篇白欲謝親友而遠遊也。（郭本李集引）

王云：此詩古本「昔我遊齊都」以下五韻作一首，「泣與親友别」以下四韻作一首，「在世復幾時」以下六韻作一首。蕭本合作一首而解之曰：此遊仙詩，意分三節。第一節謂從仙人以遠遊，第二節謂别親友而嗚咽，第三節是泣别之際，忽翻然自悟而笑曰：沉吟泣别者爲誰故哉！在世幾時，不過爲名利煎熬耳。於己分上事，初何所益？於是決意遠遊，終當高舉，但留遺跡於人間，雖帝王求之且不可得。豈更復爲親友之戀哉？琦按：中節語意與上下全不相類。當棄世遠遊，何事猶作兒女子態與親友泣別，至于欲語再三咽耶？韋縠才調集只選中四韻作一首，而前後不録，是知古本似未失真。蕭本未免誤合。但首章語意似未完，或有缺文未可知。朱子謂太白詩多爲人所亂，有一篇分爲三篇者，有二篇合爲一篇者，豈指此章而言耶？今姑仍蕭本，俟識者再爲定之。

今人詹鍈云：按才調集將此詩分爲二首，與胡本同，未嘗只選中四韻作一首，王氏之言不知何據。唐宋詩醇曰：此詩或作兩篇，今合而觀之，上憶昔日之遊，下決今日之去，意正相屬。「泣與親友別」八句，既將别矣，復自疑焉。故下云：「撫己忽自笑，沉吟爲誰故？」然後決然欲往。東上蓬萊，蓋倦遊之餘，聊以寄意。范傳正所云，非慕其輕舉，將不可求之事求之，欲耗壯心，遺餘年者也。按唐宋詩醇所解較是，蕭氏合成一首，不爲無見。

按：兩宋本、繆本此詩亦作兩篇，「昔我遊齊都」至「欣然願相從」爲一首，「泣與親友別」至「蒼蒼但煙霧」爲一首。

其二十一

郢客吟白雪，遺響飛青天。徒勞歌此曲，舉世誰爲傳？試爲巴人唱，和者乃數千。吞聲何足道？嘆息空悽然。

【注】

〔郢客〕文選宋玉對楚王問：客有歌於郢中者，其始曰下里巴人，國中屬而和者數千人，其爲陽阿薤露，國中屬而和者數百人，其爲陽春白雪，國中屬而和者不過數十人。引商刻角，雜以流徵，國中屬而和者不過數人而已。是其曲彌高，其和彌寡。

【評箋】

蕭云：此感嘆之辭，高才者知遇之難，卑污者投合之易，負才不遇者，能不爲之吞聲嘆息也歟！

徐禎卿云：此篇白自傷之詞也。（郭本李集引）

其二十二

秦水别隴首，幽咽多悲聲。胡馬顧朔雪，躞蹀長嘶鳴。感物動我心，緬然含歸情。昔視秋蛾飛，今見春蠶生。嫋嫋桑結葉，萋萋柳垂榮。急節謝流水，羈心摇懸旌。揮涕且復去，惻愴何時平？

【校】

〔桑結〕兩宋本、繆本俱作桑枯，注云：一作結。王本注云：一作枯，俗本作柘，誤。劉刊本〔咸本）校記云：俗本指楊蕭本，楊本句雖作桑柘，其注云：桑華如結，則詩原作結葉可知。

按：胡本亦作柘。咸本作枯。

〔急節〕節，蕭本作歸。

【注】

〔隴首〕王云：太平御覽：辛氏三秦記曰：隴右西關，其坂紆迴，不知高幾里，欲上者七日乃越。高處可容百餘家，上有清水，四注流下。俗歌曰：「隴頭流水，鳴聲幽咽。遥望秦川，肝腸斷絶。」隴首即隴頭也。沈約詩：「西征登隴首。」通鑑地理通釋：秦州隴城縣有大隴山，亦曰隴首山。

〔躞蹀〕王云：廣韻：躞蹀，行貌。△蹀音疊。

〔昔視〕楊云：毛詩：「昔我往矣，楊柳依依。今我來思，雨雪霏霏。」曹子建詩：「昔我初遷，朱華未希。今我旋止，素雪云飛。」太白意亦同此。昔我在此，見秋蛾之飛，今既改歲，春蠶生矣，桑葉如結，柳條争榮，猶未得歸。

〔嫋嫋萋萋〕廣雅釋訓：嫋嫋，弱也。萋萋，茂也。

〔急節〕王云：曹植與吴質書：日不我與，曜靈急節。吕延濟注：急節謂遷移速也。楊齊賢曰：謝，去也，謂時節之去如流水之急也。

【評箋】

徐禎卿云：此篇白感時思歸之詞也。（郭本李集引）

其二十三

秋露白如玉，團團下庭緑。我行忽見之，寒早悲歲促。人生鳥過目，胡乃自結束。景公一何愚？牛山淚相續。物苦不知足，得隴又望蜀。人心若波瀾，世路有屈曲。三萬六千日，夜夜當秉燭。

【校】

〔團團〕兩宋本俱作團圓。

〔人生〕兩宋本、繆本俱作生猶。咸本注云：一作生猶。

〔得隴〕得，兩宋本、繆本俱作登，注云：一作得。王本注云：一作登。

〔有屈曲〕有，兩宋本、繆本、王本俱注云：有一作多。

【注】

〔庭緑〕王云：王融詩：「秋風下庭緑。」庭緑謂庭中草木也。

〔過目〕張協詩：「人生瀛海内，忽如鳥過目。」

〔結束〕古詩：「蕩滌放情志，何爲自結束？」

〔牛山〕列子力命篇：齊景公遊於牛山，北臨其國城而流涕曰：「美哉國乎！鬱鬱芊芊，若何滴滴去此國而死乎！使古無死者，寡人將去斯而之何！」艾孔、梁丘據皆從而泣曰：「臣賴君之賜，疏食惡肉，可得而食，駑馬稜車，可得而乘也。且猶不欲死。而況吾君乎？」晏子獨笑於旁，公雪泣而顧晏子曰：「寡人今日之遊悲，孔與據皆從寡人而泣，子之獨笑何也？」晏子對曰：「使賢者常守之，則太公、桓公將常守之矣。使勇者常守之，則莊公、靈公將常守之矣。數君者將守之，吾君方將簑笠而立乎畎畝之中，惟事之恤，何暇念死乎？則吾君又安得此位而立焉？以其迭處之，迭去之，至於君也，而獨爲之流涕，是不仁也。見不仁之君，見諂諛之臣，見此二者，臣之所爲獨竊笑也。」景公慙焉，舉觴自罰，罰二臣者各二觴焉。

〔望蜀〕後漢書卷四七岑彭傳：敕岑彭書曰：人苦不知足，既平隴，復望蜀。

〔三萬〕王云：三萬六千日，約計百年歲月有此數也。抱朴子：百年之壽，三萬餘日耳。沈炯詩：「百年三萬日，處處此傷情。」

〔秉燭〕古詩：「晝短苦夜長，何不秉燭遊？」

【評箋】

蕭云：此篇大意謂人生在世，少而壯，壯而老，老而死，猶春而夏，夏而秋，秋而冬，四時代謝，功成者去，理之常也。奈何畏死，戀戀斯世，常懷不足之嘆而謬用其心哉？既如此不知止足，則百年之内惟當夜夜遊宴以留連光景而已，識者觀之，豈不大可笑歟！

徐禎卿云：此篇言人當及時爲樂也。（郭本李集引）

方東樹云：言歲時易盡而自苦思，亦放意也。（昭昧詹言）

其二十四

大車揚飛塵，亭午暗阡陌。中貴多黄金，連雲開甲宅。路逢鬭雞者，冠蓋何輝赫！鼻息干虹蜺，行人皆怵惕。世無洗耳翁，誰知堯與跖？

【注】

〔亭午〕王云：初學記：纂要云：日在午曰亭午。孫綽天台山賦：羲和亭午，遊氣高褰。劉良注：亭，至也。

〔阡陌〕王云：阡陌，田間道也。史記索隱：風俗通曰：南北曰阡，東西曰陌。河東以東西爲阡，南北爲陌。△陌音麥。

〔中貴〕史記李將軍列傳：天子使中貴人從李廣。索隱曰：案董巴輿服志云：黄門丞主密近，使聽察天下，天下謂之中貴人使者。崔浩云：在中而貴幸非德望，故云中貴也。集解：駰案漢書音義曰：内臣之貴幸者。

〔甲宅〕王云：甲宅猶甲第。魏書閹官列傳：太后嘉其忠誠，爲造甲宅。新唐書宦者傳：開元、天寶中，宦官黄衣以上三千員，衣朱紫千餘人，其稱旨者輒拜三品將軍，列戟於門。其在殿頭供奉，委任華重，持節傳命，光燄殷殷動四方。所至郡縣奔走獻遺至萬計，修功德，市禽鳥。一爲之使，猶且數千緡。監軍持權，節度反出其下。於是甲舍名園，上腴之田，爲中人所占者半京畿矣。又高力士傳：中人若黎敬仁、林昭隱、尹鳳翔、韓莊、牛仙童、劉奉廷、王承恩、張道斌、李大宜、朱光輝、郭全、邊令誠等，並内供奉，或外監節度軍，修功德，市鳥獸，皆爲之使。使還，所裒獲動巨萬計。京師甲第池園，良田美産，占者十六。與力士略等。又王鉷傳：鉷子準爲衛尉少卿，以鬭雞供奉禁中。李林甫子岫亦親近。準驕甚，淩岫出其上。過駙馬都尉王繇以彈彈其巾，折玉簪爲樂。既置酒，永穆公主親視供具。萬年尉韋黄裳、長安尉賈季鄰等候準經過，饌具倡樂必素辦，無敢逆意。

〔鬭雞〕陳鴻東城老父傳：老父，姓賈名昌，長安宣陽里人，……生七歲，趫捷過人，能搏柱乘梁，善應對，解鳥語音。玄宗在藩邸時，樂民間清明節鬭雞戲。及即位，治雞坊於兩宫間，索長安雄雞，金毫鐵距、高冠昂尾千數，養於雞坊。選六軍小兒五百人，使馴擾教飼之。上之好之，民風尤甚。諸王世家外戚家公主家侯家傾帑破産市雞，以償雞直。都中男女以弄雞爲事。貧者弄假雞。帝出遊，見昌弄木雞於雲龍門道旁，召入爲雞坊小兒，衣食右龍武軍。昌三尺童子，入雞羣如狎羣小，壯者弱者，勇者怯者，水穀之時，疾病之候，悉能知之。舉二雞，雞畏而馴，使令如人。護雞坊中謁者王承恩言於玄宗，召試殿廷，皆中玄宗意。即日爲五百小兒長，加之以忠厚謹密，天子甚愛幸之。金帛之賜，日至其家。開元十三年，籠雞三百從封東岳，父忠死太山下，得子禮奉尸歸葬雍州，縣官爲葬器喪車，乘傳洛陽道。十四年三月，衣鬭雞服，會玄宗於温泉，當時天下號爲雞神童。時人爲之語曰：「生兒不用識文字，鬭雞走馬勝讀書。賈家小兒年十三，富貴榮華代不如。能令金距期勝負，白羅繡衫隨軟轝。父死長安千里外，差夫治道挽喪車。」

〔洗耳〕高士傳：堯之讓許由也，由以告巢父，巢父曰：「汝何不隱汝形，藏汝光？若非吾友也。」擊其膺而下之。由悵然不自得，乃過清泠之水，洗其耳曰：「向聞貪言，負吾友矣。」遂去，終身不相見。

〔跖〕王云：莊子盜跖篇：柳下季之弟名曰盜跖。從卒九千人，横行天下，侵暴諸侯，穴室樞户，驅人牛馬，取人婦女。貪得忘親，不顧父母兄弟，不祭先祖。所過之邑，大國守城，小國入保，萬民苦之。史記正義：按跖者，黄帝時大盜之名，以柳下惠弟爲天下大盜，故世放古號之盜跖。△跖音職。

【評箋】蕭云：此篇諷刺之詩，蓋爲賈昌輩而作，末句謂世無高識者，故莫知此等之爲跖行而太白輩之爲賢人也，亦太白不遇而自嘆歟！

徐禎卿云：此篇譏時貴也。（郭本李集引）

今人詹鍈云：按新唐書宦者傳：開元、天寶中，宦官黄衣以上三千員，衣朱紫千餘人。……修功德，市禽鳥，一爲之使，猶且數千緡。監軍持權，節度反出其下。於是甲舍名園，上腴之田，爲中人所占者半京畿矣。又高力士傳：中人若黎敬仁……等，並内供奉，或外監節度軍，修功德，市鳥獸，皆爲之使。使還，所裒獲動巨萬計。京師甲第池園、良田美産，占者十六，與力士略等。……此詩所刺未必專指某人，蓋白寓長安時親見羣小之豪奢，有所感而爲此詩耳。

其二十五

世道日交喪，澆風散淳源。不采芳桂枝，反棲惡木根。所以桃李樹，吐花竟不言。大運有興没，羣動争飛奔。歸來廣成子，去入無窮門。

【校】

〔芳桂枝〕咸本作芳枝桂。

【注】

〔交喪〕王云：莊子：世喪道矣，道喪世矣，世與道交相喪也。蕭士贇曰：世不知有道之可尊，是世喪道矣。有道者見世如此，遂亦無心用世焉，非所謂道喪世者歟！故曰交相喪也。

〔淳源〕文選王中頭陀寺碑：淳源上派，澆風下黷。△澆音梟。

〔不言〕漢書卷五四李廣傳：桃李不言，下自成蹊。

〔廣成子〕神仙傳：廣成子者，古之仙人也。居崆峒之山，石室之中。黄帝聞而造焉，曰：「敢問治道之要。」……廣成子答曰：「至道之精，杳杳冥冥。無視無聽，抱神以静。形將自正，必静必清。無勞爾形，無摇爾精，乃可長生。慎内閉外，多知爲敗。我守其一，以處其和。故千二百歲而形未嘗衰。得吾道者上爲皇，失吾道者下爲土，將去汝入無窮之門，遊無極之野，與日月參光，與天地爲常，人其盡死而我獨存矣。」

【評箋】

徐禎卿云：此篇刺時也。（郭本李集引）

王夫之云：大似庾子山入關後詩，杜以爲縱横，抑以爲清新，乃其不可及者正在綿密。（唐詩評選）

陳沆云：三章皆疾末世而思古人，鄙榮利而懷道德，骨氣高奇，頗近射洪、阮公，世人讀古風者，但取遊仙飄逸之詞，衷懷不繫耳。（詩比興箋）

按：陳氏此評乃并二十九、三十各章言之。

今人詹鍈云：按此詩起句云：「世道日交喪」，似與第十三首「君平既棄世，世亦棄君平」之意略同。

其二十六

碧荷生幽泉，朝日豔且鮮。秋花冒綠水，密葉羅青烟。秀色空絶世，馨香誰爲傳？坐看飛霜滿，凋此紅芳年。結根未得所，願託華池邊。

【校】

〔冒綠水〕冒，咸本注云：一作置。

〔誰爲〕蕭本、胡本俱作竟誰。王本注云：蕭本作竟誰。

〔華池邊〕邊，咸本注云：一作蓮。

【注】

〔華池〕楚辭七諫：黿鼉游乎華池。王逸注：華池，芳華之池也。

【評箋】

蕭云：此篇荷與華池，比也。謂君子有絶世之行，處於僻野而不爲世所知，常恐老之將至，而所抱不見於所用，安得託身於朝廷之上而用世哉？是亦太白自傷之意也歟！

徐禎卿云：此篇蕭説是也。（郭本李集引）

唐宋詩醇云：前有「郢客吟白雪」一篇云「舉世誰爲傳」，此篇云「馨香竟誰傳」，傷不遇也。

末二句情見乎辭，白未嘗一日忘事君也。求仙採藥，豈其本心哉？嚴羽云：觀白詩，要識其安身立命處。此類是也。

陳沆云：君子履潔懷芳，何求於世？然而未嘗忘意當世者，懼盛年之易逝，而思遇主以成功名也。（詩比興箋）

其二十七

燕趙有秀色，綺樓青雲端。眉目豔皎月，一笑傾城歡。常恐碧草晚，坐泣秋風寒。纖手怨玉琴，清晨起長歎。焉得偶君子，共乘雙飛鸞？

【校】

〔綺樓〕樓，兩宋本俱作樹。咸本注云：一作樹。

〔共乘〕乘，咸本注云：一作成。文粹作成。

【注】

〔一笑〕陸厥中山孺子妾歌：一笑傾城，一顧傾市。

【評箋】

蕭云：此詩比興與二十六首同意，謂懷才抱藝之士，惟恐未見用之時，而老之將至。思得君子而附離，與共爵位而用世也。

徐禎卿云：此篇與上同意。（郭本李集引）

按：此首與卷十之贈裴司馬詩意略同，既以怨女自喻，亦以怨女喻人。

其二十八

容顔若飛電，時景如飄風。草緑霜已白，日西月復東。華鬢不耐秋，颯然成衰蓬。古來賢聖人，一一誰成功？君子變猿鶴，小人爲沙蟲。不及廣成子，乘雲駕輕鴻。

【校】

〔廣成子〕咸本注云：一作廣塞上。

〔乘雲〕雲，咸本注云：一作馬。

【注】

〔猿鶴〕王云：藝文類聚：抱朴子曰：周穆王南征，久而不歸，君子爲猿爲鶴，小人爲蟲爲沙。今本抱朴子云：三軍之衆，一朝盡化，君子爲鶴，小人成沙。與古書所引迴異。

【評箋】蕭云：此言人暫少忽老，光景易流，千變萬化，未始有極，然不若仙化之爲高也。徐禎卿云：爲猿鶴爲蟲沙，言君子小人皆莫逃於陰陽變化之中也。誰成功，言未有能仙舉者也。（郭本李集引）

其二十九

三季分戰國，七雄成亂麻。王風何怨怒？世道終紛拏。至人洞玄象，高舉淩紫霞。仲尼欲浮海，吾祖之流沙。聖賢共淪没，臨岐胡咄嗟？

【校】

〔欲浮海〕欲，兩宋本、繆本俱作亦，注云：一作欲。王本注云：一作亦。

【注】

〔三季〕漢書卷一〇〇叙傳：三季之後，厥事放紛。顔師古注：三季，三代之末也。

〔怨怒〕詩大序：亂世之音怨以怒，其政乖。正義曰：亂世之政教，與民心乖戾，民怨其政教所以忿怒，述其怨怒之心而作歌，故亂世之音亦怨以怒也。

〔紛拏〕王云：史記：漢匈奴相紛拏。正義曰：三蒼解詁云：紛拏，相牽也。師古曰：紛拏，亂相持摶也。挐音女居反。楚辭：殽亂兮紛拏。淮南子：芒繁亂澤，巧爲紛拏。按説文：拏，牽引也，从手奴聲，女加切。挐，持也，从手如聲，女加切。蓋義雖别而音則同。至韻會始以拏入麻韻，挐入魚韻，析而爲二。然考之經史傳注，挐拏二字通用，並有二音，義亦相互，從合可也。

〔至人〕王云：至人謂聖人，玄象謂天象。莊子：不離於真謂之至人。後漢紀：玄象錯度，日月不明。

〔吾祖〕蕭云：唐以老子爲祖，太白乃興聖皇帝九世孫，故稱吾祖。

〔流沙〕王云：列仙傳：關令尹喜者，周大夫也。老子西遊，喜先見其氣，知有真人當過，物色而遮之，果得老子。老子亦知其奇，爲著書授之。後與老子俱遊流沙化胡，服巨勝實，莫知其所終。　參見卷四幽州胡馬客歌注。

〔咄〕當没切。

【評箋】蕭云：此詩其作於安、史亂離之後，遭難被黜之時乎！不然，何有羨乎古人之高飛遠舉者邪！其志亦可哀矣。

徐禎卿云：此篇白厭世亂而思去之之詞也。（郭本李集引）

其三十

玄風變太古，道喪無時還。擾擾季葉人，雞鳴趨四關。但識金馬門，誰知蓬萊山？白首死羅綺，笑歌無休閑。渌酒哂丹液，青娥凋素顔。大儒揮金槌，琢之詩禮間。蒼蒼三珠樹，冥目焉能攀？

【校】

〔季葉〕兩宋本、繆本、胡本、王本俱注云：一作市井。

〔誰知〕誰，兩宋本、繆本俱注云：一作距。按：距爲詎之壞字。胡本、王本俱注云：一作詎。

〔休閑〕休，兩宋本、繆本、王本俱注云：一作時。蕭本作時。

〔渌酒〕渌，蕭本作緑。王本注云：蕭本作緑。

〔丹液〕液，咸本作經。

〔素顔〕此二句兩宋本、繆本、王本、胡本俱注云：一作萋萋千金骨，風塵凋素顔。

〔琢之〕兩宋本、繆本、王本俱注云：一作發塚。

【注】

〔四關〕王云：李善文選注：陸機洛陽記曰：洛陽有四關，東成皋，南伊闕，北孟津，西函谷。

史記索隱：關中，咸陽也，東函谷，南嶢武，西散關，北蕭關，在四關之中。

〔金馬門〕王云：三輔黄圖：金馬門宦者署。武帝得大宛馬，以銅鑄象立於署門，因以爲名。東方朔、主父偃、嚴安、徐樂皆待詔金馬門，即此。後漢書：孝武皇帝時，善相馬者東門京鑄作銅馬法獻之。有詔立馬於魯班門外，則更名魯班門曰金馬門。

〔蓬萊山〕十洲記：蓬丘，蓬萊山是也。對東海之東北岸，周迴五千里，……上有九老丈人九天真王宫。蓋太上真人所居，惟飛仙有能到其處耳。

〔大儒〕莊子外物篇：儒以詩禮發塚，大儒臚傳曰：「東方作矣，事之何若？」小儒曰：「未解裙襦，口中有珠。詩固有之曰：青青之麥，生於陵陂。生不布施，死何含珠爲？接其鬢，壓其顪，儒以金椎控其頤，徐别其頰，無傷口中珠。」

〔珠樹〕山海經海外南經：三珠樹在厭火北，生赤水上，其爲樹如柏，葉皆爲珠。一曰其爲樹如彗。

【評箋】

徐禎卿云：此篇傷玄風之寂寥也。（郭本李集引）

王云：蕭士贇曰：此太白感時憂世之作。意謂古道日喪，季世之人不復返朴，汩没於名利聲色之場，至死不悟。所謂儒者，又皆假經欺世，借儒術以行其竊取之心。漢諺所謂懸牛頭，賣馬脯，盜跖行，孔子語者也。彼豈知大道無爲自然之化哉？三珠之樹，喻大道也。雖蒼蒼在前，乃如之人，冥然無見，安能攀而至乎？憂憤之意，微而顯矣。琦按：三珠樹乃仙境所生。冥目焉能攀？謂至死而不得採，以照上文焉知蓬萊山之意。

其三十一

鄭客西入關，行行未能已。白馬華山君，相逢平原里。璧遺鎬池君，明年祖龍死。秦人相謂曰：吾屬可去矣。一往桃花源，千春隔流水。

【校】

〔鎬池君〕君，兩宋本、繆本、咸本俱作公。王本注云：繆本作公。

【注】

〔鄭客〕王云：搜神記：秦始皇三十六年，使者鄭容從關東來，將入函關，西至華陰，望見素車白馬，從華山上下。疑其非人道，住止而觀之，遂至。問鄭容曰：「安之？」鄭容曰：「之咸陽。」車上人曰：「吾華山使也，願託一牘書致鎬池君所。子之咸陽道，過鎬池，見一大梓，有文石，取款梓，當有應者，即以書與之。」容如其言，以石款梓，果有人來取書，云明年祖龍死。史記：秦始皇三十六年，使者從關東夜過華陰平舒道，有人持璧遮使者曰：爲吾遺鎬池君，因言曰：今年祖龍死。使者問其故，因忽不見，置其璧去。使者奉璧俱以聞。始皇默然良久曰：「山鬼固不過知一歲事也。」退言曰：祖龍者人之先也。使御府視璧，乃二十八年行渡江所沉璧也。張晏曰：武王居鎬，鎬池君則武王也。武王伐商，故神云始皇荒淫若紂矣，今亦可伐也。孟康曰：長安西南有鎬池。索隱曰：鎬池君，按服虔云水神，是也。江神以璧遺鎬池之神，告始皇之將終也。且秦水德王，故其君將亡，水神先自相告也。蘇林曰：祖，始也，龍，人君象，謂始皇也。按：閻若璩潛丘雜記卷二云：余嘗疑秦始皇本紀今字必明字之譌，證有二焉。一，果三十七年七月，始皇崩於沙丘平臺，其言驗。一，始皇曰：山鬼固不過知一歲事。譏其伎倆僅知今年，若彼所云明年之事，彼豈能預知乎？幸其言不驗。可謂妙解而苦無文字可據，今讀李白古風詩云……乃知太白唐時所見史記本尚無譌。（自注：太白詩本搜神記，正作明年。）又按：高步瀛唐宋詩舉要云：梁玉繩史記志疑曰：漢書五行志引史記云：鄭客從關東來，（自注曰：初學記引史作鄭容。）至華陰望見素車白馬從華山上下，知其非人道，住止而待之，遂至，持璧與客曰：爲我遺鎬池君，因言今年祖龍死。而晉干寶搜神記（卷四）及水經注十九引春秋後傳（自注曰：後漢書襄楷傳及初學記引樂資春秋後傳同。）皆以鄭客爲鄭容，以遺璧爲致書，並有文石款梓之説，與史、漢大異，真酈公所謂神道茫昧，理難辨測者也。至今年當依搜神記作明年爲確。各處並誤。文選潘岳西征賦注及初學記卷五引史記作明年，可補閻氏所未及。

〔桃花源〕陶潛桃花源記：晉太元中，武陵人捕魚爲業。緣溪行，忘路之遠近，忽逢桃花林，夾岸數百步，中無雜樹，芳草鮮美，落英繽紛。漁人甚異之。復前行，欲窮其林。林盡水源，便得一山，山有小口，髣髴若有光。便捨船從口入，初極狹，纔通人，復行數十步，豁然開朗。土地平曠，屋舍儼然，有良田美池桑竹之屬。阡陌交通，雞犬相聞，男女衣著悉如外人，黄髮垂髫，並怡然自樂。見漁人方大驚，問所從來，具答之。便要還家，設酒殺雞作食。村中人聞有此人，咸來問訊。自云先世避秦時亂，率妻子邑人來此絶境，不復出焉，遂與外人間隔。問今是何世，乃不知有漢，無論魏晉。此人一一爲具言所聞，皆嘆惋，餘人各復延至其家，皆出酒食，停數日辭去。此中人語曰：「不足爲外人道也。」既出得其船，便扶向路，處處誌之。及郡下，詣太守説如此。太守即遣人隨其往，尋向所誌，遂迷不復得路。

【評箋】

徐禎卿云：此篇白惡世而思隱，故自託於秦人之言也。（郭本李集引）

方東樹云：衍古高妙。（昭昧詹言）

陳沆云：皆遯世避亂之詞，託之游仙也。（詩比興箋）

其三十二

蓐收肅金氣，西陸弦海月。秋蟬號階軒，感物憂不歇。良辰竟何許？大運有淪忽。天寒悲風生，夜久衆星没。惻惻不忍言，哀歌達明發。

【校】

〔達明發〕達，蕭本、咸本俱作逮。咸本注云：一作達。王本注云：蕭本作逮。

【注】

〔蓐收〕禮記月令：孟秋之月，其神蓐收。

〔西陸〕後漢書補律曆志：日行北陸謂之冬，西陸謂之秋，南陸謂之夏，東陸謂之春。

〔弦〕釋名：弦，月半之名也。其形一旁曲，一旁直，若張弓弛絃也。

〔何許〕文選謝朓在郡卧病呈沈尚書詩：「良辰竟何許？夙昔夢佳期。」吕延濟注：許，處也。言平生良時竟在何處。

〔明發〕王云：詩小雅：明發不寐。毛傳曰：明發，發夕至明。正義曰：夜地而暗，至旦而明，明地發後，故謂之明發也。集傳曰：明發謂將旦而光明開發也。

【評箋】

徐禎卿云：此愁秋之詞也。（郭本李集引）

陳沆云：遠别離篇：「我縱言之將何補？皇天竊恐不鑒予之衷誠。」即此意也。（詩比興箋）

其三十三

北溟有巨魚，身長數千里。仰噴三山雪，横吞百川水。憑陵隨海運，燀赫因風起。吾觀摩天飛，九萬方未已。

【校】

〔憑陵〕陵，兩宋本、繆本俱作淩。王本注云：繆本作淩。

〔燀赫〕燀，兩宋本、繆本俱作烜。王本注云：繆本作烜。

【注】

〔北溟〕見卷一大鵬賦注。

〔海運〕王云：陸德明莊子音義：海運，司馬彪云：運，轉也。向秀云：非海不行，故云海運。梁簡文云：運，徙也。

【評箋】

徐禎卿云：此假莊生之言以自況也。（郭本李集引）

其三十四

羽檄如流星，虎符合專城。喧呼救邊急，羣鳥皆夜鳴。白日曜紫微，三公運權衡。天地皆得一，澹然四海清。借問此何爲？答言楚徵兵。渡瀘及五月，將赴雲南征。怯卒非戰士，炎方難遠行。長號別嚴親，日月慘光晶。泣盡繼以血，心摧兩無聲。困獸當猛虎，窮魚餌奔鯨。千去不一回，投軀豈全生？如何舞干戚，一使有苗平？

【校】

〔楚徵〕兩宋本、繆本、王本俱注云：一作征楚。

〔雲南征〕征，咸本注云：一作行。

〔遠行〕行，咸本注云：一作征。

【注】

〔羽檄〕王云：史記：吾以羽檄徵天下兵。裴駰注：魏武奏事曰：今邊有小警，輒露檄插羽，非羽檄之意也。駰按推此言，則以鳥羽插檄書，謂之羽檄，取其急速若飛鳥也。顔師古漢書注：檄者，以木簡爲書，長尺二寸，用徵召也。其有急事，則加以鳥羽插之，示疾速也。又淮南王傳：持羽檄從南方來。顔師古注：羽檄徵兵之書也。

〔虎符〕王云：後漢書：舊制發兵皆以虎符，其餘徵調竹使符而已。潘岳馬汧督誄：剖符專城，紆青拖墨之司。張銑注：專，擅也，擅一城也，謂守宰之屬。

〔羣鳥〕蕭云：此言一時之喧呼驚擾，栖鳥亦不得安其巢，至於夜鳴也。

〔三公〕王云：韓詩外傳：三公者何？曰司空、司馬、司徒也。司馬主天，司空主地，司徒主人。

故陰陽不和，四時不節，星辰失度，災變非常，則責之司馬。山陵崩弛，川谷不流，五穀不殖，草木不茂，則責之司空。君臣不正，人道不和，國多盜賊，下怨其上，則責之司徒。通典：周以太師、太傅、太保爲三公，漢以丞相、大司馬、御史大夫爲三公，後漢、魏、晉、宋、齊、梁、陳、後魏、北齊皆以太尉、司徒、司空爲三公，後周以太師、太傅、太保爲三公，隋以太尉、司徒、司空爲三公。大唐因之。

〔得一〕老子：天得一以清，地得一以寧。河上公注：一無爲道之子也。天得一，故能垂象清明，地得一，故能安静不動摇。

〔借問〕沈德潛云：言天下清平，不應有用兵之事，故因問之。

〔渡瀘〕王云：琦按瀘水即禹貢梁州之黑水也。漢時名瀘，唐名金沙江，今雲南姚州之金沙江是也。……下流至四川叙州府爲馬湖江。水經注：瀘峯最爲高秀，水之左右，馬步之徑裁通。而時有瘴氣，三月四月逕之必死。非此時猶令人吐悶。五月以後，行者差得無害。故諸葛亮表言五月渡瀘，并日而食，臣非不自惜也，顧王業不可偏安於蜀故也。益州記曰：瀘水源出曲羅舊山下三百里，曰瀘水。兩峯有殺氣，暑月舊不行，故武侯以夏渡爲艱。太平寰宇記：十道記云：瀘水出蕃中，入黔府，歷越巂郡界，出柘州，至此有瀘津關。關上有石峯，高三十丈，四時多瘴氣，三四月間發，人衝之立死。非此時中，則人多悶吐，唯五月上伏即無害。故諸葛武侯征越巂上疏云：五月渡瀘，深入不毛之地。舊唐書：南蠻質子閣羅鳳亡歸，帝怒，欲討之。楊國忠薦閬州人鮮于仲通爲益州長史，令率精兵八萬討南蠻，與羅鳳戰於瀘南，全軍陷没。國忠掩其敗狀，叙其戰功，仍令仲通上表，請國忠兼領益部。十載，國忠權知蜀郡都督府長史，充劍南節度副大使知節度事。國忠又使司馬李宓率師七萬，再討南蠻。宓渡瀘水，爲蠻所誘，至太和城，不戰而敗。李宓死於陣，國忠又隱其敗，以捷書上聞。自仲通、李宓再舉討蠻之軍，其徵發皆中國利兵。然於土風不便，沮洳之所陷，瘴疫之所傷，饋餉之所乏，物故者十八九，凡舉二十萬衆，棄之死地，隻輪不返，人銜冤毒，無敢言者。新唐書楊國忠傳：國忠雖當國，常領劍南召募使，遣戍瀘南，餉路險乏，舉無還者。舊勳户免行，所以寵戰功，國忠令當行者先取勳家，故士無鬬志。凡募法，願奮者則籍之。國忠歲遣宋昱、鄭昂、韋儇以御史迫促郡縣。吏窮無以應，乃詭設餉召貧弱者，密縛置室中，衣絮衣，械而送屯，亡者以送吏代之。人人思亂。尋遣劍南留後李宓率兵十餘萬擊閣羅鳳，敗死西洱河。國忠矯爲捷書上聞。自再興師，傾中國驍卒二十萬，踦履無遺，天下冤之。通鑑：天寶十載夏四月，劍南節度使鮮于仲通討南詔蠻，大敗於瀘南。制大募兩京及河南北兵以擊南詔。人聞雲南多瘴癘，未戰士卒死者十八九，莫肯應募。楊國忠遣御史分道捕人，連枷送詣軍所。舊制，百姓有勳者免征役，時調兵既多，國忠奏先取高勳。於是行者愁怨，父母妻子送之，所在哭聲振野。

〔干戚〕書大禹謨：帝乃誕敷文德，舞干羽于兩階，七旬而有苗格。正義：明堂位云：朱干玉戚以舞大武。沈德潛云：干羽改干戚，本淵明「刑天舞干戚」句。

【評箋】

胡云：此篇詠討南詔事，責三公非人，黷武喪師，有慕益、禹之佐舜。

王云：蕭士贇曰：此詩蓋討雲南時作也。首即徵兵時景象而言。當此君明臣良，天清地寧，海内澹然，四郊無警之時，而忽有此舉。問之於人，始知徵兵者討雲南也。乃所調之兵，不堪受甲，所謂驅市人而戰之，如以困獸當虎，窮魚餌鯨，吾見師之出而不見師之入矣。末則深嘆當國之臣，不能敷文德以來遠人，致有覆軍殺將之恥也。

查慎行云：當天寶之世，忽開邊釁，驅無罪之人，置之必死之地。誰爲當國運權衡者，白日以下四句，國忠之蒙蔽殃民，二罪可併案矣。（初白詩評）

唐宋詩醇云：「羣鳥夜鳴」，寫出騷然之狀。「白日」四句，形容黷武之非。至於征夫之悽慘，軍勢之怯弱，色色顯豁，字字沈痛。結歸德化，自是至論。此等詩殊有關繫，體近風雅，杜甫兵車行、出塞等作，工力悉敵，不可軒輊。宋人羅大經作鶴林玉露，乃謂：白作爲歌詩，不過狂醉於花月之間，社稷蒼生，曾不繫其心膂。視甫之憂國憂民，不可同年語。此種識見，真「蚍蜉撼大樹」，多見其不知量也。

陳沆云：集中書懷贈常贊府詩云：「雲南五月中，頻喪渡瀘師。毒草殺漢馬，張兵奪秦旗。至今西洱河，流血擁僵尸。……」與此篇同旨。（詩比興箋）

今人詹鍈云：按詩中又稱「怯卒非戰士，炎方難遠行。長號别嚴親，日月慘光晶。困獸當猛虎，窮魚餌奔鯨。千去不一回，投軀豈全生」。通鑑：天寶十載：夏四月，劍南節度使鮮于仲通討南詔蠻，大敗於瀘南。制大募兩京及河南北兵以擊南詔。……於是行者愁怨，父母妻子送之，所在哭聲震野。兩相吻合，則王譜之説良是。（王譜繫此詩於天寶十載下）

其三十五

醜女來效顰，還家驚四鄰。壽陵失本步，笑殺邯鄲人。一曲斐然子，雕蟲喪天真。棘刺造沐猴，三年費精神。功成無所用，楚楚且華身。大雅思文王，頌聲久崩淪。安得郢中質，一揮成風斤？

【校】

〔一曲〕兩宋本、繆本、王本俱注云：一作東西。

〔華身〕華，兩宋本、繆本、王本俱注云：一作榮。

〔一揮〕此句兩宋本、蕭本、咸本俱作一揮成斧斤，兩宋本、繆本、咸本俱注云：一作承風一運斤。王本注云：一作承風一運斤，蕭本作一揮成斧斤。

【注】

〔醜女〕莊子天運篇：故西施病心而矉其里，其里之醜人見而美之，歸亦捧心而矉其里。其里之富人見之，堅閉門而不出。貧人見之，挈妻子而去之走。陸德明注：蹙額曰矉。

〔壽陵〕莊子秋水篇：子獨不聞夫壽陵餘子之學行於邯鄲與？未得國能，又失其故行矣。直匍匐而歸耳。

〔雕蟲〕法言卷二：或問吾子少而好賦，曰：然。童子雕蟲篆刻。俄而曰：壯夫不爲也。

〔棘刺〕韓非子外儲説左：宋人有請爲燕王以棘刺之端爲母猴者，必三月齋然後能觀之。燕王因以三乘養之，右御冶工言王曰：「臣聞人主無十日不燕之齋，今知王不能久齋以觀無用之器也，故以三月爲期。凡刻削者，以其所以削必小。今臣冶人也，無以爲之削，此不然物也。王必察之。」王因囚而問之，果妄，乃殺之。冶人謂王曰：「計無度量言談之士，多棘刺之説也。」一曰：燕王好微巧。衛人曰：「能以棘刺之端爲母猴。」燕王説之，養之以五乘之奉，王曰：「吾試觀客爲棘刺之母猴。」客曰：「人主欲觀之，必半歲不入宮，不飲酒食肉，雨霽日出視之晏陰之間，而棘刺之母猴乃可見也。」燕王因養衛人，不能觀其母猴。鄭有臺下之冶者，謂燕王曰：「臣爲削者也，諸微物必以削削之，而所削必大於削。今棘刺之端不容削鋒，難以治棘刺之端。王試觀客之削，能與不能可知也。」王曰：「善。」謂衛人曰：「客爲棘削之？」（此句有脱誤）曰：「以削。」王曰：「吾欲觀見之。」客曰：「臣請之舍取之。」因逃。

〔楚楚〕詩曹風蜉蝣：衣裳楚楚。毛傳：楚楚，鮮明貌。

〔成風斤〕莊子徐無鬼篇：莊子送葬，過惠子之墓，顧謂從者曰：「郢人堊漫其鼻端若蠅翼，使匠石斲之。匠石運斤成風，聽而斲之。盡堊而鼻不傷。郢人立不失容，宋元君聞之，召匠石曰：『嘗試爲寡人爲之。』匠石曰：『臣則嘗能斲之。雖然，臣之質死久矣。自夫子之死也，吾無以爲質矣，吾無與言之矣。』」

【評箋】

蕭云：此篇蓋譏世之作詩賦者，不過藉此以取科第干禄位而已。何益於世教哉？太白嘗論詩曰：將復古道，非我而誰？雅頌之作，太白自負者如此，然安得雅頌之人識之，使郢中之質能當匠石之運斤耶？

徐禎卿云：蕭説是也。（郭本李集引）

沈德潛云：譏世之文章無補風教，而因追思大雅也。（唐詩别裁）

其三十六

抱玉入楚國，見疑古所聞。良寶終見棄，徒勞三獻君。直木忌先伐，芳蘭哀自焚。盈滿天所損；沉冥道爲羣。東海汎碧水；西關乘紫雲。魯連及柱史，可以蹑清芬。

【校】

〔汎碧水〕汎，蕭本、咸本俱作沉。水，兩宋本、繆本俱注云：一作流。王本汎下注云：蕭本作沉，水下注云：一作流。

【注】

〔抱玉〕韓非子和氏篇：楚人和氏得玉璞楚山中，奉而獻之厲王。厲王使玉人相之。玉人曰：「石也。」王以和爲誑而刖其左足。及厲王薨，武王即位，和又奉其璞而獻之武王。武王使玉人相之，又曰：「石也。」王又以和爲誑而刖其右足。武王薨，文王即位，和乃抱其璞而哭於楚山之下，三日三夜，淚盡而繼之以血。王聞之，使人問其故，曰：「天下之刖者多矣，子奚哭之悲也？」和曰：「吾非悲刖也，悲夫寶玉而題之以石，貞士而名之以誑，此吾所以悲也。」王乃使玉人理其璞，而得寶焉，遂命曰和氏之璧。墨子：和氏之璧，隋侯之珠，三棘六異，此諸侯之所謂良寶也。

〔直木〕莊子山木篇：直木先伐，甘井先竭。

〔西關〕高士傳：老子生於殷時，爲周柱下史。後周德衰，乃乘青牛車去，入大秦，過西關。關令尹喜望氣先知焉，乃物色遮候之。已而老子果至，乃強使著書，作道德經五千餘言，爲道家之宗。

【評箋】

徐禎卿云：此白自傷才不遇世，思遠舉以全身也。（郭本李集引）

今人詹鍈云：按此詩與卷二十四感興第七首略同。蕭氏於感興第七首下注曰：此篇已見二卷古風之三十六首，但有數語之異。是亦當時初本傳寫之殊，編詩者不忍棄，兩存之耳。

其三十七

燕臣昔慟哭，五月飛秋霜。庶女號蒼天，震風擊齊堂。精誠有所感，造化爲悲傷。而我竟何辜？遠身金殿旁。浮雲蔽紫闥，白日難回光。羣沙穢明珠，衆草湊孤芳。古來共歎息，流淚空沾裳。

【校】

〔殿旁〕王本注云：一本少此二句。兩宋本、繆本此下俱注云：一本此下添而我竟何辜，遠身金殿旁。

〔古來〕咸本注云：歎息一作今來。

【注】

〔燕臣〕論衡感虚篇：鄒衍無罪，見拘於燕。當夏五月，仰天而嘆，天爲隕霜。

〔庶女〕淮南子覽冥訓：庶女叫天，雷電下擊。景公臺隕，支體傷折，海水大出。高誘注：庶賤之女，齊之寡婦，無子不嫁，事姑謹敬。姑無男有女，女利母財，令母嫁婦，婦益不肯。女殺母以誣寡婦，婦不能自明，冤結叫天，天爲行雷電，下擊景公之臺隕壞也，毀景公之支體，海水爲之大溢出也。

〔紫闥〕文選曹植求通親親表：注心皇極，結情紫闥。劉良注：皇極、紫闥，天子所居也。

【評箋】

王云：蕭士贇曰：此詩其遭高力士譖於貴妃而放黜之時所作乎！浮雲比力士，紫闥比中宮，白日比明皇，羣沙衆草以喻小人，明珠孤芳以喻君子。

其三十八

孤蘭生幽園，衆草共蕪没。雖照陽春暉，復悲高秋月。飛霜早淅瀝，緑豔恐休歇。若無清風吹，香氣爲誰發？

【校】

〔爲誰〕誰，咸本作君，注云：一作誰。

【評箋】

蕭云：首兩句謂君子在野，未能自拔於衆人之中。三句至六句謂雖蒙主知，而小人之讒譖者已至，孤寒之士亦如是而已矣。末句則謂若非在位之人，引類拔萃而薦用之，雖有馨香，何以自見哉？

徐禎卿云：此亦太白自傷之詞也。（郭本李集引）

唐宋詩醇云：前有「燕臣昔痛哭」一章，與此均遭讒被放而作。前篇哀而不傷，怨而不誹，尚近離騷悲痛之旨，此則温柔敦厚，上追風雅矣。

陳沆云：在野不能自拔，雖蒙主知，已被衆忌，若無當位之人，拔拂而吹嘘之，雖有德馨，何由自達哉！此自傷遇主被讒，孤立莫援也。（詩比興箋）

其三十九

登高望四海，天地何漫漫！霜被羣物秋，風飄大荒寒。榮華東流水，萬事皆波瀾。白日掩徂暉，浮雲無定端。梧桐巢燕雀，枳棘棲鴛鸞。且復歸去來，劍歌行路難。

【校】

〔荒寒〕兩宋本、繆本俱注云：一本自第四句後云：殺氣落喬木，浮雲蔽層巒。孤鳳鳴天霓，遺聲何辛酸！遊人悲舊國，撫心亦盤桓。倚劍歌所思，曲終涕洄瀾。按：胡本洄作泗。

〔行路難〕行，兩宋本、繆本、王本俱注云：一作悲。

【注】

〔鴛鸞〕王云：鴛當是鵷字之訛。莊子：南方有鳥，其名鵷雛，發於南海而飛於北海，非梧桐不止，非練實不食，非醴泉不飲。陸德明注：鵷雛，鸞鳳之屬也。廣韻：鵷雛似鳳。埤雅：鸞赤色五采雞形，鳴中五音，頌聲作則至。一曰青鳳爲鸞。後漢書：枳棘非鸞鳳所棲。陳書：枳棘棲鵷，常以增歎。

〔劍歌〕王云：劍歌謂彈其劍而歌也。按：行路難，樂府曲名。見卷三行路難三首詩注。

〔鴛〕與鵷同，音冤。

【評箋】蕭云：此篇「登高望四海，天地何漫漫」者，以喻高見遠識之士知時世之昏亂也。「霜被羣物秋，風飄大荒寒」者，以喻陰小用事而殺氣之盛也。「榮華東流水，萬事皆波瀾」者，謂遭時如此，所謂榮華者如水之逝，萬事之無常亦猶波瀾之無有底止也。日君象，浮雲奸臣也，掩者蔽也，徂暉者日落之光也。以喻人君晚節爲奸臣蔽其明，猶白日將落爲浮雲掩其輝也。無定端者，政令之無常也。「梧桐巢燕雀」者，喻小人在上位而得志也。「枳棘棲鴛鸞」者，喻君子在下位而失所也。「且復歸去來，劍歌行路難」者，白意蓋謂危邦不入亂邦不居，識時知幾之士，當此之際，惟有歸隱而已。

徐禎卿云：蕭説是也。（郭本李集引）

王云：琦按：「登高望四海，天地何漫漫」，見宇宙廣大之意。「霜被羣物秋，風飄大荒寒」，見生計蕭索之意。「榮華東流水」，言年華日去，如水之東流，滔滔不返。「萬事皆波瀾」，言生事擾擾，反覆相乘，如水之波瀾，無有静時。「白日掩徂暉」，謂日將落而無光，如人將有去志而意色不快。「浮雲無定端」，言人生世上，行踪原無一定，何必戀戀於此？或以落日爲浮雲所掩，喻英明之人爲讒邪所惑，兩句作一意解者亦可。梧桐之木本鳳凰所止，而燕雀得巢其上，喻小人得志。枳棘之樹本燕雀所萃，而鵷鸞反棲其間，喻君子失所。以上皆即景而寓感嘆於間，以見不得不動歸來之念。意者是時太白所投之主人惑於羣小而不見親禮，將欲去之而作此詩。舊注以時世昏亂陰小用事爲解，專指朝政而言，恐未是。

今人詹鍈云：「且將歸去來，劍歌行路難」等句，似應指被讒去朝而言。

按：梧桐二語與第十五首之「珠玉買歌笑，糟糠養賢才」意同，「且復歸去來」二句又與第二十三首之「人心若波瀾，世路有屈曲」一致。

其四十

鳳飢不啄粟，所食唯琅玕。焉能與羣雞，刺蹙争一餐？朝鳴崑丘樹，夕飲砥柱湍。歸飛海路遠，獨宿天霜寒。幸遇王子晉，結交青雲端。懷恩未得報，感别空長歎。

【校】

〔刺蹙〕兩宋本、繆本俱作蹙促，蹙下注云：一作刺。咸本亦作蹙促。王本注云：一作蹙促。

【注】

〔啄〕音卓。

〔琅玕〕太平御覽卷九一五：莊子曰：老子見孔子從弟子五人，……老子歎曰：吾聞南方有鳥名爲鳳，所居積石千里，天爲生食，其樹名瓊枝，高百仞，以璆琳琅玕爲實。

〔刺〕音七。

〔崑丘〕王云：淮南子：鳳凰曾逝萬仞之上，翱翔四海之外。過崑崙之疏圃，飲砥柱之湍瀨。山海經：西海之南，流沙之濱，赤水之後，黑水之前，有大山名曰崑崙之丘。

〔砥柱〕王云：元和郡縣志：底柱山俗名三門山，在陝州硤石縣東北五十里黄河中。禹貢曰：導河積石，至於龍門。又東至於底柱。注云：河水分流包山而過，山見水中若柱然也。又以禹理洪水，山陵當水者，破之以通河。三穿既決，河出其間，有似於門，故亦謂之三門。

〔王子晉〕文選何劭遊仙詩李善注：列仙傳曰：王子喬者，周靈王太子晉也。好吹笙作鳳鳴。遊伊洛之間，道人浮丘公接以上嵩高山……。

【評箋】

蕭云：此詩似太白自比之作，太白雖帝族，非凡輩可儕。然孤寒疏遠，知章薦之方能致身金鑾，蒙帝知遇，可謂結交青雲端矣。此恩未報，臨别之時安能不感嘆哉？

徐禎卿云：蕭説近是。（郭本李集引）

胡云：王子晉，指長安中知己。史稱白自知不爲親近所容，與賀知章、李適之、汝陽王璡等八人縱飲，爲酒中八仙。璡爲讓皇帝之子，子晉豈指璡也歟！

王夫之云：此作如神龍，非無首尾，而不可以方體測知，直與步兵、弘農並驅天路矣。（唐詩評選）

唐宋詩醇云：前有鳳凰九千仞一篇與此皆白自比懷恩未報，感别長嘆。惓惓之誠，溢於言表。

陳沆云：徒懷知遇之感，愧無國士之報。（詩比興箋）

其四十一

朝弄紫泥海，夕披丹霞裳。揮手折若木，拂此西日光。雲卧遊八極，玉顔已千霜。飄飄入無倪，稽首祈上皇。呼我遊太素，玉杯賜瓊漿。一餐歷萬歲，何用還故鄉？永隨長風去，天外恣飄揚。

【校】

〔朝弄〕此句蕭本、咸本俱作朝弄紫沂海，兩宋本、繆本俱注云：一作朝駕碧鸞車。沂，咸本注云：一作泥。胡本作朝駕碧鸞車，注云：一作朝弄紫泥海。王本注云：一作朝駕碧鸞車，蕭本作朝弄紫沂海。

〔若木〕若，咸本注云：一作弱。

〔雲臥〕臥，兩宋本、繆本、王本俱注云：一作舉。胡本作舉。

〔已千〕咸本注云：一作如清。

〔飄揚〕咸本注云：一本無此二句。

【注】

〔紫泥海〕洞冥記：東方朔……後復去，經年乃歸。母忽見大驚曰：「汝行經年一歸，何以慰我耶？」朔曰：「兒至紫泥海，有紫水污衣，仍過虞淵湔洗，朝發中返，何云經年乎？」

〔若木〕楚辭離騷：折若木以拂日兮，聊逍遥以相羊。王逸注：若木在崑崙西極，其華照下地。

〔上皇〕楚辭九嘆：信上皇而質正。王逸注：上皇，上帝也。

〔太素〕太平御覽卷六七四太洞真經曰：太素三元山有中黄太一上帝之館。

【評箋】

蕭云：或疑首二句爲不類起句，不知正是取法選詩。如「朝發鄴都橋，暮濟白馬津」、「朝發廣莫門，暮宿丹水山」、「朝旦發陽崖，暮落憩陰峯」之類，皆起句也。而其文法則又皆自楚辭中來。如朝發軔於天津兮，夕予濟乎西極；朝馳余馬乎江皋，夕濟乎西澨，是也。又云：此亦遊仙篇。

其四十二

搖裔雙白鷗，鳴飛滄江流。宜與海人狎；豈伊雲鶴儔？寄影宿沙月；沿芳戲春洲。吾亦洗心者，忘機從爾遊。

【校】

〔宜與〕宜，咸本注云：一作冥。

〔寄影〕影，蕭本作形。王本注云：蕭本作形。

【注】

〔搖裔〕王云：搖裔猶搖蕩也。盧思道詩：「丰茸雞樹密，搖裔鶴烟稠。」

〔白鷗〕王云：列子：海上之人有好漚鳥者，每旦之海上，從漚鳥遊。漚鳥之至者百住而不止。

其父曰：「吾聞漚鳥皆從汝遊，汝取來吾玩之。」明日之海上，漚鳥舞而不下。埤雅：鳧好没，鷖好浮，故鷖一名漚。列子曰漚鳥，今字從鳥，後人加之也。蒼頡解詁曰：鷖，鷗也。今鷗一名水鴞，似白鴿而羣飛。

【評箋】

蕭云：此太白託興之詩也。……雲中之鶴……以喻在位之人也，海上之鷗……以喻閑散之人也。太白少有放逸之志，此詩豈供奉翰林之時忽動江海之興而作乎？

徐禎卿云：蕭説近是。大抵白志在疎逸，不在禄位，故有是言。至謂供奉翰林之時忽動江海之興，則滯矣。（郭本李集引）

其四十三

周穆八荒意，漢皇萬乘尊。淫樂心不極，雄豪安足論？西海宴王母，北宫邀上元。瑶水聞遺歌，玉杯竟空言。靈跡成蔓草，徒悲千載魂。

【注】

〔周穆〕列子周穆王篇：周穆王……肆意遠遊，命駕八駿之乘，右服驊騮而左緑耳，右驂赤驥而左白溪。主車則造父爲御，𤙩𧊒爲右。次車之乘，右服渠黄而左踰輪，左驂盜驪而右山子，柏夭主車，參百爲御，奔戎爲右，馳驅千里。……遂賓於西王母，觴於瑤池之上。西王母爲王謡，王和之，其辭哀焉。

〔上元〕王云：漢武外傳：元封元年七月七日，王母至，天仙咸住殿下。王母惟將二侍女上殿，東向坐，帝跪拜，問寒暄畢而立，因呼帝坐。帝面南，王母乃遣侍女與上元夫人相聞云：「王九光之母敬謝，比不相見四千餘年，天事勞我，致以愆面。夫人可暫來否？若能屈駕，當停相須。」帝問王母：「上元何真也？」曰：「是三天真王之母，上元之官，統十萬玉女名録者也。」俄而夫人至。年可二十餘，天姿精耀，靈眸豔絶，服青霜袍，雲彩亂色，非錦非繡，不可名字。頭作三角髻，餘髮散垂至腰。戴九雲夜光之冠，帶火山大玉之佩，結鳳林華錦之綬，腰流黄揮精之劍，上殿向王母拜。王母坐止之，呼同坐，北向。王母勅帝曰：「此真元之母，尊貴之人，汝當起拜。」問寒温還坐。夫人笑曰：「五濁之人，耽酒營利，嗜味淫色，固其常也。且徹以天子之貴，其亂目者倍於凡焉。而復於華嚴之墟，折嗜欲之根，願無爲之事，良有志矣。」按漢武内傳外傳諸書，載王母及上元夫人來降漢庭，俱不言所在宮名。北宮則禮神君之地也。此云北宮邀上元，當另有所本。

〔玉杯〕王云：王融曲水詩序：穆滿八駿如舞瑤水之陰。劉良注：瑤水，瑤池也。三輔黄圖：廟記曰：神明臺，武帝造，祭仙人處。上有承露盤，有銅仙人舒掌捧銅盤玉杯，以承雲表之露。以露和玉屑服之，以求仙道。太平御覽：漢武故事曰：上崩後，鄠縣有一人於市貨玉杯，吏疑其御物，欲捕之，因忽不見。縣送其器，推問乃茂陵中物也。霍光自呼吏問之，説市人形貌如先帝。其事載在杯類中，而今本多作玉碗，蓋今本誤矣。按二事注此皆可通，但未知太白所用者何事耳。若舊注引辛垣平玉杯，則文帝時事，非武帝也。恐未是。

【評箋】

蕭云：此言二君雖遇王母、上元夫人，然亦卒不免於死，是亦猶辛垣平玉杯之空言耳。後之求神仙者可不鑒諸！當時明皇亦好神仙之事，此詩蓋有所諷云耳。

徐禎卿云：蕭説是也。（郭本李集引）

唐宋詩醇云：唐人多以王母比楊妃，如杜甫「西望瑶池降王母」，亦然。則上元即指秦、虢輩，末句蓋傷之也。

陳沆云：刺明皇荒淫，怠廢政事也。若如蕭注謂譏求仙，則不當有「淫樂心不極」之語。王母、上元皆喻女寵，瑶池玉杯盛陳宴樂，空言、徒跡，則歎萬幾曠廢，朝政荒蕪也。未知其指武惠妃歟，楊妃歟！斯謂主文而譎諫，言之者無罪。（詩比興箋）

其四十四

緑蘿紛葳蕤，繚繞松柏枝。草木有所託，歲寒尚不移。奈何夭桃色，坐嘆葑菲詩？玉顔豔紅彩，雲髪非素絲。君子恩已畢，賤妾將何爲？

【注】

〔緑蘿〕王云：詩小雅：蔦與女蘿，施於松柏。廣雅：女蘿，松蘿也。

〔夭桃〕詩周南桃夭：桃之夭夭，灼灼其華。毛傳：夭夭，其少壯也。

〔葑菲〕詩邶風谷風：習習谷風，以陰以雨。黽勉同心，不宜有怒。采葑采菲，無以下體。德音莫違，及爾同死。序云：谷風刺夫婦失道也，衛人化其上，淫於新婚而棄其舊室，夫婦離絶，國俗傷敗焉。

〔君子〕王云：江淹詩：「君子恩未畢。」古詩：「賤妾亦何爲？」琦按：古稱色衰愛弛，此詩則謂色未衰而愛已弛，有感而發，其寄諷之意深矣。

【評箋】

蕭云：詩有比有興，所以抒下情而通諷諭也。當時君臣夫婦之大倫不合於禮義而不克終者無所不有，太白此詩必有爲而作也。

徐禎卿云：此篇亦似太白被黜而作。（郭本李集引）

唐宋詩醇云：純用比興，亦騷雅之遺，金鑾召對，欣有託矣。中道被放，如去婦以盛顔鬒髮而不見答也。辭意怨而不怒，皆合風人，蕭士贇以爲有爲而作，殆未必然。

陳沆云：受知被謗，君恩不終，與孤蘭篇同旨。（詩比興箋）

方東樹云：小人得志，君子棄捐，君恩不結，芳意何申？（昭昧詹言）

其四十五

八荒馳驚飈，萬物盡凋落。浮雲蔽頹陽，洪波振大壑。龍鳳脱罔罟，飄飖將安託？去去乘白駒，空山詠場藿。

【校】

〔馳驚飈〕馳，咸本注云：一作駐。

〔場藿〕場，咸本注云：一作長。

【注】

〔大壑〕莊子天地篇：夫大壑之爲物也，注焉而不滿，酌焉而不竭。陸德明注：大壑，東海也。列子湯問篇：渤海之東，不知幾億萬里，有大壑焉，實惟無底之谷。其下無底，名曰歸墟。八紘九野之水，天漢之流，莫不注之，而無增無減焉。

〔白駒〕詩小雅白駒：皎皎白駒，食我場苗。毛傳：宣王之末，不能用賢，賢者有乘白駒而去者。次章云：皎皎白駒，食我場藿。毛傳：藿猶苗也。

【評箋】

王云：蕭士贇曰：此詩前指禄山之亂，乘輿播遷，天下驚擾。後言己之罹難，脱身羈囚，無所依託。

沈德潛云：浮雲二語隱指亂世景象。（唐詩別裁）

陳沆云：此皆天寶亂作以後，無志用世而思遠逝之詞。（詩比興箋）

今人詹鍈云：按詩云：「龍鳳脱網罟，……」蓋以出獄之後無所依託，乃思出世耳。非以世亂而隱也。贈張相鎬詩云：「捫虱對桓公，願得論悲辛。大塊方噫氣，何辭鼓青蘋？斯言倘不合，歸老漢江濱。」張鎬既不用之，故太白乃以求出世自解。諸家説未能盡其旨。

其四十六

一百四十年，國容何赫然！隱隱五鳳樓，峨峨横三川。王侯象星月；賓客如雲烟。鬭雞金宫裏，蹴踘瑶臺邊。舉動摇白日；指揮回青天。當塗何翕忽！失路長棄捐。獨有揚執戟，閉關草太玄。

【校】

〔雲烟〕以上六句，兩宋本、繆本、王本俱注云：一本首六句云：帝京信佳麗，國容何赫然！劍戟擁九關，歌鐘沸三川。蓬萊象天構，珠翠誇雲仙。

〔金宫裏〕宫，兩宋本、繆本、王本俱注云：一作城。

〔蹴踘〕此句兩宋本、繆本、王本俱注云：一作走馬蘭臺邊。

【注】

〔一百四十年〕王云：唐自武德元年至天寶十四載得一百三十八年，此詩約是天寶初年太白在翰林時所作，四字疑誤。

〔三川〕王云：初學記：關中記云：涇與渭、洛爲關中三川。

〔蹴鞠〕王云：史記：處後蹴鞠。正義曰：謂打毬也。漢書：蹴鞠刻鏤。顔師古注：蹴，足蹴之也。鞠，以韋爲之，中實以物，蹴蹋爲戲樂也。荆楚歲時記：劉向别録曰：蹴鞠，黄帝所造，本兵勢也。或云：起於戰國。按鞠與毬同，古人蹋鞠以爲戲也。按：踘字當以从革爲是。廣韻云：以革爲之，今通謂之毬。唐時鬬雞打毬之戲盛行，此二語皆實寫。鬬雞見第二十四首注。

〔太玄〕王云：曹植與楊修書：昔揚子雲先朝執戟之臣耳。閉關猶閉門也。鮑照詩：閉幃草太玄，兹事殆愚狂。漢書：哀帝時丁、傅、董賢用事，諸附離之者或起家至二千石，時揚雄方草太玄有以自守，泊如也。

【評箋】

徐禎卿云：當塗以後，蕭説未善。蓋言此輩得志之人據要路則氣燄揮霍，而失路者則終於棄捐而不用也。唯揚子雲則閉門著書，以道自守，不以得喪爲心。（郭本李集引）

胡云：自武德迄天寶十四載恰百四十年，豈此詩作於此年歟？

王云：蕭士贇曰：白日青天，以比其君，鬭雞蹴鞠，明皇所好。此等得志用事，舉動指揮，足以動摇主聽。揚雄解嘲：當塗者升青雲，失路者委溝渠。翕忽，疾貌。吴都賦：神化翕忽。太白意謂此輩幸臣，當其得志不過翕忽之頃，一朝失寵，長於棄捐不用。蓋言不足恃之意。而蕭注謂得其蹊徑而依附之，可以翕忽而暴貴，不得其蹊徑而不依附，終於棄捐而不用，似失其解。今人詹鍈云：按太白爲宋中丞請都金陵表云：皇朝百五十年，金革不作。謂至天寶十四載，唐有天下已百五十年，則此詩當是天寶四載左右太白被讒去朝後作。

其四十七

桃花開東園，含笑誇白日。偶蒙春風榮，生此豔陽質。豈無佳人色？但恐花不實。宛轉龍火飛，零落早相失。詎知南山松，獨立自蕭颼？

【校】

〔春風〕春，蕭本、胡本俱作東。王本注云：蕭本作東。

〔生此〕生，兩宋本、繆本、胡本、王本俱注云：一作矜。

【注】

〔龍火〕文選張協七命：龍火西頹。李善注：漢書曰：東宫蒼龍房心，心爲火，故曰龍火也。

【評箋】蕭云：此詩謂士無實行，偶然榮遇者，寵衰則易至於棄捐。孰若君子之有特操者獨立而不改其節哉？

徐禎卿云：此篇刺時也。（郭本李集引）

陳沆云：言榮遇無常，君子思獨立也。（詩比興箋）

今人詹鍈云：按此與卷二十四感興第四首略同，惟首尾稍有差異。蕭氏於感興第四首下注曰：按此篇已見卷二古詩四十七首，必是當時傳寫之殊，編詩者不能别，姑存於此卷。

其四十八

秦皇按寶劍，赫怒震威神。逐日巡海右，驅石駕滄津。徵卒空九寓，作橋傷萬人。但求蓬島藥，豈思農鳸春？力盡功不贍，千載爲悲辛。

【校】

〔震威神〕震，兩宋本、繆本、咸本俱作振，王本注云：繆本作振。

〔駕滄津〕駕，兩宋本、繆本、咸本俱作架，王本注云：繆本作架。

〔農鳸〕咸本作農雁，注云：一作農鳸。

【注】

〔驅石〕王云：藝文類聚：三齊略記曰：秦始皇作石橋，欲過海觀日出處。於時有神人能驅石下海，城陽十一山石盡起立，嶷嶷東傾，狀似相隨而去。云石去不速，神人輒鞭之，盡流血，石莫不悉赤。至今猶爾。江淹恨賦：秦帝按劍，諸侯西馳。削平天下，同文共規。雄圖既溢，武力未畢。方架黿鼉以爲梁，巡海右以送日。

〔寓〕即宇字。

〔蓬島藥〕史記封禪書：自威、宣、燕昭使人入海求蓬萊、方丈、瀛洲，此三神山者，其傳在勃海中，去人不遠。患且至則船風引而去，蓋嘗有至者，諸僊人及不死之藥皆在焉。……及至秦始皇并天下，至海上，則方士言之不可勝數。始皇自以爲至海上而恐不及矣。使人乃齎童男女入海求之，船交海中，皆以風爲解，曰未能至，望見之焉。

〔農鳸〕王云：獨斷：少昊之世，置九農之官。春扈氏農正趣民耕種，夏扈氏農正趣民芸除，秋扈氏農正趣民收斂，冬扈氏農正趣民蓋藏，棘扈氏農正掌人百果，行扈氏農正晝爲民驅鳥，宵扈氏農正夜爲民驅獸，桑扈氏農正趣民養蠶，老扈氏農正趣民收麥。陳子昂詩：「願罷瑶池宴，來觀農扈春。」宋之問詩：「吾君不事瑶池樂，時雨來觀農鳸春。」鳸、扈，古字通用。

〔贍〕説文：贍，給也。

【評箋】

蕭云：此詩於時亦有所諷，借秦爲喻云。

陳沆云：此刺好大務遠而不勤恤民隱也。（詩比興箋）

其四十九

美人出南國，灼灼芙蓉姿。皓齒終不發，芳心空自持。由來紫宮女，共妒青蛾眉。歸去瀟湘沚，沉吟何足悲？

【校】

〔由來〕由，文粹作猶，非。

【注】

〔紫宮〕文選左思詠史詩：「列宅紫宮裏。」李周翰注：紫宮，天子所居處。

〔沚〕王云：曹植詩：「夕宿瀟湘沚。」爾雅：小渚曰沚。

【評箋】

張戒云：國風云：愛而不見，搔首踟躕。瞻望弗及，佇立以泣。其詞婉，其意微，不迫不露，此其所以可貴也。古詩云：「馨香盈懷袖，路遠莫致之。」李太白云：「皓齒終不發，芳心空

自持。」皆無愧于國風矣。（歲寒堂詩話）

蕭云：此太白遭讒擯逐之詩也。去就之際，曾無留難。然自後人而觀之，其志亦可悲矣。

唐宋詩醇云：亦緑蘿篇之意。但前篇寓意於君，此則謂張垍輩之譖毀也。

按：曹植詩云：「南國有佳人，容華若桃李。朝遊江北岸，夕宿瀟湘沚。」乃此詩格調所從出。白晚年雖嘗至零陵，瀟湘恐非實指。

其五十

宋國梧臺東，野人得燕石。誇作天下珍，却哂趙王璧。趙璧無緇磷，燕石非貞真。流俗多錯誤，豈知玉與珉？

【校】

〔燕石〕以上二句兩宋本、繆本、胡本、王本俱注云：一作宋人枉千金，去國買燕石。

〔與珉〕與，咸本作無。

【注】

〔梧臺〕太平御覽卷五一：闞子曰：宋之愚人得燕石於梧臺之東，歸而藏之以爲大寶。周客聞而觀焉。主人齋七日，端冕玄服以發寶，華匱十重，緹巾十襲。客見之，盧胡而笑曰：「此燕石也，與瓦甓不異。」主人大怒，藏之愈固。

〔緇磷〕王云：劉孝威詩：「白玉遂緇磷。」野客叢書：論語：磨而不磷，涅而不緇。今讀磷字多作去聲，讀緇字多作平聲。而古來文士以磷字爲平聲，如摯虞、傅咸以至李、杜、元、白之流皆然。緇字作去聲協，見沈約高士贊。今禮部押韻，緇字只平聲一音，蓋當時未分四聲故耳。△緇音兹，磷音鄰。

〔玉與珉〕王云：說文：石之美者。禮：君子貴玉而賤珉。珉，石似玉而非也。

【評箋】

蕭云：此詩譏世之人不識真儒，而假儒反得用世，而非笑真儒焉。辭簡意明，切中古今時病。

徐禎卿云：此篇譏世人不辨美惡也。（郭本李集引）

其五十一

殷后亂天紀，楚懷亦已昏。夷羊滿中野，菉葹盈高門。比干諫而死，屈平竄湘源。虎口何婉孌？女嬃空嬋娟。彭咸久淪没，此意與誰論？

【校】

〔菉葹〕菉，兩宋本、繆本、咸本俱作綠，王本注云：繆本作綠。

〔女嬃〕嬃，兩宋本、繆本俱作顏。王本注云：繆本作顏。

〔彭咸〕咸，兩宋本、咸本俱作城，疑非。

【注】

〔天紀〕王云：胤征：俶擾天紀。正義曰：始亂天之紀綱也。陶潛詩：「嬴氏亂天紀。」

〔夷羊〕國語周語：商之興也，檮杌次于丕山，其亡也夷羊在牧。韋昭解：夷羊，神獸；牧，商郊牧野。

〔菉葹〕楚辭離騷：薋菉葹以盈室兮，判獨離而不服。王逸注：薋，蒺藜也；菉，王芻也；葹，枲耳也。三者皆惡草，以喻讒諂盈滿于側也。

〔比干〕論語微子篇：微子去之，箕子爲之奴，比干諫而死。孔子曰：殷有三仁焉。

〔屈平〕王云：史記：……屈平疾王聽之不聰也，讒諂之蔽明也，邪曲之害公也，方正之不容也，故憂愁幽思而作離騷。所謂薋菉葹以盈室，及女嬃、彭咸事，皆離騷中語也。其後又信上官之讒，遷屈原于湘江之南，乃頃襄王時事，非懷王也，詩蓋互言之耳。

〔虎口〕王云：蕭士贇曰：虎口事如史記：秦二世拜叔孫通爲博士，通曰：我幾不脱于虎口之類。謂比干以諫死是陷于虎口，何所爲而婉孌如是哉？詩云：婉兮孌兮。注曰：皆顧慕貌。陸機詩：「婉孌崑山陰。」注曰：婉孌，存思貌。琦按：虎口二句是反言以起下文，見賢者所爲，衆人不知，反以爲非之意。離騷：女嬃之嬋媛兮，申申其詈予。王逸注：女嬃，屈原姊也。嬋媛，猶牽引也：言女嬃見己施行不與衆合，以見流放，故來牽引，數怒重詈我也。又離騷：雖不周于今之人兮，願依彭咸之遺則。王逸注：彭咸，殷賢大夫也，諫其君不聽，自投水而死。△孌音戀。

【評箋】

今人詹鍈云：蕭曰：此詩，比興之詩也。其作於貶責張九齡之時乎！……詩比興箋：此歎明皇拒直諫之臣，張九齡、周子諒俱竄死也。按通鑑：開元二十五年，夏四月辛酉，監察御史周子諒彈牛仙客非才，……流瀼州，至藍田而死。李林甫言：子諒，張九齡所薦也。甲子，貶九齡荆州長史。又：開元二十八年二月，荆州長史張九齡卒。此詩之作當在九齡卒後。

其五十二

青春流驚湍，朱明驟回薄。不忍看秋蓬，飄揚竟何託？光風滅蘭蕙，白露灑葵藿。美人不我期，草木日零落。

【校】

〔朱明〕明，兩宋本、繆本、王本俱注云：一作火。胡本作火。

〔灑葵藿〕兩宋本、繆本、胡本、王本俱注云：一作委蕭藿。

【注】

〔朱明〕爾雅釋天：夏爲朱明。郭璞注：氣赤而光明也。

〔回薄〕文選賈誼鵩鳥賦：萬物迴薄兮，振蕩相轉。李善注：鶡冠子曰：水激則悍，矢激則遠。精神迴薄，振蕩相轉。

〔光風〕文選宋玉招魂：光風轉蕙，氾崇蘭些。王逸注：言天霽日明，微風奮發，動摇草木，皆令有光。

〔葵藿〕王云：王禎農書：葵，陽草也。其菜易生，郊野甚多，不拘肥瘠地皆有之，爲百菜之主，備四時之饌。本豐而耐旱，味甘而無毒，可防荒儉，可以葅腊，其枯枿可以榜簇，根子又能療疾，咸無遺棄，誠蔬茹之要品，民生之資益者也。而今人不復食之，亦無植者。説文：藿，菽之少也。蓋謂豆之初生者。廣雅：豆角謂之莢，其葉謂之藿。

【評箋】

蕭云：楚辭：日月忽其不淹兮，春與秋其代謝。惟草木之零落兮，恐美人之遲暮。詩意全出於此。美人，況時君也。時不我用，老將至矣。懷才而見棄於世，能不悲夫！

徐禎卿云：此篇白自傷也。（郭本李集引）

其五十三

戰國何紛紛！兵戈亂浮雲。趙倚兩虎鬬，晉爲六卿分。姦臣欲竊位，樹黨自相羣。果然田成子，一旦殺齊君。

【校】

〔自相〕自，咸本作日，注云：一作自。

〔殺齊君〕殺，兩宋本、繆本俱作弑。王本注云：繆本作弑。

【注】

〔兩虎〕史記廉頗藺相如列傳：相如曰：彊秦之所以不敢加兵於趙者，徒以吾兩人在也。今兩虎共鬬，其勢不俱生。

〔六卿〕王云：按史記晉世家曰：頃公十二年，晉之宗家祁傒孫、叔嚮子，相惡于君。六卿欲弱公室，乃遂以法盡滅其族，而分其邑爲十縣，各令其子爲大夫。晉弱，六卿皆大。太白所謂晉爲六卿分者，蓋用此事。

〔田成子〕莊子胠篋篇：田成子一旦殺齊君而有其國。論語憲問篇：陳成子弑簡公，孔子沐浴而朝，告於哀公曰：陳恒弑其君，請討之。邢昺疏：陳成子弑簡公者，春秋哀十四年，齊人弑其君壬，是也。

【評箋】

嚴羽云：太白此詩作於天寶間，時上自東都還，從容謂高力士曰：「朕欲高居無爲，悉以政事委林甫，如何？」對曰：「天下大柄不可假人，彼威勢成，誰敢議之者？」上不悦。太白位卑分疎，欲諫不可，故作是詩。（嚴羽評點李集）

蕭云：此詩其作於天寶間乎？

徐禎卿云：蕭説是也。（郭本李集引）

陳沆云：……此即遠别離篇「權歸臣兮鼠變虎」之意。内倚權相，外寵驕將，卒之國忠、禄山兩虎相鬭，遂致漁陽之禍。（詩比興箋）

其五十四

倚劍登高臺，悠悠送春目。蒼榛蔽層丘，瓊草隱深谷。鳳鳥鳴西海，欲集無珍木。鷽斯得所居，蒿下盈萬族。晉風日已頹，窮途方慟哭。

【校】

〔鳳鳥〕鳥，兩宋本、繆本俱作皇。王本注云：繆本作皇。

〔所居〕兩宋本、繆本俱作匹居。匹，注云：一作所。居，注云：一作棲。咸本亦作匹，注同。王本注云：一作匹居，一作所棲。

〔慟哭〕兩宋本、繆本俱注云：一本首四句以下云：翩翩衆鳥飛，翱翔在珍木。羣花亦便娟，榮耀非一族。歸來愴途窮，日暮還慟哭。王本注云：一本後六句云：翩翩衆鳥飛，翱翔在珍木。羣花亦便娟，榮耀非一族。歸來愴途窮，日暮還慟哭。

【注】

〔鸒斯〕王云：爾雅：鸒斯，鵯鶋。郭璞注：鵶烏也，小而多羣，腹下白，江東亦呼爲鵯烏。鄭樵注亦謂之鵶烏。蓋雀類差小，多羣飛，食穀粟，俗呼必烏。江淹詩：「鸒斯蒿下飛。」△鸒音豫，又音余。

〔窮途〕晉書卷四九阮籍傳：時率意獨駕，不由徑路，車跡所窮，輒慟哭而返。

【評箋】

蕭云：此篇首兩句乃居高見遠之意也。三句四句比小人據高位而君子在野也。五句至八句蓋謂當時君子亦有用世之意，而在朝無君子以安之，反不如小人之得位，呼儔引類至於萬族之多也。末句借晉爲喻，謂如此則君子道消，風俗頽靡，居然可知，若阮籍之途窮然後慟哭，毋乃見事之晚乎！

徐禎卿云：窮途慟哭，蕭解未善，言風既頽矣，途既窮矣，方可慟哭而已。（郭本李集引）

胡云：以上六句，一作「翩翩衆鳥飛，翱翔在珍木。羣花亦便娟，榮耀非一族。歸來愴途窮，日暮還慟哭」。以阮籍晉人，故云晉風。舊注謂毛詩之唐魏，失之遠矣。

唐宋詩醇云：天寶以還，小人道長，君子道消矣，物亦各從其類也。篇中連類引象，雜而不越。窮途慟哭，亦無可如何而已。

其五十五

齊瑟彈東吟，秦絃弄西音。慷慨動顔魄，使人成荒淫。彼美佞邪子，婉孌來相尋。一笑雙白璧，再歌千黄金。珍色不貴道，詎惜飛光沉？安識紫霞客，瑶臺鳴素琴。

【校】

〔彈東吟〕彈，兩宋本、繆本、胡本、王本俱注云：一作揮。

〔彼美〕美，兩宋本、繆本俱作女。咸本注云：一作女。王本注云：繆本作女。

〔素琴〕素，兩宋本、繆本俱作玉，注云：一作素。咸本作素，注云：一作玉。王本注云：一作玉。

【注】

〔齊瑟〕王云：曹植詩：「秦箏發西氣，齊瑟揚東謳。」魏文帝詩：「齊倡發東舞，秦箏奏西音。」

〔飛光〕文選沈約宿東園詩：「飛光忽我遒。」張銑注：飛光，日月也。

〔素琴〕王云：素琴謂琴之素朴不用金銀珠寶以爲飾者也。

【評箋】

徐禎卿云：此篇譏人之好色而不好仙術也。（郭本李集引）

其五十六

越客採明珠，提攜出南隅。清輝照海月，美價傾皇都。獻君君按劍，懷寶空長吁。魚目復相哂，寸心增煩紆。

【校】

〔皇都〕皇，兩宋本、繆本俱作鴻，注云：一作皇。王本注云：一作鴻。

【注】

〔按劍〕漢書卷五一鄒陽傳：臣聞明月之珠，夜光之璧，以闇投人於道，衆莫不按劍相眄者，何則？無因而至前也。

〔魚目〕文選張協雜詩：「魚目笑明月。」張銑注：魚目，魚之目精白者也。

〔煩紆〕文選張衡四愁詩：「何爲懷憂心煩紆？」李周翰注：煩紆，思亂也。

【評箋】

徐禎卿云：此篇白自傷被黜也。（郭本李集引）

其五十七

羽族稟萬化，小大各有依。周周亦何辜！六翮掩不揮。願銜衆禽翼，一向黄河飛。飛者莫我顧，嘆息將安歸？

【校】

〔周周〕兩宋本、繆本俱作啁啁。咸本作啁啁，注云：一本作周周。王本注云：繆本作啁啁。

【注】

〔周周〕文選阮籍詠懷詩：「周周尚銜羽」，李善注：韓子曰：鳥有周周者，首重而屈尾，將欲飲於河，則必顛，乃銜羽而飲。今人之所有飢不足者，不可以不索其羽矣。

【評箋】

蕭云：此詩之意以鳥爲喻。言小大各有所依，猶周周之無力者依有力者銜羽而飲。今有力者飛而不顧。唯有嘆息而已。猶言在野之賢望在位之賢汲引同類以就君禄，而在位者卒無進賢之心，有志而不能自援者，茫無所歸，唯有嘆息而已。

徐禎卿云：蕭説是也。（郭本李集引）

陳沆云：野有憂國之人，朝無用賢之相。（詩比興箋）

其五十八

我行巫山渚，尋古登陽臺。天空綵雲滅，地遠清風來。神女去已久，襄王安在哉？荒淫竟淪没，樵牧徒悲哀。

【校】

〔我行〕行，蕭本作到。胡本注云：一作到。王本注云：蕭本作到。

〔去已久〕去，蕭本、咸本俱作知。咸本注云：一作去。王本注云：蕭本作知。

〔淪没〕没，蕭本、咸本俱作替。咸本注云：一作没。胡本注云：一作替。王本注云：蕭本作替。

【注】

〔巫山〕王云：宋玉高唐賦：楚襄王與宋玉遊于雲夢之臺，望高唐之觀。其上獨有雲氣，崪兮直上，忽兮改容。須臾之間，變化無窮。王問玉曰：「此何氣也？」玉對曰：「所謂朝雲者也。昔者先王嘗遊高唐，怠而晝寢，夢見一婦人曰：妾，巫山之女也。爲高唐之客。聞君遊高唐，願薦枕席。王因幸之，去而辭曰：妾在巫山之陽，高丘之岨。旦爲行雲，暮爲行雨。朝朝暮暮，陽臺之下。」旦朝視之如言，故爲立廟，號曰朝雲。通典：夔州巫山縣有巫山。一統志：陽臺在夔州府巫山縣治西北，南枕大江。宋玉賦云：楚王遊于陽雲之臺，望高唐之觀，即此。王阮亭曰：巫山形絶肖巫字，其東即陽雲臺，在縣治西北五十步。高一百五十丈。二山皆土阜，殊乏秀色，而古今豔稱之，以楚大夫詞賦重耳。江淹詩：「相思巫山渚，悵望陽雲臺。」

【評箋】

蕭云：此篇是太白南遷時過巫山懷古而作。

徐禎卿云：蕭説是也。（郭本李集引）

王夫之云：三四本情語，而命景正麗，此謂雙行。雙行者，古今文筆之絶技也。（唐詩評選）

今人詹鍈云：按宿巫山下詩云：「雨色風吹去，南行拂楚王。高丘懷宋玉，懷古一沾裳。」此詩則云：「我行巫山渚，尋古登陽臺。……神女去已久，襄王安在哉？」疑是同時之作。

按：張九齡曲江集有登古陽雲臺一首。姚範援鶉堂筆記卷四〇云：按此及樊妃冢皆感於明皇之荒淫而作，詩當爲荆州長史時作，是時或以武惠妃擅寵故耶？

又按：阮籍詠懷詩云：「三楚多秀士，朝雲進荒淫。」即此詩所本，李詩與詠懷多同調，未可以有荒淫二字遂指爲刺荒淫也。必以爲身至巫山方作此詩，恐失之泥。

其五十九

惻惻泣路岐，哀哀悲素絲。路岐有南北，素絲易變移。萬事固如此，人生無定期。田竇相傾奪，賓客互盈虧。世途多翻覆，交道方嶮巇。斗酒強然諾，寸心終自疑。張陳竟火滅，蕭朱亦星離。衆鳥集榮柯，窮魚守枯池。嗟嗟失懽客，勤問何所規。

【校】

〔易變移〕易，兩宋本俱作無，注云：一作有。繆本、王本俱注云：一作有。

〔萬事〕兩宋本、繆本俱無此下四句。王本注云：一本少萬事固如此四句，世途多翻覆作谷風刺輕薄，交道以下皆同。

〔世途〕此句兩宋本、繆本、胡本俱作谷風刺輕薄。

〔枯池〕枯，兩宋本、繆本俱作空，注云：一作枯。王本注云：一作空。

〔所規〕規，兩宋本、繆本、胡本俱注云：一作悲，又作窺。

【注】

〔路岐〕淮南子說林訓：楊子見逵路而哭之，爲其可以南可以北。墨子見練絲而泣之，爲其可以黄可以黑。

〔田竇〕史記魏其武安侯列傳：武安侯田蚡者，孝景后同母弟也。……武安侯新欲用事爲相，卑下賓客，進名士家居者貴之，欲以傾魏其（竇嬰）諸將相。……天下吏士趨勢利者，皆去魏其，歸武安。

〔嶮〕與險同。

〔張陳〕後漢書卷五七王丹傳：張陳凶其終，蕭朱隙其末。章懷太子注：張耳、陳餘初爲刎頸交，後構隙。耳後爲漢將兵，殺陳餘於泜水之上。蕭育字次君，朱博字子元，二人爲友，著聞當代，後有隙不終，故時以交爲難。並見前書。

【評箋】

嚴羽云：古調近體，可冠初唐。（嚴羽評點李集）

蕭云：此詩譏市道交者，必當時有所爲而作。太白罹難之餘，友朋之交道，其不能始終如一而奔趨權門者，諒亦多矣。徒有一類失懽之客勤勤問勞，亦何所規益乎？

按：規字恐不作規益解，何所規者何所營也，此猶陶潛桃花源詩序「欣然規往」之規也。

胡云：太白古風，其篇富于子昂之感遇，儉于嗣宗之詠懷。其抒發性靈，寄託規諷，實相源流也。但嗣宗詩旨淵放而文多隱避，歸趣未易測求。子昂淘洗過潔，韻不及阮，而渾穆之象尚多包含。太白六十篇中，非指言時事，即感傷己遭。循徑而窺，又覺易盡。此則役于風氣之遞盛，不得不以才情相勝，宣洩見長，律之往製，未免言表繫外尚有可議。亦時會使然，非後賢果不及前哲也。

王云：劉克莊曰：太白古風與陳子昂感遇之作筆力相上下，唐之詩人皆在下風。

宋漫堂詩説：阮嗣宗詠懷，陳子昂感遇，李太白古風，韋蘇州擬古，皆得十九首遺意。

唐宋詩醇云：辭旨明白，白古風凡五十九首，以此篇結之，總厥所述，遠追嗣宗詠懷，近比子昂感遇，其間指事深切，言情篤摯，纏綿往復，每多言外之旨，白之流品亦可睹其概焉。夫開元天寶治亂迥殊，林甫國忠相繼柄政，宵小盈朝，賢人在野，卒致禄山之亂，宗社幾墟，白以倜儻之才遭讒被放，雖放浪江湖而忠君憂國之心未嘗少忘，身世之感一於詩發之，諸篇之中可指數也。豈非風雅之嗣音、詩人之冠冕乎？朱子嘗欲擇歷代之詩爲一編，以繼三百篇、楚辭之後，而以白之古風爲之羽翼輿衛，蓋有以取之矣。羣兒謗傷，何足信哉？

陸時雍云：太白古風八十二首發源於漢魏而託體於阮公，然寄託猶苦不深，而作用尚未盡委蛇盤礴之妙。要之，雅道時存。（詩鏡總論）

陳廷焯云：……自風騷以迄太白，皆一線相承，其間惟彭澤一派超然物外，正如巢許夷齊，有不可以常理論。至杜陵負其倚天拔地之才，更欲駕風騷而上之，則有所不能。僅於風騷中求門户，又若有所不甘，故别建旗鼓以求勝於古人。詩至杜陵而勝，亦至杜陵而變。顧其力量充滿，意境沉鬱，嗣後爲詩者舉不能出其範圍，而古調不復彈矣。……世人論詩，多以太白之縱横超逸爲變，而以杜陵之整齊嚴肅爲正。此第論其形骸，不知本原也。太白一生大本領全在古風五十九首。今讀其詩，何等朴拙，何等忠厚！至如蜀道難、行路難、天姥行、鳴皐歌等篇，粗而不精，枝而不理，絶非太白高作。若杜陵忠愛之忱，千古共見，而發爲歌詠則無一篇不與古人爲敵，其陰狠在骨，更不可以常理論。故余嘗謂太白詩人，謹守古人繩墨，亦步亦趨，不敢相背。至杜陵乃真與古人爲敵，而變化不可測矣。（白雨齋詞話）

李白集校注卷三

樂府三十首

遠别離

遠别離，古有皇英之二女。乃在洞庭之南，瀟湘之浦。海水直下萬里深，誰人不言此離苦？日慘慘兮雲冥冥，猩猩啼煙兮鬼嘯雨。我縱言之將何補？皇穹竊恐不照余之忠誠，雷憑憑兮欲吼怒。堯舜當之亦禪禹。君失臣兮龍爲魚，權歸臣兮鼠變虎。或云：堯幽囚，舜野死。九疑聯綿皆相似。重瞳孤墳竟何是？帝子泣兮緑雲間，隨風波兮去無還。慟哭兮遠望，見蒼梧之深山。蒼梧山崩湘水絶，竹上之淚乃可滅。

【校】

〔古有〕英靈此上無遠别離三字。

〔皇英〕皇，宋本英華同。兩宋本、繆本俱作黄。王本注云：繆本作黄，誤。

〔乃在〕咸本注云：一本無在字。

〔離苦〕咸本注云：一本無此二句。胡本、英靈此句俱作人言不深此離苦。

〔竊恐〕竊，英靈作切。

〔忠誠〕忠，宋本英華作衷。

〔雷〕蕭本、咸本俱作雲。王本注云：蕭本作雲。

〔或云〕云，蕭本、胡本俱作言。王本注云：蕭本作言。

〔聯綿〕聯下英華注云：一作連。

〔何是〕何，胡本作誰，注云：一作何。

〔蒼梧〕英靈此下無山字。

【注】

〔遠别離〕蕭云：樂府遠别離者，别離十九曲之一也。王云：江淹作古别離，梁簡文帝作生别離，太白之遠别離、久别離二作大概本此。按：郭茂倩樂府詩集云：楚辭云：「悲莫悲兮生别離」，古詩云：「行行重行行，與君生别離。」李陵與蘇武詩云：「良時不可再，離别在須臾。」故後人擬之爲古别離。梁簡文爲生别離，宋吴邁遠有長别離，李白有遠别離，亦皆類此。

〔二女〕列女傳母儀傳：有虞二妃者，帝堯之二女也。長娥皇，次女英。

〔之浦〕水經注湘水：大舜之陟方也，二妃從征，溺於湘江，神遊洞庭之淵，出入瀟湘之浦。瀟者水清深也。

〔此離苦〕王云：海水直下二句是倒裝句法，謂生死之别永無見期，其苦如海水之深，無有底止也。

〔皇穹〕文選潘岳寡婦賦，李善注：皇穹，天也。

〔忠誠〕按：此句與楚辭離騷荃不察余之中情句意相似。

〔憑憑〕左傳昭五年：震電憑怒。杜預注：憑，盛也。

〔爲魚〕説苑正諫篇：吴王欲從民飲酒，子胥諫曰：昔白龍下清泠之淵，化爲魚，漁者豫且射中其目。

〔變虎〕東方朔答客難：用之則爲虎，不用則爲鼠。

〔堯幽囚〕史記五帝本紀正義：括地志云：故堯城在濮州鄄城縣東北十五里。竹書云：昔堯德衰，爲舜所囚也。又有偃朱故城在縣西北十五里。竹書云：舜囚堯，復偃塞丹朱，使不與父相見也。按：史通卷一三：堯典序又云：將遜于位，讓于虞舜。孔氏注云：堯之子丹朱不肖，故有禪位之志。按汲冢瑣語云：舜放堯于平陽，而書云，某地有城以囚堯爲號。識者憑斯異説，頗以禪授爲疑。然則觀此二書已足爲證者矣。而猶有所未覩也，何者？據山海經謂放勛之子爲帝丹朱，而列君於帝者，得非舜雖廢堯，仍立堯子，俄又奪其帝者乎？觀近有姦雄奮發，自號霸王，或廢父而立其子，或黜兄而奉其弟，始則示相推戴，終亦成其簒奪。求諸歷代，往往而有，必以古方今，千載一揆，斯則堯之授舜，其事難明，謂之讓國，徒虚語耳。其疑二也。虞書舜典又云：五十載陟方乃死。注云：死蒼梧之野因葬焉。按蒼梧者，於楚則川號汨羅，在漢則邑稱零桂。地總百越，山連五領。人風婐劃，地氣歊瘴，雖使百金之子，猶憚經復其途，況以萬乘之君，而堪巡幸其國？且舜必以菁華既竭、形神告勞，捨兹寶位，如釋重負，何得以垂暮之年更踐不毛之地？兼復二妃不從，怨曠生離，萬里無依，孤魂溘盡，讓王高蹈，豈其若是者乎？歷觀自古人君廢逐，若夏桀放於南巢，趙嘉遷於房陵，周王流彘，楚帝徙郴，語其艱棘，未有如斯之甚也。斯則陟方之死，其殆文命之志乎？其疑三也。

〔野死〕國語魯語：舜勤民事而野死。韋昭注：野死，謂征有苗，死於蒼梧之野。

〔九疑〕史記五帝本紀集解：皇覽曰：舜冢在零陵營浦縣。其山九谿皆相似，故曰九疑。清一統志：湖南永州府：九疑山在寧遠縣南六十里。

〔重瞳〕史記項羽本紀：吾聞之周生曰：舜目蓋重瞳子。

〔帝子〕楚辭湘夫人：帝子降兮北渚。王逸注：帝子謂堯女也。

〔蒼梧〕王云：山海經：南方蒼梧之丘，蒼梧之淵，其中有九疑山。舜之所葬在長沙零陵界中。郭璞注：山在零陵營道縣南，其山九谿皆相似，故云九疑。古者總名其地爲蒼梧也。蓋古所稱蒼梧之野，其地甚廣。凡九疑山前後數百里，粤西、湖南之地兼跨而有之。若漢之所置蒼梧郡，視古之蒼梧野爲狹。唐之所置蒼梧郡，視漢之蒼梧郡則又狹。皆祇在粤西一隅，而長沙零陵非其所統矣。或者據史記本紀，舜崩於蒼梧之野，葬於江南九疑，是爲零陵，因崩葬各紀其地，疑蒼梧九疑不在一處者，非也。舜葬於蒼梧之野，蓋檀弓先已記之矣。

【評箋】李東陽云：古律詩各有音節，然皆限于字數，求之不難，樂府長短句，初無定數，最難調疊，然亦有自然音，如太白遠别離，子美桃竹杖，皆極其操縱；曷嘗按古人聲調，而自和順委曲。（李詩選）

范梈云：此篇最有楚人風。所貴乎楚言者，斷如復斷，亂如復亂，而辭意反復行乎其間者，實未嘗斷而亂也；使人一唱三嘆，而有遺音。至于收淚謳吟，又足以興夫三綱五典之重者，豈虚也哉？兹太白所以不可及也。（李詩選）

梅鼎祚云：近代朱諫删入辨疑，大瞶，范文白之論庶幾得之。（李詩鈔）

王夫之云：通篇樂府，一字不入古詩，如一匹蜀錦，中間固不容一尺吴練。工部譏時語開口便見，供奉不然，習其讀而問其傳，則未知己之有罪也。工部緩，供奉深。（唐詩評選）

翁方綱云：太白遠别離一篇極盡迷離，不獨以玄、肅父子事難顯言，蓋詩家變幻至此，若一説煞，反無歸著處也。惟其極盡迷離，乃即其歸著處。（小石帆亭詩話）

按：此詩各家之説不同：一以爲刺玄宗、肅宗父子間事，如王世懋藝圃擷餘云：太白遠别離篇……其太白晚年之作邪！先是肅宗即位靈武，玄宗不得已稱上皇，迎歸大内，又爲李輔國劫而幽之，太白幽憤而作此詩。因今度古，將謂堯、舜事亦有可疑。曰堯、舜禪禹，罪肅宗也。曰魚龍鼠虎，誅輔國也。故隱其詞，託興英皇，而以遠别離名篇。……然幽囚野死，則已露本相矣。沈德潛云：玄宗禪位於肅宗，宦者李輔國謂上皇居興慶宫，交通外人，將不利於陛下，於是徙上皇於西内，怏怏不逾時而崩。詩蓋指此也。太白失位之人，雖言何補？故託弔古以致諷焉。一以指玄宗入蜀事。如陳沆詩比興箋云：此篇或以爲肅宗時李輔國矯制遷上皇於西内而作，或以爲明皇内任林甫外寵禄山而作，皆未詳繹篇首英、皇二女之興，篇末帝子湘竹之淚託興何指也。本此以繹全詩，其西京初陷，馬嵬賜死時作乎？「海水直下萬里深，誰人不言此離苦」，言天上人間永訣也。我縱以下，乃追痛禍亂之源。方其伏而未發，忠臣志士，結舌吞聲，人人知之而不敢言，一旦禍起不測，天地易位，「六軍不發無奈何，宛轉蛾眉馬前死」，「君失臣兮龍爲魚，權歸臣兮鼠變虎」之謂也。或云以下乃倉皇西幸，傳聞不一之詞，故有幽囚野死之議。帝子以下乃又反復流連以哀痛之，……「蒼梧山崩湘水絶，竹上之淚乃可滅」，「天長地久有時盡，此恨綿綿無絶期」也。故長恨歌千言不及遠别離一曲。一以爲譏權歸李林甫、楊國忠，如蕭士贇云：此詩前輩咸以爲上元間李輔國矯制遷上皇於西内時太白有感而作，余曰非也。此詩大意謂無借人國柄，借人國柄則失其權，失其權則雖聖哲不能保其社稷妻子，其禍有必至之勢。詩之作其在天寶之末乎！按唐史高力士傳曰：天寶中，帝嘗曰：「朕春秋高，朝廷細務問宰相，蕃夷不龔付諸將，寧不暇耶？」又嘗齋大同殿，力士侍，帝曰：「海内無事，朕將吐納導引，以天下事付林甫，若何？」力士對曰：「天下大柄不可假人，威權既振，誰敢議者？」自是國權卒歸於林甫、國忠，兵權卒歸於禄山、舒翰，太白熟觀時事，欲言則懼禍及己，不得已而形之詩，聊以致其愛君憂國之志，所謂皇、英之事，特借之以隱喻耳。曰日曰皇穹，比其君也。曰雲，比其臣也。「日慘慘兮雲冥冥」，喻君昏於上而權臣障蔽於下也。「猩猩啼烟鬼嘯雨」，極小人之形容而政亂之甚也。「堯、舜當之亦禪禹」而下，乃太白所欲言之事，權歸臣下，禍必至此。詩意切直著明，流出胸臆，非識時憂世之士，存懷君忠國之心者，其孰能興於此哉？以上皆今人詹鍈李白詩文繫年所綜録，諸説之中，似以一二兩説爲近。

公無渡河

黄河西來決崑崙，咆哮萬里觸龍門。波滔天，堯咨嗟。大禹理百川，兒啼不窺家。殺湍堙洪水，九州始蠶麻。其害乃去，茫然風沙。披髮之叟狂而癡，清晨徑流欲奚爲？旁人不惜妻止之，公無渡河苦渡之。虎可搏，河難馮，公果溺死流海湄。有長鯨白齒若雪山，公乎公乎挂罥於其間。箜篌所悲竟不還。

【校】

〔咆哮〕樂府作咆吼。

〔堙〕咸本作湮。王本注云：蕭本作湮。

〔洪水〕水，英華作流，注云：一作水。

〔乃去〕去，咸本注云：一作古。

〔蠶〕王本注云：一作桑。胡本作桑。

〔茫然〕茫，咸本注云：一作莅。

〔狂而〕而，黄校作兒。咸本注云：一作兒。

〔徑〕咸本、胡本俱作臨。兩宋本、繆本、王本俱注云：一作臨。

〔海湄〕英華重此二字，屬下句，是。胡本同。

〔罥〕兩宋本、繆本、樂府俱作骨。胡本注云：挂骨或作挂罥。王本注云：繆本作骨。

【注】

〔公無渡河〕王云：王僧虔技録：相和歌瑟調三十八曲中有公無渡河行，即箜篌引也。古今

注：箜篌引，朝鮮津卒霍里子高妻麗玉所作也。子高晨起刺船而濯，有一白首狂夫，披髮提壺，亂流而渡，其妻隨呼止之，不及，遂墮河水死。於是援箜篌而鼓之，作公無渡河之歌，聲甚悽愴，曲終，亦投河而死。子高還以其聲語妻麗玉，麗玉傷之，乃引箜篌而寫其聲，聞者莫不墮淚飲泣。麗玉以其聲傳鄰女麗容，名爲箜篌引焉。

〔崑崙〕爾雅釋水：河出昆侖虛。

〔龍門〕書禹貢：至于龍門西河。正義：……三秦記云：龍門水懸船而下，兩旁有山，水陸不通，龜魚集龍門下數千，不得上，上則爲龍，故云：暴鰓點額龍門下。

〔滔天〕書堯典：帝曰：咨！四岳，湯湯洪水方割，蕩蕩懷山襄陵，浩浩滔天。孔傳：浩浩盛大若漫天。

〔理〕按：唐人避高宗諱，改治爲理。

〔窺家〕書益稷：啓呱呱而泣，予弗子。又孟子滕文公篇：禹八年於外，三過其門而不入。

〔堙洪水〕書洪範：鯀陻洪水。△堙音因。

〔風沙〕按：此句意謂水雖不至有滔天之害，仍有風沙之患。

〔難馮〕詩小雅小旻：不敢暴虎，不敢馮河。毛傳：徒涉曰馮河。

〔挂罥〕文選木華海賦：或挂罥於岑嶅之峯。李善注：聲類曰：罥，係也。△罥音絹。

【評箋】

蕭云：詩謂洪水滔天，下民昏墊，天之作孽，不可違也。當地平天成、上下相安之時，乃無故馮河而死，是則所謂自作孽者，其亦可哀而不足惜也矣。故詩曰：「旁人不惜妻止之」，是亦諷止當時不靖之人自投憲網者，借此以爲喻云耳。

胡云：「波滔天，堯咨嗟。大禹理百川，兒啼不窺家。其害乃去，茫然風沙。」太白之極力於漢者也。然詞氣太逸，自是太白語。（詩藪）

今人詹鍈云：詩比興箋：是詩自昔不言所指。蓋悲永王璘起兵不成誅死，而新唐書言永王璘辟白爲府僚佐，及璘起兵，白逃還彭澤。蓋永王初起事時，太白實望其勤王，不圖其猖獗江、淮，是以見幾逃遁。及璘兵敗身戮，太白被誣，坐流夜郎，至後遇赦得還，乃追悲之。「黄河咆哮」云云，喻叛賊之匈潰。「波滔天，堯咨嗟」云云，喻明皇之憂危。「大禹理百川，兒啼不窺家」云云，謂肅宗出兵朔方，諸將戮力，轉戰連年，乃克收復也。艱難若此，豈狂癡無知之永王所能立功乎？乃既無戡亂討賊之才，復無量力守分之智，馮河暴虎，自取覆滅，與渡河之叟何異乎？豫章篇云：「本爲休明人，斬虜素不閑。豈惜戰鬬死，爲君掃凶頑。精感不没羽，豈云憚險艱。樓船若鯨飛，波蕩落星灣。」即此詩所指。按陳沆所言，頗得本詩微意。

按：陳氏能知此詩必有所指，是其卓識，但李白於永王但有擁護而無刺譏，陳氏於舊史猶泥而不化，非李集中悲悼永王各詩之意也。又郭沫若李白與杜甫謂此詩中「披髪之叟」乃李白自喻，「堯」指玄宗，「大禹」指肅宗長子廣平王李俶，「妻」指宗氏，疑作于流夜郎途中。

蜀道難

噫吁嚱！危乎高哉！蜀道之難，難於上青天。蠶叢及魚鳧，開國何茫然！爾來四萬八千歲，不與秦塞通人烟。西當太白有鳥道，可以横絶峨眉顛。地崩山摧壯士死，然後天梯石棧相鈎連。上有六龍迴日之高標，下有衝波逆折之回川。黄鶴之飛尚不得過，猿猱欲度愁攀援。青泥何盤盤！百步九折縈巖巒。捫參歷井仰脅息，以手撫膺坐長嘆。問君西遊何時還，畏途巉巖不可攀。但見悲鳥號古木，雄飛雌從繞林間。又聞子規啼，夜月愁空山。蜀道之難，難於上青天，使人聽此凋朱顔。連峯去天不盈尺，枯松倒挂倚絶壁。飛湍瀑流争喧豗，砯崖轉石萬壑雷。其險也若此，嗟爾遠道之人胡爲乎來哉！劍閣峥嶸而崔嵬。一夫當關，萬夫莫開。所守或匪親，化爲狼與豺。朝避猛虎，夕避長蛇。磨牙吮血，殺人如麻。錦城雖云樂，不如早還家。蜀道之難，難於上青天，側身西望長咨嗟。

【校】

〔題〕兩宋本、繆本題下俱注云：諷章仇兼瓊也。

〔噫吁嚱〕吁嚱，咸本注云：一作嚱吁。

〔不與〕不，咸本注云：一作乃不。兩宋本、繆本、王本俱注云：一作乃。敦煌殘卷、又玄、樂府俱作乃不。

〔可以〕可，王本注云：一作何。

〔相鉤連〕相，兩宋本、繆本俱作方，注云：一作相。敦煌殘卷、樂府俱作方。王本注云：一作方。

〔六龍〕以下七字兩宋本、繆本、王本俱注云：一作横河斷海之浮雲。敦煌殘卷、又玄、英靈、文粹俱與兩宋本、繆本注同。英華注云：一作上有横河斷海之浮雲。

〔不得過〕兩宋本、繆本、樂府俱無過字，兩宋本、繆本得下俱注云：一作過。文粹作不能過。又玄此句作黄鶴之飛兮上不得。咸本注云：一本無過字。王本注云：繆本少過字。

〔攀援〕又玄、樂府作牽率。兩宋本、繆本作攀緣，緣下注云：一作牽。王本注云：繆本作緣，一作牽。

〔撫膺〕膺，英華作心，注云：一作膺。

〔問君〕黄校作征人。咸本注云：一作征人。

〔何時〕時，咸本、文粹、又玄、黄校俱作當。

〔悲鳥〕鳥，英華作烏。

〔古木〕古，樂府、黄校俱作枯。咸本注云：一作枯。
〔雌從〕英華、樂府俱作呼雌，注云：一作雌從。胡本、又玄俱作從雌。咸本注云：一作呼雌。王本注云：蕭本作從雌。
〔林間〕林，敦煌殘卷作花。
〔子規啼〕敦煌殘卷此下無夜字。
〔夜月〕英華作月落，注云：一作夜月。
〔去天〕此下五字，兩宋本、繆本、王本、英華、樂府俱注云：一作入煙幾千尺。又玄煙作雲。
〔飛湍〕飛，又玄作崩。
〔砯崖〕砯，兩宋本作冰。傅校英華作峻，注云：一作砯。
〔若此〕若，蕭本作如。王本注云：蕭本作如。又玄、樂府若上無也字。
〔萬夫〕夫，兩宋本、繆本、胡本俱作人，注云：一作夫。英靈亦作人。王本注云：一作人。
〔匪親〕親，兩宋本、繆本、王本俱注云：一作人。文粹、英靈俱作人。
〔錦城〕敦煌殘卷無以下十字。
〔雖云〕云，黄校作言。
〔長咨嗟〕兩宋本、繆本、王本俱注云：一作令人嗟。英華注同。

【注】

〔蜀道難〕王云：按樂府詩集：王僧虔技録，相和歌瑟調三十八曲内有蜀道難行。樂府古題要解：蜀道難備言銅梁玉壘之險。

〔噫吁嚱〕王云：宋景文公筆記：蜀人見物驚異，輒曰噫嘻嚱，李白作蜀道難因用之。

〔蠶叢〕文選蜀都賦劉逵注：揚雄蜀王本紀曰：蜀王之先，名蠶叢、柏濩、魚鳧、蒲澤、開明……從開明上到蠶叢，積三萬四千歲。

〔太白〕元和郡縣志卷二：太白山在（鳳翔府郿）縣東南五十里。

〔峨眉〕太平寰宇記卷七四：（嘉州峨眉縣有）峨眉山。按益州記云：峨眉山在南安縣界，兩山相對，狀似峨眉。張華博物志以爲牙門山。參見卷八當塗趙炎少府粉圖山水歌及卷二十一登峨眉山注。

〔壯士〕華陽國志蜀志：秦惠王知蜀王好色，許嫁五女於蜀，蜀遣五丁迎之，還到梓潼，見一大蛇入穴中，一人攬其尾，掣之不禁，至五人相助，大呼拽蛇，山崩時壓殺五人及秦五女并將從，而山分爲五嶺。

〔六龍〕易乾卦：時乘六龍以御天。孔疏云，陽氣升降，謂之六龍。按：此句意謂雖天上駕日之龍車亦爲高標所阻。文選蜀都賦：陽烏回翼乎高標。句亦采其意。初學記天部三引淮南子曰：爰止羲和，爰息六螭，是謂懸車。注曰：日乘車駕以六龍，羲和御之，日至此而薄於虞淵，羲和至此而迴，六螭即六龍也。

〔黄鶴〕高步瀛唐宋詩舉要云：黄鶴即黄鵠，古書鶴、鵠字通用。莊子天運、庚桑楚釋文皆曰鵠本作鶴。朱駿聲說文通訓定聲孚部：鵠形似鶴，色蒼黃，亦有白者，其翔極高，一名天鵝。

〔青泥〕元和郡縣志卷二二：青泥嶺在（興州長舉）縣西北五十三里，接溪山東，即今通路也。懸崖萬仞，上多雲雨，行者屢逢泥淖，故號爲青泥嶺。

〔參〕音森。

〔歷井〕王云：謂仰視天星去人不遠，若可以手捫及之，極言其嶺之高也。參、井二宿本相近，參三星居西方七宿之末，占度十，爲蜀之分野，井八星居南方七宿之首，占度三十三，爲秦之分野。青泥嶺乃自秦入蜀之路，故舉二方分野之星相聯者言之。

〔脅息〕文選高唐賦：脅息增欷。李善注：脅息，縮氣也。

〔雌從〕王云：雉子斑古辭：雉子高飛止，黃鵠高飛已千里。雄來飛從雌視。

〔子規〕王云：子規即杜鵑也。蜀中最多，南方亦有之。狀如雀鷂而色慘黑，赤口有小冠，春暮即鳴，夜啼達旦，至夏尤甚，晝夜不止，鳴必向北。若云不如歸去，聲甚哀切。

〔空山〕按：本句可於夜月點斷，但似與「但見悲鳥號古木」七言二句爲對文，作五言二句亦佳。

〔喧豗〕王云：韻會：豗，喧聲。△豗音灰。

〔砯崖〕文選郭璞江賦：砯巖鼓作。李善注：砯，水擊巖之聲也。△砯音烹。

〔遠道〕蕭云：遠道之人以喻疎遠之臣若白者，雖欲從君於難，胡爲而能來也。高步瀛唐宋詩舉要云：蕭解胡爲乎來，似與詩之語意未浹，故詩醇謂遠道之人蓋指從者而言，語意雖合，亦失之泥。其弊止在以上之君字實指明皇，故下句爾字不能不曲爲解説矣。

〔劍閣〕見卷一劍閣賦注。

〔吮〕音徂兖切。

〔錦城〕元和郡縣志卷三一：錦城在（成都）縣南十里，故錦官城也。

【評箋】

沈德潛云：筆陣縱横，如虬飛蠖動，起雷霆乎指顧。任華、盧仝輩仿之，適得其怪耳。太白所以爲仙才也。

又云：太白七古想落天外，局自變生。大江無風，波浪自湧。白雲從空，隨風變滅。此殆天授，非人可及。集中如笑矣乎，悲來乎，懷素草書歌等作皆五代凡庸子所擬，後人無識，將此種入選，謷訾者爲粗淺人作俑矣。讀李詩者，于雄快之中，得其深遠宕逸之神，纔是謫仙面目。（唐詩别裁）

今人詹鍈云：唐殷璠河岳英靈集論李白詩云：至如蜀道難等篇，可謂奇之又奇，然自騷人以還，鮮有此體調也。璠與太白同時，不言詩意所本。中唐而後，諸説紛紜，幾如聚訟，兹列舉之：唐李綽尚書故實：陸暢嘗爲韋南康作蜀道易，首句曰：「蜀道易，易於履平地。」南康大喜，贈羅八百匹。……蜀道難，李白罪嚴武也。暢感韋之遇，遂反其詞焉。唐范攄雲溪友議：嚴武……擁旄西蜀，累於飲筵對客騁其筆札，杜甫拾遺乘醉而言曰：「不謂嚴挺之乃有此兒也。」武恚目久之曰：「杜審言孫子欲捋虎鬚耶！」合座皆笑以彌縫之。武曰：「與公等飲饌，所以謀歡，何至於祖耶？」房太尉琯微亦有所忤，憂怖成疾。武母恐害損忠良，遂以小舟送甫下峽，母則可謂賢也。然二公幾不免於虎口矣。李白作蜀道難，乃爲房、杜危之也。其略曰：「劍閣峥嶸……側身西望長咨嗟。」杜初自作閬中行，「豺狼當路，無地遊從。」（按杜少陵集無閬中行，其發閬中詩云：「前有毒蛇後猛虎，溪行盡日無村塢。」雲溪友議所引疑有訛誤。）或謂章仇大夫兼瓊爲陳子昂拾遺雪獄，高侍御適與王江寧昌齡申冤，當時同爲義士也。李翰林作此歌，朝右聞之，疑嚴武有劉焉之志。新唐書嚴武傳：武爲劍南節度使，房琯以故相爲部内刺史，武慢倨不爲禮。最厚杜甫，然欲殺甫數矣。李白爲蜀道難者，乃爲房、杜危之也。又韋皋傳：天寶時，李白爲蜀道難以斥嚴武，陸暢更爲蜀道易以美皋。宋錢易南部新書：蜀道難或曰作於天寶初，或曰作於天寶末，二説皆出於後世。以意逆之曰：此爲房、杜危之也。陸暢去白未遠，作蜀道易以美韋皋，傳之當時。而蜀道難之詞曰：「錦城雖云樂，不如早還家。」其意必有所屬，房、杜之説蓋近之矣。按嚴武之鎮成都乃肅宗上元二年事，此詩若爲刺嚴武而作，當在上元二年以後。唐孟棨本事詩高逸第三：李太白初自蜀至京師，舍於逆旅，賀監知章聞其名，首訪之，既奇其姿，復請所爲文，出蜀道難以示之，讀未竟，稱歎者數四，號爲謫仙。解金龜换酒，與傾盡醉，期不間日，由是稱譽光赫。五代王定保唐摭言卷七：李太白始自西蜀至京，名未甚振，因以所業贄謁賀知章，知章覽蜀道難一篇，揚眉謂之曰：「公非人世之人，可不是太白星精耶？」繆氏影印北宋本李太白集於蜀道難題下注曰：諷章仇兼瓊也。沈括夢溪筆談卷四：前史稱嚴武爲劍南節度使，放肆不法，李白爲之作蜀道難。按孟棨所記，白初至京師，賀知章聞其名首詣之。白出蜀道難，讀未畢，稱嘆數四。時乃天寶初也。此時白已作蜀道難，嚴武爲劍南乃在至德以後肅宗時，年代甚遠。蓋小説所記各得於一時見聞，本末不相知，率多舛誤。皆此文之類。李白集中稱刺章仇兼瓊，與唐書所載不同，此唐書誤也。蕭士贇曰：有客曰：洪駒父（名芻，紹聖進士）詩話云：新唐書嚴武傳云云，按白本傳，天寶初因吴筠被召，亦至長安，時往見賀知章，則與嚴武帥蜀歲月懸遠。嘗見李集一本於蜀道難題下注諷章仇兼瓊也，考其年月近之矣。謂危房、杜者非也。新唐書第勿深考耳（又見苕溪漁隱叢話前集卷五）。沈存中筆談曰云云（已見前引）。子以何説爲是乎？予曰：以臆斷之，其説皆非也。史不足徵，小説傳記反足信乎？所謂嘗見李集一本於蜀道難下注諷章仇兼瓊者，黄魯直嘗於宜州用三錢買雞毛筆，爲周維深作草書蜀道難，亦於題下注云：諷章仇兼瓊也。然天寶初天下乂安，四郊無警，劍閣乃長安入蜀之道，太白乃拳拳然欲嚴劍閣之守，不知將何所拒乎？以此知其不爲章仇兼瓊也。嘗以全篇詩意與唐史參考之，蓋太白初聞禄山亂華，天子幸蜀時作也。若曰爲房琯、杜甫、章仇兼瓊而作，何至始引蠶叢開國，終言劍閣之險，復及所守匪親，化爲豺狼等語哉？引喻非倫，是以知其不爲章與房、杜也。唐史，哥舒翰兵敗，潼關不守，楊國忠首倡幸蜀之策，當時臣庶皆非之。馬嵬父老諫曰：「宮闕，陛下家居；陵寢，陛下墳墓，今捨此欲何之？」又告太子曰：

「若殿下與至尊皆入蜀，中原百姓誰爲主？」建寧王倓亦曰：「今殿下從至尊皆入蜀，若賊兵燒絶棧道，則中原之地拱手授賊。」既上至扶風，士卒潛懷去就，往往流言不遜。比至成都，從官及六軍至者千三百人而已。太白深知幸蜀之非計，欲言則不在其位，不言則愛君憂國之情不能自已，故作詩以達意也。胡震亨曰：此詩説者不一，有謂爲嚴武鎮蜀放恣，危房琯、杜甫而作者，出范攄雲溪友議，新史所採也。有謂爲章仇兼瓊作者，沈存中、洪駒父駁前説而爲之説者也。有謂諷玄宗幸蜀之非者，蕭士贇注語也。兼瓊在蜀，無據險跋扈之跡可當斯語。而嚴武出鎮在至德後，玄宗幸蜀在天寶末，與此詩見賞賀監在天寶初者，年歲皆不合，則此數説似並屬揣摩。愚謂蜀道難自是古相和歌曲，梁、陳間擬者不乏，詎必盡有爲而作？白蜀人，自爲蜀詠耳。言其險，更著其戒。如云，所守或匪親，化爲狼與豺，風人之義遠矣。必求一人一時之事以實之，不幾失之鑿乎？日知録卷二十六新唐書條：嚴武傳：李白作蜀道難者，乃爲房、杜危之也。此宋人穿鑿之論，其説又見韋皋傳。蓋因陸暢之蜀道易而造爲之耳。李白蜀道難之作，當在開元、天寶間，時人共言錦城之樂，而不知畏途之險，異地之虞。即事成篇，别無寓意。及玄宗西幸，升爲南京，則又爲詩曰：誰道君王行路難？六龍西幸萬人歡，地轉錦江成渭水，天迴玉壘作長安。一人之作，前後不同如此，亦時爲之矣。沈德潛曰：諸解紛紛，蕭士贇謂爲禄山亂華天子幸蜀而作爲得其解。臣子忠愛之詞，不比尋常穿鑿（唐詩别裁）。而於錦城雖云樂二句下且云：恐蜀地有發難之人，則乘輿危矣，故望其早還帝都也。通篇結穴。陳沆詩比興箋：按蕭氏説迥出諸家之上，彼唐摭言謂賀知章曾見此詩者，亦猶陳子昂感遇詩刺武后時事，見於杜陵忠義之褒，而舊唐書顧謂其少作見許於王適，皆道聽塗説，未嘗真讀其詩者也。唐宋詩醇：解此詩者，幾如聚訟。惟蕭士贇謂爲禄山亂華天子幸蜀而作者得之。蓋其詩筆勢奇崛，詞旨隱躍，往往求之不得，遂妄爲之説。……蠶叢及魚鳧，至以手撫膺坐長嘆，極言山川道路之險，以還題意。而其非尋常遊幸之地已見言外。「問君西遊何時還」，正指幸蜀事。當日倉皇西幸，扈從蕭條，棧道崎嶇，霖鈴悲感，鳥號鵑啼，寫出淒涼之狀，故曰：「使人聽此凋朱顔」，此爲明皇悲也。以下重寫難字，而以其險也若此三句束之。遠道之人蓋指從者而言，故承以劍閣峥嶸六句。楚蔿賈云，我能往寇亦能往。蜀之險必不可恃，故爲危之之詞，以致其忠愛之意。若如諸説所云，爲守蜀者發，於義爲不倫矣。猛虎六句直言避亂，而祝其早還，通篇結穴在此……。今人徐嘉瑞頽廢之文人李白一文，發表於小説月報十七號號外，文中於蜀道難亦有説明。其意與蕭士贇略同，而又藉遠别離一詩以證蜀道難之定爲玄宗幸蜀而作。並謂詩義與馬嵬父老諫阻玄宗入蜀之議論相同，故云：嗟爾遠道之人胡爲乎來哉。楊國忠早有入川之計，因自領劍南節度使，以私黨崔圓爲副。國忠既死，崔圓有無異志尚不可知。又國忠被殺後，將士皆云國忠謀反，其將士皆在蜀，不可往。故詩云：「所守或匪親，化爲狼與豺。」朝避猛虎指安、史，夕避長蛇指崔圓與蜀中將士。綜以上諸家之説，可得四種。一、罪嚴武，二、諷章仇兼瓊，三、諷玄宗幸蜀，四、即事成篇，别無寓意。其間二四兩説與本事詩所載不相衝突，而一三兩説則否。按：此詩已見於殷璠所編之河岳英靈集。集序云：昭明太子撰文選後，相效著述者十有餘家，咸自盡善。……且大同至於天寶，把筆者近千人，……開元十五年後，聲律風骨始備矣。實由主上惡華好樸，去僞從真，使海内詞場翕然尊古。……粤若王維、昌齡、儲光羲等二十四人皆河岳英靈也。此集便以河岳英靈爲號，詩二百三十四首，分爲上下卷，起甲寅終癸巳（文苑英華作乙酉）。由上文觀之，主上當指玄宗，而玄宗朝之癸巳年爲天寶十二載，乙酉年爲天寶四載，是蜀道難一詩至晚亦當作於天寶十二載以前，而一三兩説之不可信，勿庸置辨矣。今進而論第二説。按章仇兼瓊事跡，除略見於其太府君碑文外，唯有兩唐書吐蕃傳及楊國忠傳。碑文自是諛辭，不足論。舊唐書吐蕃傳云：開元二十七年，詔以華州刺史張宥爲益州長史、劍南防禦使，主客員外郎章仇兼瓊爲益州司馬、防禦副使。宥既文吏，素無攻戰之策，兼瓊遂專其戎事。俄而兼瓊入奏，盛陳攻取安戎之策，上甚悦。……拔兼瓊令知益州長史事，代張宥節度。二十八年，引官軍入（安戎）城，盡殺吐蕃將士，使監察御史許還率兵鎮守。上聞之甚悦。其年十月，吐蕃又引衆寇安戎城及維州，章仇兼瓊遣裨將率衆禦之。時屬凝寒，賊久之自引退。新唐書楊國忠傳云：劍南節度使章仇兼瓊與宰相李林甫不平，聞楊氏新有寵，思有以結納之爲奥助，使（鮮于）仲通之長安，仲通辭，以國忠見。……兼瓊喜，表爲推官，使部春貢長安。……國忠至京師，見羣女弟致贈遺。……諸楊日爲兼瓊譽，……兼瓊入爲户部尚書兼御史大夫，用其力也。兼瓊爲人略可概見，然殊無跋扈之跡可尋。太白答杜秀才五松山見贈詩云：「聞君往年遊錦城，章仇尚書倒屣迎。飛牋絡繹奏明主，天書降問迴恩榮。」是太白亦斷不致以兼瓊比諸豺狼也。諷章仇兼瓊之説疑自雲溪友議誤傳。雲溪友議云：或謂章仇兼瓊爲陳子昂拾遺雪獄，後人不察其義，略去下半句，漸訛成章仇兼瓊耳。又按：太白劍閣賦注云：送友人王炎入蜀，賦中寫劍閣之險與此頗多相似之處。如：

「咸陽之南直望五千里，見雲峯之崔嵬。前有劍閣横斷，倚青天而中開。」——「西當太白有鳥道，可以横絶峨眉顛。」又：「劍閣崢嶸而崔嵬。」又：「連峯去天不盈尺。」

「上則松風蕭颯瑟颼。」——「枯松倒挂依絶壁。」

「有巴猿兮相哀。」——「猿猱欲度愁攀援。」又：「但見悲鳥號古木，雄飛雌從繞林間。」

「旁則飛湍走壑，灑石噴閣，洶湧而驚雷。」——「飛湍瀑流争喧豗，砯崖轉石萬壑雷。」

「送佳人兮此去，復何時兮歸來？」——「問君西遊何時還？」

「望夫君兮安極，我沉吟兮歎息。」——「側身西望長咨嗟。」

白又有送友人入蜀詩云：「見説蠶叢路，崎嶇不易行。山從人面起，雲傍馬頭生。芳樹籠秦棧，春流遶蜀城。升沉應已定，不必問君平。」其中「見説蠶叢路」一聯與蜀道難詩「蠶叢及魚鳧，開國何茫然」同一出典。「山從人面起」一聯，即極寫蜀道之難也。秦棧爲自秦入蜀之棧道，今詩中稱「芳樹籠秦棧」，送别之地當在秦中可知。末聯則忠告友人之詞，謂功名不可强求也。意者，劍閣賦、送友人入蜀及此詩三者俱是先後之作。蜀道難，唐殘卷作古蜀道難，則其本爲規模古調，當可想見。陰鏗蜀道難云：「蜀道難如此，功名詎可要？」王炎入蜀或爲求取功名，故太白自溧水哭王炎詩云：「逸氣竟莫展，英圖俄夭殤。」今詩中稱：「其險也若此，嗟爾遠道之人胡爲乎來哉？」亦此意也。又詩雖題蜀道難，而全詩所敘僅及劍閣，外乎此者止「錦城雖云樂，不如早還家」二句而已。而此二句復不見於唐殘卷，是否後人所加，尚不可知。是詩與劍閣賦内容絶無二致明矣。至「一夫當關」以下四句亦別無寄託。「一夫當關，萬夫莫開」，言劍閣一帶棧路之狹，設欲入蜀，別無他道可由。「所守或匪親」，親字一作人，河岳英靈集、文苑英華及雲溪友議所引正作人。按人字是也。「所守或匪人，化爲狼與豺」者，言守此萬夫莫開之關者，或非其人，而化爲豺狼。此輩之凶殘直如猛虎長蛇，磨牙吮血，殺人如麻，故不得不朝夕避之。又解謂守此萬夫莫開之關者，或非人類而爲豺狼。途經此處，設有人（蔡夢弼曰：喻盜賊也。）守之，尚屬幸運，若遇豺狼守之則危矣。故途中不得不「朝避猛虎，夕避長蛇」，因其磨牙吮血殺人如麻也。說亦可通。杜甫發閬中詩云：「前有毒蛇後猛虎，溪行盡日無村塢。」蓋當時蜀地荒涼，本自如此。蜀地位秦之西南，太白萬憤詞投魏郎中詩稱玄宗幸蜀曰：「遷白日於秦西」，則自秦去蜀自可稱曰西遊，自秦望蜀中亦可稱曰西望也。劍閣賦開首即稱咸陽，而此詩亦有「不與秦塞通人烟，西當太白有鳥道」之句，似白之送王炎當在長安或咸陽，其時白方至長安未久，旋遇賀知章，因出近作示之，賀遂歎爲謫仙人耳。貫休觀李翰林真詩云：「雖稱李太白，知是那星精？」則其太白星精之譬亦必有所本也。

按：詹氏備列前人各異説，頗具條貫，故備録之。其匯通劍閣賦及送友人入蜀詩，證蜀道難之爲寫實，固前人所未發，惟張綸言林泉隨筆（今獻彙言本）論此詩云：蓋白之天才絶倫，是樂府諸題各效一篇以寓其傷今懷古之情，蜀道難亦其中之一耳。初非有諷有爲如説者之云也。見解略同。

又按：詹氏駁章仇兼瓊之説亦尚無堅證。答杜秀才五松山見贈詩云：「聞君往年遊錦城，章仇尚書倒屣迎」，下文有「骯髒不能就珪組，至今空揚高蹈名」之句，知兼瓊亦非好賢之人，更觀其妄啓邊釁，夤緣權要諸端，亦未可謂太白斷不致比諸豺狼也。

又按：當時蜀中道路雖艱，而成都實爲一大都會，集中長干行：「早晚下三巴，預將書報家。」杜甫詩：「商胡離別下揚州，憶上西陵舊驛樓。」楊巨源詩：「細雨濛濛溼芰荷，巴東商旅挂帆多。」可知長江上下游商貨運輸之繁盛。「錦城雖云樂」，亦是寫實也。

梁甫吟

長嘯梁甫吟，何時見陽春？君不見，朝歌屠叟辭棘津，八十西來釣渭濱！寧羞白髮照清水，逢時壯氣思經綸。廣張三千六百鈎，風期暗與文王親。大賢虎變愚不測，當年頗似尋常人。君不見，高陽酒徒起草中，長揖山東隆準公！入門不拜騁雄辯，兩女輟洗來趨風。東下齊城七十二，指揮楚漢如旋蓬。狂客落魄尚如此，何況壯士當羣雄！我欲攀龍見明主，雷公砰訇震天鼓。帝旁投壺多玉女。三時大笑開電光，倏爍晦冥起風雨。閶闔九門不可通，以額叩關閽者怒。白日不照吾精誠，杞國無事憂天傾。猰貐磨牙競人肉，騶虞不折生草莖。手接飛猱搏彫虎，側足焦原未言苦。智者可卷愚者豪，世人見我輕鴻毛。力排南山三壯士，齊相殺之費二桃。吴楚弄兵無劇孟，亞夫咍爾爲徒勞。梁甫吟，聲正悲。張公兩龍劍，神物合有時。風雲感會起屠釣，大人峴屼當安之。

【校】

〔清水〕清，兩宋本、繆本、樂府俱作淥。胡本作緑。咸本、英華俱注云：一作淥。王本注云：繆本作淥。

〔壯氣〕壯，咸本、胡本、文粹、英華、樂府、黄校俱作吐。兩宋本、繆本、王本俱注云：一作吐。

〔六百鈞〕鈞，繆本、王本俱注云：一作釣。兩宋本作鈞，注云：一作釣。樂府、文粹俱作釣。咸本作釣。按：作釣者近是。

〔風期〕咸本、樂府、文粹俱作風雅。

〔君不見高陽〕君，英華作又，注云：一作君。

〔入門不拜〕兩宋本、繆本俱作入門開説，注云：一作一開遊説。胡本作一開遊説，注云：一作入門不拜。英華同。兩宋本、繆本，開説下注云：一作不拜。文粹作入門不拜騁雄辯。王本注云：一作入門開説，一作入開遊説。

〔揮〕兩宋本、繆本俱作麾。王本注云：繆本作麾。

〔狂客〕客，英華作生。繆本、胡本、王本俱注云：一作生。

〔落魄〕魄，兩宋本、繆本、樂府俱作拓。王本注云：繆本作拓。

〔開電光〕開，胡本、英華俱作生，注云：一作開。

〔費二桃〕費，英華作用，注云：一作費。

〔吴楚弄兵〕文粹作吴越，無弄兵二字。咸本注云：一本無此四字。

〔無劇孟〕無，英華作非，注云：一作無。

〔大人〕大，英華作天，注云：一作大。

【注】

〔梁甫吟〕王云：按樂府詩集：古今樂録曰：王僧虔技録相和歌楚調曲有梁父吟行，今不歌。謝希逸琴論曰：諸葛亮作梁父吟。陳武别傳曰：武常騎驢牧羊，諸家牧豎數十人，或有知歌謡者，武遂學太山梁甫吟、幽州馬客吟及行路難之屬。蜀志曰：諸葛亮好爲梁甫吟，然則不起於亮矣。李勉琴説曰：梁父吟，曾子撰。琴操曰：曾子耕泰山之下，天雨雪凍，旬日不得歸，思其父母，作梁山歌。蔡邕琴頌曰：梁甫悲吟，周公越裳。西溪叢語：樂府解題有梁父吟，不知名爲梁父吟何義。張衡四愁詩云：「欲往從之梁父艱。」注云：泰山，東岳也。君有德則封此山，願輔佐君王致於有德，而爲小人讒邪之所阻。梁父，泰山下小山名。諸葛亮好爲梁父吟，恐取此義。

〔陽春〕楚辭九辯：恐溘死而不得見乎陽春。

〔棘津〕韓詩外傳卷八：太公望少爲人壻，老而見去，屠牛朝歌，賃於棘津，釣於磻溪。水經注河水：徐廣曰：棘津在廣川。司馬彪曰：縣北有棘津城。吕尚賣食之困，疑在此也。劉澄之曰：譙郡鄼縣東北有棘津亭故邑也，吕尚所困處也。

〔渭濱〕史記范睢列傳：吕尚之遇文王也，身爲漁父而釣於渭濱耳。

〔六百鈞〕蕭云：三千六百鈞，以指太公八十釣於渭十年間事也。十年三千六百日，每日而釣，故曰三千六百釣。唐宋詩醇云：三千六百釣，迄無定論。按説苑云：吕望年七十釣於渭渚。孔叢子云：太公勤身苦志，八十而遇文王。以百年三萬六千場計之，七十至八十約三千六百釣也。或又以八十始釣，九十始遇爲十年，殆未知楚辭所云太公九十始顯榮，蓋指封國時言也。黄本驥癡學云：太白梁甫吟：「廣張三千六百鈞，風期暗與文王親。」言渭水之釣志在天下，非一丘一壑之比，即鞠歌行「虎變磻溪中，一舉釣六合」之意。三千六百，偶舉其數，無所取義也。歷來詮釋皆近於鑿。

〔風期〕王云：風期，猶風度也。世説注：支遁風期高亮。

〔虎變〕易革卦：大人虎變。

〔酒徒〕史記酈生列傳：酈生食其者，陳留高陽人也。家貧落魄，無以爲衣食業，縣中皆謂之狂生。沛公至高陽傳舍，使人召酈生，酈生入謁，沛公方踞牀，使兩女子洗足。酈生入，則長揖不拜，曰：「必聚徒合義兵誅無道秦，不宜倨見長者。」於是沛公輟洗攝衣，延酈生上坐，謝之。初沛公引兵過陳留，酈生踵軍門上謁，使者出謝曰：「沛公未嘗見儒人也。」酈生瞋目按劍叱使者曰：「走復入言沛公，吾高陽酒徒也，非儒人也。」

〔隆準公〕漢書高帝紀：高祖……爲人隆準而龍顔。注：應劭曰：隆，高也。李斐曰：準，鼻也。△準音拙。

〔趨風〕左傳成十六年：郤至免胄而趨風。注：疾如風也。

〔七十二〕史記酈生列傳：漢三年，漢王數困滎陽、成皋，酈生因曰：「臣願得奉明詔説齊王，使爲漢而守東藩。」上曰：「善。」使酈生説齊王曰：「王疾先下漢王，齊國社稷可得而保也，不下漢王，危亡可立而待也。」田廣以爲然，迺聽酈生，罷歷下兵守戰備，淮陰侯聞酈生伏軾下齊七十餘城，迺夜度兵平原襲齊。　漢書卷三五吴王濞傳：昔高帝……孽子悼惠王王齊七十二城。

〔明主〕後漢書光武帝紀：其計固望攀龍鱗、附鳳翼，以成其所志耳。

〔雷公〕論衡雷虚篇：圖畫之工，圖雷之狀，纍纍如連鼓之形，又圖一人若力士之容，謂之雷公，使之左手引連鼓，右手推椎，若擊之狀。

〔砰訇〕王云：廣韻：砰訇，大聲也。△訇音轟。

〔天鼓〕太平御覽卷一三河圖帝通紀曰：雷，天地之鼓。

〔電光〕神異經東荒經：東王公……恒與一玉女投壺，每投千二百矯。設有入不出者，天爲之噫噓，矯出而脱誤不接者，天爲之笑。注：言笑者，天口流火炤灼，今天下不雨而有電光，是天笑也。

〔晦冥〕漢書高帝紀：雷電晦冥。注：師古曰：晦冥皆謂暗也。

〔九門〕後漢書卷四六寇榮傳：閶闔九重。注：閶闔，天門也。

〔閽者〕楚辭離騷：吾令帝閽開關兮，倚閶闔而望予。王逸注：閽，主門者也。閶闔，天門也。

〔天傾〕列子天瑞篇：杞國有人憂天地崩墜，身無所寄，廢寢食者。

〔猰貐〕爾雅釋獸：貏貐，類貙，虎爪，食人，迅走。釋文：貏，字亦作猰；……貐，字或作窳。△猰音札，貐音與。

〔騶虞〕見卷一大獵賦注。

〔焦原〕清一統志：山東沂州府：焦原山在莒州南四十里。

〔言苦〕文選思玄賦注引尸子：中黄伯曰：余左執太行之獿而右搏彫虎。又：莒國有石焦原者，廣五十步，臨百仞之谿，莒國莫敢近也。有以勇見莒子者，獨却行齊踵焉，所以稱於世。按楊慎丹鉛總録卷一六云：蓋用尸子載中黄伯及莒國勇夫事而楊子見、蕭粹可皆不能注。按：楊氏引此文，但仍未著出處。

〔可卷〕論語衛靈公篇：君子哉蘧伯玉，邦無道則可卷而懷之。

〔鴻毛〕漢書卷六二司馬遷傳：死有重於泰山，或輕於鴻毛。

〔二桃〕諸葛亮梁甫吟：「步出齊城門，遥望蕩陰里。里中有三墳，纍纍正相似。問是誰家墳，田疆古冶子。力能排南山，文能絶地紀。一朝被讒言，二桃殺三士。誰能爲此謀？相國齊晏子。」晏子春秋内篇諫下：公孫接、田開疆、古冶子事齊景公，以勇力搏虎聞。晏子過而趨，三子者不起。晏子入見公曰：「臣聞明君之蓄勇力之士也，上有君臣之義，下有長率之倫，内可以禁暴，外可以威敵。上利其功，下服其勇，故尊其位，重其禄。今君之蓄勇力之士也，上無君臣之義，下無長率之倫，内不以禁暴，外不可威敵，此危國之器也，不若去之。」公曰：「三子者，搏之恐不得，刺之恐不中也。」晏子……因請公使人少餽之二桃，曰：「三子何不計功而食桃？」公孫接仰天而歎曰：「……接一搏豣而再搏乳虎。若接之功可以食桃而無與人同矣。」援桃而起。田開疆曰：「吾仗兵而却三軍者再。若開疆之功亦可以食桃而無與人同矣。」援桃而起。古冶子曰：「吾嘗從君濟於河，黿銜左驂，以入砥柱之流。當是時也，冶少不能游，潛行逆流百步，順流九里，得黿而殺之，左操驂尾，右挈黿頭，鶴躍而出。津人皆曰河伯也，若冶視之則大黿之首。若冶之功亦可以食桃而無與人同矣。二子何不反桃？」抽劍而起，公孫接、田開疆曰：「吾勇不子若，功不子逮，取桃不讓，是貪也，然而不死，無勇也。」皆反其桃，挈領而死。古冶子曰：「二子死之，冶獨生之，不仁；恥人以言，而夸其聲，不義；恨乎所行不死，無勇。」……亦反其桃，挈領而死。使者復曰：「已死矣。」公殮之以服，葬之以士禮焉。

〔劇孟〕史記游俠列傳：吳、楚反時，條侯（周亞夫）爲太尉，乘傳車將至河南，得劇孟，喜曰：吳、楚舉大事而不求孟，吾知其無能爲已矣。天下騷動，宰相得之，若得一敵國云。

〔哈〕楚辭九章王逸注：楚人謂相嗤笑曰哈。△哈音呼來切。

〔徒勞〕高步瀛唐宋詩舉要云：接猱搏虎，盡力於國以擊刺姦邪，雖側足焦原，未足言苦。第恐讒言蔽君，致蹈三士之禍，智卷愚豪，時事顛倒，甘爲俗人所輕。然當國家有事之時，亞夫得之如得一敵國，則待時而動，未必無遇合之期也。

〔龍劍〕見卷二古風第十六首注。

〔感會〕後漢書卷五二二十八將論：咸能感會風雲，奮其智勇。

〔峴屼〕高步瀛唐宋詩舉要云：易困：九五，劓刖。釋文：荀、王肅本作臲卼，云不安貌。鄭云當爲倪仉。上六，于臲卼。釋文：臲，説文作劓。卼，説文作䶍。云䶍，不安也。（當作槷䶍，不安也。）峴屼與倪仉、臲卼、槷䶍並同。又作杌隉。書秦誓，僞孔傳曰：杌隉不安，言危也。△峴音倪結切。

【評箋】

蕭云：「長嘯梁甫吟，何時見陽春」，喻有志之士何時而遇主也。「君不見」兩段聊自慰解，謂太公之老，食其之狂，當時視爲尋常落魄之人猶遇合如此，則爲士者終有遇合之時也。「我欲攀龍見明主」，於時事有所見而欲告於君也。「雷公砰訇震天鼓，帝旁投壺多玉女。三時大笑開電光，倏爍晦冥起風雨」，喻權奸女謁用事政令無常也。「閶闔九門不可通，以額叩關閽者怒」，喻言路壅塞，下情不得以上達，而言者往往獲罪於權近也。「白日不照吾精誠，杞國無事憂天傾」，太白灼見當時貴妃、國忠、林甫、禄山竊弄權柄，禍已胎而未形，欲諫則言無證而不信，倘使君不鑒吾之誠，則正所謂杞人憂天之類耳。「猰貐磨牙競人肉，騶虞不折生草莖」，嘆當時小人在位，爲政害民，有如猰貐磨牙，競食人肉，使有道之朝，則當仁如騶虞，雖生草不履，況肯以肉爲食哉？況肯輕殺一士哉？「手接飛猱搏彫虎，側足焦原未言苦。智者可卷愚者豪，世人見我輕鴻毛。力排南山三壯士，齊相殺之費二桃。」白意謂當有道之朝，得君而佐之，爲國出力，剌奸擊邪，不憚勤勞，如接搏猱虎，雖側足焦原未足言苦，今時事若此，則當卷其智而爲愚，乃爲人豪。世不我知，謂爲真愚，而輕我如鴻毛，我亦卒不改行者，思古之壯士，勇力如此，一忤齊相，用計殺之，特費二桃，殊不勞力。白也倘不卷其智而懷之，適足使權近得以甘心焉耳。「吳楚弄兵無劇孟，亞夫咍爾爲徒勞」，又自慰解，當國者終須得人爲用，必有遇合之時也。「梁甫吟，聲正悲。張公兩龍劍，神物合有時，風雲感會起屠釣，大人岘屼當安之」，申言有志之士終當感會風雲，如神劍之會合有時，則夫大人君子遭時屯否，岘屼不安，且當安時以俟命可也。

王云：琦按：蕭氏解騶虞數句似與詩意不甚相合，當分別觀之。

王夫之云：長篇不失古意，此極難。將諸葛舊詞二桃三士攛入夾點，局陣奇絶。蘇子瞻取此法作「燕子樓空」三句，便自託獨得。（唐詩評選）

唐宋詩醇云：此詩當亦遭讒被放後作，與屈平睠睠楚國，同一精誠。「三千六百釣」，迄無定論。按説苑云：吕望年七十，釣於渭渚。孔叢子云：太公勤身苦志，八十而遇文王。以「百年三萬六千場」計之，七十至八十，約三千六百釣也。或又以八十始釣，九十始遇爲十年。殆未知楚辭所云「太公九十乃顯榮」，蓋指封國時言也。

沈德潛云：言己安於困厄以俟時。始言吕尚之耄年，酈食其之狂士，猶乘時遇合，爲壯士者正當自奮。然欲以忠言寤主，而權奸當道，言路壅塞，非不願剪除之，而人主不聽，恐爲匪人戕害也。究之，論其常理，終當以賢輔國，惟安命以俟有爲而已。後半拉雜使事，而不見其跡。以氣勝也。若無太白本領，不易追逐。（唐詩别裁）

方東樹云：此是大詩，意脈明白而段落迷離莫辨。二句冒起，「朝歌」八句爲一段，「大賢」二句總太公。「高陽」八句爲一段，「狂客」二句總酈生。「我欲」句入己，以下奇横，用騷意。「帝旁」句指羣邪也。「三時」二句言喜怒莫測。「閶闔」句歸宿，如屈子意承上一束。「以額」句奇氣橫肆，承上一束。「白日」二句轉。「猰貐」句斷，言性如此耳。「騶虞」句再束上頓住。「手接」句續，「力排」二句解上「手接」二句。「吴楚」二句解上「智者」二句。此上十九句爲一大段。「梁甫吟」以下爲一段，自慰作收。（昭昧詹言）

今人詹鍈云：張衡四愁詩：「我所思兮在太山，欲往從之梁父艱。」李善注云：泰山以喻時君，梁父以喻小人也。梁父一作梁甫。按唐文粹録此詩歸入艱危類。……唐宋詩醇曰：此詩當亦遭讒被放後作。按唐宋詩醇所説是也。冬夜醉宿龍門覺起言志詩云：「富貴未可期，殷憂向誰寫？去去淚滿襟，舉聲梁父吟。青雲當自致，何必求知音？」此詩寓意亦多與上首相合，疑是同時之作。

按：此詩有張公兩龍劍之語，與古風第十六首「雌雄終不隔，神物會當逢」語意不能無關。似指志同道合而分道揚鑣之至友而言。詹氏所引龍門言志詩有「傅説板築臣，李斯鷹犬人」之語，與此詩以太公酈生爲喻，皆是未遇時之口吻。若已被召入京，即使遭讒被放，亦與未遇者不同。「我欲攀龍見明主，以額叩關閽者怒」，疾權相之蔽賢也。韻語陽秋以玉女爲怨懟妃子，説尤迂，不足取。

烏夜啼

黄雲城邊烏欲棲，歸飛啞啞枝上啼。機中織錦秦川女，碧紗如烟隔窗語。停梭悵然憶遠人，獨宿孤房淚如雨。

【校】

〔城邊〕邊，王本注云：一作南。

〔烏欲棲〕敦煌殘卷作烏夜棲。

〔秦川女〕此句兩宋本、繆本、王本俱注云：一作閨中織婦秦家女。樂府注同。

〔悵然〕然，兩宋本、繆本俱注云：一作望。以下五字兩宋本、繆本俱注云：一作問人憶故夫。敦煌殘卷亦作問人憶故夫。

〔孤房〕以上四字，兩宋本、繆本俱注云：一作獨宿空堂，一作知在流沙。

〔淚如雨〕以上兩句，兩宋本、繆本俱注云：一作停梭向人問故夫，知在關西淚如雨。樂府注同，才調注云：一作停梭向人憶故夫，知在流沙淚如雨。王本注云：一作停梭向人問故夫，知在關西淚如雨。又悵然望遠人一作問人憶故夫。又獨宿孤房一作獨宿空堂，一作知在流沙，一作欲説遼西。

【注】

〔烏夜啼〕王云：樂府古題要解：烏夜啼，宋臨川王義慶所造也。宋元嘉中，徙彭城王義康於豫章郡，義慶時爲江州，相見而哭，文帝聞而怪之，徵還宅。義慶大懼，妓妾聞烏夜啼，叩齋閣云：明日應有赦。及旦，改南兖州刺史。因作此歌。故其詞云：「籠窗窗不開，夜夜望郎來。」亦有烏棲曲，不知與此同否。樂府詩集：古今樂録曰：西曲歌有烏夜啼。

〔啞啞〕吳均詩：「惟聞啞啞城上烏。」

〔秦川女〕晉書卷九六列女傳：竇滔妻蘇氏，始平人，名蕙，字若蘭，善屬文。苻堅時，滔爲秦州刺史，被徙流沙，蘇氏思之，織錦爲迴文旋圖詩以贈滔，宛轉循環以讀之，詞甚悽惋，凡八百四十字。　王云：庾信詩：「彈琴蜀郡卓家女，織錦秦川竇氏妻。」胡三省通鑑注：關中之地，沃野千里，秦之故國，謂之秦川。

【評箋】

沈德潛云：蘊含深遠，不須語言之煩。賀知章讀烏夜啼諸樂府，因重太白，薦於明皇。（唐詩別裁）

烏棲曲

姑蘇臺上烏棲時，吴王宫裏醉西施。吴歌楚舞歡未畢，青山欲銜半邊日。銀箭金壺漏水多，起看秋月墜江波，東方漸高奈樂何！

【校】

〔烏棲曲〕英華作烏夜啼。

〔欲銜〕欲，兩宋本、繆本、咸本、文粹、樂府俱作猶。王本注云：繆本作猶。

〔銀箭金壺〕兩宋本、繆本、王本俱注云：一作金壺丁丁。英靈、樂府俱作金壺丁丁。

〔起看〕起，黄校作趨。咸本作趨，注云：一作起。

〔墜江波〕墜，英華作墮，注云：一作墜。

〔樂何〕兩宋本、繆本俱注云：一作爾何。樂府注同。王本樂下注云：一作爾。

【注】

〔烏棲曲〕蕭云：樂録：烏棲曲者烏獸二十一曲之一也。王云：梁簡文帝、梁元帝、蕭子顯並有此題之作。樂府詩集列於西曲歌中烏夜啼之後。

〔姑蘇臺〕述異記：吴王夫差築姑蘇之臺，三年乃成。周旋詰屈，横亘五里。崇飾土木，殫耗人力。宫妓數千人，上别立春宵宫，爲長夜之飲，造千石酒鍾。夫差作天池，池中造青龍舟，舟中盛陳妓樂，日與西施爲水嬉。吴郡志卷八：姑蘇臺在姑蘇山。舊圖經云：在吴縣西三十里。

〔楚舞〕楚辭招魂：吴歈蔡謳。王逸注：歈謳皆歌也。史記留侯世家：戚夫人泣，上曰：爲我楚舞，吾爲若楚歌。

〔金壺〕文選陸倕新刻漏銘李善注引司馬彪續漢書：孔壺爲漏，浮箭爲刻，下漏數刻，以考中星、昏明星焉。江總雜曲：虬水銀箭莫相催。鮑照翫月城西門解中詩：「金壺啓夕淪。」李

注：金壺之漏，已啓夕波。

【評箋】

嚴羽云：太平廣記曰：賀知章見太白烏棲曲嘆賞曰：此詩可以泣鬼神。（嚴羽評點李集）

王夫之云：豔詩有述歡好者，有述怨情者，三百篇亦所不廢，顧皆流覽而達其定情，非沉迷不反，以身爲妖冶之媒也。嗣是作者，如「荷葉羅裙一色裁」，「昨夜風開露井桃」，皆豔極而有所止。至如太白烏棲曲諸篇，則又寓意高遠，尤爲雅奏。（薑齋詩話）

唐宋詩醇云：樂極悲生之意寫得微婉，未幾而麋鹿游於姑蘇矣。全不説破，可謂寄興深微者。胡應麟以杜之七哀雋永深厚，法律森然，謂此篇斤兩稍輕，詠歎不足。真意爲謗傷，未足與議也。末綴一單句，有不盡之妙。

今人詹鍈云：唐詩合解：此太白借吴王以諷明皇之於貴妃也。陳沆曰：詩東方明矣，刺晏朝也。反言若正，國風之流。二者皆據長恨歌「從此君王不早朝」句而爲之説。按：本詩已見於河岳英靈集，必爲天寶十二載以前所作。范傳正唐翰林李公新墓碑：在長安時，賀知章號公爲謫仙人，吟公烏棲曲云：此詩可以哭鬼神矣。本事詩高逸第三：李白初自蜀至京師，……賀知章……又見其烏棲曲，嘆賞苦吟曰：此詩可以泣鬼神矣。故杜子美贈詩及焉。……或言是烏夜啼，二篇未知孰是。是此詩與烏夜啼之作當在太白入京之前。此詩起句云：「姑蘇臺上烏棲時，吴王宮裏醉西施。」或太白遊姑蘇時懷古而作，蘇臺覽古詩可以爲證。

戰城南

去年戰桑乾源，今年戰葱河道。洗兵條支海上波，放馬天山雪中草。萬里長征戰，三軍盡衰老。匈奴以殺戮爲耕作，古來惟見白骨黄沙田。秦家築城備胡處，漢家還有烽火燃。烽火燃不息，征戰無已時。野戰格鬬死，敗馬號鳴向天悲。烏鳶啄人腸，銜飛上挂枯樹枝。士卒塗草莽，將軍空爾爲。乃知兵者是凶器，聖人不得已而用之。

【校】

〔匈奴〕英靈作胡人。

〔備胡〕備，蕭本作避。王本注云：蕭本作避。

〔胡處〕處，英華作虜，注云：一作處。

〔還有〕還，傅校英華作猶，注云：一作還。

〔征戰〕英華作長征，注云：一作征戰。兩宋本、繆本、王本俱注云：一作長征。胡本作長征。

〔敗馬〕敗，英華注云：一作駑。咸本注同。敦煌殘卷作怒。

〔號鳴〕號，英華作嘶，注云：一作號。

〔上挂枯樹枝〕此五字兩宋本、繆本、王本俱注云：一作銜飛上枯枝。

〔聖人〕人，兩宋本、繆本、王本俱注云：一作君。敦煌殘卷作君，下文不得上有應字。

〔兵者〕敦煌殘卷本無者字。

【注】

〔戰城南〕王云：按宋書，漢鼓吹鐃歌十八曲中有戰城南曲。樂府古題要解：戰城南，其辭大略言：戰城南，死郭北，野死不得葬，爲烏鳥所食。願爲忠臣，朝出攻戰而暮不得歸也。

〔桑乾源〕王云：太平寰宇記：桑乾河在朔州馬邑縣東三十里，源出北山下。一統志：桑乾河在山西大同府城南六十里，源出馬邑縣北洪濤山，下與金龍池水合流，東南入蘆溝河。

〔葱河道〕漢書卷九六西域傳：其河有兩源，一出葱嶺山，一出于闐。于闐在南山下，其河北流，與葱嶺河合，東注蒲昌海。太平寰宇記卷一五四：西河舊事云：葱嶺在敦煌西八千里，其山高大，上悉生葱，故曰葱嶺。河源潛發其嶺，分爲二水。涼州異物志云：葱嶺水分流東西，西入大海，東爲河源，張騫使大宛而窮河源，謂極於此，不達崑崙也。

〔條支〕後漢書卷九六西域傳：條支國，城在山上，周圍四十餘里，臨西海。

〔天山〕元和郡縣志卷四：天山一名白山，一名時羅漫山，在(伊)州北一百二十里。春夏有雪，出好木及金鐵，匈奴謂之天山，過之皆下馬拜。參見卷四關山月詩注。

〔耕作〕王云：王褒四子講德論：匈奴，百蠻之最強者也。其耒耜則弓矢鞍馬，播種則捍弦掌拊，收秋則奔狐馳兔，穫刈則顛倒殪仆。太白「匈奴以殺戮爲耕作」二語蓋本於此，而鍛鍊之妙更覺精采不侔。

〔秦家〕史記秦始皇本紀：乃使蒙恬北築長城而守藩籬，卻匈奴七百餘里。

〔烽火〕後漢書光武帝紀：大將軍杜茂屯北邊，築亭候、修烽燧。注：邊方告警，作高土臺，臺上作桔皋，桔皋頭上有籠，中置薪草，有寇即舉火燃之以相告，曰烽。又多積薪，寇至即燔之望其煙，曰燧。晝則燔燧，夜乃舉烽。

〔格鬭〕古戰城南詞：「梟騎格鬭死，駑馬徘徊鳴。」

〔用之〕六韜：聖人號兵爲凶器，不得已而用之。

【評箋】嚴羽云：此篇乏雄深之力，成語有入詩似詩者，生割不化，典亦成俚。雖豪情不拘，而率筆未善。（嚴羽評點李集）

蕭云：開元、天寶中，上好邊功，征伐無時，此詩蓋以諷也。

唐宋詩醇云：古詞云：「戰城南，死郭北。野死不葬烏可食。」又云：「願爲忠臣安可得？」白詩亦本其意，而語尤慘痛，意更切至。所以刺黷武而戒窮兵者深矣。

方東樹云：結二語虛議作收。陳琳、鮑照不逮其悉。（昭昧詹言）

今人詹鍈云：按舊唐書王忠嗣傳：天寶元年北伐，與奚怒皆戰於桑乾河，三敗之。新唐書高仙芝傳：天寶六載，詔仙芝以步騎一萬出討（吐蕃）……乃自安西撥換城，經疏勒登葱嶺，涉播密川，遂頓特勒滿川，行凡百日。通鑑天寶六載：高仙芝……自安西行百餘日，乃至勒特滿川，分軍爲三道，期以七月十三日會吐蕃連雲堡下。詩蓋指以上二戰事而言也。

按：舊唐書王忠嗣傳：玄宗方事石堡城，詔問以攻取之略。忠嗣奏云：石堡險固，吐蕃舉國而守之，若頓兵堅城之下，必死者數萬，然後事可圖也。臣恐所得不如所失，請休兵秣馬，觀釁而取之，計之上者。玄宗因不快。李林甫尤忌忠嗣，日求其過。六載，會董延光獻策，請下石堡城，詔忠嗣分兵應接之。忠嗣黽勉而從，延光不悦。河西兵馬使李光弼危之，遽而入告……忠嗣曰：「李將軍，忠嗣計已決矣。平生始望，豈及貴乎？今争一城，得之未制於敵，不得之未害於國。忠嗣豈以數萬人之命易一官哉？」於此可見當時正直之將帥皆不以妄興邊釁、殘民以逞爲然。此李詩末二句用意所在也。

將進酒

君不見，黄河之水天上來，奔流到海不復回！君不見，高堂明鏡悲白髮，朝如青絲暮成雪！人生得意須盡歡，莫使金樽空對月。天生我材必有用，千金散盡還復來。烹羊宰牛且爲樂，會須一飲三百杯。岑夫子，丹丘生。進酒君莫停。與君歌一曲，請君爲我傾耳聽。鐘鼓饌玉不足貴，但願長醉不用醒。古來聖賢皆寂寞，惟有飲者留其名。陳王昔時宴平樂，斗酒十千恣歡謔。主人何爲言少錢？徑須沽取對君酌。五花馬，千金裘。呼兒將出换美酒，與爾同銷萬古愁。

【校】

〔題〕敦煌殘卷作惜罇空三字。兩宋本、繆本、王本俱注云：一作惜空樽酒。

〔到海〕到，蕭本作倒。王本注云：蕭本作倒。

〔高堂〕敦煌殘卷作牀頭。

〔青絲〕絲，英華作雲，注云：一作絲。敦煌殘卷作春雲。

〔成雪〕成，兩宋本、繆本、王本俱注云：一作如。

〔有用〕用，兩宋本、繆本俱注云：一作開，又云：天生我身必有財，又作天生吾徒有俊材。英華注云：一作我身必有材。王本注云：一作天生我身必有財，又作天生吾徒有俊材，又用一作開。

〔千金〕千，兩宋本、繆本、王本俱注云：一作黄。胡本作黄。

〔進酒〕以下五字，兩宋本、繆本、王本俱注云：一作將進酒杯莫停。胡本及樂府與一作同。英華進上有將字，杯下注云：一作君。敦煌殘卷、文粹俱無此五字。咸本注云：一本無此五字。

〔與君歌〕與，敦煌殘卷作爲。

〔傾耳〕傾，蕭本作側。敦煌殘卷、文粹俱無此二字。咸本注云：一本無此二字。王本注云：蕭本作側。

〔鐘鼓〕此句英華、文粹俱作鐘鼎玉帛豈足貴。注云：一作鐘鼓饌玉不足貴。王本注云：一作鐘鼎玉帛豈足貴。饌玉，敦煌殘卷作玉帛。兩宋本、繆本俱注云：一作玉帛豈足貴。英靈作鐘鼎玉帛不足悦。按：鐘鼓饌玉不成對文，古無此文法，觀各本作鐘鼎玉帛者多，知唐人寫本不誤，若下文爲饌玉，則上文當爲鼓鐘，非鐘鼓，説見後。

〔用醒〕用，兩宋本、繆本俱注云：一作復。樂府與一作同。英華作復，注云：一作用。蕭本作願。王本注云：一作復，蕭本作願。

〔聖賢〕英華作賢聖。

〔寂寞〕兩宋本、繆本、王本俱注云：一作死盡。敦煌殘卷與一作同。

〔昔時〕時，兩宋本、繆本、王本俱注云：一作日。英靈作日。

〔徑須〕此句兩宋本、繆本、王本俱注云：一作且須沽酒共君酌。取，英華作酒，注云：一作取。徑，文粹作且。

【注】

〔將進酒〕樂府詩集卷一六鼓吹曲辭漢鐃歌引古今樂録：漢鼓吹鐃歌十八曲，九曰將進酒。又將進酒解題：古詞曰，將進酒，乘大白。大略以飲酒放歌爲言。宋何承天將進酒篇曰：「將進酒，慶三朝。備繁禮，薦佳肴。」則言朝會進酒，且以濡首荒志爲戒。若梁昭明太子云：「洛陽輕薄子」，但敘遊樂飲酒而已。蕭云：將進酒者，漢短簫鐃歌二十二曲之一也……。太白填之以伸己之意耳。

〔丹丘生〕楊云：杜工部詩多與岑參唱和，岑夫子必此人也，丹丘生即元丹丘。王云：岑夫子即集中所稱岑徵君是，丹丘生即集中所稱元丹丘是，皆太白好友也。按：楊說岑爲岑參，誤。岑爲岑勛，集中有詩題云「酬岑勛見尋就元丹丘對酒相待以詩見招」。今人詹鍈云：詩云：「岑夫子，丹丘生，進酒君莫停。與君歌一曲，請君爲我傾耳聽。」疑與上首爲同時之作。詩起句云：「君不見黄河之水天上來。」則其地或在梁、宋，去黄河不遠。

〔鐘鼓〕按：鐘鼓饌玉不成對文，疑當作鼓鐘饌玉，即鐘鳴鼎食之意。詩秦風：子有鐘鼓，弗鼓弗考。鼓鐘乃古人習用語。

〔歡謔〕王云：曹植以太和六年封爲陳王，其所作名都篇有曰：「歸來宴平樂，美酒斗十千。」李善注：平樂，觀名。

〔五花馬〕王云：五花馬謂馬之毛色作五花文者，讀杜甫高都護驄馬行云：「五花散作雲滿身。」厥狀可覩矣。杜陽雜編謂代宗御馬九花虬，以身被九花故名，亦是此義。或謂據圖畫見聞志云：唐開元、天寶之間，承平日久，世尚輕肥，三花飾馬。舊有家藏韓幹畫貴戚閱馬圖，中有三花馬。兼曾見蘇大參家有韓幹畫三花御馬，晏元獻家張萱畫虢國出行圖，中有三花馬。三花者，剪鬣爲三瓣。白樂天詩云：「鳳箋裁五色，馬鬣剪三花。」乃知所謂五花者亦是剪馬鬣爲五瓣耳。其説亦通。按：吴旦生歷代詩話卷五〇云：唐六典：外牧歲進良馬，印以三花飛鳳之字。東坡筆記言，李將軍思訓作明皇摘瓜圖：嘉陵山川，帝乘赤驃，起三騣，與諸王嬪御十數騎出飛仙嶺下，初見平陸，馬皆驚，而帝馬見小橋不進。不知三騣謂何。今見岑參有赤驃馬歌云：「赤髯胡雛金剪刀，平時翦出三騣高。」乃知唐御馬多翦治，而三騣其飾也。復齋漫録乃引楊巨源觀打毬詩：「玉勒回時露赤汗，花騣分處拂紅纓。」嚴維作敕賜寧王馬詩：「鏡點黄金眼，花開白雪騣。」又見名畫録言：開元、天寶，世尚輕肥，多愛三花飾馬。郭若虚藏韓幹畫貴戚閲馬圖中有三花馬，蘇大參家有韓幹畫三花御馬。晏元獻家有虢國出行圖，亦畫三花馬。蓋三花者，剪騣爲三瓣耳。楊升庵云：唐詩：「朝騎五花馬」，又：「五花馬，千金裘」，杜詩：「蕭蕭千里馬，箇箇五花文。」隋丹元子步天歌：「五箇花文」，以馬鬣翦爲五花或三花，皆象天文也。

〔千金裘〕史記孟嘗君列傳：孟嘗君有一狐白裘，直千金，天下無雙。

【評箋】

嚴羽云：一往豪情，使人不能句字賞摘。蓋他人作詩用筆想，太白但用胸口一噴即是，此其所長。（嚴羽評點李集）

蕭云：此篇雖似任達放浪，然太白素抱用世之才而不遇合，亦自慰解之詞耳。

錢可選云：黄河出崑崙山，東流至積石，故禹導河自積石始。天河自在天上，豈得與黄河相接，又云，乘槎可到。李太白云：「黄河之水天上來」，蓋極言其高遠也。張華博物志：乘槎入天河，見牽牛織女星，何誕也！（補闕疑）

陸時雍云：宋人抑太白而尊少陵，謂是道學作用，如此將置風人於何地？放浪詩酒乃太白本行；忠君憂國之心，子美乃感輒發。其性既殊，所遭復異。奈何以此定詩優劣也？太白遊梁、宋間，所得數萬金，一揮輒盡，故其詩曰：「天生我才必有用，黄金散盡還復來。」意氣淩雲，何容易得？（詩鏡總論）

行行且遊獵篇

邊城兒，生年不讀一字書，但知遊獵誇輕趫。胡馬秋肥宜白草，騎來躡影何矜驕。金鞭拂雪揮鳴鞘，半酣呼鷹出遠郊。弓彎滿月不虚發，雙鶬迸落連飛髇。海邊觀者皆辟易，猛氣英風振沙磧。儒生不及遊俠人，白首下帷復何益！

【校】

〔題〕敦煌殘卷作行行遊獵篇。

〔但知〕知，楊本、咸本俱作將。咸本注云：一本作但知云云。王本注云：蕭本作將。

〔何矜驕〕兩宋本、繆本俱注云：一作可憐驕。王本注云：一作可憐，誤。按：何矜驕與上文詩輕趫微嫌複，似以一本爲是。可憐爲唐人詩中常用語，劉希夷詩：「魚鱗可憐紫，鴨毛自然碧。」是其證。王氏反以爲誤，未的。

〔拂雪〕雪，樂府作雲。

〔弓彎〕兩宋本、繆本、王本俱注云：一作彎弧。

〔髇〕兩宋本、繆本俱作髀，樂府同。王本注云：繆本作髀。

〔猛氣〕敦煌殘卷作勇氣。

〔遊俠〕敦煌殘卷作征戰。

〔下帷〕下，兩宋本、繆本俱作垂。敦煌殘卷作垂。咸本注云：一作垂。王本注云：繆本作垂。

【注】

〔行行〕胡云：行行且遊獵篇始梁劉孝威，其辭詠天子遊獵事，太白詠邊城兒遊獵爲不同耳。蕭云：行行且遊獵即征戍十五曲中之校獵曲也。

〔趫〕王云：韻會：趫，捷也。△趫音蹺。

〔白草〕漢書卷九六西域傳：鄯善國多白草。注：師古曰：白草似莠而細無芒，其乾熟時正白色，牛馬所嗜也。

〔躡影〕文選曹植七啓：忽躡景而輕騖。李善注：景，日景也。躡之言疾也。按：景即古影字，躡是疾追之意。

〔鞘〕王云：廣韻：鞘，鞭鞘也。

〔滿月〕蕭云：滿月者，彎弓圓滿之狀。

〔雙鶬〕列子湯問篇：蒲且子之弋也，弱弓纖繳，乘風振之，連雙鶬於青雲之際。

〔髇〕王云：韻會：髇，鳴鏑也。或作髐。△髇音許交切。

〔辟易〕史記項羽本紀：辟易數里。正義：言人馬俱驚，開張易舊處，乃至數里。

〔沙磧〕王云：沙磧即沙漠也。唐人多變稱沙磧。唐書：秦隴以西多沙磧，少行人。胡三省通鑑注：磧，大磧也，即所謂大漠。△磧音跡。

〔下帷〕漢書卷五六董仲舒傳：下帷講誦，弟子傳以久次相受業，或莫見其面。

【評箋】

今人詹鍈云：按此詩或太白遊幽燕時，目睹邊城兒遊獵有感而作。贈宣城宇文太守兼呈崔侍御詩云：「懷恩欲報主，投佩向北燕，……據鞍空矍鑠，壯志竟誰宣？」與本詩可以互相印證。

飛龍引二首

黄帝鑄鼎於荆山，鍊丹砂。丹砂成黄金，騎龍飛上太清家。雲愁海思令人嗟。

宫中綵女顔如花。飄然揮手凌紫霞。從風縱體登鸞車。登鸞車，侍軒轅。遨遊青天中，其樂不可言。

【校】

〔丹砂成黄金〕此五字英華作成黄金成黄金。

〔上太清〕兩宋本、繆本、敦煌殘卷俱作去太上。王本注云：繆本作飛去太上。

〔令人〕令，兩宋本作令。

〔縱體〕敦煌殘卷無體字。

〔鸞車〕鸞，兩宋本、繆本俱作鑾，下同，注云：一作鸞。英華車下注云：一作從登鸞車侍軒轅。王本注云：一作鑾。

〔軒轅〕英華注云：一作疊句。

【注】

〔飛龍引〕王云：按樂府詩集，飛龍引乃琴曲歌辭。太白二篇皆借黄帝上昇事爲言，乃遊仙詩也。蕭云：飛龍引者，古樂府魚龍六曲之一。

〔荆山〕史記封禪書：黄帝採首山銅，鑄鼎於荆山下。鼎既成，有龍垂胡髯下迎黄帝，黄帝上騎，羣臣後宫從上者七十餘人，龍乃上去，餘小臣不得上，乃悉持龍髯。龍髯拔墮，墮黄帝之弓，百姓仰望。黄帝既上天，乃抱其弓與龍髯號，故後世因名其處曰鼎湖，其弓曰烏號。

〔丹砂〕史記封禪書：李少君言上曰：祠竈則致物，致物而丹砂可化爲黄金，黄金成，以爲飲食器，則益壽，益壽而海中蓬萊仙者乃可見，見之以封禪則不死，黄帝是也。

〔雲愁海思〕梁豫章王詩：「雲悲海思徒掺抑。」

〔縱體〕文選曹植洛神賦：忽然縱體，以遨以嬉。吕延濟注：縱體，輕舉之貌。

〔軒轅〕史記五帝本紀：黄帝者，少典之子，姓公孫，名曰軒轅。

其二

鼎湖流水清且閑。軒轅去時有弓劍，古人傳道留其間。後宫嬋娟多花顔。乘鸞飛烟亦不還。騎龍攀天造天關。造天關，聞天語。屯雲河車載玉女。載玉女，過紫皇。紫皇乃賜白兔所擣之藥方。後天而老凋三光。下視瑶池見王母，蛾眉蕭颯如秋霜。

【校】

〔鼎湖〕咸本注云：一本此句是前篇末句，似是。敦煌殘卷有此句，惟無流字。

〔留其間〕留，兩宋本、樂府、黄校俱作流。

〔花顔〕花，英華作朱，注云：一作花。

〔屯雲〕屯，蕭本、英華、樂府俱作長。咸本作長，注云：一作屯。英華注云：一作迎。敦煌殘卷屯下無河字。王本注云：蕭本作長。

〔載玉女〕英華不疊此三字。

〔藥方〕敦煌殘卷、樂府俱無方字。咸本注云：一本無方字。

〔如秋霜〕如，英華作成，注云：一作如。

【注】

〔鼎湖〕通典卷一七七：弘農郡湖城：故曰胡，漢武更爲湖縣，有荆山，出美玉，黄帝鑄鼎於荆山，其下曰鼎湖，即此也。並參見前一首注。

〔天關〕漢武内傳：上元夫人歌步玄之曲曰：「負笈造天關，借問太上家。」

〔屯雲〕王云：列子：化人之宫出雲雨之上，而不知下之據，望之若屯雲焉。此言屯雲河車，言車之多若屯雲也。

〔玉女〕楚辭惜誓：建日月以爲蓋兮，載玉女於後車。

〔紫皇〕太平御覽卷六五九：祕要經：太清九宫皆有僚屬，其最高者稱天皇、紫皇、玉皇。

〔藥方〕古董逃行：教敕凡吏受言，採取神藥若木端，白兔長跪擣藥蝦蟆丸。奉上陛下一玉柈，服此藥可得神仙。

〔而老〕拾遺記：服之得道，後天而老。

〔三光〕楊云：凋三光者，言三光有時凋落，而真身則常存也。

〔秋霜〕王云：司馬相如大人賦：吾乃今日覩西王母暠然白首，戴勝而穴處，所謂「蛾眉蕭颯如秋霜」，即白首之意，嫌王母已有衰老之容，以反明軒轅之後天而老也。

【評箋】

沈德潛云：後天而老猶蛾眉蕭颯，則不老者化老矣。學仙何爲哉？（唐詩別裁）

天馬歌

天馬來出月支窟，背爲虎文龍翼骨。嘶青雲，振緑髮。蘭筋權奇走滅没。騰崑崙，歷西極，四足無一蹶。雞鳴刷燕晡秣越。神行電邁躡恍惚。天馬呼，飛龍趨。目明長庚臆雙鳧，尾如流星首渴烏，口噴紅光汗溝朱。曾陪時龍躍天衢，羈金絡月照皇都，逸氣稜稜淩九區。白璧如山誰敢沽？回頭笑紫燕，但覺爾輩愚。天馬奔，戀君軒。駷躍驚矯浮雲翻。萬里足躑躅，遥瞻閶闔門。不逢寒風子，誰採逸景孫？白雲在青天，丘陵遠崔嵬。鹽車上峻坂，倒行逆施畏日晚。伯樂剪拂中道遺，少盡其力老棄之。願逢田子方，惻然爲我悲。雖有玉山禾，不能療苦飢。嚴霜五月凋桂枝。伏櫪含冤摧兩眉。請君贖獻穆天子，猶堪弄影舞瑶池。

【校】

〔月支〕支，蕭本、胡本俱作氏。文粹亦作氏。王本注云：蕭本作氏。

〔飛龍〕龍，兩宋本、繆本、王本俱注云：一作黄。

〔溝朱〕朱，咸本注云：一作珠。兩宋本、繆本、王本、胡本、文粹俱作珠。王本注云：當作朱。今據改。

〔龍躍〕躍，蕭本、咸本俱作躡。王本注云：蕭本作躡。

〔皇都〕皇，兩宋本、繆本俱作星，注云：一作皇。王本注云：一作星。

〔稜稜〕咸本作秋秋，注云：一作稜稜。

〔萬里足〕足，咸本注云：一作入。

〔我悲〕悲，兩宋本、咸本、繆本俱作思，注云：一作悲。王本注云：一作思。

〔苦飢〕兩宋本、繆本俱作苦肌，苦下注云：一作我。王本苦下注云：一作我。飢下注云：繆本作肌。

【注】

〔天馬歌〕漢書武帝紀：元鼎四年秋，馬生渥洼水中，作寶鼎天馬之歌。又：太初四年春，貳師將軍廣利斬大宛王首，獲汗血馬來，作西極天馬之歌。蕭云：天馬歌者，古樂府車馬六曲之一。

〔天馬〕史記大宛列傳：初天子發書易，云神馬當從西北來。得烏孫馬好，名曰天馬。及得大宛汗血馬，益壯，更名烏孫馬曰西極，名大宛馬曰天馬云。

〔月支窟〕王云：郭璞山海經注：月支國多好馬。史記正義引萬震南州志：大月支在天竺北可七千里，地高燥而遠，國中騎乘常數十萬匹，城郭宫殿與大秦國同。人民赤白色，便習弓馬。土地所出及奇偉珍物，被服鮮好，天竺不及也。外國稱天下有三衆，中國爲人衆，大秦爲寶衆，月支爲馬衆。

〔虎文〕漢書禮樂志：天馬歌：虎脊兩，化若鬼。注：應劭曰：馬毛色如虎脊者有兩也。

〔緑髮〕文選顏延年赭白馬賦：垂梢植髮。李善注：髮額上毛也。

〔蘭筋〕文選陳琳爲曹洪與魏文帝書：整蘭筋。李善注：相馬經云：一筋從玄中出，謂之蘭筋。玄中者，目上陷如井字，蘭筋堅者千里。

〔權奇〕漢書禮樂志：天馬歌：志俶儻，精權奇。

〔西極〕漢書禮樂志：天馬歌：天馬徠，從西極。涉流沙，九夷服。

〔秣越〕文選顏延年赭白馬賦：旦刷幽燕，晝秣荆越。李善注：説文曰：刷，刮也。杜預曰：以粟飯馬曰秣。按：漁隱叢話卷二六：塵史云：古之善作詩者工用人語，渾然若出於己，予於李杜見之。顔延年赭白馬賦：「旦刷幽燕，晝秣荆越。」子美驄馬行云：「晝洗須騰涇渭深，夕趨可刷幽并夜。」太白天馬歌云：「雞鳴刷燕晡秣越」，皆出於顔賦也。

〔長庚〕史記天官書：察日行以處位太白。索隱：韓詩云：太白晨出東方爲啓明，昏見西方爲長庚。

〔雙鳧〕齊民要術卷六：馬胸欲直而出，鳧間欲開，望視之如雙鳧。又：雙鳧欲大而上。注：飛鳧，胸兩邊肉如鳧。

〔渴烏〕王云：埤雅：舊説相馬擎頭如鷹，垂尾如彗。後漢書：作翻車渴烏，施於橋西，用灑南北郊路。章懷太子注：渴烏，爲曲筒，以氣引水上也。此言馬尾流轉有似奔星，馬首昂矯，狀類渴烏，即如彗如鷹之意。

〔紅光〕齊民要術卷六：相馬……口中色欲得紅白如火光爲善材，多氣，良，且壽。

〔溝朱〕文選顔延年赭白馬賦：膺門沫赭，汗溝走血。李善注：相馬經云：膺門欲開，汗溝欲深。

〔絡月〕莊子馬蹄篇：齊之以月題。陸德明注：月題，馬額上當顱如月形者也。文選顔延年赭白馬賦：兩權協月。李善注：相馬經曰：頰欲圓如懸璧，因謂之雙璧，其盈滿如月，異相之表也。

〔紫燕〕文選沈約三月三日率爾成篇詩：「紫燕光陸離。」李善注：尸子曰，我得民而治，則馬有紫燕蘭池。吕延濟注：紫燕，良馬也。

〔騋躍〕公羊傳定八年：臨南騋馬而由乎孟氏。何休注：捶馬銜走。△騋音聳。

〔寒風〕吕氏春秋恃君覽觀表：古之善相馬者，寒風氏相口齒，……皆天下之良工也。

〔逸景〕王云：陸雲與陸典書：逸影之跡，永縶幽冥之坂。

〔青天〕穆天子傳：白雲在天，丘陵自出。

〔崔嵬〕按：「嵬」字與上下俱不叶韻，恐有誤。

〔鹽車〕戰國策楚策：夫驥之齒至矣，服鹽車而上太行，蹄申膝折，尾湛胕潰，漉汁洒地，白汗交流。中坂遷延，負轅不能上。伯樂遭之，下車攀而哭之，解紵衣以冪之，驥於是俛而噴，仰而鳴，聲達於天，若出金石者，何也？彼見伯樂之知己也。

〔剪拂〕王云：剪拂謂修剪其毛鬣，洗拭其塵垢。

〔田子方〕韓詩外傳卷八：田子方出，見老馬於道，喟然有志焉，以問於御者曰：「此何馬也？」曰：「故公家畜也。罷而不爲用，故出放也。」田子方曰：「少盡其力而老去其身，仁者不爲也。」束帛而贖之。窮士聞之，知所歸心矣。

〔玉山禾〕文選張協七命：瓊山之禾。李善注：瓊山禾即崑崙之山木禾。山海經曰：崑崙之上有木禾，長五尋，大五圍。

〔伏櫪〕王云：韻會：櫪，牛馬皁也。通作歷。蓋今之馬槽也。漢書：馬不伏歷不可以趨道。

顔師古注：伏歷謂伏櫪而秣之也。

〔瑶池〕列子周穆王篇：穆王……肆意遠遊，命駕八駿之乘，……遂賓於西王母，觴於瑶池之上。

【評箋】

蕭云：此篇蓋爲逸羣絶倫之士不遇知己者嘆，亦白自傷其不用於世而求知於人也歟！

胡云：漢郊祀天馬二歌，皆以歌瑞應。太白所擬則以馬之老而見棄自況，思蒙收贖，似去翰林後所作也。

今人詹鍈云：按答杜秀才五松山見贈詩云：「昔獻長楊賦，天開雲雨歡，當時待詔承明裏，皆道揚雄才可觀。敕賜飛龍二天馬，黄金絡頭白玉鞍。」而此詩則云：「天馬呼，飛龍趨，……曾陪時龍躍天衢，羈金絡月照皇都。」又云：「天馬奔，戀君軒，駷躍驚矯浮雲翻。萬里足躑躅，遥瞻閶闔門。」則亦藉天馬而以自喻耳。

行路難三首

金樽清酒斗十千，玉盤珍羞直萬錢。停杯投筯不能食，拔劍四顧心茫然。欲渡黄河冰塞川，將登太行雪滿山。閒來垂釣碧溪上，忽復乘舟夢日邊。行路難，行路難，多岐路，今安在？長風破浪會有時，直挂雲帆濟滄海。

【校】

〔行路難〕題下兩宋本、繆本俱注云：第三首一作古興。

〔金樽〕樽，兩宋本、繆本俱作罇，乃罇之壞字。

〔清酒〕清，英華作美。

〔雪〕英靈作雲。

〔滿山〕兩宋本、繆本、咸本、英靈、樂府俱作暗天，兩宋本、繆本俱注云：一作滿山。文粹作暗山。王本注云：一作暗天。

〔閒來〕來，文粹作居。咸本亦作居，注云：一作來。

〔碧溪〕碧，兩宋本、繆本俱作坐，注云：一作碧。英靈、文粹俱作坐。王本注云：一作坐。

〔忽復〕復，文粹作然。咸本同，注云：一作復。

〔今安在〕今，黄校作路。英華作道，注云：一作今。咸本注云：一本無今字。

〔破浪〕浪，咸本注云：一作波。

【注】

〔行路難〕王云：樂府古題要解：行路難備言世路艱難及離别傷悲之意。多以君不見爲首。

蕭云：行路難者，古樂府道路六曲之一，亦有變行路難。

〔萬錢〕晉書卷三三何曾傳：食日萬錢，猶云無下箸處。

〔破浪〕宋書卷七六宗慤傳：叔父炳高尚不仕，慤年少時炳問其志，慤曰：「願乘長風，破萬里浪。」

【評箋】

胡云：行路難，歎世路艱難及貧賤離索之感。古辭亡，後鮑照擬作爲多，白詩似全學照。

唐宋詩醇云：冰塞雪滿，道路之難甚矣。而日邊有夢，破浪濟海，尚未決志於去也。後有二篇，則畏其難而決去矣。此蓋被放之初述懷如此，真寫得難字意出。

劉咸炘云：「停杯」「長風」二聯振動易學，「欲渡」四句排宕則不易，後人但學「停杯」以爲豪。渡河、登太行，濟世也。冰雪譬小人，猶四愁詩之水深雪雰也。溪上夢日邊，身在江湖、心存魏闕也。（風骨集評）

其二

大道如青天，我獨不得出。羞逐長安社中兒，赤雞白狗賭梨栗。彈劍作歌奏苦聲，曳裾王門不稱情。淮陰市井笑韓信，漢朝公卿忌賈生。君不見，昔時燕家重郭隗，擁篲折節無嫌猜。劇辛樂毅感恩分，輸肝剖膽効英才。昭王白骨縈蔓草，誰人更掃黃金臺？行路難，歸去來！

【校】

〔社中〕社，咸本注云：一作吐。

〔白狗〕狗，兩宋本、繆本、王本俱注云：一作雉。

〔折節〕節，樂府作腰，注云：一作節。咸本注云：一作腰。

〔剖膽〕剖，英華作劃，注云：一作剖。

〔英才〕英，兩宋本、繆本、王本俱注云：一作俊。

〔蔓草〕蔓，蕭本作爛。王本注云：蕭本作爛。

【注】

〔社〕漢書五行志：建昭五年，兗州刺史浩賞禁民私所自立社。注：臣瓚曰：舊制二十五家爲一社，而民或十家五家共爲社，是私社。又張晏曰：民間三月九月又社，號曰私社。

按：漢以後社爲民間飲食宴樂之所，詩意指此。

〔彈劍〕史記孟嘗君列傳：馮驩聞孟嘗君好客，躡屩而見之，孟嘗君置傳舍。十日，孟嘗君問傳舍長曰：「客何所爲？」答曰：「馮先生甚貧，猶有一劍耳，又蒯緱。彈其劍而歌曰：長鋏歸來乎！食無魚。」孟嘗君遷之幸舍，食有魚矣。五日，又問傳舍長，答曰：「客復彈劍而歌曰：長鋏歸來乎！出無輿。」孟嘗君遷之代舍，出入乘輿車矣。五日，孟嘗君復問傳舍長，答曰：「先生又嘗彈鋏而歌曰：長鋏歸來乎！無以爲家。」孟嘗君不悦。

〔曳裾〕漢書卷五一鄒陽傳：飾固陋之心，則何王之門不可以曳長裾乎？

〔韓信〕史記淮陰侯列傳：韓信，淮陰人也。淮陰屠中少年有侮信者，曰：「若雖長大，好帶刀劍，中情怯耳。」衆辱之曰：「信能死，刺我，不能死，出我胯下。」於是信熟視之，俛出胯下蒲伏。一市人皆笑信以爲怯。

〔賈生〕史記屈原賈生列傳：天子議以爲賈生任公卿之位。絳、灌、東陽侯、馮敬之屬盡害之。乃短賈生曰：洛陽之人，年少初學，專欲擅權紛亂諸事。於是天子後亦疏之，不用其議。

〔擁篲〕史記孟子荀卿列傳：鄒衍如燕，燕昭王擁篲先驅。索隱：篲，帚也。爲之掃地，以衣袂擁帚而却行，恐塵埃之及其長者，所以爲敬也。△篲音遂。

〔折節〕戰國策中山策：主折節以下其臣，臣推體以下死士。鮑彪注：折節，屈折肢節也。

其三

有耳莫洗潁川水，有口莫食首陽蕨。含光混世貴無名，何用孤高比雲月。吾觀自古賢達人，功成不退皆殞身。子胥既棄吳江上，屈原終投湘水濱。陸機雄才豈自保？李斯稅駕苦不早。華亭鶴唳詎可聞？上蔡蒼鷹何足道？君不見，吳中張翰稱達生，秋風忽憶江東行。且樂生前一杯酒，何須身後千載名？

【校】

〔其三〕此下王本注云：此首一作古興。

〔雲月〕雲，英華作明，注云：一作雲。

〔雄才〕胡本注云：一作多才。雄，英華作英，注云：一作雄。

〔詎可〕詎，黄校、文粹俱作誰。咸本注云：一作誰。

〔稱達〕稱下兩宋本、繆本、王本俱注云：一作真。

【注】

〔潁川水〕見卷二古風第二十四首注。

〔首陽蕨〕史記伯夷列傳：武王已平殷亂，天下宗周，而伯夷、叔齊恥之，義不食周粟，隱於首陽山，採薇而食之。索隱：薇，蕨也。

〔無名〕老子：無名之樸，亦將不欲。

〔吳江上〕吳越春秋：吳王聞子胥之怨恨也，乃使人賜屬鏤之劍，子胥……伏劍而死，吳王乃取子胥尸，盛以鴟夷之器，投之於江中。

〔湘水濱〕史記屈原列傳：自屈原沉汨羅後百有餘年，漢有賈生，爲長沙王太傅，過湘水，投書以弔屈原。

〔陸機〕晉書卷五四陸機傳：太安初，（成都王）穎與河間王顒起兵討長沙王乂，假機後將軍河北大都督……初宦人孟玖弟超並爲穎所嬖寵，超領萬人爲小都督……超不受機節度，輕兵獨進而没，玖疑機殺之，遂譖機於穎，言其有異志，將軍王闡、郝昌、公師藩等皆玖所用，與牽秀等共證之。穎大怒，使秀密收機……既而歎曰：「華亭鶴唳，豈可復聞乎？」遂遇害。

〔李斯〕王云：太平御覽：史記曰：李斯臨刑，思牽黄犬，臂蒼鷹，出上蔡東門，不可得矣。考今本史記李斯傳中無臂蒼鷹字，而太白詩中屢用其事，當另有所本。參見卷一擬恨賦注。

〔張翰〕晉書卷九二張翰傳：齊王冏辟爲大司馬東曹掾，冏時執權……翰因見秋風起，乃思吴中菰菜蓴羹鱸魚膾，曰：「人生貴得適志，何能羈宦數千里以要名爵乎？」遂命駕而歸……翰任心自適，不求當世，或謂之曰：「卿乃可縱適一時，獨不爲身後名邪？」答曰：「使我有身後名，不如即時一杯酒。」時人貴其曠達。

【評箋】

今人詹鍈云：韻語陽秋：李白行路難云：「有耳莫洗潁川水，有口莫食首陽蕨，含光混世貴無名，何用孤高比明月？」意在進爲也。唐宋詩醇：冰塞雪滿，道路之難甚矣。而日邊有夢，破浪濟海，尚未決志於去也。後有二篇，則畏其難而決去矣。此篇被放之初述懷如此。按唐宋詩醇所解是也。

長相思

長相思，在長安。絡緯秋啼金井闌，微霜淒淒簟色寒。孤燈不明思欲絕，卷帷望月空長嘆。美人如花隔雲端。上有青冥之高天，下有渌水之波瀾。天長路遠魂飛苦，夢魂不到關山難。長相思，摧心肝。

【校】

〔題〕樂府作三首。「日色已盡花含煙」一首，本書在第六卷。「美人在時花滿堂」一首，本書在第二十五卷寄遠十二首中。

〔金井闌〕闌，王本注云：繆本作欄。

〔微霜〕微，兩宋本、繆本、胡本、王本俱注云：一作凝。

〔不明〕明，胡本、英華俱作寐，注云：一作明。兩宋本、繆本俱注云：一作寐，又作眠。王本注云：一作眠，一作寐。

〔美人如花〕兩宋本、繆本、王本俱注云：一作佳期迢迢。英華與繆本互易。

〔高天〕高，蕭本、咸本、樂府俱作長。敦煌殘卷無高字。咸本注云：一作高。王本注云：蕭本作長。

〔夢魂〕魂，英華作行，注云：一作魂。

【注】

〔長相思〕王云：長相思本漢人詩中語。古詩：「客從遠方來，遺我一書札，上言長相思，下言久離别。」蘇武詩：「生當復來歸，死當長相思。」李陵詩：「行人難久留，各言長相思。」六朝始以名篇。如陳後主長相思、久相憶，徐陵長相思、望歸難，江總長相思、久别離諸作，並以長相思發端，太白此篇正擬其格。蕭云：樂府怨思二十五曲，其一曰長相思。

〔絡緯〕王云：古今注：莎雞，一名促織，一名絡緯，一名蟋蟀。促織謂其鳴聲如急織，絡緯謂其鳴聲如紡績也。按今之所謂絡緯，似蚱蜢而大，翅作聲絶類紡績，秋夜露涼風冷，鳴尤淒緊，俗謂之紡績娘，非蟋蟀也。或古今稱謂不同歟！

【評箋】

王夫之云：題中偏不欲顯，象外偏令有餘，一以爲風度，一以爲淋漓，烏乎，觀止矣。（唐詩評選）

唐宋詩醇云：絡緯秋啼，時將晚矣。曹植云：「盛年處房室，中夜起長嘆。」其寓興則同。然植意以禮義自守，此則不勝淪落之感。衛風曰：云誰之思，西方美人。楚辭曰：恐美人之遲暮。賢者窮於不遇，而不敢忘君，斯忠厚之旨也。辭清意婉，妙於言情。

上留田行

行至上留田，孤墳何崢嶸！積此萬古恨，春草不復生。悲風四邊來，腸斷白楊聲。借問誰家地，埋没蒿里塋。古老向予言，言是上留田，蓬科馬鬣今已平。昔之弟死兄不葬，他人於此舉銘旌。一鳥死，百鳥鳴。一獸走，百獸驚。桓山之禽别離苦，欲去迴翔不能征。田氏倉卒骨肉分，青天白日摧紫荆。交讓之木本同形，東枝顦顇西枝榮。無心之物尚如此，參商胡乃尋天兵？孤竹延陵，讓國揚名。高風緬邈，頽波激清。尺布之謡，塞耳不能聽。

【校】

〔題〕咸本無行字。王本注云：繆本少行字。

〔桓山〕桓，兩宋本、繆本、王本俱注云：一作常。按：此乃宋人因避欽宗諱而改。

〔不能征〕胡本作不能鳴。注云：俗本以重一鳴韻，改作征字，不知古樂府重韻者甚多，正無礙也。

〔交讓〕讓，胡本、樂府俱作柯。咸本作讓，注云：一作柯。王本注云：蕭本作柯。

〔同形〕形，蕭本訛作刑。

【注】

〔上留田〕王云：按樂府詩集：王僧虔技録相和歌瑟調三十八曲，有上留田行。古今注：上留田，地名也。其地人有父母死，兄不字其孤弟者。鄰人爲其弟作悲歌以風其兄，故曰上留田。太白所謂弟死不葬，他人舉銘旌之事，與古今注所説不同。豈别有異詞之傳聞？抑於時實有斯事，而借古題以詠新聞耶？　按：王説太泥，辨見後。

〔白楊聲〕文選古詩十九首：「出郭門直視，但見丘與墳。白楊多悲風，蕭蕭愁殺人。」

〔蒿里塋〕漢書卷六三武五子傳：蒿里召兮郭門閲。顔師古注：蒿里，死人里。

〔蓬科〕王云：賈山至言：使其後世曾不得蓬顆蔽冢而託葬焉。顔師古注：顆謂土塊，蓬顆言凷上生蓬者耳。蓬科、蓬顆義同。

〔馬鬣〕禮記檀弓：孔子之喪，有自燕來觀者，舍於子夏氏。子夏曰：「昔夫子言之曰：吾見封之若堂者矣，見若防者矣，見若覆夏屋者矣，見若斧者矣，從若斧者焉，馬鬣封之謂也。」正義：子夏既道從若斧形，恐燕人不識，故舉俗稱馬鬣封之謂也以語燕人。馬騣鬣之上，其肉薄，封形似之。

〔銘旌〕禮記檀弓：銘，明旌也，以死者爲不可别已，故以其旗識之。

〔桓山〕家語卷五：孔子在衞，昧旦晨興，顔回侍側，聞哭者之聲甚哀。子曰：「回！汝知此何所哭乎？」對曰：「回以此哭聲非但爲死者而已，又有生離别者也。」子曰：「何以知之？」對曰：「回聞桓山之鳥生四子焉，羽翼既成，將分於四海，其母悲鳴而送之，哀聲有似於此，爲其往而不返也。回竊以音類知之。」

〔紫荆〕續齊諧記：京兆田真兄弟三人共議分財，生貲皆平均，唯堂前一株紫荆樹，共議欲破三片。明日就截之，其樹即枯死，狀如火然。真往見之大驚，謂諸弟曰：「樹本同株，聞將分斫，所以憔悴，是人不如木也。」因悲不自勝，不復解樹，樹應聲榮茂，兄弟相感，更合財寶，遂爲孝門。

〔交讓〕述異記：黄金山有楠樹，一年東邊榮，西邊枯；後年西邊榮，東邊枯，年年如此。張華云：交讓樹也。

〔參商〕左傳昭元年：子産曰：昔高辛氏有二子，伯曰閼伯，季曰實沉，居于曠林，不相能也。日尋干戈，以相征討，后帝不臧，遷閼伯于商丘，主辰，商人是因，故辰爲商星；遷實沉于大夏，主參，唐人是因，以服事夏商。杜預注：尋，用也。

〔孤竹〕史記伯夷列傳：伯夷、叔齊，孤竹君之二子也。父欲立叔齊。及父卒，叔齊讓伯夷，伯夷曰：「父命也。」遂逃去。叔齊亦不肯立而逃之。

〔延陵〕史記吴太伯世家：壽夢有子四人：長曰諸樊，次曰餘祭，次曰餘眛，次曰季札。季札賢而壽夢欲立之，季札讓不可。於是乃立長子諸樊攝行事，當國。王諸樊元年，諸樊已除喪，讓位季札，季札謝曰：「曹宣公之卒也，諸侯與曹人不義曹君，將立子臧，子臧去之，以成曹君。君子曰：能守節矣。君義嗣，誰敢干君？有國非吾節也。札雖不材，願附於子臧之義。」吴人固立季札，季札棄其室而耕，乃舍之，……季札封於延陵，故號曰延陵季子。

〔尺布〕史記淮南厲王長列傳：……臣倉等昧死言，長有大死罪，陛下不忍致法，幸赦，廢勿王，臣等請處蜀郡嚴道邛郵……淮南王乃謂侍者曰：「誰謂乃公勇者？吾安能勇？吾以驕故，不聞吾過，至此。人生一世間，安能邑邑如此？」乃不食死，……孝文十二年，民有作歌，歌淮南厲王曰：「一尺布，尚可縫；一斗粟，尚可舂。兄弟二人，不能相容。」

【評箋】

蕭云：此篇主意全在「孤竹、延陵，讓國揚名；尺布之謡，塞耳不能聽」數句，非泛然之作，蓋當時有所諷刺。以唐史至德間事考之，其爲啖廷瑶、李成式、皇甫侁輩受肅宗風旨，以謀激永王璘之反而執殺之。太白目擊其時事，故作是詩。

胡云：白詩有「尋天兵，尺布謡」等語，似指肅宗之不容永王璘而作。

唐宋詩醇云：蕭士贇説得之，白之從璘，雖曰迫脅，亦其倜儻自負，欲藉以就功名故也。詞氣激切，若有不平之感。……桓山之禽，蓋白自比也。

宋長白云：樂府上留田云：「里中有啼兒，似類親父子。回車問啼兒，慷慨不可止。」古今注云：地名也。其地有父母死而不字其孤弟者，鄰人作歌以風之。太白賦此題曰：「昔之弟死兄不葬，他人於此舉銘旌。」與注有别。平原康樂爲傷時感逝，簡文爲田家相勞之詞。（柳亭

詩話）

陳沆云：此傷太子瑛、鄂王瑤、光王琚遇害之事也。武惠妃生壽王瑁，謀奪嫡，數譖構之，言有異謀，欲害己母子，帝怒，遂並廢爲庶人，旋賜死城東驛，天下冤之。李林甫欲遂立壽王爲太子，帝聽高力士言，乃立忠王。故有「延陵孤竹，讓國揚名。參商胡乃尋天兵」之句。歲中惠妃病，數見三庶人爲祟，使巫祈請改葬，訖不解，遂死。故有「孤墳崢嶸，埋没蒿里」及「弟死兄不葬，他人於此舉銘旌」語也。蕭士贇謂指永王璘之死，殊非情事。太白又有樹中草一篇云：「鳥銜野田草，誤入枯桑裏。客土植危根，逢春猶不死。草木雖無情，因依尚可生。如何同枝葉，各自有枯榮？」又有小人勸酒篇，述綺皓之事云：「欻起佐太子，漢王乃復驚。顧謂戚夫人，彼翁羽翼成。」其指惠妃壽王譖太子事益明矣。（詩比興箋）

春日行

深宮高樓入紫清，金作蛟龍盤繡楹。佳人當窗弄白日，絃將手語彈鳴箏。春風吹落君王耳，此曲乃是昇天行。因出天池泛蓬瀛。樓船蹙踏波浪驚。三千雙蛾獻歌笑，撾鐘考鼓宮殿傾。萬姓聚舞歌太平。我無爲，人自寧。三十六帝欲相迎，仙人飄翩下雲軿。帝不去，留鎬京。安能爲軒轅，獨往入杳冥？小臣拜獻南山壽，陛下萬古垂鴻名。

【校】

〔盤繡檻〕兩宋本、繆本、胡本俱注云：一作繡作檻。盤繡，英華作繡作，注云：集作盤繡。王本注云：一作繡作。

〔樓船〕船，蕭本、咸本俱作臺，注云：一作樓船。王本注云：蕭本作臺。按：樓臺不得云蹙踏，作臺者必誤。

〔三十六帝〕此句，咸本注云：一作三十六玉帝相迎。

【注】

〔題〕蕭云：春日行者，時景二十五曲之一也。胡云：鮑照春日行詠春遊，太白則擬君王遊樂之辭。

〔紫清〕王云：真誥：仰眄太霞宫，金閣曜紫清。按：王氏於卷七侍從宜春苑奉詔賦龍池柳色初青聽新鶯百囀歌注云：紫清似謂紫微清都之所，天帝之所居也。

〔絃將手語〕王云：謂絃與手相戛而成聲也。

〔昇天行〕王云：古樂府名。樂府古題要解：昇天行，曹植「日月何肯留」，鮑照「家世宅關輔」，皆傷人世不永，俗情險艱，當求神仙，翺翔六合之外，其辭蓋出楚辭遠遊篇也。

〔天池〕王云：指御苑池沼而言。

〔樓船〕西京雜記：昆明池中有戈船樓船各數百艘，樓船上建樓櫓。……

〔撾〕音張瓜切。

〔三十六帝〕王云：按道書有三十六天上帝。

〔軿〕音瓶。

〔鎬京〕元和郡縣志卷一：周武王鎬京在長安縣西北十八里，自漢武帝穿昆明池於此，鎬京遺址遂淪陷焉。△鎬音呼老切。

〔杳〕音窈。

【評箋】

陳沆云：此以王道諷求仙也。不直譏求仙，而曰帝不去，留鎬京，安能爲軒轅，獨往入杳冥？以反規荒廢萬幾之失，明不如王道太平之可慕也。孰謂太白不聞道，但賦淩雲飄飖之氣者？（詩比興箋）

今人詹鍈云：按詩云：「小臣拜獻南山壽，陛下萬古垂鴻名。」自是春日應制之詩。范傳正墓碑云：他日泛白蓮池，公不在宴，皇歡既洽，召公作序。時公已被酒於翰苑中，仍命高將軍扶以登舟，優寵如是。今詩中有「因出天池泛蓬瀛，樓船蹙踏波浪驚」之句，疑即指泛白蓮池而言。

前有樽酒行二首

春風東來忽相過，金樽淥酒生微波。落花紛紛稍覺多，美人欲醉朱顏酡。青軒桃李能幾何！流光欺人忽蹉跎。君起舞，日西夕。當年意氣不肯傾，白髮如絲歎何益？

【校】

〔春風〕春，英華作東，注云：一作春。

〔美人〕咸本注云：一本無此一句。敦煌殘卷無。

〔能幾〕能，英華作有，注云：一作能。

〔流光〕敦煌殘卷作煙光。

〔西夕〕西，兩宋本、繆本、王本俱注云：一作將。

〔肯傾〕傾，蕭本作平。英華作惜，注云：一作傾。王本注云：蕭本作平。

〔白髮如絲〕兩宋本、繆本俱注云：一作白首垂絲。王本注同。

〔歎何益〕歎，英華作竟，注云：一作白首垂絲歎。

【注】

〔題〕王云：即古樂府之「前有一樽酒」也。傅玄、張正見諸作皆言置酒以祝賓主長壽之意，太白則變而爲當及時行樂之辭。

〔淥酒〕王云：水清曰淥，所謂淥酒，即清酒之義也。

〔朱顔酡〕楚辭招魂：美人既醉，朱顔酡些。李善注：言美人飲啗醉飽，則面著赤色而鮮好也。△酡音駝。

【評箋】

按：此詩末句「當年意氣不肯傾，白髮如絲歎何益」，當與古風第八首「意氣人所仰，冶遊方及時，……投閣良可嘆，但爲此輩嗤」之語參看，有兀傲不肯隨俗之意。王氏指爲當及時行樂，恐未的。

其二

琴奏龍門之緑桐，玉壺美酒清若空。催絃拂柱與君飲，看朱成碧顔始紅。胡姬貌如花，當壚笑春風。笑春風，舞羅衣。君今不醉將安歸？

【校】

〔拂柱〕柱，敦煌殘卷作燭。

〔看朱〕此句兩宋本、繆本、王本俱注云：一作眼白看杯顔色紅。英華與兩宋本、繆本互易。

〔將安歸〕將，兩宋本、繆本、咸本俱作欲。樂府同。王本注云：繆本作欲。

【注】

〔龍門〕文選七發：龍門之桐，高百尺而無枝，……使琴摯斫斬以爲琴。

〔看朱成碧〕王僧孺詩：「誰知心眼亂，看朱忽成碧。」

〔當壚〕古樂府：「胡姬年十五，春日獨當壚。」漢書卷五七司馬相如傳：乃令文君當盧。顔師古注：賣酒之處，累土爲盧，以居酒甕，四邊隆起，其一面高，形如鍛爐，故名盧。而俗之學者，皆謂當盧爲對温酒火爐，失其義矣。

夜坐吟

冬夜夜寒覺夜長，沉吟久坐坐北堂。冰合井泉月入閨，金釭青凝照悲啼。金釭滅，啼轉多。掩妾淚，聽君歌。歌有聲，妾有情。情聲合，兩無違。一語不入意，從君萬曲梁塵飛。

【校】

〔金釭青凝〕咸本、樂府俱作青釭凝明，注云：一作金釭青凝。

【注】

〔題〕王云：夜坐吟，始自鮑照。其辭曰：「冬夜沉沉夜坐吟，含情未發已知心。霜入幕，風度林。朱燈滅，朱顔尋。體君歌，逐君音。不貴聲，貴意深。」蓋言聽歌逐音，因音託意也。

蕭云：夜坐吟者，樂府夜景二十五曲之一也。

〔金釭〕文選班固西都賦：金釭銜璧。吕延濟注：金釭，燈盞也。△釭音江。

〔梁塵〕太平御覽卷五七劉向别録曰：漢興以來善歌者，魯人虞公，發聲清哀，蓋動梁塵。

按：王注於卷六猛虎行引作七略，誤。又蓋動作盡動。

野田黄雀行

遊莫逐炎洲翠，棲莫近吴宫燕。吴宫火起焚巢窠，炎洲逐翠遭網羅。蕭條兩翅蓬蒿下，縱有鷹鸇奈若何！

【校】

〔巢窠〕巢，兩宋本、繆本、咸本、英靈、樂府、英華俱作爾。傅校英華改巢。此句，文粹在炎洲句下。

〔縱有〕縱，英華作雖，注云：一作縱。

〔奈若〕若，兩宋本、繆本俱注云：一作爾。王本作爾，注云：一作若，誤，今改。英華作爾，注云：一作若。

【注】

〔題〕王云：按王僧虔技録相和歌瑟調三十八曲中有野田黄雀行。

〔炎洲翠〕王云：郭璞山海經注：翠似燕而紺色。陳子昂詩：「翡翠巢南海，雄雌珠樹林。殺身炎洲裏，委羽玉堂陰。」炎洲謂海南之地，在漢爲朱崖、儋耳二郡，唐爲崖、儋、振三州，今爲瓊州。其地居大海之中，廣袤數千里，四時常燠，故曰炎洲，多産翡翠。

〔吴宫燕〕太平御覽卷九二二吴地記曰：春申君都吴宫，加巧飾。春申君死，吏照鷰窟，失火遂焚。王云：越絶書記吴地傳有東宫西宫。東宫周一里二百七十步，西宫在長秋，周一里二十六步。秦始皇帝十一年，守宫者照燕，失火燒之。鮑照詩：「猶勝吴宫燕，無罪得焚窠。」按：王氏所引越絶書亦見御覽同卷，二十六步作二百二十六步。

〔鷹鸇〕王云：爾雅翼：鷹，鳥之鷙者。雌大雄小。一名鷞鳩。陸璣詩疏：鸇，似鷂青黄色，燕頷鉤喙，嚮風摇翅，乃因風飛急，疾擊鳩鴿燕雀食之。

【評箋】

今人詹鍈云：胡震亨曰：白辭言不逐他鳥同禍，寧處蓬蒿自全，皆借雀寓意也。唐宋詩醇曰：黯然自傷，當在潯陽既敗之後。按此詩既見於河岳英靈集，當是天寶十二載以前所作，唐宋詩醇之説非是。

箜篌謡

攀天莫登龍，走山莫騎虎。貴賤結交心不移，惟有嚴陵及光武。周公稱大聖，管蔡寧相容！漢謡一斗粟，不與淮南舂。兄弟尚路人，吾心安所從？他人方寸間，山海幾千重？輕言託朋友，對面九疑峯。多花必早落，桃李不如松。管鮑久已死，何人繼其蹤！

【校】

〔題〕兩宋本、繆本題下有續古詞亦曰引六字。

〔及光武〕及，文粹作與。

〔路人〕兩宋本、繆本、王本俱注云：一作行路。

〔多花〕多，蕭本作開。王本注云：蕭本作開。

〔已死〕死，英華作亡，注云：一作死。

【注】

〔箜篌謡〕蕭云：琴操五十七曲九引内有箜篌引，亦曰公無渡河，亦曰箜篌謡，太白此詞用其名。

王云：樂府詩集：箜篌謡不詳所起，大略言結交當有終始，與箜篌引異。舊注以爲即箜篌引，誤矣。

〔嚴陵〕嚴子陵，嚴光字，見卷二古風第十二首注。

〔周公〕史記周本紀：周初定天下，周公恐諸侯畔，周公乃攝行政當國。管叔蔡叔羣弟疑周公，與武庚作亂畔周，周公奉成王命，伐誅武庚管叔，放蔡叔。

〔斗粟〕見本卷上留田行注。

〔九疑〕方輿勝覽卷二四：九疑山在（道州）寧遠縣南六十里，亦名蒼梧山，九峯相似，望而疑之，謂之九疑。有九峯，峯各有一水，四水流灌於南海，五水北注，合爲洞庭。其一曰朱明峯，二曰石城峯，三曰石樓峯，四曰娥皇峯，五曰舜源峯，六曰女英峯，七曰簫韶峯，八曰桂林峯，九曰梓林峯。

〔管鮑〕説苑卷六：鮑叔死，管仲舉上衽而哭之，泣下如雨。從者曰：「非君父子也，此亦有説乎？」管仲曰：「非夫子所知也。吾嘗與鮑子負販於南陽，吾三辱於市，鮑子不以我爲怯，知我之欲有所明也。鮑子嘗與我有所説王者而三不見聽，鮑子不以我爲不肖，知我之不遇明君也。鮑子嘗與我臨財分貨，吾自取多者三，鮑子不以我爲貪，知我之不足於財也。生我者父母，知我者鮑子也，士爲知己者死，而況爲之哀乎？」

【評箋】

按：此詩亦有所指，觀其引管蔡及淮南事，疑亦與永王一案有關。

雉朝飛

麥隴青青三月時，白雉朝飛挾兩雌。錦衣綺翼何離褷！犢牧采薪感之悲。春天和，白日暖。啄食飲泉勇氣滿，争雄鬬死繡頸斷。雉子班奏急管絃，心傾美酒盡玉椀。枯楊枯楊，爾生稊，我獨七十而孤棲。彈絃寫恨意不盡，瞑目歸黄泥。

【校】

〔題〕王本注云：一本作雉朝飛絃。兩宋本、繆本俱注云：一有絃。

〔麥隴〕麥，兩宋本俱作來，非。

〔綺翼〕綺，蕭本作繡。王本注云：蕭本作繡。

〔犢〕兩宋本作瀆，非。

〔心傾美酒〕蕭本、胡本俱作傾心酒美。咸本作心傾美酒。王本注云：蕭本作傾心酒美。

〔稊〕兩宋本、繆本俱作荑。王本注云：繆本作荑。

〔瞑目〕何校無此二字。咸本注云：一本無此二字。

【注】

〔雉朝飛〕王云：古今注：雉朝飛者，犢牧子所作也。犢牧子，齊處士，湣宣王時人，年五十無妻，出薪於野，見雉雌雄相隨而飛，意動心悲，乃作雉朝飛之操，將以自傷焉。

〔麥隴〕文選枚乘七發：麥秀漸兮雉朝飛。

〔離褷〕文選木華海賦：鳥雛離褷。李善注：離褷，羽毛始生貌。△褷音斯。

〔繡頸〕文選潘岳射雉賦：灼繡頸而衮背。徐爰注：頸毛如繡。

〔生稊〕易大過：枯楊生稊，老夫得其女妻，無不利。王弼注：稊者，楊之秀也。虞翻注：稊，穉也。楊葉未舒稱稊。△稊音題。

上雲樂

金天之西，白日所没。康老胡雛，生彼月窟。巉巖容儀，戌削風骨。碧玉炅炅雙目瞳，黄金拳拳兩鬢紅。華蓋垂下睫，嵩岳臨上脣。不覩詭譎貌，豈知造化神？大道是文康之嚴父，元氣乃文康之老親。撫頂弄盤古，推車轉天輪。云見日月初生時，鑄冶火精與水銀。陽烏未出谷，顧兔半藏身。女媧戲黄土，團作愚下人。散在六合間，濛濛若沙塵。生死了不盡，誰明此胡是仙真？西海栽若木，東溟植扶桑。别來幾多時，枝葉萬里長。中國有七聖，半路頹鴻荒。陛下應運起，龍飛入咸陽。赤眉立盆子，白水興漢光。叱咤四海動，洪濤爲簸揚。舉足蹋紫微，天關自開張。老胡感至德，東來進仙倡。五色師子，九苞鳳凰。是老胡雞犬，鳴舞飛帝鄉。淋漓颯沓，進退成行。能胡歌，獻漢酒。跪雙膝，並兩肘。散花指天舉素手。拜龍顏，獻聖壽。北斗戾，南山摧。天子九九八十一萬歲，長傾萬歲杯。

【校】

〔題〕此下王本注云：原注：老胡文康辭，或云范雲及周捨所作，今擬之。兩宋本、繆本注同，無「原注」二字。

〔炅炅〕兩宋本、繆本、王本俱注云：一作皎皎。

〔鬢紅〕紅，兩宋本、繆本、王本俱注云：一作髮。

〔上唇〕上，黄校作下。咸本注云：一作下。

〔鑄冶〕咸本注云：一作擣冶。

〔水銀〕水，咸本注云：一作金。

〔鴻荒〕鴻，蕭本作洪。王本注云：蕭本作洪。

〔並兩肘〕並，蕭本作立。王本注云：蕭本作立。

〔萬歲〕歲，兩宋本、繆本、王本、樂府俱注云：一作年。

【注】

〔上雲樂〕蕭云：樂府神仙二十二曲中有上雲樂，亦曰洛濱曲。胡云：梁武帝製上雲樂，設西方老胡文康生自上古者，青眼高鼻白髮，導弄孔雀、鳳凰、白鹿，慕梁朝來遊，伏拜祝千歲壽。周捨爲之詞。太白擬作，視捨本詞加肆，而龍飛咸陽數語似又謂此胡遊肅宗朝者，亦各從其時，備一代俳樂爾。王云：按隋書樂志，梁三朝樂第四十四設寺子導、（按：導，各本隋書均作遵，王氏所引疑有誤。）安息孔雀、鳳凰、文鹿、胡舞，登連上雲樂歌舞伎。知上雲樂者，乃舞之名色，令樂人扮作老胡之狀，率珍禽奇獸而爲胡舞，以祝天子萬壽。其時所歌之辭，即捨所作之辭也。捨本辭曰：「西方老胡，厥名文康。遨遊六合，傲誕三皇。西觀濛汜，東戲扶桑。南泛大蒙之海，北至無通之鄉。昔與若士爲友，共弄彭祖扶床。往年暫到崑崙，復值瑶池舉觴。周帝迎以上席，王母贈以玉漿。故乃壽如南山，老若金剛。青眼智智，白髮長長。蛾眉臨髭，高鼻垂口。非直能俳，又善飲酒。簫歌從前，門徒從後，濟濟翼翼，各有分部。鳳凰是老胡家雞，師子是老胡家狗。陛下撥亂反正，再朗三光。澤與雨施，化與風翔。覘雲候吕，來遊大梁。重駟修路，始届帝鄉。伏拜金闕，瞻仰玉堂。從者小子，羅列成行。悉知廉節，皆識義方。歌管愔愔，鏗鼓鏘鏘，響震鈞天，聲若鵷凰。前却中規矩，進退得宫商。舉伎無不佳，胡舞最所長。老胡寄篋中，復有奇樂章。齎持數萬里，願以奉聖皇。乃欲次第説，老耄多所忘。但願明陛下，壽千萬歲，歡樂未渠央。」太白此篇，擬之而作，辭義多相出入，故全録之，以見其所自焉耳。

〔金天〕文選張衡思玄賦：顧金天而嘆息兮，吾將往乎西嬉。吕向注：金天，西方少昊所主也。

〔月窟〕梁簡文帝大法頌：西踰月窟，東漸扶桑。按：王注云：月窟指西域極遠之地而言，是也，所引長楊賦誤。

〔戌削〕史記司馬相如列傳：眇閻易以戌削。集解：徐廣曰：戌削言如刻畫作之。△戌音恤。

〔炅炅〕王云：言其眼色碧而有光。△炅音景。

〔拳拳〕王云：言其髮色黄而稍卷。

〔下睫〕王云：言其眉長而下覆於目。△睫音接。

〔上唇〕王云：言其鼻巨而下壓於唇。黄庭内景經：眉號華蓋覆明珠。又云：外應中岳鼻齊位。梁丘子注：中岳鼻也。

〔嚴父〕王云：道德指歸論：道德爲父，神明爲母。

〔老親〕孫楚石人銘：大象無形，元氣爲母。杳兮冥兮，陶冶衆有。

〔天輪〕文選木華海賦：狀如天輪，膠戾而激轉。李善注：吕氏春秋曰：天地如車輪，終則復始。

〔火精〕淮南子天文訓：積陽之熱氣生火，火氣之精者爲日。積陰之寒氣爲水，水氣之精者爲月。

〔陽烏〕見卷一明堂賦注。

〔顧兔〕楚辭天問：夜光何德，死則又育。厥利維何，而顧兔在腹。

〔女媧〕太平御覽卷七八風俗通曰：俗説天地開闢，未有人民，女媧摶黄土作人，劇務力不暇供，乃引繩於絙泥中，舉以爲人。故凡富貴者黄土人也，貧賤凡愚者引絙人也。△媧音古蛙切。

〔若木〕見卷二古風第四十一首注。

〔扶桑〕見卷一大鵬賦注。

〔七聖〕王云：中國有七聖，謂高祖、太宗、高宗、中宗、睿宗、玄宗六君，其一則武后也。考先天二年，睿宗誥有運光五聖業盛百齡之辭，皆數武后在内，知當時稱謂如此也。

〔鴻荒〕王云：「半路頽鴻荒」，喻禄山倡亂，兩京覆没，有似鴻荒之世也。……魯靈光殿賦：鴻荒樸略。張載注：鴻，大也。上古之世爲鴻荒之世也。

〔咸陽〕王云：「陛下應運起」，謂肅宗即位於靈武，「龍飛入咸陽」，謂西京克復，大駕還都也。

〔盆子〕王云：「赤眉立盆子」，謂禄山既死，羣賊又立安慶緒爲主也。後漢書：建武元年，赤眉賊率樊崇逢安等共立劉盆子爲天子，然崇等視之如小兒，百事自由，初不恤録。

〔白水〕文選張衡南都賦：曜朱光於白水。薛綜注：東觀漢記曰：考侯仁徙封南陽白水鄉。

〔簸揚〕王云：「叱咤四海動，洪濤爲簸揚」，喻天下震動，寰宇洗清也。

〔紫微〕王云：「舉足踏紫微」，喻踐天子之位也。

〔天關〕王云：「天關自開張」，喻四遠關塞悉開通，出入不事閉守也。

〔仙倡〕文選張衡西京賦：總會仙倡。薛綜注：仙倡，僞作假形，謂如神也。

〔九苞〕太平御覽卷九一五：論語摘襄聖曰：鳳有九苞。一曰頭符命，二曰眼合度，三曰耳聰達，四曰舌詘伸，五曰色彩光，六曰冠短周，七曰距鋭鉤，八曰音激揚，九曰腹文户。

〔颯沓〕文選傅毅舞賦：颯沓合并。張銑注：颯沓，盤旋貌。

〔八十一萬歲〕按：龔頤正芥隱筆記云：道藏雲笈七籤二帙，混文聖紀云：混元一始萬劫至千百成，百成亦八十一萬年而有太初。太初之時，老子從虚空而下爲太初之師，又自太上生後復八十一萬億，八十一萬歲乃生一炁。又按：宋長白柳亭詩話亦引雲笈七籤，混元聖紀釋九九八十一萬歲。并云：篇中所云文康者，豈即老子之化身邪！

【評箋】

今人詹鍈云：唐詩紀事引皎然詩式：淈没格，一品曰戲俗。漢書云，匡鼎來，解人頤，蓋説詩也。此一品非雅作，足以爲談笑之資矣。李白狂詠：「女媧弄黄土，摶作愚下人，散在六合間，濛濛若埃塵。」其中所引狂詠即是此首，僧皎然去白未久，必有所本。意者，此詩本題作狂詠，然就其樂歌而言則爲上雲樂也。

又云：按至德二載九月癸卯，廣平王復西京，此詩當是聞西京克復捷音以後而作。

按：今人任半塘唐戲弄云：梁戲最著者爲上雲樂，至盛唐猶傳，並照演。隋書十三音樂志曾備載三朝設樂之四十九設。其中四十四設寺子遵、安息孔雀、鳳皇、文鹿、胡舞，登連上雲樂歌舞伎。此一設之内容複雜，不易了解。尤其「寺子遵」及「登連」未知何説。通典一四五云：梁有吴安泰善歌，後爲樂令，精解聲律。初改四曲：别江南、上雲樂。四曲祇見二名，亦未省其故。梁武帝有上雲樂七首。梁周捨有上雲樂辭，唐李白李賀亦有和作。捨、白二篇，與其謂之詩，不如謂之賦，實難以充合樂之唱辭。其中述西方老胡來梁瞻拜，呈技上壽，曾作胡舞，並有鳳凰、獅子、諸形象雜伎。乃知上文所舉第四十四設之全部，實爲一歌舞戲，重點在胡舞與上雲樂，二者連續表現，曰登連或即此意。……按二篇均是敘述體，僅各有一節曰陛下云云，爲代言對語而已，難認爲直接歌唱之樂辭或劇曲。「上雲樂」三字誠然爲伎名，但在二篇之前，不過等於普通詠事之詩題或賦題而已。過去每將二篇所述故事認爲真事，將劇情認爲真境，將劇中人認爲演員，……應肯定西方老胡，半人半仙，來遊大梁，對天子上壽種種，原屬虚構之故事，供劇本之應用而已。老胡、陛下、門徒、鳳皇、獅子等同須演員扮飾，彼「蛾眉」、「高鼻」、「青眼」、「白髮」等，俱是化裝；俳笑、飲酒、奏伎、胡舞、奉樂章、説内容等，俱是情節而已。周捨辭應如此看，李白辭正同。此伎，遠之頗似優孟衣冠之對真莊王演孫叔敖，而另扮戲中之莊王共同完成情節。在此伎則對真陛下演老胡文康，而另有戲中之陛下同演上壽。近之，此伎頗類唐戲之蘇幕遮，演西域胡王來唐，向天可汗上壽，而穿插表演其本國之渾脱舞與潑水乞寒之戲，以祝豐稔。不亞於近代所演之八仙上壽、麻姑獻壽等，已是真正戲劇。李白既有此篇詳述種種，可能唐代演出仍沿用梁之脚本。李辭所異於周辭者，可能即唐戲略有修改之處也。

夷則格上白鳩拂舞辭

鏗鳴鐘，考朗鼓。歌白鳩，引拂舞。白鳩之白誰與鄰？霜衣雪襟誠可珍。含哺七子能平均。食不噎，性安馴。首農政，鳴陽春。天子刻玉杖，鏤形賜耆人。白鷺之白非純真，外潔其色心匪仁。闕五德，無司晨。胡爲啄我葭下之紫鱗？鷹鸇雕鶚，貪而好殺，鳳凰雖大聖，不願以爲臣。

【校】

〔題〕樂府作白鳩辭。

〔不噎〕噎，兩宋本、繆本俱作咽。王本注云：繆本作咽。按：王氏改之，是也。鳩者不噎之鳥，見後漢書禮儀志。

〔安馴〕安，兩宋本、繆本、王本俱注云：一作可。

〔首農政〕首，咸本云：一作有。

〔鳴陽春〕鳴，宋乙本作爲。

〔白鷺〕鷺，兩宋本、繆本、王本俱注云：一作鷹。樂府與一作同。下之白，兩宋本、繆本、咸本、樂府俱作亦白。之王本注云：繆本作亦。

【注】

〔舞辭〕王云：通典：白鳩，吴朝拂舞曲也。琦按：拂舞者，樂人執拂而舞，以爲容節也。樂府詩集：古今樂録曰：鞞、鐸、巾、拂四舞，梁並夷則格鐘磬鳩拂和。故白擬之爲夷則格上白鳩拂舞辭。

〔鏗〕楚辭招魂：鏗鐘摇簴。王逸注：鏗，撞也。

〔考〕詩唐風山有樞：子有鐘鼓，勿鼓勿考。毛傳：考，擊也。

〔朗鼓〕王云：何承天歌：「朗鼓節鳴笳。」

〔白鳩〕王云：鳩類甚多，毛色各異，白者不常有，有則以爲異。故瑞應圖曰：白鳩成湯時至，王者養耆老，尊道德，不以新失舊，則至。

〔平均〕詩曹風鳲鳩：鳲鳩在桑，其子七兮。毛傳：鳲鳩之養其子，朝從上下，暮從下上，平均如一。

〔不噎〕後漢書禮儀志：仲秋之月，縣道皆按户比民，年始七十者，授之以玉杖，餔之糜粥。八十九十禮有加，賜玉杖，長九尺，端以鳩鳥爲飾。鳩者不噎之鳥也，欲老人不噎。

〔耆人〕按：當作耆民，此避唐諱。

〔白鷺〕王云：陸璣詩疏：鷺，水鳥也。好而潔白。汶陽謂之白鳥，齊魯之間謂之春鋤，……吴揚人皆謂之白鷺，大小如鴟，青脚高尺七八寸，尾如鷹尾，喙長三寸，頭上有毛十數枚，長寸餘，毿毿然與衆毛異，甚好，欲取魚時則弭之。

〔五德〕韓詩外傳卷二：田饒謂哀公曰：……君獨不見夫雞乎？首戴冠者文也，足搏距者武也，敵在前敢鬭者勇也，得食相告仁也，守夜不失時信也，雞有此五德。

〔司晨〕書牧誓：牝雞司晨，惟家之索。

〔葭下〕按：吴翌鳳遜志堂雜鈔云：漢鐃歌云：鷺何食，食茄下。案爾雅，芙蕖，其莖茄。韻會小補曰：茄，歌韻，今荷字。引詩：有蒲與茄，李白詩：「胡爲啄我茄下之紫鱗。」今但借爲蔬果名。

〔雕鶚〕王云：鷹，古者謂之爽鳩。一歲色黄，曰黄鷹。二歲色變次赤，曰鵃鷹，又曰鷂鷹。三歲以後色變蒼白，曰蒼鷹。隋魏彦深鷹賦所謂「毛衣屢改，厥色無常，寅生酉就，總號爲黄，二周作鷂，三歲成蒼」，是也。世俗通謂之角鷹，以其頂有毛角微起也。鸇，詩所謂晨風，似鷹而小，好乘風展翅，鳴則風生，世俗謂之鶻。雕與鷹極類，惟尾長翅短爲異，猛悍多力，鶚尤勇健善搏，乃鷙鳥中之殊特者。故鄒陽書曰：鷙鳥累百，不如一鶚。禽經曰：鷙鳥之善搏者曰鶚。孟康漢書注：鶚，大雕也。詩經正義：雕之大者又名鶚。蓋言其似雕而大也。或以雕鶚混爲一物，或以鶚爲王雎魚鷹之異名，皆非也。四鳥皆禽中之鷙者，形狀亦相似，曲喙金睛，劍翮利爪，盤旋空中，俟物而擊之。鸇形最小，所搏者惟鴿雀小鳥之類，鷹稍大，能搏雉兔，雕則大於鷹，能擒鴻鵠大鳥，鶚則又大於雕，能搏狐鹿羊豕。鷹多産北地，鸇則是處有之，雕鶚惟産邊境，世人不辨，或多混稱，故詳釋之。

【評箋】

王夫之云：間處點綴奇絶，古體爲新詩，賴此神肖。（唐詩評選）

沈德潛云：時多酷吏與聚斂之臣，故作是詩以刺。（唐詩别裁）

今人詹鍈云：似指貌似君子而陰爲訕謗者，蓋白被讒以後所作。

日出入行

日出東方隈，似從地底來。歷天又入海，六龍所舍安在哉？其始與終古不息，人非元氣，安得與之久徘徊？草不謝榮於春風，木不怨落於秋天。誰揮鞭策驅四運，萬物興歇皆自然。羲和羲和，汝奚汨没於荒淫之波？魯陽何德？駐景揮戈。逆道違天，矯誣實多。吾將囊括大塊，浩然與溟涬同科。

【校】

〔題〕樂府作日出行。

〔隈〕咸本云：一本無隈字。

〔歷天〕此句兩宋本、繆本、胡本俱作歷天又復入西海。咸本注云：一作又復入西海。王本注云：繆本作歷天又復西入海。

〔其始〕此句兩宋本、繆本、王本俱注云：一作其行終古不休息。英華、樂府與一作同。

〔安得〕得，樂府作能。

〔誰揮〕揮，英華作將，注云：集作揮。

〔汝奚〕奚，黄校作兮。咸本注云：一作兮。

〔囊括〕英華作括囊，注云：集作囊括。

【注】

〔題〕蕭云：日出入行即樂府時景二十一曲之一日出行也。胡云：漢郊祀歌日出入，言日出入無窮，人命獨短，願乘六龍，仙而升天。此反其意，言人安能如日月不息？不當違天矯誣，貴放心自然，與溟涬同科也。

〔六龍〕見本卷蜀道難注。

〔不息〕莊子大宗師篇：日月得之，終古不息。陸德明注：崔云：終古，久也。鄭玄注周禮云：終古猶言常也。

〔元氣〕王云：元氣者，依河圖曰，元氣無形，汹汹蒙蒙，偃者爲地，伏者爲天。禮統曰：天地者，元氣之所生，萬物之祖。帝王世紀曰：元氣始萌，謂之太初。三五曆紀曰：未有天地之時，混沌如雞子，溟涬鴻濛滋分，歲起攝提，元氣滋肇。

〔秋天〕王云：郭象莊子注：暖焉若陽春之自和，故蒙澤者不謝；淒乎若秋霜之自降，故凋落者不怨。太白謝榮怨落二語本此。按：王此注實本楊慎丹鉛總録。梅鼎祚李詩鈔卷一云：楊慎丹鉛録云：郭象莊子注多俊語，如云：「暖焉若春陽之自和，故榮澤者不謝；淒乎如秋霜之自降，故凋落者不怨。」李白用其語爲詩云：「草不謝榮於春風，木不怨落於秋天。」余按班史：自榮自落，何謝何怨，則已先之矣。

〔四運〕文選殷仲文南州桓公九井作：四運雖鱗次。吕向注：四運，四時也。

〔羲和〕見卷一大鵬賦注。

〔汩〕音骨。

〔荒淫之波〕淮南子俶真訓：是故百姓曼衍於淫荒（王引作荒淫）之陂而失其大宗之本。

〔魯陽〕淮南子覽冥訓：魯陽公與韓搆戰酣，日暮援戈而撝之，日爲之反三舍。

〔溟涬〕莊子天地篇：豈兄堯舜之教民溟涬然弟之哉。郭注：溟涬，甚貴之謂。△溟涬音茗倖。

【評箋】唐宋詩醇云：易曰：原始反終。故知死生之説。不知自然之運，而意於長生久視者，妄也。詩意似爲求仙者發，故前云「人非元氣，安得與之久徘徊」，後云「魯陽揮戈，矯誣實多」，而結以「與溟涬同科」。言不如委順造化也。若謂寫時行物生之妙，作理學語，亦索然無味矣。觀此益知白之學仙，蓋有所托而然也。

沈德潛云：言魯陽揮戈之矯誣，不如委順造化之自然也。總見學仙之謬。（唐詩別裁）

陳沆云：此篇蕭氏謂全祖莊子雲將鴻濛之意。胡震亨謂人安能如日月不息，當放心自然云云，皆見其表，未見其裏。夫歎羲和之荒淫，悲魯陽之回戈，此豈無端之泛語耶？蓋歎治亂之無常，興衰之有數，姑爲達觀以遣憤激也。日從地出，似將自幽而之明。歷天入海，又已由明而入闇。氣運遞嬗，終古如斯。但我生之初，我身以後，皆不及見耳。既皆氣運盛衰之自然，則非人力所能推挽，猶草木榮落有時，無所歸其德怨，以無有鞭策驅使之者也。不然，羲和照臨八極，胡忽汩於洪波？魯陽回天轉日，胡卒無救於桑榆？蓋以羲和喻君德之荒淫，魯陽閔諸臣之再造。萇弘匡周，左氏斥爲違天。變雅詩人，亦歎天之方虐。皆憤激之反詞也。漢以來樂府皆以抒情志達諷諭，從無空譚道德，宗尚玄虛之什。豈太白而不知體格如諸家云云哉？（詩比興箋）

胡無人

嚴風吹霜海草凋，筋幹精堅胡馬驕。漢家戰士三十萬，將軍兼領霍嫖姚。流星白羽腰間插，劍花秋蓮光出匣。天兵照雪下玉關，虜箭如沙射金甲。雲龍風虎盡交回，太白入月敵可摧。敵可摧，旄頭滅。履胡之腸涉胡血。懸胡青天上，埋胡紫塞旁。胡無人，漢道昌。陛下之壽三千霜，但歌大風雲飛揚，安用猛士兮守四方。

【校】

〔筋幹〕幹，英華、胡本、敦煌殘卷俱作榦。

〔兼領〕敦煌殘卷、兩宋本、繆本、王本俱注云：一作誰者。胡本作誰者，注云：一作兼領。

〔盡交回〕盡，兩宋本、繆本、胡本、王本俱注云：一作晝。此句，敦煌殘卷作龍風虎雲盡交回。

〔青天〕青，英華作清。

〔士兮〕兮下英華注云：一無此字。

〔四方〕咸本、英華此下多胡無人漢道昌六字，注云：一無此六字。樂府同。胡本、敦煌殘卷、文粹俱無陛下之壽以下三句。

【注】

〔胡無人〕王云：按樂府詩集，王僧虔技録，相和歌瑟調三十八曲中有胡無人行。

〔筋幹〕周禮考工記：凡爲弓，冬析幹，而春液角，夏治筋，秋合三材。

〔三十萬〕漢書武帝紀：元光二年，御史大夫韓安國爲護軍將軍……將三十萬衆屯馬邑谷中，誘致單于欲襲擊之，單于入塞，覺之走出。

〔嫖姚〕王云：漢書：霍去病善騎射，再從大將軍。大將軍受詔予壯士，爲票姚校尉，與輕勇騎八百，直棄大將軍數百里赴利，斬捕首虜過當。服虔注：票姚音飄摇。顔師古曰：票音頻妙反，姚音羊召反，票姚，勁疾之貌也。荀悦漢紀作票鷂字。去病後爲票騎將軍，尚取票姚之字耳。今讀者音飄摇，則不當其義也。按唐人詩中用嫖姚字者多從服音，不從顔説，即杜工部亦然，不獨太白是詩矣。

〔白羽〕漢書卷五七司馬相如傳：彎繁弱，滿白羽。文穎注：以白羽羽箭，故言白羽也。

〔天兵〕文選揚雄長楊賦：天兵四臨。李善注：天兵，言兵威之盛如天也。

〔玉關〕王云：漢書地理志，敦煌郡龍勒縣有玉門關。史記正義：括地志云：玉門關在沙州壽昌縣西北一百十八里。元和郡縣志：玉門關在瓜州晉昌縣東二十里。一統志：玉門關在陝西故瓜州西北十八里。漢霍去病破走月支，開玉門關。班超在西域上書，願生入玉門關，即此。

〔風虎〕王云：雲龍風虎皆陣名。李衛公問對：太宗曰：「天地風雲龍虎鳥蛇，斯八陣何義也？」靖曰：「古人祕藏此法，故詭説八名，於八陣本一也。」舊注引周易雲從龍、風從虎之文，恐於詩義未當。

〔入月〕王云：後漢書：永平十五年十一月乙丑，太白入月中，爲大將戮。晉書：凡五星入月歲，其野有逐相太白將僇。元帝太興三年十二月己未，太白入月在斗。成帝咸康元年二月乙未，太白入月。六年二月乙未，太白入月。其占又皆另有所主，俱未嘗爲摧敵之兆。太白斯語其別有所據歟！按：通鑑卷九九：道士法饒謂冉閔曰：太白入昴，當殺胡王。李詩或即用此。疑道教有此傳説，以勵敵愾同仇之思。入月入昴，不妨任意援用。若本集卷二十四南奔書懷詩之「太白夜食昴」，乃別指軍興之象，全非此詩之意。用字雖同，不得併爲一談也。

〔旄頭〕史記天官書：昴曰旄頭，胡星也。正義：昴七星爲髦頭，胡星，亦爲獄事。明，天下獄訟平，暗爲刑罰濫。六星明與大星等，大水且至。其兵大起。摇動若跳躍者，胡兵大起，一星不見，皆兵之憂也。

〔胡血〕淮南子兵略訓：白刃合，流矢接。涉血履腸，輿死扶傷。

〔紫塞〕古今注：秦築長城，土色皆紫，漢塞亦然，故稱紫塞焉。

〔四方〕王云：漢高祖歌詩：「大風起兮雲飛揚，威加海内兮歸故鄉，安得猛士兮守四方？」蘇子由譏此詩末三句爲不達理。

【評箋】

蕭云：詩至漢道昌，一篇之意已足……一本無此三句者是也。使蘇子由見之，必不肯輕致不識理之誚矣。

趙翼云：胡無人一首中有「太白入月敵可摧」之句，適與禄山被殺之讖相符，説者又謂此詩預決祿山之死。不知太白入月本天官家占驗之法，豈專指祿山？且此篇上文但言戎騎窺邊、漢兵殺敵之事，初不涉漁陽一語也。（甌北詩話）

今人詹鍈云：按敦煌殘卷本唐詩選録此詩即至胡無人漢道昌爲止，而無後三句，唐文粹並同。升庵詩話卷七胡無人行條：「望胡地，何險側！斷胡頭，脯胡臆。」此古詞雖不全，然李太白作胡無人尾句全效。可證楊慎家藏樂史本李翰林集亦無陛下之壽三千霜以下三句。是則蕭氏謂末三句爲後人所補，信而有徵。但文苑英華録此詩不但有末三句，其後復有胡無人、漢道昌兩句，注云：一無此六字，樂府詩集亦然，則來源已久，非宋以後人所附加者也。

又云：酉陽雜俎前集卷十二云：祿山反，太白製胡無人，言太白入月敵可摧。及祿山死，太白蝕月。唐語林：太白嘗製樂府云，太白入月敵可摧，乃祿山犯闕時太白犯月，皆謂之不凡耳。唐詩紀事：此詩祿山反時作，祿山死，太白食月云。蕭曰：按唐書天文志：肅宗上元元年五月癸丑，月掩昴，占曰，胡王死。三年建子月癸巳，月掩昴，出昴北。……必上元間聞太史之占而作也。自茲數年之後，安史相繼滅亡，兩京恢復，其言驗矣。王曰：今考唐書天文志，初未嘗有太白入月之事，而蕭妄引上元元年、三年掩昴之文以當之，誤矣。玩天兵照雪下玉關之句，當是開元天寶之間爲征討四夷而作，庶幾近是。……按：祿山卒於至德二載正月乙卯，與蕭氏所引上元元年事固不合。但舊唐書肅宗紀云：至德二載四月，太史奏歲星太白熒惑集於東井。太白入月或出於傳聞之誤。又新唐書韋見素傳云：天寶十五載十月丙申，有星犯昴，見素言於帝曰：「昴者胡也。天道謫見，所應在人，禄山將死矣。」帝曰：「日月可知乎？」見素曰：「福應在德，禍應在刑，昴金忌火，行當火位，昴之昏中，乃其時也。既死其月，亦死其日。明年正月甲寅，禄山其殪乎！」帝曰：「賊何等死！」答曰：「五行之説，子者視妻所生，昴犯以丙申，金，木之妃也，木，火之母也，丙火爲金，子申亦金也。二金本同末異，還以相剋，賊殆爲子與首亂者更相屠戮乎！」及禄山死，日月皆驗。可見當時此類傳説甚盛。即或太白入月敵可摧之説出於時人傅會，然此詩之作在禄山初反時，蓋無庸致疑也。

北風行

燭龍棲寒門，光耀猶旦開。日月照之何不及此？惟有北風號怒天上來。燕山雪花大如席，片片吹落軒轅臺。幽州思婦十二月，停歌罷笑雙蛾摧。倚門望行人，念君長城苦寒良可哀。别時提劍救邊去，遺此虎文金鞞靫。中有一雙白羽箭，蜘蛛結網生塵埃。箭空在，人今戰死不復回。不忍見此物，焚之已成灰。黄河捧土尚可塞，北風雨雪恨難裁。

【校】

〔題〕咸本此首之前有猛虎行。

〔日月〕此句下兩宋本、繆本、王本俱注云：一作日月之賜不及此。

〔一雙〕一，蕭本作二。王本注云：蕭本作二。

〔已成〕繆本、王本此下俱注云：一作以爲。

〔北風雨雪〕咸本注云：一本無此四字。

〔難裁〕裁，兩宋本、繆本、樂府俱注云：一作哉。

【注】

〔北風行〕蕭云：樂府有時景二十五曲，中有北風行。王云：鮑照有北風行，傷北風雨雪，行人不歸，太白擬之而作。

〔燭龍〕淮南子墬形訓：燭龍在雁門北，蔽於委羽之山，不見日，其神人面龍身而無足。高誘注：龍銜燭以照太陰，蓋長千里，視爲晝，瞑爲夜，吹爲冬，呼爲夏。

〔寒門〕淮南子墬形訓：北方曰北極之山曰寒門。高誘注：積寒所在，故曰寒門。

〔燕山〕王云：太平寰宇記：燕山在薊州漁陽縣東南七十里。一統志：燕山在薊州玉田縣西北二十五里，自西山一帶迤邐東來，延袤數百里，抵海崖。然詩家用燕山字概舉燕地之山，猶秦山楚山之類，不專指一山也。

〔軒轅臺〕楊云：軒轅臺在漢上谷郡涿鹿縣。王云：直隸名勝志：軒轅臺在保安州西南界之喬山上。山海經云：大荒内有軒轅臺，射者不敢西向，畏軒轅故也。

〔鞞靫〕王云：鞞靫當作鞴靫爲是。韻會：鞴靫，盛箭室。△鞞音丙，靫音差。

〔白羽箭〕北史突厥傳：帝取桃竹白羽箭一枚以賜射匱。

〔捧土〕後漢書卷六三朱浮傳：此猶河濱之人捧土以塞孟津，多見其不知量也。

【評箋】

謝榛云：太白曰「燕山雪花大如席，片片吹落軒轅臺」，景虛而有味。（四溟詩話）

王夫之云：前無含後亦不應，忽然及此，則雖道閨人，知其自道所感。（唐詩評選）

吴瑞榮云：雪花如席，自屬豪句，看下句接軒轅臺，另繪一種輿圖，另成一種義理，嚴冲甫訾爲無此理致，是膠柱鼓瑟之見。太白詩如「白髮三千丈」，「愁來飲酒二千石」，俱不當執文義觀。（唐詩箋要續編）

今人詹鍈云：詩云：「幽州思婦十二月，停歌罷笑雙蛾摧。」當是寫實，此詩蓋天寶十一載嚴冬，太白於幽州作。

俠客行

趙客縵胡纓，吴鈎霜雪明。銀鞍照白馬，颯沓如流星。十步殺一人，千里不留行。事了拂衣去，深藏身與名。閑過信陵飲，脱劍膝前横。將炙啖朱亥，持觴勸侯嬴。三杯吐然諾，五岳倒爲輕。眼花耳熱後，意氣素霓生。救趙揮金槌，邯鄲先震驚。千秋二壯士，烜赫大梁城。縱死俠骨香，不慚世上英。誰能書閣下，白首太玄經？

【校】

〔趙客〕客，咸本注云：一作家。

〔霜雪〕雪，英華作月。

〔膝前〕前，兩宋本、繆本、王本俱注云：一作上。文粹作上。英華作邊。

〔縱死〕死，蕭本作使。王本注云：蕭本作使。

【注】

〔俠客行〕蕭云：樂府俠遊二十五曲中有俠客行。

〔縵胡纓〕莊子説劍篇：（趙）太子曰：然，吾王所見劍士，皆蓬頭突鬢垂冠縵胡之纓。司馬彪注：謂粗纓無文理也。

〔吴鈎〕夢溪筆談卷一九：唐詩人多言吴鈎者。吴鈎刀名也，刃彎，今南蠻用之，謂之葛黨刀。按：能改齋漫録卷二：予按吴越春秋闔閭内傳曰：闔閭既寶莫邪之劍，復命國中作金鈎，令曰：能爲善鈎者賞之百金。吴作鈎者甚多，而有人貪王之重賞也，殺其二子，以血釁金，遂成二鈎，獻於闔閭。吴鈎始於此，豈存中偶忘之耶？左太冲吴都賦云：吴鈎越棘，純鈞湛盧。鮑照結客少年行云：驄馬金絡頭，錦帶佩吴鈎。

〔颯沓〕沈家本枕碧樓偶存稿：鮑照詠史詩：「賓御紛颯沓，鞍馬光照地。」字典：颯沓，衆盛貌。李白詩：「銀鞍照白馬，颯沓如流星。」蓋即用鮑賦語，亦指人言。

〔留行〕莊子説劍篇：臣之劍十步一人，千里不留行。司馬彪注：十步與一人相擊輒殺之，故千里不留於行也。

〔信陵〕史記魏公子列傳：魏公子無忌者，魏昭王少子，而魏安釐王異母弟也。昭王薨，安釐王即位，封公子爲信陵君。……魏有隱士曰侯嬴，年七十，家貧，爲大梁夷門監者。公子聞之，往請，欲厚遺之，不肯受，……公子於是乃置酒大會賓客。坐定，公子從車騎虚左自迎夷門侯生。……至家，公子引侯生坐上坐，徧贊賓客，賓客皆驚。……於是罷酒，侯生遂爲上客。侯生謂公子曰：「臣所過屠者朱亥，此子賢者，世莫能知，故隱屠間耳。」公子數往請之，朱亥故不復謝。公子怪之。魏安釐王二十年，秦昭王已破趙長平軍，又進兵圍邯鄲。公子姊爲趙惠文王弟平原君夫人，數遺魏王及公子書，請救於魏。魏王使將軍晉鄙將十萬衆救趙。秦王使使告魏王曰：「吾攻趙旦暮且下，而諸侯敢救者，已拔趙，必移兵先擊之。」魏王恐，使人止晉鄙，留軍壁鄴，名爲救趙，實持兩端以觀望。……公子患之，數請魏王，及賓客辨士説王萬端。魏王畏秦，終不聽公子。……侯生乃屏人閒語曰：「嬴聞晉鄙之兵符常在王卧内，而如姬最幸，出入王卧内，力能竊之。嬴聞如姬父爲人所殺，如姬資之三年，自王以下欲求報其父仇，莫能得。如姬爲公子泣，公子使客斬其仇頭，敬進如姬。如姬之欲爲公子死，無所辭，顧未有路耳。公子誠一開口請如姬，如姬必許諾，則得虎符，奪晉鄙軍，北救趙，而西却秦，此五霸之伐也。」公子從其計，請如姬，如姬果盜晉鄙兵符與公子。公子行。侯生曰：「將在外，主令有所不受，以便國家，公子即合符，而晉鄙不授公子兵而復請之，事必危矣。臣客屠者朱亥可與俱，此人力士。晉鄙聽，大善；不聽，可使擊之。」……於是公子請朱亥，朱亥笑曰：「臣乃市井鼓刀屠者，而公子親數存之，所以不報謝者，以爲小禮無所用。今公子有急，此乃臣効命之秋也。」遂與公子俱。……至鄴，矯魏王令代晉鄙。晉鄙合符，疑之，……欲無聽，朱亥袖四十斤鐵錐，錐殺晉鄙。公子遂將晉鄙軍。……進兵擊秦軍。秦軍解去，遂救邯鄲，存趙。

〔耳熱〕張華輕薄篇：「三雅來何遲，耳熱眼中花。」

〔素霓〕張華壯士篇：「慷慨成素霓，嘯咤起清風。」

〔俠骨香〕張華遊俠曲：「生從命子遊，死聞俠骨香。」

〔太玄經〕見卷二古風第八首注。

【評箋】

胡仔云：復齋漫録云：太白俠客行云：「事了拂衣去，深藏身與名。」元微之俠客行云：

「俠客不怕死，怕死事不成，不肯藏姓名。」二公寓意不同。（苕溪漁隱叢話）

洪亮吉云：俠客行：鄲邯先震驚。邯鄲古未有倒言鄲邯者，然張晏漢書注：邯山在邯鄲縣東城下，單，盡也，是鄲邯先震驚爲盡邯山之地皆震驚耳。白詩不肯作常語如此。（北江詩話）

按：洪氏蓋讀誤本而強爲之説。

李白集校注卷四

樂府三十七首

關山月

明月出天山，蒼茫雲海間。長風幾萬里，吹度玉門關。漢下白登道，胡窺青海灣。由來征戰地，不見有人還。戍客望邊色，思歸多苦顔。高樓當此夜，嘆息未應閑。

【校】

〔題〕兩宋本、繆本此首俱在卷三之末。王氏蓋據蕭本。

〔蒼茫〕此句咸本注云：一作蒼蒼莅雲間。

〔邊色〕色，兩宋本、繆本、王本俱注云：一作邑。

〔應閑〕閑，兩宋本、繆本、王本俱注云：一作還。

【注】

〔關山月〕樂府古題要解：關山月，傷離別也。　蕭云：關山月者，樂府鼓角横吹十五曲之一也。

〔天山〕漢書武帝紀：天漢二年，貳師將軍……與右賢王戰於天山。注：晉灼曰：在西域，近蒲類國，去長安八千餘里。師古曰：即祁連山也，匈奴謂天爲祁連，……今鮮卑語尚然。

王云：輿地廣記：伊州伊吾縣有天山，胡人呼爲折漫羅山，每過之皆下馬拜。一名雪山。

北邊備對：天山即祁連山也，又名時漫羅山，又名祁漫羅山。蓋虜語謂祁連也，時漫羅也，祁漫羅也，皆天也。通典：元和志於張掖縣既著祁連山矣，而伊、西、庭三州皆有此山，則是自甘張掖而西至於庭州，相去三千五六百里，而天山皆能周徧其地，則此山亦廣長矣。

月出於東而天山在西，今曰「明月出天山」，蓋自征夫而言，已過天山之西而迴首東望，則儼然見明月出於天山之外也。

〔白登道〕王云：漢書卷九四匈奴傳：匈奴……引兵南踰句注，攻太原，至晉陽下。高帝自將兵往擊之。會冬大寒雨雪，卒之墮指者十二三，於是冒頓陽敗走，誘漢兵，漢兵逐擊冒頓，冒頓匿其精兵，見其羸弱，於是漢悉兵多步兵三十二萬北逐之。高帝先至平城，步兵未盡到，冒頓縱精兵三十餘萬騎，圍高帝於白登七日。漢兵中外不得相救餉。顔師古注：白登在平城東南，去平城十餘里。

〔青海灣〕王云：一統志：西海在陝西西寧衛城西三百餘里。海方數百里，一名卑禾羌海，俗呼青海。潛確居類書：洮州衛有青海，在洮水之西，周圍千里，中有小山。隋將段文振西征，逐虜於青海，即此。琦按：青海，隋時屬吐谷渾。唐高宗時爲吐蕃所據。儀鳳中李敬元，開元中王君㚟、張景順、崔希逸、皇甫惟明、王忠嗣先後與吐蕃攻戰，皆近其地，相去不遠。

【評箋】楊云：吴氏語録曰：太白詩如「明月出天山，蒼茫雲海間，長風幾萬里，吹度玉門關」，皆氣蓋一世。學者皆熟味之，自不褊淺矣。天山在唐西州交河郡天山縣，天山至玉門關不爲太遠，而曰幾萬里者，以月如出於天山耳，非以天山爲度也。

胡應麟云：「千山鳥飛絶」二十字，骨力豪上，句格天成。則律以輞川諸作，便覺太鬧。青蓮「明月出天山，滄茫雲海間。長風幾萬里，吹度玉門關」，渾雄之中，多少閒雅！（詩藪）

獨漉篇

獨漉水中泥，水濁不見月。不見月尚可，水深行人没。越鳥從南來，胡鴈亦北度。我欲彎弓向天射，惜其中道失歸路。落葉別樹，飄零隨風。客無所託，悲與此同。羅帷舒卷，似有人開。明月直入，無心可猜。雄劍挂壁，時時龍鳴。不斷犀象，繡澀苔生。國恥未雪，何由成名？神鷹夢澤，不顧鴟鳶。爲君一擊，鵬摶九天。

【校】

〔胡雁〕雁，蕭本、樂府俱作鷹。咸本注云：一作雁。王本注云：蕭本作鷹。

〔繡澀〕繡，兩宋本、繆本俱作羞。咸本注云：一作羞。王本注云：繆本作羞。

〔鵬摶〕兩宋本、繆本、樂府俱作摶鵬。咸本注云：一作摶鵬。王本注云：繆本作摶鵬。

【注】

〔獨漉篇〕王云：蕭士贇曰：獨漉篇即拂舞歌五曲中之獨禄篇也。特太白集中禄字作漉字。其間命意造辭，亦模倣規擬，但古詞爲父報仇，太白言爲國雪恥耳。古詞曰：獨禄獨禄，水深泥濁。泥濁尚可，水深殺我。噰噰雙雁，遊戲田畔。我欲射雁，念子孤散。翩翩浮萍，得風遥輕。我心何合？與之同并。空牀低幃，誰知無人？夜衣錦繡，誰別僞真？刀鳴削中，倚牀無施。父冤不報，欲活何爲？猛虎斑斑，遊戲山間。虎欲殺人，不避豪賢。琦按：樂府諸書，亦有引古詞作獨鹿者，亦有作獨漉者，是禄、鹿、漉古者通用，非始於太白也。

〔獨漉〕王云：劉履曰：獨漉疑地名。琦按：上谷郡涿州有地名獨鹿，一名濁鹿者是也。又小網名罣麗，荀子作獨鹿。成相辭曰：恐爲子胥身離凶，進諫不聽，剄而獨鹿棄之江。楊倞注：國語曰：鳥獸成，水蟲孕，水虞於是禁罝罣麗。賈云：罣麗，小罟也。或謂此未可知。

〔雄劍〕鮑照贈故人馬子喬詩：「雙劍將別離，先在匣中鳴。雌沉吴江裏，雄飛入楚城。」梁簡文帝七勵：拭龍泉之雄劍。

〔龍鳴〕太平御覽卷三四四拾遺記曰：顓頊高陽氏有畫影劍、騰空劍。若四方有兵，此劍則飛赴，指其方則剋，未用時，在匣中常如龍虎吟。

〔犀象〕文選曹植七啓：步光之劍，華藻繁縟。陸斷犀象，未足稱儁。李周翰注：言劍之利也。犀象之獸其皮堅。

〔九天〕太平廣記卷四六〇引幽明録：楚文王好獵，有人獻一鷹，王見其殊常，故爲獵於雲夢之澤。毛羣羽族，争噬共搏，此鷹瞪目，遠瞻雲際。俄有一物，鮮白不辨，其鷹竦翮而升，矗若飛電，須臾羽墮如雪，血下如雨，良久有大鳥墜地，其兩翅廣十餘里，喙邊有黄，衆莫能知。時有博物君子曰：此大鵬雛也。文王乃厚賞之。蕭云：此比興之意，謂士之用世，當爲國雪恥，立大功以成名，如神鷹之不顧凡鳥，而但擊九天之鵬也。

【評箋】

王云：琦按：此詩依約古辭，當分六解。「水深行人没」以上爲一解，「惜其中道失歸路」以上爲二解，「悲與此同」以上爲三解，「無心可猜」以上爲四解，「何由成名」以上爲五解，「鵬摶九天」以上爲六解。解各一意，峯斷雲連，似離似合，其體固如是也。若強作一意釋去，更無是處。沈德潛云：晉人古詞本或斷或續，太白亦以此體仿之，中三解未易窺測，恐強解之，轉成穿鑿耳。

又云：原詞爲父報讐，太白爲國雪恥，中作六解，似嶺斷雲連，若離若合，不能強作一意，「雄劍挂壁」以下，言豪士爲國雪恥，當立大功以成名，猶鷹之不顧凡鳥，而擊九天之鵬也。（唐詩别裁）

陳沆云：此篇自昔付之不解。今觀國恥未雪等語，蓋亦從永王時，欲其爲國雪大恥，而不欲其與李希言等尋小隙也。新唐書言璘引舟師東下，甲士五千趨廣陵，然未敢顯言取江左。會吳郡採訪使李希言平牒璘，大署其名，璘怒，遣兵襲之，於是江淮驚動。明年，官兵集廣陵以拒璘，璘將季廣琛謂諸將曰：「上皇播遷，道路不通，而諸子無賢於王者，如總江淮鋭兵，長驅雍洛，大功可成。今乃不然，使吾等挂叛黨乎？」此詩亦猶是也。越鳥四句言希言等自南來，而璘兵亦欲北渡，中道相逢，本非仇敵，縱彎弓射殺之，亦止自傷其類，無濟於我。下云：神鷹夢澤，不顧鴟鳶，亦是此意。總言小人小嫌之不足校，當如鵬擊九天，破賊立勳，報國雪恥，此則大可奮勉者也。中間落葉八句，寓無聊依人之感，蓋本知其不足大與有爲，而又念其帝胄至親，似無可猜之道也。集中在水軍宴贈幕府諸侍御詩曰：胡沙驚北海，電掃洛陽川。……所冀旄頭滅，功成追魯連，與此篇正相表裏。（詩比興箋）

登高丘而望遠海

登高丘，望遠海。六鼇骨已霜，三山流安在？扶桑半摧折，白日沉光彩。銀臺金闕如夢中，秦皇漢武空相待。精衛費木石，黿鼉無所憑。君不見！驪山茂陵盡灰滅，牧羊之子來攀登。盜賊劫寶玉，精靈竟何能？窮兵黷武有如此，鼎湖飛龍安可乘？

【校】

〔望遠海〕樂府無海字，題同。

〔白日〕白，咸本注云：一作半。

〔茂陵〕陵，咸本作田，注云：一作陵。

〔有如此〕有，樂府作今。

【注】

〔遠海〕王云：此題舊無傳聞，郭茂倩樂府詩集編是詩於相和曲中魏文帝登山而遠望一篇之後，疑太白擬此也，然文意却不類。

〔六鼇〕列子湯問篇：渤海之東，不知幾億萬里，有大壑焉，實惟無底之谷。……其中有五山焉，一曰岱輿，二曰員嶠，三曰方壺，四曰瀛洲，五曰蓬萊，……五山之根，無所連著，常隨潮波上下往還，不得暫峙焉。仙聖毒之，訴之於帝。帝恐流於西極，失羣聖之居，乃命禺彊，使巨鼇十五舉首而戴之，迭爲三番，六萬歲一交焉。五山始峙，而龍伯之國有大人，舉足不盈數步，而暨五山之所，一釣而連六鼇，合負而趨歸其國，灼其骨以數焉。於是岱輿、員嶠二山流於北極，沉於大海，仙聖之播遷者巨億計。

〔扶桑〕見卷一大鵬賦注。

〔銀臺〕文選張衡思玄賦：聘王母於銀臺。李善注：銀臺，王母所居。

〔秦皇〕〔漢武〕史記封禪書：自威、宣、燕昭使人入海求蓬萊、方丈、瀛洲，此三神山者，其傳在渤海中，去人不遠，患且至則船風引而去。蓋嘗有至者，仙人及不死之藥皆在焉，其物禽獸盡白，而黄金銀爲宮闕。未至望之如雲，及到，三神山反居水下，臨之風輒引去，終莫能至云。及至秦始皇并天下，至海上，則方士言之不可勝數，始皇自以爲至海上，而恐不及矣。使人乃齎童男女入海求之，船交海中，皆以風爲解，曰未能至，望見之焉。今天子遣方士入海求蓬萊安期生之屬，居久之，求蓬萊安期生莫能得。

〔精衛〕見卷一大鵬賦注。

〔黿鼉〕王云：竹書紀年：穆王三十七年，大起九師，東至于九江，架黿鼉以爲梁，遂伐越，至于紆。精衛二句，蓋言海之深廣，非木石可填，而黿鼉爲梁之説亦虚而無所憑據，以明三山之必不可到也。

〔攀登〕王云：漢書：秦始皇帝葬於驪山之阿，下錮三泉，上崇山墳，其高五十餘丈，周回五里有餘。石椁爲游館，人膏爲燈燭，水銀爲江海，黄金爲鳬雁。珍寶之藏，機械之變，棺槨之麗，宫館之盛，不可勝原。又多殺宫人，生埋工匠，計以萬數，天下苦其役而反之。驪山之作未成，而周章百萬之師至其下矣。項籍燔其宫室營宇，往者咸見發掘，其後牧兒亡羊，羊入其鑿，牧者持火照求羊，失火燒其藏椁。漢武外傳：元狩二年二月丁卯，帝崩。三月，葬茂陵。晉書：漢天子即位一年而爲陵，天下供賦三分之，一供宗廟，一供賓客，一充山陵。漢武帝享年久長，比葬而茂陵不復容物，其樹皆已可拱。赤眉取陵中物不能減半，於今猶有朽帛委積，金玉未盡。

〔飛龍〕抱朴子微旨篇：……黄帝於荆山之下，鼎湖之中，飛九丹成，乃乘龍上天也。

【評箋】

王夫之云：後人稱杜陵爲詩史，乃不知此九十一字中有一部開元、天寶本紀在内。俗子非出像則不省，幾欲賣陳壽三國志，以雇説書人打匾鼓誇赤壁鏖兵。可悲可笑，大都如此。（唐詩評選）

按：王説甚韙，由此推之，更可包括古風五十九首之大部。可見古風五十九首自有其一貫之宗旨也。

陳沆云：秦皇漢武殺人開邊，毒痛天下，大傷上帝好生之德，而欲己之長生，得乎？（詩比興箋）

今人詹鍈云：按此詩與「秦王掃六合」一首（古風五十九首之三）取意多同，疑是前後之作。

陽春歌

長安白日照春空，緑楊結烟桑裊風。披香殿前花始紅。流芳發色繡户中。繡户中，相經過。飛燕皇后輕身舞，紫宫夫人絶世歌。聖君三萬六千日，歲歲年年奈樂何！

【校】

〔桑〕兩宋本、繆本、王本俱注云：一作垂。胡本、咸本、敦煌殘卷、文粹俱作垂。英華作垂，傅校改桑。自以作桑爲勝。

〔絶世〕世，英華作代。自是唐人舊本。

〔聖君〕君，敦煌殘卷作皇。

〔六千日〕日，敦煌殘卷作歲。

【注】

〔陽春歌〕蕭云：歌録：陽春歌楚曲也，即時景二十五曲之一。王云：宋吴邁遠作陽春歌，梁沈約作陽春曲，此詩似擬之而作。

〔披香殿〕王云：三輔黄圖：未央宫有披香殿。雍録：慶善宫有披香殿。

〔飛燕〕西京雜記：趙飛燕爲皇后，……趙后體輕腰弱，善行步進退。

〔紫宫〕文選西京賦：正紫宫於未央。薛綜注：天有紫微宫，王者象之。李善注：辛氏三秦記曰：未央宫一名紫微宫。

〔絶世歌〕漢書卷九七外戚傳：孝武李夫人本以倡進。初夫人兄延年性知音，善歌舞。武帝愛之。延年侍上起舞，歌曰：「北方有佳人，絶世而獨立。一顧傾人城，再顧傾人國。寧不知傾城與傾國？佳人難再得。」上嘆息曰：「世豈有此人乎？」平陽主因言延年有女弟，上乃召見之，實妙麗善舞，由是得幸。

楊叛兒

君歌楊叛兒，妾勸新豐酒。何許最關人？烏啼白門柳。烏啼隱楊花，君醉留妾家。博山爐中沉香火，雙烟一氣淩紫霞。

【校】

〔君歌〕歌，咸本注云：一作家。

【注】

〔楊叛兒〕通典卷一四五：楊叛兒本童謡也。齊隆昌時女巫之子曰楊旻，少隨母入内，及長爲太后所寵愛。童謡云：楊婆兒共戲來所歡（王引作而歌）。語訛遂成楊叛兒。

〔新豐酒〕梁元帝詩：「試酌新豐酒，遥勸陽臺人。」參見卷二五出妓金陵子呈盧六四首詩注。

〔白門柳〕王云：宋書：宣陽門，民間謂之白門。胡三省通鑑注：白門，建康城西門也，西方色白，故以爲稱。古楊叛曲：「暫出白門前，楊柳可藏烏。歡作沉水香，儂作博山爐。」

〔博山爐〕王云：吕大臨考古圖：按漢朝故事，諸王出閤，則賜博山香爐。晉東宮舊事曰：太子服用則有博山香爐。一云爐象海中博山，下有盤貯湯，使潤氣蒸香，以象海之回環。此器世多有之，形製大小不一。

〔沉香〕王云：南方草木狀：交趾有蜜香樹，幹似柜柳，其花白而繁，其葉如橘，欲取香，伐之經年，其根幹枝節各有别色也。木心與節堅黑沉水者爲沉香。法苑珠林：南州異物志曰：沉水香出日南，欲取當先斫壞樹，著地積久，外自朽爛，其心至堅者置水則沉，名曰沉香。

【評箋】

王云：楊升庵曰：古楊叛曲僅二十字，太白衍之爲四十四字，而樂府之妙思益顯，隱語益彰，其筆力似烏獲扛龍文之鼎，其精光似光弼領子儀之軍矣。書曰：葛伯仇餉。非孟子解之，後人不知仇餉爲何語。沉水博山之句，非太白以雙烟一氣解之，樂府之妙亦隱矣。

按：升庵詩話云：古樂府：「暫出白門前，楊柳可藏烏。歡作沉水香，儂作博山鑪。」李白用其意衍爲楊叛兒歌曰……即「暫出白門前」之鄭箋也。因其拈用而古樂府之意益顯，其妙益見。

陳沆云：詩中楊花與其篇題皆寓其姓也。「君醉留妾家」，寓其旨也。香化成煙，淩入雲霞，而雙雙一氣，不少變散，兩情固結深矣。其寓長生殿七夕之誓乎！（詩比興箋）

雙燕離

雙燕復雙燕，雙飛令人羡。玉樓珠閣不獨棲，金窗繡户長相見。柏梁失火去，因入吴王宫。吴宫又焚蕩，雛盡巢亦空。憔悴一身在，孀雌憶故雄。雙飛難再得，傷我寸心中。

【校】

〔失火〕王本誤作去火，今依各本改。

〔雙飛〕咸本注云：一作雙燕。

【注】

〔雙燕離〕蕭云：琴操三十六雜曲中有雙燕離。

〔柏梁〕王云：漢武内傳：太初元年十一月己酉天火燒柏梁臺。三輔黄圖：柏梁臺，武帝元鼎二年春起，此臺在長安城中北闕内。三輔舊事云：以香柏爲梁也，太初中臺災。

〔吴宫〕見卷三烏棲曲注。

【評箋】

蕭云：此篇其太白自嘆之作乎！首四句是喻其待詔金鑾得幸時也。柏梁失火，喻遭讒放還時也。中三句喻從永王璘，璘敗以累遭責時也。末四句是白嗟嘆之語，謂放逐之餘思君而不得再見，安得不爲之傷心乎？

今人詹鍈云：按詩云：「柏梁失火去，因入吴王宫。吴宫又焚蕩，雛盡巢亦空。」即上崔相百憂草所稱「星離一門，草擲二孩」之意。又云：「憔悴一身在，孀雌憶故雄。雙飛難再得，傷我寸心中。」疑是太白流夜郎别妻宗氏有感而作。

山人勸酒

蒼蒼雲松，落落綺皓。春風爾來爲阿誰？胡蝶忽然滿芳草。秀眉霜雪顔桃花，骨青髓緑長美好。稱是秦時避世人，勸酒相歡不知老。各守麋鹿志，恥隨龍虎争。欻起佐太子，漢皇乃復驚。顧謂戚夫人，彼翁羽翼成。歸來商山下，泛若雲無情。

舉觴酹巢由，洗耳何獨清！浩歌望嵩岳，意氣還相傾。

【校】

〔顔桃花〕兩宋本、繆本俱作桃花貌。英華作顔桃李，注云：一作桃李貌，咸本注同。王本注云：繆本作桃花貌。

〔骨青髓緑〕兩宋本、繆本俱作青髓緑髮。英華作骨清髓緑，注云：一作青髓緑髮。王本注云：繆本作青髓緑髮。

〔麋〕兩宋本、繆本俱作兔，注云：一作麋。樂府作兔。王本注云：一作兔。

〔佐〕兩宋本、繆本、王本俱注云：一作安。

〔商山〕商，樂府作南，注云：一作商。

〔何獨清〕何，咸本注云：一作向。獨，兩宋本、繆本、王本、樂府俱注云：一作太。

〔還〕兩宋本、繆本、王本、樂府俱注云：一作遥。

【注】

〔山人勸酒〕蕭云：樂府觴酌七曲，其一曰山人勸酒。王云：此題未詳所始，而樂府詩集編太白是作入琴曲歌辭中。

〔綺皓〕史記留侯世家：上欲廢太子立戚夫人子趙王如意，吕后恐，……留侯曰：「……上有不能致者天下有四人。四人者年老矣，皆以爲上慢侮人，故逃匿山中，義不爲漢臣。然上高此四人。今公誠能無愛金玉璧帛，令太子爲書，卑辭安車，因使辯士固請，宜來。來以爲客，時時從入朝，令上見之，則必異而問之。上知此四人賢，則一助也。」於是呂后令呂澤使人奉太子書，卑辭厚禮，迎此四人。……十二年，上疾益甚，愈欲易太子。……及燕置酒，太子侍，四人從太子，年皆八十有餘。鬚眉皓白，衣冠甚偉。上怪之，問曰：「彼何爲者？」四人前對，各言姓名，曰東園公，角里先生，綺里季，夏黄公。上大驚曰：「吾求公數歲，公避逃我，今公何自從吾兒遊乎？」四人皆曰：「陛下輕士善罵，臣等義不受辱，故恐而亡匿。竊聞太子爲人仁孝，恭敬愛士，天下莫不延頸欲爲太子死者，故臣等來耳。」上曰：「煩公幸卒調護太子。」四人爲壽已畢，趨去，上目送之。召戚夫人，指示四人曰：「我欲易之，彼四人輔之，羽翼已成，難動矣。呂后真而主矣。」戚夫人泣，上曰：「爲我楚舞，我爲若楚歌。」歌曰：「鴻鵠高飛，一舉千里。羽翮已就，横絶四海。横絶四海，當可奈何？雖有矰繳，尚安所施？」歌數闋，戚夫人噓唏流涕，上起去罷酒。竟不易太子者，留侯本招此四人之力也。

〔欻〕音許忽切，或音忽。

〔商山〕王云：通典：商州上洛縣有商山，亦名地肺山，亦名楚山。四皓所隱。通鑑地理通釋：商山在商州商洛縣南一里。

〔洗耳〕王云：李善文選注：琴操曰：堯大許由之志，禪爲天子，由以其言不善，乃臨河而洗耳。李陵詩曰：「許由不洗耳，後世有何徵。」魏子曰：昔者許由之立身也，恬然守志存己，不甘禄位，洗耳不受帝堯之讓，謙退之高也。益部耆舊傳：秦宓對王商曰：「昔堯優許由非不弘也，洗其兩耳。」皇甫謐逸士傳曰：巢父者，堯時隱人也，及堯讓位乎許由也，由以告巢父焉。巢父責由曰：「汝何不隱汝光，見若身，揚若名，令聞若汝，非吾友也。」乃擊其膺而下之。由悵然不自得，乃過清泠之水洗其耳。皇甫謐高士傳曰：巢父聞許由之爲堯所讓也，以爲污，乃臨池水而洗耳。譙周古史考曰：許由，堯時人也。隱箕山，恬泊養性，無欲於世，堯禮待之，終不肯就。時人高其無欲，遂崇大之，曰堯將以天下讓許由，由恥聞之，乃洗其耳。或曰：又有巢父與許由同志，或云許由夏常居巢，故一號巢父。不可知也。凡書傳言許由則多，言巢父者少矣。范曄後漢書：嚴子陵謂光武曰：「昔唐堯著德，巢父洗耳，士各有志，何至相迫乎？」書傳之説洗耳參差不同。

【評箋】蕭云：太白蓋爲明皇欲廢太子瑛，有所感而作是詩也。初，瑛母以倡進，鄂、光二王母以色選。及武惠妃寵幸後宫，生壽王，愛與諸子絶等。而太子二王以母失寵頗怏怏。惠妃女壻楊洄揣妃旨，伺太子短，譁爲醜語。惠妃訴于帝，且泣，帝大怒，召宰相議廢之，張九齡諫得不廢。俄而九齡罷，李林甫專國，數稱壽王美以探妃意，妃果德之。二十五年，洄復構瑛、瑤、琚與妃之兄薛輔有異謀，惠妃使人詭召太子二王曰：「宫中有賊，請介以兵入。」太子從之，妃白帝曰：「太子二王謀反，甲而來。」帝使中人視之如言，遽召宰相林甫議，答曰：「陛下家事，非臣所宜豫。」帝意決，乃詔廢爲庶人，尋遇害。天下冤之，號三庶人。……明皇之時，盧鴻、王希夷隱居嵩山，李元愷、吴筠之徒皆以隱逸稱，或召至闕庭，或遣問政事，徒爾高議闊論，然未有能如四皓之一言而太子得不易也。（按：妃之兄薛輔當作太子妃之兄薛鏽。）

按：蕭氏所稱是開元二十五年事，李白時猶在安州，恐於宫闈事不能如此詳悉。據通鑑天寶五載：初，太子之立非林甫意，林甫恐異日爲己禍，常有動摇東宫之志，而（韋）堅又太子之妃兄也。皇甫惟明嘗爲忠王友……林甫因奏堅與惟明結謀，欲共立太子。……將作少匠韋蘭、兵部員外郎韋芝爲其兄堅訟冤，且引太子爲言，上益怒。太子懼，請與妃離昏，乞不以親廢法。……贊善大夫杜有鄰女爲太子良娣，良娣之姊爲左驍衛兵曹柳勣妻。勣性狂疎，好功名，喜交結豪俊，淄川太守裴敦復薦於北海太守李邕，邕與之定交。勣至京師，與著作郎王曾等爲友，皆當時名士也。勣與妻族不協，欲陷之，爲飛語告有鄰，妄稱圖讖，交構東宫，指斥乘輿。林甫令京兆士曹吉温與御史鞫之……有鄰、勣及曾等皆杖死。……六載春正月辛巳，李邕、裴敦復皆杖死。此事爲震動一時之大獄，李白既與李邕夙好，不能無所感，事由太子而起，故假商皓以寓意。王氏謂此詩大意，美四皓當暴秦之際，能避世隱居，及漢有天下，雖一出而輔佐太子，功成身退，曾不繫情爵位，説甚迂疏，未可從。

唐宋詩醇云：泛詠四皓便是無情之文。故注家以爲感時事刺盧鴻輩，不爲無見。白居易四皓廟云：「如彼旱天雲，一雨百穀滋。澤則在天下，雲復歸希夷。」可謂藴藉有味矣。白詩卻只有五字曰「泛若雲無情」，尤爲深妙。知古人每相本也。

于闐採花

于闐採花人，自言花相似。明妃一朝西入胡，胡中美女多羞死。乃知漢地多明姝，胡中無花可方比。丹青能令醜者妍，無鹽翻在深宮裏。自古妬蛾眉，胡沙埋皓齒。

【校】

〔明姝〕兩宋本、郭本、繆本、樂府俱作名姝。蕭本作明姝，王本蓋沿蕭本之誤。

【注】

〔採花〕蕭云：樂録：于闐採花者，蕃胡四曲之一。胡云：于闐採花，陳、隋時曲名，本辭云：「山川雖異所，草木尚同春。亦如溱洧地，自有採花人。」太白則借明妃陷虜傷君子不逢明時，爲讒妒所蔽，賢不肖易置無可辨。蓋亦以自寓意焉。

〔于闐〕漢書卷九六西域傳：于闐國王治西城，去長安九千六百七十里。△闐音田。

〔明妃〕野客叢書：晉文帝諱昭，以昭君爲明妃。

〔丹青〕西京雜記：元帝後宫既多，不得常見，乃使畫工圖形，按圖召幸之。諸宫人皆賂畫工，多者十萬，少者亦不減五萬。獨王嬙不肯，遂不得見。匈奴入朝求美人爲閼氏。於是上按圖以昭君行。及去召見，貌爲後宫第一，善應對，舉止閑雅。帝悔之，而名籍已定。帝重失信於外國，故不復更人。乃窮案其事，畫工皆棄市，籍其家資皆巨萬。

〔無鹽〕新序卷二：齊有婦人極醜無雙，號曰無鹽女。其爲人也，臼頭深目，長壯大節，昂鼻結喉，肥項少髮，折腰出胸，皮膚若漆。

【評箋】

蕭云：此篇是借事引喻，以刺時君昏憒，借聽於人，而賢不肖易置者，讀之令人感歎。

王云：琦按：昭君事本是畫工醜圖其形，以致不得召見，太白則謂「丹青能令醜者妍，無鹽翻在深宫裏」，熟事化新，精采一變，真所謂聖於詩者也。

鞠歌行

玉不自言如桃李，魚目笑之卞和恥。楚國青蠅何太多？連城白璧遭讒毁。荆山長號泣血人，忠臣死爲刖足鬼。聽曲知甯戚，夷吾因小妻。秦穆五羊皮，買死百里溪。洗拂青雲上，當時賤如泥。朝歌鼓刀叟，虎變磻溪中。一舉釣六合，遂荒營丘東。平生渭水曲，誰識此老翁？奈何今之人，雙目送飛鴻。

【校】

〔如桃李〕如，英華作勝，注云：一作如。

〔磻溪〕磻，兩宋本、繆本、樂府俱作蟠，誤。

〔釣〕咸本注云：一作釣。

〔渭水〕水，英華作川，注云：一作水。

〔誰識〕識，兩宋本、繆本、王本、樂府俱注云：一作數。英華作數，注云：一作識。

〔飛鴻〕飛，樂府作征，注云：一作飛。咸本注云：一作征。

【注】

〔鞠歌行〕王云：陸機鞠歌行序：按漢宫閣有含章鞠室、靈芝鞠室。後漢馬防第宅卜臨道，連閣通池，鞠城彌於街路。鞠歌將謂此也。又東阿王詩：連騎擊壤，或謂蹙鞠乎！三言七言，雖奇寶名器，不遇知己，終不見重，願逢知己以託意焉。按樂府詩集：王僧虔伎録：平調有七曲，其七曰鞠歌行。

〔卞和〕見卷二古風第三十六首注。

〔青蠅〕詩小雅青蠅：營營青蠅，止於樊。豈弟君子，無信讒言。鄭箋：蠅之爲蟲，汙白使黑，汙黑使白，喻佞人變亂善惡也。

〔連城〕王云：史記：趙惠文王得楚和氏璧。秦昭王聞之，使人遺趙王書，願以十五城易璧。後人所謂連城之價，正指此事。

〔小妻〕列女傳辯通傳：甯戚欲見桓公，道無從，乃爲人僕，將車宿齊東門之外。桓公因出，甯戚擊牛角而商歌甚悲。桓公異之，使管仲迎之。甯戚稱曰：「浩浩乎白水。」管仲不知所謂，不朝五日而有憂色。其妾婧進曰：「今君不朝五日而有憂色，敢問國家之事耶，君之謀也？」管仲曰：「……昔日公使我迎甯戚，甯戚曰：浩浩乎白水。吾不知其所謂，是故憂之。」其妾笑曰：「人也語君矣，君不知識耶！古有白水之詩。詩不云乎？浩浩白水，儵儵之魚。君來召我，我將安居？國家未定，從我焉如？此甯戚之欲得仕國家也。」管仲大悦，以報桓公，桓公乃修官職，齋戒五日，見甯子，因以爲相，齊國以治。

〔百里奚〕史記秦本紀：晉獻公滅虞虢，虜虞君與其大夫百里奚，以璧馬賂於虞故也。既虜百里奚，以爲秦繆公夫人媵於秦，百里奚亡秦走宛，楚鄙人執之。繆公聞百里奚賢，欲重贖之，恐楚人不與，乃使人謂楚曰：「吾媵臣百里奚在焉，請以五羖羊皮贖之。」楚人遂許與之。當是時，百里奚年已七十餘，繆公釋其囚，與語國事。謝曰：「臣亡國之臣，何足問？」繆公曰：「虞君不用子故亡，非子罪也。」固問，語三日，繆公大説，授之國政，號曰五羖大夫。

〔鼓刀〕王云：楚辭：吕望之鼓刀兮，遭周文而得舉。王逸注：言太公避紂，居東海之濱，聞文王作興，盍往歸之。至朝歌，道窮困，自鼓刀而屠，遂西釣於渭濱。文王夢得聖人，於是出獵而見之，遂載以歸，用以爲師。宋書：文王將田，史編卜之曰：「將大獲，非熊非羆，天遺汝師以佐昌。臣太祖史疇爲禹卜畋得臯陶，其兆如此。」王至磻溪之水，吕尚釣於涯，王下趨拜曰：「望公七年，乃今見光景於斯。」尚立變名答曰：「望釣得玉璜，其文要曰：姬受命，昌來提，撰爾雒鈐報在齊。」

〔營丘〕詩魯頌閟宫：遂荒大東。毛傳：荒，有也。史記齊世家：於是武王已平商而王天下，封師尚父於齊營丘。正義：括地志云，營丘在青州臨淄北百步外城中。

〔飛鴻〕王云：史記：衛靈公與孔子語，見蜚雁仰視之，色不在孔子。孔子遂行。雙目送飛鴻，正用其事，以喻不好賢之意。

【評箋】蕭云：太白此詞，始傷士之遭讒廢棄，中則羡乎昔賢之遇合有時，終則重嘆今人不能如古人之識士也。亦藉此自况云爾。

幽澗泉

拂彼白石，彈吾素琴。幽澗愀兮流泉深。善手明徽，高張清心。寂歷似千古，松飀飂兮萬尋。中見愁猿弔影而危處兮，叫秋木而長吟。客有哀時失職而聽者，淚淋浪以霑襟。乃緝商綴羽，潺湲成音。吾但寫聲發情於妙指，殊不知此曲之古今。幽澗泉，鳴深林。

【校】

〔中見〕咸本注云：一無中字。

〔失職〕職，兩宋本、繆本、樂府俱作志。王本注云：一作志。

〔發情〕情，兩宋本、繆本俱作憤。咸本注云：一作憤。王本注云：繆本作憤。

【注】

〔幽澗泉〕蕭云：樂府幽澗泉者，山水二十四曲之一。王云：樂府詩集以此首入琴曲歌辭中。

〔明徽〕王云：韻會：琴節曰徽，樂書作暉。云琴之爲樂，絃合聲以作主，徽分律以配臣。古徽十有三，象十二月，其一象閏，用螺蚌爲之，近代用金玉瑟瑟水晶等寶以示明瑩。

〔高張〕文選顏延年秋胡詩：高張生絕絃，聲急由調起。李善注：物理論曰：琴欲高張，瑟欲下聲。

王昭君二首

漢家秦地月，流影照明妃。一上玉關道，天涯去不歸。漢月還從東海出，明妃西嫁無來日。燕支長寒雪作花，蛾眉憔悴没胡沙。生乏黄金枉圖畫，死留青塚使人嗟。

【校】

〔題〕兩宋本、繆本、王本俱注云：一作昭君怨。

〔照明妃〕照，兩宋本、繆本、王本、樂府俱注云：一作送。

〔東海〕海，兩宋本、繆本、王本俱注云：一作方。

【注】

〔王昭君〕王云：樂府古題要解：王昭君，舊史：王嬙字昭君，漢元帝時匈奴入朝，詔以王嬙配之，號寧胡閼氏。一説，漢元帝後宫既多，不得常見，乃使畫工圖其形，按圖召幸。宫人皆賂畫工，多者十萬，少者亦不減五萬。昭君自恃容貌，獨不肯與。工人乃醜圖之，遂不得見。及後匈奴入朝，選美人配之，昭君之圖當行。及入辭，光彩射人，悚動左右。天子方重失信外國，悔恨不及，窮究其事。畫工有杜陵毛延壽、安陵陳敞、新豐劉白、龔寬、下杜陽望、樊青皆同日棄市，籍其資財。漢人憐昭君遠嫁，爲作歌詩。晉文王諱昭，故晉人改爲明君。石崇有妓曰緑珠，善歌舞，以此曲教之，而自製王明君歌。其文悲雅，「我本漢家子」是也。按樂府詩集張永元嘉技録：相和歌吟嘆四曲，其二曰王明君。

〔燕支〕史記匈奴傳索隱：西河舊事云：……匈奴失二山，乃歌曰：「失我祁連山，使我六畜不蕃息。失我燕支山，使我嫁婦無顔色。」元和郡縣志卷四〇：燕支山一名刪丹山，在甘州刪丹縣南五十里，東西百餘里，南北二十里。水草茂美，與祁連同。

〔青塚〕王云：太平寰宇記：青塚在振武軍金河縣西北，漢王昭君葬於此，其上草色常青，故曰青塚。一統志：王昭君墓在古豐州西六十里，地多白草，此塚獨青，故名青塚。

【評箋】

王云：顧寧人曰：按史記言匈奴左方王將直上谷以東，右方王將直上郡以西，而單于之庭直代、雲中。漢書言呼韓邪單于自請留居光禄塞下，又言天子遣使送單于出朔方雞鹿塞，後單于竟北歸庭。乃知漢與匈奴往來之道，大抵從雲中、五原、朔方，明妃之行亦必出此。故江淹之賦李陵，但云情往上郡，心留雁門。而玉關與西域相通，自是公主嫁烏孫所經。太白詩：漢家秦地月，流影照明妃。一上玉關道，天涯去不歸。誤矣。顔氏家訓謂文章地理必須愜當，其論梁簡文雁門太守行而言日逐、康居、大宛、月支，蕭子暉隴頭水而云北注黄龍、東流白馬。沈存中論白樂天長恨歌：峨眉山下少人行，謂峨眉在嘉州，非幸蜀路。文人之病，蓋有同者。（按：顧説見日知録。）

其二

昭君拂玉鞍，上馬啼紅頰。今日漢宫人，明朝胡地妾。

【評箋】蕭云：此二篇蓋借漢事以詠當時公主出嫁異國者。

中山孺子妾歌

中山孺子妾，特以色見珍。雖不如延年妹，亦是當時絶世人。桃李出深井，花豔驚上春。一貴復一賤，關天豈由身？芙蓉老秋霜，團扇羞網塵。戚姬髡髮入舂市，萬古共悲辛。

【校】

〔題〕繆本題下注云：漢賜中山靖王噲孺子妾及未央才人已下歌四篇。宋乙本無未央二字。

〔雖〕王本注云：一本下多一然字。

〔妹〕兩宋本俱作姝。

〔髮〕髮，兩宋本、繆本俱作剪。王本注云：繆本作剪。

【注】

〔題〕王云：樂府詩集：漢書曰：詔賜中山靖王噲及孺子妾冰未央才人歌詩四篇。如淳曰：孺子，幼少稱。孺子妾，宮人也。顏師古曰：孺子，王妾之有品號者。妾，王之衆妾也，冰其名。才人，天子内官。按此謂以歌詩賜中山王及孺子妾、未央才人等耳。累言之，故云及也。而陸厥作歌，乃謂之中山孺子妾，失之遠矣。太白是題，蓋仍陸氏之誤也。按：王先謙漢書補注卷三〇：孺子妾疑即中山王宮人，特不當牽及未央才人耳。據此則題云中山孺子妾似不誤。

〔上春〕鄭玄周禮太府注：上春，孟春也。

〔戚姬〕漢書卷九七外戚傳：漢王得定陶戚姬愛幸，生趙隱王如意。……高祖崩，惠帝立，吕后爲皇太后。乃令永巷囚戚夫人，髡鉗衣赭衣令舂。戚夫人舂且歌曰：「子爲王，母爲虜。終日舂薄暮，常與死爲伍。相離三千里，當誰使告汝？」

【評箋】

王夫之云：以鮑照行路難意致作豔詩，此公三頭六臂擾娑今古，作一丸弄，直由本等圓徹，好向異類中行，非但拗一張法也。（唐詩評選）

荆州歌

白帝城邊足風波，瞿塘五月誰敢過？荆州麥熟繭成蛾。繰絲憶君頭緒多，撥穀飛鳴奈妾何！

【校】

〔題〕胡本作荆州樂。

【注】

〔荆州歌〕蕭云：樂録：都邑三十四曲有荆州樂，又有荆州歌。胡云：即江陵樂也。其辭云：「紀城南里望期雲，雉飛麥熟妾思君。」又云：「烏鳥雙雙飛，儂歡今何在？」白詩蓋採此。

〔白帝〕王云：通典：夔州奉節縣有白帝城。按唐之奉節縣，即漢之魚復縣也。王莽時，公孫述據蜀，有白龍出殿前井中，述以爲瑞，自稱白帝，更號魚復曰白帝城。劉先主改曰永安宫，即其地。在夔州府城東山上。初學記：荆州圖記曰：白帝城西臨大江，東南高二百丈，西北高一千丈。

〔瞿塘〕王云：水經注：廣溪峽中有瞿塘、黄龍二灘，夏水洄復，沿泝所忌。太平寰宇記：瞿塘峽在夔州東一里，古西陵峽也，連崖千丈，奔流電激，舟人爲之恐懼。按：水經注江水，此文龍作龕。

〔撥穀〕王云：本草：陳藏器曰：布穀，鳲鳩也。江東呼爲獲穀，亦曰郭公。北人名撥穀。似鷂長尾，牡牝飛鳴，以翼相摩擊。

【評箋】

楊慎云：此歌有漢謠之風。唐人詩可入漢魏樂府者，惟太白此首，及張文昌白鼉謠、李長吉鄴城謠三首而止。杜子美却無一篇可入此格。（李詩選）

設辟邪伎鼓吹雉子班曲辭

辟邪伎作鼓吹驚，雉子班之奏曲成。喔咿振迅欲飛鳴。扇錦翼，雄風生。雙雌同飲啄，趫悍誰能争？乍向草中耿介死，不求黄金籠下生。天地至廣大，何惜遂物情？善卷讓天子，務光亦逃名。所貴曠士懷，朗然合大清。

【校】

〔題〕樂府作雉子班三字。

〔班之〕疑當作班班。

〔雙雌〕雙，咸本注云：一作雙。

〔誰能〕誰，樂府作詐，誤。

〔耿介〕耿，樂府作取，誤。

【注】

〔曲辭〕王云：雉子班樂府解題曰：古詞云：雉子高飛止，黄鵠飛之以千里，雄來飛，從雌視，蓋取首二字以命名也。若梁簡文帝妒場時向隴，則竟全篇詠雉矣。宋何承天有雉子遊原澤篇，則言避世之士，抗志清霄，視卿相功名，猶冰炭之不相入。太白此詩，蓋擬何氏而作。又樂府詩集：古今樂録曰：梁三朝樂第四十一設辟邪伎鼓吹作雉子班曲引去來。辟邪，獸名。孟康漢書注：桃拔一名符拔，似鹿長尾，一角者或爲天鹿，兩角者或爲辟邪。辟邪伎者，蓋假爲辟邪獸之形而舞者也。

〔喔咿振迅〕韓詩外傳卷九：夫鳳凰之初起也，翾翾十步之雀，喔咿而笑之。文選鮑照舞鶴賦：振迅騰摧。

〔耿介〕王云：李善文選注：薛君韓詩章句曰：雉，耿介之鳥也。禮記正義：或謂雉鳥耿介，被人所獲，必自屈折其頭而死。按：李善注見潘岳射雉賦。

〔善卷〕莊子讓王篇：舜以天下讓善卷。善卷曰：「予立於宇宙之中，冬日衣皮毛，夏日衣葛絺，春耕種，形足以勞動，秋收斂，身足以休息。日出而作，日入而息，逍遥於天地之間，而心意自得。吾何以天下爲哉？悲夫！子之不知予也。」遂不受。於是去而入深山，莫知其處。又湯……伐桀尅之，……讓務光曰：「智者謀之，武者遂之，仁者居之，古之道也。吾子胡不立乎！」務光辭曰：「廢上，非義也。殺民，非仁也。人犯其難，我享其利，非廉也。吾聞之曰：非其義者不受其禄，無道之世，不踐其土，況尊我乎？吾不忍久見也。」乃負石而自沉於廬水。

【評箋】王夫之云：二首（按指此首及卷三之夷則格上白鳩拂舞辭）從曹孟德父子問津，遂抵西京岸次，後人横分今古，明眼人自一篾片穿。太白於樂府歌行不許唐人分半席，惟此處委悉耳。歷下琅邪學鐃歌，更不曾湯著氣味在。（唐詩評選）

相逢行

相逢紅塵内，高揖黄金鞭。萬户垂楊裏，君家阿那邊？

【注】

〔相逢行〕王云：樂府詩集：相逢行一曰相逢狹路間行，亦曰長安有狹邪行。樂府解題曰：古詞文意與雞鳴曲同。

〔阿那〕按：阿那猶阿誰，即今口語之哪箇。杜甫詩：「秋色凋春草，王孫若箇邊？」與此句語意正同。王氏以阿那爲婀娜，恐非。

【評箋】

朱諫云：此詩辭意淺促，恐亦效白而爲之者。（李詩辨疑）

梅鼎祚云：朱諫删入辨疑，非。（李詩鈔）

古有所思

我思仙人乃在碧海之東隅，海寒多天風，白波連山倒蓬壺。長鯨噴湧不可涉，撫心茫茫淚如珠。西來青鳥東飛去，願寄一書謝麻姑。

【校】

〔題〕樂府無古字。蕭本作古有所思行。王本注云：蕭本作古有所思行。

〔仙人〕仙，兩宋本、繆本、王本、樂府俱注云：一作佳。敦煌殘卷作佳。

〔碧海〕碧，蕭本作北。王本注云：許本作北。

〔連山〕山，兩宋本、繆本、王本、樂府俱注云：一作天。

【注】

〔有所思〕蕭云：王僧虔技録：相和歌瑟調三十八曲内有有所思，又漢短簫鐃歌二十二曲，其一曰有所思，亦曰嗟佳人，注云：漢大樂，食舉十三曲，第七曰有所思，漢朝以此樂侑食。　王云：宋書：漢鼓吹鐃歌十八曲有有所思曲。樂府古題要解：有所思其詞大略言：有所思乃在大海南，何用問遺君，雙珠瑇瑁簪，聞君有他心，燒之當風揚其灰，從今已往勿復相思而與君絶也。若齊王融「如何有所思」，梁劉繪「别離安可再」，但言離思而已。

〔碧海〕十洲記：扶桑在東海之東岸，岸直陸行登岸一萬里，東復有碧海，廣狹浩汗與東海等。水既不鹹苦，正作碧色，甘香味美。

〔青鳥〕漢武故事：七月七日，上於承華殿齋正中，忽有一青鳥從西方來，集殿前。上問東方朔，朔曰：「此西王母欲來也。」有頃王母至，有二青鳥如烏夾侍王母旁。

〔麻姑〕神仙傳：王遠遣人召麻姑，麻姑至，是好女子，年可十八九許。於頂上作髻，餘髮散垂至腰。衣有文采而非錦綺，光彩耀目，不可名狀。

久别離

别來幾春未還家，玉窗五見櫻桃花。況有錦字書，開緘使人嗟。至此腸斷彼心絶，雲鬟緑鬢罷梳結，愁如回飈亂白雪。去年寄書報陽臺，今年寄書重相催。東風兮東風，爲我吹行雲使西來。待來竟不來，落花寂寂委青苔。

【校】

〔使人〕使，兩宋本、繆本、王本俱注云：一作令。

〔至此〕兩宋本、繆本、胡本俱無至字。王本注云：繆本無至字。

〔緑鬢〕緑，英華作霧，注云：一作緑。

〔梳結〕梳，兩宋本、繆本、胡本俱作攬。英華作擥，注云：一作梳。才調注云：一作攬。王本注云：繆本作攬。

〔相催〕催，王本作摧，誤，今依各本改。

〔東風〕此句兩宋本、繆本俱作胡爲乎東風。才調兮下注云：一本云胡爲乎。王本注云：繆本作胡爲乎東風。

〔寂寂〕英華作寂寞，注云：一作寂寂。

【注】

〔久別離〕胡云：江淹擬古始有古別離，後乃有長別離、生別離等名，此久別離及遠別離皆自爲之名，其源則出於古別離也。

〔錦字書〕按：錦字用蘇蕙回文錦事，見晉書列女傳。

【評箋】

按：此篇與古有所思一篇語意略相似，此篇云「五見櫻桃花」，亦必有實事，非泛指也。前篇云「西來青鳥東飛去」，此篇云「爲我吹行雲使西來」，則所思之人在東方可知。

白頭吟

錦水東北流，波蕩雙鴛鴦。雄巢漢宫樹，雌弄秦草芳。寧同萬死碎綺翼，不忍雲間兩分張。此時阿嬌正嬌妒，獨坐長門愁日暮。但願君恩顧妾深，豈惜黄金買詞賦？相如作賦得黄金，丈夫好新多異心。一朝將聘茂陵女，文君因贈白頭吟。東流不作西歸水，落花辭條羞故林。兔絲故無情，隨風任傾倒。誰使女蘿枝，而來强縈抱。兩草猶一心，人心不如草。莫捲龍鬚席，從他生網絲。且留琥珀枕，或有夢來時。覆水再收豈滿杯？棄妾已去難重回。古來得意不相負，祇今惟見青陵臺。

【校】

〔題〕兩宋本、繆本、咸本題下俱注云：又一篇與此異，今兩存。

〔北流〕北，英華作碧，傅校云：一作北。咸本注云：一作碧。

〔宫樹〕樹，英華作月。

〔秦草〕秦，英華作春。

〔綺翼〕綺，郭本作錦。

〔不忍〕胡本注云：一作不分。
〔豈惜〕惜，英華作憚。
〔買詞賦〕咸本作將買賦，注云：一作買詞賦。
〔因贈〕贈，兩宋本、繆本、王本俱注云：一作賦。
〔故無〕故，蕭本作固。胡本、英華俱作本。王本注云：蕭本作固。
〔網絲〕網，咸本作紐。
〔或有〕或，英華作會。
〔古來〕來，兩宋本、繆本俱作時，英華俱作來。王本注云：繆本作時。
〔惟見〕見，英華作有。

【注】

〔白頭吟〕西京雜記：司馬相如將聘茂陵人女爲妾。卓文君作白頭吟以自絶，相如乃止。詞曰：「皚如山上雪，皎若雲間月。聞君有兩意，故來相訣絶。今日斗酒會，明日溝水頭。蹀躞御溝上，溝水東西流。淒淒重淒淒，嫁娶不須啼。願得一心人，白頭不相離。」

〔錦水〕王云：華陽國志：錦江，織錦濯其中則鮮明，濯他江則不好。一統志：二江：一名汶江，一名流江，經成都府城南七里。蜀守李冰……既鑿離堆，又開二渠，一渠由永康過新繁入成都，謂之外江。一渠由永康過郫入成都，謂之内江。蜀人以此水濯錦鮮明，故又名錦江。

〔鴛鴦〕古今注：鴛鴦水鳥，鳧類也。雌雄未嘗相離，人得其一，則一思而至死。故曰匹鳥。

〔阿嬌〕漢武故事：膠東王數歲，公主抱置膝上，問曰：「兒欲得婦否？」長主指左右長御百餘人，皆云不用。指其女阿嬌好否，笑對曰：「好。若得阿嬌作婦，當作金屋貯之。」長主大悦，乃苦要上，遂成婚焉。……膠東王爲太子，……太子年十四即位，改號建元。長主伐其功，求欲無厭，上患之。……

〔詞賦〕文選司馬相如長門賦序：孝武皇帝陳皇后時得幸，頗妒，別在長門宮愁悶悲思。聞蜀郡成都司馬相如天下工爲文，奉黄金百斤，爲相如文君取酒。因于解悲愁之詞，而相如爲文以悟主上，皇后復得親幸。

〔兔絲〕王云：爾雅翼：女蘿、兔絲，其實二物也。然皆附木上。釋草云：唐蒙女蘿，女蘿兔絲。郭曰：別四名，則是謂一物矣。廣雅云：女蘿，松蘿也。菟丘，菟絲也。則是兩物。陸璣亦云：今兔絲蔓連草上生，黄赤如金，藥中兔絲子是也，非松蘿。松蘿自蔓松上生，枝正青，與兔絲殊異。以予考之誠然。今女蘿正青而細長，無雜蔓，故山鬼章云：被薜荔兮帶女蘿。蘿青而長如帶也。何與兔絲事？然兩者皆附木，或當有時相蔓。古樂府云：「南山冪冪兔絲花，北陵青青女蘿樹。由來花葉同一心，今日枝條分兩處。」唐樂府亦云：「兔絲故無情，隨風任傾倒。誰使女蘿枝，而來強縈抱？兩草猶一心，人心不如草。」則古今多疑其爲二物者。博物志：魏文帝所記諸物相似亂者，女蘿寄生兔絲，兔絲寄生木上，根不著地。然則女蘿有寄生兔絲上者。釋草：女蘿兔絲，或亦此義耳。按：吴騫拜經樓詩話云：爾雅：唐蒙女蘿，女蘿菟絲。郭云：别四名。小雅頍弁云：蔦與女蘿。毛傳：女蘿菟絲，松蘿也。毛郭皆以女蘿菟絲爲一物。按古樂府：「南山冪冪菟絲花，北陵青青女蘿樹。由來花葉同一根，今日枝條分兩處。」似菟絲、女蘿一本可以分栽。至太白詩云：「菟絲故無情，隨風任傾倒。誰使女蘿枝，而來强縈抱。兩草猶一心，人心不如草。」則是截然兩物矣。陸璣疏云：菟絲蔓連草上生，黄赤如金，今合藥菟絲子是也，非松蘿。松蘿自蔓松上生，枝正青，與菟絲殊異。騫按：今有藤蔓喜縈附松柏上，葉青而圓，不開花不結子，當即松蘿，其開花結子者蓋即藥中菟絲子。菟絲與女蘿判然二物。然淮南説山訓云：千年之松，下有茯苓，上有菟絲。説林訓云：茯苓掘，菟絲死。今何其菟絲子之多耶？

〔龍鬚席〕王云：長樂王古辭：「玉枕龍鬚席，郎眠何處牀？」胡三省通鑑注：龍鬚席，以龍鬚草織成，今淮上安慶府居人多能織龍鬚席。參見卷二十四魯東門觀刈蒲詩注。

〔琥珀枕〕王云：西京雜記：趙飛燕女弟遺飛燕琥珀枕。太平御覽：廣雅曰：琥珀，珠也。生地中，其上及旁不生草。淺者四五尺，深者八九尺。大如斛，削去皮成琥珀。初時如桃膠，凝堅乃成，其方人以爲枕。出博南縣。

〔覆水〕胡侍真珠船云：光武本紀云：反水不收，何進傳慕容超傳並云覆水不收。李白詩「水覆難再收」，又「覆水再收豈滿杯」，劉禹錫詩「金盆已覆難收水」，皆用太公語。太公初取馬氏，讀書不事産，馬求去，太公封齊，馬求再合，太公取水一盆傾於地，令婦收水，惟得其泥，太公曰：若能離更合，覆水定不收。按：太公云云乃齊東之語，不可爲據。

〔青陵臺〕王云：獨異志：搜神記曰：宋康王以韓朋妻美而奪之，使朋築青陵臺，然後殺之。其妻請臨喪，遂投身而死。王命分埋臺左右，期年各生一梓樹，及大，樹枝條相交，有二鳥哀鳴其上，因號之曰相思樹。太平寰宇記：河南道濟州鄆城縣有青陵臺。郡國志云：宋王納韓憑之妻，使憑運土築青陵臺，至今臺跡依約。一統志：青陵臺在開封府封丘縣界。宋康王欲奪其舍人韓憑之妻，乃築臺望之，憑妻作詩曰：「南山有鳥，北山張羅。鳥自高飛，羅當奈何？」遂自縊死。

【評箋】蕭云：此詩其爲明皇寵武妃廢王后而作乎！……唐詩人多引春秋爲魯諱之義，以漢武比明皇，中間比義引事，讀者自見。……

沈德潛云：太白詩固多寄託，然必欲事事牽合，謂此指廢王皇后事，殊支離也。（唐詩別裁）

其二

錦水東流碧，波蕩雙鴛鴦。雄巢漢宫樹，雌弄秦草芳。相如去蜀謁武帝，赤車駟馬生輝光。一朝再覽大人作，萬乘忽欲淩雲翔。聞道阿嬌失恩寵，千金買賦要君王。相如不憶貧賤日，位高金多聘私室。茂陵姝子皆見求，文君歡愛從此畢。淚如雙泉水，行墮紫羅襟。五起雞三唱，清晨白頭吟。長吁不整緑雲鬢，仰訴青天哀怨深。城崩杞梁妻，誰道土無心？東流不作西歸水，落花辭枝羞故林。頭上玉燕釵，是妾嫁時物。贈君表相思，羅袖幸時拂。莫捲龍鬚席，從他生網絲，且留琥珀枕，還有夢來時。鷫鸘裘在錦屏上，自君一挂無由披。妾有秦樓鏡，照心勝照井。願持照新人，雙對可憐影。覆水却收不滿杯，相如還謝文君回。古來得意不相負，祇今惟見青陵臺。

【校】

〔位高〕位，兩宋本、繆本、胡本俱作官。王本注云：繆本作官。

〔辭枝〕枝，胡本作條。

〔無由〕由，兩宋本、繆本、王本俱注云：一作人。

【注】

〔駟馬〕華陽國志蜀志：城北十里有昇僊橋，有送客觀。司馬相如初入長安題市門曰：不乘赤車駟馬，不過汝下也。

〔大人賦〕史記司馬相如列傳：相如見上好仙道，因曰：上林之事，未足美也。尚有靡者，臣嘗爲大人賦未就，請具而奏之。相如以爲列仙之傳居山澤間，形容甚臞，此非帝王之仙意也。乃遂就大人賦。……相如既奏大人之頌，天子大説，飄飄有凌雲之氣，似遊天地之間意。

〔五起〕蕭云：五起者，五更而起也，漢書曰：雞三號，天平明。

〔杞梁妻〕王云：古今注：杞梁妻，杞植妻妹明月所作也。杞植戰死，妻嘆曰：「上則無父，中則無夫，下則無子，生人之苦至矣。」乃抗聲長哭，杞都城感之而頹，遂投水而死。其妹悲其姊之貞操，乃爲作歌，名曰杞梁妻焉。梁，植字也。論衡：傳書言杞梁之妻，向城而哭，城爲之崩。言杞梁從軍不還，其妻痛之，向城而哭，至誠悲痛，精氣動城，故城爲之崩也。夫言向城而哭者實也，城爲之崩者虚也。城土也，無心腹之藏，安能爲悲哭感動而崩？太白土無心句，似借其言而反之。用古若此，左右逢源，非聖於詩者不能。

〔玉燕釵〕述異記：漢武帝元鼎元年，起招靈閣，有神女留一玉釵與帝。帝以賜趙婕妤，至昭帝元鳳中，宫人見此釵光瑩甚異，共謀欲碎之。明視釵匣，惟見白燕直升天去，後宫人作玉釵，因名玉燕釵。

〔鷫鸘裘〕西京雜記：司馬相如初與卓文君還成都，居貧愁懣，以所著鷫鸘裘就市人楊昌貰酒，與文君爲歡。

〔秦樓鏡〕西京雜記：咸陽宫有方鏡廣四尺高五尺九寸，表裏有明。人直來照之，影則倒見。以手捫心而來，則見腸胃五臟，歷然無礙。人有疾病在内，則掩心而照之，則知病之所在。又女子有邪心，則膽張心動。始皇常以照宫人，膽張心動者則殺之。

〔却收〕張相詩詞曲語辭匯釋云：却猶再也，意義有時與作還字解者略近。李白白頭吟：「覆水却收不滿杯」，集中另一首白頭吟作「覆水再收豈滿杯」，却即再也。又送賀監歸四明應制詩：「借問欲棲珠樹鶴，何年却向帝城飛。」却向，再向也。又鳳笙篇：「重吟真曲和清吹，却奏仙歌響緑雲。」却奏，再奏也，與重字互文。

【評箋】黄庭堅題李太白白頭吟後云：此篇皆太白作，而不同如此，編詩者不能決也。予以爲二篇皆太白作無疑，蓋醉時落筆成篇，人輒持去；他日士大夫求其稿，不能盡憶前篇，則又隨手書成後篇耳。杜子美巢父掉頭不肯住一篇，凡四句，參錯不齊，蓋亦此類。蓋可俱列，不當去取也。（山谷文集）

蕭云：按此篇出入前篇，語意多同，或謂初本云。

今人詹鍈云：按二篇語意多同，蓋一詩之兩傳者。千一録：太白白頭吟二首頗有優劣，其一蓋初本也。明朱諫李詩辨疑謂二首皆僞作，非是。

採蓮曲

若耶溪旁採蓮女，笑隔荷花共人語。日照新妝水底明，風飄香袂空中舉。岸上誰家遊冶郎，三三五五映垂楊。紫騮嘶入落花去，見此踟躕空斷腸。

【校】

〔題〕此首兩宋本、繆本俱列白頭吟之前。

〔溪旁〕旁，英華作邊。

〔新妝〕新，英華作紅，注云：一作新。

〔香袂〕香，英華作羅，注云：一作香。袂，兩宋本、繆本、胡本、文粹、樂府俱作袖。王本注云：繆本作袖。

〔遊冶〕冶，宋甲本誤作治。

【注】

〔採蓮曲〕蕭云：樂録草木二十四曲，内有採蓮曲。王云：採蓮曲起梁武帝父子，後人多擬之。

〔若耶溪〕王云：太平寰宇記：若耶溪在越州會稽縣東南二十八里。一統志：若耶溪在紹興府城南二十五里，西施採蓮於此。

〔紫騮〕王云：鄭玄毛詩箋：赤身黑鬣曰騮。南史：帝賜羊侃河南國紫騮。

〔嘶〕音西。

【評箋】

王夫之云：卸開一步，取情爲景，詩文至此，只存一片神光，更無形跡矣。（唐詩評選）

臨江王節士歌

洞庭白波木葉稀，燕鴻始入吴雲飛。吴雲寒，燕鴻苦。風號沙宿瀟湘浦。節士悲秋淚如雨。白日當天心，照之可以事明主。壯士憤，雄風生。安得倚天劍，跨海斬長鯨？

【校】

〔燕鴻〕鴻，兩宋本、繆本、敦煌殘卷俱作雁，下同。王本注云：繆本作雁。

〔悲秋〕悲，兩宋本、繆本、咸本、樂府、敦煌殘卷俱作感。胡本注云：一作感。王本注云：繆本作感。

〔淚如〕淚，敦煌殘卷作泣。

〔壯士〕士，兩宋本、繆本、王本俱注云：一作氣。

〔雄風〕雄，兩宋本、繆本、王本俱注云：一作寒。

【注】

〔節士歌〕王云：漢書藝文志有臨江王及愁思節士歌詩四篇，宋陸厥作臨江王節士歌，蓋誤合而爲一也。太白此題殆仍其失者歟！按：庾信哀江南賦：臨江王有愁思之歌。杜甫詩：「臨江節士安足數？」恐未必皆誤讀漢書。

〔倚天劍〕宋玉大言賦：長劍耿耿倚天外。

【評箋】

朱諫云：按此詩首二句辭頗清，後乃冗雜而無倫次，蓋欲效白之豪放，才力不足，而無規矩之可言，未免失之於野，如云「白日當天心，照之可以事明主」，此又何等語耶？（李詩辨疑）

梅鼎祚云：朱諫删入辨疑，非。（李詩鈔）

按：新唐書本傳云：白擊劍爲任俠。杜甫贈詩云：「飛揚跋扈爲誰雄。」本篇似即寓此氣概。

司馬將軍歌

狂風吹古月，竊弄章華臺。北落明星動光彩，南征猛將如雲雷。手中電曳倚天劍，直斬長鯨海水開。我見樓船壯心目，頗似龍驤下三蜀。揚兵習戰張虎旗，江中白浪如銀屋。身居玉帳臨河魁，紫髯若戟冠崔嵬。細柳開營揖天子，始知灞上爲嬰孩。羌笛横吹阿嚲迴，向月樓中吹落梅。將軍自起舞長劍，壯士呼聲動九垓。功成獻凱見明主，丹青畫像麒麟臺。

【校】

〔題〕此下王本注云：原注：代隴上健兒陳安。兩宋本、繆本注同，無原注兩字。

〔北落〕北，咸本云：一作比。

〔南征〕此句兩宋本、繆本、王本俱注云：一作南方有事將軍來。

〔電曳〕兩宋本、繆本、王本俱注云：一作曳電。蕭本作電掣。咸本作曳電。胡本作電擊，注云：一作曳。

【注】

〔將軍歌〕晉書卷一〇三劉曜載記：（陳）安善於撫接，吉凶夷險與衆同之。及其死，隴上歌之曰：「隴上壯士有陳安，軀幹雖小腹中寬。愛養將士同心肝，驍驄父馬鐵鍜鞍。七尺大刀奮如湍，丈八蛇矛左右盤。十盪十決無當前。戰始三交失蛇矛，十騎俱盪九騎留。棄我驍驄竄巖幽，爲我外援而懸頭。西河之水東流河，東流河，一去不還奈子何！」劉曜聞而嘉傷，命樂府歌之。

〔古月〕日知録卷二七李太白詩注條云：李太白飛龍引「雲愁海思令人嗟」，是用梁豫章王綜聽雞鳴辭「雲悲海思徒掩抑」。胡無人篇「太白入月敵可摧」，是用北齊書宋景業傳「太白與月并，宜速用兵」。二事前人未注。太白詩有古朗月行，又云：「今人不見古時月。」王伯厚引抱朴子曰：俗士多云：今日不及古日之熱，今月不及古月之朗。是則然矣。而又云：「狂風吹古月，竊弄章華臺。」又曰：「海動山傾古月摧。」此所謂古月，則明是胡字。不得曲爲之解也。然太白用此亦有所本。晉書苻堅載記：古月之末亂中州，洪水大起健西流。此其本也。或曰析字之體，止當著之讖文。豈可以入詩乎？藁砧今何在，山上復有山。古詩固有之矣。

〔章華臺〕王云：九域志：江陵府有章華臺。圖經云：楚靈王與伍舉登章華之臺是也。夢溪筆談：楚章華臺，亳州城父縣，陳州商水縣，荆州江陵縣、長林縣，復州監利縣皆有之。據左傳，楚靈王七年，成章華之臺，與諸侯落之。杜預注：章華臺在華容城中。華容即今之監利縣，非岳州之華容也。至今有章華故臺在縣郭中，與杜預之説相符。亳州城父縣有乾谿，其側亦有章華臺故基，臺下往往得人骨，云楚靈王戰死於此。商水縣章華之側亦有乾谿。薛綜注張衡東京賦引左氏傳乃云楚子成章華之臺於乾谿，皆誤説也。左傳實無此文。參見卷一明堂賦注。

〔北落〕王云：甘氏星經：北落師門一星，在羽林軍西，主候兵。星明大而角，軍兵安。小暗，天下兵。晉書天文志：北落師門一星，在羽林西南，北者宿在北方也。落，天之藩落也。師，衆也。師門猶軍門也。長安城北門曰北落門，以象此也。主非常以候兵，有星守之，虜入塞中兵起。

〔樓船〕通典卷一六〇：樓船，船上建樓三重，列女牆戰格，樹旛幟，開弩窗矛穴，置抛車壘石鐵汁，狀如城壘。忽遇暴風，人力不能制，此亦非便於事。然爲水軍，不可不設，以成形勢。

〔龍驤〕晉書卷四二王濬傳：拜益州刺史，武帝謀伐吴，詔濬修舟艦。濬乃作大船連舫，方百二十步，受二千餘人，以木爲城，起樓櫓，開四出門，其上皆得馳馬來往。又畫鷁首怪獸於船首，以懼江神。舟棹之盛，自古未有。……尋以謡言，拜濬爲龍驤將軍，監益梁諸軍事。……太康元年，……濬自發蜀，兵不血刃，攻無堅城。夏口武昌無相支抗，於是順流鼓棹，徑造三山。

〔三蜀〕文選左思蜀都賦：三蜀之豪。劉逵注：三蜀，蜀郡、廣漢、犍爲也。本一蜀國，漢高祖分置廣漢，漢武帝分置犍爲。

〔河魁〕王云：抱朴子：兵在太乙玉帳之中，不可攻也。雲谷雜記：藝文志有玉帳經一卷，乃兵家厭勝之方位，謂主將於其方置軍帳，則堅不可犯，猶玉帳然。其法出於黄帝遁甲，以月建前三位取之。如正月建寅則巳爲玉帳，主將宜居。李太白司馬將軍歌云：身居玉帳臨河魁。戌爲河魁，謂主將之帳宜在戌也。非深識其法者不能爲此語。按：王説本焦竑筆乘。

〔紫髯〕三國志孫權傳注獻帝春秋曰：張遼問吴降人：「向有紫髯將軍，長上短下，便馬善射，是誰？」降人答曰：「是孫會稽。」

〔細柳〕〔嬰孩〕史記絳侯周勃世家：文帝之後六年，匈奴大入邊。乃以宗正劉禮爲將軍，軍霸上，祝兹侯徐厲爲將軍，軍棘門。河内守周亞夫爲將軍，軍細柳，以備胡。上自勞軍，至霸上及棘門軍，直馳入，將以下騎送迎。已而之細柳軍，軍吏士被甲鋭兵刃，彀弓矢持滿，天子先驅至，不得入。先驅曰：「天子且至。」軍門都尉曰：「將軍令曰：軍中聞將軍令，不聞天子之詔。」居無何，上至，又不得入。乃使使持節詔將軍：「吾欲入勞軍。」亞夫乃傳言開壁門，壁門士吏謂從屬車騎曰：「將軍約，軍中不得驅馳。」天子乃按轡徐行，至營，亞夫持兵揖曰：「介冑之士不拜，請以軍禮見。」天子爲動，改容式車，使人稱謝：「皇帝敬勞將軍。」成禮而去。既出軍門，羣臣皆驚。文帝曰：「此真將軍矣。曩者霸上及棘門軍若兒戲耳，其將固可襲而虜也。至於亞夫可得而犯耶？」按：程大昌雍録卷七云：細柳，倉名也。在長安之西，渭水之北，亞夫軍於此倉也。黄圖、十道志所載皆同。……元和志嘗采諸家説細柳者而折衷其宿矣。曰萬年縣西北有細柳營，相傳云亞夫屯軍處。今按亞夫屯在咸陽西南二十里。又曰細柳原在長安縣西北十三里，非亞夫營也。又曰細柳倉在咸陽縣西南十五里，漢舊倉也。周亞夫次細柳即此是也。張揖云在昆明池南，恐爲疎遠也，凡志云此語正與十道志合，的可據矣，而理又可推也。昆明池之有細柳原也，名雖與亞夫營同，然而昆明在長安都城之西，渭水之南，自古以供遊燕，未過便橋也。此時方出師備胡，無由次於渭南非要之地也。又長安志卷一三：細柳倉在（咸陽）縣西南三十里，漢舊倉也。

〔羌笛〕王云：文獻通考：羌笛五孔。陳氏樂書曰：馬融賦笛，以爲出於羌中。舊制四孔而已，京房因加一孔，以備五音。風俗通：漢武帝時，丘仲作尺四寸笛，後更名羌笛焉。

〔阿嚲迴〕王云：楊升菴外集：阿嚲迴番曲名，即阿濫堆也。番曲本無字，止以聲傳，故隨中國所書，人各不同，難以意求。琦按唐詩紀事：驪宮小禽名阿濫堆，明皇御玉笛，採其聲翻爲曲，且名焉。遠近以笛争效之。張祜華清宫詩：紅樹蕭蕭閣半開，玉皇曾幸此宫來。至今風俗驪山下，村笛猶吹阿濫堆。據此，則阿濫堆非番曲也。又嚲字丁可切，讀作多上聲。據楊説當作旦聲讀，字書皆無之，俱未詳是否。

〔落梅〕樂府雜録：笛，羌樂也，古有落梅花曲。

〔長劍〕〔九垓〕楊云：漢高祖紀：項莊請以劍舞。王云：封禪書：上暢九垓。服虔注：垓，重也，天有九重。按：唐覲延州筆記卷二云：舊注上二句已明，下二句引項莊拔劍起舞及上暢九垓，殊無意義。按元魏楊衒之洛陽伽藍記曰：有田僧超者，善吹笳，能爲壯士歌。將軍崔延伯出師於洛陽，公卿祖道，延伯危冠長劍，耀武於前，僧超吹壯士笛曲於後，聞之者懦夫成勇。太白所用正此一事，而注家蓋未察也。

〔麒麟臺〕漢書卷五四蘇武傳：甘露三年，單于始入朝，上思股肱之美，乃圖畫其人於麒麟閣……明著中興輔佐，列於方叔、召虎、仲山甫焉。

【評箋】

王云：琦按：通鑑：乾元二年九月，襄州亂將張嘉延襲破荆州，據之。此詩當是是時所作，故有「狂風吹古月，竊弄章華臺」之句。嘉延疑亦蕃將，否則故安、史部下之降兵也。其時鄰郡多發兵爲備，故太白又有九日登巴陵置酒望洞庭水軍詩。此詩所謂江中樓船，其即洞庭之水軍歟！

君道曲

大君若天覆，廣運無不至。軒后爪牙常先太山稽，如心之使臂。小白鴻翼於夷吾，劉葛魚水本無二。土扶可成牆，積德爲厚地。

【校】

〔題〕此下王本注云：太白自注：梁之雅歌有五章，今作一章。兩宋本、繆本注同，惟五章作五篇，無「太白自注」四字。

〔太山〕兩宋本作大山。

〔土扶〕扶，蕭本、咸本俱作校。咸本注云：一作扶。王本注云：蕭本作校。

【注】

〔君道曲〕王云：按樂府詩集：古今樂録曰：梁有雅歌五曲：一曰應王受圖曲，二曰臣道曲，三曰積惡篇，四曰積善篇，五曰宴酒篇。無君道曲。疑太白擬作者，即應王受圖曲。琦謂非也，蓋後人訛臣字爲君字耳。

〔廣運〕國語越語：廣運百里。韋昭注：言取境内近者百里之中耳。東西爲廣，南北爲運。

〔爪牙〕詩小雅祈父：祈父，予王之爪牙。

〔太山稽〕王云：史記：黄帝舉風后、力牧、常先、大鴻以治民。淮南子：黄帝治天下，而力牧、太山稽輔之。高誘注：力牧、太山稽，黄帝師。

〔使臂〕漢書卷四八賈誼傳：令海内之勢，如身之使臂，臂之使指，莫不制從。

〔夷吾〕管子霸行：桓公在位，管仲、隰朋見。立有間，有二鴻飛而過之。桓公嘆曰：「仲父，今彼鴻鵠，有時而南，有時而北，有時而往，有時而來，四方無遠，所欲至而至焉。非唯有羽翼之故，是以能通其意於天下乎！」管仲、隰朋不對。桓公曰：「二子何故不對？」管子曰：「君有霸王之心，而夷吾非霸王之臣也，是以不敢對。」桓公曰：「寡人之有仲父也，猶飛鴻之有羽翼也。仲父不一言教寡人，寡人之有耳，將安聞道而得度哉？」

〔魚水〕三國志蜀志諸葛亮傳：先主解之曰：「孤之有孔明，猶魚之有水也。」

〔成牆〕北齊書卷一五尉景傳：土相扶爲牆，人相扶爲王。

【評箋】

嚴羽云：都不成語，當是醉中口膾率筆耳。（嚴羽評點李集）

陳沆云：史記黄帝本紀：舉風后、力牧、常先、太鴻以治民。列子：黄帝召天老、力牧、泰山稽。案此言人君當與賢臣一心一德以成功業也。明皇疏張九齡，黜王忠嗣，廷無將相之才，國無磐石之固矣。大地不讓土壤，故能成其厚，此蓋陳古以風之。（詩比興箋）

結襪子

燕南壯士吳門豪，筑中置鉛魚隱刀。感君恩重許君命，太山一擲輕鴻毛。

【校】

〔感君〕君，蕭本作吾。

【注】

〔結韈子〕楊云：古樂府曰：結韈子，大抵言感恩重而以命相許也。蕭云：樂府遺聲游俠二十一曲中有結韈子。王云：北魏温子昇有結韈子詩，疑是當時曲名。樂府詩集引文王張釋之結韈事爲解，非也。然太白之作，與子昇原作，辭旨又復不同。

〔置鉛〕史記刺客列傳：秦逐太子丹、荆軻之客皆亡。高漸離變姓名爲人庸保，匿作於宋子。……使擊筑而歌，客無不流涕而去者。……聞於秦始皇，秦始皇召見，人有識者，乃曰高漸離也。秦皇帝惜其善擊筑，重赦之，乃矐其目。使擊筑，未嘗不稱善，稍益近之。高漸離乃以鉛置筑中，復進得近，舉筑扑秦皇帝不中，於是遂誅高漸離。

〔隱刀〕史記刺客列傳：伍子胥知公子光之欲殺吴王僚，乃進專諸於公子光。……光伏甲士於窟室中，而具酒請王僚。王僚使兵陳自宫至光之家，門户階陛左右，皆王僚之親戚也。夾立侍，皆持長鈹。酒既酣，公子光佯爲足疾，入窟室中。使專諸置匕首魚炙之腹中而進之。既至王前，專諸擘魚，因以匕首刺王僚，王僚立死，左右亦殺專諸。

結客少年場行

紫燕黄金瞳，啾啾摇緑鬉。平明相馳逐，結客洛門東。少年學劍術，淩轢白猿公。珠袍曳錦帶，匕首插吴鴻。由來萬夫勇，挾此生雄風。託交從劇孟，買醉入新豐。笑盡一杯酒，殺人都市中。羞道易水寒，從令日貫虹。燕丹事不立，虚没秦帝宫，武陽死灰人，安可與成功？

【校】

〔紫燕〕燕，英華作騮。

〔啾啾〕兩宋本、繆本、王本俱注云：一作稜稜。

〔生雄〕生，兩宋本、繆本作英。英華作生，注云：一作英。咸本作英，注云：一作生。王本注云：繆本作英。

〔從令〕從，兩宋本、繆本、王本俱注云：一作徒。英華互易。咸本作從，注云：一作徒。

〔灰人〕人，咸本注云：一作中。

【注】

〔題〕蕭云：樂府遺聲游俠二十一曲中有結客少年場，注云：取曹植詩「結客少年場，報怨洛北邙」爲題，始自鮑照。文選李善注云：范曄後漢書曰：祭遵爲部吏所侵，結客報之也。李周翰曰：言少年時結任俠之客爲游樂之場，終而無成，故有斯作也。今太白之詩全祖此意。王云：樂府古題要解，結客少年場行言輕生重義慷慨以立功名也。

〔金瞳〕王云：劉劭趙郡賦：其良馬則飛兔奚斯，常驪紫燕，豐鬟确顱，龍身鵠頸，目如黄金，蘭筋參精。山海經：有文馬縞身朱鬣，目若黄金。

〔啾啾〕楚辭離騷：鳴玉鸞之啾啾。王逸注：啾啾，鳴聲也。

〔鬟〕音宗。

〔猿公〕吴越春秋：越有處女，出於南林，……越王乃使使聘之，問以劍戟之術。處女將北見於王，道逢一翁，自稱曰袁公。問於處女：「吾聞子善劍，願一見之。」女曰：「妾不敢有所隱，唯公試之。」於是袁公即杖箖箊竹，竹枝上頡橋，末墮地。女即接末，袁公則飛上樹，變爲白猿。

〔吴鴻〕吴越春秋：闔閭既寶莫耶，復命於國中作金鉤，令曰：「能爲善鉤者賞之百金。」吴作鉤者甚衆，而有人貪王之重賞也，殺其二子，以血釁金，遂成二鉤，獻於闔閭，詣宫門而求賞。王曰：「爲鉤者衆而子獨求賞，何以異於衆夫子之鉤乎？」作鉤者曰：「吾之作鉤也，貪而殺二子，釁成二鉤。」王乃舉衆鉤以視之，何者是也？王鉤甚多，形體相類，不知其所在。於是鉤師向鉤而呼二子之名：「吴鴻扈稽，我在於此。」王不知汝之神也。」聲絶於口，兩鉤俱飛，著父之胸。吴王大驚曰：「嗟乎，寡人誠負於子。」乃賞百金，遂服而不離身。

〔劇孟〕史記游俠列傳：劇孟，行大類朱家而好博，多年少之戲。

〔新豐〕西京雜記：太上皇徙長安……以平生所好皆屠販少年，酤酒賣餅，鬥雞蹴鞠，以此爲懽，……高祖乃作新豐，移諸故人實之。參見卷八上皇西巡南京歌注。

〔死灰〕燕丹子：荆軻與武陽入秦，秦王陛戟而見燕使，既鼓鐘並發，武陽大恐，面如死灰色。

長干行二首

妾髮初覆額，折花門前劇。郎騎竹馬來，遶牀弄青梅。同居長干里，兩小無嫌猜。十四爲君婦，羞顔未嘗開。低頭向暗壁，千唤不一回。十五始展眉，願同塵與灰。常存抱柱信，豈上望夫臺？十六君遠行，瞿塘灧澦堆。五月不可觸，猿聲天上哀。門前遲行跡，一一生緑苔。苔深不能掃，落葉秋風早。八月胡蝶來，雙飛西園草。感此傷妾心，坐愁紅顔老。早晚下三巴，預將書報家。相迎不道遠，直至長風沙。

【校】

〔未嘗〕嘗，英華作曾。樂府作尚不開，注云：一作未嘗開。咸本注云：一本云尚不。

〔豈上〕豈，兩宋本、繆本、王本俱注云：一作恥。

〔猿聲〕樂府作猿鳴，注云：一作猿聲。咸本注云：一作鳴。

〔遲行〕遲，兩宋本、繆本、胡本、王本、才調俱注云：一作舊。

〔緑苔〕緑，兩宋本、繆本俱注云：一作蒼。

〔苔深〕深，才調注云：一作淚。

〔落葉〕英華作葉落。

〔蝶來〕來，兩宋本、繆本、王本俱注云：一作黄。文粹作黄。胡本作黄，注云：今本作來。

〔坐愁〕愁，才調作見，注云：一作愁。

【注】

〔劇〕音極。

〔長干〕王云：劉逵吴都賦注：建鄴南五里有山岡，其間平地，吏民雜居，號長干。中有大長干、小長干，皆相連。大長干在越城東，小長干在越城西。地有長短，故號大小長干。韓詩曰：考槃在干，地下而廣曰干。方輿勝覽：建康府有長干里，去上元縣五里。李白長干行所謂「同居長干里」，乃秣陵縣東里巷，江東謂山隴之間曰干。景定建康志：長干里在秦淮南。按：景定建康志卷一六又云：實録云：長干是里巷名，江東謂山隴之間曰干。建康南五里有山崗，其間平地，民庶雜居，有大長干、小長干、東長干，並是地里名。小長干在瓦官南巷西頭出江。

〔抱柱〕莊子盜跖篇：尾生與女子期於梁下，女子不來，水至不去，抱梁柱而死。

〔望夫臺〕庾信哀江南賦：石望夫而逾遠。倪璠注：劉義慶幽明録：武昌北山上有望夫石，狀如人立，俗傳云，古者有貞婦，其夫從役遠征，餞送此山，立望夫而死，化爲石，因以名山。

劉澄之鄱陽記云：鄱陽西有望夫岡。昔縣人陳明與梅氏爲昏，未幾妖魅詐迎婦去，請卜者決，云行五十里求之，明如言，見大穴深邃無底，以繩入，遂得其婦，乃令婦先出，而明所將鄰人秦文遂不取，其妻乃自誓執志，登此岡而望其夫，因以名焉。參見卷二十二望夫山詩注。

〔瞿塘〕王云：南史：巴東有淫預石，高出水二十餘丈，及秋水至，纔如見馬。次有瞿塘大灘，行旅忌之，淫預石即灩澦堆也。一統志：瞿塘在夔州府城東。舊名西陵峽，乃三峽之門，兩崖對峙，中貫一江，灩澦堆當其口。太平寰宇記：灩澦堆周回二十丈，在夔州西南二百步蜀江中心瞿塘峽口。冬水淺，屹然露百餘尺。夏水漲，没數十丈。其狀如馬，舟人不敢進。諺曰：「灩澦大如馬，瞿塘不可下。灩澦大如鱉，瞿塘行舟絶。灩澦大如龜，瞿塘不可窺。灩澦大如襆，瞿塘不可觸。」又曰猶與，言舟子取途不決水脈，故猶與也。蜀外紀：瞿塘即峽内江水深沉處，灩澦乃一石笋樹兩峽之中，若青螺盤於波中，寶劍插於鏡面。

〔胡蝶〕王云：楊升庵謂胡蝶或黑或白，或五彩皆具，惟黄色一種至秋乃多，蓋感金氣也。引太白「八月胡蝶黄」之句以爲深中物理，而評今本來字爲淺。琦謂以文義論之，終以來字爲長。按：明朱孟震續玉笥詩話云：太白長干行：「八月胡蝶來」，唐文粹作胡蝶黄，謂秋蝶多黄。白樂天詩云：「秋蝶黄茸茸」，亦此意。然不若來字佳。

〔早晚〕沈家本日南隨筆：姚元之竹葉亭雜記卷七：京中俗語謂何時曰多早晚（原注云：早字

俗言讀音近盞）。隋書藝術傳：樂人王令言亦妙達音律。大業末，煬帝將幸江都，令言之子常從於户外彈琵琶作翻調安公子曲，令言時卧室中，聞之大驚，蹶然而起，曰：「變變！」急呼其子曰：「此曲興自早晚！」其子對曰：「頃來有之。」族弟伯山曰：「然則此語蓋由來久矣。」按詩「夜如何其」，箋云：宣王以諸侯將朝，夜起曰：「夜如何其！」問蚤晚之辭（蚤，早本字）。此即俗語之所自出。不始於隋書。陶淵明問來使詩：「爾從山中來，早晚發天目。」亦是此義。其見於唐人詩者尤多，如東川送司勳盧員外詩：「早晚薦雄文似者，故人今已賦長楊。」太白長干行：「早晚下三巴，預將書報家」又口號題楊徵君詩：「不知楊伯起，早晚下關西。」少陵詩：「春雨闇闇塞峽中，早晚來自楚王宫。」香山寄弟妹詩：「早晚重歡會，羈離各長成。」殆其方言如此也。

〔三巴〕王云：華陽國志：獻帝初平元年，征東中郎將安漢趙穎建議，分巴爲三郡，穎欲得巴舊名，故白益州牧劉璋，以墊江以上爲巴郡。江南龐羲爲太守，治安漢；以江州至臨江爲永寧郡，朐忍至魚復爲固陵郡，巴遂分矣。建安六年，魚復蹇胤白璋争巴名，璋乃改永寧爲巴郡，以固陵爲巴東，徙龐羲爲巴西太守，是爲三巴。小學紺珠：三巴：巴郡今重慶府，巴東今夔州，巴西今合州。按：錢儀吉衎石齋記事稿卷二有三巴辨，以全祖望據譙周巴記駁華陽國志爲非。惟初平二字當以興平（據大典本水經注）爲是。趙韙或爲趙穎，莫詳其是非。

〔不道〕張相詩詞曲語辭匯釋云：不道猶云不管或不顧也。李白長干行：「相迎不道遠，直至長風沙。」言不管路遠也。又憶舊遊詩：「五月相呼度太行，摧輪不道羊腸苦。」言不管路險也。

〔長風沙〕胡云：篇中長風沙在池陽，金陵上流地也。王云：太平寰宇記：長風沙在舒州懷寧縣東一百九十里，置在江界，以防寇盜。李白長干行云：「相迎不道遠，直至長風沙」，即其處也。陸游入蜀記（卷三）：太白長干行云：「早晚下三巴，預將書報家。相迎不道遠，直至長風沙。」蓋自金陵至長風沙七百里，而室家來迎其夫，甚言其遠也。地屬舒州，舊最湍險。唐詩紀：長風沙地名，在池州之雁汊下八十里。按：洪亮吉北江詩話卷二云：長風沙今在安慶府懷寧縣，即石牌灣也。宋史周湛傳：爲江淮發運使，上言大江歷舒州長風沙，其地最險，謂之石牌灣。

其二

憶妾深閨裏，烟塵不曾識。嫁與長干人，沙頭候風色。五月南風興，思君下巴陵。八月西風起，想君發揚子。去來悲如何！見少別離多。湘潭幾日到？妾夢越風波。昨夜狂風度，吹折江頭樹。淼淼暗無邊，行人在何處？好乘浮雲驄，佳期蘭渚東。鴛鴦緑蒲上，翡翠錦屏中。自憐十五餘，顔色桃花紅。那作商人婦，愁水復愁風。

【校】

〔其二〕此首英華題作小長干行。

〔憶妾〕妾，兩宋本、繆本、王本、才調俱注云：一作昔。英華作昔。

〔下巴陵〕下，樂府作在。巴，英華作江。

〔西風〕西，英華作秋，注云：一作西。

〔去來〕來，英華作時，注云：一作多。

〔别離〕蕭本作離别。王本注云：蕭本作離别。

〔幾日〕日，英華作人，注云：一作日，一作月。

〔夢越〕越，英華作常，注云：一作越。

〔江頭〕頭，才調作臯，注云：一作頭。

〔緑蒲〕蒲，樂府作浦。

〔屏中〕此上四句，兩宋本、繆本俱作「北客至王公，朱衣滿汀中，日暮來投宿，數朝不肯東」。至，注云：一作真。汀，注云：一作江。（樂府與一作同。）前二句注云：一作「北客浮雲驄，經過新市中」。英華與王本同。王本注云：繆本作北客至王公，朱衣滿汀中，日暮來投宿，數朝不肯東。又至一作真，汀一作江。又好乘浮雲驄，佳期蘭渚東，一作北客浮雲驄，經過新市中。

〔桃花〕花，兩宋本、繆本、樂府俱作李。王本注云：一作李。

【注】

〔沙頭〕王闓運湘綺樓説詩云：沙市，方輿勝覽所謂沙頭。李詩「沙頭候風色」，杜詩「鳴櫓已沙頭」，是也。

〔巴陵〕舊唐書地理志：江南西道岳州領巴陵、華容、沅江、羅、湘陰五縣。

〔湘潭〕元和郡縣志卷二九潭州湘潭縣：東北至州一百四里。

〔淼〕音藐。

〔浮雲驄〕西京雜記：文帝自代還，有良馬九匹，皆天下之駿馬也，一名浮雲。

〔翡翠〕王云：説文：翡，赤羽雀也；翠，青羽雀也。出鬱林。禽經注：翡翠，狀如鵁鶄，而色正碧，鮮縟可愛。飲喙於澄瀾迴淵之側，尤惜其羽，日濯於水中。異物志：翠鳥形如燕，赤而雄曰翡，青而雌曰翠，其羽可以飾帷帳。

【評箋】

王云：此篇唐詩紀事以爲張朝作，而自昨夜狂風度以下，斷爲二首。黃山谷則以爲李益作，未知孰是。山谷之言曰：太白集中長干行二篇：「妾髮初覆額」真太白作也。「憶妾深閨裏」李益尚書作，所謂癡妒尚書李十郎者也。辭意亦清麗可喜，亂之太白詩中亦不甚遠。大儒曾子固刊定，亦不能別也。太白豪放，人中鳳凰麒麟，譬如生富貴人，雖醉飽瞑暗噫噫中作無義語，終不作寒乞聲耳。今太白詩中，謬入他人作者，略有十之二三，欲删正者當以吾言考之。鍾惺云：古秀，真漢人樂府。譚元春云：人負輕捷妍媚之才者，每于换韻疾佻，結句疎宕。太白尤甚。（唐詩歸）

古朗月行

小時不識月，呼作白玉盤。又疑瑶臺鏡，飛在青雲端。仙人垂兩足，桂樹何團團？白兔擣藥成，問言與誰餐？蟾蜍蝕圓影，大明夜已殘。羿昔落九烏，天人清且安。陰精此淪惑，去去不足觀。憂來其如何？悽愴摧心肝。

【校】

〔飛在〕在，王本注云：一作上。

〔青雲〕青，蕭本作白。

〔何團團〕何，兩宋本、繆本、咸本、樂府俱作作，注云：一作何。團團作團圓。蕭本作作。王本注云：一作作。團團下注云：繆本作團圓。

【與誰】蕭本作誰與。王本注云：蕭本作誰與。

【大明】大，兩宋本、繆本、樂府、咸本作天，注云：一作大。王本注云：一作天。

【悽愴】悽，兩宋本、繆本、樂府俱作惻。王本注云：繆本作惻。

【注】

【擣藥】太平御覽卷四：虞喜安天論曰：俗傳月中仙人桂樹，今視其初生，見仙人之足漸已成形，桂樹後生焉。傅玄擬天問：月中何有，白兔擣藥？

【蟾蜍】見卷二古風第二首注。

【大明】文選木華海賦：大明攎轡於金樞之穴。李善注：大明，月也。

【九烏】楚辭天問：羿焉彈日，烏焉解羽？王逸注：淮南言堯時十日並出，草木焦枯。堯令羿仰射十日，中其九日，日中九烏皆死，墮其羽翼，故留其一日也。

【評箋】

蕭云：按此詩借月以引興，日君象，月臣象，蓋爲安禄山之叛兆於貴妃而作也。

陳沆云：憂禄山將叛時作。月后象，日君象。禄山之禍兆於女寵，故言蟾蝕月明，以喻宮闈之蠱惑。九烏無羿射，以見太陽之傾危，而究歸諸陰精淪惑，則以明皇本英明之辟，若非沉溺聲色，何以安危樂亡而不悟耶？危急之際，憂憤之詞。蕭士贇謂禄山叛後所作者亦誤。（詩比

興箋〕

上之回

三十六離宫，樓臺與天通。閣道步行月，美人愁烟空。恩疎寵不及，桃李傷春風。淫樂意何極？金輿向回中。萬乘出黄道，千騎揚彩虹。前軍細柳北，後騎甘泉東。豈問渭川老，寧邀襄野童？但慕瑶池宴，歸來樂未窮。

【校】

〔千騎〕騎，兩宋本、繆本、文粹、樂府俱作旗。

〔彩虹〕虹，兩宋本誤作紅。

〔後騎〕騎，文粹作涉。咸本注云：一作涉。

〔但慕〕兩宋本、繆本、王本俱注云：一作秋暮。文粹、樂府俱作秋暮。

【注】

〔上之回〕王云：按宋書：漢鼓吹鐃歌十八曲中有上之回。樂府古題要解：上之回，漢武帝元封初，因至雍，遂通回中道，後數遊幸焉。其歌稱帝游石關，望諸國，月支臣，匈奴服。皆美當時事也。

〔離宫〕後漢書卷七〇班固傳：西都賦：離宫别館，三十六所。章懷太子注：三輔黄圖曰：上林有建章、承光等一十一宫，平樂、繭觀等二十五館，凡三十六所。

〔回中〕王云：漢書：元封四年冬十月，行幸雍，祠五畤，通回中道。應劭曰：回中在安定高平，有險阻。蕭關在其北。又史記正義：括地志云：秦回中宫在岐州雍縣西四十里。太平寰宇記：回中宫在鳳翔府天興縣西。

〔黄道〕王云：宋之問詩：「蹕聲引颺聞黄道，王氣周回入紫宸。」蕭士贇曰：前漢天文志：日有中道，中道者黄道也。日君象，故天子所行之道亦曰黄道。

〔細柳〕漢書文帝紀：軍細柳。注：服虔曰：在長安西北。如淳曰：長安圖：細柳倉在渭北，近石徼。張揖曰：在昆明池南，今有柳市是也。

〔甘泉〕三輔黄圖：關輔記：林光宫一曰甘泉宫，秦所造，在今池陽縣西。故甘泉山，宫以山爲名。宫周匝十餘里。漢武帝建元中增廣之。周十九里，去長安三百里。望見長安城，黄帝以來圜丘祭天處。

〔渭川〕史記齊太公世家：吕尚蓋嘗窮困年老矣，以魚釣奸周西伯，西伯將出獵，卜之曰：所獲非龍非彲，非虎非羆，所獲霸王之輔。於是周西伯獵，果遇太公於渭之陽，與語大悦。曰：「自吾先君太公曰，當有聖人適周，周以興，子真是耶！吾太公望子久矣。」故號之曰太公望，載與俱歸，立爲師。

〔襄野〕莊子徐無鬼篇：黄帝將見大隗乎具茨之山，……至於襄城之野，七聖皆迷，無所問途。適遇牧馬童子問途焉，曰：「若知具茨之山乎！」曰：「然。」「若知大隗之所存乎？」曰：「然。」黄帝曰：「異哉，小童非徒知具茨之山，又知大隗之所存，請問爲天下。」小童曰：「……予少而自游於六合之内，予適有瞀病，有長者教予曰：若乘日之車而游於襄城之野，今予病少痊，予又且復游於六合之外，夫爲天下亦若此而已矣，又奚事哉？」……黄帝再拜稽首，稱天師而退。

【評箋】蕭云：詩言漢武巡幸回中，不過溺志於神仙之事，豈爲求賢哉？明皇亦好神仙，此其諷諫之作與！

按：此與卷二古風第四十八首意相近，又卷五宫中行樂詞之三，一作「君王多樂事，何必向回中」，亦足徵其意主諷諫。

獨不見

白馬誰家子，黄龍邊塞兒。天山三丈雪，豈是遠行時？春蕙忽秋草，莎雞鳴曲池。風催寒梭響，月入霜閨悲。憶與君别年，種桃齊蛾眉。桃今百餘尺，花落成枯枝。終然獨不見，流淚空自知。

【校】

〔題〕按：敦煌殘卷獨不見詩即卷五塞下曲之四，大旨相似，或即一詩並存兩本耳。

〔莎雞〕莎，宋乙本作沙。

〔曲池〕曲，蕭本、咸本俱作西。王本注云：蕭本作西。

〔風催〕催，兩宋本、繆本俱作催。王本注云：繆本作摧，誤。胡本作風摧寒椶響，注云：一作風催寒梭響。

〔寒梭〕梭，王本注云：一作椶，許本作稷。蕭本作稷。郭本、咸本作椶。

【注】

〔獨不見〕王云：樂府古題要解：獨不見，言思而不得見也。胡震亨曰：梁柳惲本辭，「奉帚長信宮，誰知獨不見？」唐人擬者多用獨不見三字。蕭云：樂府遺聲二十五曲中有獨不見。

〔黃龍〕王云：水經注：白狼水又北徑黃龍城東。十三州志曰：遼東屬國都尉治昌黎，道有黃龍亭者也。魏營州刺史治。魏氏土地記曰：黃龍城西南有白狼河，東北流附城東北下，即是也。新唐書北狄傳：契丹逃潢水之南，黃龍之北。又云：室韋，契丹別種，地據黃龍，北傍猲越河，直京師東北七千里。

〔天山〕見卷三戰城南詩注。

〔春蕙〕王云：爾雅翼：蕙大抵似蘭，花亦春開，蘭先而蕙繼之，皆柔荑，其端作花，蘭一荑一花，蕙一荑五六花，香次於蘭。

〔莎雞〕王云：陸璣草木疏：莎雞如蝗而斑色毛翅數重，其翅正赤，或謂之天雞。六月中飛而振羽，索索作聲，幽州謂之蒲錯。爾雅翼：莎雞其狀頭小而羽大，有青褐兩種。率以六月振羽作聲，連夜札札不止。其聲如紡絲之聲，故一名梭雞，一名絡緯。今俗謂之絡絲娘。古今注曰：莎雞一名促織，一名絡緯，一名蟋蟀。促織謂其鳴聲如急織也，絡緯謂其鳴聲如紡緯也。又曰：促織一名促機，絡緯一名紡緯，其言促織如急織，絡緯如紡緯是矣。但蟋蟀與促織是一物，莎雞與絡緯是一物，不當合而言之耳。△莎音梭。

【評箋】楊慎云：太白詩：「天山三丈雪，豈是遠行時！」又云：「水國秋風夜，殊非遠別時。」豈是，殊非，變幻二字，愈出愈奇。孟蜀韓琮詩：「晚日低霞綺，羣山遠畫眉。青青河畔草，不是望鄉時。」亦祖太白句法。（升庵詩話）

白紵辭三首

揚清歌，發皓齒。北方佳人東鄰子，且吟白紵停緑水。長袖拂面爲君起。寒雲夜捲霜海空，胡風吹天飄塞鴻。玉顔滿堂樂未終。

【校】

〔清歌〕歌，兩宋本、繆本、王本俱注云：一作音。文粹亦作音。胡本作音，注云：一作歌。

〔未終〕此下咸本、樂府、蕭本有「館娃日落歌吹濛」一句。英華亦有此一句，注云：一作深，一無此句。

【注】

〔白紵辭〕蕭云：白紵歌有白紵舞，白凫歌有白凫舞，並吴人之歌舞也。吴地出紵，又江鄉水國自多凫鶩，故興其所見以寓意焉。始則田野之作，後乃大樂氏用焉，其音入清商調，故清商七曲有子夜者，即白紵也。在吴歌爲白紵，在雅歌爲子夜，梁武令沈約更制其辭焉。王云：樂府古題要解：白紵歌古辭盛稱舞者之美，宜及芳時行樂，其譽白紵曰：「質如輕雲色如銀，制以爲袍餘作巾，袍以光軀巾拂塵。」按舊史稱白紵吴地所出，白紵舞本吴舞也，梁武帝令沈約改其辭爲四時之歌，若「蘭葉参差桃半紅」，即其春歌也。

〔佳人〕漢書卷九六外戚傳：（李）延年侍上，起舞，歌曰：「北方有佳人，絶世而獨立。一顧傾人城，再顧傾人國。」

〔東鄰〕司馬相如美人賦：臣之東鄰有一女子，雲髮豐豔，蛾眉皓齒。

〔綠水〕文選馬融長笛賦：中取度於白雪、淥水。李周翰注：白雪、淥水雅曲名。按：本集卷六綠作淥。二字集中通用，不復贅。

【評箋】王云：按鮑照白紵辭：「朱脣動，素袖舉，洛陽少年邯鄲女。古稱綠水今白紵，催絃急管爲君舞。窮秋九月荷葉黄，北風驅雁天雨霜。夜長酒多樂未央。」太白此篇句法，蓋全擬之。蕭本以「館娃日落歌吹濛」一句，續作末句，便不相類，今從古本。按：王説良是，第二首無館娃一句不能領起全篇。

其二

館娃日落歌吹深，月寒江清夜沉沉。美人一笑千黄金，垂羅舞縠揚哀音。郢中白雪且莫吟，子夜吴歌動君心。動君心，冀君賞。願作天池雙鴛鴦，一朝飛去青雲上。

【校】

〔吹深〕此句英華、蕭本在前首之末，深作濛。文粹作館娃日落歌塵濛，亦在前首之末。深，胡本作中，注云：俗本改爲歌吹濛，誤。

〔江清〕江，胡本作天。王本注云：胡本作天。清，英華作深。

〔吴歌〕歌，敦煌殘卷作聲。

〔青雲〕青，英華注云：一作緑。文粹及敦煌殘卷俱作緑。咸本作緑，注云：一作青。

【注】

〔館娃〕太平寰宇記卷九一：越絶書云：吴人於硯石山置館娃宫。劉逵注吴都賦引揚雄方言云：吴有館娃宫，吴人呼美女爲娃，故三都賦云：幸乎館娃之宫中，張女樂而宴羣臣。今吴縣有館娃鄉。吴郡志卷一二云：館娃宫：吴地記皆云闔閭城西有山，號硯石山，山在吴縣西三十里，上有館娃宫。又……吴有館娃宫，今靈巖寺即其地也。山有琴臺、西施洞、硯池、翫花池，山前有采香徑，皆宫之故跡。

〔郢中〕見卷二古風第二十一首注。

〔子夜〕見卷六子夜吴歌四首注。

【評箋】

胡云：言日已落，館娃宫尚在歌吹中也。俗本改作歌吹濛，誤。

又云：鮑照擬白紵歌云：「朱脣動，素袖舉，洛陽少年邯鄲女。古稱緑水今白紵，催絃急管爲君舞。窮秋九月荷葉黄，北風驅鴈天雨霜。夜長酒多樂未央！」此篇全與之同，他篇亦多採用鮑語。宋姚寬云：杜甫憶白詩：「俊逸鮑參軍」，豈亦此耶。

其三

吴刀剪綵縫舞衣。明粧麗服奪春暉。揚眉轉袖若雪飛。傾城獨立世所稀。激楚結風醉忘歸。高堂月落燭已微。玉釵挂纓君莫違。

【校】

〔剪綵〕綵，兩宋本、繆本、王本俱注云：一作綺。胡本作綺，注云：一作綵。

〔揚眉〕眉，英華作目，注云：一作眉。敦煌殘卷作蛾眉。

〔雪飛〕雪，英華作雲。

【注】

〔激楚結風〕史記司馬相如傳集解：郭璞曰：激楚，歌曲也。列女傳曰：聽激楚之遺風也。索隱：激楚，急風也，結風，回風，亦急風也。楚地風氣既自漂疾，然歌樂者猶復依激結之急風以爲節，其樂促迅哀切也。

〔挂纓〕司馬相如美人賦：玉釵挂臣冠，羅袖拂臣衣。

鳴雁行

胡雁鳴，辭燕山。昨發委羽朝度關。一一銜蘆枝，南飛散落天地間。連行接翼往復還。客居烟波寄湘吴。凌霜觸雪毛體枯。畏逢矰繳驚相呼。聞弦虚墜良可吁。君更彈射何爲乎？

【注】

〔鳴雁行〕蕭云：樂府遺聲鳥獸二十一曲中有鳴雁行。胡云：鮑照本辭嘆雁之辛苦霜雪，太白更嘆其遭彈射，似爲己之逢難寓感，觀湘吴一語可見。

〔委羽〕淮南子墬形訓：北方曰積冰，曰委羽。高誘注：委羽，山名，在北極之陰，不見日也。

〔蘆枝〕王云：淮南子：夫雁順風以愛氣力，銜蘆而翔以備矰弋。高誘注：未秀曰蘆，已秀曰葦。矰，矢。弋，繳。銜蘆所以令繳不得截其翼也。古今注：雁自河北渡江南，瘦瘠能高飛，不畏繳矰。江南沃饒，每至還河北，體肥不能高飛，恐爲虞人所獲，常銜蘆數寸，以防矰繳焉。一説：代山高峻，鳥飛不越，惟有一缺門，雁往來向此缺中過，人號曰雁門。山出鷹，雁過，鷹多捉而食之。雁欲過，皆相待兩兩相隨，口中啣蘆一枝，然後過缺中。鷹見蘆，懼之不敢捉。

〔矰繳〕王云：鄭玄周禮注：結繳於矢謂之矰，賈公彦疏：繳，繩也。謂結繩於矢，以弋射鳥獸。史記集解：韋昭曰：繳，弋射也。其矢曰矰。西都賦：矰繳相纏。張銑注：矰繳，箭上加縷而射。△繳音灼。

【評箋】

唐宋詩醇云：此白遭難避禍而作，步步憂虞，所謂驚弓之鳥。一結婉而多諷，誦之惻然。

妾薄命

漢帝重阿嬌，貯之黄金屋。咳唾落九天，隨風生珠玉。寵極愛還歇，妒深情却疎。長門一步地，不肯暫迴車。雨落不上天，水覆難再收。君情與妾意，各自東西流。昔日芙蓉花，今成斷根草。以色事他人，能得幾時好？

【校】

〔重阿嬌〕重，兩宋本、繆本、王本俱注云：一作寵。蕭本、胡本俱作寵。

〔難再收〕兩宋本、繆本俱作重難收，注云：一作難重收。英華作最難收，注云：一作難再，又作難重。文粹亦作最難收。咸本作難再收，注云：一作重難收。王本注云：一作難重，一作重難。

〔君情〕情，兩宋本、繆本、王本俱注云：一作恩。

〔斷根草〕兩宋本、繆本、王本俱注云：一作素秋草。英華作素秋草。

【注】

〔妾薄命〕蕭云：樂府佳麗四十七曲中有妾薄命，亦曰惟日月，太白則爲漢武廢后陳皇后而作。末章詩句則有所感寓也。王云：樂府古題要解：妾薄命，曹植「日月既逝西藏」，蓋恨宴私之歡不久。如梁簡文「名都多麗質」，傷良人不返，王嬙遠聘，盧姬嫁遲。

〔珠玉〕莊子秋水篇：子不見夫唾者乎？噴則大者如珠，小者如霧，雜而下者不可勝數也。按：詩人用咳唾珠玉語蓋本此。

〔水覆〕宋長白柳亭詩話云：太白詩：「雨落不上天，水覆難再收。」出後漢書光武紀反水不收，又何進傳覆水不收。而或有引小説姜太公令馬氏覆水者，可發一笑。參見本卷白頭吟第二首注。

〔斷根〕王云：邵氏聞見後録：李太白詩云：「昔作芙蓉花，今爲斷腸草。以色事他人，能得幾時好？」按陶弘景仙方注云：斷腸草不可食，其花美好名芙蓉。琦按：此説似乎新穎，而揆之取義，斷腸不若斷根之當也。按：雲麓漫鈔卷一：老圃云，芙蓉花根三年不除殺人。因憶古人詩云：「昔爲芙蓉花，今成斷腸草。」則古人已曾言矣。亦以爲斷腸，則宋人所見李詩多作斷腸可知。又袁枚隨園詩話云：冷齋夜話云：太白詩：「昔作夫容花，今爲斷腸草。」本陶弘景仙方注，斷腸草一名夫容故也。乃知詩人無一字閒話。方密之笑曰：太白冤哉！草不妨同名，詩人何心作藥師父耶？徐文靖管城碩記卷二五云，太白詩：「昔作芙蓉花，今爲斷腸草。」冷齋夜話云：陶弘景仙方注：斷腸草不可食，其花爲芙蓉花。乃知詩人無一字閒語。按述異記：秦趙間有相思草，狀如石竹而節節相續，一名斷腸草，又名愁婦草。白所謂當即是耳。若只一物，豈可以今昔言之？

【評箋】

蕭云：太白之詩，其旨出於國風，往往寄興深遠。欲言時事，則借古喻今。此詩雖言漢武之事，而意則實在於明皇王后也。二后事跡前後一轍，雖各以無子巫蠱厭勝，然究其所原，實衛子夫、武惠妃爭寵有以激之也。陳后之廢，相如作長門賦，王后之廢，王諲作翠羽帳賦，冀以諷帝，而夫婦之天卒莫能回。太白此詩其作於翠羽帳賦之後乎？……

按：王后之廢在開元十年，李白甫踰弱冠，身在蜀中，何事而爲之作詩？蕭說不可信。辨見卷二古風第二首。

梅鼎祚云：朱諫刪入辨疑，大瞶。（李詩鈔）

趙文哲云：七古莫盛於盛唐，然亦體製各殊。……惟太白仙才不可捉搦，「咳唾落九天，隨風生珠玉」二語殆其自讚。後人雖不易學，然用意琢句之間，略得一二，真足脫棄凡猥，誠療俗

之金丹也。（嫏雅堂詩話）

幽州胡馬客歌

幽州胡馬客，緑眼虎皮冠。笑拂兩隻箭，萬人不可干。彎弓若轉月，白雁落雲端。雙雙掉鞭行，游獵向樓蘭。出門不顧後，報國死何難？天驕五單于，狼戻好凶殘。牛馬散北海，割鮮若虎餐。雖居燕支山，不道朔雪寒。婦女馬上笑，顏如赬玉盤。翻飛射鳥獸，花月醉雕鞍。旄頭四光芒，争戰若蜂攢。白刃灑赤血，流沙爲之丹。名將古誰是？疲兵良可嘆。何時天狼滅？父子得安閑。

【校】

〔若蜂〕若，兩宋本、繆本俱作如。王本注云：繆本作如。

〔安閑〕兩宋本、繆本俱作閑安。

【注】

〔題〕胡云：梁鼓角横吹曲本詞言剿兒苦貧，又言男女燕遊，太白依題立義，敘邊塞逐虜之事。

〔白雁〕王云：爾雅翼：今北方有白雁，似鴻而小，色白，秋深乃來，來則霜降。河北謂之霜信。本草綱目：雁狀似鵝，有蒼白二色，今以白而小者爲雁，大者爲鴻，蒼者爲野鵝。

〔樓蘭〕漢書卷九六西域傳：樓蘭王治扜尼城，去陽關千六百里，去長安六千一百里，樓蘭國最在東垂，近漢，當白龍堆，乏水草，常主發導，負水儋糧，迎接漢使。

〔五單于〕漢書宣帝紀：匈奴虚閭權渠單于病死，右賢王屠耆堂代立。骨肉大臣立虚閭權渠單于子爲呼韓邪單于，擊殺屠耆堂，諸王並自立，分爲五單于，更相攻擊，死者以萬數。

〔狼戾〕漢書卷六四嚴助傳：今閩越王狼戾不仁，殺其骨肉，離其親戚。顔師古注：狼性貪戾，凡言狼戾者，謂貪而戾也。

〔北海〕王云：北海，匈奴中地名。漢書蘇武傳：徙武北海上無人處，使牧羝。又匈奴傳：單于留郭吉不歸，遷辱之北海上，蓋與中國絶遠處。

〔割鮮〕王云：文選西都賦：割鮮野食。孔安國尚書傳：鳥獸新殺曰鮮。

〔不道〕張相詩詞曲語辭匯釋云：不道猶云不知也，不覺也，不期也。李白幽州胡馬客歌云：「雖居燕支山，不道朔雪寒。」言不知朔雪寒也。

〔旄頭〕見卷三胡無人注。

〔流沙〕王云：水經：流沙地在張掖居延縣東北。唐六典注：流沙在沙州以北，連延數千里。

〔天狼〕史記天官書：其東有大星曰狼，狼角變色，多盜賊。正義：狼一星參東南，狼爲野將，主侵掠，占非其處則人相食，色黄白而明，吉。赤角兵起，金火守亦如之。

【評箋】唐宋詩醇云：明皇喜事邊功，寵任蕃將。天寶十載，高仙芝敗於大食，安禄山敗於契丹。是詩之作，必刺禄山也。「出門不顧後，報國死何難？」詰之也。「名將古誰是？疲兵良可歎」，傷之也。言切而意悲矣。

李白集校注

二

〔唐〕李　白　著
瞿蜕園　朱金城　校注

上海古籍出版社

李白集校注卷五

樂府四十四首

門有車馬客行

門有車馬賓，金鞍耀朱輪。謂從丹霄落，乃是故鄉親。呼兒掃中堂，坐客論悲辛。對酒兩不飲，停觴淚盈巾。嘆我萬里遊，飄飖三十春。空談帝王略，紫綬不挂身。雄劍藏玉匣，陰符生素塵。廓落無所合，流離湘水濱。借問宗黨間，多爲泉下人。生苦百戰役，死託萬鬼鄰。北風揚胡沙，埋翳周與秦。大運且如此，蒼穹寧匪仁？惻愴竟何道？存亡任大鈞。

【校】

〔車馬賓〕賓，兩宋本、繆本、王本俱注云：一作客。樂府作客。

〔丹霄〕丹，兩宋本、繆本、王本俱注云：一作雲。英華作雲，注云：一作丹。

〔飄飄〕蕭本、咸本俱作飄飄。王本注云：蕭本作飄飄。

〔帝王〕帝，兩宋本、繆本、咸本、胡本、樂府俱作霸。王本注云：繆本作霸。

〔胡沙〕胡，英華作湖。

〔埋翳〕埋，英華作霾，注云：一作埋。

〔竟何道〕竟，英華作憶，注云：一作竟。

〔大鈞〕兩宋本、英華俱作天均。英華注云：一作大鈞。

【注】

〔題〕王云：樂府古題要解：門有車馬客行，曹植等皆言問訊其客，或得故舊鄉里，或駕自京師，備述市朝遷謝親戚彫喪之意也。樂府詩集：王僧虔技録相和歌瑟調三十八曲中有門有車馬客行。

〔朱輪〕漢書卷六六楊惲傳：惲家方隆盛時，乘朱輪者十人。

〔紫綬〕後漢書輿服志：公侯將軍紫綬，二采紫白。

〔雄劍〕見卷四獨漉篇注。

〔陰符〕戰國策秦策：蘇秦夜發書，陳篋數十，得太公陰符之謀。

〔大鈞〕漢書卷四八賈誼傳：大鈞播物。如淳注：陶者作器於鈞上，此以造化爲大鈞也。顏師古注：今造瓦者謂所轉者爲鈞，言造化爲人，亦猶陶之造瓦耳。

【評箋】胡云：本瑟調曲曹植門有萬里客行也。陸機、張華擬辭，大率言問訊其客，備叙市朝遷謝親友凋喪之意。白辭同，而「空談霸王略，紫綬不挂身」等語，微寓自歎，胡沙霾翳周秦，亦詠其時事云。

今人詹鍈云：薛仲邕繫開元十六年下，蓋以聖曆二年爲太白始生之歲，至此適三十齡耳。王譜繫至德元載下，又於開元十八年下附注云：舊譜以門有車馬客行及答湖州迦葉司馬皆列於三十歲之下。按門有車馬客行詩曰：「嘆我萬里遊，飄飄三十春。」此歎其客遊之久，非紀其始壯之年。觀下文「北風揚胡沙，埋翳周與秦」之句，應是禄山殘破兩京之後所作。詩云：「廓落無所合，流離湘水濱。借問宗黨間，多爲泉下人。」按至德元載白之遊踪未至沅湘一帶，與所謂流離湘水濱者不合。此詩疑亦居零陵時作。史思明於是年九月陷東京，「北風揚胡沙」二句指思明之亂，非禄山亂時也。

君子有所思行

紫閣連終南，青冥天倪色。憑崖望咸陽，宫闕羅北極。萬井驚畫出，九衢如絃直。渭水銀河清，横天流不息。朝野盛文物，衣冠何翕赩？厩馬散連山，軍容威絶域。伊皋運元化，衞霍輸筋力。歌鐘樂未休，榮去老還逼。圓光過滿缺，太陽移中昃。不散東海金，何争西輝匿？無作牛山悲，惻愴淚沾臆。

【校】

〔題〕英華無行字。

〔如絃〕絃，咸本作絲。

〔銀河清〕兩宋本、繆本、樂府俱作清銀河。胡本、咸本俱注云：一作清銀河。王本注云：繆本作清銀河。

〔翕赩〕樂府作貪絶。

〔未休〕英華作休明，注云：一作未休。胡本注云：一作休明。

〔榮去〕去，英華注云：一作至。

〔過滿缺〕過，英華作任，注云：一作過。

〔何争西輝〕蕭本作何曾西飛。王本注云：蕭本作何曾西飛。

【注】

〔題〕蕭云：王僧虔技録：君子有所思行，相和歌瑟調三十八曲之一也。王云：樂府古題要解：君子有所思行，陸機「命駕登北山」，鮑照「西上登雀臺」，沈約「晨策終南首」，其旨言雕室麗色不足爲久歡，晏安鴆毒，滿盈所宜敬忌，與君子行異也。

〔紫閣〕王云：太平廣記：終南山紫閣峯去長安城七十里。陝西志：紫閣峯在西安府鄠縣東南三十里，旭日射之，爛然而紫，其形上聳，若樓閣然。杜甫詩云「紫閣峯陰入渼陂」，即此是也。

〔終南〕王云：初學記：五經要義云：終南山，長安南山也，一名太一。漢書云：太一山，古文以爲終南山。潘岳關中記云：其山一名中南，言在天之中，居都之南，故曰中南。福地記云：其山東接驪山太華，西連太白，至於隴山，北去長安城八十里。南入楚塞，連屬東西諸山，周迴數百里，名曰福地。

〔天倪〕莊子齊物論篇：和之以天倪。陸德明注：倪，李云：分也。崔云：或作霓，際也。

〔北極〕晉書天文志：北極五星，勾陳六星，皆在紫宮中。北極，北辰最尊者也。

〔渭水〕三輔黄圖：引渭水貫都以象天漢。横橋南渡以法牽牛。

〔翕艴〕文選嵇康琴賦：瑶瑾翕艴。李善注：翕艴，盛貌。△艴音釋，亦音赫。

〔厩馬〕新唐書兵志：開元初，……（王）毛仲既領閑廄，馬稍稍復，始二十四萬，至十三年，乃四十三萬。其後突厥欵塞，玄宗厚撫之，歲許朔方軍西受降城爲互市，以金帛市馬，於河東朔方左右牧之。既雜胡種，馬乃益壯。天寶後，諸軍戰馬動以萬計，王侯將相外戚牛駝羊馬之牧布諸道，百倍於縣官，皆以封邑號名爲印自別。將校亦備私馬。議者謂秦、漢以來，唐馬最盛。十一載，詔二京旁五百里勿置私牧。十三載，隴右羣牧都使奏馬牛駝羊總六十萬五千五百，而馬三十二萬五千七百。

〔伊皋〕王云：伊尹、皋陶以喻美宰臣，衞青、霍去病以喻美將帥。

〔東海金〕漢書卷七一疏廣傳：疏廣，字仲翁，東海蘭陵人也。……爲太傅，……在位五歲，……上疏乞骸骨。上以其年篤老，許之，加賜黄金二十斤，皇太子贈以五十斤。……廣既歸鄉里，日令家共具，設酒食，請族人故舊賓客，與相娛樂。數問其家，金餘尚有幾所？趣賣以共具。曰：「此金者聖主所以惠養老臣也，故樂與鄉黨宗族共饗其賜，以盡吾餘日，不亦可乎？」

〔牛山〕見卷二古風第二十三首注。

【評箋】

今人詹鍈云：詩云：「紫閣連終南，憑崖望咸陽，渭水銀河清」，當是在長安作。

東海有勇婦

梁山感杞妻，慟哭爲之傾。金石忽暫開，都由激深情。東海有勇婦，何慚蘇子卿？學劍越處子，超騰若流星。捐軀報夫讎，萬死不顧生。白刃耀素雪，蒼天感精誠。十步兩躩躍，三呼一交兵。斬首掉國門，蹴踏五藏行。豁此伉儷憤，粲然大義明。北海李使君，飛章奏天庭。捨罪警風俗，流芳播滄瀛。名在列女籍，竹帛已光榮。淳于免詔獄，漢主爲緹縈。津妾一棹歌，脱父於嚴刑。十子若不肖，不如一女英。豫讓斬空衣，有心竟無成。要離殺慶忌，壯夫所素輕。妻子亦何辜？焚之買虚聲。豈如東海婦，事立獨揚名！

【校】

〔題〕此下王本注云：原注：代關中有貞女。兩宋本、繆本俱注云：代關中有貞女，又作賢。咸本注云：又作賢女。

〔慟〕蕭本作痛，王本注云：蕭本作痛。

〔超騰〕騰，蕭本作然。王本注云：蕭本作然。

〔躩〕兩宋本、繆本、王本俱注云：一作跳。胡本作跳。

〔五藏〕兩宋本藏俱作臧。

〔豁此〕此句咸本豁下注云：一作割。憤下注云：一作情。

〔使君〕使，兩宋本、蕭本、繆本俱作史。咸本作史，注云：一作府。王本注云：繆本作史。

〔警風俗〕警，王本作驚，誤，今依各本改。

〔名在〕名，兩宋本、繆本俱作志。王本注云：繆本作志。

〔所素〕兩宋本、繆本、咸本俱作素所。王本注云：繆本作素所。

【注】

〔題〕蕭云：樂府正聲：漢鞞舞歌五曲有關中有賢女。王云：按晉書：關東有賢女乃鞞舞舊曲五篇之一，其辭已亡。關中有貞女當是關東有賢女之訛。

〔杞妻〕王云：列女傳：齊杞梁殖之妻，莊公襲莒，殖戰而死，無子，内外皆無五屬之親。既無所歸，乃枕其夫之尸於城下而哭。内誠動人，道路過者莫不爲之揮涕，十日而城爲之崩。曹植詩乃云：「杞妻哭死夫，梁山爲之傾。」與列女傳諸書所載殊異。太白用梁山事蓋本之曹詩也。

〔子卿〕王云：蘇子卿無報讎殺人事，以此相擬，殊非倫類。按曹植精微篇：「關東有賢女，自字蘇來卿。壯年報父仇，身没垂功名。」是知蘇子卿乃蘇來卿之誤也。

〔處子〕見卷四結客少年場行注。

〔伉儷〕左傳成十一年：已不能庇其伉儷而亡之。杜預注：伉，敵也；儷，耦也。孔疏：伉儷者，言是相敵之匹耦。

〔李使君〕王云：李邕爲北海太守，世稱李北海。所謂北海李使君疑即其人也。

〔滄瀛〕王云：滄、瀛謂東方海隅之地。又滄州景城郡、瀛州河間郡，與青州北海郡相鄰近，似謂其聲名播於旁郡也。

〔淳于〕漢書刑法志：齊太倉令淳于公有罪當刑，詔獄逮繫長安。淳于公無男，有五女，當行會逮，罵其女曰：「生子不生男，緩急非有益也。」其少女緹縈自傷悲泣，乃隨其父至長安，上書曰：「妾父爲吏，齊中皆稱其廉平。今坐法當刑，妾傷夫死者不可復生，刑者不可復屬。雖後欲改過自新，其道無由也。妾願没入爲官婢，以贖父刑罪使得自新。」書奏，天子悲憐其意，遂下令除肉刑。

〔緹縈〕緹音提，縈音榮。

〔津妾〕列女傳辯通：趙津女娟者，趙河津吏之女。……趙簡子南擊楚，與津吏期，簡子至，津吏醉卧不能渡。簡子欲殺之。娟曰：「妾父聞主君來，渡不測之水，恐風波之起，水神動駭。故禱九江三淮之神，供具備禮，御釐受福，不勝巫祝杯酌餘瀝，醉至於此。君欲殺之，妾願以鄙軀易父之死。」簡子曰：「非女子之罪也。」娟曰：「主君欲因其醉而殺之，妾恐其身之不知痛而心不知罪也。若不知罪而殺之，是殺不辜也。願醒而殺之，使知其罪。」簡子曰：「善。」遂釋不誅。簡子將渡，用檝者少一人，娟攘袂操檝而請。……中流爲簡子發河激之歌。其詞曰：「升彼阿兮面觀清，水揚波兮杳冥冥。禱求福兮醉不醒，誅將加兮妾心驚。罰既釋兮瀆乃清，妾持檝兮操其維。蛟龍助兮主將歸，浮來櫂兮行勿疑。」簡子大悦，以爲夫人。

〔豫讓〕戰國策趙策：豫讓始事范中行氏而不悦，去而就智伯，智伯寵之。及三晉分智氏，趙襄子最怨智伯，而將其頭以爲飲器。……豫讓曰：「士爲知己者死，女爲悦己者容，吾其報智氏之讐矣。」乃變姓名爲刑人，入宫塗廁，欲以刺襄子。襄子如廁心動，執問塗者，則豫讓也，刃其扞曰：「欲爲智伯報讐。」……趙襄子曰：「彼義士也。」……卒釋之。豫讓又漆身爲厲，滅鬚去眉，自刑以變其容，……又吞炭爲啞，變其音。……居頃之，襄子當出，豫讓伏所當過橋下。襄子至橋而馬驚，襄子曰：「此必豫讓也。」使人問之，果豫讓。……襄子……曰：「豫子之爲智伯，名既成矣。寡人舍子，亦已足矣。子自爲計！……」使兵環之，豫讓曰：「臣聞明主不掩人之義，忠臣不愛死以成名。……今日之事，臣故伏誅，然願請君之衣而擊之，雖死不恨。……」襄子義之，使使者持衣與豫讓，豫讓拔劍三躍呼天擊之曰：「可以報智伯矣。」遂伏劍而死。

〔要離〕吴越春秋：吴王前既殺王僚，又憂慶忌之在鄰國，……子胥乃見要離曰：「吴王聞子高義，惟一臨之！」乃與子胥見吴王曰：「臣國東千里之人，臣細小無力，迎風則僵，負風則伏，大王有命，臣敢不盡力？」吴王心非子胥進此人，良久默然不言，要離即進曰：「大王患慶忌乎？臣能殺之。」王曰：「慶忌之勇，世所聞也。……今子之力不如也。」要離曰：「王有意焉，臣能殺之，……臣詐以負罪出奔，願王戮臣妻子，斷臣右手，慶忌必信臣矣。」……要離乃詐得罪出奔，吴王乃取其妻子，焚棄於市，要離乃奔諸侯而行怨言，以無罪聞於天下。遂如衞，求見慶忌。……慶忌信其謀，後三月揀練士卒，遂之吴。將渡江，於中流，要離力微，坐於上風，因風勢以矛鈎其冠，順風而刺慶忌，慶忌顧而捽之，三捽其頭於水中，乃加於膝上。「嘻嘻哉！天下之勇士也，乃敢加兵刃於我！」左右欲殺之。慶忌止之曰：「此是天下勇士，……可令還吴以旌其忠。」於是慶忌死，要離渡至江陵，愍然不行，……曰：「殺吾妻子以事其君，非仁也。爲新君而殺故君之子，非義也。……貪生棄行，非勇也。夫人有三惡以立於世，吾何面目以視天下之士？」言訖，遂投身於江。未絶，從者出之。要離曰：「吾寧能不死乎？」……乃自斷手足，伏劍而死。

【評箋】查慎行云：東海有勇婦，爲夫報仇，必實有其事，而注家不詳。（初白詩評）

宋長白云：太白東海有勇婦篇似目擊其事而賦之者，豈李使君即泰和邕邪？惜蕭楊作注，弗備考其故實，并勇婦姓氏逸之，則奇人奇事淹没而弗傳者多矣。其秦女休一篇則曹子建、左延年俱有此作，是詠古蹟而非述時事也。（柳亭詩話）

按：宋氏書成於康熙中葉，尚未及見王注也。

黄葛篇

黄葛生洛溪，黄花自綿冪。青烟蔓長條，繚繞幾百尺。閨人費素手，採緝作絺綌。縫爲絶國衣，遠寄日南客。蒼梧大火落，暑服莫輕擲。此物雖過時，是妾手中跡。

【注】

〔題〕蕭云：樂府遺聲草木二十一曲中有種葛篇。

〔洛溪〕王云：葛草，延蔓而生，引長二三丈，其葉有三尖，如楓葉而長，面青背淡，莖亦青色，取其皮漚練作絲，以爲絺綌。謂之黄葛者，是取既成絺綌之色而名之，以别於蔓草中之白葛、紫葛、赤葛諸名，不致相混耳。七八月開花成穗，纍纍相承，紅紫色。古前溪歌：「黄葛結蒙籠，生在洛溪邊。」葛花紅紫，而此云黄花，恐誤。

〔綿冪〕冪音覓。

〔絺綌〕詩周南葛覃：爲絺爲綌。毛傳：精曰絺，麤曰綌。

〔絶國〕漢書卷六一張騫傳：及使絶國者。顏師古注：遠絶之國謂聲教之外。

〔日南〕〔蒼梧〕王云：唐時所謂日南郡即驩州也，去西京一萬二千四百餘里，去東京一萬一千五百餘里。所謂蒼梧郡，即梧州也，去西京五千五百里，去東京五千一百里，俱屬嶺南道。

〔大火落〕詩豳風七月：七月流火。毛傳：火，大火也。鄭箋：大火者，寒暑之候也。火星中而寒暑退。朱傳曰：火，大火，心星也，以六月之昏加於地之南方，至七月之昏則下而西流矣。

【評箋】蕭云：太白此詩，忠厚之意發于情性，風雅之作也。今世蚍蜉輩作詩評，乃謂太白詩全無關於人倫風教，吁！是亦未之思耳。

白馬篇

龍馬花雪毛，金鞍五陵豪。秋霜切玉劍，落日明珠袍。鬬雞事萬乘，軒蓋一何高？弓摧南山虎，手接太行猱。酒後競風采，三杯弄寶刀。殺人如剪草，劇孟同遊遨。發憤去函谷，從軍向臨洮。叱咤經百戰，匈奴盡奔逃。歸來使酒氣，未肯拜蕭曹。羞入原憲室，荒徑隱蓬蒿。

【校】

〔雪毛〕毛，蕭本作白。王本注云：蕭本作白。

〔南山〕南，兩宋本、繆本、樂府俱作宜。王本注云：繆本作宜。

〔太行〕行，兩宋本、繆本、樂府俱作山。王本注云：繆本作山。

〔經百戰〕兩宋本、繆本、王本俱注云：一作萬戰場。樂府與一作同。

〔奔逃〕兩宋本、繆本俱作波濤，濤下注云：一作逃。樂府亦作波濤。王本注云：一作波濤。

〔拜〕兩宋本、繆本、王本俱注云：一作下。

〔荒徑〕徑，兩宋本、蕭本、咸本俱作涇。王本注云：蕭本作涇，誤。

【注】

〔題〕王云：樂府古題要解：白馬篇，曹植「白馬飾金羈」，鮑照「白馬騂角弓」，沈約「白馬紫金鞍」，皆言邊塞征戰之狀。按樂府詩集，白馬篇是雜曲歌之齊瑟行。

〔龍馬〕周禮夏官廋人：馬八尺以上爲龍。

〔五陵〕漢書卷九二原涉傳：郡國諸豪及長安五陵諸爲節氣者，皆歸慕之。顔師古注：五陵謂長陵、安陵、陽陵、茂陵、平陵也。班固西都賦曰：南望杜、霸，北眺五陵。是知霸陵、杜陵非此五陵之數也。而説者以爲高祖以下至茂陵爲五陵，失其本意。

〔切玉〕列子湯問篇：周穆王大征西戎，西戎獻錕鋙之劍，……其劍長尺有咫，鍊鋼赤刃，用之切玉，如切泥焉。

〔鬭雞〕見卷二古風第二十四首注。

〔南山虎〕晉書卷五八周處傳：南山白額猛獸……處乃入山射殺猛獸。按：唐修晉書，避虎字改爲猛獸。王云：西京雜記：李廣與兄弟共獵於冥山之北，見卧虎焉。射之，一矢即斃，斷其髑髏以爲枕，示服猛也。冥山或作宜山，所謂宜山虎也。

〔太行猱〕文選張衡思玄賦李善注引尸子：中黄伯曰：予左執太行之猱而右搏雕虎。

〔劇孟〕見卷三梁甫吟注。

〔函谷〕王云：史記正義：括地志云：函谷關在陝州桃林縣西南十二里，秦函谷關也。圖記云：西去長安四百餘里，路在谷中，故以爲名。雍録：秦函谷關在唐陝州靈寶縣南十里。靈寶縣者，漢弘農縣也。又：漢函谷關在唐河南府新安縣之東一里。蓋漢世楊僕移秦函谷關而立之於此也。以比秦舊，則移東三百七十八里，自此關移在新安縣而秦關之在靈寶者廢矣。又云：自潼關東二百里至陝州靈寶縣，則秦函谷關也。自靈寶縣東三百餘里至河南新安縣，則漢函谷關也。

〔臨洮〕舊唐書地理志：臨洮軍在鄯州城内，管兵萬五千人。△洮音叨。

〔使酒〕史記魏其武安侯列傳：灌夫爲人剛直使酒。

〔原憲〕韓詩外傳卷一：原憲居魯，環堵之室，茨以蒿萊，蓬户甕牖，桷桑而無樞，上漏下溼，匡坐而絃歌。史記仲尼弟子列傳：孔子卒，原憲亡在草澤中。子貢相衛，而結駟連騎，排藜藿，入窮閻，過謝原憲。憲攝敝衣冠見子貢，子貢恥之，曰：「夫子豈病乎！」原憲曰：「吾聞之，無財者謂之貧，學道而不能行者謂之病。若憲，貧也，非病也。」子貢慚，不懌而去，終身恥其言之過也。

【評箋】

蕭云：此詩寓貶於褒，寄揚於抑，深得國風之旨，讀者宜細味之。

胡云：曹植齊瑟行言人當立功名邊塞，白擬爲白馬篇，詩義同。

朱諫云：此詩李白之所作者，辭壯氣豪，第以不識原憲而嗤爲荒淫爲可怪耳！（李詩辨疑）

鳳笙篇

仙人十五愛吹笙，學得崑丘彩鳳鳴。始聞鍊氣餐金液；復道朝天赴玉京。玉京迢迢幾千里，鳳笙去去無窮已。欲嘆離聲發絳脣；更嗟別調流纖指。此時惜別詎堪聞？此地相看未忍分。重吟真曲和清吹；却奏仙歌響綠雲。綠雲紫氣向函關，訪道應尋緱氏山。莫學吹笙王子晉，一遇浮丘斷不還。

【校】

〔題〕樂府作鳳吹笙曲。

〔無窮〕窮，樂府作邊。

【注】

〔題〕蕭云：樂府遺聲歌舞二十一曲中有鳳笙篇。

〔崑丘〕見卷二古風第四十首注。

〔金液〕太平御覽卷六六九太上丹簡墨籙曰：修金液之術，當得太清丹經。參見卷十三寄王屋山人孟大融注。

〔玉京〕王云：靈樞金景内經：下離塵世，上界玉京。注云：玉京，無爲之天也。三十二帝之都。步虚經：玉京山在無上大羅天中玉京之上，七寶玄臺居五億五萬五十五重天最上頂也。

〔紫氣〕太平御覽卷六六一三一經曰：真人尹喜，周大夫也，爲關令，……登樓四望，見東極有紫氣西邁。喜曰：「……應有聖人過此。」及老子度關，……喜帶印綬，設師事之禮。

〔緱氏山〕王云：元和郡縣志：緱氏山在河南府緱氏縣東南二十九里，王子晉得仙處。列仙傳：王子喬者，周靈王太子晉也。好吹笙，作鳳凰鳴，游伊、洛之間，遇道士浮丘公，接以上嵩高山，三十餘年。後於山上見桓良曰：「告我家，七月七日待我於緱氏山巔。」至時果乘白鶴駐山頭，望之不得到，舉手謝時人，數日而去。

【評箋】

查慎行云：初唐庸近調格，如何入得太白集中？（初白詩評）

王云：此詩是送一道流應詔入京之作，所謂「仙人十五愛吹笙」，正實指其人，非泛用古事。所謂「朝天赴玉京」者，言其入京朝見，非謂其超昇輕舉。舊注以游仙詩擬之，失其旨矣。

今人詹鍈云：按：王説是也。此道流或即是吴筠歟！李詩辨疑以爲李赤僞作，非是。

怨歌行

十五入漢宫，花顔笑春紅。君王選玉色，侍寢金屏中。薦枕嬌夕月，卷衣戀春風。寧知趙飛燕，奪寵恨無窮。沉憂能傷人，緑鬢成霜蓬。一朝不得意，世事徒爲空。鷫鸘换美酒，舞衣罷雕龍。寒苦不忍言，爲君奏絲桐。腸斷絃亦絶，悲心夜忡忡。

【校】

〔題〕此下王本注云：自注：長安見内人出嫁，友人令予代爲怨歌行。兩宋本、繆本俱注云：長安見内人出嫁令予代爲怨歌行。無自注兩字。

〔笑春〕笑，兩宋本、繆本、王本俱注云：一作如。

〔金屏〕金，兩宋本、繆本、王本俱注云：一作錦。

〔夕月〕敦煌殘卷作向日。

〔春風〕春，兩宋本、繆本、王本俱注云：一作香。敦煌殘卷作香。

〔徒爲〕徒，兩宋本、繆本、王本俱注云：一作信。

〔雕龍〕王本注云：一作籠。胡本、敦煌殘卷、樂府俱作籠。

〔悲心〕咸本作如悲，注云：一作悲心。

【注】

〔題〕蕭云：怨歌行，古辭也。……王僧虔技録相和歌楚調十曲有怨詩，亦曰怨歌行，亦曰明月照高樓。

〔飛燕〕漢書卷九七外戚傳：孝成趙皇后，本長安宫人……及壯，屬陽阿主家，學歌舞，號曰飛燕。成帝嘗微行，出過陽阿主作樂，上見飛燕而説之，召入宫，大幸，有女弟，復召入，俱爲倢伃，貴傾後宫。又云：其後趙飛燕姊弟亦從自微賤興，踰越禮制，寖盛於前。班倢伃及許皇后皆失寵，稀復進見。鴻嘉二年，趙皇后譖告許皇后、班倢伃挾媚道，祝詛後宫，詈及主上。

〔鸕鷀〕見卷四白頭吟第二首注。

〔雕龍〕蕭云：雕龍，謂舞衣上之雕畫龍文也。按：此説似鑿，疑龍當作櫳，較合唐人習慣。

〔忡忡〕詩召南草蟲：憂心忡忡。△忡音沖。

塞下曲六首

五月天山雪，無花衹有寒。笛中聞折柳，春色未曾看。曉戰隨金鼓，宵眠抱玉鞍。願將腰下劍，直爲斬樓蘭。

【校】

〔題〕英華作塞上曲，注云：一作塞下曲。

【注】

〔題〕蕭云：樂府遺聲征戍十五曲中有塞下曲。王云：樂府詩集：晉書樂志曰：出塞入塞曲，李延年造。……唐人有塞上、塞下曲，蓋本於此。高步瀛云：塞上、塞下曲皆新樂府辭，見樂府詩集卷九十二。

〔天山〕見卷四關山月注。

〔折柳〕樂府詩集卷二二：唐書樂志：梁樂府有胡吹歌云：「上馬不捉鞭，反拗楊柳枝。下馬吹横笛，愁殺行客兒。」此歌辭元出北國，即鼓角横吹曲折楊柳是也。蕭云：崔豹古今注：横吹，胡樂也。有黄鶴、隴頭、出關、入關、出塞、入塞、折楊柳、覃子、赤之陽、望行人十曲。

〔金鼓〕文選司馬相如子虛賦：摐金鼓。郭璞注：金鼓，鉦也。

〔樓蘭〕漢書卷七〇傅介子傳：介子……至樓蘭，樓蘭王貪漢物，來見使者，介子與坐飲，陳物示之，飲酒皆醉，介子謂王曰：「天子使我私報王。」王起隨介子入帳中屏語，壯士二人從後刺之，刃交匈，立死。又卷九六西域傳：封介子爲義陽侯，乃立尉屠耆爲王，更名其國爲鄯善。

【評箋】沈德潛云：太白「五月天山雪，無花只有寒。笛中聞折柳，春色未曾看」，一氣直下，不就羈縛。（説詩晬語）

方東樹云：唐玄宗「劍閣横雲峻」一篇，王右丞「風勁角弓鳴」一篇，神完氣足，章法、句法、字法，俱臻絶頂。此律詩正體。而太白「五月天山雪，無花只有寒。笛中聞折柳，春色未嘗看」，一氣直下，不就羈縛。（昭昧詹言）

其二

天兵下北荒，胡馬欲南飲。横戈從百戰，直爲銜恩甚。握雪海上餐，拂沙隴頭寢。何當破月氏，然後方高枕。

【校】

〔胡馬〕馬，兩宋本俱作爲。

〔百戰〕百，咸本注云：一作北。

【注】

〔握雪〕漢書卷五四蘇武傳：……單于欲降之，乃幽武置大窖中，絶不飲食，天雨雪，乃卧齧雪，與旃毛并咽之，數月不死。匈奴以爲神，迺徙武北海上無人處，武至海上，廩食不至，掘野鼠，去草實而食之。

〔月氏〕漢書卷九六西域傳：大月氏國本居敦煌祁連間，至冒頓單于攻破月氏，月氏乃遠去，過大宛，西擊大夏而臣之，都嬀北爲王庭，其餘小衆不能去者，保南山羌，號小月氏。△氏音支。

〔高枕〕漢書卷九四匈奴傳：北狄不服，中國未得高枕安寢也。

其三

駿馬似風飇，鳴鞭出渭橋。彎弓辭漢月，插羽破天驕。陣解星芒盡，營空海霧消。功成畫麟閣，獨有霍嫖姚。

【校】

〔似風〕似，兩宋本、繆本、樂府俱作如。王本注云：繆本作如。

〔畫〕咸本注云：一作盡。

【注】

〔渭橋〕王云：史記正義：括地志云：渭橋本名橫橋，架渭水上，在雍州咸陽縣東南二十二里。

雍録：中渭橋舊止單名渭橋，水經叙渭曰：水上有梁，謂之渭橋者是也。後世加中以冠橋上者，爲長安之西别有便民橋，萬年縣之東更有東渭橋，故不得不以中别也。參見本卷塞上曲注。

〔插羽〕蕭云：插羽者，箭在腰也。見卷二古風第三十四首注。

〔天驕〕漢書卷九四匈奴傳：單于遣使遺漢書云：南有大漢，北有强胡。胡者，天之驕子也。

〔麟閣〕見卷四司馬將軍歌注。

〔嫖姚〕高步瀛唐宋詩舉要云：史記驃騎將軍傳：霍去病爲剽姚校尉。漢書霍去病傳作票姚。注：服虔曰：音飄摇。案蕭子顯日出東南隅行曰：「漢馬三千匹，夫壻事嫖姚。」庾子山畫屏風詩曰：「寒衣須及早，將寄霍嫖姚。」杜子美後出塞曰：「借問大將誰，恐是霍嫖姚。」贈田九判官梁丘詩曰：「將軍只數漢嫖姚。」皆從服虔音讀平聲。參見卷三胡無人詩注。

【評箋】王夫之云：總爲末二語作前六句，直爾赫奕，正以激昂見意。俗筆開口便怨。（唐詩評選）

王云：按彎弓以上三句狀出師之景，插羽以下三句狀戰勝之景，末言功成奏凱，圖形麟閣者，止上將一人，不能徧及血戰之士。太白用一獨字，蓋有感乎其中歟！然其言又何婉而多風也！

其四

白馬黄金塞，雲砂繞夢思。那堪愁苦節，遠憶邊城兒？螢飛秋窗滿，月度霜閨遲。摧殘梧桐葉，蕭颯沙棠枝。無時獨不見，淚流空自知。

【校】

〔自知〕咸本此下注云：一本無此一篇。

【注】

〔沙棠〕文選司馬相如上林賦：沙棠櫟櫧。張揖注：沙棠狀如棠，黄華赤實，其味如李無核。吕氏春秋曰：果之美者，沙棠之實。

【評箋】

按：塞下曲六首其五皆似律體，惟此首不類，敦煌殘卷題作獨不見，與卷四之獨不見頗有相近之詞句，疑作獨不見是也。

其五

塞虜乘秋下，天兵出漢家。將軍分虎竹；戰士卧龍沙。邊月隨弓影；胡霜拂劍花，玉關殊未入，少婦莫長嗟。

【校】

〔卧〕英華作泣，注云：一作卧。

【注】

〔虎竹〕漢書文帝紀：二年九月，初與郡守爲銅虎符、竹使符。注：應劭曰：銅虎符第一至第五，國家當發兵，遣使者至郡合符，符合乃聽受之。竹使符者，以竹箭五枚長五寸，鎸刻篆書第一至第五。

〔龍沙〕後漢書卷七七班超傳贊：坦步葱雪，咫尺龍沙。章懷太子注：白龍堆，沙漠也。

〔未入〕漢書卷六一李廣利傳：太初元年，以李廣利爲貳師將軍。……使使上書言，……願且罷兵，天子大怒，使使遮玉門關曰：軍有敢入，斬之。……軍還入玉門關者萬餘人。後漢書卷七七班超傳：超上疏曰：臣不敢望到酒泉郡，但願生入玉門關。章懷太子注：玉門關在敦煌郡，今沙州也。去長安三千六百里，關在敦煌縣西北。

【評箋】

邢昉云：以太白之才詠關塞，而悠悠閑澹如此，詩所以貴淘鍊也。（唐風定）

沈德潛云：只弓如月、劍如霜耳，筆端點染，遂成奇彩。結意亦復深婉。（唐詩別裁）

其六

烽火動沙漠，連照甘泉雲。漢皇按劍起，還召李將軍。兵氣天上合，鼓聲隴底聞。横行負勇氣，一戰静妖氛。

【校】

〔兵氣〕兵，兩宋本、繆本、王本俱注云：一作殺。

〔鼓聲〕鼓，英華作威。

【注】

〔甘泉〕史記匈奴傳：胡騎入代、勾注邊，烽火通於甘泉、長安。

〔李將軍〕見卷二古風第六首注。

來日大難

來日一身，攜糧負薪。道長食盡，苦口焦脣。今日醉飽，樂過千春。仙人相存，誘我遠學。海淩三山，陸憩五嶽。乘龍天飛，目瞻兩角。授以神藥，金丹滿握。蟪蛄蒙恩，深媿短促。思填東海，强銜一木。道重天地，軒師廣成。蟬翼九五，以求長生。下士大笑，如蒼蠅聲。

【校】

〔道長〕蕭本作長鳴。王本注云：蕭本作長鳴。

〔海淩〕淩，兩宋本、繆本俱作陵。王本注云：繆本作陵。

〔兩角〕以上兩句，兩宋本、繆本作「乘龍上三天，飛目瞻兩角」。王本注云：繆本作「乘龍上三天，飛目瞻兩角」。

〔神藥〕神，蕭本作仙。王本注云：蕭本作仙。

【注】

〔題〕王云：來日大難即古善哉行也，蓋摘首句以命題耳。樂府古題要解：善哉行古詞，來日大難，口燥脣乾。言人命不可保，當樂見親友，且求長生術，與王喬八公遊焉。按樂府詩集王僧虔技録：善哉行乃相和歌瑟調三十八曲之一。

〔來日〕王云：來日謂已來之日，猶往日也。

〔三山〕見卷一大鵬賦注。

〔五嶽〕周禮春官大宗伯：鄭玄注：五嶽，東曰岱宗，南曰衡山，西曰華山，北曰恒山，中曰嵩高山。

〔蟪蛄〕王云：莊子：蟪蛄不知春秋。陸德明注：司馬云：蟪蛄，寒蟬也。一名蝭蟧。春生夏死，夏生秋死。崔云：蛁蟧也。或曰：山蟪秋鳴者不及春，春鳴者不及秋。廣雅云：蟪蛄，蛁蟧也，即楚辭所謂寒螿也。

〔東海〕見卷一大鵬賦注。王云：詩意言人命短促，有如蟪蛄，今蒙恩而授之神藥，使得長生，其德深矣。思欲報之，却如精衛銜一木以填東海耳。甚言其德之深而無以爲報也。

〔廣成〕見卷一大獵賦注。

〔九五〕王云：蟬翼九五，視九五天子之位如蟬翼之輕也。

〔大笑〕老子：下士聞道大笑之。

〔蒼蠅〕詩齊風雞鳴：匪雞則鳴，蒼蠅之聲。

【評箋】

唐宋詩醇云：李白嘗謂寄興深微，五言不如四言，七言又其靡也。非有志於古者不能作此語。然自三百篇而騷，而五言，而七言，天機所暢，文章日新，是非得失之故原不在此。今必執三百篇以繩後之爲四言者，非通論也。此題本屬寓言，白詩亦是擬古，辭旨恍惚，奇譎可喜，故存之以備一體。於此論四言正變及寄興深微之旨，則相去遠矣。

徐世溥云：太白來日大難篇：「來日一身，攜糧負薪，今日醉飽，樂過千春。」一醉飽耳，而遂樂過千春乎？何其言之汙也？夫英雄混跡于傭保，異人隱形于乞丐，不屑不潔，饕餮嶔崎，往往如斯，蓋以玩世不恭遂其超然自得，此其所以能金丹滿握前乘龍上天也。此太白自道自傳神。前乎此者惟東方曼倩足當之，故能戲萬乘若僚友，視儔列如草芥耳。（榆溪詩話）然而感恩懷德，曷敢泯忘？何者？升我以雲霄，攀我以鱗翼，賜我以仙藥，誠思效銜木之誠，報山海之德，而陳沆云：此蓋被放賜歸，初辭金鑾之時也。今日置酒離別，明日則爲放臣矣。已爲下士所忌矣。彼但見萬乘之尊下一布衣如此，豈知道在則勢力輕，古以軒轅而下廣成，視天位如蟬翼，豈高力士營營青蠅者所識哉？蓋力士恨太白貧賤驕人，而太白謂其不足驕也。詩云：「營營青蠅」，刺讒也。集中贈崔司户詩云：「惟昔不自媒，擔簦西入秦。攀龍九天上，忝列歲星臣。布衣侍丹墀，密勿草絲綸。才微惠渥重，讒巧生緇磷。」又贈宋少府詩云「早懷經濟策，特受龍顔顧。白玉栖青蠅，君臣忽行路。人生感分義，貴欲呈丹素」云云，皆足證此詩之旨。（詩比興箋）

塞上曲

大漢無中策，匈奴犯渭橋。五原秋草緑，胡馬一何驕？命將征西極，横行陰山側。燕支落漢家，婦女無花色。轉戰渡黄河，休兵樂事多。蕭條清萬里，瀚海寂無波。

【校】

〔花色〕花，蕭本作華，是。

【注】

〔題〕蕭云：樂府塞上曲者，古征戍十五曲之一也。按：此詩選入唐人萬首絶句，作三首。

〔中策〕漢書卷九四匈奴傳：匈奴爲害，所從來久矣。……周秦漢征之，然皆未有得上策者也。周得中策，漢得下策，秦無策焉。當周宣王時，獫狁内侵，至于涇陽，命將征之，盡境而還。其視戎狄之侵，譬猶蟁寍之螫，毆之而已。故天下稱明，是爲中策。漢武帝選將練兵，約齎輕糧，深入遠戍，雖有克獲之功，胡輒報之。兵連禍結三十餘年，中國罷耗，匈奴亦創艾，而天下稱武。是爲下策。秦始皇不忍小恥而輕民力，築長城之固，延袤萬里，轉輸之行起於負海。疆境既完，中國内竭，以喪社稷，是爲無策。

〔渭橋〕王云：雍録：秦漢唐駕渭者凡三橋。在咸陽西十里者名便橋，漢武帝造。在咸陽東南二十二里者爲中渭橋，秦始皇造。在萬年縣東四十里者爲東渭橋，不知始於何世。唐時頡利所犯者在便橋之北，謂之西渭橋者是也。參見本卷塞下曲第三首注。

〔五原〕王云：五原郡，漢武帝所置，其後更變不一。至西魏改大興郡爲五原郡，後又改鹽州。隋末爲梁師都所據。唐貞觀二年，平師都，復置鹽州及五原縣。天寶元年，改鹽州爲五原郡。在太宗時，但稱鹽州，不稱五原。史言突厥頡利建牙直五原之北，正指五原縣也。其地即漢北地郡之馬嶺縣地。西接靈州靈武郡，東抵夏州朔方郡，南界慶州安化郡，北與突厥相距。今約其處，當在寧夏衛界中。若漢之五原郡領縣十六，延袤甚廣。在唐時豐州九原郡，勝州榆林郡，皆其地矣。參見卷六千里思詩注。

〔陰山〕王云：漢書：北邊塞至遼東，外有陰山，東西千餘里，草木茂盛，多禽獸。本冒頓單于依阻其中，治作弓矢，來出爲寇。是其苑囿也。至孝武世，出師征伐，斥奪此地，攘之於漠北。括地志：陰山在北塞外突厥界。

〔燕支〕見卷四王昭君詩第一首注。

〔瀚海〕王云：班固燕然山銘：蕭條萬里，野無遺寇。漢書：驃騎將軍封狼居胥山，禪於姑衍，登臨瀚海。如淳注：瀚海，北海名也。正義曰：按瀚海自一大海，羣鳥解羽伏乳於此，因名也。耶律楚材曰：伊州之西北有瀚海。

【評箋】蕭云：唐史：突厥頡利自武德便橋既盟之後，貞觀中，太宗思雪此恥，乘其國亂，乃命李靖爲定襄道行軍總管，節度六總管之師十餘萬征突厥。靖率勁騎三千趨惡陽嶺，襲定襄破之。可汗脱身遁磧口，走保鐵山。靖督兵疾進襲擊之，盡獲其衆。頡利獨奔沙鉢羅，行軍副總管張寶相擒之，其國遂亡。於是斥地自陰山北，至大漠矣。初破定襄，帝喜曰：「靖以騎三千蹀血窮追，取定襄，古未有此，足澡吾渭北之恥矣。」此詩是美頌一時勳德借漢爲喻也。

王云：此篇蓋追美太宗武功之盛而作也。按唐書突厥傳言頡利可汗嗣立，高祖以中原初定不遑外略，每優容之，賜與不可勝計。頡利言辭悖慠，求請無厭，所謂大漠無中策也。傳言武德九年七月，頡利自率十萬餘騎進寇武功，京師戒嚴。癸未，頡利至於渭水便橋之北，太宗與侍中高士廉、中書令房玄齡馳六騎幸渭水之上，與頡利隔津而語，責以負約。其酋帥大驚，皆下馬羅拜。俄而衆軍繼至，軍容大盛。太宗獨與頡利臨水交言，麾諸軍却而陣焉。頡利請和。乙酉，幸城西，刑白馬，與頡利同盟於便橋之上，頡利引兵而退，所謂匈奴犯渭橋之事也。傳言頡利設牙直五原之北，承父兄之資，兵馬強盛，有憑陵中國之志。所謂「五原秋草緑，胡馬一何驕」之事也。又李靖傳言貞觀三年突厥諸部離叛，朝廷將圖進取，以靖爲代州道行軍總管，率驍騎三千，自馬邑出其不意，直趨惡陽嶺以逼之。四年，進擊定襄破之。可汗僅以身遁。太宗謂曰：「卿以三千輕騎，深入虜庭，克復定襄，威振北狄，古今所未有，足報往年渭水之役。」自破定襄後，頡利大懼，退保鐵山，遣使入朝謝罪，請舉國内附。以靖爲定襄道行軍總管，往迎頡利，頡利雖外請朝謁，而潛懷猶豫。靖選精騎一萬，齎二十日糧，引兵自白道襲之。師至陰山，遇其斥堠千餘帳，皆俘以隨軍，將逼其牙帳十五里，虜始覺。頡利畏威先走，部衆因而潰散。靖斬萬餘級，俘男女十餘萬，頡利乘千里馬走，投吐谷渾，西道行軍總管張寶相禽之以獻。俄而突利可汗來奔，遂復定襄、常安之地，斥土界自陰山北至於大漠，此詩所謂「命將征西極，橫行陰山側」以下之事是也。或曰：此詩亦可定爲泛詠邊事，何以決其爲耑美太宗武功歟？曰：兩漢而下匈奴犯邊，未有至於渭橋者。至唐武德年間，始有此事。以此知之。或曰：既美本朝矣，又何以用大漢漢家字耶？曰：太白本以唐之初年與頡利和好爲非是，而不可直言，故借漢以喻，而嘆其失禦戎之策也。至漢家二字唐人用入詩章以爲中國二字之代稱。歷宋、元、明皆然，何必滯此爲疑耶？洪邁選萬首唐人絶句，分此詩爲三章，頓覺無味，不若合作一首之善。

按：詩之體製仍以作三首爲宜，王説未諦。

玉階怨

玉階生白露，夜久侵羅襪。却下水精簾，玲瓏望秋月。

【校】

〔玲瓏〕兩宋本、繆本、絶句俱作昤朧。王本注云：繆本作昤朧。

【注】

〔題〕蕭云：王僧虔技録相和歌楚調十曲有玉階怨。

〔却下水精簾〕張相詩詞曲語辭匯釋云：却猶還也。此詩極寫怨情，夜久不寐，還下簾而望月也。……李白自漢陽病酒歸寄王明府詩：「聖主還聽子虛賦，相如却與論文章。」……却與還均爲互文。

【評箋】

蕭云：太白此篇，無一字言怨，而隱然幽怨之意見於言外，晦庵所謂聖於詩者此歟！

吴文溥云：玲瓏二字最妙，真是隔簾見月也。（南野堂筆記）

襄陽曲四首

襄陽行樂處，歌舞白銅鞮。江城回淥水，花月使人迷。

【注】

〔題〕王云：襄陽曲，即襄陽樂也。舊唐書：襄陽樂，宋隨王誕所作也。誕始爲襄陽郡，元嘉二十六年仍爲雍州。夜聞諸女歌謠，因作之。其歌曰：「朝發襄陽來，暮至大堤宿。大堤諸女兒，花豔驚郎目。」裴子野宋略稱晉安侯劉道産爲雍州刺史，有惠化，百姓歌之，號襄陽樂，其辭非也。

〔銅鞮〕王云：隋書：梁武帝之在雍鎮，有童謠曰：襄陽白銅蹄，反縛揚州兒。識者言銅蹄謂馬也，白金色也。及義師之興，實以鐵騎。揚州之士皆面縛，如謠言。故即位之後，更造新聲，帝自爲之詞三曲。又令沈約爲三曲，以被絃管。後人改蹄爲鞮，未詳其義。△鞮音題。

其二

山公醉酒時，酩酊高陽下。頭上白接䍦，倒著還騎馬。

【校】

〔高陽〕高，兩宋本、繆本、胡本、絶句俱作襄，注云：一作高。王本注云：一作襄。

【注】

〔山公〕世説任誕篇：山季倫爲荆州，時出酣暢。人爲之歌曰：「山公時一醉，徑造高陽池。日暮倒載歸，茗艼無所知。復能乘駿馬，倒著白接䍦。舉手問葛彊，何如并州兒？」高陽池在襄陽，彊是其愛將，并州人也。

〔酩酊〕同茗艼。説文：酩酊，醉也。△酩音茗，酊音頂。

〔接䍦〕王云：廣韻：接䍦，白帽也。

其三

峴山臨漢江，水緑沙如雪。上有墮淚碑，青苔久磨滅。

【校】

〔水緑〕緑，兩宋本、繆本俱作渌，注云：一作水色如霜雪。樂府同。胡本作緑水，注同。

【注】

〔峴山〕王云：元和郡縣志：峴山在襄州襄陽縣東南九里，東臨漢水，古今大路。水經注：峴山，羊祜之鎮襄陽也，與鄒潤甫嘗登之。及祜薨後，後人立碑於故處，望者悲感，杜元凱謂之墮淚碑。參見卷十憶襄陽舊遊贈馬少府巨詩注。

其四

且醉習家池，莫看墮淚碑。山公欲上馬，笑殺襄陽兒。

【注】

〔習家池〕世説任誕篇注：襄陽記曰：漢侍中習郁於峴山南，依范蠡養魚法，作魚池，池邊有高堤，種竹及長楸，芙蓉菱芡覆水，是游宴名處也。山簡每臨此池，未嘗不大醉而還。曰此是我高陽池也。襄陽小兒歌之。

大堤曲

漢水臨襄陽，花開大堤暖。佳期大堤下，淚向南雲滿。春風復無情，吹我夢魂散。不見眼中人，天長音信斷。

【校】

〔臨〕此下兩宋本、繆本、王本俱注云：一作横。

〔散〕樂府作斷。咸本注云：一作斷。

【注】

〔題〕蕭云：樂府遺聲都邑三十四曲有大堤曲。王云：按梁簡文帝作雍州十曲，内有大堤、南湖、北渚等曲，其源蓋本於此。

〔大堤〕王云：一統志：大堤在襄陽府城外。湖廣志：大堤東臨漢江，西自萬山經澶溪、土門、白龍池、東津渡繞城北老龍堤，復至萬山之麓，周圍四十餘里。

〔南雲〕王云：陸機賦：指南雲以寄欸。江總詩：「心逐南雲逝，形隨北鴈來。」

【評箋】

唐宋詩醇云：幽秀絶遠俗豔。胡應麟謂白詩人，知其華藻，而不知其神骨之清，於此亦見一斑。

宫中行樂詞八首

小小生金屋，盈盈在紫微。山花插寶髻，石竹繡羅衣。每出深宫裏，常隨步輦歸。只愁歌舞散，化作綵雲飛。

【校】

〔題〕英華題作醉中侍宴應制。王本題下注云：原注：奉詔作五言。兩宋本、繆本同王本，無原注二字。才調題作紫宮樂五首，無三、七、八三首。

〔在紫微〕在，敦煌殘卷作入。

〔舞散〕散，兩宋本、繆本、王本俱注云：一作罷。

【注】

〔題〕王云：本事詩：玄宗嘗因宫中行樂，謂高力士曰：「對此良辰美景，豈可獨以聲伎爲娱？倘時得逸才詞人詠出之，可以誇耀於後。」遂命召李白。時寧王邀白飲酒已醉，既至，拜舞頹然。上知其薄聲律，謂非所長，命爲宫中行樂五言律詩十首。白頓首曰：「寧王賜臣酒，今已醉，倘陛下賜臣無畏，始可盡臣薄技。」上曰：「可。」即遣二内臣掖扶之，命研墨濡筆以授之。又令二人張朱絲欄於其前。白取筆抒思，略不停輟，十篇立就，更無加點，筆跡遒利，鳳跱龍拏，律度對偶，無不精絶。據此則當時本作十篇，今存八首，想已逸其二矣。

〔紫微〕見卷一明堂賦、卷二古風第二首注。

〔石竹〕王云：通志略：石竹，其葉細嫩，花如錢可愛。唐人多像此爲衣服之飾，所謂「石竹繡羅衣」也。按石竹乃草花中之纖細者，枝葉青翠，花色紅紫，狀同剪刻，人多植作盆盎之玩，或以爲即藥品中之瞿麥，未詳是否。唐陸龜蒙詠石竹花云：「曾看南朝畫國娃，古羅衣上碎明霞。」據此則衣上繡畫石竹花者，六朝時已有此製矣。

其二

柳色黄金嫩，梨花白雪香。玉樓巢翡翠，珠殿鎖鴛鴦。選妓隨雕輦，徵歌出洞房。宫中誰第一？飛燕在昭陽。

【校】

〔嫩〕敦煌殘卷作暖。

〔巢〕兩宋本、繆本、才調、王本俱注云：一作關。敦煌殘卷作開。

〔珠殿〕珠，兩宋本、繆本、王本俱注云：一作金。

〔鎖〕敦煌殘卷作入。

〔雕輦〕雕，兩宋本、繆本、王本俱注云：一作朝。

【注】

〔柳色〕王云：「柳色黄金嫩，梨花白雪香」二句，本陰鏗詩，太白全用之。

〔昭陽〕王云：西京雜記：趙后體輕腰弱，善行步進退，女弟昭儀不能及也。但昭儀弱骨豐肌，尤工語笑。二人並色如紅玉，爲當時第一，皆擅寵後宮。漢書：孝成趙皇后本長安宫人，及壯，屬陽阿主家，學歌舞，號曰飛燕。成帝嘗微行出，過陽阿主作樂，上見飛燕而悦之，召入宫大幸，有女弟復召入，俱爲倢伃，貴傾後宫。許后之廢也，乃立倢伃爲皇后。皇后既立，後寵少衰，而弟絶幸，爲昭儀，居昭陽舍。其中庭彤朱，而殿上髹漆，切皆銅沓冒，黄金塗，白玉階，壁帶往往爲黄金釭，函藍田璧，明珠翠羽飾之。自後宫未嘗有焉。是在昭陽舍者乃其女弟合德，非飛燕也。然三輔黄圖：成帝趙皇后居昭陽殿。沈佺期詩：飛燕恃寵昭陽殿，班姬飲恨長信宫。古人亦有此誤。「飛燕在昭陽」之句蓋有所自矣。杭世駿訂譌類編卷五：復齋漫録云：前漢趙飛燕既立爲皇后，寵少衰，女弟絶幸爲昭儀，居昭陽，蓋飛燕本傳云爾。太白宫詞云：「宫中誰第一，飛燕在昭陽。」夫昭陽，昭儀所居也，非謂飛燕。愚案三輔黄圖云：成帝趙皇后居昭陽殿，有女弟俱爲婕妤。太白本此。李義山華清宫詩亦云：「朝元閣迥羽衣新，首按昭陽第一人。」

其三

盧橘爲秦樹，蒲桃出漢宫。烟花宜落日，絲管醉春風。笛奏龍鳴水，簫吟鳳下空。君王多樂事，還與萬方同。

【校】

〔其三〕此首才調爲宫中行樂三首之第一首。

〔出〕兩宋本、繆本、王本俱注云：一作是。敦煌殘卷作是。

〔鳴〕蕭本、胡本俱作吟。兩宋本、繆本、王本俱注云：一作吟。

〔簫吟〕吟，蕭本、胡本俱作鳴。兩宋本、繆本、王本俱注云：一作鳴。

〔末句〕兩宋本、繆本、胡本俱作何必向回中，向下注云：一作在。又注云：一作還與萬方同。敦煌殘卷作何必向回中。王本注云：一作何必向回中，一作何必在回中。

【注】

〔盧橘〕王云：上林賦：盧橘夏熟。郭璞注：今蜀中有給客橙，似橘而非，若柚而芬香，冬夏華實相繼，或如彈丸，或如拳，通歲食之。即盧橘也。史記索隱：應劭云：伊尹書云：果之美者，箕山之東，青鳥之所，有盧橘，夏熟。晉灼曰：此雖賦上林，博引異方珍奇，不係於一也。案廣州記云：盧橘皮厚，大小如甘，酢多，九月結實，正赤。明年二月更青黑，夏熟。吴録云：建安有橘，冬月樹上覆裹，明年夏色變青黑，其味甚甘美，盧即黑色，是也。按：莫友芝郘亭遺文卷六盧橘説云：望山堂有果焉，枝葉花實皆橘類，唯實小，花作茉莉香，花實不間四時，沿呼公孫橘。細考之，蓋即古之盧橘。一名給客橙，一名金橙。知是給客橙者，華陽國志巴志：其果實之珍者，園有給客橙；劉淵林注蜀都賦云：蜀有給客橙，冬夏花實相繼。太平御覽引廣志云：給客橙自夏至冬且花且實，據所述事狀，正此果也。知爲本盧橘者，上林賦：盧橘夏熟。漢書相如傳引應劭曰：伊尹書曰：箕山之東，青鳥之所，有盧橘，夏熟。御覽引郭璞上林賦注云：蜀中有給客橙即此也，冬夏華實相繼。又引魏王花木志云：蜀中有給客橙，似橘而非，若柚而香，冬夏華實相繼，或如彈丸，或如拳，通歲食之，亦名盧橘也。是漢晉間人並以給客橙爲盧橘。……漢上林致殊方異物，如蒲陶石榴，見史傳者甚多，盧橘更非難致，太冲譏相如爲虛誇過矣。據此以釋李詩盧橘爲秦樹，尤切合。

〔蒲桃〕史記大宛列傳：宛左右以蒲萄爲酒，……俗嗜酒，馬嗜苜蓿，漢使取其實來，於是天子始種苜蓿蒲萄肥饒地，及天馬多，外國使來衆，則離宫别觀旁盡種蒲萄苜蓿極望。

〔鳴水〕文選馬融長笛賦：近世雙笛從羌起，羌人伐竹未及已，龍鳴水中不見己，截竹吹之聲相似。

【評箋】

王云：唐仲言曰：此章句法以蒲橘發端，而以烟花承之，開而合也，以絲管啓下而以簫笛分對，合而開也。説者以起伏開合獨推工部，豈其然乎？

其四

玉樹春歸日，金宫樂事多。後庭朝未入，輕輦夜相過。笑出花間語，嬌來燭下歌。莫教明月去，留著醉姮娥。

【校】

〔玉樹〕樹，兩宋本、繆本、王本俱注云：一作殿。

〔歸日〕日，兩宋本、繆本、王本俱注云：一作好。

〔燭下〕燭，蕭本作竹。胡本作竹，注云：一作燭。王本注云：蕭本作竹。

〔姮〕咸本、蕭本俱作嫦。王本注云：蕭本作嫦。

【注】

〔玉樹〕王云：藝文類聚：漢武故事曰：上起神屋，前庭植玉樹，以珊瑚爲枝，碧玉爲葉，華子青赤，以珠玉爲之，空其中如小鈴，鎗鎗有聲。然詩人用玉樹多是言樹美好，如琪樹珍樹之類，不關漢武事也。

〔姮娥〕王云：張衡靈憲：羿請無死之藥於西王母，姮娥竊之以奔月，將往，枚筮之於有黄。有黄筮之曰吉。翩翩歸妹，獨將西行，逢天晦芒，毋驚毋恐，後且大昌。姮娥遂託身於月，是爲蟾蜍。△姮音恒。

其五

繡户香風暖；紗窗曙色新。宫花争笑日；池草暗生春。緑樹聞歌鳥；青樓見舞人。昭陽桃李月，羅綺自相親。

【校】

〔自相〕自，兩宋本、繆本、王本俱注云：一作坐。

【注】

〔青樓〕南史齊東昏侯紀：武帝興光樓上施青漆，世人謂之青樓。

其六

今日明光裏，還須結伴遊。春風開紫殿；天樂下珠樓。豔舞全知巧；嬌歌半欲羞。更憐花月夜，宫女笑藏鈎。

【注】

〔明光〕三輔黄圖：武帝求仙，起明光宫，發燕趙美女二千人充之。雍録卷二：漢有明光宫三，一在北宫南，與長樂相連者，武帝太初四年起，即王商之所指借，欲以避暑者也。別有明光宫在甘泉宫中，亦武帝所起，發燕趙美女三千人充之。……至尚書郎主作文書起草，更直於建禮門内，則近明光殿矣。建禮門内得神仙門，神仙門内得明光殿省中，省中皆胡粉塗壁，以丹漆地，謂之丹墀，尚書郎握蘭含雞舌香奏事。此之明光殿，約其方向必在未央正宫殿中，不與北宫甘泉設爲奇玩者比，則臣下奏事之地也。

〔藏鈎〕王云：藝文類聚：風土記曰：義陽臘日飲祭之後，叟嫗兒童爲藏鈎之戲。分爲二曹，以較勝負。若人偶即敵對，人奇即使一人爲游附，或屬上曹，或屬下曹，名爲飛鳥，以齊二曹人數，一鈎藏在數手中，曹人當射知所在。一藏爲一籌，三籌爲一都。辛氏三秦記曰：昭帝母鈎弋夫人手拳而有國色，先帝寵之。世人藏鈎法此也。酉陽雜俎：舊言藏鈎起於鈎弋，蓋依辛氏三秦記云漢武鈎弋夫人手拳，時人效之，因爲藏鈎也。列子云：瓦摳者巧，鈎摳者憚，黄金摳者昏。殷敬順敬訓曰：彄與摳同，衆人分曹手藏物探取之。又令藏鈎，剩一人則往來於兩朋，謂之餓鴟。又令爲此戲，必於正月。據風土記在臘祭後也。庾闡藏鈎賦序云：予以臘後命中外以行鈎爲戲矣。

其七

寒雪梅中盡，春風柳上歸。宫鶯嬌欲醉，簷燕語還飛。遲日明歌席，新花豔舞衣。晚來移綵仗，行樂好光輝。

【校】

〔其七〕此首才調爲宫中行樂三首之二。

〔移〕胡本作攜，似誤。

〔好〕咸本、蕭本、才調俱作泥。王本注云：蕭本作泥。

【注】

〔遲日〕王云：詩國風：春日遲遲。毛傳曰：遲遲，舒緩也。正義曰：遲遲者，日長而暄之意，故爲舒緩。計春秋漏刻多少正等，而秋言凄凄，春言遲遲者，陰陽之氣感人不同。張衡西京賦云：人在陽則舒，在陰則慘。然則人遇春暄則四體舒泰，春覺晝景之稍長，謂日行遲緩，故以遲遲言之。及遇秋景，四體褊燥，不見日行急促，惟見寒氣襲人，故以凄凄言之。凄凄是涼，遲遲是暄。二者觀文似同，本意實異也。

〔綵仗〕王云：韻會：仗，兵器五刃總名。兵人所執曰仗。又唐制殿下兵衛曰仗。宋之問詩：「綵仗紅旌遶香閣」，沈佺期詩：「北闕晴空綵仗來。」

【評箋】

梅鼎祚云：彩仗，特言朝廷儀從耳。楊齊賢引唐制御紫宸殿唤仗入閤故事，近鑿。（李

詩鈔）

其八

水緑南薰殿，花紅北闕樓。鶯歌聞太液，鳳吹遶瀛州。素女鳴珠佩，天人弄綵毬。今朝風日好，宜入未央遊。

【校】

〔其八〕才調此首爲宮中行樂三首之三。

〔水緑〕緑，兩宋本、繆本俱作渌。王本注云：繆本作渌。

【注】

〔南薰殿〕長安志卷九：宮内正殿曰……興慶殿，前有瀛洲門，内有南薰殿，北有龍池。

〔北闕〕史記高祖本紀：蕭丞相營作未央宮，立東闕北闕。集解云：關中記曰：東有蒼龍闕，北有玄武闕。玄武所謂北闕也。

〔太液〕三輔黄圖：太液池在長安故城西，建章宮北，未央宮西南。太液者，言其津潤所及廣也。關輔記云：建章宮北有池，以象北海。刻石爲鯨魚，長三丈。漢書曰：建章宮北治大池名曰太液，池中起三山以象瀛洲、蓬萊、方丈，刻金石爲魚龍奇禽異獸之屬。雍録：閣本大明宫圖：蓬萊殿北有太液池，池中有蓬萊山。

〔鳳吹〕文選丘遲侍宴樂遊苑送張徐州應詔詩：「馳道聞鳳吹。」吕延濟注：鳳吹，笙也。笙體鳳故也。

〔綵毬〕文獻通考卷一四七：蹵毬蓋始於唐。植兩脩竹高數丈，絡網於上爲門以度毬。毬工分左右朋，以角勝負。豈非蹵鞠之變歟！

〔未央〕三輔黄圖：未央宫周迴二十八里，前殿東西五十丈，深十五丈，高三十五丈。營未央宫因龍首山以制前殿，至孝武以木蘭爲棼橑，文杏爲梁柱，金鋪玉户，華榱璧璫，雕楹玉碣，重軒鏤檻，青瑣丹墀，左碱右平，黄金爲壁帶，間以和氏珍玉，風至其聲玲瓏然也。

【評箋】

黄徹云：世俗誇太白賜牀調羹爲榮，力士脱靴爲勇。愚觀唐宗渠渠於白，豈真樂道下賢者哉？其意急得豔詞媟語以悦婦人耳。白之論撰亦不過爲玉樓金殿鴛鴦翡翠等語，社稷蒼生何賴？就使滑稽傲世，然東方生不忘納諫，況黄屋既爲之屈乎？説者以謀謨潛密，歷考全集，愛國憂民之心如子美語，一何鮮也？力士閹闥腐庸，惟恐不當人主意，挾主勢驅之，何所不可？脱靴乃其職也。自退之爲蚍蜉撼大木之喻，遂使後學吞聲。余竊謂如論其文章豪逸，真一代偉人，如論其心術事業可施廊廟，李杜齊名，真忝竊也。（䂬溪詩話）

鍾惺云：太白清平三絶，一時高興耳。其詩殊未至也。……此雖流麗而未免淺薄，然較三

絶句差勝。（唐詩歸）

唐汝詢云：太白宫中行樂詞，豔而浮，輕而少骨。掇江、庾之綺麗，離鮑、謝之沉雄，選李者信不當採。然題曰行樂，要是龜年所唱。假令王、孟作之，尚能清真耶？越人治病，隨俗而變；藝苑評詩，隨題而變可也。（唐詩十集癸集三）

周珽云：苑囿聲樂，足稱巨麗，君王豈可獨享其樂？末句托諷昭然。一篇得此結，振起幾多聲調。（唐詩選脈會通）

王云：蕭士贇曰：太白詩用意深遠，非洞悟三百篇之旨趣，未易窺其藩籬。晦菴所謂聖於詩者也。清平調詞、宫中行樂詞，其中數首全得國風諷諫之體。如曰「玉樓巢翡翠，金殿鎖鴛鴦」，是諷其玉樓金殿不爲延賢之地，徒使女子小人居之也。「選妓隨雕輦，徵歌出洞房」，是諷其不好德而好色，不聽雅樂而聽鄭聲也。「宫中誰第一，飛燕在昭陽」，是以飛燕比貴妃，妃與飛燕事迹相類，欲使明皇以古爲鑒，知飛燕之爲漢禍水而不惑溺於貴妃也。「君王多樂事，還與萬方同」，是諷其與民同樂也。「今朝風日好，宜向未央遊」，是諷其輟遊宴之樂，而臨政視事於未央也。是時明皇有聲色之惑，多不視朝，故因及之也。言在於此，意在於彼。正得譎諫之體。太白纔得近君，當時人所難言者，即寓諷諫之意於詩内，使明皇因詩有悟，其社稷蒼生庶有瘳乎！豈曰小補之哉！琦按蕭氏此説甚鑿，使解詩者必執此見於胸中，而句度字權之，則古今之詩無一而非譏時誹政之作，而忠厚和平之旨蓋於是失矣。尤而效之，幾何不爲讒邪之嚆矢哉？

喻文鰲云：黄徹䂬溪詩話謂李、杜齊名，而太白集中愛君憂國如子美者絶少。然蜀道難、遠別離，忠愛之忱，溢於楮墨；戰城南、獨漉篇、梁父吟等作，亦寓憂時之意。第其天才縱軼，出入變幻，令人莫可端倪。且凡不能顯言者，每隱言之，是其忠愛之心，不能已也。至宫中行樂詞，一曰：君王多樂事，還與萬方同。一曰：宫中誰第一？飛燕在昭陽。一曰：只愁歌舞散，化作綵雲飛。既規諷之，又深警之。徒以玉樓、金殿、翡翠爲豔詞，則失之矣。（考田詩話）

郭兆祺云：太白七言近體不多見，五言如宫中行樂等篇猶有陳、隋習氣，然用律嚴矣。音節亦稍稍振頓。七言長短句則縱横排奡，獨往獨來，如活虎生龍，未易捉摸，少陵固嘗首肯心醉矣。（梅崖詩話）

今人詹鍈云：本事詩高逸第三：玄宗嘗因宫人行樂，謂高力士曰：「對此良辰美景，豈可獨以聲伎爲娱？倘時得逸才詞人吟詠之，可以誇耀於後。」遂命召白。時寧王邀白飲酒已醉，既至，拜舞頹然。上知其薄聲律，謂非所長，命爲宫中行樂五言律詩十首。白頓首曰：「寧王賜臣酒，今已醉，倘陛下賜臣無畏，始可盡臣薄技。」上曰：「可。」即遣二内臣掖扶之，命研墨濡筆以授之。又命二人張朱絲欄於其前，白取筆抒思，畧不停輟，十篇立就，更無加點，筆跡遒利，鳳跌龍拏，律度對偶，無不精絶。……唐摭言云：開元中，李翰林白應詔草白蓮花開序，及宫詞十首，時方大醉，中貴人以水沃之，稍醒，白於御前索筆一揮，文不加點。王曰：按所謂草白蓮花開序，疑即范墓碑所云泛白蓮池序也。所謂宫詞十首疑即本事詩所云宫中行樂詞五言律詩十首也，蓋皆得之傳聞，故其説不無少異。今宮詞僅存八首，白蓮序已亡。按二書所記，可疑之點有四。一，寧王卒於開元二十九年十一月（見舊唐書讓皇帝憲傳）。本事詩謂寧王邀白飲酒，摭言稱開元中李翰林白應詔云云，皆與天寶中入翰林之説不合。二，敦煌殘卷唐詩選録前三首，題作宮中三章，下云皇帝侍文李白，才調集彙今本第三、七、八三首合稱宮中行樂三首，又另集其餘稱紫宮樂五首。三，本事詩稱首篇曰柳色黄金嫩，今本「柳色黄金嫩」詩列爲第二首，敦煌殘卷列爲第三首，才調集列爲紫宮樂第三首。四，摭言所謂白蓮花開序當是泛白蓮池序之誤，因序既與宮詞十首爲同時所作，而是時方在仲春，蓮花斷不能開。據此，二書所記尚未可盡信也。

清平調詞三首

雲想衣裳花想容，春風拂檻露華濃。若非羣玉山頭見，會向瑶臺月下逢。

【注】

〔題〕王云：太真外傳：開元中禁中重木芍藥，即今牡丹也。得數本紅紫淺紅通白者，上因移植於興慶池東沉香亭前。會花方繁開，上乘照夜白，妃以步輦從，詔選梨園弟子中尤者，得樂一十六色。李龜年以歌擅一時之名，手捧檀板押衆樂前，將欲歌之。上曰：「賞名花，對妃子，焉用舊樂詞爲？」遽命龜年持金花箋宣賜翰林學士李白立進清平樂詞三章，承旨由若宿酲，因援筆賦之。龜年捧詞進，上命梨園弟子略約詞調，撫絲竹，遂促龜年以歌之。太真妃持頗梨七寶杯，酌西涼州蒲桃酒，笑領歌辭意甚厚。上因調玉笛以倚曲，每曲徧將換則遲其聲以媚之。妃飲罷，斂繡巾再拜。上自是顧李翰林尤異於諸學士。通典：平調、清調、瑟調皆周房中之遺聲也。漢代謂之三調。琦按唐書禮樂志：俗樂二十八調中有正平調、高平調，則知所謂清平調者亦其類也。蓋天寶中所製供奉新曲如荔枝香、伊州曲、涼州曲、甘州曲、霓裳羽衣曲之儔歟！　按：王灼碧雞漫志云：明皇宣白進清平調詞，乃是令白于清平調中制詞，蓋古樂取聲律高下合爲三，曰清調、平調、側調，此之謂三調。明皇止令擇上兩調，偶不樂側調故也。王琦之説不甚明析，正平調等爲宫調之名，荔枝香等爲曲牌之名。清平調究係宫調抑爲曲調，并未明言。據今人任二北之説，清平調三字置于李詞三章之前，肯定已作曲牌名用，即兩個宫調構成之曲牌名，而非宫調名。至若古宫調亦僅有清調與平調，並無所謂清平調也。　又按：雍録卷四：沈氏筆談曰：唐制，自宰相而下，初命無宣召之禮，惟學士宣召。蓋學士院在禁中，非内臣宣召，無因得入。予按學士宣召，特禮也。開元前北門本無學士，亦無職守。如李白輩供奉翰林，乃以其能文，特許入翰林，不曰以某官供奉也。俗傳白衣入翰林者此也。又曰：上數欲命白以官，爲中宫所捍而止。是白在開元竟無官也。後至二十六年創置學士院，乃始制爲官稱，是爲翰林學士。此時得爲學士者，固與前此白身供奉者不同。然向來尚以詔召之禮加乎無官之士，則今之在院而明命以爲學士者，安得獨廢特召之禮也？然此之宣召，乃是院中熟例而不可輒減耳。非爲院在禁中乃加宣召也。（按：白入翰林不在開元中而在天寶初，此云白在開元竟無官，語亦微誤。）

〔羣玉〕山海經西山經：……玉山是西王母所居也。郭璞注：此山多玉石，因以名云。穆天子傳：謂之羣玉之山，見其山阿無險，四徹中繩，先王之所謂策府，寡草木，無鳥獸。

〔瑶臺〕王云：楚辭：望瑶臺之偃蹇兮，見有娀之佚女。王逸注：有娀，國名。佚，美也，謂帝嚳之妃契母簡狄也。太平御覽：登真隱訣曰：崑崙瑶臺是西王母之宫。所謂西瑶上臺，上真祕文盡在其中矣。

【評箋】王云：琦按蔡君謨書此詩，以雲想作葉想。近世吴舒鳧遵之，且云「葉想衣裳花想容」，與王昌齡「荷葉羅裙一色裁，芙蓉向臉兩邊開」，俱從梁簡文「蓮花亂臉色，荷葉雜衣香」脱出。而李用二想字，化實爲虚，尤見新穎。不知何人誤作雲字，而解者附會楚辭青雲衣兮白霓裳，甚覺無謂云云。不知改雲作葉，便同嚼蠟，索然無味矣。此必君謨一時落筆之誤，非有意點金成鐵。若謂太白原本是葉字，則更大謬不然。

沈德潛云：三章合花與人言之，風流旖旎，絶世丰神。或謂首章詠妃子，次章詠花，三章合詠，殊見執滯。（唐詩别裁）

沈謙云：「雲想衣裳花想容」，此是太白佳境。柳屯田：「擬把名花比，恐旁人笑我，談何容易。」大畏唐突，尤見温存。又可悟翻舊爲新之法。（詞話叢編·填詞雜説）

其二

一枝紅豔露凝香，雲雨巫山枉斷腸。借問漢宫誰得似？可憐飛燕倚新妝。

【校】

〔紅〕蕭本、咸本俱作穠，郭本作紅。王本注云：許本作濃。

【注】

〔巫山〕見卷二古風第五十八首注。

【評箋】

楊云：樂史太白遺事曰：白既爲此詞，太真嘗吟之，高力士終以脱靴爲深恥，曰：「始以妃子怨李白深入骨髓，何獨拳拳如是邪？」妃驚曰：「何翰林學士能辱人如是？」力士曰：「以飛燕指妃子，賤之甚矣。」妃頗然之。上嘗三欲命白官，卒爲宫中所捍而止。

王云：蕭士贇曰：傳者謂高力士指摘飛燕之事以激怒貴妃，予謂使力士知書，則雲雨巫山不尤甚呼！高唐賦序謂神女常薦先王之枕席矣。後序又曰：襄王復夢遇焉。此云枉斷腸者，亦譏貴妃曾爲壽王妃，使壽王而未能忘情，是枉斷腸矣。詩人比事引興，深切著明，特讀者以爲常事而忽之耳。琦按力士之譖惡矣，蕭氏所解則尤甚。而揆之太白起草之時，則安有是哉？巫山雲雨，漢宮飛燕，唐人用之已爲數見不鮮之典實。若如二子之説，巫山一事只可以喻聚淫之豔冶，飛燕一事只可以喻微賤之宮娃，外此皆非所宜言。何三唐諸子初不以此爲忌耶？古來新臺艾豭諸作，言而無忌者，大抵出自野人之口。若清平調是奉詔而作，非其比也。乃敢以宮闈暗昧之事，君上所諱言者，而微辭隱喻之。將蘄君知之耶？亦不蘄君知之耶？如其不知，言亦何益？如其知之，是批龍之逆鱗而履虎尾也。非至愚極妄之人，當不爲此。又太真入宮至此時幾將十載。斯時即有忠君愛主之親臣，亦祇以成事不説，既往不咎，付之無可奈何。而謂新進如太白者顧託之無益之空言，而期君之一悟，何其不智之甚哉？古來文字之累，大抵出於不自知，而成於莫須有。若蘇軾雙檜之詩而譖其求知於地下之蟄龍，蔡確車蓋亭之十絶而箋注其五篇悉涉譏諷。小人機穽，深是可畏。然小人以陷人爲事，其言無足怪。而詞人學士品騭詩文於數百載之下，亦效爲巧詞曲解，以擬議前人辭外之旨，不亦異乎！

袁枚云：張儀封觀察謂余曰：李白清平調三章非詠牡丹也。其時武惠妃薨，楊妃初寵，帝對花感舊，召李白賦詩，白知帝意，故有「巫山斷腸、雲想衣裳」之語，蓋正喻夾寫也。至於名花傾國，則指貴妃矣。余按唐書李白傳，稱帝坐沉香亭，意有所感，乃召李白，則此説未爲無因。張名裕穀，字詒庭。（隨園詩話）

按：武惠妃以開元二十五年十二月卒，距作清平調時約爲五年，玄宗故劍之思爲情理所有，惟「巫山斷腸，雲想衣裳」恐不當作如是解，此亦姑備一説耳。

其三

名花傾國兩相歡，長得君王帶笑看。解釋春風無限恨，沉香亭北倚闌干。

【注】

〔沉香亭〕王云：按雍録：閣本興慶宫圖，龍池東有沉香亭。

【評箋】

葉燮云：李白天才自然，出類拔萃，然千古與杜甫齊名則猶有間，蓋白之得此者，非以才得之，乃以氣得之也。……如白清平調三首，亦平平宫豔體耳，然貴妃捧硯，力士脱靴，無論懦夫於此戰慄趦趄萬狀，秦舞陽壯士不能不色變於秦皇殿上，則氣未有不先餒者，寧暇見其才乎？觀白揮灑萬乘之前，無異長安市上醉眠時，此何如氣也！……（原詩）

周珽云：太白清平調三章，語語濃豔，字字葩流，美中帶刺，不專事纖巧。家澹翁謂以是詩合得是語，所謂破空截石旱地擒魚者。近詩歸選極富，何故獨不收？吾所不解。（唐詩選脈會通）

鼓吹入朝曲

金陵控海浦，渌水帶吴京。鐃歌列騎吹，颯沓引公卿。搥鐘速嚴妝，伐鼓啓重城。天子憑玉几，劍履若雲行。日出照萬户，簪裾爛明星。朝罷沐浴閑，遨遊閬風亭。濟濟雙闕下，歡娱樂恩榮。

【校】

〔妝〕郭本作收，誤。

〔几〕兩宋本、繆本俱作桉。文粹作案。王本注云：繆本作案。

【注】

〔題〕蕭云：鼓吹入朝曲，即漢短簫鐃歌二十二曲中之鼓吹曲也。太白命題，添入朝字耳。或者謂諷永王入朝而作。王云：按樂府詩集：齊永明八年，謝朓奉鎮西隨王教，於荆州道中作鼓吹曲：一曰元會曲，二曰郊祀曲，三曰鈞天曲，四曰入朝曲，五曰出藩曲，六曰校獵曲，七曰從戎曲，八曰送遠曲，九曰登山曲，十曰泛水曲。鈞天以上三曲頌帝功，校獵以上三曲頌藩德。太白鼓吹入朝曲之作蓋本於此。

〔金陵〕景定建康志卷一五：金陵古揚州之域，在周爲吴，春秋末屬越，楚滅越，并有其地，以其地有王氣，埋金以鎮之，號曰金陵。

〔騎吹〕王云：宋書：漢鼓吹曲曰鐃歌。樂府詩集：漢有朱鷺等二十二曲，列於鼓吹，謂之鐃歌。宋書：建初録云：務成、黄爵、玄雲、遠期，皆騎吹曲，非鼓吹曲。此則列於殿庭者爲鼓吹，今之從行鼓吹爲騎吹。

〔閶風亭〕太平御覽卷一九四郡國志曰：潤州覆舟山有閶風亭。輿地記勝卷一七：閶風亭：按宮苑記，在覆舟山上。

〔雙闕〕景定建康志卷二〇南朝宮苑記曰：晉元帝於宮前立闕，衆議未定，王導指牛頭山爲天闕，不别立闕。宋孝武大明七年，於博望梁山立雙闕。梁置石闕，在端門外，陸倕爲銘。六朝事跡卷三：縣北五里有四石闕，在臺城之門南，高五丈，廣三丈六寸，梁武帝所造。及成，命朝士銘之，時陸倕字佐公，其文甚佳，士流推伏。侯景作亂，焚燒宗廟，城郭府寺百無一存。尋高麗百濟等國入貢，見其凋殘，遂哭於闕下。

【評箋】

王云：此篇蓋擬六朝人之作，故以金陵吴京爲辭。蕭氏以爲諷永王入朝而作，則天子當在長安，與金陵吴京何預？而朝罷遨遊之地亦不當在閶風亭矣。其説非是。

今人詹鍈云：按詩云：「金陵控海浦，渌水帶吴京。」蓋太白初遊金陵，緬懷往事而作。

秦女休行

西門秦氏女，秀色如瓊花。手揮白楊刀，清晝殺讎家。羅袖灑赤血，英聲凌紫霞。直上西山去，關吏相邀遮。壻爲燕國王，身被詔獄加。犯刑若履虎，不畏落爪牙。素頸未及斷，摧眉伏泥沙。金雞忽放赦，大辟得寬賒。何慚聶政姊，萬古共驚嗟。

【校】

〔題〕王本注云：原注：古詞，魏朝協律都尉左延年所作，今擬之。兩宋本、繆本同王本，無原注二字。

〔英聲〕聲，蕭本作氣。王本注云：許本作氣。

【注】

〔題〕按：秦女休本事具左延年詩中，云：「步出上西門，遥望秦氏廬，秦氏有好女，自名爲女休，休年十四五，爲宗行報仇。左執白楊刃，右據魯宛矛。仇家便東南，仆僵秦女休。女休西上山，上山四五里。關吏呵問女休，女休前置詞，平生爲燕王婦，於今爲詔獄囚。平生衣參差，當今無領襦。明知殺人當死，兄言怏怏，弟言無道憂。女休堅詞，爲宗報仇死不疑。

殺人都市中，徼我都巷西。丞卿羅東向坐，女休悽悽曳梏前，兩徒夾我持刀，刀五尺餘。刀未下，朣朧擊鼓赦書下。」

〔金雞〕新唐書百官志：中尚署令，掌供赦日樹金雞於仗南，竿長七尺，有雞高四尺，黄金飾首，銜絳幡，長七尺，承以綵盤，維以絳繩，將作監供焉。擊㧎鼓千聲，集百官父老囚徒，坊小兒得雞首者，官與錢購，或取絳幡而已。

〔大辟〕書呂刑：大辟疑赦。孔傳：大辟，死刑也。

〔聶政姊〕戰國策韓策：聶政……刺韓傀，……因自皮面抉眼屠腸以死，韓取聶政屍暴於市，懸購之千金，久之莫知誰子。政姊嫈聞之曰：「弟至賢，不可愛妾之軀，滅吾弟之名。」乃之韓視之曰：「勇哉氣矜之隆，是其軼賁育，高成荆矣。今死而無名，父母已没矣，兄弟無有，此爲我故也。夫愛身不揚弟之名，吾不忍也。」乃抱屍而哭之曰：「此吾弟軹深井里聶政也。」亦自殺於屍下。晉、楚、齊、衛聞之曰：非獨政之能，乃其姊者亦烈女也。聶政之所以名施於後世者，其姊不避葅醢之誅以揚其名也。

【評箋】

胡云：按女休事奇烈，第重述一過便堪擊節，太白擬樂府有不與本辭爲異，正復難及者，此類是也。

查慎行云：亦是紀事之作。（初白詩評）

秦女卷衣

天子居未央，妾侍卷衣裳。顧無紫宮寵，敢拂黄金牀。水至亦不去，熊來尚可當。微身奉日月，飄若螢之光。願君採葑菲，無以下體妨。

【校】

〔妾侍〕侍，兩宋本、繆本、胡本俱作來。咸本注云：一作來。王本注云：繆本作來。

〔紫宮〕宫，王本誤刊作官，今改。

〔奉〕兩宋本、繆本作捧。王本注云：繆本作捧。

〔之光〕之，兩宋本、繆本、樂府俱作火。咸本注云：一作火。王本注云：繆本作火。

【注】

〔卷衣〕蕭云：樂府遺聲佳麗四十七曲有秦女卷衣。王云：樂府古題要解：有秦王卷衣曲，言咸陽春景及宫闕之美。秦王卷衣以贈所歡也。太白作秦女卷衣，辭旨各殊，未詳所本。

〔水至〕列女傳貞順傳：貞姜者，齊侯之女，楚昭王之夫人也。楚昭王出遊，留夫人漸臺之上而去。王聞江水大至，使使者迎夫人，忘持其符。使者至，請夫人出。夫人曰：「王與宫人約，令召宫人必以符。今使者不持符，妾不敢從。……」於是使返取符，則水大至。臺崩，夫人流而死。

〔熊來〕漢書卷九七外戚傳：建昭中，上幸虎圈鬭獸，後宮皆坐，熊佚出圈，攀檻欲上殿。左右貴人皆驚走，馮婕妤直前當熊而立。左右格殺熊。上問人情驚懼，何故前當熊？婕妤對曰：「猛獸得人而止。妾恐熊至御座，故以身當之。」元帝嗟嘆，以此倍敬重焉。

〔葑菲〕詩邶風谷風：采葑采菲，無以下體。毛傳：葑，須也。菲，芴也。下體，根莖也。鄭箋：此二菜者，蔓菁與葍之類也，皆上下可食。然而其根有美時，有惡時，采之者不可以根惡時并棄其葉，喻夫婦以禮義合，顔色相親，亦不可以顔色衰棄其相與之禮。正義：言采葑菲之菜者，無以下體根莖之惡并棄其葉，以興爲室家之法無以其妻顔色之衰，并棄其德。△菲音斐。

東武吟

好古笑流俗，素聞賢達風。方希佐明主，長揖辭成功。白日在高天，迴光燭微躬。恭承鳳凰詔，欻起雲蘿中。清切紫霄迥，優游丹禁通。君王賜顔色，聲價凌烟虹。乘輿擁翠蓋，扈從金城東。寶馬麗絶景，錦衣入新豐。依巖望松雪，對酒鳴絲桐。因學楊子雲，獻賦甘泉宮。天書美片善，清芬播無窮。歸來入咸陽，談笑皆王公。一朝去金馬，飄落成飛蓬。賓客日疎散，玉樽亦已空。才力猶可倚，不慚世上雄。閑作東武吟，曲盡情未終。書此謝知己，吾尋黄綺翁。

【校】

〔題〕兩宋本、繆本、王本俱注云：一作出金門後書懷留别翰林諸公。

〔欻起〕起，英華作然，注云：一作起。

〔紫霄〕霄，英華作垣。

〔依巖〕依，兩宋本、繆本、咸本俱作倚。王本注云：繆本作倚。

〔王公〕蕭本無此以上二句。王本注云：許本誤失此二句。按：據楊蕭二氏之注，知實有此二句而誤脱。

〔賓客〕客，兩宋本、繆本、樂府俱作友。王本注云：繆本作友。

〔倚〕兩宋本、繆本、王本俱注云：一作恃。

〔末句〕兩宋本、繆本、王本、英華俱注云：一作扁舟尋釣翁。

【注】

〔題〕蕭云：東武吟即樂府正聲東門行也。晉樂奏古辭云：出東門不顧歸，言士有貧不安其居，拔劍去，妻子牽衣留之，願共餔糜斯足，不求富貴也。太白詩則自述其志也。又王僧虔技録相和歌楚調十曲有東武吟，亦曰東武琵琶吟行。王云：樂府詩集：古今樂録曰：王僧虔技録有東武吟行，今不歌。樂府解題曰：鮑照云「主人且勿諠」，沈約云「天德深且廣」。傷時移事異，榮華徂謝也。左思齊都賦注云：東武太山皆齊之土風，弦歌謳吟之曲名也。通典曰：漢有東武郡，今高密諸城縣是也。元和郡縣志：密州諸城縣即漢東武縣也，屬琅邪郡。樂府章所謂東武吟者也。海録碎事：東武吟樂府詩，人有少壯從征伐，年老被棄，遊於東武者，不敢論功，但戀君耳。

〔鳳凰詔〕晉書卷一〇七石季龍載記：游于戲馬觀，觀上安詔書，五色紙在木鳳之口，鹿盧迴轉，狀若飛翔焉。

〔扈從〕王云：上林賦：扈從横行，出乎四校之中。晉灼注：扈，大也。封氏聞見記：百官從駕，謂之扈從，蓋臣下侍從至尊，各供所職，猶僕御扈養以從上，故謂之扈從耳。上林賦云：扈從横行。顔監釋云：謂扈從縱恣而行也。據顔此解乃讀從爲放縱，不取行從之義，所未詳也。石林燕語：從駕謂之扈從，始司馬相如上林賦。晉灼以扈爲大，張揖謂跋扈從横不安鹵簿，故顔師古因之，亦以爲跋扈恣縱而行。果爾，從蓋作去聲，侍天子而言跋扈，可乎？唐封演以爲扈養以從，猶之僕御，此或近之。

〔新豐〕王云：舊唐書：京兆府有昭應縣，本隋之新豐縣，治古新豐城北。天寶三載，分新豐、萬年置會昌縣。七載，省新豐縣，改會昌爲昭應，治温泉宫之西北。琦按：自乘輿擁翠蓋而下，是指其侍從温泉宮而言，宫在新豐縣之驪山下，正直唐京師之東。太白入朝，在天寶二三載，是時新豐尚未省也。

〔甘泉宫〕漢書卷八七揚雄傳：正月，從上甘泉還，奏賦以風。

〔金馬〕見卷二古風第三十首注。

〔黄綺翁〕見卷四山人勸酒詩注。

【評箋】

計有功云：或曰：白以是詩留别翰苑，遂放遊江湖矣。（唐詩紀事）

蕭云：此詩乃太白放黜之後，作此以别知己者。抱材於世，始遇而卒不合，見知而不見用。……眷戀不忘之意悠悠然見於辭外，亦可慨嘆也已。

今人詹鍈云：又有還山留别金門知己詩，題下注云：一本作出金門後書懷留别翰苑諸公。王注：此篇即五卷之東武吟也。按二首均見於文苑英華，一題作東武吟，一題作出金門後書懷留别翰苑諸公，則是詩之重出久矣。

邯鄲才人嫁爲厮養卒婦

妾本叢臺女，揚蛾入丹闕。自倚顔如花，寧知有彫歇？一辭玉階下，去若朝雲没。每憶邯鄲城，深宫夢秋月。君王不可見，惆悵至明發。

【校】

〔叢〕蕭本作崇。王本注云：蕭本作崇。

〔蛾〕兩宋本、繆本俱作娥。王本注云：繆本作娥。

【注】

〔題〕蕭云：樂府遺聲佳麗四十八曲有邯鄲才人嫁爲廝養卒婦，蓋古有是事也。胡云：謝朓有此詩。薪僕曰廝，炊僕曰養，朓蓋設言其事，寓臣妾淪擲之感。楊用修以爲此卒即御趙王武臣歸者。果此卒也，才人亦不枉矣，何詩爲？正楊辨之未及，此總固哉説詩者。

〔叢臺〕見卷一劍閣賦注。

〔邯鄲城〕史記趙世家：敬侯元年，……趙始都邯鄲。

【評箋】

蕭云：此詩太白既黜之作也。特借此發興叙其睽遇之始末耳。然其辭意睠顧宗國，係心君王，亦得騷之遺意歟！

馬位云：太白邯鄲才人嫁爲廝養卒婦詩，妙在不説目前之苦，只追想宮中樂處，文章於虚裏摹神，所以超凡入聖耳。（秋窗隨筆）

出自薊北門行

虜陣横北荒，胡星耀精芒。羽書速驚電，烽火晝連光。虎竹救邊急，戎車森已行。明主不安席，按劍心飛揚。推轂出猛將，連旗登戰場。兵威衝絶幕，殺氣凌穹蒼。列卒赤山下，開營紫塞旁。孟冬風沙緊，旌旗颯凋傷。畫角悲海月，征衣卷天霜。揮刃斬樓蘭，彎弓射賢王。單于一平蕩，種落自奔亡。收功報天子，行歌歸咸陽。

【校】

〔題〕此首英華誤爲庾信作。

〔晝〕英華作盡。

〔救〕英華作投，注云：一作救。

〔心飛揚〕心，胡本作必。此句下咸本注云：一本無此二句。

〔幕〕兩宋本、繆本作漠。敦煌殘卷作漠。王本注云：繆本作漠。按：依漢書當作幕。

〔卒〕兩宋本、繆本、王本俱注云：一作陣。

〔孟冬〕冬，咸本作秋。

〔風沙〕敦煌殘卷作沙風。
〔旗〕兩宋本、繆本、王本俱注云：一作旆。
〔凋傷〕此句下咸本注云：一本云：沓颯旃凋傷。
〔一平〕一，英華作未，注云：一作一。
〔行歌〕兩宋本、繆本、王本俱注云：一作歌舞。胡本、敦煌殘卷俱作歌舞。

【注】

〔題〕樂府古題要解：出自薊北門行其詞與從軍行同，而兼言燕薊風物，及突騎悍勇之狀，與吴趨行同也。蕭云：樂府遺聲都邑三十四曲有出自薊北門行。太白此詞則必爲開元、天寶之際，命將征伐吐谷渾、奚怒、吐蕃而作也。
〔推轂〕漢書卷五〇馮唐傳：臣聞上古王者遣將也，跽而推轂曰，閫以内寡人制之，閫以外將軍制之。
〔絶幕〕王云：漢書：衞青復將六將軍絶幕，大克獲。應劭注：幕，沙幕，匈奴之南界也。臣瓚注：沙土曰幕。直度曰絶。顔師古注：應瓚二説皆是也，而説者或云是塞外地名，非矣。幕者即今之突厥中磧耳。李陵歌曰：徑萬里兮度沙幕。按：漢書卷五五衞青傳：常以爲漢兵不能度幕輕留。度幕即絶幕。幕即今漠字。又卷九四匈奴傳：絶大幕。卷一〇〇叙傳：龍荒幕朔，注，孟康曰：謂白龍堆荒服沙漠也。因知絶幕不能作絶域解，李詩誤用。

〔穹蒼〕爾雅釋天：穹蒼，蒼天也。邢昺疏：李巡云：仰視天形穹窿而高，其色蒼蒼，故曰穹蒼。

〔赤山〕後漢書卷五〇祭肜傳：肜以三虜連和，卒爲邊害。章懷太子注：三虜謂匈奴、鮮卑及赤山烏桓。又卷一二〇烏桓傳：赤山在遼東西北數千里。

〔畫角〕王云：廣韻：大角，軍器。徐廣車服儀制曰：角，前世書記所不載。或曰本出羌胡，以驚中國之馬。太平御覽：宋樂志曰：角長五尺，形如竹筒，本細末稍大，未詳所起。今鹵簿及軍中用之，或以竹木，或以皮爲之，無定制。按古軍法有吹角，此器俗名拔邏迴，蓋胡虜警軍之音，所以書傳無之。海内離亂，至侯景圍臺城方用之也。梁簡文帝詩：城高短簫發，林空畫角悲。」

〔賢王〕漢書卷九四匈奴傳：單于者，廣大之貌也，言其象天單于然也。置左右賢王，自左右賢王以下至當户，大者萬餘騎，小者數千，凡二十四長，立號曰萬騎。△單音蟬。

〔種落〕王云：種落謂其種類及部落也。魏志：正始七年，韓那奚等數十國各率種落降。

【評箋】蕭云：此詩天寶已前之作也，有頌之體焉。

洛陽陌

白玉誰家郎，回車渡天津。看花東陌上，驚動洛陽人。

【注】

〔洛陽陌〕蕭云：樂府遺聲都邑三十四曲有洛陽陌。胡云：即横吹曲之洛陽道也。

〔天津〕見卷二古風第十八首注。

北上行

北上何所苦？北上緣太行。磴道盤且峻，巉巖凌穹蒼。馬足蹶側石；車輪摧高崗。沙塵接幽州；烽火連朔方。殺氣毒劍戟；嚴風裂衣裳。奔鯨夾黄河；鑿齒屯洛陽。前行無歸日；返顧思舊鄉。慘慽冰雪裏，悲號絶中腸。尺布不掩體，皮膚劇枯桑。汲水澗谷阻；採薪隴坂長。猛虎又掉尾，磨牙皓秋霜。草木不可餐，飢飲零露漿。嘆此北上苦，停驂爲之傷。何日王道平，開顔覩天光？

【校】

〔所苦〕苦，咸本注云：一作上。

〔慽〕兩宋本、繆本俱作戚。王本注云：繆本作戚。

〔尺布〕尺，咸本注云：一作衹。

【注】

〔題〕蕭云：樂府征行曲，太白此詞則言從軍征役之苦。王云：樂府古題要解：苦寒行，晉樂奏魏武帝「北上太行山」備言冰雪谿谷之苦，或謂北上行蓋因魏武帝作此詞，今人效之。

〔磴道〕王云：廣韻：磴，小坂也。韻會：磴，登陟之道也。△磴音凳。

〔高岡〕文選魏武帝苦寒行：「北上太行山，艱哉何巍巍！羊腸坂詰屈，車輪爲之摧。」

〔鑿齒〕淮南子本經訓：逮至堯之時，……鑿齒……皆爲民害，堯乃使羿誅鑿齒於疇華之野。高誘注：鑿齒，獸名，齒長三尺，其狀如鑿，下徹頷下而持戈盾。羿善射，堯使羿射殺之。王云：按天寶十四載，安禄山反於范陽，引兵南向，河北州縣望風瓦解，遂克太原，連破靈昌、陳留、滎陽諸郡，遂陷東京。范陽本唐幽州之地，詩所謂「沙塵接幽州」者，蓋指此事而言。其曰「烽火連朔方」者，禄山遣其黨高秀巖寇振武軍，朔方節度使郭子儀擊敗之。振武軍去朔方治所甚遠，其烽火相望，告急可知。其曰「奔鯨夾黄河」者，指從逆諸將，如崔乾祐之徒，縱横於汲、鄴諸郡也。其曰「鑿齒屯洛陽」者，謂禄山據東京僭號也。

〔停驂〕王云：鄭康成毛詩箋：驂，兩騑也。左傳正義：初駕馬者，以二馬夾轅而已。又駕一馬與兩服爲參，故謂之驂。又駕一馬乃謂之駟。説文云：驂，駕三馬也。駟，一乘也。兩服爲主，以漸參之，兩旁二馬，遂名爲驂。故總舉一乘，則謂之駟。指其騑馬，則謂之驂。又詩稱兩驂如舞，二馬皆稱驂。禮記説驂而賻之，一馬亦稱驂。是本其初參遂以爲名也。又禮記正義：車有一轅而駟馬駕之，中央兩馬夾轅者名服馬，兩邊名騑馬，亦曰驂馬。故詩云：兩服上襄，兩驂雁行。通鑑辯誤：史炤釋文曰：三馬爲驂。余按王肅云：古者一轅之車，夏后駕兩馬謂之麗，殷益以一騑謂之驂，周又益以一騑謂之駟。自時厥後，夾轅曰服，兩旁曰驂。詩所謂兩服上襄，兩驂雁行者也。

〔王道〕書洪範：王道平平。

【評箋】

范晞文云：李太白北上行即古之苦寒行也。苦寒行首句云：「北上太行山，艱哉何巍巍！」因以名之也。太白詞有云：「磴道盤且峻，巉巖凌穹蒼。馬足蹶側石，車輪摧高岡。」又：「殺氣毒劍戟，嚴風裂衣裳。」此正古詞「羊腸坂詰屈，車輪爲之摧。樹木何蕭瑟，北風聲正悲。」太白又有「奔鯨夾黃河，鑿齒屯洛陽。猛虎又掉尾，磨牙耗秋霜」，亦古詞「熊羆對我蹲，虎豹夾路啼」，又：「汲水澗谷阻，采薪隴坂長，草木不可餐，飢飲零露漿。」是亦古詞「行行日已遠，人馬同時飢，擔囊行取薪，斧冰持作糜」，特詞語小異耳。陸士衡、謝靈運諸作亦不出此轍。（對牀夜語）

楊云：此詩乃禄山初反時作也，鑿齒指禄山，奔鯨指史思明、崔乾祐之徒。

蕭云：按北上行者，征行之曲，言行役者之苦也。太白此詩其作於至德之後乎！隱然有國風愛君憂國勞而不怨厭亂思治之意，讀者其毋忽諸！

胡云：清調曲魏武苦寒行：「北上太行山，艱哉何巍巍！」備言從軍北上所歷之苦。白擬之，改爲北上行，而其辭有屯洛等語，似借詠禄山、思明之亂。

短歌行

白日何短短！百年苦易滿。蒼穹浩茫茫，萬劫太極長。麻姑垂兩鬢，一半已成霜。天公見玉女，大笑億千場。吾欲攬六龍，迴車挂扶桑。北斗酌美酒，勸龍各一觴。富貴非所願，爲人駐頹光。

【校】

〔爲人〕爲，兩宋本、繆本、王本俱注云：一作與。

〔頹光〕頹，兩宋本、繆本、王本俱注云：一作顔，又作流。此句下，樂府注云：一作與人駐流光。蕭本作與人駐顔光。

【注】

〔題〕王云：按樂府詩集，短歌行乃相和歌平調七曲之一。樂府解題曰：短歌行，魏武帝「對酒當歌，人生幾何」，晉陸機「置酒高堂，悲歌臨觴」，皆言當及時爲樂也。又按古今注，謂長歌短歌言人生壽命長短有定分，不可妄求也。考之魏武帝、陸士衡及唐人諸篇，皆言人運短促，當及時自勉。然二曲一致，初無壽夭之分。李善曰：古詩云「長歌正激烈」，魏文帝燕歌行曰「短歌微吟不能長」，傅玄豔歌行曰「咄來長歌續短歌」，皆指歌聲之長短耳，非言壽命也。斯蓋命題之意歟！

〔劫〕楊云：劫，世也。儒謂之世，道謂之塵，佛謂之劫。王云：法苑珠林：夫劫者，蓋是紀時之名，猶年號耳。

〔玉女〕見卷三梁甫吟注。

【評箋】

蕭云：樂府詩古皆有此詞，言人壽不可得長，思與知友及時爲樂，並自戒勗之意，太白此詞雖擬之，然其詞意則出於騷，肆爲誕詞以寄興而已。

空城雀

嗷嗷空城雀，身計何戚促！本與鷦鷯羣，不隨鳳凰族。提攜四黄口，飲乳未嘗足。食君穅秕餘，常恐烏鳶逐。恥涉太行險，羞營覆車粟。天命有定端，守分絶所欲。

【校】

〔食君〕君，咸本注云：一作若。

〔常恐〕王本常誤作嘗，今依各本改。

〔逐〕胡本、咸本俱注云：一作啄。

【注】

〔題〕蕭云：樂府内鳥獸二十一曲有空城雀，却不言所始。太白此詞則假雀以興孤介之士，安於命義，幸得禄仕以自養，苟避讒妬之患足矣，不肯依附權勢，踰分貪求也。王云：樂府詩集：樂府解題曰：鮑照空城雀云：「雀乳四鷇，空城之阿。」言輕飛近集，茹腹辛傷，免網羅而已。

〔鷦鷯〕王云：埤雅釋鳥云：桃蟲，鷦，其雌鴱。陸璣曰：今鷦鷯是也，似黄雀而小。説苑曰：鷦鷯巢於葦苕，繫之以髮。鳩性拙，鷦性巧。故鷦俗呼巧婦，一名工雀，一名女匠，其喙尖如錐，取茅秀爲巢，巢至精密，以麻紩之，如刺韈然，故一名韈雀。△鷯音僚。

〔黄口〕家語六本篇：孔子見羅雀者，所得皆黄口小雀。

〔鳶〕王云：韻會：鳶，鷙鳥也，似鴟而小。△鳶音緣。

〔覆車粟〕太平御覽卷九二二：益部耆舊傳曰：楊宣爲河内太守行縣，有羣雀鳴桑樹上，宣謂吏曰：前有覆車粟，此雀相隨，欲往食之。行數里，果如其言。

菩薩蠻

平林漠漠烟如織，寒山一帶傷心碧。暝色入高樓，有人樓上愁。　玉階空佇立，宿鳥歸飛急。何處是歸程？長亭連短亭。

【校】

〔題〕兩宋本、繆本俱無此篇。

〔連〕王本注云：一作更。

【評箋】

王云：詩人玉屑：鼎州滄水驛有菩薩蠻云「平林漠漠烟如織」云云，曾子宣家有古風集，此詞乃太白作也。見古今詩話。湘山野録：「平林漠漠烟如織」云云，此詞不知何人寫在鼎州滄水驛樓，復不知何人所撰，魏道輔泰見而愛之，後至長沙，得古集於曾子宣内翰家，乃知李白所作。寄園寄所寄：筆談：小曲有「咸陽沽酒寶釵空」之句，云李白作。花間集乃云張泌所爲，未知孰是。楊繪本事曲子云：近傳一闋云李白製，即今菩薩蠻，其詞非白不能及。此皆定其爲太白之作者也。胡應麟筆叢：菩薩蠻之名當起於晚唐世。按杜陽雜編云：大中初，女蠻國貢雙龍犀明霞錦，其國人危髻金冠，瓔珞被體，故謂之菩薩蠻。當時倡優遂制菩薩蠻曲，文士亦往往聲其詞。南部新書亦載此事，則太白之世尚未有斯題，何得預製其曲耶！此則辯其非太白之作者也。

馮金伯云：王介甫問黃魯直：「李後主詞何句最佳？」魯直舉「問君能有幾多愁，恰似一江春水向東流」。介甫以爲未若「細雨夢回雞塞遠，小樓吹徹玉笙寒」。介甫之言是矣，顧以專論後主之詞可耳，尚非詞之至也。若總統諸家，而求其極致於不食烟火，不落言詮，如女中之有國色，無事矜莊修飾，使當之者，忽然自失，而末由仿佛其皎好，其惟太白之「暝色入高樓，有人樓上愁」乎！惜乎，今之才人，動而不靜，往而不返，識此宗趣者蓋寡。（詞苑萃編引詞潔）

許昂霄云：玩末二句乃是遠客思歸口氣，或注作閨情恐誤。又按李益鷓鴣詞云：「處處湘雲合，郎從何處歸？」此詞末二句似亦可作此解。故舊人以爲閨思耳。「樓上凝愁」、「階前佇立」，皆屬遥想之詞。或以「玉階」句爲指自己，於義亦通。蓋玉階、玉梯等字昔人往往通用。白石翠樓吟亦有「玉梯凝望久」之句。（詞綜偶評）

憶秦娥

簫聲咽，秦娥夢斷秦樓月。秦樓月，年年柳色，灞陵傷别。樂遊原上清秋節，咸陽古道音塵絶。音塵絶，西風殘照，漢家陵闕。

【校】

〔題〕兩宋本、繆本俱無此篇。

〔陵〕王本注云：一作宫。

【注】

〔灞陵〕王云：三輔黄圖：霸橋在長安東，跨水作橋，漢人送客至此橋，折柳贈别。天寶遺事：長安東灞陵有橋，來迎去送，皆至此爲離别之地，故人呼之爲銷魂橋。雍録：漢世凡東出函潼必自灞陵始，故贈行者於此折柳爲别也。

〔樂遊原〕王云：長安志：樂遊原在萬年縣南八里。漢書：宣帝起樂遊廟，在曲江北，亦曰樂遊原。雍録：唐曲江本秦隑州，至漢爲宣帝樂遊廟，亦名樂遊苑，亦名樂遊原。基地最高，四望寬敞。隋營京城，宇文愷以其地在京城東南隅，地高不便，故闕此地不爲居人坊巷，而鑿之爲池以厭勝之。又會黄渠水自城外南來，可以穿城而入，故隋世遂從城外包之，入城爲芙蓉池，且爲芙蓉園也。……長安中，太平公主於原上置亭游賞，後賜寧、申、岐、薛四王，正月晦日、三月三日、九月九日京城士女咸即此祓禊，帟幕雲布，車馬填塞，詞人樂飲賦詩。

【評箋】

王云：筆叢云：今詩餘名望江南外，菩薩蠻、憶秦娥稱最古，以草堂二詞出太白也，近世文人學士咸以爲然。予謂太白在當時直以風雅自任，即近體盛行，七言律鄙不肯爲，寧屑事此。且二詞雖工麗，而氣亦衰颯，于太白超然之致，不啻穹壤。藉令真出青蓮，必不作如是語，詳其意調，絶類温方城輩，蓋晚唐人詞，嫁名太白，若懷素草書、李赤姑孰耳。原二詞嫁名太白亦有故，草堂詞宋人編，青蓮詩亦稱草堂集；後世以二詞出唐人而無名氏，故僞題太白以冠斯編耶！琦按宋黄玉林絶妙詞選以太白菩薩蠻、憶秦娥二詞爲百代詞曲之祖。然考古本太白集中缺此二首，蕭本乃有之，其真贋誠未易定決，筆叢所辯未爲無見。至謂其出自草堂詩餘之僞題，則非也。蓋菩薩蠻一詞，自北宋時已傳爲太白之作矣。

劉熙載云：太白菩薩蠻、憶秦娥兩闋，足抵少陵秋興八首。想其情境，殆作於明皇西幸後乎？（藝概）

又云：太白憶秦娥聲情悲壯，晚唐五代惟趨婉麗，至東坡始能復古。後世論詞者或轉以東坡爲變調，不知晚唐五代乃變調也。（藝概）

陳廷焯云：太白菩薩蠻、憶秦娥兩闋，神在箇中，音流絃外，可以是爲詞中鼻祖。（原注：尋詞之祖，斷自太白可也，不必高語六朝。）（白雨齋詞話）

謝堃云：或謂詞人之詩傷於纖，詩人之詞傷於樸，試讀李太白菩薩蠻詞，何樸之有？辛稼軒元日詩曰：「老病忘時節，空齋曉尚眠。兒童喚翁起，今日是新年。」又何纖之有？（春草堂詩話）

王國維云：太白純以氣象勝，「西風殘照，漢家陵闕」，寥寥八字，遂關千古登臨之口。後世唯范文正之漁家傲、夏英公之喜遷鶯，差足繼武，然氣象已不逮矣。（人間詞話）

按：今人詹鍈於李白菩薩蠻憶秦娥辨僞一文中據繆本無此二首斷爲宋本原無，並非繆氏所刪，列舉三證。一、宋本原書屢經黄丕烈、錢應庚、陸心源諸家收藏，設繆氏曾刪此二詞，各家題跋及藏書志中必有論列。二、晏處善本所録曾鞏李太白文集序謂收太白詩千有一篇，今繆本所載詩篇正合此數（連所附魏萬、崔宗之、崔成甫三人詩在内），設繆氏刪此二詩，篇數必不相合。三、集中江夏送倩公歸漢東詩，既録其序，其後雜文中不應重見，繆氏摹刻時當已知其重出，而因仍不改。設宋本原有菩薩蠻、憶秦娥二篇，繆氏縱知其僞，亦不致加以刪汰。由此可證北宋本李太白文集無此二篇。至蕭士贇分類補注李太白詩（簡稱蕭本）乃刪補楊齊賢注而成，所輯注文例以齊賢曰士贇曰互爲標題，故猶可辨識。惟此二篇，則僅有蕭注而無楊注，即此可知楊齊賢注左綿刊本李集亦無此二篇。再以蕭本編集體例言之，凡蕭氏疑爲贋作者，則移置卷末（見補注李太白序例），此二詩適在第五卷之末，則蕭氏雖增此二篇而亦未敢斷其必爲太白原作也。按晏處善本太白集爲宋敏求所裒集，曾鞏嘗考其先後而次第之。湘山野録謂太白菩薩蠻原見曾子宣家藏古風集。子宣名布，爲鞏之胞弟，所藏古風集有太白菩薩蠻，鞏豈有未見之理？既見之而不編入太白集，則菩薩蠻一詞，必有可疑之點至明。且楊齊賢注太白詩之時，花庵詞選早已風行，其中既有太白菩薩蠻、憶秦娥二詞，而楊氏仍不採録，想亦有所見也。

李白集校注卷六

樂府三十八首

發白馬

將軍發白馬，旌節渡黄河。簫鼓聒川岳，滄溟湧濤波。武安有震瓦；易水無寒歌。鐵騎若雪山；飲流涸滹沱。揚兵獵月窟；轉戰略朝那。倚劍登燕然，邊烽列嵯峨。蕭條萬里外，耕作五原多。一掃清大漠，包虎戢金戈。

【校】

〔濤波〕濤，兩宋本、繆本、王本俱注云：一作洪。樂府與一作同。蕭本作波濤，誤。

〔涸滹〕咸本注云：一作如漂。

【注】

〔題〕蕭云：樂府遺聲車馬六曲有白馬篇，亦曰齊瑟行。王云：題始於梁費昶，太白蓋擬之。樂府詩集：通典曰：白馬，春秋時衛國曹邑，有黎陽津，一曰白馬津。酈生云守白馬之津是也。發白馬，言征戍而發兵於此也。

〔白馬〕王云：史記正義：括地志云：黎陽一名白馬津，在滑州白馬縣北三十里。

〔旌節〕新唐書百官志：凡命將遣使皆請旌節，旌以顓賞，節以顓殺。

〔武安〕史記廉頗藺相如列傳：秦伐韓，軍於閼與，……（趙）王令趙奢將救之，……秦軍軍武安西，……鼓譟勒兵，武安屋瓦盡振。

〔易水〕見卷一擬恨賦注。

〔滹沱〕王云：山海經：泰戲之山，滹沱之水出焉，而東流注於漊水。郭璞注：今滹沱水出鴈門鹵城縣南武夫山。史記索隱：滹沱，水名，并州之川也。地理志云：鹵城縣名，屬代郡，滹沱河自縣東至參合，又東至文安入海。史記正義：滹沱出代州繁峙縣，東南流經五臺山北，東南流過定州入海。△滹音呼，沱音駝。

〔月窟〕文選揚雄長楊賦：西厭月蝟。注：服虔曰：蝟音窟，月所生也。

〔略〕王云：韻會：略，取也。漢書：張良略地，唐蒙略通夜郎。顏師古曰：凡言略地，謂行而取之。

〔朝那〕史記匈奴列傳：匈奴單于十四萬騎入朝那、蕭關。正義：漢朝那故城在原州百泉縣西七十里，屬安定郡。△那音奴何切。

〔燕然〕王云：後漢書：車騎將軍竇憲出雞鹿塞，度遼將軍鄧鴻出椆陽塞，南單于出滿夷谷，與北匈奴戰於稽落山，大破之，追至和渠北鞮海，竇憲遂登燕然山，刻石勒功而還。太平寰宇記：郎君戍又直北三千里至燕然山，又北行千里至瀚海，班固封燕然山銘序：蕭條萬里，野無遺寇。

〔五原〕元和郡縣志卷四：鹽州，禹貢雍州之域，春秋爲戎翟所居地。……及始皇并天下，屬梁州。漢武元朔二年置五原郡，地有原五所，故號五原。……五原謂龍游原、乞地千原、青嶺原、岢嵐原、横槽原也。參見卷五塞上曲注。

〔大漠〕王云：北邊備對：漢趙信既降匈奴，與之畫謀，令遠度幕北，以要疲漢軍。故武帝必欲越漠征之，而大漠之名始通中國。幕者，漠也，言沙積廣莫，望之漠漠然也，漢以後史家變稱爲磧，磧者沙積也，其義一也。

〔包虎〕王云：禮記：武王克殷反商，倒載干戈，包之以虎皮。鄭玄注：包干戈以虎皮，明能以武服兵也。正義曰：虎皮，武猛之物也。用此虎皮包裹兵器，示武王威猛能包制服天下兵戈也。或以虎皮有文，欲以現文止武也。詩周頌：載戢干戈。説文：戢，藏兵也。

陌上桑

美女渭橋東，春還事蠶作。五馬如飛龍，青絲結金絡。不知誰家子，調笑來相謔。妾本秦羅敷，玉顔豔名都。緑條映素手，採桑向城隅。使君且不顧，況復論秋胡。寒螿愛碧草，鳴鳳棲青梧。託心自有處，但怪旁人愚。徒令白日暮，高駕空踟躕。

【校】

〔美女渭橋東〕兩宋本、繆本注云：一作美女緗綺衣，又作遊女。英華作遊女緗綺衣。樂府作美女緗綺衣。王本美下注云：一作遊，渭橋東下注云：一作湘綺衣。

〔春還〕兩宋本、繆本、王本俱注云：一作還來。

〔如飛龍〕兩宋本、繆本俱作飛如花，注云：一作如花飛，又作如飛龍。敦煌殘卷作如飛花。王本注云：一作如花飛，一作飛如花。

〔採桑〕敦煌殘卷作採葉。

〔使君〕以下四句，敦煌殘卷無。

〔愛〕咸本注云：一作受。

〔徒令〕令，英華作勞，注云：一作令。

【注】

〔題〕蕭云：樂府相和歌有陌上桑，亦曰豔歌羅敷行，亦曰日出東南隅行，亦曰日出行，亦曰採桑曲。曹魏改曰望雲曲。按古詞陌上桑有二，此則引魯秋胡之事以爲證也。崔豹古今注曰：羅敷者，邯鄲秦氏女也，嫁千乘王仁，仁後爲趙王家令，羅敷採桑於陌上，趙王登臺，見而悦之，置酒欲奪焉。羅敷善彈箏，作陌上桑以自明不從。其辭稱羅敷採桑陌上，爲使君所邀，羅敷盛誇其夫爲侍中郎以拒之。或言與舊説不同。然侍中郎漢官也，恐仁初爲趙王家令，後爲漢侍中郎也。呼趙王爲使君者，郎君之稱本於漢，恐言使君者猶今言使頭也。其辭有「日出東南隅，照我秦氏樓」之句，故亦曰日出東南隅行，亦曰日出行。别有秋胡行，其事與此不同。此其亦名陌上桑，致後人差互其説，如王筠陌上桑云：「秋胡始停馬，羅敷未滿匡。」蓋合爲一事也。王云：樂府古題要解：陌上桑古詞曰：「日出東南隅，照我秦氏樓。」舊説：邯鄲女子姓秦，名羅敷，爲邑人千乘王仁妻。仁後爲趙王家令，羅敷出採桑陌上，趙王登臺見而悦之，置酒欲奪焉。羅敷善彈箏，作陌上桑以自明不從。按其歌辭，稱羅敷採桑陌上，爲使君所邀。羅敷盛誇其夫爲侍中郎以拒之。與舊説不同。按樂府詩集：張永元嘉伎録相和歌有十五曲，其第十五曲曰陌上桑。

〔蠶作〕王云：鮑照詩：「季春梅始落，工女事蠶作。」

〔五馬〕王云：五馬事，古今説者不一，據墨客揮犀云：世謂太守爲五馬，人罕知其故事。或言詩云：「孑孑干旟，在浚之都。素絲組之，良馬五之。」鄭注謂周禮：州長建旟。漢太守比州長，法御五馬，故云。後見龐幾先朝奉云：古乘駟馬車，至漢時太守出則增一馬。事見漢官儀也。演繁露云：太守五馬，莫知的據。古樂府：五馬立踟躕，則其來已久。或言詩有「良馬五之」，侯國事也。然上言「良馬四之」，下言「良馬六之」，則或四或六，原非定制也。漢有駟馬車，正用四馬，而鄭玄注詩曰：周禮州長建旟，漢太守比州長，法御五馬。玄以州長比方漢州，大小相絶遠矣。周之州乃反統隸於縣，比漢太守品秩殊不侔，不足爲據。然鄭後漢時人，則太守之用五馬，後漢已然矣。至唐白樂天和春深二十首詩曰：「五匹鳴珂馬，雙輪畫軾（按：今本作戟）車。」至其自杭分司，有詩曰：「錢塘五馬留三匹，還擬騎游攪擾春。」杜詩（按：今本作老杜）亦曰：「使君五馬一馬驄。」則似真有五馬矣。若其制之所始，則未有知者。琦按：今本毛詩鄭注，但云周禮州長建旟，謂州長之屬，無漢太守比州長法御五馬之文。是康成未嘗以太守比州長也。師古杜詩注云：王羲之出守永嘉，庭列五馬，後人遂據爲太守事。今按晉書及古今傳記，羲之並未嘗爲永嘉太守，則其説亦僞也。宋人五色線集：北齊柳元伯五子同時領郡，時五馬參差於庭，故時人呼太守爲五馬。今按羅敷行古詞已有「五馬踟躕」之句，則非自北齊始矣。潘子真詩話：禮：天子六馬，左右驂，三公九卿駟馬，右驂。漢制九卿則中二千石亦右驂。太守駟馬而已。其有加秩中二千石，乃右驂。故以五馬爲太守美稱。遯齋閑覽及學林新編云：漢時朝臣出使以駟馬，太守加一馬，故爲五馬，與龐説相符。然無他證確然可據。唯沈約宋書引逸禮王度記曰：天子駕六，諸侯駕五，卿駕四，大夫三，士二，庶人一。後之太守，即古之諸侯，故有五馬之稱。庶幾近之。前之數説，似皆未的。按：高步瀛唐宋詩舉要云：胡元任曰：遯齋閑覽云：世謂太守爲五馬。龐幾先云：古乘駟馬車，至漢時，太守出則增一馬，事見漢官儀也。學林新編云：古陌上桑、羅敷行曰：「使君從南來，五馬立踟躕。」子美詩用五馬甚多，注詩者引陌上桑五馬以釋之，非也。案陌上桑亦用五馬爲使君事者也。説者謂漢官儀：朝臣出使以四馬，太守加一馬爲五馬。苕溪漁隱曰：五馬事當以遯齋、學林二説出漢官儀者爲是。

〔使君〕王云：漢書：使君顓生殺之柄。顔師古注：爲使者故謂之使君。

〔秋胡〕列女傳節義傳：魯秋胡潔婦者，魯秋胡子之妻。秋胡子既納之，五日去而官於陳，五年乃歸。未至其家，見路旁有美婦人方采桑，秋胡子悦之，下車謂曰：「力田不如逢豐年，力耕不如遇公卿。吾有金，願以與夫人。」婦人曰：「嘻！婦人當采桑以事舅姑，吾不願人之金。」秋胡子遂去，歸家奉金遺其母，使人呼其婦，婦至，乃向采桑者，秋胡子見之而慙。婦曰：「束髮修身，辭親仕五年始得還，乃悦路旁婦人，以金與之，是忘母不孝也，妾不忍見不孝之人。」遂投河死。

〔寒螿〕爾雅釋蟲：蜺，寒蜩。郭璞注：寒螿也，似蟬而小，青赤。
〔踟躕〕王云：欲行不進之貌。△踟音池，躕音除。

枯魚過河泣

白龍改常服，偶被豫且制。誰使爾爲魚？徒勞訴天帝。作書報鯨鯢，勿恃風濤勢。濤落歸泥沙，翻遭螻蟻噬。萬乘慎出入，柏人以爲誡。

【校】

〔偶被〕此句咸本注云：一本云：被豫且之制。
〔徒勞〕勞，兩宋本、繆本俱作爲。王本注云：繆本作爲。
〔爲誡〕誡，兩宋本、繆本、王本俱注云：一作識。

【注】

〔題〕蕭云：樂府遺聲龍魚六曲有枯魚，却無「過河泣」字。王云：按樂府詩集：枯魚過河泣，乃雜曲歌辭。古詞曰：「枯魚過河泣，何時悔復及。作書與魴鱮，相教慎出入。」
〔豫且〕說苑卷九：吴王欲從民飲酒，伍子胥諫曰：「不可。昔白龍下清泠之淵，化爲魚，漁者豫且射中其目。白龍上訴天帝，天帝曰：當是之時，若安置而形？白龍對曰：我下清泠之淵，化爲魚。天帝曰：魚固人之所射也，若是豫且何罪？夫白龍天帝貴畜也，豫且宋國賤臣也，白龍不化，豫且不射，今棄萬乘之位而從布衣之士飲酒，臣恐其有豫且之患矣。」王乃止。△且音苴。

〔鯨鯢〕王云：廣韻：鯨，大魚也。雄曰鯨，雌曰鯢。

〔螻蟻〕韓詩外傳卷八：夫吞舟之魚，大矣，蕩而失水，則爲螻蟻所制，失其輔也。

〔柏人〕史記張耳列傳：高祖從平城過趙，趙王朝夕袒韝蔽自上食，禮甚卑，有子壻禮。高祖箕踞詈甚慢易之。趙相貫高怒。八年，上從東垣還過趙，貫高等乃壁人柏人要之置，上欲過宿，心動，問曰：「縣名爲何？」曰：「柏人。」柏人者迫於人也，不宿而去。

【評箋】今人詹鍈云：按舊唐書玄宗紀：天寶八載十一月丁巳，幸御史中丞楊釗宅。天寶九載十一月辛卯，幸楊國忠亭子。天寶十載十一月乙未，幸楊國忠宅。又楊國忠傳：玄宗每年冬十月，幸華清宮，國忠山第在宮東門之南，與虢國相對，韓國、秦國甍棟相接。天子幸其第，必過五家賞賜宴樂。又陳玄禮傳：天寶中，玄宗在華清宮，乘馬出宮門，欲幸虢國夫人宅，玄禮曰：「未宣敕報臣，天子不可輕去就。」玄宗爲之迴轡。他年在華清宮，逼正月半，欲夜遊，玄禮奏曰：「宮外即是曠野，須有備預。若欲夜遊，願歸城闕。」則此詩所謂「萬乘慎出入」，似非毫無所指。

戲。」按：酉陽雜俎卷二云：「玄宗學隱形術於羅公遠，公遠云：『陛下未能脱屣天下，而以道爲戲。若盡臣術，必懷璽入臣家而困於魚服。』」蓋玄宗微行不止於史所載，當時傳聞於外，或尤有甚者，故白以爲刺。

丁都護歌

雲陽上征去，兩岸饒商賈。吴牛喘月時，拖船一何苦？水濁不可飲，壺漿半成土。一唱都護歌，心摧淚如雨。萬人鑿盤石，無由達江滸。君看石芒碭，掩淚悲千古。

【校】

〔題〕兩宋本、繆本都護下俱注云：一作督護。王本都下注云：一作督。

〔鑿盤石〕鑿，兩宋本、繆本俱作繫。王本注云：繆本作繫。咸本注云：一作繫。

【注】

〔題〕蕭云：古今樂録：丁都護歌者，彭城内史徐逵爲魯軌所殺，宋高祖使督護丁旿收殯之。逵妻，高祖長女也。呼旿至閤下，自問斂送之事。每問輒嘆息曰丁都護，其聲哀切，後人因其聲廣其曲焉。按：通鑑卷九九胡注：魏晉之間，凡居節鎮者，其部將有督護。宋書樂志都護均作督護，徐逵作徐逵之，丁旿之官爲府內直督護，當以督護爲正。

〔雲陽〕元和郡縣志卷二五：江南道潤州丹陽縣：本舊雲陽縣。秦時望氣者云有王氣，故鑿之以敗其勢，截其直道，使之阿曲，故曰曲阿。天寶元年，改爲丹陽縣。

〔吴牛〕世説言語篇：滿奮……曰：「臣猶吴牛，見月而喘。」劉孝標注：今之水牛，惟生江、淮間，故謂之吴牛也。南土多暑，而此牛畏熱，見月疑是日，所以見月則喘。

〔拖〕漢書卷六四嚴助傳：拕舟而入水。顔師古注：拕，曳也，音它。△拖與拕同。

〔滸〕詩大雅緜：率西水滸。毛傳：水涯曰滸。

〔芒碭〕王云：漢書：高祖隱於芒碭山澤間，應劭注：芒屬沛國，碭屬梁國，二縣之界有山澤之固，故隱其間。此篇蕭注謂是詠秦皇鑿北坑以厭天子氣一事。或曰，爲韋堅開廣運潭而作，借秦爲喻。又引吴孫權嘗遣校尉陳勳將屯田及作士三萬人，鑿句容中道，自小坻至雲陽西城通會市，作邸閣。以首句觀之，似詠其事。琦嘗以全篇詩意參繹三事皆不類，知其皆非也。考芒碭諸山實産文石，或者是時官司取石於此山，僦舟搬運，適當天旱水涸，牽挽而行，期令峻急，役者勞苦。太白憫之而作此詩。鑿字舊本或作繫字。「萬人繫盤石，無由達江滸」，詩旨益覺顯然。即作鑿字，謂此萬夫所鑿之盤石爲數甚多，無由即達江滸，如此詮釋，自亦無礙。督護似謂當時監督之有司，「君看石芒碭，掩淚悲千古」者，謂芒碭産此文石，千古不絶，則千古嘗爲民累，有心者能不覩之而生悲哉！臆見如此，較之舊説似覺稍當。△芒音忙；碭音唐，又音蕩。

【評箋】

蕭云：太白樂府，每篇必櫽括一事而作，非泛然而言者。此篇之意是詠秦皇鑿北坑以厭天子氣之事，徒爾勞民鑿石，而不知真主已在芒碭山澤間矣。非人力之所能勝也。觸熱拖船，就飲濁水，征夫之苦，徒興千古之悲耳。或曰：詩者所以抒下情而通風諭，此詩乃是爲韋堅開廣運潭而作，借秦爲喻耳。按唐史，天寶初，江淮南（按：淮下南上當有已字），租庸等使韋堅引淮水抵苑東望春樓下爲潭，以聚江淮運船，役夫匠，通漕渠，發人丘隴，自江淮至京城，民間蕭然愁怨，二年而成。三月，上幸望春樓觀新潭，名其潭曰廣運。太白之詩其爲是歟！吳孫權時亦嘗遣校尉陳勳將屯田及作士三萬人鑿句容中道，自小坻至雲陽西城通會市，作邸閣。今以首句觀之，似詠此事，然詩意重在末句，故以秦事爲證，附載吳事於末云。

胡云：白辭「雲陽上征去」，詠潤州埭牐牽輓之苦，感其土俗，即用其土之古歌焉。先是潤州不過江，開元中刺史齊澣始移漕路京口塘下，直達於江，立埭收課，事詳澣本傳。澣新河在江北瓜步者，白嘗作詩頌美，此獨言其苦。瓜步岸庳易開，潤州岸高難開，地勢至今然，白詩並紀實也。當時淮汴運路，澣並用牛曳，即潤州可推矣。芒，石稜；碭，石文。指所鑿盤石而言。舊注泛引多謬，故備箋焉。

按：胡氏說近是。王注解芒碭似誤，果如其說，以芒碭爲地名，則當云芒碭石，若以石芒碭爲芒碭之石或芒碭産石，古今無此語法。蓋芒碭爲疊韻聯緜字，形容石之粗重難移耳。又按：郭沫若李白與杜甫云：詩意分明言拖船運石之苦，并非言鑿石開河之苦。但「芒碭」在此乃疊韻聯語，猶言「莽撞」。胡以石棱、石紋解之，王説爲「諸山」，均係望文生義。芒山在沛，碭山在梁，于此了不相涉。揣詩意當是採取太湖石由運河北運，故言「雲陽上征」。

唐宋詩醇云：落筆沉痛，含意深遠，此李詩之近杜者。

相逢行

朝騎五花馬，謁帝出銀臺。秀色誰家子，雲車珠箔開。金鞭遥指點，玉勒近遲迴。夾轂相借問，疑從天上來。蹙入青綺門，當歌共銜杯。銜杯映歌扇，似月雲中見。相見不得親，不如不相見。相見情已深，未語可知心。胡爲守空閨，孤眠愁錦衾。錦衾與羅幃，纏綿會有時。春風正澹蕩，暮雨來何遲？願因三青鳥，更報長相思。光景不待人，須臾髮成絲。當年失行樂，老去徒傷悲。持此道密意，無令曠佳期。

【校】

〔題〕兩宋本、繆本、王本題下俱注云：一作有贈。

〔朝騎〕朝，兩宋本、繆本、蕭本俱作胡。王本注云：蕭本作胡。

〔雲車〕車，兩宋本、繆本、王本俱注云：一作中。

〔金鞭〕以下二句，文粹無。

〔遲迴〕咸本注云：一本無此二句。

〔疑從〕疑，兩宋本、繆本、王本俱注云：一作知。才調、文粹俱作知，才調注云：一作疑。

〔上來〕此句下兩宋本、繆本注云：一本更添憐腸愁欲斷，斜日復相催。下車何輕盈，飄然似落梅。王本注云：一本下多憐腸愁欲斷，斜日復相催，下車何輕盈，飄然似落梅四句。樂府與一本同。

〔躄〕兩宋本、繆本、文粹、樂府俱作邀。王本注云：繆本作邀。

〔銜杯〕此句下兩宋本、繆本、王本俱注云：一作嬌羞初解珮，語笑共銜盃。

〔不得〕得，兩宋本、繆本、王本俱注云：一作相。

〔守〕才調、文粹作返。才調、咸本注云：一作守。

〔與羅幃〕與，才調、咸本俱作語，注云：一作與。

〔何遲〕此句下兩宋本、繆本、王本俱注云：一作春風正糾結，青鳥來何遲。

〔顧因〕此句才調、咸本俱注云：顧一作後，青一作春。

〔佳期〕以上六句文粹無，才調、咸本俱注云：一本無此六句。

【注】

〔題〕蕭云：王僧虔技録曰：相和清調六曲有相逢狹路間行，亦曰長安有狹斜行，亦曰相逢行。

〔五花馬〕見卷三將進酒詩注。

〔銀臺〕王云：按雍録所載六典大明宫圖：紫宸殿側有右銀臺門、左銀臺門。李肇記曰：學士下直出門，相謔謂之小三昧，出銀臺乘馬，謂之大三昧。三昧者，釋氏語，言其去纏縛而得自在也。用此言之，則學士自出院門而至右銀臺門，皆步行，直至已出宫城銀臺門外乃得乘馬也。

〔勒〕王云：説文：勒，馬頭絡銜也。

〔青綺門〕水經注渭水：長安……東出……第三門，本名霸城門，……民見門色青，又名青城門，或曰青綺門，亦曰青門。

〔三青鳥〕王云：山海經西山經：三危之山，三青鳥居之。郭璞注：三青鳥，主爲西王母取食者，别自棲息於此山也。竹書曰：穆王西征，至於青鳥所解也。又大荒西經：沃之野有三青鳥，赤首黑目，一名曰大鵹，一名曰少鵹，一名曰青鳥。郭璞注：皆西王母所使也。

〔當年〕張相詩詞曲語辭匯釋云：當年猶少年或壯年也。李白相逢行：「當年失行樂，老去徒傷悲。」此與老去作對，猶云少壯也。

【評箋】

胡云：按古辭言相逢年少，問知其家之豪盛。此則言相逢其人，仍不得相親。恐失佳期，回環致望不已，較古辭用意尤深。離騷詠不得於君，必託男女致詞，曰：「初既與余成言兮，後悔遁而有他。」又曰：「日月忽其不淹兮，恐美人之遲暮。」白詩題雖取之樂府，而詩意實本諸騷，蓋有已近君而終不得近之怨焉。臣子暌隔之痛，思慕之誠，具見於是。觀篇首以謁帝發端，大旨自明，不當僅作情辭讀也。

王云：古長歌行：「老大徒傷悲。」楊升菴外集載太白相逢行云：此詩予家藏樂史本最善，今本無「憐腸愁欲斷，斜日復相催，下車何輕盈，飄然似落梅」四句。他句亦不同數字，故備録之。太白號斗酒百篇，而其詩精鍊若此，所以不可及也。琦嘗細校其文，所謂不同數字者，「雲車」作「雲中」，「疑從」作「知從」，「蹙入青綺門，當歌共銜杯」作「嬌羞初解珮，語笑共銜杯」，「不得親」作「不相親」。他本亦有同者，若「近遲回」作「乍遲迴」，「願因」作「願言」，「更報」作「却寄」，「當年失行樂」作「壯年不行樂」，「老去」作「老大」，而中間又無「春風正澹蕩」二句，則諸本絶無同者矣。據此，樂史原本明中葉時尚有存者，今則斷帙殘編，絶無覯矣。不深可惜乎！

按：楊慎所云樂史本有憐腸以下四句，確似白詩中語，非後人所能僞作，樂史本蓋有勝今本處。

千里思

李陵没胡沙，蘇武還漢家。迢迢五原關，朔雪亂邊花。一去隔絶國，思歸但長嗟。鴻雁向西北，因書報天涯。

【校】

〔題〕兩宋本、繆本、王本俱注云：一作千里曲。按：此詩敦煌殘卷僅有「李陵没胡沙，蘇武還漢家。相思天上山，愁見雪如花」四句。

〔五原〕原，宋乙本作員。

〔邊花〕此句兩宋本、繆本、胡本、王本俱注云：一作愁見雪如花。

〔絶國〕樂府作絶域。

〔因書〕因，兩宋本、繆本、王本俱注云：一作飛。樂府作飛，注云：一作因。

【注】

〔題〕王云：魏祖叔辨有此詩，以「細君辭漢宇，王嫱即虜衢」爲辭，太白擬之，又以蘇、李相思爲辭。

〔五原〕見卷五塞上曲注。

〔絶國〕文選江淹別賦：一去絶國，詎相見期。李善注：絶國，絶遠之國也。

【評箋】

王云：琦按：文選有李少卿答蘇武書：李周翰注：漢書曰：李陵字少卿，天漢二年，陵率步卒五千人出塞與單于戰，力屈乃降。在匈奴中與蘇武相見，武得歸，爲書與陵令歸漢，陵作此書答之，此詩末聯正用其事。又按文苑英華載唐人省試詩題有「李都尉重陽日得蘇屬國書」，其事他書所不見，更屬異聞，因並録之。

樹中草

鳥銜野田草，誤入枯桑裏。客土植危根，逢春猶不死。草木雖無情，因依尚可生。如何同枝葉，各自有枯榮？

【校】

〔如何〕咸本注云：一作豈有。

【注】

〔樹中草〕蕭云：樂府遺聲草木二十一曲有樹中草。王云：梁簡文帝作樹中草詩，其辭曰：「幸有青袍色，聊因翠幄凋。雖間珊瑚蔕，非是合歡條。」

〔桑裏〕蕭云：此謂桑寄生也。本草圖經曰：桑寄生出弘農山谷桑上，今處處有之。云是烏鳥食物，子落枝節間，感氣而生。葉似橘而厚軟，莖似槐枝而肥脆，三四月生，花黄白色，六月七月結實，黄色如小豆大。

【評箋】

蕭云：明皇之時，諸王相繼誅戮，此詩似有感而作也。

今人詹鍈云：按詩云：「草木雖無情，因依尚可生。如何同枝葉，各自有枯榮？」疑是永王被殺後太白有感而作。

君馬黄

君馬黄，我馬白。馬色雖不同，人心本無隔。共作遊冶盤，雙行洛陽陌。長劍既照曜，高冠何赩赫。各有千金裘，俱爲五侯客。猛虎落陷穽，壯士時屈厄。相知在急難，獨好亦何益？

【校】

〔壯士〕士，兩宋本、繆本、樂府俱作夫。王本注云：繆本作夫。

〔亦何〕亦，兩宋本、繆本、王本俱注云：一作知。

【注】

〔題〕王云：按宋書，漢鼓吹鐃歌十八曲有君馬黄歌古辭云：「君馬黄，臣馬蒼。二馬同逐臣馬良。易之有騩蔡有赭。美人歸以南，駕車馳馬美人傷我心。佳人歸以北，駕車馳馬美人安終極。」

〔赩赫〕文選潘岳射雉賦：摛朱冠之赩赫。徐爰注：赩赫，赤色貌。△赩音釋。

〔五侯〕漢書卷九二樓護傳：是時王氏方盛，賓客滿門，五侯兄弟争名，其客各有所厚，不得左右。唯護盡入其門，咸得其驩心。參見卷十一流夜郎贈辛判官詩注。

〔急難〕詩小雅常棣：兄弟急難。

【評箋】

蕭云：此言士而遭厄，猶猛虎之落穽，雖有牙爪，無所復施，而同時儕輩不能垂一指之援，獨善其身，何取其爲益者三友哉！此詩其傷朋友之道缺乎，抑白遭誣被謗之時所作也耶？婉而不迫，可謂得國風之體矣。

阮閲云：君馬黄古詞云「君馬黄，臣馬蒼，二馬同逐臣馬良」，終言「美人歸以南，歸以北，駕車馳馬令我傷」，李白擬之，遂有「君馬黄，我馬白，馬性雖不同，人心本無隔」。其末云：「相知在急難，獨好亦何益。」自能馳騁不與古人同圈模。非遠非近，此可謂善學詩者歟。（詩話總龜）

胡云：漢鐃歌君馬黄曲辭，舊無其解，擬者但詠馬而已，惟太白作相知急難語，似獨得其解者。今按本辭云：「君馬黄，臣馬蒼，二馬同逐臣馬良」者，借言我馬之良，喻我所効于友者較勝，古人君臣之稱，通乎上下故也。其云：「美人歸以南，駕車馳馬美人傷我心。佳人歸以北，駕車馳馬佳人安終極」者，美人佳人，亦稱其友駕車馳馬南北，就上馬之同逐言其分馳而去，喻交之不終。而一則曰傷我心，一則曰安終極，雖怨之，不忍明言之，則尤有不出惡聲之意焉。蓋古交友相責望之辭。意采詩者以其言之含蓄近厚，故入之于樂。非太白幾無能發明之矣。

擬古

融融白玉輝，映我青蛾眉。寶鏡似空水，落花如風吹。出門望帝子，蕩漾不可期。安得黄鶴羽，一報佳人知？

【校】

〔蛾眉〕蛾，兩宋本俱作峨。

〔帝子〕帝，兩宋本、繆本俱作同。王本注云：繆本作同。

【注】

〔擬古〕蕭云：莆陽夾漈鄭先生曰：始於太白。按：鄭先生當是鄭樵，始於太白一語，未詳。

折楊柳

垂楊拂渌水，揺豔東風年。花明玉關雪，葉暖金窗烟。美人結長想，對此心悽然。攀條折春色，遠寄龍庭前。

【校】

〔垂楊〕兩宋本、繆本、王本俱注云：一作楊柳。

〔揺豔〕兩宋本、繆本、王本、樂府俱注云：一作豔裔。

〔長想〕樂府作長恨。

〔對此〕樂府作相對。

〔龍庭前〕兩宋本、繆本、胡本、王本俱注云：一作龍沙邊。

【注】

〔題〕蕭云：崔豹古今注：横吹，胡樂也。張騫入西域，傳其法，惟得摩訶兜勒一曲。李延年因造新聲二十八解，魏晉以來不存，見用黄鵠、隴頭、折楊柳等十曲。王云：文獻通考：鼓角横吹十五曲中有折楊柳。

〔龍庭〕見卷二古風第六首注。

少年子

青雲少年子，挾彈章臺左。鞍馬四邊開，突如流星過。金丸落飛鳥，夜入瓊樓卧。夷齊是何人？獨守西山餓。

【注】

〔題〕蕭云：樂府遺聲遊俠二十一曲有少年子。王云：齊王融、梁吴均皆有少年子。

〔章臺〕王云：史記樗里子葬於渭南章臺之東。玉海：秦有章臺宫。蘇秦傳云：朝於章臺之下。揚雄云：藺生收功於章臺。按：王注所引未愜，應參卷十一流夜郎贈辛判官詩注。

〔金丸〕西京雜記：韓嫣好彈，常以金爲丸，所失者日有十餘。長安爲之語曰：苦飢寒，逐金丸。京師兒童每聞嫣出彈，輒隨之，望丸所落輒拾焉。

〔西山〕史記伯夷列傳：隱於首陽山，采薇而食之。及餓且死，作歌。其辭曰：「登彼西山兮，采其薇矣。以暴易暴兮，不知其非矣。神農虞夏忽焉没兮，我安適歸矣！吁嗟徂兮，命之衰矣。」遂餓死於首陽山。

紫騮馬

紫騮行且嘶，雙翻碧玉蹄。臨流不肯渡，似惜錦障泥。白雪關山遠；黃雲海戍迷。揮鞭萬里去，安得念春閨？

【校】

〔行且〕行，兩宋本、繆本、王本俱注云：一作驕。敦煌殘卷作驕。

〔雙翻〕雙，敦煌殘卷作霜。

〔關山〕山，兩宋本、繆本、王本俱注云：一作城。敦煌殘卷作城。

〔海戍〕戍，敦煌殘卷作樹。

〔揮鞭〕揮，敦煌殘卷作抽。

〔安得〕安，兩宋本、繆本、王本俱注云：一作何。

〔念〕兩宋本、繆本、王本俱注云：一作戀。

【注】

〔題〕王云：按樂府詩集横吹十八曲中有紫騮馬。古今樂録曰：紫騮馬古辭曰：「十五從軍征，八十始得歸。道逢鄉里人，家中有阿誰？」又梁曲曰：「獨柯不成樹，獨樹不成林。念郎錦襠，恒長不忘心。」蓋從軍久戍懷歸而作也，若梁簡文帝、梁元帝、陳後主、徐陵諸作，多詠馬而已。

〔紫騮〕王云：紫騮，赤色馬也。唐人謂之紫騮，今人謂之棗騮。

〔障泥〕王云：沈佺期驄馬詩：「四蹄碧玉片，雙眼黄金瞳。」晉書：王濟善解馬性，嘗乘一馬，著連乾障泥，前有水終不肯渡。濟云：此必是惜障泥，使人解去便渡。按障泥是披馬鞍旁者，胡三省通鑑注：類篇：馬障泥曰韂蜀，注云擁護泥濘也。△障音帳，亦音章。

〔黄雲〕王云：白雪、黄雲皆唐時戍名，白雪戍在蜀地，與吐蕃接壤。杜詩屢用之。黄雲戍未詳所在。戎昱詩：「擒生黑山北，殺敵黄雲西。」薛逢詩：「豈知萬里黄雲戍，血迸金瘡卧鐵衣。」

少年行二首

擊筑飲美酒，劍歌易水湄。經過燕太子，結託并州兒。少年負壯氣，奮烈自有時。因聲魯句踐，争博勿相欺。

【校】

〔題〕兩宋本、繆本注云：後一首亦作小放歌行。

〔奮烈〕烈，咸本注云：一作列。

〔因聲〕聲，蕭本作擊。胡本注云：今本作擊，非。王本注云：蕭本作擊。

〔争博〕博，兩宋本、繆本、樂府俱作情，注云：一作博。王本注云：一作情。

【注】

〔題〕蕭云：樂府遺聲遊俠二十一曲有少年行。王云：樂府詩集以少年行、少年子皆入雜曲歌辭。

〔擊筑〕王云：漢書音義：筑，應劭曰：狀似琴而大頭安絃，以竹擊之，故名曰筑。顔師古曰：今筑形似瑟而細頸。太平御覽：樂書曰：筑者，形如頌琴，施十三絃，項細肩圓，品聲按柱，鼓法以左手扼之，右手以竹尺擊之，隨調應律，唐代編入雅樂。釋名曰：筑，以竹鼓之也，如箏細項。

〔燕太子〕見卷一擬恨賦注。

〔并州兒〕晉書卷四三山簡傳：童兒歌曰：「……舉鞭問葛彊：何如并州兒？」

〔句踐〕史記刺客例傳：荆軻遊於邯鄲，魯句踐與荆軻博爭道，魯句踐怒而叱之，荆軻嘿而逃去。……至燕，愛燕之狗屠及善擊筑者高漸離，……日與狗屠及高漸離飲於燕市。酒酣以往，高漸離擊筑，荆軻和而歌於市中，相樂也，已而相泣，旁若無人者。……魯句踐已聞荆軻之刺秦王，私曰：「嗟乎惜哉，其不講於刺劍之術也！甚矣吾不知人也。曩者吾叱之，彼乃以我爲非人也。」

其二

五陵年少金市東，銀鞍白馬度春風。落花踏盡遊何處？笑入胡姬酒肆中。

【校】

〔其二〕王本注云：此首一作小放歌行。

〔胡姬〕胡，咸本注云：一作伊。

【注】

〔金市〕王云：水經注：凌雲臺西有金市，北對洛陽壘。藝文類聚：西征記曰：洛陽舊有三市，一曰金市，在宫西大城内。太平寰宇記：三市：洛陽記云：大市名金市，在大城西，南市在大城南，馬市在大城東。按金市在臨商觀西，兑爲金，故曰金市。

〔胡姬〕今人向達唐代長安與西域文明：西市胡店與胡姬：李白天縱奇才，號爲謫仙。篇什中道及胡姬者尤夥。如前有一樽酒行云：「胡姬貌如花，當壚笑春風。」白鼻騧詩云：「細雨春風花落時，揮鞭直就胡姬飲。」……當時長安，此輩以歌舞侍酒爲生之胡姬亦復不少。如李白送裴十八圖南歸嵩山之一云：「何處可爲别？長安青綺門。胡姬招素手，醉客延金樽。」青綺門即霸城門，日本石田幹之助氏以爲即唐之春明門。李白少年行之二又云：「五陵年少金市東，……笑入胡姬酒肆中。」關於金市之解釋，余亦同意於石田幹之助氏之説，以爲係指長安之西市而言。按：薛用弱集異記王四郎條：洛陽尉王琚有薛子姪，小名四郎，孩提之歲，其母他適，因隨去。自後或十年五年至琚家，而王氏不復録矣。唐元和中，琚因常調，自鄭入京，道出東都，方過天津橋，四郎忽於馬前跪拜，布衣草履，形貌山野，琚不識，因自言其名。琚哀愍久之，乃曰：「叔今赴選，費用固多，少物奉獻，以助其費。」即於懷中出金，可五兩許，色如雞冠，因曰：「此不可與常者等價也。到京但于金市訪張蓬之付之，當得二百千。」琚異之。此亦長安有金市之證。

【評箋】

嚴羽云：寫豪情在笑入二字有味。（嚴羽評點李集）

白鼻騧

銀鞍白鼻騧，緑地障泥錦。細雨春風花落時，揮鞭直就胡姬飲。

【校】

〔銀鞍〕銀，兩宋本、繆本、王本俱注云：一作金。

〔緑地〕地，王本注云：一作池。樂府與一作同。

〔落時〕此句兩宋本、繆本、王本、樂府俱注云：一作春風細雨落花時。

〔直就〕敦煌殘卷作且就。直，樂府作且，注云：一作直。

【注】

〔題〕王云：按樂府詩集：高陽樂人歌，古今樂録曰：魏高陽王樂人所作也。又有白鼻騧，蓋出於此。其詞曰：「可憐白鼻騧，相將入酒家。無錢但共飲，畫地作交賒。」

〔騧〕詩秦風小戎：騧驪是驂。毛傳：黄馬黑喙曰騧。△騧音瓜，又音戈。

〔障泥錦〕王云：西京雜記：武帝得貳師天馬，以玫瑰石爲鞍，鏤以金銀鍮石，以緑地五色錦爲蔽泥。緑地字本此。楊升菴外集引此詩作緑池，又曲爲池字作解，甚謬。蔽泥即障泥也，詳見前紫騮馬注中。

豫章行

胡風吹代馬，北擁魯陽關。吴兵照海雪，西討何時還？半渡上遼津，黄雲慘無顔。老母與子别，呼天野草間。白馬繞旌旗，悲鳴相追攀。白楊秋月苦，早落豫章山。本爲休明人，斬虜素不閑。豈惜戰鬬死，爲君掃凶頑？精感石没羽，豈云憚險艱？樓船若鯨飛，波蕩落星灣。此曲不可奏，三軍鬢成斑。

【校】

〔代馬〕此句兩宋本、繆本、王本、樂府俱注云：一作燕人攢赤羽。

〔白馬〕兩宋本、繆本、王本俱注云：一作百鳥。

〔追攀〕追，咸本作擐，注云：一作追。

〔險艱〕此句下咸本注云：一本無此二句。

〔髪〕兩宋本、繆本、樂府俱作鬢。王本注云：繆本作鬢。

【注】

〔題〕蕭云：王僧虔技録相和歌清調六曲有豫章行。

〔魯陽關〕王云：元和郡縣志：魯陽關在鄧州向城縣北八十里。今鄧汝二州於此分境，荆豫徑途，斯爲險要。張景陽詩云：「朝登魯陽關，峡路峭且深。」太平寰宇記：汝州魯山縣有魯陽關。淮南子云：魯陽公與韓戰酣日暮，援戈而揮之，日爲之返三舍。即此地也。漢改爲關曰魯陽關。按唐書來瑱傳：上元二年春，破史思明餘黨於魯山，俘賊渠。又戰汝州，獲牛馬槖駝。知是時汝鄧之間爲賊所往來之處。「胡風吹代馬，北擁魯陽關。」蓋指安、史之兵歟！

〔上遼津〕王云：水經注：僚水又徑海昏縣，謂之上僚水，又謂之海昏江，分爲二水，縣東津上有亭，爲濟度之要，其水東北徑昌邑而東，出豫章大江。豫章古今記：上遼津在海昏縣東二十里。通典：豫章郡建昌縣有上遼津。江西志：上繚水在南昌府城西北一百二十里，源出建昌縣，經奉新縣流入。僚、遼、繚三字雖異，其實一也。

〔豫章山〕古豫章行：「白楊初生時，乃在豫章山。」

〔休明〕左傳宣三年：王孫滿曰：……德之休明，雖小，重也。

〔閑〕爾雅釋詁：閑，……習也。

〔没羽〕漢書卷五四李廣傳：廣出獵，見草中石以爲虎而射之，中石没矢，視之石也。他日射之，終不能入矣。按：没羽本非必李廣事。沈欽韓漢書疏證（漢書補注引）云：西京雜記：李廣與兄弟共獵於冥山之北，見卧虎焉。射之一矢即斃，斷其髑髏以爲枕，示服猛也，他日復獵於冥山之陽，又見卧虎，射之没矢飲羽，進而視之，乃石也。退而更射，鏃破笴折而石不傷。余嘗以問揚子雲，子雲曰：至誠則金石爲開。按吕覽精通篇：養由基；新序雜事：楚熊渠子事並同。北史李遠傳：遠，陵之後也。嘗校獵於沙栅，見石於叢薄中，以爲伏兔，射之而中，鏃入寸餘，就而視之，乃石也。周文聞而異之，賜書曰：昔李將軍親有此事，公今復爾，可謂世載其德。然則史籍所載想非虚造，果有其事矣。

〔落星灣〕王云：太平寰宇記：落星山在廬山東，周圍一百五十步，高丈許。圖經云：昔有星墜水，化爲石，當彭蠡灣中，俗呼爲落星灣。一統志：落星湖在江西彭蠡湖西北，湖有小山，相傳星墜水所化。陳王僧辯破侯景於落星灣即此處。蕭士贇曰：落星灣在今南康軍城之右，唐時屬江州及洪州。輿地廣記曰：昔有星墜水化爲石，夏秋之交，湖水方漲，則星石浮於波瀾之上。隆冬水涸，可以步涉。寺居其上曰法安院。

【評箋】

胡云：此白詠永王璘事自悼也。……白初從廬山誤陷於璘，事敗，又於潯陽繫獄，其地皆屬豫章，故巧取此題爲辭。以白楊之生落於豫章者自況。寫身名墮壞之痛，而傷璘敗，終不忍斥言璘之逆，則猶近於厚。……又：「胡風吹代馬，北擁魯陽關」，言禄山之反。魯陽關在汝州，璘鎮荆州，關正其北。「吴兵照海雪，西討何時還？」言璘東下之敗。時敗於廣陵兵，故云吴兵。「半渡上遼津，黄雲慘無顔」，言璘不得如初志成渡遼功，遼蓋指漁陽也。東巡歌亦以渡遼爲言。「老母與子别，呼天野草間」，指璘子瑒中矢傷遁事。「白馬繞旌旗，悲鳴相追攀」，此言璘之喪敗，亦以比己之追隨不忍舍。「白楊秋月苦，早落豫章山」，一篇居要在此。「樓船若鯨飛，波蕩落星灣」，璘敗後奔鄱陽，守者不納，舟師盡喪，走死。落星灣在鄱湖，正其地。此言己亦欲爲璘畢命，無奈其敗死不可爲耳。

唐宋詩醇云：胡震亨説得詩之意。其以「胡風吹代馬」起，而繼曰「西討何時還」，若曰禄山之亂未弭，璘之起兵，原爲國家討賊耳！故下以「本爲休明人」六句申之。至於鄱湖潰敗，若隱若顯，全不徑露，此白微意所在。其詞意危苦，筆墨沈鬱，真古樂府之遺。

陳沆云：璘敗於江西，故以豫章命篇。胡風指漁陽之叛，吴兵謂璘擁江淮之師。上遼津故隱其詞，寄之邊塞也。「本爲休明人，斬虜素不閑」，言承平帝胄生長深宫，本無武略也。「豈惜戰鬬死」四語，惜其不知一意討賊，勤王北上，縱令敗死，猶不失爲忠義也。落星灣在江州潯陽，璘於此戰敗走鄱陽也。璘死後，肅宗以少所自鞠，不宣其罪，謂左右曰：皇甫侁執吾弟，不送之蜀，而擅殺何耶？終身不用。則朝廷亦憫其無知矣。……當知無論太白之從與不從，先問永王

之是賊非賊，今朝廷尚以永王爲冤，而反議太白之從叛，豈不乖哉？（詩比興箋）

今人詹鍈云：按胡氏釋「北擁魯陽關，吴兵照海雪，半渡上遼津，老母與子别」，皆欠的當。上遼津在豫章郡建昌縣（據通典），與漁陽了無關涉，其説非也。……按全詩皆是實寫，蓋斯時太白方寓豫章，見吴兵西上，征役煩苦，感而賦此。

按：乾元二年，康楚元起兵，次年劉展起兵，吴中皆被征調之苦。張繼詩有云：「耕夫召募逐樓船，春草青青萬頃田。」正可與此詩之「樓船若鯨飛，波蕩落星灣」相印證。蓋吴兵以水師爲主也。胡、陳等説恐未的。

沐浴子

沐芳莫彈冠，浴蘭莫振衣。處世忌太潔，至人貴藏暉。滄浪有釣叟，吾與爾同歸。

【校】

〔至人〕至，兩宋本、繆本、王本俱注云：一作志。咸本、文粹、樂府俱作志，注云：一作至。

【注】

〔題〕蕭云：樂府遺聲遊俠二十一曲有沐浴子。王云：胡震亨曰：沐浴子梁陳間曲也，古辭：「澡身經蘭汜，濯髮傃芳洲。折榮聊躑躅，攀桂且淹留。」

〔彈冠〕文選漁父：屈原曰：吾聞之，新沐者必彈冠，新浴者必振衣。安能以身之察察，受物之汶汶者乎？

【評箋】

唐宋詩醇云：……白因漁父一篇反其意而用之，蓋其涉世之久，英氣將斂，故云然耳。不然，與世浮沉，漫無介節，胡廣中庸，馮道長樂，其可嗤又何如耶！

高句驪

金花折風帽，白馬小遲回。翩翩舞廣袖，似鳥海東來。

【注】

〔折風帽〕北史高句麗傳：人皆頭著折風，形如弁，士人加插二鳥羽。貴者其冠曰蘇骨，多用紫羅爲之，飾以金銀。服大袖衫，大口袴，素皮帶，黄革履。

〔海東〕蕭云：按唐禮樂志：東夷樂有高麗百濟，……中宗時百濟樂工人亡散。岐王爲太常卿，復奏置之。然音伎多闕。舞者二人，紫大褏裙襦，章甫冠，衣履，樂有箏、笛、桃皮觱篥、箜篌、歌而已。金花帽白馬廣袖者，當時樂舞之飾，即所見而詠之。東海俊鶻名海東青，此喻其舞之快捷如海東青之快捷也。

静夜思

牀前看月光，疑是地上霜。舉頭望山月，低頭思故鄉。

【校】

〔看月光〕各本李集均作看月光，唐人萬首亦作看月光。王士禛唐人萬首絶句選及唐詩別裁均作明月光，疑爲士禛所臆改。

〔山月〕蕭注引古詩「明月何皎皎」，再引魏文帝詩「仰看明月光」，似蕭氏以山月爲明月。但刊本仍作山月。唐宋詩醇作明月。

【評箋】

梅鼎祚云：偶然得之，讀不可了。（李詩鈔）

唐宋詩醇云：詩藪謂古今專門大家得三人焉。陳思之古，拾遺之律，翰林之絶，皆天授非人力也。要是確論。至所云唐五言絶多法齊、梁，體製自別，此則氣骨甚高，神韻甚穆，過齊、梁遠矣。

俞樾云：李太白詩：「牀前明月光，疑是地上霜。舉頭望明月，低頭思故鄉。」王昌齡詩：「閨中少婦不知愁，春日凝妝上翠樓。忽見陌頭楊柳色，悔教夫壻覓封侯。」此兩詩體格不倫而意實相準。夫閨中少婦本不知愁，方且凝妝而上翠樓，乃忽見陌頭楊柳色，則悔教夫壻覓封侯矣。此以見春色之感人者深也。牀前明月光初以爲地上之霜耳，乃舉頭而見明月，則低頭而思故鄉矣。此以見月色之感人者深也。蓋欲言其感人之深而但言如何相感，則雖深仍淺矣。以無情言情則情出，從無意寫意則意真。知此者可以言詩乎！（湖樓筆談）

渌水曲

渌水明秋日，南湖採白蘋。荷花嬌欲語，愁殺蕩舟人。

【校】

〔秋日〕日，蕭本、絶句、樂府俱作月。咸本作月，注云：一作日。王本注云：蕭本作月。

【注】

〔題〕王云：渌水本琴曲名，太白襲用其題，以寫所見，其實則採菱、採蓮之遺意也。文選馬融長笛賦：中取度於白雪渌水。

【評箋】

馬位云：少陵「春去春來洞庭闊，白蘋愁殺白頭人」，太白「荷花嬌欲語，愁殺蕩舟人」，風神摇漾，一語百情。李、杜洵敵手也。（秋窗隨筆）

鳳凰曲

嬴女吹玉簫，吟弄天上春。青鸞不獨去，更有攜手人。影滅綵雲斷，遺聲落西秦。

【注】

〔嬴女〕王云：列仙傳：蕭史者，秦穆公時人也。善吹簫，能致孔雀白鶴於庭。穆公有女字弄玉，好之，公遂以女妻焉。日教弄玉作鳳鳴，居數年，吹似鳳聲，鳳凰來止其屋，公爲作鳳臺，夫婦止其上，不下數年。一旦皆隨鳳凰飛去。故秦人爲作鳳女祠於雍，宮中時有簫聲而已。秦，嬴姓也，故稱秦女曰嬴女。陳子昂詩：「結交嬴臺女，吟弄昇天行。」△嬴音盈。

〔青鸞〕太平御覽卷九一六決録注曰：……凡象鳳者有五，多赤色者鳳，多黄色者鵷雛，多青色者鸞，多紫者鸑鷟，多白者鵠。

鳳臺曲

嘗聞秦帝女，傳得鳳凰聲。是日逢仙子，當時别有情。人吹彩簫去；天借緑雲迎。曲在身不返，空餘弄玉名。

【校】

〔緑雲〕緑，咸本注云：一作紫。

〔曲在〕曲，兩宋本、繆本俱作心，注云：一作曲。王本注云：一作心。

〔身〕咸本注云：一作耳。

【注】

〔題〕蕭云：即古樂府蕭史曲也。王云：按樂府詩集：梁武帝製上雲樂七曲，其一曰鳳臺曲。

〔弄玉〕見前一首鳳凰曲詩注。

從軍行

從軍玉門道，逐虜金微山。笛奏梅花曲，刀開明月環。鼓聲鳴海上，兵氣擁雲間。願斬單于首，長驅静鐵關。

【注】

〔題〕王云：樂府古題要解：從軍行皆述軍旅辛苦之詞也。按樂府詩集：從軍行乃相和歌平調七曲之一。

〔金微山〕王云：北史：史祥出玉門道擊虜，破之。後漢書：竇憲遣左校尉耿夔出居延塞，圍北單于於金微山，破之。

〔梅花曲〕蕭云：古今樂録：鼓角横吹十五曲有梅花落，乃胡笳曲也。

〔鐵關〕王云：唐書地理志：自焉耆西五十里過鐵門關。法苑珠林：自高昌至於鐵門，凡經一十六國。其鐵門者，即是漢之西屏。鐵門之關，見漢門扇一豎一卧，外鐵裹木，加懸諸鈴，必掩此關，實惟天固。釋迦方誌：鐵門關左右石壁，其色如鐵，鐵固門扉懸鈴尚在，即漢塞之西門也。出鐵門關便至覩貨邏國。

秋思

春陽如昨日，碧樹鳴黄鸝。蕪然蕙草暮，颯爾涼風吹。天秋木葉下，月冷莎雞悲。坐愁羣芳歇，白露凋華滋。

【注】

〔題〕蕭云：秋思，古琴操商調之曲。

〔黄鸝〕王云：張華禽經注：倉庚今謂之黄鶯，黄鸝是也。野民曰黄栗留，語聲轉耳。其色鵹黑而黄，故名鵹黄。詩云黄鳥，以色呼也。北人呼爲楚雀，云此鳥鳴時，蠶事方興，蠶婦以爲候。

〔莎雞〕見卷四獨不見詩注。

春思

燕草如碧絲，秦桑低緑枝。當君懷歸日，是妾斷腸時。春風不相識，何事入羅帷？

【評箋】

蕭云：燕北地寒，生草遲，當秦地柔桑低緑之時，燕草方生。興其夫方萌懷歸之志，猶燕草之方生。妾則思君之久，猶秦桑之已低緑也。末句喻此心貞潔非外物所能動，此詩可謂得國風不淫不誹之體矣。

胡云：郭茂倩、梅禹金收春思及秋思入樂府者，殊屬牽合，今入古詩。

王夫之云：字字欲飛，不以情不以景。華嚴有兩鏡相入義，唯供奉不離不墮。（唐詩評選）

秋思

燕支黄葉落，妾望白登臺。海上碧雲斷，單于秋色來。胡兵沙塞合，漢使玉關回。征客無歸日，空悲蕙草摧。

【校】

〔題〕同題有兩詩，樂府兩首爲一題。

〔燕支〕兩宋本、繆本、樂府俱作閼氏。王本注云：繆本作閼氏。

〔白登〕白，蕭本作自。咸本注云：一作自。王本注云：蕭本作自。

〔海上〕兩宋本、繆本、王本俱注云：一作月出。樂府與一作同。

〔單于〕兩宋本、繆本、王本俱注云：一作蟬聲。樂府作蟬聲，注云：一作單于。

【注】

〔燕支〕見卷四王昭君第一首注。

〔白登臺〕王云：史記正義：括地志云：朔州定襄縣，本漢平城縣，縣東北三十里有白登山，山上有臺，名曰白登臺。漢書匈奴傳云：冒頓圍高帝於白登七日即此也。服虔曰：白登，臺名，去平城七里。如淳曰：平城旁之高地若丘陵也。李穆叔趙記云：平城東七里有土山高百餘尺，方十餘里，亦謂此也。水經注：今平城東十七里有臺，即白登臺也。臺南對岡阜，即白登山也。故漢書稱上遂至平城上白登者也，爲匈奴所圍處。太平寰宇記：白登臺在雲州雲中縣東北三十里。山西通志：白登山在大同府大同縣城東一百四十里，上有白登臺，即冒頓圍漢高帝處。梁元帝横吹曲云：朝跋青陂道，暮上白登臺，謂此。

〔單于〕舊唐書地理志：單于都護府，秦漢時雲中郡地也。龍朔三年，置雲中都護府。麟德元年，改爲單于大都護府。東北至朔州五百五十七里，在京師東北二千三百五十里，去東都二千里。按：日知録卷二七云：「海上碧雲斷，單于秋色來」，單于是地名。通典：麟德元年，改雲中都護府爲單于大都護府，領縣一，曰金河。有長城，有金河、李陵臺、王昭君墓。舊唐書突厥傳：車鼻既破之後，突厥盡爲封疆之臣，於是分置單于瀚海二都護府。單于都護領狼山、雲中、桑乾三都督，蘇、農等一十四州。新書言磧以北蕃州悉隸瀚海，南隸雲中。雲中者，義成公主所居也。頡利滅，李靖徙突厥羸破數百帳居之，以阿史德爲之長，衆稍盛，即建言願以諸王爲可汗，遥統之。帝曰：今可汗，古單于也，乃改雲中府爲單于大都護府，以殷王旭輪爲單于都護。通鑑注引宋白曰：唐振武軍，舊單于都護府即漢定襄郡之盛樂縣也。在陰山之陽，黄河之北，後魏所都盛樂是也。唐平突厥，於此置雲中都督府，後改單于府。新唐書地理志曰：唐之盛時，開元天寶之際，東至安東，西至安西，南至日南，北至單于府。徐九皋詩題曰：「送部四鎮人往單于」，崔顥詩題曰：「送單于裴都護赴西河」，岑參輪臺即事詩「輪臺風物異，地是古單于」，是也。又按：楊注云：單于，匈奴號也。此與繆本注一作蟬聲者，皆未知單于亦可作地名用也。

【評箋】

蕭云：按春思、秋思二詩，戍婦詞爾。征夫不歸，春而秋矣，登臺而望，木葉黄落矣。秋高馬肥，戎事興矣。漢使之出關者，亦既回矣。今而不歸，是無歸之日矣。蘭蕙乃女人所佩以宜男者，亦復就摧，是一年之光景又虚度矣。思婦之心，當如何其悲也。東山「其新孔嘉，其舊如之何」之氣象，安得復見於後世哉！子見所注指以爲二公主之事，非也。

梅鼎祚云：此征婦詞也。楊齊賢指爲二公主事，妄。蕭士贇有辨。（李詩鈔）

王夫之云：神藻飛動，乃所謂龍躍天門，虎卧鳳闕也。以此及「塞虜乘秋下」相比擬，則知五言近體正閏之分。（唐詩評選）

子夜吴歌四首

秦地羅敷女，採桑緑水邊。素手青條上，紅妝白日鮮。蠶飢妾欲去，五馬莫留連。

【校】

〔題〕兩宋本、繆本下俱注春夏秋冬四字，每首復標春夏秋冬。樂府題作子夜四時歌，分春夏秋冬歌四首。

〔鮮〕咸本作仙，注云：一作鮮。

【注】

〔吴歌〕王云：宋書：子夜歌者，有女子名子夜，造此聲。晉孝武太元中，瑯琊王軻之家有鬼歌子夜。殷允爲豫章時，豫章僑人庾僧度家亦有鬼歌子夜。殷允爲豫章，亦是太元中，則子夜是此時以前人也。樂府古題要解：子夜，舊史云，晉有女子曰子夜所作，聲至哀，後人因爲四時行樂之詞，謂之子夜四時歌，吴聲也。

〔羅敷〕陌上桑古辭：「日出東南隅，照我秦氏樓。秦氏有好女，自名爲羅敷。羅敷善蠶桑，採桑城南隅。青絲爲籠系，桂枝爲籠鈎。頭上倭墮髻，耳中明月珠。緗綺爲下裙，紫綺爲上襦。使君從南來，五馬立踟蹰。使君遣吏往，問是誰家姝。秦氏有好女，自名爲羅敷。羅敷年幾何？二十尚不足，十五頗有餘。使君謝羅敷，寧可共載不？羅敷前致辭，使君一何愚！使君自有婦，羅敷自有夫。」

〔欲去〕梁武帝子夜四時歌：「君住馬已疲，妾去蠶欲飢。」

其二

鏡湖三百里，菡萏發荷花。五月西施採，人看隘若耶。回舟不待月，歸去越王家。

【注】

〔鏡湖〕通典卷二一：漢順帝永和五年，馬臻爲會稽太守，始立鏡湖，築塘周迴三百十里，灌田九千餘頃。

〔菡萏〕詩陳風澤陂：有蒲菡萏。毛傳：菡萏，荷華也。王云：説文：芙蓉，未發爲菡萏，已發爲芙蓉。△菡，户感切，音撼；萏，徒感切，談上聲。

〔西施〕吴越春秋：……越王曰善，乃使相者於國中得苧蘿山鬻薪之女曰西施鄭旦，飾以羅穀，教以容步，習於土城，臨于都巷，三年學服而獻於吴。

〔若耶〕方輿勝覽卷六：若耶溪在會稽縣東南二十五里，北流與鏡湖合。……西施採蓮、歐冶鑄劍之所。參見卷四採蓮曲注。

其三

長安一片月，萬户擣衣聲。秋風吹不盡，總是玉關情。何日平胡虜，良人罷遠征？

【注】

〔擣衣〕文選有謝惠連擣衣詩。

〔良人〕詩唐風綢繆：見此良人。正義：小戎云：厭厭良人。妻謂夫爲良人。

【評箋】

王夫之云：前四句是天壤間生成好句，被太白拾得。（唐詩評選）

沈德潛云：詩貴寄意，有言在此而意在彼者，李太白子夜吴歌，本閨情語而忽冀罷征。經下邳圯橋本懷子房而意實自寓。遠别離本詠英、皇而借以咎肅宗之不振，李輔國之擅權。（説詩晬語）

又云：不言朝家之黷武而言胡虜之未平，立言温厚。（唐詩别裁）

田同之云：李太白子夜吴歌「長安一片月，萬户擣衣聲。秋風吹不盡，總是玉關情。何日平胡虜？良人罷遠征」，余竊謂删去末二句作絶句，更覺渾含無盡。（西圃詩説）

按：古時裁衣必先擣帛，裁衣多於秋風起時，爲寄遠人禦寒之用，故六朝以來詩賦中多假此以寫閨思。此與下章詞意相連。

其四

明朝驛使發，一夜絮征袍。素手抽針冷，那堪把剪刀？裁縫寄遠道，幾日到臨洮？

【注】

〔臨洮〕王云：唐時臨洮郡即洮州也，屬隴右道。與吐蕃相近，有莫門軍、神策軍，在古爲西羌之地。

對酒行

松子棲金華，安期入蓬海。此人古之仙，羽化竟何在？浮生速流電，倏忽變光彩。天地無彫換，容顔有遷改。對酒不肯飲，含情欲誰待？

【校】

〔題〕兩宋本、繆本、樂府俱無行字。

〔换〕咸本作顔，注云：一作换。

〔容〕咸本注云：一作客。

【注】

〔題〕王云：樂府古題要解：對酒行闕古詞，曹魏樂奏武帝所賦「對酒歌太平」，其旨言王者德澤廣被，政理人和，萬物咸遂。若范雲「對酒心自足」，則言但當爲樂，勿徇名自欺也。樂府詩集：張永元嘉技録相和歌十五曲十曰對酒行。

〔松子〕王云：曹植詩：「松子久吾欺。」阮籍詩：「安期步天路，松子與世違。」稱赤松子曰松子，本此。

〔金華〕王云：元和郡縣志：金華山在婺州金華縣北二十里，赤松子得道處。路史：酈氏水經謂赤松子游金華山，自燒而化，故今山上有赤松壇。

〔安期〕抱朴子極言篇：又安期先生者，賣藥於海邊，瑯琊人傳世見之，計已千年，秦始皇請與語，三日三夜，其言高，其旨遠，博而有證。始皇異之，乃賜之金璧，可直數千萬。安期受而置之於阜鄉亭，以赤玉舄一量爲報。留書曰：復數千歲，求我於蓬萊山。參見卷二古風第七首及第二十首注。

〔羽化〕南史卷七五褚伯玉傳：君當思遂其高步，成其羽化。王云：道家謂仙去曰羽化。

【評箋】

蕭云：此詩其太白知非之作乎？白少時見天台司馬承禎，謂其有仙風道骨，繼見賀知章，亦目其爲謫仙人，後從道家流受圖籙，自負爲三十六天帝外臣，有志於仙術亦可知矣。今而老之將至，前説茫無寸驗，因思古之所謂仙人如赤松、安期者，亦不復再見於世，以知自古皆有死，死者無不化，所貴乎仙者，特其精神與天地同流耳，反老還童，留形住世之説誕也。

唐宋詩醇云：人非元氣，安得與之久徘徊。白固非不達於理者，豈復以沖舉爲可待耶？蓬萊煙霧，聊以寄興。此詩乃似胸臆間語，自然流出者耳。

估客行

海客乘天風，將船遠行役。譬如雲中鳥，一去無蹤跡。

【校】

〔題〕行，兩宋本、繆本、樂府俱作樂。

【注】

〔題〕蕭云：梁改爲商旅行，其辭二首，亦曰：「昔經樊鄧後，假楫梅根渚。感昔追往事，意滿情不叙。」二曰：「有信數寄書，無信長相憶。莫作瓶落井，一去無消息。」王云：通典：估客樂者，齊武帝之所製也。布衣時，常游樊、鄧，登阼以後，追憶往事而作歌曰：「昔經樊鄧役，阻潮梅根渚。感憶追往事，意滿情不叙。」使太樂令劉瑶教習，百日無成。或啓釋寶月善音律，帝使寶月奏之便就，勑歌者常重爲感憶之聲，梁改其名爲商旅行。

擣衣篇

閨裏佳人年十餘，嚬蛾對影恨離居。忽逢江上春歸燕，銜得雲中尺素書。玉手開緘長嘆息，狂夫猶戍交河北。萬里交河水北流，願爲雙鳥泛中洲。君邊雲擁青絲騎，妾處苔生紅粉樓。樓上春風日將歇，誰能攬鏡看愁髮！曉吹員管隨落花，夜擣戎衣向明月。明月高高刻漏長，真珠簾箔掩蘭堂。橫垂寶幄同心結，半拂瓊筵蘇合香。瓊筵寶幄連枝錦，燈燭熒熒照孤寢。有使憑將金剪刀，爲君留下相思枕。摘盡庭蘭不見君，紅巾拭淚生氤氳。明年若更征邊塞，願作陽臺一段雲。

【校】

〔雙鳥〕鳥，蕭本、咸本俱作燕。王本注云：蕭本作燕。

〔員〕胡本作貿。王本注云：胡本作貿。

〔有使〕使，蕭本、咸本俱作便。王本注云：蕭本作便。

〔生氤氳〕生，兩宋本、繆本、胡本俱作坐。王本注云：繆本作生。

〔若更〕兩宋本、繆本俱作更若。王本注云：繆本作更若。

【注】

〔題〕見本卷子夜吴歌四首詩注。

〔尺素書〕文選古詩：「中有尺素書。」吕向注：尺素，絹也。古人爲書，多書於絹。

〔交河〕王云：漢書車師前國王治交河城，河水分流繞城下，故號交河。去長安八千一百五十里。元和郡縣志：交河縣本漢車師前王庭也。按車師前國王治交河城，自漢訖於後魏，車師君長相承不絶。後魏之後，湮滅無聞。蓋爲匈奴所并。高昌據其地，貞觀十四年於此置交河縣。交河出縣北天山，水分流於城下，因以爲名。按新唐書：隴右道有西州交河郡都督府。貞觀十四年，平高昌，以其地置。開元中，改曰金山都督府。天寶元年，改爲郡。有縣五，一曰交河縣。自縣北出四百餘里，至北庭都護府。府有瀚海軍、清海軍、神山鎮、沙鉢城、耶勒城等處十守捉，其地水皆北流入磧，及入夷播海。

〔中洲〕楚辭湘君：蹇誰留兮中洲。王逸注：中洲，洲中也，水中可居者爲洲。

〔蘇合香〕法苑珠林卷四九：蘇合香，續漢書曰：大秦國合諸香煎其汁，謂之蘇合。廣志曰：蘇合香出大秦國，或云蘇合國。國人採之，笮其汁以爲香膏，乃賣其滓與賈客。或云，合諸香草，煎爲蘇合，非自然一種物也。傅子曰：西國胡言蘇合香者，獸所作也，中國皆以爲怪。

【評箋】

蕭云：末句曰：「明年若更征邊塞，願作陽臺一段雲。」意謂滔滔不歸，則惟有托夢以從其夫於四方上下耳，此亦極其懷思之形容也歟！

邢昉云：子安擣衣尚襲梁、陳，此雖綺麗有餘，而神骨自勝矣。（唐風定）

胡應麟云：太白擣衣篇等亦是初唐格調。蜀道難、夢遊天姥吟、遠别離、鳴皋歌皆學騷者。白頭吟、登高丘、公無渡河、獨漉諸篇出自樂府，烏夜啼、楊叛兒、白紵辭、長相思諸篇出自齊、梁，至堯祠、單父、憶昔洛陽之類，則太白已調耳。（詩藪）

少年行

君不見，淮南少年游俠客，白日毬獵夜擁擲。呼盧百萬終不惜，報讎千里如咫尺。少年游俠好經過，渾身裝束皆綺羅。蘭蕙相隨喧妓女，風光去處滿笙歌。驕矜自言不可有，俠士堂中養來久。好鞍好馬乞與人，十千五千旋沽酒。赤心用盡爲知己，黄金不惜栽桃李。桃李栽來幾度春，一回花落一回新。府縣盡爲門下客，王侯皆是平交人。男兒百年且樂命，何須徇書受貧病？男兒百年且榮身，何須徇節甘風塵？衣冠半是征戰士，窮儒浪作林泉民。遮莫枝根長百丈，不如當代多還往。遮莫姻親連帝城，不如當身自簪纓。看取富貴眼前者，何用悠悠身後名？

【校】

〔題〕兩宋本、繆本此首與前首互易先後。樂府同。

〔渾身〕身，蕭本、咸本俱作成。

〔徇書〕徇，胡本作讀。

〔姻親〕兩宋本、繆本、樂府俱作親姻。王本注云：繆本作親姻。

【注】

〔題〕蕭云：樂府遺聲游俠三十一曲有少年行。

〔呼盧〕珊瑚鉤詩話：樗蒲起自老子，今謂之呼盧，取純色而勝之之義以名之耳。

〔旋沽酒〕張相詩詞曲語辭匯釋云：旋猶漫也，猶云漫然爲之或隨意處之也。李白少年行：

「好鞍好馬乞與人，十千五千旋沽酒。」言不惜金錢漫然沽酒也。

〔遮莫〕王云：鶴林玉露：詩家用遮莫字，蓋今俗語所謂儘教是也。漁隱叢話：藝苑雌黄云：遮莫，俚語猶言儘教也。自唐以來有之。故當時有「遮莫你古時五帝，何如我今日三郎」之説。然詞人亦稍有用之者。杜詩云：「久拚野鶴如霜鬢，遮莫鄰雞下五更。」李太白詩云：「遮莫枝根長百丈，不如當代多還往。遮莫親姻連帝城，不如當身自簪纓。」琦按：「遮莫你古時五帝」二語，乃明皇時劉朝霞温泉宫賦中語也，然搜神記中已有「遮莫千試萬試」之辭，則自晉時已有此語矣。

【評箋】蕭云：此篇末章十二句辭意迫切，似非太白之作，巨眼者必能辨之。

〔詩人玉屑〕魏慶之云：太白集中少年行只有數句類太白，其他皆淺近浮俗，非太白之作，必誤入也。

長歌行

桃李得日開，榮華照當年。東風動百物，草木盡欲言。枯枝無醜葉，涸水吐清泉。大力運天地，羲和無停鞭。功名不早著，竹帛將何宣？桃李務青春，誰能貰白日？富貴與神仙，蹉跎成兩失。金石猶銷鑠，風霜無久質。畏落日月後，强歡歌與酒。秋霜不惜人，倏忽侵蒲柳。

【校】

〔得日〕得，蕭本、咸本俱作待。王本注云：蕭本作待。

〔貫〕兩宋本、蕭本、胡本俱作貫。王本注云：蕭本作貫。

〔强歡〕歡，蕭本、咸本俱作飲。王本注云：蕭本作飲。

【注】

〔題〕王云：樂府古題要解：長歌行古辭：「青青園中葵，朝露待日晞。」言榮華不久，當努力爲樂，無至老大乃傷悲也。曹魏改奏文帝所賦「西山一何高」，言仙道洪濛不可識，如王喬、赤松，皆空言虚詞，迂怪難信，當觀聖道而已。晉陸士衡「逝矣經天日」，復言人運短促，當乘閑長歌，不與古文合。按樂府詩集：長歌行乃相和歌平調七曲之一。

〔貫〕音世，亦音射。

〔蒲柳〕世説言語篇：顧悦與簡文同年而髮早白。簡文曰：「卿何以先白？」對曰：「蒲柳之姿，望秋而落；松柏之姿，經霜彌茂。」

【評箋】

蕭云：古詩：「浩浩陰陽移，年命如朝露。人生忽如寄，壽無金石固。萬歲更相送，聖賢莫能度。服藥求神仙，多爲藥所誤。不如飲美酒，被服紈與素。」又：「人生非金石，豈能長壽考？奄忽隨物化，榮名以爲寶。」此詩意全出於此。富貴神仙，蹉跎兩失，亦白自嘆之意歟！

徐文弼云：虚字有力，便生出情來。如桃李務青春，春風不相識，春風知别苦之類是也。知識字説得春風有心，務字説得桃李有事。（詩法度鍼）

長相思

日色欲盡花含烟，月明如素愁不眠。趙瑟初停鳳凰柱，蜀琴欲奏鴛鴦絃。此曲有意無人傳，願隨春風寄燕然。憶君迢迢隔青天。昔時横波目，今作流淚泉。不信妾腸斷，歸來看取明鏡前。

【校】

〔欲盡〕欲，兩宋本作色。王本注云：一作已。樂府與一作同。

〔如素〕如，兩宋本、繆本、咸本、樂府俱作欲。王本注云：一作欲。

〔趙瑟〕王本誤刊作趙琴，今據各本改。

〔今作〕作，兩宋本、繆本、胡本俱作爲。王本注云：繆本作爲。

【注】

〔題〕楊云：鳳凰柱，刻瑟柱爲鳳凰形也。

〔燕然〕王云：漢書匈奴傳：貳師引兵還至速邪烏燕然山。顏師古注：速邪烏，地名也。燕然山在其中。燕音一千反。後漢書竇憲傳：遂登燕然山，去塞三千餘里，刻石勒功，紀漢威德。是知燕然山爲漠北極遠之地。又唐時有燕然州，寄在靈州迴樂縣界，是突厥九姓部落所處，見舊唐書地理志。

〔横波〕文選傅毅舞賦：目流睇而横波。李善注：横波言目邪視，如水之横流也。

猛虎行

朝作猛虎行，暮作猛虎吟。腸斷非關隴頭水，淚下不爲雍門琴。旌旗繽紛兩河道，戰鼓驚山欲傾倒。秦人半作燕地囚，胡馬翻銜洛陽草。一輸一失關下兵，朝降夕叛幽薊城。巨鼇未斬海水動，魚龍奔走安得寧？頗似楚漢時，翻覆無定止。朝過博浪沙，暮入淮陰市。張良未遇韓信貧，劉項存亡在兩臣。暫到下邳受兵略，來投漂母作主人。賢哲栖栖古如此，今時亦棄青雲士。有策不敢犯龍鱗，竄身南國避胡塵。寶書玉劍挂高閣，金鞍駿馬散故人。昨日方爲宣城客，掣鈴交通二千石。有時六博快壯心，遶牀三匝呼一擲。楚人每道張旭奇，心藏風雲世莫知。三吴邦伯皆顧盼，四海雄俠兩追隨。蕭曹曾作沛中吏，攀龍附鳳當有時。溧陽酒樓三月春，楊花茫茫愁殺人。胡雛緑眼吹玉笛，吴歌白紵飛梁塵。丈夫相見且爲樂，槌牛撾鼓會衆賓。我從此去釣東海，得魚笑寄情相親。

【校】

〔題〕行，兩宋本、繆本、王本俱注云：一作吟。又此首兩宋本、繆本列在鳳臺曲之後，從軍行之前。

〔虎吟〕以上二句，兩宋本、繆本、王本俱注云：一作行亦猛虎吟，坐亦猛虎吟。

〔旌旗〕兩宋本、繆本、文粹、樂府俱作旍旌，注云：一作旌旗。王云：繆本作旍旌誤，旍字即旌字也。英華作旗旌。

〔傾倒〕傾，蕭本作顛。王本注云：蕭本作顛。

〔暮入〕入，英華作宿，注云：一作入。

〔賢哲〕哲，英華作達，注云：一作哲。

〔栖栖〕英華作悽悽，兩宋本、繆本俱作恓恓。

〔敢犯〕犯，英華作干，注云：一作犯。

〔玉劍〕玉，文粹、樂府俱作長。

〔挂〕英華作束，注云：一作挂。

〔快壯心〕兩宋本、繆本、樂府俱注云：一作快寸心。王本快下注云：一作寸。

〔皆顧盼〕皆，兩宋本、繆本、王本、樂府俱注云：一作多。盼，王本注云：許本作盻。胡本、繆本作眄。

〔兩追隨〕兩宋本、繆本、王本俱注云：一作皆相推。樂府作皆相推，注云：一作兩追隨。胡本作相追隨。

〔曾作〕曾，英華作亦，注云：一作曾。

〔茫茫〕兩宋本、繆本俱注云：一作漠漠。樂府作漠漠，注云：一作茫茫。

〔胡雛〕雛，文粹、咸本、樂府俱作人。

〔相見〕兩宋本、繆本、王本、樂府俱注云：一作到處。

【注】

〔題〕王云：樂府古題要解：猛虎行，陸士衡渴不飲盜泉水，言從遠役猶耿介不以艱險改節也。

按樂府詩集：王僧虔技録相和歌平調七曲内有猛虎行。古辭云：「飢不從猛虎食，暮不從野雀棲，野雀安無巢，遊子爲誰驕？」蓋取首句二字以命題也。

〔隴頭水〕見卷二古風第二十二首注。

〔雍門琴〕説苑善説篇：雍門子周以琴見孟嘗君，孟嘗君曰：「先生鼓琴，亦能令文悲乎？」雍門子周曰：「臣之所能令悲者窮，……窮焉固無樂已，臣一爲之徽膠援琴而長太息，則流涕沾襟矣。今若足下，千乘之君也。……雖有善鼓琴者，固未能令足下悲也。……然臣之所爲足下悲者一事也。夫聲敵帝而困秦者君也，連五國之約南面而伐楚者又君也。天下未嘗無事，不從則横，從成則楚王，横成則秦帝。楚王秦帝而報讎於弱薛，譬之摩蕭斧而伐朝菌也，必不留行矣。天下有識之士，無不爲足下寒心者。千秋萬歲之後，廟堂必不血食矣。高臺既以壞，曲池既以漸，墳墓既以下而青廷矣，嬰兒豎子樵採薪蕘者，躑躅其足而歌其上。衆人見之，無不愀焉爲足下悲之，曰：夫以孟嘗君尊貴，乃可使若此乎！」於是孟嘗君泫然泣涕，承睫而未隕。雍門子周引琴而鼓之，徐動宫徵，微揮羽角，切終而成曲。孟嘗君涕浪汗，增欷而就之曰：「先生之鼓琴，令文若破國亡邑之人也。」

〔兩河〕王云：兩河道，謂河南、河北兩道也。

〔幽薊城〕楊云：一輪一失，謂正月安慶緒寇潼關，哥舒翰擊却之。六月，上遣使促翰進兵復陝、洛，翰撫膺慟哭，引兵出關，遇崔乾祐軍於靈寶西，大敗。乾祐遂克潼關，火拔歸仁執翰以降。朝降夕叛，謂至德二載正月，安慶緒殺禄山即位，以史思明爲范陽節度，牛廷玠領安陽軍事。十月，廣平王俶與回紇葉護入洛陽，慶緒走保鄴，耿仁智説思明歸朝廷，思明即囚安承慶，遣其將竇子昂奉表，以所部十三郡及兵八萬來降，并帥河東節度高秀巖亦降。十二月，子昂至京師，上以思明爲歸義王、范陽節度。乾元元年六月，李光弼以思明終叛，陰使烏承恩圖之，承恩多以私財募部曲，及數衣婦人服詣諸將營説誘之，諸將以白思明，思明執承恩，集將佐西向大哭曰：「臣以三十萬衆降朝廷，何負陛下而欲殺臣？」命表云：「陛下不爲臣誅光弼，臣當自引兵就太原誅之。」乾元二年再反，正月，僭稱大聖周王，夏四月，更號大燕，自稱應天皇帝。　王云：通鑑：天寶十四載十一月，安禄山發所部兵及同羅、奚、契丹、室韋凡十五萬衆，號二十萬，反於范陽。引兵而南，步騎精鋭，煙塵千里，鼓譟震地。時海内久承平，百姓累世不識兵革，猝聞范陽兵起，遠近震駭。河北皆禄山統内，所過州縣望風瓦解。守令或開門出迎，或棄城竄匿，或爲所擒戮，無敢拒之者。十二月，禄山陷東京。丙戌，高仙芝將五萬人發長安，上遣宦者邊令誠監其軍，屯於陝。會封常清戰敗，帥餘衆至陝，謂仙芝曰：「潼關無兵，若賊豕突入關，則長安危矣。陝不可守，不如引兵先據潼關以拒之。」仙芝乃帥見兵西趣潼關。賊尋至，官軍狼狽走，無復部伍，士馬相騰踐，死者甚衆。至潼關，修完守備，賊至不得入而去。禄山使其將崔乾祐屯陝，臨汝、弘農、濟陰、濮陽、雲中諸郡皆降於禄山。邊令誠入奏事，具言仙芝、常清撓敗之狀，且云：常清以賊摇衆，而仙芝棄陝地數百里。上大怒，遣令誠賫敕，即軍中斬仙芝、常清。太白意以仙芝不戰而走，損傷士馬，既一輸矣。明皇不責以桑榆之效而按以失律之誅，非又一失著乎？蓋高將本非孱帥，棄靈寶而守潼關，舊史謂賊騎至關，已有備，不能攻而去，仙芝之力也，是其策亦非謬計。自出軍至被戮，僅僅十八日，驅烏合之兵，當鴟張之虜，爲日無多，徒以宦者之一言，而遽棄干城之將。太白蓋深以爲非矣。又按通鑑：十二月，常山太守顔杲卿起兵，命崔安石等徇諸郡云，大軍已下井陘，朝夕當至，先平河北諸郡。先下者賞，後至者誅。於是河北諸郡響應，凡十七郡皆歸朝廷。其附祿山者，唯范陽、盧龍、密雲、漁陽、汲、鄴六郡而已。杲卿起兵裁八日，守備未完。史思明、蔡希德引兵皆至城下。壬戌，城陷，史思明、蔡希德引兵擊諸郡之不從者，所過殘滅。於是廣平、鉅鹿、趙、上谷、博陵、文安、魏、信都等郡復爲賊守。朝降夕叛幽薊城，當指此事。舊注引史思明歸降復叛事，非是。

〔博浪沙〕史記留侯世家：留侯張良者，其先韓人也。……秦皇帝東游，良與客狙擊秦皇帝博浪沙中，誤中副車，秦皇帝大怒，……良乃更名姓，亡匿下邳。良嘗閒從容步游下邳圯上，有一老父……出一編書曰：讀此，則爲王者師矣。……旦日視其書，乃太公兵法也。

〔淮陰市〕史記淮陰侯列傳：淮陰侯韓信者，淮陰人也。……信釣於城下，諸母漂，有一母見信飢，飯信，竟漂數十日。信謂漂母曰：「吾必有以重報母。」母怒曰：「大丈夫不能自食，吾哀王孫而進食，豈望報乎？」……項梁渡淮，信仗劍從之。……項梁敗，又屬項羽，數以策干羽，羽不用。信亡楚歸漢，……漢王……以爲大將。……漢五年，徙齊王信爲楚王，都下邳。信至國，召所從食漂母賜千金。集解：韋昭曰：以水擊絮爲漂，故曰漂母。

〔龍鱗〕韓非子説難篇：夫若龍之爲蟲也，柔可擾狎而騎也，然其喉下有逆鱗徑尺，人有嬰之者則必殺人。人主亦有逆鱗，説之者能無嬰人主之逆鱗則幾矣。

〔宣城客〕楊云：宣城客者，太白自道也。嘗有贈宣城宇文太守及贈宣城趙太守悦詩。

〔掣鈴〕王云：唐時官署多懸鈴於外，出入則引鈴以代傳呼。按：王説不知何據，元稹詩注云：院有懸鈴以備夜直，警急文書出入皆引之以代傳呼。此專指學士院而言。李詩所謂掣鈴當指魏晉時鈴閣而言。

〔二千石〕漢書百官公卿表：郡守秦官，掌治其郡，秩二千石，……景帝中二年更名太守。

〔六博〕楚辭招魂：菎蔽象棊，有六簙些。王逸注：菎玉，蔽簙箸，以玉飾之也。或言菎蕗今之箭囊也。投六箸，行六棊，故爲六簙也。方言：秦晉間謂之簙，吴楚間謂之蔽，或謂之箭，或謂之棊。

〔遶牀〕晉書卷八五劉毅傳：後在東府，聚摴蒱大擲，一判應至數百萬，餘人並黑犢以還，唯劉裕及毅在後，毅次擲得雉大喜，褰衣繞牀叫，謂同坐曰：「非不能盧，不事此耳。」裕惡之，因挼五木久之，曰：「老兄試爲卿答。」既而四子俱黑，其一子轉躍未定，裕厲聲喝之，即成盧焉。

〔張旭〕王云：宣和書譜：張旭，蘇州人，官至長史。初爲常熟尉時，有老人持牒求判，信宿又來，旭怒而責之。老人曰：「愛公墨妙，欲家藏，無他也。」老人因復出其父書，旭視之，天下奇筆也。自是盡其法。旭喜酒，叫呼狂走方落筆。一日酣，以髮濡墨作大字，既醒視之，自以爲神，不可復得。嘗言初見擔夫争道，又聞鼓吹而知筆意。及觀公孫大娘舞劍，然後得其神。其名本以顛草，至於小楷行書又復不減草字之妙。其草字雖奇怪百出，而求其源流無一點畫不該規矩者。或謂張顛不顛者是也。後之論書，凡歐、虞、褚、薛皆有異論，至旭無非短者。

〔三吴〕水經注漸江水：一吴也，後分爲三，世號三吴，吴興、吴郡，會稽其一焉。

〔邦伯〕書召誥：命庶殷侯甸男邦伯。孔傳：邦伯，方伯，即州牧也。

〔顧盼〕王云：盼，普患切，攀去聲；盻音係；眄音免。三字音既不同，義亦各别，世多混書，非也。

〔蕭曹〕史記曹相國世家：平陽侯曹參者，沛人也。秦時爲沛獄掾，而蕭何爲主吏，居縣爲豪吏矣。

〔溧陽〕王云：溧陽縣以在溧水之陽而名。本漢舊縣，屬丹陽郡。唐時屬江南道之宣州。上元元年隸昇州，昇州廢，還隸宣州。

〔白紵〕晉書樂志：白紵舞，按舞辭有巾袍之言，紵本吴地所出，宜是吴舞也。晉俳歌又云：皎皎白緒，節節爲雙。吴音呼緒爲紵，疑白紵即白緒也。

〔梁塵〕見卷三夜坐吟注。

〔撾〕職瓜切，音髽。

〔東海〕莊子外物篇：任公子……投竿東海，旦旦而釣。

【評箋】

嚴羽云：太濫漫，疑非白詩，然聲情却似。（嚴羽評點李集）

王云：琦按是詩當是天寶十五載之春，太白與張旭相遇於溧陽，而太白又將遨遊東越，與旭宴別而作也。於時禄山叛逆，河北河南州郡相繼陷没，故有「旌旗繽紛兩河道，戰鼓驚山欲傾倒」之句。高仙芝所率之兵，多關中子弟，今既敗走，半爲賊所擒虜，故有「秦人半作燕地囚」之句。又唐書李泌傳言賊掠子女玉帛，悉送范陽，是又燕地囚之一證也。東京既陷，則胡騎充斥，徧於郊圻，故有「胡馬翻銜洛陽草」之句。明皇聽宦者之讒，不責仙芝以孟明之效，而即加以子玉之誅，是賊再勝而官軍再敗也。故有「一輪一失關下兵」之句。常山太守顏杲卿起兵討賊，河北十七郡皆歸朝廷，及常山破敗，河北諸郡復爲賊守，故有「朝降夕叛幽薊城」之句。禄山方熾，未能授首，天下將帥，疲於奔命，故有「巨鰲未斬海水動，魚龍奔走安得寧」之句。以下泛引張韓未遇之事，以起己之懷長策而見棄。當時竄身南國，流寓宣城，書劍蕭條，僅寄壯心於六博，宜其有腸斷淚下之悲矣。張旭以下六句皆是美旭之詞，旭嘗爲常熟尉，故以沛中豪吏比之，而賞其胸藏風雲，知其必有遇合之時也。溧陽酒樓指其相會之地，三月楊花記其相遇之時。「丈夫相見且爲樂，槌牛撾鼓會衆賓」，想見一時在會諸人，多有四海雄俠，非齷齪儔伍，傾心倒意，其樂宜矣。而太白於此又將有東越之游，故曰「我從此去釣東海，得魚笑寄情相親」，以示眷戀不忘之意。詩之大旨，最爲明晰。楊、蕭二氏以「秦人半作燕地囚」爲西京破後之事，「一輸一失關下兵」爲哥舒翰靈寶敗績，潼關失守，「朝降夕叛幽薊城」爲史思明奉表歸降，已復背叛。此皆十五載春三月以後事，引證殊欠甄確。或謂天寶十五載以前長安未破，則與「秦人半作燕地囚」之句不合。河北十七郡雖歸朝廷，而幽州乃范陽郡，薊州乃漁陽郡，二州實爲賊守，則與「朝降夕叛幽薊城」之句不合。似未可以舊説爲非也。琦按劉昫唐書：高仙芝領飛騎彍騎及朔方、河西、隴西應赴京兵馬，并召募關輔五萬人，繼封常清出潼關進討，是其兵多秦人也。既敗之後，半爲燕人囚執，據此引證，有何不合？至於河北一道，俱爲禄山所管轄之地，故舉其大勢而言曰幽薊。又按唐書地理志：河北道蓋古幽、冀二州之境，薊字或是冀字之訛，亦未可定。若必據文責實，則思明之以幽薊降也，在至德二載之十二月。其叛也，在乾元元年之十月。相去一年，朝降夕叛之句，與此亦不相合。而與杲卿起兵八日之間，而諸郡降叛相尋，則甚當矣。況思明背逆之時，在太白流夜郎之後，詩中並無一語言及，而竄身南國，作客宣城，正天寶十五載時事，乃歷歷言之。故予斷以爲是年所作而無疑耳。或曰：張旭生卒諸書皆無考，何以知是時尚在而與白相遇耶？琦按：長史有乾元二年帖，見山谷集中，據此推之，則其時尚在可知矣。至蕭氏訾此詩非太白之作，以爲用事無倫理，徒爾肆爲狂誕之詞，首尾不相照，脈絡不相貫，語意斐率，悲歡失據，必是他人詩竄入集中者。蘇東坡、黄山谷於懷素草書悲來乎、笑矣乎等作嘗致辯矣。愚於此篇，亦有疑焉。今細閲之，其所謂無倫理肆狂誕者，必是楚、漢翻覆劉、項存亡等字，疑其有高視禄山之意，而不知正是傷時之不能收攬英雄，遂使逆豎得以蒼狂耳。何爲以數字之辭而害一章之意耶？至其悲也，以時遇之艱，其歡也，以得朋之慶。兩意本不相礙，首尾一貫，脈絡分明，浩氣神行，渾然無跡。有識之士，自能别之。

今人詹鍈李白詩論叢之五李詩辨僞略云：「張顛没在二十年，……」新唐書藝文志：蘇涣詩一卷，注云，湖南崔瓘辟從事，瓘遇害，涣走交廣，與哥舒晃反，伏誅。舊唐書代宗紀：大曆十年十一月丁未，路嗣恭攻破廣州，擒哥舒晃。知蘇涣之詩作於大曆十年以前。按吴廷燮唐方鎮年表，大曆中只徐浩一人，而浩又擅書法，則蘇涣詩中之徐廣州必指徐浩。舊唐書代宗紀：大曆二年二月，以徐浩爲廣州刺史，……三年十月，以李勉爲廣州刺史。涣詩之作既在大曆二三年間，逆數二十年，至天寶六七載，張旭卒。今詩中所叙皆禄山亂時事，而猶盛稱張旭，則其必爲僞作明矣。又因宋代張長史僞書甚多，謂乾元二年帖殆亦其中之一，不可據之以證張旭晚卒。

按：此詩自楊蕭以後均指爲僞作，詹氏又據張旭之卒年與王氏相辨，其實詩中只一處涉及張旭，並未確言與張旭本人相酬答，所謂丈夫相見且爲樂者，亦非必謂與張旭相見也。詳玩詩意，蓋有人盛稱張旭，聊藉此發端以自抒懷抱耳。古人非先製題後作詩，亦非必一詩專寫一事，不必執一二字爲辨。前人疑此詩者大抵以「頗似楚漢時」一語似非唐之臣子所宜言，而不知唐人于此等文字不似後人之計較，以本集崔宗之贈詩中「分明楚漢事」一語證之，已可知其不足怪矣。

去婦詞

古來有棄婦，棄婦有歸處。今日妾辭君，辭君遣何去？本家零落盡，慟哭來時路。憶昔未嫁君，聞君卻周旋。綺羅錦繡段，有贈黃金千。十五許嫁君，二十移所天。自從結髮日未幾，離君緬山川。家家盡歡喜，孤妾長自憐。幽閨多怨思，盛色無十年。相思若循環，枕席生流泉。流泉咽不掃，獨夢關山道。及此見君歸，君歸妾已老。物情惡衰賤，新寵方妍好。掩淚出故房，傷心劇秋草。自妾爲君妻，君東妾在西。羅幃到曉恨，玉貌一生啼。自從離別久，不覺塵埃厚。常嫌玳瑁孤，猶羨鴛鴦偶。歲華逐霜霰，賤妾何能久？寒沼落芙蓉，秋風散楊柳。以此顦顇顔，空持舊物還。餘生欲何寄，誰肯相牽攀？君恩既斷絶，相見何年月？悔傾連理杯，虚作同心結。女蘿附青松，貴欲相依投。浮萍失緑水，教作若爲流？不嘆君棄妾，自嘆妾緣業。憶昔初嫁君，小姑纔倚牀，今日妾辭君，小姑如妾長。回頭語小姑，莫嫁如兄夫。

【校】

〔自從〕王本注云：二字衍文。

〔物情〕情，兩宋本、繆本俱作華。王本注云：繆本作華。

〔以此〕以，蕭本作似。郭本作以。王本注云：許本作似。

〔君棄妾〕妾，兩宋本俱作妻。

【評箋】

蕭云：此篇是顧況棄婦辭也。後人添增數句，竄入太白集中，語俗意重，斧鑿之痕斑斑可見。可謂作僞心勞日拙者矣。

按：王本雖仍列此詩，而才調集明指爲顧況作，題爲棄婦詞，所多不過四句，其他差異亦甚少，英華選此詩，亦以爲疑。

李白集校注卷七

古近體詩二十八首

襄陽歌

落日欲没峴山西，倒著接䍦花下迷。襄陽小兒齊拍手，攔街争唱白銅鞮。傍人借問笑何事，笑殺山公醉似泥。鸕鷀杓，鸚鵡杯。百年三萬六千日，一日須傾三百杯。遥看漢水鴨頭緑，恰似葡萄初醱醅。此江若變作春酒，壘麴便築糟丘臺。千金駿馬换小妾，笑坐雕鞍歌落梅。車旁側挂一壺酒，鳳笙龍管行相催。咸陽市中嘆黄犬，何如月下傾金罍？君不見！晉朝羊公一片石，龜頭剥落生莓苔。淚亦不能爲之墮，心亦不能爲之哀。清風朗月不用一錢買，玉山自倒非人推。舒州杓，力士鐺。李白與爾同死生。襄王雲雨今安在？江水東流猿夜聲。

【校】

〔題〕兩宋本、繆本題下俱注云：襄漢。

〔接羅〕以上四字，兩宋本、繆本、王本俱注云：一作行客辭歸。

〔山公〕公，蕭本作翁，英華亦作翁，注云：一作公。王本注云：蕭本作翁。

〔緑〕兩宋本、繆本俱作淥。王本注云：繆本作淥。

〔恰似〕英華注云：一作疑是。

〔初〕英華作新，注云：一作初。

〔千金〕文粹作金鞍。

〔小妾〕小，繆本、宋乙本俱作少。王本注云：繆本作少。

〔笑坐〕笑，兩宋本、繆本俱作醉。英華作笑，注云：一作醉。王本注云：繆本作醉。

〔雕鞍〕雕，英華、文粹俱作金，注云：一作雕。

〔市中〕中，英華、文粹作上，注云：一作中。

〔一片石〕兩宋本、繆本俱作一片古碑材。咸本注云：一本作一片古碑材。英華古碑材下注云：一作古碑在。王本注云：繆本作一片古碑材。按：作材字者必誤。作在字者近似。

〔龜頭剥〕剥，英華作駮，注云：一作龜龍剥。文粹頭作龍。咸本作龍，注云：一作頭。

〔之哀〕此下兩宋本、繆本有誰能憂彼身後事，金鳧銀鴨葬死灰二句。王本注云：繆本於哀字下多誰能憂彼身後事，金鳧銀鴨葬死灰二句。

〔舒州〕以下六字，兩宋本、繆本、王本俱注云：一作黄金爵白玉瓶。

〔李白〕兩宋本、繆本、王本俱注云：一作酒仙。

〔夜聲〕聲，英華注云：一作鳴。

【注】

〔題〕楊云：唐禮樂志：襄陽歌，宋隨王誕作。按：楊所云乃襄陽曲，此詩自是李白懷古之作，非擬樂府。

〔峴山〕見卷五襄陽曲詩注。

〔接䍦〕見卷五襄陽曲詩注。

〔白銅鞮〕演繁露卷一三：玉臺新詠載襄陽白銅鞮歌，大抵主言送別，且皆在襄陽。沈約曰：「分香桃林岸，送別峴山頭。君若寄音息，漢水向東流。」無名氏一首曰：「陌頭征人去，閨中女下機。含情不能言，送別淚霑衣。」其末云：「龍馬紫金鞍，翠毦白玉羈。照耀雙闕下，知是襄陽兒。」郭茂倩樂録，本襄陽踏蹄梁武西下所作。玉臺新詠兩首皆沈約和白銅鞮，即太白所謂「襄陽小兒齊拍手，攔街争唱白銅鞮」者也。

〔似泥〕晉書卷四三山簡傳：永嘉三年，出爲征南將軍，都督荆、湘、交、廣四州諸軍事，假節鎮襄陽。于時四方寇亂，天下分崩，王威不振，朝野危懼。簡優游卒歲，唯酒是耽。諸習氏荆土豪族，有佳園池。簡每出遊嬉，多之池上，置酒輒醉，名之曰高陽池。時有童兒歌曰：「山公出何許，往至高陽池。日夕倒載歸，酩酊無所知。時時能騎馬，倒著白接䍦。舉鞭問葛彊，何如并州兒？」彊家在并州，簡愛將也。

〔鸕鷀杓〕王云：楊齊賢曰：鸕鷀水鳥，其頸長，刻杓爲之形。太平廣記：鸚鵡螺旋尖處屈而朱，如鸚鵡嘴，故以爲名。殼上青緑斑，大者可受二升。殼内光瑩如雲母，裝爲酒盃，奇而可玩。薛道衡詩：「同傾鸚鵡杯。」鄉嬛記：金母召羣仙宴於赤水，坐有碧玉鸚鵡杯，白玉鸕鷀杓，杯乾則杓自挹，欲飲則杯自舉。故太白詩云「鸕鷀杓，鸚鵡杯」，非指廣南海螺杯也。謝氏詩源亦載此事，説頗新僻。然他書未有言及者，恐是因太白詩語而僞造此事，未可知也。△鷀音慈。

〔三百杯〕見卷三將進酒詩注。

〔鴨頭緑〕顔師古急就篇注卷二：春草雞翹鳧翁皆謂染采而色似之，若今染家言鴨頭緑、翠毛碧云。

〔醱醅〕王云：博物志：西域有蒲萄酒，積年不敗，彼俗云可十年，飲之醉彌日乃解。演繁露：錢希白南部新書曰：太宗破高昌，收馬乳蒲萄種於苑中，並得酒法，仍自損益之，造酒緑色，長安始識其味。太白命蒲萄之酒以爲緑者，蓋本此也。庾信春賦：石榴聊泛，蒲萄醱醅。廣韻：醱醅，酘酒也。醅，酒未漉也。韻會：酘謂之醱。又云：酘，重釀酒也。然則醱醅者，其重釀之酒而未漉者歟！△醱音撥，醅音坯。參見卷二十五對酒詩注。

〔糟丘〕王云：論衡：紂沉湎於酒，以糟爲丘，以酒爲池。韓詩外傳：桀爲酒池，可以運舟，糟丘足以望十里。

〔小妾〕高步瀛唐宋詩舉要云：樂府詩集卷七三有梁簡文帝愛妾换馬，題解引樂府解題曰：愛妾换馬，舊説淮南王所作，疑淮南王即劉安也。古辭今不傳。獨異志：後魏曹彰性倜儻，偶逢駿馬愛之，其主所惜也。彰曰：予有美妾可换，惟君所選。馬主因指一妓，彰遂换之。馬號曰白鶻，後因獵獻於文帝。

〔鳳笙〕風俗通義卷六：謹案世本：隨作笙，長四寸，十三簧（宋本作十二簧，王注引作十三簧），像鳳之身，正月之音也。

〔黄犬〕見卷一擬恨賦注。

〔金罍〕詩周南卷耳：我姑酌彼金罍。孔穎達正義：罍制，韓詩説，金罍大夫器也。天子以玉，諸侯大夫皆以金，士以梓。△罍音雷。

〔片石〕王云：世説注：晉諸公贊曰：羊祜在南夏，吴人悦服，稱曰羊公，莫敢名者。晉書：羊祜樂山水，每風景必造峴山置酒，言詠終日不倦。卒時年五十八，襄陽百姓於峴山祜平生遊憩之所建碑立廟，歲時享祭焉。望其碑者，莫不流涕。杜預因名爲墮淚碑。朝野僉載：

溫子昇作韓陵山寺碑，庾信見而寫其本，南人問信曰：「北方文字何如？」信曰：「惟有韓陵山一片石堪共語。」

〔自倒〕世説容止篇：山公曰：嵇叔夜之爲人也，巖巖若孤松之獨立，其醉也，傀俄若玉山之將崩。

〔力士鐺〕王云：新唐書地理志：舒州同安郡隸淮南道，土貢酒器鐵器。又韋堅傳有豫章力士甆飲器茗鐺釜。△鐺音撐。

〔雲雨〕見卷二古風第五十八首注。

【評箋】

蕭云：宋歐陽永叔曰：「落日欲没峴山西，倒著接䍦花下迷。襄陽小兒齊拍手，大家争唱白銅鞮」，此常語也。至於「清風明月不用一錢買，玉山自倒非人推」，然後見其横放，其所以驚動千古者固不在此乎！

胡云：梅鼎祚云：筆端横蕩，遂不覺其重。（在力士鐺句下）

唐宋詩醇云：意曠神逸，極頽唐之趣，入後俯仰移情，乃有心人語。「韜精日沉飲，誰知非荒宴？」亦同此懷抱耳。子美云：「長鑱長鑱白木柄，我生託子以爲命」，語奇矣。此詩云：「舒州杓，力士鐺，李白與爾同死生。」苦樂不同，造語正復匹敵。

方東樹云：筆如天半游龍，斷非學力所能到，然讀之使人氣王。笑殺句借山公自興。遥看二句又借興换筆换氣。此江句起稜。千金駿馬謂以妾换得馬也。咸陽二句言所以飲酒者正見此耳。君不見二句，以上許多都爲此故。玉山句束題，正意藏脈，如草蛇灰線。此所謂筆墨化爲煙雲，世俗作死詩者千年不悟，只借作指點，供吾驅駕發洩之料耳。（昭昧詹言）

南都行

南都信佳麗，武闕横西關。白水真人居，萬商羅鄽闠。高樓對紫陌，甲第連青山。此地多英豪，邈然不可攀。陶朱與五羖，名播天壤間。麗華秀玉色，漢女嬌朱顔。清歌遏流雲，豔舞有餘閒。遨遊盛宛洛，冠蓋隨風還。走馬紅陽城，呼鷹白河灣。誰識卧龍客，長吟愁鬢斑？

【注】

〔南都〕王云：文選有張衡南都賦，李善注：摯虞曰：南陽郡治宛，在京之南，故曰南都。按南陽是光武舊里，即位之後，建都洛陽，以南陽爲别都，謂之南都。

〔武闕〕文選張衡南都賦：爾其地勢則武闕關其西，桐柏揭其東。李善注：武闕山爲關，而在西弘農界也。

〔真人〕王云：後漢書：王莽篡位，忌惡劉氏，以錢文有金刀，故改爲貨泉。或以貨泉字爲白水真人。宋書：王莽忌惡漢，而錢文有金刀，改鑄貨泉以易之。既而光武起於舂陵之白水鄉，貨泉之文爲白水真人也。元和郡縣志：後漢代祖宅在隨州棗陽縣東南三十里，宅南三里有白水，東京賦所謂龍飛白水也。

〔鄽闤〕王云：漢書：南陽其俗夸奢，上氣力，好商賈。蜀都賦：市鄽所會，萬商之淵。趙岐孟子注：廛，市宅也。説文：闤，市垣也。

〔甲第〕文選張衡西京賦：北闕甲第，當道直啓。薛綜注：第，館也。甲言第一也。李善注：漢書曰：贈霍光甲第一區，音義曰：有甲乙次第，故曰第也。

〔陶朱〕史記越世家：齊人聞其賢，以爲相。范蠡喟然嘆曰：「居家則致千金，居官則至卿相，此布衣之極也。久受尊名，不祥。」乃歸相印，盡散其財，以分與知友鄉黨，而懷其重寶，間行以去，止于陶，以爲此天下之中，交易有無之路通，爲生可以致富矣。於是自謂陶朱公，復約要父子耕畜，廢居候時轉物，逐什一之利，居無何，則致貲累巨萬，天下獨陶朱公。

〔五羖〕史記秦本紀：晉獻公滅虞虢，虜……百里傒……以爲秦繆公夫人媵於秦。百里傒亡秦走宛，楚鄙人執之。繆公聞百里傒賢，欲重贖之，恐楚人不與，乃使人謂楚曰：「吾媵臣百里傒在焉，請以五羖羊皮贖之。」楚人遂許與之。當是時，百里傒年已七十餘，繆公釋其囚，與語國事三日，……繆公大悦，授之國政，號曰五羖大夫。史記集解：秦王妙論曰：范蠡，南陽人。史記正義：百里奚南陽宛人。水經注：百里奚，宛人也。於秦爲賢大夫，所謂迷虞智秦者也。又曰：宛城南三十里有一城，名三公城，城側有范蠡祠。蠡宛人，祠即故宅也。

〔麗華〕後漢書卷一〇后紀：光烈陰皇后諱麗華，南陽新野人。初光武適新野，聞后美，心悦之。後至長安，見執金吾車騎甚盛，因嘆曰：「仕宦當作執金吾，娶妻當得陰麗華。」更始元年六月，遂納后於宛當成里。

〔流雲〕列子湯問篇：薛譚學謳於秦青，未窮青之技，自謂盡之，遂辭歸。秦青弗止，餞於郊衢，撫節悲歌，聲振林木，響遏行雲。

〔宛洛〕謝脁詩：「宛洛佳遨遊，春色滿皇州。」古詩：「驅車策駑馬，游戲宛與洛。」李周翰注：宛，南陽也；洛，洛陽也。

〔紅陽〕漢書地理志，南陽郡有紅陽侯國。王先謙補注：一統志：故城今舞陽縣西北，紅山南。紀要：紅山在城北，故名。

〔白河〕明一統志卷三〇：淯水在（南陽）府城東三里。俗名白河，其源出自嵩縣雙雞嶺，東南流經南陽新野，會梅溪、洱、灌、湍水、留山、黄渠、栗、鴉、泗、潦、刁等河，與泌水合流，南至襄陽入漢江。

〔卧龍客〕王云：三國志：諸葛亮字孔明，躬耕隴畝，好爲梁父吟。先主屯新野，徐庶謂先主曰：「諸葛孔明者，卧龍也。將軍豈願見之乎！」漢晉春秋：亮家於南陽之鄧縣，在襄陽城西二十里，號曰隆中，出師表所謂臣本布衣躬耕南陽是也。

江上吟

木蘭之枻沙棠舟，玉簫金管坐兩頭。美酒樽中置千斛，載妓隨波任去留。仙人有待乘黄鶴，海客無心隨白鷗。屈平詞賦懸日月，楚王臺榭空山丘。興酣落筆摇五岳，詩成笑傲淩滄洲。功名富貴若長在，漢水亦應西北流。

【校】

〔題〕兩宋本、繆本、王本俱注云：一作江上遊。

〔樽中〕樽，兩宋本、繆本、王本俱注云：一作當。

〔去留〕留，兩宋本、繆本俱作流。王本注云：繆本作流，非。

〔隨白鷗〕隨，兩宋本、繆本、王本俱注云：一作狎。

〔笑傲〕笑，兩宋本、繆本、胡本俱作嘯。王本注云：繆本作嘯。

【注】

〔木蘭〕文選左思蜀都賦：其樹則有木蘭梫桂。劉逵注：木蘭，大樹也，葉似長生，冬夏榮，常以冬華，其實如小柿甘美，南人以爲梅，其皮可食。

〔枻〕王云：楚辭：桂櫂兮蘭枻。王逸注：枻，船旁板也。韻會：枻，楫也，一曰柂。△枻，弋制切，音曳。

〔沙棠〕述異記：漢成帝與趙飛燕游太液池，以沙棠木爲舟。其木出崑崙山，食其實入水不溺。

〔去留〕王云：沈約詩：「金管玉柱響洞房」，穆天子傳：獻酒千斛。郭璞山海經贊：安得沙棠，制爲龍舟。聊以逍遥，任波去留。吴書：鄭泉博學有奇志，而性嗜酒，其閑居每曰：願得美酒滿五百斛船，以四時甘脆置兩頭，反覆没飲之，憊即住而啖肴膳，酒有斗升減，隨即益之，不亦快乎！太白詩意蓋出於此。

〔黄鶴〕高步瀛唐宋詩舉要云：元和郡縣志曰：江南道鄂州：城西臨大江，西南角因磯名樓爲黄鶴樓。案黄鶴樓因黄鵠磯而名，鶴鵠字通，此説自正。而後人附會仙人乘鶴有數説：唐閻伯瑾黄鶴樓記引圖經曰：費禕登仙，嘗駕鶴返憩於此，遂以名樓。文苑英華卷八一〇、太平寰宇記卷一一二從之。此一説也。述異記曰：荀瓌字叔偉，東遊憩江夏黄鶴樓上，望西南有物飄然降自霄漢，俄頃已至，乃駕鶴之賓也。……已而辭去，跨鶴騰空而滅，此又一説也。輿地紀勝卷六六引南齊志以爲世傳仙人王子安每乘黄鶴過此。此又一説也。神仙之説不可究詰矣。清一統志曰：湖北武昌府：黄鶴樓在江夏縣西南。

〔白鷗〕列子黄帝篇：海上之人有好鷗鳥者，每旦之海上，從鷗鳥遊，鷗鳥之至者百，住而不止。

〔日月〕史記屈原列傳：屈平之作離騷，蓋自怨生也。……推此志也，雖與日月争光可也。

〔臺榭〕王云：楚王臺榭，若章華臺、陽雲臺之類，皆楚君所嘗游憩者。鄭康成禮記注：闍者謂之臺，有木者謂之榭，是榭乃臺上有屋者也。

【評箋】

蕭云：此達者之詞也。漢水無西北流之理，功名富貴不能長在，亦猶是乎！

朱諫云：按：此詩文不接續，意無照應，故爲豪放，而無次序，似白而實非也。故疑而闕之，不敢強爲之説。辭頗整飭，又非猛虎行、去婦詞可比。雖非白作，亦是當時之能詩者，不知何故混入白之集中，爲可疑耳。（李詩辨疑）

梅鼎祚云：此詩朱諫删入辨疑，大聵。（李詩鈔）

王云：琦按：仙人一聯，謂篤志求仙，未必即能沖舉。而忘機狎物，自可縱適一時。屈平一聯，謂留心著作，可以傳千秋不刊之文。而溺志豪華，不過取一時盤遊之樂。有孰得孰失之意。然上聯實承上文泛舟行樂而言，下聯又照下文興酣落筆而言也。特以四古人事排列於中，頓覺五色迷目，令人驟然不得其解。似此章法雖出自逸才，未必不少加慘淡經營，恐非斗酒百篇時所能搆耳。

侍從宜春苑奉詔賦龍池柳色初青聽新鶯百囀歌

東風已緑瀛洲草，紫殿紅樓覺春好。池南柳色半青青，縈烟裊娜拂綺城。垂絲百尺挂雕楹。上有好鳥相和鳴。間關早得春風情。春風卷入碧雲去，千門萬户皆春聲。是時君王在鎬京，五雲垂暉耀紫清。仗出金宫隨日轉；天回玉輦繞花行。始向蓬萊看舞鶴；還過茝若聽新鶯。新鶯飛繞上林苑，願入簫韶雜鳳笙。

【校】

〔題〕兩宋本、繆本題下俱注云：長安。

〔侍從〕從，英華作遊。

〔茝若〕若，蕭本作石。王本注云：蕭本作石。

【注】

〔宜春苑〕王云：雍録：天寶中，即東宫置宜春北苑。唐詩紀事：龍池，興慶宫池也。明皇潛龍之地。長安志：龍池在躍龍門南，本是平地，自垂拱載初後，因雨水流潦成小池，後又引龍首渠支分溉之，日以滋廣。至神龍景龍中，彌亘數頃，澄澹皎潔，深至數丈。常有雲氣，或見黄龍出其中，本以坊名池。俗呼五王子池，置宫後謂之龍池。

〔鎬京〕詩小雅魚藻：王在在鎬，豈樂飲酒。鄭箋：武王何所處乎？處於鎬京，樂八音之樂，與羣臣飲酒而已。△鎬，胡老切。

〔五雲〕王云：五雲，五色雲也。宋書：雲有五色，太平之應也。

〔紫清〕見卷三春日行注。

〔蓬萊〕雍録卷三：（唐東内大明宫），宫南端門名丹鳳門，……北三殿相沓，皆在山上。至紫宸又北則爲蓬萊殿，殿北有池，亦名蓬萊池。

〔茝若〕王云：三輔黄圖：未央宫有芷若殿。西都賦作茝若。芷茝古字通用。△茝音止。

〔上林苑〕三輔黄圖：漢武帝建元三年，開上林苑，東南至藍田、宜春、鼎湖、御宿、昆吾，旁南山而西，至長楊、五柞，北繞黄山，瀕渭水而東，周袤三百里，離宫七十所，皆容千乘萬騎。

〔簫韶〕王云：尚書：簫韶九成，鳳凰來儀。孔傳曰：韶，舜樂名，言簫見細器之備。公羊傳疏鄭注云：蕭韶，舜所制樂。

【評箋】

王夫之云：兩層重叙，供奉于是亦且入時，虧他以光響合成一片，到頭本色，自非天才固不當效此。（唐詩評選）

〔圍爐詩話〕吴喬云：聽新鶯歌首叙境，次出鶯，次以鶯合境，次出人，次收歸鶯而以自意結，甚有法度。

玉壺吟

烈士擊玉壺，壯心惜暮年。三盃拂劍舞秋月，忽然高詠涕泗漣。鳳凰初下紫泥詔，謁帝稱觴登御筵。揄揚九重萬乘主，謔浪赤墀青瑣賢。朝天數換飛龍馬，勑賜珊瑚白玉鞭。世人不識東方朔，大隱金門是謫仙。西施宜笑復宜嚬，醜女效之徒累身。君王雖愛蛾眉好，無奈宮中妒殺人。

【校】

〔三盃〕王本注云：二句一作三盃拂劍舞，秋月忽高懸。兩宋本、繆本高詠涕泗漣下俱注云：一作秋月忽高懸。

〔累身〕累，兩宋本、繆本俱作集。王本注云：繆本作集。

【注】

〔玉壺〕世説豪爽篇：王處仲每酒後輒詠：老驥伏櫪，志在千里。烈士暮年，壯心不已。以如意擊唾壺，壺口盡缺。

〔紫泥〕王云：太平寰宇記：隴右記云：武都紫水有泥，其色亦紫而粘，貢之用封璽書，故詔誥有紫泥之美。東漢會要：漢舊儀曰：璽皆玉螭虎紐，凡六璽，皆以武都紫泥封之。

〔揄揚〕文選班固兩都賦序：雍容揄揚，著於後嗣。李善注：揄，引也。揚，舉也。

〔謔浪〕爾雅釋詁：謔浪笑傲，戲謔也。

〔青瑣〕王云：漢書元后傳：曲陽侯根驕奢僭上，赤墀青瑣。孟康注：青瑣以青畫户邊鏤中，天子制也。如淳注：門楣格再重，如人衣領再重，裏者青，名曰青瑣，天子門制也。顔師古注：孟説是，青瑣者，刻爲連瑣文而以青塗之也。又梅福傳：涉赤墀之塗。應劭注：以丹掩泥塗殿上也。李善文選注：説文曰：墀，塗地也。禮，天子赤墀也。

〔飛龍〕王云：胡三省通鑑注：仗内六厩，飛龍厩最爲上乘馬。元微之詩自注：學士初入，例借飛龍馬。

〔金門〕史記褚先生補東方朔傳：朔行殿中，郎謂之曰：「人皆以先生爲狂。」朔曰：「如朔者，所謂避世於朝廷間者也。古之人乃避世於深山中。」時坐席中酒酣，據地歌曰：陸沉於俗，避世金馬門。宫殿中可以避世全身，何必深山之中，蒿廬之下。金馬門者，宦署門也。門旁有銅馬，故謂之金馬門。文選王康琚反招隱詩：「小隱隱林藪，大隱隱朝市。」參見卷二古風第三十首注。

〔宜嚬〕王云：梁簡文帝鴛鴦賦：亦有佳麗自如神，宜羞宜笑復宜嚬。莊子：西施病心而嚬，其里之醜人美之，亦捧心而嚬。

【評箋】

蕭云：此詩乃太白自述其知遇始末之辭也。觀太白傳及前後詩集序，其意自見矣。

吴喬云：太白云：「君王雖愛娥眉好，無奈宫中妒殺人。」無餘味。襄陽歌無意苟作。聽新鶯歌首叙境，次出鶯，次以鶯合境，次出人，次收歸鶯，而以自意結，甚有法度。（圍爐詩話）

豳歌行上新平長史兄粲

豳谷稍稍振庭柯，涇水浩浩揚湍波。哀鴻酸嘶暮聲急，愁雲蒼慘寒氣多。憶昨去家此爲客，荷花初紅柳條碧。中宵出飲三百杯，明朝歸揖二千石。寧知流寓變光輝，胡霜蕭颯繞客衣。寒灰寂寞憑誰暖，落葉飄揚何處歸？吾兄行樂窮曛旭，滿堂有美顔如玉。趙女長歌入彩雲，燕姬醉舞嬌紅燭。狐裘獸炭酌流霞，壯士悲吟寧見嗟？前榮後枯相翻覆，何惜餘光及棣華？

【校】

〔題〕兩宋本、繆本題下俱注云：陝西。

〔此爲客〕此，蕭本作早。王本注云：許本作早。

〔出飲〕出，蕭本作長，郭本作出。王本注云：許本作長。

〔憑誰〕憑，兩宋本、繆本俱作竟。王本注云：繆本作竟。

【注】

〔新平〕舊唐書地理志：關内道邠州，開元十三年，改豳爲邠。天寶元年，改爲新平郡。乾元元年復爲邠州。

〔長史〕王云：唐制：州之佐職有長史一人，上州者從五品上，中州者正六品下，下州則不設，其位在別駕之下，司馬之上，如今之通判是也。按：舊唐書職官志：……長史……掌貳府州之事，以綱紀衆務，通判列曹，歲終則更入奏計。又按：唐制，大都督府之長史爲從三品，中下都督府遞降。邠州乃中州，品秩不高，職務亦非重要。

〔粲〕按：新書世系表，趙郡李氏東祖房有粲，濮州刺史，或其人後遷此官。

〔豳谷〕王云：太平寰宇記：古豳地在邠州三水縣西南三十里，有古豳城，在隴川水西，蓋古公劉之邑，即此城也。國都城記：豳國者，后稷之曾孫曰公劉始都焉。豳，谷名也，與故栒邑城相去約五十餘里。漢志注云豳鄉是也。何大復雍大記：豳谷在邠州東北三十里故三水縣公劉立國處。陝西通志：三水廢城在邠州三水縣東五里故豳谷。

〔稍稍〕文選謝朓酬王晉安詩：稍稍枝早勁。吕向注：稍稍，樹枝勁強無葉之貌。

〔涇水〕王云：郭璞山海經注：涇水出安定朝那縣西笄頭山，東南經新平扶風，至京兆高陵縣入渭。詩地理考：涇水出原州百泉縣涇谷，東南流至涇州臨涇、保定二縣，又東南流至邠州之宜禄、新平、永壽三縣，又東北流至京兆之醴泉、高陵、雲陽三縣以入渭。

〔二千石〕見卷六猛虎行注。

〔曛旭〕王云：廣韻：曛，日入也。又黄昏時。旭，日旦出貌。初學記：日初出曰旭。

〔獸炭〕晉書卷九三羊琇傳：琇性豪侈，費用無復齊限，而屑炭和作獸形，以温酒，洛下豪貴咸競效之。

〔餘光〕史記樗里子甘茂列傳：甘茂之亡秦奔齊，逢蘇代，代爲齊使於秦，甘茂曰：「臣得罪於秦，懼而遯逃，無所容跡。臣聞貧人女與富人女會績，貧人女曰：我無以買燭，而子之燭光幸有餘，子可分我餘光，無損子明而得一斯便焉。今臣困而君方使秦而當路矣，茂之妻子在焉，願君以餘光振之。」

〔棣華〕詩小雅常棣：常棣之華，鄂不韡韡。鄭箋：承花者鄂，不當作柎。柎，鄂足也。鄂足得華之光明，則韡韡然盛興者，喻弟以敬兄，兄以榮覆弟，恩義之顯亦韡韡然。

【評箋】

按：此詩及卷九贈新平少年、卷十九酬坊州王司馬與閻正字對雪見贈、卷二一登新平樓等詩，歷來俱誤爲天寶初去朝後遊邠州、坊州作，據稗山李白兩入長安辨（中華文史論叢第二輯），此數詩當作於開元間李白初入長安時。

西岳雲臺歌送丹丘子

西岳崢嶸何壯哉！黄河如絲天際來。黄河萬里觸山動，盤渦轂轉秦地雷。榮光休氣紛五彩，千年一清聖人在。巨靈咆哮擘兩山，洪波噴流射東海。三峯却立如欲摧，翠崖丹谷高掌開。白帝金精運元氣，石作蓮花雲作臺。雲臺閣道連窈冥，中有不死丹丘生。明星玉女備灑掃，麻姑搔背指爪輕。我皇手把天地户，丹丘談天與天語。九重出入生光輝，東求蓬萊復西歸。玉漿儻惠故人飲，騎二茅龍上天飛。

【校】

〔轂轉〕轂，兩宋本、繆本、王本俱注云：一作谷。英華作谷，注云：集作轂。

〔噴流射東海〕兩宋本、繆本注云：一作箭射流東海。王本注云：一作箭流射東海，蕭本作噴箭射東海。胡本流下注云：一作箭。

〔如欲〕欲，蕭本作玉。王本注云：許本作玉。

〔連窈冥〕兩宋本、繆本、王本俱注云：一作人不到。英華全句作閣道窈冥人不到，注云：集作雲臺閣道連窈冥。

〔東求〕求，蕭本作來。英華作海，注云：集作求。王本注云：蕭本作來。

〔儻惠〕惠，蕭本作或。王本注云：蕭本作或。

【注】

〔西岳〕爾雅釋山：華山爲西岳。

〔雲臺〕王云：（華山）在今陝西西安府華陰縣南十里，高數千仞，石壁層疊，有如削成。上有芙蓉、落雁、玉女三峯，又有八卦池、太乙池、白蓮池、菖蒲池、二十八宿池、細辛坪、玉女洗頭盆、老君洞、仙棋臺、蒼龍嶺、日月崖、仙掌巖諸勝。所謂雲臺者，乃其東北之峯也。兩巘競高，四面懸絶，崔嵬獨秀，有若臺形。下有穴，昔有人入此穴，出東方山而行，云經黄河底，聞上有流水之聲。

〔丹丘子〕梅鼎祚李詩鈔卷三：丹丘即元丹丘，楊注引開皇神告録唐高祖事近鑿。按：同卷元丹丘歌，卷十三聞丹丘子於城北山營石門幽居……，卷十五潁陽别元丹丘之淮陽，卷十九以詩代書答元丹丘，同卷酬岑勛見尋就元丹丘對酒……，卷二十三與元丹丘方城寺談玄作，同卷尋高鳳石門山中元丹丘，卷二十四觀元丹丘坐巫山屏風，卷二十五題元丹丘山居，同卷題元丹丘潁陽山居，又同卷題嵩山逸人元丹丘山居，或稱丹丘子，或稱元丹丘，自係一人。又按：卷三十漢東紫陽先生碑銘云：天寶初，威儀元丹丘……弟子元丹丘等……，是元丹丘爲道士，受法於紫陽。李白與元丹丘訂交甚早，其稱元丹者當即一人。卷二十六上安州裴長史書已云故交元丹親接斯議，卷二十八冬夜於隨州紫陽先生餐霞樓送烟子元演隱仙城山序云：吾與霞子元丹、烟子元演氣激道合，結神仙交，可資互證。

〔黄河〕王云：癸辛雜識：五岳惟華岳極峻，直上四十五里，遇無路處，皆挽鐵絙以上。有西岳廟在山頂，望黄河一衣帶水耳。

〔盤渦〕文選郭璞江賦：盤渦轂轉，淩濤山頽。李善注：渦，水旋流也。張銑注：盤渦言水深風壯，流急相衝，盤旋作深渦，如轂之轉。△渦音窩。

〔榮光休氣〕太平御覽卷六一中候曰：榮光出河，休氣四塞。榮光即五色。

〔千年一清〕太平御覽卷六一拾遺記曰：黄河千年一清，聖王之大瑞也。

〔巨靈〕文選張衡西京賦：綴以二華，巨靈贔屓，高掌遠蹠，以流河曲，厥跡猶存。薛綜注：巨靈，河神也。華山對河東首陽山，黄河流於二山之間。古語云：此本一山當河，河水過之而曲行，河之神以手擘開其上，以足踏離其下，中分爲二，以通河流。手足之跡，於今尚在。遁甲開山圖曰：有巨靈胡者，徧得坤元之道，能造山川，出江河。

〔三峯〕王云：太平寰宇記：名山記云：華岳有三峯，直上數千仞，基廣而峯峻，自下小岑疊秀，迄於嶺表，有如削成。今博山香爐形實象之。華山記：太華山削成而四方，直上至頂，列爲三峯。其西爲蓮花峯，峯之石窳隆不一，皆如蓮葉倒垂，故名是峯曰蓮花。其南曰落雁峯，上多松檜，故亦曰松檜峯。白帝宫在其間，俯眺三秦，曠莽無際，黄河如一縷水，繚繞岳下。其東峯曰朝陽峯，峯之左脇，中有一峯，狀甚秀異，如爲東峯所抱者，曰玉女峯，乃東峯之支峯也。世之談三峯者，數玉女而不數朝陽，非矣。

〔高掌〕王云：山之東北則爲仙人掌，即所謂巨靈掌也。巖壁黑色，石膏自壘中流出，凝結成痕，黄白相間。遠望之，見其大者五岐如指，好奇者遂傳爲巨靈劈山之掌跡。掌長三十丈許，五指參差，中指直冠峯頂，長二十丈。唐王涯作太華仙掌辯，謂太華之首峯有五崖，比甃破巖而列，自下遠望之，偶爲掌形，俗傳則曰巨靈劈剖，掌跡猶存。賈氏談録：華岳掌其色丹紫，正如肉色，每太陽對照，則盡見之，及日暮則漸隱而不見。樵者曰仙掌者，蓋絶地之上，羣甃聚會之所，石色頳然，望之適類於掌耳。其説皆闢巨靈掌跡之訛，似矣而猶不得其體狀。明王履游華山，坐玉女峯東北巖上，細察而後得之。乃曰王涯所辨，似得於傳聞，未嘗如吾之近觀也。蓋山石本黑，膏出於壘，從上溜下，作淡黄微白色，間之黑壁中。上則五岐，下則片屬，岐者如指，屬者如掌。復有細溜無數，雜五岐間。自遠望之，細者不見，惟見其大者，故五岐如指耳。寧有五崖比甃破巖而列哉？且膏所溜處，比比皆有，豈惟此掌爲然？此掌之外，日月巖最多，其次則東峯西壁，近於楊氏石室者，其色狀與此掌漏痕不殊。但彼不類物形，故不以爲異而見稱耳。

〔白帝〕王云：枕中書：金天氏爲白帝，治華陰山。

〔雲作臺〕王云：慎蒙名山記：李白詩「石作蓮花雲作臺」，今觀山形外羅諸山如蓮瓣，中間三峯特出如蓮心，其下爲雲臺峯，自遠望之，宛如青色蓮花開於雲臺之上也。　參見卷二古風第十九首注。

〔玉女〕見卷二古風第十九首注。

〔麻姑〕神仙傳：麻姑手爪似鳥，蔡經見之，心中念曰：背大痒時，得此爪以爬背，當佳也。王遠已知經心中所言，即使人牽經鞭之，曰：「麻姑，神人也，汝何忽謂其爪可爬背耶？」

〔天地户〕漢武帝内傳：王母命侍女法安嬰歌元靈之曲曰：天地雖廓寥，我把天地户。

〔談天〕史記孟子荀卿列傳：故齊人頌曰：談天衍……集解：劉向别録曰：鄒衍之所言五德終始，天地廣大。書言天事，故曰談天。

〔玉漿〕楊云：仙傳拾遺曰：嵩山北有大穴，一叟嘗誤墮其中，行十許日，見草屋一區，有二仙對棋，局下有數杯白飲，叟告飢，棋者與飲，飲畢，氣力十倍。半年出蜀青城山，歸洛問張華，曰：此仙館，所飲者玉漿也。

〔茅龍〕見卷二古風第二十首注。

元丹丘歌

元丹丘，愛神仙。朝飲潁川之清流，暮還嵩岑之紫烟。三十六峯常周旋。長周旋，躡星虹。身騎飛龍耳生風。横河跨海與天通。我知爾遊心無窮。

【校】

〔愛〕兩宋本、繆本、王本俱注云：一作好。

〔潁川〕川，兩宋本、繆本俱注云：一作水。胡本作水。

〔常周旋〕常，兩宋本、繆本、敦煌殘卷俱作長。

〔跨海〕跨，英華作矯，注云：集作跨。敦煌殘卷作矯。

〔遊心〕英華作心遊，注云：集作遊心。

【注】

〔元丹丘〕按：卷十三聞丹丘子於城北山營石門幽居……，卷十五潁陽別元丹丘之淮陽，卷十九以詩代書答元丹丘及酬岑勛見尋就元丹丘對酒相待……，卷二十三與元丹丘方城寺談玄作及尋高鳳石門山中元丹丘，卷二十四觀元丹丘坐巫山屏風，卷二十五題元丹丘山居，題元丹丘潁陽山居及題嵩山元丹丘山居，皆前後同爲一人所作，可參看。

〔潁川〕水經潁水：潁水出潁川陽城縣西北少室山。酈道元注：山海經曰：潁水出少室山。地理志曰：出陽城縣陽乾山，今潁水有三源岐發，右水出陽乾山之潁谷，其水東北流。……中水導源少室通阜，東南流徑負黍亭東，……與右水合。左水出少室南溪，東合潁水。

〔三十六峯〕王云：河南通志：嵩山居四岳之中，故謂之中岳。其山二峯，東曰太室，西曰少室。南跨登封，北跨鞏邑，西跨洛陽，東跨密縣，緜亘一百五十餘里。少室山，潁水之源出焉。其山有三十六峯，曰朝岳，曰望洛，曰太陽，曰少陽，曰石城，曰石筍，曰檀香，曰丹砂，曰鉢盂，曰香爐，曰連天，曰紫霄，曰羅漢，曰七佛，曰來仙，曰清涼，曰寶勝，曰瑞應，曰瓊璧，曰紫蓋，曰翠華，曰藥室，曰紫微，曰白道，曰帝宇，曰卓劍，曰白雲，曰金牛，曰明月，曰凝璧，曰迎霞，曰玉華，曰寶柱，曰繫馬，曰白鹿，曰靈隱。

扶風豪士歌

洛陽三月飛胡沙，洛陽城中人怨嗟。天津流水波赤血，白骨相撑如亂麻。我亦東奔向吴國，浮雲四塞道路賒。東方日出啼早鴉，城門人開掃落花。梧桐楊柳拂金井，來醉扶風豪士家。扶風豪士天下奇，意氣相傾山可移。作人不倚將軍勢，飲酒豈顧尚書期？雕盤綺食會衆客，吴歌趙舞香風吹。原嘗春陵六國時，開心寫意君所知。堂中各有三千士，明日報恩知是誰。撫長劍，一揚眉。清水白石何離離！脱吾帽，向君笑。飲君酒，爲君吟。張良未逐赤松去，橋邊黄石知我心。

【校】

〔東奔向吴國〕兩宋本、繆本、王本俱注云：一作來奔溧溪上。

〔天下奇〕奇，咸本注云：一作知。

【注】

〔扶風〕舊唐書地理志：關内道鳳翔府：隋扶風郡，武德元年改爲岐州。天寶元年，改爲扶風郡。

〔天津〕見卷二古風第十八首注。

〔撐〕音抽庚切。

〔亂麻〕王云：陳琳詩：「君獨不見長城下，死人骸骨相撐拄。」説文：撐，邪柱也。史記：死人如亂麻。

〔賒〕王云：韻會：賒，遠也。△賒音奢。

〔東方〕蕭云：此太白避亂東土時，言道路艱阻，京國亂離，而東土之太平自若也。扶風乃三輔郡，意豪士亦必同時避亂於東吴，而與太白銜杯酒接殷勤之歡者。

〔將軍勢〕辛延年詩：「昔有霍家奴，姓馮名子都。依倚將軍勢，調笑酒家胡。」

〔尚書期〕漢書卷九二陳遵傳：遵耆酒，每大飲，賓客滿堂，輒關門，取客車轄投井中，雖有急，終不得去。嘗有部刺史奏事過遵，值其方飲，刺史大窮，候遵霑醉時，突入見遵母，叩頭自白當對尚書有期會狀，母乃令從後閤出去。

〔三千士〕史記吕不韋列傳：當是時，魏有信陵君，楚有春申君，趙有平原君，齊有孟嘗君皆下士，喜賓客以相傾，……吕不韋亦招致士厚遇之，至食客三千人。按：汪師韓詩學纂聞云：此皆本諸文選。班固西都賦曰：節慕原、嘗，名亞春、陵。

〔清水〕王云：江暉詩：「恐君不見信，撫劍一揚眉。」古豔歌行：「語卿且勿盼，水清石自見。」

「清水白石何離離」即水清石見之意。蕭氏注以清水喻目，白石喻齒，恐未是。

〔脱吾帽向君笑〕通鑑卷百五四梁紀：（爾朱）榮方與上黨王天穆博，（城陽王）徽脱榮帽歡舞盤旋。胡注：唐李太白詩云：「脱君帽，爲君笑。」脱帽歡舞，蓋夷禮也。按：此兩句詩與今本李集有異。或胡氏誤記也。

〔黄石〕史記留侯世家：子房始所見下邳圯上老父與太公書者，後十三年，從高帝過濟北，果見穀城山下黄石，取而葆祠之，留侯死，並葬黄石冢。參見卷六猛虎行詩注。

【評箋】

胡云：洛陽光景作快活語，在杜甫不會，在李白不可。

梅鼎祚云：此篇天寶十六載安禄山據洛陽，廣平王入援，陳兵天津橋時作。（李詩鈔）

趙執信云：此歌行之極則，神變不可方物矣。（聲調譜）

桂天祥云：流離中有如此風韻，如此調蕩。高適少年行「未知肝膽向誰是，令人卻憶平原君」已爲佳句。及觀太白「春、陵、原、嘗」數語，其逸氣尤覺曠蕩，比高警策。撫長劍以下，是太白真處。末句尤調笑入神，不可及。（李詩選）

吴汝綸云：觀清水白石句，知此豪士非太白知己也。（唐宋詩舉要）

今人詹鍈云：寧國府志卷三十一人物志隱逸類：萬巨，世居震山，天寶間以材薦不就。李白有扶風豪士歌，即巨也。因巨遠祖漢槐里侯修封扶風，因以爲名。（涇縣）未知其何所據。

詹氏又云：蕭曰：此李白避亂東土時詩。求闕齋讀書録：洛陽三月四句言安禄山破東京，我亦東奔四句自叙避亂來吴，因至扶風豪士之家，扶風豪士當亦秦人而同時避亂於吴者。按詩云：我亦東奔向吴國，一作我亦來奔溧溪上，文苑英華與一作同，則此詩或作於溧水一帶。又起句云：「洛陽三月飛胡沙，洛陽城中人怨嗟，天津流水破赤血，白骨相撑如亂麻。」楊注謂此四句指廣平王入洛陽，大陳兵於天津橋。按廣平王收復東京乃至德二載十月事，此詩如爲此而作，當在乾元元年三月，然斯時太白方貶夜郎，斷不在溧水也。當依求闕齋讀書録之説定爲至德元載三月作，是時東京已陷，玄宗尚未幸蜀也。

按：洪亮吉北江詩話云：李白扶風豪士歌，在吴中所作，非贈人也。涇縣舊志以爲贈縣人萬巨所作，謬矣。

同族弟金城尉叔卿燭照山水壁畫歌

高堂粉壁圖蓬瀛，燭前一見滄洲清。洪波洶湧山峥嶸，皎若丹丘隔海望赤城。光中乍喜嵐氣滅，謂逢山陰晴後雪。迴谿碧流寂無喧，又如秦人月下窺花源。了然不覺清心魂，祇將疊嶂鳴秋猿。與君對此歡未歇，放歌行吟達明發。却顧海客揚雲帆，便欲因之向溟渤。

【校】

〔叔卿〕叔，兩宋本、繆本、王本俱注云：一作升。

〔滄洲清〕清，英華作情，注云：集作清。胡本作情，注云：一作清。

〔乍喜〕喜，英華作言，注云：集作喜。咸本注云：一作言。

〔歡未〕歡，英華作心，注云：一作歡。

〔行吟〕行，英華作閑，注云：一作行。

【注】

〔金城〕王云：唐書地理志：京兆興平縣，本名始平。景龍二年，中宗送金城公主降吐蕃至此，改曰金城。至德二載，更名興平。延州敷政縣本名固城。武德二年，徙治金城鎮，更名金城。天寶元年更名敷政。蘭州五泉縣，咸亨二年，更名金城。天寶元年，復名五泉。蘭州廣武縣，乾元二年，更名金城。凡金城更名者有四處，未知孰是。

〔叔卿〕王云：李季卿三墳記：先侍郎之子曰叔卿，字萬，天質琅琅，德光文蔚，識度標邁，弱冠以明經擢，國授薦邑虞、樂二尉，魏守崔公沔洎相國晉公甲科第之，進等舉之。轉金城尉，吏不敢欺。按：李季卿名見兩唐書。貞松老人遺稿：捿先塋記跋云：李季卿，舊書附見李適之傳，新書附見李適傳。予往歲據此記考從新書爲得。頃讀全唐文載獨孤及唐故正議大夫右散騎常侍贈禮部尚書李季卿墓誌稱公烈考曰適，神龍中歷官中書舍人，昭文館學士，工部侍郎。子馮翊縣令霸。又云：尚書右丞長樂賈至作銘以銘之。於此記外又得一證。岑仲勉貞石證史：三墳記云：余按季卿，新書二〇二附見其父適傳，舊書九九誤附李適之傳，考異已辨之，王（昶）氏謂四人皆無傳者，未詳考也。……李白同族弟金城尉叔卿燭照山水壁畫歌，姓名、官歷與集古目合，則集古目謂仲名叔卿當不妄。適萬年人，白出隴西，故曰族弟。

〔丹丘〕楚辭：仍羽人於丹丘。王逸注：丹丘，晝夜常明也。

〔赤城〕王云：太平御覽：孔靈符會稽記曰：赤城山土色皆赤，巖岫連沓，狀似雲霞，懸溜千仞，謂之瀑布。飛流洒散，冬夏不竭，山谷絶澗，崢嶸無底，長松葛藟，幽藹其上。方輿勝覽：赤城山在台州天台縣北六里，一名燒山。其上石壁，皆如霞色，望之如雉堞然，故後人以此名山。天台山志：赤城山，天台山之一小山也，石皆赤色，壁立如城。參見卷十五夢遊天姥吟注及卷十六送王屋山人魏萬歸王屋詩注。

〔嵐〕王云：韻會：嵐，山氣也。△嵐音盧含切。

〔山陰〕王云：新唐書地理志：會稽郡有山陰縣，以其在會稽山之北故名。水經注：山陰縣川明土秀，亦爲勝地，故王逸少云，從山陰道上猶如鏡中行也。

〔花源〕王云：謂武陵之桃花源。

〔嶂〕音帳。

〔溟渤〕王云：鮑照詩：「穿池類溟渤。」李善注：溟渤二海名。郭璞山海經注：渤海，海岸曲崎頭也。

【評箋】

今人詹鍈云：按新唐書地理志：金城更名有四處，此當指京兆府金城縣而言。詩云：「却顧海客揚雲帆，便欲因之向溟渤。」蓋白出金門後作也。

白毫子歌

淮南小山白毫子，乃在淮南小山裏。夜卧松下雲，朝餐石中髓。小山連綿向江開，碧峯巉巖渌水迴。余配白毫子，獨酌流霞杯。拂花弄琴坐青苔。緑蘿樹下春風來。南窗蕭颯松聲起，憑崖一聽清心耳。可得見，未得親。八公攜手五雲去，空餘桂樹愁殺人。

【校】

〔松下雲〕雲，兩宋本、繆本俱作雪。胡本作雪，注云：一作雲。王本注云：繆本作雪。

〔連〕兩宋本、繆本、王本俱注云：一作聯。

〔渌水迴〕咸本作水邅迴，注云：一作渌水迴。

〔拂花〕拂，咸本注云：一作樓。疑爲摟之訛字。

〔未得〕未，兩宋本、繆本、王本俱注云：一作不。

【注】

〔小山〕王云：王逸楚辭序：招隱士者，淮南小山之所作也。昔淮南王安好古，招懷天下俊偉之士，自八公之徒，咸慕其德而歸其仁，各竭才智，著作篇章，分造辭賦，以類相從，故或稱大山，或稱小山。其意猶詩有大雅、小雅也。古今注：淮南王，淮南小山之所作也。淮南服食求仙，徧禮方士，遂與八公相攜俱去，莫知所在。小山之徒，思戀不已。乃作淮南王之曲焉。琦按：上句之淮南小山本楚辭序以贊美白毫子之才，下句之淮南小山則指白毫子隱居之地而言。白毫子蓋當時逸人，嚴滄浪以爲太白呼八公爲白毫子，非矣。

〔石中髓〕王云：列仙傳：卭疏者，周封史也。能行氣鍊形，煮石髓而服之，謂之石鍾乳。神仙傳：王烈獨之太行山中，忽聞山東崩，地殷殷如雷聲。烈往視之，乃見山破石裂數百丈，兩畔皆是青石。石中一穴口徑闊尺許，中有青泥流出如髓，烈取泥試丸之，須臾成石，如投熱蠟之狀，隨手堅凝，氣如粳米飯，嚼之亦然。烈合數丸如桃大，用攜少許歸，與嵇叔夜曰：「吾得異物。」叔夜甚喜，取而視之，已成青石，擊之琤琤如銅聲。叔夜即與烈往視之，斷山已復如故。烈曰：「叔夜未合得道故也。」按神仙經曰：神山五百年輒開，其中石髓出，得而食之，壽與天相畢。烈前得者必是也。

〔流霞〕論衡道虚篇：……（項）曼都曰：……有數仙人將我上天，……口飢欲食，仙人輒飲我以流霞一杯，每飲一杯，數月不飢。

〔桂樹〕文選淮南王招隱士：桂樹叢生兮山之幽。

梁園吟

我浮黄河去京闕，挂席欲進波連山。天長水闊厭遠涉，訪古始及平臺間。平臺爲客憂思多，對酒遂作梁園歌。却憶蓬池阮公詠，因吟渌水揚洪波。洪波浩蕩迷舊國，路遠西歸安可得？人生達命豈暇愁？且飲美酒登高樓。平頭奴子摇大扇，五月不熱疑清秋。玉盤楊梅爲君設，吴鹽如花皎白雪。持鹽把酒但飲之，莫學夷齊事高潔。昔人豪貴信陵君，今人耕種信陵墳。荒城虚照碧山月；古木盡入蒼梧雲。梁王宫闕今安在？枚馬先歸不相待。舞影歌聲散渌池，空餘汴水東流海。沉吟此事淚滿衣，黄金買醉未能歸。連呼五白行六博，分曹賭酒酣馳暉。歌且謡，意方遠。東山高卧時起來，欲濟蒼生未應晚。

【校】

〔題〕兩宋本、繆本題下俱注云：一作梁苑醉酒歌。又注云：梁、宋。敦煌殘卷作梁園醉歌。

〔我浮〕浮，兩宋本、繆本、王本俱注云：一作乘。

〔黄河〕河，蕭本作雲。兩宋本、繆本、胡本、王本俱注云：一作雲。

〔京闕〕闕，兩宋本、繆本、咸本俱作關。敦煌淺卷作關。王本注云：繆本作關。

〔欲進〕進，兩宋本、繆本、王本俱注云：一作往。

〔對酒〕兩宋本、繆本、王本俱注云：一作醉來。

〔豈暇〕暇，兩宋本、繆本俱作假。王本注云：繆本作假。

〔疑清秋〕疑，兩宋本、繆本、王本俱注云：一作如。胡本作如。

〔玉盤〕玉，兩宋本、繆本俱注云：一作素。敦煌殘卷作素。

〔楊梅〕楊，兩宋本、繆本、王本俱注云：一作青。蕭本作梅，誤。

〔白雪〕白，兩宋本、繆本、王本俱注云：一作如。

〔莫學〕此句兩宋本、繆本、胡本、王本俱注云：一作何用孤高比雲月，一作咄咄書空字還滅。敦煌殘卷作世上悠悠不堪説。

〔虚照〕虚，兩宋本、繆本、王本俱注云：一作遠。

〔宫闕〕兩宋本、繆本、王本俱注云：一作賓客。敦煌殘卷作賓客。

〔枚馬〕咸本注云：一作投刺。

〔未能〕兩宋本、繆本、王本俱注云：一作莫言。

〔行六博〕行，兩宋本、繆本、王本俱注云：一作投。

〔酣馳暉〕酣，兩宋本、繆本、王本俱注云：一作看，下同。

〔時起來〕時，兩宋本、繆本、王本俱注云：一作忽，又作還。

【注】

〔梁園〕楊云：漢梁王都睢陽，北界太山，西至高陽，四十餘城，孝王築東苑，方三百里，廣睢陽城七十里，大治宫室，爲複道自宫連屬於平臺二十餘里。九域志：南京睢陽郡治宋城縣，有平臺複宫三十六。蕭云：西京雜記：梁孝王好營宫室苑囿之樂，作曜華之宫，築兔園，園中有百靈山，山有膚寸石，落猿巖、栖龍岫，又有雁池，池間有鶴洲、鳧渚。其諸宫觀相連，延亘數十里。奇果異樹，瑰禽怪獸畢備。王日與宫人賓客弋釣其中，此梁園名之所由始也。　王云：一統志：梁園在河南開封府城東南，一名梁苑，漢梁孝王遊賞之所。

〔挂席〕文選謝靈運遊赤石進帆海詩：「挂席拾海月。」李善注：揚帆、挂席，其義一也。

〔平臺〕王云：漢書：梁孝王大治宫室，爲複道自宫連屬於平臺。如淳注：平臺在大梁東北，離宫所在也。顔師古注：今其城東二十里所有故臺基，其處寬博，土俗云平臺也。水經注：晉灼曰：平臺在城中東北角，亦或言兔園在平臺側。如淳曰：平臺，離宫所在。今城東二十里有臺，寬廣而不甚極高，俗謂之平臺。予按漢書梁孝王傳，稱王以功親爲大國，築東苑，方三百里，廣睢陽城七十里，大治宫室，爲複道自宫連屬於平臺三十餘里。複道自宫東出揚州之門左陽門，即睢陽東門也。連屬於平臺則近矣，屬之城隅則不能。是知平臺不在城中也。梁王與鄒、枚、司馬相如之徒極游於其上。故齊隨郡王山居序所謂西園多士，平臺盛賓，鄒馬之客咸在，伐木之歌屢陳。是用追芳昔娱，神遊千古，故亦一時之盛事。謝氏雪賦亦云，梁王不悦，遊於兔園，今也歌堂淪宇，律管埋音。孤基塊立，無復曩日之望矣。元和郡縣志：平臺在宋州虞城縣西四十里。左傳，宋皇國父爲宋平公所築。漢梁孝王大治宫室，爲複道自宫連屬於平臺三十餘里，與鄒、枚、相如之徒並游其上，即此也。按：歷代詩話卷三〇：阮嗣宗詠懷詩：「駕言發魏都，南向望吹臺。簫管有餘音，梁王安在哉？」吴旦生曰：楊升庵謂本師曠吹臺，梁孝王增築，班史稱平臺，唐稱吹臺。又因謝惠連嘗爲雪賦，又名雪臺。余按水經注：陳留縣有師曠城，上有列仙之吹臺，梁王增築，即嗣宗所謂吹臺。文昌雜録云：東京天清寺繁臺，梁孝王按歌吹之臺，後有繁氏居其側，里人呼爲繁臺。青箱雜記云：梁高祖常閲武於此，改爲講武臺，此則吹臺之始末也。至於平臺者，按漢書晉灼注云：兔園在平臺側。如淳注云：睢陽城東二十里有臺，寬闊而不甚高，俗謂之平臺。宋書謝靈運傳所云綴平臺之遺響也。今觀統志云：惠連於此賦雪。蓋謝居江左，安得云於此賦雪？升庵以平臺即吹臺，未必然也。漢梁孝王傳云：王以功親爲大國，大治宫室園苑，則所築亦非一處耳。

〔洪波〕阮籍詠懷詩：「徘徊蓬池上，還顧望大梁。淥水揚洪波，曠野莽茫茫。走獸交横馳，飛鳥相隨翔。是時鶉火中，日月正相望。朔風厲嚴寒，陰氣下微霜。羈旅無儔匹，俛仰懷哀傷。」

〔平頭〕王云：梁武帝詩：平頭奴子擎履箱。按：平頭者，蓋奴子不得戴冠巾，以别於奴主之裝束。

〔吴鹽〕按：吴鹽蓋用漢書吴王濞傳東煮海水爲鹽事，自此吴地所産爲四方所食也。

〔信陵墳〕王云：按史記魏公子無忌封信陵君，仁而下士，士無賢不肖皆謙而禮交之，不敢以其富貴驕士。士以此方數千里争往歸之，致食客三千人。諸侯以公子賢多客，不敢加兵謀魏。後奪晉鄙兵進擊秦軍，秦軍解去，遂救邯鄲存趙。又率五國之兵破秦軍於河外，乘勝逐秦軍，至函谷關抑秦兵，秦兵不敢出。當是時，公子威震天下。太平寰宇記：信陵君墓在開封府浚儀縣南十二里。

〔蒼梧雲〕太平御覽卷八：歸藏曰：有白雲出自蒼梧入大梁。

〔枚馬〕漢書卷五一枚乘傳：枚乘字叔，淮陰人。……游梁，梁客皆善屬詞賦，乘尤高。又卷五七司馬相如傳：司馬相如字長卿，蜀郡成都人，……爲武騎常侍，非其好也。……是時梁孝王來朝，從遊説之士鄒陽、枚乘……之徒，相如見而説之，因病免客游梁，得與諸侯游士居。

〔汴水〕明一統志卷二六：汴河舊自滎陽縣東經（開封）府城内，又東合蔡河，名蒗菪渠，又名通濟渠，東注泗州，下入于淮。

〔六博〕王云：招魂：「菎蔽象棋，有六簙些。分曹並進，遒相迫些。成梟而牟，呼五白些。」王逸注：投六箸，行六棋，故爲六簙也。倍勝爲牟。五白，簙齒也。言己棋已梟，當成牟勝，射張食棋，下兆於屈，故呼五白以助投也。吴曾漫録：五木之戲，其四爲玉采，貴也。其八爲珉采，賤也。五木之中，有采曰白，蓋五木俱白也。楚辭：成梟而牟呼五白。梟二爲珉采。牟者，勝也。欲勝其梟，必呼五白也。海録碎事：六博用十二棋，分黑白各半擲之。參見卷六猛虎行注。

〔且謡〕詩魏風園有桃：我歌且謡。毛傳：曲合樂曰歌，徒歌曰謡。

〔東山〕世説排調篇：謝公在東山，朝命屢降而不動。後出爲桓宣武司馬，將發新亭，朝士咸出瞻送。高靈時爲中丞，亦往相祖。先時多少飲酒，因倚如醉，戲曰：「卿屢違朝旨，高卧東山，諸人每相與言，安石不肯出，將如蒼生何！今亦蒼生將如君何！」謝笑而不答。

【評箋】

王云：作梁園歌而忽間以信陵數語，謂以信陵之賢，名震一世，至今日而墓域且不克保。況梁孝王之賢不及信陵，其歌臺舞榭又焉能保其常在乎？此文章襯託法，不是爲信陵致慨，乃是爲梁王釋恨，並爲自己解愁，以見不如及時行樂之爲得也。故下遂接以「沉吟此事淚滿衣」云云。

方東樹云：起四句叙。平臺二句入題情，正點一篇提局。卻憶句轉放開展，用筆頓折渾轉。平頭二句酣恣肆放。玉盤四句鋪。昔人數句詠嘆以足之。情文相生，情景交融，所謂興會才情忽然涌出花來者也。空餘句頓挫，沉吟句轉正意。太白亦自沉痛如此，其言神仙語乃其高情所寄，實實有見，小兒子強欲學之，便有令人嘔吐之意。讀太白者辨之。因見梁園有阮公、信陵、梁王諸迹，今皆不見，足爲憑弔感慨。他人萬手同知如此用意，而不解如此作法。此卻從自己遊歷多愁説入，又自解不必如此。所謂借他人酒杯澆自己塊壘，死活仙凡全在如此。尋常俗士但知正衍故實，以爲詠古炫博，或叙後入議論，炫才識，而不知此凡筆也。此卻以自己爲經，偶觸此地之事，借作指點慨歎，以發洩我之懷抱，全不專爲此地考古跡發議論起見。所謂以題爲賓爲緯，於是實者全虚，憑空御風，飛行絶迹，超超乎仙界矣。脱離一切凡夫心胸識見矣。杜公詠懷古迹便是如此，解此可通之近體，一也。詩最忌段落太分明，讀此可得音節轉换及章法大規。（昭昧詹言）

今人詹鍈云：蔡夢弼杜工部草堂詩箋外集酬唱附録引此作梁園醉歌。定爲白與杜甫、高適同遊梁宋時作。詩云：「我浮黄河去京闕，挂席欲進波連山。天長水闊厭遠涉，訪古始及平臺間。」杜甫寄李十二白所云「醉舞梁園夜」，即此時事也。

鳴皋歌送岑徵君

若有人兮思鳴皋，阻積雪兮心煩勞。洪河淩兢不可以徑度，冰龍鱗兮難容舠。

邈仙山之峻極兮，聞天籟之嘈嘈。霜崖縞皓以合沓兮，若長風扇海，湧滄溟之波濤。玄猿緑羆，舔舕崟岌；危柯振石，駭膽慄魄；羣呼而相號。峯崢嶸以路絶，挂星辰於巖嶅。送君之歸兮，動鳴臯之新作。交鼓吹兮彈絲，觴清泠之池閣。君不行兮何待？若返顧之黄鶴。掃梁園之羣英，振大雅於東洛。巾征軒兮歷阻折，尋幽居兮越巘崿。盤白石兮坐素月，琴松風兮寂萬壑。望不見兮心氛氲，蘿冥冥兮霰紛紛。水横洞以下渌，波小聲而上聞。虎嘯谷而生風，龍藏溪而吐雲。冥鶴清唳，飢鼯嚬呻。塊獨處此幽默兮，愀空山而愁人。雞聚族以争食，鳳孤飛而無鄰。蝘蜓嘲龍，魚目混珍。嫫母衣錦，西施負薪。若使巢由桎梏於軒冕兮，亦奚異於夔龍蹩躠於風塵。哭何苦而救楚？笑何誇而却秦。吾誠不能學二子，沽名矯節以耀世兮，固將棄天地而遺身。白鷗兮飛來，長與君兮相親。

【校】

〔題〕此下王本注云：原注：時梁園三尺雪，在清泠池作。兩宋本、繆本注同王本，無原注二字。

〔淩兢〕王本兢作競，誤，今依各本改。

〔仙山〕兩宋本、繆本、王本俱注云：一作神仙。

〔長風〕風，兩宋本、繆本、王本俱注云：一作虹。

〔崟岌〕兩宋本、繆本俱作岌危，無崟字，岌下注云：一作崟。王本注云：繆本作岌危，一作岑危。

〔危柯〕危，兩宋本、繆本俱屬上句，柯上有咆字。王本危下注云：繆本作咆。

〔黄鶴〕鶴，王本誤刊作鵠，不叶韻，顯非，今依各本改。

〔寂萬壑〕寂，兩宋本、繆本、王本俱注云：一作昇。

〔而上聞〕而，英華注云：集作兮。

〔冥鶴〕冥，蕭本、咸本、英華俱作寡。兩宋本、繆本、王本俱注云：一作寡。

〔塊獨〕塊，蕭本作魂。王本注云：蕭本作魂。

〔愀空山〕愀，兩宋本、繆本、王本俱注云：一作啼。

〔而愁人〕而，兩宋本、繆本、王本俱注云：一作兮。

〔異於〕於，蕭本作乎。

【注】

〔鳴臯〕王云：元和郡縣志：鳴臯山在河南府陸渾縣東北十五里。按：今本元和郡縣志作明臯山。元和郡縣圖志（卷五）攷證云：李太白集王注引作鳴臯山，河南志同。

〔岑徵君〕按：卷十七有送岑徵君歸鳴臯山詩，王注以爲岑文本之後。卷十九有酬岑勛見尋就元丹丘對酒相待以詩見招詩，據其與元丹丘之關係，此岑徵君應即爲岑勛。

〔若有人兮〕楚辭山鬼：若有人兮山之阿。

〔煩勞〕張衡四愁詩：「何爲懷憂心煩勞。」

〔洪河〕文選班固西都賦：帶以洪河、涇、渭之川。吕向注：洪河，大河也。

〔凌兢〕漢書卷八七揚雄傳：馳閶闔而入凌兢。顏師古注：凌兢者言寒涼戰栗之處也。

〔龍鱗〕王云：冰龍鱗者，冰有鋸齒，參差如鱗也。

〔舠〕王云：韻會：舠，小船也，形如刀。集韻或作舠，通作刀。詩：曾不容刀。釋名云：二百斛以上曰艇，三百斛曰刀。

〔天籟〕莊子齊物論篇：子游曰：「地籟則衆竅是已，人籟則比竹是已，敢問天籟。」子綦曰：「夫吹萬不同，而使其自已也，咸其自取，怒者其誰耶？」

〔縞〕音稿。

〔玄猿緑羆〕王云：上林賦：玄猿素雌。李善注：玄猿，猿之雄者玄色也。西京雜記：熊羆毛有緑光，皆長二尺者直百金。

〔舔談〕王云：吐舌貌。△舔音餂，談音炎上聲。

〔崟〕音吟。

〔巉巖〕王云：木華海賦：戛巉巖。釋名：山多小石曰巖。巖，嶢也。每石嶢嶢獨處而出見也。

〔清泠池〕楊云：九域志：南京睢陽郡有清泠池。

〔巾征軒〕王云：孔叢子：巾車命駕。鄭玄周禮巾車注：巾猶衣也。李善文選注：軒，車通稱也。巾征軒者，以帷蒙征車之上也。高步瀛唐宋詩舉要云：説文巾部段注曰：以巾拭物曰巾。吴都賦：吴王乃巾玉路，陶淵明文：或巾柴車，皆謂拂拭用之，不同鄭説也。按：此詩當從段説。

〔巇崿〕文選謝靈運晚出西射堂詩：「連鄣疊巇崿。」李善注：巇崿，崖之别名。△巇音年上聲，崿音鄂。

〔氛氲〕文選謝惠連雪賦：氛氲蕭索。李善注：氛氲，盛貌。△氛音分，氲音醖平聲。

〔吐雲〕王云：淮南子：虎嘯而谷風至，龍舉而景雲屬。管輅别傳：龍者陽精，以潛爲陰，幽靈上通，和氣感神，二物相扶，故能興雲。虎者陰精而居於陽，依木長嘯，動於巽林，二氣相感，故能運風。

〔唳〕音麗。

〔飢鼯〕王云：謝朓詩：「獨鶴方朝唳，飢鼯此夜啼。」韻會：唳，鶴鳴也。按本草：鼯鼠，鳥名，一名鸓鼠，一名夷由，一名飛生鳥。狀如蝙蝠，肉翅連尾，大如鴟鳶，毛紫色，好夜飛。但能向下，不能向上。恒夜鳴，鳴聲如人呼，湖嶺山中多有之。

〔愀〕音悄，又音秋。

〔蝘蜓〕王云：爾雅翼：蝘蜓似蜥蜴，灰褐色，在人家屋壁間，狀雖似龍，人所玩習。故淮南云：禹南濟於江，黄龍負舟，禹視龍猶蝘蜓，龍亡而去。比之蝘蜓，言不足畏。楊子云：執蝘蜓而嘲龜龍，蓋陋之也。一名守宫，又名壁宫，特善捕蝎，俗號蝎虎。△蝘音偃，蜓音殄。

〔魚目〕王云：李善文選注：雒書曰：秦失金鏡，魚目入珠。鄭玄曰：魚目亂珍珠。

〔嫫母〕淮南子説山篇：嫫母有所美。高誘注：嫫母古之醜女。

〔負薪〕吳越春秋：越王使相者於國中得苧蘿山鬻薪之女曰西施鄭旦，飾以羅縠，教以容步，習於土城，臨於都巷，三年學服而獻於吳。

〔蹩躠〕蹩音别，躠音屑。

〔風塵〕王云：鄭玄禮記注：桎梏，今械也。在足曰桎，在手曰梏。莊子：蹩躠爲仁，踶跂爲義。廣韻：蹩躠，旋行貌，一曰跛也。巢、由以隱居自樂爲志，夔、龍以行道濟時爲志。若使巢、由羈身於軒冕之中，與夔、龍廢棄於風塵之内無異。是皆不適其志願也。

〔救楚〕戰國策楚策：吳與楚戰於柏舉，三戰入郢……棼冒勃蘇曰：「吾披堅執鋭，赴强敵而死，此猶一卒也。不若奔諸侯。」於是嬴糧潛行，上峥山，踰深溪，蹠穿膝暴，七日而薄秦王之朝。雀立不轉，晝吟宵哭，七日不得告，水漿無入口，瘨而殫悶，旄不知人。秦王聞而走之，冠帶不相及，左捧其首，右濡其口，勃蘇乃蘇。秦王身問之：「子孰誰也？」棼冒勃蘇對曰：「臣非異，楚使新造盩棼冒勃蘇。吳與楚戰於柏舉，三戰入郢，寡君身出，大夫悉屬，百姓離散，使下臣來告亡，且求救。」秦王……遂出革車千乘，卒萬人，屬之子蒲與子虎下塞以東與吳人戰於濁水而大敗之。

〔却秦〕文選左思詠史詩：「吾慕魯仲連，談笑却秦軍。」

【評箋】

王云：晁補之曰：李白天才俊麗，不可矩矱，然要長於詩，而文非其所能也。賦近於文，故白大鵬賦辭非不壯，不若其詩盛行於世。至鳴皐歌一篇，本末楚辭也，而世誤以爲詩。因爲出之。其略曰：蝘蜓嘲龍，魚目混珍。嫫母衣錦，西施負薪。此諄諄放屈原卜居及賈誼弔屈原語，而白才自逸蕩，故或離而去之云。楚辭後語曰：白天才絶出，尤長於詩，而賦不能及晉、魏，獨此篇近楚辭，然歸來子猶以爲白才自逸蕩，故或離而去之，亦爲知言云。

唐宋詩醇云：作騷體便覺屈原、宋玉去人不遠，其不規規步趨處正是其才高氣逸爲之耳。望不見兮一段寫出幽居寂寞之況，興起下文，脈絡相貫。陳繹曾謂白詩祖風騷宗漢、魏，善於掉弄，造出奇怪，驚心動目，忽然撇出，妙入無聲，其知言者乎！王世貞以爲歌行縱横，往往強弩之末，間以長語，英雄欺人，是不知其錯落變化自有天然節奏，而輕議之也。

沈德潛云：學楚騷而長短疾徐，横縱馳驟，又復變化其體，是爲仙才。（唐詩別裁）

按：「哭何苦而救楚，笑何誇而却秦」二句爲白自喻之詞，白慕魯仲連之人，已屢見集中，以申包胥自比，見卷二十二奔亡道中詩等篇，蓋其素志然也。

鳴皋歌奉餞從翁清歸五崖山居

憶昨鳴皋夢裏還，手弄素月清潭間。覺時枕席非碧山，側身西望阻秦關。麒麟閣上春還早，著書却憶伊陽好。青松來風吹古道，緑蘿飛花覆烟草。我家仙翁愛清真，才雄草聖淩古人。欲卧鳴皋絶世塵，鳴皋微茫在何處？五崖峽水橫樵路。身披翠雲裘，袖拂紫煙去。去時應過嵩少間，相思爲折三花樹。

【校】

〔從翁清〕清，英華作請，注云：集作清。

〔山居〕山，英華作幽，注云：集作山。

〔憶昨〕兩宋本、繆本俱作昨憶。王本注云：繆本作昨憶。

〔古道〕古，兩宋本、繆本、咸本俱作石。胡本注云：一作石。王本注云：繆本作石。

〔仙翁〕翁，兩宋本、繆本作公，英華作翁。胡本注云：一作公。王本注云：繆本作公。

〔五崖〕崖，咸本注云：一作原。

〔峽水〕峽，兩宋本、繆本俱注云：一作溪。蕭本作狹。王本注云：一作溪，蕭本作狹。

〔紫煙〕兩宋本、繆本、王本俱注云：一作雲。英華作雲，注云：集作煙。

【注】

〔麒麟閣〕見卷四司馬將軍歌注。

〔伊陽〕舊唐書地理志：河南道河南府伊陽：唐先天元年十二月，割陸渾縣置。太平寰宇記卷五：鳴皐山在（河南府伊陽）縣東三十五里。

〔草聖〕法書要録：弘農張芝高尚不仕，善草書，精勁絶倫。家之衣帛，必先書而後練。臨池學書，池水盡墨。每書云匆匆不暇草書。人謂之草聖。

〔嵩少〕水經禹貢山水澤地所在篇：嵩高爲中岳，在潁川陽城縣西北。酈注：爾雅曰：山大而高曰嵩，合而言之曰嵩高，分而名之曰二室。西南爲少室，東北爲太室。

〔三花樹〕王云：三花樹即貝多樹也。齊民要術：嵩山記曰：嵩寺中忽有思惟樹，即貝多也。昔有人坐貝多樹下思惟，因以名焉。漢道士從外國來，將子於西山脚下種，極高大，今有四樹，一年三花。

【評箋】

今人詹鍈云：唐詩紀事卷二十四：李清登天寶十二年進士第，不知與此是一人否。

按：新書世系表有常山公清，當非其人。又趙郡李氏有名清者二人。

勞勞亭歌

金陵勞勞送客堂，蔓草離離生道旁。古情不盡東流水，此地悲風愁白楊。我乘素舸同康樂，朗詠清川飛夜霜。昔聞牛渚吟五章，今來何謝袁家郎？苦竹寒聲動秋月，獨宿空簾歸夢長。

【校】

〔題〕此下王本注云：原注：在江寧縣南十五里，古送別之所，一名臨滄觀。兩宋本、繆本注同王本，無原注二字。

〔此地〕地，英華作日。

【注】

〔勞勞亭〕景定建康志卷二二：勞勞亭在城南十五里，古送別之所。吳置亭在勞勞山上，今顧家寨大路東即其所。王云：太平御覽：輿地志曰：丹陽郡秣陵縣新亭隴上有望遠樓，又名勞勞亭，宋改爲臨滄觀，行人分别之所。一統志：勞勞亭在應天府治西南，吴時建。參見卷二十五勞勞亭詩注。

〔舸〕音歌，又音哿。

〔康樂〕王云：謝靈運詩：「可憐誰家郎，緣流乘素舸。」康樂即靈運，以其襲封康樂公，故世稱之曰謝康樂。

〔袁家郎〕世説文學篇注：續晉陽秋曰：(袁)虎少有逸才，文章絶麗，曾有詠史詩，是其風情所寄。少孤而貧，以運租爲業。鎮西謝尚時鎮牛渚，乘秋佳風月，率爾與左右微服泛江。會虎在運租船中諷詠，聲既清會，辭又藻拔，非尚所曾聞，遂往聽之。乃遣問訊，答曰：「是袁臨汝郎誦詩。」即其詠史之作也。尚佳其率有興致，即遣要迎，談話申旦，自此名譽日茂。

〔苦竹〕王云：竹有淡竹、苦竹二種，莖葉不異。以其筍味之苦淡而名。

【評箋】蕭云：……宏有逸才，文章絶美，曾爲詠史詩，是其風情所寄，此詩意乃太白自比於靈運，而又自嘆其才不減彦伯，而無謝尚之見知。獨宿空簾，寄情歸夢，亦可哀矣。

王云：此詩大意，太白自誇山水之趣既同康樂，而吟詠之妙又不減袁宏，惜無相賞之人與之談話申旦，空簾獨宿，殊覺寂寥，兩事並用，各不相妨，楊注謂康樂乃謝靈運，邀袁虎者乃謝尚，疑太白誤作一事用者，非也。

按：卷二十五尚有勞勞亭一首，此爲懷古，彼爲送别。當皆是客金陵時詩，詞意同一淒苦，恐是放逐後之作。

横江詞六首

人道横江好，儂道横江惡。一風三日吹倒山，白浪高於瓦官閣。

【校】

〔題〕絶句無第一首。

〔人道〕道，兩宋本、繆本俱作言。王本注云：繆本作言。

〔一風〕此句兩宋本、繆本、王本俱注云：一作猛風吹倒天門山。英華作猛風吹倒天門山。

【注】

〔横江〕太平寰宇記卷一二四：横江浦在（和州歷陽）縣東南二十六里。孫策自壽春欲經略江東，揚州刺史劉繇遣將樊能、於麋（今本作于麋，今從王注引）屯横江，孫策破之於此。對江南岸之采石，往來濟渡處。隋將韓擒虎平陳自采石濟，亦此處也。

〔儂〕王云：胡三省通鑑注：吴人率自稱曰儂。

〔瓦官閣〕楊云：采石在太平州當塗縣，距建康八十五里，即古牛渚。瓦官寺古碑云：昔有僧誦法華經，以瓦棺葬於此，棺上生蓮花。寺中有閣，高三十五丈。王云：幽怪録：上元縣有瓦棺寺，寺上有閣，倚山瞰江，萬里在目，亦江湖之極境。游人弭棹，莫不登眺。江南通志：昇元閣在江寧城外，一名瓦官閣，即瓦官寺也。閣乃梁朝所建，高二百四十尺，南唐時猶存。今在城之西南角。楊吴末城時，正與越臺相近，長干之西北也。唐以前江水逼石頭，李白詩「白浪高于瓦官閣」，以此。景定建康志卷二一：昇元閣舊在昇元寺，即瓦棺寺也，在城西南隅。京師寺記：瓦官寺有瓦棺閣，乃梁朝所建，高二百四十尺。按：瓦官爲製甎瓦工場，猶古之鍾官、錦官。瓦棺之説出於附會。焦氏筆乘續集卷七云：晉哀帝興寧二年，詔移陶官於淮水北，遂以南岸窰地施僧慧力造寺，因以瓦官名之。今驍騎衛倉是其遺址。南唐爲昇元寺，登閣江山滿目，最爲佳勝處。太白詩「白浪高於瓦官閣」，正與今倉基所見同。近詔毁私創庵院，集慶庵一黠僧輒妄以瓦官名其處，因得幸免，然於古跡毫無干涉也。姚鼐惜抱軒筆記：焦氏筆乘：晉哀帝興寧二年，移陶官于淮水北，以南岸故窰地施與僧慧力造寺，因名瓦官寺。其解與瓦棺説異。此説出景定建康志。焦又云：今驍騎衛倉是其遺址。南唐爲昇元寺，近詔毁私創庵院，集慶庵一黠僧輒妄以瓦官名其處，因得幸免。余在江寧嘗遊今所云瓦棺寺者作一詩，然心疑其地去江絶遠，何云白浪高於瓦棺閣邪？後見焦説，乃知其謬。至古臨江之瓦棺寺爲宋攻南唐時兵士所毁，上有逃難婦女千餘人一時皆死，事見景定建康志。

其二

海潮南去過尋陽，牛渚由來險馬當。横江欲渡風波惡，一水牽愁萬里長。

【注】

〔尋陽〕王云：唐時江南西道有九江郡，即江州也，治潯陽縣。天寶元年，改名潯陽郡。乾元初復爲江州，今爲江西之九江府，江水經其中，下至揚州入海。

〔牛渚〕王云：方輿勝覽：牛渚山在太平州當塗縣北三十里。山下有磯，古津渡也，與和州横江渡相對。隋師伐陳，賀若弼從此北渡，六朝以來爲屯戍之地。陸放翁入蜀記：采石一名牛渚，與和州對岸，江面比瓜州爲狹。故隋韓擒虎平陳及本朝曹彬下江南皆自此渡。然微風輒浪作不可行。劉賓客云「蘆葦晚風起，秋江鱗甲生」，王文公云「一風微吹萬舟阻」，皆謂此磯也。太平府志：牛渚磯屹然立江流之衝，水勢湍急，大爲舟楫之害。參見卷十二獻從叔當塗宰陽冰詩注。

〔馬當〕王云：元和郡縣志：馬當山在江州彭澤縣東北一百里，横入大江，甚爲險絶，往來多覆溺之懼。太平御覽：九江記曰：馬當山高八十丈，周迴四里，在古彭澤縣北一百二十里。其山横枕大江，山象馬形，回風急擊，波浪涌沸，舟船上下，多懷憂恐，山際立馬當山廟以祀之。按：險馬當謂險過於馬當也。猶「聖主恩深漢文帝」，謂深於漢文帝也。

其三

横江西望阻西秦，漢水東連楊子津。白浪如山那可渡？狂風愁殺峭帆人。

【校】

〔漢水東連〕連，英華作流。兩宋本、繆本、王本俱注云：一作楚水東流。

【注】

〔楊子津〕王云：漢水出嶓冢山，至漢口與岷江合流，東至揚州爲楊子江，入於海。胡三省通鑑注：楊子津在今真州楊子縣南。參見卷十六送王屋山人魏萬還王屋詩注。

其四

海神來過惡風迴，浪打天門石壁開。浙江八月何如此？濤似連山噴雪來。

【校】

〔來過〕來，英華作東。絶句作東。

〔連山〕連，英華作蓮。

【注】

〔天門〕方輿勝覽卷一五：天門山在（太平州）當塗縣西南三十里，又名蛾眉。山夾大江，東曰博望，西曰梁山。

〔浙江〕水經注漸江水：錢塘……縣東有定、包諸山，皆西臨浙江。水流於兩山之間，江川急濬，兼濤水晝夜再來，來應時刻，常以月晦及望尤大。至二月八月最高，峨峨二丈有餘。

〔連山〕文選木華海賦：波如連山。

其五

橫江館前津吏迎，向余東指海雲生。郎今欲渡緣何事？如此風波不可行。

【注】

〔橫江館〕王云：太平府志：采石驛在采石鎮濱江，即唐時之橫江館也，在明爲皇華驛。

〔津吏〕王云：按唐書百官志：津尉掌舟梁之事。永徽後廢津尉置津吏，上關八人，中關六人，下關四人，無津者不置。

【評箋】

楊慎云：古樂府烏棲曲：「採菱渡頭擬黃河，郎今欲渡畏風波。」太白以一句衍作二句，絶妙。（升庵詩話）

王云：范德機云：絶句一句一絶乃其大本，其次句少意多，極四韻而反覆議論。此篇氣格合歌行之風，使人嗟歎而有無窮之思。乃唐人所長也。諸家詩非不佳，然視李、杜，氣格音調絶異，熟讀自見。

其六

月暈天風霧不開，海鯨東蹙百川迴。驚波一起三山動，公無渡河歸去來。

【校】

〔月暈〕月，英華、絶句俱作日。

〔百川〕百，兩宋本、繆本、王本俱注云：一作衆。英華作衆。

〔公無〕無，兩宋本、繆本、王本俱注云：一作莫。

【注】

〔三山〕王云：山謙之丹陽記：江寧縣北十二里，濱江有三山相接，即名爲三山。舊時津濟道也。一統志：三山在應天府西南五十七里，下臨大江，三峯排列，故名。

【評箋】

楊慎云：太白横江詞六首，章雖分，意如貫珠。俗本以第一首編入長短句，後五首編入七言絶，首尾衡決，殊失作者之意，如杜詩秋興八首之分爲二處。余特正之。凡古人詩歌不可分，類似此。（李詩選）

金陵城西樓月下吟

金陵夜寂涼風發，獨上高樓望吴越。白雲映水摇空城；白露垂珠滴秋月。月下沉吟久不歸，古來相接眼中稀。解道澄江浄如練，令人長憶謝玄暉。

【校】

〔題〕咸本無城字。

〔夜寂〕寂，兩宋本、繆本、王本俱注云：一作静。

〔高樓〕高，兩宋本、繆本、王本俱注云：一作西。英華、又玄俱作西。

〔空城〕空，兩宋本、繆本、王本俱注云：一作秋。英華作秋光，注云：集作空城。

〔垂珠滴秋月〕此下兩宋本、繆本俱注云：一作沾衣溼秋月。垂珠滴，王本注云：一作沾衣溼。垂，英華作如。滴，又玄作溼。

〔沉吟〕沉，兩宋本、繆本、王本俱注云：一作長。又玄作長。

〔古來〕來，兩宋本、繆本俱注云：一作今。

〔長憶〕長，英華作却。兩宋本、繆本注云：一作還。王本注云：一作還。

【注】

〔城西樓〕按：景定建康志卷二一李白酒樓條下引有此詩，當即城西孫楚酒樓。

〔吴越〕楊云：越州會稽郡，勾踐所都。蘇州吴郡，闔閭所都。

〔玄暉〕南齊書卷四七謝朓傳：字玄暉。文選謝朓晚登三山還望京邑詩：「餘霞散成綺，澄江浄如練。」

【評箋】

魏慶之云：太白云：「解道澄江静如練，令人還憶謝玄暉。」至魯直則云：「憑誰説與謝玄暉，休道澄江静如練。」王文海云：「鳥鳴山更幽」，至介甫則曰：「茅簷相對坐終日，一鳥不鳴山更幽。」皆反其意而用之，蓋不欲沿襲之耳。（詩人玉屑）

東山吟

攜妓東土山，悵然悲謝安。我妓今朝如花月，他妓古墳荒草寒。白雞夢後三百歲，灑酒澆君同所懽。酣來自作青海舞，秋風吹落紫綺冠。彼亦一時，此亦一時。浩浩洪流之詠何必奇？

【校】

〔題〕兩宋本、繆本題下注云：去江寧城三十五里，晉謝安攜妓之所。一云醉過謝安東山。王本注云：一作醉過謝安東山。原注：去江寧城三十五里，晉謝安攜妓之所。咸本作醉過謝安東山。

〔攜妓〕妓，兩宋本作奴，誤。

〔東土山〕咸本、胡本俱作東山去。王本注云：胡本作東山去。

〔三百〕三，兩宋本、繆本作五，注云：一作三。王本注云：一作五。
〔之詠〕之，兩宋本、繆本、王本俱注云：一作高。咸本作高。

【注】

〔土山〕王云：太平寰宇記：土山在昇州上元縣南三十里。按丹陽記：晉太傅謝安舊隱會稽東山，因築土像之，無巖石，故謂土山也。有林木臺觀娛遊之所。安就帝請朝中賢士子姓親屬會宴土山。一統志：東山在應天府東南三十里，一名土山。晉謝安舊隱會稽東山，築此擬之，嘗放情游賞。與從子玄圍棊至夜始還。按：景定建康志卷一七：上元縣有兩東山。一在崇禮鄉，即土山是也。晉書謝安傳：寓居會稽，棲遲東山。此安之舊隱也，在會稽，復於土山營築以擬東山，今去縣二十里。一在鍾山鄉蔣廟東北，宋劉勔隱居之地。勔嘗經始鍾嶺，以爲棲息，及造園宅，名爲東山，今去縣十五里。陳軒金陵集載李白李建勳東山詩皆指土山而作。

〔白雞〕晉書卷七九謝安傳：又於土山營墅，樓館林竹甚盛。每攜中外子姪往來游集。……安雖受朝寄，然東山之志始末不渝，每形於言色。及鎮新城，盡室而行，造汎海之裝，欲須經略粗定，自江道還東。雅志未就，遂遇疾篤。……因悵然謂所親曰：「昔桓温在時，吾常懼不全，忽夢乘温輿行十六里，見一白雞而止。乘温輿者代其位也。十六里止，今十六年矣。白雞主酉，今太歲在酉，吾病殆不起乎！」乃上疏遜位，……尋薨。

〔三百歲〕楊云：自安至太白三百餘歲，作五百歲非。

〔浩浩洪流〕世説雅量篇：桓公伏甲設饌，廣延朝士，因此欲誅謝安、王坦之。王甚遽，問謝曰：「當作何計？」謝神意不變，謂文度曰：「晉祚存亡，在此一行。」相與俱前。王之恐狀，轉見於色。謝之寬容，愈表於貌。望階趨席，方作洛生詠，諷「浩浩洪流」。桓憚其曠遠，乃趣解兵。按：蕭注云：嵇康詩曰：「浩浩洪流，帶我邦畿。」安石志在東山，太白志在青山，故有此作，但「浩浩洪流」是嵇康詩，蓋白志在青山，則不以邦畿爲奇也。其説殊淺而滯。

僧伽歌

真僧法號號僧伽，有時與我論三車。問言誦呪幾千徧，口道恒河沙復沙。此僧本住南天竺，爲法頭陀來此國。戒得長天秋月明，心如世上青蓮色。意清淨，貌稜稜。亦不減，亦不增。瓶裏千年舍利骨，手中萬歲胡孫藤。嗟予落泊江淮久，罕遇真僧説空有。一言懺盡波羅夷，再禮渾除犯輕垢。

【校】

〔題〕此首兩宋本、繆本俱列鳴皋歌之後。

〔舍利〕蕭本作鐵柱。胡本注云：一作鐵柱。王本注云：蕭本作鐵柱。

〔落泊〕泊，蕭本、胡本俱作魄。王本注云：蕭本作魄。

〔𢢥〕蕭本作散。王本注云：許本作散。

【注】

〔僧伽〕王云：太平廣記：僧伽大師，西域人，姓何氏。唐龍朔初來遊北土，隸名於楚州龍興寺。後於泗州臨淮縣信義坊乞地施標，將建伽藍，於標下掘得古香積寺銘記並金像一軀，上有普照王佛字，遂建寺焉。……景龍二年，中宗皇帝遣使迎師入内道場，尊爲國師，尋出居薦福寺。……至景龍四年三月二日，端坐而終。

〔三車〕王云：三車謂羊車、鹿車、牛車也。法華經：長者告諸子言羊車、鹿車、牛車今在門外，可以遊戲，汝等於此火宅宜速出來。注云：羊車喻聲聞乘，鹿車喻緣覺乘，牛車喻菩薩乘，俱以運載爲義，方便設施。舊説聲聞不能化他，如羊不顧後羣，故以羊車譬聲聞乘。緣覺是法行人從他聞法少，自推義多，故以鹿車譬緣覺乘。鹿不依人故也。或云譬鹿猶有回顧之慈。菩薩慈悲化物，如牛之安忍運載，故以牛車譬菩薩乘。琦謂當是以三獸之力有大小，三車之所載有多寡，喻三乘諸賢聖道力之淺深耳。

〔恒河〕王云：恒河，西域中水名。釋典謂西域香山頂上有無熱惱池，四方流出四水，其東方之水謂之殑伽河，即恒河也。廣四十里，水中之沙微細如麪。佛説法之處皆與此河相近，故常取以爲喻。云如恒河中所有沙數，蓋言其數之極多，非算數所能知者耳。

〔南天竺〕王云：舊唐書：天竺國即漢之身毒國，或云婆羅門地也，在葱嶺西北，周三萬餘里。其中分爲五天竺：一曰中天竺，二曰東天竺，三曰南天竺，四曰西天竺，五曰北天竺。地各數千里，城邑數百。南天竺際大海。北天竺拒雪山，四周有山爲壁，南面一谷通爲國門。東天竺東際大海，與扶南、林邑鄰接，西天竺與罽賓、波斯相接。中天竺據四天竺之會，其都城周圍七十餘里，北臨禪連河云。

〔頭陀〕王云：法苑珠林：西云頭陀，此云抖擻，能行此法，即能抖擻煩惱，去離貪著，如衣抖擻能去塵垢，是故從喻爲名。錦繡萬花谷：頭陀，梵語云杜多，漢言抖擻，謂三毒如塵坌真心，此人能振擇除去，故今訛稱頭陀。

〔秋月〕〔青蓮〕王云：陳永陽王解講疏：戒與秋月共明，禪與春池共潔。華嚴經：菩提心者猶如蓮花，不染一切諸罪垢，故僧肇維摩詰經注：天竺有青蓮花，其葉修而廣，青白分明。

〔舍利〕王云：魏書：佛既謝世，香木焚尸，靈骨分碎，大小如粒，擊之不壞，焚亦不焦，或有光明神驗。胡言謂之舍利，弟子收奉，置之寶瓶，竭香花致敬慕。法苑珠林：舍利者，西域梵語，此云骨身，恐濫凡夫死人之骨，故存梵本之名。舍利有三種：一是骨舍利，其色白。二是髮舍利，其色黑。三是肉舍利，其色赤。是佛舍利椎打不碎，是弟子舍利椎擊便破矣。

〔胡孫藤〕楊云：胡孫藤乃藤杖，手所執者。

〔空有〕王云：後漢書西域傳：清心釋累之訓，空有兼遣之宗。章懷太子注：不執著爲空，執著爲有，兼遣謂不空不有，虛實兩忘也。鳩摩羅什維摩詰經注：佛法有二種，一者有，二者空，若常在有則累於想著，若常在空則捨於善本，若空有迭用則不設二過，猶日月代明，萬物以成。

〔波羅夷〕〔輕垢〕王云：波羅夷者，華言棄，謂犯此罪者，永棄佛法邊外。法苑珠林云：波羅夷者，此云極重罪是也。輕垢罪者，比重減輕一等，凡玷汙淨行之類皆是。據梵網經：重戒有十，犯者得波羅夷罪，輕戒有四十八，犯者爲輕垢罪。

〔懺〕音攙去聲。胡三省通鑑注：釋氏以面陳悔過爲懺。

【評箋】王云：廣川書跋：僧伽傳，蔣穎叔作，其謂李太白嘗以詩與師論三車者誤也。詩鄙近知非太白所作。世以昔人類在集中，信而不疑，且未嘗深求其言而知其不類。予爲之校其年始知之。太白死在代宗元年，上距大足二年壬寅爲六十年而白生，當景龍四年白生九歲，固不與僧伽接。然則其詩爲出於世俗，而復不考歲月，殆湼其服者托白以爲重，而儒者信之又增異也。

白雲歌送劉十六歸山

楚山秦山皆白雲，白雲處處長隨君。長隨君。君入楚山裏。雲亦隨君渡湘水。

湘水上，女蘿衣。白雲堪卧君早歸。

【評箋】

唐汝詢云：按本集白雲歌有二，此當是未改定者。其一云：「君歸楚山裏。雲亦隨君渡湘水。湘水上，女蘿衣。白雲堪卧君早歸。」鍾、譚愛三疊字，因選此作，請並陳之，以俟識者詳品。（唐詩十集壬集）

王云：方弘静曰：太白賦新鶯百囀與白雲歌，無詠物句，自是天仙語，他人稍有擬象，即是凡辭。

金陵歌送别范宣

石頭巉巖如虎踞，淩波欲過滄江去。鍾山龍盤走勢來，秀色横分歷陽樹。四十餘帝三百秋，功名事跡隨東流。白馬小兒誰家子，泰清之歲來關囚。金陵昔時何壯哉！席卷英豪天下來。冠蓋散爲烟霧盡，金輿玉座成寒灰。扣劍悲吟空咄嗟，梁陳白骨亂如麻。天子龍沉景陽井，誰歌玉樹後庭花？此地傷心不能道，目下離離長春草。送爾長江萬里心，他年來訪南山皓。

【校】

〔題〕兩宋本、繆本題下俱注云：金陵。

〔滄江〕江，英華作洲，注云：集作江。

〔關囚〕以上二句兩宋本、繆本、王本俱注云：一作白馬金鞍誰家子，吹脣虎嘯鳳皇樓。

〔昔時〕時，英華注云：集作日。

〔玉座〕座，英華注云：一作輦。

〔白骨〕咸本注云：一作之國。

〔此地傷〕英華作此事傷，注云：一作此地悲。

〔目下〕目，兩宋本、繆本、王本俱注云：一作日。英華作城，注云：集作目。

〔南山皓〕皓，蕭本作老。王本注云：一作老。

【注】

〔虎踞〕王云：張勃吴録：劉備曾使諸葛亮至京，因觀秣陵山阜，乃嘆曰：「鍾山龍蟠，石頭虎踞，帝王之宅也。」景定建康志：石頭山在城西二里。按輿地志：環七里一百步，緣大江南抵秦淮口，去臺城九里。自六朝以來皆守石頭以爲固，以王公大臣領戍軍爲鎮，其形勝蓋必争之地也。一統志：石頭山在應天府西二里。蜀漢諸葛亮云石頭虎踞是也。陸放翁入蜀記：望石頭山不甚高，然峭立江中，繚繞如垣墻，凡舟皆由此下至建康。故江左有變，必先固守石頭，真控扼要地也。參見卷十六魏萬金陵酬翰林謫仙子詩注。

〔鍾山〕王云：元和郡縣志：鍾山在潤州上元縣西北十八里。按輿地志，古金陵山也。邑縣之名，由此而立。吳大帝時，蔣子文發神異於此，封爲蔣侯，改山曰蔣山。宋復名鍾山。江表上巳常游於此，爲衆山之傑。六朝事跡：鍾阜，圖經云：在縣東北，周迴六十里，高一百五十八丈。東連青龍山，西臨青溪，南自鍾浦，下入秦淮，北接雉亭山。漢末有秣陵尉蔣子文逐盜，死於鍾山，吳大帝爲立廟，封曰蔣侯。大帝祖諱鍾，因改名曰蔣山。按丹陽記云：京師南北，並連山嶺，而蔣山岧嶤嶷異，其形象龍，實作揚都之鎮。諸葛亮嘗至京，觀秣陵山阜，云鍾山龍蟠，蓋謂此也。參見卷十五留別金陵諸公詩注。

〔歷陽〕楊云：和州歷陽郡治歷陽縣。建康圖經：西至本府界十里，自界首至和州八十三里，從采石而濟，蓋南北往來要津。參見卷十二醉後贈王歷陽詩注。

〔三百秋〕王云：楊齊賢曰：按紀年，自孫權定都建鄴傳四主五十九年，而晉并之。元帝渡江，傳十一主一百三年，而宋代之。宋傳八主六十年，而齊代之。齊傳七主二十四年，而梁代之。梁傳四主五十六年，而陳代之。陳傳五主三十三年，而隋并之。凡三十九主三百三十五年。蕭士贇曰：按史書自吳大帝建都金陵後，歷晉、宋、齊、梁、陳，凡六代，共三十九主。此言四十餘帝者，併其間推尊者而混言之也。自吳大帝黄武元年壬寅歲至陳禎明三年己酉，共三百六十八年。吳亡後歇三十六年，只三百三十二年，此言三百秋者，舉成數而言耳。按六代建都之歲，只三百三十二年，楊氏於宋、齊、梁交代之歲各重數一年，故誤爲三百三十五也。

〔白馬〕王云：白馬小兒謂侯景。隋書：大同中童謡曰：「青絲白馬壽陽來。」其後侯景破丹陽，乘白馬，以青絲爲羈勒。梁書：太清二年八月，侯景舉兵反。十月己亥，景自横江濟於采石。辛亥，景師至京。三年三月，攻陷宫城。南齊書：元嘉七年，太一在八宫，關囚惡歲。南史：侯景矯詔禪位，將登太極殿，醜徒數萬同共吹唇唱吼而上。胡云：「虎嘯鳳皇樓」比景石勒，借用倚嘯上東門事。

〔後庭花〕王云：陳書：後主聞兵至，從宫人十餘出後堂景陽殿，將自投於井。袁憲侍側，苦諫不從。後閤舍人夏侯公韻又以身蔽井，後主與争久之，方得入焉。及夜爲隋軍所執。六朝事跡：景陽井，臺城中景陽宫井也。按南史：隋克臺城，陳後主與張麗華、孔貴嬪俱入井，隋軍出之。故杜牧之詩云：「三人出眢井」，謂此也。其井有石欄，上多題字。舊傳云：欄有石脈，以帛拭之，作臙脂痕。或云石脈之色類臙脂，故云。陳書：後主每引賓客，對貴妃等游宴，使諸貴人及女學士與狎客共賦新詩，互相贈答。採其尤豔麗者以爲曲詞，被以新聲。選宫女有容色者以千百數，令習而歌之，分部迭進，持以相樂。其曲有玉樹後庭花、臨春樂等。大指所歸，皆美張貴妃、孔貴嬪之容色也。其略曰：「璧月夜夜滿，瓊樹朝朝新。」通典：玉樹後庭花、堂堂黄鸝留、金釵兩臂垂，並陳後主所造，恒與宫中女學士及朝臣相唱和爲詩。太樂令何胥採其尤輕豔者以爲此曲。

〔南山皓〕王云：南山皓謂漢之四皓，四皓在秦時始入藍田山，後又入地肺山，漢時匿終南山。終南山廣八百餘里，横亘關中南面，故亦謂之南山。凡藍田、地肺諸山亦南山之支脈矣。參見卷二十二商山四皓詩注。

【評箋】

蕭云：此篇似非太白之作，今附卷末。

胡云：蕭士贇疑以爲非白詩，然載文苑英華，非僞也。

笑歌行

笑矣乎，笑矣乎！君不見，曲如鈎，古人知爾封公侯。君不見，直如絃，古人知爾死道邊。張儀所以只掉三寸舌，蘇秦所以不墾二頃田。笑矣乎，笑矣乎！君不見，滄浪老人歌一曲，還道滄浪濯吾足。平生不解謀此身，虚作離騷遣人讀。笑矣乎，笑矣乎！趙有豫讓楚屈平，賣身買得千年名。巢由洗耳有何益？夷齊餓死終無成。君愛身後名，我愛眼前酒。飲酒眼前樂，虚名何處有？男兒窮通當有時，曲腰向君君不知。猛虎不看机上肉，洪爐不鑄囊中錐。笑矣乎，笑矣乎！甯武子，朱買臣，叩角行歌背負薪。今日逢君君不識，豈得不如佯狂人？

【校】

〔机上肉〕机，蕭本、王本俱誤作機，今從兩宋本、繆本改正。

悲歌行

悲來乎，悲來乎！主人有酒且莫斟，聽我一曲悲來吟。悲來不吟還不笑，天下無人知我心。君有數斗酒，我有三尺琴。琴鳴酒樂兩相得，一杯不啻千鈞金。悲來乎，悲來乎！天雖長，地雖久，金玉滿堂應不守。富貴百年能幾何，死生一度人皆有。孤猿坐啼墳上月，且須一盡杯中酒。悲來乎，悲來乎！鳳鳥不至河無圖，微子去之箕子奴。漢帝不憶李將軍，楚王放却屈大夫。悲來乎，悲來乎！秦家李斯早追悔，虛名撥向身之外。范子何曾愛五湖，功成名遂身自退。劍是一夫用，書能知姓名。惠施不肯千萬乘，卜式未必窮一經。還須黑頭取方伯，莫謾白首爲儒生。

【校】

〔鳳鳥〕蕭本作鳳凰。鳥下王本注云：蕭本作凰。

【評箋】

王云：蘇東坡曰：今太白集中有悲來乎、笑矣乎及贈懷素草書數詩，决非太白作。蓋唐末五代間貫休、齊己輩詩也。予舊在富陽，見國清院太白詩絶凡近，過彭澤唐興院，又見太白詩亦非是。良由太白豪俊，語不甚擇，集中往往有臨時率然之句，故使妄庸敢爾。若杜子美，世豈復有僞撰者耶？

沈德潛云：太白七古，想落天外，局自變生。大江無風，波浪自湧；白雲從空，隨風變滅。此殆天授，非人可及。集中如笑矣乎、悲來乎、懷素草書歌等作，皆五代凡庸子所擬。後人無識，將此入選，嗷訾者爲粗淺人作俑矣。讀李詩者，於雄快之中，得其深遠宕逸之神，才是謫仙面目。（唐詩别裁）

按：以上二首，各家均定爲僞作，王注殊覺贅疣，今删去，但存原詩。

李白集校注卷八

古近體詩五十三首

秋浦歌十七首

秋浦長似秋，蕭條使人愁。客愁不可度，行上東大樓。正西望長安，下見江水流。寄言向江水，汝意憶儂不？遥傳一掬淚，爲我達揚州。

【校】

〔題〕兩宋本、繆本題下俱注云：秋浦。

〔度〕兩宋本、繆本俱作渡。王本注云：繆本作渡。

【注】

〔秋浦〕王云：唐池州有秋浦縣，其地有秋浦水，故取以立名，隸江南西道。按：輿地紀勝卷二二池州：秋浦在提舉司。池陽記云：北帶郡城，南走驛道，爲舟楫之路。又元和郡縣志卷二八：秋浦水在（秋浦）縣西八十里。

〔大樓〕王云：江南通志：大樓山在池州府城南六十里。

〔不〕方鳩切，音近浮。

〔掬〕王云：小爾雅：兩手謂之掬。△掬音菊。

其二

秋浦猿夜愁，黄山堪白頭。青溪非隴水，翻作斷腸流。欲去不得去，薄遊成久遊。何年是歸日？雨淚下孤舟。

【校】

〔青溪〕青，蕭本、胡本俱作清。

〔雨淚〕淚，咸本作涕，注云：一作淚。

【注】

〔黄山〕王云：江南通志：黄山在池州府城南九十里，高百餘丈。

〔青溪〕按：當作清溪。輿地紀勝卷二二池州：清溪：劉長卿有次秋浦界清溪館詩。王云：清溪在池州府城北五里，源出考溪，與上路嶺水合流，經郡城至大江。

〔隴水〕見卷二古風第二十二首注。

其三

秋浦錦駝鳥，人間天上稀。山雞羞淥水，不敢照毛衣。

【注】

〔駝鳥〕王云：太平寰宇記：歙州土産駝鳥。……郡國志云：翎下青黄相映若垂綬，其狀如蜀雞背如朱。祥符新安圖經：鴕鳥一名楚雀，尤愛其羽，中矰弋則守死不動。海録碎事：駝鳥出秋浦，如吐綬雞。

〔山雞〕博物志：山雞有美毛，自愛其色，終日映水，目眩則溺死。參見本卷山鷓鴣詞注。

其四

兩鬢入秋浦，一朝颯已衰。猿聲催白髮，長短盡成絲。

【評箋】

陸游云：李太白往來江東，此州（池州）所賦尤多。如秋浦歌十七首及九華山、清溪、白笴陂、玉鏡潭諸詩是也。秋浦歌云：「秋浦長似秋，蕭條使人愁。」又云：「兩鬢入秋浦，一朝颯已衰。猿聲催白髮，長短盡成絲。」則池州之風物可見矣。然觀太白此歌，高妙乃爾，則知姑孰十詠決爲贋作也。杜牧之池州諸詩，正爾觀之，亦清婉可愛；若與太白詩並讀，醇醨異味矣。（入蜀記）

其五

秋浦多白猿，超騰若飛雪。牽引條上兒，飲弄水中月。

【校】

〔飛雪〕飛，蕭本作冰。王本注云：蕭本作冰。

其六

愁作秋浦客，强看秋浦花。山川如剡縣，風日似長沙。

【校】

〔秋浦客〕客，宋乙本、繆本、王本俱注云：一作曲。咸本作曲，注云：一作客。

【注】

〔剡縣〕九域志：剡縣在越州會稽郡東南一百八十里。世説言語篇：顧長康從會稽還，人問山川之美，顧云：千巖競秀，萬壑争流，草木蒙蘢，其上若雲興霞蔚。

〔長沙〕王云：一統志：秋浦在池州府城西南八十里，長八十餘里，闊三十里。四時景物，宛如瀟湘洞庭。唐時潭州治長沙縣，亦謂之長沙郡，隸江南西道。瀟湘、洞庭皆在其境内。

其七

醉上山公馬，寒歌甯戚牛。空吟白石爛，淚滿黑貂裘。

【注】

〔山公〕見卷五襄陽曲注。

〔甯戚〕太平御覽卷八九八引史記曰：甯戚欲仕齊，候桓公出，牽牛叩角而歌曰：「南山粲，白石爛。短布單衣裁至骭。生不逢堯與舜禪，長夜漫漫何時旦？」桓公聞之。

〔黑貂裘〕戰國策秦策：蘇秦……説秦王，書十上而説不行，黑貂之裘敝，黄金百斤盡。

【評箋】

按：十七首中惟此首不涉秋浦風物，亦正惟此首直抒作詩時心境，疑是天寶十二載在江南時作，蓋已多年漫遊無所遇也。

其八

秋浦千重嶺，水車嶺最奇。天傾欲墮石，水拂寄生枝。

【校】

〔水車嶺〕兩宋本、繆本、王本俱注云：一作人行路。

【注】

〔水車嶺〕王云：一統志：水車嶺在池州府齊山。胡震亨曰：貴池志：縣西南七十里有姥山，又五里爲水車嶺，陡峻臨淵，奔流冲激，恒若桔槔之聲。舊注以爲在齊山者誤。

〔寄生枝〕王云：名醫别録：寄生，松上、楊上、楓上皆有，形類一般，但根津所因處爲異，則各隨其樹名之。生樹枝間，根在肢節之内，葉圓青赤厚澤易折，旁自生枝節。冬夏生，四月花白，五月實，赤大如小豆，處處皆有。蜀本草：諸樹多有寄生，莖葉並相似，云是烏鳥食一物子，糞落樹上，感氣而生。葉如橘而厚軟，莖如槐而肥脆。

其九

江祖一片石，青天掃畫屏。題詩留萬古，緑字錦苔生。

【注】

〔江祖〕王云：一統志：江祖山在池州府城西南二十五里，有一石突然出水際，其高數丈，上有仙人蹟，名曰江祖石。

其十

千千石楠樹，萬萬女貞林。山山白鷺滿，澗澗白猿吟。君莫向秋浦，猿聲碎客心。

【校】

〔鷺滿〕兩宋本、繆本、王本鷺下俱注云：一作鵰。咸本作鵰鳥，注云：一作鷺滿。

【注】

〔石楠〕王云：唐本草：石楠葉似菵草，凌冬不凋。關中者葉細，江以南者葉長大如枇杷。

〔女貞〕王云：顔師古漢書注：女貞樹，冬夏常青，未嘗凋落，若有節操，故以名焉。

【評箋】

唐宋詩醇云：周南采蘋章，連用六于以字，十九首「青青河畔草」連用六疊字句，白詩祖之。

王云：首四句皆疊二字，蓋仿古詩中「青青河畔草」一體。

其十一

邏人橫鳥道，江祖出魚梁。水急客舟疾，山花拂面香。

【校】

〔邏人〕人，胡本作叉。王本注云：胡本作叉。

〔江祖〕祖，咸本注云：一作相。

〔客舟〕舟，胡本注云：一作行。

【注】

〔邏人〕王云：胡震亨曰：貴池志：城西六十里，李陽河出李陽大江，中流有石，槎牙橫突，爲攔江羅叉二磯。昔周湛鑿新河，以避其勢。今本作邏人誤。琦按：鳥道是高山峭嶺人迹稀到之處，而邏叉橫其間，今以水中磯石當之，亦恐未是。又魚梁，論其跡，亦當在池州。注者或以徽州之魚梁當之，不知徽州之水南流入於浙江，池州之水北流入於安慶大江。源流各異，未可混也。△邏音羅去聲；又音羅。

其十二

水如一匹練，此地即平天。耐可乘明月，看花上酒船。

【注】

〔匹練〕王云：論衡：見其上若一匹練狀。練，熟素繒也。

〔耐可〕王云：田汝成曰：杭人言寧可曰耐可，音如能可。漢書：揚越之人耐暑。注：與能同。鄭康成禮記注：耐，古書能字也。按通俗編卷三三：李白詩：「耐可乘明月」，又：「耐可乘流直上天」，按耐音略讀如能，亦俗言寧可之轉。

其十三

淥水淨素月，月明白鷺飛。郎聽採菱女，一道夜歌歸。

【注】

〔採菱〕王云：爾雅翼：吴、楚之風俗，當菱熟時，士女相與采之，故有采菱之歌以相和，爲繁華流蕩之音。文選謝靈運道路憶山中詩：「采菱調易急。」李善注：楚辭：涉江採菱發揚荷。王逸曰：楚人歌曲也。

其十四

爐火照天地，紅星亂紫烟。赧郎明月夜，歌曲動寒川。

【注】

〔爐火〕王云：琦按唐書地理志：秋浦有銀有銅，此篇蓋詠鼓鑄之景也。楊注以爲煉丹之火，蕭注以爲漁人之火。此二火者安能照天地耶？赧與赧同，面慚而赤也。楊注：言媿汝明月之夜，歌曲之聲振動寒川。蕭注：赧郎，吴音也，歌者助語之詞，未知是否。按：王説甚確。搜神記：陶安公者，六安鑄冶師也。數行火，火一朝散上，紫色沖天。其寫鼓鑄時之景象正相合，可證其由實驗而得也。

〔赧〕音難上聲。

其十五

白髮三千丈，緣愁似箇長。不知明鏡裏，何處得秋霜？

【注】

〔箇〕按：唐人語「箇」，即今語「這樣」。

【評箋】

王云：起句怪甚，得下文一解，字字皆成妙義，洵非老手不能，尋章摘句之士，安可以語此？

郭兆麒云：太白詩「白髮三千丈」，「燕山雪花大如席」，語涉粗豪，然非爾便不佳。「十月吴山曉，梅花落敬亭」，「江城五月落梅花」，用語皆活相，又不大段修飾，乃其天分過人處，後人不能步其塵。如少陵言愁，斷無「白髮三千丈」之語，只是低頭苦煞耳。故學杜易，學李難。然讀杜後不可不讀李，他尚非所急也。（梅崖詩話）

湯大奎云：世説：顧長康哭桓宣武，聲如震雷破山，淚如傾河注海，形容盡致，讀之令人失笑。唐人詩「今朝不用臨河別，垂淚千行便濯纓」，淚已不少。至杜工部「猶有淚成河，從天復東注」，視虎頭抑又甚矣。此與太白「白髮三千丈，愁來似箇長」，同一語意。（炙硯瑣録）

其十六

秋浦田舍翁，採魚水中宿。妻子張白鷴，結罝映深竹。

【注】

〔白鷴〕王云：圖經本草：白鷴出江南，雉類也，白色而背有細黑文，可畜。按：王氏在本卷通塘曲注云：鄭樵爾雅注：白鷴似鴿而大，白色紅臉可愛。

〔結罝〕文選張衡西京賦：結罝百里。薛綜注：罝，綱也。△罝音嗟。

其十七

桃波一步地，了了語聲聞。闇與山僧別，低頭禮白雲。

【注】

〔桃波〕王云：集内有清溪玉鏡潭詩，謂潭在秋浦桃胡陂下，然則桃波其桃陂之訛歟！

〔闇〕王云：闇，默也。△闇音陰，又音庵。

【評箋】

今人詹鍈云：黄山谷書自草秋浦歌後：紹聖三年五月乙未，新開小軒，聞幽鳥相語，殊樂，戲作草，遂書徹李白秋浦歌十五篇。似山谷所見太白集秋浦歌只十五篇，其今本秋浦歌十七首之中尚有二首僞作耶？

按：絶句收十二首，無「秋浦長似秋」、「秋浦猿夜愁」、「兩鬢入秋浦」、「千千石楠樹」、「渌水淨素月」五首。

當塗趙炎少府粉圖山水歌

峨眉高出西極天，羅浮直與南溟連。名工繹思揮綵筆，驅山走海置眼前。滿堂空翠如可掃，赤城霞氣蒼梧烟。洞庭瀟湘意渺緜，三江七澤情洄沿。驚濤洶湧向何處，孤舟一去迷歸年。征帆不動亦不旋，飄如隨風落天邊。心搖目斷興難盡，幾時可到三山巔？西峯峥嶸噴流泉，横石蹙水波潺湲。東崖合沓蔽輕霧，深林雜樹空芊綿。此中冥昧失晝夜，隱几寂聽無鳴蟬。長松之下列羽客，對座不語南昌仙。南昌仙人趙夫子，妙年歷落青雲士。訟庭無事羅衆賓，杳然如在丹青裏。五色粉圖安足珍？真仙可以全吾身。若待功成拂衣去，武陵桃花笑殺人。

【校】

〔題〕粉上六字，咸本無。

〔高出西極天〕英華作西出高極天。

〔名工〕工，蕭本、咸本俱作公。王本注云：蕭本作公。

〔繹思〕繹，英華作逸。

〔驅山〕驅，英華作馳，注云：集作驅。

〔如可〕可，咸本、英華俱作何，注云：一作可。

〔霞氣〕霞，英華作日。

〔難盡〕盡，英華注云：又作窮。

〔東崖〕崖，英華作岸。

〔蔽輕霧〕蔽，英華作開，注云：集作蔽。

〔芊綿〕綿，英華作眠，注云：集作綿。

〔丹青〕青，宋乙本、繆木、王本俱注云：一作霄。

〔真仙〕宋乙本、繆本俱作真山，王本亦作真山，注云：蕭本作仙。但與其注不相應，釋仍據真仙爲説。咸本亦作仙，今據改。

【注】

〔當塗〕唐江南西道宣州有當塗縣。見舊唐書地理志。

〔趙炎少府〕按：卷十三有寄當塗趙少府炎詩，卷十六有送當塗趙少府赴長蘆詩，即其人；卷一十七有春於姑熟亭送趙少府遷炎方序，則未知即其人否。王云：少府，縣尉之稱。清波雜志：古治百里之邑，令附其俗，尉督其奸，故令曰明府，尉曰少府。嬾真子：令呼明府，故尉呼少府，以亞於縣令。

〔峨眉〕王云：四川通志：峨眉山在嘉定州峨眉縣南一百里，兩山相對，狀如蛾眉，故名。周圍千里，高八十里。有石龕一百十二，大小洞四十，南北有臺，重巖複澗，莫測遠近，爲蜀山第一。佛刹以千百計。昔西竺僧謂其高出五嶽，秀甲九州，爲震旦國第一山。參見卷三蜀道難注及本卷上皇西巡南京歌第七首注。

〔羅浮〕元和郡縣志卷三四：羅浮山在循州博羅縣西北二十八里。羅山之西有浮山，蓋蓬萊之一阜，浮海而至，與羅山並體，故曰羅浮。高三百六十丈，周迴三百二十七里，峻天之峯四百三十有二。參見卷十三禪房懷友人岑倫詩注。

〔赤城〕見卷七同族弟金城尉叔卿燭照山水壁畫歌。

〔三江〕王云：三江之名不一，以岷山之江爲中江，嶓冢之江爲北江，豫章之江爲南江，此説禹貢之三江也。或以松江、錢塘江、浦陽江爲三江，或以松江、東江、婁江爲三江，此説吴越之三江也。或以岷江爲西江，澧江爲中江，湘江爲南江，此説岳陽之三江也。此詩從畫意泛説，不必定指一處。

〔七澤〕王云：子虚賦：楚有七澤，後只稱雲夢一澤，其六皆未詳所在。

〔洄沿〕文選謝靈運過始寧墅詩：「水涉盡洄沿。」李善注：爾雅曰：逆流而上曰遡洄，孔安國尚書傳曰：順流而下曰沿。

〔潺湲〕文選謝靈運七里瀨詩：「石淺水潺湲。」李善注：楚辭曰：觀流水兮潺湲。雜字曰：潺湲，水流貌。吕延濟注：潺湲，水聲。

〔合沓〕文選謝朓敬亭山詩：「合沓與雲齊。」吕向注：合沓，高貌。

〔粉圖〕按：卷二十八金陵名僧頵公粉圖慈親讚有「粉爲造化，筆寫天真」語，粉圖蓋以色粉作畫。

〔真仙〕楊云：梅福爲南昌尉，後棄官歸壽春，王莽專政，一朝棄妻子去九江，至今傳以爲仙，其後有見福於會稽者，變姓名爲吴市門卒云。趙炎爲少府，故比於福云。

【評箋】

嚴羽云：通篇皆賦題目，只此是達胸情。始知作詩貴本色，不貴著色。（嚴羽評點李集）

謝榛云：屈原曰：「衆人皆醉我獨醒。」王績曰：「眼看人盡醉，何忍獨爲醒。」左思曰：「功成不受爵，長揖歸田廬。」太白曰：「若待功成拂衣去，武陵桃花笑殺人。」王、李二公善于翻案。（四溟詩話）

唐宋詩醇云：寫畫似真，亦遂驅山走海，奔輳腕下。「杳然如在丹青裏」，文以真爲畫，各有奇趣。康樂之模山範水，從此另開生面。

永王東巡歌十一首

永王正月東出師，天子遥分龍虎旗。樓船一舉風波静，江漢翻爲雁鶩池。

【校】

〔題〕兩宋本、繆本題下俱注云：永王軍中。

【注】

〔永王〕舊唐書卷一〇七永王璘傳：永王璘，玄宗第十六子也。……天寶十四載十一月安禄山反范陽。十五載六月，玄宗幸蜀，至漢中郡，下詔以璘爲山南東路及嶺南、黔中、江南西路四道節度採訪等使，江陵郡大都督，餘如故。……十二月，擅領舟師東下，……乃使渾惟明取〔李〕希言，季廣琛趣廣陵，……季廣琛召諸將割臂而盟，以貳於璘，……遂敗，將南投嶺外，爲江西採訪使皇甫侁下防禦兵所擒，因中矢而薨。按：唐大詔令集卷三九：降永王璘庶人詔，……朕乘輿南幸，遵古公避狄之仁；皇帝受命北征，興少康復禹之績。猶以藩翰所寄，非親莫可。永王璘，謂能堪事，令鎮江陵，庶其克保維城，有裨王室。而乃棄分符之任，專用鉞之威，擅越淮海，公行暴亂。違君父之命，既自貽殃；走蠻貊之邦，欲何逃罪？據其凶悖，理合誅夷，尚以骨肉之間，有所未忍。皇帝誠深孝友，表請哀矜。……宜寬伏鑕之命，俾黜析珪之典，可悉除爵土，降爲庶人，仍於房陵郡安置，所由郡縣，勿許東西。……

〔雁鶩池〕西京雜記：梁孝王好營宮室苑囿之樂，……又有雁池，池間有鶴洲、鳧渚。

其二

三川北虜亂如麻，四海南奔似永嘉。但用東山謝安石，爲君談笑静胡沙。

【注】

〔永嘉〕王云：三川謂洛陽，北虜謂禄山。永嘉晉懷帝年號。永嘉五年，劉曜陷洛陽，百官士庶死者三萬餘人。中原衣冠之族，相率南奔，避亂江左。舊唐書：兩京蹂於胡騎，士君子多以家渡江東。

【評箋】

劉克莊云：按永王璘客如孔巢父亦在其間，白其一耳，此篇所謂謝安石不知屬誰，可見自負不淺。然十篇只目王爲帝子，受命東巡，與王衍阮籍勸進事不同。（後村詩話新集）

丁紹儀云：「但起東山謝安石，爲君談笑浄胡塵」，太白詩也。人或譏其大言不慚，然其時鄴侯、汾陽均未顯用，殆有所指，非自況也。（聽秋聲館詞話）

其三

雷鼓嘈嘈喧武昌，雲旗獵獵過尋陽。秋毫不犯三吴悦，春日遥看五色光。

【注】

〔雷鼓〕荀子解蔽篇：雷鼓在側而耳不聞。楊倞注：雷鼓，大鼓聲如雷者。

〔雲旗〕漢書司馬相如傳：上林賦：靡雲旗。張揖注：畫熊虎於旒爲旗，似雲氣。

〔獵獵〕文選鮑照還都道中詩：「獵獵曉風遒。」吕延濟注：獵獵，風聲。

〔尋陽〕見卷七横江詞第二首注。

〔三吴〕楊云：吴王夫差都姑蘇，吴王濞都廣陵，孫權都建鄴，是謂三吴。王云：范成大吴郡志：三吴之説，世未有定論。十道四番志以吴郡及丹陽、吴興爲三吴。又以義興、吴興及吴郡爲三吴。郡國志謂吴興、義興、吴郡爲三吴。又云：丹陽亦曰三吴。元和郡國圖志亦曰：吴郡與吴興、丹陽爲三吴。酈元注水經云：永建中陽羡周嘉上書，以縣遠赴會至難，求得分置，遂以浙江西爲吴，東爲會稽，後分爲三，號三吴，吴興、吴郡、會稽其一焉。

其四

龍盤虎踞帝王州，帝子金陵訪古丘。春風試暖昭陽殿；明月還過鳷鵲樓。

【注】

〔帝王州〕王云：一統志：南京，古金陵之地，自周末時已有王氣，秦始皇謂東南有天子氣，諸葛亮謂龍蟠虎踞，真帝王之都，即此地也。謝朓詩：「金陵帝王州。」

〔鳷鵲樓〕王云：南齊書：羊貴嬪居昭陽殿西，范貴妃居昭陽殿東。隋書：侯景作亂，遂居昭陽殿。一統志：昭陽殿乃太后所居，在臺城内。吴均詩：「春生鳷鵲樓」，是皆謂金陵之昭陽殿、鳷鵲樓也。舊注以爲在長安者非是。

其五

二帝巡遊俱未迴，五陵松柏使人哀。諸侯不救河南地，更喜賢王遠道來。

【注】

〔二帝〕楊云：二帝，明皇幸蜀，肅宗即位靈武，俱未迴長安也。

〔五陵〕王云：五陵，高祖、太宗、高宗、中宗、睿宗之陵也。唐會要：高祖葬獻陵，在京兆府三原縣界；太宗葬昭陵，在京兆府醴泉縣界；高宗葬乾陵，在京兆府奉天縣界；中宗葬定陵，在京兆府富平縣界；睿宗葬橋陵，在京兆府奉先縣界。

〔河南〕楊云：河南，洛陽也。時禄山據洛陽。

其六

丹陽北固是吴關，畫出樓臺雲水間。千巖烽火連滄海，兩岸旌旗繞碧山。

【校】

〔巖〕胡本作崖。

【注】

〔北固〕王云：唐時江南東道有丹陽郡，即潤州也。領丹徒、丹陽、金壇、延陵四縣，今爲鎮江府。太平寰宇記：北固山在潤州丹徒縣北一里。南徐州記云：城西北有别嶺，斜入江，三面臨水，高數十丈，號曰北固。劉楨京口（按：王本誤引作日）記云：回嶺入江，懸水峻壁。

舊北顧作固字，梁高祖云：作鎮作固，誠有其語。然北望海口，實爲壯觀，以理而推，宜改爲顧望之顧。輿地志云：天清景明，登之望見廣陵城，如在青霄中，相去鳥道五十餘里。方輿勝覽：北固山在鎮江府州北一里，迴嶺下臨長江，其勢險固，即府治所據，及甘露寺基。建康實録：梁武帝幸京口，登北固樓，遂改名北顧。楊云：圖經：丹陽山，古雲陽縣也。漢丹陽郡治宛陵，晉丹陽郡治秣陵，山多赤柳，故名。北固山在鎮江府北一里，迴嶺下臨長江，其勢險固，即府治所據，乃城中最高處。旁視甘露金山，如屏障中畫出，信江南之絶致也。後改曰連滄觀，是又摘太白詩語而名之，太白之詩信紀實之作也。

其七

王出三江按五湖，樓船跨海次揚都。戰艦森森羅虎士，征帆一一引龍駒。

【校】

〔三江〕江，蕭本作山。王本注云：蕭本作山。

〔揚都〕揚，蕭本作陪。王本注云：蕭本作陪，非。

【注】

〔五湖〕王云：周禮：東南曰揚州，其川三江，其浸五湖。賈公彦疏：按禹貢云：九江今在廬江尋陽南，皆東合爲大江。揚州所以得有三江者，江至尋陽南合爲一，東行至揚州，入彭蠡，復分爲三道而入海，故得有三江也。韻會：徐按江出岷山，至楚都名南江，至潯陽爲九道，名中江，至南徐州名北江，入海。琦按禹貢以岷江之委爲中江，漢水之委爲北江，三江僅有其二，鄭康成以彭蠡之水爲南江，以備三江之數，其説近是，而駁者紛紛然。詳其水道，辨其大小，則諸説未免近訛，不可爲據。若他書所稱三江之名，亦多各隨地而分，與禹貢周禮所記之三江不必相同，學者或據其一説而争以相難，其何以異於扣盤捫燭之見也歟！玉海：五湖在蘇州西四十里。太平寰宇記：太湖者以其廣大名之，又名五湖。韋昭三吴郡國志云：太湖邊有遊湖、莫湖、胥湖、貢湖，就太湖爲五湖。又云：胥湖、蠡湖、洮湖、滆湖，就太湖爲五也。又云：天下如此者五。虞仲翔川瀆記云：太湖東通長洲松江水，南通烏程霅溪水，西通義興荆溪水，北通晉陵滆湖水，西南通嘉興韭溪水，凡五道，謂之五湖。

〔虎士〕周禮夏官司馬：虎士八百人。鄭玄注：虎士徒之選有勇力者。

其八

長風挂席勢難迴，海動山傾古月摧。君看帝子浮江日，何似龍驤出峽來。

【注】

〔古月〕王云：古月，胡字隱語也，出十六國春秋。參見卷四司馬將軍歌注。

〔龍驤〕晉書武帝紀：咸寧五年十一月，大舉伐吴，遣龍驤將軍王濬、廣武將軍唐彬率巴蜀之卒，浮江而下。

其九

祖龍浮海不成橋，漢武尋陽空射蛟。我王樓艦輕秦漢，却似文皇欲渡遼。

【校】

〔文皇〕文，兩宋本、咸本俱作天。王本注云：蕭、楊本作天，非。按：蕭本亦作文，王氏云：蕭、楊本作天，未知何據。胡本注云：文皇亦作天皇。

【注】

〔成橋〕王云：水經注：三齊略記曰：始皇于海中作石橋，海神爲之豎柱，始皇求爲相見。神曰：「我形醜，莫圖我形，當與帝相見。」乃入海四十里見海神，左右莫動手，工人潛以脚畫其狀。神怒曰：「帝負約，速去。」始皇轉馬還，前脚猶立，後脚隨奔，僅得登岸，畫者溺死於海，衆山之石皆傾注，今猶岌岌東趣。

〔射蛟〕漢書武帝紀：元封五年冬，行南巡狩，……自尋陽浮江親射蛟江中，獲之。

〔樓艦〕王云：陳書：樓艦馬步宜指臨川。胡三省通鑑注：樓艦即樓船，兩面施重板，列戰格，故謂之樓艦。

〔渡遼〕王云：文皇帝即太宗也。舊唐書太宗本紀：貞觀十九年二月庚戌，上親統六軍發洛陽。四月癸卯，誓師於幽州城南，因大享六軍以遣之。五月丁丑，車馬渡遼。

【評箋】

蕭云：合十一篇而觀，此篇用事非倫，句調鄙俗，别是一格，贋僞無疑，識者必能辨之。

按：蕭氏所謂用事非倫，即明人游潛夢蕉詩話所謂公然以天子之事爲永王比擬，不無啓其覬僭之心，適成其爲庸俗之見。此篇正其自寫抱負，説詳後。

其十

帝寵賢王入楚關，掃清江漢始應還。初從雲夢開朱邸，更取金陵作小山。

【注】

〔雲夢〕王云：爾雅：楚有雲夢。郭璞注：今南郡華容縣東南巴丘湖是也。邢昺疏：周禮：荆州，其澤藪曰雲瞢。鄭注云：雲瞢在華容。禹貢云：雲土夢作乂。又昭三年左傳：楚子與鄭伯田於江南之夢。又定四年，楚子涉睢濟江，入於雲中。杜預云：南郡枝江縣西有雲夢城，江夏安陸縣東南亦有夢城。或曰：南郡華容縣東南有巴丘湖，江南之夢也。雲夢一澤而每處有名者，司馬相如子虛賦云：雲夢者方九百里，則此澤跨江南北，亦得單稱雲，單稱夢，曹即夢也。鄭樵注：江北爲雲，江南爲夢。雲今之長沙、監利、景陵等縣是，夢今之公安、石首、建寧等縣是。太平寰宇記：雲夢澤在安州安陸縣東南，闊數十里，南接荆、襄。

〔朱邸〕王云：謝朓詩：「黄旗映朱邸。」李善注：史記曰：諸侯朝天子，於天子之所立宅舍曰邸。漢書曰：代王入代邸，諸侯王朱户，故曰朱邸。△邸音底。

〔小山〕王云：方輿勝覽：鍾山在今上元縣東北十八里。輿地志：古曰金陵山。小山用淮南王小山事，然借作山嶺用，與古説殊異。

其十一

試借君王玉馬鞭，指揮戎虜坐瓊筵。南風一掃胡塵静，西入長安到日邊。

【注】

〔日邊〕楊云：晉書：明帝幼而聰哲，元帝所寵異，數嘗置膝前。會長安使來，因問帝曰：「汝謂日與長安孰遠。」對曰：「長安近，不聞人從日邊來，居然可知也。」元帝異之，明日宴羣僚，又問之，對曰：「日近。」元帝失色，曰：「何乃異間者之言乎？」對曰：「舉頭見日，不見長安。」由是益奇之。後人因之謂帝所爲日邊。王云：琦按晉書陸雲傳已有「雲間陸士龍，日下荀鳴鶴」之對，似不始於東晉。疑日爲君象，故邦畿之地有日邊日下之名耳。

【評箋】

胡仔云：蔡寬夫詩話云：太白之從永王璘，世頗疑之。唐書載其事甚略，亦不明辨其是否。獨其詩自序云：「半夜水軍來，尋陽滿旌旃。空名適自誤，迫脅上樓船。徒賜五百金，棄之若浮烟。辭官不受賞，翻謫夜郎天。」太白豈從人爲亂者哉？蓋其學本出縱横，以氣俠自任，當中原擾攘時，欲藉之以立奇功，故其東巡歌有「但用東山謝安石，爲君談笑静胡沙」之句。其卒章云：「南風一掃胡塵静，西入長安到日邊。」亦可見其志矣。大抵才高意廣，如孔北海之徒，固未必有成功，而知人料事，尤其所難。議者或責以璘之猖獗，而欲仰以立事，不能如孔巢父、蕭穎士察於未萌，斯可矣。若其志，亦可哀已。（苕溪漁隱叢話）

今人詹鍈云：其三云：「秋毫不犯三吴悦」，其四云：「龍盤虎踞帝王州，帝子金陵訪古丘。春風試暖昭陽殿，明月還過鳷鵲樓」，其六云：「丹陽北固是吴關」，其七云：「樓船跨海次揚都」，其十云：「更取金陵作小山」，可見此詩蓋作於金陵一帶。王譜繫至德二載下，注云：按舊唐書，至德元載十二月甲辰，江陵大都督永王璘擅領舟師下廣陵。新唐書玄宗本紀亦以璘反爲十二月甲辰事。肅宗本紀又以璘反爲十月事，陷鄱陽郡爲二載正月事。與此事所謂永王正月東出師者殊異，恐正字有誤。按第三首云：「春日遥看五色光」，明言春季，正字不當有誤。永王之反固在至德元載十二月，而其抵金陵當在擊敗吴郡太守李希言、廣陵長史李成式之後，是時已届至德二載正月矣。新唐書蕭穎士傳云：禄山死，往客金陵，永王璘召之不見。可以爲證。

按：永王東巡歌既爲李白自抒抱負之作，亦足證天寶至德間史事，非淺人所解也。通鑑卷二一九載李泌爲肅宗畫策，令李光弼自太原出井陘，郭子儀自馮翊入河東，而建寧王倓爲范陽節度大使，並塞北出，覆其巢穴。是爲至德元載事。而當時帝王將相皆無遠識，僅能與安、史相持於數百里之間，卒之屈身厚幣以假外援，方得收復兩京，而河南、北糜爛如故。終于不得不置幽燕于化外，兵連禍結數百年無寧日。當時玄宗號令不出劍門，肅宗崎嶇邊塞，忠於唐室之諸將皆力不足以敵安、史，則身處江南如李白者，安得不思抒奇計以濟時艱？綜觀此詩次第，第十首以前皆寫永王東巡爲據金陵以圖恢復，第九首最爲一篇之警策，其主張永王用舟師泛海直取幽燕，意已昭然可覩，然欲行此策，必以金陵爲根本，故第十首有「更取金陵作小山」之語也。至第十一首終之以「南風一掃胡塵静，西入長安到日邊」，則切實表明仍擁護長安，非圖自立，與第五首之「二帝巡遊俱未回」互作補充。永王事敗被害，其志已無由自明，然當時幕中必有人與李泌抱相類似之見解者固可揣而知。而況此時南北音信阻隔，人之未敢遽信李、郭竟能成功，必更甚於李泌之見聞真切者，安得不寓其希望於永王乎？人或疑永王本鎮在江陵，而鎮廣陵者爲盛王琦，永王越俎而擅引兵東出無解于謀叛，殊不知玄宗諸子中惟永王出鎮在前，事在天寶十四載，而次年與盛王、豐王同被命時，二王皆始終未行，則永王之獨以興兵恢復爲己任何容疑乎？李白之佐永王，在永王初敗時誠不得不稍自隱飾以求免責，未幾而事過境遷亦不必諱矣。

在唐時且不諱，後人反欲百計爲之回護，尤可笑也。此事不從當時情勢探究，皆未能得要領。

上皇西巡南京歌十首

胡塵輕拂建章臺，聖主西巡蜀道來。劍壁門高五千尺，石爲樓閣九天開。

【注】

〔南京〕王云：天寶十五載六月，安禄山兵破潼關，帝出幸蜀。七月庚辰，帝次蜀郡。八月癸巳，皇太子即皇帝位於靈武，尊帝曰上皇天帝。至德二載十月丁巳，皇帝復京師。癸亥，遣太子太師韋見素迎上皇天帝於蜀郡。十二月丙午，上皇天帝至自蜀郡。戊午大赦，以蜀郡爲南京。蜀地於天下近西，而謂之南京者，以其在長安之南故也。

〔建章臺〕王云：三輔黄圖：建章宫有神明臺，應德璉有侍五官中郎將建章臺集詩，庾肩吾有過建章故臺詩。

〔劍壁〕王云：張載劍閣銘：惟蜀之門，作鎮作固。是曰劍閣，壁立千仞。吕延濟注：劍閣言其峯如劍，其勢如閣。元和郡縣志：大劍鎮在劍州普安縣東四十八里，本姜維拒鍾會壘也。去開遠戍東十一里。其山峭壁千丈，下瞰絶澗，飛閣以通行旅。老學菴筆記：劍門關皆石，無寸土。參見卷一劍閣賦注。

其二

九天開出一成都，萬户千門入畫圖。草樹雲山如錦繡，秦川得及此間無？

【注】

〔成都〕王云：漢書地理志：蜀郡有成都縣，然唐時統謂蜀郡爲成都。

〔千門〕文選王延壽魯靈光殿賦：千門相似，萬户如一。

〔秦川〕王云：胡三省通鑑注：秦地四塞以爲固，渭水貫其中，渭川左右，沃壤千里，世謂之秦川。

其三

華陽春樹似新豐，行入新都若舊宫。柳色未饒秦地緑；花光不減上陽紅。

【校】

〔華陽〕華，宋乙本、咸本、繆本、絶句俱作德。王本注云：繆本作德。

〔似新豐〕似，蕭本作號。王本注云：蕭本作號。

〔上陽〕陽，兩宋本、繆本俱作林。王本注云：繆本作林。

【注】

〔華陽〕王云：華陽國志：蜀志云：地稱天府，原曰華陽。是稱蜀地爲華陽，其來舊矣。或以唐書地理志蜀郡有華陽縣，有新都縣，爲實指二縣而云，不知華陽縣舊名蜀縣，至乾元二年始更名，至德中尚無此稱。而新都以奮宫相比，則非實指二縣可知。若夫德陽乃漢州之郡名，南至蜀郡百里，玄宗未嘗駐蹕於此，何得以新豐相擬耶？

〔新豐〕西京雜記：太上皇徙長安，居深宫，悽愴不樂。高祖竊因左右問其故，以平生所好皆屠販少年，酤酒賣餅，鬭雞蹴鞠，以此爲歡。今皆無此，故以不樂。高祖乃作新豐，移諸故人實之，太上皇乃悦。故新豐多無賴，無衣冠子弟故也。高祖少時嘗祭枌榆之社，及移新豐，亦還立焉。高祖既作新豐，并移舊社。衢巷棟宇，物色惟舊。士女老幼，相攜路首，各知其室。放犬羊雞鴨於通途，亦競識其家。其匠人胡寬所營也，移者皆悦其似而德之，故競加賞贈，月餘致累百金。蕭士贇曰：肅宗即位靈武，尊明皇爲太上皇，故用此事。

〔上陽〕見卷二古風第十八首注。

其四

誰道君王行路難？六龍西幸萬人歡。地轉錦江成渭水；天迴玉壘作長安。

【注】

〔六龍〕王云：天子駕六，書稱若朽索之馭六馬。漢書袁盎傳：今陛下騁六飛，是也。何休公羊傳注：天子馬曰龍，高七尺以上。稱車駕爲六龍，其義疑出於此。或謂取時乘六龍以御天之義，又或謂韓非子黄帝駕象車而六蛟龍，春秋命曆序有神人右耳蒼色大肩駕六龍出輔，號曰神農，六龍字義本此者，非也。參見卷三蜀道難注。

〔錦江〕王云：錦水，錦江也。劉逵蜀都賦注：譙周益州志曰：成都織錦既成，濯於江水，其文分明，勝於初成。他水濯之不如江水也。太平寰宇記：濯錦江即蜀江，水至此濯錦，錦彩鮮潤於他水，故曰濯錦江。九域志：笮橋江水亦名濯錦江，俗云以此水濯錦鮮明。參見卷四白頭吟注。

〔渭水〕王云：渭水出今臨洮府渭源縣之鳥鼠山，東流遶西安府城之北，西安府即唐之西京也。又東流至華陰縣入於河。凡秦地諸水，若灞、若滻、若涇、若澧、若鎬、若潏、若澇、若虒，莫不入之，而後同歸於河。故秦中諸水惟渭爲大。

〔玉壘〕王云：元和郡縣志：玉壘山在彭州導江縣西北二十九里。蜀都賦曰：包玉壘而爲宇。方輿勝覽：玉壘山在茂州汶川縣東四里，出璧玉。名山志：玉壘山在成都府灌縣。衆峯叢擁，遠望無形，惟雲表崔嵬稍露，山石瑩潔可爲器，亦碔砆之類。

【評箋】唐宋詩醇云：渭水長安隱寓故都之感，且以幸其早還，非詩成都佳麗也。

其五

萬國同風共一時，錦江何謝曲江池？石鏡更明天上月，後宫親得照娥眉。

【校】

〔更明〕明，蕭本作名。王本注云：蕭本作名。

〔親得〕親，兩宋本、繆本、王本俱注云：一作新。

【注】

〔同風〕漢書卷六四終軍傳：今天下爲一，萬里同風。

〔曲江池〕王云：劇談録：曲江池本秦世隑洲。開元中疏鑿，遂爲勝景。其南有紫雲樓、芙蓉苑，其西有杏園、慈恩寺。花卉環周，烟水明媚，都人遊翫，盛於中和、上巳之節。綵幄翠幬，匝於隄岸，鮮車健馬，比肩擊轂。上巳即賜宴臣僚，京兆府大陳筵席，長安、萬年兩縣以雄盛相較，錦繡珍玩無所不施。百辟會於山亭，恩賜太常及教坊聲樂，池中備綵舟數隻，唯宰相、三使、北省官與翰林學士登焉。每歲傾動皇州，以爲盛觀。入夏則菰蒲葱翠，柳陰四合，碧波紅蕖，湛然可愛。好事者賞芳晨，翫清景，聯騎攜觴，亹亹不絶。長安志：昇道坊龍華尼寺南有流水屈曲，謂之曲江，其深處下不見底。司馬相如賦云臨曲江之隑洲，蓋其所也。

〔石鏡〕華陽國志蜀志：武都有一丈夫化爲女子，美而艷，蓋山精也。蜀王納爲妃，不習水土，欲去。王必留之，乃爲東平之歌以樂之。無幾物故，蜀王哀念之，乃遣五丁之武都擔土，爲妃作冢。蓋地數畝，高七丈，上有石鏡。今成都北角武擔是也。太平寰宇記：冢上有一石，厚五寸，徑五尺，瑩徹號曰石鏡。王見悲悼，遂作臾邪之歌，龍歸之曲。

其六

濯錦清江萬里流，雲帆龍舸下揚州。北地雖誇上林苑，南京還有散花樓。

【注】

〔濯錦〕王云：濯錦江即岷江也。過成都爲錦江，至三峽爲峽江，至漢口爲漢江，至揚州爲揚子江，東流入海。漢書地理志：禹貢岷山在西徼外，江水所出，東南至江都入海，過郡七，行二千六百六十里。此云萬里者，蓋侈言其流之遠耳。左思詩：「振衣千仞岡，濯足萬里流。」

〔龍舸〕王云：方言：南楚江湘凡船大者謂之舸。龍舸，畫龍於大舟之首及兩旁者也。

〔散花樓〕楊云：成都志：宣華苑城上有散花樓，隋蜀王秀所立。參見卷二十一登錦城散花樓詩注。

其七

錦水東流繞錦城，星橋北挂象天星。四海此中朝聖主，峨眉山上列仙庭。

【校】

〔山上〕上，宋乙本、繆本、王本俱注云：一作下。蕭本作下。

【注】

〔錦城〕太平御覽：成都記曰：府城本呼爲錦城，秦滅蜀，張儀所築也。每面各三里，周迴十二里，高七丈。

〔星橋〕王云：華陽國志：蜀郡……有七橋，直西門郫江中冲治橋，西南石牛門曰市橋，城南曰江橋，南渡流曰萬里橋，西上曰夷里橋，亦曰笮橋。從冲治橋西出折曰長昇橋，郫江上西有永平橋。長老傳言，李冰造七橋，上應七星，故世祖謂吴漢曰：安軍宜在七星間。太平寰宇記：漢州雒縣七星橋，昔秦李冰開江，置七星橋，橋各一鐵鎖，上應七星。故世祖謂吴漢曰：安軍宜在七星間。謂五星日月云。李膺記：一長星橋，今名萬里；二圓星橋，今名安樂；三璣星橋，今名建昌；四夷星橋，今名笮橋；五尾星橋，今名禪尼；六沖星橋，今名永平；七曲星橋，今名昇仙。

〔峨眉〕楊云：按峨眉縣大峨山之顛一名勝峯，佛書以爲普賢大士所居，常有光相見。中峯有普賢閣，背倚白厓峯，餘十七峯共環之。茂真尊者舊庵在峯下，其旁一峯號呼而應，孫思邈所往來，傳云茂真與孫常相呼而應，故以名。大峨絶頂有七寶巖，巖下六十里，半山間有白水寺，寺前雙溪，入林數十步合爲一溪。既出巖竇，又散爲寶現溪。葉三藏自西域歸，過溪見兩石子，鬥攬得其一，今藏黑水寺，石上有一目，端正透底，溪以此得名，日照其石，常五色光現。蕭云：圖經：大峨山、中峨山、小峨山並在嘉州峨眉縣南，大峨山兩山相對如蛾眉。山記云：其山周匝千里，有石龕百一十二，大洞十二，小洞二十八，南北有臺，中峨山有葛仙洞，小峨山有季仙洞，是爲三峨。王云：華陽國志：犍爲郡南安縣有峨嵋山，山去縣八十里。孔子地圖言有仙藥。漢武帝遣使者祭之，欲致其藥不能得。名山洞天福地記：峨嵋山周圍三百里，名靈陵太妙之天。在蜀嘉州。

其八

秦開蜀道置金牛，漢水元通星漢流。天子一行遺聖跡，錦城長作帝王州。

【注】

〔金牛〕水經注沔水：秦惠王欲伐蜀而不知道，作五石牛，以金置尾下，言能屎金。蜀王負力令五丁引之成道，秦使張儀、司馬錯尋路滅蜀，因曰石牛道。按：李商隱井絡詩：「將來爲報奸雄道，莫向金牛訪舊蹤。」金牛蓋唐人常語。

〔漢流〕王云：韻會：漢水出興元府嶓冢山，至漢陽爲漾水，至武都爲漢水，一名沔水。地理今釋：漾水出今陝西漢中府寧羌州北嶓冢山，東至漢中府南鄭縣南爲漢水，漢水元通星漢流者，謂其所出高遠，如從星漢而來，即「水從銀漢落」及「黄河之水天上來」意也。琦按興元府即今漢中府，爲自秦入蜀咽喉要道。金牛峽在沔縣西一百七十里，是五丁開道引石牛之處。嶓冢山在沔縣西一百二十里，爲漢水發源之所，皆屬漢中地。首二句用此，見蜀地自昔與中國隔遠，未嘗爲帝王巡幸。以反起下文今得天子一行，遂成都邑之美也。

〔一行〕蕭云：一行，僧也。唐史載玄宗狩蜀至成都，過此問橋名，左右對曰萬里橋。上因嘆曰：「開元末，僧一行謂朕曰：更二十年國有難，陛下當遠遊至萬里之外，此是也。」由是駐蹕成都。一行讖之，明皇實之。故曰天子與一行遺此聖跡也。按：蕭氏所引雖出唐世傳聞，非無據。但唐語林卷五云：「明皇幸東都，秋宵，與一行師登天宫寺閣，臨眺久之。上四顧，凄然嘆息，謂一行曰：『吾甲子得終無患乎？』一行曰：『陛下行幸萬里，聖祚無疆。』及西巡至成都，前望大橋，上乃舉鞭問左右曰：『是何橋也？』節度使崔圓躍馬進曰：

「萬里橋。」上嘆曰：「一行之言，今果符合，吾無憂矣。」或曰：一行開元中嘗奏上云：陛下行幸萬里，聖祚無疆。故天寶中幸東都，庶盈萬數，及上幸蜀，至萬里橋，方悟焉。雖同爲無稽之談，較蕭氏所引近理，然在此處則非指僧一行，蕭説出於附會。胡震亨亦云：天子一行，自言玄宗行也。舊注傅會讖語，以爲指僧一行，殊謬。

其九

水淥天青不起塵，風光和暖勝三秦。萬國烟花隨玉輦，西來添作錦江春。

【校】

〔淥〕蕭本作緑。王本注云：蕭本作緑。

【注】

〔三秦〕三輔黄圖：項籍滅秦，分其地爲三：以章邯爲雍王，都廢丘；司馬忻爲塞王，都櫟陽；董翳爲翟王，都高奴。謂之三秦。

其十

劍閣重關蜀北門，上皇歸馬若雲屯。少帝長安開紫極，雙懸日月照乾坤。

【注】

〔紫極〕文選潘岳西征賦：厭紫極之閑敞。李善注：紫極，星名，王者爲宫以象之。

【評箋】

嚴羽云：十首皆於蕭條奔寄中作壯麗語，是爲得體，舉秦蜀形勢不忘故都，是爲用意。（嚴羽評點李集）

王夫之云：女也不爽，士貳其行。士也罔極，二三其德。語似排偶，而下三語與上一語相匹。李白「劍閣重關蜀北門，……」竊取此法而用之。蓋從無截然四方八段之風雅也。（詩繹）

按：舊唐書肅宗紀：至德二載十二月丙午上皇至自蜀。所謂「上皇歸馬」指此。又「南京還有散花樓」之句，則以上皇歸後改蜀郡爲南京也。

峨眉山月歌

峨眉山月半輪秋，影入平羌江水流。夜發清溪向三峽，思君不見下渝州。

【校】

〔題〕兩宋本、繆本題下俱注云：峽路。

【注】

〔平羌〕〔清溪〕〔三峽〕〔渝州〕楊云：峨眉山在嘉州峨眉縣羅目鎮。平羌江在嘉州龍游縣，有平羌山。資州清溪縣，乾德五年省入内江，内江在州東九十八里，資州東至昌州二百二十八里，昌州南至渝州三百里，自渝州明月峽至夔州西陵峽四千里（按四千里字恐誤），巴峽、明月峽、巫峽是爲三峽。王云：蕭士贇曰：圖經：平羌江在雅州嚴道縣東北城下，至嘉州亦號平羌江。一統志：平羌江在雅州城北，舊傳羌夷入寇，諸葛亮於此平之，故名。琦按：後周保定間，置平羌郡及平羌縣，以其境内有平羌山，郡縣皆依之以立名。其地在今嘉定州之南十八里。隋初郡廢，改縣曰峨眉，别置一平羌縣，在今嘉定州之東六十里。唐屬嘉州，宋熙寧間，省入龍游縣。唐之嘉州即今之嘉定州，龍游縣即今之夾江縣，平羌山今在夾江縣地，可考。平羌江者，即經流平羌縣中之水也。因其流而及其源，故自雅州至嘉州一水通流，皆謂之平羌江。太白所指乃嘉州之江，非雅州之江，蓋峨眉山在嘉州之南，而清溪又與嘉州相近，若雅州則在峨眉山之上流，去清溪又遠，故知其非也。輿地紀勝：清溪驛在嘉州犍爲縣。王阮亭曰：清溪在納溪縣西五里，太白詩「夜發清溪向三峽」即此。或謂李詩本三溪，三溪在嘉州平羌峽，非是。楊注以清溪爲資州縣名。按新唐書地理志：劍南道資州有清溪縣，本名牛鞞，天寶元年始更名清溪。此詩約是開元中，太白未出蜀以前之作，則指清溪爲縣名者亦恐未是。蜀都賦：經三峽之崢嶸。劉淵林注：巴東永安縣有高山相對，相去可二十丈。左右崖甚高，人謂之峽。江水過其中。太平御覽：庾仲雍荊州記曰：巴陵，楚之世有三峽，明月峽、兹不峽、東突峽，即今之巫峽、秭歸峽、歸鄉峽。峽程記曰：三峽者，明月峽、巫山峽、廣溪峽，其他瞿塘、灧澦、燕子、屏風之類皆不預三峽之數。琦按書記，或以西峽、巫峽、歸峽爲三峽，或以廣溪峽、巫峽、西陵峽爲三峽，或以巫峽、巴峽、明月峽爲三峽，蓋川河之中，峽名甚多。然據古歌巴東三峽巫峽長一語推之，知古之所稱三峽者，皆在巴東。大抵起自夔州府奉節、巫山二縣之東，達於歸州夷陵州之西。連山疊嶂，隱天蔽日，凡六七百里，水極險迅。在巫山下者爲巫峽，巫峽之上爲廣溪峽，巫峽之下爲西陵峽，過西陵峽則水漫爲平流，而險始平矣。或以瞿塘爲三峽之門，或以瞿塘即西陵峽，或以明月峽即廣溪峽，紛紜傳指，難可憑依矣。渝州，周時爲巴子國，秦漢爲巴郡之地。至唐爲渝州，以渝水得名。後改南平郡，今爲重慶府巴縣地。

【評箋】

王云：王鳳洲曰：此是太白佳境，二十八字中有峨眉山、平羌江、清溪、三峽、渝州，使後人爲之，不勝痕跡矣。益見此老鑪錘之妙。王麟洲曰：談藝者有謂七言律一句中，不可入兩故事，一篇中不可重犯故事，此病犯者固多，拈出亦見精嚴，吾以爲皆非妙悟也。作詩到精神傳處，隨分自佳，下得不覺痕跡，使一句兩入，兩句重犯，亦自無傷。如太白峨眉山月歌：四句入地名者五，古今目爲絶唱，殊不厭重。蜂腰鶴膝，雙聲疊韻，沈休文三尺法也，古今犯者不少，寧盡汰之耶？

沈德潛云：月在清溪山月之間，半輪亦不復見矣，君字即指月。（唐詩別裁）

金獻之云：王右丞早朝詩，五用衣服字；李供奉峨眉山月歌五用地名字；古今膾炙。然右丞用之八句中，終覺重複；供奉只四句，而天巧渾成，毫無痕迹，故是千秋絶調。（唐詩選脈會通）

峨眉山月歌送蜀僧晏入中京

我在巴東三峽時，西看明月憶峨眉。月出峨眉照滄海，與人萬里長相隨。黄鶴樓前月華白，此中忽見峨眉客。峨眉山月還送君，風吹西到長安陌。長安大道横九天，峨眉山月照秦川。黄金師子乘高座；白玉麈尾談重玄。我似浮雲滯吴越，君逢聖主遊丹闕。一振高名滿帝都，歸時還弄峨眉月。

【校】

〔月出峨眉〕兩宋本、繆本、王本俱注云：一作峨眉山月。

〔乘高座〕乘，兩宋本、繆本俱作承。王本注云：繆本作承。

〔滯〕蕭本、胡本俱作殢。王本注云：蕭本作殢。

〔歸時〕時，兩宋本、繆本、王本俱注云：一作來。

【注】

〔中京〕王云：唐書肅宗本紀：至德二載十二月，以蜀郡爲南京，鳳翔郡爲西京，西京爲中京。胡三省曰：以長安在洛陽、鳳翔、蜀郡、太原之中，故爲中京。

〔巴東〕舊唐書地理志：山南西道歸州，天寶元年，改爲巴東郡。

〔黄鶴樓〕王云：元和郡縣志：江夏城西臨大江，西南角因磯爲樓，名黄鶴樓。太平寰宇記：黄鶴樓在鄂州江夏縣西二百八十步。昔費褘登仙，每乘黄鶴於此樓憩駕，故號爲黄鶴樓。陸放翁入蜀記：黄鶴樓舊傳費褘飛昇於此，後忽乘黄鶴來歸，故以爲樓號，爲天下絶景。崔顥詩最傳，而太白奇句得於此者尤多。今樓已廢，故址亦不復存。問老吏，云在石鏡亭南樓之間，正對鸚鵡洲，猶可想見其地。據此，則南宋之初，基址已不可考。今之所立，後人想象其處而爲之者也。　參見卷七江上吟詩注。

〔師子〕王云：法苑珠林：龜兹王造金師子座，以大秦錦褥鋪之，令鳩摩羅什升而説法。釋氏要覽：智度論：問云：何名師子座？爲佛化作爲實師子，爲金銀木石作耶？答云：是號師子座，非實也。佛爲人中師子，凡佛所坐若牀若地，皆名師子座。夫師子獸中獨步無畏，能伏一切。佛亦如是，於九十六種外道一切人天中，一切降伏，得無所畏。故稱人中師子。

〔重玄〕王云：世説：王夷甫容貌整麗，妙於談玄，恒捉白玉柄麈尾，與手都無分别，重玄即老子玄之又玄之義。晉書索襲傳：味無味於慌惚之間，兼重玄於衆妙之内。

【評箋】

嚴羽云：是歌當識其主伴變幻之法。題立峨眉作主，而以巴東三峽、滄海、黄鶴樓、長安陌、秦川、吴越伴之，帝都又是主中主。題用月作主而以風雲作伴，我與君又是主中主。迴環散見，映帶生輝。真有月映千江之妙，非擬議所能學。又云：巧如蠶，活如龍，迴身作繭，噓氣成雲，不由造得。（嚴羽評點李集）

今人詹鍈云：王譜於至德二載下附考云：是年十二月改西京爲中京，白有峨眉山月歌送蜀僧晏入中京詩，乃自後五年中之作。按新唐書地理志：上元二年中京復曰西京。則此詩之作又當在上元二年以前。詩云：「黄鶴樓前月華白，此中忽見峨眉客。……我似浮雲滯吴越，君逢聖主遊丹闕。」求闕齋讀書録曰：觀黄鶴樓前二句，太白時在江夏逢僧晏也。我滯吴越句當指前事言之耳。細按詩意，滯吴越即指留居江夏而言，非指前事。此詩疑是太白流夜郎歸至江夏時作。

赤壁歌送别

二龍争戰決雌雄，赤壁樓船掃地空。烈火張天照雲海，周瑜於此破曹公。君去滄江望澄碧，鯨鯢唐突留餘跡。一一書來報故人，我欲因之壯心魄。

【校】

〔題〕兩宋本、繆本題下俱注云：江夏。

〔望澄碧〕望，兩宋本、繆本、王本俱注云：一作弄。胡本作弄。

〔因之〕因，兩宋本、繆本、王本俱注云：一作觀。

【注】

〔赤壁〕王云：元和郡縣志：赤壁山在鄂州蒲圻縣西一百二十里。北臨大江，其北岸即烏林，與赤壁相對。即周瑜用黄蓋策焚曹公舟船敗走處。故諸葛亮論曹公危於烏林是也。楊齊賢曰：盛弘之荆州記：蒲圻縣沿江一百里南岸赤壁，周瑜、黄蓋乘大艦破魏武兵於烏林，烏林赤壁東西一百六十里也。予嘗往來江、漢間，研求赤壁所在，正在今鄂州上流八十里，與百人山相對。江邊石皆赤色，故號爲赤壁磯。東坡賦所謂東望夏口，西望武昌，非曹公之赤壁也。一統志：赤壁山在武昌府城東南九十里。唐元和志：在蒲圻縣西一百二十里。……圖經云：在嘉魚縣西七十里，其地今屬嘉魚。宋蘇軾指黄州赤鼻山爲赤壁。按劉備居樊口，進兵逆操，遇於赤壁，則赤壁當在樊口之上。又赤壁初戰，操兵不利，引次江北，則赤壁當在江南，亦不應在江北。今江、漢間言赤壁者五：漢陽、漢川、黄州、嘉魚、江夏，惟江夏之説合於史。按：明一統志之説蓋本於王象之輿地紀勝卷七九漢陽軍：荆州記：臨漳山南峯謂之烏林峯，亦謂之赤壁，周瑜破曹操處。元和郡縣志云：在汉川縣西八十里。古今地理書多言是曹公敗處。象之按：三國志，則赤壁不在汉川也，何則？曹公既從江陵水軍至巴丘赤壁，又在巴丘下軍敗引還南郡，周瑜水軍退，並是大江中，與汉川殊爲乖繆。蓋是側近居人見崖岸赤色，因呼爲曹公赤壁敗處也。舊經引荆門記云：臨漳山南有烏林峯，亦名赤壁。又寰宇記引舊圖經云：烏林爲赤壁。新經云：今江漢間言赤壁者有五：黄州、嘉魚、江夏、漢陽、漢川，其記各有所據。惟江夏之説近古而合於史，漢陽之説蓋出於荆州記，漢川之説蓋以赤壁草市爲赤壁（草市説見元和郡縣志），今其近處亦有烏林，而唐漢陽圖經云：赤壁城又名烏林，在汉川縣西八十里，跨汉南北（汉川即今漢川）。據此二説相去不遠，然曹操初敗赤壁，再敗烏林，乃二地。今以爲一地二名，既已失之，況曹操舟師自江陵順流而下，周瑜自柴桑（柴桑今江州）泝流而上，兩軍相遇於赤壁，則赤壁當臨大江。今臨漳及漢川各非臨江處，通典及元和郡縣志皆嘗辨汉川繆，則臨漳之繆亦可知。黄州之説蓋出於齊安拾遺，以赤鼻山爲赤壁（赤鼻山見水經），以三江下口爲夏口，以武昌縣華容鎮爲曹操敗走華容道，其説尤謬。蓋周瑜自柴桑至樊口（在武昌縣）而後遇于赤壁，則赤壁當在樊口之上，今赤鼻山止在樊口對岸，何待進軍而後遇之乎？又赤壁初戰，操軍不利，引次江北而後有烏林之敗。則赤壁當在江之南岸。今赤鼻山乃在江北，亦非也。又曹操既敗，自華容道走退保南郡，漢南郡今江陵，華容今監利也，武昌華容鎮豈亦南郡路乎？東坡赤壁賦中皆疑似語。嘉魚之説，蓋出於唐人章懷太子注。東漢劉表傳云：

赤壁，山名也，在今鄂州蒲圻縣。通典引檢地志，亦與此同。元和郡縣志則云：赤壁山在蒲圻縣。水經述江水源流至今巴陵之下云：江水左逕止烏林南。酈道元注云：右逕赤壁山北，昔周瑜與黄蓋詐魏武大軍所起處。據此則赤壁、烏林相去二百餘里，然疑烏林、赤壁二戰相繼，烏林之捷，又自赤壁始，及觀江表傳，赤壁敗後，黄蓋與操詐降書，始曹以衆寡不敵，交鋒之日蓋爲前鋒，至戰日蓋始用火攻之策，操乃敗走，如此則二戰初不同日，後漢紀總書爲烏林、赤壁，觀者不審，故指烏林、赤壁爲一地，要之道元乃後魏人，去三國尚近，考驗必得其真。楊守敬晦明軒稿答友人書云：赤壁之地，諸説紛紜，有謂烏林即赤壁者。御覽一百六十九引荆州記：臨漳山南峯謂之烏林，亦謂之赤壁。此以赤壁在江北。又有謂赤壁在漢川縣西八十里者，李吉甫已辨駁之。御覽七百七十引英雄記謂曹操北至江上，欲從赤壁渡江，無船，作竹簰，使部曲乘之，從漢水下出大江浦口。此亦以赤壁在江北。然周瑜傳言遇曹公於赤壁，初一交戰，公軍敗退，引次江北。則赤壁在江南審矣。且張昭明言操得劉表水軍蒙衝鬬艦以千數，何謂無船？然今嘉魚下有簰洲，當亦因此得名。文選注三十引盛宏之荆州記：蒲圻縣百二十里所，本在江南岸，與操敗引次江北似合。然此山自名蒲磯山，故一統志駁之。惟水經注在百人山南，謂即黄蓋詐魏武處，而其上又云：黄蓋敗魏武於烏林，相去幾二百里，足下遂疑其自相矛盾。余以爲此不必疑也。蓋曹將以水陸軍沿江而下，聲言八十萬，周瑜謂所將中國人不過十五六萬，所謂表衆不過七八萬，是則曹軍亦實有二十三四萬，以二十三四萬之衆，夫豈一二山林所能容？劉先主伐吴，連營七百里，以首尾不能相顧致敗。然以二百里較之，固不相侔也。且水經注言赤壁之下有大軍山、小軍山，紀要謂是以吴魏相持陳兵名，又其下有黄軍浦，水經注亦謂是黄蓋屯軍所。夫吴以三萬人拒曹操，其屯兵處已幾及百里，合劉先主劉琦之兵二萬餘人，亦不過五萬餘人。蓋赤壁爲操前鋒所及，烏林爲操後軍所止。吴軍以蒙衝鬭艦數十艘從南岸引次俱前，同時發火。（觀此則知自赤壁至烏林同時以火攻之。）蓋由南而北，非必由下而上也。觀周瑜傳自明，是水經注所據於當時軍勢至合，其他方志附會之詞正不必一一辨論也。

〔雌雄〕王云：漢書彭越傳：兩龍方鬭且待之。項羽傳：羽使人謂漢王曰：「天下匈匈，徒以吾兩人，願與王挑戰決雌雄，毋徒罷天下父子爲也。」

〔唐突〕王云：左傳：古者明王伐不敬，取其鯨鯢而封之，以爲大戮。杜預注：鯨鯢大魚名，以喻不義之人吞食小國。後漢書：轉相招結，唐突諸郡。唐突，犯觸也。

【評箋】沈炳巽云：筠廊偶筆云：輿圖考載楚中赤壁有二：一在嘉魚，一在黄州。嘉魚乃周瑜破曹操處，蘇子瞻以黄州赤㠗山爲赤壁謬也。噫！此説起而世人争誚子瞻。然唐杜牧之齊安晚秋句云：「可憐赤壁争雄渡，惟有蓑翁坐釣磯。」則何以説乎？蓋當年舳艫千里，旌旗蔽空，由黄州至嘉魚皆屬戰争之所，烏辨其某舟泊某山，某山爲火焚而赤乎？即以黄州之赤㠗爲赤壁可也。此説久不定，余爲辨之云云。炳巽按陸放翁入蜀記云：圖經及傳者俱以黄州赤壁磯爲周公瑾敗曹操之地，然江上多此名，不可考質。李太白歌云：「烈火張天照雲海，周瑜於此敗曹公。」不指言在黄州，蘇公尤疑之，故賦云：此非困於周郎者乎？樂府云：故壘西邊，人道是三國周郎赤壁。蓋一字不輕下如此，據此，則東坡原不曾確指黄州赤壁爲周公瑾敗曹瞞處。後人讀書不細，故多議論，何西陂亦據世俗之論而強爲之説邪？至云當年舳艫千里即以黄州之赤𡾰爲赤壁亦可，此論亦屬支離。不必曲爲坡公諱也。（權齋老人筆記）

江夏行

憶昔嬌小姿，春心亦自持。爲言嫁夫壻，得免長相思。誰知嫁商賈，令人卻愁苦。自從爲夫妻，何曾在鄉土？去年下揚州，相送黄鶴樓。眼看帆去遠，心逐江水流。只言期一載，誰謂歷三秋。使妾腸欲斷，恨君情悠悠。東家西舍同時發，北去南來不逾月。未知行李遊何方，作箇音書能斷絶。適來往南浦，欲問西江船。正見當壚女，紅妝二八年。一種爲人妻，獨自多悲悽。對鏡便垂淚，逢人只欲啼。不如輕薄兒，旦暮長追隨。悔作商人婦，青春長别離。如今正好同歡樂，君去容華誰得知？

【校】

〔長追隨〕追，蕭本、咸本、胡本俱作相。王本注云：一作相。

【注】

〔江夏〕舊唐書地理志：江南西道鄂州，天寶元年改爲江夏郡。

〔行李〕王云：演繁露：今人謂出行資裝爲行李。琦按杜氏左傳注：行李，行人也。後人多據之，而皆以行裝爲行李者爲非是。方密之云：使人行必有裝，鄭當時之治行，孟子之治任是已。則以行李爲隨行之物，何不可耶？

〔能〕胡云：能，善也，吴音。

〔南浦〕王云：太平寰宇記：南浦在鄂州江夏縣南三里。離騷云：送美人兮南浦。其源出景首山，西入大江，秋冬涸竭，春夏泛漲，商旅往來，皆於浦停泊，以其在郭之南，故曰南浦。

〔一種〕張相詩詞曲語辭匯釋云：一種猶云一樣或同是也。李白江夏行：「一種爲人妻，獨自多悲悽。」言同是爲人妻也。

【評箋】

胡云：按白此篇及前長干行篇並爲商人婦詠，而其源似出西曲。蓋古者吴俗好賈，荆、郢、樊、鄧間尤盛。男女怨曠，哀吟清商諸西曲所由作也。第其辭五言二韻，節短而情有未盡。太白往來襄、漢、金陵，悉其土俗人情，因采而演之爲長什。一從長干上巴峽，一從江夏下揚州，以盡乎行賈者之程，而言其家人失身誤嫁之恨，盼歸怨望之傷。使夫謳吟之者，足動其逐末輕離之悔，回積習而裨王風。雖其才思足以發之，而踵事以增華，自從西曲本辭得來，取材固有在也。凡太白樂府皆非泛然獨造，必參觀本曲之詞與所借用之曲之詞，始知其源流之自，點化奪換之妙，要不獨此二篇爲然，聊發凡資讀者觸解云。

懷仙歌

一鶴東飛過滄海，放心散漫知何在？仙人浩歌望我來，應攀玉樹長相待。堯舜之事不足驚，自餘囂囂直可輕。巨鰲莫載三山去，我欲蓬萊頂上行。

【校】

〔題〕懷，胡本作憶。王本注云：胡本作憶。

〔囂囂直〕兩宋本、繆本俱作嚻嚻真。王本注云：繆本作嚻嚻真。按：嚻字誤。

〔莫載〕載，蕭本、英華俱作戴。王本注云：許本作戴。

〔我欲〕我，宋乙本、繆本作吾，注云：一作我。王本注云：一作吾。

【注】

〔滄海〕十洲記：滄海島在北海中，地方三千里，去岸二十一萬里，海四面繞島各廣五千里，水皆蒼色，仙人謂之滄海也。

〔玉樹〕山海經海内西經：開明北有……文玉樹。郭注：五彩玉樹。參見卷五宮中行樂詞第四首注。

【評箋】蕭云：此詩太白睠顧宗國，繫心君王，冀復進用之作也。一鶴自喻，仙比人君，玉樹比爵位，時肅宗即位於靈武，明皇就遜位，時物議有非之者，太白豪俠曠達之士，亦曰法堯禪舜自古有之，何足驚怪，爲是嚚嚚者不知古今，直可輕也。末句其拳拳安史之滅，宗社之安，或者用我乎！身在江湖，心存魏闕，白有之云。

朱諫云：語無倫次，意多牽強，徒以大言欲效謫仙，不可得也。較於江夏行等篇，無有村俗之氣，雖曰過之，然亦未免於張皇也。（李詩辨疑）

梅鼎祚云：朱諫删入辨疑，非。（李詩鈔）

胡云：以下新題樂府，白自製名。

玉真仙人詞

玉真之仙人，時往太華峯。清晨鳴天鼓，飆欻騰雙龍。弄電不輟手，行雲本無蹤。幾時入少室，王母應相逢。

【校】

〔仙人〕仙，兩宋本、繆本俱作真，注云：一作仙。王本注云：一作真。

〔時往〕兩宋本、繆本、王本俱注云：一作西上。

〔弄電〕電，文粹作霓。

〔少室〕室，咸本作廣，注云：一作室。

【注】

〔玉真〕胡云：玉真公主，睿宗女，太極元年出家爲道士，築觀京師以居。魏顥言白爲公主所薦達，而白亦有客公主別館詩，此詞豈其所獻於公主者歟！按：唐語林卷七：政平坊安國觀，明皇時玉真公主所建。金石録卷二七：右唐玉真公主墓誌，王縉撰。誌云：公主法號無上，真字玄玄，天寶中更賜號曰持盈，而唐史但言字持盈爾。誌又云，中宗時封昌興縣主，睿宗時封昌興公主，後改封玉真，進爲長公主。唐史但云封崇昌縣主而以昌興爲崇昌者，皆其闕誤。誌又云，元年建辰月卒，而史以爲卒于寶應中，亦非也。又按：卷九有玉真公主別館苦雨贈衛尉張卿一詩。

〔天鼓〕王云：雲笈七籤：九真高上寶書神明經曰：扣齒之法，左相扣名曰打天鐘，右相扣名曰槌天磬，中央上下相扣名曰鳴天鼓。若卒遇凶惡不祥，當打天鐘三十六遍。若經凶惡辟邪威神大呪，當槌天磬三十六遍。若存思念道致真招靈，當鳴天鼓，以正中四齒相扣，閉口緩頰，使聲虛而深響也。

〔弄電〕太平御覽卷一三漢武帝内傳：西王母曰：東方朔爲太山仙官，太仙使至方丈，助三天司命，朔但務山水游戲，擅弄雷電，激波揚風，風雨失時。

〔少室〕元和郡縣志卷五：少室山在河南府告成縣西北五十里，登封縣西十里，高十六里，周回三十里。潁水源出焉。

【評箋】蕭云：按唐史，玉真公主字持盈，始封崇昌縣主，俄進號上清玄都大洞三景法師。天寶三載，上言曰：「先帝許妾捨家，今仍叨主第，食租賦，願去公主號，罷邑司，歸之王府。」玄宗不許。又言：「妾高宗之孫，睿宗之女，陛下之女弟，於天下不爲賤。何必名繫主號，資湯沐，然後爲貴？請入數百家之産，延千年之命。」帝知至意乃許之。薨寶應時。竊意此詞必公主出家時，時賢皆有詩以詠其事，仙人，褒稱也。

清溪行

清溪清我心，水色異諸水。借問新安江，見底何如此？人行明鏡中；鳥度屏風裏。向晚猩猩啼，空悲遠遊子。

【校】

〔題〕兩宋本、繆本題下俱注云：宣城，一作宣州清溪。王本題下注云：一作宣州清溪。按：此首文粹與卷二十之宣城清溪並列爲一題。

【注】

〔清溪〕見本卷秋浦歌第二首注。

〔新安江〕王云：元和郡縣志：新安江自歙州黟縣界流入桐廬縣，東流入浙江。蕭云：圖經：清溪屬宣城，新安即今徽州，在唐爲歙州，在隋爲新安郡，凡水發源於徽者皆曰新安江。自歙者出黟山，自休寧者出率山，自績溪者出大嶂山，自婺源者出浙山，自浙江泝休寧者爲灘三百六十。

【評箋】

胡仔云：復齋漫録云：山谷言：「船如天上坐，人似鏡中行。」又云：「船如天上坐，魚似鏡中懸。」沈雲卿詩也。老杜云「春水船如天上坐」，祖述佺期之語也；繼之以「老年花似霧中看」，蓋觸類而長之。予以雲卿之詩，原於王逸少鏡湖詩所謂「山陰路上行，如坐鏡中遊」之句。然李太白入青溪山亦云：「人行明鏡中，鳥度屏風裏。」雖有所襲，然語益工也。（苕溪漁隱叢話）

酬殷明佐見贈五雲裘歌

我吟謝脁詩上語，朔風颯颯吹飛雨。謝脁已没青山空，後來繼之有殷公。粉圖珍裘五雲色，曄如晴天散綵虹。文章彪炳光陸離，應是素娥玉女之所爲。輕如松花落金粉，濃似錦苔含碧滋。遠山積翠横海島，殘霞飛丹映江草。凝毫採掇花露容，幾年功成奪天造。故人贈我我不違，著令山水含清暉。頓驚謝康樂，詩興生我衣。襟前林壑斂暝色，袖上雲霞收夕霏。羣仙長歎驚此物，千崖萬嶺相縈鬱。身騎白鹿行飄颻，手翳紫芝笑披拂。相如不足誇鸕鷞，王恭鶴氅安可方？瑶臺雪花數千點，片片吹落春風香。爲君持此淩蒼蒼，上朝三十六玉皇。下窺夫子不可及，矯手相思空斷腸。

【校】

〔題〕兩宋本、繆本題下俱注云：謝脁宅在當塗青山下。明佐，兩宋本、繆本、咸本俱作佐明。王本注云：繆本作佐明。

〔金粉〕金，咸本作塗，注云：一作金。

〔似錦苔〕咸本作成苔錦，注云：成一作似。

〔殘霞〕霞，咸本注云：一作花。

〔飛丹〕飛，宋乙本、繆本俱作霏。王本注云：一作霏。

〔江草〕江，咸本注云：一作紅。

〔露容〕露，咸本、胡本俱作霧，注云：一作露。

〔清暉〕兩宋本、繆本、咸本俱作晴暉。按：上文含碧滋，此句又作含清輝，疑有誤。

〔雲霞〕雲，兩宋本、繆本俱作煙。王本注云：繆本作煙。胡本注云：並用康樂詩句，蓋以作煙者爲誤。

〔長歎〕歎，咸本注云：一作欲。

〔矯手〕手，蕭本、胡本俱作首。

【注】

〔殷明佐〕見後評箋。

〔五雲裘〕楊云：五雲裘者，五色絢爛如雲，故以五雲名之。

〔青山〕王云：江南通志：青山在太平府城東南三十里，齊宣城太守謝朓嘗築室山南，又名謝公山，有謝公井、白雲泉。

〔夕霏〕王云：謝靈運石壁精舍還湖中詩：「林壑斂暝色，雲霞收夕霏。」李善注：霏，雲飛貌。言裘上所畫具此詩意。

〔鷫鸘〕王云：西京雜記：司馬相如以所著鷫鸘裘就市人楊昌貰酒。張華禽經注：鷫鸘，鳥名，其羽可爲裘以辟寒。見卷四白頭吟詩注。

〔鶴氅〕世説企羡篇：孟昶未達時，家在京口，嘗見王恭乘高輿，披鶴氅裘。於時微雪，昶於籬間窺之，嘆曰：此真神仙中人。　王云：鶴氅，析鶴羽而爲衣也。△氅音昌上聲。

〔玉皇〕蕭云：三十六玉皇者，道家所謂三十六天帝王也。

【評箋】　今人詹鍈云：明佐，繆本作佐明，按繆本是也。殷佐明嘗與顔真卿等聯句，見全唐詩，疑佐明即是殷淑之字。詩云：「謝朓已没青山空，後來繼之有殷公。」原注：謝朓宅在當塗青山下。此詩當是在當塗作。

按：郎官石柱題名考卷一七倉部郎中：元和姓纂二十一欣：殷嘉紹再從弟佐明，倉部郎中，陳郡長平縣人。又顔魯公文集卷四：湖州烏程縣杼山妙喜碑，有殷佐明嘗同修韻海鏡源云云。

又按：卷三十有殷十一贈栗岡硯，卷二十二有夜泊黄山聞殷十四吴吟，當與有關。

臨路歌

大鵬飛兮振八裔，中天摧兮力不濟。餘風激兮萬世，遊扶桑兮挂石袂。後人得之傳此，仲尼亡兮誰爲出涕。

【校】

〔挂石〕石，王本注云：當作左。胡本作左。

〔亡兮〕兮，兩宋本、繆本俱作乎。王本注云：繆本作乎。

【注】

〔八裔〕文選木華海賦：地延八裔。李善注：八裔猶八方也。

〔石袂〕楚辭：嚴忌哀時命：衣攝葉以儲與兮，左袪挂於榑桑。王逸注：袪，袖也。言己衣服長大，攝業儲與，不得舒展，德能弘廣，不能施用，東行則左袖挂於榑桑，無所不覆也。

【評箋】

胡云：擬琴操。仲尼適趙，聞簡子殺鳴犢，臨河不濟而歎作臨河歌。此臨路或河字之誤。

王云：按李華墓誌謂太白賦臨終歌而卒。恐此詩即是，路字蓋終字之譌也。

又云：琦按詩意，謂西狩獲麟，孔子見之而出涕。今大鵬摧於中天，時無孔子，遂無有人爲出涕者。喻己之不遇於時，而無人爲之隱惜。太白嘗作大鵬賦，實以自喻，故此歌復借大鵬以寓言耶！

按：漢書卷六三廣陵王胥傳所載死時自歌云：「千里馬兮駐待路」，疑臨路二字取此義。

古意

君爲女蘿草，妾作兔絲花。輕條不自引，爲逐春風斜。百丈託遠松，纏綿成一家。誰言會面易，各在青山崖。女蘿發馨香，兔絲斷人腸。枝枝相糾結，葉葉竟飄揚。生子不知根，因誰共芬芳？中巢雙翡翠，上宿紫鴛鴦。若識二草心，海潮亦可量。

【校】

〔若識〕若，兩宋本、繆本俱作君。

【注】

〔兔絲〕楊云：陸璣詩疏曰：在草曰兔絲，在木曰松蘿，松蘿蔓松而生枝上青，兔絲蔓聯草上，黄赤如金，與松蘿殊異，或謂兔絲無根不屬地，茯苓是也。抱朴子：兔絲之草下有伏兔之根，無此兔則絲不得生於上，然實不屬也。古詩曰：「與君爲新婚，兔絲附女蘿。」

山鷓鴣詞

苦竹嶺頭秋月輝，苦竹南枝鷓鴣飛。嫁得燕山胡鴈壻，欲銜我向鴈門歸。山雞翟雉來相勸，南禽多被北禽欺。紫塞嚴霜如劍戟，蒼梧欲巢難背違。我心誓死不能去，哀鳴驚叫淚霑衣。

【校】

〔我心〕心，蕭本、咸本俱作今。王本注云：蕭本作今。

〔背違〕背，蕭本作皆。

〔嶺〕胡本作林。

【注】

〔山鷓鴣〕王云：按教坊記：山鷓鴣是曲名，鄭谷詩：「座中亦有江南客，莫向清風唱鷓鴣。」知山鷓鴣者，乃當時南地之新聲。△鷓音蔗，鴣音姑。

〔苦竹嶺〕王云：江南通志：苦竹嶺在池州原三保，李白嘗讀書於此。

〔鷓鴣〕王云：太平廣記：鷓鴣，吳、楚之野悉有，嶺南偏多，臆前有白圓點，背上間紫赤毛，其大如野雞，多對啼。南越志云：鷓鴣雖東西回翔，然開翅之始必先南翥，其名自呼杜簿州。又本草云：自呼鉤輈格磔。李羣玉山行聞鷓鴣詩云：「方穿詰曲崎嶇路，又聽鉤輈格磔聲。」

〔鴈門〕山海經北山經：北水行五百里至于鴈門之山，無草木。郭注：鴈門山即北陵西隃，鴈之所出，因以名云，在高柳北。

〔山雞〕王云：劉淵林三都賦注：山雞如雞而黑色，樹棲晨鳴，今所謂山雞者鷩夷也。合浦有之。禽經：首有彩毛曰山雞。張華注：山雉長尾，尤珍護之，林木之森鬱者不入，恐觸其尾也，雨則避於巖石之下，恐濡濕也。久雨亦不出而求食，死者甚衆。水經注：鵕鸃，山雞也，光色鮮明，五色眩耀，利距善鬬，世以家雞鬬之，則可擒也。博物志：翟雉長尾，雨雪降，惜其尾，棲高樹杪，不敢下食，往往餓死。

【評箋】胡云：意當時有勸白北依誰氏者，而白安於南不欲去，託爲鷓鴣之言以謝之。其作客於雲夢及岳陽日乎！

王云：按此詩當是南姬有嫁爲北人婦者，悲啼誓死而不忍去，太白見而悲之，遂作此詩。今人詹鍈云：按樂府詩集近代曲辭有無名氏山鷓鴣二首，題下引歷代歌辭曰：山鷓鴣，羽調曲也。其後又有李益鷓鴣一首，李涉二首，而不及此篇，似乎稍有可疑。但太白集有秋浦清溪雪夜對酒客有唱鷓鴣者一首，詩云：「客有桂陽至，能唱山鷓鴣。」此首或爲唱山鷓鴣者所作新詞也，恐非僞作。

歷陽壯士勤將軍名思齊歌 并序

歷陽壯士勤將軍，神力出於百夫。則天太后召見奇之，授游擊將軍，賜錦袍玉帶，朝野榮之。後拜横南將軍。大臣慕義結十友，即燕公張説、館陶公郭元振爲首，余壯之，遂作詩。

太古歷陽郡，化爲洪川在。江山猶鬱盤，龍虎祕光彩。蓄泄數千載，風雲何霮䨴！特生勤將軍，神力百夫倍。

【校】

〔後拜〕蕭本、咸本俱無後字。王本注云：蕭本少後字。

【注】

〔歷陽〕舊唐書地理志：淮南道和州，天寶元年改爲歷陽郡。

〔勤將軍〕王云：勤將軍之名不載史册，然考許渾集有題勤尊師歷陽山居詩序云：師即思齊之孫。然則其名亦震耀一時者矣。楊升菴述希姓引之，作勒思齊者誤也。按：白居易贈張籍詩謂籍有學仙、董公、商女、勤齊四詩，檢張籍集中勤齊詩已佚，疑即此勤將軍，思齊省稱齊耳。

〔游擊〕通典：游擊將軍爲五品以上武散官。

〔横南〕按：横南將軍之稱非唐代所有，恐出道聽塗説。

〔元振〕王云：張説字道濟，洛陽人。武后時爲相，玄宗時再爲相，封燕國公。郭元振名振，魏州人，以字顯，睿宗時爲相，封館陶縣男，後又封代國公。

〔洪川〕搜神記：歷陽之郡，一夕淪入地中而爲水澤，今麻湖是也。述異記：和州歷陽淪爲湖，昔有書生遇一老姥，姥待之厚。生謂姥曰：「此縣門石龜眼血出，此地當陷爲湖。」姥後數往視之。門吏問姥，姥具答之。吏以硃點龜眼，姥見遂走上北山，顧城遂陷焉。今湖中有明府魚、奴魚、婢魚。按：輿地紀勝卷四八和州：麻湖在歷陽縣西三十里，爲郡巨浸，東西闊二十里，南北一十里。元和郡縣志云：歷湖在縣西三十里。又引淮南子云：歷陽之都一夕爲湖。古歷字作麻，今誤爲麻，今謂之麻湖者謬也。晉地理志淮南阜陵縣下注云，漢明帝時淪爲麻湖。象之竊謂晉志之注有牴牾處。蓋淮南子即淮南王所作，劉安以漢武元狩元年坐罪國除，使歷陽之湖至東漢永平之時始陷，則淮南子生於西漢，其著書也不應預指東漢時事，蓋巢湖歷湖自是兩處，歷湖屬歷陽，巢湖屬巢縣，兩縣之分自是分曉。淮南子所指歷陽之湖，意者即今之麻湖也。東漢史謂永平十一年巢湖出金，非始陷也。二湖之陷俱非明帝年間事。惟晉志合二湖以爲一，故亂而無一統，不可以不辨。

〔霮䨴〕文選王延壽魯靈光殿賦：雲覆霮䨴。吕延濟注：霮䨴，繁雲貌。△霮音潭上聲，䨴音兇。

【評箋】

蕭云：按懷素草書歌先儒謂非太白之作，予謂勤將軍歌亦他人者。

宋長白云：漢有勤尊，晉有勤滿，勤，僻姓也。唐有勤思齊，歷陽人。與張説、郭元振爲十友。李供奉詩：特生勤將軍，神力百夫倍。刻本誤作勤，詩亦疑有脱誤。（柳亭詩話）

草書歌行

少年上人號懷素，草書天下稱獨步。墨池飛出北溟魚，筆鋒殺盡中山兔。八月九月天氣涼，酒徒詞客滿高堂。牋麻素絹排數箱，宣州石硯墨色光。吾師醉後倚繩牀，須臾掃盡數千張。飄風驟雨驚颯颯，落花飛雪何茫茫！起來向壁不停手，一行數字大如斗。怳怳如聞神鬼驚，時時只見龍蛇走。左盤右蹙如驚電，狀同楚漢相攻戰。湖南七郡凡幾家，家家屏障書題徧。王逸少，張伯英，古來幾許浪得名。張顛老死不足數，我師此義不師古。古來萬事貴天生，何必要公孫大娘渾脱舞。

【校】

〔向壁〕壁，兩宋本、繆本俱作筆。王本注云：繆本作筆。

【注】

〔懷素〕王云：國史補：長沙僧懷素，好草書，自言得草聖三昧。棄筆堆積，埋於山下，號曰筆塚。宣和書譜：釋懷素字藏真，俗姓錢，長沙人。徙家京兆，玄奘三藏之門人也。初勵律法，晚精意於翰墨，追倣不輟，禿筆成冢。一夕觀夏雲隨風，頓悟筆意，自謂得草書三昧，斯亦見其用志不分，乃凝於神也。當時名流，如李白、戴叔倫、竇臮、錢起之徒，舉皆有詩美之。狀其勢以爲若驚蛇走虺，驟雨狂風，人不以爲過論。又評者謂張長史爲顛，懷素爲狂，及其晚年益進，則復評其與張芝逐鹿，兹亦有加無已。故其譽之者亦若是耶！考其平日得酒發興，要欲字字飛動，圓轉之妙，宛若有神。一統志：懷素，零陵人，覩二王真跡及二張草書而學之，書漆盤三面俱穴，贈之歌者三十七人，皆當世名流。顔真卿作序。

〔墨池〕王云：法書要録：弘農張芝善草書，臨池學書，池水盡墨。太平寰宇記：墨池，王右軍洗硯池也。并舊宅在蕺山下，去會稽縣二里餘。方輿勝覽：紹興府戒珠寺本王羲之故宅，門外有二池，曰墨池、鵝池。

〔中山兔〕王云：元和郡縣志：中山在宣州溧水縣東南十五里，出兔毫，爲筆精妙。太平寰宇記：溧水縣中山又名獨山，在縣東南十里，不與羣山連接。古老相傳，中山有白兔，世稱爲筆最精。按：景定建康志卷一七引藝苑雌黄云：王羲之嘆江東下溼，兔毫不及中山。由是而言，則宣城亦有兔毫，不及北方勁健爲可用也。然則毛穎傳、李太白詩所言中山，非溧水之中山明矣。

〔素絹〕王云：箋麻，皆紙也。以五色染成，或砑光，或金銀泥畫花樣者爲箋紙，其以麻爲之，爲麻紙。唐時詔書用黄麻、白麻是也。絹素皆繒名，繒中至下者謂之絹，絹之精白者謂之素。

〔繩牀〕王云：十六國春秋：佛圖澄坐繩牀，燒安息香。胡三省通鑑注：程大昌演繁露曰：今之交牀，制本自虜來，始名胡牀。隋以讖有胡，改名交牀。唐穆宗於紫宸殿御大繩牀見羣臣，則又名穆繩牀矣。余按交牀繩牀今人家有之，然二物也。交牀以木交午爲足，足前後皆施横木，平其底，使metadata之地而安，足之上端其前後亦施横木，而平其上。横木列竅，以穿繩條，使之可坐。足交午處復爲圓穿，貫之以鐵，斂之可挾，放之可坐。以其足交，故曰交牀。繩牀，以板爲之。人坐其上，其廣前可容膝，後有靠背，左右有托手可以擱臂，其下四足著地。錦繡萬花谷：繩牀以繩穿爲坐器，即俗謂之交椅也。

〔七郡〕王云：湖南七郡謂長沙郡、衡陽郡、桂陽郡、零陵郡、連山郡、江華郡、邵陽郡，此七郡皆在洞庭湖之南，故曰湖南。

〔王逸少〕世説言語篇注：文字志曰：王羲之，字逸少，琅邪臨沂人。少朗拔，爲叔父廙所賞，善草隸，累遷江州刺史，右軍將軍、會稽内史。

〔張伯英〕王云：後漢書：張芝，字伯英，善草書，至今稱傳之。衛恒四體書勢：漢興而有草書，不知作者姓名。至章帝時，齊相杜度號稱善作篇，後有崔瑗、崔寔，亦皆稱工。杜氏結字甚安，而書體微瘦。崔氏甚得筆勢，而結字小疎。弘農張伯英者，因而轉精其巧。凡家之衣帛，必書而後練之。臨池學書，池水盡黑。下筆必爲楷則，常曰匆匆不暇草書，寸紙不見遺，至今世尤寶其書。韋仲將謂之草聖。

〔張顛〕王云：國史補：張旭草書得筆法，後傳崔邈、顔真卿，旭言始吾見公主擔夫争路，而得筆法之意。後見公孫氏舞劍器，而得其神。旭飲醉輒草書，揮筆大叫，以頭揾水墨中而書之，天下呼爲張顛，醒後自視，以爲神異，不可復得。後輩言筆札者，歐、虞、褚、薛或有異論，至張長史則無間言矣。舊唐書：吴郡張旭善草書而好酒，每醉後號呼狂走，索筆揮洒，變化無窮，若有神助。時人號爲張顛。

〔渾脱舞〕王云：杜甫觀公孫大娘弟子舞劍器行序：開元三載，予尚童穉，記於郾城觀公孫氏舞劍器渾脱，瀏灕頓挫，獨出冠時。自高頭宜春、梨園二教坊内人洎外供奉，曉是舞者，聖文神武皇帝初，公孫一人而已。往時吴人張旭善草書帖，數嘗於鄴縣見公孫大娘舞西河劍器，自此草書長進，豪蕩感激。樂府雜録：開元中有公孫大娘善舞劍器，僧懷素見之，草書遂長。蓋準其頓挫之勢也。渾脱，唐時舞名。唐書郭山惲傳：將作大匠宗晉卿爲渾脱舞是也。按：通鑑卷二〇九胡注：長孫無忌以烏羊皮爲渾脱氈帽，人多效之，謂之趙公渾脱，因演以爲舞。渾脱，蓋以全羊皮製成之名。

【評箋】

蕭云：按懷素草書歌，先儒謂非太白之作。予謂勤將軍歌亦他人者。

胡應麟云：太白懷素草書歌，誠爲僞作。而校者不能删削，以無左驗故。今觀素師自叙，錢起、盧綸等句，無不備録，顧肯遺太白？此證甚明。「天若不愛酒」，本馬子才詩，近又舉李墨迹爲證，尤可笑。詩可僞，筆不可僞耶！（詩藪内編）

王云：蘇東坡謂草書歌決非太白所作，爲唐末五代效禪月而不及者。且訾其「牋麻絹素排數箱」之句，村氣可掬。墨池編云：此詩本藏真自作，駕名太白者。琦按以一少年上人而故貶王逸少、張伯英以推奬之，大失毁譽之實。至張旭與太白既同酒中八仙之遊，而作詩稱詡有「胸藏風雲世莫知」之句，忽一旦而訾其老死不足數。太白決不没分别至此，斷爲僞作，信不疑矣。

按：此詩不載英華，蕭、胡二氏亦疑之，玩其詞氣稍近疎薄，不獨與白平日詩格不類，且不似盛唐時人口吻。朱氏最喜雌黄，獨於此詩許爲「詞氣清順，頗有音節」（李詩辨疑），殊不可解。至詹氏摭湖南七郡之語，謂廣德二年始置湖南節度使，此又過泥，湖南猶江南嶺南，形之於詩者非必作爲行政區域，唐詩中如錢起之「湖南遠去有餘情」，比比也。其他繁説不具引，要之在存疑之列。

和盧侍御通塘曲

君誇通塘好，通塘勝耶溪。通塘在何處？遠在尋陽西。青蘿嫋嫋挂烟樹，白鷴處處聚沙堤。石門中斷平湖出，百丈金潭照雲日。何處滄浪垂釣翁，鼓棹漁歌趣非一。相逢不相識，出没繞通塘。浦邊清水明素足，别有浣紗吴女郎。行盡緑潭潭轉幽，疑是武陵春碧流。秦人雞犬桃花裏，將比通塘渠見羞。通塘不忍别，十去九遲迴。偶逢佳境心已醉，忽有一鳥從天來。月出青山送行子，四邊苦竹秋聲起。長吟白雪望星河，雙垂兩足揚素波。梁鴻德耀會稽日，寧知此中樂事多？

【校】

〔遠在〕遠，兩宋本、繆本俱作宛。王本注云：繆本作宛。

〔挂烟樹〕挂，宋甲本、繆本俱作拂。王本注云：繆本作拂。

〔將比〕比，宋乙本作此，誤。

【注】

〔盧侍御〕按：當即卷十四廬山謡寄盧侍御虚舟之盧侍御。

〔耶溪〕見卷四採蓮曲注。

〔梁鴻〕王云：後漢書：梁鴻因東出關，過京師，作五噫之歌。肅宗聞而非之，求鴻不得，乃易姓運期，名燿，字侯光，與妻子居齊、魯之間。有頃，又去適吳，依大家皋伯通，居廡下，爲人賃舂。每歸，妻爲具食，不敢於鴻前仰視，舉案齊眉。伯通察而異之曰：「彼庸能使其妻敬之如是，非凡人也。」乃方舍之於家。鴻潛閉著書十餘篇。琦按：梁鴻所適之地在今蘇州，而云會稽者，蓋其地古屬吳國，秦屬會稽郡，漢仍其舊不改。至後漢順帝永建四年，始分置吳郡。鴻在肅宗朝，尚未有吳郡之名。史臣本古國名而言，故曰吳。與上齊魯一例通稱。太白則指其本時之郡而言，則曰會稽，似乎乖異而實不相妨也。

〔德耀〕梁鴻妻孟光，字德耀。

李白集校注卷九

古近體詩四十三首

贈孟浩然

吾愛孟夫子，風流天下聞。紅顔棄軒冕，白首卧松雲。醉月頻中聖，迷花不事君。高山安可仰？徒此揖清芬。

【校】

〔題〕兩宋本，繆本題下俱注云：襄漢。

〔徒此〕徒，兩宋本、繆本俱作從。王本注云：繆本作從。

【注】

〔孟浩然〕新唐書卷二〇三孟浩然傳：孟浩然，字浩然，襄州襄陽人。少好節義，喜振人患難。隱鹿門山，年四十乃游京師。嘗於太學賦詩，一座嗟伏，無敢抗。張九齡、王維雅稱道之。維私邀入内署，俄而玄宗至，浩然匿牀下，維以實對。帝喜曰：「朕聞其人而未見也，何懼而匿？」詔浩然出。帝問其詩，浩然自誦所爲，至「不才明主棄」之句，帝曰：「卿不求仕，而朕未嘗棄卿，奈何誣我？」因放還。採訪使韓朝宗約浩然偕至京師，欲薦諸朝，會故人至，劇飲歡甚。或曰：「君與韓公有期。」浩然叱曰：「業已飲，遑恤他？」卒不赴，朝宗怒，辭行，浩然不悔也。張九齡爲荆州，辟置于府，府罷，開元末，病疽背卒。按：卷十五有黄鶴樓送孟浩然之廣陵詩。至卷十四之春日歸山寄孟浩然詩，則語意不類，胡、王均以爲有誤。

〔中聖〕三國志魏志卷二七徐邈傳：魏國初建，爲尚書郎，時科酒禁，而邈私飲至於沉醉。校事趙達問以曹事，邈曰：「中聖人。」達白之太祖，太祖甚怒，度遼將軍鮮于輔進曰：「平日醉客，謂酒清者爲聖人，濁者爲賢人，邈性修慎，偶醉言耳。」王云：中聖之中本作去聲讀，協音當作平聲。

〔高山〕詩小雅車舝：高山仰止，景行行止。

【評箋】

謝榛云：……太白贈浩然詩，前云「紅顔棄軒冕」，後云「迷花不事君」，兩聯意頗相似。劉文房靈祐上人故居詩，既云「幾日浮生哭故人」，又云「雨花垂淚共沾巾」，此與太白同病，興到而成，失於檢點，意重一聯，其勢使然。兩聯意重，法不可從。（四溟詩話）

今人詹鍈云：詩云：「紅顔棄軒冕，白首卧松雲。」是時當在浩然自京放還之後。

贈從兄襄陽少府皓

結髮未識事，所交盡豪雄。卻秦不受賞，擊晉寧爲功？小節豈足言？退耕舂陵東。歸來無産業，生事如轉蓬。一朝烏裘敝，百鎰黄金空。彈劍徒激昂，出門悲路窮。吾兄青雲士，然諾聞諸公。所以陳片言，片言貴情通。棣華儻不接，甘與秋草同。

【校】

〔題〕贈從兄三字下咸本無襄陽少府四字。皓，兩宋本、繆本、王本俱注云：一作晤。

〔擊晉〕兩宋本、繆本、王本俱注云：一作救趙。

〔爲功〕此下兩宋本、繆本、咸本、胡本俱有託身白刃裏，殺人紅塵中，當朝揖高義，舉世欽英風四句。咸本注云：一本無此四句。王本注云：繆本此下多託身白刃裏，殺人紅塵中，當朝揖高義，舉世欽英風四句。

〔烏裘〕烏，兩宋本、繆本俱作狐，注云：一作烏。王本注云：一作狐。

【注】

〔皓〕按：本卷有贈臨洺縣令皓弟詩，不應同名。又新書世系表：趙郡李氏東祖房有皓，許州司馬，似即其人。

〔結髮〕漢書卷五四李廣傳：且臣結髮而與匈奴戰。顔師古注：言始勝冠即在戰陣也。

〔郤秦〕魯仲連事，見卷二古風第十首注。

〔擊晉〕朱亥事，見卷三俠客行注。

〔春陵〕元和郡縣志卷二一：春陵故城在（隨州棗陽）縣東南三十五里。按：楊注云：春陵在今道州，誤。李白嘗游隨州，未嘗至道州也。

〔轉蓬〕文選曹植雜詩：「轉蓬離本根，飄颻隨長風」李善注：説苑曰：魯哀公曰：秋蓬惡其本根，美其枝葉，秋風一起，根本拔矣。

〔烏裘〕見卷八秋浦歌第七首注。

〔鎰〕王云：韻會：國語，二十四兩爲鎰。趙岐、孟康皆曰二十兩，鄭玄曰三十兩。

〔彈劍〕見卷三行路難第二首注。

〔路窮〕晉書卷四九阮籍傳：時率意獨駕，不由徑路，車迹所窮，輒慟哭而反。

〔棣華〕左傳僖二十四年：召穆公思周德之不類，故糾合宗族於成周，而作詩曰：常棣之華，鄂不韡韡。凡今之人，莫如兄弟。杜預注：常棣，棣也。鄂，鄂然花外發；不韡韡言韡韡以喻兄弟和睦，則強盛而有光輝韡韡然。　參見卷七豳歌行上新平長史兄粲詩注。

【評箋】

按：繆、咸本所多四句中有云：「當朝揖高義，舉世欽英風。」此必非李白自稱之詞。此下「小節豈足言，退耕春陵東，歸來無産業，生事如轉蓬」，乃其自叙處境之艱困，意不銜接。不應毫無照應若此，似以無此四句者爲是。

又按：此詩末云「棣華儻不接，甘與秋草同」，與卷七之豳歌行上新平長史兄粲末云「何惜餘光及棣華」語意相似，唐人干乞之詞如此露骨，自是一時風氣，非後人所能解。然亦可見白之生事艱窘矣。

淮海對雪贈傅靄

朔雪落吴天，從風渡溟渤。海樹成陽春；江沙皓明月。興從剡溪起；思繞梁園發。寄君郢中歌，曲罷心斷絶。

【校】

〔題〕兩宋本、繆本、王本題下俱注云：一作淮海對雪贈孟浩然。

〔吴天〕吴，兩宋本、繆本、王本俱注云：一作潮。

〔海樹〕海，蕭本作梅。樹，兩宋本、繆本俱注云：一作木。王本海下注云：蕭本作梅。樹下注云：一作木。

〔明月〕此下兩宋本、繆本俱有飄飄四荒外，想像千花發。瑶草生階墀，玉塵散庭闕四句。英華無。王本注云：繆本下多飄飄四荒外，想像千花發。瑶草生階墀，玉塵散庭闕四句。

〔梁園〕園，兩宋本、繆本俱作山。王本注云：繆本作山。

〔斷絶〕斷，王本訛作繼，據兩宋本、繆本、蕭本、胡本、郭本改正。又此下兩宋本、繆本、胡本、王本俱注云：後四句一作：剡溪興空在，郢路歌未歇，寄君梁父吟，曲盡心斷絶。

【注】

〔淮海〕王云：禹貢：淮海惟揚州。謂揚州之域，北至淮，東南至海也。後人稱揚州曰淮海本此。

〔傅靄〕按：卷二十七有早夏於將軍叔宅與諸昆季送傅八之江南序，未知即一人否。

〔剡溪〕世説任誕篇：王子猷居山陰，夜大雪，眠覺開室，命酌酒，四望皎然，因起仿偟，詠左思招隱詩：忽憶戴安道。時戴在剡，即便夜乘小船就之，經宿方至。造門不前而返。人問其故，王曰：「吾本乘興而行，興盡而反，何必見戴？」一統志：剡溪在紹興府嵊縣治南，一名戴溪，即晉王徽之雪夜訪戴逵處。嘉泰會稽志卷一〇：剡溪在（嵊）縣南一百五十步。溪有二源，一出天台，一出婺之武義。△剡音閃。

〔梁園〕文選謝惠連雪賦：歲將暮，時既昏。寒風積，愁雲繁。梁王不悦，遊於兔園。乃置旨酒，命賓友。召鄒生，延枚叟。相如末至，居客之右。俄而微霰零，密雪下。王乃歌北風於衛詩，詠南山於周雅。授簡於司馬大夫曰：「抽子祕思，騁子妍詞，侔色揣稱，爲寡人賦之。」

〔郢中〕見卷二古風第二十一首及卷四白紵詞第二首注。

【評箋】按：一本傅靄作孟浩然，似非，文苑英華題下亦無此注。集中贈孟浩然詩，詞意深摯，而此詩似無甚交情者，自當是别一人。至詹氏以詩有梁國二字謂似當作於客梁園之後，但唐人往往以梁園與剡溪作爲對雪之典故，與客梁園恐不相涉。

贈徐安宜

白田見楚老，歌詠徐安宜。製錦不擇地，操刀良在兹。清風動百里，惠化聞京師。浮人若雲歸，耕種滿郊岐。川光净麥隴，日色明桑枝。訟息但長嘯，賓來或解頤。青橙拂户牖，白水流園池。遊子滯安邑，懷恩未忍辭。翳君樹桃李，歲晚託深期。

【校】

〔青橙〕橙，兩宋本、繆本、咸本俱作槐。王本注云：繆本作槐。

〔白水〕白，兩宋本、繆本、咸本、王本俱注云：一作碧。

〔翳〕兩宋本、繆本俱作緊。王本注云：繆本作緊。

〔樹〕蕭本作獨。王本注云：蕭本作獨。

【注】

〔安宜〕舊唐書地理志：淮南道楚州寶應：武德四年，置倉州，領安宜一縣，七年州廢，縣屬楚州。肅宗上元三年建巳月，於此縣得定國寶十三枚，因改元寶應，仍改安宜爲寶應。

〔白田〕王云：江南通志：白田渡在寶應縣南門外。

〔楚老〕王云：楚老，楚地父老也。

〔製錦〕左傳襄三十一年：子皮欲使尹何爲邑。子産曰：「少，未知可否。」子皮曰：「愿，吾愛之，使夫往而學焉，夫亦愈知治矣。」子産曰：「人之愛人，求利之也。今吾子愛人則以政，猶未能操刀而使割也，其傷實多。……子有美錦，不使人學製焉。大官大邑，身之所庇也，而使學者製焉，其爲美錦，不亦多乎！」杜預注：製，裁也。
〔浮人〕楊云：浮人，流人也。
〔長嘯〕後漢書卷九七黨錮列傳：南陽太守成公孝，弘農成瑨但坐嘯。
〔解頤〕漢書卷八一匡衡傳：諸儒爲之語曰：「無説詩，匡鼎來。匡説詩，解人頤。」注，如淳曰：使人笑不能止也。
〔安邑〕王云：即安宜也。按：楊注以爲河東之安邑，非。
〔繄〕王云：繄，惟也。又發語聲。左傳：繄我獨無。△繄音伊。參校記。
〔桃李〕説苑卷六：陽虎得罪於衛，北見簡子曰：「自今以來，不復樹人矣。」簡子曰：「……夫樹桃李者，夏得休息，秋得食焉。樹蒺藜者，夏不得休息，秋得其刺焉。今子之所樹者，蒺藜也，自今以來，擇人而樹之，毋已樹而擇之。」

贈任城盧主簿潛

海鳥知天風，竄身魯門東。臨觴不能飲，矯翼思淩空。鐘鼓不爲樂，烟霜誰與同？歸飛未忍去，流淚謝鴛鴻。

【校】

〔題〕兩宋本、繆本題下俱注云：魯中。

〔潛〕蕭本無此字。王本注云：蕭本少潛字。

〔矯翼〕此句咸本注云：一本云：翼思凌虚空。

【注】

〔任城〕舊唐書地理志：河南道兖州任城：漢縣，北齊於縣置高平郡，隋廢，縣屬兖州。

〔主簿〕王云：唐官制，縣令之佐有主簿，其位在丞之下，尉之上。京縣二人，從八品。畿縣上縣者正九品，中縣下縣者從九品，各一人。按：王説本於舊唐書職官志。

〔海鳥〕莊子至樂篇：昔者海鳥止於魯郊，魯侯御而觴之于廟，奏九韶以爲樂，具太牢以爲膳，鳥乃眩視憂悲，不敢食一臠，不敢飲一杯，三日而死。

早秋贈裴十七仲堪

遠海動風色，吹愁落天涯。南星變大火，熱氣餘丹霞。光景不可迴，六龍轉天車。荆人泣美玉，魯叟悲匏瓜。功業若夢裏，撫琴發長嗟。裴生信英邁，屈起多才華。歷抵海岱豪，結交魯朱家。復攜兩少妾，豔色驚荷葩。雙歌入青雲，但惜白日斜。窮溟出寶貝，大澤饒龍蛇。明主儻見收，烟霄路非賒。時命若不會，歸應鍊丹砂。

【校】

〔吹愁〕愁，咸本作秋。兩宋本、繆本、王本俱注云：一作秋。

〔夢裏〕裏，兩宋本、繆本、王本俱注云：一作中。

〔撫琴〕撫，兩宋本、繆本、王本俱注云：一作推。

〔信〕兩宋本、繆本、王本俱注云：一作實。

〔屈〕兩宋本、繆本、咸本、胡本俱作崛。郭本作屈。王本注云：繆本作崛。

〔歷抵〕此二句兩宋本、繆本、王本俱注云：一作歷遊趙魏豪，結交列如麻。又此下多良圖竟來展，意欲飛丹砂。破産且救人，遺身不爲家四句。

〔少妾〕妾，兩宋本、繆本、咸本俱作女。兩宋本、繆本俱注云：一作妾。王本注云：一作女。

〔葩〕兩宋本、繆本、咸本俱作花。王本注云：繆本作花。

〔窮〕兩宋本、繆本、王本俱注云：一作滄。

〔儻〕兩宋本、繆本、王本俱注云：一作必。

〔時命〕此二句兩宋本、繆本俱作知飛萬里道，勿使歲寒差。注云：一作時命若不會，歸應鍊丹砂。王本注云：一作知飛萬里道，勿使歲寒嗟。

【注】

〔大火〕王云：南星，南方之星也。大火，心星也。初昏之時，大火見南方，於時爲夏。若轉而西流，則爲秋矣。郭璞爾雅注：大火，心也，在中最明，故時候主焉。參見卷五黄葛篇注。

〔美玉〕見卷二古風第三十六首注。

〔匏瓜〕論語陽貨篇：吾豈匏瓜也哉？焉能繫而不食？何晏注：匏，瓠也。言瓠瓜得繫一處者，不食故也。吾自食物，當東西南北，不得如不食之物，繫滯一處。

〔屈起〕後漢書卷五二十八將論：至於扶翼王運，皆武人屈起。章懷太子注：屈起，猶勃起也。

〔海岱〕書禹貢：海岱惟青州。孔傳：東北據海，西南距岱。

〔朱家〕史記游俠列傳：魯朱家者，與高祖同時。魯人皆以儒教，而朱家用俠聞，所藏活豪士以百數，其餘庸人不可勝言。然終不伐其能，歆其德，諸所嘗施，惟恐見之，振人不贍，先從貧賤始。家無餘財，衣不完采，食不重味，乘不過軥牛。專趨人之急，甚己之私。既陰脱季布將軍之阨，及布尊貴，終身不見也。自關以東，莫不延頸願交焉。

〔葩〕説文：葩，華也。△葩，普巴切。

〔寶貝〕文選木華海賦：豈徒積太顛之寶貝，……李善注：琴操曰：紂徙文王於羑里，擇日欲殺之，於是太顛、散宜生、南宫适之屬，得水中大貝以獻，紂立出西伯。又：翔天沼，戲窮溟。李善注：莊子曰：窮髪之北，有溟海者，天池也。

〔龍蛇〕左傳襄二十一年：深山大澤，實生龍蛇。

贈范金鄉二首

君子枉清盼，不知東走迷。離家未幾月，絡緯鳴中閨。桃李君不言，攀花願成蹊。那能吐芳信？惠好相招攜。我有結緑珍，久藏濁水泥。時人棄此物，乃與燕石齊。摭拭欲贈之，申眉路無梯。遼東慙白豕，楚客羞山雞。徒有獻芹心，終流泣玉啼。祇應自索漠，留舌示山妻。

【校】

〔題〕金鄉，郭本、咸本俱作金卿，誤。王本鄉下注云：蕭本作卿。

〔燕石〕石，兩宋本、繆本俱作珉，注云：一作石。王本注云：一作珉。

〔摭〕兩宋本、繆本、咸本俱作拂。王本注云：繆本作拂。

〔泣玉〕玉，兩宋本、繆本、王本俱注云：一作血。

【注】

〔金鄉〕舊唐書地理志：河南道兗州金鄉：後漢縣，武德四年，於縣置金州。……貞觀十七年，州廢。按：稱金鄉者，謂其人爲金鄉令也。

〔東走〕淮南子説山訓：狂者東走，逐者亦東走，東走則同，所以東走則異。

〔成蹊〕漢書卷五四李廣傳贊：桃李不言，下自成蹊。顔師古注：蹊謂徑道也，言桃李以其花實之故，非有所召呼而人争歸趣，來往不絶，其下自然成徑。以喻人懷誠信之心，故能潛有所感也。

〔結緑〕史記范雎列傳：周有砥砨，宋有結緑，梁有縣黎，楚有和璞，此四寶者，土之所生，良工之所失也。

〔燕石〕見卷二古風第五十首注。

〔摭〕説文：摭，拾也。△摭音炙。

〔白豕〕後漢書卷六三朱浮傳：往時遼東有豕，生子白頭，異而獻之。行至河東，見羣豕皆白，懷慚而還。

〔山雞〕太平廣記卷四六一引笑林：楚人有擔山雞者，路人問曰：「何鳥也？」擔者欺之曰：「鳳皇也。」路人曰：「我聞鳳皇久矣，今真見之，汝賣之乎？」曰：「然。」乃酬十金，弗與。請加倍，乃與之。方將獻楚王，經宿而鳥死。路人不遑恤其金，惟恨不得以獻王，國人傳之，咸以爲真鳳而貴，宜欲獻之，遂聞於楚王，王感其欲獻己也，召而厚賜之，過買鳳之價十倍。

〔獻芹〕列子楊朱篇：昔人有美戎菽、甘枲莖芹萍子者，對鄉豪稱之，鄉豪取而嘗之，蜇於口，慘於腹。文選嵇康與山巨源絶交書：野人有快炙背而美芹子者，欲以獻之至尊。雖有區區之意，亦已疏矣。

〔留舌〕史記張儀列傳："張儀嘗從楚相飲，已而楚相亡璧，門下意張儀，曰：「儀貧無行，必此盜相君之璧。」共執張儀，掠笞數百，不服，醳之。其妻曰：「嘻！子無讀書遊說，安得此辱乎？」張儀謂其妻曰：「視吾舌尚在不？」其妻笑曰：「舌在也。」儀曰：「足矣。」

其二

范宰不買名，絃歌對前楹。爲邦默自化，日覺冰壺清。百里雞犬靜；千廬機杼鳴。浮人少蕩析，愛客多逢迎。遊子覩嘉政，因之聽頌聲。

【注】

〔絃歌〕史記仲尼弟子列傳：言偃，吴人，字子游，少孔子四十五歲。子游既已受業，爲武城宰。孔子過，聞絃歌之聲，孔子莞爾而笑曰：「割雞焉用牛刀？」

〔自化〕老子：我無爲而民自化。

〔冰壺〕文選鮑照白頭吟：「清如玉壺冰。」

〔蕩析〕書盤庚：今我民用蕩析離居。

贈瑕丘王少府

皎皎鸞鳳姿，飄飄神仙氣。梅生亦何事？來作南昌尉。清風佐鳴琴，寂寞道爲貴。一見過所聞，操持難與羣。毫揮魯邑訟，目送瀛洲雲。我隱屠釣下，爾當玉石分。無由接高論，空此仰清芬。

【校】

〔道爲貴〕宋乙本、繆本俱注云：一作爲誰貴。王本爲下注云：一作爲誰。

【注】

〔瑕丘〕舊唐書地理志：河南道兗州瑕丘：郭下。宋置兗州於魯瑕邑故治，隋因置瑕丘縣。

〔梅生〕漢書卷六七梅福傳：梅福，字子真，九江壽春人也。……爲郡文學，補南昌尉，後去官歸壽春。……至元始中，王莽顓政，福一朝棄妻子去九江，至今傳以爲仙。其後人有見福於會稽者，變名姓爲吴門市卒云。

〔鳴琴〕史記仲尼弟子列傳：宓不齊，字子賤，……子賤爲單父宰。正義：説苑云：宓子賤理單父，彈琴，身不下堂，單父理。巫馬期以星出，以星入，而單父亦理。巫馬期問其故，宓子賤曰：「我之謂任人，子之謂任力，任力者勞，任人者逸。」

東魯見狄博通

去年別我向何處？有人傳道遊江東。謂言挂席度滄海，却來應是無長風。

【校】

〔東魯〕絶句作魯國。

【注】

〔狄博通〕王云：按唐書宰相世系表：博通，梁公狄仁傑之曾孫，户部郎中光濟之孫。按：新唐書宰相世系表作户部郎中光嗣。元和姓纂（卷十）二十三錫：光嗣户部郎中，孫博通、博濟。王氏引作光濟，蓋爲光嗣之誤。

〔却來〕按：唐人語，却來即返回之意。謂本謂渡海，而今復回，當是無長風之故。

見京兆韋參軍量移東陽二首

潮水還歸海，流人却到吴。相逢問愁苦，淚盡日南珠。

【校】

〔題〕兩宋本、繆本題下俱注云：吴中。絶句收此首，題爲見韋參軍量移東陽。

【注】

〔京兆〕舊唐書地理志：京兆府：開元元年，改雍州爲京兆府，復隋舊名。

〔量移〕日知録卷三二：唐朝人得罪貶竄遠方，遇赦改近地，謂之量移。舊唐書玄宗紀：開元二十年十一月庚午，祀后土於脽上，大赦天下，左降官量移近處。二十七年二月己巳，加尊號，大赦天下，左降官量移近處。量移字始見於此。按：顧氏即引此詩爲證。

〔東陽〕舊唐書地理志：江南東道婺州東陽：垂拱二年，分烏傷縣，取舊郡名。

〔流人〕莊子徐無鬼篇：子不聞夫越之流人乎？陸德明注：流人，有罪自流徙者也。

〔淚盡〕文選左思吴都賦：淵客慷慨而泣珠。劉淵林注：俗傳鮫人從水中出，曾寄寓人家，積日賣綃，綃者竹孚俞也。鮫人臨去，從主人索器，泣而出珠滿盤，以與主人。

〔日南〕王云：洞冥記：吠勒國去長安九千里，在日南。人長七尺，被髮至踵，乘犀象之車，乘象入海底取寶，宿於鮫人之舍，得淚珠，則鮫人所泣之珠也。庾信擬連珠：日南枯蚌，猶含明月之珠。

其二

聞説金華渡，東連五百灘。全勝若耶好，莫道此行難。猿嘯千谿合，松風五月寒。他年一攜手，摇艇入新安。

【注】

〔新安〕王云：一統志：五百灘在金華府城西五里，灘之最大者，俗傳舟行挽牽，五百人方可渡。若耶溪在紹興府城南二十五里，下與鏡湖合。西施採蓮、歐冶鑄劍於此。新安江一名青溪，出徽州，自歙縣經淳安縣界，至嚴州府城南，合婺港，東入浙江。

【評箋】今人詹鍈云：按舊唐書玄宗紀：開元中，左降官凡兩度量移近處，一在開元二十年，一在開元二十七年。開元二十年，太白正居安陸，去東陽甚遠，疑詩之作在本年（開元二十七年）。

按：詩題云見京兆韋參軍云云，詩中云「相逢問愁苦」，參以「日南珠」之語，疑韋乃自海南量移，而李白於何處遇之，未可遽定，繆本注云吴中，不過沿舊注耳。非必即在東陽近處遇之。

贈丹陽横山周處士惟長

周子横山隱，開門臨城隅。連峯入户牖，勝槩凌方壺。時枉白紵詞，放歌丹陽湖。水色傲溟渤，川光秀菰蒲。當其得意時，心與天壤俱。閑雲隨舒卷，安識身有無？抱石恥獻玉，沉泉笑探珠。羽化如可作，相攜上清都。

【校】

〔開門〕開，咸本作閉。

〔枉〕咸本作作。王本注云：一作作。

〔舒卷〕蕭本作卷舒。王注引舒誤作施。胡本亦作卷舒。王本注云：蕭本作卷施。

〔安識〕識，英華作議。

〔相攜〕此句下兩宋本、繆本、王本俱注云：一作攜手止清都。

【注】

〔丹陽〕舊唐書地理志：江南東道潤州丹陽：漢曲阿縣，……天寶元年，改爲丹陽縣，取漢郡名。

〔横山〕王云：太平御覽：山謙之丹陽記曰：丹陽縣東十八里有横山，連亘數十里。傳云，楚子重至於横山是也。江南通志：横山在江寧府江寧縣東南一百二十里，高淳縣東二十里。其山四方望之皆横，故曰横山。亦名横望山。太平府志：横山在當塗縣東六十里，高二百丈，周八十里。穹窿嵁峻，蒼翠亘天際，四望皆横，故名横山。與江寧、溧水接壤。丹陽湖在其南，春秋楚子重伐吴所至之地。輿地紀勝卷一八太平州：横望山在當塗縣東北六十里，亦名衡山。其山四望皆横，故名。有陶貞白書堂，今爲澄心院五井，丹竈藥臼在焉。漢晉以來，陶氏諸墓域環繞山麓凡二十里。

〔方壺〕見卷一明堂賦注。

〔白紵詞〕見卷四白紵辭三首詩注。

〔丹陽湖〕王云：江南通志：丹陽湖在江寧府高淳縣西南三十里，太平府當塗縣東南七十里。以湖之中流分界。其源有三：徽州、高淳、寧國、廣德諸溪皆匯之。通爲三湖：一曰石臼，一曰固城，一曰丹陽，而丹陽最大，蓋總名也。周圍三百餘里。

〔菰蒲〕王云：謝靈運詩：「菰蒲冒清淺。」本草：蘇頌曰：菰根，江湖陂澤中皆有之，生水中，葉如蒲葦，刈以秣馬甚肥。春末生白芽如筍，即菰菜也，又謂之茭白。生熟皆可啖，甜美。其中心如小兒臂者名菰手，作菰首者非矣。寇宗奭曰：菰乃蒲類，河朔邊人止以飼馬作薦，八月開花如葦，結青子，合粟爲粥，食甚濟飢。李時珍曰：蒲叢生水際，似莞而褊，有脊而柔，二三月生苗，八九月收葉，以爲席，亦可作扇，軟滑而温。

〔探珠〕莊子列禦寇篇：人有見宋王者，錫車十乘，以其十乘驕穉莊子。莊子曰：「河上有家貧恃緯蕭而食者，其子没於淵，得千金之珠。其父謂其子曰：取石來鍛之。夫千金之珠，必在九重之淵而驪龍頷下，子能得珠者，必遭其睡也。使驪龍而寤，子尚奚微之有哉？今宋國之深，非直九重之淵也。宋王之猛，非直驪龍也。子能得車者，必遭其睡也。使宋王而寤，子爲韲粉夫！」

玉真公主别館苦雨贈衛尉張卿二首

秋坐金張館，繁陰晝不開。空烟迷雨色，蕭颯望中來。翳翳昏墊苦，沉沉憂恨催。清秋何以慰？白酒盈吾杯。吟詠思管樂，此人已成灰。獨酌聊自勉，誰貴經綸才？彈劍謝公子，無魚良可哀。

【校】

〔題〕兩宋本、繆本題下俱注云：長安。

〔秋坐〕秋，繆本、咸本、胡本俱作愁。王本注云：繆本作愁。

〔迷雨〕迷，兩宋本、繆本、咸本俱作送。王本注云：繆本作送。

〔慰〕兩宋本作尉，乃古今字。

【注】

〔玉真公主〕見卷八玉真仙人詞注。

〔別館〕王云：古樓觀紫雲衍慶集：玉真公主與金仙公主俱入道，今樓觀南山之麓，有玉真公主祠堂存焉。俗傳其地曰邸宫，以爲主家別館之遺址也。然碑誌湮没，圖經廢舛，惟開元中戴璇樓觀碑有玉真公主師心此地之語。而王維、儲光羲皆有玉真公主山莊山居之詩，則玉真祠堂爲觀之別館審矣。因盡録唐人題詠，刻之祠中。元祐二年歲在丁卯七月望日，河東薛紹彭題。所謂別館，疑即此地是歟。

〔衛尉〕舊唐書職官志：衛尉寺，卿一員（從三品）。卿之職掌邦國器械文物之事，總武庫、武器、守宫三署之官屬。

〔張卿〕今人詹鍈云：舊唐書張介然傳：天寶中，王忠嗣、皇甫惟明、哥舒翰相次爲節將，並委以營田支度等使，進位衛尉卿。不知是其人否？按：唐文粹卷二一有崔祐甫唐衛尉卿洪州都督張公遺愛碑，張名休，曾爲安禄山判官，牧豪、舒、潤三州，至代宗即位時自嶺南節度遷洪州。未知即其人否？卷十三有秋山寄衛尉張卿及王徵君，卷十九有酬張卿夜宿南陵見贈各詩。又按：玉真公主别館苦雨贈衛尉張卿二首，稗山李白兩入長安辨（中華文史論叢第二輯）謂係李白開元間初入長安時所作，其説良是。又據郁賢皓李白與張垍交游新證（南京師院學報一九七八年第一期）一文考證，此「衛尉張卿」乃張説之子張垍，尚寧親公主，開元十八年已爲衛尉卿。見張九齡開府儀同三司行尚書左丞相燕國公贈太師張公（説）墓誌銘并序。此爲李白開元時入長安之又一佐證。

〔金張館〕文選左思詠史詩：「朝集金張館。」漢書卷五九張湯傳：功臣之世，唯有金氏、張氏，親近寵貴，比於外戚。參見卷二十四詠槿詩第二首注。

〔昏墊〕書益稷：下民昏墊。孔傳：言天下昏昏墊溺，皆困水災。△墊音店。

〔管樂〕三國志蜀志諸葛亮傳：每自比於管仲、樂毅。按：詩中舉管樂，亦言有用世之意也。

其二

苦雨思白日，浮雲何由卷？稷离和天人，陰陽乃驕蹇。秋霖劇倒井；昏霧横絶巘。欲往咫尺塗，遂成山川限。濛濛奔溜聞；浩浩驚波轉。泥沙塞中途，牛馬不可辨。飢從漂母食，閑綴羽陵簡。園家逢秋蔬，藜藿不滿眼。蠨蛸結思幽，蟋蟀傷褊淺。廚竈無青烟，刀机生緑蘚。投筯解鸘鸘，换酒醉北堂。丹徒布衣者，慷慨未可量。何時黄金盤，一斛薦檳榔？功成拂衣去，摇曳滄洲傍。

【校】

〔陰陽〕陽，蕭本作霾，郭本作陽。王本注云：許本作霾。

〔乃〕兩宋本、繆本、咸本俱作仍。王本注云：繆本作仍。

〔溜聞〕聞，兩宋本、繆本、咸本俱作瀉。王本注云：繆本作瀉。

〔羽陵〕陵，兩宋本、繆本俱作林，注云：一作陵。王本注云：一作林。

〔刀机〕机，蕭本誤作機。

〔摇曳〕曳，兩宋本、繆本俱作裔。王本注云：繆本作裔。

【注】

〔稷离〕書舜典：讓于稷、契暨皋陶。孔傳：居稷官者棄也，契、皋陶二臣名。按：离、契字同。

〔天人〕文選班固東都賦：統和天人。

〔劇〕王云：韻會：劇，尤甚也。按：句意謂秋霖甚於倒井也。

〔潨〕王云：韻會：潨，水會也。△潨音叢。

〔牛馬〕莊子秋水篇：秋水時至，百川灌河，涇流之大，兩涘渚崖之間，不辯牛馬。陸德明注：辯，别也，言廣大故望不分别也。

〔綴〕音拙，又音贅。

〔羽陵〕穆天子傳：天子東遊次于雀梁，□蠹書於羽陵。（按：徐陵玉台新詠序亦作羽陵。天一閣刊本作羽林。）

〔藜藿〕王云：漢書司馬遷傳：糲粱之食，藜藿之羹。顔師古注：藜，草似蓬也。藿，豆葉也。史記正義：藜似藿而赤表。本草綱目：藜處處有之，即灰藋之紅心者，莖葉稍大。河朔人名落藜，南人名臙脂菜，亦曰鶴頂草，皆因形色名也，嫩時亦可食。

〔蠨蛸〕詩豳風東山：蠨蛸在户。毛傳：蠨蛸，長踦也。△蛸音梢。王云：埤雅釋蟲云：蠨蛸長踦，蕭梢長踦之貌，因以名云。郭璞曰：今小蜘蛛長脚者，俗呼喜子，亦如蜘蛛布網，垂絲著人衣，當有親客至。荆州河内之人謂之喜母。

〔蟋蟀〕詩唐風蟋蟀序：蟋蟀，刺晉僖公也，儉不中禮，故作是詩以閔之。王云：陸璣詩疏：蟋蟀似蝗而小，正黑有光澤如漆，有角翅，一名蛬，一名蜻蛚，楚人謂之王孫，幽州人謂之趣織，督促之言也。里語曰「趣織鳴，嬾婦驚」是也。按：詩魏風葛屨序：葛屨，刺褊也。其詩云：維是褊心，是以爲刺。李白此詩似誤以葛屨爲蟋蟀。但唐魏之風本相似，而蟋蟀、葛屨二篇亦有相通處，不必泥也。

〔緑蘚〕王云：太平御覽：古今注曰：苔蘚空室無人行則生。或紫或青，一名圓蘚，一名緑錢，一名緑蘚。

〔鶺鴒〕見卷四白頭吟第二首注。

〔檳榔〕南史劉穆之傳：……謂所親曰：貧賤常思富貴，富貴必踐機危，今日思爲丹徒布衣，不可得也。……穆之少時家貧，誕節嗜酒食，不修拘檢。好往妻兄家乞食，多見辱，不以爲恥。其妻江嗣女，甚明識，每禁不令往。江氏後有慶會，屬令勿來，穆之猶往，食畢求檳榔。江氏兄弟戲之曰：「檳榔消食，君乃常飢，何忽須此？」……及穆之爲丹陽尹，將召妻兄弟，妻泣而稽顙以致謝。穆之曰：「本不匿怨，無所致憂。」及至醉，穆之乃令廚人以金盤貯檳榔一斛以進之。

【評箋】宋長白云：玉真既云入道，豈張卿曾尚之于先耶！按上元元年，李輔國遷上皇，並出玉真公主，是玉真猶在肅宗之朝。（柳亭詩話）

贈韋祕書子春

谷口鄭子真，躬耕在巖石。高名動京師，天下皆籍籍。斯人竟不起，雲卧從所適。苟無濟代心，獨善亦何益。惟君家世者，偃息逢休明。談天信浩蕩，説劍紛縱橫。謝公不徒然，起來爲蒼生。祕書何寂寂！無乃羈豪英！且復歸碧山，安能戀金闕。舊宅樵漁地，蓬蒿已應没。却顧女几峯，胡顔見雲月？徒爲風塵苦，一官已白髮。氣同萬里合，訪我來瓊都。披雲覩青天，捫蝨話良圖。留侯將綺里，出處未云殊。終與安社稷，功成去五湖。

【校】

〔斯人〕斯，兩宋本、繆本俱作其。王本注云：繆本作其。

〔徒爲〕此下蕭本别爲一首。王云：蕭本自徒爲風塵苦以下五聯另作一首，髮字作鬚，叶下韻也。今按此詩一氣貫注，不能斷乙，通作一首爲是，故校從古本。

〔白髮〕髮，咸本、蕭本俱作鬚。王本注云：蕭本作鬚。

〔綺里〕里，兩宋本、繆本、咸本俱作季。王本注云：繆本作季。

【注】

〔祕書〕王云：唐書百官志，祕書省有監一人，少監二人，丞一人，祕書郎三人，校字郎十人，正字二人，未詳子春爲省中何職。按：新唐書百官志，祕書省祕書郎三人，校書郎十人，正字四人，所屬之著作局，則郎二人，著作佐郎二人，校書郎二人，正字二人。舊唐書職官志則云祕書省祕書郎四員，校書郎八人，餘同。王氏所引既誤，亦未言所屬尚有著作局也。

韋子春見後評箋。

〔谷口〕王云：高士傳：鄭樸，字子真，谷口人也。修道静默，世服其清高。成帝時大將軍王鳳以禮聘之，遂不屈。揚雄盛稱其德曰：谷口鄭子真，耕於巖石之下，名振京師。雍録：谷口在雲陽縣西四十里，鄭樸字子真隱於此。

〔休明〕按：此二句指韋氏在唐高宗、武后朝，思謙、承慶、嗣立等相繼爲相。

〔談天〕史記孟子荀卿列傳：騶衍之術迂大而閎辯，奭也文具難施，淳于髡久與處，時有得善言，故齊人頌曰：談天衍，雕龍奭，炙轂過髡。集解：駰案：劉向别録曰：騶衍之所言，五德終始，天地廣大，盡言天事，故曰談天。

〔説劍〕王云：莊子有説劍篇。　按：莊子説劍之意，即戰國策士縱横之言，故云「説劍紛縱横」。

〔蒼生〕晉書卷七九謝安傳：征西大將軍桓温請爲司馬，將發新亭，朝士咸送，中丞高崧戲之曰：「卿屢違朝旨，高卧東山，諸人每相與言，安石不肯出，將如蒼生何！蒼生今亦將如卿何！」

〔寂寂〕按：祕書省所屬乃閒官，故惜韋爲所羈也。

〔女几〕王云：元和郡縣志：女几山在河南府福昌縣西南三十四里。一統志：女几山在河南宜陽縣西九十里。唐李賀集：杜蘭香（今本杜作白）神女上昇，遺几在焉，故名。

〔青天〕世説賞譽篇：衛伯玉爲尚書，見樂廣與中朝名士談議，……命子弟造之，曰，此人，人之水鏡也，見之若披雲霧覩青天。

〔捫蝨〕晉書卷一一四苻堅載記王猛：桓温入關，猛被褐而詣之，一面談當世之事，捫蝨而言，旁若無人。

【評箋】

今人詹鍈云：宋高僧傳卷十七唐越州焦山大歷寺神邕傳：釋神邕……開元二十六年勅度……著作郎韋子春，有唐之外臣也，剛氣而贍學，與之酬抗，子春折角。滿座驚服。舊唐書玄宗紀：天寶八載四月，著作郎韋子春貶端溪尉，李林甫陷之也。王季友有寄韋子春詩。按：韋子春見新唐書永王璘傳，與卷二十之韋司馬疑是一人。玩此詩之意，韋亦懷才未申者，與白素相契合，白之入永王幕，或即由韋汲引也。如詹氏所引，韋官著作郎至十年以上，當是其間不居官而漫游，故李云「訪我來瓊都」，未知二人會於何地。詹以此詩爲在長安作，恐非。王季友寄韋子春詩，一作山中贈十四祕書兄。（全唐詩）詩有「山中誰余密，白髮日相親」之句，與白此詩意亦差合。又郭沫若李白與杜甫謂「瓊都」指廬山，韋子春乃永王璘謀主之一，此詩即白天寶十五載在廬山贈韋所作。

贈韋侍御黄裳二首

太華生長松，亭亭淩霜雪。天與百尺高，豈爲微飇折？桃李賣陽豔，路人行且迷。春光掃地盡，碧葉成黄泥。願君學長松，慎勿作桃李。受屈不改心，然後知君子。

【校】

〔天與〕與，英華作賜。

〔百尺〕尺，兩宋本作人。

〔陽豔〕陽，兩宋本、繆本俱作摇。王本注云：繆本作摇。

〔掃〕英華作拂，注云：集作掃。胡本注云：一作拂。

〔碧葉〕葉，英華作蕋，注云：集作葉。

【注】

〔侍御〕因話録：御史臺三院：一曰臺院，其僚曰侍御史，衆呼爲端公。二曰殿院，其僚曰殿中侍御史，衆呼爲侍御。三曰察院，其僚曰監察御史，衆呼亦曰侍御。

〔黄裳〕按：黄裳名見新書世系表。舊書肅宗紀：乾元元年十二月，以昇州刺史韋黄裳爲蘇州刺史、浙西節度使，蓋即其最後所居官。太平廣記卷三七七引廣異記，以黄裳卒時爲衢州刺史，而其時代亦在上元中，似不應爲兩人，恐志怪之書不足據也。

其二

見君乘驄馬，知上太行道。此地果摧輪，全身以爲寶。我如豐年玉，棄置秋田草。但昮冰壺心，無爲歎衰老。

【校】

〔太行〕行，王本注云：舊本皆作山，今依文苑英華本校作行。按宋本英華注云：集作山。

【注】

〔驄馬〕後漢書卷六七桓典傳：舉高第，拜侍御史。是時宦官秉權，典執政無所回避，常乘驄馬，京師畏憚，爲之語曰：「行行且止，避驄馬御史。」説文：驄，馬青白雜毛也。△驄音聰。

〔摧輪〕文選魏武帝苦寒行：「北上太行山，艱哉何巍巍！羊腸坂詰屈，車輪爲之摧。」按：「知上太行道」之語，蓋韋方奉使至并州。

〔豐年玉〕世説賞譽篇：世稱庾文康爲豐年玉，稚恭爲荒年穀。

【評箋】

今人詹鍈云：據舊唐書王鉷傳：韋黄裳於天寶九載頃爲萬年尉。又舊唐書肅宗紀：乾元元年十二月甲辰以昇州刺史韋黄裳爲蘇州刺史、浙西節度使。黄裳之名略見於此。此詩之作當在天寶九載以後。第二首云：「我如豐年玉，棄置秋田草。」亦可見爲遭讒以後所作。

贈薛校書

我有吴越曲，無人知此音。姑蘇成蔓草，麋鹿空悲吟。未誇觀濤作，空鬱釣鼇心。舉手謝東海，虚行歸故林。

【校】

〔吴越〕越，兩宋本、繆本、胡本俱作趨，似是。王本注云：繆本作趨。

【注】

〔校書〕王云：按唐書百官志，弘文館有校書郎二人，集賢殿書院有校書四人，祕書省有校書郎十人，著作局有校書郎二人，崇文館有校書郎二人，司經局有校書四人，皆九品。

〔吴越〕王云：古今注：吴趨曲，吴人以歌其地也。陸機詩：「四坐並清聽，聽我歌吴趨。」劉良注：趨，步也。此曲吴人歌其土風也。按：此詩首句自以作吴趨者爲是，王注吴趨，蓋亦主繆本。

〔悲吟〕王云：吴越春秋：吴宫爲墟，庭生蔓草。漢書伍被傳：子胥諫吴王，吴王不用，乃曰：臣今見麋鹿游姑蘇之臺也。

〔觀濤〕文選枚乘七發：將以八月之望，與諸侯遠方交遊兄弟，並往觀濤乎廣陵之曲江。

贈何七判官昌浩

有時忽惆悵，匡坐至夜分。平明空嘯咤，思欲解世紛。心隨長風去，吹散萬里雲。羞作濟南生，九十誦古文。不然拂劍起，沙漠收奇勳。老死阡陌間，何因揚清芬？夫子今管樂，英才冠三軍。終與同出處，豈將沮溺羣？

【校】

〔阡陌〕阡，兩宋本、繆本、咸本俱作田。王本注云：繆本作田。

【注】

〔判官〕按：舊唐書職官志，節度使下有判官二人。原注：皆天寶後置，檢討未見品秩。考唐代朝廷所命諸使，其常置者如度支鹽鐵轉運使，暫置者如入蕃使，皆有判官以執行其文書事務，兼爲之參贊。舊唐書武元衡傳：時奉德宗山陵，元衡爲儀仗使。監察御史劉禹錫，叔文之黨也，求充儀仗判官。……此即其例。各有本官，事畢即解，故無品秩。此何昌浩當是西北面節度使之判官，故有「沙漠收奇勳」及「英才冠三軍」之句。

〔何昌浩〕按：卷十四有涇溪南藍山下有落星潭可以卜築余泊舟石上寄何判官昌浩詩，此云：

「終與同出處，豈將沮溺羣？」彼云：「所期俱卜築，結茅鍊金液。」語意互相關顧。

〔夜分〕後漢書卷八五清河孝王慶傳：每朝謁陵廟，常夜分嚴裝，衣冠待明。章懷太子注：分，半也。

〔惆〕音抽，又音儔。

〔匡坐〕莊子讓王篇：匡坐而絃。司馬彪注：匡，正也。

〔嘯咤〕詩召南江有汜：其嘯也歌。鄭箋：嘯，蹙口而出聲。△咤，丑亞切。

〔古文〕漢書卷八八儒林傳：伏生，濟南人也。故爲秦博士。孝文時，求能治尚書者，天下無有。聞伏生治之，欲召，時伏生年九十餘，老不能行。於是詔太常，使掌故朝錯往受之。顏師古注：衞宏定古文尚書序云：伏生老不能正言，言不可曉也，使其女傳言教錯，齊人語多與潁川異，錯所不知者凡十二三，略以其意屬讀而已。按：詩中所謂古文，泛指古代文字，非漢書儒林傳「孔氏有古文尚書」之古文。伏生所傳之尚書爲今文尚書，恰與古文尚書相反。

〔沮溺〕論語微子篇：長沮、桀溺耦而耕。何晏集解：鄭曰：長沮、桀溺，隱者也。

【評箋】

吴汝綸云：起接超忽不平，一片奇氣，其志意英邁，乃太白本色。（唐宋詩舉要引）

周珽云：開口慷慨，便能吞吐凡俗。蓋用世之志，由夜及旦，思得同心者並驅建樹，以揚芬千古。故既羞爲章句宿儒，復不甘與耕隱同類。白自負固高，其贊何亦不淺也。（唐詩選脈

〔會通〕

讀諸葛武侯傳書懷贈長安崔少府叔封昆季

漢道昔云季，羣雄方戰争。霸圖各未立，割據資豪英。赤伏起頹運，卧龍得孔明。當其南陽時，隴畝躬自耕。魚水三顧合，風雲四海生。武侯立岷蜀，壯志吞咸京。何人先見許，但有崔州平。余亦草間人，頗懷拯物情。晚途值子玉，華髮同衰榮。託意在經濟，結交爲弟兄。無令管與鮑，千載獨知名。

【校】

〔題〕蕭本無書字。王本注云：蕭本少書字。

〔壯志〕志，兩宋本、繆本俱作士。王本注云：繆本作士。

〔草間人〕人，兩宋本、繆本、王本俱注云：一作士。

〔衰榮〕此句下咸本注云：一本無此二句。

【注】

〔叔封〕按：卷十九有答長安崔少府叔封遊終南翠微寺……詩，可互參。

〔赤伏〕後漢書光武帝紀：光武先在長安時，同舍生彊華自關中奉赤伏符曰：「劉秀發兵捕不道，四夷雲集龍鬭野，四七之際火爲主。」

〔南陽〕文選諸葛亮出師表：臣本布衣，躬耕南陽。

〔州平〕三國志蜀志諸葛亮傳：諸葛亮字孔明，琅琊陽都人也。……躬耕隴畝，好爲梁父吟。身長八尺，每自比於管仲、樂毅。時人莫之許也，惟博陵崔州平、潁川徐元直與亮友善，謂爲信然。時先主屯新野，徐庶……謂先主曰：「諸葛孔明者卧龍也，將軍豈願見之乎？」先主曰：「君與俱來。」庶曰：「此人可就見，不可屈致也。將軍宜枉駕顧之。」由是先主遂詣亮，凡三往乃見。……於是與亮情好日密，關羽、張飛等不悦。先主解之曰：「孤之有孔明，猶魚之有水也，願諸君勿復言。」羽、飛乃止。

〔子玉〕後漢書卷八二崔駰傳附：瑗字子玉，早孤，鋭志好學，盡能傳其父業。……與扶風馬融、南陽張衡特相友好。

〔管與鮑〕史記管晏列傳：管仲夷吾者，潁上人也。少時嘗與鮑叔牙游，鮑叔知其賢。管仲貧困，嘗欺鮑叔，鮑叔終善遇之，不以爲言。已而鮑叔事齊公子小白，管仲事公子糾。及小白立爲桓公，公子糾死，管仲囚焉。鮑叔遂進管仲。……鮑叔既進管仲，以身下之。

【評箋】

胡云：既云州平，不得復云子玉，況又云管、鮑乎！或謂余，子玉不如改爲之子，則管、鮑亦不妨用，是則然，但青蓮政不如此拘拘耳。

贈郭將軍

將軍少年出武威，入掌銀臺護紫微。平明拂劍朝天去，薄暮垂鞭醉酒歸。愛子臨風吹玉笛，美人向月舞羅衣。疇昔雄豪如夢裏，相逢且欲醉春暉。

【校】

〔將軍少年出武威〕兩宋本、繆本俱注云：一云將軍□□□天威，將軍下缺三字，檢英華乃「豪蕩有」三字，胡本、王本注亦云：一作豪蕩有天威。

〔入掌〕入，英華作昔。胡本注云：一作昔。

〔向月〕向，兩宋本、繆本俱作騰，注云：一作向，又作嬌。王本注云：一作騰，一作嬌。

〔疇昔〕此二句兩宋本、繆本俱注云：一云：今日相逢俱失路，何年灞上弄春輝。

【注】

〔武威〕舊唐書地理志：涼州，隋武威郡，……天寶元年改爲武威郡。

〔銀臺〕見卷六相逢行注。

〔紫微〕見卷一明堂賦注。

【評箋】

按：詩中有「入掌銀臺護紫微」之句，此郭將軍當是諸衛將軍。舊唐書職官志：左右衛將軍之職，掌統領宫廷警衛之法，以督其屬之隊仗，而總諸曹之職務。其實在唐之中葉，此亦等於位置武人之閒官而已。舊唐書王忠嗣傳：假如明主見責，豈失一金吾羽林將軍歸朝宿衛乎？正可爲證。此詩有「疇昔雄豪如夢裏」之句，則郭將軍亦必失兵權之武人也。

駕去温泉宫後贈楊山人

少年落魄楚漢間，風塵蕭瑟多苦顔。自言管葛竟誰許？長吁莫錯還閉關。一朝君王垂拂拭，剖心輸丹雪胸臆。忽蒙白日迴景光，直上青雲生羽翼。幸陪鸞輦出鴻都，身騎飛龍天馬駒。王公大人借顔色，金章紫綬來相趨。當時結交何紛紛？片言道合唯有君。待吾盡節報明主，然後相攜卧白雲。

【校】

〔題〕駕去，敦煌殘卷作從駕。蕭本無宫字。王本注云：蕭本缺宫字。

〔落魄〕魄，兩宋本、繆本俱作托。敦煌殘卷作拓。

〔管葛〕兩宋本、繆本俱作介蕇，注云：一作管葛。王本注云：一作介蕇。

〔莫錯〕敦煌殘卷作錯漠。

〔君王〕敦煌殘卷作逢君。

〔借顔色〕借，蕭本作惜。王本注云：蕭本作惜。

〔金章〕章，蕭本、咸本俱作璋。敦煌殘卷作印。王本注云：蕭本作璋。

〔然後相攜〕兩宋本、繆本、王本俱注云：一作攜手滄洲。

【注】

〔温泉宫〕新唐書地理志：關内道京兆府昭應……有宫在驪山下，貞觀十八年置。咸亨二年始名温泉宫。天寶元年，更驪山曰會昌山。……六載，更温泉曰華清宫，治湯井爲池，環山列宫室，又築羅城，置百司及十宅。

〔楊山人〕按：卷十七有送楊山人歸嵩山詩，疑其人亦同入長安而後還山者。

〔落魄〕漢書卷四三酈食其傳：家貧落魄，無衣食業。注：鄭氏曰：魄音薄。應劭曰：志行衰惡之貌也。師古曰：落魄，失業無次也，鄭音是。補注：王先謙曰：集解：晉灼曰：落薄、落託義同。案落託亦作落拓。王云：琦按揚雄解嘲：何爲官之拓落也。顔師古曰：拓落，不耦也。落拓蓋倒用以取新耳。△魄音薄。按：疊韻聯綿字上下多可互用，非取新也。王説未確。

〔莫錯〕按：莫錯即錯莫（見贈别從甥高五詩），亦即索漠（見早秋贈裴十七仲堪詩），皆寂寞之意。宋長白柳亭詩話云：鮑照行路難：「今朝見我顔色衰，意中錯莫與先異。」沈滿願詩：「風彌葉落未離索，神往形返情錯莫。」此二字老杜用之瘦馬行，餘則元詩屢見。太白詩「長吁莫錯還閉關」，莫錯二字（不）數見，豈即錯莫之訛歟！

〔閉關〕文選江淹恨賦：閉關却掃，塞門不仕。李善注：司馬彪續漢書曰：趙壹閉關却掃，非德不交。説文：關，以木横持門户也。

〔鴻都〕後漢書靈帝紀：光和元年，始置鴻都門學生。章懷太子注：鴻都，門名也，於内置學，時其中諸生，皆勅州郡三公舉召能爲尺牘詞賦及工書鳥篆者，相課試至千人焉。

〔天馬駒〕王云：翰林志：唐制：學士初入院，賜中廄馬一匹，謂之長借馬。漁隱叢話：唐學士例借飛龍廄馬。唐書兵志：其後禁中增置飛龍廄。漢書西域傳：大宛國多善馬，馬汗血，言其先天馬子也。顔師古注：大宛國有高山，其上有馬不可得，因取五色母馬置其下與集，生駒皆汗血，因號曰天馬子云。傅玄詩：寄言飛龍天馬駒。

〔紫綬〕漢書百官公卿表：相國丞相皆秦官，金印紫綬。

温泉侍從歸逢故人

漢帝長楊苑，誇胡羽獵歸。子雲叨侍從，獻賦有光輝。激賞摇天筆，承恩賜御衣。逢君奏明主，他日共翻飛。

【注】

〔獻賦〕漢書卷八七揚雄傳：其十二月，羽獵，雄從。……故聊因校獵賦以風。……上將大誇胡人以多禽獸，……雄從自射熊館還，上長楊賦。……

〔御衣〕楊云：白爲宮詞，明皇賜以宮錦袍。　按：杜甫寄李十二白十二韻云「獸錦奪袍新」，即是時實事，可與此詩參證。

【評箋】

嚴羽云：太白情曠，亦復情熱如此。（嚴羽評點李集）

今人詹鍈云：按兩唐書玄宗紀：天寶三載正月辛丑，幸温泉宮，二月庚午，至自温泉宮。二詩之作非天寶二年冬即三載正二月間也。

贈裴十四

朝見裴叔則，朗如行玉山。黄河落天走東海，萬里寫入胸懷間。　身騎白黿不敢度，金高南山買君顧。徘徊六合無相知，飄若浮雲且西去。

【校】

〔寫入〕入，兩宋本作又，誤。

【注】

〔玉山〕世説容止篇：裴令公有儁容儀，脱冠冕，粗服亂頭皆好，時人以爲玉人。　見者曰：見裴叔則如玉山上行，光映照人。

〔白黿〕楚辭九歌：乘白黿兮逐文魚。

〔買君顧〕列女傳節義傳：鄭子瞀者，……楚成王之夫人也。初成王登臺，子瞀不顧。王曰：「顧，吾又與女千金。」子瞀遂不顧。按：此借用鄭子瞀事。

贈崔侍御

黄河三尺鯉，本在孟津居。點額不成龍，歸來伴凡魚。故人東海客，一見借吹嘘。風濤儻相因，更欲凌崑墟。

【校】

〔題〕贈，英華作寄，注云：集作贈。侍御，蕭本作侍郎。王本御下注云：蕭本作郎。

〔三尺〕三，蕭本、胡本俱作二。王本注云：蕭本作一。

〔在〕英華作住，注云：集作在。

〔伴〕兩宋本、繆本、王本俱注云：一作作。

〔相因〕蕭本、咸本俱作相見。因，胡本注云：今本作見。

〔崑墟〕此下王本注云：繆本下多何當赤車使，再往召相如二句。兩宋本、咸本、英華亦有此二句。車，兩宋本、繆本俱作草，誤。

【注】

〔崔侍御〕按：本卷有贈崔侍御一首，此云：「故人東海客，一見借吹噓。」彼云：「君乃輶軒佐，余叨翰墨林。高風摧秀木，虚彈落驚禽。不取回舟興，而來命駕尋。扶摇應借力，桃李願成陰。」語意略同，蓋二人皆在失意中。崔與李白之蹤跡大抵以在宣城時爲多，故卷十二贈宣城宇文太守兼呈崔侍御有「英才苦迍邅」之句，卷十四寄崔侍御有「夫子雖蹭蹬，瑶臺雪中鶴」之句。其他卷十四宣城九日聞崔四侍御……二首，卷十五聞李太尉……留别金陵崔侍御十九韻，卷十九酬崔侍御及翫月城西……訪崔四侍御，卷二十一登敬亭北二小山余時客逢崔四侍御等篇皆可參看。據卷十九附載攝監察御史崔成甫詩，崔侍御當即成甫，其詩「我是瀟湘放逐臣」句亦與李白詩意合。又按：本書雖已注釋李白詩中之「崔侍御」、「崔四侍御」（卷十五聞李太尉留别金陵崔侍御十九韻一詩除外）即崔成甫，但所徵引有關成甫生平之資料極簡略。僅李華崔孝公（沔）文集序云：「長子成甫，進士擢第，校書郎，陝縣尉，知名當時，不幸早世。」顔真卿崔孝公宅陋室銘記云：「長子成甫，倜儻有才名，進士，校書郎，早卒。」故注家如王琦懷疑「崔成甫」與「崔四侍御」並非一人（李太白年譜），而今人研究者復有兩「崔成甫」及「崔侍御」即「崔宗之」之誤。據北京圖書館藏拓片有唐朝散大夫守汝州長史上柱國安平縣開國男贈衛尉少卿崔公（暟）墓誌後崔祐甫附記、有唐朝散大夫行祕書省著作佐郎嗣安平縣開國男崔公（衆甫）墓誌、唐朝議郎攝魏郡魏縣令崔公（夷甫）墓誌銘、有唐通議大夫守太子賓客贈尚書左僕射崔孝公（沔）墓誌後崔祐甫附記、崔渾妻盧梵兒墓誌、崔沔妻王方大墓誌、唐魏州冠氏縣尉盧招夫人崔氏（嚴愛）墓誌，可知崔成甫同祖弟兄五人，同祖姊妹五人。成甫伯父崔渾三子孟孫、衆甫、夷甫，崔暟次子崔沔二子成甫、祐甫。崔渾妻盧梵兒生一女，適李氏。崔沔妻王方大生三女：長女適芮城尉盧沼，次女嚴愛適冠氏尉盧招，少女適盧衆甫。一女無考。崔成甫乃庶出，其弟祐甫爲崔沔嫡子。其伯父崔渾嫡子衆甫爲大宗，故嗣安平縣男。又全唐文卷四〇九崔祐甫上宰相箋云：「祐甫天倫十人，身處其季。夙遭險釁，幾不聞存没。左右提攜，仰于兄姊。頃屬中夏覆没，舉家南遷，内外相從，百有餘口。長兄宰豐城間歲，遭罹不淑。仲姊寓吉郡周年，繼以鞠凶。呱呱孤甥，斬焉在疚。宗兄著作，自蜀來吴，萬里歸復。羈孤之日，斯所依焉。豈期積善之人，昊天不弔，門緒淪替，山頽梁折，今兹夏末，宗兄辭代。顧眇眇之身，巋然獨在。……」則其中之「長兄宰豐城」非崔成甫（今人箋釋此文誤爲成甫），而爲曾任向城縣令之同祖長兄孟孫。「仲姊」即崔沔妻王氏所生之次女嚴愛，乾元二年九月卒于吉州官舍。「宗兄著作」指襲嗣祖爵、爲著作佐郎之大房嫡長子衆甫，寶應元年卒于洪州。當安、史亂時，舉家南遷，成甫、祐甫兄弟不在一處，故上宰相箋中未及成甫。又考舊唐書崔祐甫傳、崔祐甫墓誌、崔嚴愛墓誌，祐甫生于開元九年，祐甫仲姊生于開元五年，據此推定，則成甫約生于開元元年前後。若成甫十八歲進士擢第，即仕祕書省校書郎，以李白澤畔吟序中所云「從宦二十有八載」計，則卒于乾元元年，約四十六歲左右。其在同祖弟兄中小于孟孫、衆甫、夷甫，排行第四，故可稱爲「崔四侍御」。以上據郁賢皓李白詩中崔侍御考辨（文史哲一九七九年第一期）一文補注。

〔凡魚〕王云：水經注：爾雅云：鱣，鮪也。出鞏穴，三月則上度龍門，得度則爲龍矣。否則點額而還。白氏六帖：大鯉魚登龍門，化爲龍，不登者點額暴腮矣。太平廣記：龍門山在河東界，禹鑿山斷如門一里餘，黄河自中流下，兩岸不通車馬。每暮春之際，有黄鯉魚逆流而上，得上者便化爲龍。林登云：龍門之下每歲季春，有黄鯉魚自海及諸川争來赴之。一歲中登龍門者，不過七十二。初登龍門，即有雲雨隨之，天火自後燒其尾，乃化爲龍矣。其龍門水浚箭湧，下流七里深三里，出三秦記。水經注：魏土地記曰：梁山北有龍門山，大禹所鑿，通孟津。河口廣八十步，巖際鐫跡，遺功尚存。尚書正義：孟津，孟是地名，津是津處，在孟地置津，謂之孟津。杜預云：盟津，河内河陽縣南孟津也。在洛陽城北，都道所湊，古今常以爲津。武王渡之，近世以來，呼爲武濟。

〔崑墟〕王云：山海經：海内崑崙之墟在西北，帝之下都。崑崙之墟方八百里，高萬仞。初學記：楚國先賢傳曰：神龍朝發崑崙之墟，暮宿於孟諸。超騰雲漢之表，婉轉四海之裏。

【評箋】

阮閲云：李白贈崔侍御詩云：「黄河三尺鯉，本在孟津居；點額不成龍，歸來伴凡魚。何當赤車使，再往召相如。」相如蓋自謂也。觀此不可謂白之無心於仕進者。然當時慢侮力士略不爲身謀，致貶逐而曾不悔。使其欲仕之心切，必不如是。先是蘇頲爲益州長史，見白異之曰：「是子天才英特，少益以學比相如。」故白詩中每以相如自比，贈從弟之遥曰：「漢家天子馳駟馬，赤車蜀道迎相如」；自漢陽病酒歸曰：「聖主還聽子虛賦，相如却欲論文章」；贈張鎬曰：「十五觀奇書，作賦淩相如」；白自比爲相如非止一詩也。（詩話總龜）

述德兼陳情上哥舒大夫

天爲國家孕英才，森森矛戟擁靈臺。浩蕩深謀噴江海，縱横逸氣走風雷。丈夫立身有如此，一呼三軍皆披靡。衛青謾作大將軍，白起真成一豎子。

【校】

〔天爲〕天，蕭本、咸本俱作人。王本注云：蕭本作人。

〔謾〕兩宋本、繆本俱作漫。王本注云：繆本作漫。

【注】

〔哥舒〕新唐書卷一三五哥舒翰傳：哥舒翰，其先蓋突騎施酋長哥舒部之裔。……能讀左氏春秋、漢書，通大義，疏財多施予，故士歸心。爲大斗軍副使，……遷左衛郎將。吐蕃盜邊，與翰遇苦拔海，吐蕃枝其軍爲三行，從山差池下。翰持半段槍迎擊，所向輒披靡，名蓋軍中。擢授右武衛將軍、副隴右節度，爲河源軍使。……翰嘗逐虜，馬驚陷於河，吐蕃三將欲刺翰，翰大呼，皆擁矛不敢動，救兵至追殺之。……拜鴻臚卿，爲隴右節度副大使。……踰年，築神威軍青海上，吐蕃攻破之，更築於龍駒島。……翰相其川原宜畜牧，謫罪人二千戍之，由是吐蕃不敢近青海。天寶八載，詔翰以朔方河東羣牧兵十萬攻吐蕃石堡城，數日未克，捽其將高秀巖張守瑜將斬之。秀巖請三日期，如期而下。遂以赤嶺爲西塞，開屯田，備軍實。加特進，賜賚彌渥。十一載，加開府儀同三司，……久之封涼國公，兼河西節度使，……進封西平郡王。

〔大夫〕王云：胡三省通鑑注：唐中世以前率呼將帥爲大夫。白居易詩所謂「武官稱大夫」是也。按：稱大夫者，以哥舒翰嘗加攝御史大夫故也。是時節鎮以帶臺長爲榮。

〔靈臺〕莊子庚桑楚篇：不可内於靈臺。郭象注：靈臺，心也。

〔衛青〕史記衛將軍驃騎列傳：大將軍衛青者，平陽人也。……天子使使者持大將軍印，即軍中拜車騎將軍青爲大將軍，諸將皆以兵屬大將軍，大將軍立號而歸。

〔白起〕史記白起王翦列傳：白起者，郿人也。善用兵，事秦昭王。又，平原君虞卿列傳：毛遂按劍而前曰：……白起，小豎子耳，率數萬之衆，興師以與楚戰，一戰而舉鄢郢，再戰而燒夷陵，三戰而辱王之先人。……

【評箋】

按：杜甫集中亦有投贈哥舒開府二十韻詩，當時皆以哥舒爲名將而加以頌揚。述德陳情爲唐人上權要之習用語。見李商隱集。朱諫李詩辨疑云：述德則有之，無有陳情之辭，疑當有闕文。不知投贈即是陳情，此疑所不必疑也。

雪讒詩贈友人

嗟余沉迷，猖獗已久。五十知非，古人常有。立言補過，庶存不朽。包荒匿瑕，蓄此煩醜。月出致譏，貽媿皓首。感悟遂晚，事往日還。白璧何辜？青蠅屢前。羣輕折軸，下沉黄泉。衆毛飛骨，上凌青天。萋斐暗成，貝錦粲然。泥沙聚埃，珠玉不鮮。洪焰爍山，發自纖烟。滄波蕩日，起於微涓。交亂四國，播於八埏。拾塵掇蜂，疑聖猜賢。哀哉悲夫！誰察予之貞堅？

【校】

〔題〕兩宋本、繆本題下俱注云：四言。

〔猖獗〕獗，兩宋本、繆本、咸本俱作蹶。王本注云：繆本作蹶。

〔包荒〕荒，胡本作羞。

〔煩醜〕煩，兩宋本、繆本俱作頑，似是。王本注云：繆本作頑。
〔上淩〕淩，兩宋本、繆本俱作陵。王本注云：繆本作陵。
〔萋斐〕斐，兩宋本、繆本俱作菲。王本注云：繆本作菲。
〔暗成〕咸本注云：一本無此六句。指以上言。
〔不鮮〕鮮，蕭本作憐。王本注云：蕭本作憐。
〔錟〕兩宋本、繆本俱作炎。王本注云：繆本作炎。
〔滄〕蕭本作蒼。王本注云：蕭本作蒼。
〔起於〕於，兩宋本、繆本、咸本俱作乎。王本注云：繆本作乎。

【注】

〔猖獗〕文選丘遲與陳伯之書：沉迷猖獗，以至於此。
〔知非〕淮南子原道訓：……故蘧伯玉年五十而有四十九年非。
〔不朽〕左傳襄二十四年：太上有立德，其次有立功，其次有立言，雖久不廢，此之謂不朽。
〔包荒〕易泰卦：包荒用馮河。王弼注：能包含荒穢，受納馮河者也。
〔匿瑕〕左傳宣十五年：瑾瑜匿瑕。杜預注：匿，藏也，雖美玉之質，亦或居藏瑕穢。說文：瑕，玉小赤也。
〔月出〕詩陳風月出序：月出，刺好色也，在位不好德而悦美色焉。

〔青蠅〕王云：埤雅：青蠅糞尤能敗物，雖玉猶不免，所謂蠅糞點玉是也。蓋青蠅善亂色，故詩人以刺讒。爾雅翼：説者以青蠅點白爲黑，點黑爲白，自昔相傳如此。今青蠅之行，好遺矢於物上，遇物之潔者則見。論衡曰：清受塵，白受垢。青蠅所污，常在練素。此所謂點白爲黑也。　參見卷二十四翰林讀書言懷呈集賢諸學士詩注。

〔折軸〕史記張儀列傳：臣聞之，積羽沉舟，羣輕折軸，衆口鑠金，積毀銷骨。

〔貝錦〕詩小雅巷伯：萋兮斐兮，成是貝錦。彼譖人者，亦已太甚！毛傳：萋斐，文章相錯也。貝錦，錦文也。鄭箋：錦文者，文如餘泉餘蚳之貝文也。興者，喻讒人集作已過以成於罪，猶女工之集采色以成錦文。　正義：李巡曰：餘蚳貝甲，黄爲質，白爲文采；餘泉貝甲，以白爲質，黄爲文采。

〔爍〕音式灼切。

〔四國〕詩小雅青蠅：讒人罔極，交亂四國。

〔八埏〕文選司馬相如封禪文：下泝八埏。注：孟康曰：埏，地之八際也。

〔拾塵〕家語卷五：孔子厄於陳察，從者七日不食，子貢以所齎貨竊犯圍而出，告糴於野人，得米一石焉。顔回、仲由炊之於壞屋之下，有埃墨墮飯中，顔回取而食之。子貢自井望見之不悦，以爲竊食也，以告孔子。子曰：「吾信回之爲仁久矣，雖汝有云，弗以疑也，其或者必有故乎！吾將問之。」召顔回曰：「疇昔予夢見先人，豈或啓佑我哉！子炊而進飯，吾將進焉。」對曰：「向有埃墨墮飯中，欲置之則不潔，欲棄之則可惜，回即食之，不可祭也。」孔子曰：「然乎！吾亦食之。」顔回出，孔子顧謂二三子曰：「吾之信回也，非特今日也。」二三子由此乃服之。

〔掇蜂〕王云：琴操：尹吉甫，周上卿也。有子伯奇，伯奇母死，更娶後妻，生伯邦。乃譖伯奇於吉甫曰：「見妾有美色，然有欲心。」吉甫曰：「伯奇爲人慈仁，豈有此也？」後妻曰：「試置妾空居中，君登樓而察之。」後妻知伯奇仁孝，乃取毒蜂緣衣領，伯奇前持之。於是吉甫大怒，放伯奇於野。宣王出遊，吉甫從，伯奇乃作歌，感之於宣王。宣王曰：此放子詞。吉甫乃收伯奇，射殺後妻。陸機詩：「掇蜂滅天道，拾塵惑孔顔。」

彼人之猖狂，不如鵲之彊彊。彼婦人之淫昏，不如鶉之奔奔。坦蕩君子，無悅簧言。擢髮續罪，罪乃孔多。傾海流惡，惡無以過。人生實難，逢此織羅。積毁銷金，沉憂作歌。天未喪文，其如予何！

【校】

〔彼人〕彼下兩宋本、繆本、咸本俱有一婦字。王本注云：繆本下多一婦字。

〔坦蕩〕兩宋本、繆本、胡本俱注云：一作皎皎。王本注云：一作皎皎。

〔續〕兩宋本、胡本俱作贖，非。

【注】

〔奔奔〕詩鄘風鶉之奔奔：鶉之奔奔，鵲之彊彊。人之無良，我以爲兄。鄭箋：奔奔彊彊，言其居有常匹，飛則相隨之貌。刺宣姜與頑非匹偶。

〔坦蕩〕論語述而篇：君子坦蕩蕩，小人長戚戚。何晏集解：坦蕩蕩，寬廣貌。

〔簧言〕詩小雅巧言：巧言如簧，顔之厚矣。正義：巧爲言語，結構虚辭，速相待合，如笙中之簧，聲相應和。

〔續罪〕史記范睢蔡澤列傳：擢賈之髮以續賈之罪尚未足。按：王云：續贖古通州，蓋據史記評林等書，恐非史記本意。續罪乃數其罪，故云擢髮不足。擢髮無贖罪理也。

〔流惡〕王云：祖君彦爲李密檄洛州文：罄南山之竹，書罪無窮；決東海之波，流惡難盡。按：此文見舊唐書卷五三李密傳。

〔人生〕左傳成二年：人生實難，其有不獲死乎！

〔銷金〕漢書卷五一鄒陽傳：衆口鑠金，積毁銷骨。王先謙補注：金骨皆以最堅者言，衆口積毁，雖金可鑠，骨可銷也。

〔喪文〕論語子罕篇：子畏於匡，曰：文王既没，文不在兹乎？天之將喪斯文也，後死者不得與於斯文也，天之未喪斯文也，匡人其如予何！何晏集解：馬曰：其如予何者，猶言奈我何也。天之未喪此文，則我當傳之，匡人欲奈我何，言其不能違天以害己也。

妲己滅紂，褒女惑周。天維蕩覆，職此之由。漢祖呂氏，食其在傍。秦皇太后，毒亦淫荒。螮蝀作昏，遂掩太陽。萬乘尚爾，匹夫何傷！辭殫意窮，心切理直。如或妄談，昊天是殛。子野善聽，離婁至明。神靡遁響，鬼無逃形。不我遐棄，庶昭忠誠。

【校】

〔太后〕太，蕭本作成。王云：蕭本作成。

〔妄談〕王本誤作談妄，據各本改正。

【注】

〔妲己〕史記殷本紀：帝紂……好酒淫樂，嬖於婦人，愛妲己，妲己之言是從。……周武王遂斬紂頭，懸之白旗，殺妲己。

〔褒女〕史記周本紀：當幽王三年，……以褒姒爲后。……褒姒不好笑，幽王欲其笑萬方，故不笑。幽王爲熢燧大鼓，有寇至則舉熢火，諸侯悉至，至而無寇，褒姒乃大笑。幽王説之，爲數舉熢火，其後不信，諸侯益亦不至。……又廢申后去太子也，申侯怒，與繒西夷犬戎攻幽王，幽王舉熢火徵兵，兵莫至，遂殺幽王驪山下，虜褒姒。

〔天維〕文選張衡西京賦：振天維。薛綜注：維，綱也。

〔職此〕左傳襄十四年：蓋言語漏洩，則職汝之由。杜預注：職，主也。

〔食其〕史記吕后本紀：以辟陽侯審食其爲左丞相。左丞相不治事，令監宫中，如郎中令。食其故得幸太后，常用事，公卿皆因而決事。△食其音異基。

〔秦皇〕史記吕不韋列傳：吕不韋乃進嫪毐，……遂得侍太后，太后私與通，絶愛之，有身。太后恐人知之，詐卜當避時，徙宫居雍，嫪毐常從，賞賜甚厚，事皆決於嫪毐。……始皇九年，有告嫪毐實非宦者，常與太后私亂，生子二人皆匿之，與太后謀曰：王即薨，以子爲後。於是秦王下吏治，具得情實，事連相國吕不韋。九月，夷嫪毐三族，殺太后所生兩子，而遂遷太后於雍。△毐音靄。

〔螮蝀〕詩鄘風蝃蝀：蝃蝀在東，莫之敢指。毛傳：蝃蝀，虹也。夫婦過禮，則虹氣盛。按：爾雅釋天：螮蝀，虹也。蝃作螮。此處語意與古風第二首相近，參見卷二注同條。

〔子野〕文選李善注：子野，師曠字。

〔離婁〕孟子離婁篇：孟子曰：離婁之明，……趙岐注：離婁者，古之明目者，蓋以爲黄帝之時人也。黄帝亡其玄珠，使離朱索之。離朱即離婁也，能視於百步之外，見秋毫之末。

〔遐棄〕詩周南汝墳：既見君子，不我遐棄。

【評箋】

洪邁云：李太白以布衣入翰林，既而不得官。唐史言高力士以脱韡爲恥，摘其詩以激楊貴妃，爲妃所沮止。今集中有雪讒詩一章，大率言婦人淫亂敗國。……予味此詩，豈非貴妃與禄山淫亂，而太白曾發其奸乎！不然，則飛燕在昭陽之句何足深怨也？（容齋隨筆）

劉克莊云：史言明皇欲官太白，爲妃所沮，余觀飛燕在昭陽之語不足深憾。雪讒詩自序甚詳，略云：漢祖吕氏，食其在旁，秦皇太后，毐亦淫荒。時妃以禄山爲兒，史云宫中有醜聲，而白肆言無忌若此。他人於玉環事皆微婉其詞。如云：「養在深閨人不識」，又云：「薛王沈醉壽王醒」，又云：「不從金輿惟壽王」，白獨昌言之，可見剛稜嫉惡，坡公疑其以此召怨，力士因借此以報脱韡之辱。豈飛燕之句能爲祟哉？（後村詩話）

嚴羽云：一篇告神文，不應入詩。然亦疑僞。（嚴羽評點李集）

趙翼云：青蓮自翰林被放還山，固不能無怨望，然其詩尚不甚露懟憾之意。如贈蔡舍人雄云：「遭逢聖明主，敢進興亡言。白璧竟何辜，青蠅遂成冤。」贈崔司户云：「布衣侍丹墀，密勿草絲綸。才微惠渥重，讒巧生緇磷。」答王十二寒夜獨酌云：「一談一笑失顔色，蒼蠅貝錦喧謗聲。」贈宋少府云：「早懷經濟策，特受龍顔顧。白玉棲青蠅，君臣忽行路。」皆不過謂無罪被謗而出耳。獨雪讒詩有云：「彼人之猖狂，不如鵲之彊彊」，則指讒者也。「彼婦人之淫昏，不如鶉之奔奔」，則指楊妃也。其下并以妲己褒姒爲比，甚至以吕后之私審食其，秦后之嬖嫪毐喻楊妃

之淫穢，則更指斥醜行，毫無顧忌，青蓮胸懷浩落，不屑屑於恩怨，何至誹謗如此？恐亦非其真筆也。（甌北詩話）

按：此詩若謂其作於在長安時或出長安後，則豈有楊妃勢盛之日而能以此雪讒乎？謂其作於楊氏已敗之後，則此詩更直可不作。且詩語淺而庸，不與李詩風格相類，趙翼疑之，是也。且細審詩有「坦蕩君子，無悦簧言」及「萬乘尚爾，匹夫何傷」之語，似指友朋間中冓之嫌，非刺淫亂敗國也。又郭沫若李白與杜甫謂李妻劉氏離異後，曾向白之友人播弄是非，故白乃「雪讒」自辨。其説亦可並存。

贈參寥子

白鶴飛天書，南荆訪高士。五雲在峴山，果得參寥子。骯髒辭故園，昂藏入君門。天子分玉帛，百官接話言。毫墨時灑落，探玄有奇作。著論窮天人，千春祕麟閣。長揖不受官，拂衣歸林巒。余亦去金馬，藤蘿同所攀。相思在何處？桂樹青雲端。

【校】

〔探玄〕玄，兩宋本、繆本俱作元。王本注云：繆本作元。

〔所攀〕攀，兩宋本、繆本俱作歡。王本注云：繆本作歡。

【注】

〔參寥子〕王云：參寥子，當時逸士，其姓名無考。蓋取莊子之説以爲號也。莊子：玄冥聞之參寥，參寥聞之疑始。崔云：皆古人姓名，或寓之耳，無其人。李云：參，高也，高邈寥曠不可名也。

〔南荆〕文選陸機演連珠：是以南荆有寡和之歌。按：李善注引宋玉對楚襄王稱郢中陽春白雪歌事，是南荆猶南楚也。

〔五雲〕太平御覽卷八：京房易飛候曰：視四方常有大雲五色，其下賢人隱也。

〔峴山〕見卷七襄陽歌注。

〔骯髒〕後漢書卷一一〇趙壹傳：抗髒倚門邊。章懷太子注：抗髒，高亢婞直之貌也。△骯音抗上聲，髒音葬。

〔話言〕詩大雅抑：告之話言。毛傳：話言，古之善言也。

〔桂樹〕文選劉安招隱士：桂樹叢生兮山之幽。王逸注：桂樹芬香，以興屈原之忠良也。按：桂樹寓隱士之意。

【評箋】

蕭云：按李白本傳曰：白懇求還山，帝賜金放還，作是詩必此時也。

嚴羽云：格如鎖骨，音斷義連，惟五言短韻，故不多得。（嚴羽評點李集）

李日華云：李白贈參寥子詩云：「五雲在峴山，果得參寥子」，又云：「骯髒辭故園，昂藏入君門。……」知爲荆襄間隱人，曾召對放還者。（恬致堂詩話）

贈饒陽張司户燧

朝飲蒼梧泉，夕棲碧海煙。寧知鸞鳳意，遠託椅桐前？慕藺豈曩古？攀嵇是當年。愧非黄石老，安識子房賢？功業嗟落日，容華棄徂川。一語已道意，三山期著鞭。蹉跎人間世，寥落壺中天。獨見遊物祖，探元窮化先。何當共攜手，相與排冥筌？

【校】

〔題〕兩宋本、繆本題下俱注云：燕、魏、太原。燧，兩宋本、繆本俱作璲。王本注云：繆本作璲。

〔愧非〕非，蕭本作此。王本注云：蕭本作此。

〔探元〕探，兩宋本俱作撥。

〔冥〕兩宋本、繆本、王本俱注云：一作罝。

【注】

〔司户〕王云：唐時深州亦謂之饒陽郡，屬河北道，係上州。上州之佐有司户參軍事二人，從七品下。

〔椅桐〕詩鄘風定之方中：樹之榛栗，椅桐梓漆。毛傳：椅，梓屬。莊子秋水篇：夫鵷雛發於南海而飛於北海，非梧桐不止，非練實不食，非醴泉不飲。釋文引李云：鵷雛，鸞鳳之屬也。△椅音衣，協音借讀音倚。

〔慕藺〕史記司馬相如列傳：相如既學，慕藺相如之爲人，更名相如。

〔攀嵇〕文選顔延年五君詠：交吕既鴻軒，攀嵇亦鳳舉。王云：嵇爲嵇康也。

〔黄石老〕見卷七扶風豪士歌詩注。

〔三山〕見卷一大鵬賦注。

〔壺中〕後漢書卷一一二費長房傳：費長房者，汝南人，曾爲市掾。市中有老翁賣藥，懸一壺於肆頭。及市罷，輒跳入壺中。市人莫之見，惟長房於樓上覩之異焉。因往再拜奉酒脯，翁知長房之意其神也，謂之曰：「子明日可更來。」長房旦日復詣翁，翁乃與俱入壺中，唯見玉堂嚴麗，旨酒甘肴，盈衍其中，共飲畢而出。翁約不聽與人言之，後乃就樓上候長房曰：「我神仙之人，以過見責，今事畢當去。」參見卷二十二下途歸石門舊居詩。

〔物祖〕莊子山木篇：浮游乎萬物之祖，物物而不物於物。

〔化先〕文選顔延年應詔觀北湖田收詩：「開冬眷徂物，殘悴盈化先。」
〔冥筌〕文選江淹雜擬詩：「一時排冥筌，泠然空中賞。」李善注：筌，捕魚之器。言魚之在筌，猶人之處塵俗，今既排而去之，超在埃塵之外，故泠然涉空得中而留也。

贈清漳明府姪聿

我李百萬葉，柯條布中州。天開青雲器，日爲蒼生憂。小邑且割雞，大刀佇烹牛。雷聲動四境，惠與清漳流。絃歌詠唐堯，脱落隱簪組。心和得天真，風俗猶太古。牛羊散阡陌，夜寢不扃户。問此何以然，賢人宰吾土。舉邑樹桃李，垂陰亦流芬。河堤繞淥水，桑柘連青雲。趙女不冶容，提籠晝成羣。繰絲鳴機杼，百里聲相聞。訟息烏下階，高卧披道帙。蒲鞭挂簷枝，示恥無撲抶。琴清月當户，人寂風入室。長嘯無一言，陶然上皇逸。白玉壺冰水，壺中見底清。清光洞毫髪，皎潔照羣情。趙北美嘉政，燕南播高名。過客覽行謡，因之誦德聲。

【校】

〔題〕兩宋本、繆本俱無聿字。
〔猶太古〕猶，兩宋本、繆本俱作由，注云：一作獨。王本注云：一作獨，繆本作由。

〔河堤〕此句咸本注云：一作堤繞緑河水。王本渌下注云：蕭本作緑。
〔白玉〕以下二句，咸本注云：一作白如玉壺冰，冰清見底清。
〔嘉〕兩宋本、繆本、咸本俱作佳。王本注云：繆本作佳。
〔覽〕咸本作鑒。
〔誦德聲〕誦，兩宋本、繆本、咸本俱作頌。兩宋本、繆本俱注云：一作得頌聲。王本誦德下注云：一作得頌，繆本作頌德。

【注】

〔清漳〕舊唐書地理志：河北道洺州：隋武安郡，武德元年，改爲洺州，領永平、洺水、平恩、清漳四縣。……會昌元年，省清漳……。
〔明府〕王云：賓退録：明府，漢人以稱太守，唐人以稱縣令。
〔李聿〕按：全唐文卷四三五李聿小傳：聿，玄宗朝官清漳令，遷尚書郎。
〔我李〕史記老莊申韓列傳：老子者，楚苦縣厲鄉曲仁里人也。姓李氏，……索隱：按葛玄云，李氏女所生，因母姓也。又云，生而指李樹，因以爲姓。蕭云：唐祖老子，白與聿皆帝室之胄，故用李樹之事。葉，世也。柯條猶枝分派别之意。
〔青雲器〕文選顔延年五君詠：仲容青雲器。李善注：青雲，言高遠也。史記：太史公曰：夫閭巷之人，欲砥行立名者，非附青雲之士，惡能施於後代哉？按：李所引史記，見伯夷列傳。

〔割雞〕論語陽貨篇：子之武城，聞絃歌之聲，夫子莞爾而笑曰：「割雞焉用牛刀？」何晏集解：孔曰：言治小何須用大道？

〔漳流〕王云：水經注：清漳水出上黨沾縣西北少山大黽谷，南過縣西，又從縣南屈，東過涉縣西，屈從縣南，東至武安縣南黍窖邑，入於濁漳。

〔唐堯〕文選嵇康琴賦：雅昶唐堯，終詠微子。吕向注：唐堯、微子，操名也。蕭云：絃歌詠唐堯者，即康衢童謡曰：「立我烝民，莫匪爾極。不識不知，順帝之則。」及老人擊壤於路曰：「日出而作，日入而息。鑿井而飲，耕田而食。帝力於我何有哉」之意。

〔道帙〕説文：帙，書衣也。△帙音姪。

〔蒲鞭〕後漢書卷五五劉寬傳：典歷三郡，温仁多恕，雖在倉卒，未嘗有疾言遽色，嘗以爲齊之以刑，民免而無恥，吏人有過，但用蒲鞭罰之，示辱而已，終不加苦。

〔抶〕説文：抶，笞擊也。△抶音叱。

〔上皇〕鄭玄詩譜序：詩之興也，諒不於上皇之世。正義：上皇謂伏羲三皇之最先者，故謂之上皇。

〔燕南〕後漢書卷一〇三公孫瓚傳：前此有童謡曰：「燕南垂，趙北際，中間不合大如礪。」按：洺州仍屬趙境，此亦約略言之，謂政在趙境，而名播於燕耳。

贈臨洺縣令皓弟

陶令去彭澤，茫然太古心。大音自成曲，但奏無絃琴。釣水路非遠，連鼇意何深？終期龍伯國，與爾相招尋。

【校】

〔題〕王本注云：原注：時被訟停官。兩宋本、繆本注同，無原注二字。

〔太古〕太，兩宋本、繆本俱作元。王本注云：繆本作元。

〔音自〕兩宋本俱缺此二字。

〔與爾〕爾，兩宋本、繆本俱作余。王本注云：繆本作余。

【注】

〔臨洺〕舊唐書地理志：河北道洺州臨洺：漢易陽縣，隋改爲臨洺。

〔皓弟〕按：本卷有贈從兄襄陽少府皓詩，可參考。

〔陶令〕晉書卷九四陶潛傳：謂親朋曰：「聊欲絃歌以爲三徑之資可乎！」執事者聞之，以爲彭澤令。……義熙二年，解印去縣。……嘗言夏月虛閒，高卧北窗之下，清風颯至，自謂羲皇上人。性不解音，而蓄素琴一張，絃徽不具，每朋酒之會，則撫而和之，曰：「但識琴中趣，何勞絃上聲？」

〔龍伯〕見卷一大獵賦注。

贈郭季鷹

河東郭有道，於世若浮雲。盛德無我位，清光獨映君。恥將雞並食；長與鳳爲羣。一擊九千仞，相期淩紫氛。

【注】

〔有道〕後漢書卷九八郭太傳：郭太，字林宗，太原界休人也。……司徒黄瓊辟，太常趙典舉有道，或勸林宗仕進者，對曰：「吾夜觀乾象，晝察人事，天之所廢，不可支也。」遂並不應。……卒于家，……同志者乃共刻石立碑，蔡邕爲文，既而謂涿郡盧植曰：「吾爲碑銘多矣，皆有慚德。唯郭有道無愧色耳。」　按：郭名泰，范曄避私諱改。又詩稱河東不稱太原，蓋二郡相鄰互稱也，且唐人用河東指太原，是當時之習俗。

鄴中贈王大勸入高鳳石門山幽居

一身竟無託，遠與孤蓬征。千里失所依，復將落葉并。中途偶良朋，問我將何行。欲獻濟時策，此心誰見明？君王制六合，海塞無交兵。壯士伏草間，沉憂亂縱橫。飄飄不得意，昨發南都城。紫燕櫪上嘶，青萍匣中鳴。投軀寄天下，長嘯尋豪英。恥學瑯邪人，龍蟠事躬耕。富貴吾自取，建功及春榮。我願執爾手，爾方達我情。相知同一己，豈唯弟與兄？抱子弄白雲，琴歌發清聲。臨別意難盡，各希存令名。

【校】

〔題〕鄴中下蕭本、咸本俱無贈字。王本注云：蕭本缺贈字。按：詩意不當有贈字。

〔執爾手〕兩宋本、繆本均作執手□，缺末字。

【注】

〔鄴中〕王云：鄴中即鄴郡，唐時屬河北道，又謂之相州。

〔高鳳〕後漢書卷一〇三高鳳傳：高鳳，字文通，南陽葉人也。……其後遂爲名儒，乃教授業於西唐山中。章懷太子注：山在今唐州湖陽縣西北，酈元注水經云：即高鳳所隱之西唐山也。王云：不言石門山事，庾信作高鳳贊，有「石門雲度，銅梁雨來」云云，後人注者亦未詳其地在何處。豈石門山即西唐山之異名耶？

〔孤蓬〕文選鮑照蕪城賦：孤蓬自振。呂向注：孤蓬，草也。無根而隨風飄轉者。

〔南都〕文選張衡南都賦李善注引摯虞曰：南陽郡治宛，在京之南，故曰南都。

〔紫鷰〕文選顔延年赭白馬賦：將使紫燕駢衡。李善注：尸子曰：我得而民治，則馬有紫燕蘭池。劉邵趙都賦曰：良馬則飛兔奚斯，常驪紫燕。

〔青萍〕文選陳琳荅東阿王牋：秉青萍干將之器。吕延濟注：青萍，劍名也。

〔瑯邪人〕指諸葛亮，見前注。

【評箋】

按：集中卷十三有聞丹丘子於城北山營石門幽居詩，卷二十三有尋高鳳石門山中元丹丘詩，與此皆相應。蓋李白暫隱南陽時，亦有棲遁之志，作此詩時已去南陽而求干進矣，故云：「富貴吾自取，建功及春榮。」純爲自述蹤跡之語。兩宋本、繆本、王本鄴中下俱多一贈字，殊不合詩意。蓋勸入石門幽居者乃王大，非白也。詩云：「恥學琅邪人，龍蟠事躬耕。」正不受其勸也。

贈華州王司士

淮水不絶波瀾高，盛德未泯生英髦。知君先負廟堂器，今日還須贈寶刀。

【校】

〔題〕兩宋本、繆本題下俱注云：陝西。

〔波瀾〕波，蕭本、咸本、胡本俱作濤。王本注云：蕭本作濤。

【注】

〔華州〕王云：唐時華州又謂之華陰郡，屬關内道，係上州。上州之佐有司士參軍事一人，從七品下。

〔淮水〕晉書卷六五王導傳：初導渡淮，使郭璞筮之，卦成，璞曰：「吉無不利。淮水絶，王氏滅。」其後子孫繁衍，竟如璞言。

〔英髦〕爾雅釋詁：髦，選也；髦，俊也。郭注：士中之俊，如毛中之髦。

〔寶刀〕晉書卷三三王覽傳：初吕虔有佩刀，工相之，以爲必登三公可服此刀。虔謂祥曰：「苟非其人，刀或爲害。卿有公輔之量，故以相與。」祥固辭，強之乃受。祥臨薨，以刀授覽曰：「汝後必興，足稱此刀。」覽後奕世多賢才，興於江左矣。

【評箋】

按：此純爲酬應之詩，故泛舉王氏故事頌揚之。

贈盧徵君昆弟

明主訪賢逸，雲泉今已空。二盧竟不起，萬乘高其風。河上喜相得，壺中趣每同。滄洲即此地，觀化遊無窮。木落海水清，鼇背覩方蓬。與君弄倒影，攜手淩星虹。

【校】

〔木落〕木，蕭本、郭本俱作水。

〔海水清〕水，蕭本、咸本俱作上。此下王本注云：蕭本作水落海上清。

【注】

〔徵君〕王云：後漢書：黄憲初舉孝廉，又辟公府，友人勸其仕，憲亦不拒之，暫到京師而還，竟無所就，年四十八終。天下號曰徵君。後世徵君名始此。蕭注以盧徵君即是盧鴻，考唐書及他書所載鴻事都不言其有弟同隱，恐此盧又是一人。

〔明主〕按：此二句即王維詩「聖代無隱者，英靈盡來歸」之意。

〔河上〕太平廣記卷十引神仙傳：河上公者，莫知其姓字。漢文帝時，公結草爲菴於河之濱。帝讀老子經，頗好之，有所不解數事，時人莫能道之。聞時皆稱河上公解老子經義，乃使齎所不決之事以問。公曰：「道尊德貴，非可遥問也。」帝即幸其菴躬問之。帝曰：「普天之下，莫非王土，率土之濱，莫非王臣。子雖有道，猶朕民也。……」公即撫掌坐躍，冉冉在虚空中，去地數丈，俛而答曰：「予上不至天，中不累人，下不居地，何臣民之有？」帝下車稽首，……公乃授素書二卷與帝，曰：「……予注此經以來一千二百餘年，凡傳三人，連子四矣。」言畢失其所在。

〔觀化〕莊子至樂篇：吾與子觀化而化及我，我又何惡焉？

〔方蓬〕即海上三神山之方壺、蓬萊。

〔倒影〕即倒景，見卷二古風第二十首注。

贈新平少年

韓信在淮陰，少年相欺淩。屈體若無骨，壯心有所憑。一遭龍顏君，嘯咤從此興。千金答漂母，萬古共嗟稱。而我竟何爲？寒苦坐相仍。長風入短袂，内手如懷冰。故友不相恤，新交寧見矜？摧殘檻中虎，羈紲韝上鷹。何時騰風雲，搏擊申所能？

【校】

〔新平〕平，兩宋本、繆本、王本俱注云：一作豐。

〔興〕咸本作昇，注云：一作興。

〔何爲〕何，兩宋本、繆本俱作胡，注云：一作何。王本注云：一作胡。

〔内手〕内，兩宋本、繆本、王本俱注云：一作兩。

〔申所能〕申，蕭本、咸本俱作中。王本注云：蕭本作中。

【注】

〔新平〕王云：新平，郡名，即邠州也。見卷七豳歌行上新平長史兄粲詩注。新豐縣名，隸京兆府。見卷五東武吟詩注。

〔無骨〕文選潘岳西征賦：人屈節於廉公，若四體之無骨。按：此句所本，指藺相如事。王注引張纘文，在潘岳之後。

〔龍顏〕漢書高帝紀：高祖爲人隆準而龍顏。注：應劭曰：顏，頷顙也。

〔漂母〕見卷六猛虎行注。

〔羈紲〕紲音屑。

〔韝上鷹〕文選鮑照樂府：「昔如韝上鷹。」劉良注：韝，以皮蔽手而臂鷹也。

【評箋】

嚴羽云：太白詩多匠心，衝口似不由推敲，能使推敲者見之而醜，此何以故？（嚴羽評點李集）

按：此詩題既隱約，詩意亦用韓信爲淮陰少年所辱事，豈遊新平時有見侮者乎？參之卷七豳歌行……詩所謂「壯士悲吟寧見嗟」，其困頓動遭白眼可以概見。

贈崔侍御

長劍一杯酒，男兒方寸心。洛陽因劇孟，託宿話胸襟。但仰山岳秀；不知江海深。長安復攜手，再顧重千金。君乃輶軒佐；余叨翰墨林。高風摧秀木；虛彈落驚禽。不取回舟興；而來命駕尋。扶揺應借力；桃李願成陰。笑吐張儀舌；愁爲莊舄吟。誰憐明月夜，腸斷聽秋砧！

【校】

〔侍御〕蕭本作侍郎。王本御下注云：蕭本作郎。

〔託〕兩宋本、繆本俱注云：一作訪。

〔輶軒〕蕭本作軒轅。王本注云：蕭本作軒轅。

〔虛彈〕此句兩宋本、繆本、咸本俱作驚彈落虛禽。王本注云：繆本作驚彈落虛禽。

〔借力〕力，兩宋本、繆本、咸本俱作便，兩宋本、繆本俱注云：一作力。王本注云：一作便。

【注】

〔崔侍御〕見本卷前一首贈崔侍御詩注。

〔劇孟〕漢書卷九二游俠傳：劇孟者，洛陽人也。周人以商賈爲資，劇孟以俠顯。

〔輶軒〕風俗通：周秦常以歲八月遣輶軒之使求異代方言，還奏籍之，藏於祕室。王云：按太白作崔公澤畔吟詩序有中佐憲車之語，是崔嘗以事爲使副，故曰君乃輶軒佐，作軒輶者非是。△輶音由。

〔秀木〕文選李康運命論：木秀於林，風必摧之。劉良注：木高出於林上者，故風吹而先折之。

〔驚禽〕見卷一大獵賦注。

〔莊舄〕王云：史記：越人莊舄仕楚執珪，有頃而病。楚王曰：「舄故越之鄙人也，今仕楚執珪，富貴矣，亦思越否？」中謝曰：「凡人之思故，在其病也。彼思越則越聲，不思越則楚聲。」使人往聽之，猶尚越聲也。王粲登樓賦：莊舄顯而越吟。「笑吐張儀舌」，喻談笑之美。「愁爲莊舄吟」，喻思家之切。

〔砧〕王云：韻會：砧，擣繒石也。△砧音斟。

【評箋】

今人詹鍈云：詩云：「君乃輶軒佐，余叨翰墨林。高風摧秀木，虚彈落驚禽。……扶摇應借力，桃李願成陰。」蓋去朝以後，求崔侍御再薦舉之也。王注：按太白作崔公澤畔吟詩序，有中佐憲車之語，是崔嘗以事爲副使，故曰「君乃輶軒佐」。按唐詩紀事於崔成甫下注云：李白詩崔侍御是也。蓋因李集有攝監察御史崔成甫贈李白詩而言之耳。舊唐書韋堅傳：天寶元年三月，擢堅爲陝郡太守，穿廣運潭，潭成，陝縣尉崔成甫……。新唐書宰相世系表：成甫爲崔沔之子，祐甫之兄。顏真卿崔孝公宅陋室銘記：長子成甫，倜儻有才名，進士，校書郎，早卒。於爲陝縣尉，爲副使，爲侍御史等事均未言及。其斯時别有一崔成甫耶？

走筆贈獨孤駙馬

都尉朝天躍馬歸，香風吹人花亂飛。銀鞍紫鞚照雲日，左顧右盼生光輝。是時僕在金門裏，待詔公車謁天子。長揖蒙垂國士恩，壯心剖出酬知己。一别蹉跎朝市間，青雲之交不可攀。儻其公子重迴顧，何必侯嬴長抱關？

【注】

〔駙馬〕王云：唐書：玄宗女信成公主下嫁獨孤明。初學記：駙馬都尉，漢武置也，掌御馬。歷兩漢，多宗室及外戚與諸公子孫任之。至魏何晏，以主壻拜駙馬都尉，其後杜預尚晉宣帝女高陸公主，拜駙馬都尉，王濟尚晉文帝女常山公主，拜駙馬都尉。後代因晉魏以爲恒，每尚公主，則拜駙馬都尉。通典：唐駙馬都尉，從五品，皆尚主者爲之。開元三年八月，勅駙馬都尉從五品階，宜依令式，仍借紫金魚袋。天寶以前，悉以儀容美麗者充選。

〔鞚〕王云：韻會：鞚，馬勒也。△鞚音空去聲。

〔公車〕漢書哀帝紀：待詔夏賀良等……注：應劭曰：諸以材技徵召，未有正官，故曰待詔。

又卷六五東方朔傳：朔文辭不遜，高自稱譽，上偉之，令待詔公車。注：師古曰：公車令屬衛尉，上書者所詣也。舊唐書職官志：翰林院，天子在大明宫，其院在右銀臺門内。在興慶宫，院在金明門内。若在西内，院在顯福門内。若在東都華清宫，皆有待詔之所。其待詔，有詞學經術合鍊僧道卜祝術藝書弈，各别院以廩之，日晚而退。其所重者詞學。

〔知己〕蕭云：此太白叙述己事。

〔抱關〕史記信陵君列傳：魏有隱士曰侯嬴，年七十，家貧，爲大梁夷門監者。公子……欲厚遺之，不肯受。……公子於是乃置酒，大會賓客。坐定，公子從車騎，虚左，自迎……侯生。侯生攝敝衣冠，直上載公子上坐，不讓。……又謂公子曰：「臣有客在市屠中，願枉車騎過之。」公子引車入市，侯生下見其客朱亥，俾倪故久立，與其客語。微察公子，公子顔色愈和，……乃謝客就車。至家，公子引侯生坐上坐，偏贊賓客。……酒酣，侯生因謂公子曰：「……嬴乃夷門抱關者也，而公子親枉車騎，自迎嬴於衆人廣坐之中，不宜有所過。今公子故過之。然嬴欲就公子之名，故久立公子車騎市中，過客以觀公子，公子愈恭。市人皆以嬴爲小人，而以公子爲長者，能下士也。」於是罷酒，侯生遂爲上客。

【評箋】今人詹鍈云：詩云：「是時僕在金門裏，待詔公車謁天子。長揖蒙垂國士恩，壯心剖出酬知己。一别蹉跎朝市間，青雲之交不可攀。」當是去朝以後所作。

贈嵩山焦鍊師 并序

嵩山有神人焦鍊師者，不知何許婦人也。又云生於齊梁時，其年貌可稱五六十。常胎息絶穀，居少室廬，遊行若飛，倏忽萬里。世或傳其入東海，登蓬萊，竟莫能測其往也。余訪道少室，盡登三十六峯，聞風有寄，灑翰遥贈。

二室淩青天，三花含紫烟。中有蓬海客，宛疑麻姑仙。道在喧莫染；跡高想已綿。時餐金鵝蕊；屢讀青苔篇。八極恣遊憩；九垓長周旋。下瓢酌潁水；舞鶴來伊川。還歸東山上，獨拂秋霞眠。蘿月挂朝鏡；松風鳴夜絃。潛光隱嵩岳，鍊魄棲雲幄。霓裳何飄颻！鳳吹轉綿邈。願同西王母，下顧東方朔。紫書儻可傳，銘骨誓相學。

【校】

〔題〕兩宋本、繆本題下俱注云：洛陽。

〔嵩山〕山，兩宋本、繆本、咸本俱作丘。

〔神人〕此下蕭本無焦字。王本注云：蕭本缺焦字。

〔居少〕少，文粹作無。

〔竟莫能〕莫，兩宋本、繆本、咸本俱作不。文粹作竟亦不。王本莫下注云：繆本作不。

〔遥贈〕文粹下有云字。

〔二室〕室，咸本注云：一作色。

〔淩青天〕淩，兩宋本、繆本、王本俱注云：一作倚。文粹作倚碧天。咸本注云一作倚碧天。

〔含紫烟〕含，兩宋本、繆本、王本俱注云：一作明。紫，亦注云：一作緑。文粹同。

〔蓬海〕文粹作蓬萊。

〔已綿〕綿，英華作遷，注云一作綿。文粹作遷。

〔金鵝蕊〕兩宋本、繆本俱作金鵝蘂，注云：一作金鵝蕊。王本注云：一作金蛾蕊，繆本作金鵝蘂。鵝，文粹作娥。

〔青苔〕青，蕭本作古。王本注云：蕭本作古。

〔周旋〕此下咸本注云：一本無此六句。

〔還歸〕還，咸本注云：一作遂。文粹作遂。

〔東山〕東，兩宋本、繆本、文粹俱作空。王本注云：繆本作空。

〔夜絃〕此下咸本注云：此二句一本在麻姑仙字下。

〔嵩岳〕岳，咸本作丘，注云：一作岳。

〔雲幄〕雲，咸本作霞，注云：一作雲。

〔霓裳〕裳，兩宋本、繆本、咸本俱作衣。王本注云：繆本作衣。

〔飄颻〕兩宋本、繆本、胡本俱作飄飄，注云：一作萎蕤。文粹作萎蕤。咸本作萎蕤，注云：一作飄颻。王本注云：繆本作飄飄，一作葳蕤。

〔鳳吹〕兩宋本、繆本俱注云：一作羽駕。文粹作羽駕。

〔銘骨〕銘，兩宋本、繆本作冥，注云：一作冥。咸本注云：骨一作心。王本注云：一作冥。

【注】

〔焦鍊師〕王云：孔帖：道士修行，德高思精者謂之鍊師。今人詹鍈云：太平廣記卷四四九焦鍊師條：唐開元中有焦鍊師修道，聚徒甚衆。有黄裙婦人，自稱阿胡，就焦學道術。經三年，盡焦之術，而固辭去。……焦因欲以術拘留之，胡隨事酬答，焦不能及，乃于嵩頂設壇，啓告老君。……出廣異記。鍊師事跡略見於此。按：李頎有寄焦鍊師詩，末云：「仙境若在夢，朝雲如可親。何由覩顔色，揮手謝風塵。」亦是寄女冠語氣。王昌齡亦有謁焦鍊師詩，知焦在當時聲名甚廣。至王維集中贈東嶽焦鍊師詩則别是一人。又按：錢起有題嵩陽焦道士石壁詩云：「三峯花畔石堂懸，錦里真人此得仙。玉體(一作醴)纔飛西蜀雨，霓裳欲向大羅天。彩雲不散燒丹竈；白鹿時藏種玉田。幸入桃源因去世，方期丹訣一延年。」錢知焦爲蜀人，而李云不知何許婦人。蓋欲故神其事耳。

〔胎息〕王云：漢武内傳：王真，字叔經，上黨人。習閉氣而吞之，名曰胎息。習嗽舌下泉而咽之，名曰胎食。真行之，斷穀二百餘日，肉色光美，力並數人。抱朴子：得胎息者，能不以口鼻嘘吸，如在胞胎之中，則道成矣。

〔三十六峯〕少室山有三十六峯，見卷七元丹丘歌注。

〔二室〕王云：初學記：嵩高山者，五岳之中岳也。戴延之西征記云：其山東謂太室，西謂少室，相去十七里，嵩其總名也。謂之室者，以其下各有石室焉。少室高八百六十丈，上方十里，與太室相埒，但小耳。

〔三花〕述異志：少室山有貝多樹，與衆木有異，一年三放花，其花白色香美，俗云漢世野人將子種此。參見卷七鳴臯歌注。

〔金鵝蕊〕王云：楊升菴曰：金鵝蕊，桂也。藝文類聚：臨海記曰：郡東南有白石山，高三百餘丈，望之如雪山。上有湖，古老相傳云，金鵝所集，八桂所植。

〔青苔篇〕陳子昂潘尊師碑頌：道逢真人昇玄子，授以寶書青苔紙。

〔九垓〕見卷四司馬將軍歌注。

〔潁水〕王云：山海經：潁水出少室山。郭璞注：今潁水出河南陽城縣乾山東南，經潁川汝陰至淮南下蔡入淮。吕氏春秋：許由遂之箕山之下，潁水之陽，耕而食，終身無經天下之色。太平御覽：琴操曰：許由無有杯器，常以手掬水。人見由無器，以一瓠瓢遺之。由操飲，飲訖，挂瓢於樹，風吹樹瓢動，歷歷有聲，由以爲煩擾，遂取捐之。

〔伊川〕王云：伊川舞鶴用王子晉事。已見卷五鳳笙篇注。

〔東方朔〕博物志：漢武帝好仙道，祭祀名山大澤，以求神仙之道。時西王母遣使乘白鹿告帝當來，乃供帳九華殿以待之。七月七日夜漏七刻，王母乘紫雲車而至，於殿西南面東向。頭上戴七種青氣，鬱鬱如雲。……時東方朔竊從殿南廂朱鳥牖中窺母。母顧之，謂帝曰：「此窺牖小兒，嘗三來盜吾此桃。」帝乃大怪之，由此世人謂方朔神仙也。

〔紫書〕王云：漢武内傳：地真素訣，長生紫書。真誥：道有青要紫書，金根衆文。雲笈七籤：紫書，紫筆繕文也。

口號贈楊徵君

陶令辭彭澤，梁鴻入會稽。我尋高士傳，君與古人齊。雲卧留丹壑，天書降紫泥。不知楊伯起，早晚向關西。

【校】

〔題〕英華無口號二字。楊，兩宋本、繆本俱作陽，王本注云：繆本作陽。君下英華有鴻字。又題下王本注云：原注：此公時被徵。兩宋本、繆本注同，無原注二字。

【注】

〔口號〕王云：詩題有口號，始於梁簡文帝和衛尉新渝侯巡城口號。庾肩吾、王筠俱有此作。至唐遂相襲用之。即是口占之義。蕭本作口號贈徵君鴻，而注云見前贈盧徵君題注，蓋以爲即盧鴻矣，未詳是否。注中被徵，一作被召。

〔高士傳〕隋書經籍志：高士傳六卷，皇甫謐撰，又高士傳二卷，虞槃佐撰。

〔關西〕後漢書卷八四楊震傳：楊震，字伯起，弘農華陰人也。……震少好學，受歐陽尚書於太常桓郁，明經博覽，無不窮究。諸儒爲之語曰：關西孔子楊伯起。

【評箋】

嚴羽云：將頭作尾，亦復無首無尾，此格甚異，若以爲犯，必非知詩者。（嚴羽評點李集）

胡云：既比之陶潛、梁鴻，不得復比之楊震，一篇中用三人，任筆錯雜。此在太白可耳。范德機以爲律詩須守規矩，此篇爲最嚴，非確評也。

今人詹鍈云：按韋莊又玄集選此題作口號贈徵君盧鴻，沈德潛唐詩別裁並同，是則蕭本亦不爲無據。文苑英華則作贈楊徵君鴻，上無口號二字。異文錯出，不知何者爲是。

按：詩中已用陶潛、梁鴻二典，則再用楊伯起一典必切其姓，作盧鴻者恐非。

上李邕

大鵬一日同風起，扶摇直上九萬里。假令風歇時下來，猶能簸却滄溟水。時人見我恒殊調，見余大言皆冷笑。宣父猶能畏後生，丈夫未可輕年少。

【校】

〔扶〕王本作摶，注云：霏玉本作扶。今據文義改從之。

〔簸〕兩宋本、繆本俱作撈。王本注云：繆本作撈。

〔時人〕時，兩宋本、繆本、胡本俱作世。王本注云：繆本作世。

〔恒〕蕭本、咸本俱作指。王本注云：蕭本作指。

〔見〕王本注云：霏玉本作聞。胡本作聞。

〔宣父〕父，兩宋本作公，誤。

【注】

〔李邕〕舊唐書卷一九〇中李邕傳：李邕，廣陵江都人。……邕少知名，……爲陳州刺史。十三年，玄宗車駕東封迴，邕於汴州謁見，累獻詞賦，甚稱上旨，由是頗自矜衒。……張説爲中書令，甚惡之。俄而陳州贓汙事發，……貶爲欽州遵化縣尉。……累轉括、淄、滑三州刺史，上計京師。邕素負美名，頻被貶斥，皆以邕能文養士，賈生、信陵之流。執事忌勝，剥落在外。人間素有聲稱，後進不識，京、洛阡陌聚觀，以爲古人。或傳眉目有異，衣冠望風，尋訪門巷。又中使臨問，索其新文。復爲人陰中，竟不得進。天寶初，爲汲郡、北海二太守。……嘗與左驍衞兵曹柳勣馬一匹，及勣下獄，吉温令勣引邕議及休咎，厚相賂遺，詞狀連引，敕……就郡決殺之，時年七十餘。　按卷二十陪從祖濟南太守泛鵲山湖三首當亦是李邕。卷二十五題江夏修静寺原注此寺是李北海舊宅，亦爲李邕作。又卷十九答王十二寒夜獨酌有懷云：「君不見李北海，英風豪氣今何在？」此皆集中涉及李邕者。

〔大鵬〕莊子逍遥游篇：鵬之徙於南冥也，水擊三千里，摶扶摇而上者九萬里。陸德明注：司馬云上行風謂之扶摇。爾雅云：扶摇謂之飈。郭璞云：暴風從下上也。

〔宣父〕新唐書禮樂志：貞觀十一年，詔尊孔子爲宣父。

【評箋】　蕭云：此篇似非太白之作，今釐在卷末。

今人詹鍈云：錢謙益少陵年譜於天寶四載下注云：李邕爲北海太守，陪宴歷下亭，李白、高適皆有贈邕詩，當是同時。據錢説當是天寶五載夏間於濟南作。蕭曰：此篇似非太白之作。李詩辨疑曰：按李邕於李白爲先輩，邕有文名，時流推重，白至京師，必與相見，白必不敢以敵體之禮自居，當從後進之列。今玩詩，意如語平交，且辭意淺薄而誇，又非所以謁大官見長者待師儒之禮也。白雖不羈，其贈崔侍御、韋祕書、張衛尉、孟浩然等作，辭皆謹重而無褻慢之意，次及徐安宜、盧主簿、王瑕丘、韋參軍、何判官等，雖有尊卑之殊，各盡歡洽之情，無有謾辭，矧李邕乎？以此益可疑矣。按錢氏絳雲樓藏有李翰林草堂集，當是未經樂史及宋敏求增訂之本，李集板刻，此爲最善。錢氏所爲少陵詩箋及年譜，亦最審慎。今錢氏既稱白有贈邕詩，則此首或見於古本，不致爲僞作也。且朱諫以此詩爲白在京師作，按白游長安時，邕方爲靈昌太守，必無相見之理，朱氏亦失之不考。

贈張公洲革處士

列子居鄭圃，不將衆庶分。革侯遁南浦，常恐楚人聞。抱甕灌秋蔬，心閑遊天雲。每將瓜田叟，耕種漢水濱。時登張公洲，入獸不亂羣。井無桔槔事，門絕刺繡文。長揖二千石，遠辭百里君。斯爲真隱者，吾黨慕清芬。

【校】

〔濱〕此下兩宋本、繆本、王本俱注云：一作瀆。

【注】

〔張公洲〕王云：楊齊賢曰：張公洲在上元縣。琦按景定建康志：張公洲在城西南五里，周圍三里。湖廣通志：張公洲在武昌府城南二十里。晉隱士張公灌園處，因名。是有二張公洲。觀詩中所云楚人、云漢水，則是謂武昌之張公洲，而非在上元者矣。按：通鑑卷一六四胡注云：張公洲即蔡州，乃指金陵之張公洲也。

〔鄭圃〕列子天瑞篇：子列子居鄭圃四十年，人無識者，國君卿大夫視之，猶衆庶也。

〔將〕見卷一大鵬賦注。

〔南浦〕王云：南浦即張公洲，以在城之南，故曰南浦。

〔桔槔〕莊子天地篇：子貢南遊於楚，反於晉，過漢陰。見一丈人方將爲圃畦，鑿隧而入井，抱甕而出灌，搰搰然用力甚多而見功寡。子貢曰：「有械於此，一日浸百畦，用力甚寡而見功多，夫子不欲乎？」爲圃者卬而視之曰：「奈何！」曰：「鑿木爲機，後重前輕。挈水若抽，數如泆湯。其名爲槔。」爲圃者忿然作色而笑曰：「吾聞之吾師，有機械者必有機事，有機事者必有機心。機心存於胸中，則純白不備。純白不備，則神生不定，神生不定者，道之所不載也。吾非不知，羞而不爲也。」說文：桔槔，汲水器也。

〔刺繡〕史記貨殖列傳：刺繡文不如倚市門。

〔百里君〕王云：二千石謂太守，百里君謂縣令。

李白集校注卷十

古近體詩二十四首

秋日鍊藥院鑷白髮贈元六兄林宗

木落識歲秋，瓶冰知天寒。桂枝日已緑，拂雪淩雲端。弱齡接光景，矯翼攀鴻鸞。投分三十載，榮枯同所歡。長吁望青雲，鑷白坐相看。秋顔入曉鏡，壯髮凋危冠。窮與鮑生賈，飢從漂母餐。時來極天人，道在豈吟嘆？樂毅方適趙，蘇秦初説韓。卷舒固在我，何事空摧殘？

【校】

〔瓶冰〕冰，宋乙本、繆本俱作水，宋甲本作冰。

〔極〕胡本作拯。王本注云：胡本作拯。

〔方〕咸本、蕭本俱作豈。王本注云：蕭本作豈。

【注】

〔钃〕韻會：钃，箝也。△钃音涅。

〔元六兄林宗〕按：卷十四有江上寄元六林宗詩，亦是秋日之景。此云：「投分三十載，榮枯同所歡。」彼云：「勗哉滄洲心，歲晚庶不奪。」意亦相近，蓋與李白舊交。

〔木落〕淮南子説山訓：見一葉落而知歲之將暮，覩瓶中之冰而知天下之寒。

〔壯髮〕太平御覽卷八九：應劭漢官儀曰：元帝額上有壯髮，不欲使人見。

〔鮑生〕見卷九讀諸葛武侯傳書懷贈長安崔少府叔封昆季詩注。

〔樂毅〕史記樂毅列傳：於是燕昭王問伐齊之事，樂毅對曰：「齊，霸國之餘業也，地大人衆，未易獨攻也。王必欲伐之，莫如與趙及楚、魏。」於是使樂毅約趙惠文王，……燕昭王悉起兵，使樂毅爲上將軍，趙惠文王以相國印授樂毅……。

〔蘇秦〕王云：按史記蘇秦列傳，其游説六國，先説燕文侯，二説趙肅侯，三説韓宣惠王，四説魏襄王，五説齊宣王，六説楚威王。今引樂毅適趙、蘇秦説韓二事，皆言功業未成就之意。按：「蘇秦初説韓」之語，與上句「樂毅方適趙」同有用世之意，不必拘説韓之次序也。

【評箋】今人詹鍈云：按太白少年與元丹丘結爲方外之交，二人先後入朝，元丹丘去京未久，太白亦被譖放歸，與此詩所謂「投分三十載，榮枯同所歡」正合。豈林宗即是元丹丘歟！設太白與林宗弱冠相交，則是時當已年五十矣。

書情贈蔡舍人雄

嘗高謝太傅，攜妓東山門。楚舞醉碧雲，吴歌斷清猿。暫因蒼生起，談笑安黎元。余亦愛此人，丹霄冀飛翻。遭逢聖明主，敢進興亡言。白璧竟何辜？青蠅遂成冤。一朝去京國，十載客梁園。猛犬吠九關，殺人憤精魂。皇穹雪冤枉，白日開昏氛。太階得夔龍，桃李滿中原。倒海索明月，淩山採芳蓀。媿無横草功，虚負雨露恩。跡謝雲臺閣，心隨天馬轅。

【校】

〔題〕兩宋本、繆本俱注云：梁宋。

〔嘗高〕此句兩宋本、繆本、胡本、王本俱注云：一作嘗聞謝安石。

〔亡言〕此下兩宋本、繆本、咸本、胡本俱多蛾眉積讒妬，魚目嗤璵璠二句，咸本注云：一本無此二句。胡本注云：今本無以上二句。王本注云：繆本下多蛾眉積讒妒，魚目嗤璵璠。

〔竟何辜〕兩宋本、繆本、王本俱注云：一作本無瑕。

〔冤枉〕冤，兩宋本、繆本俱作夭。王本注云：繆本作夭。

〔昏氛〕兩宋本、繆本俱作氛昏。王本注云：繆本作氛昏。

〔轅〕蕭本作鞍。

【注】

〔舍人〕舊唐書職官志：中書省，中書舍人六員。舍人掌侍奉進奏參議表章，凡詔旨勅制及璽書册命，皆按典故起草進畫，既下則署而行之。按：唐代之中書舍人與翰林學士並稱内外制，學士階資須視其本官，而舍人則居正五品，故學士正拜舍人後，即距入相不遠。在玄宗時，學士之職任尚不甚重，制誥全由舍人撰擬，舍人尤爲樞要，如賈曾賈至父子在開元末及天寶末均爲中書舍人（見舊唐書卷一九〇中）是也。此詩中有王佐之稱，又有「不日思騰騫」之語，此蔡舍人疑官居中書舍人，而非中書省之起居舍人、通事舍人也。

〔謝太傅〕世説識鑒篇：謝公在東山畜妓。簡文曰：「安石必出，既與人同樂，不得不與人同憂。」劉孝標注：宋明帝文章志曰：安縱心事外，疎略常節，每畜女妓，攜持游肆。

〔黎元〕文選司馬相如封禪文：以浸黎元。吕延濟注：黎元，百姓也。

〔九關〕文選宋玉九辯：豈不鬱陶而思君兮，君之門以九重。猛犬狺狺而迎吠兮，關梁閉而不通。又，招魂：虎豹九關，啄害下人些。按：九關即九重門之意。

〔太階〕見卷一明堂賦注。

〔明月〕史記李斯列傳：有隨和之寶，垂明月之珠。

〔横草〕漢書卷六四下終軍傳：軍無横草之功。顔師古注：言行草中使草偃卧，故云横草也。

〔雲臺〕後漢書卷五二二十八將論：乃圖畫二十八將於南宫雲臺。王云：跡謝雲臺閣，心隨天馬轅，即身在江湖心存魏闕之意。

夫子王佐才，而今復誰論。曾飈振六翮，不日思騰騫。我縱五湖棹，煙濤恣崩奔。夢釣子陵湍，英風緬猶存。徒希客星隱，弱植不足援。千里一迴首，萬里一長歌。黄鶴不復來，清風奈愁何！舟浮瀟湘月，山倒洞庭波。投汨笑古人，臨濠得天和。閑時田畝中，搔背牧雞鵝。别離解相訪，應在武陵多。

【校】

〔英風〕風，兩宋本、繆本俱作氛。胡本作芬。王本注云：繆本作氛。

〔徒希〕蕭本、胡本俱作彼希。徒下王本注云：蕭本作彼。

〔奈愁〕蕭本、胡本俱作愁奈。王本注云：蕭本作愁奈。

〔舟浮〕此句兩宋本、繆本、王本俱注云：一作江横羅刹石。

【注】

〔王佐〕漢書卷五六董仲舒傳：劉向稱董仲舒有王佐之材，雖伊吕亡以加。

〔誰論〕按：此下兩韻指蔡而言，論疑當作倫，謂蔡之才今無其比也。

〔六翮〕王云：古詩：「昔我同門友，高舉振六翮。」韻會：翮，鳥之勁羽也。韓詩外傳：鴻鵠一舉千里，所恃者六翮耳。蓋鳥翅之勁者，左右各六，飛時全藉其力，鎩其六翮，則不能飛矣。

〔五湖〕國語越語：遂滅吴，反至五湖，范蠡辭於王曰：「君王勉之，臣不復入於越國矣。」……遂乘輕舟以浮於五湖，莫知其所終極。

〔崩奔〕文選謝靈運入彭蠡湖口詩：圻岸屢崩奔。按：杜甫詩：「衣冠南渡多崩奔」，崩奔蓋流轉之意。

〔子陵湍〕後漢書卷一一三嚴光傳：後人名其釣處爲嚴陵瀨焉。章懷太子注：顧野王輿地志曰：七里灘在東陽江下，與嚴陵相接有嚴山，桐廬縣南有子陵漁釣處，今山邊有石，上下可坐千人，臨水，名爲嚴陵釣壇也。參見卷十六送王屋山人魏萬還王屋詩注。

〔客星〕後漢書卷一一三嚴光傳：光以足加帝腹上，明日，太史奏：客星犯御坐甚急。帝笑曰：「朕故人嚴子陵共卧耳。」

〔弱植〕左傳襄三十年：其君弱植。正義：周禮謂草木爲植物，植爲樹立，君志弱不樹立也。

〔投汨〕史記屈原列傳：於是懷石，遂自投汨羅以死。集解：應劭曰：汨水在羅，故曰汨羅也。

△汨音覓。

〔臨濠〕莊子秋水篇：莊子與惠子遊於濠梁之上，莊子曰：「儵魚出遊從容，是魚之樂也。……」又，知北遊篇：齧缺問道乎被衣，被衣曰：「若正汝形，一汝視，天和將至。」

〔武陵〕王云：唐時之武陵郡，即朗州也，屬山南東道。按：舊唐書地理志，朗州屬江南西道，天寶初割屬山南東道。

【評箋】今人詹鍈云：王譜繫此詩於天寶十二載下，注云：……「一朝去京國，十載客梁園。」是作詩時太白已去朝十年矣。故定爲是時之作。按太白詩好爲誇大之詞，此篇所謂十載客梁園，亦約略計之如是耳，不必以爲確有十年也。詩中又稱「我縱五湖棹，……應在武陵多。」似將南游而告别於蔡舍人也。

憶襄陽舊遊贈馬少府巨

昔爲大堤客，曾上山公樓。開窗碧嶂滿，拂鏡滄江流。高冠佩雄劍，長揖韓荆州。此地别夫子，今來思舊遊。朱顔君未老，白髮我先秋。壯志恐蹉跎，功名若雲浮。歸心結遠夢，落日懸春愁。空思羊叔子，墮淚峴山頭。

【校】

〔題〕兩宋本、繆本、咸本馬上有濟陰二字，咸本無襄陽及巨字。王本注云：繆本下多濟陰二字。

〔壯志〕二句兩宋本、繆本、王本俱注云：一作有意未得言，懷賢若沉憂。

〔空思〕二句兩宋本、繆本、胡本、王本俱注云：一作何時共攜手，更醉峴山頭。

【注】

〔濟陰〕舊唐書地理志：河南道曹州濟陰：郭下，隋縣。

〔大堤〕見卷五大堤曲注。

〔山公樓〕王云：晉時山簡爲襄陽太守，山公樓是其遺跡，今亡所在。

〔碧嶂〕王云：韻會：嶂，山之高險者。增韻：山峯如屏障者。

〔韓荊州〕王云：名朝宗，開元中爲荊州長史，太白謁見，長揖不拜。詳見卷二十六與韓荊州書及附録魏顥李翰林集序。

〔峴山頭〕晉書卷三四羊祜傳：祜樂山水，每風景必造峴山，置酒言詠，終日不倦，嘗慨然歎息，顧謂從事中郎鄒湛等曰：「自有宇宙，便有此山，由來賢達勝士登此遠望，如我與卿者多矣，皆湮滅無聞，使人悲傷，如百歲後有知，魂魄猶應登此也。」湛曰：「公德冠四海，道嗣前哲，令聞令望，必與此山俱傳。至若湛輩，乃當如公言耳。」……襄陽百姓於峴山祜平生游憩之所，建碑立廟，歲時饗祭焉。望其碑者莫不流涕，杜預因名爲墮淚碑。參見卷五襄陽曲第二首注。

對雪獻從兄虞城宰

昨夜梁園裏，弟寒兄不知。庭前看玉樹，腸斷憶連枝。

【校】

〔裏〕兩宋本、繆本、絶句俱作雪。王本注云：繆本作雪。

【注】

〔虞城〕舊唐書地理志：河南道宋州虞城：隋分下邑縣置，武德四年屬宋州。

〔梁園〕見卷七梁園吟注。

〔玉樹〕王云：玉樹，雪中樹也。

〔連枝〕文選蘇武詩：「況我連枝樹，與子同一身。」

【評箋】

按：此詩顯爲李白客梁園時，求助於其作虞城令之從兄。唐人以詩爲竿牘，是當時習慣。

又按：卷二十九有虞城縣令李公去思碑，李名錫，其爲虞城令在天寶四載，時代相當。

訪道安陵遇蓋寰爲余造真籙臨别留贈

清水見白石，仙人識青童。安陵蓋夫子，十歲與天通。懸河與微言，談論安可窮？能令二千石，撫背驚神聰。揮毫贈新詩，高價掩山東。至今平原客，感激慕清風。學道北海仙，傳書蕊珠宫。丹田了玉闕，白日思雲空。爲我草真籙，天人慙妙工。七元洞豁落；八角輝星虹。三災蕩璿璣，蛟龍翼微躬。舉手謝天地，虚無齊始終。黄金滿高堂，答荷難克充。下笑世上士，沉魂北羅酆。昔日萬乘墳，今成一科蓬。贈言若可重，實此輕華嵩。

【校】

〔題〕寰，蕭本、咸本俱作還。

〔七元〕元，兩宋本作亢，誤。

〔滿〕宋乙本、繆本作獻。王本注云：繆本作獻。

〔下〕兩宋本作卜，誤。

〔世上士〕士，兩宋本、繆本俱作事。王本注云：繆本作事。

【注】

〔安陵〕舊唐書地理志：河北道德州安陵：漢縣，屬平原郡，今州治。至隋不改。

〔真籙〕隋書經籍志：……其受道之法，初受五千文籙，次受三洞籙，次受洞玄籙，次受上清籙。籙皆素書，紀諸天曹官屬佐吏之名有多少，又有諸符錯在其間。文章詭怪，世所不識。受者必先潔齋，然後齎金環一，并諸贄幣，以見於師。師受其贄，以籙授之。仍剖金環，各持其半，云以爲約，弟子得籙，緘而佩之。

〔青童〕太平廣記卷一一：大茅君盈南至勾曲之山，漢元壽二年八月己酉，南岳真人赤君，西城王君及諸青童，並從王母降於盈室。

〔懸河〕晉書卷五〇郭象傳：能清言，太尉王衍每云，聽象語如懸河瀉水，注而不竭。

〔微言〕漢書藝文志：昔仲尼没而微言絶。注：李奇曰：隱微不顯之言也。師古曰：精微要妙之言也。

〔山東〕閻若璩潛丘劄記：胡三省於通鑑秦孝公時河山以東彊國六注云：河自龍門上口南抵華陰而東流，秦國在河之西。山自鳥鼠同穴連延爲長安南山，至於泰華。秦國在山之西。韓、魏、趙、齊、楚、燕六國皆在河山以東，可見自秦之外皆謂之山東。太史公自序：蕭何填撫山西，張守節注謂華山之西也。趙充國辛慶忌傳贊曰：山東出相，山西出將。班固明言天水、隴西、安定、北地。知山西，益知其爲山東矣。

〔平原客〕王云：平原客謂平原郡中賓客。按：王説是，此非指戰國時平原君之門客也。

〔北海仙〕王云：北海仙，謂北海高天師如貴。太白於齊州請高天師授道籙，故蓋寰爲之書造真籙也。

〔蕊珠宫〕王云：西昇經：遂徧歷九天，上昇上清白闕丹城蕊珠宫。梁丘子黄庭内景經注：蕊珠，上清境宫闕名也。真靈位業圖有太和殿、寥陽殿、蕊珠宫。

〔玉闕〕王云：黄庭外景經：丹田之中精氣微。梁丘子注：臍下三寸是也。黄庭内景經：肺部之宫似華蓋，下有童子坐玉闕。梁丘子注：玉闕者腎中白氣，上與肺連也。

〔七元〕王云：雲笈七籤：太微黄書八卷：素訣乃含於九天元母，結文空胎，歷歲數劫，以成自然之章。太皇中歲成洞真金真玉光八景飛經，元始天王名之爲八景飛經，廣生太真名之爲八素上經，青真小童名之爲豁落七元。

〔八角〕隋書經籍志：……元始天尊……所説之經，亦稟元一之氣，自然而有，非所造爲。亦與天尊常在不滅。天地不壞，則藴而莫傳。劫運若開，其文自見。凡八字盡道體之奥，謂之天書，字方一丈，八角垂芒，光輝照耀，驚心眩目，雖諸天仙，不能省視。胡云：舊注：七元者北斗七元星君。豁落者，所謂豁落斗也。三洞真經曰：五方真炁之精凝結成文。八角垂芒，或爲雲篆之形或成走獸之狀，所謂八角輝星虹也。

〔三災〕王云：樓炭經：天地有三災變：一者火災變，二者水災變，三者風災變。法苑珠林：二十小劫，中間有小三災，次第輪轉，一疾疫災，二刀兵災，三饑饉災。劉昭後漢書補：璇璣者謂北極星也。晉書天文志：魁四星爲璇璣，杓三星爲玉衡。三災蕩璿璣，謂斗神覆護三災不能爲害也。

〔始終〕文選王康琚反招隱詩：「歸來安所期，與物齊終始。」李善注：莊子有齊物論，又曰：萬物一齊，孰短孰長？又曰：遊乎萬物之所始。孫卿子曰：生，人之始也；死，人之終也。

〔羅酆〕王云：真誥：羅酆山在北方癸地，山高二千六百里，周圍三萬里。其山下有洞天，在山之中，周圍一萬五千里。其上其下並有鬼神宮室。山上有六洞，洞中有六宮，輒周圍千里，是爲六天鬼神之宫也。注云：此即應是北酆鬼王決斷罪人住處。白帖：羅酆山之洞，周一萬五千里，名曰北帝死生之天，皆鬼神所治五帝之宫，考謫之府也。

【評箋】按：本篇當參看卷十七奉餞高尊師如貴道士傳道籙畢歸北海詩。

贈崔郎中宗之

胡鴈拂海翼，翱翔鳴素秋。驚雲辭沙朔，飄蕩迷河洲。有如飛蓬人，去逐萬里遊。登高望浮雲，彷彿如舊丘。日從海旁没，水向天邊流。長嘯倚孤劍，目極心悠悠。歲晏歸去來，富貴安可求？仲尼七十説，歷聘莫見收。魯連逃千金，珪組豈可酬？時哉苟不會，草木爲我儔。希君同攜手，長往南山幽。

【校】

〔題〕蕭本題作贈崔郎中之金陵。兩宋本、繆本題下俱注云：金陵。

〔胡鴈〕鴈，兩宋本、繆本俱作鷹，注云：一作雁。王本注云：一作鷹。

〔飄蕩〕蕩，英華作薄，注云：集作飄蕩，又作薄霧。

〔河洲〕以上四句，兩宋本、繆本、王本俱注云：一作胡鷹度日邊，兩龍天地秋。哀鳴沙塞寒，風雪迷河洲。

〔有如〕有，兩宋本、繆本、王本俱注云：一作乃。

〔去逐〕兩宋本、繆本、王本俱注云：一作一去。

〔海旁〕旁，咸本注云：一作邊。

〔安可〕可，兩宋本、繆本、咸本俱作所。王本注云：繆本作所。

〔豈可〕兩宋本、繆本、王本俱注云：一作不足。

〔時哉〕哉，英華作歲。咸本注云：一作歲。

〔草木〕草，咸本注云：一作景。

【注】

〔崔宗之〕王云：崔祐甫齊昭公崔府君集序：公嗣子宗之，學通古訓，詞高典册。才氣聲華，邁時獨步。仕於開元中，爲起居郎，再爲尚書禮部員外郎，遷本司郎中。時文國禮，十年三入。終於右司郎中。年位不充，海内嘆息。按唐書：崔宗之乃宰相日用之子，襲封齊國公，好學寬博有風檢，與李白杜甫以文相知。按：卷十三有月夜江行寄崔員外宗之，卷十九有酬崔五郎中，卷二十三有憶崔郎中宗之遊南陽……詩，皆可參證。

〔沙朔〕王云：沙朔謂朔方沙漠之地。薛道衡高祖文皇帝誄：運天策於帷扆，播神威於沙朔。北史：洎乎有魏，定鼎沙朔。

〔舊丘〕文選鮑照結客少年場行：「去鄉三十載，復得還舊丘。」李善注：廣雅曰：丘，居也。

〔富貴〕論語述而篇：子曰：富而可求也，雖執鞭之士，吾亦爲之。如不可求，從吾所好。

〔七十説〕淮南子泰族訓：孔子欲行王道，東西南北，七十説而無所偶。

〔魯連〕見卷二古風第十首注。

〔珪組〕文選左思詠史詩：「吾慕魯仲連，談笑却秦軍。功成恥受賞，高節卓不羣。臨組不肯緤，對珪寧肯分。」李善注：説文曰：組，綬屬也。王逸楚辭注曰：緤，繫也。禮稽命徵曰：諸侯執珪。解嘲曰：析人之珪。

〔南山〕漢書卷六六楊惲傳：是故身率妻子，戮力耕桑。……其詩曰：田彼南山，蕪穢不治。

【評箋】

按：此詩當與卷十九酬崔五郎中及所附崔宗之贈李十二詩參看，據彼詩崔李尚是新交，此詩定在其後矣。舊唐書李白本傳云：（白）乃浪跡江湖，終日沉飲，時侍御史崔宗之謫官金陵，與白詩酒唱和。玩此詩末句希崔偕隱，視彼詩尤爲牢落，自當是兩人俱不得意也。又孟浩然集中有峴山餞房琯崔宗之詩。亦當參看。

贈崔諮議

騄驥本天馬，素非伏櫪駒。長嘶向清風，倏忽淩九區。何言西北至，却走東南隅？世道有翻覆，前期難預圖。希君一剪拂，猶可騁中衢。

【校】

〔騄〕咸本、蕭本俱作緑。王本注云：蕭本作緑。

〔向清〕向下兩宋本、繆本、王本俱注云：一作起。英華向清作起涼，注云：集作起清，又作向清。

〔却走〕走，兩宋本、繆本俱作是，英華作走。王本注云：繆本作是。

〔前期〕期，兩宋本、繆本、王本俱注云：一作程，又作途。英華作程。

〔一〕兩宋本、繆本俱注云：一作前，又作相。以上三字，英華作望君垂。

〔剪拂〕兩宋本、繆本、王本俱注云：一作佛便。

〔猶可〕猶，咸本作令，注云：一作猶。

【注】

〔諮議〕王云：唐書百官志：王府官有諮議參軍事一人，正五品上，掌訏謀議事。按：唐王府官皆閒曹，無實職，詩中猶希其剪拂，蓋其人雖居冷官，頗有資望耳。

〔騄驥〕列子周穆王篇：命駕八駿之乘，右服蕭（驊）騮而左緑耳。騄亦作緑。

〔伏櫪〕世説豪爽篇：王處仲每酒後輒詠「老驥伏櫪，志在千里。烈士暮年，壯心不已」。

〔剪拂〕見卷三天馬歌注。

〔中衢〕王云：中衢猶中道也。

【評箋】今人詹鍈云：騄驥蓋以自比，蓋去朝以後始作東南之游，猶冀崔氏剪拂之也。曾子固次此詩於贈崔郎中宗之及贈昇州王使君忠臣之間，蓋以爲在金陵作。

按：昇州之置在安史亂時，則白之去長安已久矣。諸詩有干謁求進之意則同，亦未必均在一時。

贈昇州王使君忠臣

六代帝王國，三吴佳麗城。賢人當重寄；天子借高名。巨海一邊静；長江萬里清。應須救趙策，未肯棄侯嬴。

【注】

〔昇州〕王云：唐書地理志：江南道昇州江寧郡，至德二載，以潤州之江寧縣置。上元二年廢。太平寰宇記：安禄山亂，肅宗以金陵自古雄據之地，時遭艱難，不可縣統之，因置昇州，仍加節制，實資鎮撫。時方艱弊，力難興造，因舊縣宇以爲州城。禄山平後復廢州，依舊爲縣。

〔三吴〕見卷六猛虎行注。

〔侯嬴〕見卷三俠客行注。

【評箋】

嚴羽云：格甚緊嚴，意甚曠大。（嚴羽評點李集）

今人詹鍈云：王譜於至德二載下附考云：是年以潤州之江寧縣置昇州，至上元乃廢。白有贈昇州王使君忠臣詩，是四年中之作。舊唐書地理志：至德二年，置江寧郡，乾元元年，於江寧郡置昇州。按至德二載十二月，始罷郡爲州，復以太守爲刺史。昇州之置定在至德二載十二月以後。然太白出尋陽獄後，流夜郎前，其間未嘗一至金陵，則此詩之作至早亦當在乾元二年太白遇赦之後。舊唐書肅宗紀：乾元元年十二月甲辰，以昇州刺史韋黄裳爲蘇州刺史、浙江西道觀察使。留元剛顔魯公年譜：乾元二年六月，爲昇州刺史，充浙西節度使。上元元年二月，追爲刑部尚書。舊唐書肅宗紀：上元元年春正月，以杭州刺史侯令儀爲昇州刺史，充浙江西道節度使。通鑑：上元元年十一月甲午，（劉）展陷潤州，昇州軍士萬五千人謀應展。……侯令儀懼，……棄城走。……丙申，展陷昇州。……使（姜）昌羣領昇州。其間爲昇州刺史之人歷歷可數，王忠臣之爲昇州刺史，定在劉展亂平以後。

贈别從甥高五

魚目高太山，不如一璵璠。賢甥即明月，聲價動天門。能成吾宅相，不減魏陽元。自顧寡籌略，功名安所存？五木思一擲，如繩繫窮猨。櫪中駿馬空，堂上醉人喧。黄金久已罄，爲報故交恩。聞君隴西行，使我驚心魂。與爾共飄飖，雪天各飛翻。江水流或卷，此心難具論。貧家羞好客，語拙覺辭繁。三朝空錯莫，對飯却慙冤。自笑我非夫，生事多契闊。積蓄萬古憤，向誰得開豁？天地一浮雲，此身乃毫末。忽見無端倪，太虛可包括。去去何足道？臨岐空復愁。肝膽不楚越，山河亦衾幬。雲龍若相從，明主會見收。成功解相訪，溪水桃花流。

【校】

〔吾宅相〕吾，兩宋本俱作五，誤。

〔五木〕五，咸本作萬，注云：一作五。

〔驚心〕驚，王本注云：一作清。蕭本作清。

〔雪天〕雪，咸本作雲。

〔積蓄〕兩宋本、繆本、咸本俱作蓄積。王本注云：繆本作蓄積。

〔幬〕兩宋本俱作儔。

〔若相〕若，蕭本作將。王本注云：蕭本作將。

【注】

〔高五〕即高鎮，見本卷醉後贈從甥高鎮詩箋。

〔魚目〕王云：魚目，魚之目睛似珠者也。明月珠，夜光珠也。俱見卷二古風第五十六首注。

〔璵璠〕左傳定五年：陽虎將以璵璠斂。杜預注：璵璠，美玉也。△璵音余，璠音煩。

〔宅相〕晉書卷五一魏舒傳：魏舒，字陽元，任城樊人也。少孤，爲外家甯氏所養，外家起宅，相者云，當出貴甥。外祖母以魏氏甥小而慧，意謂應之。舒曰：當爲外氏成此宅相。

〔五木〕王云：世説：桓宣武與袁彦道樗蒲，袁彦道齒不合，遂厲色擲去五木。元革五木經：樗蒲古戲，其投有五。故白呼爲五木。以木爲之，因謂之木。今則以牙角，尚飾也。演繁露：古惟斲木爲子，一具凡五子，故名五木。後世轉而用石用玉用象用骨，故列子謂之投瓊，律文謂之出玖。

〔三朝〕王云：班固東都賦：春王三朝。章懷太子注：三朝，元日也。謂歲之朝，月之朝，日之朝。李善注：三朝，歲首朔日也。然此詩所謂三朝即三日之義，與東都賦所言不同。

〔錯莫〕王云：鮑照詩：「今朝見我顔色衰，意中錯莫與先異。」按：卷九駕去温泉後贈楊山人詩：「長吁莫錯還閉關」，與此同，即索莫之意。

〔非夫〕左傳宣十二年：且成師以出，聞敵彊而退，非夫也。杜預注：非丈夫。

〔契闊〕詩邶風擊鼓：死生契闊，與子成説。毛傳：契闊，勤苦也。

〔開豁〕文選夏侯湛東方朔畫贊：夫其明濟開豁，包含弘大。

〔毫末〕莊子秋水篇：號物之數謂之萬，人處一焉。……此其比萬物也，不似豪末之在於馬體乎？

〔端倪〕莊子大宗師篇：反覆終始，不知端倪。

〔楚越〕莊子德充符篇：自其異者視之，肝膽楚、越也；自其同者視之，萬物皆一也。

〔衾幬〕詩召南小星：抱衾與裯。毛傳：衾，被也。裯，襌被也。鄭箋：裯，牀帳也。正義：鄭既以衾爲被，不宜復云襌被也。漢世名帳爲裯，蓋因於古，故以爲牀帳。△幬音儔。

【評箋】

唐宋詩醇云：首道贈意，繼叙别情。白蓋與高最厚善者。「自笑我非夫」一段，開豁心胸，遐矚曠覽，沉鬱頓挫，意近杜陵。從此一氣雙收，聲情倍振，使無後幅之雄健，則氣味衰颯矣。大家風格如是。

按：本卷有醉後贈從甥高鎮詩，詞意略同，當即其人。彼首疑作於初遇時，此首則云高將赴隴西，此首當列於後。又今人岑仲勉唐人行第録謂「高五」名未詳，失考。

贈裴司馬

翡翠黄金縷，繡成歌舞衣。若無雲間月，誰可比光輝？秀色一如此，多爲衆女譏。君恩移昔愛，失寵秋風歸。愁苦不窺鄰，泣上流黄機。天寒素手冷，夜長燭復微。十日不滿匹，鬢蓬亂若絲。猶是可憐人，容華世中稀。向君發皓齒，顧我莫相違。

【校】

〔世中〕中，胡本作所。

【注】

〔司馬〕王云：按唐書百官志：刺史之僚佐，有司馬一人，位在別駕長史之下，上州者從五品上，中州者從五品下，下州者正六品上。按：王注所引有誤。唐六典卷三〇：上州司馬一人，從五品下。中州司馬一人，正六品下。下州司馬一人，從六品上。當以唐六典爲正。

〔雲間月〕古白頭吟：「皚如山上雪，皎若雲間月。」

〔秋風〕文選班婕妤怨歌行：「常恐秋節至，涼風奪炎熱。棄捐篋笥中，恩情中道絶。」

〔窺鄰〕文選宋玉登徒子好色賦：臣里之美者，莫若臣東家之子，……然此女登牆闚臣三年，至今未許也。

〔流黄〕文選江淹別賦：晦高臺之流黄。李善注：張載擬四愁詩：「佳人贈我筒中布，何以報之流黄素。」環濟要略曰：間色有五：紺、紅、縹、紫、流黄也。

敘舊贈江陽宰陸調

太伯讓天下，仲雍揚波濤。清風蕩萬古，跡與星辰高。開吴食東溟，陸氏世英髦。多君秉古節，岳立冠人曹。風流少年時，京洛事遊遨。腰間延陵劍，玉帶明珠袍。我昔鬬雞徒，連延五陵豪。邀遮相組織，呵嚇來煎熬。君開萬叢人，鞍馬皆辟易。告急清憲臺，脱余北門厄。間宰江陽邑，剪棘樹蘭芳。城門何肅穆！五月飛秋霜。好鳥集珍木，高才列華堂。時從府中歸，絲管儼成行。但苦隔遠道，無由共銜觴。江北荷花開，江南楊梅鮮。掛席候海色，乘風下長川。多酤新豐醁，滿載剡溪船。中途不遇人，直到爾門前。大笑同一醉，取樂平生年。

【校】

〔多君〕此句王本注云：一作夫子特峻秀。

〔辟易〕辟，兩宋本、繆本俱作闢，誤。

〔蘭芳〕王本注云：一本自腰間延陵劍以下作驂驔紅陽鬻，玉劍明珠袍。一諾許他人，千金雙錯刀。滿堂青雲士，望美期丹霄。我昔北門厄，摧如一枝蒿。有虎挾雞徒，連延五陵豪。邀遮來組織，呵嚇相煎熬。君披萬人叢，脱我如狴牢。此恥竟未刷，且食綏山桃。非天雨文章，所祖託風騷。蒼蓬老壯髮，長策未逢遭。別君幾何時，君無相思否。鳴琴坐高樓，渌水淨窗牖。政成聞雅頌，人吏皆拱手。投刃有餘地，迴車攝江陽。錯雜非易理，先威挫豪強。下俱相同。按：王注所云，即兩宋本、繆本注語。虎字上，兩宋本、繆本俱脱有字。兩宋本、繆本、胡本狴俱誤作貎，託誤作記，王改。

〔梅鮮〕鮮，兩宋本、繆本、咸本俱作熟，兩宋本、繆本有正好飲酒時，懷賢在心目二句。王本鮮下注云：繆本作熟，又下多正好飲酒時，懷賢在心目二句。

〔候海色〕蕭本、胡本俱作拾海月。王本注云：蕭本作拾海月。此句下咸本注云：舊本脱此一十五字。

〔乘風〕乘，兩宋本、繆本、咸本俱作當。王本注云：繆本作當。此句下咸本注云：舊云：江北荷花開，江南楊梅鮮，錦帆乘風下長川。

〔好鳥至末句〕按劍合齋帖董其昌臨書李白此詩自好鳥巢珍木以下微有異同，云：好鳥巢珍木，高才列華堂。時從府中歸，絲竹儼成行。但苦隔遠道，無由共銜觴。江北荷花開，江南楊梅熟。正是縱酒時，懷賢在心曲。挂席向海色，當風下長川。多沽新豐醁，滿載剡溪船。中塗不過人，直到爾門前。大笑同一醉，取樂平生緣。（據文物一九六一年八期：啓功碑帖中的文學史資料一文轉引）

【注】

〔江陽〕舊唐書地理志：淮南道揚州江陽：貞觀十八年，分江都縣置，在郭下，與江都分理。

〔太伯〕史記吴太伯世家：吴太伯，太伯弟仲雍，皆周太王之子，而王季歷之兄也。季歷賢而有聖子昌，太王欲立季歷以及昌，於是太伯、仲雍二人乃犇荆蠻，文身斷髮，示不可用，以避季歷。季歷果立，是爲王季，而昌爲文王。太伯之犇荆蠻，自號勾吴。

〔陸氏〕三國志吴志陸遜傳：陸遜，字伯言，吴郡吴人也。本名議，世江東大族。

〔延陵劍〕史記吴太伯世家：季札封於延陵，故號曰延陵季子，……吴使季札聘於魯，……季札之初使，北過徐君，徐君好季札劍，口弗敢言，季札心知之，爲使上國，未獻。還至徐，徐君已死，於是乃解寶劍，繫之徐君冢樹而去。從者曰：「徐君已死，尚誰予乎？」季子曰：「不然，始吾心已許之，豈以死倍吾心哉？」

〔鬬雞〕見卷二古風第二十四首注。

〔五陵〕見卷五白馬篇注。

〔憲臺〕文選潘尼贈侍御史王元貺詩：迴迹清憲臺。李善注：漢官儀曰：御史爲憲臺也。

〔北門〕按：北門未詳所指。考新唐書兵志：及貞觀初，太宗擇善射者百人爲二番，於北門長上曰百騎，……十二年，始置左右屯營於玄武門。唐之北軍爲皇帝私兵，以屯於宫之北門，故以北軍爲號。疑李白以狎遊之故，爲北軍中人所窘，幸遇陸調以憲府之力脱之。

〔蘭芳〕文選袁宏三國名臣贊：思樹芳蘭，剪除荆棘。李善注：芳蘭以喻君子，荆棘以喻小人。

〔秋霜〕按：秋霜以喻陸之威令。

〔挂席〕文選謝靈運遊赤石進帆海詩：「挂席拾海月。」李善注：臨海志曰：……海月大如鏡，白色。揚帆挂席，其義一也。

〔新豐〕按：錢大昕十駕齋養新録卷一一云：丹徒縣有新豐鎮。陸游入蜀記：六月十六日，早發雲陽，過夾岡，過新豐小憩。李太白詩云：「南國新豐酒，東山小妓歌。」又唐人詩云：「再入新豐市，猶聞舊酒香。」皆謂此，非長安之新豐也。然長安之新豐亦有名酒，見王摩詰詩。參見卷四楊叛兒及卷八上皇西巡南京歌第三首注。

〔醁〕王云：廣韻：醁，美酒也。

〔剡溪船〕見卷九淮海對雪贈傅靄詩注。

贈從孫義興宰銘

天子思茂宰，天枝得英才。朗然清秋月，獨出映吳臺。落筆生綺繡；操刀振風雷。蠖屈雖百里；鵬騫望三台。退食無外事，琴堂向山開。緑水寂以閑，白雲有時來。河陽富奇藻；彭澤縱名杯。所恨不見之，猶如仰昭回。

【校】

〔題〕兩宋本、繆本、咸本題下俱注云：亞相李公重之以能政，中丞李公免罷以移官。王本無。

〔振〕咸本注云：一作掘。

【注】

〔義興〕舊唐書地理志：江南東道常州義興：武德七年，置南興州，領義興、陽羡、臨津三縣。

八年，……義興復隸常州。

〔茂宰〕文選謝朓和伏武昌登孫權故城詩：「茂宰深遐眷。」

〔天枝〕按：天枝指帝室之冑。

〔蠖屈〕易繫辭：尺蠖之屈，以求申也。

〔三台〕晉書天文志：三台六星，兩兩而居。起文昌，列抵太微，一曰天柱，三公之位也。在人曰三公，在天曰三台，主開德宣符也。西近文昌，二星曰上台，爲司命，主壽。次二星曰中台，爲司中，主宗室。東二星曰下台，爲司禄，主兵。所以昭德塞違也。

〔退食〕詩召南羔羊：退食自公。按：鄭箋以退食爲減膳，但後人多用作公務休閒解。

〔琴堂〕楊云：宓子賤爲單父宰，彈琴不下堂而單父治，故後世以宰之室爲琴堂。

〔河陽〕晉書卷五五潘岳傳：岳才名冠世，爲衆所疾，遂棲遲十年，出爲河陽令。

〔昭回〕詩大雅雲漢：倬彼雲漢，昭回于天。毛傳：回，轉也。鄭箋：昭，光也。

元惡昔滔天，疲人散幽草。驚川無恬鱗，舉邑罕遺老。誓雪會稽耻，將奔宛陵道。亞相素所重，投刃應桑林。獨坐傷激揚，神融一開襟。絃歌欣再理，和樂醉人心。蠹政除害馬，傾巢有歸禽。壺漿候君來，聚舞共謳吟。農夫棄蓑笠，蠶女墮纓簪。歡笑相拜賀，則知惠愛深。

【校】

〔昔滔天〕昔，蕭本作皆。王本注云：蕭本作皆。

〔恬鱗〕恬，兩宋本、蕭本、胡本、咸本俱作活。王本注云：蕭本作活。

〔共謳吟〕共，蕭本作若。王本注云：蕭本作若。

【注】

〔元惡〕王云：元惡滔天二聯指上元中宋州刺史劉展舉兵爲亂，連陷揚、潤、昇、蘇、湖、濠、楚、舒、和、徐、廬諸州凡三月始平。……常州與蘇、湖、揚、潤四州地界相接，其亂離不遑安處槩可知矣。

〔會稽恥〕春秋繁露：大夫蠡、大夫種、大夫庸、大夫睪、大夫車成，越王與此五大夫謀伐吴，遂滅之，雪會稽之恥。

〔宛陵道〕王云：宛陵即宣城也。唐時宣州宣城郡理宣城縣，本漢之宛陵縣地。

〔亞相〕楊云：太白原注：亞相李公重之以能政，中丞李公免罷以移官。蓋銘以劉展稱兵避難，奔走失官，因二公而復職者也。王云：唐時御史臺有大夫一員，正三品，中丞二員，正四品。亞相謂御史大夫，獨坐謂中丞。海録碎事：御史大夫謂之亞相，蓋御史大夫漢時位爲宰相之副，故唐人謂之亞相。按：亞相指李峘，見後。

〔桑林〕莊子養生主篇：庖丁爲文惠君解牛。手之所觸，肩之所倚，足之所履，膝之所踦，砉然嚮然，奏刀騞然，莫不中音，合於桑林之舞，乃中經首之會。陸德明注：桑林，司馬云：湯樂名。崔云：宋舞樂名。王云：「投刃應桑林」，言其治民之材如投刃得法綽然有餘地也。

〔害馬〕莊子徐無鬼篇：小童曰：「夫爲天下者亦奚以異乎牧馬者哉？亦去其害馬者而已。」

〔纓簪〕王云：曲禮：女子許嫁，纓。孔穎達正義：婦人質弱不能自固，必有繫屬，故恒繫纓。纓有二時，一是少時常佩香纓，二是許嫁時繫纓。何以知然者？内則云：男女未冠笄，衿纓，鄭以爲佩香纓，不云纓之形制。又昏禮：主人入親説婦纓。鄭注云：婦人十五許嫁，笄而禮之，因著纓，明有繫也。蓋以五采爲之，其制未聞。又内則云：婦事舅姑，衿纓。鄭云：婦人有纓，示繫屬也。以此而言，故知有二纓也。按：王以纓爲古制之難明者，故引正義以釋之，詩意此二句極言男女皆歡樂忘形耳。

歷職吾所聞，稱賢爾爲最。化洽一邦上，名馳三江外。峻節貫雲霄，通方堪遠大。能文變風俗，好客留軒蓋。他日一來游，因之嚴光瀨。

【校】

〔貫〕兩宋本、繆本俱作冠。王本注云：繆本作冠。

【注】

〔三江〕見卷八當塗趙炎少府粉圖山水歌注。

〔通方〕漢書卷五二韓安國傳：通方之士不可以文亂。顏師古注：方，道也。

〔嚴光瀨〕水經注漸江水：自〔桐廬〕縣至於潛，凡十有六瀨。第二是嚴陵瀨。瀨帶山，山下有一石室，漢光武時嚴子陵之所居也。故山及瀨皆即人姓名之。山下有盤石，周圍十數丈，交枕潭際，蓋陵所游也。

【評箋】今人詹鍈云：劉展之敗在上元二年正月，今詩云：「絃歌欣再理，和樂醉人心」，當是劉展亂平後作。詩云：「亞相素所重，投刃應桑林。……」按舊唐書李峘傳：乾元初，兼御史大夫持節都統淮南江南江西節度宣慰觀察處置等使，詩中亞相蓋指峘也。末云：「他日一來游，因之嚴光瀨」，則不在義興明矣。

草創大還贈柳官迪

天地爲槖籥，周流行太易。造化合元符，交媾騰精魄。自然成妙用，孰知其指的？羅絡四季間，緜微無一隙。日月更出沒，雙光豈云隻？姹女乘河車，黄金充轅軛。執樞相管轄，摧伏傷羽翮。朱鳥張炎威，白虎守本宅。相煎成苦老，消爍凝津液。髣髴明窗塵，死灰同至寂。擣冶入赤色，十二周律曆。赫然稱大還，與道本無隔。白日可撫弄，清都在咫尺。北酆落死名，南斗上生籍。抑予是何者？身在方士格。才術信縱横，世途自輕擲。吾求仙棄俗，君曉損勝益。不向金闕遊，思爲玉皇客。鸞車速風電，龍騎無鞭策。一舉上九天，相攜同所適。

【校】

〔流行〕行，咸本作聞，注云：一作行。

〔交媾〕媾，兩宋本、繆本、咸本俱作搆。王本注云：繆本作搆。

〔孰知〕孰，兩宋本、繆本俱作熟。王本注云：繆本作熟。

〔無一〕兩宋本、繆本俱作一無。王本注云：繆本作一無。

〔擣冶〕兩宋本、繆本俱作鑄冶。王本擣下注云：繆本作鑄，非。咸本作鑄，注云：一作擣。

〔抑予〕咸本作伊人，注云：一作柳子。

【注】

〔橐籥〕王云：老子：天地之間其猶橐籥乎！河上公注：天地空虚，和氣流行，萬物自生。其空虚猶橐籥也。參同契：乾坤者，易之門户，衆卦之父母。坎離匡廓，運轂正軸，牝牡四封，以爲橐籥，覆冒陰陽之道。又曰：易有周流屈伸反覆。又曰：易謂坎離。坎離者乾坤二用，二用無爻位，周流行六虚，往來既不定，上下亦無常。

〔造化〕文選陸倕新刻漏銘：入神之制，與造化合符。呂延濟注：造化，謂陰陽也。符，同也。

〔交媾〕王云：參同契：觀夫雌雄交媾之時，剛柔相結而不可解，得其節符，非有工巧以制御之，本在交媾，定制始先。陳子昂詩：「精魄相交媾。」參同契：自然之所爲兮，非有邪僞道，惟斯之妙術兮，審訂不誑語。又曰：坎戊日精，離己月光。日月爲易，剛柔相當。土王四季，羅絡始終。天地媾其精，日月相撣持。蟾蜍與兔魄，日月氣雙明。△媾音垢。

〔姹女〕王云：參同契曰：河上姹女靈而最神，得火則飛，不見埃塵。彭曉注：河上姹女者，真汞也。見火則飛騰。△姹，丑亞切。

〔轅軛〕王云：抱朴子：丹砂可爲黄金，河車可作銀子，得其道可以仙身。軛，轅端横木，駕馬領者也。

〔管轄〕王云：龍虎經：神室有所象，雞子爲形容。五岳峙潛洞，際會有樞轄。

〔苦老〕王云：淳于叔通大丹賦：升熬於甑山兮，炎火張設下。白虎倡導前兮，蒼液和於後。朱雀翱翔戲兮，飛揚色五采。遭遇網羅施兮，壓止不得舉。嗷嗷聲悲泣兮，如嬰兒慕母。顛倒就湯鑊兮，摧折傷毛羽。俞琰注：朱雀，火也。蕭士贇曰：老者，煉丹火候之老嫩，悉鉛汞相制伏之道耳。

〔明窗塵〕按：彦周詩話云：初不曉此語，後得李氏鍊丹法云：明窗塵，丹砂妙藥也。

〔大還〕王云：參同契：形體爲灰土，狀若明窗塵。擣冶并合之，馳入赤色門。固塞其際會，務令致完堅。炎火張於下，晝夜聲正勤。始文使可修，終竟武乃陳。候視加謹慎，審察調寒温。周旋十二節，節盡更須親。氣索命將絶，休死亡魄魂。色轉更爲紫，赫然成還丹。抱朴子金丹篇：第四之丹名曰還丹，服一刀圭百日僊也。

〔北酆〕見本卷訪道安陵遇蓋寰爲予造真籙臨别留贈詩注。

〔生籍〕搜神記：南斗注生，北斗注死。

〔方士〕後漢書卷五八桓譚傳：臣譚伏聞陛下窮折方士黄白之術，甚爲明矣。章懷太子注：黄白謂以藥化成金銀也。方士，有方術之士也。按：「身在方士格」者，與方士之條律相符也。

〔輕擲〕蕭云：太白自悔其少年任術之輕，故云。

〔金闕〕王云：闕謂朝廷之門闕，金闕猶金門也。

〔玉皇〕王云：真靈位業圖有玉皇道君。太平廣記：木公亦云東王父，亦云東王公，蓋青陽之元氣，百物之先也。冠三維之冠，服九色雲霞之服，亦號玉皇君。居於雲房之間，以紫雲爲蓋，青雲爲城，仙童侍立，玉女散香，真僚仙官，巨億萬計，各有所職，皆稟其命而朝奉翼衛。故男女得道者名籍所隸焉（出仙傳拾遺）。

〔鸞車〕太平御覽卷六七七：尺素訣曰：太微天帝君登白鸞之車，駕黑羽之鳳，遊碧水之境。

贈崔司户文昆季

雙珠出海底，俱是連城珍。明月兩特達，餘輝旁照人。英聲振名都，高價動殊鄰。豈伊箕山故？特以風期親。惟昔不自媒，擔簦西入秦。攀龍九天上，忝列歲星臣。布衣侍丹墀，密勿草絲綸。才微惠渥重，讒巧生緇磷。一去已十年，今來復盈旬。清霜入曉鬢，白露生衣巾。側見綠水亭，開門列華茵。千金散義士，四座無凡賓。欲折月中桂，持爲寒者薪。路旁已竊笑，天路將何因？垂恩儻丘山，報德有微身。

【校】

〔旁照〕兩宋本、繆本、咸本俱作照旁。王本注云：繆本作照旁。

〔忝列〕兩宋本、繆本、咸本俱作别忝。王本注云：繆本作别忝。

〔持爲〕持，蕭本作特。王本注云：蕭本作特。

【注】

〔司户〕王云：唐時州之屬吏有司户參軍事，上州二人，從七品下，中州一人，正八品下，下州一人，從八品下。

〔昆季〕按：卷十八有送崔氏昆季之金陵詩，當即其人。

〔連城〕見卷四鞠歌行注。

〔特達〕文選郭璞遊仙詩：「珪璋雖特達，明月難暗投。」李善注：珪璋、明月皆喻仙也。言珪璋雖有特達之美，而明月之珠（二字從攷異改）難暗投也。

〔箕山〕史記伯夷列傳：堯讓天下於許由，許由不受，恥之逃隱，……太史公曰：余登箕山，其上蓋有許由冢云。

〔擔簦〕史記平原君虞卿列傳：虞卿者，游説之士也。躡屩擔簦，……集解：徐廣曰：……簦，長柄笠，音登，笠有柄者謂之簦。按：簦蓋後世之繖，所以蔽雨也。

〔歲星〕太平廣記卷六：（東方）朔未死時，謂同舍郎曰：「天下人無能知朔，知朔者惟太王公耳。」朔卒後，武帝得此語，召太王公問之，曰：「爾知東方朔乎？」公對曰：「不知。」「公何所能？」曰：「頗善星曆。」帝問諸星皆具在否，曰：「諸星具在，獨不見歲星十八年，今復見耳。」帝仰天嘆曰：「東方朔生在朕旁十八年而不知是歲星哉！」（出洞冥記及朔别傳）

〔丹墀〕文選張衡西京賦：青瑣丹墀。薛綜注：漢官典職曰：丹漆地，故稱丹墀。

〔密勿〕後漢書卷七四胡廣傳：密勿夙夜。章懷太子注：密勿，黽勉。

〔絲綸〕禮記緇衣：王言如絲，其出如綸。鄭玄注：言言出彌大也。綸，今有秩嗇夫所佩也。正義：王言初出，微細如絲，及其出行於外，言更漸大如綸也。言綸粗於絲。

〔緇磷〕論語陽貨篇：不曰堅乎？磨而不磷，不曰白乎？涅而不緇。集解：孔曰：磷，薄也，涅可以染皁。邢疏：緇，黑色也。

〔月中桂〕見卷四古朗月行詩注。

【評箋】今人詹鍈云：按天寶二年，太白去京以前曾寓南陵，有南陵别兒童入京詩，此首蓋天寶十二載暮秋，於南陵一帶作，故得云一去已十年，今來復盈旬也。

贈溧陽宋少府陟

李斯未相秦，且逐東門兔。宋玉事襄王，能爲高唐賦。嘗聞淥水曲，忽此相逢遇。掃灑青天開，豁然披雲霧。葳蕤紫鸞鳥，巢在崑山樹。驚風西北吹，飛落南溟去。早懷經濟策，特受龍顔顧。白玉棲青蠅，君臣忽行路。人生感分義，貴欲呈丹素。何日清中原？相期廓天步。

【校】

〔陟〕咸本作隣。

【注】

〔溧陽〕舊唐書地理志：江南西道宣州溧陽：漢縣，屬丹陽郡，上元元年十一月割屬昇州，州廢來屬。

〔宋陟〕按：卷十八有賦得白鷺鷥送宋少府入三峽，疑即其人。卷二十九溧陽瀨水貞義女碑銘序中亦有其名。

〔李斯〕見卷一擬恨賦注。

〔高唐賦〕見卷二古風第五十八首注。

〔渌水〕見卷四白紵辭注。

〔雲霧〕晉書卷四三樂廣傳：衛瓘……見廣而奇之，曰：……此人之水鏡，見之瑩然，若披雲霧而覩青天。

〔葳蕤〕文選司馬相如子虚賦：錯翡翠之葳蕤。吕延濟注：葳蕤，羽毛貌。

〔崑山〕按：崑山即崑崙山。

〔青蠅〕見卷九雪讒詩贈友人注。

〔丹素〕楊云：丹素，心也。

〔天步〕詩小雅白華：天步艱難。

【評箋】　按：詩之末句顯爲亂後之作。

戲贈鄭溧陽

陶令日日醉，不知五柳春。素琴本無絃，漉酒用葛巾。清風北窗下，自謂羲皇人。何時到栗里？一見平生親。

【校】

〔不知〕宋乙本作不如。

〔栗里〕栗，兩宋本、繆本、咸本俱作溧。咸本注云：一作栗。王本注云：一作溧。

【注】

〔鄭溧陽〕王云：鄭名晏，爲溧陽令，與上篇宋少府陟俱詳見卷二十九溧陽瀨水貞義女碑銘序。按：卷十三有春日獨坐寄鄭明府，卷二十有遊水西簡鄭明府詩，均當即其人。卷二十九溧陽瀨水貞義女碑銘序稱溧陽令鄭晏。

〔五柳〕晉書卷九四陶潛傳：嘗著五柳先生傳以自況曰：先生不知何許人，不詳姓氏，宅邊有五柳樹，因以爲號焉。

〔葛巾〕宋書卷九三陶潛傳：郡將候潛，值其酒熟，取頭上葛巾漉酒畢，還復著之。
〔羲皇〕宋書卷九三陶潛傳：嘗言五六月北窗下卧，遇涼風暫至，自謂是羲皇上人。
〔栗里〕太平寰宇記卷一一一：栗里原在廬山南，當澗有陶公醉石。

贈僧崖公

昔在朗陵東，學禪白眉空。大地了鏡徹，迴旋寄輪風。攬彼造化力，持爲我神通。晚謁太山君，親見日没雲。中夜卧山月，拂衣逃人羣。授余金仙道，曠劫未始聞。冥機發天光，獨朗謝垢氛。虚舟不繫物，觀化遊江濆。江濆遇同聲，道崖乃僧英。説法動海岳，遊方化公卿。手秉玉麈尾，如登白樓亭。微言注百川，亹亹信可聽。一風鼓羣有，萬籟各自鳴。啓閉八窗牖，託宿掣雷霆。自言歷天台，搏壁躡翠屏。淩兢石橋去，恍惚入青冥。昔往今來歸，絶景無不經。何日更攜手？乘杯向蓬瀛。

【校】

〔崖公〕咸本作道崖。
〔持爲〕持，咸本作特。

〔中夜〕此句兩宋本、繆本、王本俱注云：一作夜卧雪上月。
〔閉八〕兩宋本、繆本、咸本俱作開七。王本注云：繆本作開七。
〔雷霆〕韻語陽秋引作雷形。咸本作制雷形，注云：一作掣雷霆。
〔自言〕言，兩宋本、繆本、咸本俱作云。王本注云：繆本作云。
〔青冥〕青，咸本作窅，注云：一作杳。
〔乘杯〕杯，宋甲本作林，誤。

【注】

〔朗陵〕元和郡縣志卷九：朗陵山在蔡州朗山縣西北三十里。太平寰宇記卷一一：朗陵故城漢爲縣所治，在今蔡州朗山縣西南三十五里。晉武帝封何曾爲朗陵公，即此城也。
〔白眉空〕王云：白眉空疑是當時釋子之名，猶禪宗所稱南泉願、臨濟元、趙州諗之類。楊注引蜀志馬良白眉事，非矣。按：韻語陽秋已指出白眉空爲人名，詳見下。
〔鏡徹〕楞嚴經：觀諸世間大地山河如鏡鑑明，來無所粘，過無蹤跡。
〔輪風〕王云：法苑珠林依華嚴經云：三千大千世界以無量因緣乃成，且如大地依水輪，水依風輪，風依空輪，空無所依。然衆生業感世界安住。故智度論云：三千大千世界皆依風輪爲基。又新翻菩薩藏經云：諸佛如來成就不思議智故，而能行知諸風雨相。知世有大風名烏盧博迦乃至衆生諸有覺受皆由此風所摇動故。此風輪量高三拘盧舍，於此風上虚空之中復有風起，名曰風雲輪，此風輪量高五拘盧舍，於此風上虚空之中復有風起，名瞻薄迦，此風輪量高十踰繕那，……如是舍利子次第輪上六萬八千拘胝風輪之相，如來應正等覺依止大慧悉能了知。

〔神通〕王云：維摩詰經：維摩詰即入三昧，現神通力，示諸大衆。

〔太山君〕王云：太山君主太山之神也。廣博物志：東岳太山君領羣神五千九百人，主治死生百鬼之主帥也。太山君服青袍，戴蒼璧七稱之冠，佩通陽太平之印，乘青龍。

〔金仙〕王云：金光明經：如來之身金色微妙，後世稱佛有金仙之號以此。

〔曠劫〕隋書經籍志：天地之外，四維上下，更有天地，亦無終極。然皆有成有敗。一成一敗，謂之一劫。楞嚴經：我曠劫來心得無礙。

〔天光〕莊子庚桑楚篇：宇泰定者，發乎天光。

〔虚舟〕莊子列禦寇篇：汎若不繫之舟，虚而遨遊者也。

〔江濆〕蕭云：爾雅注：大水溢出，别爲小水爲濆。故詩有汝濆淮濆，此云江濆者，江水别出之涯也。

〔同聲〕易乾卦：同聲相應，同氣相求。

〔遊方〕莊子大宗師篇：孔子曰：彼遊方之外者，而丘遊方之内者也。

〔玉塵〕晉書卷四三王衍傳：妙善玄言，唯談老莊爲事。每執玉柄麈尾，與手同色。

〔白樓亭〕王云：世說：孫興公、許玄度共在白樓亭，共商略先往名達。林公既非所關，聽訖云：二賢故自有才情。劉孝標注：會稽記曰：白樓亭在山陰，臨流映壑也。水經注：浙江又東北徑重山西，山上有白樓亭，亭本山下，縣令殷朗移置今處。升陟遠望，山湖滿目也。

〔亹亹〕晉書卷七九謝安傳：弱冠詣王濛，清言良久，既去，濛子脩曰：「向客何如大人？」濛曰：「此客亹亹爲來逼人。」

〔羣有〕文選王屮頭陀寺碑：行不捨之檀而施洽羣有。劉良注：羣有謂萬物。

〔萬籟〕莊子齊物論篇：子游曰：「地籟則衆竅是已，人籟則比竹是已，敢問天籟。」子綦曰：「夫吹萬不同，而使其自己也咸其自取，怒者其誰耶？」

〔翠屏〕文選孫綽天台山賦：跨穹隆之懸磴，臨萬丈之絶冥。踐莓苔之滑石，搏壁立之翠屏。李善注：懸磴，石橋也。孔靈符會稽記曰：赤城山上有石橋懸渡，有石屏風横絶橋上，邊有過徑，裁容數人。

〔淩兢〕文選揚雄甘泉賦：馳閶闔而入淩兢。李善注：服虔曰：淩兢，恐懼貌也。

〔乘杯〕法苑珠林卷七六：宋京師有釋杯渡者，不知俗姓名氏是何，常乘木杯渡水，因而爲目。初見在冀州，不修細行，神力卓越，世莫能測其由來。嘗於北方寄宿一家，家有一金像，渡竊而將去，家主覺而追之，見渡徐行，走馬逐而不及。至孟津河，浮木杯於水，憑之渡河，無假風棹，輕疾如飛。俄而渡岸，達於京師。

【評箋】

按：韻語陽秋云：李白跌蕩不羈，鍾情於花酒風月則有矣，而肯自縛於枯禪。則知淡泊之味賢於啖炙遠矣。白始學於白眉空，得「大地了鏡徹，回旋寄輪風」之旨，中謁泰山君，得「冥機發天光，獨照謝世氛」之旨，晚見道崖，則此心豁然更無凝滯矣。所謂「啓閉八窗牖，託宿掣電形」是也。後又有談玄之作云：「茫茫大夢中，惟我獨先覺，騰轉風火來，假合作容貌，問語前後際，始知金仙妙。」則所得於佛氏者益遠矣。

今人詹鍈云：據葛氏之意，則此詩當是太白晚年所作。

游溧陽北湖亭望瓦屋山懷古贈同旅

朝登北湖亭，遥望瓦屋山。天清白露下，始覺秋風還。遊子託主人，仰觀眉睫間。目色送飛鴻，邈然不可攀。長吁相勸勉，何事來吴關？聞有貞義女，振窮溧水灣。清光了在眼，白日如披顔。高墳五六墩，崒兀栖猛虎。遺跡翳九泉；芳名動千古。子胥昔乞食，此女傾壺漿。運開展宿憤，入楚鞭平王。凛冽天地間，聞名若懷霜。壯夫或未達，十步九太行。與君拂衣去，萬里同翺翔。

【校】

〔題〕兩宋本、繆本俱注云：一作贈孟浩然。

〔始覺〕覺，兩宋本、繆本、王本俱注云：一作知。

〔目色〕目，兩宋本、繆本俱作日，注云：一作目。王本注云：一作日。

【注】

〔瓦屋山〕景定建康志卷一七：瓦屋山在溧陽縣西北八十里，周迴二十里，高一百六十七丈。山形連亘，兩崖稍隆起，宛如屋狀。李白嘗游溧陽望瓦屋山懷古賦詩。

〔遊子〕王云：遊子數句言遊客仰觀主人辭色，見其仰視飛鳥，意不在賓客，故長吁相勸，何事來至此地。

〔飛鴻〕見卷四鞠歌行注。

〔貞義女〕王云：越絶書：子胥至溧陽界中，見一女子擊絮於瀨水之中。子胥曰：「豈可得託食乎！」女子曰：「諾。」即發簞飯，清其壺漿而食之。子胥食已而去，謂女子曰：「掩爾壺漿，毋令之露。」女子曰：「諾。」子胥行五步還顧，女子自縱於瀨水之中而死。一統志：溧水在應天府溧陽縣西北四十里，一名瀨水。

〔猛虎〕王云：蕭士贇曰：棲猛虎謂墳如猛虎之狀，猶馬鬣封之謂也。琦謂墳勢崒兀有若猛虎，是寫遥望中擬似之景耳。以馬鬣封爲比恐未是。據此詩，貞義女之墳唐時尚存，當在瓦屋山下，今則不可考矣。

〔鞭平王〕史記伍子胥列傳：及吴兵入郢，伍子胥求昭王既不得，乃掘楚平王墓，出其尸，鞭之三百然後已。按：吕氏春秋及淮南子均云鞭平王之墳。

〔太行〕按：太行喻世事之艱。

醉後贈從甥高鎮

馬上相逢揖馬鞭，客中相見客中憐。欲邀擊筑悲歌飲，正值傾家無酒錢。江東風光不借人，枉殺落花空自春。黄金逐手快意盡，昨日破産今朝貧。丈夫何事空嘯傲？不如燒却頭上巾。君爲進士不得進，我被秋霜生旅鬢。時清不及英豪人，三尺童兒唾廉藺。匣中盤劍裝䱜魚，閑在腰間未用渠。且將换酒與君醉，醉歸託宿吴專諸。

【校】

〔飲〕宋乙本缺此字，宋甲本有。

〔唾〕蕭本、咸本俱作重。王本注云：蕭本作重。

〔盤劍〕劍，兩宋本、繆本俱作却。

〔專諸〕兩宋本、繆本俱作鱄諸。專，王本注云：繆本作鱄。

【注】

〔高鎮〕見本卷贈別從甥高五詩注。

〔擊筑〕史記刺客列傳：荊軻嗜酒，日與狗屠及高漸離飲於燕市，酒酣以往，高漸離擊筑，荊軻和而歌於市中，相樂也。已而相泣，旁若無人者。

〔進士〕唐摭言卷一：永徽已前，俊、秀二科猶與進士並列。咸亨之後，凡由文學一舉於有司者，競集於進士矣。按：進士爲科目之名，非如後世以爲出身之名。故此所謂「君爲進士不得進」，即舉進士而不登第之意。詳見王鳴盛十七史商榷卷八一不必登第方名進士條。

〔廉藺〕按：此二句頗費解，作唾似不可從，其意蓋謂無事之時，無人齒及英豪，雖有廉頗、藺相如之能，反不如三尺童兒之足重。重廉藺者，重於廉藺也。猶聖主恩深漢文帝，謂恩深於漢文帝也。本集卷七横江詞：「牛渚由來險馬當」，語法正同。

〔鰭魚〕王云：太平御覽：南越志曰：鰭魚，南越謂之環雷魚。長二丈，其鱗皮有珠文，可以飾刀劍。琦按：鰭魚古謂之鮫魚，今謂之沙魚，以其皮爲刀劍鞘者是也。△鰭音鵲。

〔專諸〕見卷四結韈子注。

贈秋浦柳少府

秋浦舊蕭索，公庭人吏稀。因君樹桃李，此地忽芳菲。摇筆望白雲，開簾當翠微。時來引山月，縱酒酣清輝。而我愛夫子，淹留未忍歸。

【校】

〔夫子〕子，咸本注云：一作人。

【注】

〔桃李〕王云：樹桃李用潘岳事。按：詳見後贈崔秋浦第三首注中。

〔翠微〕王云：爾雅：山未及上翠微。郭璞注：近上旁坡。邢昺疏謂未及頂上，在旁陂陀之處，名翠微。一説，山氣青縹色，故曰翠微也。潛確居類書：凡山遠望之則翠，近之則翠漸微，故山色曰翠微，亦曰山腰。

贈崔秋浦三首

吾愛崔秋浦，宛然陶令風。門前五楊柳，井上二梧桐。山鳥下聽事，簷花落酒中。懷君未忍去，惆悵意無窮。

【校】

〔門前〕前，兩宋本、繆本、王本俱注云：一作栽。

〔井上〕上，兩宋本、繆本、王本俱注云：一作夾。

【注】

〔梧桐〕王云：元行恭詩：「惟餘一廢井，尚夾兩株桐。」

〔聽事〕通鑑卷一四二：於郡聽事得加棺斂。胡三省注：聽，他經翻，聽受也。中庭曰聽事，言受事察訟於是也。漢晉皆作聽事，六朝以後始加广作廳。△聽音汀。

其二

崔令學陶令，北窗常晝眠。抱琴時弄月，取意任無絃。見客但傾酒；爲官不愛錢。東臯多種黍，勸爾早耕田。

【校】

〔崔令〕此句兩宋本、繆本、王本俱注云：一作君似陶彭澤。

〔時弄〕兩宋本、繆本、王本俱注云：一作待秋。

〔任〕咸本作本。

〔東臯〕此二句兩宋本、繆本、王本俱注云：一作東臯春事起，種黍早歸田。

【注】

〔東臯〕文選阮籍奏記詣蔣公：方將躬耕於東臯之陽。張銑注：東臯，籍所居之東也，澤畔曰臯。

其三

河陽花作縣，秋浦玉爲人。地逐名賢好；風隨惠化春。水從天漢落；山逼畫屏新。應念金門客，投沙弔楚臣。

【注】

〔河陽〕王云：白帖：潘岳爲河陽令種桃李花，人號曰河陽一縣花。庾信春賦：河陽一縣併是花。

〔玉爲人〕晉書卷三五裴楷傳：楷風神高邁，容儀俊爽，博涉羣書，特精義理，時人謂之玉人。

〔天漢〕楊云：「水從天漢落」，指九華山之瀑布也。

望九華山贈青陽韋仲堪

昔在九江上，遥望九華峯。天河挂緑水，秀出九芙蓉。我欲一揮手，誰人可相從？君爲東道主，於此卧雲松。

【校】

〔題〕九華山，蕭本無山字。青陽韋，兩宋本、繆本作韋青陽。王本山下注云：蕭本缺山字，韋下注云：繆本作韋青陽。

〔遥望〕望，繆本、王本俱注云：一作觀。蕭本作觀。

〔秀出〕出，兩宋本、繆本、王本俱注云：一作山。

【注】

〔九華〕王云：太平寰宇記：九華山在池州青陽縣南二十里，舊名九子山，李白以九峯有如蓮花削成，改爲九華山。因有詩曰：「天河挂緑水，秀出九芙蓉。」今山中有李白書堂基址存焉。又按顧野王輿地志云：其山上有九峯，千仞壁立，周圍二百里，高一千丈，出碧雞之類。劉禹錫曰：九華山在池州青陽縣西南，九峯競秀，神采奇異。昔予仰太華，以爲此外無奇。愛女几荆山，以爲此外無秀。今見九華，始悼前言之容易也。元和郡縣志：青陽縣西南至池州七十里，本漢涇縣地。天寶元年，洪州都督徐輝奏於吴所立臨城縣南置，屬宣州。在青山之陽，故名。永泰二年隸池州。

〔青陽〕舊唐書地理志：江南西道池州青陽：天寶元年，分涇陽、南陵、秋浦三縣置，治古臨城。

〔九江〕王云：郭璞山海經注：九江在潯陽南，江自潯陽而分爲九，皆東會於大江。書曰：九江孔殷，是也。通典：九江在潯陽郡之西北，此詩所謂九江，則指池州之江也。以其承九江之下流，故亦冒九江之稱。

〔東道主〕左傳襄三十年：若舍鄭以爲東道主。按：左傳原意指鄭國在秦國之東，可作爲向東行之接待者。後人用此詞即作爲一切接待賓客者。

李白集校注卷十一

古近體詩三十二首

贈王判官時余歸隱居廬山屏風疊

昔别黄鶴樓，蹉跎淮海秋。俱飄零落葉，各散洞庭流。中年不相見，蹭蹬遊吴越。何處我思君？天台緑蘿月。會稽風月好，却遶剡溪回。雲山海上出，人物鏡中來。一度浙江北，十年醉楚臺。荆門倒屈宋，梁苑傾鄒枚。苦笑我誇誕，知音安在哉？大盜割鴻溝，如風掃秋葉。吾非濟代人，且隱屏風疊。中夜天中望，憶君思見君。明朝拂衣去，永與海鷗羣。

【校】

〔題〕兩宋本、繆本題下俱注云：尋陽。

〔苦笑〕苦，胡本作若。

〔中夜〕夜，兩宋本作望。

【注】

〔屏風疊〕王云：一統志：屏風疊在廬山，自五老峯而下，九疊如屏。游宦紀聞：九疊屏風之下，舊有太白書堂，有詩曰：吾非濟代人，且隱屏風疊。廬山志卷七：五老峯之東北爲九疊屏。桑疏：九疊雲屏者謂之屏風疊，亦謂之九奇峯，山九疊如屏，故名。在麻姑崖北。　參見卷十四廬山謠寄盧侍御虛舟詩注。

〔黄鶴樓〕見卷八峨眉山月歌送蜀僧晏入中京詩注。

〔蹭蹬〕王云：説文：蹭蹬，失道也。△蹭，千鄧切；蹬音鄧。

〔天台〕王云：方輿勝覽：天台山在台州天台縣西一百十里。藝文類聚：名山略記曰：天台山在剡縣，即是衆聖所降葛仙公山也。　參見卷十五夢遊天姥吟留別詩注。

〔會稽〕王云：世説注：會稽郡記曰：會稽郡多名山水，峯崿隆峻，吐納雲霧。松栝楓柏，擢（今本作擢）幹竦條。潭壑鏡徹，清流瀉注。王子敬見之曰：「山水之美，使人應接不暇。」太平寰宇記：剡溪在越州剡縣南一百五十步。一源出台州天台縣，一源出婺州武義縣，即王子猷雪夜訪戴逵之所也。一名戴溪。初學記：輿地志曰：山陰南湖縈帶郊郭，白水翠巖，互相映發，若鏡若圖。故王逸少曰：「山陰路上行，如在鏡中遊。」

〔浙江〕水經注漸江水：山海經謂之浙江也。地理志云：水出丹陽黟縣，……浙江又東注于海。

〔楚臺〕王云：楚臺，楚地之臺，若章華、陽雲之類。

〔荆門〕王云：荆門謂荆州之地，唐時爲江陵郡，今湖廣之荆州府是也。其地有荆門山，故文士取以爲稱。

〔梁苑〕王云：梁苑，古睢陽之地。唐時爲宋州睢陽郡之宋城縣，今河南歸德州是也。其地漢梁孝王之苑囿在焉，故文士以梁苑稱之。屈原、宋玉皆生於荆州，鄒陽、枚乘皆客梁孝王，引此以喻當時兩州之文士。

〔大盜〕庾信哀江南賦序：大盜移國。按：此大盜指安禄山。

〔鴻溝〕史記項羽本紀：項王乃與漢約，中分天下，割鴻溝以西者爲漢，鴻溝而東者爲楚。集解：文穎曰：於滎陽下引河東南爲鴻溝，以通宋、鄭、陳、蔡、曹、衞，與濟、汝、淮、泗會於楚，即今官渡水也。正義：應劭云：在滎陽東二十里。張華云：大梁城在浚儀縣北，縣西北渠水東經此城南。又北屈分爲二渠：其一渠東南流，始皇鑿引河水以灌大梁，謂之鴻溝，楚漢會此處也。其一渠東經陽武縣，南爲官渡水。按張華此説是。

〔海鷗〕見卷二古風第四十二首注。

【評箋】

今人詹鍈云：王譜繫至德元載下，注云：詩曰：「大盜割鴻溝，如風掃落葉。吾非濟代人。歸隱屏風疊。」此正兩京陷没之後，將避地廬山時之作。按詩云：「一度浙江北，十年醉楚臺。」蓋誇大之詞，不足深信。又起句云：「昔别黄鶴樓，蹉跎淮海秋。」言開元十四年時，白由襄漢東至金陵、揚州，方當秋季也。

在水軍宴贈幕府諸侍御

月化五白龍，翻飛淩九天。胡沙驚北海，電掃洛陽川。虜箭雨宫闕，皇輿成播遷。英王受廟略，秉鉞清南邊。雲旗卷海雪，金戟羅江烟。聚散百萬人，弛張在一賢。霜臺降羣彦，水國奉戎旃。繡服開宴語，天人借樓船。如登黄金臺，遥謁紫霞仙。卷身編蓬下，冥機四十年。寧知草間人，腰下有龍泉？浮雲在一決，誓欲清幽燕。願與四座公，静談金匱篇。齊心戴朝恩，不惜微軀捐。所冀旄頭滅，功成追魯連。

【校】

〔題〕兩宋本、繆本題下俱注云：永王軍中。

〔白龍〕白，兩宋本、繆本俱注云：一作百。王本注云：一作百，非。

〔海雪〕雪，蕭本作雲。郭本作雪。

【注】

〔幕府〕漢書卷五四李廣傳：莫府省文書。注：晉灼曰：將軍職在征行，無常處，所在爲治，故言莫府也。或曰：衞青征匈奴，絶大莫，大克獲。帝就拜大將軍於幕中府，故曰莫府，莫府之名始於此也。師古曰：二説皆非也。莫府者，以軍幕爲義，古字通，單用耳。軍旅無常居止，故以帳幕言之。廉頗、李牧市租皆入幕府，此則非因衞青始有其號。

〔侍御〕按：唐制節度使下參佐多假憲銜，故以侍御稱之。

〔白龍〕十六國春秋後燕録：慕容熙建始元年正月，……太史丞梁延年夢月化爲五白龍，夢中占之曰：月，臣也；龍，君也。月化爲龍，當有臣爲君。

〔皇輿〕楚辭離騷：恐皇輿之敗績。王逸注：皇，后也；輿，君之所乘。

〔播遷〕楊云：天寶十四載十一月甲子，禄山以十五萬衆反范陽。十二月丁酉，陷洛陽。十五載六月己亥，陷京師，玄宗幸蜀。

〔英王〕楊云：英王指永王璘也。

〔廟略〕按：廟略指朝廷之謀畫。

〔秉鉞〕詩商頌長發：武王載旆，有虔秉鉞。

〔雲旗〕文選張衡東京賦：雲旗拂霓。薛綜注：旗謂熊虎爲旗，其高至雲，故曰雲旗也。

〔弛張〕禮記雜記：一張一弛，文武之道也。

〔霜臺〕王云：霜臺，御史臺也。按：霜有嚴肅之義，御史司糾彈，主嚴肅，故曰霜臺。

〔水國〕按：江南多水，故曰水國。

〔繡服〕漢書百官公卿表：侍御史有繡衣直指，出討姦猾，治大獄。武帝所制，不常置。王先謙補注：錢大昭曰：武紀：天漢二年，遣直指使者暴勝之等衣繡衣，杖斧，分部逐捕。

〔樓船〕見卷四司馬將軍歌注。

〔黄金臺〕見卷二古風第十五首注。

〔編蓬〕文選東方朔非有先生論：積土爲室，編蓬爲户。李善注：尚書大傳曰：子夏曰：……作壤室，編蓬户。

〔冥機〕按：冥機謂息機也。

〔龍泉〕晉書卷三六張華傳：……中有雙劍，題一曰龍泉，一曰太阿。

〔浮雲〕莊子説劍篇：上決浮雲，下絶地紀。按：此謂劍之利可決開浮雲也。

〔金匱〕史記太史公自序：紬史記石室金匱之書。索隱：案石室金匱皆國家藏書之處。

〔旄頭〕見卷三胡無人注。

贈武十七諤 并序

門人武諤，深於義者也。質木沉悍，慕要離之風。潛釣川海，不數數於世間事。聞中原作難，西來訪余。余愛子伯禽在魯，許將冒胡兵以致之。酒酣感激，援筆而贈。

馬如一匹練，明日過吴門。乃是要離客，西來欲報恩。笑開燕匕首，拂拭竟無言。狄犬吠清洛，天津成塞垣。愛子隔東魯，空悲斷腸猿。林回棄白璧，千里阻同奔。君爲我致之，輕齎涉淮源。精誠合天道，不媿遠遊魂。

【校】

〔於義〕義，兩宋本、繆本俱注云：一作詩。咸本作詩。

〔過吴門〕過，咸本作逐。

〔遠遊魂〕兩宋本、繆本俱注云：一作鄧攸魂。王本遊下注云：一作鄧攸。

【注】

〔要離〕見卷一明堂賦注。

〔數數〕按：數數即汲汲之意。

〔伯禽〕按：卷十三寄東魯二稚子詩云：「小兒名伯禽，與姊亦齊肩。」又卷十七有送蕭三十一之魯中兼問稚子伯禽詩，均可參證。

〔吴門〕王云：藝文類聚：韓詩外傳：顔回望吴門焉，見一匹練。孔子曰：馬也。然則馬之光景一匹長耳，故後人呼馬爲一匹。

〔匕首〕史記刺客列傳：……於是太子豫求天下之利匕首，得趙人徐夫人匕首，取之百金。

〔無言〕按：此二句乃謂武謤時時拂拭所佩之劍，而默許相助也。

〔狄犬〕按：此乃古代污辱少數種族之詞。

〔清洛〕元和郡縣志卷五：洛水在（河南府洛陽）縣西南三里，西自苑内上陽之南，彌漫東流。宇文愷作斜堤，束令東北流。

〔斷腸〕世説黜免篇：桓公入蜀，至三峽中。部伍中有得猿子者，其母緣岸哀號，行百餘里不去，遂跳上船，至便即絶。破視其腹中，腸皆寸寸斷。公聞之怒，命黜其人。

〔林回〕莊子山木篇：林回棄千金之璧，負赤子而趨，或曰：「爲其布與？赤子之布寡矣。爲其累與？赤子之累多矣。棄千金之璧，負赤子而趨，何也？」林回曰：「彼以利合，此以天屬也。」

〔輕齎〕王云：廣韻：齎，裝也。玉篇：齎，行道所用也。

〔鄧攸〕晉書卷九〇鄧攸傳：永嘉末，没于石勒。……石勒過泗水，攸乃斫壞車以牛馬負妻子而逃。又遇賊掠其牛馬，步走擔其兒及其弟子綏。度不能兩全，乃謂其妻曰：「吾弟早亡，惟有一息，理不可絶，止應自棄我兒耳。幸而得存，我後當有子。」妻泣而從之。……攸棄子之後，妻不復孕，……卒以無嗣，時人義而哀之。爲之語曰：「天道無知，使鄧伯道無兒。」

贈閭丘宿松

阮籍爲太守，乘驢上東平。剖竹十日間，一朝風化清。偶來拂衣去，誰測主人情？夫子理宿松，浮雲知古城。掃地物莽然，秋來百草生。飛鳥還舊巢，遷人返躬耕。何慙宓子賤？不減陶淵明。吾知千載後，却掩二賢名。

【校】

〔秋來百草〕來百二字宋乙本缺。

〔陶淵明〕淵，兩宋本俱作泉，蓋避唐高祖諱。

【注】

〔宿松〕舊唐書地理志：漢皖縣地，梁置高塘郡，隋罷郡，置宿松縣。

〔東平〕晉書卷四九阮籍傳：及文帝輔政，籍嘗從容言於帝曰：「籍平生曾游東平，樂其風土。」

帝大悦，即拜東平相，籍乘驢到郡，壞府舍屏障，使内外相望，法令清簡，旬日而還。按：晉書地理志：東平國，漢置，統縣七。晉承漢制，郡縣制與封建制相雜，郡置太守，國置相，其實職位相同。故阮籍爲東平相而詩中稱太守也。

〔剖竹〕文選謝靈運過始寧墅詩：「剖竹守滄海。」李善注：漢書曰：初與郡守爲使符。説文曰：符信，漢制以竹分而相合。

〔宓子賤〕家語：宓不齊字子賤，仕爲單父宰，有才智仁愛，百姓不忍欺，孔子美之。王云：宓當作虙，音服。讀作密音者非。

獄中上崔相涣

胡馬渡洛水，血流征戰場。千門閉秋景，萬姓危朝霜。賢相燮元氣，再欣海縣康。台庭有夔龍，列宿粲成行。羽翼三元聖，發輝兩太陽。應念覆盆下，雪泣拜天光。

【校】

〔題〕兩宋本、繆本題下俱注云：尋陽。

〔燮〕咸本作變，誤。

【注】

〔崔相〕舊唐書卷一〇八崔涣傳：天寶十五載七月，玄宗幸蜀，涣迎謁於路。抗詞忠懇，皆究理體。玄宗嘉之，以爲得涣晚，……即日拜黄門侍郎、同中書門下平章事，扈從成都府。肅宗靈武即位，八月，與左相韋見素、同平章事房琯、崔圓同賫册赴行在。時未復京師，舉選路絶，詔涣充江淮宣慰選補使，以收遺逸。惑於聽受，爲下吏所鬻，濫進者非一，以不稱職聞。乃罷知政事，除左散騎常侍，兼餘杭太守、江東採訪防禦使。按：本卷又有繫尋陽上崔相涣三首，卷二十四有上崔相百憂章，卷三十有送史司馬赴崔相公幕，可參證。

〔燮〕書周官：論道經邦，燮理陰陽。孔傳：和理陰陽。

〔海縣〕按：海縣猶言海宇。

〔夔龍〕書舜典：伯拜稽首，讓于夔、龍。孔傳：夔、龍二臣名。

〔元聖〕王云：三元聖謂玄宗、肅宗、廣平王也。兩太陽亦謂玄宗、肅宗也。

〔覆盆〕抱朴子辯問篇：是責三光不照覆盆之内也。

中丞宋公以吴兵三千赴河南軍次尋陽脱余之囚參謀幕府因贈之

獨坐清天下，專征出海隅。九江皆渡虎，三郡盡還珠。組練明秋浦，樓船入郢都。風高初選將；月滿欲平胡。殺氣橫千里；軍聲動九區。白猿慙劍術；黄石借兵符。戎虜行當剪；鯨鯢立可誅。自憐非劇孟，何以佐良圖？

【校】

〔題〕因贈之三字，咸本作口號贈此詩。

〔清天〕清，郭本作青。

【注】

〔宋公〕王云：舊唐書：天寶十五載六月，以監察御史宋若思爲御史中丞，即其人也。按：舊唐書職官志：御史臺：中丞二人，正五品上，至會昌二年始改爲正四品下。大夫、中丞之職，掌持邦國刑憲典章，以肅正朝廷，中丞爲之貳。脱太白囚執事詳卷二十六爲宋中丞自薦表。又按：集中涉及宋若思者，卷二十二有陪宋中丞武昌夜飲懷古詩，卷二十六有爲宋中丞請都金陵表、爲宋中丞自薦表，卷二十九有爲宋中丞祭九江文。

〔獨坐〕後漢書卷五七宣秉傳：光武特詔御史中丞與司隸校尉、尚書令，會同並專席而坐。故京師號曰三獨坐。

〔專征〕按：專征謂獨當一面之征伐。

〔渡虎〕後漢書卷七一宋均傳：遷九江太守。郡多虎暴，數爲民患。常募設檻穽，而猶多傷害。

均到，下記屬縣曰：「夫虎豹在山，黿鼉在水，各有所托。……今爲民害，咎在殘吏，而勞動張捕，非憂恤之本也。其務退奸貪，思進忠善，可一去檻穽，除削課制。」其後傳言虎相與東游渡江。

〔還珠〕後漢書卷一〇六孟嘗傳：遷合浦太守。郡不産穀實，而海出珠寶，與交阯比境，常通商販，貿糴糧食。先時宰守並多貪穢，詭人採求，不知紀極。珠遂漸徙於交阯郡界，於是行旅不至，人物無資，貧者死餓於道。嘗到官，革易前弊，求民病利。曾未踰歲，去珠復還，百姓皆反其業，商貨流通，稱爲神明。

〔組練〕左傳襄三年：楚子重伐吳，爲簡之師，克鳩茲，至于衡山，使鄧廖帥組甲三百、被練三千以侵吳。杜預注：組甲被練皆戰備也。組甲，漆甲成組文。被練，練袍。正義：賈逵云：組甲，以組綴甲，車士服之；被練，帛也，以帛綴甲，步卒服之。凡甲所以爲固者，以盈竅也。帛盈竅而任力者半，卑者所服；組盈竅而盡任力，尊者所服。按：賈說似合理。詩以組練二字平列，蓋從賈說。

〔郢都〕史記貨殖列傳：江陵故郢都，西通巫、巴，東有雲夢之饒。正義：荆州江陵縣，故爲郢，楚之都。漢書地理志：南郡江陵：故楚郢都，楚文王自丹陽徙此。

〔九區〕蕭云：九區，九服也。

〔白猿〕文選左思吳都賦：其上則猿父哀吟。劉淵林注：吳越春秋：越有處女，出於南林之中。越王使使聘問以劍戟之事。處女將北見於越王，道逢老翁，自稱素袁公，問處女：「吾聞子善爲劍術，願一觀之。」女曰：「妾不敢有所隱，惟公試之。」於是袁公即跳於林竹，槁折墮地，處女即接末，袁公操本以刺處女。女應節入，三入，因舉杖擊之。袁公即飛上樹，化爲白猿，遂引去。

〔黄石〕蕭云：兵書有黄石公三略，即張良所遇。按：黄石公三略三卷，見隋書經籍志，云下邳神人撰。又有黄石公三奇法、黄石公五壘圖、黄石公陰謀行軍祕法等。蓋同爲依託。此所云兵符，非發兵之符，指用兵之機謀耳。

〔劇孟〕見卷三梁甫吟及卷九贈崔侍御詩注。

【評箋】

今人詹鍈云：太平寰宇記卷一〇五建德縣下云：唐至德二年，採訪使宣城太守宋若思奏以此地山水遥遠，因置縣邑，仍以年號爲名，屬尋陽郡。舊唐書地理志亦謂：江州至德縣，至德二年九月中丞宋若思奏置。詩云：「組練明秋浦，樓船入郢都。風高初選將，月滿欲平胡。」蓋是九月前後所作，時宋若思方擬率兵自宣城去武昌也。

流夜郎贈辛判官

昔在長安醉花柳，五侯七貴同杯酒。氣岸遥凌豪士前，風流肯落他人後？夫子紅顔我少年，章臺走馬著金鞭。文章獻納麒麟殿，歌舞淹留玳瑁筵。與君自謂長如此，寧知草動風塵起。函谷忽驚胡馬來，秦宫桃李向明開。我愁遠謫夜郎去，何日金雞放赦回？

【校】

〔題〕兩宋本、繆本題下俱注云：流夜郎。

〔他人後〕他，兩宋本、繆本、王本俱注云：一作誰，又作諸。咸本作誰。

〔向明開〕明，兩宋本、繆本、胡本俱作胡。王本注云：繆本作胡。

【注】

〔夜郎〕舊唐書地理志：江南道珍州：貞觀十六年置，天寶元年，改爲夜郎郡。

〔五侯〕漢書卷九八元后傳：河平二年，上悉封舅譚爲平阿侯，商成都侯，立紅陽侯，根曲陽侯，逢時高平侯，五人同日封，故世謂之五侯。參見卷六君馬黄詩注。

〔七貴〕文選潘岳西征賦：窺七貴於漢廷。李善注：七姓謂吕、霍、上官、趙、丁、傅、王也。

〔氣岸〕王云：梁書：氣岸疏凝，情途狷隔。按：氣岸指意氣言。

〔章臺〕漢書卷七六張敞傳：時罷朝會，過走馬章臺街。注：孟康曰：在長安中。臣瓚曰：在章臺下街也。補注：沈欽韓曰：古今注：京兆尹、執金吾、司隸校尉皆使人導引傳呼，使行者止，坐者起，四人皆持角弓，違者則射之，有乘高窺闞者亦射之。案走馬則舍駕而騎，謝夷吾、鮑宣俱以舍法駕被劾，於此見其無威儀也。

〔麒麟殿〕三輔黄圖：漢宫殿疏云：天禄、麒麟閣，蕭何造，以藏祕書處賢才也。

〔玳瑁筵〕按：筵，席也。玳瑁筵爲詩賦中常用語，蓋華靡之席，黑白交織，有似玳瑁文，故云。

〔秦宫〕蕭云：子見以「桃李向明開」爲公卿歸禄山，非也。太白詩意是指同時儕類如辛判官之輩，因兵興之際，不次被用，爲人桃李，我獨遭謫也。向明者，向陽花木之義。　胡云：楊注以爲指當時受禄山僞署諸人。蕭注以爲世亂，唐朝士不次被用。皆非也。詳其語意，似斥宫掖，第非所宜言耳。

贈劉都使

東平劉公幹，南國秀餘芳。一鳴即朱紱，五十佩銀章。飲冰事戎幕，衣錦華水鄉。銅官幾萬人，諍訟清玉堂。吐言貴珠玉，落筆迴風霜。而我謝明主，銜哀投夜郎。歸家酒債多，門客粲成行。高談滿四座，一日傾千觴。所求竟無緒，裘馬欲摧藏。主人若不顧，明發釣滄浪。

【校】

〔劉公幹〕兩宋本俱誤作劉公翰。

〔飲冰〕冰，咸本作水。

【注】

〔都使〕王云：都使未詳何官，詩中有飲冰事戎幕之句，蓋幕職也。當是兼銜，若都水監使者之類耳。按：王説未確。都水監使者非兼銜，亦不得稱都使。元結欸乃曲序云：以軍事詣都使。則唐人之稱都使乃指節度、觀察使也。此劉都使官不至此，或即卷十八宣城送劉副使詩中之劉副使，則官位差相近，據詩意，劉蓋已至銀緋階。

〔公幹〕三國志魏志王粲傳：東平劉楨，字公幹，……太祖辟爲丞相掾屬。

〔一鳴〕史記滑稽列傳：此鳥不飛則已，一飛冲天；不鳴則已，一鳴驚人。

〔朱紱〕漢書卷四三韋賢傳：黼衣朱紱，四牡龍旂。注：師古曰：朱紱爲朱裳畫爲亞文也。亞古弗字也，故因謂之紱，字又作黻，其音同聲。補注：錢大昕曰：亞當作亞，兩己相背也，與亞次字音義全別。此朱紱諸侯之服，當訓爲韠，不當作黼黻解，顔注誤。△紱音拂。

〔銀章〕漢書百官公卿表：凡吏秩比二千石以上皆銀印青綬。注：師古曰：漢舊儀云：銀印背龜鈕，其文曰章，謂刻曰某官之章也。按：唐制，五品至四品官，緋衣，銀魚袋。而刺史之散官未至五品者得假緋。凡唐人所稱朱紱銀章皆指散官至五品或官至刺史者而言。

〔飲冰〕莊子人間世篇：今吾朝受命而夕飲冰，我其内熱與！

〔衣錦〕史記項羽本紀：富貴不歸故鄉，如衣繡夜行，誰知之者？按：衣錦語出於此。句意謂仕宦富貴而爲水鄉之光榮也。水鄉指吴地。

〔銅官〕新唐書地理志：宣州南陵：武德四年，隸池州，州廢來屬，後析置義安縣，又廢義安爲銅官冶。

〔玉堂〕按：此玉堂指縣治之堂，與揚雄解嘲之歷金門、上玉堂之比不同。

〔風霜〕西京雜記：淮南王安著鴻烈二十一篇，自云字中皆挾風霜。

〔歸家〕王云：孔融詩：「歸家酒債多，門客粲成行。」

〔無緒〕按：無緒是無端緒之意。蓋李白有求於劉都使，而劉未應也。

〔摧藏〕文選成公綏嘯賦：悲傷摧藏。李善注：摧藏，自抑挫之貌。

〔明發〕王云：明發，猶明晨也。

【評箋】

今人詹鍈云：按此詩當是流夜郎歸後於宣城作。

按：此劉都使若即卷十八宣城送劉副使入秦之劉副使，則此詩當略在前，彼詩在後，蓋此詩是乞貸語氣，而彼詩似已有所分潤也。

贈常侍御

安石在東山，無心濟天下。一起振横流，功成復瀟灑。大賢有卷舒，季葉輕風雅。匡復屬何人，君爲知音者。傳聞武安將，氣振長平瓦。燕趙期洗清；周秦保宗社。登朝若有言，爲訪南遷賈。

【校】

〔瀟灑〕瀟，蕭本作蕭。

〔卷舒〕兩宋本、繆本、咸本俱作舒卷。王本注云：繆本作舒卷。

【注】

〔横流〕文選傅亮爲宋公修張良廟教：夷項定漢，大拯横流。吕向注：横流謂亂也。

〔季葉〕蕭云：季葉，季世也。

〔武安〕史記廉頗藺相如列傳：秦軍軍武安西。秦軍鼓譟勒兵，武安屋瓦盡振。按：詩中所用本是此事，而誤以武安爲長平。長平乃其後白起破趙括地，趙亡軍凡四十五萬。庾信哀江南賦：碎於長平之瓦。而詠懷詩則云：「武安檐瓦振。」蓋文人用事常有誤記，李亦承其誤也。又按：此云「傳聞武安將」，似指白起封武安君而言，非趙地之武安也。王云：取以喻時之將帥。

〔周秦〕王云：燕、趙皆爲禄山所據，故期其洗清，周地謂洛陽，在唐爲東京，秦地謂長安，在唐爲西京，宗廟社稷在焉，故欲其保護。

〔南遷〕楊云：南遷賈者，時太白謫於夜郎，自比於賈誼也。意謂若登朝而有言，不妨及之，或者天幸如賈生之宣室召回也。

【評箋】

今人詹鍈云：按太白有涇川送族弟錞詩，自注云：時盧校書草序，常侍御爲詩。

贈易秀才

少年解長劍，投贈即分離。何不斷犀象？精光暗往時。蹉跎君自惜；竄逐我因誰？地遠虞翻老；秋深宋玉悲。空攬芳桂色；不屈古松姿。感激平生意，勞歌寄此辭。

【注】

〔往時〕按：此四句蓋謂易本舊識，相別已久，仍無遇合也。

〔虞翻〕三國志吴志虞翻傳：權積怒非一，遂徙翻交州，雖處罪放，而講學不倦，門徒常數百人。

〔宋玉〕楚辭宋玉九辯：悲哉秋之爲氣也。

〔勞歌〕庾信哀江南賦序：窮者欲達其言，勞者須歌其事。

經亂離後天恩流夜郎憶舊遊書懷贈江夏韋太守良宰

天上白玉京，十二樓五城。仙人撫我頂，結髮受長生。誤逐世間樂，頗窮理亂情。九十六聖君，浮雲挂空名。天地賭一擲，未能忘戰争。試涉霸王略，將期軒冕榮。時命乃大謬，棄之海上行。學劍翻自哂，爲文竟何成？劍非萬人敵，文竊四海聲。兒戲不足道，五噫出西京。臨當欲去時，慷慨淚沾纓。嘆君倜儻才，標舉冠羣英。開筵引祖帳，慰此遠徂征。鞍馬若浮雲，送余驃騎亭。歌鐘不盡意，白日落昆明。

【校】

〔題〕兩宋本、繆本題下俱注云：江夏、岳陽。

〔西京〕西，郭本作四，誤。

【注】

〔江夏韋太守〕王云：唐時江夏郡乃鄂州也，屬江南西道。按方輿勝覽以贈此詩之韋太守爲韋景駿，未知何據。今人詹鍈云：方輿勝覽以贈此詩之韋太守爲韋景駿，湖北通志引金石存佚考則以爲韋延安，皆未知何據。新唐書宰相世系表卷七十四上韋氏彭城公房有名良宰者一人，以其行輩考之，當在斯時。則良宰即韋太守之名也。按：岑仲勉唐集質疑云：景駿即韋述之父，舊書一〇二述傳：景龍中，景駿爲肥鄉令。據年譜，白以乾元元年流夜郎，上距景龍，餘五十載，景駿當已前卒。此勝覽之説不可據也。姓纂：彭城公房，行佺生良宰、利見。良宰不叙歷官。新表多本姓纂，故新表亦缺，然吾人未能因此斷江夏守韋良宰非此良宰也。良宰族父如元旦、方質等皆仕武后，良宰當爲玄宗時人，又利見以乾元元年官廣府節度，見舊紀一〇，時代正合。

〔玉京〕按：玉京爲詞章中所指之仙境，非可實指。

〔十二樓〕抱朴子袪惑篇：崑崙山上……内有五城十二樓。

〔聖君〕楊云：自秦始皇至唐玄宗，中國傳緒之君凡九十有六。

〔萬人敵〕史記項羽本紀：劍一人敵不足學，學萬人敵。於是項梁又教籍兵法。

〔五噫〕後漢書卷一一三梁鴻傳：因東出關過京師，作五噫之歌曰：陟彼北芒兮噫！顧覽帝京兮噫！宫室崔嵬兮噫！人之劬勞兮噫！遼遼未央兮噫！肅宗聞而非之，求鴻不得，乃易姓運期，名耀，字侯光，與妻子居齊、魯之間，有頃又去適吴，將行作詩曰……。

〔祖帳〕王云：祖帳，祖席時所設之帳幕。按：此用漢疏廣事，見下注。

〔驃騎亭〕王云：驃騎亭，玩詩意當在長安，楊注以驃騎亭爲謝安建者恐誤。按：驃騎亭乃借用，非實指其地。

〔昆明〕三輔黄圖：漢昆明池，武帝元狩四年穿，在長安西南，周圍四十里。

十月到幽州，戈鋋若羅星。君王棄北海，掃地借長鯨。呼吸走百川，燕然可摧傾。心知不得語，却欲棲蓬瀛。彎弧懼天狼，挾矢不敢張。攬涕黄金臺，呼天哭昭王。無人貴駿骨，緑耳空騰驤。樂毅儻再生，于今亦奔亡。蹉跎不得意，驅馬過貴鄉。逢君聽絃歌，肅穆坐華堂。百里獨太古，陶然卧羲皇。徵樂昌樂館，開筵列壺觴。賢豪間青娥，對燭儼成行。醉舞紛綺席，清歌繞飛梁。歡娱未終朝，秩滿歸咸陽。祖道擁萬人，供帳遥相望。一别隔千里，榮枯異炎涼。

【校】

〔不得語〕語，兩宋本、繆本俱作意，注云：一作語。王本注云：一作意。

〔蹉跎〕兩宋本、繆本俱注云：一作蒼忙。王本注云：一作蒼茫。

〔過貴鄉〕過，咸本作逐。蕭本作還。王本注云：蕭本作還。

〔秩滿〕兩宋本、繆本、王本俱注云：一作解印。

〔相望〕此句下咸本注云：一本無此二句。

【注】

〔長鯨〕王云：按唐書安禄山傳：天寶元年，以禄山爲平盧節度使，押兩蕃、渤海、黑水四府經略使。三載，代裴寬爲范陽節度，仍領平盧軍，則經略、威武、清夷、静塞、恒陽、北平、高陽、唐興、横海、平盧、盧龍十一軍，及榆關守捉、安東都護府兵十三萬有奇，皆其所統。幽、薊、嬀、檀、易、恒、定、漠（當作鄚）、滄、營、平十一州之地皆其所治矣。幽州以北，盡與禄山。所謂「君王棄北海，掃地借長鯨」也。

〔燕然〕後漢書卷五三竇憲傳：憲、秉遂登燕然山，去塞三千餘里，刻石勒功，紀漢威德。

〔天狼〕楚辭九歌東君：挾長矢兮射天狼。王逸注：天狼，星名，以喻貪殘。

〔駿骨〕戰國策燕策：郭隗對燕昭王曰：「古之人君有以千金求千里馬者，三年不能得，涓人言於君曰：請求之。君遣之，三月得千里馬，馬已死，買其骨五百金，反以報君。君大怒曰：安事死馬而捐五百金？涓人對曰：死馬且買五百金，況生馬乎？天下必以君能市馬，馬今至矣。於是不能期年，千里馬之至者三。今王誠欲致士，先從隗始。」於是昭王爲隗築宫而師之。樂毅自魏往，騶衍自齊往，劇辛自趙往，士争湊燕。

〔緑耳〕見卷十贈崔諮議詩注。

〔奔亡〕按：以上自叙遊幽州亦無所遇，但見安禄山之擁兵自大。

〔貴鄉〕舊唐書地理志：河北道魏州貴鄉：後魏分館陶西界置貴鄉縣於趙城，周……大象二年，於縣置魏州。

〔百里〕三國志蜀志龐統傳：統以從事守耒陽令，在縣不治免官，吴將魯肅遺先主書曰：龐士元非百里才也。按：百里即用以指縣令。

〔昌樂〕舊唐書地理志：河北道魏州昌樂：晉置，……隋廢，……武德五年復置。

〔飛梁〕列子湯問篇：昔韓娥東之齊，匱糧，過雍門，鬻歌假食，既去而餘音繞梁欐，三日不絶。

〔供帳〕漢書卷七一疏廣傳：公卿大夫，故人邑子，設祖道，供帳東都門外。注：師古曰：祖道，餞行也。

〔炎涼〕按：炎涼以上叙南行在魏州相逢之事。

炎涼幾度改，九土中横潰。漢甲連胡兵，沙塵暗雲海。草木摇殺氣，星辰無光彩。白骨成丘山，蒼生竟何罪？函關壯帝居，國命懸哥舒。長戟三十萬，開門納凶渠。公卿奴犬羊，忠讜醢與菹。二聖出游豫，兩京遂丘墟。

【校】

〔函關〕函，蕭本作幽。王本注云：蕭本作幽。

〔奴犬羊〕奴，蕭本、咸本俱作如。王本注云：蕭本作如。

【注】

〔九土〕國語魯語：能平九土。韋昭注：九土，九州之土也。

〔橫潰〕文選謝靈運詩：「天地中橫潰。」李善注：橫潰，以水喻亂也。

〔函關〕見卷二古風第三首注。

〔哥舒〕舊唐書卷一〇四哥舒翰傳：及安禄山反，上以封常清、高仙芝喪敗，召翰入，拜爲皇太子先鋒兵馬元帥。……拒賊於潼關。……中使相繼督責，翰不得已，引師出關，……軍既敗，翰與數百騎馳而西歸，爲火拔歸仁執降於賊。

〔公卿〕舊唐書玄宗紀：禄山陷東京，殺留守李憕、中丞盧奕、判官蔣清。按：二句即指此。

〔游豫〕孟子梁惠王篇：夏諺曰：吾王不遊，吾何以休？吾王不豫，吾何以助？

〔丘墟〕按：以遊豫指帝王之巡行，喻玄宗及太子之出奔也。以上叙安禄山起兵之事。

帝子許專征，秉旄控強楚。節制非桓文；軍師擁熊虎。人心失去就，賊勢騰風雨。惟君固房陵，誠節冠終古。僕卧香爐頂，餐霞嗽瑶泉。門開九江轉；枕下五湖連。半夜水軍來，尋陽滿旌旃。空名適自誤，迫脅上樓船。徒賜五百金，棄之若浮烟。辭官不受賞，翻謫夜郎天。夜郎萬里道，西上令人老。掃蕩六合清，仍爲負霜草。日月無偏照，何由訴蒼昊？良牧稱神明，深仁恤交道。

【校】

〔稱神明〕稱，咸本作晞。

【注】

〔帝子〕舊唐書卷一〇七玄宗諸子傳：永王璘，玄宗第十八子也。按：永王專征，事見卷八永王東巡歌十一首詩注。永王爲江陵大都督，故云控強楚。

〔秉旄〕書牧誓：王左杖黄鉞，右秉白旄以麾。

〔節制〕荀子議兵篇：秦之鋭士不可以敵桓、文之節制。按：詩中此語乃謂永王烏合之衆，非齊桓、晉文節制之師，故不能有成。

〔熊虎〕書牧誓：尚桓桓，如虎如貔，如熊如羆。按：史記田單列傳：有一卒曰：「臣可以爲師乎？」因反走。田單乃起引還東鄉坐，師事之。詩意暗用此事，謂所任非人，徒擁兵不戰也。

〔風雨〕按：永王之敗，由於部下之離叛，故以「人心失去就」一語渾含之，「賊勢騰風雨」，謂仍不能禦安軍也。

〔房陵〕舊唐書地理志：山南東道房州：天寶元年，改爲房陵郡。按：韋蓋於是時任房陵太守，能保其境。

〔香爐〕王云：遠法師廬山記：東南有香爐山，孤峯秀起，游氣籠其上，則氤氲若烟水。

〔夜郎天〕王云：元和郡縣志：夜郎西北至上都五千五百五十里，曰萬里者，甚言其遠也。

〔負霜草〕按：二語謂安史亂已平定，而己猶含冤不得受日月之照。

〔良牧〕按：東漢末，州刺史改稱州牧，江夏即鄂州，故可稱韋爲牧也。

〔交道〕按：交道以上叙貶謫中荷韋周恤，引起下文遊宴之歡。

一忝青雲客，三登黄鶴樓。顧慚禰處士，虚對鸚鵡洲。樊山霸氣盡，寥落天地秋。江帶峨眉雪，川横三峽流。萬舸此中來，連帆過揚州。送此萬里目，曠然散我愁。紗窗倚天開，水樹緑如髪。窺日畏銜山；促酒喜得月。吴娃與越豔，窈窕誇鉛紅。呼來上雲梯，含笑出簾櫳。對客小垂手，羅衣舞春風。賓跪請休息，主人情未極。覽君荆山作，江鮑堪動色。清水出芙蓉，天然去雕飾。逸興横素襟，無時不招尋。朱門擁虎士，列戟何森森！剪鑿竹石開，縈流漲清深。登樓坐水閣，吐論多英音。片辭貴白璧；一諾輕黄金。謂我不媿君，青鳥明丹心。

【校】

〔樊山〕樊，兩宋本、繆本俱作焚，注云：一作樊。王本注云：一作焚誤。

〔氣盡〕盡，咸本注云：一作盛。

〔天地秋〕以上二句兩宋本、繆本、王本俱注云：一作彤襜冠白筆，爽氣淩清秋。

〔川横〕兩宋本、繆本俱作横穿。王本注云：一作横穿。

〔過揚州〕過，咸本作逐。

〔我愁〕我，兩宋本、繆本、王本俱注云：一作煩。

〔水樹〕此句兩宋本、繆本俱注云：一作水渌樹如髮。王本樹緑下注云：一作緑樹。

〔窺日〕日，兩宋本、繆本、王本俱注云：一作光。

〔得月〕得，兩宋本、繆本、咸本俱作見。王本注云：一作見。

〔朱門〕門，兩宋本、繆本、王本俱注云：一作旄。

〔登樓〕樓，兩宋本、繆本、王本俱注云：一作臺。

〔坐水閣〕坐，兩宋本、繆本、王本俱注云：一作入。

〔英音〕英，兩宋本、繆本、王本俱注云：一作奇。

〔黄金〕咸本注云：一本無此二句。

〔青鳥〕鳥，兩宋本、繆本、王本俱注云：一作鸞。

〔明丹心〕明，蕭本作問。王本注云：蕭本作問。

【注】

〔黄鶴樓〕見卷七江上吟及卷八峨眉山月歌送蜀僧晏入中京詩注。

〔禰處士〕文選禰衡鸚鵡賦序：黄祖太子射賓客大會，有獻鸚鵡者舉酒於衡前曰：「禰處士，今日無用娱賓，竊以此鳥自遠而至，明慧聰善，羽族之可貴，願先生爲之賦，使四座咸共榮觀，不亦可乎！」衡因爲賦，筆不停綴，文不加點。△禰音你。

〔鸚鵡洲〕太平寰宇記卷一一二：鸚鵡洲在大江東（江夏）縣西南二里。西過此洲，從北頭七十步大江中流與漢陽縣分界。後漢書云，黄祖爲江夏太守時，祖長子射大會賓客，有獻鸚鵡於此，洲故得名。

〔樊山〕元和郡縣志卷二七：樊山在鄂州武昌縣西三里。謝玄暉詩曰：「釣臺臨講閣，樊山開廣宴。」謂此也。

〔峨眉雪〕王云：三峽記：峨嵋積雪，經時不散。峨嵋山乃岷山之一支也。峯巒高峻，上極寒冷，冬春積雪，雖經風日不能消釋。入夏始得融泮，流入岷江，經三峽而下，清流爲之變色。

〔三峽〕見卷八峨眉山月歌注。

〔萬舸〕王云：廣韻，楚以大船曰舸。陸放翁入蜀記：至鄂州泊税務亭，賈船客舫不可勝計，銜尾不絶者數里，自京口以西皆不及。李太白贈江夏韋太守詩曰：「萬舸此中來，連帆過揚州。」蓋此地自唐爲衝要之地。

〔鉛紅〕王云：鉛，粉也；紅，朱也。

〔櫳〕王云：説文：櫳，房室之疏也。按：六朝以來，詩中常以簾櫳連用，指室中向明之蔽隔也。

〔垂手〕王云：樂府雜録：舞者樂之容也，有大垂手、小垂手，或如驚鴻，或如飛燕。樂府詩集：大垂手、小垂手，皆言舞而垂其手也。吳均曲云：「垂手忽迢迢，飛燕掌中嬌。羅衫恣風引，輕帶任情摇。」又云：「舞女出西秦，躡影舞陽春。且復小垂手，廣袖拂紅塵。」

〔賓跪〕禮記曲禮：客跪撫席而辭。按：古人席地而坐，引身稍起即跪也。

〔江鮑〕按：江、鮑謂江淹、鮑照。荆江蓋韋所作之詩，意謂江、鮑覽其詩亦必爲之動色。

〔芙蓉〕鍾嶸詩品：謝詩如芙蓉出水。

〔列戟〕王云：中華古今注：戟以木爲之，後世刻爲無復典型，赤油韜之，亦謂之油戟，亦謂之棨戟，王公以下通用以爲前驅。唐五品以上皆施棨戟於門。唐書百官志：凡戟，一品之門十六，二品及京兆、河南、太原尹、大都督、大都護之門十四，三品及上都督、中都督、上都護、上州之門十二，下都督、下都護、中州、下州之門各十。衣幡壞者五歲一易之，薨卒者追還。按：此二語寫其府中兵衛之嚴。唐人於刺史治所每以戟門稱之，韋應物任蘇州刺史，其詩云：「兵衛森畫戟，燕寢凝清香」，是也。

〔黄金〕漢書卷三七季布傳：楚人諺曰：得黄金百，不如得季布諾。
〔丹心〕按：丹心以上叙此時相見之樂。

五色雲間鵲，飛鳴天上來。傳聞赦書至，却放夜郎迴。暖氣變寒谷，炎烟生死灰。君登鳳池去，勿棄賈生才。桀犬尚吠堯，匈奴笑千秋。中夜四五嘆，常爲大國憂。旌旆夾兩山，黄河當中流。連雞不得進，飲馬空夷猶。安得羿善射，一箭落旄頭？

【校】
〔勿棄〕勿，蕭本、胡本俱作忽。王本注云，蕭本作忽。
〔賈生才〕咸本此句下注云：一本無此二句。
〔連雞〕雞，咸本作難，注云：一作雞。

【注】
〔雲間鵲〕朝野僉載卷四：唐貞觀末，南康黎景逸居於空青山，常有鵲巢其側，每飲食以餧之。後鄰近失布者誣景逸盜之，繫南康獄月餘，劾不承，欲訊之。其鵲止於獄樓，向景逸歡喜，似傳語之狀，其日傳有赦，官司詰其來，云路逢玄衣素襟人所説，三日而赦至。景逸還山，

乃知玄衣素襟者，鵲之所傳也。

〔死灰〕史記韓長孺列傳：……其後安國坐法抵罪，蒙獄吏田甲辱安國，安國曰：「死灰獨不復然乎？」田甲曰：「然即溺之。」居無何，梁内史闕，漢使使者拜安國爲梁内史，起徒中爲二千石。

〔鳳池〕通典職官三：魏、晉以來，中書監令掌贊詔命，記會時事，典作文書，以其地在樞近，多承寵任，是以人固其位，謂之鳳凰池焉。

〔千秋〕漢書卷六六車千秋傳：千秋無他材能學術，又無伐閱功勞，特以一言悟主，旬月取宰相封侯，世未嘗有也。後漢使者至匈奴，單于問曰：「聞漢新拜丞相，何用得之？」使者曰：「以上書言事故。」單于曰：「苟如是，漢置丞相非用賢也，妄一男子上書即得之矣。」

〔連雞〕王云：戰國策：諸侯不可一，猶連雞之不能俱止於栖亦明矣。左傳：將飲馬於河而歸。楚辭：君不行兮夷猶。王逸注：夷猶，猶豫也。桀犬喻賊將若史思明輩。千秋喻宰相若苗晉卿、王璵輩。兩山，太華山、首陽山夾黄河之二山也。連雞喻當時諸節度使輩。

〔旄頭〕按：「五色」至「旄頭」一段意謂時艱方亟，猶思自効。

【評箋】唐宋詩醇云：白之從璘也，蘇軾辨其由於迫脅，論甚平允。此篇歷叙交遊始末，而白生平蹤跡亦略見於此。十月到幽州一段，蓋白自被放後，北遊燕、趙，觀聽形勢，知禄山之必叛，尾大不掉之害。欲言不能。述之猶覺痛切。至於潼關失守，江陵煽亂，與白之爲璘所脅，受累遠謫，無不明如指掌。結尾一段，慮廟堂之無人，憂將帥之不一，而賊之不得速平，與前遥相照應。通篇以交情時勢互爲經緯，汪洋灝瀚，如百川之灌河，如長江之赴海，卓乎大篇，可與北征並峙。陳僅云：太白經亂憶舊遊書懷贈江夏韋太守詩，書體也。（竹林答問）

今人詹鍈云：詩云：「傳聞赦書至，却放夜郎回。」又云：「樊山霸氣盡，寥落天地秋。」當是流夜郎歸至江夏於秋季作。王譜繫乾元二年下，今從之。

江夏使君叔席上贈史郎中

鳳凰丹禁裏，銜出紫泥書。昔放三湘去，今還萬死餘。仙郎久爲别，客舍問何如。涸轍思流水，浮雲失舊居。多慚華省貴，不以逐臣疎。復如竹林下，而陪芳宴初。希君生羽翼，一化北溟魚。

【校】

〔史郎中〕英華作史吏部。

〔而陪〕而，蕭本作叨。王本注云：蕭本作叨。

【注】

〔使君叔〕今人詹鍈云：按乾元二年，江夏太守爲韋良宰，有贈江夏韋太守良宰詩可證。太白又有流夜郎至江夏陪長史叔及薛明府宴興德寺南閣詩，此詩題中之使君叔疑是長史叔之誤。按：天寶中廢别駕，長史即太守之貳，職位不輕，疑亦可稱使君。

〔史郎中〕按：卷二十三有與史郎中欽（飲）聽黄鶴樓上吹笛云：「一爲遷客去長沙」，語意相合，自即一人。又卷三十送史司馬赴崔相公幕有「願託周周羽，相銜漢水湄」之句，時地相同，亦或其人。

〔丹禁〕王云：潛確居類書：天子所居曰禁，以丹塗壁，故曰丹禁，亦曰紫禁。

〔紫泥〕元和郡縣志卷三九：武都有紫水，泥亦紫，漢朝封璽書用紫泥，即此水之泥也。

〔仙郎〕按：後漢書明帝紀：郎官上應列宿。因有仙郎之稱。

〔何如〕按：問何如爲六朝風俗，即相見時問訊之寒暄語也。顔氏家訓勉學篇：體中何如則祕書，是也。

〔涸轍〕莊子外物篇：周昨來有中道而呼者，周顧視車轍中有鮒魚焉。曰：「我東海之波臣也，君豈有升斗之水而活我哉？」

〔華省〕文選潘岳秋興賦：獨展轉於華省。按：省謂宫中治事之所，華省言其所居之華焕。

〔竹林〕晉書卷四九阮咸傳：咸任達不拘，與叔父籍爲竹林之遊。

博平鄭太守自廬山千里相尋入江夏北市門見訪却之武陵立馬贈別

大梁貴公子，氣蓋蒼梧雲。若無三千客，誰道信陵君？救趙復存魏，英威天下聞。邯鄲能屈節，訪博從毛薛。夷門得隱淪，而與侯生親。仍要鼓刀者，乃是袖鎚人。好士不盡心，何能保其身？多君重然諾，意氣遥相託。五馬入市門，金鞍照城郭。都忘虎竹貴，且與荷衣樂。去去桃花源，何時見歸軒。相思無終極，腸斷朗江猿。

【校】

〔博平〕博，蕭本作晉。王本平下注云：蕭本作晉。

〔朗江〕江，兩宋本、繆本、王本俱注云：一作陵。

【注】

〔博平〕王云：唐時博平郡即博州也，隸河北道。武陵郡即朗州也，隸山南東道。

〔廬山〕元和郡縣志卷二八：廬山在（江州潯陽）縣東三十二里，本名鄣山。昔有匡俗字子孝，隱淪潛景，廬於此山，漢武帝拜爲大明公，俗號廬君，故山取號，周環五百餘里。參見卷十四廬山謠寄盧侍御虚舟詩注。

〔蒼梧雲〕見卷七梁園吟注。

〔毛薛〕史記信陵君列傳：公子留趙，公子聞趙有處士毛公藏於博徒，薛公藏於賣漿家。公子欲見兩人，兩人自匿不肯見。公子聞所在，乃閒步往從此兩人游，甚歡。……公子留趙十年不歸，秦日夜出兵東伐魏，魏王患之，使使往請公子，公子恐其怒之，乃誡門下有敢爲魏王使通者死。毛公、薛公往見公子曰：……今秦攻魏，魏急而公子不恤，使秦破大梁而夷先王之宗廟，公子當何面目立天下乎？語未及卒，公子立變色，告車趣駕歸救魏。魏王……以上將軍印授公子，……公子率五國之兵破秦軍於河外。

〔五馬〕見卷六陌上桑詩注。

〔荷衣〕楚辭九歌少司命：荷衣兮蕙帶。按：荷衣謂野人之服。

〔朗江〕方輿勝覽卷三〇：朗水在常德府武陵縣，其水西南自辰、錦州入郡界，經郡城入大江，謂之朗江。

江上贈竇長史

漢求季布魯朱家，楚逐伍胥去章華。萬里南遷夜郎國，三年歸及長風沙。聞道青雲貴公子，錦帆游戲西江水。人疑天上坐樓船，水淨霞明兩重綺。相約相期何太深！棹歌摇艇月中尋。不同珠履三千客，别欲論交一片心。

【校】

〔游戲〕戲，兩宋本、繆本俱作奕。咸本注云：一作奕。王本注云：繆本作奕。

【注】

〔朱家〕史記季布欒布列傳：季布者，楚人也。爲氣任俠有名於楚，項籍使將兵，數窘漢王。及項羽滅，高祖購求布千金，敢有舍匿罪及三族。季布匿濮陽周氏，周氏曰：「漢購將軍急，迹且至臣家。將軍能聽臣，臣敢獻計，即不能，願先自剄。」季布許之，乃髡鉗季布，衣褐衣，置廣柳車中，并與其家僮數十人之魯朱家所賣之。朱家心知是季布，乃買而置之田，誡其子曰：「田事聽此奴，必與同食。」朱家乃乘軺車之洛陽，見汝陰侯滕公……滕公心知朱家大俠，意季布匿其所，……待間果言如朱家指，上乃赦季布。

〔章華〕王云：楚平王囚伍奢而召其二子，伍尚遂歸，伍胥彎弓屬矢出見使者曰：「父有何罪以召其子爲？」將射，使者還走，遂出奔吴。章華臺在楚地，伍胥自楚出奔，故曰去章華也。

〔長風沙〕見卷四長干行二首注。

〔西江水〕王云：湖廣通志：西江水在安陸府景陵縣境，乃襄江之一派。

〔珠履〕史記春申君列傳：春申君客三千餘人，其上客皆躡珠履……。

【評箋】今人詹鍈云：王譜繫上元元年下，此詩當是自尋陽順江而下途經長風沙時作。太白於乾元元年流夜郎，三年後適爲上元二年，不得爲上元元年也。

贈王漢陽

天落白玉棺，王喬辭葉縣。一去未千年，漢陽復相見。猶乘飛鳧舄，尚識仙人面。鬢髮何青青！童顔皎如練。吾曾弄海水，清淺嗟三變。果愜麻姑言，時光速流電。與君數杯酒，可以窮歡宴。白雲歸去來，何事坐交戰？

【校】

〔天落〕此句兩宋本、繆本俱注云：一作天上墮玉棺。王本白下注云：一作上墮。

〔葉縣〕葉，蕭本作鄴。王本注云：蕭本作鄴，誤。

〔千年〕千，繆本作十，兩宋本、英華俱作千。

〔猶乘〕乘，咸本注云：一作成。

【注】

〔王漢陽〕按：卷十四有寄王漢陽、望漢陽柳色寄王宰及早春寄王漢陽，卷二十三有醉題王漢陽廳詩，皆即一人。卷十四之自漢陽病酒歸寄王明府，卷二十泛沔州城南郎官湖序所稱漢陽宰王公皆亦當指此。

〔葉縣〕後漢書卷一一二王喬傳：王喬者，河東人也。顯宗世爲葉令。喬有神術，每月朔望，常自縣詣臺朝。帝怪其來數而不見車騎，密令太史伺望之。言其臨至輒有雙鳧從東南飛來，於是候鳧至，舉羅張之，但得一雙舃焉。乃詔上方診視，則四年中所賜尚書官屬履也。後天下玉棺於堂前，吏人推排，終不動摇。喬曰：「天帝獨召我耶！」乃沐浴服飾寢其中，蓋便立覆。宿昔葬於城東，土自成墳，其夕縣中牛皆流汗喘乏，而人無知者。百姓乃爲立廟，號葉君祠。按：王喬鳧履之説出于漢時傳説誤會。劉知幾已辨之。史通卷一七云：按應劭風俗通載楚有葉君祠，即葉公諸梁廟也。而俗云孝明帝時有河東王喬爲葉令，嘗飛鳧入朝。及干寶搜神記乃隱應氏所通而收其流俗怪説。

〔漢陽〕舊唐書地理志：江南西道鄂州漢陽：武德四年，……置沔州，治漢陽縣。……至大和七年，……併入鄂州。

〔三變〕神仙傳：麻姑云：接待以來，見東海三爲桑田，向到蓬萊，水又淺於往日。

〔交戰〕王云：陶潛詩：「一生復能幾？倏如飛電驚。」又：「貧富常交戰，道勝無戚顔。」　按：歸去來亦用陶潛歸去來辭意。

【評箋】

按：卷十四有寄王漢陽、自漢陽病酒歸寄王明府兩詩，卷二十三有醉題王漢陽廳詩，即此一人。今人詹鍈云：疑是流夜郎歸至江夏又遇王漢陽作。證以「清淺嗟三變」之語，詹説可信。

贈漢陽輔録事二首

聞君罷官意，我抱漢川湄。借問久疎索，何如聽訟時？天清江月白，心静海鷗知。應念投沙客，空餘弔屈悲。

【校】

〔久疎索〕咸本作疎索後，注云：一作久疎索。

【注】

〔輔録事〕按：卷十四江夏寄漢陽輔録事，中有「君草陳琳檄」句，此詩二首皆有罷官之語，蓋罷官後又入軍幕者。

〔録事〕王云：唐時刺史屬官，司馬之下有録事參軍事。上州者從七品，中州者正八品，下州者從八品。有録事，皆從九品。每縣亦有録事，在丞尉之下，則流外官也。

〔疎索〕按：疎索猶言索莫，冷落意也。

〔海鷗〕列子黄帝篇：海上之人有好漚鳥者，每旦之海上從漚鳥游，漚鳥之至者百住而不止。

其父曰：「吾聞漚鳥皆從汝游，汝取來吾玩之。」明日之海上，漚鳥舞而不下也。按：漚即鷗字。

〔投沙〕按：史記漢書賈誼傳皆言爲賦以弔屈原，則投沙客謂遷謫於長沙，仍用賦中竢罪長沙意，非懷沙意也。

其二

鸚鵡洲横漢陽渡，水引寒烟没江樹。南浦登樓不見君，君今罷官在何處？漢口雙魚白錦鱗，令傳尺素報情人。其中字數無多少，祇是相思秋復春。

【校】

〔水引〕引，胡本作影。

〔無多少〕無，蕭本、胡本俱作何。王本注云：蕭本作何。

【注】

〔漢口〕王云：潛確居類書：鸚鵡洲在湖廣漢陽渡之上，禰衡嘗作鸚鵡賦，後埋玉於此，故名。一洲雖跨漢江，而尾連黄鶴磯，故圖經屬武昌郡，云秋水漲盛時，隱没不見，至水落乃出。一統志：漢陽渡在漢陽府城東。南浦在武昌府城南三里，漢口在大别山北，即漢水與漬水合流入江處。胡三省通鑑注：漢口，漢水入江之口，其地在鄂州漢陽縣東大別山下。

〔尺素〕王云：楊升菴曰：古樂府：「尺素如殘雪，結成雙鯉魚。要知心裏事，看取腹中書。」據此詩，古人尺素結爲鯉魚形，即緘也。文選：「客從遠方來，遺我雙鯉魚。」即此事也。下云：「呼兒烹鯉魚，中有尺素書。」亦譬況之言，非真烹也。五臣及劉履謂古人多於魚腹寄書，引陳涉罩魚倡禍事證之，何異痴人説夢？

江夏贈韋南陵冰

胡驕馬驚沙塵起，胡雛飲馬天津水。君爲張掖近酒泉，我竄三巴九千里。天地再新法令寬，夜郎遷客帶霜寒。西憶故人不可見，東風吹夢到長安。寧期此地忽相遇，驚喜茫如墮烟霧。玉簫金管喧四筵，苦心不得申長句。昨日繡衣傾緑樽，病如桃李竟何言？昔騎天子大宛馬，今乘款段諸侯門。賴遇南平豁方寸，復兼夫子持清論。有似山開萬里雲，四望青天解人悶。人悶還心悶，苦辛長苦辛。愁來飲酒二千石，寒灰重暖生陽春。山公醉後能騎馬，别是風流賢主人。頭陀雲月多僧氣，山水何曾稱人意？不然鳴笳按鼓戲滄流，呼取江南女兒歌棹謳。我且爲君搥碎黄鶴樓，君亦爲吾倒却鸚鵡洲。赤壁争雄如夢裏，且須歌舞寬離憂。

【校】

〔胡雛〕雛，繆本作騶。王本注云：繆本作騶。

〔長句〕長，兩宋本、繆本俱作一，注云：一作長。王本注云：一作一。

〔夫子〕夫，咸本作三。

〔雲月〕月，咸本作外。

〔不然〕然，兩宋本、胡本、繆本、王本俱注云：一作能。

【注】

〔韋南陵冰〕按：此與卷十三寄韋南陵冰余江上乘興訪之遇尋顏尚書笑有此贈詩所指爲同一人。韋冰乃景駿之子渠牟之父。黄本驥誤以爲元珪之子，今人詹鍈引新、舊書韋堅傳考證，仍承黄氏之説。岑仲勉唐集質疑云：太白集一一江夏寄韋南陵冰五古一首，黄本驥云：案此詩乾元二年太白流夜郎中途遇赦還憩漢陽時作，……韋冰，元珪之子，後爲鄂令者也（魯公集一六）。余按姓纂，郿城公房，景駿生述、迪、冰，冰一名達，生渠牟，太常卿，是冰與述爲兄弟；又據載之集二三，渠牟墓誌：維貞元十七年秋七月乙酉，太常韋公諱渠牟，年五十三，啓手足于靖恭里。……父冰，著作郎兼蘇州司馬，……大曆末，丁著作府君憂。則太白所詠正與此韋冰時代相當。復次，姓纂，元珪宗正卿，生堅、蘭、芝，新表七四上，堅、蘭、芝外尚有冰，云鄂令，即黄氏所指之人也，按舊書一〇五韋堅傳：（天寶）五載……七月，堅又長流嶺南臨封郡，堅弟將作少匠蘭、鄠縣令冰、兵部員外芝，堅男河南府户曹諒並遠貶，至十月，使監察御史羅希奭逐而殺之，諸弟及男諒並死。是白作詩時，元珪之子冰，慘死已一周星紀矣。黄氏誤也。

〔胡雛〕晉書卷一〇四石勒載記：年十四，隨邑人行販洛陽，倚嘯上東門。王衍見而異之，顧謂左右曰：「向者胡雛，吾觀其聲視有奇志，恐將爲天下之患。」馳遣收之，會勒已去。

〔天津〕晉書天文志：天津九星，横河中，一曰天漢，一曰天江，主四瀆津梁。按：詞章中天津亦指帝王之都。

〔張掖〕王云：唐時張掖郡，甘州也。酒泉郡，肅州也。俱屬隴右道。通典：張掖郡西到酒泉郡四百二十里。按：韋冰蓋先曾官於張掖，旋至長安，今赴官南陵也。

〔三巴〕王云：太白雖流夜郎，然甫至三巴而遇赦，故曰我竄三巴九千里。

〔繡衣〕按：此句似指在江夏遇使幕宴會，唐之幕職多帶御史銜，常以繡衣驄馬等語稱之也。

〔何言〕按：此雖用古語「桃李不言，下自成蹊」（見史記李將軍列傳），實自喻有懷無所控訴之意。

〔大宛〕史記大宛列傳：及得大宛汗血馬，益壯，更名烏孫馬曰西極，名大宛馬曰天馬云。

〔款段〕後漢書卷五四馬援傳：乘下澤車，御款段馬。章懷太子注：款猶緩也。言形段遲緩也。按：款段爲疊韻聯緜字，并形容重滯，與蹇産、顛頊等字略同，章懷説非。

〔南平〕王云：南平謂南平太守李之遥也。
〔二千石〕按：此極言飲酒之多，非漢官制中之二千石。
〔頭陀〕楊云：頭陀寺在鄂州，宋大明五年建。天竺言頭陀，此言抖擻，抖擻，煩惱也。王云：元和郡縣志：頭陀寺在鄂州江夏縣東南二里。陸放翁入蜀記：頭陀寺在鄂州城之東隅石城山。方輿勝覽：頭陀寺在黄鶴山上，自南齊王屮作碑，遂爲古今名刹。按：文選王屮頭陀寺碑文李善注云：碑在鄂州。即此寺。
〔滄流〕按：滄有凉意，滄流猶言滄凉之水也。
〔棹謳〕文選左思蜀都賦：發棹謳。劉淵林注：棹謳，鼓棹而歌也。

贈盧司户

秋色無遠近，出門盡寒山。白雲遥相識，待我蒼梧間。借問盧躭鶴，西飛幾歲還？

【注】
〔盧司户〕今人詹鍈云：「白雲遥相識，待我蒼梧間」，當是秋季於永州作。新唐書藝文志：盧象集十二卷。注云：字偉卿，左拾遺，膳部員外郎，授安禄山僞官，貶永州司户參軍。唐詩紀事記盧象事迹云：大盗起幽陵，入洛師執公脅之從伍中，謫果州刺史，又貶永州司户。

此詩贈於象者。按：劉禹錫集中有主客員外郎盧公集紀，盧後移吉州，拜主客，道卒于武昌。又云：以章句振起於開元中，與王維、崔顥比肩驤首，李蓋早與相識者。又劉集中董氏武陵集紀有「聞名如盧杜」之句，注云盧員外象，杜員外甫，其稱道可謂至矣。

〔盧躭鶴〕水經注耒水：鄧德明南康記曰：昔有盧躭，仕州爲治中。少棲仙術，善解雲飛。每夕輒淩虚歸家，曉則還州。嘗於元會至朝，不及朝列，化爲白鵠（鶴），至閣前回翔欲下，威儀以石擲之，得一隻履。躭驚還就列，内外左右莫不駭異。

贈從弟南平太守之遥二首

少年不得意，落魄無安居。願隨任公子，欲釣吞舟魚。常時飲酒逐風景，壯心遂與功名疎。蘭生谷底人不鋤，雲在高山空卷舒。漢家天子馳駟馬，赤車蜀道迎相如。天門九重謁聖人，龍顔一解四海春。彤庭左右呼萬歲，拜賀明主收沉淪。翰林秉筆迴英盼，麟閣崢嶸誰可見？承恩初入銀臺門，著書獨在金鑾殿。龍駒雕鐙白玉鞍，象牀綺席黄金盤。當時笑我微賤者，却來請謁爲交歡。一朝謝病游江海，疇昔相知幾人在？前門長揖後門關，今日結交明日改。愛君山嶽心不移，隨君雲霧迷所爲。夢得池塘生春草，使我長價登樓詩。别後遥傳臨海作，可見羊何共和之。

【校】

〔題〕兩宋本、繆本題下俱注云：時因飲酒過度貶武陵，後詩故贈。

〔得意〕得，兩宋本、繆本俱作作。王本注云：繆本作作。

〔落魄〕魄，兩宋本、繆本俱作拓。王本注云：繆本作拓。

〔盼〕咸本作眄。

〔承恩〕此句兩宋本、繆本俱注云：一作承恩侍從甘泉宮。王本注云：一作侍從甘泉宮。

〔綺席〕席，兩宋本、繆本、咸本俱作食，兩宋本、繆本俱注云：一作席。王本注云：一作食。

〔隨君〕隨，咸本作墮，注云：一作隨。

【注】

〔南平〕王云：唐時南平郡即渝州也。先名巴郡，天寶元年更名，隸劍南道。

〔任公子〕見卷一大鵬賦注。

〔不鋤〕三國志蜀志周羣傳：芳蘭生門，不得不鋤。

〔相如〕見卷四白頭吟第二首詩注。

〔彤庭〕文選班固西都賦：玉階彤庭。李善注：漢書曰：昭陽舍中庭塗朱。

〔翰林〕石林燕語卷七：唐翰林院本内供奉藝能技術雜居之所，以詞臣侍書詔其間，乃藝能之一爾。開元以前，猶未有學士之稱，或曰翰林待詔，或曰翰林供奉，如李太白猶稱供奉。自張垍爲學士，始别建學士院於翰林院之南，則與翰林院分而爲二，然猶冒翰林之名。日知録卷二四：舊書言翰林院有合練僧道卜祝術藝書弈，各别院以廩之。（職官志）陸贄與吴通元有隙，乃言承平時工藝書畫之徒待詔翰林，比無學士，請罷其官。（通元傳）其見于史者，天寶初，嵩山道士吴筠，乾元中占星韓潁、劉烜，貞元末，弈棋王叔文，侍書王伾，元和末，方士柳泌，浮屠大通，寶曆初，善弈王倚，興唐觀道士孫準，並待詔翰林。（小説，元宗時有翰林善圍棋者王積薪）按：玄宗時翰林非德宗以後翰林學士職司綸誥之比，李白之稱翰林，實衹以文詞供奉而已，諸書論唐翰林官制頗詳確，舉右二條以見一斑。並參見卷二十四翰林讀書言懷詩注。

〔銀臺門〕舊唐書職官志：翰林院，天子在大明宫，其院在右銀臺門内。參見卷六相逢行注。

〔金鑾殿〕王云：玉海：兩京記：大明宫紫宸殿北曰蓬萊殿，其西曰還周殿，還周西北曰金鑾殿，殿旁坡名金鑾坡。又云：金鑾殿在蓬萊正西微南。

〔鐙〕丁鄧切。

〔春草〕王云：南史：謝惠連年十歲能屬文，族兄靈運嘉賞之，云每有篇章，對惠連輒得佳語。嘗於永嘉西堂思詩，竟日不就。忽夢見惠連，即得「池塘生春草」，大以爲工。嘗曰：此語有神助，非吾語也。按「池塘生春草」句乃靈運登池上樓詩，故曰「長價登樓詩」。靈運又有登臨海嶠初發強中作與從弟惠連可見羊何共和之詩一首，臨海晉時郡名，即今台州也。羊、何謂泰山羊璿之、東海何長瑜，與靈運惠連以文章賞會，共爲山澤之遊。

【評箋】

陸游云：世言荆公四家詩後李白，以其十首九首説酒與婦人。恐非荆公之言。白詩樂府外，及婦人者實少；言酒固多，比之陶淵明輩，亦未爲過。此乃讀白詩不熟者枉立此論耳。四家詩未必有次序，使誠不喜白，當自有故。蓋白識度甚淺，觀其詩中，如「中宵出飲三百杯，明朝歸揖二千石」，「揄揚九重萬乘主，謔浪赤墀金瑣賢」，「王公大人借顔色，金章紫綬來相趨」，「一別蹉跎朝市間，青雲之交不可攀」，「歸來入咸陽，談笑皆王公」，「高冠佩雄劍，長揖韓荆州」之類，淺陋有索客之風。集中此等語至多，但以其詞豪俊動人，故不深考耳。又如以布衣得一翰林供奉，此何足道？遂云：「當時笑我微賤者，却來請謁爲交歡。」宜其終身坎壈也。（老學庵筆記）

唐宋詩醇云：炎而附，寒而去，自是俗情之薄。翟公書門，殷浩詠詩，白何見之晚耶？蘭生谷底二句，逸韻可賞，復有深味，末四語用古入化，別具清新之致。

其二

東平與南平，今古兩步兵。素心愛美酒，不是顧專城。謫官桃源去，尋花幾處行？秦人如舊識，出户笑相迎。

【校】

〔美酒〕酒，咸本注云：一作女。

〔幾處〕處，咸本注云：一作度。

【注】

〔東平〕晉書卷四九阮籍傳：籍聞步兵廚營人善釀，有貯酒三百斛，乃求爲步兵校尉。按：籍爲東平相，已見本卷贈閭丘宿松詩注。

〔專城〕古詩陌上桑：三十侍中郎，四十專城居。按：專城謂郡守，王注謂縣令，非也。

〔桃源〕王云：桃源在武陵。參見卷二古風第三十一首注。

贈潘侍御論錢少陽

繡衣柱史何昂藏！鐵冠白筆横秋霜。三軍論事多引納，堦前虎士羅干將。雖無二十五老者，且有一翁錢少陽。眉如松雪齊四皓，調笑可以安儲皇。君能禮此最下士，九州拭目瞻清光。

【注】

〔繡衣〕見本卷在水軍宴贈幕府諸侍御詩注。

〔柱史〕史記張丞相列傳：秦時爲御史，主柱下方書。索隱：周秦皆有柱下史，謂御史也。所掌及侍立恒在殿柱之下，故老聃爲周柱下史。

〔鐵冠〕後漢書輿服志：法冠一曰柱後，高五寸，以纚爲展筩，鐵柱卷，執法者服之，侍御史、廷尉正、監、平也。

〔白筆〕太平御覽卷二二七魏志曰：帝嘗大會殿中，御史簪白筆側階而坐，上問左右，此爲何官何主。左右不對，辛毗曰：「此爲御史，舊時簪筆以奏不法，今者直備官，但毦筆耳。」

〔干將〕吴越春秋：闔閭内傳：干將作名劍二枚，……干將妻乃斷髮剪爪投於爐中……遂以成劍。陽曰干將，陰曰莫耶。陽作龜文，陰作漫理。文選司馬相如子虛賦：建干將之雄戟。張揖注：干將，韓王劍師。雄戟胡矛有鉅者，干將所造，則戟亦可稱干將矣。

〔老者〕説苑卷八尊賢篇：介子推行年十五而相荆，仲尼聞之，使人往視，還曰：「廊下有二十五俊士，堂上有二十五老人。」仲尼曰：「合二十五人之智，智於湯武，并二十五人之力，力於彭祖，以治天下，其固免矣乎！」按：介子推，家語作荆公子，似是。

【評箋】

今人詹鍈云：安儲皇事疑指輔佐永王而言。又云：「九州拭目瞻清光」，蓋謂可以收復兩京掃平胡虜也。此詩疑爲在永王軍中作，太白集有在水軍宴贈幕府諸侍御詩，潘侍御或亦諸侍御之一也。

按：詹説似非。肅宗之爲太子久矣，永王終不得稱儲皇。「拭目瞻清光」者，瞻潘之風采也。與卷十二贈錢徵君少陽詩合看，初無亂後語意。三軍論事，階前虎士，則指潘爲使府幕職，非必有軍事也。頗疑爲天寶初，韋堅獄起，肅宗處於憂危而作。此詩當與卷十二之贈錢徵君少陽合看。少陽年事蓋已高矣，故此詩云「眉如松雪」，彼詩云「如逢渭川獵，猶可帝王師」也。

贈柳圓

竹實滿秋浦，鳳來何苦飢？還同月下鵲，三繞未安枝。夫子即瓊樹，傾柯拂羽儀。懷君戀明德，歸去日相思。

【校】

〔秋浦〕浦，蕭本、胡本俱作圃。王本注云：蕭本作圃。

〔瓊樹〕樹，咸本注云：一作林。

【注】

〔竹實〕王云：陸璣詩疏：鳳凰一名鸝，非梧桐不棲，非竹實不食，非醴泉不飲。

〔安枝〕魏武帝短歌行：「月明星稀，烏鵲南飛。繞樹三匝，何枝可依？」

【評箋】

今人詹鍈云：詩云「竹實滿秋浦」，當是在秋浦作。

按：卷十有贈秋浦柳少府，疑即其人。

流夜郎半道承恩放還兼欣克復之美書懷示息秀才

黄口爲人羅，白龍乃魚服。得罪豈怨天？以愚陷網目。鯨鯢未翦滅，豺狼屢翻覆。悲作楚地囚，何由秦庭哭？遭逢二明主，前後兩遷逐。去國愁夜郎，投身竄荒谷。半道雪屯蒙，曠如鳥出籠。遥欣克復美，光武安可同？天子巡劍閣，儲皇守扶風。揚袂正北辰，開襟攬羣雄。胡兵出月窟，雷破關之東。左掃因右拂，旋收洛陽宫。迴輿入咸京，席卷六合通。叱咤開帝業，手成天地功。大駕還長安，兩日忽再中。一朝讓寶位，劍璽傳無窮。媿無秋毫力，誰念矍鑠翁？弋者何所慕？高飛仰冥鴻。棄劍學丹砂，臨爐雙玉童。寄言息夫子，歲晚陟方蓬。

【校】

〔豺狼〕狼，英華注云：一作虎。

〔悲作〕作，英華注云：一作犯。

〔何由〕由，蕭本作日。王本注云：蕭本作日。

〔帝業〕業，兩宋本、繆本、王本俱注云：一作宇。

〔手成〕手，咸本作首，注云：一作手。

〔駕還〕駕，咸本作君，注云：一作駕。

【注】

〔黄口〕家語卷四六本篇：孔子見羅雀者，所得皆黄口小雀，問之曰：「大雀獨不得何也？」羅者曰：「大雀善驚而難得，黄口貪食而易得。」

〔魚服〕見卷六枯魚過河泣詩注。

〔網目〕文選王融永明十一年策秀才文：爲網羅之目尚簡。李善注：文子曰：有鳥將來，張羅而得鳥者，羅之一目也。今爲一目之羅，即無時得鳥。李周翰注：目，網孔也。

〔鯨鯢〕文選曹冏六代論：掃除凶逆，剪滅鯨鯢。李周翰注：鯨鯢，大魚吞食小魚者，以喻不義人也。

〔翻覆〕按：此蓋指史思明已降又叛，此時猶未平定，題中所謂克復之美，專指收復兩京而言。

〔楚地囚〕晉書卷六五王導傳：當共戮力王室，克復神州，何至作楚囚相對泣邪？

〔秦庭哭〕左傳定五年：申包胥如秦乞師，……立依於庭牆而哭，日夜不絕聲，勺飲不入口七日。　按：詩意僅謂旨在救亡，心懷忠憤，有如申包胥。非謂繫獄無由求救也。李詩中屢用此典，不可泥視。

〔遷逐〕王云：二明主謂玄宗、肅宗。太白前事明皇，被讒遭逐，後值肅宗，坐累遠流，所謂兩遷逐也。

〔荒谷〕庾信哀江南賦序：予乃竄身荒谷，公私塗炭。

〔屯蒙〕易屯卦：彖曰：屯，剛柔始交而難生。又蒙卦：彖曰：蒙，山下有險，險而止，蒙。王云：屯蒙者，艱難蒙晦之義。

〔扶風〕王云：時明皇幸蜀，故曰天子巡劍閣。至德元載七月，改扶風爲鳳翔郡。二載二月，肅宗幸鳳翔。至十月兩京克復，始自鳳翔還長安。駐兵扶風者凡十月，故曰「儲皇守扶風」。

〔北辰〕王云：初學記：荆州星占曰：北辰一名天關，一名北極，北極者紫宫太一座也（今本太作天），此以喻天子之位。

〔洛陽宫〕舊唐書卷一二〇郭子儀傳：……九月，從元帥廣平王率蕃漢之師十五萬進收長安。迴紇遣葉護太子領四千騎助國討賊，子儀與葉護宴狎修好，誓平國難，相得甚歡。……子儀與賊將安守忠、李歸仁戰於京西香積寺之北，王師結陣横亘三十里，賊衆十萬陣於北，……迴紇以奇兵出賊陣之後夾攻之，賊軍大潰，自午至酉，斬首六萬級。賊將張通儒守長安，聞歸仁等敗，夜奔陝郡。翌日廣平王入京師，老幼百萬夾道歡叫，涕泣而言曰：不圖今日復見官軍！廣平王休士三日，率師東趣，……十月，安慶緒遣嚴莊悉其衆十萬來赴陝州，……與張通儒同抗官軍，屯於陝西，負山爲陣。子儀以大軍擊其前，迴紇登山乘其背，遇賊潛師於山中，與鬭過期，大軍稍却，賊分兵三千人絶我歸路，衆心大摇。子儀麾迴紇令進，盡殺之。師馳至其後，於黄埃中發十餘箭，賊驚顧曰：迴紇來。即時大敗，僵尸徧山澤。嚴莊、張通儒走歸洛陽，遂與安慶緒渡河保相州。子儀奉廣平王入東都，陳兵於天津橋，士庶歡呼於路。

〔劍璽〕文選謝朓和伏武昌登孫權故城詩：炎靈遺劍璽。李善注：漢儀禮志曰：皇太子即位，中黄門以斬蛇寶劍授。（攷異云，當作續漢禮儀志。）

〔傳無窮〕舊唐書肅宗紀：至德二載……十月癸亥，上自鳳翔還京後，遣太子太師韋見素入蜀迎上皇。……丙寅至望賢宫得東京捷書至，上大喜。丁卯，入長安。士庶涕泣拜忭曰：「不圖復見吾君。」……十二月丙午，上皇至自蜀。上至望賢宫奉迎，上皇御宫南樓，上望樓辟易下馬，趨進再拜，蹈舞稱慶。上皇下樓，上匍匐奉上皇足，涕泗嗚咽，不能自勝。遂扶侍上皇御殿，親自進食，自御馬以進。上皇上馬，又躬攬轡而行，止之後退。上皇曰：「吾享國長久，吾不知貴，見吾兒爲天子，吾知貴矣。」上乘馬前導，自開遠門至丹鳳門，旗幟燭天，綵棚夾道，士庶抃舞路側，皆曰：「不圖今日再見二聖。」百僚班於含元殿庭，上皇御殿，左相苗晉卿率百辟稱賀。上皇詣長樂殿謁九廟神主，即日幸興慶宫。上請歸東宫，上皇遣高力士再三慰譬而止。……十二月甲子，上皇御宣政殿，授上傳國璽，上于殿下涕泣而受之。按：參郭傳、肅紀，可證此詩據當時傳聞與史相合。

〔矍鑠翁〕後漢書卷五四馬援傳：武威將軍劉尚擊武陵五溪蠻夷，深入軍没，援因復請行，時年六十二，帝愍其老，未許之。援自請曰：「臣尚能被甲上馬。」帝令試之。援據鞍顧眄，以示可用。帝笑曰：「矍鑠哉是翁也。」章懷太子注：矍鑠，勇貌。按：是時李年將六十，故以馬援爲比，意謂無由効力也。

〔弋者〕高步瀛唐宋詩舉要卷一云：法言問明篇曰：鴻飛冥冥，弋人何篡焉？後漢書逸民傳引此文，李賢注曰：篡字諸本或作慕，法言作篡，宋衷曰：篡，取也。今人謂以計數取物爲篡，篡亦取也。文選卷五〇後漢書逸民傳論李善注曰：今篡或爲慕，非也。二李在張曲江前，（張詩作慕）皆言或作慕，是唐時法言有作慕者。按：此説見俞正燮癸巳類稿卷七。逸民傳云，言其違禍之遠也。詩意謂從此遠遊不復作用世之想。

【評箋】唐宋詩醇云：引罪自咎，無怨尤之心，有睠顧之誠，不失忠厚本旨。

贈張相鎬二首

神器難竊弄，天狼窺紫宸。六龍遷白日，四海暗胡塵。昊穹降元宰，君子方經綸。澹然養浩氣，欻起持大鈞。秀骨象山岳，英謀合鬼神。佐漢解鴻門，生唐爲後身。擁旄秉金鉞，伐鼓乘朱輪。虎將如雷霆，總戎向東巡。諸侯拜馬首，猛士騎鯨鱗。澤被魚鳥悦，令行草木春。聖智不失時，建功及良辰。醜虜安足紀？可貽幗與巾。倒瀉溟海珠，盡爲入幕珍。馮異獻赤伏，鄧生欻來臻。庶同昆陽舉，再覩漢儀新。昔爲管將鮑，中奔吴隔秦。一生欲報主，百代期榮親。其事竟不就，哀哉難重陳。卧病宿松山，蒼茫空四鄰。風雲激壯志，枯槁驚常倫。聞君自天來，目張氣益振。亞夫得劇孟，敵國空無人。捫虱對桓公，願得論悲辛。大塊方噫氣，何辭鼓青蘋？斯言儻不合，歸老漢江濱。

【校】

〔題〕兩宋本、繆本、王本題下俱注云：時逃難病在宿松山作。後一首亦作書懷重寄張相公。蕭本題下注云：時逃難在宿松山作。

〔還白日〕還，兩宋本、繆本、王本俱注云：一作駕。

〔四海〕兩宋本、繆本俱注云：一作九洛。王本注云：一作九落。

〔大鈞〕大，兩宋本、繆本俱作天。王本注云：繆本作天。

〔生唐〕此句兩宋本、繆本俱作興唐思退身，注云：一作生唐爲後身。興唐，注云：一作功成。

王本注云：一作興唐思退身，一作功成思退身。

〔雷霆〕霆，兩宋本、繆本、王本俱注云：一作雹。

〔聖智〕兩宋本、繆本、王本俱注云：一作逢聖。英華作逢聖。

〔庶同〕庶，英華作至。

〔宿松山〕兩宋本、繆本、咸本俱作古松滋。王本注云：繆本作古松滋。

〔蒼茫〕茫，兩宋本、繆本、咸本俱作山。王本注云：繆本作山。

〔敵國〕敵，兩宋本、繆本、王本俱注云：一作七。

〔空無〕空，兩宋本、繆本、胡本、王本俱注云：一作定。咸本作定。

【注】

〔張相〕舊唐書卷一一一張鎬傳：張鎬博州人也。風儀魁岸，廓落有大志，涉獵經史，好談王霸大略。……天寶末……自褐衣拜左拾遺……玄宗幸蜀，鎬自山谷徒步扈從。肅宗即位，玄宗遣鎬赴行在所，鎬至鳳翔，奏議多有弘益，拜諫議大夫。尋遷中書侍郎、同中書門下平章事。……時方興軍戎，帝注意將帥，以鎬有文武才，尋命兼河南節度使、持節都統淮南等道諸軍事。……及收復兩京，加鎬銀青光禄大夫，封南陽郡公，詔以本軍駐汴州招討殘孽。

並參見卷十九張相公出鎮荆州尋除太子詹事余時流夜郎行至江夏與張公相去千里公因太府丞王昔使車寄羅衣二事及五月五日贈余詩余答以此詩。

〔神器〕文選張衡東京賦：巨猾間釁，竊弄神器。薛綜注：神器，帝位也。

〔天狼〕見卷四幽州胡馬客歌注。

〔六龍〕見卷三蜀道難注。

〔昊穹〕史記司馬相如列傳：自昊穹兮生民。按：史記昊穹無注，漢書作顥穹，脱兮字。顏師古注：顥穹皆謂天也，顥言氣顥汗也，穹言形穹隆也。

〔元宰〕文選王融曲水詩序：元宰比肩於尚父。李善注：元宰，冢宰也。

〔經綸〕易屯卦：象曰：雲雷屯，君子以經綸。正義：言君子法此屯象有爲之時，以經綸天下，約束於物。

〔大鈞〕按：此語謂張以布衣不二年爲宰相。

〔後身〕按：此語謂張亦如張良解漢高祖鴻門之厄。

〔幗與巾〕通鑑卷七二：司馬懿與諸葛亮相守百餘日，亮數挑戰，懿不出，亮乃遺懿巾幗婦人之服。胡三省注：劉昭注補輿服志：公卿列侯夫人紺繒幗，蓋婦人首飾之稱。

〔入幕珍〕獨孤及張公鎬遺愛碑：奮選乃僚，必國之良。有若博陵崔貢、昌黎韓洄、趙郡李惟岳、北海王士華、河間邢宙、河東裴孝智、隴西李道，皆卿材也，以嘉言碩畫參公軍事。

〔赤伏〕見卷九讀諸葛武侯傳書懷贈長安崔少府叔封昆季……詩注。

〔昆陽〕按：以上各語皆以漢光武中興爲比。王云：後漢紀：蕭王至中山，羣臣上尊號，王不聽，諸將固請。王召馮異問以羣臣之議。異曰：「三王背叛，更始敗亡，天下無主，宗廟之憂，在於大王，宜從衆議。上以安社稷，下以濟百姓。」王曰：「我昨夢乘赤龍上天，覺悟心中悸動，此何祥也？」異再拜賀曰：「此天命發於精神，心中悸動，大王重慎之至也。」會諸生彊華自長安奉赤伏符詣鄗，羣臣復請曰：受命之符，人應爲大。今萬里合信，周之白魚安足比乎？符瑞昭晰，宜答天神以光上帝。六月己未，即皇帝位於鄗。後漢書鄧禹傳：禹聞光武安集河北，即杖策北渡，追及於鄴，光武見之甚歡。漢書王莽傳：莽遣大司空王邑馳傳之洛陽，與司徒王尋發衆郡兵百萬，平定山東。邑至洛陽，州郡各選精兵，牧守自將，定會者四十二萬人，餘在道不絶。車甲士馬之盛，自古出師未嘗有也。六月，邑與尋發洛陽，欲至宛，道出潁川，過昆陽。昆陽時已降漢，漢兵守之。二公縱兵圍昆陽，世祖悉發郾、定陵兵數千人，來救昆陽，尋、邑易之，自將萬餘人行陣，勑諸營皆按部毋得動，獨迎與漢兵戰，不利。大軍不敢擅相救，漢兵乘勝殺尋，昆陽中兵出並戰，邑走軍亂，天風蜚瓦，雨如注水，大衆崩壞號謼，虎豹股慄，士卒奔走，各還歸其郡。後漢書光武帝紀：時三輔吏士東迎更始，見諸將過皆冠幘而衣婦人衣諸于繡裾，莫不笑之。或有畏而走者，及見司隸僚屬，皆歡喜不自勝，老吏或垂涕曰：不圖今日復見漢官威儀。

〔管將鮑〕見卷三箜篌謠注。

〔宿松〕舊唐書地理志：淮南道舒州宿松：漢皖縣地，梁置高塘郡，隋罷郡，置宿松縣。太平寰宇記卷一二五：（舒州）宿松縣本漢皖縣地。元始中爲松滋縣，屬廬江。晉武平吴，以荆州有松滋縣，遂改爲宿松縣。

〔劇孟〕見卷三梁甫吟注及卷九贈崔侍御詩注。

〔桓公〕晉書卷一一四王猛傳：桓温入關，猛被褐而詣之，一面談當世之事，捫蝨而言，旁若無人。

〔噫氣〕莊子齊物論篇：夫大塊噫氣，其名爲風。按：大塊謂地也。

〔青蘋〕文選宋玉風賦：夫風生於地，起於青蘋之末。

〔漢江濱〕按：此上頌張之功業，欲來投効。

其二

本家隴西人，先爲漢邊將。功略蓋天地，名飛青雲上。苦戰竟不侯，當年頗惆悵。世傳崆峒勇，氣激金風壯。英烈遺厥孫，百代神猶王。十五觀奇書，作賦淩相如。龍顔惠殊寵，麟閣憑天居。晚途未云已，蹭蹬遭讒毁。想像晉末時，崩騰胡塵起。衣冠陷鋒鏑，戎虜盈朝市。石勒窺神州，劉聰劫天子。撫劍夜吟嘯，雄心日千里。誓欲斬鯨鯢，澄清洛陽水。六合灑霖雨，萬物無凋枯。我揮一杯水，自笑何區區？因人恥成事，貴欲決良圖。滅虜不言功，飄然陟方壺。惟有安期舄，留之滄海隅。

【校】

〔本家〕兩宋本、繆本、王本俱注云：一作家本。英華作家本。

〔蓋天地〕英華作天地中。

〔當年〕當，蕭本作富。王本注云：蕭本作富。

〔百代〕兩宋本、繆本俱作伯代。此句下咸本注云：一本無此二句。

〔麟閣〕此句兩宋本、繆本、胡本、王本俱注云：一作侍從承明廬。

〔晚途〕途，咸本作徒，注云：一作途。

〔戎虜盈〕盈，咸本作滿。此句兩宋本、繆本、王本俱注云：一作荆棘生。胡本與一作同。

〔劉聰〕聰，王本注云：一作曜。

〔劫天子〕劫，王本注云：一作役。

〔六合〕兩宋本、繆本、王本俱注云：一作三台。

〔萬物〕兩宋本、繆本、王本俱注云：一作六合。

〔區區〕兩宋本、繆本俱作驅驅。王本注云：繆本作驅驅。

〔陟方壺〕陟，兩宋本、繆本、王本俱注云：一作向。胡本與一作同。方，兩宋本、蕭本、繆本、咸本俱作蓬。

【注】

〔隴西〕王云：唐書宗室世系表：李氏出自嬴姓，其後有仲翔爲河東太守、征西將軍，討叛羌於素昌，戰没，葬隴西狄道東川，因家焉。仲翔生伯考，隴西、河東二郡太守。伯考生尚，成紀令。尚生廣，前將軍。廣二子，長曰當户，次曰敢，郎中令、關内侯。敢生禹，禹生丞公，河南太守。丞公生先，蜀郡、北平太守。先生長宗，漁陽丞。長宗坐君況，博士議郎、太中大夫。況生本，郎中、侍御史。本生次公，巴郡太守、西夷校尉。次公生軌，魏臨淮太守、司農卿。軌生隆，長安令、積弩將軍。隆生艾，晉驍騎將軍、魏郡太守。艾生雍，濟北、東莞二郡太守。雍生二子，長曰倫，次曰柔，北地太守。柔生弇，前涼天水太守、武衛將軍、安西亭侯。弇生昶，涼太子侍講。昶生暠，西涼武昭王興聖皇帝云云。太白爲興聖皇帝九世孫，故以廣爲祖。

〔天地〕王云：李陵報蘇武書：陵先將軍功略蓋天地，義勇冠三軍。劉良注：先將軍廣也，功績謀略甚大，可蓋於天地。道德指歸論：名在青雲之上。

〔不侯〕史記李將軍列傳：廣嘗與望氣王朔燕語曰：「自漢擊匈奴而廣未嘗不在其中。而諸部校尉以下材能不及中人，然以擊胡軍功取侯者數十人，而廣不爲後人，然無尺寸之功以得封邑者何也？豈吾相不當侯耶？且固命也？」

〔崆峒〕爾雅釋地：空桐之人武。王云：史記正義：括地志云：崆峒山在肅州福禄縣東南六十里。又云：笄頭山一名崆峒山，在原州高平縣西百里。按通典：原州高平縣有崆峒山，岷州溢樂縣有崆峒山，肅州福禄縣有崆峒山，是有三崆峒山也。惟岷州漢時屬隴西郡。

〔猶王〕莊子養生主篇：神雖王，不善也。按：莊子之神王，作旺字解。世説賞譽篇：見子嵩在其中，常自神王。亦含往字意。此詩意兼此兩解。

〔天子〕王云：晉書孝懷帝紀：永嘉五年六月癸未，劉曜、王彌、石勒同寇洛川，王師頻爲所敗，死者甚衆。丁酉，劉曜、王彌入京師，帝開華林園門出河陰藕池，欲幸長安，爲曜等所追及，曜等遂焚燒宫廟，逼辱妃后，百官士庶死者三萬餘人。帝蒙塵於平陽，劉聰以帝爲會稽公。

〔成事〕史記平原君列傳：毛遂曰：「公等録録，所謂因人成事者也。」

〔安期舄〕南方草木狀：番禺東有澗，澗中生菖蒲皆一寸九節，安期生採服仙去，但留玉舄焉。

【評箋】

今人詹鍈云：王譜繫至德二載下，注云：通鑑，至德二載八月，以張鎬爲河南節度採訪等使，都統淮南諸軍事，二詩之作在是月之後。詩曰：「卧病古松滋，……」則其時以病暫寓宿松，又不在宋中丞幕矣。按第一首云：「其事竟不成，哀哉難重陳。」第二首云：「晚途未云已，蹭蹬遭讒毁。」所謂「難重陳、遭讒毁」者，當指坐繫尋陽獄而言。舊唐書張鎬傳：以鎬有文武才，尋命兼河南節度使，持節都統淮南等道諸軍事。鎬即發，會張巡宋州圍急，倍道兼進，傳檄濠州刺史閭丘曉引兵出救。曉……逗留不進，鎬至淮口，宋州已陷。通鑑：至德二載十月癸丑，睢陽城陷。……張鎬聞睢陽圍急，倍道急進，檄浙東、浙西、淮南、北海諸節度及譙郡太守閭丘曉使共救之。曉素傲很，不受鎬命。比鎬至，睢陽城已陷三日。此詩云：「虎將如雷霆，……」當是十月初聞睢陽未陷以前，張鎬倍道兼進途經宿松時作。……但此時既在太白出獄之後，則逃難云云不知何指。意者，白之出獄乃宋若思擅爲之主，迨宋上書薦白，朝廷非但不加赦免，且欲窮追，致白又離宋中丞幕而逃難宿松耳。

按：王説似是。張鎬救睢陽，必無迂道經宿松之理，李之贈詩，非必面晤也。且出獄不即爲赦罪，逃難亦不即爲逃刑。李詩尚欲自効，則所謂逃難，所謂病，亦不過編集時託詞耳。虎將、東巡等，皆詩中泛語，似不必即指爲叙事也。

聞謝楊兒吟猛虎詞因有此贈

同州隔秋浦，聞吟猛虎詞。晨朝來借問，知是謝楊兒。

【注】

〔同州〕王云：同州隔秋浦，謂同在池州，而所隔者祇一秋浦之水也。秋浦水在池州府城西南八十里。參見卷八秋浦歌十七首詩注。

【評箋】

按：卷二十尋魯城北范居士詩有「自詠猛虎詞」之句，未知即白之猛虎行，抑別有猛虎詞，爲人傳誦，要之白亦深自喜也。

宿清溪主人

夜到清溪宿，主人碧巖裏。簷楹挂星斗；枕席響風水。月落西山時，啾啾夜猿起。

【注】

〔清溪〕王云：清溪在池州。詳見卷二古風第四首注。

繫尋陽上崔相渙三首

邯鄲四十萬，同日陷長平。能迴造化筆，或冀一人生。

【注】

〔崔相渙〕見本卷獄中上崔相渙詩注。

〔長平〕王云：論衡：秦將白起坑趙降卒於長平之下，四十萬衆同時皆死。沈炯自長安還至方山愴然自傷詩：「秦軍坑趙卒，遂有一人生。」

其二

毛遂不墮井，曾參寧殺人？虛言誤公子，投杼惑慈親。白璧雙明月，方知一玉真。

【校】

〔寧〕此下兩宋本、繆本、王本俱注云：一作不。

【注】

〔毛遂〕西京雜記：趙有兩毛遂，……野人毛遂墜井而死，客以告平原君，平原君曰：「嗟乎天喪予矣！」既而知野人毛遂，非平原君客也。

〔曾參〕史記甘茂列傳：昔曾參之處費，魯人有與曾子同姓名者殺人，人告其母曰：「曾參殺人。」其母織自若也。頃之一人又告之曰：「曾參殺人。」其母尚織自若也。頃又一人告之曰：「曾參殺人。」其母投杼下機，踰牆而走。

【評箋】

葛立方云：老杜詩以後二句續前二句處甚多。李太白詩亦有此格。如「毛遂不墮井；曾

參寧殺人？虛言誤公子；投杼惑慈親」是也。（韻語陽秋）

其三

虛傳一片雨，枉作陽臺神。縱爲夢裏相隨去，不是襄王傾國人。

【校】

〔傾國人〕兩宋本、繆本此句下俱注云：此一首恐非上崔相。

【注】

〔陽臺神〕王云：庾信詩：「何勞一片雨，喚作陽臺神。」舊注：此一首恐非上崔相，亦恐非太白之作。

【評箋】

劉克莊云：此言迫脅而行，非其腹心上客，而或者注云：此一首恐非上崔相者，誤矣。（後村詩話續集）

巴陵贈賈舍人

賈生西望憶京華，湘浦南遷莫怨嗟。聖主恩深漢文帝，憐君不遣到長沙。

【注】

〔賈舍人〕舊唐書卷一九〇賈曾傳：子至。至天寶末爲中書舍人。新唐書賈至傳：（至德中）坐小法貶岳州司馬，寶應初召復故官。按：吴縝新唐書糾繆卷十一云：今案至本傳述王去榮殺人事，乃至德二載以後乾元元年二月已前事也。其傳中自後更無事，止是貶岳州司馬，後遂言寶應初復故官。……而肅宗紀云：乾元二年三月，九節度之師潰於滏水，東京留守崔圓、河南尹蘇震、汝州刺史賈至奔於襄鄧。……然則至之貶岳州司馬，正當至德、乾元之際。其貶岳州即坐棄汝州而出奔之故也。本傳既漏其爲汝州刺史一節，又失其爲岳州司馬之因，止云坐小法而已。若以肅宗紀乾元二年崔圓、崔震事考之，則其貶岳州之事，昭然可見也。並參見卷十五留别賈舍人至二首、卷二十陪族叔刑部侍郎曄及中書賈舍人至遊洞庭五首、卷二十一與賈至舍人於龍興寺剪落梧桐枝望㴩湖等詩。

【評箋】

蕭云：以上八首恐非太白之作。

楊慎云：賈至左遷巴陵有詩云：「極浦三春草，高樓萬里心。楚山晴靄碧，湘水暮流深。忽與朝中舊，同爲澤畔吟。感時還北望，不覺淚沾襟。」太白此詩解其怨嗟也。得温柔敦厚之旨矣。（升庵詩話）

唐宋詩醇云：可謂深婉。蕭士贇以此與前篇爲非白作，觀其氣味，非白不辨。

宋咸熙云：唐人贈遷謫詩，率用賈太傅事，然不過概作惋惜之詞耳。太白巴陵贈賈舍人云：「賈生西望憶京華，湘浦南遷莫怨嗟。明主恩深漢文帝，憐君不遣到長沙。」真得温柔敦厚之旨。唐汝詢疑其詞氣不類。非也。（耐冷譚）

今人詹鍈云：按杜少陵集有送賈閣老出汝州寄岳州賈司馬六丈巴州嚴八使君兩閣老五十韻詩，並黄鶴注均可爲吴縝説之旁證。賈至有初至巴陵與李十二白裴九同泛洞庭湖詩云：「江畔楓葉初帶霜，渚邊菊花亦已黄。」則賈之抵巴陵，當在乾元二年九月。此詩之作，亦在是時。

關朗易傳，明皇屢徵之不就，李白嘗造其廬訪焉。按：輿地紀勝卷一五四潼川府：趙蕤，字太賓，鹽亭人，今祠堂即其故宅，李白有懷趙證君詩，即蕤也。又：濯筆溪在郪縣西，古傳李太白訪趙徵君，習書於此，因名。

〔吴會〕文選魏文帝雜詩：「西北有浮雲，亭亭如車蓋。惜哉時不遇，適與飄風會。吹我東南行，行行至吴會。」參見卷十二贈從弟宣州長史昭詩注。

〔鍾儀〕左傳成九年：晉侯觀於軍府，見鍾儀，問之曰：「南冠而縶者誰也？」有司對曰：「鄭人所獻楚囚也。」使税之，……問其族，對曰「泠人也。」公曰：「能樂乎？」對曰：「先父之職官也，敢有二事？」使與之琴，操南音。……公語范文子，文子曰：……樂操土風，不忘舊也。杜預注：南音，楚聲。

〔莊舄〕史記張儀列傳：……秦惠王曰：「子去寡人之楚，亦思寡人不？」陳軫對曰：「王聞夫越人莊舄乎？」王曰：「不聞。」曰：「越人莊舄仕楚執珪，有頃而病。楚王曰：舄故越之鄙細人也。今仕楚執珪，貴富矣，亦思越不？中謝對曰：凡人之思，故在其病也。彼思越則越聲，不思越則楚聲。使人往聽之，猶尚楚聲也。」

〔相如臺〕王云：初學記：王褒益州記曰：司馬相如宅在州西笮橋北百步許。李膺云：市橋西二百步得相如舊宅，今海安寺南有琴臺故墟。太平寰宇記：益部耆舊傳云：相如宅在少城中笮橋下北百餘步是也。有琴臺在焉，今爲金花寺。成都志：相如琴臺在城外浣花溪之海安寺南，今爲金花寺。元魏伐蜀，下營於此，掘塹得大甕二十餘口，蓋所以響琴也。

〔子雲宅〕王云：太平御覽：成都記曰：成都縣南百步有揚雄宅，今草玄亭遺跡尚存。太平寰宇記：子雲宅在益州少城西南角，一名草玄堂。一統志：揚雄宅在成都府城内西南，内有草玄堂及墨池，……今成都縣治即其地也。

〔寂歷〕文選江淹雜體詩：「寂歷百草晦。」李善注：寂歷，凋疎貌。

〔離析〕論語季氏篇：邦分崩離析而不可守也。何晏集解：不可會聚曰離析。

【評箋】今人詹鍈云：蘇頲薦西蜀人才疏云，趙蕤術數，李白文章，則蕤定爲白居蜀時所交之友人。詩中云：「吴會一浮雲，飄如遠行客。功業莫從就，歲光屢奔迫。……國門遥天外，鄉路遠山隔，朝憶相如臺，夜夢子雲宅。」是白功業未就而思鄉矣，當是天寶以前初遊淮揚時作。

寄弄月溪吴山人

嘗聞龐德公，家住洞湖水。終身栖鹿門，不入襄陽市。夫君弄明月，滅景清淮裏。高蹤邈難追，可與古人比。清揚杳莫覿，白雲空望美。待號辭人間，攜手訪松子。

【校】

〔洞〕兩宋本、蕭本、咸本、胡本俱作洞。王本注云：蕭本作洞。

〔滅景〕景，王本作影，非，今依各本改。

〔待號〕號，兩宋本同。繆本、胡本俱作我，似是。

【注】

〔龐德公〕後漢書卷一一三逸民傳：龐公者，南郡襄陽人也。居峴山之南，未嘗入城府。夫妻相敬如賓，荆州刺史劉表數延請，不能屈，乃就候之。後遂攜其妻子登鹿門山，因採藥不反。章懷太子注：襄陽記曰：司馬德操……年小德公十歲，兄事之，呼作龐公，故俗人遂謂龐公是德公名，非也。……鹿門山舊名蘇嶺山。建武中，襄陽侯習郁立神祠於山，刻二石鹿夾神道口，俗因謂之鹿門廟，遂以廟名山也。

〔洞湖〕王云：洞湖事無所考證。孟浩然詩亦有「聞就龐公隱，移居近洞湖」之句。按酈道元水經注：蔡洲大岸西有洄湖，停水數十畝，長數里，廣減百步，水色常緑。楊儀居上洄，楊顒居下洄，與蔡洲相對。在峴山南廣昌里云云。與後漢書峴山之南相合，豈洞湖即洄湖之訛與！然道元不言洄湖爲德公所居，而以魚梁洲爲德公所居，則又未敢據也。

〔清揚〕詩鄭風野有蔓草：有美一人，清揚婉兮。毛傳：清揚，眉目之間。

〔松子〕王云：松子，赤松子也。又抱朴子：赤松子以玄蟲血漬玉爲水而服之，能乘烟上下。真誥：我之所師，南岳松子。松子爲太虚真人左仙公。

秋山寄衛尉張卿及王徵君

何以折相贈？白花青桂枝。月華若夜雪，見此令人思。雖然剡溪興，不異山陰時。明發懷二子，空吟招隱詩。

【校】

〔題〕兩宋本、繆本題下俱注云：會稽。

【注】

〔剡溪〕見卷九淮海對雪贈傅靄詩注。

〔明發〕見卷二古風第三十二首注。

【評箋】

今人詹鍈云：當作於玉真公主别館詩之後。

按：玉真公主别館苦雨一詩蓋作於與張卿往還之時，此詩則已别去。又卷十九有酬張卿夜宿南陵見贈詩，張蓋亦無官守而漫游者。又岑參集有留題太常徐卿草堂詩，是在蜀時所作。高適集有崔司録宅燕大理李卿詩，有「飲醉欲言歸剡溪」之句。知唐人稱人之官不必見任，李白詩中衛尉張卿正其比。又按：據郁賢皓李白與張垍交游新證（南京師院學報一九七八年第一期）一文考證，此詩作于開元間初入長安居終南山時，在玉真公主別館苦雨贈衛尉張卿二首之後。「衛尉張卿」指張垍。題中之「秋山」指終南山。

望終南山寄紫閣隱者

出門見南山，引領意無限。秀色難爲名，蒼翠日在眼。有時白雲起，天際自舒卷。心中與之然，託興每不淺。何當造幽人，滅跡棲絶巘？

【校】

〔題〕兩宋本、繆本題下俱注云：長安。

【注】

〔終南山〕王云：史記正義：括地志云：終南山一名中南山，一名太乙山，一名南山，一名橘山，一名楚山，一名秦山，一名周南山，一名地肺山，在雍州萬年縣南五十里。圖書編：終南乃關中南山，西起隴鳳，東踰商洛，綿亘千里有餘，其南北亦然。隨地異名，總言之則曰南山耳。

〔紫閣〕見卷五君子有所思行注。

〔絶巘〕文選張協七命：發絶巘，遡長風。張銑注：絶巘，高峯也。△巘，語蹇切。

【評箋】

沈德潛云：因白雲舒卷，念及幽人。偕隱之思與之俱遠。（唐詩別裁）

劉熙載云「有時白雲起，天際自舒卷」，「卻顧所來徑，蒼蒼横翠微」，即此四語，想見太白詩境。（藝概）

夕霽杜陵登樓寄韋繇

浮陽滅霽景，萬物生秋容。登樓送遠目，伏檻覲羣峯。原野曠超緬，關河紛錯重。清暉映竹日，翠色明雲松。蹈海寄遐想，還山迷舊蹤。徒然迫晚暮，未果諧心胸。結桂空佇立，折麻恨莫從。思君達永夜，長樂聞疎鐘。

【校】

〔浮陽〕此句英華陽霽二字互易，而注云集作某，則與此本文同。

〔紛錯〕錯，蕭本、胡本俱作雜。胡本注云：一作錯。王本注云：蕭本作雜。

〔竹日〕兩宋本、繆本、王本俱注云：一作水竹。

〔晚暮〕晚，英華作秋，注云：集作晚。

〔結桂〕以下二句，兩宋本、繆本、王本俱注云：一作采菊竟誰舉，游蘭恨莫從。

【注】

〔杜陵〕王云：元和郡縣志：杜陵在京兆府萬年縣東南二十里。胡三省通鑑注：自漢宣帝起杜陵邑，至後漢爲縣，屬京兆。隋遷京城，并杜陵入大興縣，唐改大興曰萬年。

〔浮陽〕文選張協雜詩：「浮陽映翠林。」吕向注：浮陽，日光也。

〔蹈海〕史記魯仲連列傳：彼即肆然而爲帝，過而爲政於天下，則連有蹈東海而死耳。

〔結桂〕楚辭九歌大司命：結桂枝兮延佇。王逸注：延，長也。佇，立也。……猶結木爲誓，長立而望。

〔折麻〕楚辭九歌大司命：折疏麻兮瑶華，將以遺兮離居。

〔長樂〕王云：徐陵玉臺新詠序：厭長樂之疎鐘。三輔黄圖：長樂宫本秦之興樂宫也。高皇帝始居櫟陽，七年，長樂宫成，徙居長安城。三輔舊事、宫殿疏皆云：興樂宫，秦始皇造，漢修飾之，周迴二十里。

秋夜宿龍門香山寺奉寄王方城十七丈奉國瑩上人從弟幼成令問

朝發汝海東，暮棲龍門中。水寒夕波急，木落秋山空。望極九霄迥，賞幽萬鋆通。目皓沙上月；心清松下風。玉斗横網户；銀河耿花宫。興在趣方逸；歡餘情未終。鳳駕憶王子；虎溪懷遠公。桂枝坐蕭瑟；棣華不復同。流恨寄伊水，盈盈焉可窮？

【校】

〔題〕兩宋本、繆本題下俱注云：洛陽。又咸本於奉字下注云：一本無此七字。

〔國鋆〕鋆，蕭本作嵤。王本注云：蕭本作嵤。

〔松下〕下，兩宋本、繆本、王本俱注云：一作裏。

〔玉斗横〕横，咸本作生。兩宋本、繆本亦作生，注云：一作横。王本注云：一作生。

〔興在〕以下二句兩宋本、繆本、胡本、王本俱注云：一作咫尺世喧隔，微冥真理融。

〔蕭瑟〕兩宋本、繆本、王本俱注云：一作銷歇。

〔流恨〕恨，兩宋本、繆本、王本俱注云：一作浪。

【注】

〔香山寺〕王云：河南通志：龍門山在河南府城西南三十里。兩山對峙，東曰香山，西曰龍門。石壁峭立，伊水出其間，故又名伊闕。左氏傳：晉趙鞅納王，使女寬守闕塞。服虔謂南山伊闕是也。杜預注：洛陽西南伊闕口也，而今謂龍門矣。壁間石佛大小數百，皆後魏及唐時所鑿。香山寺在龍門山上，後魏時建。白居易修香山寺記：洛陽四郊山水之勝，龍門首焉。龍門十寺游觀之勝，香山首焉。

〔方城〕王云：唐山南東道之唐州有方城縣。

〔瑩上人〕按：卷二十四有瑩禪師房觀山海圖，當即一人。

〔幼成〕按：卷十九有答從弟幼成過西園見贈詩，當爲同一人。

〔令問〕按：卷二十七有冬日於龍門送從弟京兆參軍令問之淮南覲省序，當爲同一人。

〔汝海〕王云：劉琨詩：「朝發廣莫門，暮宿丹水山」，枚乘七發：南望荆山，北望汝海。李善注：汝稱海，大言之也。郭璞山海經注：汝水出南陽魯陽縣大盂山東北，至河南梁縣東南，經襄城、潁川、汝南至汝陰褒信縣入淮。參見卷二十五題元丹丘潁陽山居詩注。

〔玉斗〕王云：玉斗即北斗，色明朗如玉，故曰玉斗。

〔網户〕王云：網户，門扉上刻爲方目如羅網狀，若今之隔亮也。楚辭：網户朱綴，刻方連些。

〔花宫〕王云：花宫，佛寺也。佛説法處天雨衆花，故詩人以佛寺爲花宫。詳見明堂賦注。

〔王子〕楊云：王子即周靈王太子晉也。王云：王子謂仙人王子喬。

〔虎溪〕王云：一統志：虎溪在九江府城南，晉僧惠遠送客過此，虎輒鳴號，因名。道書以虎溪山爲七十二福地之一。參見卷十五别東林寺僧詩注。

〔棣華〕王云：棣華詳見卷七注。王子以喻王方城，遠公以比國瑩上人，棣華謂幼成、令問二弟。

〔伊水〕王云：水經注：伊水出南陽縣西蔓渠山，東北過伊闕中，又東北至洛陽縣南，北入於洛。元和郡縣志：伊闕山在河南府伊闕縣北四十五里，兩山相對，望之若闕，伊水流其間，故名。

【評箋】

葛立方云：李白詩云：「朝發汝海東，暮棲龍門中。」又云：「朝别淩煙樓，暝投永華寺。」又云：「朝别朱雀門，暮棲白鷺洲。」又云：「雞鳴發黄山，暝投蝦湖宿。」可見其常作客也，范傳正言，白偶乘扁舟，一日千里，或遇勝境，終年不移。往來牛斗之間，長江遠山，一泉一石，無往而不自得也。則白之長作客乃好游爾，非若杜子美爲衣食所驅者也。李陽冰論白云：王公趨風，列嶽結軌，羣賢翕習，如鳥歸鳳。魏顥論白云：攜駿馬美妾，所適二千石郊迎，飲數斗徑醉，夫豈有衣食之迫哉？（韻語陽秋）

按：范晞文對牀夜話云：子建云：「朝遊江北岸，日夕宿湘沚。」潘安仁云：「朝發晉京陽，夕次金谷湄。」劉越石云：「朝發廣莫門，暮宿丹水山。」謝靈運云：「旦發清溪陰，暝投剡中宿。」鮑明遠云：「朝遊雁門山，暮還樓煩宿。」皆本楚辭朝發軔於蒼梧兮，夕予至於元圃。此論較葛説尤明通。

春日獨坐寄鄭明府

蘥麥青青遊子悲，河堤弱柳鬱金枝。長條一拂春風去，盡日飄揚無定時。我在河南別離久，那堪對此當窗牖？情人道來竟不來，何人共醉新豐酒。

【校】

〔對此當〕咸本、蕭本俱作坐此對。王本注云：蕭本作坐此對。

〔鄭明府〕按：此與卷十戲贈鄭溧陽，卷二十遊水西簡鄭明府兩詩所指，均當即卷二十九溧陽瀨水貞義女碑銘序中之鄭晏。

【注】

〔蘥麥〕爾雅釋草：蘥，雀麥。郭注：即燕麥也。王云：本草云：生故墟野林下，苗似小麥而弱，實似穬麥而細，在處有之。本草綱目：燕麥，野麥也。燕雀所食，故名。宗奭曰：苗與麥同，但穗細長而疎。唐劉夢得所謂菟葵燕麥摇蕩春風者也。

〔鬱金〕楊云：本草：鬱金似薑黄，言柳枝似鬱金之黄耳。

〔情人〕按：唐人謂摯友爲情人，此例不勝枚舉。本集卷十一贈漢陽輔録事云：「漢口雙魚白錦鱗，令傳尺素寄情人。」以情人指輔，與此詩以情人指鄭正同。本卷寄韋南陵冰詩：「聞君攜妓訪情人」，亦此類。

寄淮南友人

紅顏悲舊國，青歲歇芳洲。不待金門詔，空持寶劍游。海雲迷驛道，江月隱鄉樓。復作淮南客，因逢桂樹留。

【注】

〔青歲〕楊云：青歲猶言青春也。

〔金門〕見卷二古風第三十首注。

〔桂樹〕文選劉安招隱士詞：桂樹叢生兮山之幽。王逸注：桂樹芬香，以興屈原之忠良也。

【評箋】

按：「復作淮南客」句當指第二次游揚州，又據詩意，當作於少年時。

沙丘城下寄杜甫

我來竟何事？高卧沙丘城。城邊有古樹，日夕連秋聲。魯酒不可醉，齊歌空復情。思君若汶水，浩蕩寄南征。

【校】

〔題〕兩宋本、繆本題下俱注云：齊魯。

【注】

〔沙丘〕王云：楊齊賢曰：趙有沙丘宫在鉅鹿，此沙丘當在魯。琦按：在鉅鹿者乃沙丘臺，趙於其地作宫，故有沙丘宫，非沙丘城也。太平寰宇記：萊州掖縣有沙丘城，殷紂所築，始皇崩處。夫紂所築，始皇崩處，古今皆指在鉅鹿者是，不云在萊州。樂史所證亦誤。據此詩而約其地，當與汶水相近。

〔杜甫〕新唐書卷二〇一杜甫傳：杜甫，字子美，襄陽人。少貧不自振，客吴、越、齊、趙間，李邕奇其才，先往見之。舉進士不中第，困長安。天寶十三載，玄宗朝獻太清宫，饗廟及郊，甫奏賦三篇。帝奇之，使待制集賢院。……擢河西尉不拜，改右衛率府胄曹參軍。至德二年……拜右拾遺，……出爲華州司功參軍。……嚴武節度劍南東西川，……表爲參謀、檢校工部員外郎。按：集中涉及杜甫者，尚有卷十七魯郡東石門送杜二甫及卷三十戲贈杜甫等詩。

〔汶水〕王云：一統志：汶水其源有三：一發泰山之旁仙臺嶺，一發萊蕪縣原山之陽，一發萊蕪縣寨子村，至泰安州静封鎮合焉，名曰蹔汶。西南流，與徂徠山之陽小汶河合，又西南流注洸河入濟。按水經有五汶：北汶、嬴汶、柴汶、浯汶、牟汶，名雖有五而其流則同。

【評箋】

唐宋詩醇云：白與杜甫相知最深，飯顆山頭一絶，本事詩及酉陽雜俎載之，蓋流俗傳聞之説，白集無是也。鮑、庾、陰、何，詞流所重，李、杜實嘗宗之，特所成就者大，不寄其籬下耳。安得以爲譏議之詞乎？甫詩及白者十餘見，白詩亦屢及甫，即此結語，情亦不薄矣。世俗輕誣古人，往往類是，尚論者當知之。

聞丹丘子於城北山營石門幽居中有高鳳遺迹僕離羣遠懷亦有棲遁之志因叙舊以贈之

春華滄江月，秋色碧海雲。離居盈寒暑，對此長思君。思君楚水南，望君淮山北。夢魂雖飛來，會面不可得。疇昔在嵩陽，同衾卧羲皇。緑蘿笑簪紱，丹壑賤巖廊。晚塗各分析，乘興任所適。僕在雁門關，君爲峨嵋客。心懸萬里外，影滯兩鄉隔。長劍復歸來，相逢洛陽陌。陌上何喧喧！都令心意煩。迷津覺路失，託勢隨風翻。以兹謝朝列，長嘯歸故園。

【校】

〔題〕蕭本、胡本城北下俱無山字。

〔春華〕華，兩宋本、繆本、王本俱注云：一作弄。

〔風翻〕此句下咸本注云：一本無此二句。

【注】

〔丹丘子〕按：卷七有西嶽雲臺歌送丹丘子，與此詩皆以丹丘子爲稱。卷七元丹丘歌，卷十五潁陽别元丹丘之淮陽，卷十九以詩代書答元丹丘、酬岑勛見尋就元丹丘時對酒相待……，卷二十三與元丹丘方城寺談玄作、尋高鳳石門山中元丹丘，卷二十四觀元丹丘坐巫山屏風，卷二十五題元丹丘山居、題元丹丘潁陽山居、題嵩山逸人元丹丘山居等篇，皆前後同爲一人所作。

〔疇昔〕禮記檀弓：予疇昔之夜。鄭注：疇，發聲也；昔猶前也。

〔巖廊〕王云：漢書：游於巖廊之上。文潁曰：巖廊，殿下小屋也。晉灼曰：廊堂邊廡，巖廊謂巖峻之廊也。韻會：巖廊，殿旁高廡。

〔雁門關〕王云：太平寰宇記：雁門關在憲州東南六十里，屬天池縣雁門鄉。其關東臨汾水，西倚高山，接嵐朔州。一統志：雁門關在山西馬邑縣東南七十里，東西山巖峭拔，中有路盤旋崎嶇，絶頂置關，南通代州。

〔峨嵋〕王云，元和郡縣志：峨眉山在嘉州峨眉縣西七里。蜀都賦云：抗峨眉於重阻。兩山相對，望之如蛾眉，故名。此山亦有洞天石室，高七十六里。參見卷三蜀道難注及卷八當塗趙炎少府粉圖山水歌注。

故園恣閑逸，求古散縹帙。久欲入名山，婚娶殊未畢。人生信多故，世事豈惟一？念此憂如焚，悵然若有失。聞君卧石門，宿昔契彌敦。方從桂樹隱，不羨桃花源。高風起遐曠，幽人跡復存。松風清瑶瑟，溪月湛芳樽。安居偶佳賞，丹心期此論。

【校】

〔欲入〕入，兩宋本、繆本、王本俱注云：一作尋。

〔婚娶〕娶，胡本作嫁。

〔殊未畢〕咸本注云：一本作未云畢。

〔有失〕此句下咸本注云：一本無此四句。

〔高風〕風，兩宋本、繆本、咸本俱作鳳。王本注云：繆本作鳳。

【注】

〔縹帙〕徐陵玉臺新詠序：開兹縹帙，散此緗編。説文：縹，帛青白色。

〔婚娶〕後漢書卷一一三逸民傳：向長字子平，……隱居不仕，……建武中，男女娶嫁既畢，敕斷家事勿相關，當如我死也。於是遂肆意與同好北海禽慶俱游五岳名山，不知所終。

〔湛〕音牀減切，又直禁切，又子禁切。

【評箋】

按：此詩當與卷九鄴中王大勸入高鳳石門山居及卷二十三尋高鳳石門山中元丹丘二詩參看。疑此爲第一首，卷二十三則已與結鄰，卷九乃將舍之而去也。

淮陰書懷寄王宋城

沙墩至梁苑，二十五長亭。大舶夾雙艣，中流鵝鸛鳴。雲天掃空碧；川岳涵餘清。飛鳧從西來，適與佳興并。眷言王喬舄，婉孌故人情。復此親懿會；而增交道榮。沿洄且不定，飄忽悵徂征。暝投淮陰宿，欣得漂母迎。斗酒烹黄雞，一餐感素誠。予爲楚壯士；不是魯諸生。有德必報之，千金恥爲輕。緬書羈孤意，遠寄棹歌聲。

【校】

〔題〕兩宋本、繆本題下俱注云：再至淮南。王宋城，兩宋本、蕭本、繆本、咸本俱作王宗成。兩宋本、蕭本、繆本俱注云：一作王宋城。王本注云：一作宗城，繆本作宗成。

【注】

〔淮陰〕〔宋城〕王云：唐書地理志淮南道楚州淮陰郡有淮陰縣，河南道宋州睢陽郡有宋城縣。

〔長亭〕王云：按通典：宋城縣即漢睢陽縣，其地有漢梁孝王兔園、平臺、雁鶩池。長亭即斥堠也，古制十里一長亭。二十五長亭，則二百五十里矣。

〔鶺鸖〕王云：唐書釋音：舶，大舟，艣與櫓同，鶺鸖鳴謂舟人喧聒，有似鶺鸖之聲耳。

〔婉孌〕王云：後漢書：婉孌龍章。章懷太子注：婉孌猶親愛也。△孌音戀。

〔壯士〕楊云：韓信爲楚王，都下邳。至國，召所從食漂母，賜千金，召辱己少年，以爲中尉，曰：此壯士也。王云：琦按：太白因在淮陰，故用淮陰古事爲喻，所謂楚壯士者，正指韓信而言，楊氏以淮陰侯傳中辱信少年當之，未是。

【評箋】

按：詩意殊隱約，疑先遇王，旋别去，至淮陰寄此，暗寓求援之意。又「不是魯諸生」句意當與卷二十五嘲魯儒詩互參。

聞王昌齡左遷龍標遥有此寄

楊花落盡子規啼，聞道龍標過五溪。我寄愁心與明月，隨風直到夜郎西。

【校】

〔楊花〕此下四字兩宋本、繆本俱作揚州花落，注云：一作楊花落盡。王本注云：一作揚州花落。

〔隨風〕風，兩宋本、繆本俱作君。王本注云：繆本作君。

【注】

〔王昌齡〕新唐書卷二〇三文藝傳下：王昌齡，字少伯，江寧人。第進士，補校書郎，又中宏辭，遷汜水尉。不護細行，貶龍標尉。以世亂還鄉里，爲刺史閭丘曉所殺。昌齡工詩，緒密而思清，時謂王江寧云。按：卷十七有同王昌齡送族弟襄歸桂陽詩，可參證。

〔龍標〕舊唐書地理志：江南西道巫州龍標：武德七年置，屬辰州，貞觀八年置巫州爲理所。按：新唐書敍州潭陽郡下云：貞觀八年析置夜郎、郎溪、思微三縣。二書敍次均不明晰。輿地紀勝卷七一沅州：唐詩人王昌齡嘗尉是邑，李白以詩送云云。注：龍標在古夜郎東南，今辰溪縣乃隋之夜郎，此云西者，以隋地理志言之也。

〔五溪〕王云：通典、五溪：一辰溪、二西溪、三巫溪、四武溪、五沅溪，今黔中道謂之五溪。又云：五溪中地歸漢以後，列代開拓，今播川、涪川、夜郎、義泉、龍溪、溱溪等郡地。

【評箋】

桂長祥云：太白絶句，篇篇只與人別，如寄王昌齡、送孟浩然等作，體格無一分相似。奇節

風格，萬世一人。（李詩選）

劉繼莊云：茹紫庭曰：王昌齡爲龍標尉，龍標即今沅州也。又有古夜郎縣，故有夜郎西之句，若以夜郎爲漢夜郎王地者，則相去遠甚，不可解矣。甚矣古人之詩不易讀也。（廣陽雜記）

今人詹鍈云：昌齡之卒當在天寶十五載間，其貶龍標尉究在何年，史無明文。按殷璠河嶽英靈集謂王昌齡「奈何晚節不矜細行，謗議沸騰，垂歷遐荒，使知音者嘆惜」。（唐詩紀事引作晚節謗議沸騰，言行相背，及淪落竄謫，竟未減才名。固知善毁者不能毁西施之美也。）當指昌齡貶龍標尉而言。又常建鄂渚招王昌齡張僨詩云：「楚山隔湘水，湖畔落日曛。……謫居未爲歎，讒枉何由分？」似亦在昌齡貶龍標尉時。常建此詩既已選入河嶽英靈集，則昌齡之左遷龍標當在天寶十二載前。本詩起句云「楊花落盡子規啼」，疑是天寶八載春夏間於揚州作。

寄王屋山人孟大融

我昔東海上，勞山餐紫霞。親見安期公，食棗大如瓜。中年謁漢主，不愜還歸家。朱顏謝春暉，白髮見生涯。所期就金液，飛步登雲車。願隨夫子天壇上，閑與仙人掃落花。

【注】

〔王屋〕王云：河南通志：王屋山在懷慶府濟源縣西北九十里，接山西平陽府垣曲縣及澤州陽城縣界，山有三重，其狀如屋。或曰：以其山形如王者車蓋，故名。或曰：山空其中，列仙居之，其内廣闊如王者之宫也。其絶頂曰天壇，山峯突兀，即濟水發源處，常有雲氣覆之，輪囷紛郁，雷雨在其下，相傳古仙靈朝會之所。其東峯曰日精，其西峯曰月華，道書謂之清虚小有洞天，唐司馬承禎修道於此。

〔勞山〕王云：太平寰宇記：萊州即墨縣有大勞山、小勞山。按郡國志云：吴王夫差登之，得靈寶度人經。晏謨齊記云：太山雖言高，不如東海勞。昔鄭康成領徒於此，山高二十五里，周迴八十里，在縣東南三十八里。山東通志：勞山在萊州府即墨縣東南六十里海濱。山有二，其一高大曰大勞山，其一差小曰小勞山，二山相聯，又名牢盛山。秦始皇登牢盛山望蓬萊即此處。

〔紫霞〕文選顔延年五君詠：「本自餐霞人。」李周翰注：餐霞，仙者之流。王云：真誥：九華真妃曰：日者霞之實，霞者日之精。君惟聞服日之法，未知餐霞之精也。夫餐霞之經甚祕，致霞之道甚易，此謂體生玉光霞映上清之法也。

〔如瓜〕史記孝武本紀：少君言於上曰：……臣嘗游海上，見安期生，食巨棗大如瓜。

〔金液〕抱朴子卷四金丹篇：金液太乙所服而仙者也，不減九丹矣。合之用古秤黄金一斤，并用玄明龍膏太乙旬首中石冰石紫游女玄水液金化石丹砂封之，百日成水。真經云：金液入口，則其身皆金色。參見卷五來日大難詩注。

憶舊遊寄譙郡元參軍

憶昔洛陽董糟丘，爲余天津橋南造酒樓。黄金白璧買歌笑，一醉累月輕王侯。海内賢豪青雲客，就中與君心莫逆。迴山轉海不作難，傾情倒意無所惜。

【校】

〔題〕寄譙郡元參軍六字，英華作贈譙。兩宋本、繆本題下俱注云：金陵。

〔累月〕月，英華作日，注云：集作月。

〔海内〕英靈作四海。

〔就中與君〕兩宋本、繆本、王本俱注云：一作與君一見。與君二字，英華注云：一作一遇，一作一見。英靈作與君一遇。

【注】

〔譙郡〕舊唐書地理志：河南道亳州：天寶元年改爲譙郡。

〔董糟丘〕未詳，諸家皆未注。

〔天津橋〕見卷二古風第十八首注。

〔莫逆〕莊子大宗師篇：子桑户、孟子反、子琴張三人相與友，曰：孰能相與於無相與，相爲於無相爲，孰能登天游霧，撓挑無極，相忘以生，無所終窮？三人相視而笑。莫逆於心，遂相與友。

我向淮南攀桂枝，君留洛北愁夢思。不忍别，還相隨。相隨迢迢訪仙城，三十六曲水迴縈。一溪初入千花明，萬壑度盡松風聲。銀鞍金絡到平地，漢東太守來相迎。紫陽之真人，邀我吹玉笙。餐霞樓上動仙樂，嘈然宛似鸞鳳鳴。袖長管催欲輕舉，漢中太守醉起舞。手持錦袍覆我身，我醉横眠枕其股。當筵意氣淩九霄，星離雨散不終朝。分飛楚關山水遥。余既還山尋故巢，君亦歸家度渭橋。

【校】

〔松風聲〕咸本注云：一作遺松聲。英華作唯松聲。

〔管催〕催，英華作吹。

〔漢中〕此句兩宋本、繆本、王本俱注云：一作漢東太守酣歌舞。胡本、英華亦俱作東，注云：集作中。按：作東是，詳見下。

〔錦袍〕袍，兩宋本、繆刻俱誤作抱。

〔意氣〕咸本注云：一作歌吹。

〔楚關〕關，咸本作闕，注云：一作關。

〔歸家〕英華注云：一作思歸。

【注】

〔桂枝〕文選劉安招隱士：攀援桂枝兮聊淹留。

〔金絡〕陌上桑古辭：「驄馬金絡頭。」

〔漢東〕王云：唐時漢東郡即隨州也，隸山南東道。漢中郡即梁州也，本名漢川，天寶元年，始更名漢中，隸山南西道。按：李白蹤跡未嘗至梁州，此詩前後兩漢東太守語意一貫，作漢中者顯爲訛誤。隨州稱漢東，出左傳：漢東之國隨爲大。

〔紫陽〕王云：紫陽先生於隨州苦竹院置餐霞樓。詳見卷三十紫陽碑銘。

君家嚴君勇貔虎，作尹并州遏戎虜。五月相呼渡太行，摧輪不道羊腸苦，行來北涼歲月深，感君貴義輕黄金。瓊杯綺食青玉案，使我醉飽無歸心。時時出向城西曲，晉祠流水如碧玉。浮舟弄水簫鼓鳴，微波龍鱗莎草緑。興來攜妓恣經過，其若楊花似雪何。紅妝欲醉宜斜日，百尺清潭寫翠娥。翠娥嬋娟初月輝，美人更唱舞羅衣。清風吹歌入空去，歌曲自繞行雲飛。

【校】

〔貔虎〕虎，英華注云：一作武。

〔渡〕咸本作淩。

〔北涼〕英華作京北，注云：一作北京。咸本注同。英靈作北京。王本涼下注云：當作京。

〔城西〕英華作西城，注云：集作城西。

〔紅妝〕紅，兩宋本、繆本、王本俱注云：一作鮮。

〔宜斜日〕兩宋本、繆本、王本俱注云：一作如花落。

〔翠娥〕下翠娥，咸本注云：一本無此二字。

【注】

〔嚴君〕易家人卦：家人有嚴君焉，父母之謂也。

〔貔虎〕書牧誓：勗哉夫子，尚桓桓，如虎如貔，如熊如羆，於商郊。△貔音皮。

〔并州〕王云：唐書百官志：開元十一年，太原府置尹及少尹，以尹爲留守，少尹爲副留守。舊唐書：開元十一年改并州爲太原府。

〔太行〕王云：史記正義：括地志云：太行山在懷州河内縣北二十五里，有羊腸坂。又云：羊腸坂道在太行山上，南口懷州，北口潞州。李善文選注：羊腸，其山盤紆如羊腸。魏武帝詩：「北上太行山，艱哉何巍巍！羊腸坂詰屈，車輪爲之摧。」

〔北涼〕王云：北涼即張掖郡。按漢武帝始置張掖郡，魏晉時隸涼州。及沮渠蒙遜立國於此，號爲北涼，以涼州五郡，張掖在其北也。唐時爲甘州，又謂之張掖郡。然上文言并州太行，下文言晉祠，中間忽言北涼不合。當是北京之訛耳。蓋天寶之初，號太原爲北京也。按：王説甚確，英靈集及英華亦不作北涼。黄庭堅手書此詩即作北京，不作北涼。黄書今爲吴縣吴氏所藏。又按：翁方綱復初齋文集卷二十九：右黄山谷草書太白憶舊遊詩，前闕八十字，沈跋云：後有闕文，後字乃前字之誤也。篇内銀鞍金勒到平地，集本作倒，非。行來北京歲月深，集本作涼，非。漢中太守句應作漢東，其作中者，板本誤耳。集本既不加訂正，而山谷此書亦尚仍其訛也。

〔青玉案〕王云：楊升菴曰：古詩青玉案，即盤也，今以爲桌，非矣。孟光舉案，即舉盤也，若桌安事舉乎？琦按周禮玉人，案有十二寸。史記：高祖過趙，趙王自持案進食。萬石君對案不食，皆指椀禁之類而言，不謂几案也。

〔晉祠〕王云：元和郡縣志：晉祠一名王祠，周唐叔虞祠也，在太原府晉陽縣西南十二里。山西通志：唐叔虞祠在太原府太原縣西南十里懸甕山之麓，乃晉水發源處。今謂之晉祠。叔虞始受封爲唐侯，後改國號曰晉，祠亦以名。魏地形志云：晉陽有晉王祠即此。水經注：山海經曰：懸甕之山，晉水出焉，今在縣之西南，昔智伯之遏晉水以灌晉陽，其川上溯，後人踵其遺跡，蓄以爲沼。沼西際山枕水，有唐叔虞祠，水側有涼堂，結飛梁於水上，左右雜樹交蔭，希見曦景。至有淫朋密友，羈游宦子，莫不尋梁契集，用相娱慰，於晉川之中最爲勝處。

此時行樂難再遇，西遊因獻長楊賦。北闕青雲不可期，東山白首還歸去。渭橋南頭一遇君，鄼臺之北又離羣。問余別恨今多少，落花春暮爭紛紛。言亦不可盡，情亦不可及。呼兒長跪緘此辭，寄君千里遥相憶。

【校】

〔行樂〕行，兩宋本、繆本、王本俱注云：一作歡。英華作歡。

〔白首〕首，兩宋本、繆本、王本俱注云：一作髮。

〔渭橋南頭〕兩宋本、繆本、王本俱注云：一作渦水橋南。英華作渭水橋南，注云：集作渭橋南頭。

〔今多少〕今，蕭本作知。王本注云：蕭本作知。

〔紛紛〕以上二句，兩宋本、繆本、王本俱注云：一作鸎飛求友滿芳樹，落花送客何紛紛。

〔言亦〕言，兩宋本、繆本、王本俱注云：一作情。

〔情亦〕情，兩宋本、繆本俱注云：一作言。英華注云：集作情亦不可盡，言亦不可極。

【注】

〔長楊賦〕見卷一大獵賦注。

〔北闕〕漢書高帝紀：蕭何治未央宫，立東闕北闕。顔師古注：未央殿雖南嚮，而上書奏事謁見之徒皆詣北闕。公車司馬亦在北焉，是以北闕爲正門。

〔酇臺〕王云：太平寰宇記：酇縣，漢縣，屬沛郡。古今地名：即酇亭是也。輿地志云：魏以酇縣屬譙郡，漢封蕭何爲酇侯。茂陵書云：何封國在南陽。姚崇曰：兩縣同作酇字，南陽酇音贊，沛郡酇音嵯。班固泗水亭高祖碑云：文昌四友，漢有蕭何。序功第一，受封於酇。以韻而言，則非南陽者音贊也。錦繡萬花谷：酇有二縣，音字多亂，其屬沛郡者音嵯，屬南陽者音贊，此所云酇臺者屬於譙郡，當作嵯音讀。

【評箋】

唐宋詩醇云：白詩天才縱逸。至於七言長古，往往風雨争飛，魚龍百變，又如大江無風，波浪自湧，白雲從空，隨風變滅，可謂怪偉奇絶者矣。此篇最有紀律可循。歷數舊遊，純用叙事之法。以離合爲經緯，以轉折爲節奏，結構極嚴而神氣自暢。至於奇情勝致，使覽者應接不暇，又其才之獨擅者耳。

沈德潛云：叙與參軍情事，離離合合，結構分明，才情動盪，不止以縱逸見長也。老杜外誰堪與敵？（唐詩别裁）

今人詹鍈云：按此詩已見於河岳英靈集，當爲天寶十二載以前所作。詩中自叙與元參軍四會四别之經過，於入京以前游蹤最爲詳明。求闕齋讀書録云：君留洛北以上，洛陽相會，旋即相别。我醉横眠以上，漢陽（應作漢東）相會，旋又相别。歌曲自繞以上，晉（當作并）州相會，旋又相别。酇臺之北以上，關中相會，旋又相别。詩中稱「北闕青雲不可期，東山白首還歸去」，當指去朝還家而言。此詩繆本題下注云金陵，蓋因白集中醉過謝安東山、憶東山等詩之東山皆在金陵，今此詩亦稱「東山白首還歸去」，故曾子固以爲在金陵作也。按詩又云：「呼兒長跪緘此辭，寄君千里遥相憶。」白於去朝以後，實未嘗攜子女寓家金陵，則詩中所稱東山當非指謝安東山而言。少陵先生年譜會箋，天寶四年下云：公詩曰：「余亦東蒙客。」白寄東魯二稚子詩曰：「我家寄東魯，誰種龜陰田？」憶舊游寄元參軍詩曰：「北闕青雲不可期，東山白首還歸去。」曰東蒙，曰龜陰，曰東山，實即一處。續山東考古録：元和以蒙與東蒙爲二山。余謂蒙在魯東，故曰東蒙。……合言之曰東山，分言之曰龜蒙。東山既指東蒙山，則此時當是去朝未久寓家東魯時作。詩中又云：「問余别恨知多少，落花春暮争紛紛。」其時蓋在天寶五載暮春。

按：此詩所載蹤跡：（一）李、元在洛陽相遇，李旋赴淮南，（二）隨州再遇，（三）元招李赴太原，（四）李入京。以上皆舊事。自長安别後，今又在山東相遇爲近事。此時李蓋出京未久。游山東各處，黄譜誤以李曾到譙郡，其實詩題既云寄譙郡，則人不在譙郡可知。

月夜江行寄崔員外宗之

飄颻江風起，蕭颯海樹秋。登艫美清夜，挂席移輕舟。月隨碧山轉，水合青天流。杳如星河上，但覺雲林幽。歸路方浩浩，徂川去悠悠。徒悲蕙草歇，復聽菱歌愁。岸曲迷後浦，沙明瞰前洲。懷君不可見，望遠增離憂。

【校】

〔飄颻〕蕭本、英華俱作飄飄。王本注云：蕭本作飄飄。

〔杳如〕如，兩宋本、繆本、王本俱注云：一作然。

〔不可〕不，英華作未。

【注】

〔崔員外〕按：卷十有贈崔郎中宗之，卷十九有酬崔五郎中，卷二十三有憶崔郎中宗之遊南陽……等篇，皆可參證。

〔登艫〕王云：鮑照詩：「登艫眺淮甸。」李善注：李斐曰：艫，船前頭刺櫂處也。

宿白鷺洲寄楊江寧

朝别朱雀門，暮棲白鷺洲。波光摇海月，星影入城樓。望美金陵宰，如思瓊樹憂。徒令魂作夢，翻覺夜成秋。緑水解人意，爲余西北流。因聲玉琴裏，蕩漾寄君愁。

【校】

〔波光〕波，兩宋本、繆本、王本俱注云：一作沙。

〔作夢〕作，蕭本作入。王本注云：蕭本作入。

〔余〕英華作餘。

【注】

〔白鷺洲〕王云：太平御覽：丹陽記曰：白鷺洲在縣西三里隔江中心，南邊新林浦，西邊白鷺洲，洲上多聚白鷺，因名。

〔楊江寧〕按：卷二十有春日陪楊江寧及諸官宴北湖感古作。據卷二十八江寧楊利物畫讚，知其名爲利物。

〔江寧〕舊唐書地理志：江南東道潤州上元：貞觀……九年，改爲江寧縣。

〔朱雀門〕楊云：朱雀門，建康南門。又有朱雀橋、賞心亭，舊名二水亭，其前曰白鷺亭，在水西門城上。史正字碑云：秦淮源句容、溧水兩山間，自方山合流至建康，貫城中而西，以達于江。秦淮於府之左分爲二支：一支入城，一支繞城外，共夾一洲曰白鷺，即太白所謂二水中分白鷺洲者也。王云：六朝事跡：晉咸康二年，作朱雀門，新立朱雀浮航，在縣城東南四里，對朱雀門，南渡淮水，亦名朱雀橋。地志云：朱雀門北對吳都城宣陽門，相去六里。又云：朱雀門，晉都城南門也。按晉作新宫，立三門於南，而正中曰宣陽，與朱雀門相對。

新林浦阻風寄友人

潮水定可信，天風難與期。清晨西北轉，薄暮東南吹。以此難挂席，佳期益相思。海月破圓景，菰蔣生綠池。昨日北湖梅，開花已滿枝。今朝白門柳，夾道垂青絲。歲物忽如此，我來定幾時？紛紛江上雪，草草客中悲。明發新林浦，空吟謝朓詩。

【校】

〔題〕兩宋本、繆本、蕭本、王本俱注云：一作金陵阻風雪寄懷楊江寧。

〔以此〕此下二句，兩宋本、繆本俱注云：一本云：以此難挂席，洄沿頗淹遲，使索金陵書，又叨賢宰知，絃歌止過客，惠化聞京師。王本相思下注云：一本作洄沿頗淹遲，其下又多使索金陵書，又叨賢宰知，絃歌止過客，惠化聞京師，四句。

〔圓景〕圓，兩宋本、繆本、王本俱注云：一作團。

〔昨日〕此下二句，兩宋本、繆本、王本俱注云：一作昨日北湖花，初開未滿枝。

〔今朝〕朝，兩宋本、繆本、王本俱注云：一作看。

〔白門〕白，咸本、蕭本、胡本俱作東。王本注云：蕭本作東。

〔垂〕英華作拂。

〔定〕兩宋本、繆本、王本俱注云：一作復。英華作復。

〔新林浦〕兩宋本、繆本、王本俱注云：一作板橋浦。

【注】

〔新林浦〕王云：景定建康志：新林浦在城西南二十里，闊三丈，深一丈，長十二里。源出牛頭山，西七里入大江，秋夏勝五十石舟，春冬涸。一統志：新林浦在應天府西南二十里，一名新林港。

〔菰蔣〕楊云：説文：雕菰一名蔣，或作菰。爾雅翼：菰首者菰蔣，三年以上，心中生孔如藕，至秋如小兒臂，可蒸食，其有黑點者名烏鬱，即今茭也。

〔北湖〕王云：徐爰釋問：晉大興三年，始創北湖，築長堤以壅北山之水，東自覆舟山，西至宣武城六里。宋元嘉中，有黑龍見，因改名玄武湖。江南通志：玄武湖在江寧府太平門外，一名蔣陵湖。晉元帝始名北湖，宋文帝改名習武湖，元嘉中又名玄武湖。參見卷二十春日陪楊江寧及諸官宴北湖感古作詩注。

〔新林浦〕王云：謝脁有之宣城出新林浦向板橋浦詩。

寄韋南陵冰余江上乘興訪之遇尋顔尚書笑有此贈

南船正東風，北船來自緩。江上相逢借問君，語笑未了風吹斷。聞君攜妓訪情人，應爲尚書不顧身。堂上三千珠履客，甕中百斛金陵春。恨我阻此樂，淹留楚江濱。月色醉遠客，山花開欲然。春風狂殺人，一日劇三年。乘興嫌太遲，焚却子猷船。夢見五柳枝，已堪挂馬鞭。何日到彭澤，長歌陶令前？

【校】

〔自緩〕自，咸本作相，注云：一作自。

〔語笑〕笑，兩宋本、繆本、王本俱注云：一作聲。

〔聞君〕聞，咸本注云：一作昨。

〔楚江〕楚，兩宋本、繆本、胡本、王本俱注云：一作此。

〔長歌〕長，兩宋本、繆本、王本俱注云：一作狂。

【注】

〔韋南陵〕案：岑仲勉讀全唐文札記云：卷五〇六唐故太常卿贈刑部尚書韋公墓誌銘：父永，著作郎，兼蘇州司馬。按元和姓纂及載之集均作冰，亦即太白集之韋南陵冰，此作永，訛。

參見卷十一江夏贈韋南陵冰詩注，蓋李白自貶所遇赦還即遇韋冰，今又欲訪之。

〔顔尚書〕新唐書卷一五三顔真卿傳：至德元載十月，棄郡度河，間關至鳳翔謁帝，詔授憲部尚書，……貶饒州刺史，乾元二年拜浙江西道節度使。按：舊傳不如新傳年月詳析。

〔身〕王云：身猶我也，魏晉後多自稱曰身。

〔金陵春〕王云：金陵春，酒名也。唐人名酒多以春。杜子美詩云：「聞道雲安麴米春」，韓退之詩：「且須勤買抛青春」，劉夢得詩：「鸚鵡杯中若下春」，白樂天詩注云：杭州釀酒，趁梨花時熟，號爲梨花春。國史補云：酒則有滎陽之土窟春，富平之石凍春，劍南之燒春，裴鉶傳奇有松醪春之類。

【評箋】

今人詹鍈云：王譜繫乾元二年下，注云：考肅宗時尚書而顔姓者惟魯公一人，則所尋之顔尚書必魯公也。按唐書，乾元元年，顔真卿由工部尚書出爲饒州刺史，充浙江西道節度使，此詩應在是時前後之作。按留元剛顔魯公年譜：至德三載十月除饒州刺史。乾元二年六月爲昇州刺史、浙江西道節度使。上元元年二月，追爲刑部尚書。詩云：「恨我阻此樂，淹留楚江瀕。……山花開欲燃，春風狂殺人。」賦詩之地當在江夏一帶。但乾元二年春間，太白在流夜郎途中，尚未歸至江夏。此詩蓋上元元年春季作，時顔真卿由金陵返京，途出江夏，韋南陵乃於江上尋之也。

按：古楚境包括今江、皖一帶，非必指江夏。詹説尚未可即以爲據。玩詩題，李、韋、顔三人必相去不甚遠。

題情深樹寄象公

腸斷枝上猿，淚添山下樽。白雲見我去，亦爲我飛翻。

【校】

〔白雲〕雲，蕭本作虎。王本注云：蕭本作虎，誤。按：蕭注引周處事爲釋，知其所見本確爲虎字。

【注】

〔情深樹〕未詳，諸家均未注。

〔腸斷〕見卷十一贈武十七諤詩注。

【評箋】

唐宋詩醇云：古意，然必有所謂，不必强解。或以白雲爲白虎，引周處射虎事實之，更屬紕繆。

北山獨酌寄韋六

巢父將許由，未聞買山隱。道存跡自高，何憚去人近？紛吾下兹嶺，地閑諠亦泯。門横羣岫開，水鑿衆泉引。屏高而在雲，竇深莫能準。川光晝昏凝，林氣夕淒緊。於焉摘朱果，兼得養玄牝。坐月觀寶書，拂霜弄瑶軫。傾壺事幽酌，顧影還獨盡。念君風塵遊，傲爾令自哂。

【校】

〔念君〕以下二句，兩宋本、繆本俱注云：一作安知世上人，名利空蠢蠢。

【注】

〔將〕見卷一大鵬賦注。

〔買山〕世説排調篇：支道林就深公買印山，深公曰：未聞巢由買山而隱。

〔玄牝〕老子：谷神不死，是謂玄牝。玄牝之門，是爲天地根。河上公注：玄，天也，在人爲鼻。牡，地也，於人爲口。夫五炁從鼻歸五臟，出入於口也。

〔寶書〕文選江淹雜體詩休上人：寶書爲君掩。李善注：道學傳曰：夏禹撰真靈之玄要，集天官之寶書。李周翰注：寶書，真經也。

〔瑶軫〕王云：琴下繫絃之柱謂之軫，或以玉爲之，故曰瑶軫。

寄當塗趙少府炎

晚登高樓望，木落雙江清。寒山饒積翠；秀色連州城。目送楚雲盡；心悲胡雁聲。相思不可見，迴首故人情。

【注】

〔趙少府炎〕按：卷八有當塗趙炎少府粉圖山水歌，卷十六有送當塗趙少府赴長蘆詩，同指一人。

寄東魯二稚子

吴地桑葉緑，吴蠶已三眠。我家寄東魯，誰種龜陰田？春事已不及，江行復茫然。南風吹歸心，飛墮酒樓前。樓東一株桃，枝葉拂青烟。此樹我所種，别來向三年。桃今與樓齊，我行尚未旋。嬌女字平陽，折花倚桃邊。折花不見我，淚下如流泉。小兒名伯禽，與姊亦齊肩。雙行桃樹下，撫背復誰憐？念此失次第，肝腸日憂煎。裂素寫遠意，因之汶陽川。

【校】

〔題〕兩宋本、繆本、王本題下俱注云：在金陵作。

〔我所〕我，咸本作昔，注云：一作我。

〔嬌女〕此下胡本作嬌女字平陽，有弟與齊肩。雙行桃樹下，折花倚桃邊。折花不見我，淚下如流泉。注云：一作嬌女字平陽云云，與王本同。

〔與姊〕姊，王本誤作姐，今依各本改。

【注】

〔三眠〕楊云：荀卿賦篇曰：三俯三起，事乃大已，夫是之謂蠶理。注：俯爲卧而不食，乃三眠也。　王云：蠶將蜕，輒卧不食，古人謂之俯。荀卿蠶賦：三俯三起，事乃大已是也。後人謂之眠。本草：蠶三眠三起二十七日而老，是也。

〔龜陰田〕春秋定十年：齊人來歸鄆、讙、龜陰田。杜注：泰山博縣北有龜山。陰，田在其北也。

〔酒樓〕見後評箋。

〔伯禽〕按：卷十一贈武十七諤詩序云：余愛子伯禽在魯，許將冒胡兵以致之。又卷十七有送蕭三十一之魯中兼問稚子伯禽詩，均可參證。

〔裂素〕王云：鄭康成禮記注：素，生帛也。顏師古急就篇注：素謂絹之精白者，即所用寫書之素也。

【評箋】

今人詹鍈云：本事詩：初白自幼好酒，於兗州習業，平居多飲。又於任城構酒樓，日與同志荒宴其上，少有醒時。邑人皆以白重名，望其樓而加敬焉。（太平廣記卷二〇一引）蓋即此酒樓也。詩又云：「嬌女字平陽，……小兒名伯禽，與姊亦齊肩。」魏顥李翰林集序曰：白始娶於許，生一女一男，曰明月奴。女既嫁而卒。……次合於魯一婦人，生子曰頗黎。王注曰：太白後只一子伯禽，未知其明月奴與，其頗黎與！按頗黎之生，當在白元配許氏卒後，今既言「與姊亦齊肩」，則伯禽與平陽相去不數歲，其爲明月奴而非頗黎明矣。湖北通志流寓傳謂夫人許氏生一女一男，男曰明月奴，女既嫁而卒。以爲魏顥序曰字上脱一男字，不爲無見。按南陵別兒童入京詩謂：兒女嬉笑牽人衣。度其時白之兒女蓋在三五歲間，今兒女齊肩，則已届十齡左右矣。白之去魯南游，約在天寶六載春間，此詩蓋天寶九載春作，故得云別來向三年也。

獨酌清溪江石上寄權昭夷

我攜一樽酒，獨上江祖石。自從天地開，更長幾千尺？舉杯向天笑，天迴日西照。永願坐此石，長垂嚴陵釣。寄謝山中人，可與爾同調。

【校】

〔題〕江字下王本注云：似缺一祖字。兩宋本、繆本題下俱注云：秋注。據蕭本注是浦字之壞。

〔清溪〕清，兩宋本、繆本俱作青。

〔永願〕願，蕭本作賴。王本注云：蕭本作賴。

〔權昭夷〕按：權昭夷見卷二十七金陵與諸賢送權十一序。又卷十九有答高山人兼呈權顧二侯，亦或即此人。

【注】

〔江祖〕見卷八秋浦歌第九首注。

禪房懷友人岑倫

嬋娟羅浮月，搖豔桂水雲。美人竟獨往，而我安能羣？一朝語笑隔，萬里懽日凋華髮。春氣變楚關；秋聲落吳山。草木結悲緒；風沙淒苦顔。朅來已永久，頹思如循環。飄飄限江裔，想像空留滯。離憂每醉心；別淚徒盈袂。坐愁青天末；出望黄雲蔽。目極何悠悠！梅花南嶺頭。空長滅征鳥；水闊無還舟。寶劍終難託；金囊非易求。歸來儻有問，桂樹山之幽。

【校】

〔題〕王本題下注云：太白自注：時南游羅浮，兼泛桂海，自春徂秋不返，僕旅江外，書情寄之。此注，兩宋本、繆本、胡本俱作原題，無時字。又題下兩宋本、繆本俱注云：尋陽。

〔羣芳〕羣，繆本作瓊。王本注云：繆本作瓊。

〔百越〕越，蕭本作粤。王本注云：蕭本作粤。

〔春氣〕氣，蕭本作風。王本注云：蕭本作風。

〔飄飄〕王本注云：一作飄颻。胡本作飄颻，注云：一作飄飄。

〔梅花〕此下郭本脱南字。

【注】

〔羅浮〕見卷八當塗趙炎少府粉圖山水歌注。

〔桂水〕王云：唐六典注：桂水出桂州臨源縣，歷昭、富、梧三州界入鬱水。江淹詩：「文軫薄桂海。」李善注：南海有桂，故曰桂海。是以南海爲桂海。太白所云桂海，雖襲其文，而實則指桂州之桂水也。亦猶枚乘七發稱汝水爲汝海，其義一也。

〔百越〕王云：通典：自嶺而南，當唐、虞、三代爲蠻夷之國，是百越之地亦謂之南越，古謂之雕題。漢書高帝紀：從百粵之兵。服虔注：非一種，若今言百蠻也。

〔朅來〕王云：蜀都賦：殆而朅來相與。劉淵林注：朅，去也。韻會：朅，去也，又發語辭。

李白集校注卷十四

古近體詩二十六首

廬山謡寄盧侍御虚舟

我本楚狂人，鳳歌笑孔丘。手持緑玉杖，朝别黄鶴樓。五岳尋仙不辭遠，一生好入名山游。廬山秀出南斗旁，屏風九疊雲錦張，影落明湖青黛光。金闕前開二峯長，銀河倒挂三石梁。香爐瀑布遥相望，迴崖沓嶂淩蒼蒼。翠影紅霞映朝日，鳥飛不到吴天長。登高壯觀天地間，大江茫茫去不還。黄雲萬里動風色，白波九道流雪山。好爲廬山謡，興因廬山發。閑窺石鏡清我心。謝公行處蒼苔没。早服還丹無世情，琴心三疊道初成。遥見仙人綵雲裏，手把芙蓉朝玉京。先期汗漫九垓上，願接盧敖遊太清。

【校】

〔笑〕兩宋本、繆本俱注云：一作哭。王注云：一作哭，非。

〔杖〕兩宋本、繆本、王本俱注云：一作枝。

〔長〕兩宋本、繆本俱作帳。王本注云：繆本作帳。

〔挂〕兩宋本、繆本、王本俱注云：一作瀉。文粹作瀉。

〔淩〕兩宋本、繆本俱作崚，注云：一作何。王本注云：一作何，繆本作崚。

〔映朝日〕兩宋本、繆本、王本俱注云：一作照千里。

〔謝公〕此句兩宋本、繆本、王本俱注云：一作緑蘿開處懸明月。

【注】

〔盧山〕太平寰宇記卷一一一：盧山在江州南，高三千三百六十丈，周迴二百五十里，其山九疊，川亦九派。郡國志云：盧山疊嶂九層，崇巖萬仞，山海經所謂三天子鄣，亦曰天子都也。周武王時，匡俗字子孝，兄弟七人皆有道術，結盧於此，仙去空盧尚存，故曰盧山。參見卷十一贈王判官……詩注。

〔謡〕爾雅釋樂：徒歌謂之謡。

〔盧侍御〕高步瀛唐宋詩舉要卷二云：李遐叔（華）三賢論（全唐文三一七）曰：范陽盧虛舟幼直質方而清。賈幼鄰（至）有授盧虛舟殿中侍御史制（全唐文三六七）。今人詹鍈云：按新唐書賈至傳：玄宗幸蜀，拜起居舍人，知制誥，歷中書舍人。則虛舟之爲侍御史當在至德以後。按：卷八有和盧侍御通塘曲，當即其人。

〔楚狂〕莊子人間世篇：孔子適楚，楚狂接輿游其門，曰：鳳兮鳳兮，何如德之衰也！來世不可待，往世不可追也。天下有道，聖人成焉。天下無道，聖人生焉。方今之時，僅免刑焉。福輕乎羽，莫之知載。禍重乎地，莫之知避。已乎已乎，臨人以德。殆乎殆乎！畫地而趨。迷陽迷陽，無傷吾行，却曲却曲，無傷吾足。

〔屏風〕王云：周省齋曰：宋陳令舉廬山記：舊志云：漢武帝過九江，築羽章館於屏風疊，下臨相思澗。今五老一峯疊石如屏嶂，蓋其故地。輿地紀勝卷二五南康軍：九疊屏在五老峯之側，唐李林甫女學道此山，山九疊如屏。

〔金闕〕輿地紀勝卷三〇江州：金闕巖：李白詩云：「金闕前開二峯長。」其巖正對天子障。

〔石梁〕王云：水經注：廬山之北有石門水，水出嶺端，有雙石高竦，其狀若門，因有石門之目焉。水導雙石之中，懸流飛瀑。近三百步許，散漫數十步，上望之連天，若曳飛練於霄中矣。尋陽記曰：廬山上有三石梁，長數十丈，廣不盈尺，杳然無底。查悔餘曰：元李洞言三石梁在開先寺西，黎眞言在五老峯上，或云在簡寂觀及上霄、紫霄二峯間，桑喬廬山紀事則竟以爲無，如竹林之幻境。衆説紛然，莫知所指。今三疊泉在九疊屏之左，水勢三折而下，如銀河之挂石梁，與太白詩句正相脗合，非此外别有三石梁也。後人必欲求其地以實之，失之鑿矣。

〔瀑布〕楊云：廬山記：南北有瀑布無慮十餘處，香爐峯與雙劍峯在瀑布之旁，水源在山頂。或曰：西入康王谷，爲水簾，東爲開元禪院之瀑布。王云：釋慧遠廬山記：其山大嶺凡七重，圓基周迴垂五百里。其南嶺臨宫亭湖，下有神廟，七嶺會同，莫有升之者。東南有香爐峯，游氣籠其上，氤氲若香烟。西南有石門山，其形似雙闕，壁立千餘仞，而瀑布流焉。其中鳥獸草木之美，靈藥芳林之奇，所稱名代。△瀑音僕。

〔九道〕王云：尚書：九江孔殷。孔安國注：江於此州界分爲九道。尚書音釋：九江，潯陽記云：一曰烏白江，二曰蚌江，三曰烏江，四曰嘉靡江，五曰畎江，六曰源江，七曰廩江，八曰提江，九曰箘江。張須元緣江圖云：一曰三里江，二曰五州江，三曰嘉靡江，四曰烏土江，五曰白蚌江，六曰白烏江，七曰箘江，八曰沙提江，九曰廩江，參差隨水長短，或百里，或五十里。始於鄂陵，終於江口，會於桑落洲。太康地記曰：九江，劉歆以爲湖漢九水入彭蠡澤也。太平寰宇記：潯陽記云：九江在潯陽，去州五里，名白馬江，是大禹所疏，會於桑落洲，上下三百餘里合流，昔秦皇漢武並登廬山以望九江也。琦按：太史公曰：予南登廬山，觀禹疏九江。淮南子曰：禹鑿江而通九路。應劭曰：江自尋陽分爲九。郭璞江賦曰：流九派於尋陽。自西漢迄東晉皆言大江至尋陽分爲九江。尋陽記、緣江圖又備列其名，而朱子九江辯獨闢之，不從其説。林少穎曰：九江之名與地勢，久遠不可强通。然各自別源而下流入江，則可以意臆也。當由水道通塞離合古今各異之故。斯言當矣。

〔石鏡〕王云：藝文類聚：宫亭湖邊旁山間有石數枚，形圓若鏡，明可以鑑，人謂之石鏡。太平寰宇記：石鏡在東山懸崖之上，其狀團圓，近之則照見形影。一統志：石鏡峯在南康府西二十六里，有一員石懸崖，明净照人見影，隱見無時。謝靈運詩：「攀崖照石鏡」，即此。

〔還丹〕抱朴子金丹篇：第四之丹名曰還丹，服一刀圭百日仙也。

〔三疊〕黄庭内景經：琴心三疊舞胎仙。梁丘子注：琴，和也，三疊三丹田，謂與諸宫重疊也。

〔盧敖〕淮南子道應訓：盧敖遊於北海，經乎太陰，入乎玄闕，至於蒙穀之上。見一士焉，深目而玄鬢，淚注而鳶肩，豐上而殺下，軒軒然方迎風而舞，顧見盧敖，慢然下其臂，遯逃乎碑下。盧敖就而視之，方倦龜殼而食蛤梨。盧敖與之語曰：「惟敖爲背羣離黨。窮觀於六合之外者，非敖而已乎？敖幼而好遊，至長不渝，周行四極，惟北陰之未闚，今卒覩夫子於是，子殆可與敖爲友乎！」若士者齤然而笑曰：「……吾與汗漫期於九垓之外，吾不可以久駐。」若士舉臂而竦身，遂入雲中。高誘注：盧敖燕人，秦始皇召以爲博士，使求神仙，亡而不反也。

〔太清〕太平御覽卷六五九太真科曰：……三清之間各有正位，聖登玉清，真登上清，仙登太清。

【評箋】

朱諫云：辭有純駁，強弱不一，爲可疑也。（李詩辨疑）

梅鼎祚云：朱諫删入辨疑，非。（李詩鈔）

方東樹云：廬山以下正賦，早服數句應起處，而提筆另起，是以不平。章法一線乃爲通，非亂雜無章不通之比。（昭昧詹言）

下尋陽城汎彭蠡寄黄判官

浪動灌嬰井，尋陽江上風。開帆入天鏡，直向彭湖東。落景轉疎雨；晴雲散遠空。名山發佳興，清賞亦何窮？石鏡挂遥月；香爐滅彩虹。相思俱對此，舉目與君同。

【校】

〔黄判官〕黄，咸本作董。

〔尋陽〕王本注云：一作吾知。

〔落景〕景，王本誤作影，據兩宋本、繆本、蕭本、胡本改正。又落景以下三句，兩宋本、繆本、王本俱注云：一作返景（王本作影，誤）照疎雨，輕煙澹遠空，中流得佳興。

〔石鏡〕以下二句，兩宋本、繆本、王本俱注云：一作瀑布灑青壁，遥山挂彩虹。

【注】

〔尋陽〕舊唐書地理志：江南西道江州：天寶元年，改爲潯陽郡。

〔彭蠡〕王云：元和郡縣志：彭蠡湖在江州都昌縣西六十里。按彭蠡湖今江西之鄱陽湖是也，在南昌府城東北一百五十里，饒州府城西四十里，南康府城東五里，九江府城東南九十里，四州諸水皆入焉。周圍四百五十里，春水漲時，茫無涯畔，足配洞庭。又北歷星子、都昌、德化、湖口，注於大江。

〔灌嬰井〕元和郡縣志卷二八：（江州城）古之湓口城也。漢高帝六年灌嬰所築。建安中，孫權經此城，自標井地，令工掘之，正得古井，銘曰：漢六年潁陰侯開，卜云三百年當塞，塞後不滿百年當爲應運者所開。權以爲己瑞。井極深，大江中風浪，井水輒自動。

【評箋】

王云：陸放翁入蜀記：泛彭蠡口，四望無際，乃知太白「開帆入天鏡」之妙。

今人詹鍈云：按判官本採訪使及節度使屬員。中原之置節度使始於至德年間，而採訪使之設置則在開元二十二年。此詩之黄判官倘是節度判官，定爲上元中汎彭蠡時作，若是採訪使判官，則詩之作亦當在天寶以後矣。

按：唐制凡奉使之大臣皆有判官，判官非固定官職，詹説過泥。據詩之末聯，則黄當即在尋陽。尋陽非節度採訪使治所，此判官未必即是節度採訪使之判官。參見本卷涇溪南藍山下……寄何判官昌浩詩評箋。

書情寄從弟邠州長史昭

自笑客行久，我行定幾時？緑楊已可折，攀取最長枝。翩翩弄春色，延佇寄相思。誰言貴此物？意願重瓊蕤。昨夢見惠連，朝吟謝公詩。東風引碧草，不覺生華池。臨玩忽云夕，杜鵑夜鳴悲。懷君芳歲歇，庭樹落紅滋。

【校】

〔翩翩〕兩宋本、繆本、王本俱注云：一作翻翻。

〔意願〕願，兩宋本、繆本、王本俱注云：一作厚。胡本作厚。

【注】

〔瓊蕤〕文選陸機擬古詩：「玉顔侔瓊蕤」張銑注：瓊蕤，玉花也。

〔惠連〕鍾嶸詩品：謝氏家録云：康樂每對惠連，輒得佳語。後在永嘉西堂思詩，竟日不就，寤寐間忽見惠連，即得「池塘生春草」，故常云此語有神助，非我語也。

〔杜鵑〕王云：埤雅：杜鵑一名子規，苦啼啼血不止，一名怨鳥。夜啼達旦，血漬草木，凡鳴皆北向，啼苦則倒懸於樹。説文所謂蜀王望帝化爲子嶲，今謂之子規是也。華陽風俗録：杜鵑大如鵲而羽烏，聲哀而吻有血，春至則鳴。臨海異物志：杜鵑至三月鳴，晝夜不止。參見卷三蜀道難注。

【評箋】

按：卷十二有贈從弟宣州長史昭詩，本卷又有寄從弟宣州長史昭詩，當即一人。先佐宣州抑先佐邠州，殊不可知。

寄王漢陽

南湖秋月白，王宰夜相邀。錦帳郎官醉；羅衣舞女嬌。笛聲諠沔鄂；歌曲上雲霄。別後空愁我，相思一水遥。

【校】

〔嬌〕兩宋本、繆本俱作驕。王本注云：繆本作驕。

【注】

〔王漢陽〕按：卷十一有贈王漢陽，本卷又有望漢陽柳色寄王宰及早春寄王漢陽，卷二十三有醉題王漢陽廳，各詩皆即一人。本卷自漢陽病酒歸寄王明府，亦當指此人。

〔漢陽〕舊唐書地理志：江南西道鄂州漢陽縣：武德四年，置沔州，治漢陽縣。

〔沔鄂〕王云：唐之沔州即漢陽郡，今爲漢陽府。唐之鄂州即江夏郡，今爲武昌府，二郡相對，中間隔江七里。

【評箋】

王云：此詩是泛沔州城南郎官湖之後所作。王宰謂漢陽令王公，郎官謂尚書郎張謂。

按：此詩當參看卷二十泛沔州城南郎官湖詩。

春日歸山寄孟浩然

朱紱遺塵境，青山謁梵筵。金繩開覺路，寶筏度迷川。嶺樹攢飛栱，嵒花覆谷泉。塔形標海日，樓勢出江烟。香氣三天下，鐘聲萬壑連。荷秋珠已滿，松密蓋初圓。鳥聚疑聞法，龍參若護禪。媿非流水韻，叨入伯牙絃。

【校】

〔題〕孟浩然，兩宋本、繆本俱作孟六浩然。王本注云：繆本作孟六浩然。

〔海日〕日，蕭本作月。王本注云：蕭本作月。

【注】

〔浩然〕王云：胡震亨曰：玩詩意乃偕一顯者游禪寺和詩，疑題有誤。琦按孟六浩然恐是孟贊府之訛。按：卷九贈孟浩然，卷十五黄鶴樓送孟浩然之廣陵，與此詩意味全不相類。

〔金繩〕王云：法華經：國名離垢，琉璃爲地，有八交道，黄金爲繩，以界其側。

〔覺路〕王云：法苑珠林：涉迷津於曩識，微塵之數易窮；返覺路於初心，僧祇之期難滿。

〔寶筏〕王云：翻譯名義功德施論云：如欲濟川，先應取筏。至彼岸已，舍之而去。韻會：筏，説文：海中大船。廣韻：大曰筏，小曰桴。方言：䈶謂之筏，編竹木浮河以運物，南土名䈶，北土名筏。

〔三天〕王云：三天即三界也，謂欲界、色界、無色界。

〔鳥聚〕王云：法苑珠林：舍衛國祇樹精舍衆集之時，獮猴飛鳥羣類數千悉來聽法，寂寞無聲，事竟即去，各還所止。犍椎適鳴，已復來集。

〔伯牙絃〕吕氏春秋：孝行覽本味：伯牙鼓琴，鍾子期聽之，志在流水。鍾子期曰：「善哉乎鼓琴，湯湯乎若流水。」

【評箋】

瀛奎律髓云：太白負不羈之才，樂府大篇翕忽變化，而律詩工夫縝密如此，與杜審言、宋之問相伯仲，别有贈浩然詩曰：「醉月頻中聖，迷花不事君。」雖飄逸不如此詩之端整。

按：此詩風格已入大歷時期，絶非開元、天寶中體製。且朱紱云云亦不合李、孟二人口吻。疑是他人之作溷入李集，而題中浩然亦當爲一僧徒之名，誤加孟字，詳詩意爲寄僧之作無疑。

流夜郎永華寺寄潯陽羣官

朝别凌烟樓；暝投永華寺。賢豪滿行舟，賓散予獨醉。願結九江流；添成萬行淚。寫意寄廬岳，何當來此地！天命有所懸，安得苦愁思？

【校】

〔題〕兩宋本、繆本題下俱注云：流夜郎。

〔首四句〕兩宋本、繆本、胡本俱作朝别凌烟樓，賢豪滿行舟。暝投永華寺，賓散予獨醉。王本注云：繆本作朝别凌烟樓，賢豪滿行舟。暝投永華寺，賓散予獨醉。胡本注一作與王本同。

〔願結〕結，英華作借。

〔萬行〕萬，英華注云：一作兩。

〔天命〕命，胡本作地。

【注】

〔凌烟樓〕王云：凌烟樓，宋臨川王造。鮑照凌烟樓銘序云：伏見所製凌烟樓，樓置崇迴，延瞰平寂。即秀神臯，因基地勢。東臨昊甸，西眺楚關。奔江永寫，鱗嶺相葺。重樹窮天，通原盡目。

【評箋】

按：永華寺未詳何地，淩烟樓爲宋臨川王義慶所造，義慶鎮江州，則淩烟樓與永華寺必皆在沿江，去尋陽不遠。

流夜郎至西塞驛寄裴隱

揚帆借天風，水驛苦不緩。平明及西塞，已先投沙伴。迴巒引群峯，横蹙楚山斷。砯衝萬壑會，震沓百川滿。龍怪潛溟波，候時救炎旱。我行望雷雨，安得霑枯散？鳥去天路長，人愁春光短。空將澤畔吟，寄爾江南管。

【校】

〔題〕兩宋本、繆本題下俱注云：上峽。

〔候〕王本注云：許本作俟。胡本作俟，注云：一作候。

〔愁〕兩宋本、繆本、咸本俱作悲。胡本作悲，注云：一作愁。王本注云：繆本作悲。

【注】

〔西塞〕王云：西塞驛當在西塞山邊。元和郡縣志：西塞山在鄂州武昌縣東八十五里。太平御覽：江夏風俗記曰：西塞山高一百六十丈，周迴三十七里。峻崿横江，危峯斷岸，長波阻以東注，高浪爲之西翻。袁宏東征賦云：沿西塞之峻崿，是也。

〔裴隱〕王云：裴隱疑亦當時逐臣，故用賈誼投沙事。謝靈運詩：「投沙理既迫。」

〔砅〕王云：廣韻：砅，水擊山巖聲也。△砅音烹。

〔澤畔吟〕楚辭漁父：屈原既放游於江潭，行吟澤畔，顔色憔悴，形容枯槁。

〔江南管〕謝朓詩：「要取洛陽人，共命江南管。」

【評箋】

今人詹鍈云：繆本題下注上峽二字，蓋以爲西塞驛在三峽附近，誤。

按：舊本詩題下注在何地所作，類多後人臆度之詞，此即一證。

自漢陽病酒歸寄王明府

去歲左遷夜郎道，琉璃硯水長枯槁。今年勑放巫山陽，蛟龍筆翰生輝光。聖主還聽子虚賦，相如却欲論文章。願掃鸚鵡洲，與君醉百場。嘯起白雲飛七澤；歌吟淥水動三湘。莫惜連船沽美酒，千金一擲買春芳。

【校】

〔題〕兩宋本、繆本題下俱注云：回江夏。

〔却欲〕欲，蕭本作與。王本注云：蕭本作與。

【注】

〔王明府〕按：卷十一有贈王漢陽，本卷有寄王漢陽、望漢陽柳色寄王宰及早春寄王漢陽，卷二十三有醉題王漢陽廳，皆當即此王明府。

〔左遷〕王云：史記周昌傳：高祖曰：吾極知其左遷。索隱曰：地道尊右，右賢左賤，故謂貶秩爲左遷。演繁露：古人得罪下遷者皆曰左遷，太白無官而用左遷字，蓋借作竄逐字用。

〔巫山〕見卷二古風第五十八首注。

〔子虛賦〕史記司馬相如列傳：蜀人楊得意爲狗監侍上，上讀子虛賦而善之，曰：「朕獨不得與此人同時哉！」得意曰：「臣邑人司馬相如自言爲此賦。」上驚，乃召問相如，相如曰：「有是，然此乃諸侯之事，未足觀也。請爲天子游獵賦」，賦成奏之，上許令尚書給筆札。相如以子虛虛言也，爲楚稱。烏有先生者，烏有此事也，爲齊難。無是公者無是人也，明天子之義。故空藉此三人爲辭，以推天子諸侯之苑囿，其卒章歸之於節儉，因以風諫，奏之天子，天子大説。

望漢陽柳色寄王宰

漢陽江上柳，望客引東枝。樹樹花如雪，紛紛亂若絲。春風傳我意，草木度前知。寄謝絃歌宰，西來定未遲。

【校】

〔度前知〕兩宋本、繆本俱注云：一作發前墀。王本注云：一作別前知，一作發前墀。郭本作別前知。

【評箋】

按：集中爲漢陽令王某所作詩有數首，皆當在赴貶前後。其與王宴於郎官湖是八月間事，則赴貶在秋間，無由於春間先寄此詩。且語意充悦，似爲次年（乾元二年）春間赦還時作。所謂引東枝者，引枝由東而西。所謂西來者，從西而來也。李詩辨疑謂本卷早春寄王漢陽一首即答此詩者，不爲無見。王譜亦繫於乾元二年。一年之春而寄此二首，誠不能無疑也。參看早春寄王漢陽評箋。

江夏寄漢陽輔録事

誰道此水廣？狹如一匹練。江夏黄鶴樓，青山漢陽縣。大語猶可聞，故人難可見。君草陳琳檄；我書魯連箭。報國有壯心，龍顔不迴眷。西飛精衛鳥，東海何由填？鼓角徒悲鳴，樓船習征戰。抽劍步霜月，夜行空庭徧。長呼結浮雲，埋没顧榮扇。他日觀軍容，投壺接高宴。

【校】

〔抽劍〕抽，咸本作拽，注云：一作抽。

【注】

〔輔録事〕按：卷十一有贈漢陽輔録事二首，皆有罷官語，此詩云：「君草陳琳檄」，蓋罷官後又入軍幕者。

〔陳琳〕三國志魏志王粲傳：太祖並以（陳）琳、（阮）瑀爲司空軍謀祭酒，管記室，軍國書檄多琳、瑀所作也。

〔魯連〕史記魯仲連鄒陽列傳：燕將攻下聊城，聊城人或讒之燕，燕將懼誅，因保守聊城不敢歸。齊田單攻聊城歲餘，士卒多死，而聊城不下。魯連乃爲書約之矢，以射城中，遺燕將書曰：……燕將見魯連書泣三日，……喟然嘆曰：「與人刃我，寧自刃。」乃自殺。

〔鼓角〕通典卷一四九：軍城及野營行軍在外，日出日没時撾鼓千搥，三百三十三搥爲一通。鼓音止，角音動，吹十二聲爲一疊。角音止，鼓音動。如此三角三鼓而昏明畢之。

〔顧榮〕晉書卷六八顧榮傳：（陳）敏率萬餘人出不獲濟，榮麾以羽扇，其衆潰散。

〔投壺〕後漢書卷五〇祭遵傳：遵爲將軍，取士皆用儒術，對酒設樂，必雅歌投壺。

【評箋】

今人詹鍈云：泛沔州城南郎官湖詩序云：席上文士輔翼、岑静以爲知言，翼蓋即漢陽輔録事也。詩云：「報國有壯心，龍顔不迴眷。」疑是流夜郎歸後作。又云：「鼓角徒悲鳴，樓船習征戰。抽劍步霜月，夜行空庭徧。……他日觀軍容，投壺接高宴。」乾元二年八月，襄州賊將康楚元、張嘉延反，輔録事等所以習水軍者，蓋爲防康、張輩。太白又有九日登巴陵置酒望洞庭水軍詩，可以證之。

早春寄王漢陽

聞道春還未相識，走傍寒梅訪消息。昨夜東風入武昌，陌頭楊柳黄金色。碧水浩浩雲茫茫，美人不來空斷腸。預拂青山一片石，與君連日醉壺觴。

【校】

〔武昌〕昌，兩宋本、繆本、咸本俱作陽，注云：一作昌。胡本作昌，注云：一作陽。王本注云：一作陽。

【評箋】

梅鼎祚云：此雖非太白極致，朱諫删入辨疑，未的。（李詩鈔）

今人詹鍈云：王譜繫乾元二年下，蓋以自漢陽病酒歸寄王明府詩爲乾元二年作，隨以類相屬也。按乾元二年早春，太白方在流夜郎途中，尚未遇赦，此詩之作應在上元元年。李詩辨疑曰：辭意詳玩乃是王漢陽寄李白者，當附於望漢陽柳色寄王宰之下，以見彼此贈答之意。今乃另題作李白寄王漢陽詩，輯録者之誤也。按太白擬約王漢陽度水而來，乃有此寄，朱氏以爲王漢陽酬答太白之詩，似失其旨。

按：當參看本卷望漢陽柳色寄王宰評箋。

江上寄巴東故人

漢水波浪遠，巫山雲雨飛。東風吹客夢，西落此中時。覺後思白帝，佳人與我違。瞿塘饒賈客，音信莫令稀。

【注】

〔巴東〕舊唐書地理志：山南東道歸州：天寶元年改爲巴東郡。

〔白帝〕見卷四荆州歌注。

【評箋】

按：此詩爲出夔州後作，但不知爲初出蜀時，抑爲夜郎遇赦東歸時。

江上寄元六林宗

霜落江始寒，楓葉緑未脱。客行悲清秋，永路苦不達。滄波眇川汜；白日隱天末。停棹依林巒，驚猿相叫聒。夜分河漢轉，起視溟漲闊。涼風何蕭蕭！流水鳴活活。浦沙凈如洗；海月明可掇。蘭交空懷思；瓊樹詎解渴？勗哉滄洲心，歲晚庶不奪。幽賞頗自得，興遠與誰豁。

【校】

〔與誰〕咸本作誰與，似是。

【注】

〔元六林宗〕按：卷十有秋日鍊藥院鑷白髮贈元六兄林宗詩云：「投分三十載，榮枯同所歡。」知與李白爲舊交。

〔川汜〕王云：爾雅：水決復入爲汜。邢昺疏：凡水決之歧流復還大水者名汜。説文：汜，水別復入水也。一曰，汜，窮瀆也。△汜音祀。

〔活活〕詩衞風碩人：河水洋洋，北流活活。毛傳：活活，流也。△活音括。

〔掇〕文選魏武帝詩：明明如月，如何可掇？李善注：掇，拾取也。

寄從弟宣州長史昭

爾佐宣城郡，守官清且閑。常誇雲月好，邀我敬亭山。五落洞庭葉，三江游未還。相思不可見，嘆息損朱顔。

【校】

〔宣城〕城，蕭本作州，誤。王本注云：蕭本作州。

【注】

〔三江〕王云：水經注：巴陵城跨岡嶺，濱阻三江。巴陵西對長洲，其洲南regulated湘浦，北對大江，故曰三江也。三水所會，亦或謂之三江口矣。一統志：三江在岳州府城下，岷江爲西江，澧江爲中江，湘江爲南江，皆會於此，故名。

【評箋】

按：據詩意蓋白於天寶亂後來往江上已及五年，當在乾元二年赦還時作。

涇溪東亭寄鄭少府諤

我遊東亭不見君，沙上行將白鷺羣。白鷺閑時散飛去，又如雪點青山雲。欲往涇溪不辭遠，龍門蹙波虎眼轉。杜鵑花開春已闌，歸向陵陽釣魚晚。

【校】

〔題〕兩宋本、繆本題下俱注云：宣城。

〔閑時〕閑，蕭本作行。王本注云：蕭本作行。

〔眼轉〕蕭本作轉眼。

【注】

〔涇溪〕清一統志：賞溪在寧國府涇縣西，一名涇溪。源出石埭，支流出太平縣，流至涇縣、南陵、宣城入於江。△涇音京。

〔東亭〕楊云：東亭在宣州。郡國圖經云：涇縣在宣州西一百五里。

〔龍門〕王云：江南通志：龍門山在寧國府太平縣西北四十里。林麓幽深，巖壁峭拔。中有石竇若門，産茶及諸藥草。

〔虎眼〕王云：「虎眼轉」謂水波旋轉有光相映，若虎眼之光。劉禹錫詩「汴水東流虎眼文」，是也。

〔杜鵑花〕王云：杜鵑花一名紅躑躅，一名山石榴，一名映山紅，處處山谷有之。高二三尺，春時蕊葉齊出，一枝數萼。花色紅麗，二三月中偏滿山谷，爛然若火，入夏方歇。

〔陵陽〕王云：太平寰宇記：陵陽山在涇縣西南百三十里，石埭縣北三里。按輿地志：陵陽令竇子明於溪側釣魚，一日釣得白龍，子明懼而放之。又數年釣得一白魚，剖其腹，中乃有書，教子明服餌之術，三年後，白龍來迎子明，遂得上昇。溪環遶山足，今有仙壇，祭醮不絶。參見卷十二自梁園至敬亭山……詩注。

宣城九日聞崔四侍御與宇文太守遊敬亭余時登響山不同此賞醉後寄崔侍御二首

九日茱萸熟，插鬢傷早白，登高望山海，滿目悲古昔。遠訪投沙人，因爲逃名客。故交竟誰在？獨有崔亭伯。重陽不相知，載酒任所適。手持一枝菊，調笑二千石。日暮岸幘歸，傳呼隘阡陌。彤襜雙白鹿，賓從何輝赫！夫子在其間，遂成雲霄隔。良辰與美景，兩地方虛擲。晚從南峯歸，蘿月下水壁。却登郡樓望，松色寒轉碧。咫尺不可親，棄我如遺舄。

【校】

〔宣城〕城，蕭本作州。王本注云：蕭本作州。

〔逃名〕咸本注云：一作名山。英華注云：集作名山。

〔一枝〕枝，英華作把，注云：集作枝。

〔調笑〕調，英華作談，注云：一作調。

〔隘〕英華注云：集作溢。

〔咫尺〕兩宋本、繆本、王本俱注云：一作望美。

【注】

〔崔四侍御〕按：當即崔成甫。見本卷遊敬亭寄崔侍御詩注。

〔宇文太守〕按：卷十二有贈宣城宇文太守兼呈崔侍御，似是同時所作。

〔響山〕王云：潛確居類書：響山在宣城縣，當鰲峯之前，兩崖對峙，下瞰響潭，潭上有釣臺。

〔茱萸〕王云：藝文類聚：風土記曰：茱萸，椒也，九月九日熟，色赤，可採時也。太平御覽：風土記曰：九月九日律中無射而數九，俗尚此日，以茱萸氣烈成熟，可折其房以插頭，言辟惡氣而禦初寒。

〔崔亭伯〕後漢書卷八二崔駰傳：崔駰，字亭伯，涿郡安平人也。博學有偉才，盡通古今訓詁百家之言。善屬文，少游太學，與班固、傅毅同時齊名。

〔岸幘〕通鑑卷九二：劉隗岸幘大言，意氣自若。胡三省注：岸幘，幘微脱額也。

〔襜〕王云：毛詩正義：以幃障車之旁如裳爲容飾，故或謂之幃裳，或謂之童容。其上有蓋四旁垂而下謂之襜。章懷太子後漢書注：襜，帷也。車上施帷以屏蔽者。白帖：刺史彤襜皂蓋朱幡。

〔白鹿〕見卷十二贈宣城宇文太守兼呈崔侍御詩注。

【評箋】

按：卷十二有贈宣城宇文太守兼呈崔侍御詩。今人詹鍈據趙公西候亭頌，天寶十四載趙悦爲宣城太守，則宇文任當在其前。詩中有「遠訪投沙人，因爲逃名客」之句，疑是失意後之作。

其二

九卿天上落；五馬道傍來。列戟朱門曉；褰帷碧帳開。登高望遠海；召客得英才。紫綬歡情洽；黄花逸興催。山從圖上見；溪即鏡中迴。遥羨重陽作，應過戲馬臺。

【校】

〔碧帳〕帳，兩宋本、繆本、咸本俱作幛。王本注云：繆本作幛。

〔得英才〕得，英華作來。

〔紫綬〕綬，兩宋本、繆本俱作絲。王本注云：繆本作絲，誤。英華作綬。

〔山從〕從，英華注云：集作依。咸本作依，注云：一作從。

〔溪即〕即，兩宋本、繆本、王本俱注云：一作向。

【注】

〔褰帷〕後漢書卷六一賈琮傳：……爲冀州刺史。舊典傳車驂駕，垂赤帷裳，迎於州界。及琮之部，升車言曰：「刺史當遠視廣聽，糾察美惡，何有反垂帷裳以自掩塞乎？」乃命御者褰之，百城聞風，自然竦震。

〔戲馬臺〕王云：太平寰宇記：戲馬臺在彭城縣南三里，項羽所築，戲馬於此。宋武北征至彭城，遣長史王虞等立第舍於項羽戲馬臺，起齋作閣橋度池，重九日公引賓佐登此臺，令將佐百僚賦詩以觀志，作者百餘人。獨謝靈運詩最工，……太白詩意蓋謂崔侍御重陽之作過於謝公戲馬臺之作也。

寄崔侍御

宛溪霜夜聽猿愁，去國長如不繫舟。獨憐一雁飛南海；却羨雙溪解北流。高人屢解陳蕃榻；過客難登謝朓樓。此處别離同落葉，明朝分散敬亭秋。

【校】

〔長如〕如，兩宋本、繆本、咸本俱作爲。王本注云：繆本作爲。

〔謝朓樓〕樓，兩宋本、蕭本俱作舟，誤。王本注云：蕭本作舟。

〔明朝〕兩宋本、繆本俱作朝朝，非。

【注】

〔崔侍御〕見本卷遊敬亭寄崔侍御詩注。

〔宛溪〕王云：宛溪在寧國府城東，雙溪以二水合流而名，環遶寧國府城而北去。參見卷十二贈宣城宇文太守兼呈崔侍御詩注。

〔陳蕃〕後漢書卷八三徐穉傳：……陳蕃爲太守，以禮請署功曹，穉不就之，既謁而退。蕃在郡不接賓客，唯穉來特設一榻，去則懸之。

〔謝朓樓〕王云：江南通志：謝公樓在寧國府城内郡治之後，因山爲基，即謝朓爲宣城太守時之高齋地。一名北樓。唐咸通間，刺史獨孤霖改建，易名疊嶂樓。

【評箋】

今人詹鍈云：唐詩合解：崔宗之在金陵，李太白時將去宣城，故寄詩別之。按此説非也。詩云：「宛溪霜夜聽猿愁」又云：「此處別離同落葉，明朝分散敬亭秋。」疑是暮秋於宣城別崔侍御而之金陵，唐詩合解所云，適得其反。

涇溪南藍山下有落星潭可以卜築余泊舟石上寄何判官昌浩

藍岑聳天壁，突兀如鯨額。奔蹙横澄潭，勢吞落星石。沙帶秋月明；水摇寒山碧。佳境宜緩棹；清輝能留客。恨君阻歡游；使我自驚惕。所期俱卜築，結茅鍊金液。

【校】

〔聳〕兩宋本、繆本俱作竦。王本注云：繆本作竦。

【注】

〔涇溪〕〔落星潭〕王云：江南通志：涇溪在寧國府涇縣西南一里，一名賞溪，其源有三：一出石埭縣舒姑泉，一出太平黄山，一出績溪，下有賞溪橋沙堤，其西爲新河。藍山在涇縣西五十里，高千仞，李白詩：「藍岑聳天壁，突兀如鯨額」，即此。落星潭在涇縣西五十里藍山下，晉有陳霸兄弟捕魚於此，見一星落潭中，故名。參見本卷涇溪東亭……詩注。

〔何昌浩〕按：卷九有贈何七判官昌浩詩，語意相關，似係一時之作。

【評箋】

今人詹鍈云：何判官當去涇溪不遠，蓋亦居宣城者也。按判官爲採訪使及節度使屬員，江南東道採訪使不駐宣城，而浙江西道節度使則自上元二年正月始徙治宣城，則詩之作當在上元二年秋季。

按：詹説似泥，判官非必爲節度採訪使判官也。凡使皆有判官，通鑑卷二一一：御史大夫李傑護橋陵作，判官王旭犯贓。同書卷二三六：（武）元衡爲山陵儀仗使，劉禹錫求爲判官。其例不勝枚舉。

早過漆林渡寄萬巨

西經大藍山，南來漆林渡。水色倒空青，林煙横積素。漏流昔吞翕，沓浪競奔注。潭落天上星，龍開水中霧。嶢巖注公栅，突兀陳焦墓。嶺峭紛上干，川明屢迴顧。因思萬夫子，解渴同瓊樹。何日覩清光，相歡詠佳句。

【校】

〔嶢〕兩宋本、繆本、咸本俱作巉。王本注云：繆本作巉。

【注】

〔萬巨〕按：盧綸韓翃皆有送萬巨詩，玩翃詩意，巨尚爲江南幕職，若即是此人，則李白與之往還時必年事甚少也。

〔藍山〕見前一首涇溪南藍山下有落星潭可以卜築余泊舟石上寄何判官昌浩詩注。

〔注公柵〕胡云：注公疑是左公。隋末左難當築城柵，拒輔公祏於涇，與大藍山近。

〔陳焦〕王云：江南通志：晉陳焦墓在涇縣五城山左。三國志：永安四年，安吴民陳焦埋之六日更生，穿土中出。按安吴縣名，舊屬宣城郡，隋時併入涇縣。

遊敬亭寄崔侍御

我家敬亭下，輒繼謝公作。相去數百年，風期宛如昨。登高素秋月，下望青山郭。俯視鴛鷺羣，飲啄自鳴躍。夫子雖蹭蹬，瑶臺雪中鶴。獨立窺浮雲，其心在寥廓。時來一顧我，笑飯葵與藿。世路如秋風，相逢盡蕭索。腰間玉具劍，意許無遺諾。壯士不可輕。相期在雲閣。

【校】

〔題〕兩宋本、繆本、王本題下俱注云：一本作登古城望府中奉寄崔侍御。

〔我家〕以下二句，兩宋本、繆本、王本俱注云：一作我登謝公樓，輒繼敬亭作。

〔登高〕此句兩宋本、繆本、王本俱注云：一作高城素秋日。

〔俯視〕此句兩宋本、繆本俱作府中鴻鷺羣，注云：一作俯視鴛鷺羣。王本注云：一作府中鴻鷺羣。

〔時來〕此二句兩宋本、繆本、王本俱注云：一作時來顧我笑，一飯與葵藿。胡本與一作同。

〔腰間〕此二句兩宋本、繆本、胡本、王本俱注云：一作願爲經冬柏，不逐天霜落。

〔玉具〕具，兩宋本、繆本俱作巨。王本注云：玉具劍繆本作玉巨劍。

〔可輕〕輕，兩宋本、繆本、王本俱注云：一作疎。

〔相期〕此句兩宋本、繆本俱注云：一作相隨集雲閣。王本期在下注云：一作隨集。

【注】

〔崔侍御〕按：本卷又有寄崔侍御及遊敬亭寄崔侍御二詩，崔四侍御、崔侍御均即崔成甫。此外如：卷九有寄崔侍御二詩，卷十二有贈宣城宇文太守兼呈崔侍御，卷十五有聞李太尉……

留别金陵崔侍御十九韻，卷十九有酬崔侍御及宣城九日聞崔四侍御……二首及翫月城西……訪崔四侍御，卷二十一有登敬亭北二小山余時客逢崔侍御……等篇，皆可參證。

〔謝公作〕王云：元和郡縣志：敬亭山在宣州宣城縣北十二里，即謝脁賦詩之所。脁詩云：「兹山亘百里，合沓與雲齊。隱淪既已託，靈異居然棲。上干蔽白日，下屬帶回谿。交藤荒且蔓，樛枝聳復低」云云。

〔玉具劍〕漢書卷九四匈奴傳：賜以……玉具劍。注：孟康曰：標首鐔衛，盡用玉爲之也。師古曰：鐔，劍口旁横出者也；衛，劍鼻也。又卷九九王莽傳：進其玉具寶劍。……莽因曰：誠見君面有瘢，美玉可以滅瘢，欲獻其瑑耳。按：顏注以瑑爲璏之誤，璏即劍鼻，尤足爲玉具劍之確釋。

【評箋】

按：卷二十一有詩，題云：登敬亭北二小山余時客逢崔侍御並登此地。唐詩紀事於崔成甫下注曰：李白詩崔侍御是也。與此詩及本卷之寄崔侍御詩當是皆與崔成甫同在宣城所作。

三山望金陵寄殷淑

三山懷謝脁，水澹望長安。燕没河陽縣，秋江正北看。盧龍霜氣冷，鳷鵲月光寒。耿耿憶瓊樹，天涯寄一歡。

【校】

〔水澮〕兩宋本、繆本、胡本、王本俱注云：一作綠水。按：水澮二字必誤，疑是水涘之訛，蓋草書涘與澮相似也。

〔一歡〕歡，郭本作顔，誤。

【注】

〔三山〕太平寰宇記卷九〇：三山在（昇州江寧）縣西南五十七里，周迴四里，其山孤絶，面東西絶大江。輿地志云：其山積石，濱於大江，有三峯南北接，故曰三山，舊爲吴津所。謝玄暉晚登三山還望京邑詩云：「灞涘望長安，河陽視京縣。白日麗飛甍，參差皆可見。餘霞散成綺，澄江静如練。」即此地也。

〔盧龍〕王云：太平寰宇記：盧龍山在昇州上元縣西北二十里，周迴五里，西臨大江。按舊經：晉元帝初渡江，北地盡爲虜寇所有，以其山連石頭爲固，關塞以盧龍名焉。六朝事跡：盧龍山，圖經云：在城西北十六里。周迴五里，高三十六丈，東有水下注平陸，西臨大江。舊經云：晉元帝初渡江到此，見山嶺綿延，遠接石頭城。真江上之關塞，以比北地盧龍山，因以爲名。一統志：獅子山在應天府西二十里，與馬鞍山接，晉元帝初渡江見此山綿連，以擬北地盧龍山，故易名盧龍山。

〔鳷鵲〕梅鼎祚李詩鈔卷四云：漢書注：鳷鵲觀在雲陽甘泉宫。謝朓詩：「金波麗鳷鵲」，此並長安事。南齊時都金陵，故朓以長安擬之。白用其語。參見卷八永王東巡歌第四首注。

【評箋】

按：卷十七有送殷淑三首，與此詩當爲前後之作。又卷二十二有夜泊黄山聞殷十四吴吟詩，殷十四亦疑即殷淑。

自金陵泝流過白壁山翫月達天門寄句容王主簿

滄江泝流歸，白壁見秋月。秋月照白壁，皓如山陰雪。幽人停宵征，賈客忘早發。進帆天門山，迴首牛渚没。川長信風來，日出宿霧歇。故人在咫尺，新賞成胡越。寄君青蘭花，惠好庶不絶。

【校】

〔白壁〕兩宋本、繆本俱作白璧。

【注】

〔白壁山〕王云：江南通志：白壁山在太平府城北三十里，有三峯，中峯最峻，赤壁在其北。一統志無白壁山而有白壁水，蓋字誤也。太平府志：白壁山一名石壁，在郡治北二十五里化洽鄉。濱江三峯，中拔起如垔，有石似龜狀，俗名龜山。傳言上有白玉，采之者衆，遂絶。

李白與崔宗之乘舟月夜自金陵泝流，過白壁山玩月，白衣宫錦袍坐舟中，兩岸觀者如堵，白笑傲自若，旁若無人。今按白詩「秋月照白壁，皓如山陰雪」十字，殆不可方，真興會所到也。按：輿地紀勝卷一八太平州：白壁水在當塗縣北三十里，東北又名石壁山。李白有過石壁山翫月詩。其山三峯，中峯最高，向西山面峭峻如壁。

〔天門〕王云：一統志：天門山在太平府城西南三十里，二山夾大江，東曰博望，西曰梁山，對峙如門，亦名蛾眉山，又名東梁山、西梁山。

〔句容〕舊唐書地理志：江南東道潤州句容縣：乾元元年屬昇州，寶應元年，州廢屬潤州。

〔主簿〕王云：唐制，每縣設主簿一人，九品官，京縣則二人，八品官。

〔山陰雪〕世説任誕篇：王子猷居山陰，夜大雪，眠覺，開室命酌酒，四望皎然。

〔牛渚〕王云：一統志：牛渚山在太平府城北二十五里，下有磯曰牛渚磯，去采石磯近一里，舊爲險要備禦之地，亦名燃犀浦。

【評箋】

唐宋詩醇云：白寄人之詩，大致泛濫於元嘉以還，此前諸篇皆是也。白嘗謂建安以來，綺麗非珍，蓋亦大概言之；至其間表表諸人，曷嘗不歷閫入室，相與周旋出入乎！特才實邁古，故大而化之，其淵源有自來矣。杜甫亦復如是。詞人落筆，往往過當，甫嘗云：「陶謝不枝梧。」他日則云：「安得思如陶謝手，令渠述作與同遊。」後人過尊二家。或欲盡薄從前，非通論也。

寄上吴王三首

淮王愛八公，攜手緑雲中。小子忝枝葉，亦攀丹桂叢。謬以詞賦重，而將枚馬同。何日背淮水？東之觀土風。

【校】

〔枚馬〕枚，咸本注云：一作犬。

【注】

〔吴王〕王云：按唐書：吴王祇，太宗第三子吴王恪之孫，張掖郡王琨之子，襲封嗣吴王，出爲東平太守。安禄山反，河南、陳留、滎陽、靈昌相繼陷，祇募兵拒戰。玄宗壯之，累遷陳留太守，持節河南道節度採訪使，歷太僕宗正卿，其爲廬江太守無考，蓋史失載也。

〔八公〕太平廣記卷八：漢淮南王劉安……方術之士不遠千里，卑辭重幣請致之。於是有八公詣門，皆鬚眉皓白。門吏先密以白王，王使閽人自以意難問之曰：「我王上欲求延年長生不老之道，……今先生年已耆矣，似無駐衰之術。」……八公笑曰：「聞王尊禮賢士，……故遠致其身，……何以年老而逆見嫌耶？王必若見年少則謂之有道，皓首則謂之庸叟，……薄吾老，今則少矣。」言未竟，八公皆變爲童子，年可十四五，角髻青絲，色如桃花。門吏大

驚，走以白王。王聞之，足不履，跣而迎，登思仙之臺，……執弟子之禮，北面叩首。……八童子乃復爲老人。……（出神仙傳）

〔丹桂〕王云：淮南王招隱士：攀援桂枝兮聊淹留。沈約詩：「岸側青莎被，巖間丹桂叢。」南方草木狀：桂有三種，葉如柏葉皮赤者爲丹桂，葉似柹葉者爲菌桂，葉似枇杷葉者爲牡桂。

其二

坐嘯廬江靜，閑聞進玉觴。去時無一物，東壁挂胡牀。

【注】

〔坐嘯〕後漢書卷九七黨錮列傳：南陽太守成瑨亦委功曹岑晊，二郡又爲謡曰……南陽太守岑公孝，弘農成瑨但坐嘯。

〔胡牀〕三國志魏志裴潛傳注：魏略曰：又潛爲兖州時，嘗作一胡牀，及其去也，留以挂柱。

其三

英明廬江守，聲譽廣平籍。灑掃黄金臺，招邀青雲客。客曾與天通，出入清禁中。襄王憐宋玉，願入蘭臺宫。

【校】

〔灑掃〕兩宋本、繆本俱作掃灑。王本注云：繆本作掃灑。

【注】

〔廣平〕文選謝朓新亭渚别范零陵詩：「廣平聽方籍。」李善注：言范同廣平而聲聽方向籍，王隱晉書曰：鄭袤……爲中郎散騎常侍，會廣平太守缺，宣帝謂袤曰：「賢叔大匠渾垂稱於平陽、魏郡，蒙惠化，且盧子家、王子邕繼踵此郡，欲使世不乏賢，故復相屈。」在郡先以德化，善爲條教，百姓愛之。

【評箋】

按：詩意當是白出長安後，至廬江有干謁吴王祇之舉。應與卷十七送楊燕之東魯詩參看。

李白集校注卷十五

古近體詩三十五首

秋日魯郡堯祠亭上宴别杜補闕范侍御

我覺秋興逸，誰云秋興悲？山將落日去，水與晴空宜。魯酒白玉壺，送行駐金羈。歇鞍憩古木，解帶挂横枝。歌鼓川上亭，曲度神飇吹。雲歸碧海夕，雁没青天時。相失各萬里，茫然空爾思。

【校】

〔題〕兩宋本、繆本題下俱注云：魯中。

〔歌鼓〕兩宋本、繆本、蕭本、王本俱注云：一本無歌鼓川上亭二句，其下增入南歌憶郢客，東轉見齊姬，清波忽淡蕩，白雲紛逶迤，一隔范杜遊，此歡各棄遺三韻。

【注】

〔魯郡〕舊唐書地理志：河南道兗州：天寶元年改兗州爲魯郡。

〔堯祠〕元和郡縣志卷一〇：堯祠在兗州瑕丘縣南七里洙水之右。

〔補闕〕王云：通典：武太后垂拱中，置補闕、拾遺二官以掌供奉諷諫。自開元以來，尤爲清選。唐書百官志：門下省有左補闕六人，中書省有右補闕六人，從七品。

〔曲度〕王云：後漢書：多聚聲樂曲度比諸郊廟。章懷太子注：曲度謂曲之節度也。

【評箋】

王云：酉陽雜俎：衆言李白惟戲杜考功「飯顆山頭」之句，成式偶見李白祠亭上宴別杜考功詩，今録首尾曰：「我覺秋興逸，誰言秋興悲。山將落日去，水共晴空宜。烟歸碧海夕，雁度青天時。相失各萬里，茫然空爾思。」琦按：成式此則謂杜考功即子美也，然子美未嘗爲考功，且與太白同游時尚爲布衣，未登仕籍，而詩題又微有不同，疑成式所見另是一本。

胡云：太白慣押宜字，如「山將落日去，水與晴空宜」，「月色不可盡，空天交相宜」。又「謔浪偏相宜」，「置酒正相宜」，「春風與醉客，今日乃相宜」。凡五用，而前兩韻尤佳。

按：容齋四筆：李太白、杜子美在布衣時，同遊梁宋，爲詩酒會心之友。以杜集考之，其稱太白及贈懷之篇甚多，凡十四五篇，至於太白與子美詩，略不見一句。或謂堯祠亭別杜補闕者是也，乃殊不然。杜但爲右拾遺，不曾任補闕。是宋人已知其非。仇兆鰲注杜詩云：公遇李時尚爲布衣，其授拾遺在至德、乾元間。尤爲中肯。

别魯頌

誰道太山高，下却魯連節？誰云秦軍衆，摧却魯連舌？獨立天地間，清風灑蘭雪。夫子還倜儻，攻文繼前烈。錯落石上松，無爲秋霜折。贈言鏤寶刀，千歲庶不滅。

【校】

〔題〕兩宋本、繆本俱作留别魯頌。王本注云：繆本題上多一留字。

【注】

〔下却魯連節〕張相詩詞曲語辭匯釋云：却猶於也。下却猶云低於也。言魯連有高節，太山雖高，低於魯連之節也。摧却猶云挫於也。言秦軍雖衆，挫於魯連三寸之舌也。李咸用早秋游山寺詩：「静於諸境静，高却衆山高。」却與於互文，言高於衆山之高也。杜荀鶴長安春感詩：「此時情景愁於雨，是處鶯聲苦却蟬。」却與於互文，言苦於蟬也。

【評箋】

按：李詩辨疑以首四句本謂仲連之節高於泰山，仲連之舌能摧秦軍，意圓語滯，不善於文辭。其實李詩飄逸兀傲，是其本色，此詩但云：泰山雖高，豈能使魯連爲之下，秦軍雖衆，豈能使魯連爲之摧？語意極明。朱氏不解古人之詩有上下句并爲一句讀者，故譏爲語滯。此以後世之習慣疑古人也。參以張相所釋（見注中），尤可破朱氏之疑。

别中都明府兄

吾兄詩酒繼陶君，試宰中都天下聞。東樓喜奉連枝會，南陌愁爲落葉分。城隅渌水明秋日，海上青山隔暮雲。取醉不辭留夜月，雁行中斷惜離羣。

【校】

〔中都〕咸本作割雞，注云：一作中都。

〔愁爲〕愁，兩宋本、繆本俱作還。王本注云：繆本作還。

〔城隅〕兩宋本、繆本、王本俱注云：一作江城。

【注】

〔中都〕舊唐書地理志：河南道兖州中都：漢平陸縣。……天寶元年改爲中都。

〔陶君〕楊云：陶君指淵明。

〔東樓〕按：卷二十三有魯中都東樓醉起作，蓋東樓爲中都名勝之地。

〔連枝〕文選蘇武詩：「況我連枝樹，與子同一身。」吕向注：兄弟如木，連枝而同本。

夢遊天姥吟留别

海客談瀛洲，烟濤微茫信難求。越人語天姥，雲霞明滅或可覩。天姥連天向天横，勢拔五岳掩赤城。天台四萬八千丈，對此欲倒東南傾。我欲因之夢吴越，一夜飛度鏡湖月。湖月照我影，送我至剡溪。謝公宿處今尚在，渌水蕩漾清猿啼。脚著謝公屐，身登青雲梯。半壁見海日，空中聞天雞。千巖萬轉路不定，迷花倚石忽已暝。熊咆龍吟殷巖泉，慄深林兮驚層巔。雲青青兮欲雨，水澹澹兮生烟。列缺霹靂，丘巒崩摧。洞天石扇，訇然中開。青冥浩蕩不見底，日月照耀金銀臺。霓爲衣兮風爲馬，雲之君兮紛紛而來下。虎鼓瑟兮鸞回車，仙之人兮列如麻。忽魂悸以魄動，怳驚起而長嗟。惟覺時之枕席，失向來之烟霞。世間行樂亦如此，古來萬事東流水。别君去兮何時還，且放白鹿青崖間。須行即騎訪名山。安能摧眉折腰事權貴，使我不得開心顔？

【校】

〔題〕兩宋本、繆本、王本俱注云：一作别東魯諸公。英靈作夢遊天姥山别東魯諸公。

〔微茫〕兩宋本、繆本、王本俱注云：一作瀰漫。

〔信難求〕英靈作不易求。

〔語〕兩宋本、繆本、咸本、王本俱注云：一作道。

〔或可〕或，兩宋本、繆本、王本俱注云：一作安。英靈作如何，恐非。

〔拔〕兩宋本、繆本、王本俱注云：一作枝。

〔四萬〕四，王本注云：當作一。按：王文公詩集卷四八送僧游天台詩李壁注云：真誥：桐柏山高一萬八千丈，今天台亦然。太白云四萬，字誤。

〔欲〕兩宋本、繆本、王本俱注云：一作絶。英靈作絶。

〔因之〕兩宋本、繆本、王本俱注云：一作冥搜。英靈作冥搜。

〔脚著〕英靈作脚穿。

〔倚石〕倚，咸本作失，注云：一作倚。

〔雲青〕雲，兩宋本、繆本、王本俱注云：一作楓。英靈作楓。

〔扇〕兩宋本、繆本、王本俱注云：一作扉。

〔中開〕中，兩宋本、繆本、王本俱注云：一作而。英靈中上有而字。

〔浩蕩〕英靈作濛鴻。

〔爲衣〕英靈作爲裳。

〔風爲〕風，兩宋本、繆本俱作鳳。王本注云：繆本作鳳。

〔雲之〕之，胡本作中。

〔君兮〕咸本注云：一本兮下有飄字。

〔鼓瑟〕英靈作鼓琴。

〔以魄動〕英靈作兮目竷。

〔而長嗟〕而，英靈作兮。

〔惟覺時〕惟，咸本作遺。

〔亦如此〕英靈作皆如是。

〔去兮〕咸本無兮字，蕭本兮作時。王本注云：蕭本作時。

〔訪名山〕訪，英靈作向。

〔使我〕此句英靈作暫樂酒色凋朱顔，注云：一作使我不得開心顔。

【注】

〔天姥〕王云：太平寰宇記：天姥山在越州剡縣南八十里。名山志云：山有楓千餘丈蕭蕭然。後吴録云：剡縣有天姥山，傳云登者聞天姥歌謡之響。謝靈運詩云：「暝抵剡中宿，明登天姥岑。高高入雲霓，還期那可尋？」即此也。一統志：天姥峯在台州天台縣西北，與天台山相對，其峯孤峭，下臨嵊縣，仰望如在天表。△姥音母。

〔瀛洲〕王云：十洲記：瀛洲在東海中，地方四千里，大抵是對會稽去西岸七十萬里，上生神芝仙草。又有玉石，高且千丈，出泉如酒味甘，名之爲玉醴泉，飲之數升輒醉，令人長生。洲上多仙家，風俗似吴人，山川如中國也。

〔赤城〕王云：太平廣記：章安縣西有赤城山，周三十里，一峯特高，可三百餘丈。海録碎事：顧野王輿地志云：赤城山有赤石羅列，長里餘，遥望似赤城。參見卷七同族弟金城尉叔卿燭照山水壁畫歌注及卷十六送王屋山人魏萬歸王屋詩注。

〔天台〕雲笈七籤：天台山高一萬八千丈，洞周圍五百里，名上玉清平之天，即桐柏王真人所理。葛仙翁鍊丹得道處，上應台宿，故曰天台，在台州天台縣。參見卷十一贈王判官……及卷十六送王屋山人魏萬歸王屋詩注。

〔東南傾〕楚辭天問：康回馮怒，地何故以東南傾？

〔鏡湖〕王云：薛方山浙江志：鑑湖又曰鏡湖，在會稽縣西南三十里，故南湖也。圖經曰：後漢馬臻爲太守，創立鑑湖，在會稽、山陰二縣界。

〔剡溪〕元和郡縣志卷二六：剡溪出（越州剡）縣西南，北流入上虞縣界，爲上虞江。清一統志：紹興府：曹娥江在會稽縣東南七十里，上流曰剡溪。自嵊縣入縣北界曰曹娥江，又北入上虞縣界，一名上虞江。

〔謝公屐〕南史卷一九謝靈運傳：尋山陟嶺，必造幽峻，巖嶂數十重，莫不備盡登躡，常著木屐，上山則去其前齒，下山去其後齒。

〔青雲梯〕文選謝靈運登石門最高頂詩：「共登青雲梯。」劉良注：仙者因雲而升，故曰雲梯。

〔天雞〕述異志：東南有桃都山，上有大樹名曰桃都，枝相去三千里，上有天雞，日初出照此木，天雞則鳴，天下之雞皆隨之鳴。

〔列缺〕文選揚雄羽獵賦：霹靂列缺，吐火施鞭。李善注：應劭曰：霹靂，雷也；烈（五臣作列）缺，閃隙也。

〔金銀臺〕王云：郭璞游仙詩：「神仙排雲出，但見金銀臺。」

〔如麻〕王云：傅玄吴楚歌：雲爲車兮風爲馬。西京賦：總會仙倡，戲豹舞羆。白虎鼓瑟，蒼龍吹篪。太平御覽：太微天帝登白鸞之車。上元夫人步元曲：「忽過紫微垣，真人列如麻。」

【評箋】

王云：范德機云：夢吴越以下，夢之源也，以次諸節，夢之波瀾也。其間顯而晦，晦而顯，至「失向來之煙霞」，夢極而與人接矣，非太白之胸次筆力，亦不能發此。「枕席」「烟霞」二句最有力。結語平衍，亦文勢當如此。

吴山民云：「天台四萬八千丈」，形容語，「白髮三千丈」同意，有形容天姥高意。「千巖萬轉」句，語有包括。下三句，夢中危景。又八句，夢中奇景。又四句，夢中所遇。「唯覺時之枕席」二語，篇中神句，結上啓下。「世間行樂」二句，因夢生意。結超。（唐詩選脈會通）

唐宋詩醇云：七言歌行，本出楚騷樂府。至於太白，然後窮極筆力，優入聖域。昔人謂其「以氣爲主，以自然爲宗，以俊逸高暢爲貴，詠之使人飄揚欲仙」。而尤推其天姥吟遠别離等篇，以爲雖子美不能道。蓋其才横絶一世，故興會標舉，非學可及，正不必執此謂子美不能及也。此篇夭矯離奇，不可方物，然因語而夢，因夢而悟，因悟而别，節次相生，絲毫不亂，若中間夢境迷離，不過詞意偉怪耳。胡應麟以爲「無首無尾，窈冥昏默」，是真不可以説夢也。特謂非其才力，學之立見顛踣，則誠然耳。

方東樹云：陪起令人迷，「我欲」以下正叙夢，愈唱愈高，愈出愈奇，「失向」句收住。「世間」二句入作意，因夢遊推開，見世事皆成虚幻也，不如此則作詩之旨無歸宿。留别意只末後一點，韓記夢之本。（昭昧詹言）

今人詹鍈云：陳沆詩比興箋云：此篇昔人皆不論，一若無可疑議者。……蓋此篇即屈子遠游之旨，亦即太白梁甫吟：「我欲攀龍見明主，雷公砰訇震天鼓，……閶闔九門不可通，以額扣關閽者怒」之旨也。太白被放以後，回首蓬萊宫殿，有若夢遊，故託天姥以寄意。首言求仙難必，遇主或易，故「我欲因之夢吴越，一夜飛渡鏡湖月」，言欲乘風而至君門也。「身登青雲梯，半璧見海日」以下言金鑾召見，置身雲霄，醉草殿廷，侍從親近也。「忽魂悸以魄動」以下言一旦被放，君門萬里。故云「惟覺時之枕席，失向來之烟霞」也。「世間行樂亦如此，古來萬事東流水。……須行即騎訪名山，安能摧眉折腰事權貴」云云，所謂「平生不識高將軍，手汙吾足乃敢嗔」也。題曰留別，蓋寄去國離都之思，非徒酬贈握手之什。按陳氏說亦間有是處，但以留別二字爲寄去國離都之思，則左矣。仇注杜集春日憶李白詩下，引顧宸曰：天寶五載春，公歸長安，白被放浪遊，再入吳。按杜甫之去魯在天寶五載秋，已見前，其歸至長安似應在本年冬季。至白別東魯諸公再遊吳越，亦在是時，翌年春則已達會稽，故杜甫有詩懷之也。

留別曹南羣官之江南

我昔釣白龍，放龍溪水傍。道成本欲去，揮手凌蒼蒼。時來不關人，談笑游軒皇。獻納少成事，歸休辭建章。十年罷西笑，攬鏡如秋霜。閉劍琉璃匣，鍊丹紫翠房。身佩豁落圖，腰垂虎盤囊。仙人借綵鳳，志在窮遐荒。戀子四五人，徘徊未翱翔。東流送白日，驟歌蘭蕙芳。仙宮兩無從，人間久摧藏。范蠡脱句踐，屈平去懷王。飄飄紫霞心，流浪憶江鄉。愁爲萬里別，復此一銜觴。淮水帝王州，金陵繞丹陽。樓臺照海色，衣馬摇川光。及此北望君，相思淚成行。朝雲落夢渚，瑶草空高唐。帝子隔洞庭，青楓滿瀟湘。懷歸路緜邈，覽古情淒涼。登岳眺百川，杳然萬恨長。却戀峨眉去，弄景偶騎羊。

【校】

〔虎盤〕盤，胡本作蹔。

〔借綵鳳〕借，蕭本、咸本、胡本俱作駕。王本注云：蕭本作駕。

〔脱句踐〕脱，兩宋本、繆本、蕭本、咸本、胡本俱作説。王本注云：蕭本作説。

〔淮水〕淮，兩宋本俱作渌。

〔高唐〕唐，蕭本、咸本、胡本俱作堂。王本注云：蕭本作堂，非。

〔懷歸〕歸，蕭本、咸本俱作君。王本注云：蕭本作君，非。

〔却戀〕却，蕭本、咸本俱作知。王本注云：蕭本作知。

〔峨眉去〕去，繆本作云，誤。

【注】

〔曹南〕按：獨孤及有送李白之曹南序，中有云：「出車桐門，將駕於曹。」曹南蓋唐人指曹州之通稱。

〔白龍〕王云：陵陽子明於旋溪釣得白龍，解而放之。見卷十二自梁園至敬亭山……詩注。

〔西笑〕見卷十二經亂後將避地剡中留贈崔宣城詩注。

〔紫翠房〕王云：十洲記：又有墉城金臺玉樓相鮮如流精之闕，光碧之堂，瓊華之室，紫翠丹房，錦雲燭日，朱霞九光，西王母之所治也。

〔豁落圖〕王云：道經：凡欲修行，大洞真經三十九章、雌一玉檢五老寶經、元母簡、十二上願，佩神虎金虎符、豁落七元流金火鈴。

〔盤囊〕王云：神仙傳：王遠冠遠遊冠，朱衣虎頭鞶囊五色綬，帶劍。通典：按漢代著鞶囊者側在腰間，或云旁囊，或云綬囊，然則以此囊盛綬也，或盛或散各有其時。

〔淮水〕王云：太平寰宇記：淮水發源於華山，在丹陽姑熟之界，西北流經建康、秣陵二縣之間，縈紆京邑之内，至於石頭入江，緜流三百餘里。景定建康志：祥符江寧圖經曰：淮水去縣一里，其源從宣州東南溧水縣烏刹橋西入百五十里。丹陽記云：建康有淮源出華山入江。輿地志云：秦始皇巡會稽，鑿山阜，此淮即所鑿也。亦名秦淮。

〔丹陽〕見卷九贈丹陽横山周處士惟長詩注。

〔帝子〕見卷一惜餘春賦注。

〔青楓〕楚辭招魂：湛湛江水兮上有楓，目極千里兮傷春心。

〔騎羊〕搜神記：前周葛由，蜀羌人也。周成王時好刻木作羊賣之，一旦乘木羊入蜀中，蜀中王侯貴人追之，上綏山，綏山多桃，在峨眉山西南，高無極也。隨之者不得還，皆得仙道。

【評箋】

按：詩有「十年罷西笑」之句，則白於出長安後十年左右從曹南赴江南，此遊蹤之可據者。

留別于十一兄逖裴十三遊塞垣

太公渭川水，李斯上蔡門。釣周獵秦安黎元，小魚鵔兔何足言？天張雲卷有時節，吾徒莫嘆羝觸藩。于公白首大梁野，使人悵望何可論？既知朱亥爲壯士，且願束心秋毫裏。秦趙虎争血中原，當去抱關救公子。裴生覽千古，龍鸞炳天章。悲吟雨雪動林木，放書輟劍思高堂。勸爾一杯酒，拂爾裘上霜。爾爲我楚舞，吾爲爾楚歌。且探虎穴向沙漠，鳴鞭走馬凌黄河。恥作易水别，臨岐淚滂沱。

【校】

〔秦趙〕秦，郭本作蔡，誤。

〔龍鸞〕鸞，胡本作鸞。按：此用班固答賓戲語，似是。

〔天章〕天，蕭本作文。王本注云：蕭本作文。

〔悲吟〕悲，兩宋本、繆本、王本俱注云：一作高。

〔思高堂〕思，兩宋本、繆本、王本俱注云：一作悲。

【注】

〔于十一〕王云：蕭穎士蓮蕊散序：友生于逖、張南容在大梁。唐詩紀事：于逖，獨孤及、李白皆有詩贈之，蓋天寶間人也。

〔觸藩〕易大壯：羝羊觸藩羸其角。正義：藩，藩籬也。

〔龍鸞〕文選吴質答魏太子牋：摛藻下筆，鸞龍之文奮矣。李善注：鸞龍，鱗羽之有五彩，故以喻焉。

〔雨雪〕藝文類聚卷二琴操曰：曾子耕太山之下，天雨雪凍，旬日不得歸，思其父母，作梁山歌。

〔虎穴〕三國志吴志卷九吕蒙傳：吕蒙年十五六，竊隨（鄧）當擊賊，當顧見大驚，呵叱不能禁止，歸以告蒙母。母恚，欲罰之。蒙曰：「貧賤難可居，脱誤有功，富貴可致。且不探虎穴，安得虎子？」

〔楚舞〕史記留侯世家：戚夫人泣，上曰：「爲我楚舞，吾爲若楚歌。」

【評箋】

今人詹鍈云：李詩辨疑曰：此詩雖無顛放鄙俗之病，而辭意輕淺牽强，如云：「且願束心秋豪裏」，及「秦趙虎争血中原」，「悲吟雨雪動林木」，「且探穴虎向沙漠」等句，皆不穩當，爲可疑也。以白之留别曹南羣官與别王司馬諸篇較之可見。大抵效李白者，開口便欲開張，中間細微曲折，殊少滋味，或至於猖狂自恣，而無法度之可守也。……文章力量，局於氣稟，況白之天授者乎？奚禄詒曰：輕亂不堪，竟是宋元俗人之作，太白豈有此乎？又：與洗兵馬氣同，必是王安石僞作。按于逖之名一見於獨孤及詩，王昌齡有答高三十五留別便呈于十一詩，當亦指逖而言，設是後人僞造，何以如此巧合？又奚氏以爲出王安石之手，安石與宋敏求爲同僚，今傳李集既爲敏求改編，倘是王安石作，敏求豈有不知之理邪？

按：此詩正是李白本色，奇偉鬱勃，非但不似宋人所作，抑且不似唐時他人所作，更不似王安石所作。朱氏徒以秦、趙虎争等語疑之，不知李詩中此類語氣常見，古人不以爲嫌也。即以詩格而論，朱氏全似門外漢語。奚氏之説尤非，本不足辨。但詹氏引朱、奚之語，往往不加深論，恐滋疑誤，特舉此以概其餘，總之二人皆疑所不當疑也。

又按：據詩意，遊塞垣乃白自謂，正即贈江夏韋太守詩所謂「十月到幽州」。黄譜云：天寶十一年秋，白從梁苑遊河北道，途徑大梁作，近是。又李頎有答高三十五留別便呈于十一詩末四句云：「寄書寂寂於陵子，蓬蒿没身胡不仕？藜羹被褐環堵中，歲晚將貽故人恥。」與白詩中之「于公白首大梁野，使人悵望何可論」之語意全相符合。因此亦可推知白作此詩在梁宋也。詹氏以李頎詩爲王昌齡詩，未知所據，詩格亦不類王。獨孤及有夏中酬于逖畢耀問病見贈詩，及自云天寶中尉華陰鄭縣，而詩有「薄宦恥降志」之語，知其與于逖往還亦不在安史亂後，與李白此時行蹤亦正合。

留别王司馬嵩

魯連賣談笑，豈是顧千金？陶朱雖相越，本有五湖心。余亦南陽子，時爲梁甫吟。蒼山容偃蹇；白日惜頽侵。願一佐明主，功成還舊林。西來何所爲？孤劍託知音。鳥愛碧山遠；魚遊滄海深。呼鷹過上蔡；賣畚向嵩岑。他日閑相訪，丘中有素琴。

【校】

〔鳥愛〕此句兩宋本、繆本、王本俱注云：一作鳳集碧梧秀。

〔滄海〕滄，胡本作江。

【注】

〔王司馬〕王云：按唐書百官志：王府官屬及都督、都護、刺史之佐職，皆有司馬。有從四品、正五品、從五品、正六品、從六品之不同。不知嵩爲何官。按：卷十九有酬坊州王司馬與閻正字對雪見贈，語意相似，當即一人。

〔魯連〕王云：魯連談笑而却秦軍，平原君以千金爲壽，魯連辭而去，范蠡乘扁舟以浮於五湖，止於陶，爲陶朱公，諸葛亮躬耕南陽，好爲梁父吟，俱見前注。

〔呼鷹〕李斯事。詳見卷三行路難第三首注。

〔賣畚〕王云：十六國春秋：王猛少貧賤，以鬻畚爲業。嘗貨畚於洛陽，乃有一人貴買其畚，而云無直，自言家去此無遠，可隨我取直。猛利其貴而從之，行不覺遠，忽至深山，其人止猛且住樹下，當先啓道君來。須臾猛進見，一老公踞胡牀而坐，鬚髮悉白，侍從十許人，有一人引猛曰：大司馬可進。猛因進拜，老公曰：「王公何緣拜也？」乃十倍償畚直，遣人送之。既出，顧視乃嵩高山也。春秋經傳集解：畚以草索爲之，筥屬。△畚音本。

還山留別金門知己

好古笑流俗，素聞賢達風。方希佐明主，長揖辭成功。白日在青天，迴光矚微躬。恭承鳳凰詔，欻起雲蘿中。清切紫霄迥，優游丹禁通。君王賜顏色，聲價淩烟虹。乘輿擁翠蓋，扈從金城東。寶馬驟絶景，錦衣入新豐。倚巖望松雪，對酒鳴絲桐。方學揚子雲，獻賦甘泉宫。天書美片善，清芳播無窮。歸來入咸陽，談笑皆王公。一朝去金馬，飄落成飛蓬。賓友日疎散，玉樽亦已空。長才猶可倚，不慙世上雄。閑來東武吟，曲盡情未終。書此謝知己，扁舟尋釣翁。

【校】

〔題〕兩宋本、繆本、王本題下俱注云：一本作出金門後書懷留别翰林諸公。

〔矚微躬〕矚，兩宋本、繆本、王本俱注云：一作照。

〔欻〕兩宋本俱作欲。

〔雲蘿〕兩宋本、繆本俱作雲羅，注云：一作藤蘿。王本雲下注云：一作藤。

〔驟絶景〕驟，兩宋本、繆本俱注云：一作麗。

〔方學〕方，兩宋本、繆本俱注云：一作因。

〔清芳〕芳，兩宋本、繆本俱注云一作芬。蕭本作芬。

〔賓友〕友，兩宋本、繆本、王本俱注云：一作從。

〔亦已〕亦，兩宋本、繆本、王本俱注云：一作尋。

〔長才〕兩宋本、繆本俱注云：一作才力。

〔扁舟〕兩宋本、繆本俱注云：一作滄波。王本注云：一作滄波。

【評箋】

王云：此篇即卷五之東武吟也，句字互有同異，今仍舊本兩存，注不重出。

夜别張五

吾多張公子，别酌酣高堂。聽歌舞銀燭，把酒輕羅霜。横笛弄秋月，琵琶彈陌桑。龍泉解錦帶，爲爾傾千觴。

【校】

〔秋月〕月，英華作水，注云：集作月。

【注】

〔張五〕按：岑仲勉唐人行第録疑爲張垍之弟張埱。

〔多〕漢書卷四九爰盎傳：諸公聞之，皆多盎。顔注：多猶重也。

〔張公子〕按：此借用漢書張公子時相見之語，以切張姓。但據詩意，張五似亦豪家貴族。

〔琵琶〕王云：宋書：傅玄琵琶賦曰：漢遣烏孫公主嫁昆彌，念其行道思慕，故使工人裁箏筑，爲馬上之樂。欲從方俗語，故曰琵琶，取其易傳於外國也。風俗通曰：以手琵琶，因以爲名。杜摯云：長城之役，絃鼗而鼓之。未詳孰是。樂府雜録：琵琶古曲有陌上桑。

〔龍泉〕見卷十一在水軍宴贈幕府諸侍御詩注。

魏郡别蘇明府因北游

魏都接燕趙，美女誇芙蓉。淇水流碧玉，舟車日奔衝。青樓夾兩岸，萬室喧歌鐘。天下稱豪貴，遊此每相逢。洛陽蘇季子，劍戟森詞鋒。六印雖未佩，軒車若飛龍。黄金數百鎰，白璧有幾雙？散盡空掉臂，高歌賦還邛。落魄乃如此，何人不相從？遠别隔兩河，雲山杳千重。何時更杯酒，再得論心胸？

【校】

〔題〕咸本作魏郡别蘇因。宋乙本北游二字作旁注。

〔明府〕明，兩宋本、繆本俱作少。王本注云：繆本作少。

〔每相逢〕每，咸本作忽，注云：一作每。以上二句，兩宋本、繆本、王本俱注云：一作天下豪貴游，此中每相逢。

〔六印〕此句兩宋本、繆本、王本俱注云：一作説秦復過趙。

〔還邛〕還，兩宋本、繆本、王本俱注云：一作臨。此下兩宋本、繆本、咸本有合從又連横，其意未可封二句。王本注云：繆本此下多合從又連横，其意未可封二句。

〔落魄〕魄，兩宋本、繆本俱作拓。

〔何人〕何，兩宋本、繆本、王本俱注云：一作誰。

〔雲山〕此句兩宋本、繆本、王本俱注云：一作雲天滿愁容。

【注】

〔魏郡〕舊唐書地理志：河北道魏州：天寶元年改爲魏郡。

〔淇水〕：水經注淇水：山海經曰：淇水出沮洳山，水出山側，頽波崩注衝激横山，山上合下開，可減六七十步，巨石磥砢交積，隍澗傾瀾泧瀊，勢同雷轉，激水散氛，曖若霧合。

〔蘇季子〕史記蘇秦列傳：蘇秦者，東周洛陽人也。……説趙肅侯，……六國從親以賓（擯）秦。趙王……乃飾車百乘，黄金千鎰，白璧百雙，錦繡千純，以約諸侯。……於是六國從合而并力焉。蘇秦爲從約長，并相六國，……喟然嘆曰：「……使我有洛陽負郭田二頃，豈能佩六國相印乎？」裴駰注：譙周曰：蘇秦字季子。

〔還邛〕王云：史記：司馬相如家徒四壁立，與文君俱之臨邛。「還邛」蓋用此事也。

留别西河劉少府

秋髮已種種，所爲竟無成。閑傾魯壺酒，笑對劉公榮。謂我是方朔，人間落歲星。白衣千萬乘，何事去天庭？君亦不得意，高歌羨鴻冥。世人若醯雞，安可識梅生？雖爲刀筆吏，緬懷在赤城。余亦如流萍，隨波樂休明。自有兩少妾，雙騎駿馬行。東山春酒緑，歸隱謝浮名。

【校】

〔秋髮〕秋，兩宋本、繆本、王本俱注云：一作我。胡本作我，注云：一作秋。

【注】

〔西河〕舊唐書地理志：河東道汾州西河：隋爲隰城縣，上元元年九月改爲西河縣。

〔種種〕左傳昭三年：余髮如此種種，子奚能爲？杜預注：種種，短也。

〔公榮〕世説任誕篇：劉公榮與人飲酒，雜穢非類，人或譏之，答曰：「勝公榮者不可不與飲，不如公榮者亦不可不與飲，是公榮輩者又不可不與飲，故終日共飲而醉。」

〔歲星〕見卷十贈崔司户文昆季詩注。

〔醯雞〕莊子田子方篇：丘之於道也，其猶醯雞與！郭象注：醯雞者，甕中之蠛蠓。

〔刀筆〕王云：史記：堯年少刀筆吏耳。正義曰：古用簡札，書有錯謬，以刀削之，故號曰刀筆吏。漢書：蕭何、曹參皆起秦刀筆吏。顔師古注：刀所以削書也，古者用簡牘，故吏皆以刀筆自隨也。

〔赤城〕按：赤城指天台山，見卷七同族弟金城尉叔卿燭照山水壁畫歌等注。

【評箋】

今人詹鍈云：王譜繫此詩於天寶三載下，謂是三載以後之十年中所作，並注云：太白在開元時嘗遊晉矣，於太原南栅餞飲一序見之。天寶改元以後，復遊晉地，於留别西河劉少府一詩見之。所謂「秋髮已種種，所爲竟無成」，知非壯年時語。又有：「謂我是方朔，人間落歲星。白衣千萬乘，何事去天庭？」是不得於朝而去後之作也。按太白於天寶中遊晉，史無明文，以贈江夏韋太守良宰詩度之，當在是時。曾子固次此首於魏郡别蘇明府西北遊詩之後，良是，詩云：「余亦如流萍，隨波樂休明。自有兩少妾，雙騎駿馬行。」按魏顥李翰林集序曰：白始娶於許，生一女一男，曰明月奴，女既嫁而卒，又合於劉，劉訣，次合於魯一婦人，生子曰頗黎，終娶於宋。則詩中所謂二少妾者，或即劉氏及魯一婦人歟？

按：此詩不見與汾州有關一語，而西河縣據新書地理志亦云肅宗上元元年更名。（云肅宗者，辨明非高宗之上元也。）則西河二字已有可疑。王氏遽據此而云天寶改元後遊晉地，殊未可信。詹氏又引贈江夏韋太守詩，度其在此時，然彼詩亦未有涉於遊晉之語也。又李之蹤跡恒在魯之中都，東阿爲其鄰縣，西河或爲東阿之訛，亦未可知。且依唐時習慣，西河劉少府者，謂其人注官得西河尉，未必即已赴官西河也。

潁陽别元丹丘之淮陽

吾將元夫子，異姓爲天倫。本無軒裳契，素以烟霞親。嘗恨迫世網，銘意俱未伸。松柏雖寒苦，羞逐桃李春。悠悠市朝間，玉顔日緇磷。所共重山岳，所得輕埃塵。精魄漸蕪穢，衰老相憑因。我有錦囊訣，可以持君身。當餐黄金藥，去爲紫陽賓。萬事難並立，百年猶崇晨。别爾東南去，悠悠多悲辛。前志庶不易，遠途期所遵。已矣歸去來，白雲飛天津。

【校】

〔題〕兩宋本、繆本題下俱注云：河南。

〔所共〕共，王本注云：當作失。

【注】

〔潁陽〕舊唐書地理志：河南道河南府潁陽：載初元年，析河南、伊闕、嵩陽三縣置武臨縣，開元十五年改爲潁陽縣。

〔元丹丘〕按：卷二十五有題元丹丘潁陽山居及題嵩山逸人元丹丘山居詩，皆與此詩有關。其他卷七西嶽雲臺歌送丹丘子、元丹丘歌，卷十三聞丹丘子於城北山營石門幽居……，卷十九以詩代書答元丹丘、酬岑勛見尋就元丹丘對酒相待……，卷二十三與元丹丘方城寺談玄作、尋高鳳石門山中元丹丘，卷二十四觀元丹丘坐巫山屏風，卷二十五題元丹丘山居等篇，皆可互參。

〔淮陽〕舊唐書地理志：河南道陳州：天寶元年，改陳州爲淮陽郡。

〔將〕見卷一大鵬賦注。

〔錦囊〕太平御覽卷七〇四漢武内傳曰：帝見王母有一卷書，盛以紫錦之囊，母曰：「此吾真形圖也。」

〔黄金〕楊云：陰長生聞馬明生得度世之道，乃尋見之，明生與俱入青城山，煮黄土爲金以示之。乃立壇以太清神丹經授之，長生歸合之，丹成，服半劑不盡即升天。

〔紫陽〕王云：周氏冥通記：第一紫陽左真人治葛衍山周君，第二紫陽右真人治嶓冢山王君。楊云：紫陽真人周義山，字季通，汝陰人，常以平旦日出面東嗽日服氣。按：紫陽當指憶舊遊寄譙郡元參軍詩中之「紫陽之真人」，楊、王注似未合。

【評箋】今人詹鍈云：詩云：「本無軒裳契，素以烟霞親。」此詩之作當在尚未入京以前。又云：「當餐黄金藥，去爲紫陽賓」，知白之去淮南或爲訪胡紫陽也。

按：詩題云淮陽，不云淮南。又詩有「悠悠市朝間，玉顔日緇磷」之句，已寓失意之感。詹説仍似未諦。又「所共重山岳」句，王氏謂共當作失，似非詩意。詩意自謂與元志尚相共，即首段「異姓爲天倫，素以烟霞親」等句之意。非必得失對舉。

留别廣陵諸公

憶昔作少年，結交趙與燕。金羈絡駿馬，錦帶横龍泉。寸心無疑事，所向非徒然。晚節覺此疎，獵精草太玄。空名束壯士，薄俗棄高賢。中迴聖明顧，揮翰淩雲烟。騎虎不敢下，攀龍忽墮天。還家守清真，孤潔勵秋蟬。煉丹費火石；採藥窮山川。卧海不關人，租税遼東田。乘興忽復起，棹歌溪中船。臨醉謝葛強，山公欲倒鞭。狂歌自此別，垂釣滄浪前。

【校】

〔題〕兩宋本、繆本題下俱注云：淮南，一作留别邯鄲故人。王本注云：一作留别邯鄲故人。

〔棹歌〕歌，兩宋本、繆本俱作我。王本注云：繆本作我。

【注】

〔錦帶〕楊云：曹植結客篇曰：「結客少年場，報怨洛北邙。」鮑照結客少年場行云：「驄馬金絡頭，錦帶佩吴鈎。」按：楊氏所引，足證白詩意所從出。

〔太玄〕王云：漢書揚雄傳：時雄方草太玄，有以自守，泊如也。論衡：揚子雲作太玄經，造於助思，極杳冥之深，非庶幾之才，不能成也。

〔聖明顧〕楊云：乃太白供奉翰林時也。

〔秋蟬〕王云：蟬出自土壤，升於高木之上，吟風飲露，不見其食。故郭璞蟬贊：蟲之精潔，可貴惟蟬。潛蜕棄穢，飲露恒鮮。

〔遼東田〕文選謝朓郡内登望詩：「言税遼東田。」李善注：魏志曰：管寧聞公孫度令行海外，遂至于遼東。皇甫謐高士傳曰：人或牛暴寧田者，寧爲牽牛飼之。其人大慚。

〔葛強〕晉書卷四三山簡傳：出爲征南將軍、都督荆湘交廣四州諸軍事，假節鎮襄陽，優游卒歲，惟酒是耽。諸習氏荆土豪族，有佳園池，簡……每出游嬉，多之池上，置酒輒醉，名之曰高陽池。時有童兒歌曰：「山公出何許？往至高陽池。日夕倒載歸，酩酊無所知。時時能騎馬，倒著白接䍦。舉鞭向葛彊，何如并州兒？」彊家在并州，簡愛將也。

【評箋】宋長白云：太白留别詩：「空名東壯士，薄俗棄高賢。」送族弟詩：「空手無壯士，窮居使人低。」前句東字，後句低字，合看始見憤世嫉俗之情。（柳亭詩話）

今人詹鍈云：繆本題下注云淮南，蓋曾鞏以爲在廣陵作也。詩云：「中迴聖明顧，揮翰淩雲烟。騎虎不敢下，攀龍忽墮天。還家守清真，孤潔勵秋蟬。」當指去朝家居而言。又云：「乘興忽復起，棹歌溪中船。」則又南遊也。

廣陵贈别

玉瓶沽美酒，數里送君還。繫馬垂楊下，銜盃大道間。天邊看緑水，海上見青山。興罷各分袂，何須醉别顔？

【校】

〔玉瓶〕玉，郭本作金。

〔醉别顔〕咸本、蕭本俱作别醉顔。

【評箋】

今人詹鍈云：疑是初至揚州時作。

感時留别從兄徐王延年從弟延陵

天籟何參差！噫然大塊吹。玄元包橐籥，紫氣何逶迤！七葉運皇化；千齡光本支。仙風生指樹，大雅歌螽斯。諸王若鸞虬，肅穆列藩維。哲兄錫茅土，聖代羅榮滋。九卿領徐方，七步繼陳思。伊昔全盛日，雄豪動京師。冠劍朝鳳闕；樓船侍龍池。鼓鐘出朱邸；金翠照丹墀。君王一顧盼，選色獻蛾眉。列戟十八年，未曾輒遷移。大臣小暗嗚，謫竄天南垂。長沙不足舞，貝錦且成詩。佐郡浙江西，病閑絶趨馳。階軒日苔蘚，鳥雀噪簷帷。時乘平肩輿，出入畏人知。北宅聊偃憩，歡愉恤惸嫠。羞言梁苑地，烜赫耀旌旗。兄弟八九人，吴秦各分離。大賢達機兆，豈獨慮安危？小子謝麟閣，雁行忝肩隨。令弟字延陵，鳳毛出天姿。清英神仙骨，芬金膏猶罔象；玉液尚磷緇。夢得春草句，將非惠連誰？深心紫河車，與我特相宜。伏枕寄賓館，宛同清漳湄。藥物多見饋，珍羞亦兼之。誰道溟渤深？猶言淺恩慈。鳴蟬游子意，促織念歸期。驕陽何火赫，海水爍龍龜。百川盡凋枯，舟檝閣中逵。策馬搖涼月，通宵出郊圻。泣別目眷眷；傷心步遲遲。願言保明德，王室佇清夷。摻袂何所道，援毫投此辭。

【校】

〔延年〕兩宋本、繆本、王本俱注云：一作延平。

〔包〕兩宋本、繆本俱作苞。王本注云：繆本作苞。

〔逶迤〕兩宋本、繆本、王本俱注云：一作融怡。

〔本支〕支，兩宋本、繆本俱作枝。王本注云：繆本作枝。

〔指樹〕指，咸本作桂，注云：一作指。

〔羅〕兩宋本、繆本、咸本俱作含。胡本作含，注云：一作羅。王本注云：繆本作含。

〔徐方〕方，咸本注云：一作王。

〔全盛〕全，兩宋本俱作金，誤。

〔趨馳〕趨，蕭本、胡本俱作驅。王本注云：蕭本作驅。

〔平肩〕平，蕭本、胡本俱作小。王本注云：蕭本作小。

〔火赫〕火，咸本、胡本俱作太。

〔摇涼月〕摇，兩宋本、繆本俱作採。咸本注云：一作採。王本注云：繆本作採。

〔郊圻〕圻，兩宋本、繆本、咸本俱作岐。王本注云：繆本作岐。

〔摻〕咸本注云：一作操。

〔援毫〕毫，胡本作筆。

【注】

〔延年〕王云：按舊唐書，延年乃高祖第十子徐王元禮之後，元禮子茂，茂子璀，璀之子則延年也。開元二十六年，封嗣徐王，徐員外，洗馬。天寶初，拔汗那王入朝，延年將嫁女與之，爲右相李林甫所奏，貶文安郡別駕、彭城長史，坐贓貶永嘉司士。至德初，爲餘杭郡司馬，卒。按：劉長卿集中有簡同遊李延年詩，當即其人。據新書世系表，延年爲高祖子徐王元禮之曾孫。

〔天籟〕莊子齊物論篇：子綦曰：「……汝聞人籟而未聞地籟，汝聞地籟而未聞天籟夫！」子游曰：「敢問其方。」子綦曰：「夫大塊噫氣，其名爲風，是唯無作，作則萬竅怒呺。」

〔槖籥〕王云：通典：乾封元年，追號老君爲太上玄元皇帝。老子：大地之間，其猶槖籥乎！

〔紫氣〕史記老莊申韓列傳：莫知其所終。索隱：列異傳：老子西遊，關令尹喜望見其上有紫氣浮關，而老子果乘青牛而過。

〔逶迤〕説文：逶迤，邪去貌。△逶音威，迤音夷。

〔本支〕詩大雅文王：文王孫子，本支百世。毛傳：本，本宗也；支，支子也。

〔指樹〕史記老莊申韓列傳：姓李氏。索隱：按葛玄云：李氏女所生，因母姓也。又云：生而指李樹，因以爲姓。

〔螽斯〕詩周南螽斯：螽斯羽，詵詵兮。宜爾子孫，振振兮。鄭箋：凡物有陰陽情慾者，無不妒忌。惟蚣蝑不爾，各得受氣而生子，故能詵詵然衆多，后妃之德如是則宜然也。王云：埤雅：螽斯蟲之不妒忌，一母百子者也。故詩以爲子孫衆多之況。一名春黍，亦或謂之春箕。草木疏云：蝗類，青色長角長股，股鳴者也。或曰：似蝗而小，股黑有文，五月中以股相切作聲聞數步者是也，江東謂之蚱蜢。朱子集傳：螽斯一生九十九子。詩紀：蘇氏曰：螽斯一生八十一子，數雖不同，言其多子則均也。

〔藩維〕詩大雅板：价人維藩。毛傳：藩，屏也。

〔茅土〕後漢書祭祀志注：獨斷曰……封諸侯者，取其土，苞以白茅，授之以立社其國，故謂之受茅土。

〔徐方〕王云：胡三省通鑑注：古語多謂州爲方，故八州八伯謂之方伯。書曰：惟彼陶唐，有此冀方。詩曰：徐方不庭，是也。

〔七步〕王云：世説：文帝嘗令東阿王七步中作詩，不成者行大法。應聲便爲詩曰：「煑豆持作羹，漉枝以爲汁。萁在釜下然，豆在釜中泣。本是同根生，相煎何太急？」帝深有慚色。東阿王即曹植也。太和三年，徙封東阿王。六年，以陳四縣封爲陳王。思者其謚也。

〔鳳闕〕史記孝武本紀：於是作建章宫，其東則鳳闕高二十餘丈。索隱：三輔黄圖曰：武帝營建章起鳳闕，高二十五丈。三輔故事云：北有圜闕高二十丈，上有銅鳳凰，故曰鳳闕也。

〔龍池〕見卷七侍從宜春苑……聽新鶯百囀歌注。

〔朱邸〕演繁露：後世諸侯王及達官所居之屋，皆飾以朱。故曰朱門，又曰朱邸。

〔丹墀〕文選張衡西京賦：青瑣丹墀。李善注：漢官典職曰：丹漆地故稱丹墀。吕向注：丹墀，堦也，以丹漆塗之。

〔列戟〕王云：唐制，嗣王、郡王，皆列棨戟於門。李涪刊誤：凡戟天子二十四，諸侯十。通典：天寶六年四月，勑改儀制令，嗣王、郡王門十六戟。

〔長沙〕史記五宗世家：長沙定王發……以其母微無寵，故王卑濕貧國。集解：應劭曰：景帝後二年，諸王來朝，有詔更前稱壽歌舞。定王但張袖小舉手，左右笑其拙。上怪問之，對曰：「臣國小地狹，不足迴旋。」帝以武陵、零陵、桂陽屬焉。

〔貝錦〕詩小雅巷伯：萋兮斐兮，成是貝錦。彼譖人者，亦已太甚。鄭箋：錦文者，文如餘泉餘蚔之貝文也。興者喻讒人集作己過以成於罪，猶女工之集采色以成錦文。

〔大臣小喑嗚四句〕王云：「大臣小喑嗚，謫竄天南垂」，言其爲李林甫所奏而遭貶謫也。彭城在南方，故曰「天南垂」。「長沙不足舞」，謂爲長史不足展其才也。「貝錦且成詩」，謂又以贓而貶永嘉也。

〔浙江西〕司馬爲郡守之輔佐，故曰佐郡。餘杭郡即杭州也，其地在浙江之西。

〔北宅〕南齊書卷二二豫章文獻王嶷傳：自以地位隆重，深懷退素，北宅舊有田園之美，乃盛脩理之。

〔㦬嫠〕㦬音瓊，嫠音離。

〔旌旗〕史記梁孝王世家：於是孝王築東苑，方三百餘里，廣睢陽城七十里，大治宫室，爲複道，自宫連屬於平臺五十餘里。得賜天子旌旗，出從千乘萬騎，出言趩，入言警，擬於天子。

〔鳳毛〕世説容止篇：王敬倫風姿似父，作侍中，加授桓公公服，從大門入。桓公望之曰：「大奴固自有鳳毛。」

〔茝〕王云：廣韻：茝，香草。字林云：虉蕪别名。△茝音止。

〔金膏〕穆天子傳：天子之寶玉果璿珠燭銀黄金之膏。郭璞注：金膏亦猶玉膏，皆其精汋也。

〔罔象〕文選張衡思玄賦：沛以罔象。李善注：罔象，即仿像也。楚辭曰：沛罔象而自浮。

〔淺恩慈〕按：淺即淺於，猶横江詞「牛渚由來險馬當」句中險於馬當之意。

〔促織〕王云：爾雅翼：蟋蟀似蝗而小，正黑有光澤，一名蛬，一名蜻蛚，一名促織。以夏生，秋初鳴。其聲如急織，故幽州謂之促織。其時正織之候，故以戒婦功。春秋説題辭曰：趣織爲言趣織也，織興事遽，故趣織鳴，女作兼。又里語曰：趣織鳴，嬾婦驚。詩意言鳴蟬促織之候，已動游子之意而念歸期矣。

〔舟檝〕檝與楫同。音接。

〔眷眷〕楚辭九嘆：志蛩蛩而懷顧兮，魂眷眷而獨逝。王逸注：眷眷，顧貌。

〔摻袂〕詩鄭風遵大路：遵大路兮，摻執子之袪兮。毛傳：摻，擥也；袪，袂也。鄭箋：欲擥持其袂而留之。△摻音衫上聲。

【評箋】

今人詹鍈云：……又叙延年云：「佐郡浙江西，病閑絶趨馳。」知是時延年方爲餘杭郡司馬，則留别之地定在餘杭無疑矣。

按：詩有「伊昔全盛日」及「王室佇清夷」之句，似已在亂後，白或曾往杭州依之。

别儲邕之剡中

借問剡中道，東南指越鄉。舟從廣陵去，水入會稽長。竹色溪下緑；荷花鏡裏香。辭君向天姥，拂石卧秋霜。

【注】

〔儲邕〕按：卷十八有送儲邕之武昌詩。

〔剡中〕舊唐書地理志：江南東道越州剡：漢縣，屬會稽郡。

〔天姥〕王云：太平御覽：郡國志曰：天姥山與括蒼山相連，石壁上有刊字科斗形，高不可識。春月樵者聞簫鼓笳吹之聲聒耳。元嘉中，遣名畫寫狀於團扇，即此山也。施宿會稽志：天姥山在新昌縣東南五十里，東接天台華頂峯，西北聯沃洲山，上有楓千餘丈。道藏經云：沃洲、天姥，福地也。

【評箋】

今人詹鍈云：詩云：「借問剡中道，東南指越鄉。」是初入會稽前作。又云：「舟從廣陵去，水入會稽長。竹色溪下緑，荷花鏡裏香。」知其地在廣陵，時當初秋。

留別金陵諸公

海水昔飛動，三龍紛戰爭。鍾山危波瀾，傾側駭奔鯨。黄旗一掃蕩，割壤開吳京。六代更霸王，遺跡見都城。至今秦淮間，禮樂秀羣英。地扇鄒魯學；詩騰顔謝名。五月金陵西，祖余白下亭。欲尋廬峯頂，先繞漢水行。香爐紫烟滅，瀑布落太清。若攀星辰去，揮手緬含情。

【校】

〔題〕兩宋本、繆本題下俱注云：金陵。

〔遺跡〕此句兩宋本、繆木、王本俱注云：一作遺都見空城。胡本與一作同。

【注】

〔三龍〕王云：劇秦美新：海水羣飛。李善注：海水喻萬民，羣飛言亂。三龍蜀、吴、魏也。

〔鍾山〕王云：太平寰宇記：蔣山在昇州上元縣東北十五里，周迴六十里，面南顧東，東連青龍雁門等山，西臨青溪。絶山南面有鍾浦水流下入秦淮，北連雉亭山。按輿地志云：蔣山古曰金陵山，縣之名因此而立。漢輿地圖名鍾山，吴大帝時有蔣子文發神驗於此，封子文爲蔣侯，改曰蔣山。　參見卷七金陵歌送别范宣注。

〔都城〕王云：景定建康志：古都城。按宫苑記，吴大帝所築，周迴二十里一十九步，在淮水北五里。晉元帝過江，不改其舊。宋、齊、梁、陳皆都之。輿地志曰：晉琅邪王渡江，鎮建業，因吴舊都，修而居之。宋、齊而下，宫室有因有革，而都城不改。東南利便書曰：孫權雖據石頭，以扼江險，然其都邑，則在建業，歷代所謂都城也。東晉、宋、齊、梁因之，雖時有改築，而其經畫皆吴之舊。

〔顔謝〕宋書卷七三顔延之傳：與陳郡謝靈運俱以詞采齊名，自潘岳、陸機之後，文士莫及也。江左稱顔謝焉。所著並傳於世。

〔白下〕景定建康志卷二二：白下亭，驛亭也。舊在城東門外，李白獻從叔當塗宰陽冰詩云：「小子別金陵，來時白下亭。」又留別金陵諸公詩云：「五月金陵西，祖余白下亭。」又云：「驛亭三楊樹，正當白下門。」按此亭在府西。　參見卷十二獻從叔當塗宰陽冰詩注。

〔廬峯〕王云：廬峯即廬山也。江西通志：廬山在南康府治北二十里，九江府城南二十五里。脈接衡陽，由武功來，古南障山也。高三千三百六十丈，或云七千三百六十丈，凡有七重，周迴五百里。山無主峯，横潰四出，嶢嶢嵺嵺，各爲尊高，不相拱揖，異於武當、太岳諸名山。出風降雨，抱異懷靈，道書稱爲第八洞天。香爐峯在開先文殊寺後，其形圓聳如爐，山南山北，皆見峯上常出雲氣，有似香烟，故名。太平寰宇記：廬山瀑布在山東，亦名白水，源出高峯，挂流三百許丈，遠望如匹布，故名瀑布。　參見卷十四廬山謡注。

【評箋】

今人詹鍈云：詩云：「五月金陵西，祖余白下亭。欲尋廬峯頂，先繞漢水行。」知白是年五月將有廬山之行，金陵諸友送别於白下亭，因有此詩。

口號

食出野田美，酒臨遠水傾。東流若未盡，應見別離情。

【校】

〔題〕絶句作留別金陵諸公。

【注】

〔口號〕見卷九口號贈楊徵君詩注。

金陵酒肆留别

風吹柳花滿店香，吴姬壓酒唤客嘗。金陵子弟來相送，欲行不行各盡觴。請君試問東流水，别意與之誰短長？

【校】

〔風吹〕兩宋本、繆本俱作白門。蕭本、王本俱注云：一作白門。

〔滿〕兩宋本、繆本、王本俱注云：一作酒。

〔唤〕王本注云：許本作使，一本作勸。按：蕭本作使，郭本作勸。

〔試問〕兩宋本、繆本俱作問取。胡本注云：一作問取。王本注云：繆本作問取。

【評箋】

胡仔云：詩眼云：好句須要好字，如李太白詩：「吴姬壓酒唤客嘗」，見新酒初熟，江南風物之美。工在壓字。（苕溪漁隱叢話）

趙彦衛云：李太白詩：「吴姬壓酒勸客嘗」，説者以爲工在壓字上，殊不知乃吴人方言耳。至今酒家有旋壓酒子相待之語。（雲麓漫鈔）

魏慶之云：李太白詩：「吴姬壓酒勸客嘗」，見新酒初熟，江南風物之美，正在壓字。（詩人玉屑）

又云：山谷言：學者不見古人用意處，但得其皮毛，所以去之更遠。如「風吹柳花滿店香」，若人復能爲此句，亦未是太白。至於「吴姬壓酒勸客嘗」，壓酒二字他人亦難及。「金陵子弟來相送，欲飲不飲各盡觴」，益不同。「請君試問東流水，别意與之誰短長」，至此乃真太白妙處，當潛心焉。（同上）

謝榛云：太白金陵留别詩：「請君試問東流水，别意與之誰短長」，妙在結語。使坐客同賦，誰更擅場？謝宣城夜發新林詩：「大江流日夜，客心悲未央。」陰常侍曉發金陵詩：「大江一浩蕩，悲離足幾重。」二語突然而起，造語雄深，六朝亦不多見。太白能變化爲法，令人叵測，奇

哉！（四溟詩話）

又云：詩有簡而妙者，若劉楨「仰視白日光，皎皎高且懸」，不如傅玄「日月光太清，……」。亦有簡而弗佳者，若劉禹錫「欲問江深淺，應如遠別情」，不如太白「請君試問東流水，别意與之誰短長。」（同上）

徐文靖云：太白詩：「風吹柳花滿店香」，解者謂柳花不可言香。按唐書南蠻傳：訶陵國以柳花椰子爲酒，飲之輒醉。太白「風吹柳花滿店香」，亦以酒言。如七命：豫北竹葉，竹葉亦酒名也。又梁書：頓遜國酒樹似安石榴，取花汁貯杯中，數日成酒。宋史外國傳：闍婆國，其酒出於椰子蝦蝚及丹樹。一統志：浡泥國有加蒙樹，其樹心可爲酒。瓊州有嚴樹，搗皮葉浸水和以釀，數日成酒，皆此類也。（管城碩記）

金陵白下亭留别

驛亭三楊樹，正當白下門。吴烟暝長條，漢水嚙古根。向來送行處，迴首阻笑言。别後若見之，爲余一攀翻。

【注】

〔白下亭〕楊云：白下亭在今建康東門外。按：詳見本卷留别金陵諸公詩注。

【評箋】沈家本云：一統志江寧府古蹟建康故城引舊志：南朝故都城周二十里，有門十二，……正西曰西明門，一名白門。……太白此詩之白下門殆泛言白下之門，非西明門亦名白門者也。（日南隨筆）

別東林寺僧

東林送客處，月出白猿啼。笑別廬山遠，何煩過虎谿？

【注】

〔東林〕王云：一統志：東林寺在廬山，晉僧慧遠與同門慧永居西林，學徒日衆，别居林之東，謝靈運爲鑿池種蓮。

〔虎谿〕王云：楊齊賢曰：廬山在江州南三十里，東林、西林二寺在山之南五里許。小嶺可到，兩寺相鄰，規制廣袤，若一大縣。水石深怪，古跡無窮。東林是遠法師所居，三門内有小渠名虎谿，遠師送客未嘗過谿，西林是永法師所居，規制稍不及東林。蓮社高賢傳：遠法師居東林，其處流泉匝寺下入於谿，每送客過此，輒有虎號鳴，因名虎谿。後送客未嘗過，獨陶淵明、陸修静至，語道契合，不覺過溪，因相與大笑，世傳爲三笑圖。按：輿地紀勝卷三〇江州：東林寺，晉武帝太和十年建，唐號太平興龍寺，最爲廬山之古刹。寺有遠公袈裟，梁武帝鉢囊，謝靈運翻經貝葉五六片。參見卷十三秋夜宿龍門香山寺……詩注。

竄夜郎於烏江留别宗十六璟

君家全盛日，台鼎何陸離！斬鰲翼媧皇，鍊石補天維。一迴日月顧，三入鳳凰池。失勢青門旁，種瓜復幾時？猶會衆賓客，三千光路岐。皇恩雪憤懣，松柏含榮滋。我非東牀人，令姊忝齊眉。浪跡未出世，空名動京師。適遭雲羅解，翻謫夜郎悲。拙妻莫邪劍，及此二龍隨。慚君湍波苦，千里遠從之。白帝曉猿斷，黄牛過客遲。遥瞻明月峽，西去益相思。

【校】

〔題〕兩宋本、繆本注云：疑烏江及宗字誤。按：繆氏蓋未知烏江之非必在和州，又未知白之續娶宗氏，故疑之。又咸本無璟字。

〔衆賓〕衆，兩宋本、繆本、咸本俱作舊。王本注云：繆本作舊。

〔翻謫〕謫，兩宋本、繆本、王本俱注云：一作遣。

【注】

〔烏江〕王云：唐淮南道有烏江縣，隸和州歷陽郡。按潯陽記載九江之名，一曰烏白江，三曰烏江，張須元緣江圖載九江之名，四曰烏土江，六曰白烏江。太平寰宇記引潯陽記云：九江在潯陽，去州五里，名曰烏江，是大禹所疏。知此詩所謂烏江者，指潯陽江耳，非和州之烏江縣也。

〔璟〕胡云：舊注以太白娶許相國師女，謂詩題別宗十六爲誤。今考詩中「斬鰲翼媧皇，三入鳳凰池」，是言相武后，又入相三次者。而圉師爲高宗相，又只入相一次，與此不合。此正是宗楚客耳，安得謂贈別其後人爲誤哉？白凡四娶，始娶許，終娶宗，皆相門女，見魏顥白集序中，舊注失考往往如是。

〔滮〕音門上聲。

〔東牀〕世説雅量篇：郗太傅在京口，遣門生與王丞相書求女壻。丞相語郗信，君往東廂任意選之。門生歸白郗曰：「王家諸郎亦皆可嘉，聞來覓壻，咸自矜持，惟有一郎在東牀上坦腹卧，如不聞。」郗公曰：「此正好。」訪之乃是逸少，因嫁女與焉。

〔齊眉〕後漢書卷一一三梁鴻傳：每歸，妻爲具食，不敢於鴻前仰視，舉案齊眉。

〔莫邪〕見卷十一贈潘侍御論錢少陽詩注。

〔白帝〕見卷四荆州歌注。

〔黄牛〕水經注江水：江水又東徑黄牛山下。有灘名曰黄牛灘，南岸重嶺疊起，最外高崖間有石色如人，負刀牽牛，人黑牛黄，成就分明，既人跡所絶，莫得究焉。此巖既高，加以江湍紆迴，雖途徑信宿，猶望見此物，故行者謡曰：朝發黄牛，暮宿黄牛。三朝三暮，黄牛如故。言水路迂深，迴望如一矣。

〔明月峽〕太平御覽卷五三：李膺益州記曰：廣陽州東七里水南有遮要二塠石，石東二里至明月峽，峽前南岸壁高四十丈，其壁有圓孔，形如滿月，因以爲名。

【評箋】

王云：琦按：唐書宗楚客本傳及宰相表，楚客，字叔敖，蒲州人。武后從姊子。長六尺八寸，明皙美鬚髯。進士及第，累遷户部侍郎，坐贓流嶺外，歲餘得還。神功元年六月，由尚方少監檢校夏官侍郎同鳳閣鸞臺平章事。聖曆元年正月罷爲文昌左丞，爲武懿宗所劾，貶播州司馬，稍爲豫州長史，遷少府少監，岐、陝二州刺史。長安四年三月，復以夏官侍郎同鳳閣鸞臺平章事。七月，坐事貶原州都督。神龍初，爲太僕卿。武三思引爲兵部尚書。景龍元年九月，同中書門下三品。韋后安樂公主親賴之，尋遷中書令。韋氏敗，與誅。傳又言其冒於權利，外附韋氏，内蓄逆謀，故卒以敗。其行跡若此，乃太白有「斬鰲翼媧皇，鍊石補天維」之褒，誅後亦未聞放罪之辭，贈葬之典，乃太白有「皇恩雪憤懣，松柏含榮滋」之美。在詩人固多溢頌之辭，又爲親者諱，不得不然。若深叙情親，少序家世，更爲得體矣。

留别龔處士

龔子棲閑地，都無人世喧。柳深陶令宅，竹暗辟疆園。我去黄牛峽，遥愁白帝猿。贈君卷施草，心斷竟何言？

【注】

〔辟疆園〕王云：世説：王子猷自會稽經吴門，聞顧辟疆有名園。劉孝標注：顧氏譜曰：辟疆，吴郡人，歷郡功曹平北參軍。范成大吴郡志：辟疆園自東晉以來傳之，池館林泉之勝，號吴中第一。辟疆姓顧氏，晉唐人題詠甚多。陸羽詩云：「辟疆舊林園，怪石紛相向。」陸龜蒙云：「吴之辟疆園，在昔勝槩敵。」皮日休云：「更葺園中景，應爲顧辟疆。」本朝張伯玉云：「于公門館辟疆園，放蕩襟懷水石間。」今莫知遺跡所在。考龜蒙之詩，則在唐爲任晦園亭，今任園亦不可考矣。唐詩紀事：吴門有辟疆園。按陸龜蒙詩：「吴之辟疆園，在昔勝槩敵。前聞富修竹，後説紛怪石。」張南史詩：「深竹閑園暗辟疆。」蓋其地饒修竹，多怪石，往往見於題詠。

〔卷施〕爾雅釋草：卷施草，拔心不死。注：宿莽也。邢昺疏：卷施草一名宿莽，拔其心亦不死也。

【評箋】

今人詹鍈云：按竄夜郎於烏江留别宗十六璟云：「白帝曉猿斷，黄牛過客遲。」知此詩之作亦當在流夜郎途中。

贈别鄭判官

竄逐勿復哀，慚君問寒灰。浮雲本無意，吹落章華臺。遠别淚空盡，長愁心已摧。二年吟澤畔，顦顇幾時迴？

【校】

〔本無〕兩宋本、繆本俱作無本。王本注云：繆本作無本。

〔二年〕二，兩宋本、繆本、蕭本、胡本俱作三。王本注云：蕭本作三。

【注】

〔寒灰〕按：史記韓長孺列傳：其後安國坐法抵罪，蒙獄吏田甲辱安國，安國曰：「死灰獨不復然乎？」寒灰即用此意。

〔章華臺〕見卷一明堂賦注。

〔澤畔〕史記屈原列傳：屈原至於江濱，被髮行吟澤畔。

【評箋】

按：詩題云贈别鄭判官，詩又有「慚君問寒灰」之句，自是竄夜郎時留别江漢友人之一。今人詹鍈云：杜甫有纜船苦風戲題四韻奉簡鄭十三判官詩，黄鶴注云：此大曆三年冬在岳陽作。疑此鄭判官即鄭十三也。

黄鶴樓送孟浩然之廣陵

故人西辭黄鶴樓，烟花三月下揚州。孤帆遠影碧山盡，唯見長江天際流。

【校】

〔題〕兩宋本、繆本題下俱注云：江夏、岳陽。咸本無黄鶴樓三字。敦煌殘卷之廣陵三字作下惟揚。絶句本作送孟君之廣陵。

〔碧山〕山，蕭本、郭本、胡本俱作空。王本注云：蕭本作空。

〔孤帆〕此句敦煌殘卷作孤帆遠暎緑山盡。兩宋本、繆本、王本影下俱注云：一作映。

【注】

〔廣陵〕舊唐書地理志：淮南道揚州：天寶元年改爲廣陵郡。

【評箋】

陸游云：太白登此樓送孟浩然詩云：「征帆遠映碧山盡，唯見長江天際流。」蓋帆檣映遠山

尤可觀，非江行久不能知也。（入蜀記）

將遊衡岳過漢陽雙松亭留別族弟浮屠談皓

秦欺趙氏璧，却入邯鄲宫。本是楚家玉，還來荆山中。符彩照滄溟，清輝凌白虹。青蠅一相點，流落此時同。卓絶道門秀，談玄乃支公。延蘿結幽居，剪竹繞芳叢。涼花拂户牖，天籟鳴虚空。憶我初來時，蒲萄開景風。今兹大火落，秋葉黄梧桐。水色夢沅湘，長沙去何窮？寄書訪衡嶠，但與南飛鴻。

【校】

〔符彩照〕蕭本作丹彩瀉。胡本作丹彩照。王本注云：蕭本作丹彩瀉。

〔清輝〕清，兩宋本、繆本俱作精。王本注云：繆本作精。

〔天籟〕籟，兩宋本、繆本、王本俱注云：一作樂。

【注】

〔雙松亭〕王云：一統志：雙松亭在湖廣漢陽府秋興亭東。

〔浮屠〕王云：册府元龜：浮屠正號曰佛陀，其聲相近，皆西方言。華言譯之，則謂浄覺。

〔趙氏璧〕史記廉頗藺相如列傳：趙惠文王時，得楚和氏璧。秦昭王聞之，使人遺趙王書，願以十五城請易璧。……趙王於是遂遣藺相如奉璧西入秦，秦王坐章臺見相如，相如奉璧奏秦王，秦王大喜，傳以示美人及左右，左右皆呼萬歲。相如視秦王無意償趙城，乃前曰：「璧有瑕，請指示王。」王授璧，相如因持璧却立倚柱，怒髮上衝冠，謂秦王曰：「……臣觀大王無意償趙王城邑，故臣復取璧。大王必欲急臣，臣頭與璧俱碎於柱矣。……」秦王恐其破璧，乃辭謝，固請，召有司按圖指從此以往十五都予趙，相如度秦王特以詐佯爲予趙城，實不可得。乃謂秦王曰：「……趙王送璧時，齋戒五日，今大王亦宜齋戒五日。……」秦王……遂許齋五日，……相如乃使其從者衣褐懷璧，從徑道亡歸璧于趙。

〔白虹〕禮記聘義：氣如白虹，天也。孔穎達正義云：白虹謂天之白氣，言玉之白氣似天白氣也。

〔青蠅〕見卷九雪讒詩贈友人詩注。

〔支公〕見卷十二贈宣州靈源寺仲濬公詩注。

〔沅湘〕王云：漢書：窺九疑，浮沅湘。顏師古注：沅水出牂牁，湘水出零陵，二水皆入江。一統志：湘江至沅州，與沅水合，曰沅湘。古長沙郡，秦始皇置，在古荆州之域。唐時之長沙、巴陵、衡陽、零陵、江華、桂陽、邵陽、連山八郡皆其地也。衡山及沅湘二水俱在境中。

〔嶠〕音轎。

【評箋】今人詹鍈云：詩云：「青蠅一相點，流落此時同。」疑指流夜郎事而言。又云：「憶我初來時，葡萄開景風。今茲大火落，秋葉黄梧桐。」知太白夏居江夏，至梧桐葉黄之時去之衡岳。

按：此爲遇赦後之行蹤無疑。

留别賈舍人至二首

大梁白雲起，飄飖來南洲。徘徊蒼梧野，十見羅浮秋。鼇抃山海傾，四溟揚洪流。意欲託孤鳳，從之摩天遊。鳳苦道路難，翱翔還崑丘。不肯銜我去，哀鳴慚不留。遠客謝主人，明珠難暗投。拂拭倚天劍，西登岳陽樓。長嘯萬里風，掃清胸中憂。誰念劉越石，化爲繞指柔。

【校】

〔南洲〕洲，胡本作州，是。

〔鼇抃〕抃，蕭本、咸本俱作挾。王本注云：蕭本作挾。

〔孤鳳〕鳳，王本注云：世本作雁，誤。

〔不留〕留，兩宋本、繆本俱作周。王本注云：繆本作周。胡本作周，注云：一作留。按：不周疑爲周周之誤，周周鳥名，見韓非子。

【注】

〔賈舍人〕見卷十一巴陵贈賈舍人詩。

〔蒼梧〕見卷三遠别離注。

〔羅浮〕王云：名山志：羅浮山在廣東增城、博羅二縣之境，本二山也。在西者爲羅山，在東者爲浮山，二山合體，故總稱羅浮。舊記曰：山高三千六百丈，周圍二百七十七里。舊説浮山從會稽來，博於羅山，故又稱博羅。今羅浮山上獨有東方草木，或云浮山乃蓬萊之一島，堯時洪水浮至，依羅山而止焉。二山斷處有石磴相聯接，狀如橋梁，號曰鐵橋。奇禽靈卉不可勝紀。參見卷八當塗趙炎少府粉圖山水歌及卷十三禪房懷友人岑倫詩注。

〔鼇抃〕王云：楚辭：鼇戴山抃。王逸注：鼇，大龜也，擊手曰抃。列仙傳曰：有巨靈之鼇，背負蓬萊之山而抃滄海之中。爾雅翼：天問曰：鼇戴山抃，何以安之？抃者，兩手相擊也，言鼇以首戴山，儻用前兩手相擊，則山上之仙聖何以安乎？張衡思玄賦：登蓬萊而容與兮，鼇雖抃而不傾。吕延濟注：言巨鼇負蓬萊山，雖抃擊而不傾側。太白引此，蓋以喻禄山之亂也。

〔岳陽樓〕王云：岳陽風土記：岳陽樓，城西門樓也，下瞰洞庭，景物寬闊。唐開元四年，中書令張説除守此州，每與才士登樓賦詩，自爾名著。

〔劉越石〕文選劉琨重贈盧諶詩：「何意百鍊剛，化爲繞指柔？」吕延濟注：百鍊之鐵堅剛，而今可繞指，自喻今破敗而至柔弱也。

【評箋】

王云：琦按賈之謫在岳陽，去羅浮甚遠，而太白行跡亦未嘗至廣、惠間，何云「徘徊蒼梧野，十見羅浮秋」耶？又太白旅寓岳州約計只一二年。而賈之謫在至德中，召還故官在寶應初，約計首尾亦不至十年之久。所云十見，更指何人耶？恐是他人之作而誤入集中者，否則筆字之訛歟。

其二

秋風吹胡霜，凋此簷下芳。折芳怨歲晚，離別悽以傷。謬攀青瑣賢，延我於此堂。君爲長沙客，我獨之夜郎。勸此一杯酒，豈唯道路長？割珠兩分贈，寸心貴不忘。何必兒女仁，相看淚成行？

【校】

〔此堂〕此，咸本作北，注云：一作此。

〔貴不忘〕貴，蕭本作久。王本注云：蕭本作久。

【注】

〔青瑣〕王云：劉昭後漢書補：宮閣簿，青瑣門在南宫。衞瓘注吴都賦曰：青瑣，户邊青鏤也。一曰，天子門内有楣格再重，裹青畫曰瑣。章懷太子後漢書注：青瑣謂刻爲瑣文而以青飾之也。西京賦：青瑣丹墀。吕向注：青瑣窗也，以青飾之。吴都賦：青瑣丹楹。劉淵林注：瑣户内邊以青畫爲瑣文。吕延濟注：青瑣門窗欒刻爲瑣文，染以青色。

【評箋】

今人詹鍈李詩辨僞云：吴縝新唐書糾繆卷十一：……肅宗紀云：乾元二年三月，九節度之師潰於滏水，東京留守崔圓、河南尹蘇震、汝州刺史賈至奔於襄鄧，……賈至有初至巴陵與李十二白裴九同泛洞庭湖詩云：「江畔楓葉初帶霜，渚邊菊花亦已黄。」則賈舍人之抵巴陵，當在乾元二年九月。此詩第二首起句云：「秋風吹胡霜，凋此簷下芳」，其時已届深秋。太白於乾元元年流夜郎，次年三月放歸，今詩云：「君爲長沙客，我獨之夜郎」，明是去夜郎途中留别賈至之詞，自爲乾元元年所作，不當在二年也。但賈至之貶岳州司馬在乾元二年秋間，乾元元年尚在京師，故集中凡與賈舍人贈答詩皆乾元二年以後所作，兩相抵牾。王氏誤以賈至之貶岳州在至德中，故於第二首未嘗致疑，實則此詩二首俱爲僞也。

渡荆門送别

渡遠荆門外，來從楚國遊。山隨平野盡，江入大荒流。月下飛天鏡，雲生結海樓。仍憐故鄉水，萬里送行舟。

【校】

〔題〕兩宋本、繆本題下俱注云：荆州。

〔仍憐〕憐，蕭本、咸本俱作連。王本注云：許本作連。

【注】

〔荆門〕楊云：荆門軍有山名荆門，蜀之諸山至此不復見矣。

〔海樓〕王云：史記：海旁蜃氣象樓臺。國史補：海上居人時見飛樓，如締構之狀，甚壯麗。

【評箋】

陸時雍云：詩太近人，其病有二。淺而近人者率也，易而近人者俗也。如荆門送别詩便不免此病。（唐詩鏡）

王夫之云：明麗果如初日。結二語得象外於圜中。飄然思不窮，唯此當之。汎濫鑽研者，正由思窮於本分耳。（唐詩評選）

王云：丁龍友曰：胡元瑞謂「山隨平野盡，江入大荒流」，此太白壯語也。子美詩：「星隨平野闊，江入大荒流」二語，骨力過之。予謂李是晝景，杜是夜景，李是行舟暫視，杜是停舟細觀，未可概論。（按：杜詩「月湧大江流」，「王氏作「江入大荒流」或誤。）

翁方綱云：太白云：「山隨平野盡，江入大荒流。」少陵云：「星隨平野闊，月湧大江流。」此等句皆適興手會，無意相合；固不必謂相爲倚傍，亦不容區分優劣也。（石洲詩話）

聞李太尉大舉秦兵百萬出征東南懦夫請纓冀申一割之用半道病還留别金陵崔侍御十九韻

秦出天下兵，蹴踏燕趙傾。黄河飲馬竭，赤羽連天明。太尉杖旄鉞，雲騎繞彭城。三軍受號令；千里肅雷霆。函谷絶飛鳥，武關擁連營。意在斬巨鰲，何論鱠長鯨？恨無左車略；多愧魯連生。拂劍照嚴霜，彫戈鬘胡纓。願雪會稽恥，將期報恩榮。半道謝病還，無因東南征。亞夫未見顧；劇孟阻先行。天奪壯士心，長吁别吴京。金陵遇太守，倒屣欣逢迎。羣公咸祖餞，四座羅朝英。初發臨滄觀；醉栖征虜亭。舊國見秋月；長江流寒聲。帝車信迴轉；河漢復縱横。孤鳳向西海；飛鴻辭北溟。因之出寥廓，揮手謝公卿。

【校】

〔題〕兩宋本、繆本題下俱注云：復至金陵。

〔雲騎〕騎，兩宋本、繆本、咸本俱作旗。王本注云：繆本作旗。

〔鱠長鯨〕兩宋本、繆本、王本俱注云：一作鯢與鯨。胡本作鯢與鯨，注云：一作膾長鯨。

〔嚴霜〕霜，咸本注云：一作席，誤。

〔鬘〕王本注云：當作緵。

〔無因〕因，兩宋本、繆本、王本俱注云：一作由。

〔欣逢〕欣，兩宋本、繆本、王本俱注云：一作相。蕭本、胡本與一作同。

〔舊國〕舊，咸本作别，注云：一作歸。

〔帝車〕車，兩宋本、繆本俱注云：一作居。王本注云：一作居，誤。

〔復縱横〕兩宋本、繆本、咸本俱作縱復横。王本復縱下注云：繆本作縱復。

【注】

〔請纓〕漢書卷六四終軍傳：遣終軍使南越，説其王欲令入朝，比内諸侯。軍自請願受長纓，必羈南越王而致之闕下。軍遂往説越王，越王聽許，請舉國内屬。

〔一割〕後漢書卷七七班超傳：昔魏絳列國大夫，尚能和輯諸戎，況臣奉大漢之威，而無鉛刀一割之用乎？

〔崔侍御〕按：卷九有贈崔侍御二首，卷十二有贈宣城宇文太守兼呈崔侍御，卷十四有寄崔侍御及遊敬亭寄崔侍御、宣城九日聞崔四侍御……二首，卷十九有酬崔侍御及翫月城西……訪崔四侍御，卷二十一有登敬亭北二小山余時客逢崔侍御等篇，皆可參證。

〔赤羽〕家語：由願得白羽若月，赤羽若日。

〔太尉〕舊唐書卷一一〇李光弼傳：俄復拜太尉充河南淮南山南東道、荆南等副元帥，侍中如故，出鎮臨淮。史朝義乘邙山之勝，寇申、光等十三州，自領精騎圍李岑於宋州，將士皆懼，請南保揚州。光弼徑赴徐州以鎮之，遣田神功擊敗之。浙東賊首袁晁攻剽郡縣，浙東大亂，光弼分兵除討，尅定江左，人心乃安。……光弼未至河南也，田神功平劉展後，逗遛於揚府，尚衡、殷仲卿相攻於兗、鄆，來瑱旅距於襄陽，朝廷患之。及光弼輕騎至徐州，史朝義退走，神功遽歸河南，尚衡、殷仲卿、來瑱皆懼其威名，相繼赴闕。

〔函谷〕元和郡縣志卷六：函谷故城在（陝州靈寶）縣南十里。秦函谷關城，漢弘農縣也。西征記曰：函谷關城，路在谷中，深險如函，故以爲名。其中劣通行路，東西四十里，絶岸壁立，巖上柏林，陰映谷中，殆不見日。關去長安四百里，日入則閉，雞鳴則開，秦法也。東自殽山，西至潼津，通名函谷。號曰天險，所謂秦得百二也。

〔武關〕王云：史記集解：應劭曰：武關，秦南關，通南陽。文穎曰：武關在浙西百七十里弘農界。太平寰宇記：武關在商州商洛縣東南九十里。春秋時少習也。左氏傳曰：將通於少習以聽命。注：少習，商縣武關是也。

〔左車〕史記淮陰侯列傳：趙王、成安君陳餘聞漢且襲之也，聚兵井陘口，號稱二十萬。廣武君李左車説成安君曰：……願足下假臣奇兵三萬人，從間路絶其輜重，足下深溝高壘堅營勿與戰。……不至十日而兩將之頭可致於戲下。……成安君……不聽。……韓信斬成安君泜水上，禽趙王歇。信乃令軍中毋殺廣武君，有能生得者購千金。於是有縛廣武君而致戲下者，信乃解其縛東鄉坐，西鄉對，師事之。

〔縵胡〕莊子説劍篇：垂冠縵胡之纓。司馬彪曰：縵胡之纓謂粗纓無文理也。

〔亞夫〕見卷三梁甫吟注。

〔吴京〕楊云：吴京，建康也。

〔臨滄觀〕王云：太平寰宇記：臨滄觀在勞勞山上，有亭七間，名曰新亭。吴所築，宋改爲臨滄觀。周顗與王導等當春日登之會宴，顗曰：「風景不殊，舉目有江山之異。」即此處也。謂之勞勞亭。古送別之所。胡三省曰：臨滄觀在江寧縣南十五里。按：景定建康志卷二二：臨滄觀，今城南顧家寨大路東即其所。輿地志：丹陽郡秣陵新亭隴上有望遠樓，又名勞勞亭，宋改爲臨滄觀，行人送別之所。

〔征虜亭〕世説雅量篇：支道林還東，時賢並送於征虜亭。注云：丹陽記曰：太安中，征虜將軍謝石立此亭，因以爲名。通鑑卷一四一胡注：征虜亭在方山南，自元武湖頭大路北出至征虜亭。

〔帝車〕王云：史記：斗爲帝車，運於中央，臨置四方。晉書：斗爲帝車，取乎運動之義也。

【評箋】

按：「金陵遇太守」，太守似當指崔侍御。然據地理志：上元二年已廢昇州，殊未得其解。

别韋少府

西出蒼龍門，南登白鹿原。欲尋商山皓，猶戀漢皇恩。水國遠行邁，仙經深討論。洗心句溪月，清耳敬亭猿。築室在人境，閉關無世諠。多君枉高駕，贈我以微言。交乃意氣合，道因風雅存。别離有相思，瑶瑟與金樽。

【校】

〔題〕兩宋本、繆本題下俱注云：宣州。

〔商山〕商，兩宋本、繆本、王本俱作南，注云：一作商。

〔句溪〕蕭本作向秋。咸本作向溪。王本注云：蕭本作向秋。

【注】

〔蒼龍門〕王云：史記集解：關中記曰：東有蒼龍闕，北有玄武闕。吴均詩：「已蔽蒼龍門。」

〔白鹿原〕王云：元和郡縣志：白鹿原在京兆府萬年縣東二十里，亦謂之霸上。漢文帝葬其上，謂之霸陵。王仲宣詩曰：「南登霸陵岸，回首望長安」，即此也。太平寰宇記：白鹿原在藍田縣西六里。按三秦記云：周平王東遷之後有白鹿游此，原是以得名。長安志：白鹿原在萬年縣東南二十里，自藍田縣界至滻水川，盡東西一十五里。南接終南，北至灞川，盡南北一十里。亦謂之灞上。雍録：白鹿原者，自南山分支而下，行乎藍田縣以及漢城之東。古志云：原接南山西北入萬年界抵滻水，其東西可十五里，南北可二十里也。

〔句溪〕王云：江南通志：句溪在寧國府城東五里，溪流迴曲，形如句字，源出籠叢天目諸山，東北流二百餘里，合衆流入江。李白詩：「洗心句溪月」，蓋謂其清也。按：輿地紀勝卷一九寧國府：句溪在宣城縣東五里。謝玄暉有將之湘中尋句溪詩，唐人多留詠。

【評箋】

按：此詩似出長安未久至宣城所作，詹氏繫於天寶十二載，近是。

南陵別兒童入京

白酒新熟山中歸，黄雞啄黍秋正肥。呼童烹雞酌白酒，兒女嬉笑牽人衣。高歌取醉欲自慰，起舞落日争光輝。遊説萬乘苦不早，著鞭跨馬涉遠道。會稽愚婦輕買臣，余亦辭家西入秦。仰天大笑出門去，我輩豈是蓬蒿人？

【校】

〔題〕兩宋本、繆本、王本俱注云：一作古意。英靈、又玄俱作古意。

〔新熟〕新，兩宋本、繆本俱注云：一作初。英靈作初。

〔兒女〕又玄作男女。

〔嬉笑〕兩宋本、繆本俱作歌笑。嬉，王本注云：繆本作歌。

〔光輝〕此句下咸本注云：一本無此二句。

〔西入〕西，兩宋本、繆本、王本俱注云：一作方。

【注】

〔買臣〕漢書卷六四朱買臣傳：家貧，好讀書，不治産業。常刈薪樵，賣以給食，擔束薪行且誦書。其妻亦負擔相隨，數止買臣毋歌謳道中。買臣愈益疾歌，妻羞之求去。買臣笑曰：「我年五十當富貴，今已四十餘矣。汝苦日久，待我富貴報汝功。」妻恚怒曰：「如公等終餓死溝中耳，何能富貴？」買臣不能留，即聽去。

【評箋】

今人詹鍈云：蓋白由會稽入京，行至南陵，乃與妻子相別也，其時當在天寶元年之秋。

別山僧

何處名僧到水西？乘舟弄月宿涇溪。平明別我上山去，手攜金策踏雲梯。騰身轉覺三天近，舉足迴看萬嶺低。謔浪肯居支遁下，風流還與遠公齊。此度別離何日見？相思一夜暝猿啼。

【校】

〔題〕兩宋本、繆本題下俱注云：涇縣作。咸本作：別山僧涇川作。

〔乘舟〕舟，兩宋本、繆本、胡本、王本俱注云：一作盃。

〔金策〕金，咸本注云：一作重。

【注】

〔水西〕王云：江南通志：水西山在寧國府涇縣西五里。林壑邃密，下臨涇溪，舊建寶勝、崇慶、白雲三寺，浮屠對峙，樓閣參差，碧水浮烟，咫尺萬狀。晉葛洪、劉遺民，唐李白、杜牧之，皆常游憩於此。寶勝寺即水西寺，白雲寺即水西首寺，崇慶寺即天宮水西寺也。

〔支遁〕見卷十二贈宣州靈源寺仲濬公詩注。

【評箋】

高棅云：七言排律唐人不多見，如太白別山僧，高適宿田家等作，雖聯對精密，而律調未純，終是古詩體段。（唐詩品彙）

今人詹鍈云：按杜牧念昔遊詩云：「李白題詩水西寺。」馮集梧注以爲指遊水西簡鄭明府詩而言。按簡鄭明府之詩不當題於水西寺中。又據江南通志，有水西寺、水西首寺、天宮水西寺，皆在涇縣西五里之水西山中。簡鄭明府詩云：「天宮水西寺」，與杜牧詩亦不合。太白集中涉及水西寺者，除簡鄭明府詩外，只有別山僧一首，詩云：「何處名僧別水西？乘舟弄月宿涇溪。平明別我上山去，手攜金策踏雲梯。」則題於水西寺者蓋即此詩。

按：杜牧詩意只謂李白有詠水西寺之詩耳，豈必留詩於寺方爲題詩？且別山僧詩亦非題於寺者也。此説似泥。要之可見水西寺爲唐時勝地，三寺皆可稱爲水西，不必過爲分別。

贈別王山人歸布山

王子析道論，微言破秋毫。還歸布山隱，興入天雲高。爾去安可遲？瑶草恐衰歇。我心亦懷歸，屢夢松上月。傲然遂獨往，長嘯開巖扉。林壑久已蕪，石道生薔薇。願言弄笙鶴，歲晚來相依。

【校】

〔松上月〕月，蕭本、咸本俱作衣。必誤。王本注云：許本作衣。

江夏别宋之悌

楚水清若空，遥將碧海通。人分千里外，興在一杯中。谷鳥吟晴日，江猿嘯晚風。平生不下淚，於此泣無窮。

【注】

〔楚水〕陸游入蜀記：自鸚鵡洲以南爲漢水，……水色澄澈可鑑。太白云：「楚水清若空」，蓋言此也。

【評箋】

胡應麟云：太白云：「人分千里外，興在一杯中。」達夫「功名萬里外，心事一杯中」，甚類。然高雖渾厚易到，李則超逸入神。（詩藪内編）

按：入蜀記引此詩首句，似陸氏之意亦以此爲泝江入峽之作。今人亦繫此詩于乾元元年，謂係流夜郎途中經江夏時作。俱誤。據郁賢皓李白詩江夏别宋之悌系年辨誤（南京師院學報一九七八年第三期）一文考證，宋之悌爲之問弟，若思父。此詩非白流夜郎途中作，乃開元十九年後一二年内，在江夏送别之悌流朱鳶時作。

李白集校注卷十六

古近體詩二十一首

南陽送客

斗酒勿爲薄，寸心貴不忘。坐惜故人去，偏令遊子傷。離顔怨芳草，春思結垂楊。揮手再三别，臨岐空斷腸。

【校】

〔題〕兩宋本、繆本題下俱注云：楚漢。

〔勿爲〕爲，兩宋本、繆本俱作與。王本注云：一作與。

【注】

〔斗酒〕文選古詩：「斗酒相娱樂，聊厚不爲薄。」

〔爲薄〕張相詩詞曲語辭匯釋云：與猶謂也，語也，請也。李白南陽送客詩：「斗酒勿與薄，寸心貴不忘。」勿與，勿謂也，言勿謂酒薄也。按：張氏不從王本。

【評箋】

梅鼎祚云：此詩舊列五言古，然實律耳。（李詩鈔）

按：此詩當與卷七之南都行，卷二十之游南陽白水及游南陽清泠泉諸篇爲同時之作。

送張舍人之江東

張翰江東去，正值秋風時。天清一雁遠，海闊孤帆遲。白日行欲暮，滄波杳難期。吴洲如見月，千里幸相思。

【校】

〔題〕兩宋本、繆本題下俱注云：淮南。

〔天清〕清，兩宋本、繆本、王本俱注云：一作晴。文粹亦作晴。

〔白日〕此二句兩宋本、繆本、王本俱注云：一作白日行已晚，欲暮杳難期。

〔滄波〕波，英華作海。

〔如見〕如，兩宋本、繆本俱作好，注云：一作如。王本注云：一作好。

【注】

〔張翰〕晉書卷九二張翰傳：翰任心自適，不求當世。或謂之曰：「卿乃可縱適一時，獨不爲身後名邪？」答曰：「使我有身後名，不如即時一杯酒。」時人貴其曠達。

【評箋】

王夫之云：讀太白詩乃悟風華不由粉黛，温飛卿、楊大年殊郎當不俚賴。「天清一雁遠」與「大江流日夜」、「亭皋木葉下」，自挾飛仙之氣。賈島「落葉滿長安」，妝排語耳，無才而爲有才，欺天乎？（唐詩評選）

送王屋山人魏萬還王屋 并序

王屋山人魏萬云：自嵩宋沿吴相訪，數千里不遇，乘興游台越，經永嘉，觀謝公石門，後於廣陵相見。美其愛文好古，浪跡方外，因述其行而贈是詩。

仙人東方生，浩蕩弄雲海。沛然乘天遊，獨往失所在。魏侯繼大名，本家聊攝城。卷舒入元化，跡與古賢并。十三弄文史，揮筆如振綺。辯折田巴生；心齊魯連子。西涉清洛源，頗驚人世喧。採秀臥王屋，因窺洞天門。朅來遊嵩峯，羽客何雙雙！朝攜月光子；暮宿玉女窗。鬼谷上窈窕；龍潭下奔潨。東浮汴河水，訪我三千里。逸興滿吴雲，飄颻浙江汜。揮手杭越間，樟亭望潮還。濤卷海門石；雲横天際山。白馬走素車，雷奔駭心顔。

【校】

〔題〕兩宋本、繆本題下俱注云：魏詩附。

〔相訪〕訪，兩宋本、繆本、咸本俱作送。王本注云：繆本作送。

〔美其〕其，蕭本作而。王本注云：蕭本作而。

〔序文全部〕兩宋本、繆本、蕭本、王本俱注云：一作見王屋山（王注引山下有人字）。魏萬云：

自嵩歷兗游梁入吴，計程三千里，相訪不遇，因下江東，尋諸名山，往復百越，後於廣陵一面，遂乘興共過金陵，美（王注引無此字，非。）此公愛奇好古，獨往物表，因述其行李，遂有此贈（王注引贈作作）。按：共過金陵之語與魏萬詩意尤合。

〔仙人〕以下四句，兩宋本、繆本、胡本、王本俱注云：一作東方不辭家，獨訪紫泥海。時人少相逢，往往失所在。

〔魏侯〕侯，胡本作萬。

〔入元化〕兩宋本、繆本、王本俱注云：一作雜仙隱。

〔樟亭〕樟，咸本注云：一本作章。蕭本作章。郭本作章臺。王本注云：蕭本作章。

〔雲横〕雲，兩宋本、繆本、咸本俱作雪。王本注云：繆本作雪。

【注】

〔魏萬〕王云：唐詩紀事：魏萬後名顥，上元初登第，始見李白於廣陵。白曰：爾後必著大名於天下，無忘老夫與明月奴。因盡出其文，命顥集之。詳見附録三魏顥序中。

〔大名〕左傳閔元年：卜偃曰：畢萬之後必大。萬盈數也，魏大名也，以是始賞，天啓之矣。

〔聊攝〕左傳昭二十年：聊、攝以東，姑尤以西。杜預注：聊、攝，齊西界也，平原聊城縣東北有攝城。王云：路史：聊攝故博平是。今聊城東北三十里有故攝城，或以聊、攝爲一城，誤。一統志：聊城在東昌府城西北十五里，攝城在博平縣西南二十里。

〔田巴〕太平御覽卷四六四：魯連子曰：齊之辯者田巴辯於狙丘，議於稷下。毁五帝，罪三王，訾五伯，離堅白，合同異，一日而服千人。有徐劫者，其弟子曰魯連，謂徐劫曰：「臣願得當田子，使之不敢復談可乎？」徐劫言之田巴曰：「劫弟子年十二耳，然千里駒也。願得侍議於前可乎？」田巴曰：「可。」於是魯連往見曰：「臣聞堂上之糞不除，郊草不芸，白矢交前，不救流矢。何者？急者不救，緩者非務。今楚軍南陽，趙伐高唐，燕人十萬之衆在聊城而不去，國亡在旦暮耳，先生將奈何？」田巴曰：「無奈何。」魯連曰：「危不能爲安，亡不能爲存，則無爲貴學士矣。今臣將罷南陽之師，還高唐之兵，却聊城之衆，所貴談説者，爲若此也。如先生之言，有似梟鳴，出聲而人皆惡之，願先生勿復談也。」田巴曰：「謹受教。」明日見徐劫曰：「先生之駒，乃飛兔騕褭也，豈特千里哉！」於是杜口易業，終身不復談。

〔清洛〕王云：潘岳藉田賦：清洛濁渠，引流激水。史記正義：括地志云：洛水出商州洛南縣西冢嶺山，東北流入河。

〔採秀〕楚辭山鬼：采三秀兮於山間。王逸注：三秀謂芝草也。

〔王屋〕王云：元和郡縣志：王屋山在河南府王屋縣北十五里，周圍一百三十里，高三十里。尚書禹貢：底柱析城至於王屋，是也。太平寰宇記：王屋山在澤州陽城縣南五十里。仙經云：王屋山有仙宫洞天，廣三千步，號小有清虛洞天，山高八千丈，廣數百里，太行、析山爲佐命，中條、古鐘爲輔翼，三十六洞，小有爲羣洞之尊；四十九山，王屋爲重山之最。實不死之靈鄉，真人之洞境也。

〔天門〕王云：以上美萬之愛文好古而隱居王屋之事。

〔揭來〕張相詩詞曲語辭匯釋云：揭來猶云去也。李白送王屋山人魏萬還王屋詩：「西涉清洛源，頗驚人世喧。採秀臥王屋，因窺洞天門。揭來遊嵩峯，羽客何雙雙！朝攜月光子，暮宿玉女窗。」言去而遊嵩峯也。據詩序，此時白與魏萬相見於廣陵，贈詩以歷叙其遊蹤。又題嵩山逸人元丹丘故居詩：「家本紫雲山，道風未淪落。況懷丹丘志，沖賞歸寂寞。朅來遊閩荒，捫涉窮禹鑿。夤緣泛潮海，偃蹇陟廬霍。」言去而遊閩，汎海陟廬霍也。

〔月光子〕藝文類聚卷七：仙經云：嵩高山東南大巖下石孔方圓一丈，西方北入五六里有大室，高三十餘丈，周圍三百步，自然明燭，相見如日月無異。中有十六仙人，云月光童子常在天台，時亦往來此中，人非有道，不得望見。

〔玉女窗〕王云：五色線：圖經云：嵩山有玉女窗，漢武帝於窗中見玉女。謝絳游嵩山書云：進窺玉女窗擣衣石，石誠異，窗則亡。是玉女窗在宋時已無之矣。

〔鬼谷〕王云：元和郡縣志：鬼谷在河南府告成縣北五里，即六國時鬼谷先生所居也。一統志：鬼谷在河南府登封縣北五里。史記：蘇秦，洛陽人，師事於齊而習於鬼谷，即此。史記集解：徐廣曰：潁川陽城有鬼谷。

〔龍潭〕王云：尉遲汾狀嵩高靈勝詩自注：九龍潭在寺側，崇崖對聳，壁立千仞，九曲分蓄，緘黑不測。一統志：龍潭在登封縣東二十五里，嵩頂之東，九潭相接，其深莫測。登封縣志：九龍潭在太室東巖，山巔有水流下，激衝成潭，盈坎而出，復作一潭，共有九潭，遞相灌輸。水色洞黑，其深無際，崖嶨險峻，波濤怒激，登臨者至此，輒凜然生畏焉。有石記戒人游龍潭者勿語笑以黷龍神，神怒則有雷恐。

〔潨〕王云：毛萇詩傳：潨，水會也。説文：小水入大水曰潨。△潨音叢。

〔汴河〕王云：玉海：汴河蓋古莨蕩渠也。首受黄河水，隋開浚以通江淮漕運，兼引汴水，亦曰通濟渠。一統志：汴河源出滎陽縣大周山，合東、溹、須、鄭四水，東南至中牟縣北入於黄河。

〔浙江〕王云：聶心湯錢塘縣志：錢塘江在縣之東南，本名浙江。虞喜云：潮水投浙江下折而曲，一云江有反濤水勢折歸，故云浙江。盧肇曰：浙者折也，蓋取其潮出海屈折而倒流也，一名折河。山海經云：禹治水至於折河。又名曲江。枚乘七發曰：觀濤於廣陵之曲江。今名錢塘江，其源發黟縣，曲折而東，以入於海。潮水晝夜再上，奔騰衝擊，聲撼地軸。陸機詩：「願假歸鴻翼，翻飛浙江汜。」

〔杭越〕王云：杭謂杭州餘杭郡，古時爲越國西境。越謂越州會稽郡，古時爲越國都城。二郡中隔浙江，江之北爲杭州，江之南爲越州。

〔樟亭〕咸淳臨安志卷五五：樟亭驛，晏公輿地志云：在錢塘縣舊治之南五里，今爲浙江亭。參見卷二十與從姪杭州刺史良遊天竺寺詩注。

〔海門〕王云：西溪叢語：浙江夾岸有山，南曰龕，北曰赭，二山相對，謂之海門。岸狹勢逼，涌而爲濤。枚乘七發：觀濤於廣陵之曲江。其始起也，洪淋淋焉若白鷺之下翔。其少進也，浩浩溰溰如素車白馬帷蓋之張。陵赤岸，篲扶桑，横奔似雷行。

〔心顔〕王云：以上叙其自嵩宋沿吴相訪之事。

遥聞會稽美，一弄耶溪水。萬壑與千巖，峥嶸鏡湖裏。秀色不可名，清輝滿江城。人游月邊去，舟在空中行。此中久延佇，入剡尋王許。笑讀曹娥碑，沉吟黄絹語。天台連四明，日入向國清。五峯轉月色，百里行松聲。靈溪恣沿越，華頂殊超忽。石梁横青天，側足履半月。眷然思永嘉，不憚海路賒。挂席歷海嶠，迴瞻赤城霞。赤城漸微没，孤嶼前嶢兀。水續萬古流，亭空千霜月。縉雲川谷難，石門最可觀。瀑布挂北斗，莫窮此水端。噴壁灑素雪，空濛生晝寒。却思惡溪去，寧懼惡溪惡。咆哮七十灘，水石相噴薄。路創李北海，巖開謝康樂。松風和猿聲，搜索連洞壑。徑出梅花橋，雙溪納歸潮。落帆金華岸，赤松若可招。沈約八詠樓，城西孤岧嶢。岧嶢四荒外，曠望羣川會。雲卷天地開，波連浙西大。亂流新安口，北指嚴光瀨。釣臺碧雲中，邈與蒼嶺對。

【校】

〔一弄〕兩宋本、繆本、王本俱注云：一作且度。蕭本作且度。

〔恣沿越〕恣，蕭本作咨。王本注云：蕭本作咨。

〔眷然〕眷，兩宋本、繆本、王本俱注云：一作忽。

〔却思〕却，兩宋本、繆本俱作尋。王本注云：繆本作尋。

〔寧懼〕寧，郭本作事，誤。

〔北海〕此下兩宋本、繆本俱注云：李公邕昔爲括州，開此嶺路。

〔康樂〕以上二句兩宋本、繆本俱注云：惡溪有謝康樂題詩處，一作嶺路始北海，巖詩題康樂。王本注云：一作嶺路始北海，巖詩題康樂。楊升庵引此詩作遠尋惡溪去，不憚惡溪惡。途傳李北海，灘聞謝康樂。以巖字爲誤。又兩宋本、繆本、咸本於北海下俱注云：李公昔開此嶺路。咸本於康樂下注云：有謝康樂題詩處。

〔徑出〕兩宋本、繆本、王本俱注云：一作岸接。

〔天地〕王本注云：繆本作池。按：繆刻仍作地不作池。蓋當云蕭本作池，偶然筆誤也。

〔蒼嶺〕嶺，兩宋本、繆本俱作梧。王本注云：繆本作梧。

【注】

〔耶溪〕見卷四採蓮曲注。

〔鏡湖〕王云：施宿會稽志：鏡湖在會稽縣東二里，故南湖也，一名長湖，又名太湖。通典云：東漢永和五年，太守馬臻始築塘立湖，周三百一十里，溉田九千餘頃，人獲其利。王逸少有云：山陰路上行，如在鏡中游。鏡湖之得名以此。輿地志云：山陰南湖，縈帶郊郭，白水翠巖，互相暎發，若鏡若圖。

〔王許〕晉書卷八〇王羲之傳：羲之既去官，與東土人士盡山水之游，弋釣爲娱。又與道士許邁共修服食、採藥石，不遠千里，徧游東中諸郡，窮諸名山，泛滄海。

〔曹娥〕太平寰宇記卷九六：曹娥碑：地志云：餘姚有孝女曹娥，父泝濤而死，娥年十四，號痛入水，因抱父屍出而死。縣令度尚使門生邯鄲子禮爲碑文。後蔡邕過讀碑，乃題八字曰：黄絹幼婦外孫韲臼。此碑今在上虞縣水濱。世説：魏武嘗過曹娥碑下，楊修從，碑背上見題作黄絹幼婦外孫韲臼八字。魏武謂修曰：「解否？」答曰：「解。」魏武曰：「卿未可言，待我思之。」行三十里，魏武乃曰：「吾已得。」令修别記所知。修曰：「黄絹色絲也，於字爲絶。幼婦少女也，於字爲妙。外孫女子也，於字爲好。韲臼受辛也，於字爲辭。所謂絶妙好辭也。」魏武亦記之與修同。

〔天台〕〔四明〕王云：太平寰宇記：天台山在台州西一百一十里。臨海記云：天台山超然秀出，山有八重，視之如一，凡高一萬八千丈，周圍八百里，又有飛泉懸流千仞似布。登真隱訣注云：此山在桐柏山後四明山東南三百里。啓蒙記注云：天台山去天不遠，路經油溪，水深險清泠，前有石橋，路徑不盈尺，長數十丈，下臨絶冥之澗。惟忘其身，然後能躋，躋者梯巖壁，援蘿葛之莖，度得平路，見天台山蔚然綺秀，列雙嶺於青霄，上有瓊樓玉闕天堂碧林醴泉仙物畢具也。晉隱士帛道猷得過之，獲醴泉紫芝靈藥。今石橋名相山，又道書所謂玉堂，天台山其山八重，視之如一，中有金庭不死之鄉。許邁與王逸少書云：自山陰至臨海，多有金庭玉堂仙人芝草也。四明山在越州餘姚縣西南一百里。會稽記云：縣南有四明山，高峯軼雲，連岫蔽日。孫綽天台賦序云：涉海則有方丈、蓬萊，登陸則有四明、天台。寧波府志：四明山發自天台，屹峙於郡治之坤隅，上有二百八十峯，綿亘明、越、台三州之境，爲三十六洞天之一。

〔國清以下四句〕王云：九域志：景德寺舊名國清寺，隋煬帝在藩日，爲智顗禪師所建。唐會昌五年廢，大中五年再建，柳公權書額。時以齊州靈巖、荆州玉泉、潤州棲霞、台州國清爲四絶。天台山志：國清寺在天台縣北十里，舊名天台寺。昔智者大師初入天台，游歷山水，宿石橋。有一老僧謂之曰：「仁者若欲造寺，山下有皇太子寺基，捨以仰給。」智者曰：「正如今日，草舍尚難，當於何時能辦此寺？」老僧曰：「今非其時，三國成一，大勢力人能起此寺。寺若成，國即清，當呼爲國清寺。」後將滅時，復標杙山下，又畫殿堂爲圖以作樣式，後晉王命司馬王弘依圖造寺，高敞秀麗，方之釋宫，呼爲國清寺。五峯在國清寺側，其峯有五：正北曰八桂，東北曰靈禽，東南曰祥雲，西南曰靈芝，西北曰映霞。前有雙澗合流，南注大溪。鑿字巖在縣北三里，巖上有萬松徑三字，相傳昔時由巖至國清寺大松成列，今無矣。靈溪在縣北十五里福聖觀前，今縣東三十里亦有靈溪，蓋其名適類也。孫綽賦云：過靈溪而一濯，疏煩想於心胸。華頂峯在縣東北六十里，乃天台第八重最高處，高一萬八千丈，周圍一百里。少晴多晦，夏有積雪。中有黄金洞，石色光明。登降魔塔，東望滄海，瀰漫無際，號望海尖，可觀日之出没。下瞰衆山，如龍虎蟠踞旗鼓布列之狀，草木薰郁，殆非人世。天台九峯崒嵂，猶如蓮花，此爲華心之頂，故名華頂。

〔半月〕王云：以上叙其乘興遊台越之事。

〔永嘉〕舊唐書地理志：江南東道温州：天寶元年改爲永嘉郡。

〔赤城〕太平寰宇記卷九八：赤城山在（天台）縣北六里。孔靈符會稽記云：赤城山土色皆赤，狀似雲霞。登真隱訣云：此山下有洞在三十六小洞天數，其山是赤城，丹洞周迴三百里，名上玉清平天也。孫綽天台賦云：赤城霞起而建標，瀑布飛流以界道。又述異記云：赤城山一峯特高，可三百丈，丹壁爍日。參見卷七同族弟金城尉叔卿燭照山水壁畫歌注及卷十五夢遊天姥吟注。

〔孤嶼〕王云：一統志：孤嶼山在温州府城北，有東西二峯，峯上各有塔。薛方山浙江通志：永嘉縣北曰孤嶼山，在永寧江中，東西兩峯相峙。△嶼音序。

〔縉雲〕王云：太平寰宇記：處州縉雲縣有縉雲山。名山記云：孤石干雲，高可三百丈，黄帝鍊丹於此。郡國志云：縉雲有瀑布，日照如晴虹，風吹如細雨，即此山。

〔石門〕王云：方輿勝覽：石門洞在處州青田縣西七十五里，兩峯壁立，高數十丈，相對如門，因名。有瀑布直瀉至天壁，凡三百尺，自天壁飛洒至下潭，凡四百尺，有亭曰噴雪。道書載青田山元鶴洞天即此。薛方山浙江通志：處州青田縣有石門山，在石蓋山之西十里，兩峯對峙如門，中有洞曰石門洞，道書所謂元鶴洞天，乃三十六洞天之第三十也。西南高谷有瀑布泉，自上潭奔流至天壁三十餘丈，自天壁至下潭四十餘丈，舊在榛莽間。至劉宋時，永嘉守謝靈運性好游覽，始覓此洞。

〔惡溪〕王云：元和郡縣志：處州麗水縣，有麗水，本名惡溪，以其湍流岨嶮，九十里間五十九瀨，名爲大惡。開皇中，改爲麗水，皇朝因之，以爲縣名。太平寰宇記：惡溪出處州麗水縣東北大甕山，西南二百一十五里至括州城下。謝靈運與從弟惠連書云：出惡溪至大江，水清如鏡。輿地志云：惡溪道間九十里而有五十九瀨，兩岸連雲，高巖壁立。諸書皆云五十九灘，而此云七十灘，所未詳也。太白自注：李公邕昔爲括州，開此嶺路。唐書李邕傳：開元二十三年，起爲括州刺史，後歷淄、滑二州刺史，上計京師，出爲汲郡、北海太守，時稱李北海。又太白自注：惡谿有謝康樂題詩處。方輿勝覽：謝公巖在好溪上，亦名康樂巖。一統志：謝公巖在縉雲縣南十里，一名康樂巖，謝靈運游宴之地。

〔梅花橋〕王云：梅花橋今無考，當在梅花溪之上。薛方山浙江通志：金華縣東石碕巖高十餘丈，俯瞰大溪，巖下有洞曰梅花洞，又名梅花溪。雙溪在金華縣南，一曰東港，一曰南港。東港之源出東陽之大盆山，過義烏合衆流西行入縣境。又合杭慈溪、白溪、東溪、西溪、坦溪、玉泉溪、赤松溪之水，經馬鋪嶺石碕巖下與南港會。南港之源出縉雲之黄碧山，過永康、武義入縣境，又合松溪、梅溪之水，經屏山西北行，與東港會於城下，故曰雙溪，又名瀔溪。西行受白沙溪、桐溪、盤溪之水，入於蘭溪，會衢水北折於桐江，同新安之水東流於浙江，放於海。

〔金華〕王云：元和郡縣志：金華山在婺州金華縣北二十里，赤松子得道處。太平寰宇記：金華縣有赤松澗，赤松子游金華山，以火自燒而化。故山上有赤松之祠，澗自山而出，故曰赤松澗。薛方山浙江通志：金華縣北有赤松山，相傳黄初平叱石成羊處。初平號赤松，故山以是名，後人爲之立祠，名赤松宫。

〔八詠樓〕王云：一統志：八詠樓在金華府治西南隅，舊名玄暢樓，南齊太守沈約建。有「登臺望秋月，會圃臨春風，秋至愍衰草，寒來悲落桐，夕行聞夜鶴，晨征聽曉鴻，解珮去朝市，被褐守山東」八詠詩。金華府志：南齊隆昌元年，沈約以吏部郎出爲東陽太守，題八詩於玄暢樓，後人更爲八詠樓云。方輿勝覽：八詠樓在婺州子城西，即沈隱侯玄暢樓。至道間，郡守馮伉更今名。琦按：自太白詩外，崔顥有題沈隱侯八詠樓詩，及嚴維「明月雙溪水，清風八詠樓」之句。八詠之名，蓋不始於宋矣。

〔嚴光瀨〕王云：唐六典注，浙江水有三源：一出歙州，一出衢州，一出婺州。歷睦、杭、越三州界入海。薛方山浙江通志：新安江一名清溪，出徽州，自歙經淳安縣界至嚴州府城南，合婺港東入浙江。富春山在嚴州桐廬縣西三十五里，一名嚴陵山。清麗奇絶，號錦峯繡嶺，前臨大江，乃漢嚴子陵釣處也，人稱爲嚴陵瀨。有東西二釣臺，各高數百丈。西征記云：自桐君而西，羣山蜿蜒，如兩蛇對走於平野之上。三江之水並流於其間，驚波間馳，秀壁雙峙，上有嚴子陵釣臺，孤峯特操，聳立千仞，奔走名利汩没塵埃者，一過其下，清風襲人，毛髮豎立，使人有遺世獨立之意。又西曰七里灘。太平寰宇記：嚴子陵釣臺在桐廬縣南大江側，壇下連七里瀨。按東觀漢記云：光武與子陵友舊，及登位望之，陵隱於孤亭山，垂釣爲業。時知天文者奏：每日出，常有客星同流。帝曰：「嚴子陵耳。」訪得之，陵不受封，今郡有臺并壇，亦謂嚴陵瀨。一統志：釣臺在嚴州府城東五十里，東西二臺，各高數百丈。漢嚴子陵垂釣處。避暑録話：嚴陵灘東西二釣臺，各在山巔，與灘不相及，突然石出峯外略如臺，上平可坐數十人，因以名耳。參見卷十書情贈蔡舍人雄詩注。

〔蒼嶺〕王云：薛方山浙江通志：蒼嶺在台州仙居縣西北九十里，高五千丈，周迴八十里，界於縉雲，重岡複徑，隨勢高下，其險峭峻絶爲東浙之最，行者病焉。又云：處州縉雲縣有括蒼山，一名蒼嶺，圖經載十六洞天括蒼爲第十，名成德隱真洞天，周三百里，東跨仙居，南控臨海。吴録云：括蒼山登之俯視雷雨，高一萬六千丈，棠溪、赤溪、管溪三水分流環遶其下。

〔蒼嶺對〕王云：以上叙其自台州泛海至永嘉徧遊縉雲金華諸名勝之事。

稍稍來吴都，徘徊上姑蘇。烟緜横九疑，漭蕩見五湖。目極心更遠，悲歌但長吁。迴橈楚江濱，揮策揚子津。身著日本裘，昂藏出風塵。五月造我語，知非佁儗人。相逢樂無限，水石日在眼。徒干五諸侯，不致百金産。吾友楊子雲，絃歌播清芬。雖爲江寧宰，好與山公羣。乘興但一行，且知我愛君。君來幾何時？仙臺應有期。東窗緑玉樹，定長三五枝。至今天壇人，當笑爾歸遲。我苦惜遠别，茫然使心悲。黄河若不斷，白首長相思。

【校】

〔漭蕩〕兩宋本、繆本俱作漭蕩，注云：一作盪漭。王本注云：一作蕩漭，繆本作漭蕩。按：漭爲字書所無，疑當作莽蕩，莽蕩爲疊韻字。

〔日本裘〕此下兩宋本、繆本俱注云：裘則朝卿所贈日本布爲之。按：此爲白自注之語。胡本有自注二字。

〔佁〕兩宋本、繆本、咸本俱作儓。胡本注云：一本作佁，非。王本注云：繆本作儓。

〔至今〕至，兩宋本、繆本、王本俱注云：一作如。

〔心悲〕兩宋本此下注字壞。繆本缺二格。

【注】

〔姑蘇〕〔九疑〕王云：藝文類聚：吴地記曰：吴王闔閭十一年，起臺於姑蘇山，因山爲名，西南去國三十五里，春夏游焉。後夫差復高而飾之，越伐吴，遂見焚。太史公云：余登姑蘇望五湖，五湖去此臺二十餘里。吴地記：姑蘇臺在吴縣西南三十五里，闔閭造，經營九年始成。其臺高三百丈，望見三百里外，作九曲路以登之。宋范至能曰：與客登蘇臺山頂正平，有坳堂藓石可列坐，相傳爲吴故宫閑臺别館，其前湖光接松陵，獨見孤塔之尖，少北點墨一螺爲崑山，其後西山競秀，攢青叢碧，與洞庭林屋相賓。大約目力踰百里，具登高臨遠之勝。琦按：登姑蘇以望五湖，自是實景。若九疑遠在湖廣南垂，相去數千里，豈目力所能及？或者是設爲想像之辭耳，否則是其所望見之山，其時亦有冒九疑之名者，因指而入咏，亦未可定。陸羽慧山寺記曰：慧山古華山也。顧歡吴地記云：在吴城西北一百里，其山有九隴，俗謂之九隴山，或云九龍山，或曰鬬龍山。九龍者，言山隴之形，若蒼虬縹螭合沓然。鬬龍者，相傳隋大業末山上有龍鬬六十日，因名。此山當太湖之西北隅。縈竦四十餘里，惟中峯有叢篁灌木，餘盡古石嵌崪而已。凡烟嵐所集，發於蘿薜，今石山横亘，濃翠可掬。周柱史伯陽謂之神山，豈虚言哉？九疑或是指此耳。

〔五湖〕王云：江南通志：五湖在吴郡西南三十餘里，禹貢謂之震澤，周禮謂之具區，左氏謂之笠澤，史記謂之五湖。今之太湖也。其大三萬六千頃，東西二百餘里，南北一百二十里，延袤五百餘里。湖中有七十二山，跨蘇、湖、常三州。北有百瀆，納建康、常、潤數郡之水，南有諸漊，納宣、歙、臨安、苕、霅諸溪之水，東南巨浸，無大於此。

〔揚子〕王云：江南通志：揚子津在揚州府城南十五里，一名揚子渡，唐高宗永淳間楊子縣也。舊時建康有四津，横江爲建康之西津，揚子爲建康之東津。參見卷七横江詞第三首注。

〔日本裘〕王云：太白自注：裘則朝卿所贈日本布爲之。按：兩宋本、蕭本、繆本皆以自注列本句之下，王注雜入總注中，非是。朝卿事，見卷二十五哭晁卿衡詩注。

〔楊子雲〕王云：楊子雲謂楊利物，太白有江寧宰楊利物畫贊，即是此人。

〔愛君〕王云：以上叙其自姑蘇至廣陵相見之事。

〔天壇〕王云：一統志：天壇山在懷慶府濟源縣西一百二十里王屋山北。山峯突兀，其東曰日精，西曰月華，絶頂有石壇，名清虚小有洞天。旦夕有五色影，夜有仙燈。按天壇山即王屋山中之一峯也。

〔黄河〕王云：「黄河若不斷，白首長相思」，此是倒裝句法。謂白首相思，若黄河之水，終無斷絶時耳。又云：以上叙其還山而相别也。

【評箋】

按：朝衡以天寶十二載自長安經揚州歸國，於途中遇風，傳言被難。此詩注中有「裘則朝卿所贈日本布爲之」一語，頗足資探索，疑白與魏萬相遇於揚州亦即與朝衡相遇於揚州之時。朝衡與白是否宿識不可知，然贈布則以此時爲最合情事，朝衡留華多年，久與其本國隔絶，至是始有本國使節來華，攜土物必多，足以分贈也。果爾，則白之由揚州至江寧以及寄家東魯皆是年之事，而哭朝卿一詩（見卷二十五）亦即作於次年矣。

金陵酬翰林謫仙子

王屋山人魏萬

君抱碧海珠，我懷藍田玉。各稱希代寶，萬里遥相燭。長卿慕藺久，子猷意已深。平生風雲人，暗合江海心。去秋忽乘興，命駕來東土。謫仙遊梁園，愛子在鄒魯。二處一不見，拂衣向江東。五兩挂淮月，扁舟隨海風。南游吴越徧，高揖二千石。雪上天台山，春逢翰林伯。宣父敬項橐，林宗重黄生。一長復一少，相看如弟兄。惕然意不盡，更逐西南去。同舟入秦淮，建業龍盤處。楚歌對吴酒，借問承恩初。宫買長門賦，天迎駟馬車。才高世難容，道廢可推命。安石重攜妓，子房空謝病。金陵百萬户，六代帝王都。虎石踞西江，鍾山臨北湖。湖山信爲美，王屋人相待。應爲岐路多，不知歲寒在。君遊早晚還，勿久風塵間。此别未遠别，秋期到仙山。

【校】

〔項橐〕橐，兩宋本、繆本俱作託。王本注云：一作託。

〔虎石〕石字，兩宋本、繆本俱殘缺。

【注】

〔藍田〕長安志卷一六：藍田山在藍田縣東南三十里，其山產玉，亦名玉山。

〔長卿〕漢書卷五七司馬相如傳：司馬相如字長卿，……少時名犬子，相如既學，慕藺相如之爲人也，更名相如。

〔子猷〕世説任誕篇：王子猷居山陰，夜大雪，眠覺，開室命酌酒，四望皎然。……忽憶戴安道，時戴在剡。即便夜乘小船就之，經宿方至，造門不前而返。人問其故，王曰：「吾本乘興而行，興盡而返，何必見戴？」

〔宣父〕王云：唐書：貞觀十一年詔尊孔子爲宣父。史記：項橐生七歲爲孔子師。

〔林宗〕後漢書卷八三黄憲傳：郭林宗少游汝南，先過袁閎，不宿而退。進往從憲，累日方還。或以問林宗，林宗曰：「奉高之器，譬諸氾濫，雖清而易挹。叔度汪汪若千頃陂，澄之不清，淆之不濁，不可量也。」

〔秦淮〕方輿勝覽卷一四：秦淮在(上元)縣南三里，始皇時，望氣者言金陵有天子氣。使朱衣鑿山爲瀆，以斷地脈，以秦開，故曰秦淮。或曰：淮水發源屈曲，不類人工。

〔建業〕晉書地理志：丹陽郡建鄴：本秣陵，孫氏改爲建業。

〔安石〕晉書卷七九謝安傳：安雖放情丘壑，然每游賞必以妓女從。參見卷七東山吟、卷十書情贈蔡舍人雄等詩注。

〔子房〕史記留侯世家：留侯性多病，即道引不食穀，杜門不出。

〔虎石〕王云：太平御覽：丹陽記曰：石頭城，吴時悉土塢，義熙初始加磚甓，因山以爲城，因江以爲池，地形險固，尤有奇勢。故諸葛亮云：鍾山龍蟠，石城虎踞，良有之矣。六朝事跡：吴孫權於江岸必争之地築城，名曰石頭，常以腹心大臣鎮守之。今石城故基，乃楊行密稍遷近南，夾淮帶江以盡地利，其形勢與長干山連接。輿地志云：環七里一百步，在縣西五里，去臺城九里，南抵秦淮口，今清涼寺之西是也。諸葛亮論金陵地形云，鍾阜龍蟠，石城虎踞，真帝王之宅，正謂此也。參見卷七金陵歌送别范宣注。

〔鍾山〕景定建康志卷一七：鍾山一名蔣山，在城東北一十五里。……漢末有秣陵尉蔣子文逐盗死事于此，吴大帝爲之立廟，封曰蔣侯，大帝祖諱鍾，因改曰蔣山。

〔北湖〕景定建康志卷一八：玄武湖亦名蔣陵湖、秣陵湖、後湖，在城北二里。又云：大興三年，始創北湖，築長隄以壅北山之水，東自覆舟山，西至玄武城六里餘。宋元嘉中，有黑龍見，因改玄武湖。參見卷十三新林浦阻風寄友人詩注。

【評箋】

王云：此詩楊、蕭本不載，今從繆本補録。

今人詹鍈云：詩云：「去秋忽乘興，命駕來東土。謫仙遊梁園，愛子在東魯。二處不一見，拂衣向江東。」知天寶十二載秋，萬曾訪白於梁園，未遇，又訪之於東魯，僅見伯禽，始拂衣向江東也。證之留别曹南羣官之江南、自梁園至敬亭山見會公談陵陽山水詩，正相吻合。

按：李頎集中有送魏萬之京一詩，以時代論，即此魏萬無疑。又劉長卿集中有題魏萬成江亭一首，有「才出時人右，家貧湘水頭」之句，據白詩「本家聊攝東」一語，知魏爲齊魯人，與長卿詩未合。

送當塗趙少府赴長蘆

我來揚都市，送客迴輕舠。因誇楚太子，便覩廣陵濤。仙尉趙家玉，英風凌四豪。維舟至長蘆，目送烟雲高。摇扇對酒樓；持袂把蟹螯。前途儻相思，登嶽一長謡。

【校】

〔楚太子〕楚，兩宋本、繆本俱作吴。王本注云：繆本作吴。

【注】

〔趙少府〕見後評箋。

〔長蘆〕王云：唐時有二長蘆。一是長蘆縣，隸河北道之滄州。一是長蘆鎮，在淮南道揚州之六合縣南二十五里。陸放翁入蜀記曰：發真州，過瓜步山，望長蘆寺，樓塔重複，江面渺瀰無際，殊可畏。李太白詩云：「維舟至長蘆，目送烟雲高。」是也。則謂是六合之長蘆也。

〔楚太子〕文選枚乘七發：楚太子有疾而吴客往問之，……客曰：將以八月之望，與諸侯遠方交游兄弟，並往觀濤乎廣陵之曲江。

〔仙尉〕王云：漢梅福爲南昌尉，人傳以爲仙去，稱尉曰仙尉本此。

〔四豪〕見卷十二獻從叔當塗宰冰詩注。

〔蟹螯〕世説任誕篇：畢茂世云：一手持蟹螯，一手持酒杯，拍浮酒池中，便足了一生。

〔長謡〕文選趙景真與嵇茂齊書：昔李叟入秦，及關而嘆。梁生適越，登岳長謡。夫以嘉遁之舉，猶懷戀恨，况乎不得已者哉？李善注：……然老子之嘆不爲入秦，梁鴻長謡不由適越，且復以至郊爲及關，升邙爲登岳，斯蓋取意而略文也。

【評箋】

今人詹鍈云：詩云：「我來揚都市，送客迴輕舠。」又云：「摇扇對酒樓，持袂把蟹螯。」當是夏季於揚州作。按：趙炎於天寶十五載春間流往炎方，太白有春於姑熟送趙四流炎方序，以上二詩之作當在其前。

按：卷八有當塗趙炎少府粉圖山水歌，卷十三有寄當塗趙少府炎，當同指一人。此詩當是在揚州作。

送友人尋越中山水

聞道稽山去，偏宜謝客才。千巖泉灑落；萬壑樹縈迴。東海橫秦望；西陵遶越臺。湖清霜鏡曉；濤白雪山來。八月枚乘筆；三吴張翰杯。此中多逸興，早晚向天台。

【校】

〔泉灑落〕咸本作雲錯莫，注云：一作泉灑落。

〔霜鏡〕霜，王本注云：許本作雙，誤。英華亦訛作雙，傅校作霜。

【注】

〔謝客〕鍾嶸詩品：初，錢塘杜明師夜夢東南有人來入其館，是夕即（謝）靈運生于會稽，旬日而謝玄亡，家以子孫難得，送靈運於杜治養之，十五方還都，故名客兒。

〔秦望〕王云：水經注：秦望山在州城正南，爲衆峯之傑，陟境便見。史記云：秦始皇登之以望南海，自平地以取山頂七里，懸磴孤危，徑路險絶，攀蘿捫葛，然後能升。山上無草木，當由地迥多風所致。施宿會稽志：秦望山在會稽縣東南四十里。舊經云：衆嶺最高者。

〔西陵〕王云：水經注：浙江又徑固陵城北，昔范蠡築城於浙江之濱，言可以固守，謂之固陵，今之西陵也。有西陵湖，亦謂之西城湖，湖西有湖城山，東有夏架山，湖水上承妖皐谿而下注浙江。嘉泰會稽志：西陵城在蕭山縣西一十二里。方輿勝覽：西興渡在蕭山縣西十二里，本名西陵，吴越武肅王以非吉語，改曰西興。

〔越臺〕王云：述異記：勾踐延四方之士，作臺於外而館之。今會稽山有越王臺。一統志：越王臺舊在種山東北，越王勾踐登眺之所，宋汪綱復建，在山之西麓。

〔八月〕按：王鳴盛十七史商榷卷七九：朱先生彝尊文集第三卷謁廣陵侯廟詩序，辨枚乘七發：八月之望，觀濤於廣陵之曲江。世疑廣陵國爲今揚州府治。然曾子固撰越郡趙公救災記，中有廣陵斗門，合之伍子之山胥母之埸，疑義可析云云，又第二十六卷滿江紅錢唐觀潮詞自注，亦引七發。又第三十一卷與越辰六書：七發廣陵之曲江，即浙江。水經注：浙江水流兩山間，江川急濬，兼濤水晝夜再來，是以枚乘曰：海水上潮，江水逆流，其詮釋最確。曾鞏序鑑湖圖，有廣陵斗門，在今山陰縣六十里，去浙江不遠，而錢唐郭外有廣陵侯廟，今猶存。若江都之更名廣陵，在元狩三年，時乘已卒，不應先見之於文，是七發之廣陵非江都明矣。世人以廣陵二字遂誣曲江在揚州，可笑也。比見足下榜門書廣陵濤字，流俗相沿無足怪，特不宜誤自足下云云，愚謂先生考證之學世所共推，……但李善注七發，於廣陵引漢書地志，廣陵國屬吴。淩赤岸注引山謙之南徐州記曰：京江，禹貢北江，春秋分朔，輒有大濤至江，乘北激赤岸，尤更迅猛。山謙之，宋文帝時人，酈道元，魏末當南之梁末人，山在酈前甚遠。况酈北人，説南水每多誤。山，南人，記南水似更可信，……蕭子顯南齊書州郡志云：南兗州鎮廣陵，漢故王國，有江都浦水，刺史每以秋月出海陵觀濤與京口對岸，江之壯闊處也。子顯，齊梁間人，亦在酈前，而生長南方，所言不謬。至廣陵之名，據吴越春秋，夫差時已有，非起於元狩。且枚乘，淮陰人，爲吴王郎中，正宜就近説，觀濤事恐當仍舊解。李白集第十六卷（原誤作十四卷）送友人尋越中山水詩：「湖清霜鏡曉，濤白雪山來。八月枚乘筆，三吴張翰杯。」此似足證廣陵濤在錢唐，朱先生未引。但此上文則有送當塗趙少府赴長蘆詩：「我來揚都市，送客迴輕舠。因誇吴太子，便覩廣陵濤。」則此詩仍以廣陵濤在淮南矣。又按：閻若璩潛丘劄記卷三云：枚乘七發云：將以八月之望，與諸侯遠方交游，兄弟並往，觀濤乎廣陵之曲江。近解者多知以曲江爲浙江，八月之望即俗所云潮生日，濤最迅猛，闔郡往觀之事。然終無以爲廣陵二字解。案：李善曰：枚乘事梁孝王，恐孝王反，故作七發以諫之。孝王薨於景帝中六年丁酉，則此七作於丁酉前。考爾時會稽郡省併入江都國，是江都之所統，不獨至錢塘江，且遠至今建寧福州古名冶縣者，其疆域如此。作者本欲云江都之曲江，但以二江字相犯，易古地名曰廣陵。唐代尚詞章，兼嫻地志，故李善據文勢已云：赤岸當在遠方，非指廣陵。李太白送友人尋越中山水云：「濤白雪山來」，又云：「八月枚乘筆」，孟浩然初下浙江舟中口號云：「八月觀潮罷」，僧皎然送劉司法之越州云：「八月欲觀濤」，至昌黎謂李翺觀濤江，翺自言暮宿濤江，皆錢塘江也。

其疑似而誤，翻在南齊書州郡志、山謙之南徐州記耳。

〔張翰〕見本卷送張舍人之江東詩注。

送族弟凝之滁求婚崔氏

與爾情不淺，忘筌已得魚。玉臺挂寶鏡，持此意何如？坦腹東牀下，由來志氣疎。遥知向前路，擲果定盈車。

【注】

〔族弟凝〕見後評箋。

〔滁〕舊唐書地理志：淮南道滁州：隋江都之清流縣，武德三年杜伏威歸國，置滁州。

〔忘筌〕王云：筌與荃同。莊子：荃者所以在魚，得魚而忘荃。蹄者所以在兔，得兔而忘蹄。言者所以在意，得意而忘言。吾安得夫忘言之人而與之言哉？陸德明注：荃，七全反，崔音孫，香草也，可以餌魚。或云：積柴水中，使魚依而食焉。一云魚笱也。

〔玉臺〕世説假譎篇：温公喪婦，從姑劉氏家值亂離散，唯有一女，甚有姿慧。姑以屬公覓婿，公密有自婚意。答曰：「佳婿難得，但如嶠比云何？」姑曰：「喪亂之餘，乞粗存活，便足慰吾餘年。何敢希汝比？」卻後少日，公報姑曰：「已覓得婚處，門第粗可，婿身名宦，盡不減嶠。」因下玉鏡臺一枚，姑大喜。既婚交禮，女以手披紗扇，撫掌笑曰：「我固疑是老奴。」玉鏡臺，是公爲劉越石長史北征劉聰所得。

〔擲果〕世説容止篇注：語林曰：潘安仁至美，每行，老嫗以果擲之滿車。

【評箋】

按：本卷有送族弟凝至晏嵎詩。又單父東樓秋夜送族弟沈（況）之秦，自注：時凝弟在席。卷十七有送族弟單父主簿凝攝宋城主簿……，均可參看。

送友人遊梅湖

送君遊梅湖，應見梅花發。有使寄我來，無令紅芳歇。暫行新林浦，定醉金陵月。莫惜一雁書，音塵坐胡越。

【注】

〔梅湖〕王云：初學記：始興有梅湖。北堂書鈔：地里志云：梅湖者昔有梅筏沉於此湖，有時浮出，至春則開花流滿湖矣。玩詩内新林浦、金陵月之句，此地當與金陵相近。

〔有使〕太平御覽卷九七荆州記曰：陸凱與范曄友善，自江南寄梅花一枝詣長安與曄，并贈詩曰：「折梅逢驛使，寄與隴頭人。江南無所有，聊贈一枝春。」

〔新林〕王云：胡三省通鑑注：新林浦去今建康城二十里，西值白鷺洲。參見卷十三新林浦阻風寄友人詩注。

送崔十二遊天竺寺

還聞天竺寺，夢想懷東越。每年海樹霜，桂子落秋月。送君游此地，已屬流芳歇。待我來歲行，相隨浮溟渤。

【注】

〔天竺寺〕王云：咸淳臨安志：天竺寺者，餘杭之勝刹也。飛來峯者，武林之奇巘也。晉時梵僧慧理指此山，乃靈鷲之一小嶺，不知何年飛來，至此挂錫置院，初曰翻經。隋開皇中，法師真觀廣之，改爲天竺寺。琦按：杭州天竺寺有三：上天竺寺創自石晉天福間，道翊禪師得異木，刻以爲大士像。吴越忠懿王即其地創佛廬奉之，號天竺觀音看經院者是也。中天竺寺，創自宋太平興國元年，吴越王即寶掌禪師道場舊址改建，號崇壽院者是也。下天竺寺，創自隋開皇中，真觀法師即慧理之翻經院改建，號南天竺寺者是也。上中二寺皆唐以後所建，其始亦無天竺寺之名，唐之天竺寺乃今之下天竺也。

〔東越〕王云：杭州春秋時爲越地而在東方，故曰東越，與史、漢稱東甌爲東越者不同。

〔桂子〕王云：咸淳臨安志：舊俗所傳月墜桂子，惟天竺素有之。唐天寶中，寺前一子成樹，今月桂峯在焉。刺史白居易詩云：「宿因月桂落，醉爲海榴開。」注云：天竺嘗有月中桂子落。……又東城桂詩云：「子墮本從天竺寺，根盤今在闔閭城。」注云：舊説杭州天竺寺每歲秋中有月桂子墜。

送楊山人歸天台

客有思天台，東行路超忽。濤落浙江秋，沙明浦陽月。今游方厭楚；昨夢先歸越。且盡秉燭歡；無辭凌晨發。我家小阮賢，剖竹赤城邊。詩人多見重；官燭未曾然。興引登山屐；情催汎海船。石橋如可度，攜手弄雲煙。

【注】

〔浦陽〕王云：元和郡縣志：浦陽江在婺州浦陽縣西北四十里，出桑溪山嶺，東入越州諸暨縣。施宿會稽志：浦陽江源出婺州浦陽，北流一百二十里入諸暨縣，溪又東北流，由峽山直入臨浦灣以至海，俗名小江，一名錢清江。

〔小阮〕王云：小阮謂阮籍之姪阮咸也，後人謂姪曰小阮本此。　參見卷二十陪侍郎叔遊洞庭醉後詩第一首注。

〔詩人〕王云：文獻通考：唐李嘉祐，别名從一，趙州人。天寶七年進士，爲祕書正字，袁、台二州刺史。善爲詩，綺靡婉麗，有齊梁之風，時以比吴均、何遜云。唐詩紀事：李嘉祐上元中嘗爲台州刺史，大曆間刺袁州，與嚴維、劉長卿、冷朝陽友善。嘉祐有送從叔陽冰寄從弟紓及姪端詩，蓋三子之族也。

〔官燭〕太平御覽卷四二五謝承後漢書曰：巴祇字敬祖，爲揚州刺史，在官不迎妻子，暗坐不然官燭。

〔汎海船〕晉書卷七九謝安傳：嘗與孫綽等汎海，風起浪湧，諸人並懼。安吟嘯自若，舟人以安爲悦，猶去不止。風轉急，安徐曰：「如此將何歸耶？」舟人承言即回。衆咸服其雅量。

〔石橋〕法苑珠林卷五二：東晉初，天台山寺者，昔有沙門帛道猷，或云竺道猷，統涉山水，窮枯奇異，承天台石梁終古無度，乃慷慨曰：「彼何人斯！獨無貞操，故使聖寺密爾，對面千里。」遂揭錫獨往而趣石梁。又卷一〇〇：……天台懸崖峻峙，峯嶺切天，古老相傳云：上有往時精舍，得道者居之。雖有石橋跨澗，而横石斷人，且莓苔青滑，自終古以來無得至者。

【評箋】

今人詹鍈云：王注引唐詩紀事云：李嘉祐上元中嘗爲台州刺史，……嘉祐有送從叔陽冰寄從弟紓及姪端詩，蓋三子之族也。按白於陽冰亦稱族從叔，自不當以嘉祐爲姪，王説非也。小阮當指杭州刺史李良而言，詳見前（按見二十卷）。詩中稱山人今遊方厭楚，昨夢先歸越，蓋白赴京途中於楚地遇楊山人，因贈之也。

送温處士歸黄山白鵝峯舊居

黄山四千仞，三十二蓮峯。丹崖夾石柱，菡萏金芙蓉。伊昔昇絶頂，下窺天目松。仙人鍊玉處，羽化留餘蹤。亦聞温伯雪，獨往今相逢。採秀辭五岳，攀巖歷萬重。歸休白鵝嶺，渴飲丹沙井。鳳吹我時來，雲車爾當整。去去陵陽東，行行芳桂叢。迴谿十六度，碧嶂盡晴空。他日還相訪，乘橋躡綵虹。

【校】

〔温伯雪〕雪，兩宋本、繆本、王本俱注云：一作雲。

〔陵陽〕陵，咸本作陟，注云：一作陵。

【注】

〔黄山〕王云：黄山志：江以南諸山最黄山，其高四千仞。按：黄山諸峯最高者，志稱九百仞止矣。四千仞者，大抵自山麓平地而准擬之。諸書皆言黄山之峯三十有六，而白詩只言三十有二，蓋四峯唐以前未有名也。山志云：羣峯聳秀，羅列當前，曰青鸞，曰朱砂，曰天都，曰老人，曰鉢盂，盡作蓮花蓮蕊狀。參見卷十三贈黄山胡公求白鷴詩注。

〔白鵝峯〕王云：方輿勝覽：黄山舊名黟山，在徽州歙縣西北一百二十八里，高一千一百八十仞。郡志：其山有摩天戛日之高，宣、歙、池、饒、江等州山，並是此山之支脈矣。諸峯有如削成，烟嵐無際，雷雨在下，其霞城洞室，巖竇瀑泉，則無峯不有。信靈仙之窟宅。山勢西北中拆，望之類太華山，有峯三十六，其水源亦三十六，溪二十四，洞十有二，巖八。水流而下合揚之水爲浙江之源。第四峯有泉沸如湯，常湧硃砂，世傳黄帝嘗命駕，與容成子浮丘公同游，合丹於此。其後又有仙人曹、阮之屬。琦按黄山圖：白鵝峯在石門峯、烏泥嶺之間。志云：吟嘯橋在白鵝嶺下，名最著。錢牧齋曰：李白有送温處士歸黄山白鵝峯詩，今白鵝峯不在三十六峯之列，蓋三十六峯皆高七百仞以上，其外諸峯高二三百仞者不與焉。白鵝峯亦諸峯之一也。

〔芙蓉〕王云：按山志：蓮花峯在硃砂峯北，高九百仞，石蕊中尊，千葉簇簇如瓣，並峙諸山皆及肩而止，無敢争高者。汪晉穀云：峯巍然中立，環視萬峯，面面皆蓮，而此峯爲衆蓮母。石柱峯在碁石峯西北，高七百九十仞，亭亭獨上，刺日撑霄，其形儼如天幹。芙蓉峯在松林峯西，高七百五十仞，巃嵸峭拔，如菡萏一枝，向天而開。青天削出芙蓉，惟此足當之。是蓮花、石柱、芙蓉皆黄山峯名，而詩意則謂黄山三十二峯皆如蓮花，丹崖夾峙中，植立若柱然，其頂之圓平者如菡萏之未舒，其頂之開敷者如芙蓉之已秀。未嘗專指三峯而言也。

〔天目〕王云：太平寰宇記：杭州於潛縣有天目山，上有兩湖若左右目，故名天目也。山極高峻，上多美石泉水名茶。咸淳臨安志：天目山在臨安縣西五十里，高三千九百丈，周迴八百里，有三十六洞，爲仙靈所居。水經注：於潛縣北天目山，山極高峻，崖嶺竦疊，西臨後澗，山上有霜木，皆是數百年樹，謂之翔鳳林。山志引郡國志云：浙江天目山高一萬八千丈，僅及黄山之麓。蓋地勢自高而下，有如建瓴，黄山上峙於高原，天目峭拔乎卑壤，以卑擬高，則天目之頂僅及黄山之阯。太白所謂「昇絶頂而下窺天目松」者，良有以也。

〔鍊玉〕王云：鮑照詩：「至哉鍊玉人，處此長自畢。」山志：鍊丹峯高八百七十仞，相傳浮丘公鍊丹峯頂，經八甲子，丹始成。黄帝服七粒，不藉雲靄，昇空游戲。石室内丹竈杵臼儼然尚存，峯前有晒藥臺，臺下深黝不可測。

〔温伯雪〕王云：莊子：温伯雪子適齊，反舍於魯，仲尼見之而不言。子路曰：「吾子欲見温伯雪子久矣，見之而不言何耶？」仲尼曰：「若夫人者，目擊而道存矣，亦不可以容聲矣。」太白借其名以喻温處士，若所謂「河東郭有道」「吾友揚子雲」「洛陽蘇季子」「笑對劉公榮」之類，集中甚多，皆借古人之名以謂今人，而黄山志遽以伯雪爲温處士之名，失其解矣。

〔丹沙井〕王云：苕溪漁隱叢話：湯泉多作硫黄氣，浴之則襲人肌膚，惟新安之黄山是硃砂泉。圖經云：黄山東峯下有硃砂湯泉，熱可點茗，春時即色微紅。江南通志：黄山硃砂泉自硃砂峯來，依巖連二小池，上池瑩澈，廣可七尺，深半之，豪髮可鑒。泉出石底，纍纍如貫珠不絶，氣馝馞若湯，酌之甘芳，蓋非他硫黄泉比也。浴者垢旋流出，纖塵不留，令人心境清廓，氣爽體舒，相傳沉痾者澡雪立差。

〔陵陽〕見卷十二自梁園至敬亭山……詩注。

〔乘橋〕王云：山志：天橋在鍊丹臺，一名仙人橋，一名仙石橋，爲黄山最險。兩峯絶處，各出峭石，彼此相抵，有若笋接，接而不合，似續若斷，登者莫不嘆爲奇絶。若圖經載唐開元中見於鍊丹峯側，長三十餘丈，近代謂見於蓮花峯西南，又謂有採藥人宿橋下，聞橋上笙歌聲，天明覓橋不見，皆虚誕不信。石橋固真境，非幻境也。方拱乾游黄山記：過獅子峯，登清涼臺，瞰天橋如長虹亘於巖上下。而親至橋側，三石合成，兩石如橋柱，一石覆之，柱下無所著，可以繩度，上脊不盈五寸，下大闕如都城闉，俯視鳴絃泉恰覆之，不知去此四十里也。「乘橋躡彩虹」，蓋指天橋如彩虹耳。又武夷山記：武夷君於八月十五日大會村人，於武夷山上置幔亭，化虹橋通山下，是以彩虹爲橋可以乘躡者，又一説也。

送方士趙叟之東平

長桑晚洞視，五藏無全牛。趙叟得祕訣，還從方士游。西過獲麟臺，爲我弔孔丘。念別復懷古，潸然空淚流。

【注】

〔方士〕王云：方士謂方術之人。史記封禪書：燕齊海上之方士傳其術。

〔東平〕舊唐書地理志：河南道鄆州：天寶元年，改鄆州爲東平郡。

〔長桑〕史記扁鵲倉公列傳：扁鵲者，渤海郡鄭（集解、索隱均云當作鄚）人也，姓秦氏，名越人。少時爲人舍長，舍客長桑君過，扁鵲獨奇之，常謹遇之。長桑君亦知扁鵲非常人也。出入十餘年，乃呼扁鵲私坐，間與語曰：「我有禁方，年老欲傳與公，公毋泄。」扁鵲曰：「敬諾。」乃出其懷中藥予扁鵲，飲是以上池之水，三十日當知物矣。乃悉取其禁方書盡與扁鵲，忽然不見。殆非人也。扁鵲以其言飲藥三十日，視見垣一方人，以此視病，盡見五藏癥結，特以診脈爲名耳。

〔全牛〕莊子養生主篇：庖丁……曰：「……始臣解牛之時，所見無非牛者。三年之後未嘗見全牛也。方今之時，臣以神遇而不以目視。」

〔獲麟臺〕王云：左傳：西狩於大野，叔孫氏之車子鉏商獲麟，以爲不祥，以賜虞人。仲尼觀之曰：「麟也」，然後取之。史記正義：括地志云：獲麟堆在鄆州鉅野縣東十二里。春秋哀十四年經云：西狩獲麟。國都城記云：鉅野故城東十里澤中有土臺，廣輪四五十步，俗云獲麟堆，去魯城可三百餘里。一統志：獲麟臺在鉅野縣東南五十里，即西狩獲麟之所，後人於此築臺。

送韓準裴政孔巢父還山

獵客張兔罝，不能挂龍虎。所以青雲人，高歌在巖戶。韓生信英彦，裴子含清真。孔侯復秀出，俱與雲霞親。峻節凌遠松，同衾卧盤石。斧冰漱寒泉，三子同二屐。時時或乘興，往往雲無心。出山揖牧伯，長嘯輕衣簪。昨宵夢裏還，云弄竹溪月。今晨魯東門，帳飲與君別。雪崖滑去馬，蘿徑迷歸人。相思若烟草，歷亂無冬春。

【校】

〔題〕兩宋本、繆本俱注云：魯中。

〔韓準〕準，咸本作淮，注云：一作準。王本注云：一作正。

〔裴政〕政，兩宋本、咸本、繆本俱注云：一作正。

〔高歌〕歌，兩宋本、繆本、王本俱注云：一作卧。

〔英彦〕英，兩宋本、繆本、王本俱注云：一作豪。

〔俱與〕與，咸本注云：一作以。

〔同二屐〕同，兩宋本、繆本、王本俱注云：一作傳。

〔往往〕兩宋本、繆本、王本俱注云：一作去去。

〔今晨〕晨，兩宋本俱作辰。

【注】

〔孔巢父〕舊唐書卷一五四孔巢父傳：孔巢父，冀州人，字弱翁。早勤文史，少時與韓準、裴政、李白、張叔明、陶沔隱於徂徠山，時號竹溪六逸。永王璘起兵江淮，聞其賢，以從事辟之。巢父知其必敗，側身潛遁，由是知名。……德宗幸奉天，遷給事中，河中、陝、華等州招討使，……尋兼御史大夫，充魏博宣慰使，……遇害。

〔兔罝〕詩周南兔罝：肅肅兔罝。毛傳：兔罝，兔罟也。

〔牧伯〕王云：尚書正義：曲禮曰：九州之長曰牧。王制曰：十里之外設方伯，八州八伯。然則牧、伯一也。伯者言一州之長，牧者言牧養下民。鄭玄曰：殷之州牧曰伯，虞夏及周曰牧。後人稱太守曰牧伯本此。

〔帳飲〕文選江淹別賦：帳飲東都，送客金谷。王云：帳飲謂於曠地張帳而飲也。

【評箋】

按：李白與同隱竹溪諸人酬唱必多，僅見此作，可知李詩多散逸也。又其居徂徠山爲時必不久，蓋仍寓家魯郡。即韓、裴、孔等亦非真隱者，觀此詩知干謁不遂而又還山耳。

送楊少府赴選

大國置衡鏡，準平天地心。羣賢無邪人，朗鑒窮清深。吾君詠南風，衮冕彈鳴琴。時泰多美士，京國會纓簪。山苗落澗底，幽松出高岑。夫子有盛才，主司得球琳。流水非鄭曲，前行遇知音。衣工剪綺繡，一誤傷千金。何惜刀尺餘，不裁寒女衾？我非彈冠者，感别但開襟。空谷無白駒，賢人豈悲吟？大道安棄物，時來或招尋。爾見山吏部，當應無陸沉。

【校】

〔清深〕清，蕭本、咸本俱作情。王本注云：蕭本作情。

〔遇知音〕遇，咸本注云：一作邁。

【注】

〔流水〕吕氏春秋孝行覽：伯牙鼓琴，鍾子期聽之，……方鼓琴而志在泰山，鍾子期曰：「善哉乎鼓琴，巍巍乎若泰山。」少選之間而志在流水。鍾子期曰：「善哉乎鼓琴，湯湯乎若流水。」

〔彈冠〕漢書卷七二王吉傳：吉與貢禹爲友，世稱王陽在位，貢公彈冠，言其取舍同也。顔注：彈冠者且入仕也。

〔山吏部〕晉書卷四三山濤傳：……爲吏部尚書，前後選舉，周徧内外，而並得其才。……濤所奏甄拔人物各爲題目，時稱山公啓事。

〔陸沉〕莊子則陽篇：是陸沉者也。郭象注：人中隱者，譬無水而沉也。

對雪奉餞任城六父秩滿歸京

龍虎謝鞭策，鵷鸞不司晨。君看海上鶴，何似籠中鶉？獨用天地心，浮雲乃吾身。雖將簪組狎，若與烟霞親。季父有英風，白眉超常倫。一官即夢寐，脱屣歸西秦。竇公敞華筵，墨客盡來臻。燕歌落胡雁，郢曲迴陽春。征馬百度嘶，游車動行塵。躊躇未忍去，戀此四座人。餞離駐高駕，惜别空慇懃。何時竹林下，更與步兵鄰？

【注】

〔任城〕舊唐書地理志：河南道兗州任城：漢縣。

〔鵷鸞〕抱朴子博喻篇：四靈翳逸，而爲隆平之符，幽人嘉遁，而爲有國之寶，何必司晨而銜鑣羈紲於憂責哉？按：詩意本此。

〔白眉〕三國志蜀志馬良傳：馬良，字季常，兄弟五人並有才名。鄉里爲之諺曰：馬氏五常，白眉最良。良眉中有白毛，故以稱之。

〔竇公〕按：當即次二首題中之竇明府，蓋方爲任城令也。

〔燕歌〕王云：古樂府有燕歌行。李善文選注：歌録曰：燕，地名，猶楚、宛之類。樂府古題要解：燕歌行，晉樂奏魏文帝「秋風蕭瑟天氣涼」、「别日何易會日難」二篇，言時序遷换而行役不歸，佳人怨曠無所訴也。

〔竹林〕王云：晉書：阮咸任達不拘，與叔父籍爲竹林之游。

魯郡堯祠送吴五之琅琊

堯没三千歲，青松古廟存。送行奠桂酒，拜舞清心魂。日色促歸人，連歌倒芳樽。馬嘶俱醉起，分手更何言。

【校】

〔分手〕手，兩宋本、繆本俱作首。王本注云：繆本作首。

【注】

〔堯祠〕太平寰宇記卷二一：堯祠在（兗州瑕丘）縣東南七里。

〔琅琊〕舊唐書地理志：河南道沂州：天寶元年改爲琅邪郡。

〔桂酒〕楚辭九歌：奠桂酒兮椒漿。王逸注：桂酒，切桂置酒中也。

魯郡堯祠送竇明府薄華還西京

朝策犂眉騧，舉鞭力不堪。强扶愁疾向何處？角巾微服堯祠南。長楊掃地不見日，石門噴作金沙潭。笑誇故人指絶境，山光水色青於藍。廟中往往來擊鼓，堯本無心爾何苦？門前長跪雙石人，有女如花日歌舞。銀鞍繡轂往復迴，簸林蹶石鳴風雷。遠烟空翠時明滅，白鷗歷亂長飛雪。紅泥亭子赤欄干，碧流環轉青錦湍。深沉百丈洞海底，那知不有蛟龍蟠？君不見，緑珠潭水流東海，緑珠紅粉沉光彩。緑珠樓下花滿園，今日曾無一枝在。昨夜秋聲閶闔來，洞庭木落騷人哀。遂將三五少年輩，登高遠望形神開。生前一笑輕九鼎，魏武何悲銅雀臺？我歌白雲倚窗牖，爾聞其聲但揮手。長風吹月渡海來，遥勸仙人一杯酒。酒中樂酣宵向分，舉觴酹堯堯可聞。何不令臯繇擁篲橫八極，直上青天掃浮雲。高陽小飲真瑣瑣，山公酩酊何如我？竹林七子去道賒，蘭亭雄筆安足誇？堯祠笑殺五湖水，至今憔悴空荷花。爾向西秦我東越，暫向瀛洲訪金闕。藍田太白若可期，爲余掃灑石上月。

【校】

〔題〕兩宋本、繆本、王本題下俱注云：時久病初起作。

〔微服〕服，兩宋本、繆本、王本俱注云：一作步。胡本作步。

〔笑誇〕以下四字兩宋本、繆本、王本俱注云：一作笑謔伯明。

〔銀鞍〕鞍，兩宋本、繆本俱作鞭。王本注云：繆本作鞭。

〔赤欄〕赤，兩宋本、繆本、王本俱注云：一作朱。

〔蟠〕兩宋本、繆本俱作盤。

〔緑珠〕此句兩宋本、繆本、王本俱注云：一作白首同歸翳光彩。

〔木落〕木，蕭本作水。

〔遠望〕兩宋本、繆本俱作送遠，注云：一作遠望。王本注云：繆本作送遠。

〔倚窗牖〕兩宋本、繆本、王本俱注云：一作大開口。

〔繇〕王本注云：一作陶。

〔掃浮雲〕掃，兩宋本、繆本、咸本、胡本俱作揮，注云：一作掃。王本注云：一作揮。

〔五湖〕五，咸本作鏡。兩宋本、繆本、王本俱注云：一作鏡。

【注】

〔犂眉騧〕王云：十六國春秋：姚襄所乘駿馬曰黧眉騧，日行千里。説文：騧，黄馬黑喙也。

黧，黑也。黧眉騧則黄馬而黑眉者矣。古犂、黧字通用。

〔角巾〕王云：胡三省通鑑注：幅巾以横幅爲之，角巾則巾之有角者。郭林宗遇雨巾一角墊，則角巾也。

〔緑珠〕王云：洛陽伽藍記：昭儀寺有池，京師學徒謂之翟泉。後隱士趙逸云：此地是晉侍中石崇家池。池南有緑珠樓，於是學徒始悟，經過者想見緑珠之容也。太平寰宇記：洛陽縣石崇宅有緑珠樓，今謂之狄泉是也。

〔閶闔〕史記律書：閶闔風居西方。

〔銅雀臺〕文選陸機弔魏武帝文：魏武帝遺令曰：吾婕妤妓人皆著銅雀臺，於臺堂上施八尺牀，張繐帳，朝晡上脯糒之屬，月朝十五，輒向帳作伎，汝等時時登銅雀臺，望吾西陵墓田。

〔山公〕水經注沔水：又東入侍中襄陽侯習郁魚池，郁依范蠡養魚法，作大陂。陂長六十步，廣四十步。又作石洑，逗引大池水，於宅北作小魚池，池長七十步，廣二十步，西枕大道，東北二邊限以高堤，楸竹夾植，蓮芡覆水，是游宴之名處也。山季倫之鎮襄陽，每臨此池，未嘗不大醉而還，恒言此是我高陽池。故時人爲之歌曰：「山公出何去？往至高陽池。日暮倒載歸，酩酊無所知。」參見卷五襄陽曲第二首注。

〔竹林〕晉書卷四九嵇康傳：所與神交者惟陳留阮籍、河内山濤，豫其流者河内向秀、沛國劉伶、籍兄子咸、琅邪王戎，遂爲竹林之游。世所謂竹林七賢也。

〔蘭亭〕王云：何延之蘭亭始末記：蘭亭者，晉右將軍會稽内史瑯琊王羲之所書之序也。右軍聯綿美胄，蕭散名賢，雅好山水，尤善草隸。以晉穆帝永和九年暮春三月三日，宦游山陰，與太原孫統、孫綽、廣漢王彬之、陳郡謝安、高平郄曇、太原王藴、釋支遁并其子凝之、徽之、操之等四十有一人，修祓禊之禮於山陰之蘭亭。揮毫製序，興樂而書，用蠶繭紙，鼠鬚筆，遒媚勁健，絶代更無。凡二十八行，三百二十四字，字有重者，皆構别體，就中之字最多乃有二十許箇，變轉悉異，遂無同者。其時乃有神助。及醒後，他日更書數十百本，終無及者，右軍亦自珍愛寶重此書，留付子孫。

〔藍田〕太平寰宇記卷二六：藍田山在（藍田）縣西三十里，一名玉山，一名覆車山。

〔太白〕見卷二古風第五首及卷三胡無人注。

金鄉送韋八之西京

客自長安來，還歸長安去。狂風吹我心，西挂咸陽樹。此情不可道，此别何時遇？望望不見君，連山起烟霧。

【校】

〔狂風〕狂，兩宋本、繆本、王本俱注云：一作秋。

〔可道〕道，兩宋本、繆本、王本俱注云：一作論。

【注】

〔金鄉〕舊唐書地理志：河南道兖州金鄉：後漢縣，武德四年，於縣置金州。……貞觀十七年，州廢，以金鄉方輿屬兖州。

【評箋】

胡云：劉辰翁云：同是瞻望不及之意，能者自然。

送薛九被讒去魯

宋人不辨玉，魯賤東家丘。我笑薛夫子，胡爲兩地遊？黄金消衆口，白璧竟難投。梧桐生蒺藜，緑竹乏佳實。鳳凰宿誰家？遂與羣雞匹。田家養老馬，窮士歸其門。蛾眉笑躄者，賓客去平原。却斬美人首，三千還駿奔。毛公一挺劍，楚趙兩相存。孟嘗習狡兔，三窟賴馮諼。信陵奪兵符，爲用侯生言。春申一何愚，刎首爲李園。賢哉四公子，撫掌黄泉裏。借問笑何人，笑人不好士。爾去且勿諠，桃李竟何言。沙丘無漂母。誰肯飯王孫？

【校】

〔我笑薛〕兩宋本、繆本、王本俱注云：一作而我笑。

〔田家〕田，兩宋本、繆本、王本俱注云：一作方。

〔習狡兔〕習，兩宋本、繆本、王本俱注云：一作悦。蕭本、咸本、胡本俱作悦。

〔信陵〕以下二句，兩宋本、繆本、王本俱注云：一作朱生擊晉鄙，爲感信陵恩。

〔勿諠〕諠，兩宋本、繆本、王本俱注云：一作論。

〔桃李〕李，兩宋本、繆本俱作花。

【注】

〔宋人〕見卷二古風第五十首注。

〔東家丘〕王云：沈約辯聖論：當仲尼在世之時，世人不言爲聖人也，伐樹削跡，干七十君而不一值，或以爲東家丘，或以爲喪家犬。五臣文選注：魯人不識孔子聖人，乃曰彼東家丘者，吾知之矣。言輕孔子也。

〔黄金〕王云：國語：衆口鑠金。韋昭注：鑠，消也，衆口所毁，雖金石猶可消之也。太平御覽：風俗通曰：衆口鑠金，俗説有美金於此，衆人咸共詆訾，言其不純，賣金者欲其售，因取煅燒以見真，此爲衆口鑠金。

〔緑竹〕王云：鄭康成毛詩箋：鳳凰之性，非梧桐不棲，非竹實不食。

〔老馬〕見卷三天馬歌注。

〔蛾眉〕史記平原君列傳：平原君家樓臨民家，民家有躄者，盤散行汲。平原君美人居樓上，臨見大笑之。明日躄者至門請曰：「……臣不幸有罷癃之病，而君之後宫臨而笑臣，臣願得笑臣者頭。」平原君笑應曰：「諾。」躄者去，平原君笑曰：「豎子乃欲以一笑之故殺吾美人，不亦甚乎！」終不殺。居歲餘，賓客門下舍人引去者過半。平原君怪之曰：「勝所以待諸君者，未嘗敢失禮，而去者何多也？」門下一人前對曰：「以君之不殺笑躄者，以君爲愛色而賤士，士即去耳。」於是平原君斬笑躄者美人頭，自造門進躄者，因謝焉，門下乃復稍稍來。

〔駿奔〕詩周頌清廟：駿奔走在廟。鄭箋：駿，大也。疏：大者，多而疾來之意。

〔毛公〕史記平原君列傳：秦之圍邯鄲，趙使平原君求救，合從於楚，約與食客門下有勇力文武備具者二十人偕。……得十九人。……門下有毛遂者，前自贊於平原君曰：「……願君即以遂備員而行矣。」……平原君與楚合從，……日出而言之，日中不決。……毛遂按劍歷階而上，謂平原君曰：「從之利害，兩言而決耳。今日出而言從，日中不決，何也？」……楚王叱曰：「胡不下？吾乃與而君言，汝何爲者也？」毛遂按劍而前曰：「王之所以叱遂者，以楚國之衆也，今十步之内，王不得恃楚國之衆也。王之命懸於遂手，吾君在前，叱者何也？……今楚地方五千里，持戟百萬，此霸王之資也。以楚之强，天下弗能當，白起小豎子耳，率數萬之衆，興師以與楚戰，一戰而舉鄢、郢，再戰而燒夷陵，三戰而辱王之先人，此百世之怨，而趙之所羞，而王勿知惡焉，合從者爲楚，非爲趙也。」……楚王曰：「唯唯，誠若先生之言。謹奉社稷以從。」……毛遂謂楚王之左右曰：「取雞狗馬之血來。」毛遂奉銅盤而跪進之楚王，曰：「王當歃血而定從，次者吾君，次者遂。」遂定從於殿上。……楚使春申君將兵赴救趙。

〔三窟〕戰國策齊策：馮煖……爲（孟嘗君）收責於薛，……矯命以責賜諸民，因燒其券，……長驅到齊。……孟嘗君……見之曰：「責畢收乎？」曰：「收畢矣。」「以何市而反？」煖曰：「君云視吾家所寡有者，臣竊計……君家所寡有者以義耳。竊以爲君市義。」……孟嘗君不悦。……期年，……孟嘗君就國於薛，未至百里，民扶老攜幼迎君道中。孟嘗君顧謂馮煖：「先生所爲文市義者，乃今日見之。」馮煖曰：「狡兔有三窟，僅得免其死耳，今有一窟，未得高枕而卧也，請爲君復鑿二窟。」……西遊於梁，謂惠王曰：「齊放其大臣孟嘗君，諸侯先迎之者國富而兵強。」於是梁王……遣使者……聘孟嘗君。……梁使三反。……齊王聞之，……遣太傅謝孟嘗君曰：「寡人不祥，……開罪於君。寡人不足爲也，願君顧先王之宗廟，反國統萬人乎！」馮煖戒孟嘗君曰：「願請先王之祭器，立宗廟於薛。」廟成，還報孟嘗君曰：「三窟已就，君姑高枕爲樂矣。」孟嘗君爲相數十年無纖芥之禍者，馮煖之計也。

〔春申〕史記春申君列傳：李園……陰養死士，欲殺春申君以滅口，而國人頗有知之者。……

朱英謂春申君曰：「世有無望之福，又有無望之禍。今君處無望之世，事無望之主，安可以無無望之人乎？」春申君曰：「何謂無望之福？」曰：「君相楚二十餘年矣，雖名相國，實楚王也。今楚王病，旦暮且卒，卒而君相少主，因而代立當國，如伊尹周公，王長而反政，不即遂南面稱孤而有楚國，此所謂無望之福也。」春申君曰：「何謂無望之禍？」曰：「李園不治國而君之仇也，不爲兵而養死士之日久矣。楚王卒，李園必先入據權，而殺君以滅口，此所謂無望之禍也。」春申君曰：「何謂無望之人？」曰：「君置臣郎中，楚王卒，李園必先入，臣爲君殺李園，此所謂無望之人也。」春申君曰：「李園弱人也，僕又善之，且又何至此？」朱英知言不用，恐禍及身，乃亡去。後十七日，考烈王卒，李園果先入，伏死士於棘門之內，春申君入棘門，死士俠刺春申君，斬其頭，投之棘門外。

【評箋】

王云：「田家養老馬」以下十四句，蓋歷言古人好士之美而雜以「春申一何愚，刎首爲李園」，似非倫類。下文又接以「賢哉四公子」云云，譬之李家娘子纔入墨池，忽登雪嶺矣。太白斗酒百篇，信筆疾書，不無疵纇，然不應數句之間，黑白不分明至此，苟非缺文，則爲訛筆，蓋無疑矣。

按：王説非是。詩中引春申君事，以明春申君雖不用客之言，而客終有益於春申君。所賢者好士，不問其謀身之智與愚也。

單父東樓秋夜送族弟沈之秦

爾從咸陽來，問我何勞苦。沐猴而冠不足言，身騎土牛滯東魯。沈弟欲行凝弟留，孤飛一雁秦雲秋。坐來黄葉落四五，北斗已挂西城樓。絲桐感人絃亦絶，滿堂送客皆惜别。卷簾見月清興來，疑是山陰夜中雪。明日斗酒别，惆悵清路塵。遥望長安日，不見長安人。長安宫闕九天上，此地曾經爲近臣。一朝復一朝，髮白心不改。屈平憔悴滯江潭，亭伯流離放遼海。折翮翻飛隨轉蓬，聞弦虚墜下霜空。聖朝久棄青雲士，他日誰憐張長公？

【校】

〔題〕此下王本注云：一作西京，太白自注：時凝弟在席。兩宋本、繆本時凝弟在席五字爲大字，與題相連。蕭本注云：一作西京，時凝弟在席。

〔族弟沈〕沈，兩宋本、繆本、咸本俱作況。王本注云：繆本作況。

〔之秦〕秦，兩宋本、繆本俱注云：一作西京。

〔已挂〕已，兩宋本、繆本、王本俱注云：一作稍。

〔亦絶〕亦，兩宋本、繆本、王本俱注云：一作已。

〔送客〕客，蕭本作君。咸本注云：一本滿堂送客一句在絶字下。王本注云：蕭本作君。

〔折翮〕此句兩宋本、繆本、王本俱注云：一作翼短天長去不窮。咸本與一作同。

〔他日〕此句兩宋本、繆本、王本俱注云：一作誰肯相思張長公。

【注】

〔單父〕舊唐書地理志：河南道宋州單父：古邑，隋於縣置戴州。貞觀十七年，戴州廢，縣屬宋州。△單音善，父音甫。

〔沐猴〕王云：史記：説者曰：人言楚人沐猴而冠耳。張晏曰：沐猴，獼猴也。漢書：蓼太子以爲漢廷公卿列侯皆如沐猴而冠耳。言其雖著衣冠，但微似人形，無他才能也。

〔土牛〕見卷十二贈宣城趙太守悦詩注。

〔坐來〕張相詩詞曲語辭匯釋云：坐來猶云適纔或正當其時也。亦猶云登時或一時也。李白單父東樓秋夜送族弟沈之秦詩：「沈弟欲行凝弟留，孤雲一雁秦雲秋。坐來黄葉落四五，北斗已挂西城樓。」言其時適當黄葉初落也。

〔亭伯〕見卷十四宣州九日……詩注。

〔長公〕史記張釋之列傳：其子曰張摯，字長公，官至大夫免，以不能取容當世，故終身不仕。

【評箋】

今人詹鍈云：錢牧齋謂此詩爲白去朝後與杜甫偕遊梁宋時作，見杜甫寄李十二白二十韻詩注。王譜云：有「長安宮闕九天上，此地曾經爲近臣」，又曰：「屈平顦顇滯江潭，亭伯流離竄江海。」知是去朝後復歸東魯之作。

送族弟凝至晏堌單父三十里

雪滿原野白，戎裝出盤遊。揮鞭布獵騎，四顧登高丘。兔起馬足間，蒼鷹下平疇。喧呼相馳逐，取樂銷人憂。捨此戒禽荒，徵聲列齊謳。鳴雞發晏堌，别雁驚淶溝。西行有東音，寄與長河流。

【校】

〔題〕胡本題下注云：自注：單父三十里。

〔雪滿〕雪，咸本作霜，注云：一作雪。

〔徵聲〕徵，兩宋本、蕭本、咸本俱作微。王本從繆本，注云：蕭本作微。

【注】

〔淶溝〕王云：魏書：東平郡范縣有淶溝。山東通志：單縣東門外有淶河，源出汴水，晉時所開，北抵濟河，南通徐沛，元以後漸湮，惟下流入沛者僅存水道。

〔東音〕吕氏春秋：夏后氏孔甲作破斧之歌，實始爲東音。

【評箋】

蕭云：白此詩睠顧宗國之意深矣。

魯城北郭曲腰桑下送張子還嵩陽

送別枯桑下，凋葉落半空。我行懵道遠，爾獨知天風。誰念張仲蔚，還依嵩與蓬？何時一杯酒，更與李膺同？

【注】

〔枯桑〕文選古樂府：「枯桑知天風。」李善注：枯桑無枝，尚知天風。

〔懵〕説文云：懵，不明也。△懵音夢。

〔仲蔚〕高士傳：張仲蔚者，平陵人也，與同郡魏景卿俱修道德，隱身不仕。明天官博物，善屬文，好詩賦，常居窮素，所處蓬蒿没人，閉門養性，不治榮名，時人莫識，惟劉龔知之。三輔決録：張仲蔚，平陵人也，與同郡魏景卿俱隱身不仕，所居蓬蒿没人。

李白集校注卷十七

古近體詩四十四首

送魯郡劉長史遷弘農長史

魯國一杯水，難容横海鱗。仲尼且不敬，況乃尋常人。白玉换斗粟，黄金買尺薪。閉門木葉下，始覺秋非春。聞君向西遷，地即鼎湖鄰。寶鏡匣蒼蘚，丹經埋素塵。軒后上天時，攀龍遺小臣。及此皆惠愛，庶幾風化淳。魯縞如白烟，五縑不成束。臨行贈貧交，一尺重山岳。相國齊晏子，贈行不及言。託陰當樹李，忘憂當樹萱。他日見張禄，綈袍懷舊恩。

【校】

〔閉〕閉，兩宋本、繆本、咸本俱作閑。王本注云：繆本作閑。

〔遺小臣〕遺，兩宋本、繆本、咸本、王本俱注云：一作唯。

【注】

〔長史〕王云：魯郡即兗州，弘農郡即虢州，俱屬河南道，爲上州。上州刺史別駕之下有長史一人，從五品。

〔横海鱗〕王云：抱朴子：寸鮒遊牛跡之水，不貴横海之巨鱗。謝世基詩：「偉哉横海鱗，壯矣垂天翼。」

〔鼎湖〕見卷三飛龍引第二首注。

〔寶鏡〕王云：太平廣記：黄帝鑄十五鏡，其第一横徑一尺五寸，法滿月之數也。以其相差各校一寸。路史：黄帝范十有二鏡，六乳四獸，變異得以占焉。羅苹注：應十有二次，隨有得者，以占日蝕，刻分無差。

〔丹經〕抱朴子極言篇：黄帝……陟王屋而授丹經。

〔魯縞〕漢書卷五二韓安國傳：强弩之末，力不能入魯縞。顔師古注：縞，素也。曲阜之地俗善作之，尤爲輕細。故以取喻也。

〔五縑〕王云：説文：縑，并絲繒也。琦按二句相承而言，上句既用縞字，則下句不當又用縑字，疑縑乃兼字之譌也。六書故：二丈爲端，二端爲匹，爲兩爲兼，兼匹兩之義一也。今人猶以匹爲兼，是五兼者爲五匹歟！鄭玄周禮注：十箇爲束。又儀禮注：凡物十曰束。胡三省通鑑注：唐制，帛以十端爲束。今止五匹，故不成束也。

〔相國〕晏子春秋内篇：曾子將行，晏子送之曰：「君子贈人以軒，不若以言，吾請以言乎，以軒乎？」曾子曰：「請以言。」晏子曰：「……嬰聞之，君子居必擇居，游必就士。擇居所以求士，求士所以避患也。嬰聞汨常移質，習俗移性，不可不慎也。」

〔樹李〕見卷九贈徐安宜詩注。

〔樹萱〕王云：詩國風：焉得諼草，言樹之背。毛傳曰：諼草令人忘憂。徐勉萱草賦：惟平章之萱草，欲忘憂而樹之。上言長史以魯縞五匹見贈，下言己無所答而效晏子以言贈行。託陰當樹李二句，即所贈之言，蓋勉以樹人之義。李以喻人之有德能可以庇蔭者，萱以喻人之有才華可以欣賞者也。

〔綈袍〕史記范雎列傳：范雎既相秦，秦號曰張禄，而魏不知。……魏聞秦且東伐韓魏，魏使須賈於秦。范雎聞之，爲微行，敝衣間步之邸，見須賈，……須賈意哀之，留與坐飲食，曰：「范叔一寒如此哉！」乃取一綈袍以賜之。索隱曰：綈，厚繒也，音啼，蓋今之絁也。正義曰：今之麁袍。

送族弟單父主簿凝攝宋城主簿至郭南月橋却回棲霞山留飲贈之

吾家青萍劍，操割有餘閑。往來糾二邑，此去何時還？鞍馬月橋南，光輝岐路間。賢豪相追餞，却到棲霞山。羣花散芳園，斗酒開離顔。樂酣相顧起，征馬無由攀。

【注】

〔單父〕見卷十六單父東樓……詩注。

〔主簿凝〕按：卷十六有送族弟凝之滁求婚崔氏。又有單父東樓秋夜送族弟沈（況）之秦注云：時凝弟在席。又有送族弟凝至晏堌單父三十里，可參看。

〔宋城〕舊唐書地理志：河南道宋州宋城：郭下。治古睢陽城。

〔青萍〕劍名，見卷九鄴中王大勸入高鳳石門山幽居詩注。

〔操割〕用左傳子産事，見卷九贈徐安宜詩注。

魯郡東石門送杜二甫

醉别復幾日，登臨徧池臺。何時石門路，重有金樽開？秋波落泗水，海色明徂徠。飛蓬各自遠，且盡手中杯。

【校】

〔何時〕時，兩宋本、繆本、咸本俱作言。王本注云：繆本作言。

〔石門路〕路，兩宋本、繆本、王本俱注云：一作下。

〔手中〕手，兩宋本、繆本俱作林。王本注云：繆本作林。

【注】

〔石門〕王云：居易録：孔博士東塘言曲阜縣東北有石門山，即杜子美詩題張氏隱居所謂「春山無伴獨相求」，劉九法曹鄭瑕丘石門宴集所謂「秋水清無底」者，是也。李太白有石門送杜二甫詩：「何時石門路，更有金樽開？」亦其地。山麓今尚有張氏莊，相傳爲唐隱士張叔明舊居。張蓋與太白、孔巢父輩同隱徂徠，稱竹溪六逸者也。山不甚高大，石峽對峙如門，故名。中有石門寺。寺後曰涵峯，峯頂有泉，流入溪澗，往往成瀑布。

〔泗水〕王云：元和郡縣志：泗水源出兗州泗水縣東陪尾山。其源有四，四泉俱導，因以爲名。

一統志：泗水源發陪尾山，四泉並發，循泗水縣北八里始合爲一。西經曲阜縣，貫兖州府城下，至濟寧分流南北，南流入徐州境，北流入會通河。

〔徂徠〕王云：水經注：鄒山記曰：徂徠山在梁甫、奉高、博三縣界，猶有美松，亦曰尤來之山。一統志：徂徠山在泰安州東南四十里。上有紫原池、玲瓏山、獨秀峯、天平東西三寨。

【評箋】蕭云：杜工部嘗有詩贈太白曰：「何時一樽酒，重與細論文？」今觀此篇，豈一時酬答之詩邪！

今人詹鍈云：錢謙益少陵年譜：白有魯郡石門别杜二子美詩，或〔天寶〕四五載之秋也。居易録云……按其説是也，錢謙益於杜甫劉九法曹鄭瑕丘石門宴集詩下引水經注云，石門在臨邑縣，仇兆鰲又引新唐書地理志云在平陰縣，均誤。

魯郡堯祠送張十四遊河北

猛虎伏尺草，雖藏難蔽身。有如張公子，骯髒在風塵。豈無橫腰劍？屈彼淮陰人。擊筑向北燕，燕歌易水濱。歸來太山上，當與爾爲鄰。

【注】

〔河北〕王云：唐書地理志：河北道蓋古幽冀二州之境，有孟、懷、魏、博、相、衛、貝、澶、邢、洺、惠、鎮、冀、深、趙、滄、景、德、定、易、幽、涿、瀛、莫、平、嬀、檀、薊、營二十九州。

〔骫髒〕後漢書卷一一〇文苑傳：「伊優北堂上，骫髒倚門邊。」注：骫髒，高亢婞直之貌。

〔擊筑〕史記刺客列傳：太子及賓客知其事者，皆白衣冠以送之，至易水之上。既祖取道，高漸離擊筑，荆軻和而歌，爲變徵之聲。

杭州送裴大澤時赴廬州長史

西江天柱遠；東越海門深。去割辭親戀；行憂報國心。好風吹落日；流水引長吟。五月披裘者，應知不取金。

【校】

〔題〕兩宋本、繆本題下俱注云：吴中。又澤時，兩宋本、繆本俱作擇時。

〔辭親〕辭，蕭本、胡本俱作慈。王本注云：許本作慈。

【注】

〔杭州〕王云：唐時杭州餘杭郡屬江南東道，廬州廬江郡屬淮南道。

〔天柱〕王云：漢書：廬江郡灊縣天柱山在南。三國志：灊中有天柱山，高峻二十餘里，道險狹，步徑裁通。一統志：霍山在廬州府六安州西南九十里，一名衡山，一名天柱。漢武帝南巡至盛唐，以南岳衡山遠阻，乃移岳神於霍而祀焉。又名南岳山，山頂有天池、龍湫、風洞、岳井、試心崖、凌霄樹。

〔海門〕王云：咸淳臨安志：海門在仁和縣東北六十五里，有山曰赭山，與龕山對峙，潮生出其間。輟耕録：浙江之口有兩山焉，其南曰龕山，其北曰赭山，蓋峙於江海之會，謂之海門。參見卷十六送王屋山人魏萬還王屋詩注。

〔五月〕論衡書虚篇：傳書言延陵季子出遊，見路有遺金，當夏五月，有披裘而薪者，季子呼薪者曰：「取彼地金來。」采薪者投鐮於地，瞋目拂手而言曰：「何子居之高，視之下，儀貌之壯，語言之野也！吾當夏五月，披裘而薪，豈取金者哉！」季子謝之，請問姓字，薪者曰：「子皮相之士也，何足語姓名？」遂去不顧。

【評箋】

今人詹鍈云：詩云：「去割辭親戀，行憂報國心。」似亦禄山亂起後作。

灞陵行送别

送君灞陵亭，灞水流浩浩。上有無花之古樹，下有傷心之春草。我向秦人問路岐，云是王粲南登之古道。古道連綿走西京，紫闕落日浮雲生。正當今夕斷腸處，驪歌愁絶不忍聽。

【校】

〔題〕兩宋本、繆本題下俱注云：長安。

〔紫闕〕闕，兩宋本、繆本俱作關。胡本作關，注云：一作闕。王本注云：繆本作關。

〔驪歌〕蕭本作黄鸝。咸本、胡本俱注云：一作黄鸝。王本注云：蕭本作黄鸝。

【注】

〔灞陵〕王云：太平寰宇記：霸陵在咸陽縣東北二十五里。水經注：灞水歷白鹿原東，即霸川西故芷陽矣，是謂之霸上。漢文帝葬其上，謂之霸陵。上有四出道以瀉水，在長安東南三十里。故王仲宣賦詩云：「南登霸陵岸，迴首望長安。」王粲，字仲宣，以西京擾亂，乃之荆州依劉表，作七哀詩，即「南登灞陵岸，回首望長安」一首。

〔驪歌〕漢書卷八八王式傳：王式曰：聞之於師，客歌驪駒，主人歌客無庸歸。注：服虔曰：驪駒，逸詩篇名也，見大戴禮，客欲去歌之。方穎曰：其辭曰：驪駒在門，僕夫具存。驪駒在路，僕夫整駕也。

【評箋】

按：以下數首皆似在長安時酬酢之作。

送賀監歸四明應制

久辭榮禄遂初衣，曾向長生説息機。真訣自從茅氏得，恩波寧阻洞庭歸？瑶臺含霧星辰滿，仙嶠浮空島嶼微。借問欲棲珠樹鶴，何年却向帝城飛？

【校】

〔寧阻〕寧，蕭本作應。王本注云：蕭本作應。胡本注云：一作應許。

〔欲棲〕欲，兩宋本、繆本俱作候。王本注云：繆本作候。

【注】

〔賀監〕王云：册府元龜：賀知章爲祕書監，授銀青光禄大夫。天寶三載，因老疾恍惚不醒，若神游洞天三清上，數日方覺，遂有志入道。乃上疏請度爲道士，歸捨本鄉宅爲觀。玄宗許之，仍拜其子典設郎曾爲會稽郡司馬使侍養，御製詩以贈行。皇太子以下咸就執别。御製詩并序云：天寶三載，太子賓客賀知章鑒止足之分，抗歸老之疏，解組辭榮，志期入道。朕以其夙有微尚，年在遲暮，用循挂冠之事，俾遂赤松之游。正月五日，將歸會稽，遂餞東路，乃命六卿庶尹大夫供帳青門，寵行邁也。豈惟崇德尚齒，抑亦勵俗勸人。無令二疏，獨光漢册。乃賦詩贈行云：「遺榮期入道，辭老竟抽簪。豈不惜賢達？其如高尚心。環中得祕要，方外散幽襟。獨有青門餞，羣英帳别深。」又云：「筵開百壺餞，詔許二疏歸。仙記題金籙，朝章换羽衣。悄然承睿藻，行路滿光輝。」按詩紀載知章之歸越也，詔令供帳東門外，百僚祖餞於長樂坡，自李適以下作詩送之。今詩存者三十七首，太白其一也。按：本卷有送賀賓客歸越，卷二十三有對酒憶賀監二首及重憶一首，皆可參看。

〔初衣〕楚辭離騷：進不入以離尤兮，退將復修乎初服。製芰荷以爲衣兮，集芙蓉以爲裳。王逸注：初服，初始潔清之服也。

〔茅氏〕王云：太玄真人傳：茅盈仙去，與家人及親戚辭歸句曲，二弟聞之，棄官還家。漢元帝永光元年，渡江求兄於東山，遂與相見。兄曰：「卿已老矣，欲難可補，縱得真訣，適可成地上主者耳。」

〔洞庭〕王云：水經注：太湖中有大雷、小雷三山，亦謂之三山湖，又謂之洞庭湖。吴地記：揚州記曰：太湖一名震澤，一名洞庭。

〔珠樹〕見卷二古風第三十首注。

【評箋】

王闓運云：「借問欲棲珠樹鶴，何年却向帝城飛」，俗意能雅，無寒儉氣。（湘綺樓説詩）

吴瑞榮云：謫仙之目季真爲青蓮第一知己，故青蓮此詩倍覺淋漓痛快。按青蓮長律止七首，七首中前輩止推此首，此首又止推一結。今之易言七律者可鑒矣。（唐詩箋要）

送竇司馬貶宜春

天馬白銀鞍，親承明主歡。鬬雞金宮裏；射雁碧雲端。堂上羅中貴，歌鍾清夜闌。何言謫南國，拂劍坐長嘆？趙璧爲誰點；隨珠枉被彈。聖朝多雨露，莫厭此行難。

【校】

〔金宮〕宮，兩宋本、繆本、王本俱注云：一作闈。

〔羅中〕中，兩宋本、繆本俱作巾。王本注云：繆本作巾。

【注】

〔宜春〕王云：按唐時宜春郡即袁州也。隸江南西道爲上州。上州刺史長史之下有司馬一人，從五品。

〔趙璧〕王云：史記，趙惠文王時得楚和氏璧。陳子昂詩：「青蠅一相點，白璧遂成冤。」

〔隨珠〕搜神記：隨侯出行，見大蛇被傷中斷，疑其靈異，使人以藥封之，蛇乃能去。因號其處爲斷蛇丘。歲餘，蛇啣明珠以報之，珠盈徑寸，純白而夜有光明，如月之照，可以燭室，故謂之隋侯珠，亦曰靈蛇珠，又曰明月珠。

送羽林陶將軍

將軍出使擁樓船，江上旌旗拂紫烟。萬里横歌探虎穴；三杯拔劍舞龍泉。莫道詞人無膽氣，臨行將贈繞朝鞭。

【注】

〔羽林〕新唐書百官志：左右羽林軍大將軍各一人，正三品，將軍各三人，從三品，掌統北衙禁兵，督攝左右廂飛騎儀仗。

〔虎穴〕見卷十五留别于十一兄……詩注。

〔龍泉〕見卷十一在水軍宴贈幕府諸侍御詩注。

〔繞朝鞭〕見卷十二贈宣城宇文太守兼呈崔侍御詩注。

【評箋】

王云：唐仲言曰：此篇全是律體，疑龍泉下脱一聯。方弘静曰：此篇當是近體八句，而逸其五六也。今以爲古詩，或以爲六句律。琦按：六句近體唐人時有之，本於六朝人，或號爲小律。

送程劉二侍御兼獨孤判官赴安西幕府

安西幕府多才雄，喧喧唯道三數公。繡衣貂裘明積雪；飛書走檄如飄風。朝辭明主出紫宫，銀鞍送别金城空。天外飛霜下葱海，火旗雲馬生光彩。胡塞塵清計日歸，漢家草緑遥相待。

【校】

〔題〕侍御，蕭本作侍郎，誤。御下王本注云：蕭本作郎。

〔明積雪〕明，敦煌殘卷作照。

〔朝辭〕辭，咸本注云：一作隨。

〔出紫宫〕咸本注云：一作紫宫出。

〔銀鞍〕敦煌殘卷作瓊筵。

〔金城〕敦煌殘卷作金樽。

〔火旗〕火，咸本注云：一作大。

〔塵清計日歸〕蕭本作清塵幾日歸，咸本注云：一作功成幾日歸。王本注云：蕭本作清塵幾日歸。

【注】

〔幕府〕王云：按舊唐書封常清傳：開元末安西四鎮節度使夫蒙靈詧判官有劉眺、獨孤峻，蓋其人也。程則無考。通鑑唐紀：安西節度撫寧西域，統龜茲、焉耆、于闐、疏勒四鎮，治龜茲城，兵二萬四千。册府元龜：周禮六官六軍並有吏屬，大則命於朝廷，次則皆自辟除。春秋諸國有軍司馬尉候之職，而未有幕府之名。戰國之際，始謂將帥所治爲幕府。唐節度使之屬有副使一人，行軍司馬一人，判官二人，掌書記一人，參謀無員，隨軍四人，自是正爲幕府之職，皆奏請有出身人及六品以下正員官爲之。

〔飛書〕西京雜記：枚皐文章敏疾。……揚子雲曰：軍旅之際，戎馬之間，飛書馳檄用枚皐。

〔葱海〕王云：通典：安西郡西至疎勒鎮守使軍三千里，去葱嶺七百里。涼州異物志：葱嶺水分流東西，西入大海，東爲河源。

送姪良攜二妓赴會稽戲有此贈

攜妓東山去，春光半道催。遥看若桃李，雙入鏡中開。

【校】

〔若〕兩宋本、繆本、絶句俱作二。王本注云：繆本作二。

【注】

〔東山〕見卷十書情贈蔡舍人雄詩。

〔姪良〕按：卷二十有與從姪杭州刺史良遊天竺寺詩。據勞格讀書雜識杭州刺史考，以良爲開元間刺史。

【評箋】

葛立方云：李白送姪良攜二妓赴會稽云：「遥看二桃李，雙入鏡中開。」別河西劉少府云：「自有兩少妾，雙騎駿馬行。」以是知劉李二君皆不羈之士也。東坡作臨江仙有「細馬遠馱雙侍女，紅巾玉帶蠻靴」之語，其斯人之徒與。（韻語陽秋）

按：卷九早秋贈裴十七仲堪詩亦有「復攜兩少妾，豔色驚荷葩」，恐是詩人信口之語，非必爲實事。

送賀賓客歸越

鏡湖流水漾清波，狂客歸舟逸興多。山陰道士如相見，應寫黄庭換白鵝。

【校】

〔題〕敦煌殘卷題上有陰盤驛三字。

〔漾清波〕兩宋本、繆本俱注云：一作春始波。敦煌殘卷作春始波。王本漾清下注云：一作春始。

〔狂客〕英華作征客。

【注】

〔賓客〕王云：舊唐書：天寶二年十二月乙酉，太子賓客賀知章請度爲道士還鄉。三載正月庚子，遣左右相以下祖别賀知章於長樂坡，賦詩贈之。法書要録：賀知章字維摩，會稽永興人，太子洗馬德仁之孫。少以文辭知名，工草隸書，進士及第，歷官禮部侍郎，集賢學士，太子右庶子兼皇子侍讀，檢校工部侍郎，遷祕書監，太子賓客，慶王侍讀。知章性放善謔，晚年尤縱，無復規檢。年八十六，自號四明狂客。每興酣命筆，好書大字，或三百言，或五百言，詩筆惟命。問有幾紙，報十紙，紙盡語亦盡。二十紙、三十紙，紙盡語亦盡。忽有好處，與造化相争，非人工所可到也。天寶二年，以年老上表請入道，歸鄉里，特詔許之。重令入閣，儲皇以下拜辭，上親製詩序，令所司供帳，百僚餞送，賜詩叙别。知章表謝，手詔答曰：卿儒才舊業，德著老成，方欲乞言，以光東序，而乃高蹈世表，歸心妙門。雖雅意難違，良深耿嘆。眷言離祖，是用贈詩。宜保松喬，慎行李也。兒子輩常所執經，故令親别，尊師之義，何以謝爲？仍拜其子典設郎曾子（本傳無子字）爲朝散大夫本郡司馬，以伸侍養。通典：皇太子賓客四人，掌調護侍從規諫，凡太子有賓客之事，則爲上齒，蓋取象於四皓焉。

資位閑重，其流不雜。

〔白鵝〕王云：野客叢書：西清詩話曰：太白詩：「山陰道士如相見，應寫黄庭换白鵝。」按晉書：右軍寫道德經换道士鵝，非黄庭也，僕觀陶穀跋黄庭經曰：山陰道士劉君以鵝羣獻右軍，乞書黄庭經，此是也。穀亦謂黄庭得非承太白之誤乎？黄魯直詩：「爲君寫就黄庭了，不博山陰道士鵝。」梅聖俞詩：「道士難换黄庭經。」又曰：「黄庭换白鵝。」皆承此謬。或謂晉史但言道士鵝羣，不知穀何以知其爲道士劉君也。僕考晉帖，獻之有劉道士鵝羣亦復歸也，無乃據此乎？米元章書史：黄素黄庭經一卷，是六朝人書。陶穀跋云：山陰道士劉君以鵝羣獻右軍，乞書黄庭經，此即是也。晉史載爲寫道德經，當舉羣相贈，因李白詩送賀監云：「山陰道士如相見，應寫黄庭换白鵝。」世人遂以黄庭經爲换鵝經，甚可笑也。黄伯思東觀餘論：世傳黄庭真帖爲逸少書，僕嘗考之非也。按陶隱居真誥翼真撿論上清真經始末云：晉哀帝興寧二年南岳魏夫人所授弟子司徒公府長史楊君使作隸字寫出，以傳護軍長史許君及子上計掾，掾以付子黄民，民以傳孔默，後爲王興先竊寫之，始濟浙江，遇風淪漂，惟黄庭一篇得存，蓋此經也。僕按逸少以晉穆帝昇平五年卒，是年歲在辛酉，後二年歲在甲子，即哀帝興寧二年，始降黄庭於世，安得逸少預書之？又按梁虞龢論書表云：山陰曇礸村養鵝道士謂羲之曰：「久欲寫河上公老子，縑素早辦而無人能書。府君若能自屈書道德經兩章，便合羣以奉。」於是羲之便停半日，爲寫畢，攜鵝去。晉書本傳，亦著道士云爲寫道德經當舉羣相贈耳，初未嘗言寫黄庭也。以二書考之，則黄庭非逸少書無疑。然陶隱居與梁武帝啓云：逸少有名之蹟不過數首，黄庭、勸進、告誓等，不審猶有存否。蓋此啓在著真誥前，故未之考證耳。至唐張懷瓘作書估云：樂毅、黄庭但得幾篇，即爲國寶，遂誤以爲逸少書。李太白承之作詩，「山陰道士如相見，應寫黄庭換白鵝」，苟欲隨之耳，初未嘗考之。而韓退之第云「數紙尚可博白鵝」，而不云黄庭，豈非覺其謬與？王氏法書苑：伯思之論似若詳悉，以予考之，其説非也。蓋書黄庭經換鵝與書道德經換鵝自是兩事。伯思謂黄庭之傳在右軍死後，此最失於詳審也。道家有黄庭内景經、黄庭外景經及黄庭遁甲緣身經、黄庭玉軸經，世俗例稱爲黄庭經。内景經乃大道玉晨君所作，扶桑大帝君命暘谷神王傳魏夫人，凡三十六章，即真誥所言者。外景經三篇乃老君所作，即右軍所書者，與魏夫人所傳初不同。予家舊藏右軍所書外景經石刻一卷，凡六十行，末云：永和十三年五月二十五日在山陰縣寫。與小歐陽集古録目校之，與文忠所藏本同，則右軍之寫黄庭甚曉然，緣諸公考之未詳，故未免紛紜如此。伯思謂與梁武啓在著真誥之前，此又曲爲之辨也。予又嘗於道藏中得務成子注外景經一卷，有序云：晉有道士好黄庭之術，意專書寫，常求序人，聞王右軍精於草隸，而復愛白鵝，遂以數頭贈之，得其妙翰。右軍逸興自縱，未免脱漏，但美其書耳。張君房所進雲笈七籤亦載此序，此最爲的據也。蓋道德經是偶悦道士之鵝，因爲之寫，若黄庭是道士聞其善書，且喜鵝，故以是爲贈，以求其書。此是兩事，頗分明，緣俱以寫經得鵝，遂使後人指爲一事而妄起異論。唯李太白知其爲二事，故其書右軍一篇云：「右軍本清真，瀟洒出風塵。山陰過羽客，要此好鵝賓。掃素寫道經，筆精妙入神。書罷籠鵝去，何曾別主人？」此言書道德經得鵝也。送賀賓客歸越一篇云：「山陰道士如相見，應寫黄庭換白鵝。」此言書黄庭經得鵝也。太白於兩詩亦各言之，都未嘗誤，乃後人自誤也。又程文簡演繁露云：王羲之本傳以書换鵝者道德經也。文士用作黄庭，人皆以爲誤。張彦遠法書要録載褚遂良右軍書目正書第二卷有黄庭經六十行，與山陰道士。其時真蹟故在，既可以見，其爲黄庭無疑。又武平一徐氏法書記：親在禁中，見武后曝太宗時法書六十餘函，所記憶者，扇書樂毅、告誓、黄庭。又徐浩古蹟記：玄宗時，大王正書三卷，以黄庭爲第一，不聞道德經，則傳之所云却誤。程云晉書傳誤者，蓋未詳太白之詩，故不知爲二事也。琦按白氏六帖：右軍王羲之嘗見山陰道士有羣鵝求之，乃邀右軍書黄庭經以换，遂書之。太平御覽：何法盛晉中興書曰：山陰有道士養羣鵝，羲之意甚悦，道士云：爲寫黄庭經當舉羣相贈。乃爲寫訖，籠鵝而去。仙傳拾遺：山陰道士管霄霞籠紅鵝一雙遺羲之，請書黄庭經。太白所用，似非誤記，即謂仙傳拾遺或出於僞撰，白氏六帖所引，又不著本自何書，自當以晉書所載爲信。然太平御覽所引何法盛晉中興書則又晉史之先鞭也。豈亦不足信乎？夫一經也，或以爲黄庭，或以爲道德，一道士也，或以爲劉，或以爲管，一鵝也，或以爲舉羣，或以爲一雙，蓋所謂傳聞異辭之故。遐考一事兩傳者，載籍固多有也。乃取其一説而以訾其餘，或以爲太白之誤，或以爲晉書之誤，或以爲右軍换鵝本有二事，或以爲右軍初未嘗書黄庭經，皆失之執矣。又洪容齋四筆謂太白眼高四海，衝口成章，必不規規然檢閲晉史，看逸少傳，然後落筆。正使誤以道德爲黄庭，於理正自無害。夫詩之美劣，原不關乎用事之誤與否，然白璧微瑕，不能不受後人之指摘。若太白此詩則固未嘗有瑕者也。故歷引昔人之論而辯晰之，且以見考古者之不易也。按：吴曾辨誤録云：按本傳，逸少聞山陰道士好養鵝，往觀焉，非山陰道士訪逸少也。前詩不特誤使黄庭事，嘗疑以爲世俗所增。

【評箋】沈濤云：蔡絛西清詩話以李太白詩「山陰道士如相訪，爲寫黄庭博白鵝」爲誤，云逸少所寫乃道德經。能改齋漫録主其説，廣川書跋亦云，世疑黄庭經非羲之書，以傳考之，知嘗書道德經，不言寫黄庭也。濤案太平御覽職官部引何法盛晉中興書：山陰有道士養羣鵝，羲之意甚悦。道士云，爲寫黄庭經，當舉羣鵝相贈。乃爲寫訖，籠鵝而去。乃知太白用事不誤，後人少見多怪耳。（交翠軒筆記）

送張遥之壽陽幕府

壽陽信天險，天險横荆關。苻堅百萬衆，遥阻八公山。不假築長城，大賢在其間。戰夫若熊虎，破敵有餘閑。張子勇且英，少輕衛霍孱。投軀紫髯將，千里望風顔。勗爾効才略，功成衣錦還。

【校】

〔苻堅〕苻，郭本、王本俱誤作符，據兩宋本、繆本、蕭本改正。

【注】

〔壽陽〕王云：唐書地理志：淮南道有壽州壽春郡，中都督府，本淮南郡，天寶元年更名。琦按壽春之名本自戰國。史記楚世家：考烈王徙都壽春。正義曰：壽春在南壽州壽春縣是也。壽陽之名起自東晉。通典：東晉以鄭皇后諱改壽春曰壽陽，宜春曰宜陽，富春曰富陽，凡名春者悉改之。唐時名壽春而太白用壽陽，蓋襲用舊名耳。

〔幕府〕史記索隱：凡將軍謂之幕府者，蓋兵門合施帷帳，故稱幕府。崔浩曰：古者出征爲將帥，軍還則罷，理無常處，以幕帟爲府署，故曰幕府。

〔八公山〕太平寰宇記卷一二九：（壽陽）城臨淝水，北有八公山，山北即淮水，自東晉至今，常爲要害之地。

〔苻堅〕十六國春秋前秦録：（苻）堅遣征南大將軍陽平公融……下書曰：吴人敢恃江山，屢寇王境，宜時進討。……率步騎二十五萬，（號稱三十萬）爲前鋒。……堅發長安，戎卒六十餘萬，騎二十七萬，前後千里，旌鼓相望，（衆號百萬）……晉遣都督謝石……等，水陸七萬，相繼拒融。堅……望見八公山上草木，皆類人形，……顧謂融曰：「此亦勁敵，何謂少乎？」按：王注引十六國春秋，有號稱三十萬及衆號百萬二句，皆湯球輯録本所無，晉書及通鑑亦不載。

〔孱〕漢書卷三二張耳傳：吾王，孱王也。注：孟康曰：冀州人謂懦弱爲孱。△孱，士連切，音近殘。

〔紫髯〕見卷四司馬將軍歌注。

〔衣錦〕南史卷三八柳慶遠傳：出爲雍州刺史加都督，帝餞於新亭，謂曰：「卿衣錦還鄉，朕無西顧憂矣。」

【評箋】

按：詩意，必淮南已有軍事，故有破敵之語。詹氏繫此詩於天寶三載，恐非。

送裴十八圖南歸嵩山二首

何處可爲別？長安青綺門。胡姬招素手，延客醉金樽。臨當上馬時，我獨與君言。風吹芳蘭折，日没鳥雀喧。舉手指飛鴻，此情難具論。同歸無早晚，潁水有清源。

【校】

〔延客〕延，兩宋本、繆本、王本俱注云：一作留。

〔我獨〕獨，兩宋本、繆本、王本俱注云：一作因。

〔風吹〕吹，兩宋本、繆本、王本俱注云：一作驚。

【注】

〔青綺門〕見卷六相逢行詩注。

〔飛鴻〕王云：晉書：郭瑀隱於臨松薤谷，張天錫遣使者孟公明持節，以蒲車玄纁備禮徵之。公明至山，瑀指翔鴻以示之曰：「此鳥安可籠哉？」遂深逃絶迹。舉手指飛鴻，蓋用其事，以明己將去之意。

【評箋】

王夫之云：只寫送别事，託體高，著筆平，風驚芳蘭折以下即所與君言者也。寒山指裂石壁便去，豈有步後塵踪。（唐詩評選）

其二

君思潁水緑，忽復歸嵩岑。歸時莫洗耳，爲我洗其心。洗心得真情，洗耳徒買名。謝公終一起，相與濟蒼生。

【校】

〔買名〕買，咸本作賣，注云：一作買。

〔一起〕起，咸本作報，注云：一作起。

【注】

〔洗耳〕見卷二古風第二十四首注。

【評箋】

沈德潛云：言真能洗心，則出處皆宜，不專以忘世爲高也。借洗耳引洗心，無貶巢父意。（唐詩别裁）

同王昌齡送族弟襄歸桂陽二首

秦地見碧草，楚謡對清樽。把酒爾何思？鷓鴣啼南園。予欲羅浮隱，猶懷明主恩。躊躇紫宫戀，孤負滄洲言。終然無心雲，海上同飛翻。相期乃不淺，幽桂有芳根。

【校】

〔題〕兩宋本、繆本、王本俱注云：一作同王昌齡崔國輔送李舟歸郴州。

〔王昌齡〕按：卷十三有聞王昌齡左遷龍標遥有此寄，可參證。

【注】

〔桂陽〕舊唐書地理志：江南西道郴州：天寶元年改爲桂陽郡。

〔羅浮〕見卷八當塗趙炎少府粉圖山水歌及卷十五留别賈舍人至詩第一首注。

〔紫宫〕見卷二古風第二首注。

〔幽桂〕王云：吴均詩：「桂樹多芳根。」太白雖用其句，然詩意則用淮南招隱士「桂樹叢生山之幽」也。按：幽桂似暗指桂陽，别無深意。

其二

爾家何在瀟湘川，青莎白石長江邊。昨夢江花照江日，幾枝正發東窗前。覺來欲往心悠然，魂隨越鳥飛南天。秦雲連山海相接，桂水横烟不可涉。送君此去令人愁，風帆茫茫隔河洲。春潭瓊草緑可折，西寄長安明月樓。

【校】

〔江日〕日，蕭本作國。胡本作月。王本注云：蕭本作國。

【注】

〔瀟湘〕王云：瀟水出湖廣道州之九疑山，湘水出廣西桂林之海陽山，至永州城西而合流焉。自湖而南，二水所經之地甚廣，至長沙湘陰縣始達青草湖注洞庭，與岷江之流合。故湖之北漢沔是主，不得謂之瀟湘，若湖之南皆可以瀟湘名之。此詩送人歸桂陽，而言「爾家何在瀟湘川」，止是約略所近之地而言之耳。其實瀟湘之水在桂陽之下，不能逆流而經桂陽也。

〔青莎〕王云：楚辭：青莎雜樹兮薠草靃靡。按莎草有二：一是雀頭香，其葉似幽蘭而絶細，耐水旱，樂蔓延，雖拔心隕葉弗之能絶。今之香附子是也。一是夫須，可爲衣以禦雨，今謂之蓑衣。詩云：南山有臺。臺即此草是也。△莎音梭。

〔桂水〕王云：水經注：桂水出桂陽縣北界山，山壁高聳，三面特峻，石泉懸注瀑布而下。北徑南平縣，而東北流，屆鍾亭，右會鍾水，通爲桂水也。故應劭曰：桂水出桂陽東北入湘。按桂水出郴州桂東縣之小桂山，下流合於耒水，耒水至衡州府城北始與瀟湘合。

【評箋】

今人詹鍈云：〔詩題〕一作同王昌齡崔國輔送李舟歸郴州。文苑英華選録第一首題與前者同。按杜甫送李校書二十六韻云：「代北有豪鷹，生子毛盡赤。渥洼騏驥兒，尤異是虎脊。李舟名父子，清峻流輩伯。人間好少年，不必須白皙。十五富文史，十八足賓客。十九授校書，二十聲輝赫。衆中每一見，使我潛動魄。」老杜詩乾元元年作（詳見仇兆鰲杜少陵集詳注）。彼時李舟年方弱冠，而此詩第一首云：「秦地見碧草，楚謡對清尊，……予欲羅浮隱，猶懷明主恩。躊躇紫宫戀，孤負滄洲言。」當是本年春在翰林作，時李舟不過五六歲耳。當以文苑英華爲是。

按：據此二首知白與昌齡往還在長安。

送外甥鄭灌從軍三首

六博爭雄好彩來，金盤一擲萬人開。丈夫賭命報天子，當斬胡頭衣錦迴。

【注】

〔六博〕見卷六猛虎行注。

其二

丈八蛇矛出隴西，彎弧拂箭白猿啼。破胡必用龍韜策，積甲應將熊耳齊。

【注】

〔蛇矛〕晉書劉曜載記：（陳）安善於撫接，吉凶夷險，與衆同之。及其死，隴上歌之曰：「隴上壯士有陳安，……丈八蛇矛左右盤，十盪十決無當前。」

〔猿啼〕淮南子説山訓：楚王有白蝯，王自射之，則搏矢而熙。使養由基射之（王注引作項由基），始調弓矯矢，未發而蝯擁柱號矣。

〔積甲〕後漢書卷四二劉盆子傳：赤眉忽遇大軍，驚震不知所爲，乃遣劉恭乞降，……積兵甲宜陽城西，與熊耳山齊。

其三

月蝕西方破敵時，及瓜歸日未應遲。斬胡血變黄河水，梟首當懸白鵲旗。

【注】

〔白鵲旗〕王云：白鵲旗未詳。按：唐六典有白澤旗，鵲或即澤之誤。

〔及瓜〕左傳莊八年：齊侯使連稱管至父戍葵丘，瓜時而往，曰：及瓜而代。

送于十八應四子舉落第還嵩山

吾祖吹橐籥，天人信森羅。歸根復太素，羣動熙元和。炎炎四真人，摛辯若濤波。交流無時寂，楊墨日成科。夫子聞洛誦，誇才才故多。爲金好踴躍，久客方蹉跎。道可束賣之，五寶溢山河。勸君還嵩丘，開酌盼庭柯。三花如未落，乘興一來過。

【校】

〔束賣〕束，兩宋本、繆本俱作束。王本注云：繆本作束。

【注】

〔四子舉〕王云：通典：開元二十九年，始於京師置崇玄館，諸州置道舉生徒有差，謂之道舉。舉送課試與明經等。京都各百人，諸州無常員，習老、莊、文、列，謂之四子。蔭第與國子監同。唐會要：開元二十九年正月十五日，於玄元皇帝廟置崇玄學，令習道德經、莊子、文子、列子，待習成後，每年隨舉人例送名至省，准明經考試，通者准及第人處分。

〔吾祖〕楊云：吾祖，老子也。老子云：天地之間，其猶橐籥乎？

〔太素〕王云：列子：太素者，質之始也。白虎通：始起先有太初，後有太始，形兆既成，名曰太素。混沌相連，視之不見，聽之不聞。潛夫論：太素之時，元氣窈冥，形兆未成。淮南子：偃其聰明，抱其太素。

〔真人〕舊唐書玄宗紀：天寶元年，莊子號爲南華真人，文子號爲通玄真人，列子號爲沖虚真人，庚桑子號爲洞虚真人，其四子所著書改爲真經。

〔摛辯〕文選班固答賓戲：馳辯如濤波，摛藻如春華。注：韋昭曰：摛，布也。勑施切。

〔楊墨〕胡云：劉少彝云：楊墨疑作副墨。

〔洛誦〕莊子大宗師篇：副墨之子，聞諸洛誦之孫。陸德明音義：李云：副墨，可以副貳玄墨也，洛誦，誦通也，苞落無所不通也。崔云：皆古人姓名，或寓言耳，無其人也。

〔五寶〕未詳。

〔三花〕蕭云：三花聚頂，五氣朝元，道家脩養法也。三花落則死矣，三花未落，乘興來過，言有生之年，未死之日，猶有再會之期也。王云：初學記：漢世有道士從外國將貝多子來，於嵩高西脚下種之，有四樹，與衆木有異，一年三花，白色香異。

【評箋】

今人詹鍈云：王譜：按開元二十九年始立崇玄學，置生徒，令習老子、莊子、列子、文子，每年准明經例考試。天寶元年二月，號莊子爲南華真人，……太白有送于十八應四子舉落第還嵩山詩，中有「炎炎四真人」句，應爲是時以後之作。按于十八既是落第還嵩山，則送別之地當在京師。唐音癸籤卷十八詁箋三：舉場每歲開於二月，此詩之作蓋在天寶三載春間，太白供奉翰林時也。

送別

尋陽五溪水，沿洄直入巫山裏。勝境由來人共傳，君到南中自稱美。送君別有八月秋，颯颯蘆花復益愁。雲帆望遠不相見，日暮長江空自流。

【注】

〔沿洄〕楊云：江賦注：逆流而上曰泝洄，順流而下曰沿洄。

〔巫山裏〕蕭云：尋陽五溪水沿洄直入巫山裏者，詩意蓋謂由尋陽上五溪而入巫山也。巫山界于夔、峽二州之間，峽有青溪、赤溪、緑蘿溪、滄茫溪、姜詩溪爲峽之五溪，必知别者由九江徑之三峽而入巫山也。王云：琦按詩句，五溪當在尋陽，然無所考據，按一統志：五溪水在池州青陽縣西二十里，源出九華山。五溪：龍溪、池溪、漂溪、雙溪、瀾溪。合流北入大江。尋陽或是青陽之誤未可知。楊氏以武陵之五溪，蕭氏以巫峽之五溪當之，恐皆非是。

送族弟綰從軍安西

漢家兵馬乘北風，鼓行而西破犬戎。爾隨漢將出門去，剪虜若草收奇功。君王按劍望邊色，旄頭已落胡天空。匈奴繫頸數應盡，明年應入蒲桃宮。

【校】

〔題〕敦煌殘卷此首題作送族弟琯赴安西作。詩第三句作爾揮白刃出門去，第七八句作當令匈奴百萬衆，明年歸入蒲桃宫。

〔綰〕兩宋本、繆本、王本俱注云：一作琯。

〔而西〕而，兩宋本、繆本、王本俱注云：一作向。

〔隨漢將〕兩宋本、繆本、王本俱注云：一作揮長劍。

〔邊色〕色，胡本注云：一作邑。

〔應入〕應，兩宋本、繆本、王本俱注云：一作驅。

【注】

〔綰〕今人詹鍈云：按新唐書宰相世系表：綰，吏部郎中，出隴西李氏姑臧房。（按新書作琯，不作綰，據郎官題名考爲吏部郎中。）

〔安西〕王云：通典：安西都護府本龜兹國也。大唐明（顯）慶中置。東接焉耆，西連疏勒，南鄰吐蕃，北拒突厥。

〔鼓行〕漢書卷三一項羽傳：我鼓行而西，必舉秦矣。顔注：鼓行，謂擊鼓而行，無畏懼也。

〔犬戎〕國語周語：穆王將征犬戎。韋昭注：犬戎，西戎之别名，在荒服。

〔繫頸〕漢書卷四八賈誼傳：陛下何不試以臣爲屬國之官，以主匈奴，行臣之計，請必繫單于之頸而制其命。

〔蒲桃宫〕三輔黄圖：蒲桃宫在上林苑西，漢哀帝元壽三年，單于來朝，以太歲厭勝所在舍之。

即此宫也。

送梁公昌從信安王北征

入幕推英選，捐書事遠戎。高談百戰術，鬱作萬夫雄。起舞蓮花劍，行歌明月宫。將飛天地陣，兵出塞垣通。祖席留丹景，征麾拂綵虹。旋應獻凱入，麟閣佇深功。

【校】

〔題〕信安下，蕭本、胡本、咸本俱無王字。王本注云：蕭本缺王字。

【注】

〔北征〕舊唐書玄宗紀：開元二十年，以禮部尚書信安王禕率兵討契丹。

〔蓮花劍〕王云：漢書音義：晉灼曰：古長劍首，以玉作井鹿盧形，上刻木作山，形如蓮花初生未敷時。吴均詩：「玉鞭蓮花劍。」

〔天地陣〕太平御覽卷三〇一六韜曰：武王問太公曰：「凡用兵爲天陣，……地陣，奈何？」太公曰：「日月星辰斗杓一左一右，一迎一背，謂之天陣。丘陵水泉，亦有左右前後之利，此謂地陣。」

〔丹景〕楊云：丹景，日也。

〔麟閣〕見卷四司馬將軍歌注。

【評箋】

按：高適集中有信安王幕府詩，序云：開元二十年，國家有事林胡，詔禮部尚書信安王總戎大舉，時考功郎中王公、司勳郎中劉公、主客郎中魏公、侍御史李公、監察御史崔公咸在幕府，梁名未見，蓋尚未列於幕僚也。又儲光羲集中亦有詩題云：貽鼓吹李丞，時信安王北伐，李公，王之所器者也。以上皆其時幕僚之可考者。

送白利從金吾董將軍西征

西羌延國討，白起佐軍威。劍決浮雲氣，弓彎明月輝。馬行邊草緑，旌卷曙霜飛。抗手凛相顧，寒風生鐵衣。

【校】

〔題〕兩宋本、繆本題下俱注云：長安。

〔旌〕胡本注云：一作旗。

【注】

〔金吾〕新唐書百官志：左右金吾衛上將軍各一人，大將軍各一人，將軍各二人。

〔西羌〕王云：後漢書：西羌之本出自三苗，姜姓之别也。其國近南岳。及舜流四凶，徙之三危，河、關之西南羌地是也。濱於賜支，至於河首，綿地千里，南接蜀漢徼外蠻夷，西北鄯善、車師諸國。所居無常，依隨水草，地少五穀，以産牧爲業。唐時則槩指吐蕃爲西羌。

送張秀才從軍

六駮食猛武，恥從駑馬羣。一朝長鳴去，矯若龍行雲。壯士懷遠略，志存解世紛。周粟猶不顧，齊珪安肯分？抱劍辭高堂，將投霍冠軍。長策掃河洛，寧親歸汝墳。當令千古後，麟閣著奇勳。

【校】

〔武〕蕭本作虎。按唐人避諱，虎皆作武，作虎者後人所改。

〔霍〕宋乙本、咸本、蕭本俱作崔。王本注云：蕭本作崔。

【注】

〔張秀才〕按：卷十八送張秀才謁高中丞詩序云：秀才張孟熊藴滅胡之策，當即此人。國史補：進士通稱謂之秀才。

〔六駮〕王云：詩國風：隰有六駮。毛萇傳：駮如馬，鋸牙食虎豹。孔穎達正義：釋畜云：駮如馬，鋸牙食虎豹。郭璞引山海經云：有獸名駮，如白馬，黑尾，鋸牙，音如鼓，食虎豹。然則此獸名駮而已。言六駮者，王肅曰：言六據所見而言也。北史：張華原爲兗州刺史。先是州境數有猛獸爲暴，自華原臨政，州東北七十里甑山中忽有六駮食猛獸，咸以爲化感所致。

〔汝墳〕王云：詩國風：遵彼汝墳。鄭康成周禮注：水涯曰墳。汝墳謂汝水之涯也。後漢書郡國志：汝陰本胡國。注曰：詩所謂汝墳也。又應奉傳贊：二應克聰，亦表汝墳。蓋凡汝水之濆皆可謂之汝墳矣。

【評箋】

王云：此詩當作於禄山寇陷洛陽之後。

今人詹鍈云：詩云：「抱劍辭高堂，將投霍冠軍。長策掃河洛，寧親歸汝墳。」楊齊賢曰：時禄山、思明據洛陽。按張秀才當即前詩（送張秀才謁高中丞）序中所稱之張孟熊，而霍冠軍蓋指高適。此詩疑與上首（送張秀才謁高中丞）爲同時之作。

送崔度還吴度故人禮部員外國輔之子

幽燕沙雪地，萬里盡黄雲。朝吹歸秋雁，南飛日幾羣。中有孤鳳雛，哀鳴九天聞。我乃重此鳥，綵章五色分。胡爲雜凡禽，雛鶩輕賤君。舉手捧爾足，疾心若火焚。拂羽淚滿面，送之吴江濆。去影忽不見，躊躇日將曛。

【校】

〔題〕兩宋本、繆本題下俱注云：幽燕。

〔國輔〕蕭本作輔國。王本注云：蕭本作輔國，誤。

〔朝吹〕朝，胡本作朔，似是。

【注】

〔國輔〕王云：唐書藝文志：崔國輔應縣令舉，投許昌令、集賢直學士、禮部員外郎，坐王鉷近親，貶竟陵郡司馬。唐詩（刻本誤作唐書，今改。）品彙：崔國輔，吴郡人。按：新書世系表，崔氏清河青州房，海、沂等州司馬惟怦子國輔，禮部員外郎。英華卷九二三李軫泗州刺史李君神道碑：今夫人清河崔氏，弟國輔秀才擢第，制舉登科，歷補闕、起居、禮部員外郎。

又按：孟浩然有宿永嘉江寄山陰崔少府國輔詩云：「我行窮水國，君使入京華。」當在李白與崔相識之前。

【評箋】

今人詹鍈云：王譜天寶十一載下附考云：是年四月，御史大夫王鉷賜死，禮部員外郎崔國輔以鉷近親，貶竟陵郡司馬。白有送崔度還吴，度故人禮部員外國輔之子云云，乃是年以後之作。按詩云：「幽燕沙雪地，萬里盡黄雲。朝吹歸秋雁，南飛日幾羣。」當是本年（天寶十一載）十月間，太白初至幽燕時作。

送祝八之江東賦得浣紗石

西施越溪女，明豔光雲海。未入吴王宫殿時，浣紗古石今猶在。桃李新開映古查，菖蒲猶短出平沙。昔時紅粉照流水，今日青苔覆落花。君去西秦適東越，碧山清江幾超忽。若到天涯思故人，浣紗石上窺明月。

【校】

〔題〕兩宋本、繆本題下俱注云：峽西。

〔未入〕未，兩宋本、繆本、王本俱注云：一作來。

〔古石〕兩宋本、繆本、王本俱注云：一作石古。

〔古查〕古，兩宋本、繆本、王本俱注云：一作杳。

〔出平沙〕出，英華作未。咸本亦作未，注云：一作出。

【注】

〔浣紗石〕王云：太平御覽：孔曄會稽記曰：勾踐索美女以獻吴王，得諸暨苧羅山賣薪女西施鄭旦，先教習於土城山，山邊有石，云是西施浣紗石。太平寰宇記：諸暨縣有苧羅山，上下有石跡，云是西施浣紗之所，浣紗石猶在。

〔查〕王云：廣韻：查，水中浮木也。

〔超忽〕文選王屮頭陀寺碑：東望平皐，千里超忽。呂向注：超忽，遠貌。

送侯十一

朱亥已擊晉，侯嬴尚隱身。時無魏公子，豈貴抱關人？余亦不火食，遊梁同在陳。空餘湛盧劍，贈爾託交親。

【校】

〔題〕兩宋本、繆本題下俱注云：梁宋。

〔遊梁〕咸本作絶糧。

【注】

〔湛盧劍〕吴越春秋：楚昭王卧而寤，得吴王湛盧之劍於牀，昭王不知其故。乃召風胡子而問曰：「寡人卧覺而得寶劍，不知其名，是何劍也？」風胡子曰：「此謂湛盧之劍，……五金之英，太陽之精，寄氣託靈，出之有神，服之有威，可以折衝拒敵。然人君有逆理之謀，其劍即出，故去無道，以就有道。今吳王無道，殺君謀楚，故湛盧入楚。」

魯中送二從弟赴舉之西京

魯客向西笑，君門若夢中。霜凋逐臣髮，日憶明光宮。復羨二龍去，才華冠世雄。平衢騁高足；逸翰凌長風。舞袖拂秋月；歌筵聞早鴻。送君日千里，良會何由同？

【校】

〔題〕兩宋本、繆本俱注云：再至魯中，一作送族弟錞。王本注云：一作送族弟錞。

【注】

〔族弟錞〕今人詹鍈云：按趙郡李氏東祖房系之後有名錞者三人。

〔明光宮〕王云：雍録：漢有明光宮三：一在北宮，與長樂宮相連者。武帝太初四年起，即王商之所指借欲以避暑者也。別有明光宮在甘泉宮中，亦武帝所起，發燕、趙美女三千人充之。至尚書郎主作文書起草，更直於建禮門内，則近明光殿矣。建禮門内得神仙門，神仙門内得明光殿。省中皆胡粉塗壁，以丹漆地，謂之丹墀。尚書郎握蘭含雞舌香奏事，此明光殿，約其方向必在未央正宮殿中。不與北宮甘泉設爲奇玩者比。則臣下奏事之地也。

琦按：太白所用正指明光殿，而借用宫字以趁韻耳。

〔二龍〕世説賞譽篇：謝子微見許子將兄弟，曰：「平輿之淵有二龍焉。」

【評箋】

今人詹鍈云：當是去朝以後，秋季於魯中作。二從弟或指幼成、令問，或指凝與洌。

奉餞高尊師如貴道士傳道籙畢歸北海

道隱不可見，靈書藏洞天。吾師四萬劫，歷世遞相傳。别杖留青竹，行歌躡紫烟。離心無遠近，長在玉京懸。

【校】

〔題〕兩宋本、繆本此下俱注云：齊州。

【注】

〔高尊師如貴〕見卷十訪道安陵遇蓋寰爲予造真籙臨别留贈詩注。

〔道籙〕見卷十訪道安陵遇蓋寰爲予造真籙臨别留贈詩注。

〔北海〕舊唐書地理志：河南道青州：天寶元年改青州爲北海郡。

〔道隱〕王云：老子：道隱無名。河上公注：道潛隱，使人無能指名也。莊子：道不可聞，聞而非也，道不可見，見而非也。

〔青竹〕後漢書卷一一二費長房傳：……長房遂欲得道，而顧家人爲憂，翁乃斷一青竹，度與長房身齊，使懸之舍後，家人見之，即長房形也，以爲縊死。……長房辭歸，翁與一竹杖，曰：「騎此任所之，則自至矣，既至可以杖投葛陂中也。」

【評箋】

今人詹鍈云：按太白就高尊師受道籙確在何時，史無明文。李陽冰草堂集序云：天子知其不可留，乃賜金歸之，遂就從祖陳留採訪大使彦允，請北海高天師授道籙於齊州紫極宫。知受道籙事，蓋在出關後未久。唐會要卷四一：天寶五載七月二十三日，河南道採訪使張倚奏：諸州府今後應緣春秋二時私社，望請不得宰殺，如犯者請科違勅罪，從之。河南採訪使駐陳留郡，故亦得稱陳留採訪大使。據此，李彦允之爲河南採訪使似應在天寶五載以前。太白集兼有夏秋及嚴冬在梁宋一帶所賦詩。少陵先生年譜會箋云：白至齊州於紫極宫從高天師受道籙，疑在歸兖以前，天寶三載秋冬之際。

金陵送張十一再遊東吴

張翰黄花句，風流五百年。誰人今繼作？夫子世稱賢。再動遊吴棹，還浮入海船。春光白門柳，霞色赤城天。去國難爲别，思歸各未旋。空餘賈生淚，相顧共悽然。

【校】

〔題〕兩宋本、繆本題下俱注云：金陵。

〔十一〕咸本無一字。

【注】

〔張翰〕王云：張翰詩：「青條若總翠，黄花如散金。」

〔白門〕王云：胡三省通鑑注：白門，建康城西門也。西方色白，故以爲稱。古楊叛曲：「暫出白門前，楊柳可藏鴉。」

〔赤城〕見卷七同族弟金城尉叔卿燭照山水壁畫歌注。

【評箋】

宋長白云：張季鷹雜詩：「暮春和氣應，白日照園林。青條若總翠，黄花如散金。」文旨未爲高麗，而太白送張十一遊東吴詩曰：「張翰黄花句，風流五百年。誰人今繼作？夫子世稱賢。」以供奉仙才，而傾倒至此，殊足爲步兵長價也。（柳亭詩話）

送紀秀才遊越

海水不滿眼，觀濤難稱心。即知蓬萊石，却是巨鼇簪。送爾遊華頂，令余發舄吟。仙人居射的，道士住山陰。禹穴尋溪入，雲門隔嶺深。緑蘿秋月夜，相憶在鳴琴。

【注】

〔巨鰲〕見卷四登高丘而望遠海詩注。

〔華頂〕明一統志卷四七：華頂峯在天台縣東北六十里，周圍百餘里，高萬丈，絶頂東望滄海，俗稱望海尖，草木薰郁，都非人世，下有積雪。

〔射的〕王云：藝文類聚：孔曄會稽記曰：縣東南十八里有射的山，遠望的的有如射候，故謂之射的。射的之西有石室，可方二丈，謂之射室。傳云羽客之所遊憩，土人常以此占穀食貴賤。射的明則米賤，暗則貴。諺曰：射的白，斛一百。射的玄，斛一千。又云：孔靈符會稽山記曰：射的山西南水中有白鶴，常爲仙人取箭，曾刮壤尋索，遂成此山也。按：嘉泰會稽志卷九：射的山在（會稽）縣南一十五里。

〔禹穴〕王云：方輿勝覽：禹穴在紹興府龍瑞宫之側。東萊云：大石中斷成罅，殊不古。殆非司馬子長所探也。輟耕録：會稽陽明洞天在秦望山後禹廟之西南，云即古禹穴，越之勝境也。諸峯環聳，鬱盤空曲。施宿會稽志：會稽山與委宛相接，宛委山即禹穴，號陽明洞天。按舊經引吴越春秋：東南天柱號委宛，乃禹藏書處，在會稽山南三里，則宛委别一山也。參見卷二十四越中秋懷詩注。

〔雲門〕施宿會稽志卷九：雲門山在會稽縣南三十里。舊經云：晉義熙二年，中書令王子敬居此，有五色雲見，詔建寺，號雲門。山有謝敷宅、何公井、好泉亭、王子敬山亭、永禪師臨書閣。

送長沙陳太守二首

長沙陳太守，逸氣凌青松。英主賜五馬，本是天池龍。湘水迴九曲；衡山望五峯。榮君按節去，不及遠相從。

【校】

〔五馬〕五，兩宋本、繆本俱作玉。王本注云：繆本作玉。

〔不及〕及，兩宋本、繆本俱作得。王本注云：一作得。

【注】

〔五馬〕見卷六子夜吴歌第二首及卷十一博平鄭太守……詩注。

〔九曲〕水經注湘水：衡山東南二面，臨映湘川，自長沙至此，江湘七百里中有九背，故漁者歌曰：帆隨湘轉，望衡九面。

〔五峯〕王云：通鑑地理通釋：衡岳在潭州衡山縣西三十里，衡州衡陽縣北七十里。有五峯，曰紫蓋、天柱、芙蓉、石廩、祝融。

〔按節〕史記司馬相如列傳：案節未舒。索隱：郭璞曰：言頓轡也。司馬彪云：按轡而行得節，故曰按節。漢書同傳顔師古注：案節猶弭節也。

【評箋】

今人詹鍈云：詩云：「英主賜五馬，本是天池龍。……」疑亦供奉翰林時作。

按：五馬正指陳爲太守，非白自謂，詹氏似誤會詩意。

其二

七郡長沙國，南連湘水濱。定王垂舞袖，地窄不迴身。莫小二千石，當安遠俗人。洞庭鄉路遠，遥羨錦衣春。

【校】

〔定王〕定，胡本作吴，注云：吴，今本作定。按：此用漢書長沙定王傳，不應作吴。

【注】

〔七郡〕王云：按唐時潭州長沙郡、衡州衡陽郡、永州零陵郡、連州連山郡、道州江華郡、郴州桂陽郡、邵州邵陽郡，此七郡者，在秦、漢時皆長沙故地。

〔定王〕見卷十五感時留別……詩注。

送楊燕之東魯

關西楊伯起，漢日舊稱賢。四代三公族，清風播人天。夫子華陰居，開門對玉蓮。何事歷衡霍，雲帆今始還。君坐稍解顔，爲我歌此篇。我固侯門士，謬登聖主筵。一辭金華殿，蹭蹬長江邊。二子魯門東，别來已經年。因君此中去，不覺淚如泉。

【校】

〔三公〕三，王本注云：一作五。宋乙本作五。

〔爲我〕我，兩宋本、繆本、王本俱注云：一作君。

〔我固〕此句咸本注云：一作此我後門士。

〔如泉〕此句下咸本注云：一本無此二句。

【注】

〔四代〕王云：後漢書：楊震，字伯起，弘農華陰人。少好學，明經博覽，無不窮究，諸儒謂之語曰：關西孔子楊伯起。永寧元年，代劉愷爲司徒。延光三年，代劉愷爲太尉。震子秉，延熹五年代劉矩爲太尉。秉子賜，熹平二年代唐珍爲司空，五年代袁隗爲司徒，光和五年拜太尉。賜子彪，中平六年代董卓爲司空，其冬，代黄琬爲司徒。興平元年代朱儁爲太尉。自震至彪，四世太尉，德業相繼，與袁氏俱爲東京名族云。三公舊本或有作五公者，楊注以三公爲是。琦按：後漢書：諸袁事漢，四世五公。陳子昂梓州司馬楊君神道碑：迨震、秉、彪、賜四代五公，光烈昭於漢室，盛德充於海内。李頎詩：漢家名臣楊德祖，四代五公享茅土。五公，謂太傅、太尉、司徒、司空、大將軍也。楊氏四世但爲三公，未有登太傅大將軍之位。不知諸書何以言之。然其語則有所本，未可以爲誤也。

〔玉蓮〕王云：太平寰宇記：華州華陰縣，以在太華山之陰故名之。華山有蓮花峯，以形似蓮花故名。玉蓮蓋指此。或謂指玉女、蓮花二峯而言。或謂華山記云：山頂有池，生千葉蓮花，服之羽化。昌黎詩所謂「太華峯頭玉井蓮，花開十丈藕如船」，玉蓮似指玉井蓮也。

〔衡霍〕王云：太平寰宇記：霍山一名衡山，一名天柱山，在壽州六安縣南五里。爾雅：霍山爲南岳，注云：即天柱也。漢武帝以衡山遼遠，讖緯皆以霍山爲南岳，故祭其神於此，今其土俗皆呼南岳大山。黄庭内景玉經曰：霍山下有洞房二百里，司命君之府也。有西北、東南二門，其中有五香芝飛華金瓶之實，神瞻靈瓜，食之者至玄。

〔金華殿〕三輔黄圖：未央宫有金華殿。

【評箋】

今人詹鍈云：詩云：「……二子魯門東，别來已經年。」按白於天寶五載冬去魯南下，則此詩當是天寶六七載間作，二子蓋指伯禽與女平陽而言。又詩中問楊燕云：「何事歷衡霍，雲帆今始還。」蓋二人相遇之地即在衡霍附近之江邊，故太白作此問也。

送蔡山人

我本不棄世，世人自棄我。一乘無倪舟，八極縱遠柂。燕客期躍馬，唐生安敢譏？採珠勿驚龍，大道可暗歸。故山有松月，遲爾翫清暉。

【注】

〔蔡山人〕按：卷二十七有早春於江夏送蔡十還家雲夢序，當即其人。

〔柂〕王云：郭璞江賦：淩波縱柂。釋名：船，其尾曰柂。柂，拖也，後見拖曳也，且弼正船，使順流不使他戾也。玉篇：柂，正船木也，設於船尾，與舵同，一作柂。△柂，徒可切。

〔唐生〕史記范雎蔡澤列傳：蔡澤者，燕人也。游學干諸侯小大甚衆，不遇而從唐舉相……曰：「若臣者何如？」唐舉熟視而笑曰：「先生曷鼻巨肩魋顏蹙齃膝攣，吾聞聖人不相，殆先生乎！」蔡澤知唐舉戲之，乃曰：「富貴吾所自有，吾所不知者壽也。願聞之。」唐舉曰：「先生之壽，從今以往者四十三歲。」蔡澤笑謝而去，謂其御者曰：「吾持粱刺齒肥，躍馬疾驅，懷黃金之印，結紫綬於腰，揖讓人主之前，食肉富貴，四十三年足矣。」

〔採珠〕見卷九贈丹陽橫山周處士惟長詩注。

送蕭三十一之魯中兼問稚子伯禽

六月南風吹白沙，吴牛喘月氣成霞。水國鬱蒸不可處，時炎道遠無行車。夫子如何涉江路？雲帆嫋嫋金陵去。高堂倚門望伯魚，魯中正是趨庭處。我家寄在沙丘旁，三年不歸空斷腸。君行既識伯禽子，應駕小車騎白羊。

【校】

〔鬱〕兩宋本、繆本、王本俱注云：一作歊。

【注】

〔白沙〕晉書五行志：元康中，京洛童謡曰：「南風起，吹白沙，遥望魯國何嵯峨？千歲髑髏生齒牙。」

〔吴牛〕王云：埤雅：風俗通曰：吴牛望月而喘，言使之苦於日，故見月而喘。蓋傷禽驚於虚弦，疲牛望月而喘，物之憚怯見似而驚有如此者。參見卷六丁都護歌注。

〔倚門〕戰國策齊策：王孫賈年十五，事閔王，王出走，失王之處，其母曰：「汝朝出而晚來，則吾倚門而望。」

〔伯魚〕家語本姓解：（伯）魚之生也，魯昭公以鯉魚賜孔子，榮君之貺，故因名鯉而字伯魚。

〔沙丘〕見卷十三沙丘城下寄杜甫詩注。

〔白羊〕世説容止篇注：（衞玠）韶齔時，乘白羊車於洛陽市上，咸曰誰家璧人。

送楊山人歸嵩山

我有萬古宅，嵩陽玉女峯。長留一片月，挂在東溪松。爾去掇仙草，菖蒲花紫茸。歲晚或相訪，青天騎白龍。

【校】

〔爾去〕以下二句，兩宋本、繆本、蕭本、王本俱注云：一作君行到此峯，餐霞駐衰容。胡本注云：送君行到此，餐霞駐衰容。

〔楊山人〕按：卷九有駕去温泉宮後贈楊山人，當即其人，或即由長安歸山。

【注】

〔玉女峯〕王云：登封縣志：太室二十四峯，有玉女峯，峯北有石如女子，上有大篆七字，人莫能識。

〔菖蒲〕王云：神仙傳：嵩山石上菖蒲一寸九節，服之長生。抱朴子：菖蒲須得生石上，一寸九節以上，紫花者尤善。謝靈運詩：「新蒲含紫茸。」李善注：倉頡篇曰：茸，草貌，然此茸謂蒲花也。　參見卷二十五嵩山採菖蒲者注。

〔白龍〕王云：廣博物志：瞿武，後漢人也。七歲絶粒，服黄精紫芝，入峨眉山，天竺真人授以真訣，乘白龍而去。

【評箋】

今人詹鍈云：按高常侍集有送楊山人歸嵩陽詩，疑與此首俱爲本年（天寶四載）遊梁宋時作。

送殷淑三首

海水不可解，連江夜爲潮。俄然浦嶼闊，岸去酒船遥。惜别耐取醉，鳴榔且長謡。天明爾當去，應有便風飄。

【校】

〔有便〕蕭本作便有。　王本注同。

【注】

〔殷淑〕王云：顔真卿元静先生廣陵李君碑：真卿與先生門人中林子殷淑、遺名子韋渠牟嘗接采真之游，緒聞含一之德云云，是即此人也。　按：卷十四有三山望金陵寄殷淑詩，卷十八又有五松山送殷淑詩，可見二人交誼之切。又卷八之酬殷明佐見贈五雲裘歌，及卷二十二之夜泊黄山聞殷十四吴吟，亦疑皆一人。

〔鳴榔〕王云：潘岳西征賦：鳴榔厲響。李善注：説文云：榔，高木也，以長木叩船爲聲，所以驚魚，令入網也。一説：榔，船板也，船行則響，謂之鳴榔。駱賓王詩：「鳴榔下貴洲」，沈佺期詩：「鳴榔曉帳前」，是也。若太白此篇送客非觀漁，停舟飲酒非挂帆長行，所謂鳴榔者，當是擊船以爲歌聲之節，猶叩舷而歌之義。

其二

白鷺洲前月，天明送客迴；青龍山後日，早出海雲來。流水無情去，征帆逐吹開。相看不忍別，更進手中杯。

【注】

〔白鷺洲〕王云：六朝事跡：白鷺洲，圖經云：在城西南八里，周迴十五里，對江寧之新林浦。景定建康志：青龍山在城東南三十五里，周迴二十里，高九十丈。又溧陽縣界别有青龍山。

其三

痛飲龍筇下，燈青月復寒。醉歌驚白鷺，半夜起沙灘。

【注】

〔龍筇〕未詳。

送岑徵君歸鳴皋山

岑公相門子，雅望歸安石。奕世皆夔龍，中台竟三拆。至人達機兆，高揖九州伯。奈何天地間，而作隱淪客。貴道能全真，潛輝卧幽鄰。探元入窅默，觀化遊無垠。光武有天下，嚴陵爲故人。雖登洛陽殿，不屈巢由身。余亦謝明主，今稱偃蹇臣。登高覽萬古，思與廣成鄰。蹈海寧受賞？還山非問津。西來一揺扇，共拂元規塵。

【校】

〔竟三拆〕竟，兩宋本、繆本、蕭本、王本俱注云：一作有。咸本作有。

〔能全真〕能，兩宋本、繆本俱作皆，注云：一作能。蕭本、王本俱注云：一作皆。

〔幽鄰〕鄰，兩宋本、繆本、咸本、王本俱注云：一作鱗。

〔偃蹇〕蹇，咸本作仰，注云：一作蹇。

〔西來〕兩宋本、繆本、王本俱注云：一作終期。

【注】

〔岑徵君〕岑勛。見卷七鳴皐歌送岑徵君詩注。

〔鳴皐山〕王云：唐書地理志，河南府陸渾縣有鳴皐山。

〔三拆〕王云：琦按岑參感舊賦序云：國家六葉，吾門三相矣。江陵公爲中書令，輔太宗。鄧國公爲文昌右相，輔高宗。汝南公爲侍中，輔睿宗。相承寵光，繼出輔弼。逮乎武后臨朝，鄧國公由是得罪。先天中，汝南公又得罪。朱輪翠轂如夢中矣。按唐書：岑文本，鄧州棘陽人。祖善方，後梁吏部尚書，父之象，隋邯鄲令。貞觀中，文本歷官中書令，封江陵縣子。從子長倩，永淳中累官兵部侍郎、同中書門下平章事。垂拱中，拜文昌右相，封鄧國公。爲來俊臣所誣陷，斬於市。文本孫羲，累官至同中書門下三品。景雲間，進侍中，封南陽郡公。羲兄獻，爲國子司業，弟仲翔，陜州刺史，仲休商州刺史，兄弟子姪在清要者數十人。羲嘆曰：「物極則反，可以懼矣。」然不能抑退，坐豫太平公主謀，誅，籍其家。

〔元規〕晉書卷六五王導傳：時（庾）亮雖居外鎮，而執朝廷之權。既據上流，擁強兵，趣向者多歸之。導内不能平，常遇西風塵起，舉扇自蔽，徐曰：「元規塵污人。」

〔窅默〕王云：莊子：至道之精，窈窈冥冥，至道之極，昏昏默默。△窅音杳。

〔無垠〕王云：淮南子：上游於霄霓之野，下出於無垠之門。高誘注：無垠，無形狀之貌。

〔偃蹇臣〕王云：袁宏後漢紀：伏見太原周黨，使者三聘乃肯就車，陛下親見諸庭，黨伏而不謁，偃蹇自高，逡巡求退。後漢書：偃蹇反俗。章懷太子注：偃蹇，驕傲也。

送范山人歸太山

魯客抱白鶴，别余往太山。初行若片雪，杳在青崖間。高高至天門，日觀近可攀。雲生望不及，此去何時還。

【校】

〔白鶴〕鶴，兩宋本、繆本、咸本、胡本俱作雞，注云：一作鶴。英華作鶴。王本注云：一作雞。

〔片雪〕雪，兩宋本、繆本、胡本、王本俱注云：一作雲。蕭本注云：一作雪。

〔日觀〕兩宋本、繆本、胡本俱作海日，注云：一作日觀。咸本作海日。蕭本、王本俱注云：一作海日。

〔雲生〕生，咸本、蕭本俱作山。王本注云：蕭本作山。

【注】

〔范山人〕按：卷二十有尋魯城北范居士……，疑即此人。

〔太山〕王云：地里今釋：泰山在今山東濟南府泰安州北五里。

〔白雞〕抱朴子仙藥篇：欲求芝草，入名山，……帶靈寶符，牽白犬，抱白雞，以白鹽一斗及開山符檄著大石上。

〔日觀〕王云：後漢書祭祀志：馬第伯封禪儀記曰：是朝上泰山，至中觀，去平地二十里。南向極望無不覩，仰望天關，如從谷底仰觀抗峯。其爲高也如視浮雲，其峻也石壁窅窱，如無道徑。遥望其人，端如行朽兀，或如白石，或如雪，久之白者移過樹，乃知是人也。初學記：太山記云：盤道屈曲而上，凡五十餘盤，經小天門、大天門，仰視天門，如從穴中視天窗矣。自下至古封禪處，凡四十里。山頂西巖爲仙人石閭，東巖爲介丘，東南巖名日觀。日觀者，雞一鳴時見日始欲出，長三丈所。參見卷二十遊太山詩第四首注。

李白集校注卷十八

古近體詩三十五首

送韓侍御之廣德

昔日繡衣何足榮？今宵貰酒與君傾。暫就東山賒月色，酣歌一夜送泉明。

【校】

〔題〕兩宋本、繆本、咸本廣德下俱多一令字。王本注云：繆本德字下多一令字。

〔韓侍御〕按：卷十九有至陵陽山登天柱石酬韓侍御見招隱黃山，卷二十五有金陵聽韓侍御吹笛等篇，當是一人。

【注】

〔廣德〕舊唐書地理志：江南西道宣州廣德：漢故溧縣。

〔繡衣〕漢書百官公卿表：侍御史有繡衣直指。顔注：衣以繡者，尊寵之也。

〔貰酒〕王云：漢書高帝紀：嘗從王媪武負貰酒。顔師古注：貰，賒也。陶淵明嘗爲彭澤令，故用之以擬韓侍御也。

〔泉明〕王云：野客叢書：海録碎事謂：淵明一字泉明。李白詩多用之，不知稱淵明爲泉明者，蓋避唐高祖諱耳。猶楊淵之稱楊泉，非一字泉明也。齊東野語：高祖諱淵，淵字盡改爲泉。楊升菴曰：今人改泉明爲泉聲，可笑。

【評箋】

今人詹鍈云：詩云：「暫就東山賒月色，酣歌一夜送泉明。」東山當指謝安東山，詩則於金陵作也。王譜於至德二載下附考云：舊唐書：至德二年九月，改宣州綏安縣爲廣德縣，以縣界廣德故城爲名。白有送韓侍御之廣德詩，爲是年以後之作。按白自尋陽出獄後，至流夜郎之前，未嘗一至金陵，此詩之作當在白流夜郎歸後復遊金陵時。又此詩繆本題作送韓侍御之廣德令，太白集有至陵陽山登天柱石酬韓侍御見招隱黄山詩，知太白之廣德，乃欲作歸隱之計，非韓往任縣令，後人蓋據「酣歌一夜到（送）泉明」句妄增，不知此句乃以淵明喻韓侍御之將歸隱，非以縣令稱之也。

白雲歌送友人

楚山秦山多白雲，白雲處處長隨君。君今還入楚山裏，雲亦隨君渡湘水。水上女蘿衣白雲，早卧早行君早起。

【評箋】

蕭云：此詩已見七卷，特首尾數語不同，而此則尾語差拙，恐是初本未經改定者，今兩存之。

按：胡本附注在白雲歌送劉十六歸山詩後，云：小有異同，并附于此。

送通禪師還南陵隱静寺

我聞隱静寺，山水多奇蹤。巖種朗公橘，門深杯渡松。道人制猛虎，振錫還孤峯。他日南陵下，相期谷口逢。

【注】

〔隱静寺〕王云：太平府志：隱静寺在繁昌縣東南二十里隱静山，一名五峯寺。山有碧霄、桂月、鳴磬、紫氣、行道五峯，寺當五峯之會。巑岏拱合，林木幽奇，古澗委折，殷雷轟地。相傳寺爲杯渡禪師所建，飛錫定基，江神送木，現諸神異。寺外有十里松徑，傳云禪師手植。或曰：距寺二里許有雙松對峙，勢若虬龍者，即師手澤。又嘗取新羅五葉松種寺西，迄今尚存。舊誌又言寺有朗公橘，杯渡所攜頻伽鳥一雙，皆晉、宋遺跡。又有木米鹽醬等池，言創寺時諸物皆從此出云。舊額云：江東第二禪林。按繁昌縣南唐時析南陵分置，在唐時尚屬南陵。按：輿地紀勝卷一八：隱静山在繁昌縣東南七十里，乃杯渡建道場之所，爲普惠寺。山有五峯，碧霄峯泉出其下，中有魚金鬣。桂月峯乃杯渡經行之地，有桂樹，每月夜宴坐其下，坐石今在。鳴磬峯當杯渡時，每至秋夕，自然有磬聲。猿巖多棲猿狖，噴雲泉在寺北，通海寺在寺東。

〔杯渡〕楊云：傳燈録：婺州有木陳，從朗禪師劉宋時杯渡者，不知姓名，常乘木杯渡水。惠忠禪師居禪祚寺，有供僧穀兩廩，盜若窺，虎即守之。縣令張遜至山頂，謁問師有何徒弟，師曰：有三五人。遜曰：「如何得見？」師敲禪牀，有三虎哮吼而出，遜驚怖而退。

〔道人〕釋氏要覽：智度論云：得道者名爲道人，餘出家未得道者亦名道人。

〔猛虎〕法苑珠林卷九九：後梁南襄陽景空寺釋法聰……所坐繩牀兩邊各有一虎，王（晉安王）不敢進，聰乃以手按頭著地，閉其兩目。

〔振錫〕王云：沈約法王寺碑：振錫經行，祇林宴坐。錫，釋家所執錫杖，一名德杖，一名智杖，有金環繞之，作錫錫聲，行時以節步趨者。

【評箋】

今人詹鍈云：詩云：「他日南陵下，相期谷口逢。」蓋是時太白方至宣城，尚未遊南陵也。

送友人

青山横北郭，白水遶東城。此地一爲别，孤蓬萬里征。浮雲遊子意，落日故人情。揮手自兹去，蕭蕭班馬鳴。

【注】

〔浮雲〕王云：浮雲一往而無定跡，故以比游子之意。落日銜山而不遽去，故以比故人之情。

〔馬鳴〕王云：詩小雅：蕭蕭馬鳴。左傳：有班馬之聲。杜預注：班，别也。主客之馬將分道而蕭蕭長鳴，亦若有離羣之感。畜猶如此，人何以堪？

送别

斗酒渭城邊，壚頭醉不眠。梨花千樹雪，楊葉萬條烟。惜别傾壺酯，臨分贈馬鞭。看君潁上去，新月到應圓。

【校】

〔到應〕應，兩宋本、繆本俱作家。王本注云：繆本作家。

【注】

〔渭城〕王云：水經注：長安，故咸陽也。漢高帝更名新城。武帝元鼎三年别爲渭城，在長安西北渭水之陽。史記正義：括地志云：咸陽故城亦名渭城，在雍州北五里，今咸陽縣東十五里。太平寰宇記：故渭城在今縣東北二十二里渭水北，即秦之杜郵。其城周八里。秦自孝公至始皇皆都於此城。武帝元鼎三年，更名渭城，後漢省併，地入長安，故此城存。

〔壚頭〕漢書卷五七司馬相如傳：迺令文君當盧。注：郭璞曰：盧，酒盧。師古曰：賣酒之處累土爲盧，以居酒瓮，四邊隆起，其一面高，形如鍛盧，故名盧耳。而俗之學者皆謂當盧爲對温酒火盧，失其義矣。補注：先謙曰：盧，史記作鑪。集解引韋昭曰：鑪，酒肆也。以土爲墮，邊高似鑪，與顔説同，字當作壚，通作鑪，盧則省文也。本書趙廣漢傳注：盧所以居罌。食貨志下注：盧者，賣酒之區也。與此義並合。食貨志注又引臣瓚曰：盧，酒瓮也，即顔所謂温酒火盧矣。

〔潁上〕王云：河南道潁州汝陰郡有潁上縣。太平寰宇記：潁上縣，以地枕潁水上游爲名。

【評箋】

王云：滄浪詩話：太白詩「斗酒渭城邊，壚頭醉不眠」，乃岑參之詩誤編入。琦按：文苑英華亦以此詩爲岑參作，題云送楊子，岑集亦載之。按：本集本卷即有送別一詩同爲五律。兩相對勘，即知此篇風格近岑而不近李，誠可定爲誤收也。詩人玉屑亦有「岑參之詩誤入公集」語。

江上送女道士褚三清遊南岳

吴江女道士，頭戴蓮花巾。霓衣不濕雨，特異陽臺雲。足下遠遊履，淩波生素塵。尋仙向南岳，應見魏夫人。

【校】

〔題〕英華題上無江上二字。

〔霓衣〕衣，兩宋本、繆本、胡本俱作裳。王本注云：繆本作裳。

〔陽臺雲〕雲，兩宋本、繆本俱作神。王本注云：繆本作神。

〔尋仙〕咸本、蕭本俱作倦尋。王本注云：蕭本作倦尋。

【注】

〔蓮花巾〕太平御覽卷六七五登真隱訣曰：太玄上丹霞（王引作靈）玉女又戴紫華芙蓉巾。

〔淩波〕文選曹植洛神賦：踐遠游之文履，曳霧綃之輕裾。……淩波微步，羅襪生塵。吕向

注：遠遊，履名，步於水波之上，如生塵也。

〔魏夫人〕太平廣記卷五八南岳魏夫人傳：魏夫人者，任城人也。晉司徒劇陽文康公舒之女，名華存，字賢安。幼而好道，静默恭謹，……志慕神仙，味真耽玄，欲求冲舉，……吐納氣液，攝生夷静。凡住世八十三年，以晉成帝咸和九年，歲在甲午，……太乙玄仙遺飇車來迎，夫人乃託劍化形而去。……位爲紫虚元君領上真司命南岳夫人，比秩仙公，使治天台大霍山洞臺中主下訓奉道教授當爲仙者，男曰真人，女曰元君。

【評箋】

今人詹鍈云：起句云「吴江女道士……」，疑送别之地當去金陵不遠。

送友人入蜀

見説蠶叢路，崎嶇不易行。山從人面起，雲傍馬頭生。芳樹籠秦棧，春流遶蜀城。升沉應已定，不必問君平。

【校】

〔問〕兩宋本、繆本俱作訪。王本注云：繆本作訪。

【注】

〔蠶叢〕見卷三蜀道難注。

〔秦棧〕王云：史記：去輒燒絶棧道。索隱曰：棧道，閣道也，音士諫反，包愷音士版反。崔浩云：險絶之處，傍鑿山巖而施板梁爲閣。琦按：入蜀之道，山路懸險，不容坦行，架木而度，名曰棧道。以其自秦入蜀之道，故曰秦棧。

〔君平〕漢書卷七二王貢兩龔鮑傳：蜀有嚴君平，……君平卜筮於成都市，以爲卜筮者賤業，而可以惠衆，……各因勢導之以善，從吾言者已過半矣。裁日閲數人，得百錢足自養，則閉肆下簾而讀老子。

【評箋】

王云：徐而庵曰：山從二句，是承上崎嶇不易行五字，勿作好景看。

唐宋詩醇云：此五律正宗也。李夢陽曰：疊景者意必工，闊大者筆必細，極得詩家微旨。此詩頷聯承接次句，語意奇險，五六則穠纖矣。頷聯極言蜀道之難，五六又見風景可樂，以慰征夫，此兩意也。一結翻案，更饒勝致。

送趙雲卿

白玉一杯酒；緑楊三月時。春風餘幾日，兩鬢各成絲。秉燭唯須飲；投竿也未遲。如逢渭川獵，猶可帝王師。

【評箋】

王云：此篇與十二卷内贈錢徵君少陽詩無一字差異，蓋編者重入未删。

按：胡本在贈錢徵君少陽詩下注云：一作送趙雲卿。

送李青歸華陽川

伯陽仙家子，容色如青春。日月祕靈洞，雲霞辭世人。化心養精魄，隱几窅天真。莫作千年别，歸來城郭新。

【校】

〔歸華陽川〕蕭本、咸本俱作南葉陽川。

〔莫作〕英華作莫非，誤。

【注】

〔華陽川〕王云：胡三省通鑑注：華陽川在虢州華陽山南。雍勝略：華陽水在漢中府褒城縣西二十五里，源出牛頭山，南流與漢水合。蕭本作南葉陽川，誤。

〔伯陽〕史記老莊申韓列傳：老子者，……姓李氏，名耳，字伯陽。

〔隱几〕莊子齊物論篇：南郭子綦隱几而坐。陸德明音義：隱，憑也。

〔城郭〕搜神後記：丁令威本遼東人，學道於靈虛山，後化鶴歸遼，集城門華表柱，時有少年舉弓欲射之，鶴乃飛，徘徊空中而言曰：「有鳥有鳥丁令威，去家千年今始歸。城郭如故人民非，何不學仙冢纍纍？」

送舍弟

吾家白額駒，遠別臨東道。他日相思一夢君，應得池塘生春草。

【校】

〔白額〕額，郭本、王本俱注云：一作馬。

【注】

〔白額駒〕王云：魏志：曹休間行北歸，見太祖，太祖謂左右曰：「此吾家千里駒也。」「吾家白額駒」，即吾家千里駒之意，而改用李氏事耳。晉書：武昭王諱暠，字玄盛，姓李氏，漢前將軍廣之十六世孫也。嘗與太史令郭黁及其同母弟宋繇同宿，黁起謂繇曰：「君當位極人臣，李君有國土之分，家有騧草馬生白額駒，此其時也。」吕光末，京兆段業自稱涼州牧，以燉煌太守孟敏爲沙州刺史，署玄盛效穀令，敏尋卒，護軍郭謙等以玄盛溫毅有惠政，推爲燉煌太守，玄盛初難之，宗繇言於玄盛曰：「君忘郭黁之言耶？白額駒今生矣。」玄盛乃從之。

〔春草〕見卷十一贈從弟南平太守之遥詩第一首注。

【評箋】

按：白不聞有母弟，此蓋從弟，集中從弟甚多，不知誰指也。

送别

水色南天遠，舟行若在虚。遷人發佳興，吾子訪閑居。日落看歸鳥，潭澄羡躍魚。聖朝思賈誼，應降紫泥書。

【校】

〔題〕兩宋本、繆本、蕭本、胡本、王本題下俱注云：得書字。

〔羡〕兩宋本、繆本俱作憐，注云：一作羡。蕭本、胡本、王本俱注云：一作憐。

【注】

〔紫泥〕見卷七玉壺吟注。

送鞠十少府

試發清秋興，因爲吴會吟。碧雲斂海色，流水折江心。我有延陵劍，君無陸賈金。艱難此爲别；惆悵一何深！

【注】

〔延陵〕見卷十二陳情贈友人詩注。

〔陸賈〕漢書卷二三陸賈傳：有五男，迺出所使越橐中裝，賣千金分其子，子二百金，令爲生産。

送張秀才謁高中丞 并序

余時繫尋陽獄中，正讀留侯傳，秀才張孟熊藴滅胡之策，將之廣陵謁高中丞。余喜子房之風，感激於斯人，因作是詩以送之。

秦帝淪玉鏡；留侯降氛氲。感激黄石老；經過倉海君。壯士揮金槌，報讎六國聞。智勇冠終古，蕭陳難與羣。兩龍争鬭時，天地動風雲。酒酣舞長劍，倉卒解漢紛。宇宙初倒懸，鴻溝勢將分。英謀信奇絶，夫子揚清芬。胡月入紫微，三光亂天文。高公鎮淮海，談笑却妖氛。採爾幕中畫，戡難光殊勳。我無燕霜感，玉石俱燒焚。但灑一行淚，臨岐竟何云？

【校】

〔題〕兩宋本、繆本有序下注云：尋陽。

〔孟熊〕咸本注云：一本無孟熊二字。

〔喜〕英華作嘉，注云：一作希。咸本亦注云：一作希。

〔秦帝〕此句兩宋本、繆本、蕭本、王本俱注云：一作六雄滅金虎。

〔倉海君〕倉，各本俱誤作滄，今改正。

〔六國〕國，兩宋本、繆本俱作合。王本注云：繆本作合。

〔争鬭〕鬭，咸本作輝，注云：一作鬭。

〔酒酣〕兩宋本、繆本、蕭本、王本俱注云：一作縱横。

〔鴻溝〕鴻，兩宋本、繆本、咸本俱作洪。王本注云：繆本作洪。

〔清芬〕此句下兩宋本、繆本、蕭本、王本俱注云：一作夫子稱卓絶，超然繼清芬。

〔胡月〕胡，咸本注云：一作古。

〔却妖氛〕却，兩宋本、繆本、咸本俱作廓。此句下咸本注云：一本無此二句。王本注云：繆本作廓。

〔燕霜〕燕，咸本作烟。

【注】

〔張秀才〕按：卷十七有送張秀才從軍，語意頗同，似即一人。

〔留侯傳〕王云：史記世家第二十五爲留侯世家，曰留侯傳，蓋變稱也。

〔高中丞〕舊唐書卷一一一高適傳：高適者，渤海蓨人也。……負氣敢言，……上皇以諸王分鎮，適切諫不可，……及是永王叛，肅宗聞其論諫有素，召而謀之。適因陳江東利害，永王必敗。上奇其對，以適兼御史大夫、揚州大都督府長史、淮南節度使，詔與江東節度來瑱率本部兵平江淮之亂。會於安州，師將渡而永王敗，……適喜言王霸大略，務功名，尚節義，逢時多難，以安危爲己任，然言過其實，爲大臣所輕。

〔玉鏡〕太平御覽卷七一七尚書帝命期曰：桀失其玉鏡，用之噬虎。鄭注：玉鏡謂清明之道。參見卷十二獻從叔當塗宰陽冰注。

〔倉海君〕王云：史記留侯世家：留侯張良者，其先韓人也。秦滅韓，良悉以家財求客刺秦王，爲韓報仇。以大父父五世相韓故。良嘗學禮淮陽，東見倉海君，得力士，爲鐵椎重百二十斤，秦皇帝東遊，良與客狙擊秦皇帝博浪沙，誤中副車。秦皇帝大怒，大索天下，求賊甚急。良乃更姓名亡匿下邳。漢書音義：倉海君，晉灼曰：海神也。如淳曰：秦郡縣無倉海，或曰東夷君長也。顔師古曰：二説並非，蓋當時賢者之號也。琦按：史記漢書載博浪沙事並云鐵椎，惟水經注云：張良爲韓報仇於秦，以金椎擊秦始皇不中，中其副車。駱賓王詩：「金椎許報韓」，蓋出於此。

〔智勇〕漢書張良傳贊：聞張良之智勇，以爲其貌魁梧奇偉，反若婦人女子。

〔兩龍〕史記彭越列傳：兩龍方鬭，且待之。

〔戡難〕王云：廣韻：戡，勝也，克也。△戡音堪。

〔燕霜〕太平御覽卷一四淮南子曰：鄒衍事燕惠王盡忠，左右譖之，王繫之獄（王引無此字），仰天而哭，夏五月天爲之降霜。按：文選江淹詣建平王上書注引此文與王氏所引同。

【評箋】今人詹鍈云：按適有還京次睢陽祭張巡許遠文，内云：維乾元元年五月日，太子詹事御史中丞高適……。則適本官御史中丞，舊書謂兼御史大夫，微誤。

尋陽送弟昌峒鄱陽司馬作

桑落洲渚連，滄江無雲烟。尋陽非剡水，忽見子猷船。飄然欲相近，來遲杳若仙。人乘海上月；帆落湖中天。一覩無二諾，朝歡更勝昨。爾則吾惠連，吾非爾康樂。朱紱白銀章，上官佐鄱陽。松門拂中道；石鏡迴清光。摇扇及干越，水亭風氣涼。與爾期此亭，期在秋月滿。時過或未來，兩鄉心已斷。吴山對楚岸，彭蠡當中州。相思定如此，有窮盡年愁。

【校】

〔昌峒〕兩宋本、繆本俱作昌岠。王本注云：繆本作岠。今人詹鍈云：當以昌岠爲是，大鄭王亮之六世孫昌岠爲辰錦觀察使。

〔飄然〕兩宋本、繆本俱作了見。王本注云：繆本作了見。

〔來遲〕來，宋乙本作末。

【注】

〔鄱陽〕王云：鄱陽，唐時郡名，即饒州也。隸江南西道，爲上州。有司馬一人，從五品。

〔桑落洲〕王云：太平寰宇記：桑落洲在舒州宿松縣西南一百九十四里。江水始自鄂陵分派爲九，於此合流，謂之九江口。此洲與江州尋陽縣分中流爲界。一統志：桑落洲在九江府城東北過江五十里，昔江水泛漲，流一桑於此，因名。

〔剡水〕見卷九淮海對雪贈傅靄詩注。

〔惠連〕〔康樂〕宋書卷六七謝靈運傳：惠連幼有才悟而輕薄，不爲父方明所知，……靈運嘗自始寧至會稽造方明，過視惠連，大相咨賞，……謂方明曰：阿連才悟如此，而尊作常兒遇之。同書又云：祖玄，晉車騎將軍，……襲封康樂郡公。

〔上官〕王云：凡除官到任，謂之上官。司馬，州之佐職。

〔松門〕王云：江西通志：松門山在南昌府城西北二百十五里，枕鄱湖之東。兩岸悉生松，遥望如門，故名。上有石鏡，光可照人。謝康樂詩：「攀崖照石鏡，牽葉入松門」，是也。

〔干越〕王云：太平寰宇記：干越渡在餘干縣西南一百二十步，置津吏主守，四時不絶。干越亭在餘干縣東南三十步，屹然孤立，古今游者多留題章句焉。江西通志：干越亭在饒州府餘干縣羊角山。文公談苑云：前瞰琵琶洲，後枕思禪寺。林麓森鬱，千峯競秀，唐初張彦俊建。

〔彭蠡〕王云：通鑑地理通釋：彭蠡在江州潯陽縣。括地志：在縣東南五十里。六典注：一名宫亭湖，在南康軍星子縣南，江州彭澤縣西。地理志：在豫章郡彭澤縣西。郡縣志：在都昌縣西六十里，與潯陽縣分湖爲界。禹貢揚州：彭蠡既瀦，即江、漢所匯之澤，合江西江東諸水，跨豫章饒州南康軍三州之地。又云：江西志：鄱陽湖在南昌府城東北一百五十里，即禹貢之彭蠡也。一名宫亭湖，一名揚瀾湖，跨南昌、饒州、南康三郡，合上流諸水入焉，周圍數百里，闊四十里，長三百里。每春夏之間，江、漢水漲，則彭蠡之水鬱不得流，而逆回倒積，遂成巨浸，瀰渺數百餘里，無復畔岸，逮夫二水漸消，則彭蠡之水始出大江，循南岸而行，與二水頡頏趨海。

餞校書叔雲

少年費白日，歌笑矜朱顔。不知忽已老，喜見春風還。惜别且爲懽，徘徊桃李間。看花飲美酒，聽鳥臨晴山。向晚竹林寂，無人空閉關。

【注】

〔叔雲〕按：新書世系表有道王元慶之曾孫，嗣敷城郡公雲。恐非其人。參見本卷宣州謝朓樓餞别校書叔雲詩。又按：全唐文七三八沈亞之李紳傳中有李雲，云：李錡之賊江東也，其抗節者有李雲、李紳，雲則山中（疑當作中山）劉騰爲文以大之。則此李雲在元和初年，距李白之晚年已四十年，恐非其人矣。

〔竹林〕見卷十六對雪奉餞任城六父秩滿歸京詩注。

〔閉關〕王云：閉關猶閉門也，江淹恨賦：閉關却掃，塞門不仕。按：此詩上句有竹林語，自是用顔延之五君詠中「劉靈善閉關」，與江淹恨賦之指馮衍者無涉，此王氏誤解也。

送王孝廉覲省

彭蠡將天合，姑蘇在日邊。寧親候海色，欲動孝廉船。窈窕晴江轉，參差遠岫連。相思無晝夜，東注似長川。

【校】

〔題〕兩宋本、繆本題下俱注云：廬江。

〔東注〕注，咸本、蕭本、胡本俱作泣。王本注云：蕭本作泣。

【注】

〔日邊〕楊云：姑蘇臺隸唐蘇州吴郡，以其近東海日出之地，故云日邊。

〔孝廉船〕世説文學篇：張憑舉孝廉出都，負其才氣，謂必參時彦，欲詣劉尹，鄉里及同舉者共笑之。張遂詣劉，……清言彌日，因留宿至曉。劉曰：「卿且去，正當取卿共詣撫軍。」張還船，同侣問何處宿，張笑而不答。須臾，真長遣傳教覓張孝廉船，同侣惋愕。按：孝廉之稱，蓋以鄉貢比漢代之察孝廉，借用之。或其時制科有孝廉方正一類而王曾應之，未能遽定也。

【評箋】

今人詹鍈云：蓋王孝廉將由彭蠡附近往姑蘇省親，太白送之。故下文云「相思無晝夜，東注似長川」也。繆本題下注有廬江二字，當是廬山之誤。

同吴王送杜秀芝舉入京

秀才何翩翩！王許回也賢。暫别廬江守，將遊京兆天。秋山宜落日，秀木出寒烟。欲折一枝桂，還來雁沼前。

【注】

〔杜秀芝〕王云：按詩題當是送杜秀才赴舉入京，芝字疑譌。按：杜秀芝當是其人姓名，送舉入京，不必加赴舉字，王説非。

〔廬江〕舊唐書地理志：淮南道廬州：天寶元年改爲廬江郡。

〔桂枝〕晉書卷五二郤詵傳：臣舉賢良對策爲天下第一，猶桂林之一枝，崑山之片玉。

〔雁沼〕西京雜記：梁孝王……築兔園，……園中有雁池，池間有鶴洲鳧渚，其諸宫觀相連，延亘數十里。奇果異樹瑰禽怪獸畢備，王與宫人賓客弋釣其中。

洞庭醉後送絳州吕使君杲流澧州

昔别若夢中，天涯忽相逢。洞庭破秋月，縱酒開愁容。贈劍刻玉字，延平兩蛟龍。送君不盡意，書及雁迴峯。

【校】

〔題〕兩宋本、繆本題下俱注云：江夏。

〔杲〕蕭本作果。王本注云：蕭本作果。

〔忽〕咸本作或，注云：一作忽。

【注】

〔洞庭〕元和郡縣志卷二七：洞庭湖在（岳州巴陵）縣西南一里五十步，周迴二百六十里。

〔絳州〕新唐書地理志：河東道絳州絳郡。（按：舊書不言改郡，闕文。）

〔澧州〕舊唐書地理志：江南西道澧州：天寶元年改爲澧陽郡，乾元元年復爲澧州。

〔蚊龍〕見卷二古風第十六首注。

〔雁迴〕王云：方輿勝覽：回雁峯在衡陽之南，雁至此不過，遇春而回，故名。或曰：峯勢如雁之回。湖廣志：回雁峯在衡州府城南里許，相傳雁不過衡陽，至此而回。然聞桂林間尚有雁聲，知此説非矣。或謂峯之形勢如雁回轉者是也。南岳周環八百里，迴雁爲首，岳麓爲足云。

【評箋】

按：詩題稱絳州、澧州，不稱絳郡、澧陽，揆之李集通例，作詩必在乾元改郡爲州以後。

與諸公送陳郎將歸衡陽 并序

仲尼旅人，文王明夷，苟非其時，聖賢低眉。況僕之不肖者，而遷逐枯槁，固非其宜！朝心不開，暮髮盡白，而登高送遠，使人增愁。陳郎將義風凜然，英思逸發。來下曹城之榻，去邀才子之詩。動清興於中流，泛素波而徑去。諸公仰望不及，連章祖之。序慙起予，輒冠名賢之首。作者嗤我，乃爲撫掌之資乎！

衡山蒼蒼入紫冥，下看南極老人星。迴飈吹散五峯雪，往往飛花落洞庭。氣清岳秀有如此，郎將一家拖金紫。門前食客亂浮雲，世人皆比孟嘗君。江上送行無白璧，臨歧惆悵若爲分？

【校】

〔題〕咸本無與諸公三字，注云：一作春於南浦與諸公。

〔固非〕固，咸本作誠。王本注云：非字疑當作亦。

〔序慙起予〕咸本作以序屬予，注云：一作序慙起予。

〔岳秀〕岳，胡本作目。

【注】

〔郎將〕王云：按唐書百官志：左右十四衛及太子左右六率府皆有郎將，乃五品官也。

〔衡陽〕舊唐書地理志：江南西道衡州：天寶元年改爲衡陽郡。

〔明夷〕王云：周易：明入地中明夷，内文明而外柔順，以蒙大難，文王以之。周易集解：鄭玄曰：夷，傷也，日出地上，其明乃光，至其入地，明則傷矣，故謂之明夷。日之明傷，猶聖人君子，有明德而遭亂世，抑在下位，則宜自艱，無幹政事，以避小人之害也。荀爽曰：明在地下，爲坤所蔽，大難之象。文王君臣相事，故當大難也。王弼易注：文王明夷，則主可知矣。仲尼旅人，則國可知矣。

〔撫掌〕晉書卷九二左思傳：……賦三都。初陸機入洛，欲爲此賦，聞思作之，撫掌而笑。與弟雲書曰：此間有傖父欲作三都賦，須其成，當以覆酒甕耳。及思賦出，機絶嘆伏，以爲不能加也，遂輟筆焉。

〔衡山〕王云：方輿勝覽：南岳一名衡山，在衡山縣西三十里。晉因山以名郡。湘中記：度應斗衡，位值離宫，故曰衡山。又名霍山。南岳記：衡山者，朱陵之靈臺，大虚之寶洞，上承翼軫，鈐總萬物，故名衡山。下踞離宫，統攝火鄉，故號南岳。赤帝館其嶺，祝融宅其陽，逮於軒轅，以潛、霍二山副焉。長沙記：衡山軒翔聳拔九千餘丈，尊卑參差七十二峯，巖洞溪澗泉石之勝，交錯其中，又有數十洞、十五巖、三十八泉、二十五溪、九池、九潭、六源、八橋、六井、三穿、三漏，此最著者。七十二峯最大者五：祝融、紫蓋、雲密、石廩、天柱，而祝融爲最高。水經注：湘水又北逕衡山縣東，山在西南有三峯：一名紫蓋，一名石廩，一名容峯。容峯最爲竦傑，自遠望之，蒼蒼隱天。故羅含云：望若陳雲，自非清霽素朝，不見其峯。丹水湧其左，醴泉流其右，山經謂之岣嶁山，爲南岳也。

〔老人星〕王云：史記天官書：狼北地有大星，曰南極老人，老人見治安，常以秋分時候之於南郊。晉書：老人一星在弧南，一曰南極，常以秋分之旦見於景，春分之夕而没於丁，見則治平，主壽昌。

〔金紫〕文選陸機謝平原内史表：懷金拖紫。李善注：揚子法言曰：使我紆朱懷金，其樂不可量也。解嘲曰：紆青拖紫。拖，徒我切。

【評箋】

黄本驥云：詩人寫景有不必親至其地而適肖者，如太白足迹未至衡山，其送陳郎將歸衡山詩云：「迴飈吹散五峯雪，往往飛花落洞庭。」洞庭去衡山五百餘里，及登祝融峯頂視之，雪隨風散，其氣勢真足以達之也。（癡學）

今人詹鍈云：文苑英華、唐文粹選録此詩序文，俱題作春於南浦與諸公送陳郎將歸衡嶽序，集本蓋有脱誤。按唐山南東道萬州南浦郡有南浦縣，但太白流夜郎是否曾至南浦縣，固未可必，且即至南浦縣，倉卒間恐亦難得有詩酒之會也。太白贈漢陽輔録事第二首云：「南浦登樓不見君。」南浦在武昌城南三里。太平寰宇記云：其源出景首山，西入江。……商旅往來皆於浦停泊，在郭之南，故名。此詩序云：登高送遠，使人增愁。登高者，即於南浦登樓也。此詩當與贈漢陽輔録事二首爲前後之作。

送趙判官赴黔府中丞叔幕

廓落青雲心，結交黄金盡。富貴翻相忘，令人忽自哂。蹭蹬鬢毛斑，盛時難再還。巨源咄石生，何事馬蹄間？緑蘿長不厭，却欲還東山。君爲魯曾子，拜揖高堂裏；叔繼趙平原，偏承明主恩。風霜推獨坐；旌節鎮雄藩。虎士秉金鉞；蛾眉開玉樽。才高幕下去；義重林中言。水宿五溪月；霜啼三峽猿。東風春草緑，江上候歸軒。

【校】

〔推〕兩宋本、繆本俱注云：一作催。郭本作擢。蕭本作摧。王本注云：一作摧，非。

【注】

〔黔府〕王云：册府元龜：趙國珍天寶中爲黔府都督本管經略等使。國珍有武略，習知南方地形，在五溪凡十餘年，中原興師，惟黔中封境無虞。通鑑：黔中節度使趙國珍，本牂柯夷也。胡三省注：趙國珍，牂柯別部兗州蠻酋趙君道之裔。楊國忠兼劍南節度，以國珍有方略，授黔中都督，護五溪十餘年。天下方亂，其所部獨寧，所謂黔府中丞者，即其人歟！中丞是其兼銜耳。唐書地理志：黔州黔中郡下都督府，本黔安郡，天寶元年更名。

〔石生〕晉書卷四三山濤傳：山濤字巨源，河内懷人也。……州辟部河南從事，與石鑒共宿，濤夜起蹴鑒曰：「今爲何等時而眠耶？知太傅卧何意？」鑒曰：「宰相三不朝，與尺一令歸第，卿何慮也？」濤曰：「咄石生！無事馬蹄間耶！」投傳而去。未二年，果有曹爽之事。

〔曾子〕史記仲尼弟子列傳：曾參，南武城人，……孔子以爲能通孝道，故授之業，作孝經。正義：韓詩外傳云：曾子曰：「吾嘗仕爲吏，禄不過鍾釜，尚猶欣欣而喜者，非以爲多也，樂道養親也。親没之後，吾嘗南遊於越，得尊官，堂高九仞，……然猶北向而泣者，非爲賤也，悲不見吾親也。」

〔獨坐〕王云：漢時御史中丞與司隸校尉尚書令會同，得專席而坐。

〔旌節〕新唐書百官志：節度使辭日，賜雙旌雙節，行則建節豎六纛，入境州縣築節樓，迎以鼓角。

〔水宿〕文選謝靈運游赤石進帆海詩：「水宿淹晨暮。」吕延濟注：水宿，宿舟中也。

〔五溪〕見卷十三聞王昌齡左遷龍標遥有此寄詩注。

〔三峽〕見卷八峨眉山月歌注。

【評箋】

今人詹鍈云：……舊唐書高適傳：（哥舒）翰兵敗，適西馳奔赴行在，及河池郡謁見玄宗，因陳潼關敗亡之勢曰：魯靈、何履光、趙國珍屯南陽，而一二中人監軍更用事，是能取勝哉？臣數爲楊國忠言之，不肯聽，故有今日之行。知安禄山亂起後，國珍即北上勤王。楊國忠兼領劍南節度使在天寶十載十一月，則國珍之爲黔府中丞當在天寶十一載後十四載前。詩云：「……叔繼趙平原，偏承明主恩。」而不及安禄山作亂事，蓋斯時國珍爲黔府中丞未久，趙判官方赴黔中之任，故太白送之耳。詩又云：「東風春草緑，江上候歸軒。」此數載間太白於春季寓江邊者唯有本年（天寶十三載）在金陵時，則送别之地當在金陵無疑矣。

送陸判官往琵琶峽

水國秋風夜，殊非遠别時。長安如夢裏，何日是歸期？

【校】

〔遠〕蕭本作還，誤。

【注】

〔琵琶峽〕方輿勝覽卷五七：琵琶峽在巫山，對蜀江之南，形如琵琶。此鄉婦女皆曉音律。

【評箋】

楊慎云：太白詩：「天山三丈雪，豈是遠行時。」又曰：「水國秋風夜，殊非遠別時。」豈是、殊非，變幻二字，愈出愈奇。孟蜀韓琮詩：「晚日低霞綺，晴山遠畫眉。青青河畔草，不是望鄉時。」亦祖太白句法。（李詩選）

送梁四歸東平

玉壺挈美酒，送別強爲歡。大火南星月，長郊北路難。殷王期負鼎；汶水起垂竿。莫學東山卧，參差老謝安。

【校】

〔挈〕王本誤刊作契，今依各本改。

〔起〕咸本注云：一作豈。

【注】

〔東平〕舊唐書地理志：河南道鄆州：天寶元年改鄆州爲東平郡。

〔大火〕左傳昭四年：火（詩疏引火下有星字）中而寒暑退。杜注：心以季夏昏中而暑退，季冬旦中而寒退。

〔負鼎〕史記殷本紀：阿衡欲干湯而無由，乃爲有莘氏媵臣，負鼎俎以滋味説湯，致於王道。

〔汶水〕王云：春秋正義釋例曰：汶水出泰山萊蕪縣西南，經濟北至東平須昌縣入濟。行水金鑑：述征記云：泰山郡水皆名汶，今縣界有五汶，皆源别而流同。其原山之汶水，西南流經乾封縣治南，去縣三里，又西南流九十里，入鄆州中都縣。按五汶者，曰北汶、小汶、柴汶、牟汶，其一則經流也。參見卷十三沙丘城下寄杜甫詩注。

【評箋】

今人詹鍈云：玩詩意似在魯中。

江夏送友人

雪點翠雲裘，送君黄鶴樓。黄鶴振玉羽，西飛帝王州。鳳無琅玕實，何以贈遠遊？徘徊相顧影，淚下漢江流。

【注】

〔玉羽〕文選鮑照舞鶴賦：振玉羽而臨霞。

送郄昂謫巴中

瑶草寒不死，移植滄江濱。東風洒雨露，會入天地春。予若洞庭葉，隨波送逐臣。思歸未可得，書此謝情人。

【校】

〔天地〕兩宋本、繆本、王本俱注云：一作天池。

【注】

〔郄昂〕王云：按羊士諤詩集有詩題云「乾元初嚴黄門自京兆少尹貶巴州刺史」云云，詩下注云：時郄詹事昂自拾遺貶清化尉，黄門年三十餘，且爲府主，與郄意氣友善，賦詩高會，文字猶存。又李華楊騎曹集序：刑部侍郎長安孫公逖以文章之冠，爲考功員外郎，精試羣材，君與南陽張茂之，京兆杜鴻漸，琅琊顔真卿，蘭陵蕭穎士，河東柳芳，天水趙驊，頓丘李琚，趙郡李崿、李頎，南陽張階，常山閻防，范陽張南容，高平郄昂等，連年登第。

〔情人〕按：唐人以友好之人爲情人，如張九齡詩「情人怨遥夜」，杜甫詩「情人來石上」，錢起詩「情人一笑稀」，不可勝舉。本集卷十一贈漢陽輔録事詩有「令傳尺素報情人」之句，卷十三春日獨坐寄鄭明府詩亦有「情人道來更不來」之句。

【評箋】

今人詹鍈云：通鑑：乾元元年六月，京兆尹嚴武貶巴州刺史。按詩云：「予若洞庭葉，隨波送逐臣。」送郄昂之地似在洞庭附近。蓋嚴郄等遭貶之詔雖在六月，而郄氏之抵江陵則當届秋季矣。

江夏送張丞

欲别心不忍；臨行情更親。酒傾無限月；客醉幾重春？藉草依流水；攀花贈遠人。送君從此去，迴首泣迷津。

【注】

〔張丞〕按：卷二十七有暮春江夏送張祖監丞之東都序（唐文粹作張承祖），當即爲此詩作序。

〔藉草〕文選孫綽天台山賦：藉萋萋之纖草。李善注：以草薦地而坐曰藉。

賦得白鷺鷥送宋少府入三峽

白鷺拳一足，月明秋水寒。人驚遠飛去，直向使君灘。

【注】

〔使君灘〕王云：水經注：江水東經羊腸虎臂灘。楊亮爲益州刺史，至此舟覆，懲其波瀾，蜀人至今猶名之爲使君灘。太平寰宇記：使君灘在萬州東二里大江中，昔楊亮赴任益州，行船至此覆没，故名。一統志：使君灘在荆州府夷陵州西百十里。

【評箋】

今人詹鍈云：宋少府疑即溧陽尉宋陟。

按：宋陟見卷十贈溧陽宋少府陟詩。又卷二十九溧陽瀨水貞義女碑銘序亦有宋陟之名。

送二季之江東

初發強中作，題詩與惠連。多慚一日長，不及二龍賢。西塞當中路，南風欲進船。雲峯出遠海，帆影挂清川。禹穴藏書地，匡山種杏田。此行俱有適，遲爾早歸旋。

【注】

〔強中〕王云：謝靈運有登臨海嶠初發強中與從弟惠連詩。劉履曰：強中地名，今嵊山下有強口，疑即此也。按：文選李善注：謝靈運名山志曰：桂林頂遠則嵊尖彊中。

〔二龍〕見卷十七魯中送二從弟赴舉之西京詩注。

〔西塞〕楊云：西塞山在鄂州。陸游入蜀記卷四：晚過道士磯，石壁數百尺，色正青，了無竅穴，而竹樹迸根，交絡其上，蒼翠可愛。自過小孤，臨江峯嶂，無出其右。磯一名西塞山，即玄真子漁父辭所謂「西塞山前白鷺飛」者。李太白送弟之江東云：「西塞當中路，南風欲進船。」必在荆楚作，故有中路之句。張文潛云：「危磯插江生，石壁劈青玉。」殆爲此山寫真。又云：「已逢嫵媚散花峽，不怕艱危道士磯。」蓋江行推馬當及西塞最爲湍險難上。

〔禹穴〕見卷十七送紀秀才遊越詩注。

〔種杏〕王云：廬山記：匡續結廬於山，故號匡廬山。神仙傳：董奉還豫章廬山下居，不種田，日爲人治病，亦不取錢，重病愈者使栽杏五株，輕者一株。如此數年，計得十餘萬株。鬱鬱成林，乃使山中百禽羣獸游戲其下，卒不生草，常如芸治。杏子熟，於林中作一草倉，示人曰：欲買杏者不須報奉，但將穀一器置倉中，即自往取一器杏去。常有人置穀少而取杏多者，林中羣虎出吼逐之，大怖，急挈杏走，路旁傾覆，至家量杏，一如穀多少。或有人偷杏者，虎逐之到家齧至死，家人知其偷杏，乃送還奉，叩頭謝過，乃却使活。

〔遲〕王云：韻會：遲，待也。謝靈運有南樓中望所遲客詩云「臨江遲來客」，是也。△遲音治。

江西送友人之羅浮

桂水分五嶺，衡山朝九疑。鄉關眇安西，流浪將何之？素色愁明湖，秋渚晦寒姿。疇昔紫芳意，已過黄髮期。君王縱疎散，雲壑借巢夷。爾去之羅浮，我還憩峨眉。中闊道萬里，霞月遥相思。如尋楚狂子，瓊樹有芳枝。

【校】

〔題〕兩宋本、繆本題下俱注云：南昌。

〔已過〕過，咸本注云：一作遥。

【注】

〔桂水〕見卷十七同王昌齡送族弟襄歸桂陽詩第二首注。

〔五嶺〕王云：漢書：南有五嶺之戍。顔師古注：西自衡山之南，東窮於海，一山之限耳。而别標名則有五焉。裴氏廣州記曰：大庾、始安、臨賀、桂陽、揭陽，是爲五嶺。鄧德明南康記曰：大庾嶺一也，桂陽騎田嶺二也，九真都龐嶺三也，臨賀萌渚嶺四也，始安越成嶺五也。戴凱之竹譜：五嶺之説，互有異同。余往交州，行路所見，兼訪舊老，考諸古志，則今南康、始安、臨賀爲北嶺，臨漳、寧浦爲南嶺，五郡界内，各有一嶺，以隔南北之水，俱通南越之地。南康、臨賀、始安三郡通廣州，寧浦、臨漳二郡在廣州西南，通交州。或趙佗所通，或馬援所併，厥跡在焉。故陸機請伐鼓五嶺，表道九真也。徐廣雜記以剡、松陽、建安、康樂爲五嶺，其謬遠矣。俞益期與韓康伯以晉興所統南移大營九岡爲五嶺之數，又其謬也。

〔九疑〕見卷一悲清秋賦及卷三遠别離注。

〔安西〕王云：楊齊賢曰：唐安西大都護府，初治西州，後徙治高昌故地，又徙治龜兹，而故府復爲西州交河郡。琦按文義，安西字疑訛，指爲隴右道安西大都護府者，恐未是。

〔紫芳〕文選江淹雜體詩：「終覲紫芳心。」李善注：紫芳，紫芝也。

〔黄髮〕王云：爾雅：黄髮，壽也。郭璞注：黄髮，髮落更生黄者。邢昺疏：舍人曰：黄髮，老人髮白更黄也。曹植詩：「王其愛玉體，俱享黄髮期。」張銑注：黄髮期，謂壽考也。

〔楚狂〕見卷十四廬山謡寄盧侍御虚舟注。

宣州謝朓樓餞别校書叔雲

棄我去者昨日之日不可留。亂我心者今日之日多煩憂。長風萬里送秋雁，對此可以酣高樓。蓬萊文章建安骨，中間小謝又清發。俱懷逸興壯思飛，欲上青天覽明月。抽刀斷水水更流，舉杯消愁愁更愁。人生在世不稱意，明朝散髮弄扁舟。

【校】

〔題〕咸本題上多一於字，兩宋本、繆本、蕭本、胡本、王本俱注云：一作陪侍御叔華登樓歌。

〔不可留〕可，英華作復。

〔多煩〕英華作足繁，注云：集作多繁。

〔酣高樓〕酣，英華作酧，注云：集作酣。

〔蓬萊〕英華作蔡氏，注云：集作蓬萊。

〔青天〕天，兩宋本、繆本、王本俱注云：一作雲。

〔明月〕明，蕭本作日。王本注云：蕭本作日。

〔更愁〕更，兩宋本、繆本、蕭本、王本俱注云：一作復。郭本作復。

〔人生〕兩宋本、繆本、蕭本、王本俱注云：一作男兒。

〔在世〕咸本作在代。

〔散髮〕以下五字，兩宋本、繆本、胡本、王本俱注云：一作舉棹還滄洲。

【注】

〔謝朓樓〕王云：江南通志：疊嶂樓在寧國府郡治後，即謝朓爲宣城太守時之高齋地，一名北樓，亦稱謝公樓。唐咸通間，刺史獨孤霖改建，易今名。按：輿地紀勝卷一九寧國府：疊嶂樓在府治，唐咸通中刺史獨孤霖建。記曰：郡以溪山著，而溪少負，則疊嶂之名爲宜。

〔蓬萊〕後漢書卷五三竇章傳：是時學者稱東觀爲老氏藏室道家蓬萊山。章懷太子注：……言東觀經籍多也，蓬萊，海中神山，爲仙府，幽經祕録並皆在焉。

〔建安〕楊云：建安末，鄴中有魏太子、王粲、陳琳、徐幹、劉楨、應瑒、阮瑀、平原侯植等詩文皆入文選，故云建安骨也。

〔小謝〕王云：鍾嶸詩品論謝惠連云：小謝才思富捷，恨其蘭玉夙凋，故長轡未騁。按：小謝謂謝朓，王注引詩品謂爲謝惠連，非。

【評箋】方東樹云：於宣州謝朓樓餞別校書叔雲：起二句，發興無端。「長風」二句，落入。如此落法，非尋常所知。「抽刀」二句，仍應起意爲章法。「人生」二句，言所以愁。（昭昧詹言）

今人詹鍈云：此詩文苑英華題作陪侍御叔華登樓歌，當以一作爲是。按詩云：「蓬萊文章建安骨，中間小謝又清發。」則所登者必係謝朓樓無疑也。舊唐書李華傳：天寶中登朝爲監察御史，累轉侍御。新唐書李華傳：天寶十一載遷監察御史，……賊平，貶杭州司户參軍。……遂屏居江南，上元中以左補闕司封員外郎召之，稱疾不拜。獨孤及趙郡李華集序：天寶十一年，拜監察御史，會權臣竊政柄，貪猾當路，公入司方書，出按二千石，持斧所嚮，列郡爲肅，爲姦黨所嫉，不容於御史府，除右補闕。禄山之難云云。三者所記稍有出入，然此詩之作必在天寶十一載之後無疑也。

按：新書所謂賊平貶杭州者，乃以曾爲安禄山鳳閣舍人之故。詩中「人生在世不稱意」或即指此。若然，則白於安史平後，曾有一度仍在宣州，故得與華相遇於此。本卷有餞校書叔雲一詩，是春時所作，恐一人不當春秋兩度餞別，英華之題較合。

又按：唐文粹卷九六李華雲母泉序云：潁川陳公，天寶中與華同爲諫官，……乾元初，公貶清江丞，移武陵丞，華貶杭州司功，恩復左補闕。上元中俱奉詔徵，公自清江至武陵，道路多虞，制書不至。華泝江而西，次于岳陽。白與華相見或即以是時，未可知也。

又按：新書世系表，趙郡李氏西祖房景昕子仲雲，左司員外郎，叔雲監察御史。太平廣記卷二七九引述異記云：監察御史李叔霽與兄仲雲俱進士擢第，有名當代。大曆初，叔霽卒後數年，仲雲亦卒。按其時代頗符，叔霽似即叔雲。李詩題或漏一叔字。亦可互參。並參見本卷餞校書叔雲詩箋。

宣城送劉副使入秦

君即劉越石，雄豪冠當時。淒清橫吹曲，慷慨扶風詞。虎嘯俟騰躍，雞鳴遭亂離。千金市駿馬，萬里逐王師。結交樓煩將，侍從羽林兒。統兵捍吴越，豺虎不敢窺。大勳竟莫叙，已過秋風吹。秉鉞有季公，凛然負英姿。寄深且戎幕，望重必台司。感激一然諾，縱橫兩無疑。伏奏歸北闕，鳴騶忽西馳。列將咸出祖，英寮惜分離。斗酒滿四筵，歌笑宛溪湄。君攜東山妓，我詠北門詩。貴賤交不易，恐傷中園葵。昔贈紫騮駒，今傾白玉巵。同驩萬斛酒，未足解相思。此别又千里，秦吴眇天涯。月明關山苦，水劇隴頭悲。借問幾時還，春風入黄池。無令長相思，折斷緑楊枝。

【校】

〔忽西馳〕忽，咸本作急。

〔中園〕宋乙本作中國，誤。

〔此別〕此句兩宋本、繆本、蕭本俱注云：一作此外別千里。王本別又下注云：一作外別。

〔相思〕思，咸本作憶，注云：一作思。

【注】

〔副使〕王云：按唐書百官志：節度使之下有副使一人，同節度副使十人；又安撫使、觀察使、團練使、防禦使之下，皆有副使一人。

〔越石〕晉書卷六二劉琨傳：劉琨，字越石，……少得儁朗之目，與范陽祖納俱以雄豪著名。……在晉陽，嘗爲胡騎所圍數重，城中窘迫無計，琨乃乘月登樓清嘯。賊聞之，皆淒然長嘆。中夜奏胡笳，賊又流涕歔欷，有懷土之切，向曉復吹之，賊並棄圍而走。

〔橫吹曲〕王云：劉越石有扶風歌「朝發廣莫門，暮宿丹水山。左手彎繁若，右手揮龍淵」云云。凡九首，其橫吹曲今逸不存。或指吹胡笳而言，恐未的。

〔雞鳴〕王云：世説注：晉陽秋曰：祖逖與劉琨俱以雄豪著名，年二十四，與琨同辟司州主簿，情好綢繆，共被而寢。中夜聞雞鳴，俱起曰：此非惡聲也。

〔樓煩〕史記灌嬰列傳：所將卒斬樓煩將五人。集解：李奇曰：樓煩，縣名，其人善騎射，故以名射士爲樓煩，取其美稱，未必樓煩人也。張晏曰：樓煩，胡國名。

〔羽林〕見卷十七送羽林陶將軍詩注。

〔吴越〕王云：上元中，宋州刺史劉展舉兵反，其黨張景超、孫待封攻陷蘇湖，進逼杭州，爲温晁、李藏用所敗，見後二十八卷注。劉副使於時亦在兵間，而功不得録，故有「統兵捍吴越，豺虎不敢窺。大勳竟莫叙，已過秋風吹」之句。

〔季公〕王云：季公謂季廣琛。舊唐書：上元二年正月，温州刺史季廣琛爲宣州刺史，充浙江西道節度使。

〔台司〕文選羊祜讓開府表：伏聞恩詔，拔臣使同台司。李善注：台司，三公也。

〔然諾〕漢書卷三二張耳傳：廷尉以貫高辭聞，上曰：「壯士，誰知者，以私問之。」中大夫泄公曰：「臣素知之，此固趙國立名義不侵爲然諾者也。」

〔北闕〕見卷十三憶舊遊寄譙郡元參軍詩注。

〔東山〕見卷十書情贈蔡舍人雄詩注。

〔北門〕詩邶風北門序：北門，刺仕不得志也。言衞之忠臣，不得其志耳。

〔中園葵〕古詩：「採葵莫傷根，傷根葵不生。結交莫羞貧，羞貧交不成。」

〔隴頭〕見卷一愁陽春賦注及卷二古風第二十二首注。

〔黄池〕王云：胡三省通鑑注：宣州當塗縣有黄池鎮。一統志：黄池河在太平府城南六十里，東接固城河，西接蕪湖縣河，入大江，南至黄池鎮，北至宣城縣界。江南通志：黄池河在池州當塗縣南七十里，寧國府城北一百二十里，一名玉溪。郡東南之水，皆聚此出大江，河心分界，南屬宣城，北屬當塗。

【評箋】

今人詹鍈云：王譜繫此詩上元二年下，注云：舊唐書（肅宗紀）上元二年正月辛卯，温州刺史季廣琛爲宣州刺史，充浙江西道節度使。詩中所謂「秉鉞有季公」，正指季廣琛也。所謂「統兵捍吴越，貙虎不敢窺」，指劉展餘黨張景超、孫待封占據蘇湖，將犯杭州之事，所謂「大勳竟莫叙，已過秋風吹」，是送餞之時約在冬時矣。今從其説。

按：「已過秋風吹」，似非指時令而言，詳詩意蓋劉未獲獎叙，季廣琛有意使之入朝以圖機遇。此處不當雜一叙時令之語。

涇川送族弟錞

涇川三百里，若耶羞見之。錦石照碧山，兩邊白鷺鷥。佳境千萬曲，客行無歇時。上有琴高水，下有陵陽祠。仙人不見我，明月空相知。問我何事來，盧敖結幽期。蓬山振雄筆，繡服揮清詞。江湖發秀色，草木含榮滋。置酒送惠連，吾家稱白眉。媿無海嶠作；敢闕河梁詩。見爾復幾朝，俄然告將離。中流漾綵鷁；列岸叢金羈。嘆息蒼梧鳳；分棲瓊樹枝。清晨各飛去，飄落天南垂。望極落日盡；秋深暝猿悲。寄情與流水，但有長相思。

【校】

〔題〕兩宋本、繆本題下俱注云：時盧校書草序，常侍御爲詩。王本注同，加太白自注四字。

【注】

〔涇川〕王云：涇川即涇溪也。在涇縣西南一里。唐時隸宣城郡，源出石埭，流經南陵宣城，踰蕪湖，入大江。

〔錞〕按：新書世系表，趙郡李氏東祖房有錞，爲河南參軍。

〔若耶〕見卷四採蓮曲及卷十六送王屋山人魏萬還王屋詩注。

〔琴高水〕王云：江南通志：琴溪在寧國府涇縣，源出自寧國諸山，與溪頭水合。西過琴高山下，乃名琴溪，傳是仙人琴高控鯉之地。

〔陵陽〕見卷十二自梁園至敬亭山……詩注。

〔蓬山〕王云：「蓬山振雄筆」，謂盧校書草叙也。「繡服揮清詞」，謂常侍御作詩也。

〔海嶠〕文選謝靈運登臨海嶠與從弟惠連詩：「與子別山阿，含酸赴修畛。中流袂就判，欲去情不忍。」

〔河梁〕王云：文選李陵與蘇武詩：「攜手上河梁，遊子暮何之？」劉良注：河梁，橋也。魏書：中山王熙之鎮鄴也，知友才學之士，袁翻、李琰、李神儁、王誦兄弟、裴敬憲等，咸餞於河梁，賦詩告别。吴均詩：「有客告將離，贈言重蘭蕙。」

〔綵鷁〕文選司馬相如子虚賦：浮文鷁。張揖注：鷁，水鳥也，畫其像於船首。

【評箋】

今人詹鍈云：按太白贈常侍御詩云：「登朝若有言，爲訪南遷賈。」此篇之作當在其前。詩云：「望極落日盡，秋深暝猿悲。」知是秋季作。

五松山送殷淑

秀色發江左，風流奈若何？仲文了不還，獨立揚清波。載酒五松山，頹然白雲歌。中天度落月，萬里遥相過。撫酒惜此月，流光畏蹉跎。明日别離去，連峯鬱嵯峨。

【校】

〔惜此〕惜，郭本作借，誤。

【注】

〔殷淑〕參見卷十四三山望金陵寄殷淑、卷十七送殷淑三首詩注。

〔仲文〕晉書卷九九殷仲文傳：殷仲文，南蠻校尉顗之弟也。少有才藻，美容貌。

〔五松山〕楊云：五松山在宣州南陵。參見卷二十與南陵常贊府遊五松山詩注。

送崔氏昆季之金陵

放歌倚東樓，行子期曉發。秋風渡江來，吹落山上月。主人出美酒，滅燭延清光。二崔向金陵，安得不盡觴？水客弄歸棹，雲帆卷輕霜。扁舟敬亭下，五兩先飄揚。峽石入水花，碧流日更長。思君無歲月，西笑阻河梁。

【校】

〔題〕兩宋本、繆本俱注云：一作秋夜崔八丈水亭送崔二。

〔放歌〕放，兩宋本、繆本、蕭本、胡本、王本俱注云：一作昊。咸本作昊。

【注】

〔五兩〕王云：韻會：綄，船上候風羽，楚人謂之五兩。

【評箋】今人詹鍈云：詩中稱「二崔向金陵，安得不盡觴」，當是送崔氏昆季者，非止送崔二一人也。詩又云「扁舟敬亭下，五兩先飄揚」，則送别之地當在宣城，而崔氏昆季或即是崔司户文昆季也。（見卷十）

按：卷二十二有過崔八丈水亭詩，有云「簷飛宛溪水，窗落敬亭雲」，與此詩皆是在宣城時事，一本不爲無據，或二崔誤作崔二耳。

登黄山凌歊臺送族弟溧陽尉濟充汎舟赴華陰

鸞乃鳳之族，翱翔紫雲霓。文章輝五色，雙在瓊樹棲。一朝各飛去，鳳與鸞俱啼。炎赫五月中，朱曦爍河堤。爾從汎舟役，使我心魂悽。秦地無草木，南雲喧鼓鼙。君王減玉膳，早起思鳴雞。漕引救關輔，疲人免塗泥。宰相作霖雨，農夫得耕犂。静者伏草間，羣才滿金閨。空手無壯士，窮居使人低。送君登黄山，長嘯倚天梯。小舟若鳧雁，大舟若鯨鯢。開帆散長風，舒卷與雲齊。日入牛渚晦，蒼然夕烟迷。相思在何許，杳在洛陽西。

【校】

〔題〕兩宋本、繆本題下俱注云：當塗。淩，兩宋本、繆本俱作陵。王本注云：繆本作陵。

〔充汎舟〕充，兩宋本、繆本俱注云：一作統。

〔輝五色〕輝，兩宋本、繆本俱注云：一作耀。王本注云：一作耀五采。

〔草木〕咸本注云：一作碧草。

〔鳴雞〕此下王本注云：當是民饑之訛。

〔空手〕手，王本注云：許本作乎。蕭本作乎。

〔倚天梯〕倚，兩宋本、繆本、蕭本、王本俱注云：一作上。

〔舒卷〕卷，咸本注云：一作散。

〔在何許〕兩宋本、繆本俱作在何所，注云：一作定何許。蕭本許下注云：一作所。王本注云：一作在何所，一作定何許。胡本作定何許。

【注】

〔淩歊臺〕王云：楊齊賢曰：太白自注，時在當塗，即今之太平也。黄山在城北，淩歊臺在其上。太平府志：黄山在郡治北五里，高四十丈，山如初月形，舊傳浮丘公牧雞於此，亦名浮丘山。上有宋孝武避暑離宫及淩歊臺遺址。陸游入蜀記卷二：淩歊臺正如鳳凰、雨花之類，特因山巔爲之。宋高祖所營，面勢虚曠，高出氛埃之表。南望青山、龍山、九井諸峯，如在几席。……稍西江中二小山相對，云東梁、西梁也。北户臨和州新城，樓櫓歷歷可辨，蓋自絶江至和州財十餘里。李太白有黄山淩歊臺送族弟泛舟赴華陰詩，即此地也。參見卷十二書懷贈南陵常贊府詩注。

〔濟〕今人詹鍈云：按宗室世系表，定州刺史乞豆之五世孫濟，其姪麟相肅宗，郇王禕之四世孫濟爲宗正卿，又有趙郡李氏東祖房系之十世孫濟，三人俱爲涼武昭王十世孫。

〔汎舟〕左傳僖十四年：秦於是乎輸粟于晉，自雍及絳相繼，命之曰汎舟之役。

〔朱曦〕文選郭璞游仙詩：「朱羲將由白。」李善注：朱羲，日也。

〔秦地〕王云：舊唐書：天寶六載，自五月不雨至秋七月乙酉，以旱命宰相臺寺府縣録繫囚，死罪決杖配流，徒以下特免。庚寅始雨。九載三月，時久旱，制停封西岳。五月庚寅，以旱録囚徒。蓋天寶時京師之旱見於史者有二，未詳此詩作於何年。按：楊注引裴耀卿傳，開元二十一年秋雨害稼事，殊不切。

〔關輔〕文選鮑照升天行：「家世宅關輔。」李善注：關，關中也。漢書曰：右扶風、左馮翊、京兆尹是爲三輔。

〔霖雨〕書説命：若歲大旱，用汝作霖雨。

〔金閨〕文選江淹别賦：金閨之諸彦。李善注：金閨，金馬門也。

〔牛渚〕見卷七勞勞亭歌及卷十二獻從叔當塗宰陽冰詩注。

【評箋】

沈德潛云：説轉漕處見關係軍國，此一篇主意。末寫送行，亦不草草。（唐詩别裁）

今人詹鍈云：溧陽瀨水貞義女碑銘云：縣尉廣平宋陟、丹陽李濟。此詩所贈者即丹陽李濟也，充字疑衍。韻語陽秋曰：如弟凝、錞、濟、況、綰各贈詩，以致其雍穆之情。贈濟之詩即指此首而言。詩云：「送君登黄山，長嘯依天梯。」書懷贈南陵常贊府詩云：「置酒淩歊臺，歡娱未曾息。歌動白紵山，舞迴天門月。」或即此時事，則此首之作應在南陵常贊府詩之前。詩又云：「炎赫五月中，朱曦爍河隄。爾從汎舟役，使我心魂悽。秦地無草木，南雲喧鼓鼙。君王減玉膳，早起思鳴雞。」王注謂鳴雞當是民饑之訛，其釋喧鼓鼙引後漢書謂指公卿求雨事。按其説非也。南雲當是雲南二字誤倒。「雲南喧鼓鼙」與書懷贈南陵常贊府詩所云「雲南五月中，頻喪渡瀘師」，同指一事。鳴雞二字指鳴雞起舞而言，以喻君王對國事之關切，並非訛舛。

按：詹説甚確，王氏不知唐人用韻最嚴，苟非全首通押數韻，則齊韻中決不能雜支微韻字。惟「早起思鳴雞」，是用詩齊風：雞既鳴矣，朝既盈矣，匪雞則鳴，蒼蠅之聲。詹氏以爲指鳴雞起舞，猶有微誤。

送儲邕之武昌

黄鶴西樓月，長江萬里情。春風三十度，空憶武昌城。送爾難爲别，銜杯惜未傾。湖連張樂地；山逐汎舟行。諾謂楚人重；詩傳謝脁清。滄浪吾有曲，寄入棹歌聲。

【校】

〔西樓〕西，胡本注云：一作高。

【注】

〔儲邕〕按：卷十五有别儲邕之剡中詩。

〔黄鶴〕王云：潛確居類書：黄鶴山在武昌府城西南，俗呼蛇山，一名黄鵠山。昔仙人王子安騎黄鶴憩此。地志云：黄鶴山蛇行而西吸於江，其首隆然，黄鶴樓枕焉，其下即黄鶴磯。

〔武昌〕楊云：孫權破關羽，自公安徙都鄂，改名武昌，今鄂州之東百二十里武昌縣，即權故宫，與黄州相對。

〔張樂地〕文選謝脁新亭渚别范零陵詩：「洞庭張樂地，瀟湘帝子游。」

【評箋】

王夫之云：供奉於此體本非勝場，乃此一篇則又一空萬古，唯胸中無排律名目也。衝口雲煙，無端縈繞。（唐詩評選）

沈德潛云：以古風起法運作長律，太白天才，不拘繩墨乃爾！（唐詩别裁）

今人詹鍈云：詩云「湖連張樂地」，謝朓詩有「洞庭張樂地」之句，則送別之地似在巴陵附近。又云「春風三十度，空憶武昌城」，知在春季，與初遊武昌時相去已三十載矣。

按：謝朓詩乃於丹陽送別，則白詩亦未可據洞庭二子以定送別之地。

李白集校注卷十九

古近體詩三十二首

酬談少府

一尉居倏忽，梅生有仙骨。三事或可羞，匈奴哂千秋。壯心屈黄綬；浪跡寄滄洲。昨觀荆峴作；如從雲漢遊。老夫當暮矣，蹀足懼驊騮。

【校】

〔題〕兩宋本、繆本題下俱注云：襄漢。

【注】

〔一尉〕見卷九贈瑕丘王少府詩注。

〔三事〕詩小雅雨無正：三事大夫，莫肯夙夜。正義：鄭言三公者，以經三事大夫爲三公也。

〔千秋〕見卷十一經亂離後天恩流夜郎……詩注。

〔黄綬〕漢書百官表：比二百石以上皆銅印黄綬。按：漢丞尉秩四百石至二百石，故稱黄綬。

〔蹀足〕文選顔延年赭白馬賦：望朔雲而蹀足。張銑注：蹀足，疾行也。△蹀音疊。

酬宇文少府見贈桃竹書筒

桃竹書筒綺繡文，良工巧妙稱絶羣。靈心圓映三江月，彩質疊成五色雲。中藏寶訣峨眉去，千里提攜長憶君。

【注】

〔桃竹〕王云：苕溪漁隱叢話：桃竹，葉如椶，身如竹，密節而實中，犀理瘦骨，天成拄杖也。嶺外人多種此。胡三省通鑑注：桃竹，桃枝竹也，今江南有之。

〔書筒〕楊慎丹鉛總録卷八：李太白集有桃竹書筒，元微之以竹爲詩筒寄白樂天，亦莊子之所謂竿也。按：詩意似謂爲藏書之筒，蓋唐時書皆作卷而不作册，故可入筒，楊氏意以爲寄書之筒，恐非。又按：宋長白柳亭詩話云：梁簡文書：五離九折，出桃枝之翠筍。李太白有酬宇文少府贈桃竹書筒詩，結曰：「中藏寶訣峨眉去，千里提攜長憶君。」按桃枝，竹譜云：皮赤滑勁，可編爲席。姚辱庵謂即顧命之篾席也。老杜有桃竹杖引，韓君平詩：「銀角桃枝杖，東門贈別初。」但製爲書筒則未經見。

【評箋】

今人詹鍈云：當是少年居蜀時作。

五月東魯行答汶上翁

五月梅始黄，蠶凋桑柘空。魯人重織作，機杼鳴簾櫳。顧余不及仕，學劍來山東。舉鞭訪前塗，獲笑汶上翁。下愚忽壯士，未足論窮通。我以一箭書，能取聊城功。終然不受賞，羞與時人同。西歸去直道，落日昏陰虹。此去爾勿言，甘心如轉蓬。

【校】

〔題〕兩宋本、繆本題下俱注云：魯中。

〔汶上翁〕蕭本、胡本俱作汶上君。

〔梅始黄〕兩宋本、繆本俱注云：一作禾黍緑。王本、咸本俱注云：一作梅子黄，一作禾黍緑。蕭本始下注云：一作子。

〔山東〕山，咸本注云：一作關。
〔下愚〕兩宋本、繆本、王本俱注云：一作宵人。
〔陰虹〕此句下咸本注云：一本無此二句。
〔此去〕此，兩宋本、繆本、蕭本、胡本、王本俱注云：一作我。

【注】

〔聊城〕見卷十四江夏寄漢陽輔録事詩注。
〔陰虹〕楊云：白意指林甫、國忠輩昏蔽其君。

【評箋】

今人詹鍈云：詩曰：「顧余不及仕，學劍來山東。」是初遊魯地之作。……楊齊賢注謂「陰虹」指林甫、國忠輩昏蔽其君。按二語當是實寫，並無寓意。如楊氏之説，則當爲太白被讒後歸魯之作，與「顧余不及仕，學劍來山東」二語牴牾矣。

按：此語意似晦澀，故咸本云：一本無此二句。

早秋單父南樓酬竇公衡

白露見日滅，紅顔隨霜凋。别君若俯仰，春芳辭秋條。太山嵯峨夏雲在，疑是白波漲東海。散爲飛雨川上來，遥帷却卷清浮埃。知君獨坐青軒下，此時結念同所懷。我閉南樓看道書，幽簾清寂若仙居。曾無好事來相訪，賴爾高文一起予。

【校】

〔同所懷〕兩宋本、繆本俱作同懷者。王本注云：繆本作同懷者。胡本作同懷者，注云：一作同所懷。

〔看道書〕看，兩宋本、繆本俱作著。王本注云：繆本作著。

〔若仙居〕若，蕭本作在。王本注云：蕭本作在。

【注】

〔竇公衡〕王云：太平廣記：崔圓開元二十三年應將帥舉科，又於河南府充鄉貢進士。其日正於福唐觀試，遇敕下，便於試場中喚將拜執戟參謀河西軍事。應制時與越州剡縣尉竇公衡同場並坐，親見其事，公衡之名位略見於此。按：王氏引廣記一條出卷二二二定命録。郎官石柱題名考卷一二户部員外郎：復齋碑録：唐宇文顥山陰述，唐竇公衡撰，杜陵史懷則八分書并篆額。天寶十四載甲午夏四月立，在山陰。（寶刻叢編卷一三）文載會稽掇英總集二十。首云，天寶甲午歲夏四月，宇文顥莅山陰令。

〔好事〕漢書卷八八揚雄傳：家素貧耆酒，人希至其門。時有好事者載酒肴從游學。

【評箋】黄徹云：老杜贈李祕書：「觸目非論故，新文尚起予。」太白酬竇公衡云：「曾無好事來相訪，賴爾高文一起予。」韋蘇州：「每一覩之子，高詠尚起予。」昌黎酬張韶州：「將經貴郡煩留客，先惠高文謝啓予。」豈非用事偶合？數公非蹈襲者。（䂬溪詩話）

山中問答

問余何意棲碧山，笑而不答心自閑。桃花流水窅然去，别有天地非人間。

【校】

〔題〕兩宋本、繆本、絶句俱作山中答俗人，注云：一云答問。

〔何意〕意，兩宋本、繆本、蕭本、王本俱注云：一作事。胡本作事。

〔不答〕答，兩宋本、繆本、王本俱注云：一作語。

〔窅〕兩宋本、繆本、王本俱注云：一作宛。

【評箋】李東陽云：詩貴意，意貴遠不貴近，貴淡不貴濃；濃而近者易識，淡而遠者難知。如杜子美「鉤簾宿鷺起，丸藥流鶯囀」，「不通姓字麤豪甚，指點銀瓶索酒嘗」，「銜泥點涴琴書内，更接飛蟲打著人」，李太白「桃花流水杳然去，別有天地非人間」，王摩詰「返景入深林，復照青苔上」，皆淡而愈濃，近而愈遠，可與知者道，難與俗人言。（麓堂詩話）

王闓運云「爲政心閒物自閒，朝看飛鳥暮飛還。寄書河上神明宰，羨爾城頭姑射山」，此篇超妙，爲絶句上乘。所謂羚羊挂角不著一字者也。欲知其超，但看太白詩「問余何事棲碧山」一首世所謂仙才者，與此相比，覺李詩有意作態，不免村氣。李選字皆妍麗，此則拉雜，如「神明宰」等字，比之「桃花流水」等字雅俗相遠，而俗者反雅，雅者反俗何耶？（湘綺樓説詩）

今人詹鍈云：嘉慶寧國府志卷十：碧山舊作在碧山，隔溪與石門山對峙，沿溪窄徑，別自幽奇，是產名茶，多瑞香奇石。李白詩「問余何事棲碧山」即此。（涇縣志、乾隆府志略同。）蓋亦附會之詞。此詩河岳英靈集題作答俗人問，當是天寶十二載以前所作。

答友人贈烏紗帽

領得烏紗帽，全勝白接羅。山人不照鏡，稚子道相宜。

【注】

〔紗帽〕王云：中華古今注：武德九年太宗詔曰：自今以後，天子服烏紗帽，百官士庶皆同服之。按：本卷翫月金陵城西一詩有「著紫綺裘烏紗巾」之語，當即此物。

〔白接羅〕王云：接羅，白帽也。按：海録碎事卷五冠冕門：爾雅注：鷺頭翅背上皆有長翰毛，江東取爲接離，名曰白接離。參見卷五襄陽曲四首詩注。

【評箋】

今人詹鍈云：疑是已得玄宗徵詔後作。

酬張司馬贈墨

上黨碧松烟，夷陵丹砂末。蘭麝凝珍墨，精光乃堪掇。黄頭奴子雙鴉鬟，錦囊養之懷袖間。今日贈余蘭亭去，興來灑筆會稽山。

【校】

〔題〕兩宋本、繆本題下俱注云：吴中。

【注】

〔上黨〕王云：唐時上黨郡，即潞州也，屬河東道。夷陵郡，即峽州也，屬山南東道。江淹扇上彩畫賦：粉則南陽鉛澤，墨則上黨松心。晁氏墨經：古用松烟石墨二種，石墨自晉魏以後無聞。松烟之製尚矣。漢貴扶風隃糜終南山之松，晉貴九江廬山之松，唐則易州潞州之松。上黨松心尤先見貴。曹植詩：「墨出青松烟。」

〔蘭麝〕齊民要術卷九：合墨法：墨麴一斤，以好膠五兩，……可下鷄子白去黄五顆，亦以真硃砂一兩，麝香一兩，别治細篩，都合調下鐵臼中，寧剛不宜澤，擣三萬杵，杵多益善。

〔錦囊〕王云：晁氏墨經：凡蓄故墨亦利頻風日時，以手潤澤之，時置於衣袖中彌善。

〔蘭亭〕王云：水經注：會稽山陰縣湖口有亭，號曰蘭亭，亦曰蘭上里。太守王羲之、謝安兄弟數往造焉。太守王廙之移亭在水中。晉司空何無忌之臨郡也，起亭於山椒，極高盡眺矣。太平寰宇記：蘭亭在山陰縣西南二十七里。輿地志云：山陰縣西有蘭渚，渚有蘭亭，王羲之所謂曲水之勝境，製序於此。

〔會稽山〕元和郡縣志卷二六：會稽山在越州會稽縣東南一十里。

【評箋】

按：詩意明言將往越中。

答湖州迦葉司馬問白是何人

青蓮居士謫仙人，酒肆藏名三十春。湖州司馬何須問？金粟如來是後身。

【注】

〔湖州〕王云：湖州唐時隸江南東道爲上州，上州之佐職有司馬一人，從五品下。

〔迦葉〕王云：通志氏族略：迦葉氏，西域天竺人，唐貞觀中有涇原大將試太常卿迦葉濟，司馬殆其裔族歟！

〔青蓮〕楊云：青蓮居士，太白自號也。楊慎丹鉛續録卷三：李白生於彰明縣之青蓮鄉，其詩云「青蓮居士謫仙人」是也。

〔金粟〕王云：五色線：净名經義鈔：梵語維摩詰，此云净名，般提之子，母名離垢，妻名金機，男名善思，女名月上，過去成佛號金粟如來。

【評箋】

今人詹鍈云：薛仲邕譜繫此詩開元十六年下。王譜開元十八年注云：答湖州迦葉司馬詩云：「青蓮居士謫仙人，酒肆藏名三十春。」恐是長安遇賀監以後之稱，故有謫仙人之稱。其曰三十春者，是言放浪酒中約三十年，非謂是時年甫及三十也。開元十三年，白二十五歲，出遊襄、漢。倘以酒隱安陸之年計起，則三十春爲五十六七歲，適在至德元載左右。按是年春間自宣城避地剡中，此詩蓋途經湖州時作也。

答長安崔少府叔封遊終南翠微寺太宗皇帝金沙泉見寄

河伯見海若，傲然誇秋水。小物昧遠圖；寧知通方士？多君紫霄意；獨往蒼山裏。地古寒雲深；巖高長風起。初登翠微嶺；復憩金沙泉。踐苔朝霜滑；弄波夕月圓。飲彼石下流，結蘿宿谿煙。鼎湖夢淥水，龍駕空茫然。早行子午關，却登山路遠。拂琴聽霜猿，滅燭乃星飯。人烟無明異；鳥道絶往返。攀崖倒青天，下視白日晚。既過石門隱，還唱石潭歌。涉雪搴紫芳；濯纓想清波。此人不可見，此地君自過。爲余謝風泉，其如幽意何！

【校】

〔題〕兩宋本、繆本題下俱注云：長安。

〔昧遠圖〕昧，繆本作暗。

〔寧知〕此句兩宋本、繆本、王本俱注云：一作寧識通方理。

〔寒雲〕雲，兩宋本、繆本、王本俱注云：一作雪。

〔夕月〕夕，咸本注云：一作碎。

〔下流〕流，兩宋本、繆本、王本俱注云：一作潭。

〔空茫然〕空，兩宋本、繆本、蕭本、王本俱注云：一作何。

〔子午關〕關，兩宋本、繆本俱作間，注云：一作開，又作峯。按：一作開之開字，宋甲本作關，宋乙本字漫漶，恐係繆刻承其誤。蕭本、王本俱注云：一作間，一作峰。

〔却登〕此句兩宋本、繆本、王本俱注云：一作却歎山路遠。又作頗識關路遠。胡本兩句下注云：一作早行子午間，頗識關路遠。

〔拂琴〕拂字與下句滅燭之滅字，英華及宋乙本均互易，誤。

〔明異〕明，胡本注云：一作同。

〔倒青天〕兩宋本、繆本、王本俱注云：一作到青山。

〔既過〕過，兩宋本、繆本、蕭本、王本俱注云：一作遇，英華作遇。

〔還唱〕唱，兩宋本、繆本、蕭本、王本俱注云：一作聞。胡本作聞。

〔搴紫芳〕兩宋本、繆本、蕭本、王本俱注云：一作采紫莖。

〔想清波〕想，兩宋本、繆本、蕭本、胡本、王本俱注云：一作掬。

〔此人〕此，兩宋本、繆本、王本俱注云：一作斯。

【注】

〔叔封〕按：卷九有讀諸葛武侯傳書懷贈長安崔少府叔封昆季詩，即其人。

〔翠微寺〕王云：唐書：長安縣南五十里太和谷有太和宫。武德八年置，貞觀十年廢，二十一年復置，曰翠微宫。籠山爲苑，元和中以爲翠微寺。元和郡縣志：太和宫在長安縣南五十五里終南山太和谷。武德八年造，貞觀十年廢，二十一年以時熟，公卿重請修築，於是使將作大匠閻立德繕理焉，改爲翠微宫，今廢爲寺。雍録：翠微宫，武德八年造，改名太和，在終南山上。貞觀二十一年改翠微宫，寢名含風殿。蘇文忠詩曰：「植立含風廣殿」，用此也。太宗於此宫上仙。楊大年談苑曰：宫在驪山絶頂，太宗嘗避暑於此，後改爲寺，寺亦廢。

法苑珠林：今上皇帝恭膺寶位，慶祚惟新。思罔極於先皇，濡惠津於羣品。鼎湖之駕，邈矣不追；長陵之魂，悠然滋永。聿興浄業，標樹福田。先帝所幸之宫，翠微、玉華並捨爲寺，供施殷厚，緣設彫華。據此所稱今上皇帝是指高宗而言，則唐書所云元和中爲翠微寺者非矣。又諸書皆云在終南山，而談苑云在驪山者又非矣。太白詩題亦其一證。金沙泉湮没無可考。

〔海若〕莊子秋水篇：秋水時至，百川灌河。涇流之大，兩涘渚涯之間，不辨牛馬。於是焉河伯欣然自喜，以天下之美爲盡在己。順流而東行，至於北海，東面而視，不見水端。於是焉河伯始旋其面目，望洋向若而嘆曰：「野語有之曰：聞道百以爲莫己若者，我之謂也。……吾非至子之門則殆矣，吾長見笑於大方之家。」北海若曰：「井蛙不可以語於海者，拘於虚也。夏蟲不可以語於冰者，篤於時也。曲士不可以語於道者，束於教也。今爾出於涯涘，觀於大海，乃知爾醜。」陸德明注：若，海神也。

〔通方〕見卷十贈從孫義興宰銘詩注。

〔鼎湖〕王云：舊唐書太宗紀：貞觀二十三年四月己亥，幸翠微宫。五月己巳，上崩於含風殿。鼎湖龍駕黄帝昇天事見三卷（飛龍引）注，以喻太宗上仙也。

〔子午關〕王云：唐書地理志：長安縣南有子午關。漢書：王莽以皇后有子孫瑞，通子午道，子午道從杜陵直絶南山徑漢中。顔師古注：子，北方也；午，南方也。言通南北道相當，故謂之子午耳。今京城直南山有谷，通梁漢道，名子午谷。又宜州西界慶州東界有山，名子午嶺，計南北直相當，此則北山是子，南山是午，共爲子午道。元和郡縣志：子午關在長安縣南一百里，王莽通子午道，因置此關也。一統志：子午谷在西安府城南一百五里，子午關在子午谷中，漢平帝時置關。

〔搴紫芳〕王云：廣雅：搴，取也。史記注：臣瓚曰：拔取曰搴。江淹詩：「終覿紫芳心。」李善注：紫芳，紫芝也。

酬崔五郎中

朔雲横高天，萬里起秋色。壯士心飛揚，落日空嘆息。長嘯出原野，凛然寒風生。幸遭聖明時，功業猶未成。奈何懷良圖，鬱悒獨愁坐。杖策尋英豪，立談乃知我。崔公生民秀，緬邈青雲姿。制作參造化，託諷含神祇。海岳尚可傾，吐諾終不移。是時霜飈寒，逸興臨華池。起舞拂長劍，四坐皆揚眉。因得窮歡情，贈我以新詩。又結汗漫期，九垓遠相待。舉身憩蓬壺，濯足弄滄海。從此凌倒景，一去無時還。朝遊明光宫，暮入閶闔關。但得長把袂，何必嵩丘山？

【校】

〔題〕兩宋本、繆本題下俱注云：崔詩附。

〔空歎〕咸本注云：一作雲光。

〔獨愁坐〕兩宋本、繆本俱注云：一作空獨坐。愁下王本注云：一作空。

〔生民〕民，兩宋本、繆本、咸本俱作人。王本注云：繆本作人。按：此是唐人避諱原本未經後人改易者。

〔海岳二句〕咸本注云：一本無此二句。

【注】

〔崔五郎中〕按：即崔宗之。卷十有贈崔郎中宗之，卷十三有月夜江行寄崔員外宗之，卷二十三有憶崔郎中宗之遊南陽……，皆可參證。

〔生民秀〕文選顔延年五君詠：仲容青雲器，實稟生民秀。李善注：青雲言高遠也。

〔造化〕後漢書卷八九張衡傳：崔瑗之稱平子曰：數術窮天地，制作侔造化。

〔明光〕王云：王褒九懷：朝發兮葱嶺，夕至兮明光。王逸注：暮宿東極之丹巒也。又遠遊注云：丹丘晝夜常明也。九懷云：夕宿乎明光。明光即丹丘也。阮籍詩：「朝起瀛洲野，日夕宿明光。」

〔閶闔〕見卷一明堂賦注。

【評箋】

按：卷十有贈崔郎中宗之詩，崔此詩有「把袂苦不早」句，似相識未久。而李之答詩，有「幸遭聖明時，功業猶未成」之句，似猶有望於崔之提挈。彼首云「時哉苟不會，草木爲我儔」，則彼此皆不得志矣。詹氏繫於一年，似非。

贈李十二

左司郎中崔宗之

涼秋八九月，白露空園亭。耿耿意不暢，梢梢風葉聲。思見雄俊士，共話今古情。李侯忽來儀，把袂苦不早。清論既抵掌，玄談又絶倒。分明楚漢事，歷歷王霸道。擔囊無俗物，訪古千里餘。袖有匕首劍，懷中茂陵書。雙眸光照人，詞賦凌子虛。酌酒絃素琴，霜氣正凝潔。平生心事中，今日爲君説。我家有別業，寄在嵩之陽。明月出高岑，清溪澄素光。雲散窗户静，風吹松桂香。子若同斯游，千載不相忘。

【校】

〔梢梢〕兩宋本、繆本俱作揹揹，注云：一作悄悄。咸本亦作悄悄。王本注云：一作悄悄，繆本作揹揹，俱誤。蕭本作梢梢，注云：一作悄悄。

〔心事中〕咸本作心中事，似是。

【注】

〔左司〕王云：舊唐書：尚書省有左司郎中一員，從五品上。

〔絶倒〕晉書卷三六衛玠傳：琅玡王澄有高名，少所推服。每聞玠言輒嘆息絶倒。故時人爲之語曰：衛玠談道，平子絶倒。

〔茂陵書〕王云：史記司馬相如家居茂陵，口吃而善著書。茂陵書蓋用此事。

〔子虛〕西京雜記：司馬相如爲上林、子虛賦，意思蕭散，不復與外事相關。控引天地，錯綜古今，忽然如睡，焕然而興，幾百日而後成。

【評箋】

今人詹鍈云：杜工部草堂詩箋外集酬唱附録引此詩題作金陵月夜喜李白至。崔祐甫齊昭公崔府君（日用）集序：公嗣子宗之，……仕於開元中，爲起居郎，再爲尚書禮部員外郎，遷本司郎中。時文國禮，十年三月（據全唐文。文苑英華月字作人，王注引作入，均誤。）終於右司郎中。年位不充，海内嘆息。按十年三月當指天寶十載三月而言，是白與宗之贈答諸詩均當作於天寶十載以前。舊唐書李白傳云：（白）嘗沉醉殿上，引足令高力士脱靴，由是斥去。乃浪跡江湖，終日沉飲。時侍御史崔宗之謫官金陵，與白詩酒唱和。今詩題下注明左司郎中崔宗之作，官階略有牴牾，蓋宗之由侍御史謫官左司郎中也。……

按：詹説未諦。第一，崔府君集序所云時文國禮者，時文指仕起居郎，國禮指仕尚書禮部，一爲起居郎，再爲禮部員外郎，必左遷或去官後復補原職，故下文云十年三入。猶劉知幾所謂三爲史臣，再入東觀，劉禹錫所謂待公三入拂埃塵也。王氏所見不誤，全唐文校刊草率何足據？唐人文字以儷體爲主，四字單行，已不能成句，前無天寶一語，不能必指爲天寶十年。何況此爲集序，非是爲宗之作傳，何必敘其卒之年月乎？第二，侍御史階從六品下，左右司郎中階從五品上，左右司秩在尚書諸郎中之首，必無由侍御史謫官之理。且郎中亦據其所終之官而題，不應過泥。詳觀李崔二人交誼，必不始於在金陵時，據卷十九憶崔郎中宗之遊南陽詩，似同有棲隱之志，此卷中贈答之作亦似在白尚無遇合之時。惟卷十之贈崔郎中之金陵詩乃有鎩羽而歸之意耳。

以詩代書答元丹丘

青鳥海上來，今朝發何處？口銜雲錦字，與我忽飛去。鳥去凌紫烟，書留綺窗前。開緘方一笑，乃是故人傳。故人深相勗，憶我勞心曲。離居在咸陽，三見秦草緑。置書雙袂間，引領不暫閑。長望杳難見，浮雲横遠山。

【校】

〔青鳥〕鳥，兩宋本、繆本、蕭本、胡本、王本俱注云：一作烏。

〔錦字〕字，兩宋本、繆本、蕭本、王本俱注云：一作書。英華作書。

〔方一笑〕方，兩宋本、繆本、蕭本、胡本、王本俱注云：一作時。

〔長望〕望，兩宋本、繆本、蕭本、胡本、王本俱注云：一作歎。

【注】

〔元丹丘〕按：本卷又有酬岑勛見尋就元丹丘對酒相待……一詩，其已見前者，則卷七西嶽雲臺歌送丹丘子及元丹丘歌，卷十三聞丹丘子於城北門營石門幽居……，卷十五潁陽別元丹丘之淮陽等篇。見後者則卷二十三與元丹丘方城寺談玄作及尋高鳳石門山中元丹丘，卷二十四觀元丹丘坐巫山屏風，卷二十五題元丹丘山居、題元丹丘潁陽山居、題嵩山逸人元丹丘等篇。

〔青鳥〕漢武故事：七月七日，忽有青鳥飛集殿前，東方朔曰：此西王母欲來。按：青鳥借喻傳書之使，爲詞章家所常用。

〔心曲〕王云：詩國風：亂我心曲。韻會：懷抱曰心曲。

【評箋】

按：此詩云：「離居在咸陽，三見秦草緑。」據此可知白之入長安至少凡歷三春。而天寶元年白尚在泰山，三年即出京，終不能三見秦草緑，此實白行蹤中之疑未能定者。

金門答蘇秀才

君還石門日，朱火始改木。春草如有情，山中尚含緑。折芳愧遥憶；永路當自勗。遠見故人心，平生以此足。巨海納百川，麟閣多才賢。獻書入金闕；酌醴奉瓊筵。屢忝白雲唱；恭聞黄竹篇。恩光照拙薄；雲漢希騰遷。銘鼎儻云遂；扁舟方渺然。我留在金門；君去卧丹壑。未果三山期；遥欣一丘樂。玄珠寄罔象；赤水非寥廓。願狎東海鷗；共營西山藥。栖巖君寂滅；處世余龍蠖。良辰不同賞；永日應閑居。鳥吟簷間樹；花落窗下書。緣谿見緑篠；隔岫窺紅蕖。採薇行笑歌，眷我情何已？月出石鏡間；松鳴風琴裏。得心自虚妙；外物空頽靡。身世如兩忘，從君老烟水。

【校】

〔光照〕照，兩宋本、繆本俱作煦。王本注云：繆本作煦。

〔君去〕君，兩宋本、繆本俱作不。王本注云：繆本作不。

〔寂滅〕滅，兩宋本、繆本俱作蔑。王本注云：繆本作蔑。

〔處世〕世，蕭本作士。王本注云：蕭本作士。

〔眷我情〕咸本注云：一作春情我。

【注】

〔金門〕見卷二古風第三十首注。

〔改木〕王云：張華詩：「朱火青無光。」張協詩：「鑽燧忽改木。」吕向注：改木謂改其鑽火之木也。

〔巨海〕〔麟閣〕王云：三輔黄圖：漢宫殿疏云：麒麟閣，蕭何造，以藏祕書，處賢才也。巨海二句，是正喻對寫句法，言麟閣之廣集才賢，猶巨海之受納百川，甚言其多也。

〔白雲〕王云：白雲唱，即「白雲在天，山陵自出」一篇。西王母與穆天子相唱和者，詳見大獵賦注。穆天子傳：日中大寒，北風雨雪，有凍人，天子作詩三章以哀民曰：我徂黄竹，口員閟寒，帝收九行。嗟我公侯，百辟冢卿，皇我萬民，旦夕勿忘。我徂黄竹，口員閟寒，帝收九行。嗟我公侯，百辟冢卿，皇我萬民，旦夕無窮。有皎者駱，翩翩其飛，嗟我公侯，口勿則遷。居樂甚寡，不如遷土，禮樂其民。天子曰：余一人則淫，不皇萬民。口登，乃宿於黄竹。

〔銘鼎〕禮記祭統：夫鼎有銘，銘者自名也。自名以稱揚其先祖之美，而明著之後世者也。

〔一丘〕漢書卷一〇〇叙傳：漁釣於一壑，則萬物不奸其志；栖遲於一丘，則天下不易其樂。

〔玄珠〕見卷一大獵賦詩注。

〔海鷗〕見卷二古風第四十二首注。

〔西山〕王云：魏文帝詩：「西山一何高！高高殊無極。上有兩仙童，不飲亦不食。與我一丸藥，光耀有五色。」沈約詩：「若蒙西山藥，頹齡倘能度。」

〔龍蠖〕周易繫辭傳：尺蠖之屈，以求信也。龍蛇之蟄，以存身也。

〔采薇〕王云：詩國風：陟彼南山，言采其薇。未見君子，我心傷悲。朱傳曰：薇似蕨而差大，有芒而味苦。韻會：說文：薇似藿菜之微者也。徐鉉曰：一云似萍。陸璣曰：山菜也，莖葉皆似小豆蔓生，味如小豆，藿可作羹。項氏曰：今之野豌豆苗也，蜀謂之巢菜。

〔石鏡〕王云：方弘靜曰「月出石鏡間，松鳴風琴裏」，言月出石若鏡，風入松若琴也。琦謂石鏡風琴蓋是蘇秀才山中之地名耳，若如方氏所解，恐大家未必有此句法。按：方說爲詩中常見之句法，王說殊滯。

酬坊州王司馬與閻正字對雪見贈

遊子東南來，自宛適京國。飄然無心雲，倏忽復西北。訪戴昔未偶，尋嵇此相得。愁顏發新歡，終宴叙前識。閻公漢庭舊，沉鬱富才力。價重銅龍樓，聲高重門側。寧期此相遇？華館陪遊息。積雪明遠峯，寒城鎖春色。主人蒼生望，假我青雲翼。風水如見資，投竿佐皇極。

【校】

〔題〕兩宋本、繆本題下俱注云：陝右。

〔鎖春色〕鎖，兩宋本、繆本俱作沍。王本注云：繆本作沍。胡本作沍，注云：一作鎖。

【注】

〔坊州〕舊唐書地理志：關内道坊州：武德二年，分鄜州置坊州，以馬坊爲名。

〔王司馬〕按：卷十五有留别王司馬嵩，語意相似，當即一人。

〔正字〕王云：唐書百官志：司經局正字二人，從九品上，掌校刊經史。按：寶刻叢編：天寶中，太子正字閻寬撰襄陽令盧僎德政碑，未知即此閻正字否。

〔宛〕王云：宛即南陽縣地，在周時爲申伯國。戰國時爲韓之宛邑。秦爲宛縣，至後魏時改上陌縣，後周改上宛縣，隋改南陽縣，唐因之，隸鄧州。

〔尋嵇〕世説簡傲篇：嵇康與吕安善，每一相思，千里命駕。

〔銅龍〕漢書成帝紀：上嘗急召太子，出龍樓門。張晏曰：門樓上有銅龍，若白鶴飛廉之爲名也。

〔皇極〕書洪範：建用皇極。孔安國傳：皇，大也。極，中也。凡立事當用大中之道。

【評箋】

今人詹鍈云：詩云：「遊子東南來，自宛適京國。飄然無心雲，倏忽復西北。」蓋白由江東經南陽入京，又自京師西北遊，經邠州而至坊州也。又云「積雪明遠峯，寒城鎖春色」，則已届初春矣。

按：白之遊邠州坊州必非在天寶初出京之後，説見卷二十春陪商州裴使君遊石娥溪詩。

酬中都小吏攜斗酒雙魚于逆旅見贈

魯酒若琥珀，汶魚紫錦鱗。山東豪吏有俊氣，手攜此物贈遠人。意氣相傾兩相顧，斗酒雙魚表情素。雙鰓呀呷鰭鬣張，跋剌銀盤欲飛去。呼兒拂几霜刃揮，紅肥花落白雪霏。爲君下筯一餐飽，醉著金鞍上馬歸。

【校】

〔題〕兩宋本、繆本題下俱注云：齊魯。按：敦煌殘卷題作：魯中都有小吏逢七朗以斗酒雙魚贈余於逆旅因鱠魚飲酒留詩而去。詩作：魯魚若虎魄，汶魚紫錦鱗。山東豪吏有俊氣，手攜此物贈遠人。酒來我爲傾，□作別離處。雙鰓呀呷鰭鬣張，跋剌銀盤欲飛去。呼兒拂机霜刃揮，紅肌花落白雪霏。爲君下筯一餐罷，醉著金鞭上馬歸。

〔若琥珀〕兩宋本、繆本、蕭本、王本俱注云：一作琥珀色。

〔手攜〕攜，兩宋本、繆本、蕭本、王本俱注云：一作持。

〔情素〕此下兩宋本、繆本、胡本俱有酒來我飲之，膾作别離處二句。胡本注云：一本無此二句。王本注云：繆本此下多酒來我飲之，膾作别離處二句。

〔霜刃〕刃，英華作刀。

〔紅肥〕肥，胡本作肌，似是。

〔白雪霏〕霏，英華作飛。

〔餐飽〕飽，兩宋本、繆本、蕭本、王本俱注云：一作罷。英靈作罷。

〔醉著〕英華作羞看。

〔鞍〕英華作鞭。

〔上馬〕上，兩宋本、繆本、王本俱注云：一作走。

【注】

〔中都〕舊唐書地理志：河南道鄆州中都：漢平陸縣，天寶元年改爲中都。

〔汶魚〕王云：元和郡縣志：汶水北去中都縣二十四里。行水金鑑：尚書説云：汶水五源皆出襲慶奉符縣界，至東北中都縣貫鉅澤入濟。

〔呀呷〕文選木華海賦：猶尚呀呷。李善注：呀呷，波相吞吐之貌。

〔跋剌〕王云：野客叢書：撥剌者，劃烈震激之聲，善誘文：撥剌，上音鉢，下音辣，魚掉尾聲。謝靈運賦：魚水深而拔剌。杜子美詩：「船尾跳魚撥剌鳴。」曰跋剌，曰拔剌，曰撥剌，字雖少異，其義同也。按：方以智通雅卷七云：跋剌即撥剌。杜詩：「跳魚撥剌。」張衡賦：「彎威弧之撥剌」，注：力達反。李白詩：「跋剌銀盤欲飛去。」皆言其聲，何必分箭與魚邪？

〔白雪〕王云：劉勰新論：白羽相望，霜刃競接。張協七命：命支離，飛霜鍔。紅肌綺散，素膚雪落。太白意本於此，謂其紅者如花、白者如雪也。按據王注，詩中作紅肥，必爲紅肌之誤。

【評箋】王云：天寶元年改鄆州平陸縣爲中都縣。白有別中都明府兄詩，酬中都小吏攜斗酒雙魚于逆旅見贈詩，皆是年以後所作。

酬張卿夜宿南陵見贈

月出魯城東，明如天上雪。魯女驚莎雞，鳴機應秋節。當君相思夜，火落金風高。河漢挂户牖，欲濟無輕舠。我昔辭林丘，雲龍忽相見。客星動太微，朝去洛陽殿。爾來得茂彦，七葉仕漢餘。身爲下邳客，家有圯橋書。傅説未夢時，終當起巖野。萬古騎辰星，光輝照天下。與君各未遇，長策委蒿萊。寶刀隱玉匣，繡澀空莓苔。遂令世上愚，輕我土與灰。一朝攀龍去，䵷黽安在哉？故山定有酒，與爾傾金罍。

【校】

〔鳴機〕咸本作齊鳴，注云：一作鳴機。蕭本作鳴雞。王本於機下注云：蕭本作雞。

〔客家〕客，咸本注云：一作宰。

〔繡〕兩宋本、繆本俱作鏽。王本注云：繆本作鏽。

【注】

〔火落〕王云：火，大火也。即心星，至秋則落而西流。參見卷五黄葛篇注。

〔太微〕見卷一明堂賦注。

〔茂彦〕文選任昉出郡傳舍哭范僕射詩：「濬沖得茂彦，夫子值狂生。」李善注：傅暢讚曰：王戎字濬沖，戎爲選官時，江夏李重字茂曾，汝南李毅字茂彦，重以清尚，毅淹而通，二人操異，俱處要職，戎以識會待之，各得其用。唐覲延州筆記卷三云：濬沖，晉王戎字也。茂彦，晉李毅字也。戎爲吏部尚書時，毅爲吏部郎，范雲爲吏部尚書時，任彦昇亦爲吏部郎，故彦昇（任昉）哭雲而引以相比。今太白用得茂彦事酬張卿，豈張卿作吏部耶？

〔七葉〕王云：左思詩：「金張藉舊業，七葉珥漢貂。」漢書張湯傳：張氏自宣元以來，爲侍中中常侍諸曹散騎列校尉者十餘人。

〔辰星〕王云：太平御覽：帝王世紀曰：武丁思建良輔，夢天賜賢人，姓傅名説，乃使工寫其像，求諸天下。見築者胥靡衣褐帶索，役於虞號之間，傅巖之野，是爲傅説，登以爲相。淮南子：此傅説之所以騎辰尾也。高誘注：言殷王武丁夢得賢人，使工寫其象旁求之，得傅説於傅巖，遂以爲相。爲高宗成八十一符，致中興，死託精於辰尾之星，一名策也。

〔繩黽〕王云：國語：鼃黽之與同陼。韋昭解：鼃黽，蝦蟇也。顏師古急就篇注：鼃一名螻蟈，色青小形而長股。爾雅：在水者黽。郭璞注：耿黽也，似青蛙，大腹，一名土鴨。

【評箋】

今人詹鍈云：詩云：「月出魯城東，明如天上雪。魯女驚莎雞，鳴機應秋節。」當是秋季魯城作。

按：此詩之張卿當即卷九玉真公主别館苦雨贈衛尉張卿詩中所指之人，此云：「我昔辭林丘，雲龍忽相見。」是二人在長安相識也。

酬岑勛見尋就元丹丘對酒相待以詩見招

黄鶴東南來，寄書寫心曲。倚松開其緘，憶我腸斷續。不以千里遥，命駕來相招。中逢元丹丘，登嶺宴碧霄。對酒忽思我，長嘯臨清飈。蹇余未相知，茫茫緑雲垂。俄然素書及，解此長渴飢。策馬望山月，途窮造堦墀。喜兹一會面，若覩瓊樹枝。憶君我遠來，我歡方速至。開顏酌美酒，樂極忽成醉。我情既不淺，君意方亦深。相知兩相得，一顧輕千金。且向山客笑，與君論素心。

【校】

〔酌美〕酌，蕭本作政，誤。

【注】

〔岑勛〕王云：世傳顏魯公所書西京千福寺多寶佛塔碑及天寶十一載所建，其文爲南陽岑勛所撰，疑即此人。　今人詹鍈云：勛蓋李詩中岑徵君也。

〔蹇〕楚辭九歌雲中君：蹇將憺兮壽宫。王逸注：蹇，詞也。　王云：蓋發語聲也。

〔瓊樹〕王云：李陵詩：「思得瓊樹枝，以解長渴飢。」江淹詩：「願一見顏色，不異瓊樹枝。」李周翰注：瓊樹，玉樹也，在崑崙山，故難見。言君行之遠，思見之難，不異瓊樹枝也。

【評箋】

按：詹氏以卷七之鳴皋歌送岑徵君既爲在梁園作，而卷三之將進酒起句云「君不見黄河之水天上來」，則其地或作梁宋，去黄河不遠。故與卷十八之送岑徵君歸鳴皋山凡四首均列爲同時之作。然此詩云「黄鶴東南來」，又云「不以千里遥，命駕來相招」，又云「中逢元丹丘」，則三人實未相聚，是否一年所作，尚未可定。

答從弟幼成過西園見贈

一身自瀟洒；萬物何囂諠！拙薄謝明時；棲閑歸故園。二季過舊壑；四鄰馳華軒。衣劍照松宇；賓徒光石門。山童薦珍果；野老開芳樽。上陳樵漁事；下叙農圃言。昨來荷花滿；今見蘭苕繁。一笑復一歌，不知夕景昏。醉罷同所樂，此情難具陳。

【注】

〔幼成〕按：卷十三有秋夜宿龍門香山寺奉寄王方城十七丈奉國瑩上人從弟幼成令問詩，當即其人。

〔具陳〕陳，兩宋本、繆本俱作論。

〔蘭苕〕文選郭璞遊仙詩：「翡翠戲蘭苕。」李善注：蘭苕，蘭秀也。張銑注：苕枝鮮明也。△苕音條。

【評箋】

今人詹鍈云：西園蓋魯中地。……二季指幼成、令問。

按：此是出長安後作，故云「樓閑歸故園」，惟不知故園究何所指。「昨來荷花滿，今見蘭若繁」，當已經一年矣。

酬王補闕惠翼莊廟宋丞泚贈別

學道三十春，自言羲皇人。軒蓋宛若夢，雲松長相親。偶將二公合，復與三山鄰。喜結海上契，自爲天外賓。鸞翮我先鎩，龍性君莫馴。朴散不尚古，時訛皆失真。勿踏荒溪波，朅來浩然津。薜帶何辭楚，桃源堪避秦。世迫且離別，心在期隱淪。酬贈非炯誡，永言銘佩紳。

【校】

〔三十〕十，咸本、蕭本俱作千。王本注云：蕭本作千。

〔羲皇〕皇，蕭本作和。王本注云：蕭本作和。

〔尚古〕尚，咸本、蕭本俱作向。王本注云：一作向。

〔波〕胡本作坡。

【注】

〔惠翼〕王云：詩題疑有舛錯。按睿宗子申王撝，開元八年薨，謚惠莊太子。宋泚必爲惠莊太子陵廟丞者也。翼則王補闕之名耳，惠翼當作翼惠爲是。

〔鸞翮〕文選顏延年五君詠：「鸞翮有時鎩，龍性誰能馴？」李善注：許慎曰：鎩，殘羽也。

〔朴散〕王云：朴散謂淳朴之風散失也。

〔揭來〕見卷十三禪房寄友人岑倫詩注。

〔薜帶〕王云：王勱游北山賦：荷衣薜帶，藜杖葛巾。薜帶用屈原語，屈原既爲楚所放逐，遷於沅湘之間，作九歌。其山鬼一章云：被薜荔兮帶女蘿，蓋指山鬼而言。此用其意，指屈原以薜荔爲帶矣。

〔炯誡〕文選班固幽通賦：又申之以炯戒。注：曹大家曰：炯，明也。

〔佩紳〕論語衛靈公篇：子張書諸紳。何晏注：紳，大帶也。邢昺疏：子張以孔子之言書之紳帶，意其佩服毋忽亡也。以帶束腰，垂其餘以爲飾謂之紳。

酬裴侍御對雨感時見贈

雨色秋來寒，風嚴清江爽。孤高繡衣人，蕭灑青霞賞。平生多感激，忠義非外獎。禍連積怨生，事及徂川往。楚邦有壯士，鄢郢翻掃蕩。申包哭秦庭，泣血將安仰？鞭尸辱已及，堂上羅宿莽。頗似今之人，蝨賊陷忠讜。渺然一水隔，何由稅歸鞅？日夕聽猿愁，懷賢盈夢想。

【校】

〔題〕兩宋本、繆本、蕭本題下俱注云：金陵。

〔積怨〕積，英華作成，注云：集作積。

〔蝨賊〕賊，胡本作蝨。

〔稅〕咸本注云：一作思。

〔猿愁〕愁，蕭本作怨。王本注云：蕭本作怨。

【注】

〔裴侍御〕按：本卷又有酬裴侍御留岫師彈琴見寄及答裴侍御先行至石頭驛……，卷二十有夜泛洞庭尋裴侍御清酌，卷二十二有至鴨欄驛上白馬磯贈裴侍御詩，皆當是一人。

〔青霞〕文選江淹恨賦：鬱青霞之奇意。李善注：青霞奇意，志意高也。

〔外獎〕文選謝靈運擬魏太子鄴中集詩：客心非外獎。李善注：獎，勸也。江淹詩：得失非外獎。張銑注：得失由心，非外物所能獎勸。

〔壯士〕王云：壯士謂伍胥。按史記，伍子胥者，楚人也。父曰伍奢，爲太子太傅。楚平王信費無極之讒，殺伍奢及其子尚，伍子胥奔吴，闔廬以爲行人，與謀國事。九年，悉興師伐楚，乘勝而前，五戰遂至郢。時平王已卒，子昭王出奔，伍子胥求昭王不得，乃掘楚平王墓，出其尸，鞭之三百，然後已。於是申包胥走秦告急，求救於秦，秦不許，申包胥立於秦庭，晝夜哭，七日七夜不絶其聲。秦哀公憐之，曰：「楚雖無道，有臣若是，能無存乎？」乃遣車五百乘，救楚擊吴。

〔鄢郢〕王云：通鑑地理通釋：鄢故城在襄州率道縣南九里，今襄陽府宜城縣。郢城在荆州江陵縣東北六里。林氏曰：江陵，郢也。襄陽，鄢也。

〔宿莽〕楚辭離騷：夕攬洲之宿莽。王逸注：草冬生不死者，楚人名曰宿莽。

〔蟊賊〕王云：蟊賊皆害苗之蟲也。食根曰蟊，食節曰賊。又詩詁：蟊賊一蟲，以禾將黄而蟲害之，故曰蟊賊，取以喻讒惡之人。

〔歸軼〕文選謝朓京路夜發詩：「無由税歸軼。」李周翰注：税，息也。軼，駕也。

【評箋】

今人詹鍈云：似爲流夜郎事有感而作，其地或在巴陵，曾鞏以爲在金陵作非也。

按：「壯士」至「宿莽」皆寓復國之意，李白以參永王軍事自比於包胥之哭秦庭，語已屢見，如卷十一之流夜郎……示息秀才詩，卷二十二之奔亡道中詩皆是。鞭尸之辱，則以喻安禄山殺唐宗室毁唐宗廟也。若以壯士爲指伍子胥，則與感激忠義之意不侔，且以伍子胥鞭尸爲壯士，恐亦非唐之臣子所宜言。王氏云壯士謂伍胥，殆誤會詩意。

酬崔侍御

嚴陵不從萬乘遊，歸臥空山釣碧流。自是客星辭帝坐，元非太白醉揚州。

【校】

〔題〕此首繆本列在崔詩之前，兩宋本、蕭本、王本俱列在崔詩之後，今從繆本改。

【注】

〔崔侍御〕按：卷九有贈崔侍御二詩，卷十二有贈宣城宇文太守兼呈崔侍御，卷十四有宣城九日聞崔四侍御……二首、寄崔侍御、遊敬亭寄崔侍御，卷十五有聞李太尉……留別金陵崔侍御十九韻，卷二十一有登敬亭北二小山余時客逢崔侍御等篇，本卷別有翫月金陵城西……訪崔四侍御，皆可參證。

【評箋】

楊云：逸史：章仇兼瓊領西川，嘗令搜訪道術士，有一鬻酒者，不急于利。每有紗帽藜杖四人來飲酒至數斗，積至十餘石即併還之。其言愛説孫思邈，或報章仇公，公傳令探問。忽一日又來，公遂潛往，從者三四人，公至前，躍出再拜，自稱姓名，相顧徐起，唯柴燼四枚在座前，不復見矣。時玄宗好道，公奏其事，詔召孫問之，曰：「此太白酒星仙，仙格絶高，每遊人間飲酒，處處皆至，尤樂蜀中。」按：楊氏引此殊荒誕，且與此詩無涉，然當時有此風氣，亦讀白詩者所不可不知也。杜甫飲中八仙歌謂白自稱臣是酒中仙。亦必非漫言之也。

贈李十二

攝監察御史崔成甫

我是瀟湘放逐臣，君辭明主漢江濱。天外常求太白老，金陵捉得酒仙人。

【校】

〔題〕兩宋本成甫下無附字。今從删。

【注】

〔成甫〕王云：按李華崔孝公文集序云：長子成甫進士擢第，校書郎，陝縣尉，知名當時，不幸早世。其攝侍御史無考。而唐詩品彙載崔宗之名成輔，以字行，日用之子。開元中，官至右司郎中侍御，謫金陵，與李白以詩酒倡和云云，蓋以成甫宗之爲一人，非也。

【評箋】

今人詹鍈云：李華崔孝公文集序：長子成甫進士擢第，校書郎，陝縣尉，知名當時，不幸早世。顔真卿崔孝公宅陋室銘記：長子成甫，倜儻有才名。進士，校書郎，早卒。以上二文均記成甫爲崔沔之子，祐甫之兄。崔祐甫上宰相箋：……左右提挈，仰於兄姊，屬中夏覆没，舉家南遷，内外相從，百有餘口。長兄宰豐城，間歲遭罹不淑，仲姊寓吉郡，……是成甫之卒當在至德元二載間，此詩必天寶中作無疑也。

翫月金陵城西孫楚酒樓達曙歌吹日晚乘醉著紫綺裘烏紗巾與酒客數人棹歌秦淮往石頭訪崔四侍御

昨翫西城月，青天垂玉鈎。朝沽金陵酒，歌吹孫楚樓。忽憶繡衣人，乘船往石頭。草裹烏紗巾，倒被紫綺裘。兩岸拍手笑，疑是王子猷。酒客十數公，崩騰醉中流。謔浪掉海客，喧呼傲陽侯。半道逢吴姬，卷簾出揶揄。我憶君到此，不知狂與羞。月下一見君，三杯便迴橈。捨舟共連袂，行上南渡橋。興發歌緑水，秦客爲之摇。雞鳴復相招，清宴逸雲霄。贈我數百字，字字凌風飈。繫之衣裘上，相憶每長謡。

【校】

〔金陵酒〕金陵，蕭本作金門。

〔掉〕蕭本、咸本俱作棹。王本注云：蕭本作棹。

〔月下〕蕭本作一月。王本注云：蕭本作一月。

〔秦客〕客，郭本作君。

〔摇〕咸本、王本俱注云：一作謳。

〔字字〕王本誤作百字，今依各本改。

【注】

〔孫楚樓〕見卷七金陵城西樓月下吟注。

〔秦淮〕王云：景定建康志：舊傳秦始皇時望氣者言，五百年後金陵有天子氣，於是東游以厭之。乃鑿方山，斷長壟爲瀆，入於江，是曰秦淮。按實録注：本名龍藏浦。其水有二源：一發自華山，經句容西南流。一發自東廬山，經溧水西北流入江寧界。二源合自方山埭，西注大江。分派屈曲，不類人工，疑非秦皇所開。或曰：方山西瀆直屬土山三十里，是秦皇所開，故曰秦淮。有二源：一出句容縣之華山，一出溧水縣之東廬山，合流由方山埭北流，西入通濟水門，南經武定、鎮淮、飲虹三橋，又西出三山水門，沿石城以達於江。　並參見卷十五留别金陵諸公詩注。

〔石頭〕王云：胡三省通鑑注：石頭城在今建康城西二里。張舜民曰：石頭城者，天生城壁，有如城然。在清涼寺北覆舟山上，江行自北來者循石頭城轉入秦淮。六朝事跡：吴孫權沿淮立栅，又於江岸必争之地築城，名曰石頭，嘗以腹心大臣鎮守之。輿地志云：環七里一百步，在縣西五里，去臺城九里，南抵秦淮口，今清涼寺之西是也。諸葛亮論金陵地形云：鍾阜龍盤，石城虎踞，真帝王之宅。正謂此也。

〔玉鈎〕文選鮑照翫月城西門廨中詩：「始見西南樓，纖纖如玉鈎。」

〔陽侯〕漢書卷八七揚雄傳：陵陽侯之素波兮。注：應劭曰：陽侯古之諸侯也，有罪自投江，其神能爲大波。

〔揶揄〕王云：後漢書：王霸至市中募人，市人皆大笑，舉手邪揄之。章懷太子注：説文曰：歋瘉，手相笑也，歋音弋大反，瘉音踰，或音由。此云邪揄，語輕重不同。按：方以智通雅卷七云：邪揄，舉手笑也。……李白詩：「謔浪掉海客，喧呼傲陽侯。半道逢吴姬，捲簾出揶揄。」則讀揄爲尤。湘素雜記引李左車傳「邪瘉」，蘇鶚曰：即今俗謂之冶由也。今誤刻冶田。按賈誼新書：冶由，女子笑貌，即邪揄轉尤之聲。

〔橈〕王云：廣韻：橈，楫也。△橈音饒。

〔緑水〕見卷四白紵辭注。

【評箋】

今人詹鍈云：王譜天寶十三載下注云：崔四侍御未詳其名。太白又有酬崔侍御詩云：「自是客星辭帝座，元非太白醉揚州。」此是攝監察御史崔成甫，未知與此崔四侍御即一人否。

舊唐書曰：侍御史崔宗之謫官金陵，與白詩酒唱和，嘗月夜乘舟，自采石達金陵，白衣宫錦袍，於舟中顧瞻笑傲，旁若無人。按崔宗之乃崔日用之子，唐書但言其襲封齊國公而不紀其官爵（爵當作職）。崔祐甫作日用集序云：嗣子宗之，開元中爲起居郎，再爲尚書禮部員外郎，遷本司郎中，終於右司郎中。其爲侍御史及謫官金陵，莫之載也。新唐書削去侍御史及謫官等字，……似已知舊史之誤。考太白集中有與崔宗之詩三首，皆云郎中，又叙其同遊南陽之白水，過菊潭上，遺孔子琴事，而遊金陵采石事不及焉，恐舊唐書所載者是侍御史崔成甫而誤以爲宗之耳。按崔四侍御即是崔成甫，曾子固次此詩於酬崔侍御之後，蓋亦此意。唐人排行不僅限於同胞兄弟，故成甫雖爲沔之長子而亦得稱崔四也。

江上答崔宣城

太華三芙蓉，明星玉女峯。尋仙下西岳，陶令忽相逢。問我將何事，湍波歷幾重？貂裘非季子；鶴氅似王恭。謬忝燕臺召；而陪郭隗蹤。水流知入海；雲去或從龍。樹繞蘆洲月；山鳴鵲鎮鐘。還期如可訪，台嶺蔭長松。

【校】

〔明星〕星，英華作皇，誤。

〔雲去〕去，英華作出，注云：集作去。

〔繞蘆〕英華作色曉，注云：集作繞蘆。此句咸本作樹色曉洲月，注云：一作樹繞蘆洲月。

〔鳴鵲鎮〕英華作鵲鳴夜。

【注】

〔崔宣城〕見後評箋。

〔太華〕見卷七西嶽雲臺歌注。

〔季子〕王云：戰國策：李兑送蘇子黑貂之裘，黄金百鎰，蘇子得以爲用，西入於秦。季子，蘇秦字也，見史記注。

〔王恭〕晉書卷八四王恭傳：嘗被鶴氅裘，涉雪而行，孟昶窺見之，嘆曰：「此真神仙中人也。」

〔燕臺〕見卷二古風第十五首注。

〔蘆洲〕王云：蘆洲，舊注指爲樊口之蘆洲。琦按：鮑照還都道中詩：「昨夜宿南陵，今旦入蘆洲。」是蘆洲當在南陵之下。若樊口之蘆洲，舊傳爲伍子胥所渡處，其地乃在武昌，與南陵宣城殊遠，恐未是。

〔鵲鎮〕王云：元和郡縣志：鵲頭鎮在宣州南陵縣西一百一十里，即春秋時楚伐吳敗于鵲岸是也。沿流八十里有鵲尾洲，吳時屯兵處。

〔台嶺〕文選孫綽游天台山賦：苟台嶺之可攀，亦何羨於層城？又曰：藉萋萋之纖草，蔭落落之長松。

【評箋】

今人詹鍈云：崔宣城名欽，見趙公西候亭頌。……王譜於經亂後將避地剡中留贈崔宣城詩下注云：太白又有江上答崔宣城詩曰：「太華三芙蓉，明星玉女峯，羣仙來西岳，陶令忽相逢。」當是前此之作，疑另是一崔宣城。按太華四句本序來處，與崔欽事不相牴牾，王氏以爲另是一崔宣城，非也。

按：卷十二有經亂後將避地剡中留贈崔宣城，當即此人。

又按：此當爲天寶初自江南入長安前所作。

答族姪僧中孚贈玉泉仙人掌茶 并序

余聞荆州玉泉寺近清溪諸山，山洞往往有乳窟，窟中多玉泉交流。其中有白蝙蝠，大如鴉。按仙經：蝙蝠一名仙鼠，千歲之後，體白如雪，棲則倒懸，蓋飲乳水而長生也。其水邊處處有茗草羅生，枝葉如碧玉，惟玉泉真公常采而飲之。年八十餘歲，顔色如桃花，而此茗清香滑熟異於他者，所以能還童振枯，扶人壽也。余遊金陵，見宗僧中孚示余茶數十片，拳然重疊，其狀如手，號爲仙人掌茶，蓋新出乎玉泉之山，曠古未覿。因持之見遺，兼贈詩要余答之，遂有此作。後之高僧大隱知仙人掌茶發乎中孚禪子及青蓮居士李白也。

常聞玉泉山，山洞多乳窟。仙鼠如白鴉，倒懸清溪月。茗生此中石，玉泉流不歇。根柯灑芳津，採服潤肌骨。叢老卷緑葉，枝枝相接連。曝成仙人掌，似拍洪崖肩。舉世未見之，其名定誰傳。宗英乃禪伯，投贈有佳篇。清鏡燭無鹽，顧慚西子妍。朝坐有餘興，長吟播諸天。

【校】

〔其中有〕兩宋本、繆本、咸本俱無其字。王本注云：繆本無其字。有，兩宋本、繆本、王本俱注云：一作見。

〔如雪〕雪，兩宋本、繆本、王本俱注云：一作銀。

〔常采〕采，蕭本作來。王本注云：蕭本作來。

〔滑熟〕熟，兩宋本、繆本俱作熱。

〔扶人〕扶，兩宋本、繆本俱作壯，注云：一作扶。王本注云：一作壯。

〔發乎〕此句咸本注云：一作發乎中乎及李白也。

〔清溪〕清，兩宋本、繆本俱作深，注云：一作清。咸本作深。王本注云：一作深。

〔鴉〕英華作鶴。

〔叢〕兩宋本、繆本俱作楚。

〔卷〕咸本作來，注云：一作卷。

〔禪伯〕伯，英華作客，咸本注云：一作客。

〔投贈〕贈，英華作僧。

【注】

〔玉泉〕王云：方輿勝覽：玉泉寺在荆門軍當陽縣西南二十里玉泉山。陳光大中，浮屠智顗自天台飛錫來居此山。寺雄于一方，殿前有金龜池。一統志：玉泉寺在當陽縣西三十里。隋大業間建。清溪山在南漳縣臨沮城界内，其山高峻，東有泉。

〔蝙蝠〕王云：抱朴子：千歲蝙蝠，色如白雪，集則倒懸，腦重故也。述異記：荆州清溪秀壁諸山，山洞往往有乳窟，窟中多玉泉交流，中有白蝙蝠大如鴉。按仙經云：蝙蝠一名仙鼠，千載之後，體白如銀，棲即倒懸，蓋飲乳水而長生也。太白此序所謂余聞者，蓋本之此。

〔乳水〕王云：本草拾遺：乳穴水，近乳穴處流出之泉也。人多取水作飲，釀酒大有益。其水濃者稱之重於他水，煎之上有鹽花，此真乳液也。

〔茗草〕王云：説文：茗，茶芽也。郭璞爾雅注：茶樹小如梔子，冬生葉，可煮作羹飲，今呼早採者爲茶，晚取者爲茗。

〔真公〕王云：吕温南岳彌陀寺承遠和尚碑：開元二十三年，至荆州玉泉寺謁真公也。

〔洪崖〕文選張衡西京賦：洪涯立而指麾。薛綜注：洪崖，三皇時伎人，倡家託作之。又郭璞遊仙詩：「右拍洪崖肩。」

〔無鹽〕見卷四于闐採花詩注。

〔西子〕趙岐孟子注：西子，古之好女西施也。

〔諸天〕王云：佛書言三界共有三十二天，自四天王天至非有想非無想天，總謂之諸天。

酬裴侍御留岫師彈琴見寄

君同鮑明遠，邀彼休上人。鼓琴亂白雪，秋變江上春。瑤草緑未衰，攀翻寄情親。相思兩不見，流淚空盈巾。

【校】

〔白雪〕雪，咸本注云：一作雲。

【注】

〔裴侍御〕見本卷酬裴侍御對雨感時見贈詩箋。

〔明遠〕王云：鮑照，字明遠，與休上人以詩相贈答。

〔白雪〕王云：初學記：琴歷曰：琴曲有幽蘭白雪。樂府詩集：謝希逸琴論曰：劉涓子善歌琴，制陽春白雪曲。琴集曰：白雪，師曠所作商調曲也。唐書樂志曰：白雪，周曲也。張華博物志曰：白雪者，太帝使素女鼓五十弦瑟曲名也。

【評箋】

今人詹鍈云：按夜泛洞庭尋裴侍御清酌詩云：「抱琴出深竹，爲我彈鵾雞。」則裴侍御亦工於琴者。詩云：「鼓琴亂白雪，秋變江上春。」疑與上首爲前後之作。光緒重修湖南通志流寓人物傳：裴隱官侍御，謫居岳州，與岫道人鼓琴自娱，李白流夜郎過之，相與唱和遊宴。按李集有寄裴隱詩一首，又有與裴侍御贈答詩五首，李詩曰：「已先投沙伴。」王琦曰：疑亦當時逐臣，故用賈誼投沙事。合對雨感時一篇觀之，琦言可信。

張相公出鎮荆州尋除太子詹事余時流夜郎行至江夏與張公相去千里公因太府丞王昔使車寄羅衣二事及五月五日贈余詩余答以此詩

張衡殊不樂，應有四愁詩。慚君錦繡段，贈我慰相思。鴻鵠復矯翼，鳳凰憶故池。榮樂一如此，商山老紫芝。

【校】

〔題〕兩宋本、繆本俱注云：流夜郎至江夏。

〔相去〕蕭本無相字。王本注云：蕭本缺相字。

【注】

〔張相公〕王云：舊唐書：肅宗以張鎬不切事機，遂罷相位，授荆州大都督府長史，尋徵爲太子賓客。按：卷十一有贈張相公鎬二首，可參證。

〔詹事〕王云：職官志：東宫官屬有太子賓客四員，正三品，太子詹事一員，正三品。太府寺有丞四人，從六品上。

〔張衡〕文選張衡四愁詩序：張衡不樂久處機密。陽嘉中，出爲河間相。……時天下漸弊，鬱鬱不得志，爲四愁詩。四思曰：「美人贈我錦繡段。」……

〔故池〕晉書卷三九荀勗傳：勗自中書監除尚書令，人賀之。勗曰：「奪我鳳凰池，諸君何賀耶？」

〔商山〕王云：慎蒙名山記：商山在陝西商州東九十里，一名楚山，一名商洛山，漢四皓隱處。四皓采芝操：莫莫高山，深谷逶迤。曄曄紫芝，可以療飢。

【評箋】

今人詹鍈云：王譜繫乾元元年下，注云：按張鎬爲太子賓客，新、舊唐書皆不載年月，獨孤及所作洪州刺史張公鎬遺愛頌曰：拜公荆州大都督府長史，明年元良肇建，上曰：疇咨若余樂正父師之職，汝作賓客，卒調護太子，嘉言惟允。於是授太子賓客。則似在乾元二年中也。考舊唐書云：「乾元元年五月戊子，以河南節度使中書侍郎平章事張鎬爲荆州大都督府長史，本州防禦使。庚寅，立成王俶爲皇太子。」則二事相去不過兩日，獨孤及所云明年元良肇建者誤也。若云張公之爲太子賓客在明年則可，然與此題所云尋除又不合。其云詹事或傳聞之誤，或先除詹事，後除賓客，亦未可知。按高適還京次睢陽祭張巡許遠文云：「維乾元元年五月日，太子詹事御史中丞高適，……我辭淮、楚，將赴伊、洛，途出此邦。」又謝上彭州刺史表云：「始拜宫允，今列藩條，以今月七日到所部上訖。」知適自詹事出刺彭州。又春酒歌云：「前年持節將楚兵，去年留司在東京。今年復拜二千石，盛夏五月西南行。……」則適爲太子詹事在乾元元年五月至乾元二年五月。據舊唐書職官志，東宫官屬有太子賓客四員，正三品，太子詹事一員，正三品。太子詹事既僅一員，斯時鎬莫得而任之也。又舊唐書肅宗紀：「上元元年，四月，以太子賓客平章事張鎬爲左散騎常侍。」則詹事必爲賓客二字傳聞之誤明矣。又舊唐書杜鴻漸傳：「兩京平，遷荆州大都督府長史荆南節度使。襄州大將康楚元、張嘉延盗所管兵據襄州城叛，……鴻漸聞之，棄城而走。」新唐書杜暹傳所記略同。通鑑：「乾元二年，八月乙巳，襄州將康楚元、張嘉延據州作亂。……九月甲午，張嘉延襲破荆州，荆南節度使杜鴻漸棄城走。」是張鎬亦未至荆州也。意者，鎬受出鎮荆州之命不久，尚未至任所即除太子賓客，而自兩京克復至乾元二年九月杜鴻漸固始終爲荆州長史，未嘗更易也。王譜繫此詩乾元元年下，今從之。

醉後答丁十八以詩譏予搥碎黄鶴樓

黄鶴高樓已搥碎，黄鶴仙人無所依。黄鶴上天訴玉帝，却放黄鶴江南歸。神明太守再雕飾，新圖粉壁還芳菲。一州笑我爲狂客，少年往往來相譏。君平簾下誰家子？云是遼東丁令威。作詩調我驚逸興，白雲遶筆窗前飛。待取明朝酒醒罷，與君爛漫尋春暉。

【校】

〔調我〕調，兩宋本、繆本俱作掉。

【注】

〔黄鶴樓〕見卷十五黄鶴樓送孟浩然之廣陵詩注。

〔君平〕見卷二古風第十三首注。

〔令威〕見卷十八送李青歸南華陽川詩注。

【評箋】

王云：楊升菴曰：李白過武昌見崔顥黄鶴樓詩，嘆服之，不復作，去而賦金陵鳳凰臺。其後禪僧用此事作一偈曰：「一拳搥碎黄鶴樓，一脚踢翻鸚鵡洲。眼前有景道不得，崔顥題詩在上頭。」旁一游僧亦舉前二句而綴之曰：「有意氣時消意氣，不風流處也風流。」又一僧云：「酒逢知己，藝壓當行。」原是借此一事設辭，非太白詩也。流傳之久，信以爲真。宋初有人僞作太白醉後答丁十八詩「黄鶴高樓已搥碎」一首。樂史編太白遺詩遂收入之。近世解學士作弔太白詩云「也曾搥碎黄鶴樓，也曾踢翻鸚鵡洲」，殆類優伶之語。太白一何不幸耶！琦按太白江夏贈韋南陵詩原有「我且爲君搥碎黄鶴樓，君亦爲吾倒却鸚鵡洲」之句。要是設言之辭，而玩此詩則真有搥碎一事矣。要之禪僧偈語，本用贈韋詩中語，非醉答丁十八一詩本禪僧之偈而僞撰也。升菴因彼而疑此，殆亦目睫之見也夫！

按：王氏引江夏贈韋南陵詩，謂爲設言之辭，誠是。而又云玩此詩則真有搥碎一事，似亦太泥，黄鶴樓豈真李白所能搥碎者？詩人設想，豈可刻舟求劍？胡氏李詩通編入附録中。

答裴侍御先行至石頭驛以書見招期月滿泛洞庭

君至石頭驛，寄書黄鶴樓。開緘識遠意，速此南行舟。風水無定準，湍波或滯留。憶昨新月生，西簷若瓊鈎。今來何所似？破鏡懸清秋。恨不三五明，平湖泛澄流。此歡竟莫遂，狂殺王子猷。巴陵定近遠，持贈解人憂。

【校】

〔或滯留〕或，兩宋本、繆本、王本俱注云：一作成。

〔新月〕新，兩宋本、繆本、王本俱注云：一作初。

〔三五明〕明，咸本作時。

〔狂殺〕狂，胡本作枉。注云：一作狂。

〔解人〕解，宋甲本作解。繆本作何。王本注云：繆本作何。

【注】

〔石頭驛〕王云：方輿勝覽：汪彦章石頭驛記云：自豫章絶江而西，有山屹然並江而出者，石頭渚也。阻江負城，十里而近。胡三省通鑑注：石頭驛在豫章江之西岸。按：舊注似誤，見下引詹氏説。又景定建康志卷一六：張九齡有候使石頭驛樓詩，李白答裴侍御先行至石頭驛以書見招詩云：「君至石頭驛，寄書黄鶴樓。」

〔破鏡〕王云：古樂府：「破鏡飛上天。」古詩：「三五明月滿。」張銑注：三五謂十五日也。

【評箋】

今人詹鍈云：求闕齋讀書録：石頭驛在嘉魚之上，白螺磯之下，去岳州百五十里。公時在江夏，裴以月之初三四至石頭驛，約公速行，將以十五同泛洞庭，公答此詩時當已過十五矣。原注稱石頭驛在金陵，失之矣。按其説是也。王注引方輿勝覽及胡三省通鑑注謂石頭驛在豫章江之西岸，與詩旨不合。太白集有至鴨欄驛上白馬磯贈裴侍御、酬裴侍御對雨感時見贈、夜泛洞庭尋裴侍御清酌諸詩，與此首當爲前後之作。詩云：「今來何所似，破鏡懸清秋。」其時當在秋季。

答高山人兼呈權顧二侯

虹霓掩天光，哲后起康濟。應運生夔龍，開元掃氛翳。太微廓金鏡，端拱清遐裔。輕塵集嵩岳，虚點盛明意。謬揮紫泥詔，獻納青雲際。讒惑英主心，恩疏佞臣計。徬徨庭闕下，歎息光陰逝。未作仲宣詩，先流賈生涕。挂帆秋江上，不爲雲羅制。山海向東傾，百川無盡勢。我於鴟夷子，相去千餘歲。運闊英達稀，同風遥執袂。登艫望遠水，忽見滄浪枻。高士何處來？虚舟渺安繫。衣貌本淳古，文章多佳麗。延引故鄉人，風義未淪替。顧侯達語默，權子識通蔽。曾是無心雲，俱爲此留滯。雙萍易飄轉，獨鶴思凌厲。明晨去瀟湘，共謁蒼梧帝。

【校】

〔英達〕達，咸本注云：一作遠。

【注】

〔虹霓〕楊云：虹霓指太平公主輩，哲后指玄宗。

〔仲宣〕王云：仲宣，王粲字也，作七哀詩：「南登灞陵岸，回首望長安。」

〔鴟夷〕史記越王勾踐世家：范蠡浮海出齊，變姓名，自謂鴟夷子皮。

〔枻〕王云：謝朓詩：「早玩華池陰，復鼓滄浪枻。」廣韻：枻，檝也。滄浪枻，用楚辭漁父事。參見卷六沐浴子詩注。

〔虚舟〕文選謝靈運游赤石進帆海詩：虚舟有超越。李周翰注：輕舟而進曰虚舟。

〔權子〕按：卷二十七有金陵與諸賢送權十一序，卷十三有獨酌清溪江石山寄權昭夷詩，皆當即其人。

〔凌厲〕王云：班固覽海賦：遵霓霧之掩蕩，登雲塗以凌厲。博雅：凌，馳也。廣韻：凌，歷也。漢書息夫躬傳：鷹隼横厲。顔師古注：厲，疾飛也。凌厲，猶横厲也。

〔蒼梧〕王云：蒼梧帝謂虞舜。

【評箋】

按：此詩當是出京未久時作，所云「明晨去瀟湘」，亦擬議之詞，未必即爲實事。

答杜秀才五松山見贈

昔獻長楊賦，天開雲雨歡。當時待詔承明裏，皆道揚雄才可觀。勑賜飛龍二天馬，黄金絡頭白玉鞍。浮雲蔽日去不返，總爲秋風摧紫蘭。角巾東出商山道，採秀行歌詠芝草。路逢園綺笑向人，兩君解來一何好。聞道金陵龍虎盤，還同謝朓望長安。千峯夾水向秋浦，五松名山當夏寒。銅井炎爐歊九天，赫如鑄鼎荆山前。陶公矍鑠呵赤電；回禄睢盱揚紫烟。此中豈是久留處？便欲燒丹從列仙。愛聽松風且高卧，颼颼吹盡炎氛過。登崖獨立望九州，陽春欲奏誰相和？聞君往年游錦城，章仇尚書倒屣迎。飛牋絡繹奏明主，天書降問迴恩榮。骯髒不能就珪組，至今空揚高蹈名。夫子工文絶世奇，五松新作天下推。吾非謝尚邀彦伯，異代風流各一時。一時相逢樂在今，袖拂白雲開素琴。彈爲三峽流泉音。從兹一别武陵去，去後桃花春水深。

【校】

〔題〕此下兩宋本、繆本俱注云：五松山，南陵銅坑西五六里，宣城。山字蕭本無。王本注云：蕭本缺山字。

〔兩君〕兩，兩宋本、繆本俱作而。王本注云：繆本作而。

〔矍鑠〕兩宋本、繆本俱作攫爍。王本注云：繆本作攫爍。

〔颼颼〕兩宋本、繆本俱作颸飂。王本注云：繆本作颸飂。

〔高蹈〕兩宋本、繆本俱作高道。王本蹈下注云：繆本作道。

【注】

〔長楊〕漢書卷八七揚雄傳：孝成帝時，客有薦雄文似相如者，……召雄待詔承明之庭。……從至射熊館還，上長楊賦，聊因筆墨之成文章。故藉翰林以爲主人，子墨爲客卿以諷。顏師古注：承明殿在未央宫。長楊，宫名也，在盩厔縣。其中有射熊館。

〔飛龍〕王云：唐制：學士初入院，例賜飛龍廄馬一匹。天馬，御廄之馬也。參見卷九駕去温泉宫後贈楊山人詩注。

〔採秀〕見卷十六送温處士歸黄山白鵝峯舊居詩。

〔園綺〕漢書卷七二王貢兩龔鮑傳：漢興有園公、綺里季、夏黄公、甪里先生，此四人者，當秦之世，避而入商洛深山以待天下之定也。

〔龍虎盤〕見卷七金陵歌注。

〔謝朓〕王云：謝朓有晚登三山還望京邑詩：「灞涘望長安，河陽視京縣。」

〔銅井〕王云：唐書地理志：南陵有銅官冶。元和郡縣志：銅井山在南陵縣西南八十五里。出銅。一統志：銅官山在銅陵縣南十里，又名利國山，山有泉源，冬夏不竭，可以浸鐵煮銅，舊嘗于此置銅官場。

〔荆山〕見卷三飛龍引第一首注。

〔陶公〕搜神記：陶安公者，六安鑄冶師也。數行火，火一散上，紫色冲天。公伏冶下求哀，須臾，赤雀止冶上曰：安公安公！冶與天通。七月七日，迎汝以赤龍。至時安公騎從東南去，城邑數萬人豫祖安送之，皆辭訣。

〔矍鑠〕王云：矍鑠勇健貌，漢光武稱馬援語。

〔回禄〕左傳昭十八年：禳火於玄冥回禄。杜預注：回禄，火神。

〔睢盱〕王云：莊子：而睢睢而盱盱。郭象注：睢睢盱盱，跋扈之貌。△睢音綏，盱音吁。

〔章仇〕王云：通鑑：天寶五載，以劍南節度使章仇兼瓊爲户部尚書。寶刻叢編：章仇兼瓊，魯郡任城人，官至户部尚書，殿中監，謚曰忠。

〔倒屣〕三國志魏志王粲傳：時（蔡）邕才學顯著，貴重朝廷，常車騎填巷，賓客盈坐，聞王粲在門，倒屣迎之。粲至，年既幼弱，容狀短小，一坐盡驚。邕曰：「此王公孫也，有異才，吾不如也。」

〔彦伯〕晉書卷九二袁宏傳：袁宏字彦伯，……宏有逸才，文章絶美，曾爲詠史詩，是其風情所寄。少孤貧，以運租自業。謝尚時鎮牛渚，秋夜乘月，率爾與左右微服泛江。會宏在舫中諷詠，聲既清會，辭又藻拔，遂駐聽久之。遣問焉，答曰：「是袁臨汝郎誦詩。」即其詠史之作也。」尚傾率有勝致，即迎升舟，與之談論，申旦不寐，自此名譽日茂。尚爲安西將軍、豫州刺史，引宏參其軍事。

〔流泉〕王云：樂府詩集琴集曰：三峽流泉，晉阮咸所作也。

【評箋】

按：此詩有「銅井炎爐」及「回禄睢盱」之句，疑白之居南陵實爲從事鑛冶，而託之於鍊丹，當與秋浦歌同看。又此詩爲出京後南遊之作無疑。

今人詹鍈云：王譜，天寶五載云：是年五月，以劍南節度使章仇兼瓊爲户部尚書。白有答杜秀才五松山見贈詩：「聞君往年遊錦城，章仇尚書倒屣迎。飛箋絡繹奏明主，天書降問回恩榮。」是時以後之作。詩云：「聞道金陵龍虎盤，還同謝朓望長安。千峯夾水向秋浦，五松名山當夏寒。」知太白由金陵經秋浦抵南陵五松山，時方當夏季。按：李集中於五松山所賦詩甚多，俱是前後之作。

至陵陽山登天柱石酬韓侍御見招隱黄山

韓衆騎白鹿，西往華山中。玉女千餘人，相隨在雲空。見我傳祕訣，精誠與天通。何意到陵陽，游目送飛鴻。天子昔避狄，與君亦乘驄。擁兵五陵下，長策馭胡戎。時泰解繡衣，脱身若飛蓬。鸞鳳翻羽翼，啄粟坐樊籠。海鶴一笑之，思歸向遼東。黄山過石柱，巘崿上攢叢。因巢翠玉樹，忽見浮丘公。又引王子喬，吹笙舞松風。朗詠紫霞篇，請開蕊珠宫。步綱繞碧落，倚樹招青童。何日可攜手？遺形入無窮。

【校】

〔韓衆〕衆，咸本作晨，注云：一作衆。

〔千餘〕千，英華作十，注云：集作千。

〔五陵〕五，英華作玉，注云：集作五。

〔馭胡〕馭，兩宋本、繆本俱作遏。王本注云：繆本作遏。

〔羽翼〕羽，兩宋本、繆本俱作翕。王本注云：繆本作翕。

〔請開〕英華作情關，注云：集作請開。

〔步綱〕綱，英華作岡。

【注】

〔陵陽〕王云：楊齊賢曰：陵陽山在涇縣西南百里，乃竇子明釣得白龍放之之處。按地志：陵陽山在池州府石埭縣之北，寧國府宣城縣之西，三峯連接，迤邐屈盤，天柱石是其山之一峯也。輿地紀勝卷一九寧國府：陵陽山在宣城，一峯爲疊嶂樓，一峯爲郡譙樓，又一峯爲景德寺。郭祥正雙溪樓詩云：「陵陽之峯壓千里，百尺危樓勢相倚。」涇縣亦有陵陽山。元和郡縣志：在涇縣西南一百三十里。陵陽子明得仙處。……太平縣亦有陵陽山。

〔韓侍御〕按：卷十八有送韓侍御之廣德，卷二十五有金陵聽韓侍御吹笛等篇，當是一人。

〔黄山〕王云：洪焱祖新安續志：新安廣録云：郡西北黄山有三十六峯，與宣池接境，巖岫秀麗可愛。仙翁釋子多隱其中。山有湯泉，色紅可以澡瀹。一統志：黄山在寧國府太平縣南三十里，昔黄帝與浮丘仙人煉丹於此山，當宣徽二郡界，有三十二峯，三十六源，二十四溪，十八洞，八大巖。

〔韓衆〕見卷二古風第四首注。

〔飛鴻〕嵇康贈秀才入軍詩：目送歸鴻，手揮五絃。

〔乘驄〕見卷九贈韋侍御黄裳詩注。

〔五陵〕見卷八永王東巡歌第五首注。

〔紫霞篇〕蕭云：紫霞篇即黄庭内景經也。經曰：上清紫霞虚皇前，太上大道玉晨君，閑居蘂珠作七言，散化五形變萬神，是爲黄庭曰内篇，詠之萬徧升三天。祕要經曰：仙宫中有寥陽之殿，蘂珠之闕，翠瓔之房，道君在中而説經。

〔步綱〕蕭云：綱，罡氣也，即禹步交乾履斗之法。

〔碧落〕王云：度人經：道言：昔於始青天中碧落空歌。注云：始青天乃東方第一天，有碧霞偏滿，是云碧落。

【評箋】

吴翌鳳云：太白詩「步綱遶碧落」，即道家罡風之罡。（遜志堂雜鈔）

王云：琦按：太白武昌宰韓君碑云：雲卿文章冠世，拜監察御史，朝廷呼爲子房。李翺韓夫人韋氏墓誌銘：禮部郎中雲卿好立節義，有大功於昭陵，其事跡史傳不載。觀此詩所謂「天子昔避狄，與君亦乘驄，擁兵五陵下，長策馭胡戎」之句相合。韓侍御之爲雲卿殆無疑矣。但太白未嘗作侍御，何以云「與君亦乘驄」耶？豈他人之作誤採入集，抑字句少有訛謬歟！

今人詹鍈云：按文苑英華已載此詩，且字句間亦無大出入，倘是他人之作誤採入集，則其誤亦必出於唐人之手，非宋人所得而僞也。

按：白非但未嘗加憲銜，且身未至北方，無所謂「擁兵五陵下」，與字疑當作許與之與解，專指韓言之。

酬崔十五見招

爾有鳥跡書，相招琴溪飲。手跡尺素中，如天落雲錦。讀罷向空笑，疑君在我前。長吟字不滅，懷袖且三年。

【注】

〔鳥跡〕楊云：書斷曰：古文者黄帝史蒼頡所造，頡首有四目，通於神明，仰觀奎星圓曲之勢，俯察龜文鳥跡之象，采衆美合而爲字，是曰古文。水經注穀水：古文出于黄帝之世，倉頡本鳥跡爲字，取其孳乳相生，故文字有六義焉。

〔琴溪〕王云：一統志：琴溪在寧國府涇縣東北二里。溪側有石臺，相傳琴高控鯉之所。

〔三年〕古詩：「置書懷袖中，三歲字不滅。」

答王十二寒夜獨酌有懷

昨夜吴中雪，子猷佳興發。萬里浮雲卷碧山，青天中道流孤月。孤月滄浪河漢清，北斗錯落長庚明。懷余對酒夜霜白，玉牀金井冰峥嶸。人生飄忽百年内，且須酣暢萬古情。

【校】

〔題〕兩宋本、繆本題下俱注云：再入吴中。王十二，咸本作友人，注云：一作王十二。

〔滄〕兩宋本、繆本俱作蒼。王本注云：繆本作蒼。

〔浪〕兩宋本、繆本、王本俱注云：一作波。

〔冰〕蕭本作水，誤。

【注】

〔長庚〕王云：廣雅：太白謂之長庚。曹憲音釋：金星也，晨見東方爲啓明，昏見西方爲長庚。

〔玉牀〕王云：牀，井欄也。玉牀金井者，言其美麗之飾，如玉如金也。

君不能狸膏金距學鬭雞，坐令鼻息吹虹霓。君不能學哥舒，横行青海夜帶刀，西屠石堡取紫袍。吟詩作賦北窗裏，萬言不直一杯水。世人聞此皆掉頭，有如東風射馬耳。

【校】

〔聞此〕此，兩宋本、繆本、王本俱注云：一作之。

【注】

〔狸膏〕王云：藝文類聚：莊子謂惠子曰：「羊溝之雞，三歲爲株，相者視之，則非良雞也。然而數以勝人者，以狸膏塗其頭。」爾雅翼：鬭雞，私取狸膏塗其頭，輒鬭無敵。此非有厭勝，特是狸能捕雞，異雞聞狸之氣則畏而走。

〔金距〕左傳昭二十五年：季郈之雞鬭，季氏介其雞，郈氏爲之金距。按：高誘注：呂氏春秋云：金距，施金芒於距也。

〔鬭雞〕王云：梁簡文帝雞鳴篇：陳思助鬭協狸膏，郈昭妒敵安金距。玄宗好鬭雞，時以鬭雞供奉者若王準、賈昌之流，皆赫奕可畏。

〔馬耳〕按：各家注均未詳。翟灝通俗編卷一：李白詩：「世間聞此皆掉頭，有如東風射馬耳。」按宋元人又有西風貫驢耳語，當即因此轉變。

〔石堡〕王云：舊唐書：哥舒翰，天寶七載，築神威軍於青海上，吐蕃至，攻破之。又築城於青海中龍駒島，吐蕃屏跡，不敢近青海。吐蕃保石堡城，路遥而險，久不拔。八載，以朔方河東監牧十萬衆委翰總統，攻石堡城，翰使麾下將高秀巖、張守瑜進攻，不旬日而拔之。上録其功，拜特進鴻臚員外卿，與一子五品官，賜物千匹，莊宅各一所，加攝御史大夫。太平廣記：哥舒翰爲安西節度，控地數千里，甚著威令。故西鄙人歌之曰：「北斗七星高，哥舒夜帶刀。吐蕃總殺盡，更築兩重濠。」胡三省通鑑音注：石堡城本吐蕃鐵刃城也。宋白曰：石堡城在龍支縣西，四面懸崖數十仞，石路盤屈長三四里，西至赤嶺三十里。

魚目亦笑我，請與明月同。驊騮拳跼不能食，蹇驢得志鳴春風。折楊黄華合流俗，晉君聽琴枉清角。巴人誰肯和陽春；楚地猶來賤奇璞。黄金散盡交不成；白首爲儒身被輕。一談一笑失顔色，蒼蠅貝錦喧謗聲。曾參豈是殺人者？讒言三及慈母驚。

【校】

〔請與〕請，兩宋本、繆本、蕭本、王本俱注云：一作謂。

〔巴人〕巴，兩宋本、繆本、王本俱注云：一作幾。

〔謗聲〕咸本注云：舊本無此二句。

【注】

〔驊騮〕穆天子傳：天子之駿，赤驥、盜驪、白義、踰輪、山子、渠黄、華騮、緑耳。郭璞注：華騮，色如華而赤，今名馬標赤者爲棗騮，棗騮赤也。

〔黄華〕莊子天地篇：大聲不入里耳。折楊、皇華則嗑然而笑。陸德明注：折楊、皇華，皆古歌曲也。

〔清角〕韓非子十過篇：晉平公曰：「音莫悲于清徵乎！」師曠曰：「不如清角。」平公曰：「清角可得而聞乎？」師曠曰：「不可。昔日黄帝合鬼神于太山之上，駕象車而六蛟龍，畢方並轄，蚩尤居前，風伯進掃，雨師洒道，虎狼在前，鬼神在後，騰蛇伏地，鳳凰覆上，大合鬼神，作爲清角。今主君德薄，不足聽之，聽之將恐有敗。」平公曰：「寡人老矣，所好者音也，願遂聽之。」師曠不得已而鼓之，一奏而有玄雲從西北方起，再奏之大風至，大雨隨之，裂幃幕，破俎豆，隳廊瓦，坐者散走。平公恐懼，伏於廊室之間，晉國大旱，赤地三年，平公之身遂癃病。

〔蒼蠅〕王云：蒼蠅即青蠅也。詩小雅：營營青蠅，止於樊。豈弟君子，無信讒言。又萋兮斐兮，成是貝錦。彼譖人者，亦已太甚。

與君論心握君手，榮辱於余亦何有？孔聖猶聞傷鳳麟；董龍更是何雞狗？一生傲岸苦不諧，恩疎媒勞志多乖。嚴陵高揖漢天子，何必長劍拄頤事玉階。達亦不足貴，窮亦不足悲。韓信羞將絳灌比，禰衡恥逐屠沽兒。君不見，李北海，英風豪氣今何在！君不見，裴尚書，土墳三尺蒿棘居！少年早欲五湖去，見此彌將鐘鼎疎。

【校】

〔蒿棘〕棘，兩宋本、繆本、王本俱注云：一作下。蕭本注云：于作下。

【注】

〔鳳麟〕王云：史記：孔子將西見趙簡子，至於河而聞竇鳴犢、舜華之死也，曰：「竇鳴犢、舜華晉國之賢大夫也，趙簡子未得志之時，須此兩人而後從政。及其已得志，殺之乃從政。丘聞之也，刳胎殺夭，則麒麟不至郊。竭澤涸漁，則蛟龍不合陰陽。覆巢毁卵，則鳳凰不翔。何則？君子諱傷其類也。夫鳥獸之於不義也，尚知避之，而況乎丘哉！」乃還息乎陬鄉，作爲陬操以哀之。又孔子嘗嘆鳳鳥之不至，悲西狩之獲麟，或指此二事而言亦可也。

〔雞狗〕通鑑卷一〇〇：秦司空王墮性剛峻，右僕射董榮，……以佞幸進，墮疾之如仇。每朝見，榮未嘗與之言，（按十六國春秋，此句作略不與言，於文義較合。）或謂墮曰：「董君貴幸無比，公宜小降意接之。」墮曰：「董龍是何雞狗！而令國士與之言乎！」榮聞而慙恨。會有天變，榮言於苻生曰：「天譴甚重，宜以貴臣應之。」乃殺墮。龍，榮之小字也。

〔拄頤〕史記田單列傳：大冠若箕，長劍拄頤。

〔絳灌〕史記淮陰侯列傳：居常鞅鞅，羞與絳灌等列。

〔屠沽〕後漢書卷一一〇禰衡傳：……來游許下。……是時許都新建，賢士大夫四方來集。或問衡曰：「盍從陳長文、司馬伯達乎？」對曰：「吾焉能從屠沽兒耶！」

〔北海〕新唐書卷二〇二李邕傳：李邕，字泰和，揚州江都人。……開元二十三年，起爲栝州刺史，後歷淄、滑二州刺史，上計京師。始邕早有名，重義愛士，久斥外，不與士大夫接。既入朝，人間傳其眉目瓌異，至阡陌聚觀，後生望風内謁，門巷填隘，中人臨問，索所爲文章，且進上，以讒媢不得留，出爲汲郡、北海太守。天寶中，左驍衛兵曹參軍柳勣有罪下獄，邕嘗遺勣馬，……宰相李林甫素忌邕，因傅以罪，……就郡杖殺之。……邕雖詘不進，而文名天下，時稱李北海。盧藏用嘗謂邕如干將鏌耶，難與争鋒，但虞其傷缺耳。後卒如言。……邕資豪放，不能治細行，所在賄謝田游自肆，終以敗云。

〔裴尚書〕王云：江鄰幾雜志：李白詩：「君不見，裴尚書，古墳三尺蒿棘居。」問修唐書吕縉叔，云是漼，又云是冕。宋次道云：是檢校官，與李北海作對，非齷齪人也。琦按玄宗朝，裴耀卿爲尚書左僕射，裴光庭爲吏部尚書，裴漼爲吏部尚書，裴伷先爲工部尚書，裴寬爲户禮二部尚書，裴敦復爲刑部尚書，凡六裴尚書。太白所指稱未知何人。考裴敦復以平海賊功爲李林甫所忌，貶淄川太守，與李邕皆坐柳勣事同時杖死，今與李北海並稱，或者正指其人而言，似爲近之。若裴冕之爲尚書左僕射，則又在肅宗時矣。

【評箋】

今人詹鍈云：王譜天寶八載附考云：是年六月，隴右節度使哥舒翰攻吐蕃石堡城，拔之。白有答王十二寒夜獨酌有懷詩云：「君不能學哥舒，横行青海夜帶刀，西屠石堡取紫袍。」又云：「君不見，李北海，英風豪氣今何在！君不見，裴尚書，土墳三尺蒿棘居。」知爲是時以後之作。樂史李翰林别集序曰：白有歌云：「吟詩作賦北窗裏，萬言不及一杯水。」蓋嘆乎有其時而無其位。嗚呼，以翰林之才名，遇玄宗之知見，而乃飄零如是。即指此詩而言。……此詩起句云：「昨夜吴中雪，子猷佳興發。」乃用王子猷訪戴安道事，未必實居吴中，曾子固於題下注云再入吴中所作，失其旨矣。蕭曰：按此篇造語叙事，錯亂顛倒，絶無倫次，董龍一事尤爲可笑，決非太白之作。乃先儒所謂五季間學太白者所爲耳。李詩辨疑曰：士贇此論，大概得之。裴尚書即行儉也，高宗時爲禮部尚書。胡震亨李詩通則逕以此詩編入附録。江鄰幾雜志曰：李白詩，君不見，裴尚書，古墳三尺蒿棘居。問修唐書吕縉叔，云是灌，又云是冕。宋次道云，是檢校官，與李北海作對，非齷齪人也。王注則以爲裴尚書應指裴敦復。按王説是也。樂史、吕縉叔皆宋初人，而及見之，似非五代間人所可僞造。朱諫竟以裴尚書指裴行儉，尤爲巨誤。

〔唐〕李　白著
瞿蜕園　朱金城　校注

李白集校注

四

上海古籍出版社

李白集校注卷二十

古近體詩六十首

遊南陽白水登石激作

朝涉白水源，暫與人俗疏。島嶼佳境色，江天涵清虚。目送去海雲，心閑遊川魚。長歌盡落日，乘月歸田廬。

【校】

〔題〕兩宋本、繆本題下俱注云：襄陽。

【注】

〔南陽〕舊唐書地理志：山南東道鄧州：天寶元年，改爲南陽郡。

〔白水〕王云：方輿勝覽：棗陽有白水，即白河。一統志：淯水在南陽府城東三里，俗名白河。

〔石激〕王云：一統志：石激在南陽府城東三里，淯水環流，爲一城之勝，可以禦水患而障城郭，其堅完甃石猶在。按：激爲水堰之意。水經注沔水：沔水北岸數里有大石激，名曰五女激，或言女父爲人所害，居固城，五女思復父怨，故立激以攻城。是石激非地名也。

【評箋】

今人詹鍈云：詩云：「長歌盡落日，乘月歸田廬。」與憶崔宗之詩所云「白水弄素月」正合。按：卷七之南都行，卷十六之南陽送客與此篇及下遊南陽清泠泉一篇，皆當爲同時所作，詞意亦相似，不止詹氏所舉也。

遊南陽清泠泉

惜彼落日暮，愛此寒泉清。西輝逐流水，蕩漾游子情。空歌望雲月，曲盡長松聲。

【校】

〔西輝〕輝，兩宋本、繆本俱作耀。王本注云：繆本作耀。

【注】

〔清泠泉〕王云：一統志：豐山在南陽府城東北三十里。……下有泉曰清泠泉。按楊云：薛綜注：清泠，水名，在南陽西鄂山上。考張衡南都賦：耕父揚光於清泠之淵。薛注引山海經：有神耕父，處豐山，常遊清泠之淵，出入有光。

尋魯城北范居士失道落蒼耳中見范置酒摘蒼耳作

雁度秋色遠，日静無雲時。客心不自得，浩漫將何之。忽憶范野人，閑園養幽姿。茫然起逸興，仍恐行來遲。城壕失往路，馬首迷荒陂。不惜翠雲裘，遂爲蒼耳欺。入門且一笑，把臂君爲誰。酒客愛秋蔬，山盤薦霜梨。他筵不下筯，此席忘朝飢。酸棗垂北郭，寒瓜蔓東籬。還傾四五酌，自詠猛虎詞。近作十日歡，遠爲千載期。風流自簸蕩，謔浪偏相宜。酣來上馬去，却笑高陽池。

【校】

〔題〕兩宋本、繆本題下俱注云：魯中。

〔惜〕惜，蕭本作借。

【注】

〔范居士〕王云：居易録：魯城北有范氏莊，即太白訪范居士失道落蒼耳中者。琦按杜甫有與李十二白同尋范十隱居詩云：「李侯有佳句，往往似陰鏗。予亦東蒙客，憐君如弟兄。醉眠秋共被；攜手日同行。更想幽期處，還尋北郭生。入門高興發；侍立小童清。落景聞寒杵；屯雲對古城。何來吟橘頌？唯欲討蓴羹。不願論簪笏，悠悠滄海情。」疑即此人也。

〔蒼耳〕王云：埤雅：荆楚記曰：卷耳一名璫草，亦云蒼耳，叢生如盤，今人以葉覆麥作黄衣者，所在有之。爾雅翼：卷耳，菜名也。幽、冀謂之襢菜，雒下謂之胡枲，江東呼爲常枲，葉青白色，似胡荽，白花細莖，可煮爲茹，滑而少味，又謂之常思菜，傖人皆食之。又以其葉覆麴作黄衣，其實如鼠耳而蒼色，上多刺，好著人衣，今人通謂之蒼耳。

〔酸棗〕王云：本草：陶弘景曰：酸棗今出山東間，云即山棗樹，子似武昌棗而味極酸，東人噉之以醒睡。蘇頌曰：酸棗，今近汴、洛及西北州郡皆有之，野生多在坡坂及城壘間，似棗木而皮細，其木心赤色，莖葉俱青，花似棗花，八月結實，紫紅色，似棗而圓小，味酸。

〔北郭〕宋長白柳亭詩話云：高士傳：楚王使人聘北郭先生，謀諸婦，婦曰：「結駟連騎，所安不過容膝。」遂辭之。後漢廖扶居汝南，不應辟召，亦號北郭先生。李太白尋范居士詩：「忽憶范野人，閒園養幽姿。酸棗垂北郭，寒瓜蔓東籬。」杜子美與李十二同尋范十隱居詩：「更想幽期處，還尋北郭生。」以其居在北郭，遂借以稱之耳。

〔寒瓜〕王云：梁書：滕曇恭母楊氏患熱，思食寒瓜。本草：陶弘景言：永嘉有寒瓜甚大，可藏至春。

〔猛虎詞〕按：卷十一有聞謝楊兒吟猛虎詞，蓋白所自喜之作也。

〔十日〕史記范雎列傳：秦昭王……詳爲好書，遺平原君曰：「寡人聞君之高義，……願與君爲十日之飲。」

〔高陽池〕見卷五襄陽曲第二首注。

【評箋】

今人詹鍈云：少陵先生年譜會箋於天寶四載下云：在兗州時白嘗偕公同訪范十隱居，公有詩曰：「落景聞寒杵」，白集亦有尋范詩曰：「雁度秋色遠」，二詩所紀時序正同。又公詩曰：「更想幽期處，還尋北郭生。」白詩曰：「忽憶范野人，閑園養幽姿。茫然起逸興，但恐行來遲。」公詩曰：「入門高興發」，白詩曰：「入門且一笑。」公詩曰：「不願論簪笏，悠悠滄海情。」白詩曰：「遠爲滄海期，風流自簸蕩。」辭意亦相髣髴，當是同時所作。且兗州天寶元年改魯郡，白范詩題曰魯城，知爲其時所作。蓋此後浪遊南中，不聞復歸魯也。

按：卷十七有送范山人歸太山詩，蓋范本居泰山，常往來城郊與山中也。

東魯門泛舟二首

日落沙明天倒開，波搖石動水縈迴。輕舟泛月尋溪轉，疑是山陰雪後來。

【校】

〔東魯〕兩宋本、繆本俱作魯東。王本注云：繆本作魯東。

【注】

〔東魯門〕明一統志卷二三：東魯門在兗州府城東。

〔山陰〕見卷九淮海對雪贈傅靄及卷十三秋山寄衛尉張卿及王徵君詩注。

其二

水作青龍盤石隄，桃花夾岸魯門西。若教月下乘舟去，何啻風流到剡溪？

秋獵孟諸夜歸置酒單父東樓觀妓

傾暉速短炬，走海無停川。冀餐圓丘草，欲以還頹年。此事不可得，微生若浮烟。駿發跨名駒，雕弓控鳴弦。鷹豪魯草白，狐兔多肥鮮。邀遮相馳逐，遂出城東田。一掃四野空，喧呼鞍馬前。歸來獻所獲，炮炙宜霜天。出舞兩美人，飄飖若雲仙。留歡不知疲，清曉方來旋。

【校】

〔駿〕兩宋本、繆本俱作俊。王本注云：繆本作俊。

【注】

〔孟諸〕王云：杜預春秋經傳集解：孟諸，宋大藪也。在梁國睢陽縣東北。元和郡縣志：孟諸澤在宋州虞城縣西北十里，周迴五十里，俗號盟諸澤。

〔圓丘〕文選郭璞遊仙詩：「圓丘有奇草。」李善注：外國圖曰：圓丘有不死樹，食之乃壽。呂向注：圓丘，山名。奇草，芝草也。

〔炮炙〕王云：説文：炰，毛炙肉也。韻會：錢氏曰：凡肉置火中曰炮，近火曰炙。

遊太山六首

四月上太山，石平御道開。六龍過萬壑，澗谷隨縈迴。馬跡遶碧峯，於今滿青苔。飛流灑絶巘，水急松聲哀。北眺崿嶂奇，傾崖向東摧。洞門閉石扇，地底興雲雷。登高望蓬瀛，想象金銀臺。天門一長嘯，萬里清風來。玉女四五人，飄飖下九垓。含笑引素手，遺我流霞杯。稽首再拜之，自媿非仙才。曠然小宇宙，棄世何悠哉！

【校】

〔題〕兩宋本、繆本、王本題下俱注云：一作天寶元年四月從故御道上太山。

〔石平〕平，蕭本作屏。王本注云：蕭本作屏。

〔水急〕急，兩宋本、繆本、蕭本、王本俱注云：一作色。英華作色。

〔地底〕底，王本注云：許本作低，霏玉本作哌。

〔金銀〕銀，兩宋本、繆本俱作録。王本注云：繆本作録。

【注】

〔太山〕見卷十七送范山人歸太山詩注。

〔御道〕舊唐書玄宗紀：開元十三年十月辛酉，東封泰山，發自東都。十一月丙戌，至兖州岱宗頓。……己丑，日南至，備法駕登山，仗衛羅列山下百餘里，詔行從留于谷口，上與宰臣禮官升山。庚寅，祀昊天上帝於上壇，有司祀五帝百神於下壇。禮畢，藏玉册於封祀壇之石礷，然後燔柴。燎發，羣臣稱萬歲，傳呼自山頂至岳下，震動山谷。楊云：玄宗開元十三年有事泰山，其登山也，次于中道休三刻而後升，即御道也。

〔六龍〕王云：宋書：天子所御駕六，其餘副車皆駕四。按書稱朽索御六馬。逸禮王度記曰：天子駕六，袁盎諫漢文馳六飛，魏時天子亦駕六。六龍之義本此。參見卷三蜀道難及卷八上皇西巡南京歌第四首注。

〔金銀臺〕文選郭璞遊仙詩：「神仙排雲出，但見金銀臺。」

〔天門〕王云：山東通志：上泰山，屈曲盤道百餘，經南天門東西三天門，至絶頂，高四十餘里。

〔九垓〕見卷四司馬將軍歌注。

〔仙才〕漢武内傳：王母曰：「雖當語之以至道，殆恐非仙才也。」

其二

清曉騎白鹿，直上天門山。山際逢羽人，方瞳好容顔。捫蘿欲就語，却掩青雲關。遺我鳥跡書，飄然落巖間。其字乃上古，讀之了不閑。感此三嘆息，從師方未還。

【注】

〔羽人〕楚辭遠遊：仍羽人於丹丘。王逸注：人得道身生羽毛也。朱熹注：羽人，飛仙也。

〔方瞳〕王云：抱朴子：仙人目瞳正方。神仙傳：李根瞳子皆方。按仙經云：八百歲人瞳子方也。

〔鳥跡〕見卷十九酬崔十五見招詩注。

〔不閑〕王云：爾雅：閑，習也。荀子：多見曰閑。

其三

平明登日觀，舉手開雲關。精神四飛揚，如出天地間。黄河從西來，窈窕入遠山。憑崖覽八極，目盡長空閑。偶然值青童，緑髮雙雲鬟。笑我晚學仙，蹉跎凋朱顔。躊躇忽不見，浩蕩難追攀。

【校】

〔舉手〕手，英華作首。

〔緑髮〕髮，英華作鬢。

〔難〕英華作艱。

【注】

〔日觀〕水經注汶水：應劭漢官儀云：泰山東南山頂名曰日觀。日觀者，雞一鳴時，見日始欲出，長三丈許，故以名焉。並參見卷十七送范山人歸太山詩注。

〔雲關〕王云：北山移文：扃岫幌，掩雲關。雲關者，雲氣擁蔽如門關也。

〔黄河〕太平御覽卷三九泰山記云：黄河去泰山二百餘里，於祠所瞻黄河如帶，若在山趾。

其四

清齋三千日，裂素寫道經。吟誦有所得，衆神衛我形。雲行信長風，颯若羽翼生。攀崖上日觀，伏檻窺東溟。海色動遠山，天雞已先鳴。銀臺出倒景，白浪翻長鯨。安得不死藥，高飛向蓬瀛？

【注】

〔清齋〕太平廣記卷五八南岳魏夫人傳：入陽洛山中，清齋五百日，讀大洞真經。按：王引此文陽洛誤作洛陽。

〔素〕王云：顏師古急就篇注：素謂絹之精白者，即所用寫書之素也。

〔倒景〕王云：謝靈運詩：「張組眺倒景，列筵矚歸潮。」李善注：游天台山賦曰：或倒景於重溟。王彪之遊仙詩曰：「遠遊絶塵霧，輕舉觀滄溟。蓬萊蔭倒景，崑崙罩層城。」並以山臨水而景倒，謂之倒景。此篇倒景正作此解，與二卷中所用倒景，故自不同。

其五

日觀東北傾，兩崖夾雙石。海水落眼前，天光遥空碧。千峯争攢聚，萬壑絶凌歷。緬彼鶴上仙，去無雲中跡。長松入霄漢，遠望不盈尺。山花異人間，五月雪中白。終當遇安期，於此鍊玉液。

【校】

〔攢聚〕聚，咸本作叢。

〔霄漢〕霄，蕭本作雲。王本注云：蕭本作雲。

【注】

〔五月〕王云：歲華紀麗：泰山冬夏有雪。

〔安期〕見卷二古風第七首注。

其六

朝飲王母池，暝投天門關。獨抱綠綺琴，夜行青山間。山明月露白；夜靜松風歇。仙人遊碧峯，處處笙歌發。寂靜娛清輝，玉真連翠微。想象鸞鳳舞；飄颻龍虎衣。捫天摘匏瓜，恍惚不憶歸。舉手弄清淺，誤攀織女機。明晨坐相失，但見五雲飛。

【校】

〔天門關〕關，兩宋本、繆本、咸本俱作闕。王本注云：繆本作闕。

〔山間〕間，兩宋本、繆本、咸本俱作月。王本注云：繆本作月。

〔寂靜〕静，兩宋本、繆本、咸本俱作聽，似是。王本注云：繆本作聽。

【注】

〔王母池〕王云：山東通志：王母池在泰山下之東南麓，一名瑶池。水極甘冽，瀵沸滃滃，不竭不盈，鄉人取水禜雨頗驗。

〔緑綺〕傅玄琴賦序：楚王有琴曰繞梁，司馬相如有緑綺，蔡邕有焦尾，皆名器也。

〔翠微〕爾雅釋山：未及上翠微。疏：謂未及頂上在旁陂陀之處，名翠微。一説，山氣青縹色，故曰翠微也。

〔匏瓜〕王云：隋書：匏瓜五星，在離珠北。史記索隱：荆州占云：匏瓜一名天雞，在河鼓東，匏瓜明則歲大熟。

〔五雲〕王云：五雲，五色雲也。參見卷七侍從宜春苑奉詔賦龍池柳色初青聽新鶯百囀歌詩注。

【評箋】唐宋詩醇云：白性本高逸，復遇偃蹇，其胸中磊砢一於詩乎發之。泰山觀日，天下之奇，故足以舒其曠渺而寫其塊壘不平之意。是篇氣骨高峻而無恢張之象，後三篇狀景奇特，而無刻削之迹。蓋浩浩落落獨往獨來，自然而成，不假人力，大家所以異人者在此。若其體近游仙，則其寄興云耳。

沈濤云：古詩：「河漢清且淺」，李白游太山詩：「舉手弄清淺，誤攀織女機。」是即以清淺

爲河漢。（匏廬詩話）

按：王譜云：天寶元年，時太白遊會稽，與道士吴筠共居剡中，會筠以召赴闕，薦之於朝，玄宗乃下詔徵之。又云：遊太山詩古本題下有注云：天寶元年四月，從故御道上太山。則其時在魯而不在會稽，并未嘗入京可知也。但未知遊泰山之後方入會稽，抑入會稽在遊太山之先，皆不可考。王氏過泥新、舊唐書天寶初遊會稽與吴筠同踪跡之説，以遊泰山與遊會稽及入長安同在一年，致於事實難通。疑白於遊泰山後即聞召，匆匆送家南陵而後入京，然其時亦恐逼歲暮，未必猶有遊會稽之餘暇也。

秋夜與劉碭山泛宴喜亭池

明宰試舟楫，張燈宴華池。文招梁苑客；歌動郢中兒。月色望不盡；空天交相宜。令人欲泛海，只待長風吹。

【注】

〔碭山〕王云：碭山，縣名，唐時隸河南道宋州睢陽郡，劉蓋爲碭山令者也。

〔宴喜亭池〕王云：江南通志：宴喜臺在徐州碭城縣東五十步，臺上有石刻三大字，相傳唐李白筆。

【評箋】

今人詹鍈云：梁苑客蓋指李白、杜甫與高適等也。

攜妓登梁王棲霞山孟氏桃園中

碧草已滿地，柳與梅争春。謝公自有東山妓，金屏笑坐如花人。今日非昨日，明日還復來。白髮對緑酒，強歌心已摧。君不見梁王池上月，昔照梁王樽酒中。梁王已去明月在，黄鸝愁醉啼春風。分明感激眼前事，莫惜醉卧桃園東。

【校】

〔棲霞〕棲，宋乙本作棲。

〔柳與〕兩宋本、繆本俱作與柳。王本注云：繆本作與柳。

【注】

〔棲霞山〕王云：一統志：棲霞山在兗州單縣東四里，世傳梁孝王嘗游此。

與從姪杭州刺史良遊天竺寺

挂席凌蓬丘；觀濤憩樟樓。三山動逸興；五馬同遨遊。天竺森在眼；松風颯驚秋。覽雲測變化；弄水窮清幽。疊嶂隔遥海；當軒寫歸流。詩成傲雲月，佳趣滿吴洲。

【校】

〔題〕兩宋本、繆本題下俱注云：吴中。

〔松風〕風，兩宋本、繆本、咸本俱作門。王本注云：繆本作門。

〔遥海〕海，王本注云：霏玉本作響。

〔詩成〕詩，蕭本作轉。王本注云：蕭本作轉。

【注】

〔李良〕見後評箋。

〔天竺寺〕王云：咸淳臨安志：下竺靈山寺在錢塘縣西十七里。隋開皇十五年，僧真觀法師與道安禪師建，號南天竺寺。唐永泰中，賜今額。淳祐志云：大凡靈竺之勝，周迴數十里，而巖壑尤美，實聚於下天竺靈山寺，自飛來峯轉至寺後，巖洞皆嵌空玲瓏，瑩滑清潤，如虬龍瑞鳳，如層華吐萼，如皺縠疊浪，穿幽透深，不可名貌。林木皆自巖骨拔起，不土而生，傳言兹巖産玉，故腴潤能育焉。其間唐宋游人題名，不可殫紀。一統志：下天竺寺在杭州府城西十五里，晉咸和中建，寺前後有飛來、蓮花諸峯，合澗、跳珠諸泉，夢謝、流盃、月桂諸亭，遊人多至其間。

〔樟樓〕王云：夢粱録：樟亭驛即浙江亭也。在跨浦橋南江岸。浙江通志：樟亭在錢塘縣舊治南五里，後改爲浙江亭。今浙江驛，其故址也。按：咸淳臨安志卷五五：樟亭驛，晏元獻公輿地志云：在錢唐縣舊治之南五里。今爲浙江亭。梅鼎祚李詩鈔卷二：樟樓即樟亭，在浙江東岸。白送王屋山人詩：「樟亭望潮還。」參見卷十六送王屋山人魏萬還王屋詩注。

〔松風〕楊云：錢唐諸寺，天竺最盛，山有一門，南北相望，而上下兩天竺寺，自西湖入天竺寺路，夾道皆古松，其地名曰九里松，靈隱、天竺同在一處，皆由松門而進。圖經：杭州靈山之陰，北澗之陽，即靈隱寺。靈山之南，南澗之陽，即天竺寺。二澗流水號錢源泉，遶寺峯南北，至峯前合爲一澗。

【評箋】今人詹鍈云：勞格讀書雜識卷七杭州刺史考列李良於杜元志、陳彦恭之間，以良爲開元間刺史。勞氏雖無確據，然孫逖有授李良等諸州刺史制，逖之爲中書舍人，在開元二十四年至天寶三載間（見舊唐書本傳）。又天寶六載，太白二次來遊會稽，時杭州刺史爲張守信。（下天竺摩崖石刻源少良等題名：監察御史源少良、陝縣尉陽陵、此郡太守張守信天寶六載正月二十三日同游。唐會稽太守題名記謂守信天寶七年自杭州刺史授越州都督，見會稽掇英總集十八。）

則勞氏之假設必去事實不遠。

按：卷十七有送姪良攜二妓赴會稽戲有此贈詩。

同友人舟行

楚臣傷江楓，謝客拾海月。懷沙去瀟湘，挂席泛溟渤。蹇予訪前跡，獨往造窮髪。古人不可攀，去若浮雲没。願言弄倒景，從此鍊真骨。華頂窺絶冥，蓬壺望超忽。不知青春度，但怪緑芳歇。空持釣鼇心，從此謝魏闕。

【校】

〔題〕兩宋本、繆本、咸本行字下俱有遊台越作四字。王本注云：繆本於行字下多游台越作四字。

【注】

〔江楓〕楚辭招魂：湛湛江水兮上有楓，目極千里兮傷春心。王逸注：言湛湛江水浸潤楓木，使之茂盛，傷己不蒙君惠而身放棄，曾不若樹木得其所也。

〔海月〕王云：宋書：謝靈運小字客兒，故詩人多稱爲謝客。其遊赤石進帆海詩有云：「揚帆採石華，挂席拾海月。」李善注：臨海水土物志云：海月大如鏡，色白正圓，常生海邊，其尖柱如搔頭大。本草：陳藏器曰：海月，蛤類也，似半月，故名，水沫所化。

〔華頂〕方輿勝覽卷八：華頂峯在天台縣東北六十里，蓋天台第八重最高處，高一萬丈，絶頂東望滄海，俗名望海尖，草木薰郁，殆非人世。孫綽所謂陟降信宿迄乎仙都是也。參見卷十六送王屋山人魏萬還王屋詩及卷十七送紀秀才遊越詩注。

〔魏闕〕吕氏春秋開春論：審爲：中山公子牟謂詹子曰：「身在江湖之上，而心居乎魏闕之下，奈何！」高誘注：一説，魏闕，象魏也。懸教象之法，浹日而收之。魏魏高大，故曰魏闕，言身雖在江河之上，心存王室，故在天子門闕之下也。

下終南山過斛斯山人宿置酒

暮從碧山下，山月隨人歸。却顧所來徑，蒼蒼横翠微。相攜及田家，童稚開荆扉。緑竹入幽徑，青蘿拂行衣。歡言得所憩，美酒聊共揮。長歌吟松風，曲盡河星稀。我醉君復樂，陶然共忘機。

【校】

〔題〕兩宋本、繆本題下俱注云：長安。

〔童稚〕兩宋本、繆本、王本俱注云：一作稚子。英華作稚子。

〔幽徑〕徑，兩宋本、繆本、咸本俱作樱。王本注云：繆本作樱。胡本作軒。

【注】

〔終南〕王云：元和郡縣志：終南山在雍州萬年縣南五十里。太平寰宇記：終南山在鄠縣南三十里。雍録：終南山横亘關中南面，西起秦、隴，東徹藍田，凡雍、岐、郿、鄠、長安、萬年相去且八百里，而連綿峙據其南者皆此之一山也。　參見卷五君子有所思行注。

〔斛斯山人〕王云：通志氏族略：代北複姓有斛斯氏，其先居廣牧，世襲莫勿大人，號斛斯部，因氏焉。　按：杜甫過斛斯校書莊自注云：老儒艱難時病於庸蜀，歎其殁後方授一官。全唐詩引英華注云：即斛斯融。又有聞斛斯六官未歸詩，仇注：斛斯複姓，名融，公所謂南鄰愛酒伴者。似白從斛斯宿時尚在亂前，當即一人也。

【評箋】

王夫之云：清曠中無英氣，不可效陶，以此作視孟浩然，真山人詩爾。（唐詩評選）

朝下過盧郎中叙舊遊

君登金華省，我入銀臺門。幸遇聖明主，俱承雲雨恩。復此休浣時，閑爲疇昔言。卻話山海事，宛然林壑存。明湖思曉月，疊嶂憶清猿。何由返初服，田野醉芳樽？

【注】

〔金華〕王云：劉孝綽詩：「步出金華省，遥望承明廬。」蔡夢弼杜詩注：按漢宫闕記：金華殿在未央宫白虎觀右，祕府圖書皆在焉，故王思遠遜侍中表云：奏事金華之上，進議玉臺之下。後世以門下省名金華省，蓋出此也。參見卷十七送楊燕之東魯詩注。

〔銀臺〕見卷六相逢行及卷九贈郭將軍詩注。

〔休浣〕王云：鮑照詩：「休浣自公日。」休浣猶休沐也。漢律：吏五日得一休沐，言休息以洗沐也。楊升菴曰：唐制十日一休沐，故韋應物詩云：「九日驅馳一日閑」，白樂天詩云：「公假日三旬」，是也。

〔初服〕見卷十七送賀監歸四明應制詩注。

侍從遊宿温泉宫作

羽林十二將，羅列應星文。霜仗懸秋月，霓旌卷夜雲。嚴更千户肅，清樂九天聞。日出瞻佳氣，葱葱繞聖君。

【校】

〔温泉〕泉，英華作湯。

〔蔥蔥〕兩宋本、繆本俱作叢叢。王本注云：繆本作叢叢。

【注】

〔羽林〕王云：漢書：武帝太初元年，初置建章營騎，後更名羽林騎。顔師古注：羽林宿衛之官，言其如羽之疾，如林之多也。一説，羽所以爲王者羽翼也。按唐制，左右羽林軍各置大將軍一人，將軍三人，凡八將，無所謂十二將也。而開元天寶之時，天子禁兵有十六衛，其左右衛、左右金吾衛，總謂之四衛。若左右驍衛、左右武衛、左右威衛、左右領軍衛、左右監門衛、左右千牛衛，十二衛謂之雜衛。疑所謂十二將者，指十二雜衛之主將而言，以其專掌禁衛，當爪牙禦侮之任，與漢之羽林騎相似，故曰羽林十二將也。晉書：羽林四十五星，在營室南，一曰天軍，主軍騎，又主翼王也。楊升菴曰：唐武德中置十二軍，皆取天星爲名，以萬年道爲參旗軍，長安道爲鼓旗軍，富平道爲玄戈軍，醴泉道爲井鉞軍，同州道爲羽林軍，華州道爲騎官軍，寧州道爲折威軍，岐州道爲平道軍，豳州道爲招摇軍，麟州道爲苑遊軍，涇州道爲天紀軍，宜州道爲天節軍。太白蓋用其事。琦按通典、會要諸書，分關中之衆爲十二衛，取象天官爲名號，乃武德二年事，五年即廢久矣。楊説雖創，揆之作者之心，恐未必用此典故。　參見卷十七送羽林陶將軍詩注。

〔嚴更〕文選張衡西京賦：重以虎威章溝嚴更之署。薛綜注：嚴更，督行夜鼓也。

〔清樂〕王云：唐會要：清樂，九代之遺聲，其始即清商三調是也。並漢魏以來舊曲，樂器制度，并諸歌章古調，與魏三祖所作者皆備於史籍。自晉氏播遷，其音分散，不存於内地。苻堅滅涼，始得之，傳於前後二秦。及宋武定關中，收之入於江南。隋平陳獲之，隋文聽之，善其節奏，曰：此華夏正聲也。因更損益，去其哀怨，考而補之，乃置清商署，總謂之清樂。至煬帝乃立清樂西涼等九部。隋室喪亂，日益淪缺。天后朝猶有六十三曲。新唐書禮樂志：清商伎者，隋清樂也。有編鐘編磬獨絃琴擊琴瑟奏琵琶臥箜篌筑箏節鼓皆一，笙笛簫篪方響跋膝皆二，歌二人，吹葉一人，舞者四人。夢溪筆談：先王之樂爲雅樂，前世新聲爲清樂。

【評箋】

按：舊唐書玄宗紀，天寶六載始改温泉宫爲華清宫。此詩題可證原稿未經改竄。

邯鄲南亭觀妓

歌鼓燕趙兒，魏姝弄鳴絲。粉色艷日彩，舞袖拂花枝。把酒領美人，請歌邯鄲詞。清箏何繚繞！度曲緑雲垂。平原君安在！科斗生古池。座客三千人，於今知有誰？我輩不作樂，但爲後代悲。

【校】

〔題〕兩宋本、繆本題下俱注云：燕趙。

〔歌鼓〕鼓，兩宋本、繆本、蕭本、胡本、王本俱注云：一作妓。

〔日彩〕兩宋本、繆本俱作月彩。胡本注云：一作月彩。王本日下注云：繆本作月。

〔舞袖〕袖，兩宋本、繆本、蕭本、王本俱注云：一作衫。胡本作衫，注云：一作袖。

〔領〕兩宋本、繆本、蕭本、王本俱注云：一作顧。

〔度曲〕咸本作曲度。

【注】

〔邯鄲〕舊唐書地理志：河北道磁州邯鄲：漢縣。

〔度曲〕王云：苕溪漁隱叢話：藝苑雌黄云：世人言度曲者，多作徒故切，謂歌曲也。張平子西京賦云：度曲未終，雲起雪飛。子美陪李梓州泛江詩：「翠眉縈度曲，雲鬢儼成行。」皆作徒故切讀。考之前漢元帝紀贊云：帝多才藝，善史書，鼓琴，吹洞簫，自度曲，被歌聲。應劭注：自隱度作新曲，因持新曲以爲歌聲也。顔注：度音大各切，則與張平子、杜詩所言度曲異矣。而臣瓚注則云：度曲謂歌終更授其次，則又誤以度曲爲歌曲，夫度曲雖有兩音，若讀元帝紀止可作大各切。唐書：段安節善樂律，能自度曲，其意正與元帝紀相合。琦按太白詩意，自應作徒故切讀，而楊注引自度曲解之，非是。

〔雲垂〕王云：緑雲垂即響遏行雲之意。

〔科斗〕王云：古今注：蝦蟇子曰蝌蚪，一曰玄針，一曰玄魚，形圓而尾尖，尾脱即脚出。顔師古急就篇注：科斗一名活東，一名活師，即蝦蟆所生子也。未成蝦蟆之時，身及頭並圓而尾長，漸乃變耳。

【評箋】

按：卷二十一有登邯鄲洪波臺置酒觀發兵詩，卷三十有邯鄲登城樓詩，均可參看。

春日遊羅敷潭

行歌入谷口，路盡無人躋。攀崖度絶壑，弄水尋迴溪。雲從石上起，客到花間迷。淹留未盡興，日落羣峯西。

【校】

〔春日〕兩宋本、繆本俱無日字。王本注云：繆本缺日字。

【注】

〔羅敷〕王云：王阮亭曰：羅敷谷水在華州。

春陪商州裴使君遊石娥溪

裴公有仙標，拔俗數千丈。澹蕩滄洲雲，飄颻紫霞想。剖竹商洛間，政成心已閑。蕭條出世表；冥寂閉玄關。我來屬芳節，解榻時相悦。褰帷對雲峯；揚袂指松雪。暫出東城邊；遂遊西巖前。横天聳翠壁；噴壑鳴紅泉。尋幽殊未歇，愛此春光發。溪傍饒名花；石上有好月。命駕歸去來，露華生翠苔。淹留惜將晚，復聽清猿哀。清猿斷人腸，遊子思故鄉。明發首東路，此歡焉可忘。

【校】

〔題〕兩宋本、繆本題下俱注云：時欲東歸，遂有此贈。王本注云：原注：時欲東遊，遂有此贈。遊，繆本作歸。

〔紅泉〕紅，咸本作江，注云：一作紅。

〔翠苔〕翠，兩宋本、繆本、咸本、胡本俱作緑。王本注云：繆本作緑。

〔惜將〕惜，兩宋本、繆本俱作昔。王本注云：繆本作昔。

【注】

〔商州〕王云：商州，古商國也。在晉爲上洛郡，在西魏爲洛州，在後周爲商州，在唐亦謂之商州，或爲上洛郡。地有商山、洛水，依此立名，屬關内道。

〔石娥溪〕王云：石娥溪當在仙娥峯下。按雍勝略、商略、陝西通志：仙娥峯在商州西十里，峯之麓有西巖，洞壑幽邃，下臨丹水，古稱棲真之地。李白嘗游此，有詩曰：「暫出城東邊，遂游西巖前，横天聳翠壁，噴壑鳴紅泉」云云，是石娥溪即仙娥峯下之溪也。所謂紅泉者，其即丹水歟！按：畢沅關中勝蹟圖志卷二五：西巖山在商州西十里。通志：與仙娥峯對，其麓有西巖洞，古稱棲真之地。又有仙娥峯，一名吸秀峯，亂山上特起一峯，下臨丹江，謂之仙娥溪，亦曰石娥溪。

〔玄關〕文選王屮頭陀寺碑：玄關幽鍵，感而遂通。張銑注：玄幽謂道之深邃也，關鍵皆所以閉距於門者。

〔解榻〕後漢書卷九六陳蕃傳：郡人周璆，高潔之士，……特爲置一榻，去則懸之。

【評箋】

今人詹鍈云：薛譜繫此詩開元八年下，蓋以爲初出夔門時作，非也。曾子固李太白文集後序稱：頃之不合去，北抵趙魏燕晉，西涉邠岐，歷商於，至洛陽。按遊邠岐在方去長安之後，已見前。至白遊商州之時，史傳雖無明文，然答杜秀才五松山見贈詩云：「……角巾東出商山道，採秀行歌詠芝草。……」則其歷商州而至洛陽，亦在方去京時。

按：白於天寶初年出京即取商州道東行，誠如詹説，但不能同時復至邠岐。其云遊邠岐在方去長安之後，恐非。揆諸情理，既放還山（不論出於自請，抑被放黜），似不得漫遊以事干謁也。

陪從祖濟南太守泛鵲山湖三首

初謂鵲山近，寧知湖水遥？此行殊訪戴，自可緩歸橈。

【校】

〔題〕兩宋本、繆本、蕭本題下俱注云：齊州。

〔鵲山〕絶句鵲均作鶴，非。

【注】

〔濟南〕舊唐書地理志：河南道齊州：天寶元年改爲臨淄郡，五載爲濟南郡。

〔鵲山湖〕王云：一統志：濼水自大明湖東北流注華不注山下，匯爲鵲山湖，又東北入于濟。僞齊劉豫自城北導之東行爲小清河，而水不及鵲山湖矣。山東志：鵲山湖在濟南府城北二十里。

〔鵲山〕王云：隋書：齊郡歷城有鵲山。一統志：鵲山在濟南府城北二十里，俗云每歲七八月間烏鵲翔集於此。又云：扁鵲嘗於此煉丹。

其二

湖闊數十里，湖光摇碧山。湖西正有月，獨送李膺還。

【校】

〔數十〕十，宋乙本、蕭本俱作千。王本注云：蕭本作千，誤。

其三

水入北湖去，舟從南浦回。遥看鵲山轉，卻似送人來。

【注】

〔南浦〕楊云：南浦在鵲湖之南。

【評箋】

今人詹鍈云：王譜：天寶五載十月，改臨淄郡爲濟南郡，陪從祖濟南太守泛鵲山湖詩乃是時以後之作。按是年十月以後，白已去之江東，而齊州之以濟南爲名，亦不自唐代始。李詩中所稱州郡援用舊名者非一，此詩之作未必在本年十月改名以後。杜工部集有陪李北海宴歷下亭、同李太守登歷下古城諸詩，皆本年夏季作，此詩之作當亦在是時，惜不知濟南太守究爲何人耳。

春日陪楊江寧及諸官宴北湖感古作

昔聞顔光禄，攀龍宴京湖。樓船入天鏡，帳殿開雲衢。君王歌大風，如樂豐沛都。延年獻佳作，邈與詩人俱。我來不及此，獨立鍾山孤。楊宰穆清風，芳聲騰海隅。英僚滿四座，粲若瓊林敷。鷁首弄倒景；蛾眉綴明珠。新絃採梨園；古舞嬌吴歈。曲度繞雲漢，聽者皆歡娱。雞棲何嘈嘈！沿月沸笙竽。古之帝宫苑，今乃人樵蘇。感此勸一觴，願君覆瓢壺。榮盛當作樂，無令後賢吁。

【校】

〔題〕兩宋本、繆本、蕭本題下俱注云：金陵。

〔京湖〕京，兩宋本、繆本、蕭本、王本俱注云：一作重，又作明。英華作明，注云：集作京。

〔佳作〕佳，兩宋本、繆本俱作嘉。

〔清風〕兩宋本、繆本俱注云：一作風。蕭本、王本俱注云：一作飈。

〔滿四座〕英華作光簪組。

〔若〕英華作然。

〔綴〕宋乙本、英華俱作掇。王本注云：繆本作掇。按：繆刻作揚，並不作掇。

〔採〕兩宋本、繆本俱作綵，注云：一作來。王本注云：一作來，繆本作綵，非。

〔雲漢〕雲，兩宋本、繆本、蕭本、王本俱注云：一作清。

〔沿〕兩宋本、繆本、蕭本、王本俱注云：一作江。

〔榮盛〕兩宋本、繆本、蕭本、王本俱注云：一作盛時。胡本作盛時。

【注】

〔楊江寧〕王云：楊名利物，爲潤州江寧令。按：卷十三有宿白鷺洲寄楊江寧詩，據卷二十八江寧楊利物畫讚，知其名爲利物。此兩詩亦必爲同時所作。

〔北湖〕胡云：丹陽郡圖經：樂遊苑，晉時藥圃，元嘉中築堤壅水，名爲北湖。顔延年有應詔觀北湖田收詩。王云：李善文選注：樂游苑，晉時藥圃，元嘉中築堤壅水，名爲北湖。六朝事跡：晉元帝大興三年，創北湖，築長堤以遏北山之水，東至覆舟山，西至宣武城。太平寰宇記：玄武湖在昇州上元縣西北七里，周迴四十里，東西兩派，下水入秦淮，春夏深七尺，秋冬四尺，灌田百頃。徐爰釋問曰：湖本桑泊，晉元帝大興中，創爲北湖，宋築堤，南抵西塘，以肄舟師也。又京都記云：從北湖望鍾山，似宫亭湖望廬岳也。按安帝元嘉二十三年，築堤以堰水爲池。並參見卷十三新林浦阻風寄友人詩注。

〔顔光禄〕南史卷三四顔延之傳：元凶弑逆，以爲光禄大夫。孝武登阼，以爲金紫光禄大夫，領湘東王師。

〔大風〕史記高祖本紀：高祖還歸過沛，留置酒沛宫，悉召故人父老子弟縱酒，發沛中兒得百二十人，教之歌。酒酣，高祖擊筑，自爲歌詩曰：「大風起兮雲飛揚，威加海内兮歸故鄉，安得猛士兮守四方！」令兒皆和習之。

〔豐沛〕漢書高帝紀：高祖，沛豐邑中陽里人也。注：應劭曰：沛，縣也。豐，其鄉也。孟康曰：後沛爲郡而豐爲縣。

〔佳作〕王云：按顔延年有應詔觀北湖田收詩所謂獻佳作者，未知是此詩否，抑另有其詩而今逸之歟！

〔鍾山〕見卷七金陵歌送别范宣及卷十五留别金陵諸公詩注。

〔清風〕詩大雅烝民：吉甫作誦，穆如清風。

〔鷁首〕見卷十八涇川送族弟錞詩注。

〔梨園〕新唐書禮樂志：玄宗既知音律，又酷愛法曲，選坐部伎子弟三百教於梨園。聲有誤者，帝必覺而正之，號皇帝梨園弟子。宫女數百亦爲梨園弟子，居宜春院北梨園。

〔笙竽〕王云：博雅：笙以匏爲之，十三管，宫管在左方。竽象笙三十六管，宫管在中央。宋書：笙，隨所造，不知何代人。列管匏内，施簧管端。宫管在中央，三十六簧曰竽。宫管在左旁，十九簧至十三簧曰笙。其他皆相似也。

〔樵蘇〕漢書卷三四韓信傳：樵蘇後爨。顔師古注：樵，取薪也。蘇，取草也。

〔覆瓠壺〕王云：覆瓠壺猶傾樽倒甕之意。

宴鄭參卿山池

爾恐碧草晚；我畏朱顔移。愁看楊花飛，置酒正相宜。歌聲送落日；舞影迴清池。今夕不盡杯，留歡更邀誰。

【注】

〔參卿〕王云：杜甫詩：「參卿休坐幄，蕩子不還家。」耿湋送郭參軍詩：「人傳府公政，記室有參卿。」皆謂參軍也。疑唐時有此稱謂。

遊謝氏山亭

淪老卧江海，再歡天地清。病閑久寂寞，歲物徒芬榮。借君西池遊，聊以散我情。掃雪松下去，捫蘿石道行。謝公池塘上，春草颯已生。花枝拂人來，山鳥向我鳴。田家有美酒，落日與之傾。醉罷弄歸月，遥欣稚子迎。

【校】

〔淪老〕淪，英華作論，誤。

〔再歡〕歡，英華作嘆，誤。

〔病閑〕閑，英華作寒，注云：集作閑。

〔西池〕池，英華作地，誤。

〔掃雪〕雪，英華作雲，注云：集作雪。

〔石道〕英華作道邊。

〔春草〕草，兩宋本、繆本、王本俱注云：一作風。英華作風，注云：集作草。

〔醉罷〕罷，英華作後。

【注】

〔池塘〕王云：因謝氏山亭，故用靈運「池塘生春草」之句作映帶。

【評箋】

今人詹鍈云：詩云：「淪老卧江海，再歡天地清。」知是晚年之作。又「……遥欣稚子迎。」疑是本年（上元二年）春間寓家豫章時作。李華故翰林學士李君墓誌云：有子曰伯禽、天然，長能持，幼能辯。（玩其語意似當如此斷句，長指伯禽，幼指天然。若謂天然非人名而連下讀，似不甚妥。）此詩中之稚子蓋即天然也。魏顥李翰林集序云：白始娶於許，生一女一男，曰明月奴，女既嫁而卒，又合於劉，劉訣，次合於魯一婦人，生子曰頗黎，終娶於宗。不知天然與頗黎是否一人。

把酒問月

青天有月來幾時！我今停盃一問之。人攀明月不可得，月行却與人相隨。皎如飛鏡臨丹闕，緑烟滅盡清輝發。但見宵從海上來，寧知曉向雲間没？白兔擣藥秋復春，嫦娥孤棲與誰鄰？今人不見古時月，今月曾經照古人。古人今人若流水，共看明月皆如此。唯願當歌對酒時，月光長照金樽裏。

【校】

〔題〕此下兩宋本、繆本俱注云：故人賈淳令予問之。王本注云：原注：故人賈淳令予問之。胡本原注作自注。

〔滅盡〕盡，英華作後。

〔嫦〕兩宋本、繆本、咸本俱作姮。王本注云：繆本作姮。

〔與誰鄰〕文粹作誰與鄰，似是。

〔唯願〕唯，英華作所。

〔酒時〕英華作清酒。

【注】

〔擣藥〕王云：傅玄擬天問：月中何有，白兔擣藥。獨異志：羿燒仙藥，藥成，其妻姮娥竊而食之，遂奔入月中。

〔當歌〕曹操短歌行：對酒當歌，人生幾何！

【評箋】

王夫之云：于古今爲創調。必以此爲質，然後得施其裁制。供奉特地顯出稿本，遂覺直爾孤行，不知獨參湯原爲諸補中方藥之本也。辛幼安、唐子畏未許得與此旨。（唐詩評選）

同族姪評事黯遊昌禪師山池二首

遠公愛康樂，爲我開禪關。蕭然松石下，何異清涼山？花將色不染；水與心俱閑。一坐度小劫，觀空天地間。

【校】

〔族姪〕姪，兩宋本、繆本、王本俱注云：一作弟。英華作弟。

【注】

〔評事〕王云：唐書百官志大理寺有評事八人，從八品下。

〔遠公〕蓮社高賢傳：謝靈運爲康樂公主孫，襲封康樂公，至廬山，一見遠公，肅然心服。乃即寺築臺，翻涅槃經，鑿池種白蓮。時遠公諸賢同修浄土之業，因號白蓮社。

〔清涼山〕王云：法苑珠林：代州東南五臺山，古稱神仙之宅也。山方三百里，巉巖崇峻，有五高臺。上不生草，唯松柏茂林，森於谷底。地極嚴寒多雪，號曰清涼山。經中明文殊將五百仙人往清涼山説法，即斯地也。所以古來求道之士，多游此山，遺窟靈跡，即目極多。胡三省通鑑注：五臺在代州五臺縣。山形五峙，相傳以爲文殊示現之地。華嚴經疏云：清涼山者，即代州鴈門五臺山也。歲積堅冰，夏仍飛雪，曾無炎暑，故曰清涼。五峯聳出，頂無林木，有如壘土之臺，故曰五臺。

〔小劫〕隋唐經籍志：每佛滅度，遺法相傳，有正象末三等，淳漓之異，年歲遠近亦各不同，末法已後，衆生愚鈍，無復佛教，而業行轉惡，年壽漸短，經數千百載間乃至朝生夕死，然後有大水、大火、大風之災，一切除去之，而更立生人，又歸淳朴，謂之小劫，每一小劫則一佛出世。

其二

客來花雨際，秋水落金池。片石寒青錦，疎楊挂緑絲。高僧拂玉柄，童子獻雙梨。惜去愛佳景，烟蘿欲暝時。

【校】

〔雙〕兩宋本、繆本、咸本俱作霜。王本注云：繆本作霜。

【注】

〔花雨〕王云：法華經：是時天雨曼陀羅花、摩訶曼陀羅花、曼殊沙花、摩訶曼殊沙花，而散佛上及諸大衆。彌陀經：七寶池底，純以金沙布地。

〔雙梨〕諸家無注，疑當作霜梨。

金陵鳳凰臺置酒

置酒延落景，金陵鳳凰臺。長波寫萬古，心與雲俱開。借問往昔時，鳳凰爲誰來。鳳凰去已久，正當今日迴。明君越羲軒，天老坐三臺。豪士無所用，彈絃醉金罍。東風吹山花，安可不盡杯？六帝没幽草，深宫冥緑苔。置酒勿復道，歌鐘但相催。

【校】

〔山花〕山，蕭本作出。王本注云：蕭本作出。

【注】

〔鳳凰臺〕王云：法苑珠林：白塔寺在秣陵三井里。晉升平中，有鳳凰集此地，因名其處爲鳳凰臺。六朝事跡：鳳臺山，宋元嘉中鳳凰集於是山，乃築臺於山椒，以旌嘉瑞，在府城西南二里，今保寧寺是也。方輿勝覽：鳳臺山在建康府城南二里餘，保寧寺是也，鳳凰臺故基在寺後。

〔天老〕韓詩外傳卷八：黄帝即位，施惠承天，一道修德，惟仁是行，宇内和平，未見鳳凰，惟思其象，夙寐晨興，乃召天老而問之曰：「鳳象何如？」天老對曰：「夫鳳象鴻前麟後，蛇頸而魚尾，龍文而龜身，燕頷而雞喙，戴德負仁，抱忠挾義，小音金，大音鼓，延頸奮翼，五彩備明，舉動八風，氣應時雨。食有質，飲有儀，往即文始，來即嘉成，惟鳳爲能通天祉，應地靈，律五音，覽九德。天下有道，得鳳象之一，則鳳過之。得鳳象之二，則鳳翔之。得鳳象之三，則鳳集之。得鳳象之四，則鳳春秋下之。得鳳象之五，則鳳没身居之。」黄帝曰：「於戲允哉！朕何敢與焉！」於是黄帝乃服黄衣，戴黄冕，致齋於宫，鳳乃蔽日而至。黄帝降於東階，西面再拜稽首曰：「皇天降祉，不敢不承命。」鳳乃止帝東園，集帝梧桐，食帝竹實，没身不去。

〔歌鐘〕國語：歌鐘二肆。韋昭注：歌鐘，歌時所奏。　並參見卷一大獵賦注。

【評箋】

按：卷二十一有登金陵鳳凰臺詩，二詩皆有怨憤之意，詹氏繫於上元二年，則此時白已飽經憂患，未必尚如此激昂耳。

秋浦清溪雪夜對酒客有唱鷓鴣者

披君貂襜褕，對君白玉壺。雪花酒上滅，頓覺夜寒無。客有桂陽至，能吟山鷓鴣。清風動窗竹，越鳥起相呼。持此足爲樂，何煩笙與竽？

【校】

〔題〕兩宋本、繆本題下俱注云：秋浦。

〔披君〕君，兩宋本、繆本、蕭本、王本俱注云：一作我。胡本作我。

【注】

〔清溪〕見卷八秋浦歌第二首注。

〔鷓鴣〕王云：樂府詩集：山鷓鴣，羽調曲也。

〔襜褕〕王云：張衡詩：「美人贈我貂襜褕。」顔師古急就篇注：襜褕，直裾襌衣也。謂之襜褕者，取其襜襜而寬裕也。△襜音占，褕音臾。

〔桂陽〕舊唐書地理志：江南西道郴州：天寶元年改爲桂陽郡。

【評箋】

按：卷八有山鷓鴣詞，可參看。

與周剛清溪玉鏡潭宴别

康樂上官去，永嘉遊石門。江亭有孤嶼，千載跡猶存。我來遊秋浦，三入桃陂源。千峯照積雪，萬壑盡啼猿。興與謝公合；文因周子論。掃崖去落葉；席月開清樽。溪當大樓南，溪水正南奔。迴作玉鏡潭，澄明洗心魂。此中得佳境，可以絶囂喧。清夜方歸來，酣歌出平原。別後經此地，爲予謝蘭蓀。

【校】

〔題〕咸本作：秋浦與周生宴青溪玉鏡潭。王本題下注云：原注：潭在秋浦桃胡陂下，予新名此潭。桃胡陂繆本作桃樹陂。兩宋本、繆本無原注二字。

〔剛清〕清，兩宋本、繆本俱作青。王本注云：繆本作青。

〔江亭〕亭，英華作中，注云：集作亭，非。胡本作中。

〔來遊〕遊，兩宋本、繆本、咸本、胡本俱作憩。王本注云：繆本作憩。

〔桃陂源〕陂，英華作波，注云：集作波。

〔照積雪〕照，兩宋本、繆本、王本俱注云：一作點。

〔席月〕席，英華作帶，注云：集作席。

〔清樽〕清，英華作酒，注云：集作清。

〔酣歌〕酣，兩宋本、繆本、王本俱注云：一作蓮。

〔經此地〕咸本作無此兆。

〔爲予謝〕咸本作爲謝樹。

【注】

〔玉鏡潭〕王云：周必大泛舟游山録：清溪水正碧色，下淺灘數里，至玉鏡潭，水自南來觸岸西折，彎環可喜，潭深裁二三丈。李白詩云：「溪水正南奔，迴作玉鏡潭。」實録也。江南通志：玉鏡潭在池州府城西南七十里，過白面渡，匯爲秋浦。李白詩：「迴作玉鏡潭，澄明洗心魂。」即此。宋陳應直刻玉鏡潭三大字於石上。潛確居類書：玉鏡潭上有桃胡陂，一名桃花陂。

〔石門〕王云：一統志：石門山在温州府城北。薛方山浙江通志：温州府北山，説者謂爲郡主山，有石崖懸瀑，高百餘丈，瀦爲二潭，名曰水際，又曰石門山。

〔孤嶼〕王云：太平寰宇記：孤嶼在温州城北四里永嘉江中，渚長三百丈，闊七十步，嶼有二峯，謝康樂有登石門最高頂詩，又有登江中孤嶼詩。

〔大樓〕見卷八秋浦歌第一首注。江南通志：大樓山在池州府城南六十里。

〔蘭蓀〕王云：韻會：蓀，香草。陶隱居云：蓀生溪側，有名溪蓀者，極似石菖蒲，而葉無脊。

遊秋浦白笴陂二首

何處夜行好？月明白笴陂。山光摇積雪；猿影挂寒枝。但恐佳景晚；小令歸棹移。人來有清興，及此有相思。

【注】

〔白笴陂〕王云：江南通志：白笴堰在池州府城西南二十五里。李白詩：「何處夜行好？月明白笴陂。」即其地也。△笴音哿，又音杲，又音稈。

〔有相思〕王云：蕭士贇曰：末句有字依孟子音又，去聲。一本竟改作又字，非也。

其二

白笴夜長嘯，爽然溪谷寒。魚龍動陂水，處處生波瀾。天借一明月，飛來碧雲端。故鄉不可見，腸斷正西看。

宴陶家亭子

曲巷幽人宅；高門大士家。池開照膽鏡；林吐破顏花。緑水藏春日；青軒祕晚霞。若聞絃管妙，金谷不能誇。

【校】

〔題〕兩宋本、繆本俱注云：尋陽。

【注】

〔照膽〕見卷四白頭吟第二首注。

〔破顔〕五燈會元：世尊在靈山會上拈花示衆，是時衆皆默然，唯迦葉尊者破顔微笑。

〔金谷〕王云：石崇金谷詩叙：予以元康六年，從太僕卿出爲使持節監青徐諸軍事征虜將軍。有别廬在河南縣界金谷澗中，或高或下，有清泉茂林衆果竹柏藥草之屬，莫不畢備。又有水碓魚池土窟，其爲娱目歡心之物備矣。時征西大將軍祭酒王詡當還長安，余與衆賢共送往澗中，晝夜游宴，屢遷其坐。或登高臨下，或列坐水濱。時琴瑟笙筑，合載車中，道路並作。及住，令與鼓吹遞奏，遂各賦詩，以叙中懷。或不能者，罰酒三斗。感性命之不永，懼凋落之無期。故具列時人官號姓名年紀，又寫詩著後，後之好事者其覽之哉。太平寰宇記：郭緣生述征記曰：金谷，谷也，地有金水自太白原南流經此谷，晉衛尉石崇因即川阜而造制園館。

【評箋】

今人詹鍈云：疑與登單父陶少府半月臺（卷二十一）爲前後之作。

在水軍宴韋司馬樓船觀妓

摇曳帆在空，清流順歸風。詩因鼓吹發；酒爲劍歌雄。對舞青樓妓；雙鬟白玉童。行雲且莫去，留醉楚王宫。

【校】

〔題〕兩宋本、繆本俱注云：在永王軍中。王本注云：繆本下有永王軍中四小字。

〔清流〕流，兩宋本、繆本、蕭本、王本俱注云：一作川。

〔玉童〕玉，咸本注云：一作女。

【注】

〔鼓吹〕藝文類聚卷六八：俗語曰：桓玄作詩，思不來，輒作鼓吹，既而思得云：「鳴鵠響長阜。」嘆曰：「鼓吹固自來人思。」

【評箋】

今人詹鍈云：按新唐書永王璘傳云：璘生宫中，於事不通曉，見富且强，遂有闚江左意。以薛鏐、李臺卿、韋子春、劉巨鱗、蔡駉爲謀主。李太白集有贈韋祕書子春詩二首（卷九），此詩之韋司馬疑即韋子春也。

按：舊唐書玄宗紀：天寶八載四月，著作郎韋子春貶端陽尉。

流夜郎至江夏陪長史叔及薛明府宴興德寺南閣

紺殿横江上，青山落鏡中。岸迴沙不盡；日映水成空。天樂流香閣；蓮舟颺晚風。恭陪竹林宴，留醉與陶公。

【校】

〔題〕兩宋本、繆本題下俱注云：江夏。咸本無南閣二字。

〔江上〕江，咸本作崖，注云：一作江。

〔流〕兩宋本、繆本、蕭本、王本俱注云：一作聞。

【注】

〔蓮舟〕蓮，蕭本作蓬。

〔紺殿〕王云：徐陵孝義寺碑：紺殿安坐，蓮花養神。説文：紺，深青揚赤色也。

〔颸〕音差。

【評箋】

按：長史叔與卷十一之江夏使君叔應即一人，彼爲遇赦後重至江夏之作，長史蓋亦得稱使君，今人詹鍈疑使君叔爲長史叔之誤，似泥。

泛沔州城南郎官湖 并序

乾元歲秋八月，白遷於夜郎，遇故人尚書郎張謂出使夏口，沔州牧杜公、漢陽宰王公觴於江城之南湖，樂天下之再平也。方夜水月如練，清光可掇。張公殊有勝槩，四望超然，乃顧白曰：此湖古來賢豪遊者非一，而枉踐佳景，寂寥無聞。夫子可爲我標之嘉名，以傳不朽。白因舉酒酹水，號之曰郎官湖，亦由鄭圃之有僕射陂也。席上文士輔翼、岑静以爲知言，乃命賦詩紀事，刻石湖側，將與大别山共相磨滅焉。

張公多逸興，共泛沔城隅。當時秋月好，不減武昌都。四坐醉清光，爲歡古來無。郎官愛此水，因號郎官湖。風流若未減，名與此山俱。

【校】

〔夜水月如練〕英華、文粹俱作夜永月朗。

〔殊有〕此上英華、文粹俱有以字。

〔佳景〕景，英華作境。

〔可爲〕爲，文粹作謂，誤。

〔知言〕言，英華作音。

〔秋月〕秋，文粹作明。

【注】

〔沔州〕舊唐書地理志：江南西道鄂州漢陽：武德四年平朱粲，分沔陽郡立沔州，治漢陽縣。

至大和七年，鄂岳節度使牛僧孺奏……請併入鄂州。

〔郎官湖〕王云：湖廣通志：郎官湖在漢陽府城内。

〔張謂〕王云：唐詩紀事：張謂登天寶二年進士第，奉使長沙，作長沙風土記。大曆間爲禮部侍郎。唐詩品彙：張謂，字正言，河南人。

〔夏口〕舊唐書地理志：鄂州江夏：本漢沙羡縣地，屬江夏郡，……江、漢二水會於州西。春秋謂之夏汭，晉、宋謂之夏口，宋置江夏郡治於此，隋不改，武德四年，改爲鄂州。

〔酹〕王云：廣韻：以酒沃地也。△酹音類。

〔亦由〕按：由猶字通。

〔僕射陂〕王云：元和郡縣志：李氏陂在鄭州管城縣東四里。後魏孝文帝以此陂賜僕射李沖，故俗呼爲僕射陂，周迴十八里。

〔大别山〕王云：魯山一名大别山，在沔州漢陽縣東北一百步，其山前枕蜀江，北帶漢水。湖廣通志：大别山在漢陽府城東北半里，漢江西岸。禹貢：内方至於大别，即此，一名翼際山，又名魯山。山之陰有鎖穴，即孫皓以鐵索截江處。

〔武昌都〕王云：武昌，孫權嘗建都於此，故曰武昌都。

陪侍郎叔遊洞庭醉後三首

今日竹林宴，我家賢侍郎。三杯容小阮，醉後發清狂。

【注】

〔小阮〕晉書卷四九阮籍傳：咸任達不拘，與叔父籍爲竹林之遊。

〔清狂〕王云：漢書昌邑王傳：清狂不惠。蘇林曰：凡狂者陰陽脈盡濁，今此人不狂似狂者，故言清狂也。或曰，色理清徐而心不慧曰清狂，清狂如今白癡也。琦按：詩人所稱多以縱情詩酒之類爲清狂，與漢書所解殊異。

其二

船上齊橈樂，湖心泛月歸。白鷗閑不去，争拂酒筵飛。

其三

剗却君山好，平鋪湘水流。巴陵無限酒，醉殺洞庭秋。

【注】

〔剗却〕蕭云：木華海賦曰：于是乎禹也，乃鏟臨崖之阜陸，决陂潢而相浚，羣山既略，萬穴俱流。此篇首兩句意出于此。鏟與剗義通。杜子美亦嘗用，曰意欲鏟疊嶂，今韻引此詩于剗字之下。

〔君山〕楊云：君山在洞庭東，距巴陵四十里，登岳陽樓望之，横陳其前，君山之後乃大湖，渺茫無際，直抵沅、澧、鼎三州。王云：北夢瑣言：湘江北流，至岳陽達蜀江，夏潦後，蜀漲勢高，遏住湘波，讓而退溢爲洞庭湖。凡闊數百里，而君山宛在水中，秋水歸壑，此山復居於陸。岳陽風土記：君山在洞庭湖中，昔人有詩云：「四顧疑無地，中流忽有山。」正謂此也。夏秋水漲皆巨浸，不可以陸行往。

〔巴陵〕通典：岳州巴陵縣，漢下雋縣地，古巴丘也，有君山洞庭湖。

【評箋】

羅大經云：李太白云：「剗却君山好，平鋪湘水流。」杜子美云：「斫却月中桂，清光應更多。」二公所以爲詩人冠冕者，胸襟闊大故也。此皆自然流出，不假安排。（鶴林玉露）

謝榛云：金鍼詩格曰：内意欲盡其理，外意欲盡其象，内外含蓄，方入詩格。若子美「旌旗日暖龍蛇動，宫殿風微燕雀高」，是也。此固上乘之論，殆非盛唐之法。且如賈至、王維、岑參諸聯，皆非内意，謂之不入詩格可乎？然格高氣暢，自是盛唐家數。太白曰：「剗却君山好，平鋪湘水流，巴陵無限酒，醉殺洞庭秋。」迄今膾炙人口，謂有含蓄之意，則鑿矣。（詩家直説）

陳偉勳云：瞿存齋云：太白詩：「剗卻君山好，平鋪湘水流。巴陵無限好，醉殺洞庭秋。」是甚胸次？少陵亦云：「夜醉長沙酒，曉行湘水春。」然無許大胸次也。余謂不然，洞庭有君山，天然秀致。如剗卻，是誠趣也。詩情豪放，異想天開，正不須如此説。既如此説，亦何大胸次之

有？……（酉雅詩話）

按：此首當作在陪族叔刑部侍郎曄一首之後，同指一人。

夜泛洞庭尋裴侍御清酌

日晚湘水緑，孤舟無端倪。明湖漲秋月，獨泛巴陵西。遇憩裴逸人，巖居陵丹梯。抱琴出深竹，爲我彈鵾雞。曲盡酒亦傾，北窗醉如泥。人生且行樂，何必組與珪？

【注】

〔裴侍御〕按：卷十九有酬裴侍御對雨感時見贈、酬裴侍御留岫師彈琴見寄及答裴侍御先行至石頭驛……，卷二十二有至鴨欄驛上白馬磯贈裴侍御等篇，皆當是一人。

〔端倪〕文選謝靈運遊赤石進帆海詩：「溟漲無端倪。」李周翰注：端倪猶崖際也。

〔裴逸人〕按：晉裴頠字逸民，見晉書卷三五本傳。唐諱民字改爲人，非泛稱爲逸人也。

〔丹梯〕文選謝朓敬亭山詩：「即此陵丹梯。」李善注：丹梯謂山也。吕延濟注：丹梯謂山高峯入雲霞處。

〔鵾鷄〕文選嵇康琴賦：鵾雞遊絃。李善注：古相和歌有鵾雞曲。李周翰曰：琴有鵾雞、鴻鴈之曲。

陪族叔刑部侍郎曄及中書賈舍人至遊洞庭五首

洞庭西望楚江分，水盡南天不見雲。日落長沙秋色遠，不知何處弔湘君。

【注】

〔侍郎曄〕舊唐書一一二李峘傳：乾元二年，……鳳翔七馬坊押官先頗爲盜，劫掠平人，州縣不能制，天興縣令知捕賊謝夷甫擒獲決殺之。其妻進狀訴夫冤。（李）輔國先爲飛龍使，黨其人，爲之上訴，詔監察御史孫鎣推之，鎣初直其事，其妻又訴，詔令御史中丞崔伯陽、刑部侍郎李曄、大理卿權獻三司與鎣同。妻論訴不已，詔令侍御史毛若虛覆之，若虛歸罪於夷甫，又言伯陽等有情，不能質定刑獄，……伯陽貶端州高要尉，權獻郴州桂陽尉，鳳翔尹嚴向及李曄皆貶嶺下一尉。按：本卷陪侍郎叔遊洞庭醉後三首詩中之「侍郎叔」與此詩同指一人。

〔賈舍人〕按：卷十一有巴陵贈賈舍人，卷十五有留别賈舍人至二首，卷二十一有與賈至舍人於龍興寺……等篇，可參看。

〔楚江〕楊云：岷江從西來，至岳陽樓前，與洞庭之水合而東行。潭州長沙郡在洞庭上流三百餘里。

〔湘君〕史記秦始皇本紀：上問博士曰：「湘君何神？」博士對曰：「聞之，堯女舜之妻而葬此。」

【評箋】

楊慎云：此詩之妙不待贊，前句云不見，後句不知。讀之不覺其複。此二不字決不可易，大抵盛唐大家正宗作詩，取其流暢，不似後人之拘拘耳。（升庵詩話）

其二

南湖秋水夜無烟，耐可乘流直上天。且就洞庭賒月色，將船買酒白雲邊。

【注】

〔耐可〕王云：耐可猶言若可也。按：卷八王注引田汝成說，此耐可音如能可，而此處又云猶言若可，前後不符。

其三

洛陽才子謫湘川，元禮同舟月下仙。記得長安還欲笑，不知何處是西天。

【注】

〔才子〕王云：潘岳西征賦，賈生洛陽之才子。謂賈誼也。賈至亦河南洛陽人，故以誼比之。

〔欲笑〕王云：後漢李膺字元禮，與郭林宗同舟而濟，用此以擬李曄。二人俱謫官，故用桓譚新論中人聞長安樂出門向西笑之語，以致其思望之情。

其四

洞庭湖西秋月輝，瀟湘江北早鴻飛。醉客滿船歌白苧，不知霜露入秋衣。

【注】

〔白苧〕楊云：白苧歌云：皎皎白緒，節節爲雙。蓋吴音呼苧爲緒（郭本有此一句）。當塗有白苧亭，宋武帝與羣臣會于此爲白苧之歌。王云：白苧，清商調曲也，苧是吴地所産，故舊説以爲吴人之歌，始則田野之作，後乃大樂用焉。一云，即子夜歌也。在吴歌爲白苧，在雅歌爲子夜。參見卷四白紵辭注。

其五

帝子瀟湘去不還，空餘秋草洞庭間。淡掃明湖開玉鏡，丹青畫出是君山。

【注】

〔帝子〕見卷一惜餘春賦注。

〔君山〕楊云：青草湖在金沙堆上，通爲一湖，自金沙堆下即洞庭也。君山居洞庭東，對岳陽，自瀟湘來，望之如修眉見於鏡中。王云：元和郡縣志：君山在岳州巴陵縣西三十里青草湖中。昔秦始皇欲入湖觀衡山，遇風浪，至此山止泊，因號焉。或云：湘君所游止，故名之也。方輿勝覽：君山在洞庭湖中，方六十里，亦名洞庭之山。昔帝之二女居之，曰湘夫人，又曰湘君所游，故名君山。一統志：君山在岳州府城西南一十五里洞庭湖中，狀如十二螺髻。參見本卷陪侍郎叔遊洞庭醉後作第三首注。

【評箋】

宋長白云：太白洞庭五絶結句三用不知二字，亦強弩之末也。（柳亭詩話）

黄與堅云：乙丑余自衡州抵郴州，郴州在下流，距瀟湘五百餘里。秦少游詞：「郴江幸自遶郴山，爲誰流下瀟湘去。」勢極相反。又嘗過洞庭，李太白洞庭西望一絶：「日落長沙秋色遠。」長沙在洞庭東南五百餘里，甚相違背。江文通登香爐峯詩：「日落長沙渚，層陰萬里生。」長沙在廬山南二千餘里，語亦未合，李詩本之，古人興會所至，往往率易如此。（論學三説）

楚江黄龍磯南宴楊執戟治樓

五月分五洲，碧山對青樓。故人楊執戟，春賞楚江流。一見醉漂月，三杯歌棹謳。桂枝攀不盡，他日更相求。

【校】

〔題〕兩宋本、繆本、蕭本俱注云：荆楚。

〔治樓〕治，兩宋本、繆本俱作冶。

〔分〕王本注云：霏玉本作入。胡本作入。

〔醉〕王本注云：霏玉本作波。胡本作波。

〔賞〕蕭本作當。

【注】

〔五洲〕王云：水經注：江中有五洲相接，故以五洲爲名。宋孝武帝舉兵江中，建牙洲上，有紫雲蔭之，即是洲也。胡三省通鑑注：五洲當在今黄州、江州之間。

【評箋】

按：楊執戟指揚雄，見卷二古風第四十六首注，非其人名執戟也。或不欲顯舉其名，姑以此稱之。治樓亦不可解。

銅官山醉後絶句

我愛銅官樂，千年未擬還。要須迴舞袖，拂盡五松山。

【校】

〔題〕兩宋本、繆本俱注云：宣城。

【注】

〔銅官〕楊云：唐宣州南陵縣，武德四年隸池州，州廢屬宣州，後析置義安縣，又廢義安爲銅官，治利國山，有銅有鐵。王云：陸游入蜀記：隔荻港即銅陵界，遠山嶄然臨大江者，即銅官山。海録碎事：銅官山在宣州。

【評箋】

劉攽云：古人多歌舞飲酒，唐太宗每舞屬羣臣，長沙王亦小舉袖曰：國小不足以回旋。張燕公詩云：「醉後歡更好，全勝未醉時，動容皆是舞，出語總成詩。」李白云：「要須回舞袖，拂盡五松山。」「醉後涼風起，吹人舞袖環。」今時舞者必欲曲盡奇妙，又恥效樂工藝，蓋不復如古人常舞矣。（中山詩話）

與南陵常贊府遊五松山

安石泛溟渤，獨嘯長風還。逸韻動海上，高情出人間。靈異可並跡，澹然與世閑。我來五松下，置酒窮躋攀。徵古絶遺老，因名五松山。五松何清幽，勝境美沃洲。蕭颯鳴洞壑，終年風雨秋。響入百泉去，聽如三峽流。剪竹掃天花，且從傲吏遊。龍堂若可憩，吾欲歸精修。

【校】

〔題〕王本題下注云：原注：山在南陵銅井西五里，有古精舍。兩宋本、繆本無原注二字。

【注】

〔五松山〕王云：輿地紀勝：五松山在銅陵縣南銅官西南，山舊有松，一本五枝，蒼鱗老幹，翠色參天。

〔安石〕見卷十六送楊山人歸天台詩注。

〔五松〕胡云：觀此詩，是五松非山本名，乃太白所名，亦如名九華也。

〔沃洲〕楊云：高僧傳：支遁投跡剡山，於沃洲東嶺立寺行道，晚移石城山寺精舍。王云：太平寰宇記：沃洲山在越州剡縣東七十二里。施宿會稽志：沃洲山在新昌縣東三十二里，晉帛道猷、法深、支遁皆居之。戴、許、王、謝十八人與之游，號爲勝會，亦白蓮社之比也。唐白樂天山院記云：東南山水剡爲面，沃洲、天姥爲眉目，山有靈湫、杖錫泉、養馬坡、放鶴峯，皆因支道林得名。吴虎臣漫録云：沃洲、天姥，號山水奇絶處，自異僧帛道猷來自西天竺，賦詩云：「連峯數十里，修林帶平津。茅茨隱不見，雞鳴知有人。」晉宋之世，隱逸爲多。

按輿地紀勝卷一九：寧國府：沃洲亭在宣城縣東會勝寺側。李白詩云：「五松何清幽，勝境美沃洲。」好事者即以名亭。

〔三峽〕見卷八峨眉山月歌注。

〔天花〕法華經：時諸梵天王雨衆天花，香風時來，吹去萎者，更雨新者。

〔傲吏〕文選郭璞遊仙詩：「漆園有傲吏。」

〔龍堂〕王云：江南通志：龍堂精舍在南陵縣五松山，李白與南陵常贊府遊此有詩。

【評箋】

按：卷十二有於五松山贈南陵常贊府詩，又有書懷贈南陵常贊府詩。三詩皆似在同時，王譜均繫於天寶十三載，是白寓居南陵時也。

宣城清溪

清溪勝桐廬，水木有佳色。山貌日高古，石容天傾側。綵鳥昔未名，白猿初相識。不見同懷人，對之空嘆息。

【校】

〔題〕兩宋本、蕭本俱注云：一云入青溪山。繆本、王本俱注云：一作入青溪山。按：此詩咸本作二首，第一首云：「青溪清我心，水色異諸水。借問新安江，見底何如此？人行明鏡中，鳥度屏風裏。向晚猩猩啼，空悲遠游子。」即卷八之清溪行也。

〔清溪〕清，兩宋本、繆本、蕭本俱作青。王本注云：蕭本作青。

【注】

〔清溪〕王云：琦按清溪在池州秋浦縣北五里，而此云宣城清溪者，蓋代宗永泰元年始析宣州之秋浦、青陽及饒州之至德爲池州，其前固隸宣城郡耳。

〔桐廬〕王云：太平寰宇記：睦州桐廬縣，漢爲富春縣地，吴黄武四年，分富春置此縣。耆老相傳云，桐溪側有大桐樹，垂條偃蓋蔭數畝，遠望似廬，遂謂爲桐廬縣也。吴均與宋元思書：自富陽至桐廬一百里許，奇山異水，天下獨絶。

【評箋】

按：卷八有清溪行，卷十一有宿清溪主人，卷二十三有青溪半夜聞笛等篇，皆當爲同時作。又「不見同懷人」，當是「不見同心人」之意。

與謝良輔遊涇川陵巖寺

乘君素舸泛涇西，宛似雲門對若溪。且從康樂尋山水，何必東遊入會稽？

【校】

〔東遊〕遊，咸本、絶句俱作流。

【注】

〔謝良輔〕王云：唐詩紀事：謝良輔登天寶十一年進士第，德宗時刺商州，爲團練所殺。按：全唐詩小傳：謝良輔，天寶十一年進士第，德宗時商州刺史。

〔陵巖寺〕王云：江南通志：涇溪在寧國府涇縣西南一里，陵巖教寺在涇縣西七十五里，隋時建。涇川即涇溪也。

〔舸〕音哿。

〔涇〕音京。

〔雲門〕王云：方輿勝覽：雲門寺在會稽縣南三十一里，今名雍熙，爲州之偉觀。昔王子敬居此，有五色祥雲，詔建寺號雲門。楊齊賢曰：若耶溪、雲門寺在越州會稽縣南。

〔康樂〕宋書卷六七謝靈運傳：出爲永嘉太守。郡有名山水，靈運素所愛好。出守既不得志，遂肆志遊遨，徧歷諸縣，動踰旬朔。民間辭訟，不復關懷。所至輒爲詩詠，以寄其意。

遊水西簡鄭明府

天宮水西寺，雲錦照東郭。清湍鳴迴溪，緑竹遶飛閣。涼風日瀟灑，幽客時憩泊。五月思貂裘，謂言秋霜落。石蘿引古蔓；岸筍開新籜。吟翫空復情，相思爾佳作。鄭公詩人秀，逸韻宏寥廓。何當一來遊，愜我雪山諾？

【校】

〔緑竹〕竹，蕭本作水。王本注云：蕭本作水。

【注】

〔水西寺〕王云：按江南通志：有水西寺、水西首寺、天宮水西寺，皆在涇縣西五里之水西山中。天宮水西寺者本名凌巖寺，南齊永平元年淳于棼捨宅建。上元初改天宮水西寺，大中時重建。宋太平興國間賜名崇慶寺，凡十四院，其最勝者曰華嚴院，橫跨兩山，廊廡皆閣道，泉流其下。

〔雪山〕王云：廣弘明集：案文殊師利般涅槃經云：佛滅度後四百五十年，文殊至雪山中，爲五百仙人宣説十二部經訖，還歸本土，入于涅槃。案地理志，西域傳云：雪山者即葱嶺也，其下三十六國先來屬，秦漢以葱嶺多雪，故號雪山焉。文殊往化仙人，即其處也。

【評箋】

今人詹鍈云：鄭明府疑指溧陽縣令鄭晏。

按卷十有戲贈鄭溧陽，卷十三有春日獨坐寄鄭明府等篇，均當即卷二十九溧陽瀨水貞義女碑銘序中之鄭晏。

九日登山

淵明歸去來，不與世相逐。爲無杯中物，遂偶本州牧。因招白衣人，笑酌黄花菊。我來不得意，虚過重陽時。題輿何俊發！遂結城南期。築土接響山，俯臨宛水湄。胡人叫玉笛，越女彈霜絲。自作英王胄，斯樂不可窺。赤鯉湧琴高，白龜道冰夷。靈仙如彷彿，奠酹遥相知。古來登高人，今復幾人在？滄洲違宿諾，明日猶可待。連山似驚波，合沓出溟海。揚袂揮四座，酩酊安所知？齊歌送清觴，起舞亂參差。賓隨落葉散，帽逐秋風吹。别後登此臺，願言長相思。

【校】

〔爲無〕爲，胡本作惟。

〔接〕蕭本、胡本俱作按。王本注云：蕭本作按。

〔宛〕咸本、蕭本俱作遠。王本注云：蕭本作遠。

〔自作〕作，王本注云：當是非字之訛。

〔冰夷〕冰，蕭本作馮，王本注云：許本作馮。按：冰爲馮之古字。

〔清觴〕觴，咸本、蕭本俱作揚。王本注云：蕭本作揚。

【注】

〔白衣〕王云：晉書：陶潛爲彭澤令。郡遣督郵至縣，吏白應束帶見之。潛嘆曰：「吾不能爲五斗米折腰，拳拳事鄉里小人。」即解印去縣，乃賦歸去來。刺史王弘以元熙中臨州，甚欽遲之，後自造焉。潛稱疾不見，既而語人曰：「我性不狎世，因疾守閑，幸非潔志慕聲，豈敢以王公紆軫爲榮耶？」弘每令人候之，密知當往廬山，乃遣其故人龐通之等，齎酒先於半道要之。潛既遇酒，便引酌野亭，欣然忘進。弘乃出與相聞，遂歡宴窮日。弘後欲見，輒於林澤間候之，至於酒米乏絶，亦時相贍。陶淵明詩：「天運苟如此，且進杯中物。」藝文類聚：續晉陽秋曰：陶潛嘗九月九日無酒，出宅邊菊叢中摘菊盈把，坐其側久之，望見白衣人至，乃王弘送酒也。即便就酌，醉而後歸。

〔題輿〕太平御覽卷二六三謝承後漢書曰：周景爲豫州，辟陳蕃爲別駕不就，景題別駕輿曰：陳仲舉座也。不復更辟，蕃惶懼起視職。

〔響山〕王云：方輿勝覽：響山在宣城縣南五里。一統志：響山在寧國府城南五里，下俯宛溪。權德輿記：響山兩崖聳峙，蒼翠對起，其南得響潭焉。清泚可鑒，潆洄澄淡。

〔琴高〕搜神記：琴高，趙人也，能鼓琴，爲宋康王舍人，行涓彭之術。浮遊冀州涿郡間二百餘年。後辭入涿水中取龍子，與諸弟子期之曰：明日皆潔齋候于水旁，設祠屋。果乘赤鯉魚出來坐祠中。旦有萬人觀之，留一月乃復入水去。按：吴師道吴禮部詩話云：宣城涇縣有琴高山琴高溪，俗傳控鯉而升之所，每歲三月中，有小魚數十萬，一日來集，亦傳以爲投藥滓所化，至今人待此日盡網之，曝以爲乾，味甚美。

〔冰夷〕王云：山海經：從極之淵，深三百仞，維冰夷恒都焉。冰夷人面，乘兩龍。郭璞注：冰夷，馮夷也。淮南云：馮夷得道以潛大川，即河伯也。穆天子傳所謂河伯無夷者，竹書作馮夷，字或作冰也。河圖括地象：馮夷恒乘雲車，駕兩龍。白龜事未詳。楚辭河伯云：乘白黿兮逐文魚，與汝遊兮河之渚。白龜殆白黿之訛歟！

〔帽逐〕晉書卷九八孟嘉傳：後爲征西桓温參軍，温甚重之。九月九日，温燕龍山，僚佐畢集，時佐吏並著戎服。有風至，吹嘉帽墮落，嘉不之覺，温使左右勿言，欲觀其舉止。嘉良久如廁，温令取還之，命孫盛作文嘲嘉著嘉坐處，嘉還見即答之，其文甚美，四坐嗟嘆。

【評箋】

王云：玩詩義當是偕一宗室爲宣城别駕者於九日登其所新築之臺而作詩，題應有缺文。

今人詹鍈云：寧國府志卷二十四藝文志題作九日登響山，不知何據。詩云：「我來不得意，虚過重陽時。」知是年方至宣城。又云：「築土接響山，俯臨宛水湄。」按李集有宣城九日聞崔四侍御與宇文太守游敬亭余時登響山不同此賞醉後寄侍御詩，當是同時所作。

九日

今日雲景好，水緑秋山明。攜壺酌流霞，搴菊泛寒榮。地遠松石古，風揚絃管清。窺觴照歡顔，獨笑還自傾。落帽醉山月，空歌懷友生。

【注】

〔流霞〕王云：流霞，酒名。按抱朴子：項曼都言，仙人以流霞一杯與我飲之，輒不飢渴。故擬之以爲名耳。

九日龍山飲

九日龍山飲，黄花笑逐臣。醉看風落帽，舞愛月留人。

【校】

〔題〕兩宋本、繆本題下俱注云：當塗。

【注】

〔龍山〕王云：九域志：太平州有龍山，晉大司馬桓温嘗於九月九日登此山，孟嘉爲風飄帽落，即此山也。太平府志：龍山在當塗縣南十里，蜿蜒如龍蟠溪而卧，故名。舊志載桓温以重九日與僚佐登山孟嘉落帽事。或云，孟嘉落帽之龍山當在江陵，而元和志寰宇記皆云是此山，疑必温移鎮姑孰時事也。

〔黄花〕王云：淮南子：季秋之月，菊有黄花。高誘注：菊色不一，而專言黄者，秋令在金，以黄爲正也。史正志菊譜：菊，草屬也，以黄爲正，所以槩稱黄花。

九月十日即事

昨日登高罷，今朝更舉觴。菊花何太苦？遭此兩重陽。

【注】

〔重陽〕王云：歲時雜記：都城重九後一日宴賞，號小重陽。菊以兩遇宴飲，兩遭採掇，故有太苦之言。

陪族叔當塗宰遊化城寺升公清風亭

化城若化出，金牓天宫開。疑是海上雲，飛空結樓臺。升公湖上秀，粲然有辯才。濟人不利己，立俗無嫌猜。了見水中月，青蓮出塵埃。閒居清風亭，左右清風來。當暑陰廣殿，太陽爲徘徊。茗酌待幽客，珍盤薦彫梅。飛文何灑落，萬象爲之摧。季父擁鳴琴，德聲布雲雷。雖游道林室，亦舉陶潛杯。清樂動諸天，長松自吟哀。留歡若可盡，劫石乃成灰。

【校】

〔當塗宰〕宰，兩宋本俱作窂，誤。

〔若化出〕若，英華作如，注云：集作若。

〔升公〕升，英華作昇。

〔湖上〕上，兩宋本、繆本俱注云：一作中。蕭本注云：一作山。王本注云：一作山，一作中。胡本、英華俱作山。

〔了見〕了，蕭本作子，王本注云：蕭本作子，誤。

〔亦舉〕亦，兩宋本、繆本、王本俱注云：一作不。

【注】

〔當塗宰〕按：卷二十七夏日陪司馬武公與羣賢宴姑熟亭序云：今宰隴西李公明化。明化當即此當塗宰之名或字。

〔化城寺〕王云：太平府志：古化城寺在府城内向化橋西禮賢坊，吴大帝時建，基趾最廣。宋孝武南巡，駐蹕於此，增置二十八院。唐天寶間，寺僧清升能詩文，造舍利塔大戒壇，建清風亭於寺旁西湖上，鑄銅鐘一。李白銘之，今盡廢。宋知州郭緯以東城雄武之地，改遷化城寺，撤其西北之地爲城守，而存其餘爲西菴，凡西菴至西北兩城隅，皆古化城寺基也。

〔清風亭〕輿地紀勝卷一八太平州：清風亭在子城上，太守楊倓建。

〔化城〕王云：法華經：導師以方便力，於險道中過三百由旬，化作一城，是時疲極之衆心大歡喜，我等今者免斯惡道，前入化城，生安穩想。寺之立名，蓋取此義。

〔金牓〕神異經：中央有宫，以金爲牆，有金榜，以銀鏤題。

〔海上〕史記天官書：海旁蜃氣象樓臺。

〔辯才〕維摩詰經：維摩詰深達實相，善説法要，辯才無滯，智慧無礙。又云：菩薩觀衆生，如智者見水中月。

〔道林〕法苑珠林：支遁，字道林，本姓關氏。陳留人，或云河東林慮人。幼而神理聰明秀徹，王羲之覩遁才藻，驚絶罕儔，遂披衿解帶，留連不能已，乃請住靈嘉寺，意存相近。又投跡剡山，於沃洲小嶺立寺行道，僧衆百餘，嘗隨稟學。

〔劫灰〕搜神記：漢武帝鑿昆明池極深，悉是灰墨，無復土。舉朝不解，以問東方朔。朔曰：「臣愚不足以知之，可試問西域人。」帝以朔不知，難以移問，至後漢明帝時，西域道人來洛陽，時有憶方朔言者，乃試以武帝時灰墨問之，道人云：經云：天地大劫將盡則劫燒，此劫燒之餘也。

【評箋】

今人詹鍈云：王譜於寶應元年下注云：集中有陪族叔當塗宰遊化城寺升公清風亭詩，又有化城寺大鐘銘。詩稱「升公湖山秀，粲然有辯才。濟人不利己，立俗無嫌猜」云云，銘序稱寺主昇朝，英靈秀氣，虚懷忘情，潔己利物云云，是昇朝升公本一人，而詩與銘之作大約相去不遠也。銘序稱當塗邑宰李公以西逾流沙，立功絶域，帝疇乎厥庸，始學古從政。歷宰潔白，聲聞於天。天寶之初，鳴琴此邦，其時代履歷與陽冰不類，則所謂族叔當塗宰者，乃另是一人，在天寶中來爲邑令者，非上元後作當塗宰之李陽冰也。今按王説是也。詩云：「當暑陰廣殿，太陽爲徘徊。」當是天寶二年盛夏之作。

按：此當塗宰即卷二十七夏日陪司馬武公與羣賢宴姑熟亭序中之「今宰隴西李公明化」，亦即卷二十九化城寺大鐘銘中之「李有則」。化城寺大鐘銘既有「天寶之初，鳴琴此邦」之語，則可知此文必不作於天寶二年，疑與此詩俱作於天寶十四載前後。

李白集校注卷二十一

古近體詩三十六首

登錦城散花樓

日照錦城頭，朝光散花樓。金窗夾繡户，珠箔懸銀鉤。飛梯緑雲中，極目散我憂。暮雨向三峽，春江繞雙流。今來一登望，如上九天遊。

【校】

〔題〕兩宋本、繆本題下俱注云：蜀中。

〔銀鉤〕銀，兩宋本、繆本、咸本俱作瓊。王本注云：繆本作瓊。

〔憂〕兩宋本、繆本、蕭本、王本俱注云：一作愁。英華作愁，注云：集作憂。

【注】

〔散花樓〕王云：太平寰宇記：錦城，華陽國志云：成都夷里橋南岸道西有城，故錦官也，命曰錦里。楊齊賢曰：成都記：府城亦呼爲錦官城，以江山明麗錯雜如錦也。散花樓在摩訶池上，蜀王秀所建。春明退朝録：唐成都府有散花樓。參見卷八上皇西巡南京歌第六首注。

〔三峽〕太平寰宇記卷一四八：三峽謂西峽、巫峽、歸峽，俗云：「巴東三峽巫峽長，清猿三聲淚沾裳。」即禹所疏以導江也。絶峻萬仞，瞥見陽光，不分雲雨。

〔雙流〕王云：左思蜀都賦：帶二江之雙流。劉淵林注：蜀守李冰鑿離堆，穿兩江，爲人開田，百姓享其利。水經注：成都縣有二江雙流郡下，故揚子雲蜀都賦曰：兩江珥其前者是也。風俗通曰：秦昭王使李冰爲蜀守，開成都兩江，溉田萬頃。元和郡縣志：成都府雙流縣北至府四十里，本漢廣都縣也，隋仁壽元年，避煬帝諱改爲雙流，因縣在二江之間，仍取蜀都賦云帶二江之雙流爲名也，皇朝因之。

登峨眉山

蜀國多仙山，峨眉邈難匹。周流試登覽，絶怪安可悉？青冥倚天開，彩錯疑畫出。泠然紫霞賞，果得錦囊術。雲間吟瓊簫；石上弄寶瑟。平生有微尚，歡笑自此畢。烟容如在顔，塵累忽相失。儻逢騎羊子，攜手淩白日。

【校】

〔可悉〕悉，咸本、蕭本及英華俱作息。王本注云：蕭本作息。

〔吟〕英華作吹。

【注】

〔峨眉〕王云：四川通志：峨眉山去嘉州峨眉縣百里。自白水寺登山，初二十里有石磴可陟，又二十里多無路，以木爲梯，行三里方踏實地。又二十里有雷洞，始到光相寺，則峨眉絶頂也。其上樹木禽鳥，多與平地異，天氣尤不同，九月初已下雪，居者皆綿衣絮衾，山上水煮飯不熟，飯食皆從白水寺造上。參見卷三蜀道難及卷八峨眉山月歌注。

〔青冥〕王云：青冥，青而暗昧之狀。楚辭：據青冥而攄虹兮，蓋謂天爲青冥也。太白借用其字，别指山峯而言，與楚辭殊異。

〔錦囊〕見卷十五潁陽别元丹丘之淮陽詩注。

〔騎羊〕列仙傳：葛由者，羌人也。周成王時，好刻木羊賣之，一旦騎羊入西蜀，蜀中王侯貴人追之上綏山，山在峨眉山西南，高無極也。隨之者不復還，皆得仙道。

大庭庫

朝登大庭庫，雲物何蒼然！莫辨陳鄭火；空霾鄒魯烟。我來尋梓慎，觀化入寥天。古木翔氣多，松風如五絃。帝圖終冥没，嘆息滿山川。

【校】

〔題〕兩宋本、繆本題下俱注云：魯中。

〔古木〕兩宋本木字俱缺。

【注】

〔大庭庫〕王云：太平寰宇記：大庭氏庫高二丈，在曲阜縣城内，縣東一百五十步。路史：大庭氏之膺籙也，都于曲阜，故魯有大庭氏之庫。昔者黄帝齋於大庭之館，兹其所矣。羅苹注：庫在魯城中曲阜之高處，今在仙源縣内東隅，高二丈。

〔雲物〕左傳僖五年：凡分至啓閉，必書雲物。杜預注：雲物，氣色災變也。

〔陳鄭〕左傳昭十八年：宋、衞、陳、鄭皆火。梓慎登大庭氏之庫以望之，曰：宋衞陳鄭也。數日皆來告火。杜注：大庭氏古國名，在魯城内。魯于其處作庫高顯，故登以望氣。

〔寥天〕莊子大宗師篇：安排而去化，乃入于寥天一。郭象注：入于寂寞而與天爲一也。

登單父陶少府半月臺

陶公有逸興，不與常人俱。築臺像半月，迴向高城隅。置酒望白雲，商飈起寒梧。秋山入遠海，桑柘羅平蕪。水色渌且明，令人思鏡湖。終當過江去，愛此暫踟躕。

【校】

〔迴向〕迴，咸本注云：一作迴。向，兩宋本、繆本、王本俱注云：一作出。英華作出。

〔商飈〕商，兩宋本、繆本、蕭本、王本俱注云：一作高。英華作高。

〔且明〕明，兩宋本、繆本、蕭本、胡本、王本俱注云：一作清。英華作清，注云：集作明。

【注】

〔半月臺〕王云：山東通志：半月臺在舊單縣城東北隅，相傳陶沔所築。單縣即唐時之單父縣也，隸宋州。

〔鏡湖〕苕溪漁隱叢話後集卷四：復齋漫録云：會稽鑑湖，今避廟諱改爲鏡湖耳。（疑當云避諱改爲鑑湖。）輿地志云：山陰南湖縈帶郊郭，白水翠岩，互相映發，若鏡若圖，故王逸少云「山陰路上行，如在鏡中遊」，名鏡始是耳。李太白登半月臺詩亦云：「水色緑且静，……」，則湖以如鏡得名無可疑者，而或以爲小説所記，以爲軒轅鑄鏡於此得名，非也。太白又有送友人尋越中山水詩：「湖清霜鏡曉，濤白雪山來。」參見卷六子夜吴歌四首詩注。

天台曉望

天台鄰四明，華頂高百越。門標赤城霞；樓棲滄島月。憑高遠登覽，直下見溟渤。雲垂大鵬翻；波動巨鼇没。風潮争洶湧；神怪何翕忽！觀奇跡無倪；好道心不歇。攀條摘朱實；服藥鍊金骨。安得生羽毛，千春卧蓬闕？

【校】

〔題〕兩宋本、繆本題下俱注云：吴中。

【注】

〔天台〕王云：台州府志：天台山在天台縣北三里，自神跡石起至華頂峯皆是，爲一邑諸山之總稱。按陶弘景真誥曰：高一萬八千丈，周圍八百里，山有八重，四面如一。十道志謂其頂對三辰，或曰當牛女之分，上應台宿，故曰天台。登真隱訣曰：處五縣中央，爲餘姚、句章、臨海、天台、剡縣也。顧野王輿地志云：天台山一名桐柏山，衆岳之最秀者也。徐靈府記云：天台山與桐柏接而少異，神邕山圖又採浮屠氏説，以爲閻浮震旦國極東處，或又號靈越。孫綽賦所謂托靈越以正基是也。華頂峯在天台縣東北六十里，乃天台山第八重最高處，可觀日月之出没，東望大海，瀰漫無際。參見卷十一贈王判官……詩、卷十五夢遊天姥吟留别及卷十六送王屋山人魏萬還王屋詩注。

〔四明〕王云：寧波府志：四明山在府西南一百五十里，爲郡之鎮山，由天台發脈，向東北行一百三十里，湧爲二百八十峯，周圍八百餘里，綿亘於寧之奉化、慈谿、鄞縣，紹之餘姚、上虞、嵊縣，台之寧海諸境。上有方石，四面有穴如窗，通日月星辰之光，故曰四明山。參見卷十六送王屋山人魏萬還王屋詩注。

〔赤城〕見卷七同族弟金城尉叔卿燭照山水壁畫歌、卷十五夢遊天姥吟留别詩注。

〔蓬闕〕王云：王勃詩：「芝廛光分野，蓬闕感規模。」按：蓬闕二字，前人殊不常用，蓋即蓬萊宫闕之意。

【評箋】

梅鼎祚云：宋之問詩：「樓觀滄海日，門對浙江潮。」白全法其語。（李詩鈔）

今人詹鍈云：任華雜言寄李白：「登天台，望渤海。雲垂大鵬飛，山壓巨鼇背。斯言亦好在。」即指此詩而言。其下又云：「中間聞道在長安。及余戾止，君已江東訪元丹。」則此詩之作當在入京以前初遊會稽時。

早望海霞邊

四明三千里，朝起赤城霞。日出紅光散，分輝照雪崖。一餐咽瓊液，五内發金沙。舉手何所待？青龍白虎車。

【校】

〔海霞邊〕咸本作海邊霞。

【注】

〔瓊液〕王云：凌陽子明經言春食朝霞者，日始出赤黄氣。真誥：日者霞之實，霞者日之精，君惟聞服日之法，未知餐霞之精也。夫餐霞之經甚祕，致霞之道甚易，此謂體生玉光霞映上清之法也。南岳魏夫人傳：有再酣瓊液而叩棺。

〔金沙〕參同契：金沙入五内，霧散若風雨。

〔白虎車〕太平廣記卷五：沈羲，吴郡人。學道于蜀中，但能消災除病，救濟百姓，不知服藥物。功德感天，天神識之。羲與妻賈共載詣子婦卓孔寧家，道逢白鹿車一乘，青龍車一乘，白虎車一乘，從者皆數十騎，皆朱衣，仗矛帶劍，輝赫滿道。問羲曰：「君是沈羲否？」羲愕然不知何等，答曰：「是也，何爲問之？」騎人曰：「羲有功于民，心不忘道，自少小以來，履行無過，受命不長，年壽將盡，黄老今遣仙官來下迎之。侍郎薄延之，乘白鹿車是也。度世君司馬生，青龍車是也。送迎使者徐福，白虎車是也。」須臾有三仙人，羽衣持節，以白玉簡青玉册丹玉字授羲，遂載羲升天。（出神仙傳）

【評箋】

今人詹鍈云：曾氏次於上首之後。按此詩起句云：「四明三千里，朝起赤城霞。」天台曉望詩則云：「天台鄰四明，……門標赤城霞。」二首當是同時所作。

焦山望松寥山

石壁望松寥，宛然在碧霄。安得五綵虹，架天作長橋？仙人如愛我，舉手來相招。

【校】

〔題〕兩宋本、繆本、咸本俱作焦山杳望松寥山。王本注云：繆本下多一杳字。
〔宛然〕宛，英華作寂，注云：集作宛。
〔架天〕架，英華作駕。
〔舉手〕舉，英華作攀，注云：集作舉。

〔來相招〕英華作兩相招。

【注】

〔松寥山〕王云：一統志：焦山在鎮江府城東北九里江中，後漢焦先隱此，因名。旁有海門二山，王西樵曰：海門山一名松寥、夷山，即孟浩然詩所云「夷山對海濱」者也。鮑天鍾丹徒縣志：焦山之餘支東出分峙于鯨波瀰淼中，曰海門山，唐詩稱松寥、稱夷山即此。按：輿地紀勝卷七：鎮江府：焦山在江中，金、焦二山相去十五里，唐圖經云：後漢焦先嘗隱此山，因以爲名。……山旁又有海門二山。

杜陵絶句

南登杜陵上，北望五陵間。秋水明落日；流光滅遠山。

【校】

〔題〕絶句無絶句二字。此下兩宋本、繆本俱注云：長安。

【注】

〔杜陵〕〔五陵〕文選班固西都賦：南望杜、霸，北眺五陵。後漢書卷七〇班固傳：南望杜、霸，北眺五陵。章懷太子注：杜、霸謂杜陵、霸陵，在城南，故南望也。五陵謂長陵、安陵、陽陵、茂陵、平陵，在渭北，故北眺也。參見卷五白馬篇注。

【評箋】

按：卷十三夕霽杜陵登樓寄韋繇詩，有「萬物生秋客」之句，當與此爲同時所作。

登太白峯

西上太白峯，夕陽窮登攀。太白與我語，爲我開天關。願乘泠風去，直出浮雲間。舉手可近月，前行若無山。一别武功去，何時復更還？

【校】

〔更還〕更，蕭本、胡本俱作見。王本注云：蕭本作見。

【注】

〔太白〕明一統志卷三二：太白山在陝西武功縣南九十里。山極高，上恒積雪，望之皓然，諺云：武功太白，去天三百。……上有洞，即道書第十一洞天，又有太白神祠，山半有横雲如瀑布則澍雨，人常以爲候驗。語曰：南山瀑布，非朝即暮。參見卷二古風第二首注。

〔夕陽〕爾雅釋山：山西曰夕陽，山東曰朝陽。邢昺疏：日即陽也，夕始得陽，故名夕陽。詩大雅公劉云：度其夕陽，豳居允荒，是也。

〔泠風〕莊子逍遥遊篇：夫列子御風而行，泠然善也。郭象注：泠然，輕妙之貌。△泠音零。

【評箋】

今人詹鍈云：是時太白蓋已有西遊邠岐之意。

按：有西遊邠岐意是也，惟不似天寶初年出長安後作。

登邯鄲洪波臺置酒觀發兵

我把兩赤羽，來遊燕趙間。天狼正可射，感激無時閑。觀兵洪波臺，倚劍望玉關。請纓不繫越，且向燕然山。風引龍虎旗，歌鐘昔追攀。擊筑落高月；投壺破愁顔。遥知百戰勝，定掃鬼方還。

【校】

〔題〕兩宋本、繆本題下俱注云：燕、趙，時將遊薊門。

〔洪波臺〕臺，胡本作亭。

〔繫越〕繫，蕭本作擊，誤。

〔昔追〕昔，兩宋本、繆本、王本俱注云：一作憶。胡本作共。

【注】

〔洪波臺〕元和郡縣志卷一五：洪波臺在磁州邯鄲縣西北五里。

〔赤羽〕王云：赤羽謂箭之羽染以赤者。國語所謂朱羽之矰是也。又六韜注：飛凫，赤莖白羽，以鐵爲首。電景，青莖赤羽，以銅爲首。皆矢名。

〔天狼〕楚辭九歌東君：舉長矢兮射天狼。王逸注：天狼，星名。以喻貪殘。洪興祖補注：晉書天文志云：狼一星在東井南，爲野將，主侵掠。

〔繫越〕見卷十五聞李太尉大舉……詩注。

〔燕然山〕後漢書卷五三竇融傳：乃拜憲車騎將軍，……以執金吾耿秉爲副，……憲秉遂登燕然山，去塞三千餘里，刻石勒功，紀漢威德。

〔筑〕王云：顔師古急就篇注：筑形如小瑟而細頸，以竹擊之。通典：筑不知誰所造。史籍惟云高漸離善擊筑。漢高帝過沛所擊。釋名曰：筑以竹鼓之也，似箏細項。按今制身長四尺三寸，項長三寸，圍四寸五分，頭七寸五分，上闊七寸五分，下闊六寸五分。

〔投壺〕後漢書卷五〇祭遵傳：遵爲將軍，取士皆用儒術，對酒設樂，必雅歌投壺。

〔鬼方〕王云：漢書：外伐鬼方，以安諸夏。顔師古注：鬼方絶遠之地，一曰國名。晉書：夏曰薰鬻，殷曰鬼方，周曰獫狁，漢曰匈奴。按：王國維觀堂集林卷十三有鬼方昆夷玁狁考，大意謂其見於商周間者曰鬼方，曰混夷，曰獯鬻，其在宗周之季則曰玁狁，入春秋後則始謂之戎，繼號曰狄，戰國以降又稱之曰胡，曰匈奴。又春秋時之隗姓即鬼方之遺裔，鬼方昆夷薰育玁狁係一語之變，即一族之稱。舊説以昆夷與獯鬻、玁狁爲二，無據。

【評箋】

按：卷二十有邯鄲南亭觀妓詩，當爲同時所作。惟卷三十之至邯鄲登城樓覽古一詩有「揚鞭動柳色，寫鞚春風生」之句，是其居邯鄲爲春時事，似白之留於邯鄲頗久，冬初方入幽州。（見江夏贈韋良宰詩）

又按：儲光羲集有詩題云：次天元（?）十載，華陰發兵作，時有郎官點發。詩云：「鬼方生獫狁，時寇盧龍營。帝念霍嫖姚，詔發咸林兵。」據舊唐書契丹傳，天寶十年，安禄山誣其酋長欲叛，請舉兵討之。八月，以幽州、雲中、平盧之衆數萬人，就潢水南契丹衙與之戰。與此詩正爲一時之事。云「請纓不繫越，且向燕然山」者，同年亦有發兵征雲南之事也。得此可證李之遊燕趙正在天寶十載。詹氏繫年以之屬十一載，微不合。

登新平樓

去國登茲樓，懷歸傷暮秋。天長落日遠，水浄寒波流。秦雲起嶺樹，胡雁飛沙洲。蒼蒼幾萬里，目極令人愁。

【校】

〔題〕兩宋本、繆本、蕭本題下俱注云：陝西。

【注】

〔新平〕見卷七豳歌行上新平長史兄粲注。

【評箋】

梅鼎祚云：高棅唐詩品彙正聲並作五言古，謬，楊慎有駁。（李詩鈔）

按：卷七有豳歌行上新平長史兄粲，卷九有贈新平少年二詩，前者云：「憶昨去家此爲客，荷花初紅柳條碧。」後者云：「長風入短袂，内手如懷冰。」此詩則云：「懷歸傷暮秋。」蓋白之居邠州爲自春及冬，將一年矣。特尚未能確知爲何年。詹氏以爲天寶三載出長安後，恐無如此暇豫。又按：豳歌行上新平長史兄粲，卷九贈新平少年，卷十九酬坊州王司馬與閻正字對雪見贈俱爲李白開元間初入長安游邠、坊時所作。見稗山李白兩入長安辨（中華文史論叢第二輯）。

謁老君廟

先君懷聖德，靈廟肅神心。草合人蹤斷，塵濃鳥跡深。流沙丹竈滅，關路紫烟沉。獨傷千載後，空餘松柏林。

【校】

〔題〕兩宋本、繆本題下俱注云：梁宋。

【注】

〔流沙〕列仙傳：關令尹喜與老子俱遊流沙化胡，服巨勝實，莫知其所終。　太平御覽卷六六一三一經：真人尹喜，周大夫也，爲關令。少好學，善天文祕緯，……登樓四望，見東極有紫氣西邁，喜曰：「……應有異人過此。」乃齋戒掃道以俟之。及老子度關，喜先戒關吏曰：「若有翁乘青牛薄板車者，勿聽過，止以白之。」果至，吏白願少止，喜帶印綬，設師事之道，老子重辭之。喜曰：「願爲我著書，説大道之意，得奉而行焉。」於是著道德經上下二卷。

【評箋】

王云：文苑英華以此詩爲玄宗過老子廟詩，而以先君爲仙居，丹竈滅爲丹竈没，三字不同。琦玩草合一聯，似非太平時天子巡幸景象，此詩定是太白作耳。

今人詹鍈李詩辨僞云：歐陽修集古録跋尾卷六：唐玄宗謁玄元廟詩，歲月闕……宋無名氏寶刻類編卷一：謁玄元皇帝廟詩，唐玄宗製，並行書，天寶中立。考文苑英華所據，多係祕府舊本，御製詩斷不致與一般作品相混。今又有宋人所記碑刻，鑿鑿可據，則此詩必屬玄宗御製，殆無疑問，特不知何故竄入太白集中耳。

秋日登揚州西靈塔

寶塔淩蒼蒼，登攀覽四荒。頂高元氣合；標出海雲長。萬象分空界；三天接畫梁。水摇金剎影；日動火珠光。鳥拂瓊簷度；霞連繡栱張。目隨征路斷；心逐去帆揚。露浩梧楸白；霜催橘柚黄。玉毫如可見，于此照迷方。

【校】

〔題〕兩宋本、繆本題下俱注云：淮南。

〔瓊簷〕簷，咸本、蕭本、胡本俱作簾。王本注云：蕭本作簾。

〔霜催〕霜，兩宋本、繆本俱作風。王本注云：繆本作風。

【注】

〔西靈塔〕王云：太平廣記：揚州西靈塔，中國之尤峻特者。唐武宗未拆寺之前一年，天火焚塔俱盡，白雨如瀉，旁有草堂一無所損。按：高適有登廣陵棲靈寺塔詩，彼當春時，此寫秋景，詩境相似。白居易、劉禹錫集中題均同。疑西靈、栖靈兩通。全唐詩卷二七二，陳潤亦有登西靈塔詩。高僧傳三集卷一九揚州西靈塔寺懷信傳亦作西。

〔三天〕王云：三天謂欲界天、色界天、無色界天也。

〔金刹〕王云：法華經：起七寶塔，長表金刹。伽藍記：寶塔五重，金刹高聳。胡三省通鑑注：刹，柱也。浮圖上柱，今謂之相輪。

〔火珠〕楊云：鎧婆利國自交州浮海而至。多火珠，大者如雞卵，白照數尺，日中以艾藉珠，輒火出。

〔梧楸〕王云：韻會：梧桐色白，葉似青桐，有子肥美可食。楸，説文，梓也。通志曰：梓與楸相似。爾雅以爲一物誤矣。陸璣謂楸之疏理白色而生子者爲梓。齊民要術謂白色有角爲梓，無子爲楸，皆不辨楸梓。梓與楸自異，生子不生角。

〔橘柚〕王云：説文：柚，條也，似橙而酢。史記正義：小曰橘，大曰柚，樹有刺，冬不凋，葉青花白子黄，亦二樹相似，非橙也。△柚音右。

〔玉毫〕法華經：爾時佛放眉間白毫相光照東方萬八千世界，靡不周遍，下至阿鼻地獄，上至阿迦吒天。

【評箋】

張戒云：王介甫云：「遠引江山來控帶，平看鷹隼去飛翔。」疑非介甫語。又云：「留歡薄日晚，起視飛鳥背。」又云：「灑筆飛鳥工，爲王賦雌雄。」語雖稍工而不爲難到。東坡云：「飛鳥皆下翔」，失之易也。李太白登西靈寺塔云：「鳥拂瓊簷度，霞連繡栱張。」亦疑非太白語。廬山謡云：「翠影紅霞映朝日，鳥飛不到吴天長。登高壯觀天地間，大江茫茫去不還。」此乃真太白

詩矣。（歲寒堂詩話）

登金陵冶城西北謝安墩

晉室昔横潰，永嘉遂南奔。沙塵何茫茫！龍虎鬭朝昏。胡馬風漢草，天驕蹙中原。哲匠感頹運，雲鵬忽飛翻。組練照楚國；旌旗連海門。西秦百萬衆，戈甲如雲屯。投鞭可填江，一掃不足論。皇運有返正，醜虜無遺魂。談笑遏横流，蒼生望斯存。冶城訪古跡，猶有謝安墩。憑覽周地險，高標絶人喧。想像東山姿；緬懷右軍言。梧桐識嘉樹；蕙草留芳根。白鷺映春洲；青龍見朝暾。地古雲物在；臺傾禾黍繁。我來酌清波，於此樹名園。功成拂衣去，歸入武陵源。

【校】

〔題〕兩宋本、繆本、蕭本、胡本題下俱注云：此墩即晉太傅謝安與右軍王羲之同登，超然有高世之志。余將營園其上，故作是詩。又注云：金陵。胡本注上有自注二字，王本注上有太白自注字。

〔遂南奔〕遂，蕭本作逐。王本注云：蕭本作逐。

〔投鞭〕以下二句，兩宋本、繆本、王本俱注云：一作投策可填江，一朝爲我吞。蕭本注云：一作投策。

〔冶城〕此句兩宋本、繆本俱注云：一作至今冶城隅。蕭本注云：一作至今古城隅。胡本作至今古城隅，注云：一作冶城訪古跡。王本注云：一作至今古城隅，一作至今冶城隅。

〔嘉樹〕嘉，兩宋本、繆本俱作佳。王本注云：繆本作佳。

〔歸入〕兩宋本、繆本、蕭本、胡本、王本俱注云：一作長嘯。

【注】

〔冶城〕王云：太平寰宇記：冶城在今上元縣西五里，本吴鑄冶之地，因以爲名。元帝太興初，以王導久疾，方士戴洋云：君本命在申，申地有冶，金火相鑠不利。遂使范遜移冶于石城東髑髏山處，以其地爲園，多植林館。徐廣晉記：成帝適司徒府，遊觀冶城之園，即此也。

〔謝安墩〕王云：六朝事跡：謝安墩在半山報寧寺之後，基址尚存。謝安與王羲之嘗登此，超然有高世之志。世説：王右軍與謝太傅共登冶城，謝悠然遠想，有高世之志。王謂謝曰：「夏禹勤王，手足胼胝，文王旰食，日不暇給。今四郊多壘，宜人人自效，而虚談廢務，浮文妨要，恐非當今所宜。」謝答曰「秦任商鞅，二世而亡，豈清言致患耶？」　按：景定建康志卷一七：謝公墩在半山寺，里俗相傳，謝安所嘗登也，其事殊無所據。李白、王荆公皆有謝公墩詩。白詩云：「冶城訪遺跡，猶有謝安墩。」乃今大慶觀冶城山，昔謝安與王羲之登冶城，悠然遐想有高世之志，即此地。荆公雖有我屋公墩之句，而又有詩云：「問樵樵不知，問牧牧不言。」亦自疑之耳。江左謝氏衣冠最盛，謂之謝公，豈獨安也？今半山寺所在舊名康樂坊。按晉書：謝玄封康樂公，至孫靈運猶襲封，今以坊及墩名觀之，恐是玄及其子孫所居，後人因名之耳。又按：陳作霖養龢軒隨筆：金陵有四謝公墩：一在冶城，安石與王逸少登臨遐想處也。一在土山，安石爲相時，築臺榭以擬會稽東山，即圍棋賭墅之所也。王半山寺之謝公墩，則幼度之宅，其地有康樂坊可證，康樂爲幼度封國，與安石無與。至半山之爭，亦太疏於考據矣。若杏花村謝幼度祠側有土阜，亦名謝公墩，特土人因其近謝祠而名之，與他各志均未之載耳。

〔南奔〕晉書懷帝紀：永嘉五年，劉曜、王彌入京師，帝開華林園門，出河陰藕池，欲幸長安，爲曜等所追及。曜等遂焚燒宫廟，逼辱后妃，……百官士庶死者三萬餘人。又卷六五王導傳：俄而洛京傾覆，中州士女避亂江左者十六七。

〔風〕書費誓：馬牛其風。孔疏：僖四年左傳云：唯是風馬牛不相及也。賈逵云：風，放也。牝牡相誘謂之風。然則馬牛風佚，因牝牡相逐而遂至放佚遠去也。

〔投鞭〕晉書苻堅載記：堅曰：「……雖有長江，其能固乎？以吾之衆旅，投鞭于江，足斷其流。」

〔談笑〕晉書卷七九謝安傳：時苻堅强盛，疆埸多虞，諸將敗退相繼。安遣弟石兄子玄等應機征討，所在尅捷。……堅後率衆號百萬次于淮、淝，京師震恐。……玄入問計，安夷然無懼色。答曰：「已别有旨。」……玄不敢復言，乃令張玄重請。安遂命駕出山墅，親朋畢集，方與玄圍棋賭别墅，安常棋劣於玄，是日玄懼，便爲敵手，而又不勝。安顧謂其甥羊曇曰：「以墅乞汝。」遂游陟至夜乃還，指授將帥，各當其任。玄等既破堅，有驛書至，安方對客圍棋，看書既竟，即攝放床上，了無喜色，棋如故。客問之，徐答曰：「小兒輩遂已破賊。」既罷還内，過户限，心喜甚，不覺其屐齒之折，其矯情鎮物如此。

〔東山〕晉書卷七九謝安傳：寓居會稽，與王羲之及高陽許詢、桑門支遁遊處，……中丞高崧戲之曰：「卿屢違朝旨，高卧東山，諸人每相與言，安石不肯出，將如蒼生何！蒼生今亦將卿何！」楊云：東山在會稽，右軍，羲之也。參見卷二十三憶東山二首詩注。

〔白鷺〕太平寰宇記卷九〇云：白鷺洲在江寧縣西三里大江中，多聚白鷺，因名之。參見卷十三宿白鷺洲寄楊江寧詩及卷十七送殷淑詩第二首注。

〔青龍〕王云：一統志：青龍山在應天府東南三十五里。江南通志：青龍山在江寧府上元縣東三十里，山産石甚良，土人取爲碑礎。參見卷十七送殷淑詩第二首注。

〔武陵源〕王云：武陵源，陶淵明所記者。又述異記：武陵源在吴中，山無他木，盡生桃李，俗呼爲桃李源。源上有石洞，洞中有乳水，世傳秦末喪亂，吴中人于此避難，食桃李實者皆得仙。則又一武陵源也。

【評箋】

按：詩之語意與卷二十二之金陵三首略同。

登瓦官閣

晨登瓦官閣，極眺金陵城。鍾山對北户；淮水入南榮。漫漫雨花落；嘈嘈天樂鳴。兩廊振法鼓；四角吟風箏。杳出霄漢上；仰攀日月行。山空霸氣滅；地古寒陰生。寥廓雲海晚；蒼茫宫觀平。門餘閶闔字；樓識鳳凰名。雷作百山動；神扶萬栱傾。靈光何足貴？長此鎮吴京。

【校】

〔題〕按：此詩英華以爲李賓作。

〔淮〕咸本作漢，注云：一作淮。

〔吟〕兩宋本、繆本、蕭本、胡本、王本俱注云：一作吹。英華作吹，注云：一作吟。

〔百山〕山，英華作川，注云：集作山。

〔何足〕英華作一向，注云：集作何足。

【注】

〔瓦官閣〕王云：楊齊賢曰：瓦官寺碑云：江左之寺莫先於瓦官，晉武時建以陶官故地，故名瓦官，訛而爲棺。或云昔有僧誦經於此，既死葬以虞氏之棺，墓上生蓮花，故曰瓦棺。中有瓦棺閣高二十五丈，唐爲昇元閣。景定建康志：古瓦官寺又爲昇元寺，在城西南隅。晉哀帝興寧二年，詔移陶官於淮水北，遂以南岸窰地施僧慧力造瓦官寺，舊志曰瓦棺者，非也。據俗説云：瓦棺寺之名，起自西晉，時長沙城隅忽陸地生青蓮兩朵，民以聞官，掘得一瓦棺，見一僧形貌儼然，其花從舌根生。父老云：昔有一僧，不説姓名，平生誦法華經百餘部，臨死遺言以瓦棺葬之，遂以寺名爲瓦棺，初本於此。其説頗涉誤誕，縱果有此事，亦在長沙，與此無與也。不知陶官爲瓦官而易官爲棺，殆附會而爲之説耳。方輿勝覽：昇元寺即瓦棺寺也，在建康府城西隅。前瞰江面，後據重岡，最爲古跡。李主時，昇元閣猶在，乃梁朝故物，高二百四十尺。李白詩所謂日月隱簷楹，是也。今西南隅戒壇，乃是故基。

〔鍾山〕見卷七金陵歌送别范宣及卷十五留别金陵諸公詩注。

〔淮水〕王云：楊齊賢曰：淮水即秦淮，源于句容、溧水兩山間，自方山合流至建鄴，貫城中而西，以達于江。太平寰宇記：昇州江寧縣有淮水，北去縣一里，源從宣州東南溧水縣烏刹橋西流八百五十里。輿地志云：秦始皇巡會稽，鑿斷山阜，此淮即所鑿也，故名秦淮水。孫盛晉春秋亦云：是秦所鑿，王導令郭璞筮，即此淮也。又稱未至方山有直瀆行三十里許。以地形論之，淮水發源詰屈，不類人工，則始皇所掘，宜此瀆也。丹陽記云：建康有淮，源出華山，流入江。徐爰釋問云：淮水西北貫都。輿地志云：淮水發源于華山，在丹陽、姑熟之界，西北流徑建康、秣陵二縣之間，縈紆京邑之内，至于石頭入江，綿亘三百許里。參見卷十五留别金陵諸公及卷十九翫月金陵城西……詩注。

〔南榮〕王云：上林賦：曝于南榮。郭璞曰：榮，南簷也。應劭曰：榮，屋檐兩頭如翼也。沈括筆談：榮，屋翼也，今謂之兩徘徊，又謂之兩厦。

〔嘈嘈〕埤蒼：嘈嘈，聲衆也。

〔天樂〕王云：阿彌陀經：彼佛國土，常作天樂，晝夜六時，雨天曼陀羅花。天樂者，天人所作音樂，清暢嘹喨，微妙和雅，一切音聲所不能及。

〔法鼓〕王云：法華經：今佛世尊欲説大法，雨大法雨，吹大法螺，擊大法鼓。孫綽天台山賦：法鼓琅以振響。李周翰注：法鼓，鐘也。

〔風箏〕王云：真西山曰：風箏，簷鈴，俗呼風馬兒。楊升菴曰：古人殿閣簷稜間有風琴風箏，皆因風動成音，自諧宫商。元微之詩：「烏啄風箏碎珠玉。」高駢有夜聽風箏詩，僧齊已有風琴引，王半山有風琴詩，此乃簷下鐵馬也。今人名紙鳶曰風箏，非也。

〔閶闔〕王云：景定建康志：按宫宛記：晉成帝修新宫，南面開四門，最西曰西掖門，正中曰大司馬門，次東曰南掖門，最東曰東掖門，南掖門宋改閶闔門，陳改端門。

〔鳳凰樓〕王云：江南通志：按宫苑記：鳳凰樓在鳳臺山上，宋元嘉中建。

〔神扶〕漢書卷八七揚雄傳：炕浮柱之飛榱兮，神莫莫而扶傾。顔師古注：言舉立浮柱而駕飛榱，其形危竦，有神於冥莫之中扶持，故不傾也。

〔靈光〕文選王延壽魯靈光殿賦序：魯靈光殿者，蓋景帝程姬之子恭王餘之所立也。恭王始都下國，好治宫室，遂因魯僖基兆而營焉。

登梅崗望金陵贈族姪高座寺僧中孚

鍾山抱金陵，霸氣昔騰發。天開帝王居，海色照宫闕。羣峯如逐鹿，奔走相馳突。江水九道來，雲端遥明没。時遷大運去，龍虎勢休歇。我來屬天清，登覽窮楚越。吾宗挺禪伯，特秀鸞鳳骨。衆星羅青天，明者獨有月。冥居順生理，草木不翦伐。烟窗引薔薇，石壁老野蕨。吴風謝安屐，白足傲履韈。幾宿一下山，蕭然忘干謁。談經演金偈，降鶴舞海雪。時聞天香來，了與世事絶。佳遊不可得，春去惜遠别。賦詩留巖屏，千載庶不滅。

【校】

〔天開〕天，兩宋本、繆本、王本俱注云：一作神。咸本作神。

〔吾宗〕此二句繆本、王本俱注云：一作吾宗道門秀，特異鸞鳳骨。胡本上句注云：一作吾家道門秀，下句秀下注云：一作異。

〔明者〕明，兩宋本、繆本、咸本俱作朗。胡本注云：一作朗。王本注云：繆本作朗。

〔一下山〕兩宋本、繆本、蕭本、王本、咸本俱注云：一作下山來。

〔春去〕去，兩宋本、蕭本作風。王本注云：蕭本作風。

【注】

〔梅崗〕王云：太平寰宇記：梅嶺崗在昇州江寧縣南九里，周迴六里。輿地志云：在國門之東，晉豫章太守梅頤家于崗下，故民名之。景定建康志：梅嶺崗在城南九里，長六里，高二丈，上有亭，爲士庶遊春之所。江南志：聚寶山在江寧府城南聚寶門外，其東嶺爲雨花臺，山麓爲梅崗，晉豫章内史梅頤家於此。舊多亭榭，自六朝迄今，爲士人遊覽勝地。高座寺在江寧府雨花臺梅崗，晉永嘉中建，名甘露寺，西竺僧尸黎密據高座説法，世謂高座道人，葬此，故名。或云：晉法師竺道生所居。按：景定建康志卷四六：高座寺一名永寧寺，在城南門外，晉咸康中造，又名甘露寺。嘗有雲光法師講法華經於寺，天花散落，今講經臺遺址猶存，或云晉朝法師竺道生所居，因號高座寺。

〔九道〕王云：書禹貢：荆州，九江孔殷。孔安國注：江於此州界分爲九道。琦按今之九江，僅有其名，九派之跡，邈不可見。蓋川瀆之形不能無變遷故也。……但金陵去九江甚遠，即使唐時水脈未改，然登梅崗而望九江，亦豈目力之所能及？詩人誇大之辭，多過其實，往往若此矣。

〔白足〕魏書釋老志：惠始到京都，多所訓導，……或時跣行，雖履泥行，初不汙足，色愈鮮白，世號之曰白足師。

〔金偈〕王云：偈，釋氏韻詞也，佛所説之偈，謂之金偈。

【評箋】

按：卷十九有答族姪僧中孚贈玉泉仙人掌茶詩，其序云：余遊金陵，見宗僧中孚。蓋即一時所作。此云：「春去惜遠別」，自即卷十五留別金陵諸公、金陵酒肆留別及金陵白下亭諸詩中之留别也。金陵酒肆留別詩云：「風吹柳花滿店香」，留別金陵諸公詩云：「五月金陵西，祖余白下亭。」正在春去之後。然别往何地，仍未敢定。

登金陵鳳凰臺

鳳凰臺上鳳凰遊，鳳去臺空江自流。吴宫花草埋幽徑，晉代衣冠成古丘。三山半落青天外，一水中分白鷺洲。總爲浮雲能蔽日，長安不見使人愁。

【校】

〔吴宫〕宫，兩宋本、繆本、王本俱注云：一作時。咸本作時，注云：一作宫。文粹作時。英華作時，注云：集作宫。

〔晉代〕代，兩宋本、繆本、王本俱注云：一作國。咸本作國，注云：一作代。

〔一水〕兩宋本、繆本、咸本、王本俱注云：一作二水。

〔總爲〕兩宋本、繆本、王本、英華俱注云：一作盡道。

【注】

〔鳳凰臺〕王云：江南通志：鳳凰臺在江寧府城内之西南隅，猶有陂陀，尚可登覽。宋元嘉十六年，有三鳥翔集山間，文彩五色，狀如孔雀，音聲諧和，衆鳥羣附，時人謂之鳳凰。起臺于山，謂之鳳凰臺，山曰鳳臺山，里曰鳳凰里。珊瑚鉤詩話：金陵鳳凰臺在城之東南，四顧江山，下窺井邑，古今題詠，惟謫仙爲絶唱。按：景定建康志卷二二：鳳凰臺在保寧寺後。……宫苑記：鳳凰樓在鳳臺山上，宋元嘉中築，有鳳凰集以爲名。李白、宋齊丘皆有詩。

〔三山〕王云：吴宫謂孫權建都時所造宫室。景定建康志：三山在城西南五十七里，周迴四里，高二十九丈。……輿地志云：其山積石森鬱，濱於大江，三峯排列，南北相連，故號三山。陸放翁入蜀記：三山自石頭及鳳凰臺望之，杳杳有無中耳，及過其下，則距金陵才五十餘里。

〔二水〕王云：史正志二水亭記：秦淮源出句容、溧水兩山，自方山合流至建業，貫城中而西，以達于江，有洲横截其間。李太白所謂「二水中分白鷺洲」是也。一統志：白鷺洲在應天府西南江中。

〔浮雲〕胡云：舊注，自傷讒廢，望帝鄉而不見，觸境生愁。載記：秦苻堅幸慕容垂夫人，宦者趙整歌云：「不見雀來入燕室，但見浮雲蔽白日。」用此不無意在。

【評箋】

方回云：太白此詩與崔顥黄鶴樓相似，格律氣勢未易甲乙。此詩以鳳凰臺爲名，而詠鳳凰臺不過起語兩句盡之矣，下六句乃登臺而觀望之景也。三四懷古人之不見也。五六七八詠今日之景，而慨帝都之不可見，登臺而望，所感深矣。金陵建都自吴始，三山二水白鷺洲皆金陵山水名。金陵可以北望中原，唐都長安，故太白以浮雲遮蔽不見長安爲愁焉。（瀛奎律髓）

王世懋云：崔郎中作黄鶴樓詩，青蓮短氣。後題鳳凰臺，古今目爲勍敵。識者謂前六句不能當，結語深悲慷慨，差足勝耳。然余意更有不然。無論中二聯不能及，即結語亦大有辨。言詩須道興比賦，如日暮鄉關，興而賦也。浮雲蔽日，比而賦也。以此思之，使人愁三字雖同，孰爲當乎？日暮鄉關，煙波江上，本無指著，登臨者自生愁耳。故曰使人愁，煙波使之愁也。浮雲蔽日，長安不見，逐客自應愁，寧須使之？青蓮才情標映萬載，寧以予言重輕？尺有所短，寸有所長，竊以爲此詩不逮，非一端也。如有罪我者則不敢辭。（藝圃擷餘）

瞿佑云：崔顥題黄鶴樓，太白過之不更作，時人有「眼前有景道不得，崔顥題詩在上頭」之譏。及登鳳凰臺作詩，可謂十倍曹丕矣。蓋顥結句云：「日暮鄉關何處是，煙波江上使人愁。」而太白結句云：「總爲浮雲能蔽日，長安不見使人愁。」愛君憂國之意遠過鄉關之念。善占地步

矣。然太白别有「搥碎黄鶴樓」之句，其於顥未嘗不耿耿也。（歸田詩話）

王夫之云：浮雲蔽日，長安不見，借晉明帝語，影出浮雲，以悲江左無人，中原淪陷。使人愁三字，總結幽徑、古丘之感，與崔顥黄鶴樓落句，語同意别。宋人不解此，乃以疵其不及顥作，覿面不識，而强加長短，何有哉？太白詩是通首混收，顥詩是扣尾掉收；太白詩自十九首來，顥詩則純爲唐音矣。（唐詩評選）

王云：劉後村曰：古人服善，李白登黄鶴樓有「眼前有景道不得，崔顥題詩在上頭」之語。至金陵，乃作鳳凰臺詩以擬之。今觀二詩，真敵手棋也。瀛奎律髓：太白此詩與崔顥黄鶴樓相似，格律氣勢未易甲乙。此詩以鳳凰臺爲名，不過起兩句已盡之矣。下六句乃登臺而觀望之景也，三四懷古人之不見，五六七八詠今日之景，而慨帝都之不可見，登臺而望，所感深矣。田子藝曰：人知李白鳳凰臺鸚鵡洲出於黄鶴樓，不知崔顥又出於龍池篇，沈詩五龍二池四天，崔詩三黄鶴二去二空二人二悠悠歷歷萋萋，李詩三鳳二凰二臺，又三鸚鵡二江三洲二青，四篇機杼一軸，天錦燦然，各用疊字成章，尤奇絶也。趙宧光曰：詩原引沈佺期龍池篇云：「龍池躍龍龍已飛，龍德先天天不違。池開天漢分黄道；龍向天門入紫微。邸第樓臺多氣色；君王鳧雁有光輝。爲報寰中百川水，來朝此地莫東歸。」崔顥篤好之，先擬其格作雁門胡人歌云：「高山代郡東接燕，雁門胡人家近邊。解放胡鷹逐塞鳥；能將代馬獵秋田。山頭野火寒多燒；雨裏孤烽濕作烟。聞道遼西無鬬戰，時時醉向酒家眠。」自分無以尚之，别作黄鶴樓詩云：「昔人已乘白雲去，此地空餘黄鶴樓。黄鶴一去不復返，白雲千載空悠悠。晴川歷歷漢陽樹，芳草萋萋鸚鵡洲。日暮鄉關何處是？烟波江上使人愁。」然後直出雲卿之上，視龍池直俚談耳。李白壓到不敢措詞，别題鸚鵡洲云：「鸚鵡來過吴江水，江上洲傳鸚鵡名。鸚鵡西飛隴山去，芳洲之樹何青青！烟開蘭葉香風暖，岸夾桃花錦浪生。遷客此時徒極目，長洲孤月向誰明？」而自分調不若也。於心終不降，又作鳳凰臺云：「鳳凰臺上鳳凰遊，鳳去臺空江自流。吴宫花草埋幽徑，晉代衣冠成古丘。三山半落青天外，一水中分白鷺洲。總爲浮雲能蔽日，長安不見使人愁。」然後可以雁行無愧矣。按前後五篇並古風也，而後人以龍池題作篇，雁門題作歌，遂入之古體。黄鶴、鸚鵡、鳳凰入之近體，非也。弇州、元瑞亦舉崔顥雁門胡人歌及沈佺期龍池篇謂當與黄鶴同調，不當一置之律，一置之古也。按黄鶴詩，調取之龍池，格取之雁門。李之擬崔，鸚鵡取其格，鳳凰取其調。徐柏山謂李白鸚鵡洲詩全效崔顥黄鶴，鳳凰非其正擬也。予則以爲論字句，鸚鵡逼真，論格調，則鸚鵡卑弱。略非鳳凰、黄鶴敵手，當是太白既賦鸚鵡不慊，而更轉高調，調故可以相頡頏而語稍粗矣。二詩皆本之崔，然鸚鵡不敢出也。又曰：黄鶴、鳳凰相敵在何處，黄鶴第四句方成調，鳳凰第二句即成調，不有後句，二詩首唱皆淺穉語耳。調當讓崔，格則遜李，顥雖高出，不免四句已盡，後半首别是一律，前半則古絶也。邵氏聞見後録：歐陽公每哦太白「三山半落青天外，二水中分白鷺洲」之句，曰：杜子美不道也。予謂約以子美律詩，青天外正可以白鷺洲作偶。

唐宋詩醇云：崔顥題詩黄鶴樓，李白見之，去不復作，至金陵登鳳凰臺乃題此詩，傳者以爲擬崔而作，理或有之。崔詩直舉胸情，氣體高渾，白詩寓目山河，别有懷抱，其言皆從心而發，即景而成，意象偶同，勝境各擅，論者不舉其高情遠意而沾沾吹索於字句之間，固已蔽矣。至謂白實擬之以較勝負，並謬爲搥碎鶴樓等詩，鄙陋之談，不值一噱也。

徐文弼云：按此詩二王氏並相詆訾，緣先有黄鶴樓詩在其胸中，拘拘字句，比較崔作謂爲弗逮。太白固已虚心自服，何用呶呶？惟沈評云：從心所造，偶然相類，必謂摹仿崔作，恐屬未然。誠爲知言。（詩法度鍼）

趙文哲云：七律最難，鄙意先不取黄鶴樓詩，以其非律也。當以右丞、東川、嘉州數篇爲準的，然如王之「人情翻覆似波瀾」、「看竹何須問主人」等句已嫌稍率。太白不善兹體，鳳凰臺詩亦強顏耳。（媕雅堂詩話）

今人詹鍈云：按鸚鵡洲詩作於上元二年，趙氏（宧光）之言果信，則此詩之作當在上元二年太白遊金陵時。

按：此詩自是白之本色，不爲摹擬。浮雲一語當指開元、天寶間之讒諂蔽明，若在上元末年，則白方獲罪遇赦，方銷聲斂迹之不暇，似不當復有此激切之語。參見卷二十金陵鳳凰臺置酒一首。

望廬山瀑布二首

西登香爐峯，南見瀑布水。挂流三百丈，噴壑數十里。欻如飛電來，隱若白虹起。初驚河漢落，半灑雲天裏。仰觀勢轉雄，壯哉造化功。海風吹不斷，江月照還空。空中亂潨射，左右洗青壁。飛珠散輕霞，流沫沸穹石。而我樂名山，對之心益閑。無論漱瓊液，且得洗塵顔。且諧宿所好，永願辭人間。

【校】

〔題〕兩宋本、繆本題下俱注云：尋陽。

〔望廬山〕望，英華作翫，咸本布下有水字。又絶句無第一首。

〔南見〕見，兩宋本、繆本、王本俱注云：一作望。

〔百丈〕兩宋本、繆本、王本俱注云：一作千匹。胡本百下注云：一作千。

〔數十里〕十，文粹作千。

〔飛電〕電，兩宋本、繆本、王本俱注云：一作練。英華作練。

〔隱若〕敦煌殘卷作宛若。

〔初驚〕此下十字，敦煌殘卷作舟人莫敢窺，羽客遥相指。

〔河漢〕兩宋本、繆本、蕭本、王本俱注云：一作銀河。

〔半灑〕此句兩宋本、繆本、蕭本、王本俱注云：一作半瀉金潭裏。

〔仰觀〕敦煌殘卷作指看。

〔江月〕月，兩宋本、繆本、蕭本、王本俱注云：一作山。

〔洗青壁〕敦煌殘卷作各千尺。

〔我樂〕樂，兩宋本、繆本、文粹、敦煌殘卷俱作遊。王本注云：繆本作遊。

〔漱瓊液〕敦煌殘卷作傷玉趾。

〔塵顔〕此句下咸本注云：一本無此二句。

〔且諧〕且，英華作仍。又以下二句兩宋本、繆本、王本俱注云：一作集譜宿所好，永不歸人間。敦煌殘卷作愛此腸欲斷，不能歸人間。又此上二句文粹無。

【注】

〔香爐〕王云：白居易廬山草堂記：匡廬奇秀甲天下山，山北峯曰香爐峯。太平寰宇記：香爐峯在廬山西北，其峯尖圓，烟雲聚散，如博山香爐之狀。

〔瀑布水〕王云：太平御覽：周景式廬山記曰：白水在黄龍南數里，即瀑布水也，土人謂之白水湖。其水出山腹，挂流三四百丈，飛湍於林峯之表，望之若懸素，注水處石悉成井，其深不測也。按：輿地紀勝卷二五：南康軍：瀑布水在開先院之西，廬山南瀑布無慮十數，皆積雨方見，惟此不竭。僧貫休詩云：「小瀑便高三百尺，短松多是一千年。」徐凝詩云：「今古常如白練飛，一條界破青山色。」李白詩云：「飛流直下三千丈（集作尺不同），疑是銀河落九天。」此即開先之瀑也。

【評箋】

今人詹鍈云：任華雜言寄李白：「登廬山，觀瀑布。海風吹不斷，江月照還空，余愛此兩句。」指此詩第一首。華詩下文又云：「中間聞道在長安，及余戾止，君已江東訪元丹。」則望廬山瀑布詩蓋入京以前作也。按白雖屢遊廬山，而大都在去朝以後，其在天寶以前者約當是時（開元十四年）。

其二

日照香爐生紫烟，遥看瀑布挂前川。飛流直下三千尺，疑是銀河落九天。

【校】

〔其二〕兩宋本、繆本、王本俱注云：一本題云望廬山香爐峯瀑布，曰：廬山上與星斗連，日照香爐生紫煙，下兩句同。

〔前川〕前，兩宋本、繆本、咸本、絶句俱作長。王本注云：繆本作長。

〔九天〕九，兩宋本、繆本、王本俱注云：一作半。

【評箋】

胡云：劉辰翁云：「海風吹不斷，江月照還空」，奇敻不復可道。

韋居安云：李太白廬山瀑布詩有「疑是銀河落九天」句，東坡嘗稱美之。又觀太白「海風吹不斷，江月照還空」一聯，磊落清壯，語簡意足，優於絶句，真古今絶唱也。然非歷覽此景，不足以見此詩之妙。（梅磵詩話）

王云：韻語陽秋：徐凝瀑布詩云：「千古猶疑白練飛，一條界破青山色。」或謂樂天有賽不得之語，獨未見李白詩耳。李白望廬山瀑布詩曰：「飛流直下三千尺，疑是銀河落九天。」故東坡云：「帝遣銀河一派垂，古來惟有謫仙詞。飛流濺沫知多少，不爲徐凝洗惡詩。」以余觀之，銀河一派，猶涉比擬，不若白前篇云：「海風吹不斷，江月照還空」，鑿空道出，爲可喜也。苕溪漁隱叢話：太白望廬山瀑布絶句，東坡美之，有詩云：「帝遣銀河一派垂，古來惟有謫仙詞。」然余謂太白前篇古詩云：「海風吹不斷，江月照還空」，磊落清壯，語簡而意盡，優于絶句多矣。

望廬山五老峯

廬山東南五老峯，青天削出金芙蓉。九江秀色可攬結，吾將此地巢雲松。

【注】

〔五老峯〕王云：太平御覽：潯陽記云：廬山北有五老峯，於廬山最爲峻極。横隱蒼穹，積石巉巖，迴壓彭蠡。其形勢如河中虞鄉縣前五老之形，故名。太平寰宇記：五老峯在廬山東，懸崖突出，如五人相逐羅列之狀。方輿勝覽：五老峯在廬山，五峯相連，故名。浮屠老子之宫皆在其下。潛確居類書：五老峯在廬山頂東南，自府治北望，森然如施帟幕者，是也。商丘漫語曰：自下望之，狀如傴立，其上相距甚遠，不相聯屬，巉峭壁立數千仞，軒軒然如人箕踞而窺重湖，又如五雲翩翩欲飛。舊有李太白書堂。江西通志：五老峯在南康府城北三十里，爲廬山盡處，石山骨立，突兀淩霄，如五人騈肩然。懸巖峭壁，難於登陟，雲霧卷舒，倏忽變化，乃郡之發脈山也。李白嘗築居於此。

〔芙蓉〕王云：芙蓉，蓮花也。山峯秀麗，可以比之，其色黄，故曰金芙蓉也。樂府子夜歌：「玉藕金芙蓉。」

〔雲松〕方輿勝覽卷一七：圖經：李白性喜名山，飄然有物外志，以廬阜水石佳處，遂往遊焉。卜築五老峯下，有書堂舊址，後北歸猶不忍去，指廬山曰：與君再會，不敢寒盟。丹崖緑壑，神其鑒之！杜甫詩：「匡山讀書處，頭白好歸來。」或以爲綿之匡山。

江上望皖公山

奇峯出奇雲，秀木含秀氣。清宴皖公山，巉絶稱人意。獨遊滄江上，終日淡無味。但愛兹嶺高，何由討靈異？默然遥相許，欲往心莫遂。待吾還丹成，投跡歸此地。

【校】

〔題〕兩宋本、繆本題下俱注云：宿松。

【注】

〔皖公山〕王云：唐書地理志：舒州懷寧縣有皖山。太平御覽：漢書地理志曰：皖山在灊山，與天柱峯相連，其山三峯鼎峙，疊嶂重巒，拒雲槩日，登陟無由。山經曰：皖山東面有激水，冬夏懸流，狀如瀑布，下有九泉井，有一石床，可容百人。其井莫知深淺。方輿勝覽：皖山在安慶府懷寧縣西十里，皖伯始封之地。江南通志：皖山一名皖公山，在安慶府潛山縣，與灊山、天柱山相連，三峯鼎峙，爲長淮之軒蔽，空青積翠，萬仞如翔，仰摩層霄，俯瞰廣野，瑰奇秀麗，不可名狀。上有天池峯，峯上有試心橋、天印石。甕巖狀如甕，人不可到，有石樓峯，勢若樓觀。

〔巉絶〕陸游入蜀記：北望正見皖山，太白江上望皖公山詩：「巉絶稱人意。」巉絶二字，不刊之妙也。

〔還丹〕見卷十四廬山謡寄盧侍御虚舟注。

【評箋】

按：卷十四有寄上吴王三首，卷十八有同吴王送杜秀芝舉入京詩，吴王祇蓋爲廬江太守，白曾往謁，望皖公山似宜在此時，若在宿松則方逃難卧病（見十一卷贈張相鎬自注），似不宜有此閒暇之語氣。

望黄鶴山

東望黄鶴山，雄雄半空出。四面生白雲；中峯倚紅日。巖巒行穹跨；峯嶂亦冥密。頗聞列仙人，于此學飛術。一朝向蓬海；千載空石室。金竈生烟埃；玉潭祕清謐。地古遺草木；庭寒老芝朮。蹇余羡攀躋，因欲保閑逸。觀奇徧諸岳，兹嶺不可匹。結心寄青松，永悟客情畢。

【校】

〔題〕兩宋本、繆本題下俱注云：江夏岳陽。又山字下王本注云：蕭本作樓，誤。胡本、咸本亦作樓。

〔一朝〕兩宋本一字缺。

【注】

〔黄鶴山〕王云：太平御覽：江夏圖經：黄鶴山在鄂州江夏縣東九里，其山斷絶無連接。舊傳云：昔有仙人控黄鶴於此山，故以爲名。梁湘東王晉安寺碑云：黄鶴從天而夜響，是也。苕溪漁隱叢話：鄂州城之東十里許，其最高聳而秀者，是爲黄鶴山。一統志：黄鵠山在武昌府城西南，一名黄鶴山，世傳仙人騎黄鶴過此，因名。

〔清謐〕王云：清謐猶清静也。

〔蹇〕王云：楚辭：蹇誰留兮中洲。王逸注：蹇，辭也。謂發語聲也。

【評箋】

今人詹鍈云：詩云：「觀奇徧諸岳，兹嶺不可匹。」其時太白蓋已届暮年。

鸚鵡洲

鸚鵡來過吴江水，江上洲傳鸚鵡名。鸚鵡西飛隴山去，芳洲之樹何青青！烟開蘭葉香風暖，岸夾桃花錦浪生。遷客此時徒極目，長洲孤月向誰明？

【注】

〔鸚鵡洲〕王云：胡三省通鑑注：鸚鵡洲在江夏江中，禰衡作鸚鵡賦於此，洲因以爲名，洲之下即黄鵠磯。陸游入蜀記：鸚鵡洲上有茂林神祠，遠望如小山，洲蓋禰正平被殺處。按鸚鵡洲在漢陽府城西南二里大江中，尾直黄鵠磯，明季爲水冲没，遂不可見。參見卷十一贈漢陽輔録事詩第二首。

〔隴山〕文選禰衡鸚鵡賦云：惟西域之靈鳥兮。李善注：西域謂隴坻出此鳥也。

【評箋】

汪師韓云：李白鸚鵡洲一章乃庚韻而押青字，此詩文粹編入七古，後人編入七律，其體亦可古可今，要皆出韻也。（詩學纂聞）

王云：瀛奎律髓：太白此詩乃是效崔顥體，皆於五六加工，尾句寓感嘆，是時律詩猶未甚拘偶也。

方東樹云：崔顥黄鶴樓，千古擅名之作。只是以文筆行之，一氣轉折。五六雖斷寫景，而氣亦直下噴溢。收亦然。所以可貴。太白鸚鵡洲，格律工力悉敵，風格逼肖。未嘗有意學之而自似。（昭昧詹言）

今人詹鍈云：王譜繫乾元元年下，注云：詩有「遷客此時徒極目」句，是流夜郎至江夏時作。按太白流夜郎至江夏在夏秋二季，而此詩云：「煙開蘭葉香風暖，岸夾桃花錦浪生。」則在春間，疑是上元元年自零陵歸至江夏時作，王説微誤。

九日登巴陵置酒望洞庭水軍

九日天氣清，登高無秋雲。造化闢川岳，了然楚漢分。長風鼓橫波，合沓蹙龍文。憶昔傳遊豫，樓船壯橫汾。今兹討鯨鯢，旌旆何繽紛！白羽落酒樽，洞庭羅三軍。黄花不掇手，戰鼓遥相聞。劍舞轉頹陽，當時日停曛。酣歌激壯士，可以摧妖氛。握齱東籬下，淵明不足羣。

【校】

〔題〕兩宋本、繆本、蕭本題下俱注云：時賊逼華容縣。注上胡本加自注二字，王本加舊注二字。

〔握齱〕兩宋本、繆本俱作齷齪。王本注云：繆本作齷齪。

〔淵明〕淵，兩宋本、繆本作泉。王本注云：繆本作泉。

【注】

〔巴陵〕王云：地理今釋：東陵即巴丘山，一名天岳山，今湖廣岳州府城是其遺址。一統志：巴丘山在岳州府城南，一名巴蛇塚。羿屠巴蛇於洞庭，積骨爲丘，故名。是巴陵即巴丘山也。洞庭湖在岳州府城西南。元和郡縣志：岳州有華容縣，去州一百六十里。參見下一首秋登巴陵望洞庭詩注。

〔横汾〕文選漢武帝秋風辭：上行幸河東，祠后土，顧視帝京欣然，中流與羣臣飲燕。上歡甚，乃自作秋風辭曰：「……泛樓船兮濟汾河，横中流兮揚素波，簫鼓鳴兮發棹歌。」李善注：應劭漢書注曰：作大船上施樓，故號曰樓船。

〔白羽〕家語致思篇：由願得白羽若月，赤羽若日，旍旗繽紛，下盤于地。

〔握齱〕史記酈生列傳：皆握齱好苛禮。集解：應劭曰：握齱，急促之貌。索隱：韋昭云：握齱，小節也。△齱音促。

〔淵明〕蕭云：此言淵明不足羣者，蓋用武之時，儒士必爲所輕，太白其以淵明自況乎！

【評箋】

今人詹鍈云：王譜繫乾元二年下，注云：通鑑：乾元二年八月，康楚元、張嘉延據襄州作亂，楚元自稱南楚霸王。九月，張嘉延襲破荆州，有衆萬餘人，商州刺史韋倫起兵討之。十一月，進軍擊之，生擒楚元，其衆潰散，荆襄皆平。此詩與下二首（指司馬將軍歌與荆州賊亂臨洞庭言懷作）皆是年之作，今從之。

秋登巴陵望洞庭

清晨登巴陵，周覽無不極。明湖映天光，徹底見秋色。秋色何蒼然！際海俱澄鮮。山青滅遠樹，水緑無寒烟。來帆出江中，去鳥向日邊。風清長沙浦，霜空雲夢田。瞻光惜頹髮；閱水悲徂年。北渚既蕩漾；東流自潺湲。郢人唱白雪；越女歌採蓮。聽此更腸斷，憑崖淚如泉。

【校】

〔霜空〕霜，蕭本作山。王本注云：蕭本作山。

【注】

〔洞庭〕王云：地理今釋：洞庭湖在今湖廣岳州府巴陵縣西南，北接華容、安鄉二縣，西南接常德府龍陽縣，東南接長沙府湘陰縣界，爲湖南衆水之匯。長沙浦謂自長沙而入洞庭之水。古雲夢澤跨江之南北，自岳州外，凡江夏、漢陽、沔陽、安陸、德安、荆州，皆其兼亘所及。

參見上一首九日登巴陵置酒望洞庭水軍詩注。

〔瞻光〕〔閱水〕王云：瞻光，瞻日月之光。閱水，閱逝去之水。

〔北渚〕蕭云：楚辭：帝子降兮北渚。江淹詩：「北渚有帝子，蕩漾不可期。」

〔潺湲〕漢書：河蕩蕩兮激潺湲。顔師古注：潺湲，激流也。

【評箋】

今人詹鍈云：詩云：「瞻光惜頹髮，閱水悲徂年。」當已届暮年。

按：此詩語意頹唐，爲李集中所少見，詹説是。

與夏十二登岳陽樓

樓觀岳陽盡，川迥洞庭開。雁引愁心去，山銜好月來。雲間連下榻，天上接行杯。醉後涼風起，吹人舞袖迴。

【校】

〔盡〕英華作近。

〔雁引〕此句兩宋本、繆本、蕭本、王本俱注云：一作雁别秋江去。

〔連〕兩宋本、繆本、咸本俱作逢。王本注云：繆本作逢。

【注】

〔岳陽樓〕方輿勝覽卷二九：岳陽樓在岳州郡治西南，西面洞庭，左顧君山，不知創始爲誰。唐開元四年，中書令張説出守是邦，與才士登臨賦詠，自此名著。參見卷十五留别賈舍人至詩第一首注。

〔岳陽〕王云：岳陽謂天岳山之陽，樓依此立名。洞庭一湖正當樓前，浩浩蕩蕩，茫無涯畔，所謂巴陵勝狀盡在是矣。

〔下榻〕王云：下榻用陳蕃禮徐穉、周璆事。沈約詩：「賓至下塵榻。」王勃文：徐孺下陳蕃之榻，下字本此。

〔行杯〕王云：傳杯而飲曰行杯。

登巴陵開元寺西閣贈衡岳僧方外

衡岳有開士，五峯秀真骨。見君萬里心，海水照秋月。大臣南溟去，問道皆請謁。洒以甘露言，清涼潤肌髮。明湖落天鏡；香閣凌銀闕。登眺餐惠風，新花期啓發。

【校】

〔開士〕開，蕭本作闓。王本注云：蕭本作闓。

〔去〕咸本注云：一作法。

〔洒〕兩宋本、繆本俱作灑。英華作洒。

〔以〕兩宋本俱作明。英華注云：集作明，非。

〔明湖〕英華作湖海。

【注】

〔開元寺〕王云：唐會要：天授元年十月二十九日，兩京及天下諸州各置大雲寺一所。開元二十六年六月一日，並改爲開元寺。胡三省通鑑注：開元寺，今諸州間亦有之，蓋唐開元中所置也。

〔開士〕王云：釋氏要覽：開士，經音疏云：開，達也，明也，解也。士則士夫也。經中多呼菩薩爲開士，前秦苻堅賜沙門有德解者號開士。李雁湖曰：妙法蓮花經：跋陀羅等與其同伴十六開士云云。開士者，能自開覺，又開他心，菩薩之異名也。按：楊慎藝林伐山云：李太白詩：「衡嶽有闡士，五峯秀真骨。」闡士、開士皆僧之稱。

〔真骨〕傳燈録：惠可大師返香山，終日宴坐經八載，于寂默中見一神人謂曰：「將欲受果，何滯此耶？」翊日覺頭痛如刺，其師欲治之。空中有聲曰：「此乃换骨，非常痛也。」師視其頂骨，即如五峯秀出矣。

〔甘露〕法華經：如以甘露洒，除熱得清凉。

〔香閣〕維摩詰經：上方界分過四十二恒河沙佛士，有國名衆香，佛號香積，其界一切皆以香作樓閣。

【評箋】

今人詹鍈云：唐會要：天授元年十月二十九日，兩京及天下諸州各置大雲寺一所，開元二十六年六月一日，並改爲開元寺。則此詩當非太白少年時代所作。詩云：「海水照秋月」，知在秋季。此首與登瓦官閣詩，文苑英華並題爲李賓作，全唐詩因録李賓詩二首，即此兩篇也。按二詩校文，如集作某等，俱與今本李太白集合，知重校文苑英華時尚以此二首爲李白作，其作李賓當是轉刻之誤。

按：此詩中「大臣南溟去」一語殊不可解。肅宗末年大臣貶謫南方者有第五琦、李揆等人，惟張鎬貶辰州司户，與白交誼夙深，或指張鎬也。又詹氏據「海水照秋月」句謂詩作於秋季，殊不盡然。「海水照秋月」乃上句「見君萬里心」之注脚，非實指時令。觀下文「登眺餐惠風」，無寧謂爲作於春季耳。

與賈至舍人於龍興寺翦落梧桐枝望𤅢湖

翦落青梧枝，𤅢湖坐可窺。雨洗秋山净；林光澹碧滋。水閑明鏡轉；雲繞畫屏移。千古風流事，名賢共此時。

【校】

〔題〕舍人上兩宋本、繆本俱無至字。王本注云：繆本缺至字。

【注】

〔賈舍人〕按：卷十一有巴陵贈賈舍人，卷十五有留别賈舍人至二首，卷二十有陪族叔刑部侍郎曄及中書賈舍人……五首，均可參看。

〔龍興寺〕王云：岳陽風土記：龍興觀故基在太平寺東，舊有西閣，爲登覽之勝。按：輿地紀勝卷六九：岳州：法寶寺，唐曰龍興，下瞰㴩湖。

〔㴩湖〕王云：㴩湖在州南，春冬水涸，昔人謂之乾湖，水經謂之滃湖。秋夏水漲，即渺瀰勝千石舟，通閣子鎮。元和郡縣志：㴩湖一名滃湖，在岳州巴陵縣南一十里。一統志：㴩湖在岳州府城東南五里，趙東曦㴩湖詩序：巴丘南㴩湖者，蓋沅、湘、澧、汨之餘波焉。兹水也，淪匯洞庭，澮澮千里，夏潦奔注，則泆爲此湖。冬霜既零，則涸爲平野。按爾雅云：水反入爲㴩。斯名之作，有由焉耳。按：趙東曦之東當作冬。

挂席江上待月有懷

待月月未出，望江江自流。倏忽城西郭，青天懸玉鈎。素華雖可攬，清景不同遊。耿耿金波裏，空瞻鳷鵲樓。

【校】

〔雖可〕雖，兩宋本、繆本俱作難。王本注云：繆本作難。

【評箋】

按：此詩無旁證，據金波鳷鵲語觀之，蓋懷朝中之友，而不欲明言其人也。

金陵望漢江

漢江迴萬里，派作九龍盤。横潰豁中國，崔嵬飛迅湍。六帝淪亡後，三吴不足觀。我君混區宇，垂拱衆流安。今日任公子，滄浪罷釣竿。

【注】

〔九龍〕王云：郭璞江賦：流九派乎潯陽。應劭漢書注：江自廬江潯陽分爲九。

〔六帝〕王云：六帝吴、晉、宋、齊、梁、陳六代之帝。

〔釣竿〕王云：任公子投竿東海釣得大魚，詳見大鵬賦注。因衆派安流，水無巨魚，故任公子之釣竿可罷。喻言江漢寧静，地無巨寇，則王者之征伐可除也。

【評箋】

今人詹鍈云：按留别金陵諸公詩稱：「欲尋廬峯頂，先繞漢水行。」金陵白下亭留别詩謂：「吴烟暝長條，漢水齧古根。」曰漢水，曰漢江，其實一也。本詩云：「漢江迴萬里，派作九龍盤。横潰豁中國，崔嵬飛迅湍。」則漢水漢江即指長江而言，蓋漢水納入長江之後，雖流至下游，仍可用其舊名也。

按：元稹詩云：「眼前明月水，先入漢江流。漢水流江海，西江到庾樓。」詹氏以漢江爲即指長江，暗合此意。然此詩之所以用漢江者，必非無故。蓋天寶十五載七月，玄宗在蜀，分命皇太子及永王璘、盛王琦、豐王珙爲元帥及節度大使。此詩前四句似即指建藩之事。云「六帝淪亡後，三吴不足觀」者，慨歎無人以金陵爲興復之資也。「我君混區宇，垂拱衆流安」者，譏朝廷之無遠略也。任公罷釣則自謂有志不遂也。此詩含意極深曲，顯非無所爲而作。可定爲作於天寶十五載至德二載之間。王氏以任公罷釣爲江漢寧静，其論詩亦太淺矣。大抵李詩固有空泛率意者，然此詩既有「横潰豁中國」等語，恐不能無所指也。

秋登宣城謝脁北樓

江城如畫裏，山晚望晴空。兩水夾明鏡；雙橋落彩虹。人烟寒橘柚；秋色老梧桐。誰念北樓上，臨風懷謝公？

【校】

〔題〕兩宋本、繆本題下俱注云：宣城。

〔寒〕兩宋本、繆本、王本俱注云：一作空。

【注】

〔北樓〕王云：一統志：北樓在寧國府治北，南齊守謝脁建。江南通志：陵陽山在寧國府城南，岡巒盤屈，三峯秀拔，爲一郡之鎮，上有樓，即謝朓北樓，李白所稱江城如畫者。

〔雙橋〕王云：宣州圖經：宛溪句溪兩水遶郡城合流，有鳳凰、濟川二橋，開皇時建。江南通志：宛溪在寧國府城東，跨溪上下有兩橋，上橋曰鳳凰，直城東南泰和門外，下橋曰濟川，直城東陽德門外，並隋開皇中建。

【評箋】

曾季貍云：李白云：「人烟寒橘柚，秋色老梧桐。」老杜云：「荒庭垂橘柚，古屋畫龍蛇。」氣焰蓋相敵。陳無已云：「寒心生蟋蟀，秋色上梧桐。」蓋出於李白也。（艇齋詩話）

方回云：太白亦有登岳陽樓八句，未及孟、杜。此詩起句似晚唐，中二聯言景而豪壯，則晚唐所無也。宣州有雙溪、疊嶂，乃此州勝景也，所以云兩水。惟有兩水，所以有雙橋。王荆公虎圖行「目光夾鏡當坐隅」，虎兩目如夾兩鏡，得非倣謫仙「兩水夾明鏡」之意乎？此聯妙絶。起句所謂「江城如畫裏」者，即指此之三四聯之景，與五六皆是也。謝朓爲宣城賢太守，得太白表章之，其名踰千古不朽焉。（瀛奎律髓）

紀昀云：五六佳句，人所共知。結在當時不妨，在後來則爲窠臼語，爲淺率語，爲太現成語，故論詩者當論其世。（瀛奎律髓刊誤）

按：卷十二有自梁園至敬亭山見會公談陵陽山水詩，卷十八有宣州謝朓樓餞別校書叔雲詩。蓋白於安、史亂前初至宣城也。

望天門山

天門中斷楚江開，碧水東流至北迴。兩岸青山相對出，孤帆一片日邊來。

【校】

〔題〕兩宋本、繆本題下俱注云：當塗。

〔至北〕至，王本注云：兩宋本、繆本俱作直北，一作至此。絶句作直北。胡本作直，注云：一作至。

【注】

〔天門山〕楊云：宣城圖經：二山夾大江，東曰博望，西曰天門。輿地志：博望、梁山東西隔江相對如門，相去數里，謂之天門。王云：圖經：天門山在太平州當塗縣西南二十里，又名蛾眉山，二山夾大江對峙，東曰博望，西曰梁山。參見卷十二書懷贈南陵常贊府詩注。

〔至北〕王云：毛西河曰：因梁山博望夾峙，江水至此一迴旋也。時刻誤此作北，既東又北，既北又迴，已乖句調，兼失義理。

【評箋】

按：卷二十九有天門山銘，可參看。

望木瓜山

早起見日出，暮見棲鳥還。客心自酸楚，況對木瓜山。

【校】

〔暮見〕見，兩宋本、繆本俱作看。王本注云：繆本作看。

【注】

〔木瓜山〕王云：一統志：木瓜山在常德府城東七里，唐李白謫夜郎過此，有詩云云。又江南通志：木瓜山在池州府青陽木瓜鋪，杜牧求雨處。今尚有廟二處，皆太白常遊之地，未知孰是。按：輿地紀勝卷二二：池州，木瓜神，杜牧集有會昌六年祭木瓜神文，木瓜，山名也。

〔酸楚〕王云：千金翼方：木瓜實味酸。

【評箋】

按：黎庶昌拙尊園叢稿卷四有李白至夜郎考略謂：白未至貶所，武威張介侯澍續黔書、趙遵律謫仙樓記辨之甚力。然均不免有所牴牾。黎氏之意以其流夜郎題葵葉、望木瓜山、憶秋浦桃花舊游時竄夜郎三詩，似又確是在貶所時作。唐之夜郎縣在今桐梓縣夜郎里，而夜郎里有地名木瓜廟，玩詩意蓋對此木瓜山而感懷青陽之木瓜山。又據憶秋浦桃花詩「三載夜郎還」，及江上贈竇長史「下里南遷夜郎國，三年歸及長風沙」，若至夔州即還，僅及年餘，與所謂三年不合。如黎氏説則流夜郎在至德二載，故至乾元二年遇赦爲三年，然何解於自漢陽病酒歸寄王明府詩之「去歲左遷夜郎道，今年勅放巫山陽。」黎氏雖以巫山不必即指夔州之巫山，終非確據。

登敬亭北二小山余時客逢崔侍御並登此地

送客謝亭北，逢君縱酒還。屈盤戲白馬，大笑上青山。迴鞭指長安，西日落秦關。帝鄉三千里，杳在碧雲間。

【校】

〔題〕王本注云：按客字上似缺一送字。

【注】

〔崔侍御〕按：卷九有贈崔侍御二首，卷十二有贈宣城宇文太守兼呈崔侍御，卷十四有宣城九日聞崔四侍御……二首、寄崔侍御及遊敬亭寄崔侍御，卷十五有聞李太尉……留別金陵崔侍御十九韻，卷十八有送崔氏昆季之金陵，卷十九有酬崔侍御、翫月城西……訪崔四侍御等篇，皆可參證。又次一首過崔八丈水亭，似亦有關。

〔謝亭〕王云：一統志：謝公亭在寧國府治北，即謝朓送范雲之零陵處。

過崔八丈水亭

高閣横秀氣，清幽併在君。簷飛宛溪水；窗落敬亭雲。猿嘯風中斷；漁歌月裏聞。閑隨白鷗去，沙上自爲羣。

【注】

按：崔八丈疑即崔成甫之伯叔輩。參見卷十八送崔氏昆季之金陵評箋。

登廣武古戰場懷古

秦鹿奔野草，逐之若飛蓬。項王氣蓋世，紫電明雙瞳。呼吸八千人，横行起江東。赤精斬白帝，叱咤入關中。兩龍不並躍，五緯與天同。楚滅無英圖；漢興有成功。按劍清八極；歸酣歌大風。伊昔臨廣武，連兵決雌雄。分我一杯羹，太皇乃汝翁。戰争有古跡；壁壘頹層穹。猛虎嘯洞壑；飢鷹鳴秋空。翔雲列曉陣；殺氣赫長虹。撥亂屬豪聖，俗儒安可通？沉湎呼豎子，狂言非至公。撫掌黄河曲，嗤嗤阮嗣宗。

【校】

〔白帝〕英華作白蛇。

〔成功〕成，兩宋本、繆本、咸本俱作來。王本注云：繆本作來。

〔汝翁〕汝，英華作乃，注云：集作汝。

〔嘯〕兩宋本、繆本俱作吟。王本注云：繆本作吟。

〔鷹鳴〕鳴，英華作獵，注云：集作鳴。

【注】

〔廣武〕王云：水經注：郡國志：滎陽縣有廣武城，城在山上，漢所城也。高祖與項羽臨絶澗對語，責羽十罪，羽射漢祖中胸處也。後漢書注：西征記曰：有三皇山，或謂三室山。山上有二城，東者曰東廣武，西者曰西廣武，各在一山頭，相去二百餘步，其間隔深澗。漢祖與項籍語處。元和郡縣志：東廣武、西廣武二城各在一山頭，相去二百餘步，在鄭州滎澤縣西二十里，漢高與項羽俱臨廣武而軍，今東城有高壇，即是項羽坐太公於上以示漢軍處。一統志：古戰場在開封府廣武山下，即楚、漢戰處。

〔五緯〕文選張衡西京賦：高祖之始入也，五緯相汁以旅於東井。李善注：五緯，五星也。

〔汝翁〕史記項羽本紀：漢王則引兵渡河復取成皋，軍廣武，就敖倉食。項王已定東海來，西與漢俱臨廣武而軍，相守數月。……項王患之，爲高祖置太公其上，告漢王曰：今不急下，吾烹太公。漢王曰：「吾與項羽俱北面受命懷王，曰：約爲兄弟，吾翁即若翁，必欲烹而翁，則幸分我一杯羹。」項王怒，欲殺之。項伯曰：「天下事未可知，且爲天下者不顧家，雖殺之無益，祇益禍耳。」項王從之。楚、漢久相持未決，丁壯苦軍旅，老弱罷轉漕，項王謂漢王曰：「天下匈匈數歲者，徒以吾兩人耳，願與漢王挑戰決雄雌，毋徒苦天下之民父子爲也。」漢王笑謝曰：「吾寧鬭智，不能鬭力。」……於是項王乃即漢王相與臨廣武間而語，漢王數之，項王怒，欲一戰，漢王不聽，項王伏弩射中漢王。

〔嗣宗〕晉書卷四九阮籍傳：嘗登廣武觀楚漢戰處，嘆曰：「時無英雄，使豎子成名。」

【評箋】

王云：東坡志林：昔先友史經臣彦輔謂予：阮籍登廣武而嘆曰：時無英雄，使豎子成名，豈謂沛公豎子乎！予曰：非也，傷時無劉、項也。豎子指魏、晉間人耳。今日讀李白登廣武古戰場詩：「沉湎呼豎子，狂言非至公。」乃知太白亦誤認嗣宗語。嗣宗雖放蕩，本有志於世，以魏、晉間多故，故一放於酒，何至以沛公爲豎子乎？洪容齋曰：阮籍登廣武嘆曰：時無英雄，使豎子成名，蓋嘆是時無英雄如昔人者。俗士不達，以爲籍譏漢祖，雖李白亦有是言，失之矣。蕭士贇曰：予嘗讀阮籍傳，未嘗不羨其能以佯狂任達，全身遠害於晉、魏之交，非見遠識微，孰能與於此？品量人物之際，豈不識漢高之爲人，至發廣武之嘆哉？因味其言，至於時之一字，而知籍之所謂時無英雄者，非指漢高也，蓋謂所遭之時，炎劉之末，桓、靈之君無英雄之材，卒使神鼎暗移於臣下也。豎子者指曹氏父子，籍之嘆者此耳。或曰：然則太白之誚失言矣。曰：此非太白之詩也，詞中語意錯亂，用事失倫，大風之歌，能事畢矣。詩乃重申廣武之事，此詩本意，稱述高祖之美，如仗義入關，縞素伐楚，軍臨廣武，數羽十罪，可稱者不少，曾無一語及此。分羹之語出於一時處變之權，奚足爲高祖道者！而詳言之，可謂無識者矣。太白有識者也，肯作此語乎？吾故曰非太白之詩也。琦按：阮籍蓋習見夫三國之時，覆軍殺將，互勝互敗，而終未能一統，以視項羽之一敗而遂不復振，相去天淵矣。使三國之君而生於其世，恐漢高亦不能以五載而成帝業如此其易也。廣武一嘆，初無深義，自東坡别創一説，而後之人皆因之。蕭氏更謂桓、靈無英雄之才，而以豎子指曹氏父子，則其説益左。夫漢高固英雄，然觀其鴻門之困，睢水之敗，滎陽之圍，廣武之弩，瀕於危者數矣。而卒不死，終以有天下者，天命也。豈真算無遺策而天下莫能當者哉！且觀其生平，惟以詐術制馭羣材，好駡侮士，謾言負約，以阮籍之白眼觀之，呼爲豎子，亦何足異？太白非至公之言，亦尊題之法，自當如此。或兩人所見，實有不同。安得訾其誤哉！若云詩中語意錯亂，則「歸酣歌大風」以上，是泛言楚、漢之興廢，「伊昔臨廣武」以下，乃始著題，與登金陵冶城西北謝安墩一詩同一機軸，條理井然。若云用事失倫，在分我杯羹一語，追想當時情事，良、平之儔，何、賈之伍，言語妙天下，豈不知此語之繆？第恐卑辭屈節，適足以長楚人之燄而墮其計中，矯手措足悉爲所制，不得已而爲是悖逆之辭，以見爲天下者不顧家之意。非此一語不足以折楚人之心，捨此一語亦無以復楚人之命。其實太公生死全不在此一言，正不必爲漢高諱也。仗義入關，縞素伐楚，俱非軍廣武時事，此處何可攙入？蕭氏之云云，無乃皆贅乎！

杭世駿云：楊升庵云：阮籍登廣武而歎曰：時無英雄，使豎子成名。豎子指魏、晉間人，不謂沛公，正傷時無英雄如沛公其人也。太白詩云：「沉湎呼豎子，狂言非至公。」亦誤會嗣宗語意。元人趙東山（汸）尉氏讀阮嗣宗詩云：「芒碭歸雲大澤空，後五百歲無英雄。途窮慟哭誰知者，沉湎狂言元至公。」得其旨矣。愚案此本東坡説也。東坡志林謂傷時無劉項。又云：嗣宗本有意於世，以魏晉多故，故一放於酒耳，何至以沛公爲豎子乎？（訂譌類編）

今人詹鍈云：此詩疑是太白自東京東遊梁園，途經廣武，有感而作，故梁園吟有「訪古始及平臺間」之句。

李白集校注卷二十二

古近體詩五十八首

安州應城玉女湯作

神女殁幽境，湯池流大川。陰陽結炎炭，造化開靈泉。地底爍朱火，沙旁歊素烟。沸珠躍明月，皎鏡涵空天。氣浮蘭芳滿，色漲桃花然。精覽萬殊入，潛行七澤連。愈疾功莫尚，變盈道乃全。濯纓掬清泚，晞髮弄潺湲。散下楚王國，分澆宋玉田。可以奉巡幸，奈何隔窮偏。獨隨朝宗水，赴海輸微涓。

【校】

〔題〕兩宋本、繆本題下俱注云：安州。王本注云：舊注：荆州記云：常有玉女乘車投此泉。

〔明月〕明，兩宋本、繆本俱作晴。王本注云：繆本作晴。

〔桃花〕花，兩宋本俱作李。

〔濯纓掬〕蕭本作濯濯氣。王本注云：蕭本作濯濯氣。

【注】

〔應城〕舊唐書地理志：淮南道安州應城：宋分安陸縣置應城縣。

〔玉女湯〕王云：藝文類聚：盛弘之荆州記曰：新陽縣惠澤中有温泉，冬月未至數里，遥望白氣，浮蒸如烟，上下采映，狀若綺疏。又有車輪雙轅形，世傳昔有玉女乘車自投此泉，今人時見女子姿儀光麗，往來倏忽。一統志：玉女泉在湖廣德安府應城縣西五十五里，其泉熱沸，野老相傳玉女煉丹之地。按：輿地紀勝卷七七：玉女泉在應城縣西四十里。隋地理志應陽縣有温水，即此也。

〔陰陽〕文選賈誼鵩賦：天地爲鑪兮造化爲工，陰陽爲炭兮萬物爲銅。

〔濯纓〕孟子離婁：有孺子歌曰：滄浪之水清兮，可以濯我纓。

〔晞髮〕楚辭離騷：與汝沐兮咸池，晞汝髮兮陽之阿。

〔宋玉田〕宋玉小言賦：楚襄王登陽雲之臺，令諸大夫景差、唐勒、宋玉等曰：「有能爲小言賦者，賜之雲夢之田。」宋玉曰「無内之中，微物潛生，比之無象，言之無名」云云。王曰：「善。」賜以雲夢之田。

〔朝宗〕書禹貢：江漢朝宗於海。孔安國傳：二水經此州而入海，有似於朝，百川以海爲宗。宗，尊也。孔穎達正義：周禮大宗伯：諸侯見天子之禮，春見曰朝，夏見曰宗。鄭云：朝猶朝也。欲其來之早也。宗，尊也，欲其尊王也。朝宗是人事之名，水無性識，非有此義。以海水大而江漢小，以小就大，似諸侯歸於天子，假人事而言之也。

【評箋】

蕭云：此雖紀詠詩，然寄興則謂士不幸而居於僻遠之鄉，雖抱王佐之才而無由自達，身在江海，心存魏闕而已，悲夫！

之廣陵宿常二南郭幽居

緑水接柴門，有如桃花源。忘憂或假草，滿院羅叢萱。暝色湖上來，微雨飛南軒。故人宿茅宇，夕鳥棲楊園。還惜詩酒別，深爲江海言。明朝廣陵道，獨憶此傾樽。

【校】

〔題〕兩宋本、繆本題下俱注云：淮南。南郭幽居，王本注云：蕭本作南顧北居，誤。咸本作南雇北居。

〔桃花源〕花，兩宋本、繆本俱作李。

〔棲〕兩宋本、繆本俱作歸。王本注云：繆本作歸。

【注】

〔常二〕按：卷十一有贈常侍御詩，未知即其人否。若卷十二於五松山贈南陵常贊府詩中之南陵常贊府，當非一人。

〔忘憂〕太平御覽卷九九六博物志曰：神農經曰：上藥養性，謂合歡蠲忿，萱草忘憂。

〔楊園〕王云：詩小雅：楊園之道。毛傳曰：楊園，園名。

夜下征虜亭

船下廣陵去，月明征虜亭。山花如繡頰，江火似流螢。

【校】

〔江火〕江，咸本、蕭本俱作紅。王本注云：蕭本作紅。

【注】

〔征虜亭〕見卷十五聞李太尉大舉……詩注。

下途歸石門舊居

吴山高，越水清，握手無言傷别情。將欲辭君挂帆去，離魂不散烟郊樹。此心鬱悵誰能論？有愧叨承國士恩。雲物共傾三月酒，歲時同餞五侯門。羡君素書常滿案，含丹照白霞色爛。余嘗學道窮冥筌，夢中往往遊仙山。何當脱屣謝時去？壺中别有日月天。俛仰人間易凋朽，鍾峯五雲在軒牖。惜别愁窺玉女窗，歸來笑把洪崖手。隱居寺，隱居山，陶公鍊液棲其間。靈神閉氣昔登攀，恬然但覺心緒閒。數人不知幾甲子，昨來猶帶冰霜顔。我離雖則歲物改，如今了然識所在。别君莫道不盡歡，懸知樂客遥相待。石門流水徧桃花，我亦曾到秦人家。不知何處得雞豕，就中仍見繁桑麻。翛然遠與世事間，裝鸞駕鶴又復遠。何必長從七貴遊？勞生徒聚萬金產。挹君去，長相思，雲遊雨散從此辭。欲知悵别心易苦，向暮春風楊柳絲。

【校】

〔題〕兩宋本、繆本題下俱注云：吴中。王云：題下似缺别人字。

〔鍾峯〕鍾，兩宋本、繆本作爐。王本注云：繆本作鑪。

〔昨來〕來，咸本、蕭本俱作夜。王本注云：蕭本作夜，誤。

〔識所在〕識，蕭本作失。王本注云：許本作失，誤。

〔復遠〕宋乙本作服□。繆本作服遠。王本復下注云：繆本作服。

【注】

〔石門〕王云：按太平府志：横望山在當塗縣東六十里，春秋楚子重伐吴，至於横山，即此山也。實爲金陵朝對之山。真誥稱其石形瓌奇，洞穴盤紆。陶隱居嘗棲遲此地煉丹，故有陶公讀書堂、石門、古祠、灰井、丹爐諸遺跡。書堂今爲澄心寺。石門山水尤奇，盤道屈曲，沿磴而入，峭壁二里，夾石參天，左擁右抱，羅列拱揖，高者抗層霄，下者入衍奥。中有玉泉嵌空淵淵而來，春夏霖潦奔馳，秋冬澄流一碧，縈繞如練。觀詩中所稱隱居山寺、陶公鍊液、石門流水諸句，知石門舊居蓋在其處矣。

〔五侯〕見卷十一流夜郎贈辛判官詩注。

〔素書〕王云：神仙傳：王烈入河東抱犢山中，見一石室中有素書兩卷。琦按：古人以絹素寫書，故謂書曰素書。

〔照白〕王云：含丹者，書中之字以朱寫之。白者絹色，丹白相映，爛然如霞矣。

〔冥筌〕王云：江淹詩：「一時排冥筌。」閔赤如注：冥，理也。筌，跡也。言理迹雙遺也。一說：冥，幽也；筌，跡也。冥筌，道中幽冥之跡也。

〔脱屣〕漢書郊祀志：天子曰：誠得如黄帝，吾視去妻子如脱屣耳。顔師古注：屣，小履。脱屣者，言其便易無所顧也。

〔壺中〕王云：列仙傳：王子喬乘白鶴駐山頭，舉手謝時人，數日而去。靈臺治中録：施存魯人，學大丹之道，三百年十鍊不成，唯得變化之術。後遇張申爲雲臺治官，常懸一壺，如五升器大，變化爲天地，中有日月，如世間，夜宿其内，自號壺天，人謂曰壺公。參見卷九贈饒陽張司户璲詩注。

〔玉女〕見卷十六送王屋山人魏萬還王屋詩注。

〔洪崖〕文選郭璞遊仙詩：「右拍洪崖肩。」李善注：神仙傳曰：衛叔卿與數人博，其子度曰：向與博者爲誰？叔卿曰：是洪崖先生。參見卷十九答族姪僧中孚……詩注。

〔隱居〕因話録：宣州當塗隱居山巖，即陶貞白鍊丹所也。爐跡猶在，後爲佛舍。

〔甲子〕左傳襄三十年：晉悼夫人食輿人之城杞者，絳縣人或年長矣，無子而往，與於食。有與疑年，使之年，曰：臣小人也，不知紀年。臣生之歲，正月甲子朔，四百有四十五甲子矣，其季於今，三之一也。

〔倏然〕莊子大宗師篇：倏然而往，倏然而來而已矣。陸德明音義：倏音蕭，徐音叔，李音悠。向云：倏然，自然無心而自爾之義。郭、崔云：往來不難之貌。

〔七貴〕文選潘岳西征賦：窺七貴於漢庭。李善注：七貴謂呂、霍、上官、趙、丁、傅、王也。參見卷十一流夜郎贈辛判官詩注。

〔挹〕王云：挹即揖也，古字通用。

【評箋】

胡云：留別詩，題似不全。

今人詹鍈云：詩云：「我離雖則歲物改，如今了然識所在。」則去初次來遊已多年矣，疑是晚年居當塗時作。又云：「雲物共傾三月酒」，「石門流水徧桃花」，知其時方當暮春。

客中作

蘭陵美酒鬱金香，玉椀盛來琥珀光。但使主人能醉客，不知何處是他鄉。

【校】

〔題〕蕭本作客中行。王本注云：蕭本作客中行。

【注】

〔蘭陵〕王云：唐時沂州之承縣，春秋時鄫國也，後魏於此置蘭陵郡。隋廢郡爲蘭陵縣。唐武德四年改曰承縣，在沂州西一百八十里。元和郡縣志：蘭陵縣城在沂州承縣東六十里。

史記：荀卿適楚，春申君以爲蘭陵令。正義云：蘭陵縣屬東海郡，今沂州承縣有蘭陵山。

按：舊刊本承多誤作承或丞。

〔鬱金〕王云：梁書：鬱金出罽賓國，花色正黄而細，與芙蓉花裏被蓮者相似。國人先取以上佛寺，積日香槁，乃糞去之，賈人從寺中徵顧以轉賣與他國也。香譜：鬱金香，魏略云：生大秦國，二三月花如紅藍，四五月採之，其香十二葉，爲百草之英。

【評箋】

今人詹鍈云：疑是初至東魯之作。

按：李詩所稱名物多實指，此云蘭陵必作於與魯相近之地，詹説可信。

太原早秋

歲落衆芳歇，時當大火流。霜威出塞早；雲色渡河秋。夢遶邊城月；心飛故國樓。思歸若汾水，無日不悠悠。

【校】

〔題〕兩宋本、繆本題下俱注云：并州。

〔河〕蕭本作江。

【注】

〔太原〕舊唐書地理志：河東道北京太原府：開元十一年，又置北都，改并州爲太原府。天寶元年，改北都爲北京。

〔大火流〕詩豳風七月：七月流火。毛傳：火，大火也。流，下也。鄭箋：大火者，寒暑之候也。火星中而寒暑退，故將言寒先著火所在。正義：昭三年左傳：張趯曰：火星中而寒暑退。服虔云：火，大火，心也。

〔汾水〕王云：唐六典注：汾水出忻州，歷太原、汾、晉、絳、蒲五州入河。太平寰宇記：汾水出静樂縣北管涔山，東流入太原郡界。

【評箋】

王夫之云：兩折詩，以平叙故不損。李、杜五言近體，其格局隨風會而降者，往往多有。供奉於此體似不著意，乃有入高、岑一派詩；既以備古今衆製，亦若曰，非我不能爲之也。此自是才人一累。若曹孟德之噉冶葛，示無畏以欺人。其本色詩，則自在景雲、神龍之上，非天寶諸公可至。能揀者當自知之。（唐詩評選）

按：文集有秋日於太原南栅餞陽曲王贊公賈少公石艾尹少公應舉赴上都序，與此詩當爲同時作，其年爲開元二十三年也。參以卷十三之憶舊遊贈元參軍詩，則自春及秋皆留居太原之時。

奔亡道中五首

蘇武天山上，田横海島邊。萬重關塞斷，何日是歸年？

【校】

〔題〕兩宋本、繆本、蕭本題下俱注云：江東。

【注】

〔天山〕王云：唐書地理志：伊州伊吾縣在大磧外，南去玉門關八百里，東去陽關二千七百三十里，有折羅漫山，亦曰天山。劉删蘇武詩：食雪天山近，思歸海路長。蓋以天山爲匈奴地耳。其實蘇武齧雪及牧羊之處不在天山也。

〔海島〕王云：史記：漢滅項籍，漢王立爲皇帝，田横懼誅，與其徒屬五百餘人入海居島中。韋昭曰：海中山曰島。正義曰：按海州東海縣有島山，去岸八十里。

其二

亭伯去安在？李陵降未歸。愁容變海色；短服改胡衣。

【注】

〔亭伯〕見卷十四宣城九日……詩注。

〔李陵〕事見漢書本傳。

其三

談笑三軍却，交游七貴疎。仍留一隻箭，未射魯連書。

【注】

〔談笑〕文選左思詠史詩：「吾慕魯仲連，談笑却秦軍。」

〔魯連書〕見卷十四江夏寄漢陽輔録事詩注。

其四

函谷如玉關，幾時可生還？洛陽爲易水，嵩岳是燕山。俗變羌胡語，人多沙塞顔。申包惟慟哭，七日鬢毛斑。

【校】

〔洛陽〕陽，兩宋本、繆本俱作川。王本注云：繆本作川。

【注】

〔玉關〕後漢書卷七七班超傳：超自以久在絶域，年老思土，十二年上疏曰：……臣不敢望到酒泉郡，但願生入玉門關。章懷太子注：玉門關屬敦煌郡，今沙州也，去長安三千六百里，關在敦煌縣西北。

〔易水〕水經注易水：易水又東逕易縣故城南，昔燕文公徙易，即此城也。

〔申包〕左傳定四年：吴入郢，……及昭王在隨，申包胥如秦乞師曰：「吴爲封豕長蛇，以薦食上國，虐始於楚。寡君失守社稷，越在草莽，使下臣告急。……」秦伯使辭焉，曰：「寡君聞命矣，子姑就館，將圖而告。」對曰：「寡君越在草莽，未獲所伏，下臣何敢即安？」立依於庭牆而哭，日夜不絶聲，勺飲不入口，七日。秦哀公爲之賦無衣，九頓首而坐，秦師乃出。

【評箋】

王云：太白意謂函谷之地已爲禄山所據，未知何日平定，得能生入此關。洛川、嵩岳之間不但有同邊界，而風俗人民亦且漸異華風。已之所以從永王者，欲效申包慟哭乞師以救國家之難耳。自明不敢有他志也，其心亦可哀矣。

其五

淼淼望湖水，青青蘆葉齊。歸心落何處，日没大江西。歇馬傍春草，欲行遠道迷。誰忍子規鳥，連聲向我啼。

【注】

〔淼淼〕廣韻：淼，大水也。△淼音藐。

〔子規〕見卷三蜀道難及卷十四書情贈從弟邠州長史昭詩注。

【評箋】

今人詹鍈云：按其五云：「歇馬傍春草，……」當是至德二載暮春所作。

郢門秋懷

郢門一爲客，巴月三成弦。朔風正摇落，行子愁歸旋。杳杳山外日，茫茫江上天。人迷洞庭水，鴈渡瀟湘烟。清曠諧宿好，緇磷及此年。百齡何蕩漾！萬化相推遷。空謁蒼梧帝，徒尋溟海仙。已聞蓬海淺，豈見三桃圓？倚劍增浩嘆，捫襟還自憐。終當遊五湖，濯足滄浪泉。

【校】

〔題〕兩宋本、繆本題下俱注云：荆州、江夏、岳陽。

〔蓬海〕海，兩宋本、繆本俱作岳。王本注云：繆本作岳。

〔三桃圓〕胡本作桃三圓。王本注云：胡本作桃三圓。

【注】

〔郢門〕王云：郢門即荆門也，唐時爲峽州夷陵郡。其地臨江，有山曰荆門，上合下開，有若門象，故當時文士槩稱其地曰荆門，或又謂之郢門。西通巫、巴，東接雲夢，歷代常爲重鎮。

〔成弦〕楊云：月至八日上弦，至二十三日下弦。王云：吴均詩：「别離未幾日，高月三成弦。」

〔緇磷〕論語陽貨篇：不曰堅乎？磨而不磷；不曰白乎？涅而不緇。何注：喻君子雖在濁亂，濁亂不能汙。

〔蓬海〕神仙傳：麻姑云：向到蓬萊，水又淺於往日。

〔三桃〕漢武故事：東郡送一短人，長五寸，衣冠具足，上疑其精，召東方朔至。朔呼短人曰：「巨靈！阿母還來否？」短人不對。因指謂上，王母種桃三千年一結子，此兒不良，已三過偷之，失王母意，故被謫來此。上大驚，始知朔非世中人也。

【評箋】

今人詹鍈云：詩云：「郢門一爲客，巴月三成弦。朔風正摇落，行子愁歸旋。」知時當秋季。又云：「空謁蒼梧帝，徒尋溟海仙。已聞蓬海淺，豈見三桃圓？倚劍增浩歎，捫襟還自憐。」似乎已屆暮年。

至鴨欄驛上白馬磯贈裴侍御

側疊萬古石，横爲白馬磯。亂流若電轉，舉棹揚珠輝。臨驛卷緹幕；升堂接繡衣。情親不避馬，爲我解霜威。

【注】

〔鴨欄〕王云：一統志：鴨欄磯在岳州臨湘縣東十五里。吴建昌侯孫慮作鬬鴨欄於此。白馬磯在岳州巴陵縣境。湖廣通志：白馬磯在岳州臨湘縣北十五里。按：輿地紀勝卷六九岳州：鴨欄磯，郡國志云：巴陵之地有鴨欄磯，即建昌侯孫慮作鬬鴨欄於此，陸遜諫止之所，因以得名。

〔裴侍御〕按：卷十九有酬裴侍御對雨感時見贈、酬裴侍御留岫師彈琴見寄及答裴侍御先行至石頭驛……，卷二十有夜泛洞庭尋裴侍御清酌等詩，皆當是一人。又今人詹鍈謂據湖南通志，即卷十四之裴隱。又謂賈至有贈裴九侍御昌江草堂彈琴及別裴九弟詩，即是其人。

〔緹幕〕文選劉楨贈五官中郎將詩：「明月照緹幕。」李善注：緹，丹色也。

〔繡衣〕見卷十一在水軍宴贈幕府諸侍御詩注。

荆門浮舟望蜀江

春水月峽來，浮舟望安極？正是桃花流，依然錦江色。江色緑且明，茫茫與天平。逶迤巴山盡，遥曳楚雲行。雪照聚沙雁，花飛出谷鶯。芳洲却已轉，碧樹森森迎。流目浦烟夕，揚帆海月生。江陵識遥火，應到渚宫城。

【校】

〔正是〕是，兩宋本、繆本、咸本俱作見。王云：繆本作見。

〔緑〕兩宋本、繆本、咸本俱作淥。王云：繆本作淥。

【注】

〔荆門〕王云：胡三省通鑑注：荆門在峽州宜都縣。按其地有荆門山，故後人因以稱其處耳。

〔月峽〕王云：通典：渝州巴縣有明月峽，其山上石壁有圓孔，形如滿月，故以爲名。方輿勝覽：明月峽在重慶府巴縣，石壁高四十丈，有孔若明月。庾信枯樹賦：對月峽而吟猿。

〔桃花〕王云：漢書溝洫志：來春桃華水盛必羡溢。顔師古注：月令：仲春之月，始雨水，桃始華。蓋桃方華時，既有雨水，川谷冰泮，衆流猥集，波瀾盛長，故謂之桃華水耳。而韓詩傳云：三月桃花水。

〔錦江〕見卷四白頭吟注。

〔巴山〕通典卷一八三：峽州巴山：今縣北有山，曲折似巴字，因以爲名。

〔渚宫〕王云：通典：荆州江陵縣，故楚之郢地，秦分郢置江陵縣，今縣界有渚宫城。方輿勝覽：江陵府有渚宫。郡縣志：楚别宫也。左傳：楚子西沿漢泝江將入郢，王在渚宫見之。今之城，楚船官地也。梁元帝名以渚宫。一統志：渚宫在江陵故城東南，楚建，梁元帝即位渚宫即此。

【評箋】

王云：陸放翁曰：杜子美「曉看紅濕處，花重錦官城」，李太白「蜀江緑且明」，用濕字明字，可謂奪化工之巧，世未有拈出者。又放翁入蜀記曰：與兒輩登堤觀蜀江。乃知李太白荆門望蜀江詩「江色緑且明」，爲善狀物也。

今人詹鍈云：按太白初出夔門至荆門在五月，此詩則云：「正是桃花流，依然錦江色。」在三月中。又云：「江陵識遥火，應到渚宫城。」非初下江陵時也，當是流夜郎半道放還途中作。題云望蜀江者，回望蜀江也。

按：「逶迤巴山盡，遥曳楚雲行」二語已明指由巴入楚矣。詹説是。

上三峽

巫山夾青天，巴水流若茲。巴水忽可盡，青天無到時。三朝上黃牛，三暮行太遲。三朝又三暮，不覺鬢成絲。

【注】

〔巫山〕明一統志卷七〇：巫峽在巫山縣東三十里，即巫山也。與西陵峽、歸峽並稱三峽。連山七百里，略無斷處，自非亭午夜分不見日月。參見卷二古風第五十八首注。

〔巴水〕王云：巴水謂三巴之水經三峽中者而言。太平御覽：三巴記曰：閬、白二水合流，自漢中至始寧城下入涪陵，曲折三回如巴字，故曰巴江。經峻峽中，謂之巴峽，即此水也。

【評箋】

王夫之云：落卸皆神，袁淑所云須捉著，不爾便飛者。非供奉不足以當之。真三百篇，真十九首，固非歷下、琅邪所知，況竟陵哉？（唐詩評選）

自巴東舟行經瞿唐峽登巫山最高峯晚還題壁

江行幾千里，海月十五圓。始經瞿唐峽，遂步巫山巔。巫山高不窮，巴國盡所歷。日邊攀垂蘿；霞外倚穹石。飛步淩絶頂；極目無纖烟。却顧失丹壑；仰觀臨青天。青天若可捫；銀漢去安在？望雲知蒼梧；記水辨瀛海。周遊孤光晚；歷覽幽意多。積雪照空谷；悲風鳴森柯。歸途行欲曛；佳趣尚未歇。江寒早啼猿；松暝已吐月。月色何悠悠！清猿響啾啾。辭山不忍聽，揮策還孤舟。

【校】

〔遂步〕步，胡本作陟。王本注云：胡本作陟。

【注】

〔巴東〕舊唐書地理志：山南東道歸州：天寶元年，改爲巴東郡。

〔瞿唐〕王云：方輿勝覽：瞿塘峽在夔州東一里，舊名西陵峽，乃三峽之門，兩崖對峙，中貫一江，望之如門。陸放翁入蜀記：瞿塘峽兩壁對聳，上入霄漢，其平如削成，視天如匹練。參見卷四荆州歌注。

〔巴國〕王云：山海經：西南有巴國。郭璞注：今三巴是。杜元凱左傳注：巴國在巴郡江州縣。通典：巴國今清化、始寧、咸安、符陽、巴川、南賓、南浦，是其地也。

〔穹石〕漢書卷五七司馬相如傳：觸穹石。張揖注：穹石，大石也。

〔青天〕後漢書鄧皇后紀：后嘗夢捫天，蕩蕩正青，若有鍾乳狀，乃仰嗽飲之。章懷太子注：

捫，摸也。

〔瀛海〕史記孟子荀卿列傳：騶衍……以爲儒者所謂中國者，於天下乃八十一分居其一分耳。中國名曰赤縣神州，赤縣神州内自有九州，禹之序九州是也，不得爲州數。中國外如赤縣神州者九，乃所謂九州也。於是有裨海環之，人民禽獸莫能相通者如一區中者乃爲一州。如此者九，乃有大瀛海環其外，天地之際焉。

〔清猿〕文選任昉竟陵文宣王行狀：清猿與壺人争旦。張銑注：清猿謂猿鳴聲清也。

【評箋】

今人詹鍈云：唐宋詩醇曰：詞意沉鬱，蓋白當憂患之餘，雖豪邁不減，而懷抱可知。唐會要卷七一：太平縣，開元二十三年六月置，天寶元年八月二十四日改爲巴東縣。此詩之作當在天寶以後。按巴東在瞿塘之東，而瞿塘峽却在巫山之西，今題云自巴東經瞿塘登巫山者，不知何以故，豈巫山最高峯尚在瞿塘之西耶？但既言自巴東舟行，定是逆水而上。詩又云：「江行幾千里，海月十五圓。」則太白流夜郎，江行已一年又三月矣。又云：「積雪照空谷，悲風鳴森柯。」疑是乾元二年初春所作。

早發白帝城

朝辭白帝彩雲間，千里江陵一日還。兩岸猿聲啼不盡，輕舟已過萬重山。

【校】

〔題〕兩宋本、繆本、蕭本題下俱注云：一作白帝下江陵。

〔不盡〕按：盡，各本俱同。絶句、全唐詩亦俱作盡。王士禛唐人萬首絶句選、唐宋詩醇、唐詩别裁俱作住。當爲後人所臆改。

【注】

〔輕舟〕輕舟已過四字，繆本、王本俱注云：一作須臾過却。咸本作須臾過却。

〔白帝〕王云：琦按：白帝城在夔州奉節縣，巫山在夔州巫山縣，二地相近，所謂彩雲，正指巫山之雲也。參見卷四荆州歌注。

〔猿聲〕水經注江水：自三峽七百里中，兩岸連山，略無闕處。重巖疊嶂，隱天蔽日，自非亭午夜分，不見曦月。至於夏水襄陵，沿泝阻絶，或王命急宣，有時朝發白帝，暮宿江陵，其間千二百里，雖乘奔御風，不加疾也。……每至晴初霜旦，林寒澗肅，常有高猿長嘯，屬引凄異。空谷傳響，哀轉久絶。故漁者歌曰：「巴東三峽巫峽長，猿鳴三聲淚沾裳。」

【評箋】

焦竑云：盛弘之謂白帝至江陵甚遠，春水盛時，行舟朝發暮至。太白述之爲約語，驚風雨而泣鬼神矣。（唐詩選脈會通）

楊慎云：盛弘之荆州記巫峽江水之迅云：朝發白帝，暮到江陵，其間千二百里，雖乘奔御風，不以疾也。杜子美詩：「朝發白帝暮江陵，頃來目擊信有徵。」李太白朝辭白帝彩雲間，……雖同用盛弘之語，而優劣自别。今人謂李、杜不可以優劣論，此語亦太憒憒。又：白帝至江陵，春水盛時，行舟朝發夕至，雲氣鳥逝，不是過也。太白述之爲韻語，驚風雨而泣鬼神矣。太白娶江陵許氏，以江陵爲還，蓋室家所在。（升庵詩話）

按：此詩若作於初出峽時，則尚未就婚許氏，若作於貶夜郎遇赦時，則許氏久亡矣。且許氏在安陸，亦不能遽指爲江陵。此還字恐不當作如是解。

沈德潛云：寫出瞬息千里，若有神助。入猿聲一句，文勢不傷於直。畫家布景設色，專於此處用意。（唐詩别裁）

施補華云：太白七絶，天才超逸而神韻隨之。如「朝辭白帝彩雲間，千里江陵一日還」，如此迅捷，則輕舟之過萬山不待言矣。中間却用「兩岸猿聲啼不住」一句墊之，無此句則直而無味。有此句走處仍留，急語仍緩，可悟用筆之妙。（峴傭説詩）

桂馥云：友人請説太白朝辭白帝詩，馥曰：但言舟行快絶耳，初無深意，而妙在第三句，能使通首精神飛越，若無此句，將不得爲才人之作矣。晉王廙嘗從南下，旦自尋陽迅風飛帆，暮至都，廙倚舫樓長嘯，神氣俊逸，李詩即此種風概。（札樸）

秋下荆門

霜落荆門江樹空，布帆無恙挂秋風。此行不爲鱸魚鱠，自愛名山入剡中。

【校】

〔題〕敦煌殘卷作初下荆門

【注】

〔布帆〕晉書卷九二顧愷之傳：後爲殷仲堪參軍，……仲堪在荆州，愷之嘗因假還，仲堪特以布帆借之。至破冢，遭風大敗，愷之與仲堪箋曰：地名破冢，直破冢而出，行人安穩，布帆無恙。

〔剡中〕王云：廣博物志：剡中多名山可以避災，故漢晉以來多隱逸之士，沃州、天姥是其處。

【評箋】

今人詹鍈云：敦煌殘卷本唐詩選題作初下荆門。詩云：「此行不爲鱸魚膾，自愛名山入剡中。」當是於秋間初下荆門時作。

江行寄遠

刳木出吴楚，危槎百餘尺。疾風吹片帆，日暮千里隔。别時酒猶在，已爲異鄉客。思君不可得，愁見江水碧。

【注】

〔刳木〕易繫辭：刳木爲舟。正義：舟必用大木刳鑿爲之，故云刳木也。蕭云：史記：張騫乘槎，乃刳全木爲之，今沅湘中有此，名爲舸艚船。

宿五松山下荀媪家

我宿五松下，寂寥無所歡。田家秋作苦，鄰女夜舂寒。跪進彫胡飯，月光明素盤。令人慚漂母，三謝不能餐。

【校】

〔題〕兩宋本、繆本題下俱注云：宣州。

〔彫胡〕兩宋本、繆本俱作凋葫。王本注云：繆本作凋葫。

【注】

〔五松山〕見卷二十與南陵常贊府遊五松山詩注。

〔荀媪〕王云：漢書注：文穎曰：幽州及漢中皆謂老嫗爲媪。孟康曰：媪，母别名，音烏老反。顔師古曰：媪，女老稱也。按：卷三十有南陵五松山别荀七詩，荀七疑此荀媪家人。

〔作苦〕漢書卷六六楊惲傳：田家作苦。

〔彫胡〕王云：宋玉諷賦：爲臣炊雕胡之飯，烹露葵之羹。本草：陶弘景曰：菰米一名彫胡，可作餅食。蘇頌曰：菰生水中，葉如蒲葦，其苗有莖梗者，謂之菰蔣草，至秋結實，乃彫胡米也。古人以爲美饌，今饑歲人猶採以當糧。葛洪西京雜記云：菰之有米者，長安人謂爲彫胡，菰之有首者謂之緑節。李時珍曰：彫胡九月抽莖開花如葦芀，結實長寸許，霜後採之，大如茅針，皮黑褐色，其米甚白而滑膩，作飯香脆。杜甫詩：「波漂菰米沉雲黑」，即此。

〔漂母〕見卷六猛虎行注。

【評箋】

謝榛云：太白夜宿荀媪家，聞比鄰舂臼之聲以起興，遂得鄰女夜舂寒之句，然本韻盤餐二字，應用以夜宿五松下發端，下句意重詞拙，使無後六句必不押歡韻。此太白近體先得聯者，豈得順流直下哉？（四溟詩話）

今人詹鍈云：詩云：「我宿五松下，寂寥無所歡。……令人慚漂母，三謝不能餐。」是則暮年寥落，與「數十年爲客，未嘗一日低顏色」時，不可同日而語矣。詩云：「田家秋作苦，鄰女夜舂寒。」當是秋季作。

下涇縣陵陽溪至澀灘

澀灘鳴嘈嘈，兩山足猿猱。白波若卷雪，側石不容舠。漁子與舟人，撑折萬張篙。

【校】

〔側石〕石，蕭本、胡本俱作足。王本注云：蕭本作足。

〔漁子〕子，兩宋本、繆本俱作人。王本注云：繆本作人。

【注】

〔濯灘〕明一統志卷一五：濯灘在涇縣西九十五里。怪石峻立，如虎伏龍蟠。

〔容舠〕王云：詩衛風河廣：誰謂河廣？曾不容刀。鄭箋：不容刀喻狹，小船曰刀。正義：劉熙釋名云：二百斛以上曰艇，三百斛曰刀，江南所謂短而廣，安不傾危者也。

【評箋】

胡云：以下二首，涇縣志僞詩，樂史、宋敏求誤收者。東坡云：余舊在富陽，見國清院太白詩絶凡近，過彭澤唐興縣，又見太白詩，亦非是。良由太白豪俊，語不甚擇，集中往往有臨時率然之句，故使妄庸敢爾。今僞太白詩頗多，皆此類也。

王云：李君寔謂末二句斷非太白語。

下陵陽沿高溪三門六刺灘

三門橫峻灘，六刺走波瀾。石驚虎伏起；水狀龍縈盤。何嶃七里瀨？使我欲垂竿。

【校】

〔六刺灘〕輿地紀勝卷一九：寧國府有三門六刺灘，下引此詩題云下陵陽高溪三門六刺灘，無沿字。又方輿勝覽卷一五引沿作溪。

【注】

〔七里瀨〕王云：李善文選注：甘州記曰：桐廬縣有七里瀨，瀨下數里至嚴陵瀨。太平寰宇記：七里瀨即富春渚也。避暑録話：嚴陵七里瀨在洞下二十餘里，兩山聳起壁立，連亘七里，土人謂之瀧，訛爲籠，言若籠中，因謂初至爲入瀧，既盡爲出瀧。瀧本音閭江反，奔湍貌，以爲若籠，謬也。七里之間皆灘瀨，今因沈約詩誤爲一名，非是。嚴陵瀨最大，居其中。方輿勝覽：七里灘距睦州四十餘里，與嚴陵瀨相接。諺云：有風七里，無風七十里。

夜泊黄山聞殷十四吴吟

昨夜誰爲吴會吟？風生萬壑振空林。龍驚不敢水中卧；猿嘯時聞巖下音。我宿黄山碧溪月，聽之却罷松間琴。朝來果是滄洲逸，酤酒提盤飯霜栗。半酣更發江海聲，客愁頓向杯中失。

【校】

〔提盤〕提，咸本、蕭本俱作醍。王本注云：蕭本作醍。

【注】

〔黄山〕王云：江南通志：黄山在太平府城西北五里，相傳浮丘翁牧雞於此，又名浮丘山。此詩所謂及下首鷄鳴發黄山，正是其處。在太平州當塗縣。與徽州、寧國二郡界内之黄山，名同而地異矣。

〔殷十四〕今人詹鍈云：殷十四疑即殷淑，惟無確證耳。按：卷十七有送殷淑三首可參看。

【評箋】

方東樹云：夜泊黄山：起句叙。二句寫。三四順平。我宿句接續叙。聽之句襯。朝來句又提。佳在下半筆力截翦。收二句倒繞加倍法，六一有之。兩半章法同江山吟。前層正叙，叙畢乃再推論，此與七律同。千年以來，不解此矣。此律最深處。（昭昧詹言）

宿鰕湖

鷄鳴發黄山，暝投鰕湖宿。白雨映寒山，森森似銀竹。提攜採鉛客，結荷水邊沐。半夜四天開，星河爛人目。明晨大樓去，崗隴多屈伏。當與持斧翁，前溪伐雲木。

【校】

〔四天〕天，蕭本作邊。王本注云：蕭本作邊。

【注】

〔森森〕文選張協雜詩：「森森散雨足。」劉良注：森森，雨散貌。

〔結荷〕鮑照登大雷岸與妹書：棧石星飯，結荷水宿。

【評箋】

王云：太白古詩有「採鉛清溪濱，時登大樓山」之句，疑與此詩是一時之作。黄山在池州府城南九十里，大樓山在池州府城南七十里，清溪在池州府城北五里，鰕湖當與之相去不遠。

西施

西施越溪女，出自苧蘿山。秀色掩今古，荷花羞玉顔。浣紗弄碧水，自與清波閑。皓齒信難開，沉吟碧雲間。勾踐徵絶豔，揚蛾入吴關。提攜館娃宫，杳渺詎可攀？一破夫差國，千秋竟不還。

【校】

〔題〕兩宋本、繆本題下俱注云：吴越。

【注】

〔苧蘿山〕王云：吴越春秋：越王謂大夫種曰：「孤聞吴王淫而好色，惑亂沉湎，不領政事，因此而謀，可乎！」乃使相者於國中得苧蘿山鬻薪之女曰西施鄭旦，飾以羅縠，教以容步，習於土城，臨於都巷，三年學服而獻於吴，吴王大悦。施宿會稽志：苧蘿山在諸暨縣南五里。輿地志云：諸暨縣苧蘿山，西施鄭旦所居，其方石乃晒紗處。十道志云：句踐索美女以獻吴王，得之諸暨紵蘿山賣薪女西施，山下有浣紗石。一統志：浣浦在諸暨縣治東南，一名浣渚，俗傳西子浣紗於此。

〔舘娃宫〕王云：吴地記：胥葬亭東二里有舘娃宫，吴人呼西施作娃，夫差置，今靈巖山是也。范石湖吴郡志：硯石山在吴縣西三十里，上有舘娃宫。方言曰：吴有舘娃宫，今靈巖寺即其地也。山有琴臺、西施洞、硯池、翫花池，山前有採香徑，皆宫之故跡。

【評箋】

按：泛詠西施未必即作於吴越，此等詩殊不足以徵行蹤。

王右軍

右軍本清真，瀟灑在風塵。山陰遇羽客，要此好鵝賓。掃素寫道經，筆精妙入神。書罷籠鵝去，何曾別主人？

【校】

〔在〕王本注云：許本作出。

〔遇〕蕭本作過。王本注云：蕭本作過。

〔要〕蕭本作愛。王本注云：蕭本作愛。

【注】

〔右軍〕晉書卷八〇王羲之傳：起家祕書郎，征西將軍庾亮請爲參軍，累遷長史。亮臨薨上疏稱羲之清貴有鑒裁。……爲右軍將軍，會稽内史。性愛鵝。……山陰有一道士養好鵝，羲之往觀焉，意甚悦，因求市之。道士云：爲寫道德經，當舉羣相贈耳。羲之欣然寫畢，籠鵝而歸，甚以爲樂。參見卷十七送賀賓客歸越詩注。

【評箋】

今人詹鍈云：曾氏次此詩於西施詩之下，蓋以二詩皆太白遊會稽時懷古之作。

按：果如所云，則下一首之上元夫人又爲何處懷古乎？恐未可泥。

上元夫人

上元誰夫人，偏得王母嬌。嵯峨三角髻，餘髮散垂腰。裘披青毛錦，身著赤霜袍。手提嬴女兒，閑與鳳吹簫。眉語兩自笑，忽然隨風飄。

【校】

〔題〕文粹下有詩字。

〔青毛〕毛，文粹作色。

【注】

〔上元〕見卷二古風第四十三首注。

〔嬴女〕王云：嬴女兒謂秦穆公女弄玉。參見卷六鳳凰曲注。

〔眉語〕王云：劉孝威詩：「窗疏眉語度，紗輕眼笑來。」

蘇臺覽古

舊苑荒臺楊柳新，菱歌清唱不勝春。只今惟有西江月，曾照吴王宫裏人。

【校】

〔清唱〕清，兩宋本、繆本俱作春，王本注云：繆本作春，誤。以上四字，英華作採菱歌唱。

〔西江〕兩宋本、繆本俱作江西。王本注云：霏玉本、繆本作江西。

【注】

〔蘇臺〕范成大吴郡志卷八：姑蘇臺，舊圖經云：在吴縣西三十里。續圖經云：三十五里。一名姑胥，一名姑餘。史記正義云：在吴縣西南三十里横山西北麓姑蘇山上。……山水記云：闔閭作，春秋遊焉。又云：夫差作臺，三年不成，積材五年乃成。造九曲路，高見三百里。越絶書云：闔廬造九曲路，以遊姑胥之臺。……吴越春秋言闔廬晝遊蘇臺，蓋此臺始基於闔廬，而成於夫差，庶可以合傳記之説。

【評箋】

王夫之云：七言絶句唯王江寧能無疵纇。儲光羲崔國輔其次者，至若「秦時明月漢時關」，句非不鍊，格非不高，但可作律詩起句，施之小詩，未免有頭重之病。若「水盡南天不見雲」、「永和三日盪輕舟」、「囊無一物獻尊親」、「玉帳分弓射虜營」，皆所謂滯累，以有襯字故也。其免於滯累者，如「只今惟有西江月，曾照吴王宫裏人」、「黄鶴樓中吹玉笛，江城五月落梅花」、「此夜曲中聞折柳，何人不起故園情」，則又疲苶無生氣，似欲匆匆結煞。（夕堂永日緒論）

越中覽古

越王句踐破吴歸，義士還家盡錦衣。宫女如花滿春殿，只今惟有鷓鴣飛。

【校】

〔還家〕家，王本注云：許本作鄉。

〔只今〕英華作至今。

〔飛〕咸本、蕭本俱作啼。

【注】

〔義士〕王云：史記：越敗吴，越王句踐欲遷吴王夫差於甬東，吴王自剄死。越王滅吴，誅太宰嚭，以爲不忠而歸。義士，吴舒鳧以爲戰士傳寫之訛，謂越人安得稱義士云云，未知是否。

按：題云越中覽古，所謂春殿，指越王之殿，義士即史記越王句踐世家所稱之君子六千人，無足異也。

【評箋】

唐宋詩醇云：前蘇臺覽古，通首言其蕭索，而末一語兜轉其盛。此首從盛時説起，而末句轉入荒涼，此立格之異也。

沈德潛云：三句説盛，一句説衰，其格獨創。（唐詩别裁）

查慎行云：用一句結上三句，章法獨創。（初白詩評）

商山四皓

白髮四老人，昂藏南山側。偃蹇松雲間，冥翳不可識。雲窗拂青靄，石壁横翠色。龍虎方戰争，於焉自休息。秦人失金鏡，漢祖昇紫極。陰虹濁太陽，前星遂淪匿。一行佐明兩，欻起生羽翼。功成身不居，舒卷在胸臆。窅冥合元化，茫昧信難測。飛聲塞天衢，萬古仰遺跡。

【校】

〔題〕文粹作四皓詩。

〔偃蹇〕蹇，兩宋本、繆本、文粹俱作卧。王本注云：繆本作卧。

〔松雲〕雲，兩宋本、繆本、胡本俱作雪。王本注云：繆本作雪。

〔濁〕咸本注云：一作燭。

〔明兩〕兩，咸本、蕭本、文粹俱作聖。王本注云：蕭本作聖。

〔元化〕元，王本注云：許本作玄。

〔遺跡〕跡，咸本作則，注云：一作跡。

【注】

〔商山〕見卷四山人勸酒詩注。

〔老人〕見卷四山人勸酒詩注。

〔金鏡〕見卷十八送張秀才謁高中丞詩注。

〔前星〕晉書天文志：心三星，天王正位也。中星曰明堂，天子位。……前星爲太子，後星爲庶子。

〔明兩〕易離卦：明兩作離，大人以繼明照於四方。王注：繼謂不絶也，明照相繼不絶曠也。

按：明兩是稱太子之詞。

【評箋】

今人詹鍈云：此亦過四皓墓時懷古而作。

按：過四皓墓已有詩，若僅爲懷古，不應如此重疊，似仍爲天寶五載李林甫搆陷韋堅，危及肅宗，有感而作。

過四皓墓

我行至商洛，幽獨訪神仙。園綺復安在？雲蘿尚宛然。荒涼千古跡；蕪没四墳連。伊昔錬金鼎；何年閉玉泉？隴寒唯有月；松古漸無烟。木魅風號去；山精雨嘯旋。紫芝高詠罷；青史舊名傳。今日併如此，哀哉信可憐！

【校】

〔何年〕年，兩宋本、繆本俱作言。王本注云：繆本作言。

【注】

〔四皓墓〕王云：太平寰宇記：四皓墓在商州上洛縣西四里。雍勝略：四皓墓在商州西四里金鷄原。

〔商洛〕王云：商洛謂商山、洛水之間。參見卷二十春陪商州裴使君遊石娥溪詩注。

〔金鼎〕文選江淹别賦：錬金鼎而方堅。李善注：錬金爲丹之鼎也。

〔木魅〕抱朴子登涉篇：抱朴子曰：山精之形如小兒而獨足，走向後，喜來犯人。人入山，若夜聞人音聲，大語其名曰跂，知而呼之，即不敢犯人也。一名熱内，亦可兼呼之。又有山精如鼓赤色，亦一足，其名曰暉。文選鮑照蕪城賦：木魅山鬼，野鼠城狐。風嘷雨嘯，昏見晨趨。

〔青史〕文選江淹上建平王書：俱啓丹册，並圖青史。李善注：漢書有青史子。音義曰：古史官記事。

【評箋】

按：舊唐書玄宗紀：天寶五載，……韋堅爲李林甫所搆，配流臨封郡，賜死。堅妹皇太子妃聽離，堅外甥嗣薛王瑱貶夷陵郡别駕，女壻巴陵太守盧幼臨長流合浦郡，太子少保李適之貶宜春太守，到任仰藥死。此詩末句云：「今日併如此，哀哉信可憐！」其爲悼李適之殆無疑義。東宫三少可以四皓爲比，前人不乏此例。題云過四皓墓者，隱其詞以避時忌也。諸家皆執此以爲真是行蹤所至懷古之作，蓋未諦審詩意。

峴山懷古

訪古登峴首，憑高眺襄中。天清遠峯出，水落寒沙空。弄珠見遊女，醉酒懷山公。感嘆發秋興，長松鳴夜風。

【校】

〔醉酒〕酒，兩宋本、繆本、王本俱注云：一作月。胡本作月，注云：一作酒。

【注】

〔峴山〕見卷五襄陽曲注。

〔峴首〕王云：峴首謂峴山之巔。鮑照詩：「晨登峴山首」，後人因之，遂謂峴山曰峴首。孟浩然

「峴首晨風送」，馬戴「白雲登峴首」，皆本此。

〔弄珠〕文選張衡南都賦：遊女弄珠於漢皋之曲。李善注：韓詩外傳曰：鄭交甫將南適楚，遵彼漢皋，臺下乃遇二女，佩兩珠，大如荆鷄之卵。

〔山公〕見卷十五留别廣陵諸公詩注。

蘇武

蘇武在匈奴，十年持漢節。白雁上林飛，空傳一書札。牧羊邊地苦，落日歸心絶。渴飲月窟水，飢餐天上雪。東還沙塞遠，北愴河梁别。泣把李陵衣，相看淚成血。

【注】

〔白雁〕漢書卷五四蘇武傳：天漢元年，……（武帝）乃遣蘇武以中郎將使持節送匈奴使留在漢者，因厚賂單于。……既至匈奴，……單于愈益欲降之，幽武置大窖中，絶不飲食。天雨雪，武卧嚙雪與旃毛並咽之，數日不死，匈奴以爲神。乃徙武北海上無人處，使牧羝，羝乳乃得歸。别其官屬常惠等，各置他所。……武杖漢節牧羊，卧起操持，節毛盡落。……初武與李陵俱爲侍中，武使匈奴，明年陵降，不敢求武。昭帝即位數年，匈奴與漢和親，漢求武等，匈奴詭言武死。後漢使復至匈奴，常惠……教使者謂單于：言天子射上林中，得雁，足有繫帛書，言武等在某澤中。使者大喜，如惠語以讓單于。單于視左右而驚，謝漢使曰：「武等實在。」於是李陵置酒賀武曰：「今足下還歸，揚名於匈奴，功顯於漢室，雖古竹帛所載，丹青所畫，何以過子卿？……」……陵泣下數行，因與武訣。匈奴召會武官屬，前以降及物故，凡隨武還者九人。……武留匈奴凡十九歲，始以強壯出，及還鬚髮盡白。

〔河梁〕文選李陵與蘇武詩：「攜手上河梁，遊子暮何之？」李陵與蘇武書：此陵所以仰天椎心而泣血也。

【評箋】

王夫之云：詠史詩以史爲詠，正當於唱嘆寫神理，聽聞者之生其哀樂。一加論贊，則不復有詩用，何況其體？「子房未虎嘯」一篇，如弋陽雜劇人妝大淨，偏入俗人眼，而此篇不顯。大音希聲，其來久矣。（唐詩評選）

經下邳圯橋懷張子房

子房未虎嘯，破產不爲家。滄海得壯士，椎秦博浪沙。報韓雖不成，天地皆振動。潛匿遊下邳，豈曰非智勇？我來圯橋上，懷古欽英風。唯見碧流水，曾無黃石公。歎息此人去，蕭條徐泗空。

【校】

〔題〕兩宋本、繆本題下俱注云：淮泗。

〔椎秦博浪沙〕咸本注云：一作惟秦傳浪沙。

〔流水〕英華作水流。

【注】

〔下邳〕舊唐書地理志：河南道徐州下邳：漢下邳郡。元魏置東徐州。周改邳州。隋廢。武德四年復邳州，領下邳、郯、良城三縣。貞觀元年，廢邳州，仍省郯、良城二縣，以下邳屬泗州。元和中復屬徐州。△邳音披。

〔圯橋〕王云：水經注：沂水於下邳縣北西流分爲二水：一水經城東，屈從縣南注泗，謂之小沂水。水上有橋，徐泗間以爲圯，昔張子房遇黄石公於圯上，即此處也。漢書注：服虔曰：圯音頤，楚人謂橋曰圯。説文：東楚謂橋爲圯。或嗤詩題圯橋二字爲複用者。按庾信吴明徹墓誌銘：圯橋取履，早見兵書。則圯橋之稱，唐之前早已有此誤矣。一統志：圯橋在邳州城東南隅，年久湮没。元和郡縣志：下邳縣有沂水，號爲長利池，池上有橋，即黄石公授張良素書之所。唐梁肅有銘。△圯音夷。

〔振動〕王云：吴舒鳧曰：張良傳云：不愛萬金之資，爲韓報仇强秦，天下振動。太白正用此語，刻本改爲天地皆震動，天地何震動之有邪？

【評箋】

沈德潛云：爲子房生色，智勇二字可補世家贊語。（唐詩别裁）

金陵三首

晉家南渡日，此地舊長安。地即帝王宅，山爲龍虎盤。金陵空壯觀，天塹净波瀾。醉客迴橈去，吴歌且自歡。

【校】

〔舊〕兩宋本、繆本、蕭本、王本俱注云：一作即。

〔地即〕此二句兩宋本、繆本、蕭本、胡本、王本俱注云：一作碧宇樓臺滿，青山龍虎盤。

〔天塹〕兩宋本、繆本、蕭本、王本俱注云：一作江塞。

〔吴歌〕此句兩宋本、繆本、王本俱注云：一作誰云行路難。

【注】

〔龍虎盤〕見卷七金陵歌送别范宣注。

〔天塹〕通鑑卷一七六：陳長城公禎明二年，……隋軍臨江，……帝從容謂侍臣曰：「王氣在此。齊兵三來，周師再來，無不摧敗。彼何爲者邪？」都官尚書孔範曰：「長江天塹，古以爲限隔南北，今日虜軍豈能飛度耶？」

〔橈〕王云：顔師古漢書注：楫謂櫂之短者也，今吴越之人呼爲橈。

其二

地擁金陵勢，城迴江水流。當時百萬户，夾道起朱樓。亡國生春草；王宫没古丘。空餘後湖月，波上對瀛洲。

【校】

〔江水〕江，兩宋本、繆本、蕭本、王本俱注云：一作漢。

〔王宫〕王，兩宋本、繆本俱作離。王本注云：繆本作離。

〔瀛洲〕王本注云：一作江洲。胡本作江洲，注云：一作滄洲。

【注】

〔後湖〕王云：初學記：建業有後湖，一名玄武湖。景定建康志：玄武湖亦名蔣陵湖，亦名秣陵湖，亦名後湖。在城北二里，周迴四十里。東西有溝，流入秦淮，深七尺，灌田一百頃。一統志：玄武湖在應天府太平門外，周迴四十里。晉名北湖，劉宋元嘉末有黑龍見，故改名，今稱後湖。

其三

六代興亡國，三杯爲爾歌。苑方秦地少；山似洛陽多。古殿吴花草；深宫晉綺羅。併隨人事滅，東逝與滄波。

【校】

〔爾〕英華作汝，注云：一作爾。

〔少〕兩宋本、繆本、蕭本、王本俱注云：一作小。

〔與〕咸本作只，兩宋本、繆本、王本俱注云：一作只。

【注】

〔六代〕小學紺珠：六朝：吴、東晉、宋、齊、梁、陳皆都建業。

〔洛陽〕王云：景定建康志：洛陽四山圍，伊、洛、瀍、澗在中。建康亦四山圍，秦淮、直瀆在中。故云風景不殊，舉目有山河之異。李白云：「山似洛陽多。」許渾云：「只有青山似洛中。」謂此也。太平寰宇記：丹陽記云，出建陽門望鍾山，似出上東門望首陽山也。

【評箋】

按：儲光羲有臨江亭五詠，與此三首詞意相似。其序云：建業爲都舊矣。晉主來此而禮物盡備，雖云在德，亦云在險，京口其地也。嗚呼！有邦國者，有興亡焉，自晉及陳，五世而滅。以今懷古，五篇爲詠。臨江亭得其勝概，寄以興言。雖未及乎辯士，亦其志也。顯有弦外之音。蓋安禄山陷兩京，中原鼎沸，憂時之士不能不興念於永嘉之南渡，而又不得不隱約其詞，儲李之詩皆非苟作。李此詩更當與永王東巡歌合看。

秋夜板橋浦汎月獨酌懷謝朓

天上何所有？迢迢白玉繩。斜低建章闕，耿耿對金陵。漢水舊如練，霜江夜清澄。長川瀉落月，洲渚曉寒凝。獨酌板橋浦，古人誰可徵？玄暉難再得，灑酒氣填膺。

【校】

〔長川〕咸本作長江。

〔酒〕英華作淚，注云：一作酒。

【注】

〔板橋浦〕王云：水經注：江水經三山，又湘浦出焉。水上南北結浮橋渡水，故曰板橋浦。太平寰宇記：板橋浦在昇州江寧縣南四十里五尺，源出觀山三十七里注大江。晉伐吴，其將張悌死于板橋，即此處。謝玄暉之宣城出新林浦向板橋詩云：「江路西南永，歸流東北騖。天際識歸舟，雲中辨江樹。」按：景定建康志卷一六：板橋在城南三十里。洪亮吉北江詩話云：謝玄暉有之宣城出新林浦向板橋詩，宣城圖經及方志藝文載此詩，土人遂以宣城東十里新林浦板橋當之，不知非也。景定建康志：板橋在江寧縣城南三十里，新林橋在城西南十五里。金陵故事：晉伐吴，丞相張悌死之，悌家在板橋西。揚州記：金陵南沿江有新林橋，即梁武帝敗齊師之處。新林板橋皆沿江津渡之所。玄暉自都下赴宣城，故先經新林，後向板橋也。詩首二句即云「江路西南永，歸舟東北騖」是矣。若今宣城東新林浦板橋，距江甚遠，何得云天際歸舟、雲中江樹乎？圖經方志誤認之宣城三字，即以爲二地皆在宣城，非也。李太白詩：「獨酌板橋浦，……」，即指謝此詩而言。

〔玉繩〕文選謝朓暫使下都夜發新林至京邑贈西府同僚詩：「玉繩低建章。」李善注：春秋元命苞曰：玉衡北兩星爲玉繩星。

〔建章〕宋書卷七前廢帝紀：永光元年，……以石頭城爲長樂宫，……以北邸爲建章宫。

〔玄暉〕南齊書卷四七謝朓傳：謝朓字玄暉，陳郡陽夏人也。……朓少好學，有美名，文章清麗。

〔填膺〕文選江淹恨賦：置酒欲飲，悲來填膺。李善注：填，滿也。

過彭蠡湖

謝公入彭蠡，因此遊松門。余方窺石鏡，兼得窮江源。前賞迹可見；後來道空存。而欲繼風雅；豈惟清心魂？雲海方助興；波濤何足論？青嶂憶遥月；緑蘿愁鳴猿。水碧或可採；金膏祕莫言。余將振衣去，羽化出囂煩。

【校】

〔題〕兩宋本、繆本題下俱注云：尋陽。

〔豈惟〕惟，蕭本作云。王本注云：蕭本作云。

〔愁鳴〕兩宋本、繆本俱作鳴愁。王本注云：繆本作鳴愁。

【注】

〔松門〕王云：謝靈運入彭蠡湖口詩：「攀崖照石鏡，牽葉入松門。三江事多往，九派理空存。靈物吝珍怪，異人祕精魂。金膏滅明光，水碧綴流温。」李善注：張僧鑒潯陽記曰：石鏡山東有一圓石懸崖，明浄照人見形。顧野王輿地志曰：自入湖三百三十里，窮於松門，東西四十里，青松遍於兩岸。呂向注：金膏，仙藥也。水碧，水玉也。此江中有之。豫章古今記：松門在豫章北二百里，江水遶山，上有松柏。太平寰宇記：松門山在洪州南昌縣北水路二百一十五里。其山多松，遂以爲名。北臨大江，乃彭蠡湖口，山有石鏡，光明照人。太平廣記：幽明録曰：宫亭湖邊傍山間有石數枚，其圓若鏡，明可鑑人，謂之石鏡。後有行人過，以火燎一枚，今不復明。按：輿地紀勝卷三〇：江州：石鏡，四蕃志：山東有一圓石，明净照人如鏡。

〔水碧〕王云：山海經：耿山多水碧。郭璞注：亦水玉類。西溪叢語：予嘗見墨子道書，大藥中有水脂碧。洪炎雜家引舊書云：宫亭湖中有孤石介立，周圍一里，竦直百丈。上有玉膏可採。豈非水碧耶！按：楊慎丹鉛總録卷七所載略同，而不著其出處。

〔金膏〕見卷十五感時留别……詩注。

〔羽化〕王云：道家謂昇仙曰羽化。

入彭蠡經松門觀石鏡緬懷謝康樂題詩書遊覽之志

謝公之彭蠡，因此遊松門。余方窺石鏡，兼得窮江源。將欲繼風雅，豈徒清心魂？前賞逾所見，後來道空存。况屬臨汎美，而無洲渚喧。漾水向東去，漳流直南奔。空濛三川夕，迴合千里昏。青桂隱遥月，緑楓鳴愁猿。水碧或可采，金精祕莫論。吾將學仙去，冀與琴高言。

【校】

〔題〕兩宋本、繆本題下俱注云：二篇或同或異，故並録之。胡本收此一首，而注引前首，云與此小有同異，今並存之。王本注云：舊注：二篇或同或異，故並録之。

【注】

〔漾水〕王云：書禹貢：嶓冢導漾，東流爲漢，又東爲滄浪之水，過三澨，至於大別，南入於江，東匯澤爲彭蠡。孔安國書傳：泉始出山爲漾水，東南流爲沔水，至漢中東流爲漢水。通志略：漢水名雖多而實一水，説者紛然。其原出興元府西縣嶓冢山，爲漾水，東流爲沔水，又東至南鄭爲漢水，有褒水從武功來入焉。又東，左與文水會，又東過西城，旬水入焉。又東過鄖鄉縣南，又屈而東南過武當縣，又東過順陽縣，有淯水自虢州盧氏縣北來入焉。又東過中廬，别有淮水自房陵淮山東流入焉。又東過南漳荆山而爲滄浪之水。或云在襄陽即爲滄浪之水，又東南過宜城，有鄢水入焉。又東過鄀，敖水入焉。又東南白水入焉。又東過雲杜而爲夏水，有鄖水入焉。又東至漢陽，觸大别山，南入於江。班云，行一千七百六十里。孔穎達左傳正義釋例云：漳水出新城沶鄉縣南，至荆山東南經襄陽南郡當陽縣入沮。

〔漳流〕王云：通志略：漳水出臨沮縣東荆山，東南至當陽縣，右入於沮。臨沮，今襄陽南漳縣。當陽，今隸荆門軍。一統志：漳江源出臨沮縣，南至荆州當陽，北與沮水合流入大江。

〔三川〕王云：三川，三江也。按三江，孔安國、班固、鄭玄、韋昭、桑欽、郭璞，諸説不一。惟鄭云：左合漢爲北江，右合彭蠡爲南江，岷江居其中爲中江。今考江水發源蜀地，最居上流。下至湖廣，漢江之水自北來會之，又下至江西，則彭蠡之水自南來會之，三水合流而東，以入於海。所謂三江既入也。禹貢既以岷江爲中江，漢水爲北江，則彭蠡之水爲南江可知矣。蘇東坡謂岷山之江爲中江，嶓冢之江爲北江，豫章之江爲南江，蓋本鄭説也。

〔金精〕文選郭璞江賦：金精玉英瑱其裏。李善注：穆天子傳：河伯曰：示汝黄金之膏。郭璞曰：金膏其精汋也。按：王注引此文誤爲木華海賦。

【評箋】

按：此詩似白初次將至廬山之作，與望廬山瀑布水及登廬山五老峯詩語意相類，應屬同時。詹氏列於上元元年，似未確。

廬江主人婦

孔雀東飛何處棲？廬江小吏仲卿妻。爲客裁縫君自見，城烏獨宿夜空啼。

【校】

〔題〕兩宋本、繆本題下俱注云：宿松。

〔君自見〕君，兩宋本、繆本俱作石。王本注云：繆本作石。

【注】

〔孔雀〕王云：古詞：「孔雀東南飛，五里一徘徊。」古樂府：漢末建安中，廬江府小吏焦仲卿妻劉氏，爲仲卿母所遣，自誓不嫁，其家逼之，乃投水而死。仲卿聞之，亦自縊於庭樹。時人傷之，爲詩云爾。

【評箋】

今人詹鍈云：此詩蓋亦遊霍山客居廬江時作。

按：此非詠焦仲卿妻，乃在廬江客次游戲之筆。詹説是。

陪宋中丞武昌夜飲懷古

清景南樓夜，風流在武昌。庾公愛秋月，乘興坐胡床。龍笛吟寒水，天河落曉霜。我心還不淺，懷古醉餘觴。

【校】

〔題〕兩宋本、繆本題下俱注云：江夏。

〔吟〕英華作吹。

〔懷古〕兩宋本、繆本、王本俱注云：一作留客。

【注】

〔武昌〕元和郡縣志卷二七：鄂州江夏郡有武昌縣，西至州一百七十里。

〔南樓〕王云：世説：庾太尉在武昌，秋夜氣佳景清，佐吏殷浩、王胡之之徒登南樓理詠。音調始遒，聞函道中有屐聲甚厲，定是庾公，俄而率左右十許人步來，諸賢欲起避之。公徐云：「諸君少住，老子於此處興復不淺。」因便據胡床，與諸人詠謔竟坐。琦按：世説、晉書載庾亮南樓事皆不言秋月，而太白數用之，豈古本秋夜乃秋月之訛，抑有他傳是據歟！

【評箋】

按：宋中丞名若思，見卷十一中丞宋公以吴兵三千赴河南……詩注。卷二十六有爲宋中丞請都金陵表、爲宋中丞自薦表，卷二十九有爲宋中丞祭九江文。據此詩及卷十一詩題：中丞宋公以吴兵三千赴河南，軍次尋陽，脱余之囚，參謀幕府。知至德二載白實曾隨其軍至武昌也。

望鸚鵡洲懷禰衡

魏帝營八極，蟻觀一禰衡。黄祖斗筲人，殺之受惡名。吴江賦鸚鵡，落筆超羣英。鏘鏘振金玉，句句欲飛鳴。鷙鶚啄孤鳳，千春傷我情。五岳起方寸，隱然詎可平？才高竟何施，寡識冒天刑。至今芳洲上，蘭蕙不忍生。

【校】

〔題〕懷，兩宋本、繆本俱作悲。王本注云：繆本作悲。

〔寡識〕英華作寧不，注云：一作寡識。

【注】

〔鸚鵡洲〕見卷十一贈漢陽輔録事第二首及卷二十一鸚鵡洲詩注。

〔禰衡〕黄祖殺禰衡事，見後漢書卷一一〇禰衡傳。

【評箋】

沈德潛云：曹操送之劉表，劉表送之黄祖，祖乃殺之，固三人之不能容物，而衡之恃才漫駡有以自取也。嚴儀卿云：才高識寡，與太白意同。（唐詩别裁）

高步瀛云：此以正平自況，故極致悼惜，而沈痛語以駿快出之，自是太白本色。起二句言正平輕魏武，鷙鶚比黄祖，孤鳳比正平，才高寡識，用孫登謂嵇康之言，乃痛惜相憐之詞，激起末句言芳草亦不忍生也。若以寡識爲譏正平之短，則與上句不相應，且與結句之意亦不合矣。（唐宋詩舉要）

今人詹鍈云：書懷贈江夏韋太守良宰詩云：「一忝青雲客，三登黄鶴樓。顧慚禰處士，虚對鸚鵡洲。」疑與此詩爲前後之作。

宿巫山下

昨夜巫山下，猿聲夢裏長。桃花飛淥水，三月下瞿塘。雨色風吹去，南行拂楚王。高丘懷宋玉，訪古一霑裳。

【校】

〔題〕兩宋本、繆本題下俱注云：巫峽。

【注】

〔高丘〕王云：楚辭：哀高丘之無女。王逸注：楚有高丘之山，或云高丘閬風山上也。舊説，高丘，楚地名也。太平寰宇記：巫山縣有高都山。江源記云：楚辭所謂巫山之陽，高丘之阻。高丘蓋高都也。

【評箋】

今人詹鍈云：詩云：「桃花飛淥水，三月下瞿塘。」按太白初出夔門下瞿塘在五月，見開元十三年下。此詩作於三月，則流夜郎半道放還下瞿塘作也。薛譜繫乾元二年下，良是。

按：乾元二年春行籍田，赦令宜在此時。黄譜據此詩，謂白之遇赦在暮春之時無疑，與詹説皆近是。

金陵白楊十字巷

白楊十字巷，北夾湖溝道。不見吴時人，空生唐年草。天地有反覆，宫城盡傾倒。六帝餘古丘，樵蘇泣遺老。

【校】

〔湖溝〕湖，王本注云：當作潮。

【注】

〔白楊〕王云：六朝事跡：白楊路，圖經云：縣南十二里石山岡之横道是也。

〔潮溝〕王云：一統志：潮溝在應天府上元縣西四里，吴赤烏中所鑿，以引江潮，接青溪，抵秦淮，西通運瀆，北連後湖。六朝事跡：輿地志：潮溝，吴大帝所開，以引江潮。建康實録云：其北又開一瀆，北至後湖，以引湖水，今俗呼爲運瀆。其實自古城西南行者是運瀆，自歸善寺門前東出至青溪者名潮溝。其溝向東已湮塞，西則見通運瀆。按實録所載皆唐事，距今數百年，其溝日益湮塞，未詳所在。今府城東門外，西抵城濠，有溝東出，曲折當報寧寺之前，里俗亦名潮溝，此近世所開，非古潮溝也。

〔樵蘇〕見卷二十春日陪楊江寧……詩注。

謝公亭

謝亭離別處，風景每生愁。客散青天月，山空碧水流。池花春映日，窗竹夜鳴秋。今古一相接，長歌懷舊遊。

【校】

〔題〕兩宋本、繆本題下俱注云：蓋謝朓、范雲之所遊。王本注上加原注二字。

〔謝亭〕亭，蕭本、咸本、胡本俱作公。王本注云：蕭本作公。

【注】

〔謝公亭〕王云：海録碎事：謝公亭在宣州，太守謝玄暉置，范雲爲零陵内史，謝送別於此，故有新亭送別詩。方輿勝覽：謝公亭在宣城縣北二里。名勝志：謝公亭在江南寧國府宣城縣北郭外，齊太守謝朓送別處。舊圖經謂是朓送范雲之零陵内史處。

【評箋】

王夫之云：五六不似懷古，乃以懷古，覺杜陵寶靨羅裙之句猶爲貌取。「今古一相接」五字，盡古今人道不得，神理、意致、手腕，三絶也。（唐詩評選）

紀南陵題五松山

聖達有去就，潛光愚其德。魚與龍同池，龍去魚不測。當時板築輩，豈知傅説情？一朝和殷人，光氣爲列星。伊尹生空桑，捐庖佐皇極。桐宮放太甲，攝政無愧色。三年帝道明，委質終輔翼。曠哉至人心，萬古可爲則。時命或大謬，仲尼將奈何？鸞鳳忽覆巢，麒麟不來過。龜山蔽魯國，有斧且無柯。歸來歸去來，宵濟越洪波。

【校】

〔題〕兩宋本、繆本、王本題下俱注云：一作南陵五松山感時贈别，山在銅坑村五里。胡本作失題。按：此詩除伊尹以下八句外，絶句改作四首。咸本則分作五首，注云一本併作一首。

〔愚其德〕德，絶句作色。

〔和殷人〕和，兩宋本、繆本、王本俱注云：一作雨。人，王本注云：一作羹。胡本作羹。

〔捐庖〕捐，蕭本作指。王本注云：蕭本作指。

〔將奈何〕將，兩宋本、繆本、蕭本、王本俱注云：一作其。

〔歸來〕此句兩宋本、繆本作歸去來，歸去來，注云：一作歸來歸去來。蕭本注云：一作歸去來歸去。王本注云：一作歸去來歸去，繆本作歸去來，歸去來。

【注】

〔五松山〕見卷二十與南陵常贊府遊五松山詩注。

〔板築〕王云：韓詩外傳：傅説負土而板築，以爲大夫，其遇武丁也。李善文選注：郭璞三蒼解詁曰：板，牆上下板。築，杵頭鐵沓也。

〔傅説〕書説命：若歲大旱，用汝作霖雨。若作和羹，爾惟鹽梅。

〔列星〕莊子大宗師篇：傅説得之，以相武丁，奄有天下，乘東維，騎箕尾，而比於列星。陸德明音義：崔云：傅説死，其精神乘東維，託龍角，乃爲列宿，今尾上有傅説星。

〔空桑〕水經注伊水：昔有莘氏女採桑於伊川，得嬰兒於空桑中，言其母孕於伊水之濱，夢神告之曰：白水出而東走。母明視而見白水出焉，告其鄰居而走，顧望其邑，咸爲水矣。其母化爲空桑，子在其中矣。莘女取而獻之，命養於庖，長而有賢德，殷以爲尹，曰伊尹也。

〔桐宫〕史記殷本紀：伊尹……欲干湯而無由，乃爲有莘氏媵臣，負鼎俎以滋味説湯，致於王道。……湯舉任以國政，……湯崩，……伊尹乃立太丁之子太甲，……太甲既立三年，不明，暴虐，不遵湯法，亂德。於是伊尹放之於桐宫三年，伊尹攝行政當國，以朝諸侯，帝太甲居桐宫三年，悔過自責反善，於是伊尹乃迎帝太甲而授之政。

〔委質〕王云：委質有二解。左傳：策名委質。孔穎達曰：質，形體也，拜則屈膝而委身體於地，以明敬奉之也。章懷太子後漢書注：委質猶屈膝也。國語：委質爲臣，無有二心。韋昭解：質，贄也。士贄以雉，委質而退。史記索隱：服虔注：左氏云：古者始仕，必先書其名於策，委死之質於君，然後爲臣，示必死節於其君也。依前二説，作哲音讀。依後二説，作至音讀。

〔龜山〕王云：孔子龜山操：予欲望魯，龜山蔽之，手無斧柯，奈龜山何！樂府詩集：琴操曰：龜山操，孔子所作也。季桓子受齊女樂，孔子欲諫不得，退而望魯龜山，作此曲，以喻季氏若龜山之蔽魯也。元和郡縣志：龜山在兖州泗水縣東北七十里。陸賈新語：有斧無柯，何以治之？

【評箋】胡云：此是詠古或感興詩也，舊本題作紀南陵題五松山，誤。

朱云：用事堆疊，詞不通暢，恐非白之格調。

按：此詩顯爲自嘆時命不齊，詞意鬱勃，故與平日格調不類，但不得疑爲非李詩。末句「宵濟越洪波」，當是旅途中偶然有感而作，不似在五松山所題，胡説近是。題蓋有誤。

夜泊牛渚懷古

牛渚西江夜，青天無片雲。登舟望秋月，空憶謝將軍。余亦能高詠，斯人不可聞。明朝挂帆席，楓葉落紛紛。

【校】

〔題〕兩宋本、繆本題下俱注云：此地即謝尚聞袁宏詠史處。王本注上加原注二字。

〔明朝〕咸本作明月，注云：一作明朝。

〔挂帆席〕兩宋本、繆本、蕭本、王本俱注云：一作洞庭去。

〔落〕兩宋本、繆本、蕭本、王本俱注云：一作正。胡本作正，注云：一作落。

【注】

〔牛渚〕見卷七横江詞第一首及卷十二獻從叔當塗宰陽冰詩注。

〔帆席〕文選木華海賦：維長綃，挂帆席。李善注：劉熙釋名曰：隨風張幔曰帆，或以席爲之，故曰帆席也。

【評箋】

王士禛云：或問不著一字盡得風流之説，答曰：太白詩「牛渚西江夜，青天無片雲。登高望秋月，空憶謝將軍。余亦能高詠，斯人不可聞。明朝挂帆去，楓葉落紛紛」，詩至此，色相俱空。正如羚羊挂角，無跡可求，畫家所謂逸品是也。（帶經堂詩話）

唐宋詩醇云：白天才超邁，絶去町畦，其論詩以興寄爲主，而不屑屑於排偶聲調，當其意合，真能化盡筆墨之迹，迥出塵壒之外。司空圖云：不著一字，盡得風流。嚴羽云：鏡中之花，水中之月，羚羊挂角，無迹可求。論者以此詩及孟浩然望廬山一篇當之，蓋有以窺其妙矣。羽又云：味在酸鹹之外。吟此數過，知其善於名狀矣。

王云：滄浪詩話：律詩有徹首尾不對者，盛唐諸公有此體。如孟浩然詩：「挂席東南望，青山水國遥。舳艫争利涉，來往接風潮。問我今何適？天台訪石橋。坐看霞色晚，疑是赤城標。」又「水國無邊際」之篇，又太白「牛渚西江夜」之篇，皆文從字順，音韻鏗鏘，八句皆無對偶。

趙宧光曰：律不取對，如李白「牛渚西江夜」云云，孟浩然「挂席東南望」云云，二詩無一句屬對，而調則無一字不律。故調律則律，屬對非律也。近有詩家竊取古調作近體，自以爲高者，終是古詩，非律也。中晚之律，每取一貫而下，已自失款。況今日之以古作律乎？楊用修云：五言律八句不對，太白、浩然有之，乃是平仄穩貼古詩也。楊謬以對爲律，亦淺之乎觀律矣。古詩在格與意義，律詩在調與聲韻。如必取對，則六朝全對者正自多也，何不即呼律詩乎？律詩之名起於唐，律詩之法嚴於唐，未起未嚴，偶然作對，作者觀者愼勿以此持心，方能得一代作用之旨。

王阮亭曰：此詩色相俱空，政如羚羊挂角，無迹可求，畫家所謂逸品是也。

陳僅云：盛唐人古律有兩種，其一純乎律調而通體不對者，如太白「牛渚西江夜」（原誤秋天月），孟浩然「挂席東南望」，是也。（竹林答問）

姑熟十詠

姑熟溪

愛此溪水閑，乘流興無極。漾楫怕鷗驚；垂竿待魚食。波翻曉霞影；岸疊春山色。何處浣紗人？紅顏未相識。

【校】

〔漾〕英華作擊。

【注】

〔姑熟溪〕王云：太平寰宇記：姑熟溪在太平州當塗縣南二里。姑熟既古縣名，此水經縣市中過，故溪即因地以名之也。江南通志：姑熟溪在太平府當塗縣南二里，一名姑浦，合丹陽東南之餘水及諸港來會，過寶積山入大江。周必大泛舟游山録：姑熟溪水色紺碧，與河流不相雜。陸放翁入蜀記：姑熟溪，土人但謂之姑溪，水色正緑，而澄澈如鏡，纖鱗往來可數，溪南皆漁家，景物幽奇。

丹陽湖

湖與元氣連，風波浩難止。天外賈客歸；雲間片帆起。龜遊蓮葉上；鳥宿蘆花裏。少女棹輕舟，歌聲逐流水。

【校】

〔輕舟〕輕，蕭本作歸。王本注云：蕭本作歸。

【注】

〔丹陽湖〕王云：元和郡縣志：丹陽湖在宣州當塗縣東南七十九里，周圍三百餘里，與溧水縣分湖爲界。六朝事跡：丹陽湖，圖經云：在溧水縣西八十里，與太平州當塗縣分界。唐李白嘗遊此湖，酷愛其景，乃張帆載酒，縱意往來，而作詩曰「湖與元氣連，風波浩難止」云云。太平府志：丹陽湖在府城東南，跨多福、黄池、積善、湖陽等鄉，徽、池、寧國、廣德諸州之水匯之，與江寧之高淳、溧水，皆以湖心爲界，東西七十五里，南北九十里，太平之巨浸也。參見卷九贈丹陽横山周處士惟長詩注。

謝公宅

青山日將暝，寂寞謝公宅。竹裏無人聲；池中虛月白。荒庭衰草徧；廢井蒼苔積。唯有清風閑，時時起泉石。

【校】

〔虛月白〕英華作有虛白。

【注】

〔謝公宅〕王云：太平寰宇記：青山在太平州當塗縣東三十五里。齊宣城太守謝朓築室及池於山南，其宅階址尚存，路南磚井二口。天寶十二年改爲謝公山。江南通志：謝朓宅在太平府東南青山之椒。南齊謝朓守宣城時，建别宅於此，今爲保和菴。路旁有井，名謝公井。陸放翁入蜀記：青山南小市有謝玄暉故宅基，今爲湯氏所居，南望平野極目，而環宅皆流泉奇石，青林文篠，真佳處也。由宅後登山，路極險巇，凡三四里許至一菴，菴前有小池，曰謝公池，水味甘冷，雖盛夏不竭。

陵歊臺

曠望登古臺，臺高極人目。疊嶂列遠空；雜花間平陸。閑雲入窗牖；野翠生松竹。欲覽碑上文，苔侵豈堪讀？

【校】

〔遠空〕遠，英華作遥，注云：集作遠。

【注】

〔陵歊臺〕王云：方輿勝覽：淩歊臺在太平州城北黄山上。宋武帝南遊，嘗登此臺，乃建離宫焉。江南通志：淩歊臺在太平府當塗縣黄山，有石如案，高可五尺，頂平而圓。宋武帝建宫避暑處。周必大泛舟遊山録：出北門五里餘，登淩歊臺，臺在黄山上，本不高而望甚遠。西南即青山，却顧采石、天門及溧陽、和州諸山，皆在目中。　參見卷十二書懷贈南陵常贊府及卷十八登黄山淩歊臺……詩注。

桓公井

桓公名已古，廢井曾未竭。石甃冷蒼苔；寒泉湛孤月。秋來桐暫落；春至桃還發。路遠人罕窺，誰能見清澈？

【校】

〔湛〕王本注云：霏玉本作潔。

【注】

〔桓公井〕輿地紀勝卷一八：太平州：桓公井在白紵山。九域志云：晉桓溫所鑿。王安石詩有「歌舞不可求，桓公井空在」之句。

慈姥竹

野竹攢石生，含烟映江島。翠色落波深，虚聲帶寒早。龍吟曾未聽，鳳曲吹應好。不學蒲柳凋，貞心常自保。

【校】

〔攢〕英華作鑽。

〔含烟〕烟，兩宋本、繆本俱作仲，誤。

【注】

〔慈姥〕王云：藝文類聚：丹陽記曰：江寧縣南四十里有慈母山，積石臨江，生簫管竹。王褒洞簫賦所稱，即此竹也。其竹圓緻，異於衆處，自伶倫採竹嶰谷，其後惟此幹見珍，故歷代常給樂府，俗呼爲鼓吹山。李善文選注：江圖曰：慈母山，此山竹作簫笛有妙聲。太平府志：慈姥山在當塗縣北四十里，積石俯江，岸壁峻絶，風濤洶湧，估舟嘗依此以避，其山産竹，圓體而疏節，堪爲簫管，聲中音律。

〔蒲柳〕王云：晉書：顧悦之曰：蒲柳常質，望秋先零。蒲柳，今之水楊也，其葉易凋落。

望夫山

顒望臨碧空，怨情感離别。江草不知愁，巖花但争發。雲山萬重隔，音信千里絶。春去秋復來，相思幾時歇？

【校】

〔顒〕兩宋本、繆本俱作寫。英華作寫，注云：集作顒。王本注云：繆本作寫。

【注】

〔望夫山〕太平寰宇記卷一〇五：望夫山在太平州當塗縣北四十七里，昔有人往楚，累歲不還，其妻登此山望夫，乃化爲石。其山臨江，周圍五十里，高一百丈。按：太平御覽卷五二：輿地志曰：南陵縣有女觀山，俗傳云：昔有婦人，夫官於蜀，屢愆秋期，憂思感傷，登此騁望，因化爲石，如人之形，所牽狗亦爲石，今狗形猶存。蓋即一事。

〔顒〕廣韻：顒，望也。

牛渚磯

絶壁臨巨川，連峯勢相向。亂石流洑間，迴波自成浪。但驚羣木秀，莫測精靈狀。更聽猿夜啼，憂心醉江上。

【校】

〔洑間〕間，英華作澗。

【注】

〔牛渚〕見本卷夜泊牛渚懷古詩注。

〔洑〕王云：韻會：洑，水洄也。

〔精靈〕王云：異苑：晉温嶠至牛渚磯，聞水底有音樂之聲，水深不可測，傳言其下多怪物。乃燃犀角而照之，須臾見水族覆火，奇形異狀，或乘車馬，著赤衣幘，其夜夢人謂曰：與君幽明道隔，何意相照耶？

靈墟山

丁令辭世人，拂衣向仙路。伏鍊九丹成；方隨五雲去。松蘿蔽幽洞；桃杏深隱處。不知曾化鶴，遼海歸幾度。

【注】

〔靈墟山〕輿地紀勝卷一八：太平州：靈墟山在當塗縣東北三十五里，世傳丁令威得道飛昇之所，山椒有壇址猶存。

〔丁令〕見卷十八送李青歸南華湯川詩注。

〔九丹〕抱朴子金丹篇：第一之丹名曰丹華，第二之丹名曰神符，第三之丹名曰神丹，第四之丹名曰還丹，第五之丹名曰餌丹，第六之丹名曰鍊丹，第七之丹名曰柔丹，第八之丹名曰伏丹，第九之丹名曰寒丹。……凡服九丹，欲昇天則去，欲且止人間亦任意，皆能出入無間，不可得之害矣。

天門山

迥出江上山，雙峯自相對。岸映松色寒；石分浪花碎。參差遠天際；縹緲晴霞外。落日舟去遥，迴首沉青靄。

【校】

〔上山〕蕭本作山上。王本注云：蕭本作山上。

【注】

〔天門〕王云：太平寰宇記：天門山在太平州當塗縣西南三十里，有二山夾大江。東曰博望，西曰天門。按郡國志云：天門山亦名蛾眉山，楚獲吴艅艎於此。按其山相對，時人呼爲東梁山、西梁山，據縣圖爲天門山。輿地志云：博望梁山東西隔江，相對如門，相去數里，謂之天門。宋孝武詔曰：梁山層岫雲峙，流同海岳，天表象魏，以旌國形。仍以二山立闕，故曰天門焉。太平府志：天門山在郡西南三十里，亦稱東梁山，與和州西梁山夾大江對峙，自江中遠望，色如横黛修嫵，静好宛宛，不異蛾眉，故又名蛾眉山。參見卷七横江詞第四首注。

【評箋】

王云：蘇東坡曰：過姑熟亭下，讀李白十詠，疑其淺近。孫邈云：聞之王安國，此乃李赤詩，祕閣下有赤集，此詩在焉。白集中無此，赤見柳子厚集，自比李白，故名赤，其後爲厠鬼所惑而死。今觀其詩只如此，而以比李白，則其人心恙已久，非特厠鬼之罪也。陸放翁入蜀記：李太白集有姑熟十詠，予族伯父彦遠嘗言：東坡自黄州還，過當塗，讀之撫手大笑曰：「贋物敗矣。豈有李太白作此語者？」郭功父争以爲不然。東坡笑曰：「恐是太白後身所作耳。」蓋功父少時詩句俊逸，前輩或許之以爲太白後身。功父亦遂以自負，故東坡因是戲之。或曰：十詠及歸來乎、笑矣乎、僧伽歌、懷素草書歌，太白舊集本無之，宋次道再編時貪多務得之過也。

按：陸游入蜀記卷三：李太白往來江東，此（池）州所賦尤多。如秋浦歌十七首及九華山、清溪、白笴陂、玉鏡潭諸詩是也。秋浦歌云：「秋浦長似秋，蕭條使人愁。」又曰：「兩鬢入秋浦，一朝颯已衰。猿聲催白髮，長短盡成絲。」則池州之風物可見矣。然觀太白此歌高妙乃爾，則知姑熟十詠決爲贋作也。

李白集校注卷二十三

古近體詩四十七首

與元丹丘方城寺談玄作

茫茫大夢中，惟我獨先覺。騰轉風火來，假合作容貌。滅除昏疑盡，領略入精要。澄慮觀此身，因得通寂照。朗悟前後際，始知金仙妙。幸逢禪居人，酌玉坐相召。彼我俱若喪，雲山豈殊調？清風生虚空，明月見談笑。怡然青蓮宫，永願恣遊眺。

【校】

〔題〕兩宋本、繆本題下俱注云：蜀中，一作仙城山寺。

〔方城〕方，王本注云：一作仙。

〔談玄作〕咸本作與道者談玄作。

【注】

〔元丹丘〕按：本卷又有尋高鳳石門山中元丹丘詩。其已見前者：卷七西嶽雲臺歌送丹丘子及元丹丘歌，卷十三聞丹丘子於城北山營石門幽居……，卷十五潁陽别元丹丘之淮陽，卷十九以詩代書答元丹丘及酬岑勛見尋就元丹丘對酒相待……等篇。見後者則卷二十四觀元丹丘坐巫山屏風，卷二十五題元丹丘山居、題元丹丘潁陽山居及題嵩山逸人元丹丘山居等篇，均可參看。

〔大夢〕莊子齊物論篇：且有大覺而後知此其大夢也。

〔假合〕王云：釋家以此身爲地水火風四大假合而成，堅者是地，潤者是水，暖者是火，動者是風。楞嚴經：浄極光通達，寂照含虚空，却求觀世間，猶如夢中事。湛然常定之謂寂，瑩然不昧之謂照。寂其體也，照其用也。體用不離，寂照雙運，即是定慧交修止觀互用之妙諦。維摩詰所説經：法無有人前後際斷。故華嚴經雖知諸法無有前際，而廣説過去，雖知諸法無有後際，而廣説未來，雖知諸法無有中際，而廣説現在。金仙謂佛。釋成時曰：李白詩云：「朗悟前後際，始知金仙妙。」東文人如稻麻竹葦，吐不出此十字。

【評箋】

葛立方云：李白跌宕不羈，鍾情於花酒風月則有矣，而肯自縛於枯禪，則知淡泊之味，賢於啖炙遠矣。白始學於白眉空，得「大地了鏡徹，回旋寄輪風」之旨。中謁太山君，得「冥機發天光，獨照謝世氛」之旨。晚見道崖，則此心豁然，更無疑滯矣。所謂「啓開七窗牖，託宿掣電形」是也。後又有談玄之作云：「茫茫大夢中，惟我獨先覺。騰轉風火來，假合作容貌。問語前後際，始知金僊妙。」則所得於佛氏者益遠矣。（韻語陽秋）

今人詹鍈云：薛仲邕年譜繫此詩於開元六年下，題作仙城山寺道者元丹丘談玄。蓋元演隱仙城山後未久，白與元丹丘又隨往也。

尋高鳳石門山中元丹丘

尋幽無前期，乘興不覺遠。蒼崖渺難涉，白日忽欲晚。未窮三四山，已歷千萬轉。寂寂聞猿愁，行行見雲收。高松來好月，空谷宜清秋。谿深古雪在，石斷寒泉流。峯巒秀中天，登眺不可盡。丹丘遥相呼，顧我忽而哂，遂造窮谷間，始知静者閑。留歡達永夜，清曉方言還。

【校】

〔題〕兩宋本、繆本題下俱注云：楚漢。

〔來好〕來，兩宋本、繆本俱作上。咸本作有。王本注云：一作上。

【注】

〔永夜〕王云：中天，半天也。窮谷，深谷也。永夜，長夜也。

【評箋】

按：卷九有鄴中贈王大勸入高鳳石門山幽居詩，石門似在南陽。此詩云：「留歡達永夜，清曉方言還。」則白所居與元丹丘之居必相去甚近，此白在南陽蹤跡之可考者。又集中涉及元丹丘者約十首，可排比而得二人之關係。卷七有元丹丘歌，卷十五有潁陽别元丹丘之淮陽詩，卷二十五有題元丹丘潁陽山居詩，可知元隱居嵩山，此一時也。但元後此亦嘗出遊，故卷十三聞丹丘子營石門幽居詩云：「疇昔在嵩陽，……僕在雁門關，君爲峨眉客，……相逢洛陽陌。」卷十九有以詩代書答元丹丘一首云：「離居在長安，三見秋草緑。」此又一時也。此卷之尋高鳳石門山中元丹丘，則二人皆在南陽，此又一時也。卷二十五題元丹丘山居詩序云：白久在廬、霍，元公近遊嵩山。則又似非初期之居嵩山，乃白遊廬江之時也。因此又可知白在廬江，爲時亦非甚暫。

安州般若寺水閣納涼喜遇薛員外乂

翛然金園賞，遠近含晴光。樓臺成海氣，草木皆天香。忽逢青雲士，共解丹霞裳。水退池上熱，風生松下涼。吞討破萬象，搴窺臨衆芳。而我遺有漏，與君用無方。心垢都已滅，永言題禪房。

【校】

〔題〕兩宋本、繆本題下俱注云：安州。

【注】

〔安州〕舊唐書地理志：淮南道安州：天寶元年改爲安陸郡。依舊爲都督府，督安、隋、鄂、沔四州，乾元元年復爲安州。

〔般若〕王云：般若，讀若百惹。釋言般若，華言智慧也，寺依此立名。

〔金園〕王云：金園，寺中園圃也，須達長者欲買祇陀太子園爲佛住處，太子戲言：得金布滿地中，即當賣與。須達遂出金餅布地，周滿園中，厚及五寸，廣惟十里，買此園地，奉施如來，起立精舍。後人用金園事本此。

〔有漏〕王云：大般若經：云何有漏法？佛告：善，現世間五蘊十二處十八界四靜慮四無量四無色定所有一切墮三界法，是名有漏法。

〔無方〕莊子在宥篇：處乎無響，行乎無方。郭象注：隨物轉化也。

〔心垢〕王云：四十二章經：心垢滅盡，浄無瑕穢。維摩詰所説經：心垢故衆生垢，心浄故衆生浄，妄想是垢，無妄想是浄，顛倒是垢，無顛倒是浄，取我是垢，不取我是浄。

魯中都東樓醉起作

昨日東樓醉，還應倒接䍦。阿誰扶上馬？不省下樓時。

【校】

〔題〕兩宋本、繆本題下俱注云：魯中。

〔樓醉〕兩宋本、繆本、蕭本、王本俱注云：一作城飲。胡本作城飲，注云：一作樓醉。

〔還應〕兩宋本、繆本、蕭本、王本俱注云：一作歸來。胡本作歸來，注云：一作還應。

【注】

〔中都〕舊唐書地理志：河南道鄆州中都：漢平陸縣，天寶元年改爲中都。

〔接䍦〕王云：接䍦，帽也。用山公醉歸事。參見卷五襄陽曲注。

〔阿誰〕王云：三國志龐統傳：向者之論，阿誰爲失？

【評箋】

按：集中詩題言魯中都者，有卷十五之别中都明府兄，卷十九之酬中都小吏攜斗酒雙魚於逆旅見贈及此詩，皆先後作也。

對酒醉題屈突明府廳

陶令八十日，長歌歸去來。故人建昌宰，借問幾時迴。風落吴江雪，紛紛入酒杯。山翁今已醉，舞袖爲君開。

【校】

〔題〕兩宋本、繆本題下俱注云：吴中。

【注】

〔屈突〕王云：按通志氏族略：屈突氏乃代北複姓也，本居玄朔，後徙昌黎。孝文改爲屈氏，至西魏復爲屈突。

〔八十日〕陶潛歸去來辭序：予家貧，耕殖不足以自給，幼稚盈室，瓶無儲粟。親故多勸予爲長吏，家叔以予貧苦，遂見用于小邑。於時風波未静，心憚遠役，彭澤去家百里，公田之利，足以爲酒，故便求之。及少日眷然有歸與之情，自免去職。仲秋至冬，在官八十餘日，因事順心，命篇曰歸去來辭。

〔建昌〕舊唐書地理志：江南西道洪州建昌：漢海昏縣，……後漢分立建昌縣。

【評箋】

胡云：嚴滄浪云：律詩有徹首尾不對者。皆文從字順，音韻鏗鏘，盛唐諸公有此體而太白爲多。

今人詹鍈云：詩云：「故人建昌宰，借問幾時回。」屈突即爲建昌宰者也。按建昌縣唐屬洪州豫章郡，此蓋太白晚年寓家豫章時作。

月下獨酌四首

花間一壺酒，獨酌無相親。舉杯邀明月，對影成三人。月既不解飲，影徒隨我身。暫伴月將影，行樂須及春。我歌月徘徊，我舞影零亂。醒時同交歡，醉後各分散。永結無情遊，相期邈雲漢。

【校】

〔題〕敦煌殘卷作月下對影獨酌。又合一、二首爲一首，無三、四兩首。兩宋本、繆本題下俱注云：長安。

〔花間〕間，王本注云：一作下，文苑作前。胡本注云：一作下。咸本作下，注云：一作間。

〔舉杯〕舉，咸本注云：一作擎。

〔月將影〕敦煌殘卷作明月影。

〔邈雲漢〕胡本、英華俱注云：一作碧嵓畔。

【評箋】

沈德潛云：脱口而出，純乎天籟。此種詩人不易學。（唐詩别裁）

李家瑞云：李詩「舉杯邀明月，對影成三人」，東坡喜其造句之工，屢用之。予讀南史沈慶之傳，慶之謂人曰：「我每履田園，有人時與馬成三，無人則與馬成二。」李詩殆本此。然慶之語不及李詩之妙耳。（停雲閣詩話）

其二

天若不愛酒，酒星不在天。地若不愛酒，地應無酒泉。天地既愛酒，愛酒不媿天。已聞清比聖，復道濁如賢。賢聖既已飲，何必求神仙？三盃通大道，一斗合自然。但得酒中趣，勿爲醒者傳。

【校】

〔愛酒〕敦煌殘卷作飲酒。

〔酒泉〕酒，英華注云：一作醴。王本注云：文苑作醴。

〔神仙〕此句下咸本注云：一本無此四句。敦煌殘卷無此四句。

〔酒中〕酒，兩宋本、繆本、咸本作醉。王本注云：繆本作醉。

【注】

〔酒星〕三國志魏志崔琰傳注：太祖制酒禁而融書嘲之曰：天垂酒旗之星，地列酒泉之郡。晉書天文志：軒轅右角南三星曰酒旗，酒官之旗也，主享宴酒食。

〔酒泉〕漢書地理志：酒泉郡，武帝太初元年開。注：應劭曰：其水若酒，故曰酒泉也。師古曰：舊俗傳云：城下有金泉，泉味如酒。

〔比聖〕三國志魏志徐邈傳：平日醉客謂酒清者爲聖人，濁者爲賢人。

〔酒中趣〕晉書卷九八孟嘉傳：好酣飲，愈多不亂。（桓）温問嘉：「酒有何好而卿嗜之？」嘉曰：「公未得酒中趣耳。」

【評箋】

查慎行云：此種語太庸近，疑非太白作。（初白詩評）

王云：胡震亨曰：此首乃馬子才詩也。胡元瑞云：近舉李墨跡爲證。詩可僞，筆不可僞耶！琦按：馬子才乃宋元祐中人，而文苑英華已載太白此詩，胡説恐誤。

其三

三月咸陽城，千花晝如錦。誰能春獨愁？對此徑須飲。窮通與修短，造化夙所稟。一樽齊死生，萬事固難審。醉後失天地，兀然就孤枕。不知有吾身，此樂最爲甚。

【校】

〔咸陽城〕城，兩宋本、繆本俱作時，注云：一作城。咸本作時。蕭本、王本俱注云：一作時。

〔如錦〕以上二句，兩宋本、繆本、王本俱注云：一作好鳥吟清風，落花散如錦。又作園鳥語成歌，庭花笑如錦。胡本注云：一作好鳥吟清風，落花散如錦。

其四

窮愁千萬端，美酒三百杯。愁多酒雖少，酒傾愁不來。所以知酒聖，酒酣心自開。辭粟卧首陽，屢空飢顔回。當代不樂飲，虚名安用哉？蟹螯即金液，糟丘是蓬萊。且須飲美酒，乘月醉高臺。

【校】

〔千萬〕兩宋本、繆本、胡本、王本俱注云：一作有千。

〔三百〕兩宋本、繆本、胡本、王本俱注云：一作惟數。

〔酒傾〕傾，胡本作醉。

〔酒聖〕兩宋本、繆本、王本俱注云：一作聖賢。

〔卧首陽〕兩宋本、繆本、王本俱注云：一作餓伯夷。胡本首陽下注云：一作伯夷。

〔空飢〕飢，兩宋本、繆本、王本俱注云：一作悲。

【注】

〔蟹螯〕晉書卷四九畢卓傳：卓嘗謂人曰：得酒滿數百斛船，四時甘味置兩頭，右手持酒杯，左手持蟹螯，拍浮酒船中，便足了一生矣。

【評箋】

今人詹鍈云：按文苑英華僅録前二首，題作對酒。第一首題下注云：一作月下獨酌。第二首題下注云：一作月夜獨酌。太平廣記卷二〇一引本事詩云：白才行不羈，放曠坦率，乞歸故山，玄宗亦以非廊廟器，優詔許之。嘗有醉吟詩曰：「天若不愛酒，酒星不在天。……」即月下獨酌第二首也。敦煌寫本唐詩選殘卷録此詩，合一二首爲一首，題作月下對影獨酌，而無三四兩首。是則各本絶無同者，然其決非僞作無疑也。

按：「三月咸陽城，千花晝如錦」一首，與古風第八首意頗相似，疑爲在京感憤時事而作，連章不能無微意存其間，非止頌酒而已。

春歸終南山松龍舊隱

我來南山陽，事事不異昔。却尋溪中水，還望巖下石。薔薇緣東窗，女蘿遶北壁。別來能幾日？草木長數尺。且復命酒樽，獨酌陶永夕。

【校】

〔松龍〕龍，胡本作龕。

【注】

〔終南山〕王云：地理今釋：終南山在今陝西西安府長安縣南五十里，東至藍田縣，西至鳳翔府郿縣，綿亘八百餘里。參見卷五君子有所思行及卷二十下終南山……詩注。

〔松龍〕未詳。

【評箋】

按：集中涉及終南山者，此詩以外，卷十三有望終南山寄紫閣隱者，卷二十有下終南山過斛斯山人宿置酒等篇。此詩云春歸舊隱，則其居終南必非甚暫。黄譜置於天寶二、三年，詹氏意亦同。但斯時白方供奉翰林，不應有舊隱之稱。蓋在其初次入關時，特不能確定爲何年耳。

冬夜醉宿龍門覺起言志

醉來脱寶劍，旅憩高堂眠。中夜忽驚覺，起立明燈前。開軒聊直望，曉雪河冰壯。哀哀歌苦寒，鬱鬱獨惆悵。傅説板築臣，李斯鷹犬人。欻起匡社稷，寧復長艱辛？而我胡爲者？嘆息龍門下。富貴未可期，殷憂向誰寫？去去淚滿襟，舉聲梁甫吟。青雲當自致，何必求知音？

【校】

〔題〕兩宋本、繆本題下俱注云：洛陽。

〔欻起〕欻，兩宋本、繆本俱作颷。王本注云：繆本作颷。

【注】

〔龍門〕王云：通典：河南府河南縣有闕塞山，俗曰龍門。太平寰宇記：闕塞山，左氏傳：晉趙鞅納王，使女寬守闕塞。服虔謂南山伊闕是也。杜預注：洛陽西南伊闕口也，俗名龍門。參見卷三公無渡河注。

〔苦寒〕王云：古樂府有苦寒行，因行役遇寒而作。

〔殷憂〕王云：阮籍詩：「感物懷殷憂。」李善注：韓詩曰：耿耿不寐，如有殷憂。詩國風：以寫我憂。毛傳：寫，除也。

〔青雲〕史記范雎列傳：不意君能自致於青雲之上。

【評箋】

按：此詩詞意與梁甫吟相近，今人詹鍈疑爲同時所作，是也。但謂爲去朝以後窮愁潦倒之辭，恐非。卷二十七有冬日於龍門送從弟京兆參軍令問之淮南觀省序，卷十三有秋夜宿龍門香山寺奉寄王方城十七丈奉國瑩上人從弟幼成令問詩，自是一時之作，詹氏繫彼於開元二十二年，即不當獨謂此爲去朝以後。傳説、李斯之喻皆在未遇時，既已被徵，雖遭讒而去，亦不當復作富貴未可期之語也。

尋山僧不遇作

石徑入丹壑，松門閉青苔。閑階有鳥跡，禪室無人開。窺窗見白拂，挂壁生塵埃。使我空嘆息，欲去仍徘徊。香雲徧山起，花雨從天來。已有空樂好，況聞青猿哀。了然絶世事，此地方悠哉。

【校】

〔題〕兩宋本、繆本題下俱注云：金陵。

〔徧山〕兩宋本、繆本、咸本俱作隔。王本注云：繆本作隔。

〔青猿〕青，王本注云：當作清。

〔了〕咸本注云：一作孑。

【注】

〔花雨〕王云：楞嚴經：即時天雨百寶蓮花，青黄赤白，間錯紛糅。

〔香雲〕王云：華嚴經：樂音和悦，香雲照耀。

過汪氏别業二首

遊山誰可遊？子明與浮丘。疊嶺礙河漢，連峯横斗牛。汪生面北阜，池館清且幽。我來感意氣，搥炰列珍羞。掃石待歸月，開池漲寒流。酒酣益爽氣，爲樂不知秋。

【校】

〔汪氏〕汪，英華作任，注云：集作汪。

〔汪生〕英華作任土，注云：集作汪生。

〔清且〕英華作涵清，注云：集作清且。胡本注云：一作涵清。

〔炰〕英華作庖，注云：集作炰。

〔待歸月〕英華作歸明月，注云：集作待歸月，又作待月歸。

【注】

〔子明〕王云：列仙傳：陵陽子明上黄山採五石脂，沸水而服之。黄山圖經：黄帝與容成子、浮丘公合丹於此山，故有浮丘、容成諸峯。

〔斗牛〕王云：斗牛謂南斗牽牛二星。史記正義：吴地斗牛之分野。

其二

疇昔未識君，知君好賢才。隨山起館宇，鑿石營池臺。星火五月中，景風從南來。數枝石榴發，一丈荷花開。恨不當此時，相過醉金罍。我行值木落，月苦清猿哀。永夜達五更，吴歈送瓊杯。酒酣欲起舞，四座歌相催。日出遠海明，軒車且徘徊。更遊龍潭去，枕石拂莓苔。

【校】

〔星火〕星，兩宋本、繆本、咸本、胡本俱作大。蕭本、王本俱注云：一作大。

〔值木〕值，宋乙本作植，誤。

【注】

〔星火〕書堯典：日永星火，以正仲夏。蔡沈集傳：星火東方蒼龍七宿，火謂大火，夏至昏之中星也。

〔景風〕史記律書：景風居南方，景者言陽氣道竟，故曰景風。

〔吴歈〕太平御覽卷五七三古樂志曰：齊歌曰謳，吴歌曰歈。△歈音于。

〔莓〕音梅。

【評箋】

按：卷十二有贈汪倫詩，當即其人。王本附録四引寧國府志載胡安定先生石壁詩一首，其序曰：余嘗覽李翰林題涇川汪倫别業二章，其詞俊逸，欲屬和之。今十月自新安歷旌德，而仙尉曾公望同遊石壁，蓋勝境也。奇峯對聳，清溪中流，路出半峯，佳秀可愛。……按太白本集詩題祇云過汪氏别業，而此序乃云題涇川汪倫别業。先生非妄言者，又去唐時未遠，當必有據。

待酒不至

玉壺繫青絲，沽酒來何遲？山花向我笑，正好銜杯時。晚酌東窗下，流鶯復在兹。春風與醉客，今日乃相宜。

獨酌

春草如有意，羅生玉堂陰。東風吹愁來，白髮坐相侵。獨酌勸孤影；閑歌面芳林。長松爾何知，蕭瑟爲誰吟？手舞石上月；膝横花間琴。過此一壺外，悠悠非我心。

【校】

〔題〕全首王本注云：一本云：春草遍野緑，新鶯有佳音。落日不盡歡，恐爲愁所侵。獨酌勸孤影，閑歌面芳林。清風尋空來，巖松與共吟。手舞石上月，膝横花下琴。過此一壺外，悠悠非我心。兩宋本、繆本第一句遍作變，第八句巖作碧，餘同王注。王本又注云：繆本第一句作春草變緑野，第七句作碧松爾何知，四字不同。

〔爾何知〕兩宋本、繆本、蕭本、王本俱注云：一作本無情。

【注】

〔羅生〕文選九歌少司命：秋蘭兮蘼蕪，羅生兮堂下。王逸注：環其堂下，羅列而生。

友人會宿

滌蕩千古愁，留連百壺飲。良宵宜清談，皓月未能寢。醉來卧空山，天地即衾枕。

【校】

〔宵〕英華作夜，注云：一作宵。

〔談〕英華作話，注云：一作談。

〔皓月〕月，兩宋本、繆本、王本俱注云：一作然。

〔空山〕空，英華注云：一作青。

春日獨酌二首

東風扇淑氣，水木榮春暉。白日照緑草，落花散且飛。孤雲還空山，衆鳥各已歸。彼物皆有託，吾生獨無依。對此石上月，長醉歌芳菲。

【校】

〔題〕咸本僅有一首，第二首别出在後。

〔醉歌〕兩宋本、繆本、胡本俱作歌醉。王本注云：繆本作歌醉。

【注】

〔彼物〕陶潛詠貧士詩：「萬族各有託，孤雲獨無依。」是此二句所本。

【評箋】

王夫之云：以庾鮑寫陶，彌有神理。吾生獨無依，偶然入感，前後不刻畫求與此句爲因緣，是又神化冥合，非以象取。玉合底蓋之説，不足以立科禁矣。（唐詩評選）

其二

我有紫霞想，緬懷滄洲間。且對一壺酒，澹然萬事閑。横琴倚高松，把酒望遠山。長空去鳥没，落日孤雲還。但恐光景晚，宿昔成秋顔。

【校】

〔題〕咸本另作春日獨酌一題。

〔且對〕且，蕭本作思。王本注云：蕭本作思。

〔但恐〕恐，兩宋本、繆本俱作悲。王本注云：繆本作悲。

金陵江上遇蓬池隱者

心愛名山遊，身隨名山遠。羅浮麻姑臺，此去或未返。遇君蓬池隱，就我石上飯。空言不成歡，強笑惜日晚。綠水向雁門；黄雲蔽龍山。嘆息兩客鳥，徘徊吴越間。共語一執手，留連夜將久。解我紫綺裘，且换金陵酒。酒來笑復歌，興酣樂事多。水影弄月色，清光奈愁何！明晨掛帆席，離恨滿滄波。

【校】

〔題〕兩宋本、繆本題下俱注云：時於落星石上以紫綺裘换酒爲歡。注上胡本加自注二字，王本加太白自注四字。

〔雁門〕門，兩宋本、繆本、咸本俱作關。王本注云：繆本作關。

〔共語〕共，兩宋本、繆本、咸本、胡本俱作一。王本注云：繆本作一。

【注】

〔蓬池〕王云：地理廣記：開封縣有蓬池，亦曰蓬澤，故衞國之匡地。竹書紀年云：梁惠王發逢忌之藪以賜民，即此。太平寰宇記：蓬池在開封府尉氏縣北五里。按述征記云：大梁西南九十里尉氏縣有蓬池。阮籍詩云：徘徊蓬池上，還顧望大梁。即此也。隱者蓋居於其間，故因以爲號。

〔麻姑臺〕王云：廣東通志：麻姑峯在羅浮山之南，其前有麻姑臺，下有白蓮池，池水注朱明洞。羅浮山志：冲虚觀西南有石峯峭拔，名曰麻姑峯，旁有巖曰麻姑臺，樹石清幽，其上常有彩雲白鶴，仙女集焉。晉、唐以來，人多有見之者。

〔雁門〕王云：景定建康志：雁門山在城東南六十里，周迴二十里，高一百二十五丈。西連彭城山，南連大城山，北連陵山，山勢連綿，類北地雁門，故以爲名。輿地志云：山東北有温泉可以浴，飲之能治冷疾。江南通志：雁門山在江寧府上元縣東南六十里。

〔龍山〕王云：太平寰宇記：巖山在昇州江寧縣南四十五里，其山巖險，故曰巖山，宋孝武改曰龍山。六朝事蹟：鷄籠山，寰宇記云：在城西北九里，西接落星澗，北臨栖玄塘。輿地志云：鷄籠山在覆舟山之西二百餘步，其狀如鷄籠，因以爲名。……宋文帝元嘉中，改爲龍山，以黑龍嘗見真武湖，此山正臨湖上，因以爲名。今去縣六里。又景定建康志：龍山在城西南九十五里，周迴二十四里，高一百二十丈。入太平州當塗縣北有水，以其山似龍形，因以爲名。

〔解我二句〕王云：江南通志：落星岡在應天府西北九里，一名落星墩，又曰落星石。景定建康志：落星岡一名落星墩，在城西北九里，周迴二十六里，高一十二丈。又江寧縣西五十里臨江，亦有落星岡。……李白嘗於落星石以紫綺裘换酒爲歡，此地也。

【評箋】唐宋詩醇云：白雖徘徊吴越，非忘情國家者，偶然觸發，不覺流露，篇中亦喜得此健句撑拄。

按：末句云：「明晨挂帆席，離恨滿滄波。」疑此蓬池隱者將爲嶺南之遊。又楊注以蓬池爲蓬州所治之蓬池縣，太泥。且據新書地理志，廣德元年始更名，非白所及知也。

月夜聽盧子順彈琴

閑夜坐明月，幽人彈素琴。忽聞悲風調，宛若寒松吟。白雪亂纖手，緑水清虚心。鍾期久已没，世上無知音。

【校】

〔夜坐〕咸本、蕭本俱作坐夜。王本注云：蕭本作坐夜。

【注】

〔悲風〕王云：釋居月琴曲譜録有悲風操、寒松操、白雪操。白帖：陽春、白雪、緑水、悲風、幽蘭、别鶴，並琴曲名。

〔知音〕風俗通卷六：伯子牙方鼓琴，鍾子期聽之而意在高山，子期曰：「善哉乎！巍巍若泰山。」頃之間而意在流水，鍾子又曰：「善哉乎！湯湯若江河。」子期死，伯牙破琴絶絃，終身不復鼓，以世無足爲音者也。

青溪半夜聞笛

羌笛梅花引，吴溪隴水情。寒山秋浦月，腸斷玉關聲。

【校】

〔題〕兩宋本、繆本題下俱注云：秋浦。

〔情〕兩宋本、繆本、蕭本、王本俱注云：一作清。

〔寒山〕此句兩宋本、繆本、王本俱注云：一作空山滿明月。

〔聲〕兩宋本、繆本俱作情，注云：一作聲。胡本、王本俱注云：一作情。

【注】

〔青溪〕王云：青溪當作清溪，在江南池州府城西北五里，其地在唐時爲秋浦縣。

〔梅花〕楊云：馬融笛賦：近世雙笛從羌起。梅花引，曲名。

〔隴水〕王云：古歌：隴頭流水，分離四下，念我行役，飄然曠野。參見卷一愁陽春賦注。

日夕山中忽然有懷

久卧青山雲，遂爲青山客。山深雲更好，賞弄終日夕。月銜樓間峯，泉漱階下石。素心自此得，真趣非外借。鼯啼桂方秋，風滅籟歸寂。緬思洪崖術，欲往滄海隔。雲車來何遲？撫己空嘆息。

【校】

〔題〕兩宋本、繆本題下俱注云：廬山。

〔青山〕青，兩宋本、繆本、咸本俱作名，注云：一作青。下同。蕭本、王本注云：一作名。下同。

〔山深〕深，兩宋本、繆本、王本俱注云：一作春。胡本山深作深山。

〔外借〕借，咸本、蕭本、胡本俱作惜。王本注云：蕭本作惜。

〔滄海〕海，兩宋本、繆本、王本俱注云：一作島。

〔撫己〕己，咸本作几。

【注】

〔借〕按：當作藉，叶韻音籍。

〔洪崖〕文選郭璞遊仙詩：「右拍洪崖肩。」李善注：神仙傳曰：衞叔卿與數人博戲，其子度世曰：「是誰也？」叔卿曰：「洪崖先生。」

夏日山中

嬾摇白羽扇，裸袒青林中。脱巾挂石壁，露頂灑松風。

【校】

〔裸袒〕袒，王本注云：繆本作體。胡本作體。按：繆本作袒，不作體，不知王氏何據。

【注】

〔羽扇〕太平御覽卷七〇二語林曰：諸葛武侯乘素輿，葛巾白羽扇。

山中與幽人對酌

兩人對酌山花開，一杯一杯復一杯。我醉欲眠卿且去，明朝有意抱琴來。

【注】

〔欲眠〕宋書卷九三陶潛傳：貴賤造之者，有酒輒設。潛若先醉，便語客：我醉欲眠卿可去。其真率如此。

【評箋】王曉堂云：作詩用字，切忌相犯，亦有犯而能巧者。如「一胡蘆酒一篇詩」，殊覺爲贅。太白詩「一杯一杯復一杯」，反不覺相犯。夫太白先有意立，故七字六犯，而語勢益健，讀之不覺其長。如一胡蘆句，方疊用一字，便形萎弱。此中工拙，細心人自能體會，不可以言傳也。（峒陽詩話）

春日醉起言志

處世若大夢，胡爲勞其生？所以終日醉，頹然卧前楹。覺來盼庭前，一鳥花間鳴。借問此何時，春風語流鶯。感之欲嘆息，對酒還自傾。浩歌待明月，曲盡已忘情。

【校】

〔盼〕兩宋本、繆本、胡本俱作眄。王本注云：繆本作眄。

【評箋】

楊云：太白此詩，擬陶之作也。

胡云：劉云：流麗酣暢，欲勝淵明者，以其尤易也。詩皆如此，何以沉著爲哉？

王云：麓堂詩話：太白天才絶出，真所謂「秋水出芙蓉，天然去彫飾」。今所傳石刻「處世若大夢」一詩，序稱大醉中作，賀生爲我讀之。此等詩皆信手縱筆而就，他可知已。琦嘗見石刻于星鳳樓帖中。「覺來盼庭前」作「攬衣覽庭際」，「一鳥作有鳥」，「對酒還自傾」作「未歎酒已傾」，數字不同。賀生不知爲誰，若指知章，恐無此理。疑其出于後人僞託也。

廬山東林寺夜懷

我尋青蓮宇，獨往謝城闕。霜清東林鐘；水白虎溪月。天香生虛空，天樂鳴不歇。宴坐寂不動，大千入毫髮。湛然冥真心，曠劫斷出没。

【校】

〔真心〕真，英華作貞。

【注】

〔東林寺〕王云：江西通志：東林寺在廬山之麓。晉太元九年，慧遠建。此山儀形九疊，峻竦天絶，而寺之所居，尤盡林壑之美。背負爐峯，旁帶瀑布，清流環階，白雲生棟，別營禪室，最居深静，凡在瞻禮，神氣爲之清爽。慎蒙名山記：廬山有東林寺，寺始於晉慧遠法師，謝靈運爲鑿池種蓮，師與隱者十八人同修浄土社，緇素咸在，謂之蓮社。師送客至虎溪而止。

常與陶淵明、陸修静談，不覺過溪，共笑而反。今三門内屋於橋上，水淹塞，云即虎溪，傍稻田中有蓮數本，即蓮池也。出寺有大溪度石橋，或云此爲虎溪。

〔蓮宇〕王云：陳子昂詩：「聞道白雲居，窈窕青蓮宇。」楊齊賢曰：青蓮宇，梵宫也。

〔天香〕唐宋詩醇引法藏碎金曰：静勝境中有自然清氣，名曰天香，自然清意，名曰天樂。

〔宴坐〕王云：維摩詰經：舍利弗言，憶念我昔曾於林中宴坐樹下。釋氏要覽：宴坐又作燕坐。燕，安也，安息貌也。

〔大千〕文選王中頭陀寺碑：棲遑大千。李善注：大千者，謂一三千界下至阿毗地獄上非想天爲一世界，千三界爲小千世界，千小世界爲中千世界，至千中千世界爲大千世界。

〔湛然〕南史卷七八海南諸國傳：（梁武）帝問大僧正慧念曰：「見不可思議事不？」慧念答曰：「法身常住，湛然不動。」

尋雍尊師隱居

羣峭碧摩天，逍遥不記年。撥雲尋古道，倚樹聽流泉。花暖青牛臥，松高白鶴眠。語來江色暮，獨自下寒烟。

【校】

〔撥雲〕撥，蕭本作拔。王本注云：蕭本作拔。

【注】

〔青牛〕楊云：青牛，花葉上青蟲也，有兩角如蝸牛，故云。鶴經曰：鶴，陽鳥，十六年小變，六十年大變，千六百年形定色白。王云：琦按青牛、白鶴不過用道家事耳，不必別作創解。按：沈家本日南隨筆：太白尋雍尊師隱居詩：「花煖青牛卧，松高白鶴眠。」歸愚先生謂：或云青牛花葉上青蟲有角如牛，故名。其説似可從。按青牛祇是活用老子青牛事。又神仙傳：封君達服鍊水銀，年百歲，視之如年三十許，騎青牛，故號青牛道士，切雍尊師説。花葉上青蟲物太微細，與下句不甚稱，亦與隱居景象無涉。説雖新，不必從也。

〔鶴眠〕按：宋長白柳亭詩話云：陳子昂登九華觀詩：「鶴舞千年樹」，李太白尋雍尊師詩：「松高白鶴眠」，或有謂鶴未嘗集於樹者。按抱朴子：千年之鶴能隨時而鳴，登於木上。

與史郎中欽聽黄鶴樓上吹笛

一爲遷客去長沙，西望長安不見家。黄鶴樓中吹玉笛，江城五月落梅花。

【校】

〔題〕兩宋本、繆本題下俱注云：江夏。

〔欽〕兩宋本、繆本、絶句俱作飲。王本注云：繆本作飲。

〔遷〕英華作仙。

【注】

〔史郎中〕按：卷十一有江夏使君叔席上贈史郎中云：「昔放三湘去，今還萬死餘。」語意相合，當即一人。

〔落梅花〕王云：樂府詩集，梅花落本笛中曲也。

【評箋】

謝榛云：作詩有三等語：堂上語、堂下語、階下語，知此三者可以言詩矣。凡上官臨下官動有昂然氣象，開口自别。若李太白「黄鶴樓中吹玉笛，江城五月落梅花」，此堂上語也。（四溟詩話）

按：此當爲流夜郎遇赦復至武昌所作。

對酒

勸君莫拒杯，春風笑人來。桃李如舊識，傾花向我開。流鶯啼碧樹，明月窺金罍。昨日朱顔子，今日白髮催。棘生石虎殿，鹿走姑蘇臺。自古帝王宅，城闕閉黄埃。君若不飲酒，昔人安在哉？

【校】

〔題〕此首，樂府、胡本與本集卷六之對酒行並列，作爲第二首。

〔昨日〕日，兩宋本、繆本、咸本、胡本、樂府俱作來。王本注云：繆本作來。

【注】

〔石虎〕晉書卷九五佛圖澄傳：石季龍大饗羣臣於太武前殿，澄吟曰：殿乎殿乎，棘子成林，將壞人衣。季龍令發殿石，下視之，有棘生焉。按：季龍，石虎字。

〔姑蘇〕漢書卷四五伍被傳：昔子胥諫吴王，吴王不用，迺曰：「臣今見麋鹿遊姑蘇之臺也。」

醉題王漢陽廳

我似鷓鴣鳥，南遷嬾北飛。時尋漢陽令，取醉月中歸。

【評箋】

按：卷十一有贈王漢陽，卷十四有寄王漢陽、自漢陽病酒歸寄王明府、望漢陽柳色寄王宰、早春寄王漢陽等篇，與卷二十泛沔州城南郎官湖序所稱漢陽宰王公爲一人，此詩亦指其人也。南遷之句正謂時方流夜郎。白去時王爲漢陽令，回時猶未離任。

嘲王歷陽不肯飲酒

地白風色寒，雪花大如手。笑殺陶淵明，不飲盃中酒。浪撫一張琴，虚栽五株柳。空負頭上巾，吾於爾何有？

【校】

〔題〕兩宋本、繆本題下俱注云：歷陽。

〔淵明〕淵，兩宋本、繆本俱作泉。王本注云：繆本作泉。按：此當猶是唐人寫本避諱之未經改易者。

【注】

〔一張琴〕王云：陶淵明蓄素琴一張，宅邊有五柳樹。參見卷十戲贈鄭溧陽詩注。

〔頭上巾〕陶潛飲酒詩：「若復不快飲，空負頭上巾。」

【評箋】

按：卷十二有醉後贈王歷陽、對雪醉後贈王歷陽詩，三詩皆點冬令，疑是同時所作。

獨坐敬亭山

衆鳥高飛盡，孤雲獨去閑。相看兩不厭，只有敬亭山。

【校】

〔高飛〕高，咸本作忽，注云：一作高。

〔只有〕有，英華作在，注云：一作有。

【注】

〔敬亭〕王云：江南通志：敬亭山在寧國府城北十里，古名昭亭山，東臨宛溪，南俯城闉，烟市風帆，極目如畫。

自遣

對酒不覺暝，落花盈我衣。醉起步溪月，鳥還人亦稀。

訪戴天山道士不遇

犬吠水聲中，桃花帶露濃。樹深時見鹿，溪午不聞鐘。野竹分青靄，飛泉挂碧峯。無人知所去，愁倚兩三松。

【校】

〔帶露〕露，蕭本作雨。王本注云：蕭本作雨。

【注】

〔戴天山〕王云：西溪叢語：綿州圖經云：戴天山在縣北五十里，有大明寺，開元中李白讀書於此寺，又名大康山，即杜甫所謂「康山讀書處」也。一統志：大匡山在綿州彰明縣北三十里，一名康山，亦名戴天山。

【評箋】

王夫之云：全不添入情事，只拈死不遇二字作，愈死愈活。（唐詩評選）

吴大受云：無一字説道士，無一字説不遇，却句句是不遇，句句是訪道士不遇。何物戴道士，自太白寫來，便覺無煙火氣，此皆不必以切題爲妙者。（詩筏）

王云：唐仲言曰：今人作詩多忌重疊，右丞早朝，妙絶古今，猶未免五用衣冠之議。如此詩水聲飛泉樹松桃竹，語皆犯重。吁！古人於言外求佳，今人於句中求隙，失之遠矣。

今人詹鍈云：東蜀楊天惠彰明遺事云：太白隱居戴天大匡山，往來旁郡，依潼江趙徵君蕤。蕤亦節士，任俠有氣，善爲縱横學，著書號長短經。太白從學歲餘，去遊成都，益州刺史蘇頲見而奇之。則太白之隱居戴天山當在遊成都謁蘇頲之前一年。

秋日與張少府楚城韋公藏書高齋作

日下空亭暮，城荒古跡餘。地形連海盡；天影落江虛。舊賞人雖隔；新知樂未疎。綵雲思作賦；丹壁問藏書。查擁隨流葉；萍開出水魚。夕來秋興滿，回首意何如？

【校】

〔問〕兩宋本、蕭本、繆本俱作間。

【注】

〔綵雲〕王云：綵雲作賦，用宋玉賦朝雲事，是贊其才思之美。

〔查〕即楂字。

〔秋興〕文選有潘岳秋興賦。

【評箋】

今人詹鍈云：按舊唐書地理志：武德五年分溢城置楚城縣。貞觀八年，廢楚城縣入尋陽。今詩中既有「城荒古跡餘」之句，則賦詩之地或即在楚城故址也。

秋夜獨坐懷故山

小隱慕安石，遠遊學子平。天書訪江海，雲卧起咸京。入侍瑶池宴，出陪玉輦行。誇胡新賦作，諫獵短書成。但奉紫霄顧，非邀青史名。莊周空説劍，墨翟恥論兵。拙薄遂疎絶，歸閑事耦耕。顧無蒼生望，空愛紫芝榮。寥落暝霞色，微茫舊壑情。秋山緑蘿月，今夕爲誰明。

【校】

〔題〕兩宋本、繆本、蕭本題下俱注云：去長安後。故，英華作古。

〔小隱〕小，英華作少，注云：集作小。

〔子平〕子，咸本、蕭本俱作屈。王本子下注云：蕭本作屈。胡本注云：作屈平者誤。

〔起咸京〕起，英華作豈，注云：一作起。

〔事耦〕英華作偶事，誤。

〔寥落〕寥，英華作牢，注云：集作寥。

【注】

〔小隱〕文選王康琚反招隱詩：「小隱隱林藪，大隱隱朝市。」

〔遠遊〕王云：楚辭：遠遊者，屈原之所作也，其辭曰：悲時俗之迫阨兮，願輕舉而遠遊。

〔瑶池〕穆天子傳：天子觴西王母於瑶池之上。

〔誇胡〕王云：用揚雄賦長楊事。參見卷一大獵賦注。

〔諫獵〕史記司馬相如列傳：常從上至長楊獵，是時天子方好自擊熊彘，馳逐野獸，相如上疏諫之。

〔説劍〕莊子説劍篇：昔趙文王喜劍，劍士夾門而客三千餘人，日夜相擊於前，死傷者歲百餘人，好之不厭。如是三年，國衰，諸侯謀之。太子悝患之，募左右曰：「孰能説王之意止劍士者，賜之千金。」左右曰：「莊子當能。」太子乃使人以千金奉莊子，莊子弗受。……太子乃與見王。……王曰：「夫子所御杖長短何如？」曰：「……臣有三劍，唯王所用，……有天子劍，有諸侯劍，有庶人劍，……今大王有天子之位，而好庶人之劍，臣竊謂大王薄之。」

〔論兵〕吕氏春秋開春論愛類：公輸般爲高雲梯欲以攻宋。墨子聞之，自魯往，……見荆王曰：「臣北方之鄙人也，聞大王將攻宋，信有之乎？」王曰：「然。」……墨子曰：「……臣以爲宋必不可得。」按：墨子有非攻篇，詩意蓋指之。

〔耦耕〕王云：周禮：二耜爲耦。賈公彦疏：二耜爲耦者，兩人各執一耜，若長沮、桀溺耦而耕也。禮記：命農計耦耕事，修耒耜，具田器。陳澔注：耦謂二人相偶也。

〔紫芝〕王云：四皓歌：莫莫高山，深谷逶迤。曄曄紫芝，可以療飢。宋之問詩：「鏡愁玄髮改，心愛紫芝榮。」

【評箋】

按：此詩似爲將去長安時之作。去長安後四字當是曾鞏所注，亦未必然。

憶崔郎中宗之遊南陽遺吾孔子琴撫之潸然感舊

昔在南陽城，唯餐獨山蕨。憶與崔宗之，白水弄素月。時過菊潭上，縱酒無休歇。泛此黄金花，頹然清歌發。一朝摧玉樹，生死殊飄忽。留我孔子琴，琴存人已没。誰傳廣陵散？但哭邙山骨。泉户何時明？長歸狐兔窟。

【校】

〔長歸〕歸，蕭本作掃。王本注云：蕭本作掃。胡本作掃，注云：一作歸。

【注】

〔崔宗之〕見卷十贈崔郎中宗之詩注。

〔南陽〕見卷二十遊南陽白水登石激作詩注。

〔孔子琴〕王云：文獻通考：琴有一十八樣，究之雅度，不過伏羲、大舜、夫子、靈開、雲和五等而已。夫子樣長三尺六寸四分。説略：古琴惟夫子、列子二樣，皆肩垂而闊，非若今聳而狹也。惟此二樣，乃合古制，或以夫子樣周遍皆作竹節樣，非古制。

〔獨山〕王云：太平寰宇記：獨山在南陽縣西三十里。一統志：豫山在南陽府城東北十五里，孤峯峭立，俗名獨山，下有三十六陂。

〔白水〕王云：白水即淯水也。見卷二十遊南陽白水詩注。

〔菊潭〕王云：通典：南陽郡菊潭縣有菊水，旁水居人飲此水多壽也。太平寰宇記：菊水出南陽縣東石澗山，一名菊溪水。或云水出石馬峯，峯如馬焉。其水重於諸水。盛弘之荆州記云：源旁悉生芳菊，被崖浸潭，澗流滋液，其水極甘香。谷中有三十餘家，不復穿井，仰飲此水，上壽百二十歲，中壽百餘，其七十、八十者猶以爲夭。菊能輕身益氣，令人久壽，於此有徵矣。一統志：菊潭在南陽府内鄉縣西北，源出析谷東石澗山，或曰出石馬峯，水旁生甘菊，水極甘馨，有數十家惟飲此水，壽多至百歲之上。其菊莖短花大，其味甘美，異於他菊，人多收其種傳於四方。

〔廣陵散〕世説雅量篇：嵇中散臨刑東市，神氣不變，索琴彈之，奏廣陵散，曲終曰：「袁孝尼嘗請學此散，吾靳固不與，廣陵散於今絶矣。」

〔邙山〕王云：太平寰宇記：芒山一作邙山，在河南縣北十里，一名平逢山，亦郟山之别名也，都城所枕。楊佺期洛城記云：北山連嶺，修亘四百餘里，實古今東洛九原之地也。又戴延之西征記云：西岸東垣，亘阜相屬，伊尹、蘇秦、張儀、扁鵲、田横、劉寬、楊修、孔融、吴後主、蜀後主、張華、嵇康、石崇、何晏、陸陲、阮籍、羊祜皆有冢在此山。一統志：北邙山在河南府城北十里，山連偃師、鞏、孟津三縣，綿亘四百餘里。東漢諸陵及唐、宋名臣墳多在此。琦按：邙山即崔葬處。

【評箋】

按：卷十有贈崔郎中宗之詩，卷十九有酬崔五郎中詩。語意皆似二人夙同具棲隱之志。詳見卷十九注中。疑皆爲開元中作。又卷十三有月夜江行寄崔員外宗之詩，可參看。

憶東山二首

不向東山久，薔薇幾度花。白雲還自散，明月落誰家。

【校】

〔不向〕嘉泰會稽志引作不到。

〔還〕兩宋本、繆本俱作他。王本注云：繆本作他。

【注】

〔東山〕王云：施宿會稽志：東山在上虞縣西南四十五里，晉太傅謝安所居也，一名謝安山。巍然特出於衆峯間，拱揖虧蔽，如鸞鶴飛舞，其巔有謝公調馬路，白雲、明月二堂遺址。千嶂林立，下視滄海，天水相接，蓋絶景也。下山出微徑爲國慶寺，乃太傅故宅，旁有薔薇洞，俗傳太傅攜妓女游宴之所。參見卷二十一登金陵冶城西北謝安墩詩注。

〔薔薇〕輿地紀勝卷一〇：紹興府：薔薇洞在上虞東山謝安故宅旁。

【評箋】

今人詹鍈云：李陽冰草堂集序：醜正同列，害能成謗。格言不入，帝用疏之。公乃浪跡縱酒以自昏穢。詠歌之際，屢稱東山。此詩蓋遭謗以後將還山時作也。

其二

我今攜謝妓，長嘯絶人羣。欲報東山客，開關掃白雲。

【校】

〔其二〕嘉泰會稽志引此詩絶人羣作謝人羣，後二句作欲報東山去，開關卧白雲。

望月有懷

清泉映疎松，不知幾千古。寒月摇清波，流光入窗户。對此空長吟，思君意何深！無因見安道，興盡愁人心。

【校】

〔清波〕清，兩宋本、繆本、胡本俱作輕。王本注云：繆本作輕。

對酒憶賀監二首 并序

太子賓客賀公於長安紫極宫一見余，呼余爲謫仙人，因解金龜换酒爲樂。悵然有懷，而作是詩。

四明有狂客，風流賀季真。長安一相見，呼我謫仙人。昔好杯中物，今爲松下塵。金龜换酒處，却憶淚沾巾。

【校】

〔賀公〕文粹公作監。

〔紫極宫〕文粹無此三字。

〔悵然〕此上兩宋本、繆本、文粹俱有没後對酒四字。

〔風流〕兩宋本、繆本、王本俱注云：一作霞衣。

〔今爲〕今，兩宋本、繆本、蕭本俱作翻，注云：一作今。咸本作翻。王本注云：一作翻。

【注】

〔賀監〕見卷十七送賀監歸四明應制及送賀賓客歸越詩注。

〔謫仙人〕本事詩：李太白初自蜀至京師，舍於逆旅。賀監知章聞其名，首訪之。既奇其姿，復請所爲文，出蜀道難以示之，讀未竟，稱嘆者數四，號爲謫仙。解金龜換酒，與傾盡醉，期不間日，由是聲譽光赫。

〔金龜〕王云：金龜蓋是所佩雜玩之類，非武后朝内外官所佩之金龜也。楊升菴因杜詩有金魚換酒之句，偶爾相似，遂謂白弱冠遇賀知章在中宗朝，未改武后之制云云。考武后天授元年九月改内外官所佩魚爲龜，中宗神龍元年二月詔文武官五品以上依舊式佩魚袋。當是時，太白年未滿十齡，何能與知章相遇於長安？又知章自開元以前官不過太常博士，品居從七，於例亦未得佩魚。楊氏之説，殆未之考耶！按：解金龜換酒不過紀一時狂態，豈有以官儀質賣於酒家之理？楊慎之説固可笑，然唐代之制，服色不從職事官而從散官，王氏云從七品即不得佩魚，亦非定論。

〔四明〕見卷十六送王屋山人魏萬還王屋詩注。

〔季真〕賀知章，字季真，見新唐書卷一九六賀知章傳。

〔杯中物〕陶潛詩：「天運苟如此，且進杯中物。」

【評箋】陸時雍云：初唐以律行古，局縮不伸，盛唐以古行律，其體遂敗。良馬之妙，在折旋蟻封。豪士之奇，在規矩妙用。若恃一往，非善之善也。對酒憶賀監、宿五松山下荀媪家、宿巫山下、夜泊牛渚懷古，清音秀骨，夫豈不佳？第非律體所宜耳。（唐詩鏡）

其二

狂客歸四明，山陰道士迎。敕賜鏡湖水，爲君臺沼榮。人亡餘故宅，空有荷花生。念此杳如夢，淒然傷我情。

【注】

〔故宅〕新唐書卷一九六賀知章傳：天寶初病，夢遊帝居，數日寤，乃請爲道士還鄉里。詔許之，以宅爲千秋觀而居。又求周宫湖數頃爲放生池。有詔賜鏡湖剡川一曲。既行，帝賜詩，皇太子百官餞送，擢其子僧子爲會稽郡司馬，賜緋魚，使侍養，幼子亦聽爲道士，卒年八十六。王云：施宿會稽志：唐賀祕監宅在會稽縣東北三里八十步，……今天長觀是。琦按：竇臮述書賦注：賀知章天寶二年以年老上表，請入道歸鄉里，特詔許之。知章以羸老乘輿而往，到會稽無幾老終。九年冬十二月，詔曰：故越州千秋觀道士賀知章，神清志逸，學富才雄。挺會稽之美箭，藴崑岡之良玉。故飛名仙省，侍講龍樓。願追二老之奇蹤，克遂四明之狂客。允協初志，脱落朝衣。駕青牛而不還，狎白鷗而長往。舟壑靡息，人琴兩亡。推舊之懷，有深追悼。宜加縟禮，式展哀榮。可贈兵部尚書。據此書及唐書本傳，知章歸後無幾即遷化矣。乃許鼎撰通和祖先生墓志云：賀監得攝生之妙，近數百年不死，荷笈賣藥，如韓康伯，近在天台山升遐，偏於人聽。元和己亥，先生遇之，謂曰：子寬中柔外，可以語至道也。後十歲遇爾於小有。乃授斷穀丹經。徐鉉序云：賀監以天寶二年始得還鄉，既而天下多事，遂與世絶，止於吴越，故老亦不能知其所終，是皆以知章仙去耶！讀此詩所云「今爲松下塵」，又云「人亡餘故宅」，無稽之口，可以杜矣。按：據舊唐書卷一九〇下賀知章傳，乾元元年十一月詔贈禮部尚書。所引述書賦誤。

重憶一首

欲向江東去，定將誰舉杯？稽山無賀老，却棹酒船回。

【注】

〔將〕見卷一大鵬賦注。

〔稽山〕王云：稽山謂會稽山。

【評箋】今人詹鍈云：裴敬翰林學士李公墓碑：予嘗過當塗，訪翰林舊宅。又於浮屠寺化城之僧得翰林自寫訪賀監不遇詩云：「東山無賀老，却棹酒船回。」則重憶一首四字蓋後之編李白詩者所改。意者白之江東以前尚未知賀之亡，乘興往訪，却見賀已物故，故曰訪賀監不遇耳。是此詩之作，猶當在對酒憶賀監之前，並非重憶也。

春滯沅湘有懷山中

沅湘春色還，風暖烟草緑。古之傷心人，於此腸斷續。予非懷沙客，但美採菱曲。所願歸東山，寸心於此足。

【注】

〔沅湘〕王云：史記：浩浩沅湘兮。正義：説文云：沅水出牂牁，東北流入江，湘水出零陵縣海山，北入江。按二水皆經岳州而入大江也，後人以沅湘爲岳州之異稱。按：海山，索隱作海陽山。

〔懷沙〕史記屈原列傳：乃作懷沙之賦，……於是懷石，遂自投汨羅以死。

〔採菱〕見卷八秋浦歌第十三首注。

【評箋】

按：此詩「所願歸東山」句，當與本卷憶東山二首參看，雖非一時之作，其以東山泛指歸隱之地則同。

落日憶山中

雨後烟景緑，晴天散餘霞。東風隨春歸，發我枝上花。花落時欲暮，見此令人嗟。願遊名山去，學道飛丹砂。

【注】

〔餘霞〕謝朓晚登三山還望京邑詩：「餘霞散成綺。」

憶秋浦桃花舊遊時竄夜郎

桃花春水生，白石今出没。摇蕩女蘿枝，半挂青天月。不知舊行徑，初拳幾枝蕨。三載夜郎還，於兹鍊金骨。

【校】

〔挂〕蕭本、胡本俱作摇。王本注云：蕭本作摇。

【注】

〔夜郎〕見卷十一流夜郎贈辛判官詩注。

〔蕨〕王云：埤雅：蕨初生無葉可食，狀如大雀拳足，又如其足之蹶也，故謂之蕨。爾雅翼：蕨初生如小兒拳，紫色而肥。楊升菴曰：黄山谷詩：「蕨芽初長小兒拳」，以爲奇句。然太白已有「不知行徑下，初拳幾枝蕨」之句。山谷落第二義矣。

李白集校注卷二十四

古近體詩六十五首

越中秋懷

越水遶碧山，周迴數千里。乃是天鏡中，分明畫相似。愛此從冥搜，永懷臨湍遊。一爲滄波客，十見紅蕖秋。觀濤壯天險，望海令人愁。路遐迫西照，歲晚悲東流。何必探禹穴？逝將歸蓬丘。不然五湖上，亦可乘扁舟。

【校】

〔畫〕蕭本作盡。王本注云：蕭本作盡。

〔相似〕兩宋本、繆本、蕭本、胡本、王本此下俱注云：一本首四句云：蹈海思仲連，遊山慕康樂。攀雲窮千峯，弄水涉萬壑。下同。

〔臨湍遊〕兩宋本、繆本、胡本、王本俱注云：一作林湍幽。

〔逝將〕逝，兩宋本、繆本俱作誓。王本注云：繆本作誓。

【注】

〔冥搜〕文選孫綽天台山賦序：遠寄冥搜。李善注：搜訪幽冥也。

〔觀濤〕王云：越地左繞浙江，江有濤水，晝夜再上。枚乘七發曰：觀濤於廣陵之曲江，正謂此江也。

〔禹穴〕王云：漢書司馬遷傳：上會稽，探禹穴。張晏曰：禹巡狩至會稽而崩，因葬焉。上有孔穴，民間云禹入此穴。水經注：會稽山東有硎，去廟七里，深不見底，謂之禹井云。東遊者多探其穴也。參見卷十七送紀秀才遊越詩注。

〔逝將〕詩魏風碩鼠：逝將去女，適彼樂土。

〔五湖〕吴郡圖經續記：舊傳五湖之名各不同，圖經以謂一曰貢湖，二曰遊湖，三曰胥湖，四曰梅梁湖，五曰金鼎湖，又曰菱湖。酈善長以謂長塘湖、貴湖、上湖、滆湖，與太湖而五。韋昭云：胥湖、蠡湖、洮湖、滆湖，與太湖而五。虞仲翔云：太湖東通長洲松江水，南通烏程霅溪水，西通義興荆溪水，北通晉陵滆湖水，東連嘉興韭溪水，凡五道，謂之五湖。

【評箋】

今人詹鍈云：詩云：「一爲滄波客，十見紅蕖秋。」乃謂去朝已十年也。當是至德元載秋遊剡中時作。

效古二首

朝入天苑中，謁帝蓬萊宮。青山映輦道；碧樹摇烟空。謬題金閨籍；得與銀臺通。待詔奉明主；抽毫頌清風。歸時落日晚，蹀躞浮雲驄。人馬本無意，飛馳自豪雄。入門紫鴛鴦；金井雙梧桐。清歌絃古曲；美酒沽新豐。快意且爲樂，列筵坐羣公。光景不可留，生世如轉蓬。早達勝晚遇，羞比垂釣翁。

【校】

〔烟空〕烟，咸本作蒼，注云：一作烟。

〔落日〕日，胡本作花。王本注云：胡本作花。

〔入門〕敦煌殘卷入門紫鴛鴦下四句作金井花□桐，佳人出繡户，含笑嬌□□。清歌絃古曲，美酒沽新豐。

【注】

〔蓬萊宮〕王云：唐書：大明宮在禁苑東南，西接宮城之東北隅，長千八百步，廣千八十步，曰東內。本永安宮，貞觀八年置，九年曰大明宮，以備太上皇清暑，百官獻貲以助役。高宗以風痺，厭西內湫濕，龍朔三年始大興葺，曰蓬萊宮。咸亨元年曰含元宮，長安元年復曰大明宮。

〔待詔〕通鑑卷二一七：（玄宗）即位，始置翰林院，密邇禁廷。延文章之士，下至僧道書畫琴棋數術之工皆處之，謂之待詔。胡三省注：唐天子在大明宮，翰林院在右銀臺門內，在興慶宮，院在金明門內。若在西內，院在顯福門內。若在東都及華清宮，皆有待詔之所。其待詔者有詞學、經術、合鍊、僧道、卜祝、術藝、書弈，各别院以廩之，日晚而退，其所重者詞學。

〔蹀躞〕王云：韻會：蹀躞，行貌。△蹀躞音疊燮。參見卷十九答杜秀才五松見贈詩注。

其二

自古有秀色，西施與東鄰。蛾眉不可妬，况乃效其矉。所以尹婕妤，羞見邢夫人。低頭不出氣，塞默少精神。寄語無鹽子，如君何足珍。

【注】

〔邢夫人〕史記外戚世家褚先生補：武帝時幸夫人尹婕妤。……尹夫人與邢夫人同時幸，有詔不得相見。尹夫人自請武帝願望見邢夫人。帝許之，即令他夫人飾從御者數十人，爲邢夫人來前，尹夫人前見之曰：「此非邢夫人身也。」帝曰：「何以言之？」對曰：「視其身貌形狀不足以當人主矣。」於是帝乃詔使邢夫人衣故衣獨身來前，尹夫人望見之曰：「此真是也。」於是乃低頭俛而泣，自痛其不如也。諺曰：美女入室，惡女之仇。△婕音接，好音于。

〔塞默〕顔氏家訓勉學篇：公私宴集，談古賦詩，塞默低頭，欠伸而已。

〔無鹽〕見卷四于闐採花注。

【評箋】

唐宋詩醇云：凡效古擬古之作，皆非空言，必中有所感藉以寄意。故質言之不得，則以寓言明之；正言之不得，則反其辭意以見意。白之高曠，豈沾沾以早達自喜，誇蛾眉而嗤醜女者哉！刺之深，諷之微也；真得古樂府之遺。讀者以意逆志，得其言外之旨可也。

按：二詩蓋在長安時有感於遇合之艱而作，前一首尤當與本卷之翰林讀書言懷合看。證以古風中之以揚雄、嚴遵自比，益爲明顯。唐宋詩醇云：沾沾以早達自喜，殊誤會。其實詩意正以早達指當時之貴倖，而以晚遇指本人也。

擬古十二首

青天何歷歷！明星如白石。黄姑與織女，相去不盈尺。銀河無鵲橋，非時將安適？閨人理紈素，遊子悲行役。瓶冰知冬寒，霜露欺遠客。客似秋葉飛，飄飖不言歸。别後羅帶長，愁寬去時衣。乘月託宵夢，因之寄金徽。

【校】

〔題〕咸本作擬古十三首，多君爲女蘿草一首，在高樓入青天一首之後，即卷八之古意。

〔如白石〕兩宋本、繆本、咸本俱作白如石。王本注云：繆本作白如石。

〔金徽〕徽，王本注云：當作黴。

【注】

〔擬古〕蕭云：擬古者擬古詩也。古人多有此體，至於句意亦不大相遠焉。

〔黄姑〕王云：太平御覽：爾雅云：河鼓謂之牽牛，又古歌云：「東飛伯勞西飛燕，黄姑織女時相見。」黄姑者，即河鼓也，爲吴音訛而然。錦繡萬花谷：牽牛謂之河鼓，聲轉而爲黄姑也。

〔鵲橋〕王云：初學記：天河亦曰銀河。白帖：淮南子：烏鵲填河以成橋而渡織女。中華古今注：鵲一名神女，俗云七日填河成橋。

〔金徽〕王云：舊唐書：貞觀二十二年，契苾、迴紇等十餘部落相繼歸國，太宗各因其地土，擇其部落，置爲州府。以迴紇部爲瀚海都督府，僕骨爲金微都督府云云。新唐書：金微都督府以僕固部置，隸安北都護府。按：王注刊本作金徽，而注云當作微，以金微爲解，詳詩意似作金徽未爲不是。金徽指琴，李商隱詩云：「金徽自是無情物，不許文君憶故夫」是也。

【評箋】

蕭云：此篇傷窮兵黷武，行役無期，男女怨曠，不得遂其室家之情，感時而悲者焉。哀而不傷，怨而不誹，真有國風之體，此晦庵之所謂聖於詩者與！

其二

高樓入青天，下有白玉堂。明月看欲墮，當窗懸清光。遥夜一美人，羅衣霑秋霜。含情弄柔瑟，彈作陌上桑。絃聲何激烈！風卷繞飛梁。行人皆躑躅，棲鳥去迴翔。但寫妾意苦，莫辭此曲傷。願逢同心者，飛作紫鴛鴦。

【注】

〔陌上桑〕見卷六子夜吳歌注。

〔繞飛梁〕見卷十一經亂離後天恩流夜郎……詩注。

〔躑躅〕王云：韻會：躑躅，住足也。△躑躅音擲逐。

【評箋】

王夫之云：十全古詩一無纇迹。「明月看欲墮」二句，從高樓玉堂生出，雖轉勢趨下而相承不更作意。少陵從中生語，便有拖帶，杜得古韻，李得古神，神韻之分亦李杜之品次也。一收直溯，觀上勢固不得不以直領之。（唐詩評選）

其三

長繩難繫日，自古共悲辛。黄金高北斗，不惜買陽春。石火無留光，還如世中人。即事已如夢，後來我誰身。提壺莫辭貧，取酒會四鄰。仙人殊恍惚，未若醉中真。

【注】

〔繫日〕傅玄九曲歌：歲暮景邁羣光絶，安得長繩繫白日？

〔北斗〕王云：唐書尉遲敬德傳：王曰：「公之心如山岳然，雖積金至斗豈能移之？」又唐人詩：「身後堆金柱北斗。」疑當時俚語有此。

〔石火〕王云：劉勰新論：人之短生，猶如石火，炯然以過。法苑珠林：石火無恒焰，電光非久停。

其四

清都緑玉樹，灼爍瑶臺春。攀花弄秀色，遠贈天仙人。香風送紫蕊，直到扶桑津。恥掇世上豔，所貴心之珍。相思傳一笑，聊欲示情親。

【校】

〔緑玉〕緑，咸本作緣，注云：一作緑。

〔恥掇〕恥，兩宋本、咸本、蕭本俱作取。王本注云：蕭本作取。

【注】

〔清都〕王云：楚辭：造旬始而觀清都。朱子注：清都，列子以爲帝之所居也。

〔瑶臺〕楚辭離騷：望瑶臺之偃蹇兮，見有娀之佚女。

〔天仙〕抱朴子論仙篇：按仙經云：上士舉形昇虚，謂之天仙。

〔扶桑津〕文選木華海賦：翔陽逸駭於扶桑之津，吕延濟注：扶桑之津，日出之處。

其五

今日風日好，明日恐不如。春風笑於人，何乃愁自居？吹簫舞彩鳳，酌醴鱠神魚。千金買一醉，取樂不求餘。達士遺天地，東門有二疏。愚夫同瓦石，有才知卷舒。無事坐悲苦，塊然涸轍鮒。

【校】

〔卷舒〕舒，王刻誤作施，今依各本改。

〔鮒〕鮒，兩宋本、胡本、繆本俱作魚。按魚字韻重，必非。

【注】

〔二疏〕漢書卷七一疏廣傳：廣徙爲太傅，廣兄子受，……爲少傅。太子每朝，因進見，太傅在前，少傅在後，父子並爲師傅，朝廷以爲榮。在位五歲，……廣謂受曰：「吾聞知足不辱，知止不殆，功遂身退，天之道也。今仕宦至二千石，宦成名立，如此不去，懼有後悔，豈如父子相隨出關，歸老故鄉以壽命終，不亦善乎！」受叩頭曰：「從大人議。」即日父子俱移病，滿三月賜告，廣遂稱篤，上疏乞骸骨。上以其年篤老，皆許之。加賜黄金二十斤，皇太子贈以五十斤。公卿大夫故人邑子設祖道，供帳東都門外，送者車數百兩，辭決而去。及道路觀者，皆曰：賢哉二大夫！或歎息爲之下泣。廣既歸鄉里，日令家共具，設酒食，請族人故舊賓客，與相娱樂。

〔轍鮒〕莊子外物篇：周顧視車轍中有鮒魚焉。周問之，曰：「鮒魚來，子何爲者耶？」對曰：「我東海之波臣也，君豈有升斗之水而活我哉？」

其六

運速天地閉，胡風結飛霜。百草死冬月，六龍頹西荒。太白出東方，彗星揚精光。鴛鴦非越鳥，何爲眷南翔？惟昔鷹將犬，今爲侯與王。得水成蛟龍，爭池奪鳳凰。北斗不酌酒，南箕空簸揚。

【校】

〔運速〕速，胡本作肅。

【注】

〔天地閉〕王云：周易：天地閉，賢人隱。月令：孟冬之月，天氣上騰，地氣下降，天地不通，閉塞而成冬。

〔太白〕王云：漢書：太白出西方失其行，夷狄敗，出東方失其行，中國敗。宋書：太白出東方，利用兵，西方不利。

〔彗星〕王云：晉書：彗星所謂掃星，本類星，末類彗，小者數寸，長或竟天，見則兵起大水，主掃除，除舊布新，有五色，各依五行本精所主。史臣按：彗本無光，傅日而爲光，故夕見則東指，晨見則西指，在日南北皆隨日光而指，頓挫其芒，或長或短，光芒所及則爲災。唐書：乾元三年四月丁巳，有彗星見於東方，在婁、胃間，色白，長四尺，東方疾行，歷昴畢觜觿參東井輿鬼柳軒轅，至右執法西，凡五旬餘不見。閏四月辛酉朔，有彗星出於西方，長數丈，至五月乃滅，婁爲魯，胃昴畢爲趙，觜觿參爲唐，東井輿鬼爲京師分，柳其半爲周分，二彗仍見者，薦禍也。

〔得水〕魏書卷七三楊大眼傳：時高祖自代將南伐，令李冲典選征官，……遂用爲軍主。大眼顧謂同僚曰：「吾之今日所謂蛟龍得水之秋，自此一舉終不復與諸君齊列矣。」

〔北斗〕詩小雅大東：惟南有箕，不可以簸揚。惟北有斗，不可以挹酒漿。

【評箋】

王云：「運速天地閉」，喻國家否運之至，如四運將終之時，天地之氣亦爲之閉塞不通。「胡風結飛霜」，喻禄山起兵爲害。「百草死冬月」，喻人民遭亂而死。「六龍頹西荒」，喻明皇西幸蜀中。「太白出東方，彗星揚精光」，謂仰觀天象，昭昭可察，災害不知何日可除。「鴛鴦非越鳥，何爲眷南翔」，謂己非南人，而向南奔走。疑太白於此時偕婦同行，故用鴛鴦爲喻。此詩其作於流夜郎之前耶！「惟昔鷹將犬，今爲侯與王」，謂出身微劣，不過效鷹犬之用，而能得尺寸之功以致身高位者多也。「得水成蛟龍」，謂將帥郭子儀、李光弼一流，「争池奪鳳凰」，謂宰相房琯、張鎬一流。「北斗不酌酒，南箕空簸揚」，傷己無人薦達，如彼天星之中，北斗雖有斗名，而不可用之以酌酒，南箕雖有箕名，而不可用之以簸揚米穀。徒有高才不爲人用，其自悲之意深矣。蕭氏以爲太白從永王時作詩諷其勤王而王不從，故作是詩者，非也。

今人詹鍈云：……據此當是太白流夜郎以前所作。但王譜繫此詩上元元年下，並注云：詩有「胡風結飛霜，六龍頹西荒」句，謂禄山背叛，玄宗西狩也。有「鴛鴦非越鳥，何爲眷南翔」句，謂南遷夜郎也。有「太白出東方，彗星揚精光」句，按唐書，乾元三年（即上元元年）四月丁巳，有彗星見於東方，凡五旬餘，閏四月滅，正是時事。此詩爲是年之作。則竟在流夜郎之後矣。前後矛盾，足證其疏。……按詩言太白出東方，與王譜引唐書所云彗星見於東方者不合。且詩中又云：「百草死冬月，六龍頹西荒。」明是玄宗西幸未返以前之冬月所作，與乾元三年五月間見彗星之季節亦不合。且屆乾元三年，玄宗返西京即將三載，太白亦斷不至無所聞也。按新唐書天文志：至德二載七月己酉，太白晝見經天，至於十一月戊午不見，歷秦周楚鄭宋燕之分。所謂「太白出東方」者指此。又：至德二載十一月壬戌，有流星大如斗，東北流，長數丈，蛇行屈曲，有碎光迸出。此即所謂「彗星揚精光」也。此詩之作當在至德二載十一月頃。

其七

世路今太行，迴車竟何託？萬族皆凋枯，遂無少可樂。曠野多白骨，幽魂共銷鑠。榮貴當及時，春華宜照灼。人非崑山玉，安得長璀錯？身没期不朽，榮名在麟閣。

【注】

〔太行〕文選劉孝標廣絶交論：世路嶮巇，一至於此！太行、孟門，豈云嶄絶？

〔萬族〕陶潛詠貧士詩：「萬族各有託，孤雲獨無依。」

〔崑山〕韓詩外傳卷六：玉出于崑山。

〔璀錯〕王云：説文：璀，玉光也。魯靈光殿賦：下弗蔚以璀錯。△璀音催上聲。

其八

月色不可掃，客愁不可道。玉露生秋衣，流螢飛百草。日月終銷毀，天地同枯槁。蟪蛄啼青松，安見此樹老？金丹寧誤俗，昧者難精討。爾非千歲翁，多恨去世早。飲酒入玉壺，藏身以爲寶。

【校】

〔其八〕按：劍合齋帖董其昌臨李白詩，異文如下：流螢作嚴霜，銷毀作銷盡，誤俗作誤人。（據文物一九六一年八期：啓功碑帖中的文學史資料一文所引。）

【注】

〔蟪蛄〕見卷五來日大難注。

〔金丹〕抱朴子金丹篇：余考覽養性之書，鳩集久視之方，莫不以還丹金液爲大要者焉。然則此二事蓋仙道之極也。服此而不仙，則古來無仙矣。

〔玉壺〕見卷九贈盧徵君昆弟詩注。

其九

生者爲過客，死者爲歸人。天地一逆旅，同悲萬古塵。月兔空擣藥，扶桑已成薪。白骨寂無言，青松豈知春。前後更嘆息，浮榮何足珍？

【校】

〔爲過客〕爲，英華作如，注云：一作爲。下文爲歸人同。

〔已成〕兩宋本、繆本、王本俱注云：一作以爲。

〔無言〕英華作語，注云一作言。

〔浮榮〕榮，英華作雲。

【注】

〔歸人〕列子天瑞篇：古者謂死人爲歸人。夫言死人爲歸人，則生人爲行人矣。

〔逆旅〕左傳僖二年：保於逆旅。杜預注：逆旅，客舍也。孔穎達正義：逆，迎也。旅，客也，迎止賓客之處也。莊子：悲夫，世人直爲物逆旅耳。

〔月兔〕見卷二十把酒問月詩注。

〔扶桑〕見卷一大鵬賦注。

其十

仙人騎彩鳳，昨下閬風岑。海水三清淺，桃源一見尋。遺我緑玉盃；兼之紫瓊琴。盃以傾美酒；琴以閑素心。二物非世有，何論珠與金？琴彈松裏風；盃勸天上月。風月長相知，世人何倏忽？

【校】

〔三清〕三，胡本作川。

【注】

〔閬風〕水經注河水：崑崙之山三級：下曰樊洞，一名板洞；二曰玄圃，一名閬風；上曰層城，一名天庭。

〔海水〕神仙傳，麻姑云：接待以來，見東海三爲桑田，向到蓬萊，水又淺于往日。

其十一

涉江弄秋水，愛此荷花鮮。攀荷弄其珠，蕩漾不成圓。佳期綵雲重，欲贈隔遠天。相思無由見，悵望涼風前。

【校】

〔其十一〕按：劍合齋帖董其昌臨書李白此詩微有異同，秋水作秋草，弄作折。又卷二十五折荷有贈即此首之複見，可參看。

其十二

去去復去去，辭君還憶君。漢水既殊流，楚山亦此分。人生難稱意，豈得長爲羣？越燕喜海日，燕鴻思朔雲。別久容華晚，琅玕不能飯。日落知天昏，夢長覺道遠。望夫登高山，化石竟不返。

【注】

〔稱意〕王云：鮑照詩：「人生不得常稱意。」

〔越燕〕王云：酉陽雜俎：紫胸輕小者是越燕。爾雅翼：越燕小而多聲，頷下紫，巢于門楣上，謂之紫燕，亦謂之漢燕。按：此似指越地之燕，與燕鴻相對，即越禽代馬之意。

〔琅玕〕文選張衡南都賦：珍羞琅玕，充溢圓方。李周翰注：琅玕玉名，飲食比之，所以爲美。

〔望夫〕太平御覽卷五二世説曰：武昌陽新縣北山上有望夫石，狀若人立者，傳云昔有貞婦，其夫從役，遠赴國難，攜弱子餞送此山，立望而化爲石。按：水經注濁漳水：又東北歷望夫山，山之南有石人竚于山上，狀有懷于雲表，因以名焉。望夫之名固非可泥執一處矣。參見卷四長干行注及卷二十二望夫山詩注。

【評箋】

蕭云：此其太白去國之時所作乎！身在江湖，心居魏闕，懷君憂國之意藹然見於言表。末言雖隔絶遠方，而愛君之心猶石之堅也。悲夫！

唐宋詩醇云：漢代五言雖辭多質直，然如十九首之類，各具機杼，變化不測，非盡無作用者也。陸機、江淹擬古善矣。論者謂如搏猛虎、捉生龍，急與之較而力不暇，誠爲氣格悉敵。白之諸作，體雖仿古，意乃自運，其才無所不有，故辭意出入魏晉，而大致直媲西京，正不必拘拘句比字擬以求之。又其辭多有寄託，當以意會，正不必處處牽合，如舊注所云也。

感興八首

瑶姬天帝女，精彩化朝雲。宛轉入夢宵，無心向楚君。錦衾抱秋月；綺席空蘭芬。茫昧竟誰測，虚傳宋玉文。

【校】

〔題〕胡本注云：集本八首，内二首與古風大同，前已附注，不重録。按：二首指第四第六，詳見下。

【注】

〔瑶姬〕見卷一惜餘春賦注。

〔宋玉〕見卷二古風第五十八首注。

其二

洛浦有宓妃，飄颻雪争飛。輕雲拂素月，了可見清輝。解珮欲西去，含情詎相違。香塵動羅襪，淥水不沾衣。陳王徒作賦，神女豈同歸？好色傷大雅，多爲世所譏。

【校】

〔西去〕兩宋本、繆本俱作走。王本注云：繆本作走。

【注】

〔宓妃〕王云：楚辭九歎：迎宓妃於伊雒。王逸注：宓妃，神女，蓋伊洛水之精也。史記索隱：如淳曰：宓妃伏羲女，溺死洛水，遂爲洛水之神。曹植洛神賦序：黄初三年，余朝京師，還濟洛川。古人有言：斯水之神，名曰宓妃。感宋玉對楚王説神女之事，遂作斯賦。髣髴兮若輕雲之蔽月，飄飖兮若流風之回雪。願誠信之先達，解玉佩以要之。淩波微步，羅襪生塵。皆賦中語也。△王云：宓當作虙，即古伏字，後人有作宓者，誤也。或作密音讀，更非。

〔陳王〕王云：陳王即曹植，植以太和六年封陳王。

【評箋】

蕭云：高唐、神女二賦乃宋玉寓言以成其文章。洛神賦則子建擬之而作。後世之人如癡子聽人説夢，以爲誠有其事。惟太白知其託詞而譏其傷大雅，可謂識見高遠者矣。

其三

裂素持作書，將寄萬里懷。眷眷待遠信，竟歲無人來。征鴻務隨陽，又不爲我棲。委之在深篋，蠹魚壞其題。何如投水中，流落他人開。不惜他人開，但恐生是非。

【校】

〔隨陽〕兩宋本、繆本俱作從。王本注云：繆本作從。

〔蠹魚〕蠹，兩宋本、繆本俱作塵。王本注云：繆本作塵。

〔水中〕水，兩宋本、繆本俱作火。王本注云：繆本作火。

【注】

〔裂素〕王云：後漢書范式傳：裂素爲書以遺巨卿。李善文選注：纂文曰：書縑曰素。

〔遠信〕王云：東觀餘論：古者謂使爲信，故逸少帖云：信遂不取答。真誥云：公至山下，又遣一信見告。謝宣城傳云：荆州信去倚待。陶隱居帖云：明旦信還，仍過取反。凡言信者，皆謂使人也。近世猶有此語。故虞永興帖云：事已信人口具。而今之流俗遂以遺書餽物爲信，故謂之書信，而謂前人之語亦然，不復知魏晉以還所謂信者乃使之别名耳。

〔隨陽〕王云：鄭康成毛詩箋：雁者隨陽而處。孔安國尚書傳：隨陽之鳥鴻雁之屬。孔穎達正義：日之行也，夏至漸南，冬至漸北，鴻雁之屬，九月而南，正月而北。左思蜀都賦所云木落南翔，冰泮北徂，是也。日，陽也，此鳥南北與日進退，隨陽之鳥，故稱陽鳥。

〔題〕王云：古人謂書籤爲題，傳所云隋唐藏書皆金題玉躞是矣。此所云題者，乃書札面上手筆封題之處。

〔水中〕世説任誕篇：殷洪喬作豫章郡，臨去，都下人因附百許函書，既至石頭，悉擲水中。因祝曰：沉者自沉，浮者自浮，殷洪喬不能作致書郵。

其四

芙蓉嬌綠波，桃李誇白日。偶蒙春風榮，生此豔陽質。豈無佳人色？但恐花不實。宛轉龍火飛，零落互相失。詎知淩寒松，千載長守一？

【評箋】蕭云：按此篇已見二卷古詩四十七首，必是當時傳寫之殊。編詩者不能別，姑存於此卷。觀者試以首句比並而論，美惡顯然，識者自見之矣。

其五

十五遊神仙，仙遊未曾歇。吹笙吟松風，汎瑟窺海月。西山玉童子，使我鍊金骨。欲逐黄鶴飛，相呼向蓬闕。

【注】

〔汎瑟〕文選江淹雜體詩：「汎瑟卧遥帷。」張銑注：汎瑟，撫瑟也。

〔西山〕魏文帝詩：「西山一何高？高高殊無極。上有兩仙童，不飲亦不食。」

〔蓬闕〕按：即蓬萊宫闕。

其六

西國有美女，結樓青雲端。蛾眉豔曉月，一笑傾城歡。高節不可奪，炯心如凝丹。常恐彩色晚，不爲人所觀。安得配君子，共乘雙飛鸞。

【校】

〔西國〕國，胡本作北。王本注云：胡本作北。

〔不可奪〕兩宋本、繆本俱作奪明主。王本注云：繆本作奪明主。

〔共乘〕乘，兩宋本、繆本俱作成。王本注云：繆木作成。

【評箋】

蕭云：此篇喻賢者有所抱負，審所去就，不肯輕以身許人，惟恐老之將至，功業未建，於時無聞，思見君子，盡心以事之，與共禄位也。

王云：琦按：此篇與二卷中古詩之二十七首互有同異，想亦是其初藁，編詩者不審，遂重列於此耳。

其七

KK揭來荆山客，誰爲珉玉分？良寶絶見棄，虚持三獻君。直木忌先伐，芬蘭哀自焚。盈滿天所損，沉冥道所羣。東海有碧水，西山多白雲。魯連及夷齊，可以蹑清芬。

【注】

〔朅來〕張相詩詞曲語辭匯釋云：李白感興詩：「朅來荆山客，誰爲岷玉分？良寶絶見棄，虚持三見君。」此可以適從何來之義釋之。言玉石不分之世，何來此獻璞之荆山客也？並參見卷十三禪房懷友人岑倫詩注。

〔珉玉〕王云：説文：珉，石之美者。鮑照詩：「涇渭不可雜，珉玉當早分。」

【評箋】

蕭云：此篇已見二卷古風，但有數語之異，是亦當時初本傳寫之殊，編詩者不忍棄，兩存之耳。

其八

嘉穀隱豐草，草深苗且稀。農夫既不異，孤穗將安歸？常恐委疇隴，忽與秋蓬飛。烏得薦宗廟，爲君生光輝？

【校】

〔不異〕異，胡本作易。王本注云：胡本作易。

【注】

〔嘉穀〕王云：書呂刑：農殖嘉穀。説文：禾，嘉穀也。二月始生，八月而熟，得時之中，故謂之禾。

【評箋】

蕭云：此篇比興之詩，刺時賢不能引類拔萃，以爲國用者與！「嘉穀隱豐草，草深苗且稀」，喻賢人在野混於常人之中。「農夫既不異，孤穗將安歸」，農夫見穀之在草而不别異之，猶賢者見賢之在野而不薦引之也。「常恐委疇隴，忽與秋蓬飛」，喻在野之賢唯恐老之將至，與草木俱腐也。「烏得薦宗廟，爲君生光輝」，在野之賢冀在位之賢引而進之，以羽儀朝廷也。嗟乎！士懷才而不遇，千載讀之猶有感激。

寓言三首

周公負斧扆，成王何夔夔！武王昔不豫，剪爪投河湄。賢聖遇讒慝，不免人君疑。天風拔大木，禾黍咸傷萎。管蔡扇蒼蠅，公賦鴟鴞詩。金縢若不啓，忠信誰明之？

【校】

〔咸傷〕咸，咸本作感。

【注】

〔斧扆〕禮記明堂位：昔者周公朝諸侯於明堂之位。天子負斧依，南鄉而立。鄭注：負之言背也，斧依，爲斧文屏風於户牖之間，周公於前立焉。正義云：斧依，爲斧文屏風於户牖之間者。釋宫云：牖户之間謂之扆，今云斧依，故知爲斧文屏風於户牖間。△扆音衣上聲。

〔夔夔〕書舜典：夔夔齋栗。孔安國傳：夔夔，悚懼貌。

〔金縢〕王云：尚書：既克商二年，王有疾，弗豫。二公曰：「我其爲王穆卜！」周公曰：「未可以戚我先王。」公乃自以爲功，爲三壇同墠，爲壇於南方北面。周公立焉，植璧秉珪，乃告太王、王季、文王，公歸，納册於金縢之匱中。王翼日乃瘳。武王既喪，管叔及其羣弟流言於國曰：「公將不利於孺子。」周公乃告二公曰：「我之弗辟，我無以告我先王。」周公居東二年，則罪人斯得。於後公乃爲詩以貽王，名之曰鴟鴞。王亦未敢誚公。秋大熟未獲，天大雷電以風，禾盡偃，大木斯拔，邦人大恐，王與大夫盡弁，以啓金縢之書，得周公所自以爲功代武王之説。王執書以泣曰：「昔公勤勞王家，惟余冲人勿及知，今天動威以彰周公之德，唯朕小子其親逆，我國家禮亦宜之。」王出郊，天乃雨，反風，禾則盡起，歲則大熟。史記蒙恬列傳：昔周成王初立，未離襁褓，周公旦負王以朝，卒定天下。及成王有病甚殆，周公旦自揃其爪以沉於河，曰：「王未有識，是旦執事有罪殃，旦受其不祥。」乃書而藏之記府。及王能治國，有賊臣言周公旦欲爲亂久矣，王若不備，必有大事。王乃大怒，周公旦走而奔於楚。成王觀於記府，得周公旦沈書，乃流涕曰：「孰謂周公旦欲爲亂乎！」殺言之者而反周公旦。魯世家亦載此事。太白此詩蓋合二事而互言之。

【評箋】

蕭云：此詩懼讒也，檃括金縢之事以申其意耳。

其二

遥裔雙綵鳳，婉孌三青禽。往還瑶臺裏，鳴舞玉山岑。以歡秦娥意，復得王母心。區區精衛鳥，銜木空哀吟。

【校】

〔區區〕兩宋本、繆本俱作驅驅。王本注云：繆本作驅驅。

【注】

〔遥裔〕王云：盧思道詩：「丰茸雞樹密，遥裔鶴烟稠。」按：遥裔猶迢遥。△裔音曳。

〔婉孌〕王云：毛萇詩傳：婉孌，少好貌。

〔瑶臺〕王云：瑶臺、玉山皆西王母之居。

〔秦娥〕王云：秦娥謂秦穆公女弄玉也。

〔區區〕張相詩詞曲語辭匯釋云：區區，辛苦之義。杜甫贈王二十四侍御契詩：「區區甘累趼，稍稍息勞筋。」又杜鵑行：「其聲哀痛苦流血，所訴何事常區區。」李白寓言詩：「區區精衛鳥，銜木空哀吟。」李商隱贈送前劉五經映詩：「草草臨盟誓，區區務富強。」此與草草互文，草草原本詩巷伯：勞人草草義，亦辛苦義也。

【評箋】

蕭云：此篇比興之詩。綵鳳青禽以比佞幸之人。瑶臺玉山以比宫掖。秦娥以比公主。王母以比后妃。蓋以諷刺當時出入宫掖取媚后妃公主以求爵位者。精衛銜木石，以比小臣懷區區報國之心，盡忠竭力而不見知者，其意微而顯矣。

其三

長安春色歸，先入青門道。緑楊不自持，從風欲傾倒。海燕還秦宫，雙飛入簾櫳。相思不相見，託夢遼城東。

【校】

〔不相見〕相，兩宋本、繆本俱作可。王本注云：繆本作可。

【注】

〔青門〕見卷二古風第九首注。

〔遼城〕王云：秦置遼西、遼東二郡，因在遼水之西東而名。在唐時遼西爲柳城郡及北平郡之東境，遼東爲安東都護府之地。

【評箋】蕭云：此篇閨思詩也。良人從軍，滔滔不歸。感時觸物，而動懷春之思者歟！緑楊海燕，以起興也。婉然國風之體，所謂聖於詩者此哉！

按：三首似皆指當時朝中實事。第一首託意甚明。第三首若但視爲閨思詩，未免太淺，果爾則亦不致入寓言三首之内也。梅鼎祚李詩評卷二云：當是微刺楊妃。其説殊有見地。第二首或已有感於楊妃之得幸乎！三首似不倫，恐編次猶是白所自定，非後人所能爲也。

秋夕旅懷

涼風度秋海，吹我鄉思飛。連山去無際，流水何時歸？目極浮雲色，心斷明月暉。芳草歇柔豔，白露催寒衣。夢長銀漢落，覺罷天星稀。含悲想舊國，泣下誰能揮？

【校】

〔目極〕兩宋本、繆本俱作日夕。王本注云：繆本作日夕。

〔含悲〕悲，兩宋本、繆本俱作嘆。王本注云：繆本作嘆。

【評箋】

蕭云：此詩太白作於竄逐之後乎！身在遐方，心懷舊國，詞意悲惋，哀哉！

感遇四首

吾愛王子晉，得道伊洛濱。金骨既不毀，玉顔長自春。可憐浮丘公，猗靡與情親。舉手白日間，分明謝時人。二仙去已遠，夢想空殷勤。

【注】

〔子晉〕〔浮丘〕均見卷五鳳笙篇注。

〔猗靡〕王云：子虛賦：扶輿猗靡。張銑注：猗靡，相隨貌。阮籍詩：猗靡情歡愛。

【評箋】

蕭云：此詩蓋有所懷，託二仙而言也。

其二

可嘆東籬菊，莖疎葉且微。雖言異蘭蕙，亦自有芳菲。未泛盈樽酒，徒沾清露輝。當榮君不採，飄落欲何依？

【校】

〔且微〕微，胡本作肥。王本注云：胡本作肥。

【評箋】

蕭云：此篇喻賢者蒙朝廷養育之恩，有才而不見用，空受此恩也。當可用之時而君不采之，惟有飄零老死而已，將安所依乎！

其三

昔余聞姮娥，竊藥駐雲髮。不自嬌玉顏，方希鍊金骨。飛去身莫返，含笑坐明月。紫宮誇蛾眉，隨手會凋歇。

【校】

〔姮娥〕姮，兩宋本、繆本俱作常。王本注云：繆本作常。

【注】

〔姮娥〕淮南子覽冥訓：羿請不死之藥於西王母，恒娥竊以奔月。高誘注：恒娥，羿妻，羿請不死藥於西王母，未及服之，恒娥盜食之，得仙，奔入月中爲月精。莊逵吉校云：姮娥諸本皆作恒，惟意林作姮，文選注引此作常。淮南王當諱恒，不應作恒，疑意林是也。

〔紫宫〕文選左思遊仙詩：「列宅紫宫裏。」李周翰注：紫宫天子所居處。

【評箋】

蕭云：此篇遊仙體也，末句諷以色事人，色衰愛弛者。

按：此四首蕭氏皆知其有寓意，何獨於此首云諷以色事人者？既以感遇爲題，則所謂蛾眉當指朝端之小人無疑。

其四

宋玉事楚王，立身本高潔。巫山賦綵雲，郢路歌白雪。舉國莫能和，巴人皆卷舌。一惑登徒言，恩情遂中絶。

【校】

〔能和〕和，胡本作知。

〔一惑〕惑，蕭本作感。王本注云：蕭本作感。

【注】

〔宋玉〕王云：宋玉登徒賦言巫山綵雲，及對楚王問言客有歌于郢中，爲陽春、白雪，其曲彌高，其和彌寡。

〔登徒〕文選宋玉登徒子好色賦：大夫登徒子侍於楚王，短宋玉曰：「玉爲人體貌閑麗，口多微辭，又性好色，願王勿與出入後宫。」王以登徒子之言問宋玉，玉曰：「體貌閑麗，所受於天也。口多微詞，所學於師也。至於好色，臣無有也。」王曰：「子不好色，亦有説乎！有説則止，無説則退。」

【評箋】

蕭云：此篇太白特借宋玉事以申己之意耳。如後篇詠壁上鸚鵡，亦此意也。

翰林讀書言懷呈集賢諸學士

晨趨紫禁中，夕待金門詔。觀書散遺帙，探古窮至妙。片言苟會心，掩卷忽而笑。青蠅易相點，白雪難同調。本是疎散人，屢貽褊促誚。雲天屬清朗，林壑憶遊眺。或時清風來，閒倚欄下嘯。嚴光桐廬溪，謝客臨海嶠。功成謝人間，從此一投釣。

【校】

〔題〕兩宋本、繆本題下俱注云：長安。

〔集賢〕此下兩宋本、繆本俱多院内二字。

〔忽而〕英華作而忽。
〔欄下〕欄，兩宋本、繆本、蕭本、王本俱注云：一作簷。英華作門。胡本作簷，注云：一作欄。
〔人間〕間，兩宋本、繆本、蕭本俱作君，注云一作間。胡本、王本俱注云：一作君。
〔一投〕一，英華作亦。

【注】

〔翰林〕王云：新唐書百官志：開元十三年，改麗正修書院爲集賢殿書院，五品以上爲學士，六品以下爲直學士，宰相一人爲學士知院事，常侍一人爲副知院事，又置判院一人，押院中使一人。玄宗常選耆儒日一人侍讀，以質史籍疑義。至是置集賢院侍讀學士、侍講直學士，其後又增置修撰官、校理官、待制官、留院官知校討官文學直之員。又云：學士之職，本以文學言語被顧問，出入侍從，因得參謀議，納諫諍，其禮尤寵。而翰林院者，待詔之所也。唐制，乘輿所在必有文詞經學之士，下至卜醫伎術之流，皆直於別院，以備宴見，而文書詔令則中書舍人掌之。自太宗時，名儒學士時時召以草制，然猶未有名號。乾封以後，始號北門學士。玄宗初，置翰林待詔，以張説、陸堅、張九齡等爲之，掌四方表疏批答應和文章。既而又以中書務劇，文書多壅滯，乃選文學之士號翰林供奉，與集賢院學士分掌制詔書勅。開元二十六年，又改翰林供奉爲學士，別置學士院，專掌内命。凡拜免將相號令征伐，皆用白麻。其後選用益重而禮遇益親，至號爲内相。又以爲天子私人，凡充其職者無定員，自諸曹尚書下至校書郎皆得預選。參見卷十一贈從弟南平太守之遥詩第一首注。

〔紫禁〕文選謝莊宋孝武宣貴妃誄：收華紫禁。李善注：王者之宫以象紫微，故謂宫中爲紫禁。吕延濟注：紫禁即紫宫，天子所居也。

〔遺帙〕王云：説文：帙，書衣也。謝靈運詩：「散帙問所知。」散帙者，解散其書外所裹之帙而翻閲之也。

〔青蠅〕王云：陳子昂詩：「青蠅一相點，白璧遂成冤。」蓋青蠅遺糞白玉之上，致成點汙，以比讒譖之言能使修潔之士致招罪尤也。參見卷九雪讒詩注。

〔謝客〕王云：謝客即謝靈運，客是其小名。

〔臨海〕文選謝靈運有登臨海嶠詩，張銑注：臨海郡名。嶠，山頂也。

【評箋】

蕭云：此太白寫心之作，觀此，則前效古一首概可見矣。

尋陽紫極宫感秋作

何處聞秋聲？翛翛北窗竹。迴薄萬古心，攬之不盈掬。靜坐觀衆妙，浩然媚幽獨。白雲南山來，就我簷下宿。嬾從唐生決，羞訪季主卜。四十九年非，一往不可復。野情轉蕭散；世道有翻覆。陶令歸去來，田家酒應熟。

【校】

〔就我〕胡本作我就。

【注】

〔紫極宫〕王云：舊唐書：開元二十九年正月，制兩京諸州各置玄元皇帝廟。天寶二年三月，改西京玄元廟爲太清宫，東京爲太微宫，天下諸郡爲紫極宫。方輿勝覽：江州紫極宫去州二里，即今天慶觀。蘇東坡曰：李太白有潯陽紫極宫感秋詩，紫極宫今天慶觀也。道士胡洞微以石本示予，蓋其師卓玘之所爲。

〔倏〕音宵。

〔唐生〕王云：用唐舉相蔡澤事。參見卷十七送蔡山人詩注。

〔季主〕史記日者列傳：司馬季主者，楚人也，卜於長安東市。

〔四十九年〕淮南子原道訓：蘧伯玉年五十而有四十九年非。高誘注：伯玉，衞大夫蘧瑗也，今年所行是，則還顧知去年之所行非也。歲歲悔之，以至于死，故有四十九年非，所謂月悔朔，日悔昨也。

〔陶令〕陶潛問來使詩：「歸去來山中，山中酒應熟。」

【評箋】

今人詹鍈云：王譜：天寶三載（按應作天寶二載）三月，改天下諸郡玄元廟爲紫極宫，白有尋陽紫極宫感秋詩，是時以後之作。按本年（天寶九載）太白五十歲，故詩中有四十九年非之語。薛仲邕譜繫此詩天寶六載，蓋以爲太白生於聖曆二年，而又誤認此詩爲四十九歲作也。唐詩紀事於本詩下注云：是時自有歸山之意矣。

按：卷十八有尋陽送弟昌峒鄱陽司馬詩云：「與爾期此亭，期在秋月滿。」當爲前後之作。

江上秋懷

餐霞卧舊壑，散髮謝遠遊。山蟬號枯桑，始復知天秋。朔雁别海裔，越燕辭江樓。颯颯風卷沙，茫茫霧縈洲。黄雲結暮色，白水揚寒流。惻愴心自悲，潺湲淚難收。蘅蘭方蕭瑟，長嘆令人愁。

【校】

〔題〕咸本卷十五有淮海書情一首在此首之次，即本卷第一首之越中秋懷也。

〔惻愴心自悲〕敦煌殘卷此句作感激心自傷。

【注】

〔餐霞〕王云：餐霞，吞食霞氣，仙家修鍊之法。

〔海裔〕淮南子原道訓：故雖遊於江潯海裔。高誘注：裔，邊也。

〔蘅〕王云：郭璞爾雅注：杜蘅似葵而香。邢昺疏：本草唐本注云：杜蘅葉似葵，形如馬蹄，故俗云馬蹄香。生山之陰，水澤下濕地，根似細辛白前等。山海經云：天帝山有草，其狀如葵，其臭如蘼蕪，名曰杜衡，可以走馬，食之已癭，是也。

【評箋】

蕭云：此太白傷己之作也。不惟傷己，而復爲同類者傷之，悲夫！

秋夕書懷

北風吹海雁，南渡落寒聲。感此瀟湘客，悽其流浪情。海懷結滄洲，霞想遊赤城。始探蓬壺事，旋覺天地輕。澹然吟高秋，閑卧瞻太清。蘿月掩空幕，松霜結前楹。滅見息羣動，獵微窮至精。桃花有源水，可以保吾生。

【校】

〔題〕兩宋本、繆本、蕭本俱注云：一作秋夕南遊書懷。

〔海懷〕此句兩宋本、繆本、蕭本、王本俱注云：一作遠心飛蒼梧。

〔霞想〕霞，兩宋本、繆本、蕭本、王本俱注云：一作遐。

〔遊赤城〕遊，兩宋本、繆本、咸本俱作遥，注云：一作游。王本注云：繆本作遥。

〔始探〕此句兩宋本、繆本、王本俱注云：一作始採蓬壺術。蕭本、胡本事下俱注云：一作術。

〔吟高秋〕吟，兩宋本、繆本、蕭本、王本俱注云：一作思。胡本吟高作高吟。

〔掩空幕〕掩，兩宋本、繆本、蕭本、王本俱注云：一作隱。胡本作隱，注云：一作掩。

〔霜結〕兩宋本、繆本俱作霜皓，注云：一作雲散。咸本亦作霜皓。蕭本注云：一作雲散。胡本皓下注云：一作結。王本注云：繆本作霜皓，一作雲散。

【注】

〔赤城〕王云：初學記：名山略記云：赤城山一名燒山，東卿司命君所居，洞周圍三百里，上有上玉清平天。參見卷七同族弟金城尉叔卿燭照山水壁畫歌及卷十五夢遊天姥吟注。

〔羣動〕陶潛飲酒詩：「日入羣動息。」

【評箋】

蕭云：太白當謫逐之時，乃能以仙遊自解，可謂善處患難者矣。

梅鼎祚云：按白此詩托意仙遊，楊齊賢引淮南子太清之治，未是。（李詩鈔）

王夫之云：杜贈李詩云：「李侯有佳句，往往似陰鏗」，正謂此等。宋人不知，横生異同。

陰鏗豈易似耶？（唐詩評選）

避地司空原言懷

南風昔不競，豪聖思經綸。劉琨與祖逖，起舞雞鳴晨。雖有匡濟心，終爲樂禍人。我則異於是，潛光皖水濱。卜築司空原，北將天柱鄰。雪霽萬里月，雲開九江春。俟乎太階平，然後託微身。傾家事金鼎，年貌可長新。所願得此道，終然保清真。弄景奔日馭，攀星戲河津。一隨王喬去，長年玉天賓。

【校】

〔題〕兩宋本、繆本題下俱注云：舒州。

〔可長〕可，兩宋本、繆本俱作何。王本注云：繆本作何。

【注】

〔司空原〕王云：一統志：司空山在安慶府太湖縣西北一百六十里。山極高峻，山半有洗馬池，即古司空原。李白嘗避地於此。太平寰宇記：司空山在舒州太湖縣東北一百三十里。江南通志：太白書堂在太湖縣司空山。李白避地於此，有卜築司空原之句。

〔南風〕王云：左傳：晉人聞有楚師，師曠曰：「不害，吾驟歌北風，又歌南風，南風不競，多死聲，楚必無功。」杜預注：歌者吹律以詠八風，南風音微，故曰不競也。太白借用作晉朝南渡兵力不競解。

〔樂禍〕王云：晉書：祖逖與劉琨俱爲司州主簿。情好綢繆，共被同寢。中夜聞荒鷄鳴，蹴琨覺曰：「此非惡聲也。」因起舞。論曰：祖逖散穀周貧，聞雞暗舞，思中原之燎火，幸天步之多艱。原其素懷，抑爲貪亂者矣。太白樂禍之論蓋本於此。△逖音剔。

〔皖水〕王云：太平寰宇記：皖水在舒州懷寧縣西北，自壽州霍山縣南流入，經縣北二里，又東南流二百四十里，入大江，謂之皖口。一統志：皖水在潛山縣北，下流會潛水，經府城西達大江。

〔天柱〕王云：唐六典注：霍山一名天柱，在舒州懷寧縣，自漢以來爲南岳。通典：舒州懷寧縣有灊山，一名天柱山。方輿勝覽：天柱峯在皖，山高三千七百丈，周三百五十里。山東有瀑布，漢武帝嘗登此山，即司元洞府，九天司命真君所主也。江南通志：天柱山在安慶府潛山縣，與潛山連，其峯最高，突出衆山之上，峭拔如柱，屹然爲尊，道書謂之司元洞天。漢武帝嘗登封於此以代南岳山，有魏左慈煉丹故跡。

〔太階〕見卷一明堂賦注。

〔王喬〕王云：王喬有三：一是上古之仙人，或稱王子喬，或稱王喬，楚辭中累引之。一是周靈王之太子晉，亦稱王子喬。一是後漢時河東人爲葉縣令者。參見卷五鳳笙篇、卷十一贈王漢陽、卷十二贈别舍人弟臺卿之江南等詩注。

〔玉天〕王云：玉天，道家所謂玉清境之天，天寶君所治，即清微天也。又王績詩：「三山銀作地，八洞玉爲天。」

【評箋】

今人詹鍈云：司空原去宿松不遠，太白所以避地該處者，蓋亦爲永王事所累，其後則終不免於長流夜郎耳。

按：此詩以祖逖樂禍喻己之參永王軍事，仍有自抒抱負之意。

上崔相百憂章

共工赫怒，天維中摧。鯤鯨噴蕩，揚濤起雷。魚龍陷人，成此禍胎。火焚崑山，玉石相磓。仰希霖雨，灑寶炎煨。箭發石開，戈揮日迴。鄒衍慟哭，燕霜飒來。微誠不感，猶縶夏臺。蒼鷹搏攫，丹棘崔嵬。豪聖凋枯，王風傷哀。斯文未喪，東岳豈頹？穆逃楚難，鄒脱吴災。見機苦遲，二公所咍。驥不驟進，麟何來哉？星離一門，草擲二孩。萬憤結緝，憂從中催。金瑟玉壺，盡爲愁媒。舉酒太息，泣血盈杯。台星再朗，天網重恢。屈法申恩，棄瑕取材。冶長非罪，尼父無猜。覆盆儻舉，應照寒灰。

【校】

〔題〕兩宋本、繆本題下俱注云：四言，時在尋陽獄。蕭本無四言二字，王本注上加原注二字。

〔陷人〕咸本作入，注云：一作人。

〔崑〕兩宋本、繆本俱作昆。王本注云：繆本作昆。

〔蟄〕兩宋本、繆本、王本俱作贄，注云：一作蟄。

〔豈顏〕豈，咸本注云：一作起。

〔所哈〕此句下，咸本注云：一本無此二句。

〔二孩〕此句下，咸本注云：一本無此二句。

〔結緝〕緝，兩宋本、繆本俱注云：一作緝。咸本、蕭本俱作習。王本注云：蕭本作習，一作緝。

【注】

〔崔相〕王云：崔相即崔渙。按太白爲宋中丞自薦表云：避地廬山，遇永王東巡，脅行，中道奔走，却至彭澤，具已陳首，前後經宣慰大使崔渙及臣推覆清雪，尋經奏聞。此詩及萬憤詞皆作於是時。按：卷十一有獄中上崔相渙及繫尋陽上崔相渙，卷三十有送史司馬赴崔相公幕各詩，可參證。

〔共工〕淮南子天文訓：共工氏與顓頊争爲帝，怒而觸不周之山，天柱折，地維絶。

〔天維〕宋玉大言賦：壯士憤兮絶天維。

〔禍胎〕漢書卷五一枚乘傳：福生有基，禍生有胎。

〔崑山〕書胤征：火炎崑岡，玉石俱焚。

〔磓〕廣韻：磓，落也。△磓音堆。

〔煨〕韻會：煨，燼也。△煨音威。

〔石開〕王云：西京雜記：李廣獵於冥山之陽，見卧虎射之，没矢飲羽，進而視之，乃石也，其形類虎。退而更射，鏃破幹折而石不傷。予嘗以問揚子雲，子雲曰：「至誠則金石爲開。」班固幽通賦：李虎發而石開。

〔鄒衍〕文選江淹詣建平王上書：李善注：淮南子曰：鄒衍盡忠於燕惠王，惠王信譖而繫之。鄒子仰天而哭，正夏而天爲之降霜。

〔夏臺〕史記夏本紀：夏桀不務德而武傷百姓，百姓弗堪，迺召湯而囚之夏臺，已而釋之。索隱：夏臺，獄名。

〔蒼鷹〕漢書卷九一郅都傳：都遷爲中尉，……是時民樸，畏罪自重，而都獨先嚴酷，致行法不避貴戚。列侯宗室見都側目而視，號曰蒼鷹。顔師古注：言其鷙擊之甚。

〔丹棘〕易坎卦：寘于叢棘。正義：謂囚執之處以棘叢而禁之也。太平御覽卷九五九春秋元命苞曰：樹棘聽訟其下者，棘赤心有刺，言治人者原心不失其赤實也。

〔東岳〕禮記檀弓：孔子蚤作，負手曳杖，消搖於門，歌曰：「泰山其頽乎！梁木其壞乎！哲人其萎乎！……」子貢聞之曰：「泰山其頽，則吾將安仰？梁木其壞，哲人其萎，則吾將安放？夫子殆將病也。……」蓋寢疾七日而没。按：「東岳」以上四句皆暗用此事。

〔楚難〕漢書卷三六楚元王傳：初，元王敬禮申公等。穆生不嗜酒，元王每置酒常爲穆生設醴。及王戊即位，常設，後忘設焉。穆生退曰：「可以逝矣，醴酒不設，王之意怠。不去，楚人將鉗我於市。」稱疾卧。申公、白生強起之曰：「獨不念先王之德歟！今王一旦失小禮，何足至此？」穆生曰：「易稱：知幾其神乎！幾者動之微，吉凶之先見者也。君子見幾而作，不俟終日。先王之所以禮吾三人者，爲道之存故也。今而忽之，是忘道也。忘道之人，胡可以久處？豈爲區區之禮哉？」遂謝病去。申公、白生獨留。王戊稍淫暴，……乃與吴通謀，二人諫不聽，胥靡之，衣之赭衣，使杵臼雅舂於市。

〔吴災〕漢書卷五一鄒陽傳：鄒陽，齊人也。……陽與吴嚴忌枚乘等俱仕吴，皆以文辯著名。久之，吴王以太子事怨望，稱疾不朝，陰有邪謀。陽奏書諫，……吴王不内其言，……於是鄒陽、枚乘、嚴忌知吴不可説，皆去之梁，從孝王游。

〔哈〕廣韻：哈，笑也。△哈音海平聲。

〔驟進〕宋玉九辯：驥不驟進而求服兮。

〔來哉〕家語辯物篇：叔孫氏之車士曰子鉏商採薪於大野，獲麟焉，折其前左足，載以歸。叔孫以爲不祥，棄之於郭外。使人告孔子曰：「有麕而角者何也？」孔子往觀之曰：「麟也，胡爲來哉！胡爲來哉！」反袂拭面，涕泣沾襟。叔孫聞之，然後取之。子貢問曰：「夫子何泣爾！」孔子曰：「麟之至爲明王也，出非其時而見害，吾是以傷焉。」

〔結緝〕王云：楚辭九思：心結縎兮折摧。博雅：結縎，不解也。

〔重恢〕王云：老子：天網恢恢，疎而不失。説文：恢，大也。△恢音魁。

〔冶長〕論語公冶長：子謂公冶長可妻也，雖在縲絏之中，非其罪也。以其子妻之。

〔覆盆〕見卷十一獄中上崔相涣詩注。

萬憤詞投魏郎中

海水渤潏，人罹鯨鯢。蓊胡沙而四塞，始滔天於燕齊。何六龍之浩蕩，遷白日於秦西。九土星分，嗷嗷悽悽。南冠君子，呼天而啼。戀高堂而掩泣，淚血地而成泥。獄户春而不草，獨幽怨而沉迷。兄九江兮弟三峽，悲羽化之難齊。穆陵關北愁愛子，豫章天南隔老妻。一門骨肉散百草，遇難不復相提攜。樹榛拔桂，囚鸞寵雞。舜昔授禹，伯成耕犁。德自此衰，吾將安棲？好我者恤我，不好我者何忍臨危而相擠？子胥鴟夷，彭越醢醢。自古豪烈，胡爲此繄？蒼蒼之天，高乎視低。如其聽卑，脱我牢狴。儻辨美玉，君收白珪。

【校】

〔渤〕王本注云：當作浡。

〔人罹〕罹，王刻誤作羅，今依各本改。

〔悽悽〕蕭本、胡本俱作栖栖。王本注云：蕭本作栖栖，下韻重出，恐誤。

〔成泥〕此句下咸本注云：一本作皓首泣血，黄沙成泥。在沉迷句下。

〔獄户〕王本注云：霏玉本作時當。

〔提攜〕此句下咸本注云：一本無此六句。

【注】

〔渤潏〕文選木華海賦：天綱浡潏。李善注：浡潏，沸湧貌。△潏音聿。

〔南冠〕見卷十三淮南卧病……詩注。

〔高堂〕王云：蕭士贇曰：高堂喻朝廷也。琦按：世之稱父母多曰高堂。太白詩中絶無思親之句，疑其遷化久矣。考漢書賈誼傳曰：人主之尊譬如堂，羣臣如陛，衆庶如地，故陛九級上，廉遠地則堂高。陛亡級，廉近地則堂卑。高者難攀，卑者易陵，理勢然也。蕭氏以高堂爲喻朝廷，其説近是。按：高堂喻朝廷，於古無徵。且據前後文義亦不宜指朝廷，蕭、王説疑非。詩意或謂思念已故之父母耳。

〔穆陵〕王云：唐書地理志：沂州沂水縣北有穆陵關。山東通志：穆陵關在沂水縣北一百二十里，古齊關也。一統志：穆陵關在青州大峴山上。左傳：齊桓公曰：賜我先君履，南至於穆陵，即此。又元和郡縣志：穆陵關在黄州麻城縣西八十八里，在穆陵山上。是穆陵關有二處，而太白所稱者則齊地之穆陵關也。蓋是時伯禽尚在東魯未歸耳。

〔豫章〕王云：豫章郡名，唐時屬江南西道，又謂之洪州。在潯陽郡之南，疑太白卧廬山時，家室寓此。流夜郎寄内詩曰：「南來不得豫章書」，可見。

〔伯成〕莊子天地篇：堯治天下，伯成子高立爲諸侯。堯授舜，舜授禹，伯成子高辭爲諸侯而耕。禹往見之，則耕在野。禹趨就下風，立而問焉，曰：「昔堯治天下，吾子立爲諸侯，堯授舜，舜授予，而吾子辭爲諸侯而耕，敢問其故何也？」子高曰：「昔堯治天下，不賞而民勸，不罰而民畏，今子賞罰而民且不仁，德自此衰，刑自此立，後世之亂，自此始矣。夫子闔行耶！無落吾事。」侶侶乎耕而不顧。

〔鴟夷〕王云：説苑：吴王賜子胥屬鏤之劍曰，子以此死。子胥乃自刺殺。吴王取子胥尸，盛以鴟夷，浮之江中。漢書：比干剖心，子胥鴟夷。應劭曰：吴王取馬革爲鴟夷，盛子胥而沉之江。鴟夷榼形。顔師古曰：鴟夷，即今之盛酒鴟夷幐。高誘吕覽注：革囊之大者爲鴟夷。史記索隱：韋昭云：以皮作鴟鳥形，名曰鴟夷。鴟夷皮榼也。服虔云：用馬革作囊以裹尸，投之於江。

〔彭越〕史記黥布列傳：漢誅彭越醢之，盛其醢偏賜諸侯。

〔牢狴〕家語卷一：孔子爲魯大司寇，有父子訟者，夫子同狴執之。王肅注：狴，獄牢也。△狴音篦，又音批。

〔白珪〕詩大雅抑：白圭之玷，尚可磨也。斯言之玷，不可爲也。

【評箋】

王云：琦按太白集中稱其兄者五人：新平長史粲也，襄陽少府皓也，虞城宰錫也，中都明府某也，徐王延年也。稱其弟者十七人：金城尉叔卿也，臨洺令皓也，舍人臺卿也，南平太守之遥也，宣州長史昭也，單父主簿凝也，鄱陽司馬昌峘也，溧陽尉濟也，京兆參軍令問也，不言職位者，延陵也，冽也，幼成也，況也，襄也，綰也，錞也，浮屠談皓也。大抵皆從兄弟也。此詩所云「兄九江兮弟三峽」，與下文愛子老妻並言，似指其親兄弟而言。上有兄下有弟，則太白乃其仲歟！然兄弟之名則無可據，姑表出之，以俟淹博者之詳考。

按：卷十八尚有送舍弟詩，王氏未舉，此所云弟三峽者或即其人。至所謂戀高堂而掩泣，倘司馬遷所謂疾痛則呼父母，追思而已，非真謂父母尚在也。

荆州賊亂臨洞庭言懷作

修蛇横洞庭，吞象臨江島。積骨成巴陵，遺言聞楚老。水窮三苗國，地窄三湘道。歲晏天崢嶸，時危人枯槁。思歸阻喪亂，去國傷懷抱。郢路方丘墟，章華亦傾倒。風悲猿嘯苦，木落鴻飛早。日隱西赤沙，月明東城草。關河望已絶，氛霧行當掃。長叫天可聞，吾將問蒼昊。

【校】

〔賊亂〕亂，蕭本、胡本俱作平。王本注云：蕭本作平。

【注】

〔荆州〕通鑑卷二二一：乾元二年八月，襄州將康楚元、張嘉延據州作亂，刺史王政奔荆州，楚元自稱南楚霸王。九月甲午，張嘉延襲破荆州，荆南節度使杜鴻漸棄城走，澧、朗、郢、峽、歸等州官吏聞之，争潛竄山谷。十一月，康楚元等衆至萬餘人，商州刺史充荆襄等道租庸使韋倫發兵討之，駐於鄧之境，招諭降者厚撫之，伺其稍怠，進軍擊之，生擒楚元，其衆遂潰。得其所掠租庸二百萬緡，荆襄皆平。

〔修蛇〕王云：淮南子：堯乃使羿斷修蛇於洞庭。高誘注：修蛇，大蛇吞象三年而出其骨之類。

元和郡縣志：昔羿屠巴蛇於洞庭，其骨若陵，故曰巴陵。

〔三苗〕王云：孔安國尚書傳：三苗之國，左洞庭，右彭蠡，在荒服之例，去京師二千五百里。通典：岳州古蒼梧之野，亦三苗國之地。青草洞庭湖在焉。二湖相連，青草在南，洞庭在北。注云：凡今長沙衡陽諸郡皆古三苗之地。

〔崢嶸〕文選鮑照舞鶴賦：歲崢嶸而愁暮。李善注：廣雅曰：崢嶸，高貌，歲之將盡，猶物之高也。

〔郢路〕王云：通典：江陵郡今之荆州，春秋以來楚國之都，謂之郢都。西通巫、巴，東接雲夢，亦一都會也。楚辭：惟郢路之遼遠。左思魏都賦：臨淄牢落，鄢郢丘墟。吕延濟注：丘墟謂居人少也。

〔章華〕見卷一明堂賦注。

〔赤沙〕王云：方輿勝覽：洞庭湖在巴陵縣西，西吞赤沙，南連青草，横亘七八百里。岳陽風土記：赤沙湖在華容縣南，夏秋水泛，與洞庭湖通。杜甫道林岳麓詩所謂「殿角插入赤沙湖」也。一統志：赤沙湖在洞庭湖西，夏秋水泛，與洞庭爲一，涸時惟見赤沙。舊記云：洞庭南連青草，西亘赤沙，七八百里，又謂之三湖。初學記：盛弘之荆州記云：巴陵南有青草湖，周迴數百里，湖南有青草山，因以爲名。一統志：青草湖一名巴丘湖，北連洞庭，南接瀟湘，東納汨羅之水，每夏秋水泛，與洞庭爲一，水涸則此湖先乾，青草生焉。琦按城草恐是青草之訛，然青草在南而詩云東青草，則又未敢定也。

〔蒼昊〕文選王延壽魯靈光殿賦：承蒼昊之純殷。張載注：蒼昊，皆天之稱也。春爲蒼天，夏爲昊天。

【評箋】

今人詹鍈云：蕭本亂字作平，王譜繫乾元二年下，亦作平。按通鑑：……十一月，……生擒楚元，其衆遂潰，……荆襄皆平。此詩云：「風悲猿嘯苦，木落鴻飛早」，其時方當秋季。又云：「郢路方丘墟，章華亦傾倒。」則賊尚未平也。作亂字爲是。

按：詩有「氛霧行當掃」句，明是亂尚未定。與卷四之司馬將軍歌，卷二十一之九日登巴陵置酒望洞庭水軍當是同時之作。

覽鏡書懷

得道無古今，失道還衰老。自笑鏡中人，白髮如霜草。捫心空嘆息，問影何枯槁？桃李竟何言？終成南山皓。

【評箋】

按：此詩當是流放赦還以後之作。

田園言懷

賈誼三年謫，班超萬里侯。何如牽白犢，飲水對清流？

【注】

〔班超〕後漢書卷七七班超傳：其後行詣相者，曰：「祭酒布衣諸生耳，而當封侯萬里之外。」超問其狀，相者指曰：「生燕頷虎頭，飛而食肉，此萬里侯相也。」

〔白犢〕王云：淮南子：宋人好善者，家無故黑牛生白犢。高士傳：許由，堯召爲九州長，由不欲聞之，洗耳於潁濱。時其友巢父牽犢欲飲之，見由洗耳，問其故。對曰：「堯欲召我爲九州長，惡聞其聲，是故洗耳。」巢父曰：「子若處高岸深谷，人道不通，誰能見子？子故浮游，欲聞求其名譽，污吾犢口。」牽犢上流飲之。

【評箋】

王云：詩意謂仕宦而不得志如賈誼一流，得志如班超一流，皆羈旅異方，不如巢許隱居獨樂，安步田園之爲善也，其旨深矣。

江南春懷

青春幾何時？黃鳥鳴不歇。天涯失鄉路，江外老華髮。心飛秦塞雲，影滯楚關月。身世殊爛漫；田園久蕪没。歲晏何所從？長歌謝金闕。

【校】

〔鄉路〕鄉，兩宋本、繆本、蕭本、王本俱注云：一作歸。

【注】

〔黄鳥〕王云：埤雅：黄鳥亦名黎黄，其色黎黑而黄也，鳴則蠶生。韓子曰：以鳥鳴春。若黄鳥之類，其善鳴者也。

【評箋】

蕭云：此太白流離湘楚之詩乎！食息不忘君，其志亦可哀也已。

今人詹鍈云：當是晚年潦倒江南時作。

聽蜀僧濬彈琴

蜀僧抱緑綺，西下峨眉峯。爲我一揮手，如聽萬壑松。客心洗流水；遺響入霜鐘。不覺碧山暮，秋雲暗幾重。

【校】

〔題〕兩宋本、繆本題下俱注云：蜀中。

〔西下〕下，文粹作上。

〔遺響〕遺，蕭本、胡本俱作餘。

【注】

〔蜀僧濬〕按：卷十二有贈宣州靈源寺仲濬公詩，自即其人，詩亦當作於宣城。

〔緑綺〕見卷二十遊太山詩第六首注。

〔流水〕列子湯問篇：伯牙善鼓琴，鍾子期善聽。伯牙鼓琴，志在登高山，鍾子期曰：「善哉，峨峨兮若泰山。」志在流水，鍾子期曰：「善哉，洋洋兮若江河。」

〔霜鐘〕山海經中山經：豐山……有九鐘焉，是知霜鳴。郭璞注：霜降則鐘鳴，故言知也。

【評箋】

高步瀛云：一氣揮洒，中有凝鍊之筆，便不流入輕滑。（唐宋詩舉要）

今人詹鍈云：既言蜀僧，則必非作於蜀中。按蜀僧濬與仲濬公蓋是一人。

魯東門観刈蒲

魯國寒事早，初霜刈渚蒲。揮鎌若轉月，拂水生連珠。此草最可珍，何必貴龍鬚？織作玉牀席，欣承清夜娛。羅衣能再拂，不畏素塵蕪。

【校】

〔題〕兩宋本、繆本題下俱注云：魯中。

【注】

〔蒲〕王云：埤雅：蒲，水草也，似莞而褊有脊，生於水涯，柔滑而温，可以爲席。

〔鎌〕王云：方言：刈鉤自關而西或謂之鉤，或謂之鐮。顔師古急就篇注：鉤即鎌也，形曲如鉤，因以名云。△鎌音廉。

〔龍鬚〕王云：蜀本草：龍芻叢生莖如綖，所在有之，俗名龍鬚草，可爲席。參見卷四白頭吟注。

【評箋】

蕭云：此詩借蒲起興，以自比也，其有望君再用之意乎？

今人詹鍈云：按此詩直是寫蒲，別無寓意，蕭説失之鑿。

詠鄰女東窗海石榴

魯女東窗下，海榴世所稀。珊瑚映緑水，未足比光輝。清香隨風發，落日好鳥歸。願爲東南枝，低舉拂羅衣。無由一攀折，引領望金扉。

【校】

〔一〕蕭本、胡本俱作共。王本注云：蕭本作共。

【注】

〔石榴〕王云：太平廣記：新羅多海紅並海石榴。唐贊皇李德裕言花名中帶海者，悉從海東來。

【評箋】

〔珊瑚〕潘岳安石榴賦：似長離之棲鄧林，若珊瑚之映緑水。

蕭云：此君子在野，思見君子盡心事之之意。

今人詹鍈云：按此詩自是詠物，並無寄託。

南軒松

南軒有孤松，柯葉自綿冪。清風無閑時，蕭灑終日夕。陰生古苔緑；色染秋烟碧。何當凌雲霄，直上數千尺！

【注】

〔綿冪〕王云：綿冪，枝葉稠密而相覆之意。△冪音密。

詠山樽二首

蟠木不彫飾，且將斤斧疎。樽成山岳勢；材是棟梁餘。外與金罍並；中涵玉醴虚。慙君垂拂拭，遂忝玳筵居。

【校】

〔題〕兩宋本、繆本、王本俱注云：前一首一作詠柳少府山癭木樽。胡本與一作同。

〔斤斧〕兩宋本、繆本俱作斧斤。王本注云：繆本作斧斤。

【注】

〔蟠木〕漢書卷五一鄒陽傳：蟠木根柢，輪囷離奇。顔師古注：蟠木，屈曲之木也。

〔玉醴〕王云：張衡思玄賦：嗡青岑之玉醴兮。吕向注：玉醴，玉泉也。嵇康琴賦：玉醴湧其前。吕延濟注：玉醴，玉漿也，味如酒。此詩之意，則以玉醴爲酒也。

【評箋】

按：卷十有贈秋浦柳少府詩，卷十一有贈柳圓詩，詩中有秋浦字，則此詩題之柳少府蓋即其人，亦爲在秋浦時作。

其二

擁腫寒山木，嵌空成酒樽。愧無江海量，偃蹇在君門。

【注】

〔擁腫〕莊子逍遥遊篇：惠子曰：吾有大樹，人謂之樗，其大本擁腫而不中繩墨。

〔嵌空〕漢書卷八七揚雄傳：嵌巖巖其龍鱗。顏師古注：嵌，開張貌。

初出金門尋王侍御不遇詠壁上鸚鵡

落羽辭金殿，孤鳴託繡衣。能言終見棄，還向隴西飛。

【校】

〔題〕兩宋本、繆本題下俱注云：一作勅放歸山留别陸侍御不遇詠鸚鵡。

〔金殿〕咸本、絶句俱作金闕。

〔託〕蕭本作咤。胡本注云：一作咤。王本注云：蕭本作吒。

〔隴西〕西，兩宋本、繆本、胡本俱作山。王本注云：繆本作山。

【注】

〔繡衣〕見卷十一在水軍宴贈幕府諸侍御詩注。

〔隴西〕王云：張華禽經注：鸚鵡出隴西，能言鳥也。

【評箋】

今人詹鍈云：按太白斯時或有遊隴西之意，此句蓋雙關之詞。按：隴西爲李氏郡望，非所宜言。禰衡鸚鵡賦有惟西域之靈鳥句，李善云：西域謂隴坻出此鳥。以作隴山爲是。

紫藤樹

紫藤挂雲木，花蔓宜陽春。密葉隱歌鳥，香風留美人。

【校】

〔留〕蕭本作流。王本注云：蕭本作流。

【注】

〔紫藤〕王云：筆談：黄環即今之朱藤也。葉如槐，其花穗懸紫色如葛花，可作菜食，火不熟亦有小毒。京師人家園圃中作大架種之，謂之紫藤花者是也。實如皂莢。蜀都賦所謂青珠黄環者，黄環即此藤之根。古今皆種以爲庭檻之飾。

觀放白鷹二首

八月邊風高，胡鷹白錦毛。孤飛一片雪，百里見秋毫。

其二

寒冬十二月，蒼鷹八九毛。寄言燕雀莫相啅，自有雲霄萬里高。

【校】

〔其二〕英華題作見人臂蒼鷹。

〔寒冬〕冬，英華注云：集作楚。二字咸本作冬名。

【注】

〔蒼鷹〕王云：蘇武詩：「寒冬十二月，晨起距嚴霜。」鷹一歲色黄，二歲色變次赤，三歲而色始蒼矣。故謂之蒼鷹。八九毛者，是始獲之鷹，剪其勁翮，令不能遠舉颺去。啅，衆口貌，太白借用作嘲誚意。

【評箋】

王云：此詩河嶽英靈集以爲高適之作，題云，見薛大臂鷹作，適集亦載此詩。今人詹鍈云：觀放白鷹僅有一首，此首本屬高適詩，以與太白觀放白鷹詩同詠禽鳥，後人選録，因先後相次，編太白集者未曾詳察，並以爲白作，乃有斯誤。

觀博平王志安少府山水粉圖

粉壁爲空天，丹青狀江海。游雲不知歸，日見白鷗在。博平真人王志安，沉吟至此願挂冠。松溪石磴帶秋色，愁客思歸坐曉寒。

【校】

〔磴〕兩宋本、繆本俱作嶝。

〔坐〕兩宋本、繆本俱作生。王本注云：繆本作生。

【注】

〔博平〕舊唐書地理志：河北道博州博平：漢縣。貞觀十七年，省博平入聊城。天授二年，析聊城復置。

〔粉圖〕按：集中屢見粉圖二字，如卷八有當塗趙少府粉圖山水歌。卷七同族弟金城尉叔卿燭照山水壁畫歌，有「高堂粉壁圖蓬瀛」句。卷二十八有金陵名僧頵公粉圖慈親讚。參之此詩「粉壁爲空天」句，似粉圖即畫於粉壁上者。

〔挂冠〕王云：南史：蕭眎素爲諸暨令，到縣十餘日，挂衣冠於縣門而去。釋常談：休官謂之挂冠。西漢逢萌見王莽篡逆，乃曰：「不去禍將及身。」遂解冠挂于城東門而去。

【評箋】

今人詹鍈云：詩稱「博平真人王志安，沉吟至此願挂冠」，則志安博平人，非爲博平少府者。

按：王志安若非爲博平少府者，則挂冠之語無根。唐人習慣不甚稱人之縣籍，凡云某處某姓名某官，必即其地之官，且少府爲縣尉，例得喻作仙人，真人即仙人也。詹氏疑此即卷九之瑕丘王少府，殊爲無據。

題雍丘崔明府丹竈

美人爲政本忘機，服藥求仙事不違。葉縣已泥丹竈畢，瀛洲當伴赤松歸。先師有訣神將助，大聖無心火自飛。九轉但能生羽翼，雙鳧忽去定何依？

【注】

〔雍丘〕舊唐書地理志：河南道汴州雍丘：隋縣。貞觀六年，……屬汴州。

〔美人〕按：唐人稱友人爲美人、佳人、情人爲常例。説見卷十一贈漢陽輔録事詩注。

〔九轉〕抱朴子金丹篇：……然而俗人終不肯信，謂爲虚文，若是虚文者，安得九轉九變，日數所成皆如方邪？又云：一轉之丹服之三年得仙，二轉之丹服之二年得仙，三轉之丹服之一年得仙，四轉之丹服之半年得仙，五轉之丹服之百日得仙，六轉之丹服之四十日得仙，七轉之丹服之三十日得仙，八轉之丹服之十日得仙，九轉之丹服之三日得仙。

觀元丹丘坐巫山屏風

昔遊三峽見巫山，見畫巫山宛相似。疑是天邊十二峯，飛入君家綵屏裏。寒松蕭颯如有聲，陽臺微茫如有情。錦衾瑶席何寂寂；楚王神女徒盈盈。高咫尺，如千里，翠屏丹崖粲如綺。蒼蒼遠樹圍荆門；歷歷行舟泛巴水。水石潺湲萬壑分，烟光草色俱氲氛。溪花笑日何年發？江客聽猿幾歲聞？使人對此心緬邈，疑入高丘夢綵雲。

【校】

〔高丘〕高，兩宋本、蕭本俱作嵩。王本注云：蕭本作嵩，誤。

【注】

〔元丹丘〕按：集中涉及元丹丘之居處者有卷十三聞丹丘子於城北山營石門幽居……，卷二十三尋高鳳石門山中元丹丘，卷二十五題元丹丘山居、題元丹丘潁陽山居、題嵩山逸人元丹丘山居等篇。其他如卷七西嶽雲臺歌送丹丘子及元丹丘歌，卷十五潁陽別元丹丘之淮陽，卷十九以詩代書答元丹丘及酬岑勛見尋就元丹丘對酒相待，卷二十三與元丹丘方城寺談玄作等篇，亦可參看。

〔十二峯〕〔陽臺〕王云：太平寰宇記：巫山縣有巫山。盛弘之荆州記云：沿峽二十里有新崩灘，至巫峽，因而名也。首尾一百六十里。舊云自三峽取蜀數千里恒是一山，此蓋好大之言也。惟三峽七百里，兩岸連山，略無缺處，重巖疊嶂，隱天蔽日，自非亭午夜分不見日月，所謂高山尋雲，怒湍流水，絶非人境，神女廟在峽之岸。四川省志：巫山在夔州巫山縣東三十里，形如巫字。有峯十二：曰望霞、翠屏、朝雲、松巒、集仙、聚鶴、浄壇、上昇、起雲、棲鳳、登龍、望聖也。此十二峯者，不聚一面，乃江繞此山周遭有十二峯，繪者不得不彙爲一圖耳。陽臺山在巫山縣治西北，高丘山亦在其間。高唐賦載巫山神女與楚王夢遇，自言妾在巫山之陽，高丘之岨，旦爲朝雲，暮爲行雨，朝朝暮暮，陽臺之下，是也。後人立神女廟於山下，今謂妙用真人祠。

〔巴水〕王云：水經注：巴水出晉昌郡宣漢縣巴嶺山，西南流歷巴中，經巴城故城南，李嚴所築大城北，西南入江。四川通志：巴江在重慶府巴縣東北，閬水與白水合流，曲折三回如巴字，因名巴江。琦謂詩中所云巴水，似指巴地所經之水而言，不專謂曲折三回之巴江也。

〔氳氛〕按：文選謝惠連雪賦：氛氳蕭索。氛氳爲詞人所常用，此恐誤倒。

求崔山人百丈崖瀑布圖

百丈素崖裂，四山丹壁開。龍潭中噴射，晝夜生風雷。但見瀑泉落，如潀雲漢來。聞君寫真圖，島嶼備縈迴。石黛刷幽草，曾青澤古苔。幽緘儻相傳，何必向天台？

【注】

〔百丈崖〕王云：天台山志：百丈巖在天台縣西北二十五里，崇道觀西北，與瓊臺相望。峭險東隘，四山牆立，下爲龍湫，翠蔓蒙絡，水流聲潀然，盤澗繞麓，入爲靈溪。由高視下，淒神寒骨。按：輿地紀勝卷一二台州：百丈巖在天台縣瀑布寺之側，巖下有溪名虚溪，寺今廢。

〔曾青〕荀子王制篇：南海則有羽翮齒革曾青丹干焉。楊倞注：曾青，銅之精，可繪畫及化黄金者，出蜀山越崖。又正論篇：加之以丹矸，重之以曾青。楊倞注：曾青銅之精，形如珠者，其色極青，故謂之曾青。

〔幽緘〕文選謝惠連擣衣詩：「盈篋自予手，幽緘候君開。」吕延濟注：幽密緘封。

見野草中有名白頭翁者

醉入田家去，行歌荒野中。如何青草裏，亦有白頭翁？折取對明鏡，宛將衰鬢同。微芳似相誚，留恨向東風。

【校】

〔有名〕名，蕭本作曰。王本注云：蕭本作曰。

〔荒野〕野，咸本注云：一作草。

〔留恨〕留，兩宋本、繆本、咸本俱作流。

【注】

〔白頭翁〕王云：名醫别録：白頭翁處處有之，近根處有白茸，狀似白頭老翁，故以爲名。唐本草：白頭翁其葉似芍藥而大，抽一莖，莖頭一花紫色，似木槿花，實大者如雞子，白毛寸餘皆披下如纛頭，正似白頭老翁，故名焉。陶言近根有白茸，似不識也。

流夜郎題葵葉

慙君能衛足，嘆我遠移根。白日如分照，還歸守故園。

【校】

〔嘆〕咸本注云：一作欲。

【注】

〔衛足〕左傳成十七年：鮑莊子之智不如葵，葵猶能衛其足。杜預注：葵傾葉向日，以蔽其根。

瑩禪師房觀山海圖

真僧閉精宇，滅跡含達觀。列障圖雲山；攢峯入霄漢。丹崖森在目；清晝疑卷幔。蓬壺來軒窗；瀛海入几案。烟濤争噴薄；島嶼相凌亂。征帆飄空中；瀑水灑天半。峥嶸若可陟；想像徒盈嘆。杳與真心冥；遂諧静者翫。如登赤城裏，揭涉滄洲畔。即事能娱人，從兹得蕭散。

【校】

〔障〕兩宋本、繆本俱作嶂。王本注云：繆本作嶂。

〔涉〕兩宋本、繆本、咸本、胡本俱作步。王本注云：繆本作步。

〔蕭〕蕭本作消。王本注云：蕭本作消。

【注】

〔瑩禪師〕按：卷十三有秋夜宿龍門香山寺奉寄王方城十七丈奉國瑩上人……詩，疑與此爲一人。

〔障〕王云：韻會：障，步障也。

〔揭涉〕詩邶風匏有苦葉：深則厲，淺則揭。爾雅釋水：揭者揭衣也，……繇膝以下爲揭。

白鷺鷥

白鷺下秋水，孤飛如墜霜。心閑且未去，獨立沙洲旁。

詠槿二首

園花笑芳年，池草豔春色。猶不如槿花，嬋娟玉堦側。芬榮何夭促？零落在瞬息。豈若瓊樹枝？終歲長翕赩。

【校】

〔詠槿〕兩宋本、繆本作詠桂。

〔嬋〕兩宋本、繆本俱作嬑。王本注云：繆本作嬑。

〔芬榮〕芬，英華作芳，注云：集作芬。

【注】

〔槿〕王云：本草衍義：木槿花如小葵，淡紅色，五葉成一花，朝開暮斂。湖南北人家多種植之，以爲籬障。韻會：槿，木名。爾雅：櫬也，其花朝生暮落，一名日及，一名蕣華，蓋取一瞬之義。

其二

世人種桃李，多在金張門。攀折争捷徑，及此春風暄。一朝天霜下，榮耀難久存。安知南山桂，緑葉垂芳根？清陰亦可託，何惜樹君園？

【校】

〔多在〕多，蕭本、胡本俱作皆。王本注云：蕭本作皆。

【注】

〔金張〕漢書卷七七蓋寬饒傳：上無許、史之屬，下無金、張之託。顏師古注：許氏、史氏有外屬之恩，金氏、張氏自託在於近狎也。參見卷九玉真公主别館……詩注。

【評箋】

王云：琦按：察詩辭，前首是詠槿，次首乃詠桂也。二本各有誤處，識者定之。

按：胡本此首作詠桂。

白胡桃

紅羅袖裏分明見，白玉盤中看却無。疑是老僧休念誦，腕前推下水精珠。

【注】

〔水精珠〕初學記卷二七：沈懷遠南越志云：海中有火珠、明月珠、水精珠。（按明刊本火珠作大珠，似誤，今從王本引。）

巫山枕障

巫山枕障畫高丘，白帝城邊樹色秋。朝雲夜入無行處，巴水横天更不流。

【校】

〔畫〕絶句作盡。

南奔書懷

遥夜何漫漫！空歌白石爛。甯戚未匡齊，陳平終佐漢。欃槍掃河洛，直割鴻溝半。曆數方未遷，雲雷屢多難。天人秉旄鉞，虎竹光藩翰。侍筆黄金臺，傳觴青玉案。不因秋風起，自有思歸嘆。主將動讒疑，王師忽離叛。自來白沙上，鼓噪丹陽岸。賓御如浮雲，從風各消散。舟中指可掬，城上骸争爨。草草出近關，行行昧前算。南奔劇星火，北寇無涯畔。顧乏七寶鞭，留連道旁翫。太白夜食昴，長虹日中貫。秦趙興天兵，茫茫九州亂。感遇明主恩，頗高祖逖言。過江誓流水，志在清中原。拔劍擊前柱，悲歌難重論。

【校】

〔題〕兩宋本、繆本題下俱注云：自丹陽南奔道中作。胡本、王本俱注云：一作自丹陽南奔道中作。

〔漫漫〕兩宋本、繆本、胡本、王本俱注云：一作時旦。

〔屢〕兩宋本、繆本、王本俱注云：一作起。

〔自來〕此句兩宋本、繆本、蕭本、胡本、王本俱注云：一作兵羅滄海上。

〔道旁〕旁，兩宋本、繆本、咸本俱作邊。王本注云：繆本作邊。此句下，咸本注云：一本無此四句。

〔感遇〕遇，兩宋本、繆本、王本俱注云：一作結。

【注】

〔白石〕楚辭離騷：甯戚之謳歌兮，齊桓聞以該輔。王逸注：甯戚修德不用，退而商賈，宿齊東門外，桓公夜出，甯戚方飯牛叩角而商歌。桓公聞之，知其賢，舉用爲客卿，備輔佐也。洪興祖補注：淮南子云：甯戚欲干齊桓公，困窮無以自達，於是爲商旅將任車以商於齊。暮宿於郭門之外，飯牛車下，望見桓公，乃擊牛角而商歌。桓公聞之曰：「異哉歌者非常人也。」命後車載之。三齊記載其歌曰：「南山粲，白石爛，生不遭堯與舜禪，短布單衣適至骭。從昏飯牛薄夜半，長夜漫漫何時旦？」桓公召與語悦之，以爲大夫。按：今本淮南子道應訓作甯越，洪氏所引蓋不誤。

〔陳平〕史記陳丞相世家：平曰：「臣事魏王，魏王不能用臣説，故去事項王，項王不能信人，其所任愛非諸項即妻之昆弟，雖有奇士不能用。平乃去楚，聞漢王之能用人，故歸大王。」

〔欃槍〕爾雅釋天：彗星爲欃槍。

〔鴻溝〕見卷十一贈王判官……詩注。

〔雲雷〕王云：雲雷用周易屯卦義：其卦以震遇坎，故取象雲雷，其義以乾坤始交而遇險難，故名屯。屯難也。

〔虎竹〕王云：虎竹，銅虎符、竹使符也。

〔白沙〕王云：文獻通考：真州本唐揚州揚子縣之白沙鎮。胡三省通鑑注：今真州治所，唐之白沙鎮也。時屬廣陵郡。揚州府志：白沙洲在儀真縣城外濱江，地多白沙，故名。按南史，南齊於白沙置一軍，即此。

〔丹陽〕見卷九贈丹陽横山周處士惟長詩注。

〔舟中〕左傳宣十二年：遂疾進師，車馳卒奔，乘晉軍。桓子不知所爲，鼓於軍中曰：先濟者有賞。中軍下軍争舟，舟中之指可掬也。

〔城上〕左傳宣十五年：華元夜入楚師，登子反之牀起之曰：「寡君使元以病告，曰：敝邑易子而食，析骸以爨。」杜預注：爨，炊也。

〔近關〕左傳襄二十六年：蘧伯玉……遂行，從近關出。

〔前筭〕謝惠連詩：「倚伏昧前筭。」

〔寶鞭〕晉書明帝紀：（王）敦將舉兵内向，帝密知之，乃乘巴滇駿馬微行，至于湖，陰察敦營壘而出。有軍士疑帝非常人，又郭方晝寢，夢日環其城，驚起曰：「此必黄鬚鮮卑奴來也。」於是使五騎物色追帝。帝亦馳去，馬有遺糞輒以水灌之。見逆旅賣食嫗，以七寶鞭與之，曰：「後有騎來，可以此示也。」俄而追者至，問嫗。嫗曰：「去已遠矣。」因以鞭示之。五騎傳玩，稽留遂久。又見馬糞冷，以爲信遠而止不追。

〔太白〕漢書卷五一鄒陽傳：荆軻慕燕丹之義，白虹貫日，太子畏之。衛先生爲秦畫長平之事，太白食昴。昭王疑之。注：應劭曰：燕太子丹質於秦，始皇遇之無禮，丹亡去，厚養荆軻，令西刺秦王，精誠感天，白虹爲之貫日也。蘇林曰：白起爲秦伐趙，破長平軍，欲遂滅趙，遣衛先生説昭王，益兵糧，爲應侯所害，事用不成。其精誠上達於天，故太白爲之食昴。昴，趙分也，將有兵，故太白食昴，食者干歷之也。如淳曰：太白，天之將軍。

〔過江〕晉書卷六二祖逖傳：帝乃以逖爲奮威將軍、豫州刺史……，渡江中流擊楫而誓曰：「祖逖不能清中原而復濟者，有如大江。」

【評箋】

王云：琦按此篇首引甯戚陳平，蓋以自況思得見用於世之意。「欃槍掃河洛，直割鴻溝半」，謂禄山反逆覆陷兩京，河北河南半爲割據。天人謂永王璘，至德元載七月，上皇制：以永王璘充山南東路、嶺南、黔中、江南西路四道節度使，江陵大都督，出鎮江陵。所謂「天人秉旄鉞，虎竹光藩翰」也。「侍筆黄金臺，傳觴青玉案。不因秋風起，自有思歸歎」，謂在永王軍中，雖蒙禮遇，而早動思歸之志。當是察其已有逆謀，不可安處矣。太白之於永王璘與張翰之於齊王冏，事略相類，故引以爲喻。惜乎其不能如翰之勇決，潔身早去，致遭污累也。璘以季廣琛、渾惟明、馮季康爲將，及淮南採訪使李成式與河北招討判官李銑合兵討璘，季廣琛召諸將謂曰：「吾屬從王至此，天命未集，人謀已墮，不如及兵鋒未交，早圖去就。死於鋒鏑，永爲逆臣矣。」諸將皆然之，於是季廣琛以麾下奔廣陵，渾惟明奔江寧，馮季康奔白沙，所謂「主將動讒疑，王師忽離畔」也。「自來白沙上，鼓譟丹陽岸。賓御如浮雲，從風各消散」，言軍中擾亂賓幕奔逃之狀。璘與成式將趙侃戰新豐而敗，非水戰也。璘至鄱陽，郡司馬陶備閉城拒之。璘怒，命焚其城，非久攻也。其曰「舟中指可掬，城上骸争爨」，甚言其撓敗之形，有若此耳。「草草出近關；行行昧前筭。南奔劇星火；北寇無涯畔。顧乏七寶鞭，留連道傍翫」，自言奔走匆遽之狀。「太白夜食昴，長虹日中貫」，喻己爲國之精誠，可以上干天象。「秦趙興天兵，茫茫九州亂。感遇明主恩；頗高祖逖言。過江誓流水，志在清中原」，明己之所以從璘者，實因天下亂離，四方雲擾，欲得一試其用，以擴清中原，如祖逖耳，非敢有逆志也。「拔劍擊前柱，悲歌難重論」，自傷其志之不能遂，而反有從王爲亂之名，身敗名裂，更向何人一爲申論？拔劍擊柱，慷慨悲歌，出處之難，太白蓋自嗟其不幸矣。蕭士贇曰：此篇用事偏枯，句意倒雜，決非太白之作，果真灼見其爲非太白之詩耶！抑爲太白諱而故爲此言耳。

今人詹鍈云：新唐書劉晏傳云：永王璘反，晏與採訪使李希言謀拒之。……會王敗，欲轉略州縣，聞晏有備，遂自晉陵（唐時常州晉陵郡有晉陵縣）西走。通鑑至德二載二月下考異亦云：璘自當塗進兵，擊斬丹陽太守閻敬之，遂據丹陽城。……及其敗也，自丹陽南奔晉陵以趣鄱陽，其道里節次可驗。此詩蓋太白自丹陽南奔晉陵途中作也。

按：此詩直叙永王興兵之初意及中途喪敗之原因，明言本欲北上清中原，而爲北方諸將所拒，加以部將有貳心，突生倒戈之變。所謂「王師忽離叛」，指永王之師也。後人但據唐之國史爲言，而不知李詩初不爲永王諱也。蕭氏陋説不值一駁，王亦猶作調停兩可之詞。

李白集校注卷二十五

古近體詩九十首

題隨州紫陽先生壁

神農好長生，風俗久已成。復聞紫陽客，早署丹臺名。喘息餐妙氣，步虛吟真聲。道與古仙合，心將元化并。樓疑出蓬海，鶴似飛玉京。松雪窗外曉，池水堦下明。忽耽笙歌樂，頗失軒冕情。終願惠金液，提攜淩太清。

【注】

〔隨州〕見卷十三憶舊遊寄譙郡元參軍詩注。

〔神農〕史記五帝本紀：神農氏世衰。正義：括地志云：厲山在隨州隨縣北百里。山東有石穴，曰神農生於厲鄉，所謂列山氏也，春秋時爲厲國。

〔紫陽〕藝文類聚卷七八真人周君傳曰：紫陽真人周義山，字委通，汝陰人也。……入蒙山，遇羨門子，乘白鹿，執羽蓋，仗青毛之節，侍從十餘玉女。君乃再拜叩頭乞長生要訣，羨門子曰：子名在丹臺玉室之中，何憂不仙？按：卷二十八有冬夜於隨州紫陽先生餐霞樓送烟子元演隱仙城山序，卷三十有漢東紫陽先生碑銘，又卷二十七有江夏送倩公歸漢東序中有「有唐中興始生紫陽先生」之語。其人與李白同時相師友，故碑銘云：予與紫陽神交，飽餐素論，十得其九。潁陽別元丹丘之淮陽云：「當餐黄金藥，去爲紫陽賓。」而卷十三憶舊遊寄譙郡元參軍云：「紫陽之真人，邀我吹玉笙。餐霞樓上動仙樂，嘈然宛似鸞鳳鳴。」與此詩中「忽耽笙歌樂，頗失軒冕情」尤相合。又碑銘云：陶隱居傳昇元子，昇元子傳體元，體元傳貞一先生，貞一先生傳天師李含光，李含光合契乎紫陽。據顔真卿元静先生李君碑，知李含光於開元十七年從司馬承禎於王屋山傳法，則李白年輩約與紫陽相當，元丹丘雖與李白爲友，而於紫陽則在弟子之列。

〔步虚〕樂府解題：步虚詞，道家曲也。備言衆仙縹緲輕舉之美。

〔玉京〕王云：一統志：玉京洞在赤城山，道書十大洞天之第六。晉許邁嘗居此，與王羲之書云：自山陰至臨海，多有金庭玉堂，仙人芝草，謂此。庾信詩：「玉京傳相鶴，太乙授飛龜。」參見卷五鳳笙篇注。

題元丹丘山居

故人棲東山，自愛丘壑美。青春卧空林，白日猶不起。松風清襟袖；石潭洗心耳。羨君無紛喧，高枕碧霞裏。

【注】

〔東山〕今人詹鍈云：按贈嵩山焦鍊師詩謂焦「還歸東山上，獨拂秋霞眠」，似東山即指嵩山也。

【評箋】

按：此詩與下一首當即一地之作，而此詩略在後。又集中詩題涉元丹丘者，此外卷七有西嶽雲臺歌送丹丘子及元丹丘歌，卷十三有聞丹丘子營石門幽居……，卷十五有潁陽別元丹丘之淮陽，卷十九有以詩代書答元丹丘及酬岑勛見尋就元丹丘對酒相待，卷二十三有與元丹丘方城寺談玄作、尋高鳳石門山中元丹丘，卷二十四有觀元丹丘坐巫山屏風。本卷尚有題元丹丘潁陽山居及題嵩山逸人元丹丘山居等篇，此二首尤與元丹丘歌及潁陽別元丹丘二首有關。

題元丹丘潁陽山居 并序

丹丘家於潁陽，新卜別業，其地北倚馬嶺，連峯嵩丘，南瞻鹿臺，極目汝海。雲巖映鬱，有佳致焉。白從之遊，故有此作。

仙遊渡潁水，訪隱同元君。忽遺蒼生望；獨與洪崖羣。卜地初晦跡；興言且成文。却顧北山斷；前瞻南嶺分。遥通汝海月；不隔嵩丘雲。之子合逸趣；而我欽清芬。舉跡倚松石；談笑迷朝曛。益願狎青鳥，拂衣棲江濆。

【校】

〔益願〕益，兩宋本、繆本、胡本俱作終。王本注云：繆本作終。

【注】

〔潁陽〕見卷十五潁陽别元丹丘之淮陽詩注。

〔馬嶺〕元和郡縣志卷五：馬嶺山在（河南府密）縣南十五里，洧水所出。

〔鹿臺〕王云：一統志：鹿臺山在南陽府汝州北二十里，有臺狀若蹲鹿。

〔汝海〕王云：枚乘七發：南望荆山，北望汝海。李善注：汝稱海，大言之也。一統志：汝水源出嵩縣分水嶺，經流郟縣，合扈㵎、長橋等水，戴液、團造等溪，東流入淮。參見卷十三秋夜宿龍門香山寺……詩注。

〔青鳥〕王云：江淹詩：「青鳥海上遊。」李善注：吕氏春秋曰：海上有人好青者，朝至海上而從青遊，青至者前後數百。其父曰：「聞汝從青遊，盍取來？吾欲觀之。」其子明旦至海上，羣青翔而不下。劉良注：青鳥，海鳥也。琦按此詩所謂青鳥，當是用此事。然考今呂氏春秋本青作蜻，而注以爲蜻蜻小蟲，與李氏所引不同，疑今本之訛也。詩意謂潁陽別業固盡丘壑之美，而已之所好更在江湖，是以欲與青鳥相狎而棲息江瀆。范傳正稱太白偶乘扁舟，一日千里，或遇勝境，終年不移。逸情所寄，不即此可見歟！

【評箋】

按：此詩云：「卜地初晦跡」，又有「忽遺蒼生望」之句，則元亦不得志於時者之流。李集中與元往復各詩皆言棲隱學道之事，則此詩或二人偕隱之開端。

題瓜洲新河餞族叔舍人賁

齊公鑿新河，萬古流不絕。豐功利生人，天地同朽滅。兩橋對雙閣，芳樹有行列。愛此如甘棠，誰云敢攀折？吳關倚此固，天險自兹設。海水落斗門，潮平見沙汭。我行送季父，弭棹徒流悦。楊花滿江來，疑是龍山雪。惜此林下興，愴爲山陽別。瞻望清路塵，歸來空寂蔑。

【校】

〔吴關〕吴，蕭本作美，誤。王本注云：蕭本作美。

〔此固〕此，胡本作北。

〔潮平〕潮，蕭本、咸本俱作湖。王本注云：蕭本作湖。

〔汭〕兩宋本、繆本俱作汭。王本注云：繆本作汭。

〔路〕英華作露。

〔蔑〕咸本作滅，注云：一本作蔑。王本注云：蕭本作滅，複第二韻恐誤。

【注】

〔瓜洲〕王云：胡三省通鑑注：揚州江都縣南三十里有瓜洲鎮，正對京口北固山，所謂新河，即今之瓜洲運河是也。

〔舍人賁〕按：新書世系表，高宗子許王素節之孫名賁，未知即其人否。

〔齊公〕舊唐書玄宗紀：開元二十六年，潤州刺史齊澣開伊婁河於揚州南瓜洲浦。又卷一九〇齊澣傳：開元二十五年，遷潤州刺史，……潤州北界隔大江，至瓜步，沙尾紆匯六十里，船繞瓜步，多爲風濤所漂損。澣乃移其漕路於京口埭下，直渡江二十里。又開伊婁河二十五里，即達楊子縣。自是免漂損之患，歲減脚錢數十萬。

〔甘棠〕詩甘棠傳：召伯聽男女之訟，不重煩勞百姓，止舍小棠之下而聽斷焉。國人被其德，説其化，思其人，敬其樹。

〔斗門〕舊唐書職官志：水中斗門灌溉。新唐書食貨志：江南送租庸調物以歲二月至揚州，入斗門。按：斗門爲蓄洩水流之牐門。

〔沙汭〕王云：木華海賦：雲錦散文於沙汭之際。李善注：毛萇詩傳曰：芮，崖也，芮與汭通。左傳集解：水之隈曲曰汭。説文：汭，水相入也，泬，水從孔穴疾出也。或疑廣韻、韻會諸書屑薛韻中無汭字，當以泬爲是者，琦按江淹擬古詩「赤玉隱瑶溪，雲錦被沙汭」，「昨發赤亭渚，今宿浦陽汭」，皆作爇音讀，與設絶滅雪别字相叶，何疑於此詩耶？按：去聲字叶入聲，在六朝詩常見，如何遜日夕望江山贈魚司馬詩洛汭亦押入聲，不獨江淹詩也。

△汭音爇，泬音血。

〔龍山〕鮑照詩：「胡風吹朔雪，千里度龍山。」

洗脚亭

白道向姑熟，洪亭臨道旁。前有吴時井，下有五丈牀。樵女洗素足，行人歇金裝。西望白鷺洲，蘆花似朝霜。送君此時去，回首淚成行。

【校】

〔吴時〕吴，蕭本、咸本、胡本俱作昔。王本注云：蕭本作昔。

〔鷺〕兩宋本、繆本俱作鳥。王本注云：繆本作鳥。

〔行〕王本注云：一作雙。

【注】

〔白道〕王云：白道，大路也，人行跡多，草不能生，遥望白色，故曰白道。唐詩多用之。鄭谷：「白道曉霜迷」，韋莊：「白道向村斜」，是也。按：本卷寄遠之七：「百里望花光，往來成白道」，即其證。

〔姑熟〕王云：通典：宣州當塗縣城，即晉姑熟城也。胡三省通鑑注：姑熟，前漢丹陽春穀縣地，今太平州當塗縣即姑熟之地。縣南二里有姑熟溪，西入大江。陸游曰：姑熟城在當塗北。

〔金裝〕王云：傅玄秋胡行：「遂下黄金裝。」梁簡文登山馬詩：「間樹識金裝。」

〔白鷺洲〕見卷十三宿白鷺洲寄楊江寧、卷十七送殷淑第二首及卷二十一登金陵鳳凰臺詩注。

【評箋】

胡云：此疑送行詩，題有逸字。

王云：詩乃送行之作，題内似有缺文。

勞勞亭

天下傷心處，勞勞送客亭。春風知别苦，不遣柳條青。

【注】

〔勞勞亭〕楊云：輿地志：秣陵縣新亭隴有望遠樓，又名勞勞樓，宋改爲臨滄觀，行人分別之所。王云：景定建康志：勞勞亭在城南十五里，古送別之所，吳置亭在勞勞山上，今顧家寨大路東即其所。江南通志：勞勞亭在江寧府治西南。參見卷七勞勞亭歌注。

題金陵王處士水亭

王子耽玄言，賢豪多在門。好鵝尋道士，愛竹嘯名園。樹色老荒苑，池光蕩華軒。北堂見明月，更憶陸平原。掃拭青玉簟，爲余置金尊。醉罷欲歸去，花枝宿鳥喧。何時復來此，再得洗囂煩？

【校】

〔題〕兩宋本、繆本、蕭本、胡本題下俱注云：此亭蓋齊朝南苑，又是陸機故宅。王本注上加原注二字。

〔老〕兩宋本、繆本、蕭本、王本俱注云：一作秀。

〔北〕兩宋本、繆本俱作此。王本注云：諸本皆作此，今校從文苑英華本。

〔拭〕兩宋本、繆本俱作地。王本注云：諸本皆作地，今校從文苑英華本。

〔罷〕兩宋本、繆本、蕭本、王本俱注云：一作後。

〔再〕兩宋本、繆本、王本俱注云：一作更。英華作更，注云：集作再。

【注】

〔王處士水亭〕景定建康志卷二二：水亭有二：一在臺城寺，即今之法寶寺。一在齊南苑中，是陸機故宅，乃王處士故宅，今鳳臺山南傍秦淮是其處。

〔好鵝〕見卷十七送賀賓客歸越詩注。

〔愛竹〕世説簡傲篇：王子猷嘗行過吴中，見一士大夫家，極有好竹，主已知子猷當往，乃灑掃施設，在聽事坐相待。王肩輿徑造竹下，諷嘯良久。

〔荒苑〕王云：江南通志：南苑在江寧府城外瓦棺寺東北。方輿勝覽：陸機宅，圖經云：在上元縣南五里秦淮之側，有二陸讀書堂在焉。按：下文陸平原即指陸機。

〔陸平原〕晉書卷五四陸機傳：（成都王）穎以機參大將軍軍事，表爲平原内史。

題嵩山逸人元丹丘山居　并序

白久在廬霍，元公近遊嵩山，故交深情，出處無間。嵒信頻及，許爲主人。欣然適會本意，當冀長往不返，欲便舉家就之，兼書共遊，因有此贈。

家本紫雲山，道風未淪落。沉懷丹丘志，沖賞歸寂寞。揭來遊閩荒；捫涉窮禹鑿。僶緣汎潮海；偃蹇陟廬霍。憑雷躡天窗；弄景憩霞閣。且欣登眺美；頗愜隱淪諾。三山曠幽期；四岳聊所託。故人契嵩潁；高義炳丹雘。滅跡遺紛囂；終言本峯壑。自矜林湍好；不羨市朝樂。偶與真意并；頓覺世情薄。爾能折芳桂；吾亦採蘭若。拙妻好乘鸞；嬌女愛飛鶴。提攜訪神仙，從此鍊金藥。

【校】

〔沉懷〕沉，兩宋本、繆本俱作況。王本注云：繆本作況。

【注】

〔紫雲山〕王云：紫雲山在綿州彰明縣西南四十里，峯巒環秀，古木樛翠。地里書謂常有紫雲結其上，故名。岡來自北爲天倉，爲龍洞，其東爲風洞，爲仙人青龍洞，爲露香臺，其西爲蓋頤，爲白雲洞，其南爲天台，爲帝舜洞，爲桃溪源，爲天生橋，有道宫建其中，名崇仙觀。觀中有黄籙寶宫，世傳爲唐開元二十四年神人由他山徙置于此。宫之三十六柱皆檀木，鐵繩隱跡在焉。此山地誌不載，宋魏鶴山作記載集中，太白生于綿州，所謂「家本紫雲山」者，蓋謂是山歟！

〔閩荒〕王云：閩今福建地，在唐時爲建州、福州、泉州、漳州、汀州五郡之地。東甌與閩地相連接，在唐時爲温州、台州、處州三郡之地。秦時立閩中郡，合東甌在内，至漢始分東甌以立東海王。太白生平未嘗入閩，而温、台、處三州則遊歷多見於詩歌，疑此詩所謂閩荒者，指東甌之地而言也。

〔三山〕王云：三山謂海中三神山。

〔四岳〕王云：左傳：四岳三塗。杜預注：四岳：東岳岱，西岳華，南岳衡，北岳恒。蓋古稱四岳，不兼中岳在内，後世兼中岳而言，故稱五岳也。

〔丹雘〕王云：書梓材：惟其塗丹雘。孔穎達正義：雘是采色之名，有青色者，有朱色者。炳丹雘即炳若丹青之義。△雘，屋角切。

【評箋】

按：集中與元丹丘往復諸詩甚多，當以此首爲最在後。蓋序中有久在廬霍之句，不似早年時事，而詩中云：「拙妻好乘鸞」，與本卷送内尋廬山女道士李騰空之詩意亦有關。詹氏繫此詩於天寶九載，近是，惟謂太白此時方居廬山，乃誤會廬霍一語，廬霍不指廬山也。（王云：廬山在今江西九江、南康二府界内，霍山在今江南廬州界内，語亦牽強。）其在遊越以後，尤可推知。惟元既於嵩山有山居，而云近遊嵩山，語意似不合。或以元亦一度離嵩山然後復遊其地耳。

又按：韓門綴學續編辨南岳恒霍一名略云：漢書諸侯王表：北界淮瀕，略廬衡爲淮南。顔師古注曰：廬、衡，二山名也。白虎通巡狩篇釋五岳亦云霍山，而風俗通義載之尤明，曰南方衡山一名霍，……此皆霍山名衡之證也。此詩所云廬霍，蓋指廬江、宿松等地。

題江夏修静寺

我家北海宅，作寺南江濱。空庭無玉樹；高殿坐幽人。書帶留青草；琴堂冪素塵。平生種桃李，寂滅不成春。

【校】

〔題〕兩宋本、繆本、蕭本、胡本、王本題下俱注云：此寺是李北海舊宅。胡本多自注二字，王本多原注二字。

〔琴堂〕堂，兩宋本、繆本、蕭本、胡本、王本俱注云：一作臺。

【注】

〔北海〕王云：李邕爲北海太守，以文字名天下，時人稱爲李北海。詳卷九上李邕、卷十九答王十二寒夜獨酌有懷詩注。

〔書帶〕太平御覽卷九九四：三齊略記曰：不其城東有鄭玄教授山，山下生草如薤，長尺餘，堅韌異常，土人名作康成書帶。

【評箋】

今人詹鍈云：王譜於天寶六載下附考云：是年正月，杖殺北海太守李邕、淄川太守裴敦復，白……有題江夏修静寺詩，蓋傷邕也。係是時以後所作。按自天寶六載以後，太白惟本年（乾元元年）逗留江夏較久，疑是流夜郎至江夏時作。

改九子山爲九華山聯句 并序

青陽縣南有九子山，山高數千丈，上有九峯如蓮華。按圖徵名，無所依據。太史公南遊，略而不書，事絶古老之口，復闕名賢之紀。雖靈仙往復，而賦詠罕聞。予乃削其舊號，加以九華之目。時訪道江漢，憩於夏侯迴之堂，開簷岸幘，坐眺松雪，因與二三子聯句，傳之將來。

妙有分二氣，靈山開九華。李白　層標遏遲日，半壁明朝霞。高霽　積雪曜陰壑，飛流歕陽崖。韋權輿　青熒玉樹色，縹緲羽人家。李白

【校】

〔數千〕千，宋乙本作十。

〔事絶〕絶，蕭本作出。王本注云：許本作出。

〔歕〕蕭本作歕。

〔權輿〕兩宋本、蕭本、王本俱注云：權一作瓘。按：以上四人，胡本俱有名無姓。

【注】

〔九子山〕太平御覽卷四六九華山録曰：此山奇秀，高出雲表，峯巒異狀，其數有九，故號九子山焉。李白因遊江漢，覩其山秀異，遂更號曰九華。又曰：山之上有池塘數畝，水田千石，其池有魚，長者半尋，頒首頳尾，朱鬐丹腹，人欲觀之，叩木魚即躍，以可食之物散於池中，食訖而藏焉，其水流洩爲龍池，溢爲暴泉，入龍潭溪。

〔青陽縣〕舊唐書地理志：江南西道池州青陽：天寶元年分涇、南陵、秋浦三縣置。

〔太史公〕史記太史公自序：二十而南遊江淮。

〔夏侯迴〕按：當是宣宗時宰相夏侯孜之先代，惟新書世系表不載，迴疑當作迥。

〔妙有〕文選孫綽天台山賦：太虚遼廓而無閡，運自然之妙有。融而爲川瀆，結而爲山阜。李善注：妙有謂一也，言大道運彼自然之妙，一而生萬物也。……老子曰：道生一。王弼曰：一，數之始而物之極也。謂之爲妙有者，欲言有，不見其形，則非有，故謂之妙。欲言其無，物由之以生，則非無，故謂之有。斯乃無中之有，謂之妙有也。

〔青熒〕漢書卷八七揚雄傳：玉石嶜崟，眩耀青熒。顔師古注：青熒，言其色青而有光熒也。文選李善注：青熒，光明貌。△熒音螢。

【評箋】今人詹鍈云：王譜於天寶元年下附考云：是年析涇縣、南陵、秋浦三縣置青陽縣，白有改九子山爲九華山與高霽韋權輿聯句詩，又有望九華山贈青陽韋仲堪詩，皆是時以後所作。按序中有開簷岸幘，坐眺松雪之語，當是嚴冬所作。

題宛溪館

吾憐宛溪好，百尺照心明。何謝新安水？千尋見底清。白沙留月色，緑竹助秋聲。却笑嚴湍上，於今獨擅名。

【校】

〔百尺〕尺，英華作丈，注云集作尺。

〔照心〕心，英華作山，注云集作心。

〔心明〕以上全句兩宋本、繆本、蕭本、王本俱注云：一作久照心益明。

〔何謝〕何，蕭本作可。胡本作可，注云：一作何。王本注云：蕭本作可。

【注】

〔宛溪〕王云：江南通志：宛溪在寧國府東，水至清澈。新安江在徽州府，其源有四：一出歙之黟山，一出休寧之率山，一出績溪之大鄣山，一出婺源之浙嶺。四水皆達歙浦，會流至嚴州，合金華水入浙江，爲灘凡三百六十。水至清，深淺皆見底。參見卷十二贈宣城宇文太守兼呈崔侍御及卷十八宣城送劉副使入秦詩注。

〔何謝〕張相詩詞曲語辭匯釋云：謝猶讓也。李白題宛溪館詩：「何謝新安水，千尋見底清。」何謝猶云何讓也。言宛溪之清不讓新安水也。又上皇西巡南京歌：「萬國同風共一時，錦江何謝曲江池。」義同上。又勞勞亭歌：「昔聞牛渚吟五章，今來何謝袁家郎。」今來猶云如今，義亦同上。

【評箋】

魏慶之云：李白題宛溪館：「白沙留月色，緑竹助秋聲。」眼用活字。（詩人玉屑）

題東谿公幽居

杜陵賢人清且廉，東谿卜築歲將淹。宅近青山同謝朓，門垂碧柳似陶潛。好鳥迎春歌後院，飛花送酒舞前簷。客到但知留一醉，盤中祇有水精鹽。

【注】

〔東谿〕今人詹鍈云：雍録：杜陵在長安東南二十里。東谿蓋即在杜陵。按：杜陵指其人之姓，東谿指其地。若真爲杜陵之人，居杜陵之地，則不得云歲將淹矣。東谿疑仍是宣城附近之地，故云宅近青山。若在長安，即不得用此典。

〔青山〕方輿勝覽卷一五：青山在當塗縣東南三十里。齊宣城太守謝朓築室於山南，遺趾猶存，絕頂有謝公池。唐天寶間改爲謝公山，山下有青草市，一名謝家市。

〔水精鹽〕王云：梁書：中天竺國有真鹽，色正白如水精。魏書：太宗賜崔浩御縹醪酒十斛，水精戎鹽一兩。金樓子：胡中白鹽産于山崖，映日光明如水精，胡人以供國廚，名君王鹽，亦名玉華鹽。按：胡侍真珠船云：酉陽雜俎云：白鹽崖有鹽如水精，名爲君王鹽。段公路北户録云：鹽有如水精狀者。一統志：撒馬兒罕土産水晶鹽，堅明如水精，琢爲盤，以水溼之，可和肉食。

嘲魯儒

魯叟談五經，白髮死章句。問以經濟策，茫如墜烟霧。足著遠遊履，首戴方山巾。緩步從直道，未行先起塵。秦家丞相府，不重褒衣人。君非叔孫通，與我本殊倫。時事且未達，歸耕汶水濱。

【校】

〔方山〕山，兩宋本、繆本俱作頭。咸本作頂，注云：一作頭。王本注云：繆本作頭。

【注】

〔方山〕王云：莊子：宋鈃、尹文作華山之冠以自表。注云：華山上下均平，作冠象之，表己心均平也。後人所謂方山冠蓋出於此。按：莊子文見天下篇。似亦非方山巾所出。後漢書輿服志有方山冠。方山之意，蓋取其端重，藉以形容儒者之迂闊。

〔褒衣〕漢書卷七一雋不疑傳：褒衣博帶，盛服至門上謁。顏師古注：褒，大裾也，言著褒大之衣，廣博之帶，而説者乃以爲朝服垂褒之衣，非也。△褒音包。

〔叔孫通〕史記叔孫通列傳：説上曰：……臣願徵魯諸生與臣弟子共起朝儀。……於是叔孫通使徵魯諸生三十餘人，魯有兩生不肯行，曰：「公所事者且十主，皆面諛以得親貴，今天下初定，死者未葬，傷者未起，又欲起禮樂。禮樂所由起，積德百年而後可興也。吾不忍爲公所爲，公所爲不合古，吾不行。公往矣，無汙我。」叔孫通笑曰：「若真鄙儒也，不知時變。」

〔汶水〕見卷十三沙丘城下寄杜甫詩注。

遂與所徵三十人西。

懼讒

二桃殺三士，詎假劍如霜？衆女妬蛾眉，雙花競春芳。魏姝信鄭袖，掩袂對懷王。一惑巧言子，朱顏成死傷。行將泣團扇，戚戚愁人腸。

【校】

〔競〕蕭本作竟。

〔袖〕王本注云：蕭本作褎，古字同。

〔死〕兩宋本、繆本、蕭本、王本俱注云：一作損。胡本作損。

【注】

〔二桃〕見卷三梁甫吟注。

〔掩袂〕戰國策楚策：魏王遺楚王美人，楚王悦之。夫人鄭袖知王之悦新人也，甚愛新人，衣服玩好擇其所喜而爲之，宫室臥具擇其所善而爲之，愛之甚於王。王曰：「……鄭袖知寡人之悦新人也，其愛之甚於寡人，此孝子之所以事親，忠臣之所以事君也。」鄭袖知王以己爲不妬也，因謂新人曰：「王愛子美矣，然惡子之鼻。子見王則必掩鼻。」新人見王，因掩其鼻，王謂鄭袖曰：「新人見寡人則掩其鼻，何也？」鄭袖曰：「妾不知也。」王曰：「雖惡必言之。」鄭袖曰：「其似惡聞王之臭也。」王曰：「悍哉！」令劓之無使逆命。

〔團扇〕文選班婕好怨歌行：「新裂齊紈素，皎潔如霜雪。裁爲合歡扇，團團似明月。出入君懷袖，動摇微風發。常恐秋節至，涼風奪炎熱。棄捐篋笥中，恩情中道絶。」

觀獵

太守耀清威，乘閒弄晚輝。江沙横獵騎；山火繞行圍。箭逐雲鴻落；鷹隨月兔飛。不知白日暮，歡賞夜方歸。

【校】

〔月兔〕月，胡本作玉。

【注】

〔山火〕王云：庾信詩：「山火即時燃。」山火，獵者燒草以驅逼禽獸之火也。

觀胡人吹笛

胡人吹玉笛，一半是秦聲。十月吴山曉，梅花落敬亭。愁聞出塞曲；淚滿逐臣纓。却望長安道，空懷戀主情。

【校】

〔題〕胡本作聽胡人吹笛。

【注】

〔秦聲〕漢書卷六六楊惲傳：家本秦也，能爲秦聲。

〔敬亭〕輿地廣記卷二四：宣州宣城縣有敬亭山。

〔出塞曲〕王云：古今注：横吹，胡樂也。張博望入西域，傳其法於西京，唯得摩訶、兜勒二曲。李延年因胡曲更造新聲二十八解。魏、晉以來二十八解不復具存，世用者黄鵠、隴頭、出關、入關、出塞、入塞、折楊柳、黄覃子、赤之陽、望行人十曲。

【評箋】

蕭云：太白放逐之餘，睠戀宗國之意隨寓而發，觀此詩末二句，概可見矣。

按：末句顯爲出長安後居宣城之作。李詩中屢言胡姬胡樂，蓋當時爲聲樂者多屬胡人，此詩之胡人吹玉笛，與卷二十九日登山之「胡人叫玉笛」，皆非别有寓意。

軍行

騮馬新跨白玉鞍，戰罷沙場月色寒。城頭鐵鼓聲猶震，匣裏金刀血未乾。

【校】

〔題〕胡本作從軍行，與百戰沙場一首共爲一題。

〔跨〕兩宋本、繆本、蕭本、王本俱注云：一作誇。

【注】

〔騮馬〕王云：史記集解：徐廣曰：赤馬黑髦曰騮。

〔沙場〕王云：胡三省通鑑注：唐人謂沙漠之地爲沙場。

【評箋】

嚴羽云：太白塞上曲：「騮馬新跨白玉鞍」，乃王昌齡之詩，亦誤入。昌齡本有二篇，前篇乃「秦時明月漢時關」也。（滄浪詩話）

今人詹鍈云：文苑英華亦録此詩，爲王昌齡塞上曲第二首，與嚴羽所見無二。李太白集此詩下復有從軍行，同題似不當重出，據此亦可證爲昌齡詩也。

按：詩人玉屑卷十一考證亦有此條。

從軍行

百戰沙場碎鐵衣，城南已合數重圍。突營射殺呼延將，獨領殘兵千騎歸。

【校】

〔題〕按樂府載從軍行二首，其一首在卷六。

【注】

〔呼延〕楊云：薛收元經傳曰：匈奴署各種爲長，有王號者十六等，曰左右賢王太子爲元，餘四姓曰呼延氏、十氏、蘭氏、喬氏。呼延號日逐，世爲輔相。通志氏族略：匈奴有呼衍氏，入中國改爲呼延氏。

平虜將軍妻

平虜將軍婦，入門二十年。君心自不悦，妾寵豈能專？出解牀前帳，行吟道上篇。古人不吐井，莫忘昔纏綿。

【校】

〔吐〕兩宋本、繆本、胡本俱作唾。按：程大昌演繁露引作唾。

【注】

〔吐井〕王云：古樂府：王宋者，平虜將軍劉勳妻也。入門二十餘年，後勳悦山陽司馬氏女，以宋無子出還，於道中作詩二首曰：「翩翩牀前帳，張以蔽光輝。昔將爾同去，今將爾同歸。緘藏篋笥裏，當復何時披？」又曰：「誰言去婦薄，去婦情更重。千里不吐井，況乃昔所奉。遠望未爲遥，踟躕不得並。」程大昌曰：「千里不吐井，況乃昔所奉。」謂嘗飲此井，雖舍而去之千里，知不復飲矣，然猶以嘗飲乎此而不忍吐也。況昔所嘗奉以爲君子者乎？按：姚寬西溪叢語云：李太白平虜將軍妻詩云：「古人不唾井，莫忘昔纏綿。」李濟翁資暇録云：諺有曰：千里井，不反唾，或云蚪。言昔人經驛舍，反馬餘蚪於井，後經此井汲水，爲蚪所哽。

春夜洛城聞笛

誰家玉笛暗飛聲？散入春風滿洛城。此夜曲中聞折柳，何人不起故園情？

【注】

〔折柳〕楊云：李延年横吹二十八解中有折楊柳一曲。

嵩山採菖蒲者

神人多古貌，雙耳下垂肩。嵩岳逢漢武，疑是九疑仙。我來採菖蒲，服食可延年。言終忽不見，滅影入雲烟。喻帝竟莫悟，終歸茂陵田。

【校】

〔神人〕人，蕭本作仙。王本注云：蕭本作仙。

【注】

〔菖蒲〕神仙傳：漢武上嵩山，登大愚石室，起道宫，使董仲舒、東方朔等齋潔思神。至夜，忽見有仙人長二丈，耳出頭巔，垂下至肩，武帝禮而問之。仙人曰：「吾九疑之人也。聞中岳石上菖蒲一寸九節，可以服之長生，故來採耳。」忽然失神人所在。帝顧侍臣曰：「彼非復學道服食者，必中岳之神以喻朕耳。」爲之採菖蒲，服之，經二年，帝覺悶不快，遂止。時從官多服，然莫能持久。唯王興聞仙人教武帝服菖蒲，乃採服之不息，遂得長生。鄰里老少皆云，世世見之，竟不知所之。參見卷十七送祝八之江東……詩注。

〔茂陵〕漢書武帝紀：後元二年二月丁卯，帝崩於五柞宫。三月甲申，葬茂陵。注：臣瓚曰：茂陵在長安西北八十里。

金陵聽韓侍御吹笛

韓公吹玉笛，倜儻流英音。風吹繞鍾山，萬壑皆龍吟。王子停鳳管，師襄掩瑶琴。餘韻渡江去，天涯安可尋？

【校】

〔英音〕英，文粹作玉。

〔餘韻〕韻，兩宋本、繆本、咸本、文粹俱作響。王本注云：蕭本作響。按：蕭本作韻，王注誤。

【注】

〔韓侍御〕按：卷十八送韓侍御之廣德、卷十九至陵陽山登天柱石酬韓侍御見招隱黄山詩，當即其人。

〔倜儻〕廣韻：倜儻，不羈也。△倜音惕。

〔龍吟〕文選馬融長笛賦：近世雙笛從羌起，羌人伐竹未及已。龍吟水中不見已，截竹吹之聲相似。

〔師襄〕家語卷八：孔子學琴於師襄子，襄子曰：「吾雖以擊磬爲官，而能於琴。」

【評箋】

今人詹鍈云：王琦謂韓侍御即太白武昌宰韓君去思頌碑中所稱之韓雲卿，見至陵陽山登天柱石酬韓侍御見招隱黄山詩注。又武昌宰韓君去思頌碑王注：昌黎集注：韓雲卿上元辛丑特進試鴻臚卿兼御史中丞，仕終禮部侍郎。果爾則此詩之作當在上元二年以前。但細按東雅堂本韓昌黎集科斗書後記篇注云：上元辛丑，特進試鴻臚卿兼御史中丞田神功平劉展於淮西，雲卿爲平淮碑。知特進試鴻臚卿兼御史中丞者乃田神功，非韓雲卿也。王琦失其句讀，遂致巨誤。

流夜郎聞酺不預

北闕聖人歌太康，南冠君子竄遐荒。漢酺聞奏鈞天樂，願得風吹到夜郎。

【注】

〔聞酺〕王云：漢書文帝紀：賜酺五日。服虔曰：酺音蒲。文穎注：酺音步。漢律：三人以上無故羣飲酒罰金四兩。今詔橫賜得令聚會飲食五日也。顔師古注：酺之爲言布也，王德布於天下而合聚飲食爲酺，服音是也。唐時無三人羣飲之禁，所謂賜酺者，蓋聚作伎樂年高者得賜酒食耳。唐書至德二載十二月，賜民酺五日。此詩當是至德二載所作。

〔太康〕王云：詩國風：無已太康。毛傳曰：康，樂也。魏明帝野田黄雀行：百姓謳吟詠太康。

〔南冠〕王云：南冠君子用左傳鍾儀事。　參見卷二十四萬憤詞投魏郎中詩注。

〔鈞天〕王云：鈞天樂用趙簡子事。　參見卷一明堂賦注。

【評箋】

今人詹鍈云：新唐書肅宗紀：至德二載十二月，賜民酺五日。按至德二載白尚未流夜郎，此詩蓋乾元元年春間所作。蓋至是時賜酺之事始聞於江南也。王注謂是至德二載所作，非也。

放後遇恩不霑

天作雲與雷，霈然德澤開。東風日本至，白雉越裳來。獨棄長沙國，三年未許回。何時入宣室，更問洛陽才？

【注】

〔天作〕王云：首二句暗用周易：雷雨作解，君子以赦過宥罪意。

〔長沙國〕史記屈原賈生列傳：賈生名誼，洛陽人也。……爲長沙王太傅三年，有鵩飛入賈生舍，止於座隅。楚人命鵩曰服，賈生既以謫居長沙，長沙卑濕，自以爲壽不得長，傷悼之，乃爲賦以自廣。……後歲餘賈生徵見，孝文帝方受釐坐宣室，因感鬼神事而問鬼神之本。賈生具道所以然之狀。至夜半，文帝前席。既罷曰：「吾久不見賈生，自以爲過之，今不及也。」

〔宣室〕三輔黄圖：宣室，未央前殿正室也。

【評箋】

今人詹鍈云：新唐書肅宗紀：乾元元年：十月甲辰，大赦。通鑑：乾元元年：十月甲辰册太子下考異引實録云：可大赦天下。……其天下見禁囚徒以下罪一切放免。遇恩不霑者，疑指此次大赦而言。

宣城見杜鵑花

蜀國曾聞子規鳥，宣城還見杜鵑花。一叫一回腸一斷，三春三月憶三巴。

【注】

〔子規〕王云：子規一名杜鵑，蜀中最多。春暮則鳴，聞者悽惻。杜鵑花處處有之，即今之映山紅也。以二三月中杜鵑鳴時盛開，故名。三巴，巴郡、巴西、巴東也。太白本蜀地綿州人。綿州在唐時亦謂之巴西郡，因在異鄉見杜鵑花開，想蜀地此時杜鵑應已鳴矣，不覺有感而動故國之思。楊升菴引此詩以爲太白是蜀人非山東人之一證，或以此詩爲杜牧所作子規詩，非也。

白田馬上聞鶯

黄鸝啄紫椹，五月鳴桑枝。我行不記日，誤作陽春時。蠶老客未歸，白田已繰絲。驅馬又前去，捫心空自悲。

【校】

〔白田已繅絲〕此句兩宋本、繆本、王本俱注云：一作吴人欲蚕絲。

〔自悲〕悲，兩宋本、繆本、王本俱注云：一作嗤，咸本作嗤。

【注】

〔白田〕王云：白田，地名，今江南寶應縣有白田渡，當是其處。

〔黄鸝〕王云：陸璣詩疏：黄鳥，黄鸝留也，或謂之黄栗留，幽州人謂之黄鶯。一名倉庚，一名商庚，一名鵹黄，一名楚雀。齊人謂之搏黍，關西謂之黄鳥。一云：鸝黄當椹熟時來在桑間，故里語曰：「黄栗留，看我麥黄椹熟不！」亦是應節趨時之鳥也。椹本作葚，桑實也。生青，熟則紫色。

【評箋】

按：李嘉祐有送皇甫冉往安宜詩云：「君向白田何日歸。」又有白田西憶楚州使君弟詩。可證白田屬楚州安宜縣。本集卷九有贈徐安宜詩亦云：「白田見楚老，歌詠徐安宜」，蓋一時所作。

又按：程侍郎（恩澤）遺集卷六白田懷古詩注：李供奉聽鶯處。詩略云：「夜郎富黄鸝，其聲爭管弦。衆耳寂不聞，馬上驚飛仙。偶然題一詩，石破蒼苔鐫。吟聲與鶯聲，萬口天下傳。白田及烏江，亦以詩千年。……却顧鳳巢關，想像鯨魚旋。」又重經白田四律注：後人辨匡山，辨夜郎，皆徒然耳，不足當公一吷。皆似以白田聽鶯爲在貴州。（程作此詩時，方爲貴州學政。）乃沿俗説之誤。

又按：今人詹鍈云：張澍養素堂集卷十二李白未至夜郎辨：夜郎，漢屬牂柯郡，牂柯本屬且蘭國，今在遵義界，唐屬珍州，在今歌羅寨。舊志云：李白曾貶竄於此，今桐梓驛西二十里有夜郎城，道卧古碑，字已漫滅。縣治内白故宅舊井跡存焉。余攝篆遵義之日，暇遊桃源洞。洞前贔屭屹然，鎸曰：李白聽鶯處，謂「清浮蟻酒醅初緑，暖入鶯簧舌漸調」，乃流謫時所詠也。近人遂謂白流夜郎實已至其地。……俗説尤可笑。考李白行蹤者亦不可不知也。

又按：張澍續黔書（粤雅堂叢書本）李白至夜郎辨云：近人謂白流夜郎，實未至其地。據贈江夏韋太守良宰詩云：「傳聞赦書至，却放夜郎回。」又據詩云：「昔去三湘遠，今來萬里餘。」謂白泝三湘將至夜郎，即聞赦命而還，其説疏甚。夫白之在夜郎也，蓋久而後奉金雞矣。其秋浦桃花憶舊遊詩所云「三載夜郎還，於兹鍊金骨」也。又烏江留别宗十六璟詩曰：「拙妻莫邪劍，反比二龍隨。」蓋白攜妻子就貶所，而宗璟從至夜郎，仍旋鄉里，白送之於烏江也。烏江在今遵義府南八十里，源出黔西，經縣之湘、洪、仁三江，由南思北流入蜀之涪江，與詩所謂「白帝晚猿斷，黄牛過客遲」者亦符，又不止題葵葉、贈辛判官、聞酺不與、武陵木瓜山諸詩之可徵也。其説與前説適相反。姑附載於此。

三五七言

秋風清，秋月明。落葉聚還散；寒鴉棲復驚。相思相見知何日；此時此夜難爲情。

【校】

〔寒鴉〕鴉，兩宋本、繆本俱作烏。王本注云：繆本作烏。

【評箋】

胡云：其體始鄭世翼，白仿之。

王云：楊云：古無此體，自太白始。滄浪詩話以此詩爲隋鄭世翼之詩。臞仙詩譜以此篇爲無名氏作，俱誤。

雜詩

白日與明月，晝夜尚不閑。況爾悠悠人，安得久世間？傳聞海水上，乃有蓬萊山。玉樹生緑葉，靈仙每登攀。一食駐玄髮，再食留紅顏。吾欲從此去，去之無時還。

【校】

〔尚不〕尚，兩宋本、繆本、蕭本、王本俱注云：一作常。

〔去之〕胡本作去去。

【注】

〔蓬萊〕列子湯問篇：……其中有五山焉：一曰岱輿，二曰員嶠，三曰方壺，四曰瀛洲，五曰蓬萊。其山高下周旋三萬里，其頂平處九千里，山之中間相去七萬里，以爲鄰居焉。其上臺觀皆金玉，其上禽獸皆純縞，珠玕之樹皆叢生，華實皆有滋味，食之皆不老不死。……

寄遠十二首

三鳥別王母，銜書來見過。腸斷若剪絃，其如愁思何！遥知玉窗裏，纖手弄雲和。奏曲有深意，青松交女蘿。寫水山井中，同泉豈殊波？秦心與楚恨，皎皎爲誰多？

【校】

〔來見〕見，咸本作相，注云：一作見。

〔思何〕此句下咸本注云：一本無此二句。

〔山井〕山，兩宋本、繆本、咸本、胡本俱作落。王本注云：繆本作落。

【注】

〔三鳥〕王云：三鳥，三青鳥，西王母使也。

〔雲和〕王云：舊唐書：如筝稍小曰雲和。文獻通考：雲和琵琶如筝，用十三絃，施柱彈之，足黄鐘一均而倍六聲，其首爲雲象，因以名之，非周官雲和琴瑟之制也。又唐清樂部有雲和筝，蓋其首象雲，與雲和琴瑟之制同矣。

其二

青樓何所在？乃在碧雲中。寶鏡挂秋水，羅衣輕春風。新妝坐落日，悵望金屏空。念此送短書，願因雙飛鴻。

【校】

〔秋水〕水，兩宋本、繆本、蕭本、胡本、王本俱注云：一作月。

〔金屏〕金，兩宋本、繆本、蕭本、王本俱注云：一作錦。

〔念此〕兩宋本、繆本、蕭本、王本俱注云：一作剪綵。

〔願因〕因，兩宋本、繆本、王本俱注云：一作同。

【注】

〔短書〕文選江淹雜體詩：「袖中有短書，願寄雙飛燕。」李周翰注：短書，小書也。

其三

本作一行書，殷勤道相憶。一行復一行，滿紙情何極？瑶臺有黄鶴，爲報青樓人。朱顔凋落盡，白髮一何新！自知未應還，離居經三春。桃李今若爲，當窗發光彩。莫使香風飄，留與紅芳待。

【校】

〔其三〕遠憶巫山陽一首，咸本在此。

〔道〕咸本作坐，注云：一作道。

〔未應還〕還，兩宋本、繆本、王本俱注云：一作老。咸本注云：一作未因老。

〔居〕兩宋本、繆本、蕭本、王本俱注云：一作君。

〔與〕兩宋本、繆本、王本俱注云：一作取。

其四

玉筯落春鏡，坐愁湖陽水。聞與陰麗華，風烟接鄰里。青春已復過，白日忽相催。但恐荷花晚，令人意已摧。相思不惜夢，日夜向陽臺。

【校】

〔春鏡〕春，兩宋本、繆本、王本俱注云：一作清。

〔聞與〕聞，兩宋本、繆本、王本俱注云：一作且。

〔荷花〕荷，兩宋本、繆本、王本俱注云：一作飛。胡本作飛。

【注】

〔湖陽〕舊唐書地理志：山南東道唐州湖陽：漢縣，……武德四年，於縣置湖州，……貞觀元年，……以湖陽屬唐州。

〔麗華〕王云：陰麗華，漢光武帝之后，南陽新野人。自新野至湖陽，道里遠近，不及百里，所謂風烟接鄰里也。參見卷七南都行注。

其五

遠憶巫山陽，花明淥江暖。躊躇未得往，淚向南雲滿，春風復無情，吹我夢魂斷。不見眼中人，天長音信短。

【注】

〔南雲〕楊慎丹鉛總録卷二〇云：詩人多用南雲字，不知所出，或以江總「心逐南雲去，身隨北雁來」爲始，非也。陸機思親賦云：指南雲以寄欽，望歸風而效誠。陸雲九愍云：眷南雲以興悲，蒙東雨而涕零。蓋又先乎江總矣。

【評箋】

王云：此詩與樂府大堤曲相同，惟首三句異耳，編者重入。

其六

陽臺隔楚水，春草生黄河。相思無日夜，浩蕩若流波。流波向海去，欲見終無因。遥將一點淚，遠寄如花人。

【校】

〔陽臺〕以下二句，兩宋本、繆本俱注云：一作陰雲滿楚水，轉蓬落渭河。蕭本、王本注同，滿作隔。

〔流波〕流，咸本注云：一作深，下同。

〔欲見〕此句兩宋本、繆本、蕭本、王本俱注云：一作定繞珠江濱。

〔遥將〕將，咸本注云：一作持。

其七

妾在春陵東，君居漢江島。百里望花光，往來成白道。一爲雲雨别，此地生秋草。秋草秋蛾飛，相思愁落暉。何由一相見，滅燭解羅衣？

【校】

〔妾〕兩宋本、繆本俱作昔，注云：一作妾。王本注云：一作昔。

〔百里〕蕭本作一日。此二句兩宋本、繆本、蕭本、王本俱注云：一作日日採蘼蕪，上山成白道。王本又注云：又百里蕭本作一日。胡本作日日采蘼蕪，上山成白道。

〔落暉〕兩宋本、繆本此下俱注云：一本暉下多昔時攜手去，今時流淚歸，遥知不得意，玉筯點羅衣。胡本注云：一本無此二句，落暉下有昔時攜手去，今日流淚歸。遥知不得意，玉筯點羅衣四句。

【注】

〔春陵〕通典卷一七七：隨州棗陽：又有漢春陵故城，在縣東。

〔蘼蕪〕王云：本草別録云：芎藭葉名蘼蕪。蘇頌曰：四五月生葉似水芹、胡荽、蛇床輩，作叢而莖細，其葉倍香。江東蜀人採以作飲，七八月開碎白花。古詩：「上山採蘼蕪，下山逢故夫。」

其八

憶昨東園桃李紅碧枝，與君此時初別離。金瓶落井無消息，令人行嘆復坐思。坐思行歎成楚越，春風玉顔畏銷歇。碧窗紛紛下落花，青樓寂寂空明月。兩不見，但相思。空留錦字表心素，至今緘愁不忍窺。

【校】

〔紅〕咸本作花。注云：一作紅。

〔坐思〕咸本注云：一本無下坐思二字。

〔春風玉顏畏銷歇〕咸本注云：一本作楚越春風畏銷歇。

〔表心〕表，蕭本作素，誤。

【注】

〔東園〕阮籍詠懷詩：「嘉樹下成蹊，東園桃與李。」

〔金瓶〕楊云：古樂府：「金瓶素綆汲寒漿。」按：唐覲延州筆記卷二云：李太白寄遠詩，其八曰「金瓶落井無消息」，注引古樂府「金瓶素綆汲寒漿」未是。按玉臺新詠估客詞曰：「有客數寄書，無信心相憶。莫非瓶落井，一去無消息。」

其九

長短春草緑，緣階如有情。卷葹心獨苦，抽却死還生。覩物知妾意，希君種後庭。閑時當採掇，念此莫相輕。

【校】

〔緣階〕階，兩宋本、繆本俱作門。王本注云：繆本作門。

【注】

〔卷葹〕王云：藝文類聚：南越志曰：寧鄉縣草多卷葹，拔心不死。江淮間謂之宿莽。

其十

魯縞如玉霜，筆題月支書。寄書白鸚鵡，西海慰離居。行數雖不多，字字有委曲。天末如見之，開緘淚相續。淚盡恨轉深，千里同此心。相思千萬里，一書直千金。

【校】

〔筆題〕筆，兩宋本、繆本、王本俱注云：一作剪。

〔月支〕支，蕭本、胡本俱作氏。王本注云：蕭本作氏。

〔慰〕兩宋本、繆本俱作畏。王本注云：繆本作畏。

〔淚盡〕此下二句兩宋本、繆本俱作千里若在眼，萬里若在心。胡本作千里若在眼，萬里若在心，注云：今本作淚盡恨轉深，千里同此心。王本注云：繆本作千里若在眼，萬里若在心。

【注】

〔魯縞〕見卷十七送魯郡劉長史遷弘農長史詩注。

〔月支〕王云：漢時西域國名。史記、漢書皆作月氏。史記正義：氏音支。涼、甘、肅、瓜、沙等州本月氏國之地。漢書云：本居敦煌、祁連間是也。後人皆作月支。

〔鸚鵡〕王云：初學記：南方異物志曰：鸚鵡有三種，青者大如烏臼，一種白，大如鵶鴞，一種五色，大於青者，交州巴南皆有之。桂海虞衡志：白鸚鵡大如小鵝，亦能言，羽毛玉雪，以手撫之，有粉黏著指掌，如蛺蝶翅。用白鸚鵡寄書，事奇而未詳所本。

其十一

美人在時花滿堂，美人去後餘空牀。牀中繡被卷不寢，至今三載聞餘香。香亦竟不滅，人亦竟不來。相思黄葉落，白露濕青苔。

【校】

〔題〕胡本列爲長相思三首之末一首，注云：此首亦作寄遠。

〔其十一〕王本注云：此首一作贈遠。又玄集題作長相思。

〔卷不寢〕兩宋本、繆本、蕭本、王本俱注云：一作更不卷。胡本作更不卷，注云：一作卷不寢。

〔聞餘香〕兩宋本、繆本、蕭本、王本俱注云：一作猶聞香。樂府與一作同。

〔葉落〕落，兩宋本、繆本俱作盡，注云：一作落。咸本作盡。胡本、王本俱注云：一作盡。

〔露濕〕濕，兩宋本、繆本、王本俱注云：一作點。

其十二

愛君芙蓉嬋娟之豔色，若可餐兮難再得。憐君冰玉清迴之明心，情不極兮意已深。朝共琅玕之綺食；夜同鴛鴦之錦衾。恩情婉孌忽爲别，使人莫錯亂愁心。亂愁心，涕如雪。寒燈厭夢魂欲絶，覺來相思生白髮。盈盈漢水若可越，可惜淩波步羅韈。美人美人兮歸去來，莫作朝雲暮雨兮飛陽臺。

【校】

〔若可〕若，蕭本作色。王本注云：蕭本作色。

〔婉孌〕咸本注云：一本無此二字。

〔暮雨兮〕兩宋本、繆本俱無此三字。王本注云：繆本缺暮雨兮三字。

長信宫

月皎昭陽殿；霜清長信宫。天行乘玉輦，飛燕與君同。更有歡娱處，承恩樂未窮。誰憐團扇妾，獨坐怨秋風？

【校】

〔題〕樂府作長信怨。

〔更有〕此句兩宋本、繆本、蕭本、王本俱注云：一作别有留情處。樂府歡娱作留情。

〔妾〕胡本作女。

【注】

〔昭陽殿〕見卷五宮中行樂詞第二首注。

〔長信宮〕王云：漢書：趙飛燕姊弟從自微賤興，踰越禮制，寖盛於前。班倢伃失寵，稀復進見，趙氏姊弟驕妬，倢伃恐久見危，求供養太后長信宮，上許焉。三輔黄圖：長信宮，漢太后常居之。按通靈記：太后，成帝母也，后宮在西，秋之象也，秋主信，故宮殿以長信爲名。

〔團扇〕見本卷懼讒詩注。

【評箋】

王云：按漢書：成帝遊於後庭，嘗欲與班倢伃同輦載。倢伃辭曰：「觀古圖畫，聖賢之君，皆有名臣在側，三代末主，乃有嬖女。今欲同輦，得無近似乎！」上善其言而止。太白翻其事而用之，言飛燕與君同輦而行，化實爲虚，畦徑都别。

長門怨二首

天回北斗挂西樓，金屋無人螢火流。月光欲到長門殿，别作深宫一段愁。

【校】

〔深宫〕咸本作深深，注云：一作深宫。絶句作深宫。

【注】

〔長門怨〕樂府古題要解：長門怨爲漢武帝陳皇后作也。后，長公主嫖女，字阿嬌。及衛子夫得幸，后退居長門宫，愁悶悲思，聞司馬相如工文章，奉黄金百斤，令爲解愁之詞。相如作長門賦，帝見而傷之，復得親幸者數年。後人因其賦爲長門怨焉。

其二

桂殿長愁不記春，黄金四屋起秋塵。夜懸明鏡青天上，獨照長門宫裏人。

【評箋】

蕭云：此詩皆隱括漢武陳皇后事，以比玄宗皇后，其意微而婉矣。

梅鼎祚云：二首蕭注以感明皇廢王后作，然此或自況耳。古宮怨詩大都自況。（李詩鈔）

按：蕭説不合古人詩旨。古人宮怨之作多别有寓意。即如本卷怨情一首云：「請看陳后黄金屋，寂寂珠簾生網絲。」蕭氏又必以爲直比玄宗皇后矣。誤何待辨？梅説較是。

春怨

白馬金羈遼海東，羅帷繡被卧春風。落月低軒窺燭盡，飛花入户笑牀空。

【校】

〔題〕絶句作春怨情。

代贈遠

妾本洛陽人狂夫幽燕客。渴飲易水波，由來多感激。胡馬西北馳，香騣摇緑絲。鳴鞭從此去，逐虜蕩邊陲。昔去有好言，不言久離别。燕支多美女，走馬輕風雪。見此不記人，恩情雲雨絶。啼流玉筯盡，坐恨金閨切。織錦作短書，腸隨回文結。相思欲有寄，恐君不見察。焚之揚其灰，手跡自此滅。

【校】

〔題〕兩宋本、繆本、王本俱注云：一作寄遠。

〔幽燕〕幽，咸本作陰，注云：一作幽。

〔駿〕咸本作髮，注云：一作駿。

〔離别〕胡本作别離。

【注】

〔易水〕元和郡縣志卷一八：河北道易州易縣有易水，一名故安河，出縣西寬中谷。周官曰：并州，其浸淶、易。燕太子丹送荆軻易水之上，即此水也。

〔織錦〕王云：武后璇璣圖序：苻堅時，秦州刺史扶風竇滔妻蘇氏，名蕙，字若蘭，知識精明，儀容秀麗，然性近於急，頗傷嫉妬。滔拜安南將軍，留鎮襄陽，不與偕行。蘇悔恨自傷，因織錦爲回文，五采相宣，瑩心輝目，縱廣八寸，題詩二百餘首，計八百餘言。縱横反覆，皆爲文章，才情之妙，超今邁古，名曰璇璣圖。讀者不能悉通，蘇氏笑曰：「徘徊宛轉，自爲語言，非我家人，莫之能解。」遂發蒼頭齎至襄陽，滔覽之，感其妙絶，迎蘇氏於漢南，恩好愈重。

陌上贈美人

駿馬驕行踏落花，垂鞭直拂五雲車。美人一笑褰珠箔，遥指紅樓是妾家。

【校】

〔題〕兩宋本、繆本、王本俱注云：一云小放歌行，一首在第三，此是第二篇。

〔紅〕兩宋本、繆本、咸本、王本俱注云：一作青。

【注】

〔五雲車〕王云：真誥：赤水山中學道者朱孺子，八月五日西王母遣迎，即日乘五色雲車登天。庾信步虛詞：「東明九芝盛，北燭五雲車。」五雲車，仙人所乘者，此蓋誇美言之。

閨情

流水去絶國，浮雲辭故關。水或戀前浦，雲猶歸舊山。恨君流沙去，棄妾漁陽間。玉筯夜垂流，雙雙落朱顔。黄鳥坐相悲，緑楊誰更攀？織錦心草草，挑燈淚斑斑。窺鏡不自識，況乃狂夫還。

【校】

〔流沙〕流，兩宋本、繆本、咸本、王本俱注云：一作龍。

〔夜垂〕兩宋本、繆本、咸本、王本俱注云：一作日夜。

【注】

〔流沙〕王云：元和郡縣志：居延海在甘州張掖縣東北一百六十里，即居延澤。古文以爲流沙者，其沙風吹流行故曰流沙。通典：沙州，古流沙地，其沙風吹流行，在郡西八十里。太平御覽：流沙在玉門關外。唐書西域傳：吐谷渾西北有流沙數百里。地理今釋：流沙在今陝西嘉峪關外索科鄂模以北，東至賀蘭山，西至廢沙州界，幾南北千餘里，東西數百里，其沙隨風流行，隨處有之。

〔漁陽〕王云：漁陽古北戎無終子國也。戰國時屬燕，秦於其地置漁陽郡。二漢及隋因之。唐爲幽州地，開元十八年，析幽州置薊州，後謂薊州爲漁陽郡。

代别情人

清水本不動，桃花發岸旁。桃花弄水色，波蕩摇春光。我悦子容豔，子傾我文章。風吹緑琴去，曲度紫鴛鴦。昔作一水魚，今成兩枝鳥。哀哀長雞鳴，夜夜達五曉。起折相思樹，歸贈知寸心。覆水不可收，行雲難重尋。天涯有度鳥，莫絶瑶華音。

【校】

〔五曉〕五，胡本作天。

【注】

〔鴛鴦〕王云：紫鴛鴦疑即所度之曲名。焦仲卿妻詩：「中有雙飛鳥，自名爲鴛鴦。仰頭相向鳴，夜夜達五更。」

〔相思樹〕文選左思吴都賦：相思之樹。劉淵林注：相思，大樹也，材理堅，邪斫之則文可作器，其實如珊瑚，歷年不變。東冶有之。

〔瑶華〕王云：楚辭：折疏麻兮瑶華，將以遺兮離居。王逸注：瑶華，玉華也。謝朓詩：「惠而能好我，問以瑶華音。」

代秋情

幾日相别離，門前生穭葵。寒蟬聒梧桐，日夕長鳴悲。白露濕螢火，清霜零兔絲。空掩紫羅袂，長啼無盡時。

【校】

〔空掩〕此句兩宋本、繆本、蕭本、咸本、胡本俱注云：一作空閨掩羅袂。王本掩紫下注云：一作閨掩。

【注】

〔穭葵〕楊云：穭自生稻。本草：凫葵生水中。爾雅云：莃，兔葵。頭似葵而小，葉狀似藜有毛。

〔兔絲〕王云：兔絲，蔓草也，多生荒野古道中。蔓延草木之上，有莖而無葉，細者如綫，粗者如繩，黄色，子入地而生，初生有根，及纏物而上，其根自斷。蓋假氣而生，亦一異也。

對酒

蒲萄酒，金叵羅，吴姬十五細馬馱。青黛畫眉紅錦靴，道字不正嬌唱歌。玳瑁筵中懷裏醉，芙蓉帳裏奈君何！

【校】

〔帳裏〕兩宋本、繆本、咸本俱作底。王本注云：一作底。

〔唱歌〕歌，胡本作訛。

【注】

〔蒲萄酒〕王云：史記：大宛左右以蒲萄爲酒，富人藏酒至萬餘石，久者十數歲不敗。太平寰宇記：蒲萄酒，西域有之，前代或有貢獻。及貞觀中破高昌，收馬乳蒲萄實於苑中種之，并得其酒法。太宗自損益之，造酒，酒成凡有八色，芳香酷烈，味兼醍醐。既頒賜羣臣，京師始識其味。　參見卷七襄陽歌注。

〔金叵羅〕北齊書卷三九祖珽傳：神武宴僚屬，於坐失金叵羅，竇泰令飲酒者皆脱帽，於珽髻上得之。　按：叵羅，胡語酒杯也。舊唐書高宗紀作頗羅。

〔細馬〕王云：唐六典注：隴右諸牧監使每年簡細馬五十匹進，其翔麟鳳苑厩别簡粗壯敦馬一百匹，與細馬同進。按此知所謂細馬，乃駿馬之小者耳。　按：細馬爲唐人常用語，謂上乘之馬也。粗馬則但堪粗使者。

〔青黛〕王云：中華古今注：梁天監中，武帝詔宫人作百妝青黛眉。韻會：青黛似空青而色深。本草：青黛從波斯國來，今以太原并廬陵南康等處染澱甕上沫紫碧色者用之。

【評箋】

胡云：相和曲對酒歌太平注見前，白所擬爲情話，與本辭異。

馬位云：唐詩歌舞中多用靴字。……太白詩：「吴姬十五細馬馱，青黛畫眉紅錦靴。……」按圖畫見聞志，唐代宗朝令宫人侍左右者穿紅錦靿靴，想當時妝飾如此。（秋窗隨筆）

怨情

新人如花雖可寵，故人似玉猶來重。花性飄揚不自持；玉心皎潔終不移。故人昔新今尚故，還見新人有故時。請看陳后黄金屋，寂寂珠簾生網絲。

【注】

〔新人〕王云：江總詩：「故人雖故昔經新，新人雖新復應故。」

湖邊採蓮婦

小姑織白紵，未解將人語。大嫂採芙蓉，溪湖千萬重。長兄行不在，莫使外人逢。願學秋胡婦，貞心比古松。

【注】

〔芙蓉〕王云：古今注：芙蓉一名荷華，生池澤中，實曰蓮，花之最秀異者。

〔秋胡〕見卷六陌上桑注。

怨情

美人卷珠簾，深坐顰蛾眉。但見淚痕濕，不知心恨誰？

代寄情楚辭體

君不來兮徒蓄怨積思而孤吟。雲陽一去以遠隔，巫山緑水之沉沉。留餘香兮染繡被，夜欲寢兮愁人心。朝馳余馬於青樓，怳若空而夷猶。浮雲深兮不得語，却惆悵而懷憂。使青鳥兮銜書，恨獨宿兮傷離居。何無情而雨絶，夢雖往而交疎。横流涕而長嗟，折芳洲之瑶華。送飛鳥以極目，怨夕陽之西斜。願爲連根同死之秋草，不作飛空之落花。

【校】

〔題〕兩宋本、繆本、咸本俱作代寄情人楚詞體。王本注云：繆本多人字。

〔雲陽〕王本注云：當作陽雲。

〔以遠隔〕以，蕭本、胡本俱作已。王本注云：蕭本作已。

〔雨絶〕雨，兩宋本、繆本、咸本、胡本俱作兩。王本注云：繆本作兩。

【注】

〔雲陽〕王云：子虛賦：於是楚王乃登陽雲之臺。孟康注：雲夢中高唐之臺，宋玉所賦者，言其高出雲之陽也。琦按詩意，正暗用高唐賦中神女事，知雲陽乃陽雲之誤爲無疑也。

〔朝馳〕王云：楚辭九歌：朝馳余馬兮江皋，夕濟兮西澨。

〔瑶華〕王云：謝靈運詩：「瑶華未堪折。」李周翰注：瑶華，麻花也。其色白，故比於瑶。此花香，服食可致長壽，故以爲美。

學古思邊

銜悲上隴首，腸斷不見君。流水若有情，幽哀從此分。蒼茫愁邊色，惆悵落日曛。山外接遠天，天際復有雲。白雁從中來，飛鳴苦難聞。足繫一書札，寄言歎離羣。離羣心斷絶，十見花成雪。胡地無春暉，征人行不歸。相思杳如夢，珠淚濕羅衣。

【校】

〔歎〕蕭本、胡本俱作難。王本注云：蕭本作難。

思邊

去年何時君别妾？南園綠草飛胡蝶。今歲何時妾憶君？西山白雪暗秦雲。玉關去此三千里，欲寄音書那可聞？

【校】

〔題〕兩宋本、繆本、蕭本、王本俱注云：一作春怨。

【注】

〔南園〕張協雜詩：「胡蝶飛南園。」

〔西山〕王云：西山即雪山，又名雪嶺，上有積雪，經夏不消，在成都之西，正控吐蕃。唐時有兵戍之。杜子美詩：「西山白雪高」、「西山白雪三城戍」，正指此地。

口號吴王美人半醉

風動荷花水殿香，姑蘇臺上見吴王。西施醉舞嬌無力，笑倚東窗白玉牀。

【校】

〔題〕兩宋本、繆本俱作口號吴王舞人半醉。絶句無口號二字，餘同兩宋本、繆本。王本美下注云：繆本作舞。

〔見吴王〕見，兩宋本、繆本、咸本、絶句俱作宴。王本注云：繆本作宴。

【評箋】

王云：琦按吴王即爲廬江太守之吴王也。以其所宴之地，比之姑蘇，以其美人，比之西施，乃席上口占，以寓笑謔之意耳。若作詠古，味同嚼蠟。

折荷有贈

涉江翫秋水，愛此紅蕖鮮。攀荷弄其珠，蕩漾不成圓。佳人綵雲裏，欲贈隔遠天。相思無因見，悵望涼風前。

【校】

〔題〕王云：此篇即前卷擬古之第十一首，只五字不同。

代美人愁鏡二首

明明金鵲鏡，了了玉臺前。拂拭皎冰月，光輝何清圓！紅顔老昨日；白髮多去年。鉛粉坐相誤，照來空淒然。

【校】

〔皎〕蕭本、胡本俱作交。王本注云：蕭本作交。

〔誤〕胡本作識。

【注】

〔金鵲〕太平御覽卷一一七神異經曰：昔有夫妻將别，破鏡人執半以爲信，其妻與人通，其鏡化鵲，飛至夫前，夫乃知之。後人因鑄鏡爲鵲安背上，自此始也。

〔鉛粉〕王云：韻會：鉛粉，胡粉也，以鉛燒煉而成，故曰鉛粉。△鉛音沿。

其二

美人贈此盤龍之寶鏡，燭我金縷之羅衣。時將紅袖拂明月，爲惜普照之餘輝。影中金鵲飛不滅；臺下青鸞思獨絶。藁砧一别若箭弦，去有日，來無年。狂風吹却妾心斷，玉筯并墮菱花前。

【注】

〔青鸞〕太平御覽卷九一六范泰鸞鳥詩序曰：罽賓王結罝峻卯之山，獲一鸞鳥，甚愛之。欲其鳴而不能致，乃飾以金樊，享以珍羞，對之逾戚，三年不鳴。夫人曰：「聞鳥見其類而後鳴，可懸鏡以映之！」王從言，鸞覩影感契，慨焉悲鳴，哀響沖霄，一奮而絶。

〔藁砧〕樂府古題要解：古詞：「藁砧今何在？」藁砧，砆也。蓋婦人謂其夫之隱語也。

〔玉筯〕王云：玉筯，淚也。江總詩：「紅樓千愁色，玉筯兩行垂。」

〔菱花〕王云：飛燕外傳：七出菱花鏡一奩。埤雅羣説：鏡謂之菱花，以其面平光影所成如此。庾信鏡賦云：照壁而菱花自生，是也。爾雅翼：昔人取菱花六觚之象以爲鏡。

贈段七娘

羅襪凌波生網塵，那能得計訪情親？千杯緑酒何辭醉？一面紅妝惱殺人。

【注】

〔段七娘〕按：魏顥李翰林集序云：間攜昭陽、金陵之妓，迹類謝康樂，世號爲李東山。疑昭陽妓與段七娘有關。

〔凌波〕曹植洛神賦：凌波微步，羅襪生塵。

別内赴徵三首

王命三徵去未還，明朝離別出吴關。白玉高樓看不見，相思須上望夫山。

【校】

〔别内赴徵〕咸本、絶句俱無赴徵二字。

【注】

〔望夫山〕見卷二十二望夫山詩注。

其二

出門妻子强牽衣，問我西行幾日歸。歸時儻佩黄金印，莫見蘇秦不下機。

【校】

〔歸時〕兩宋本、繆本俱作來時。歸，王本注云：繆本作來。

〔莫見〕見，蕭本、胡本俱作學。王本注云：蕭本作學。

【注】

〔下機〕戰國策秦策：蘇秦説秦王，書十上而説不行，……歸至家，妻不下紝，嫂不爲炊，父母不與言。

其三

翡翠爲樓金作梯，誰人獨宿倚門啼？夜坐寒燈連曉月，行行淚盡楚關西。

【校】

〔爲樓〕爲，兩宋本、繆本、王本俱注云：一作高。

〔誰人〕此句兩宋本、繆本、王本俱注云：一作卷簾愁坐待鳴雞。

〔夜坐〕坐，兩宋本、繆本俱作泣。王本注云：繆本作泣。

秋浦寄内

我今尋陽去，辭家千里餘。結荷見水宿，却寄大雷書。雖不同辛苦，愴離各自居。我自入秋浦，三年北信疎。紅顔愁落盡，白髮不能除。有客自梁苑，手攜五色魚。開魚得錦字，歸問我何如。江山雖道阻，意合不爲殊。

【校】

〔見水宿〕見，咸本、蕭本、胡本俱作倦。咸本注云：一作見。王本注云：蕭本作捲。按：蕭本作捲乃誤刊。

〔落盡〕盡，蕭本作日。王本注云：蕭本作日。

【注】

〔大雷〕王云：鮑照登大雷岸與妹書：吾自發，寒雨，全行日少。加秋潦浩汗，山溪猥至，渡泝無邊，險徑遊歷，棧石星飯，結荷水宿，旅客辛貧，波路壯闊。始以今日食時僅及大雷，塗發千里，日踰十晨，嚴霜慘節，悲風斷肌，去親爲客，如何如何！太平寰宇記：舒州望江縣有大雷池，水西自宿松縣界流入雷池，又東流經縣南，去縣百里，又東入於海。江行百里爲大雷口，又有小雷口，……宋鮑明遠有登大雷岸與妹書乃此地。

〔秋浦〕王云：唐時秋浦縣隸江南西道之池州。

【評箋】

今人詹鍈云：詩云：「自我入秋浦，三年北信疎。」按白自梁園至敬亭山見會公談陵陽山水兼期同遊因有此贈詩，知白自梁園來宣城在天寶十二載。（按：此據王譜而云然。）今云「三年北信疎」，其時當在至德元載。又起句云：「我今尋陽去，辭家千里餘。」蓋太白由金陵去尋陽途經秋浦而作。

自代内贈

寶刀裁流水，無有斷絶時。妾意逐君行，纏綿亦如之。别來門前草，秋巷春轉碧。掃盡更還生，萋萋滿行跡。鳴鳳始相得，雄驚雌各飛。遊雲落何山，一往不見歸。估客發大樓，知君在秋浦。梁苑空錦衾，陽臺夢行雨。妾家三作相，失勢去西秦。猶有舊歌管，凄清聞四鄰。曲度入紫雲，啼無眼中人。妾似井底桃，開花向誰笑？君如天上月，不肯一回照。窺鏡不自識，别多憔悴深。安得秦吉了，爲人道寸心？

【校】

〔裁流水〕裁，兩宋本、繆本、咸本、胡本俱作截。咸本注云：一作裁。王本注云：繆本作截。

〔秋巷〕兩宋本、繆本此句作春盡秋轉碧。王本注云：巷當是黄字之訛，繆本作春盡秋轉碧。咸本同，注云：一作秋巷春轉碧。

〔更還〕兩宋本、繆本俱作還更。王本注云：繆本作還更。

〔相得〕得，蕭本作何。王本注云：蕭本作何。

〔大樓〕兩宋本、繆本俱注云：一作東海。王本注云：繆本作東海。

〔猶有〕有，胡本作存，注云：一作有。

〔眼中人〕此下繆本有女弟争笑弄，悲羞淚盈巾二句，咸本、胡本同，俱注云：一本無此二句。王本注云：繆本多女弟争笑弄，悲羞淚盈巾二句。

【注】

〔估客〕王云：估客，商人也，古樂府有估客樂。

〔大樓〕王云：大樓山在池州府城南，唐時爲秋浦縣地，陽臺行雨，蓋言惟夢中得相見耳。

〔妾家三作相〕按：舊唐書卷九二宗楚客傳，一爲夏官侍郎同平章事，再爲兵部尚書同平章事，其云三作相，蓋併中書令計之。

〔曲度〕見卷十五秋日魯郡堯祠亭上宴别杜補闕范侍御詩注。

〔井底〕王云：井底桃即「桃李出深井」之意，今庭中天井是也。按：「桃李出深井」見卷四中山孺子妾詩。

〔秦吉了〕王云：太平廣記：秦吉了，容管廉白州産此鳥，大約似鸜鵒，嘴脚皆紅，兩眼後夾腦有黄肉冠。善效人言語，音雄大，分明於鸜鵒。以熟雞子和飯如棗飼之。桂海虞衡志：秦吉了如鸜鵒，紺黑色，丹咮黄距，目下連項有深黄文，項毛有縫，如人分髪。能人言，比於鸜鵒尤慧，大抵鸜鵒聲如兒女，吉了聲則如丈夫，出邕州溪洞中。

秋浦感主人歸燕寄内

霜凋楚關木，始知殺氣嚴。寥寥金天廓，婉婉緑紅潛。胡燕别主人，雙雙語前簷。三飛四迴顧，欲去復相瞻。豈不戀華屋？終然謝珠簾。我不及此鳥，遠行歲已淹。寄書道中嘆，淚下不能緘。

【校】

〔霜凋〕凋，兩宋本、繆本、咸本俱作朽。王本注云：繆本作朽。

〔前簷〕簷，兩宋本、繆本俱作詹，誤。

【注】

〔胡燕〕王云：爾雅翼：胡燕，比越燕而大，臆前白質黑章，其聲亦大，巢懸於大屋兩榱間，其長有容匹素者，謂之蛇燕。按：胡燕猶云朔燕，恐不須如此解。

送内尋廬山女道士李騰空二首

君尋騰空子，應到碧山家。水舂雲母碓，風掃石楠花。若戀幽居好，相邀弄紫霞。

【注】

〔李騰空〕王云：方輿勝覽：延真觀在南康軍城北四十里，舊名昭德。唐女真李騰空所居。騰空，宰相李林甫之女。廬山志：蔡尋真，侍郎蔡某女也。李騰空，宰相李林甫女也。幼並超異，生富貴而不染，遂爲女冠，同入廬山。蔡居屏風疊之南，李居屏風疊之北，學三洞法，以丹藥符籙救人疾苦。至三元八節會於詠真洞，以相師講。貞元中，九江守許渾以狀聞，昭德皇后賜以金帛土田，已而蜕去，門人收簪簡瘞之。鄉俗歲時祭祀不絕。昭德崩，許渾入朝，因乞賜觀額以昭追奉，詔以詠真洞尋真觀騰空所居爲昭德觀。

〔雲母碓〕王云：白居易詩有「何處水邊碓，夜舂雲母聲」及「雲碓無人水自舂」之句，自注云：廬山中雲母多，故以水碓擣錬，俗呼爲雲碓。

〔石楠花〕王云：本草衍義：石楠葉似枇杷葉之小者，而背無毛，正二月間開花，冬有二葉爲花苞。苞既開，中有十餘花，大小如椿花，甚細碎，每一苞約彈許大，成一毬，一花六葉，一朵有七八毬，淡白緑色，花罷，去年葉盡脱，漸生新葉。

【評箋】

王云：詩人玉屑：詩體有借對。孟浩然「廚人具雞黍，稚子摘楊梅」，太白「水舂雲母碓，風掃石楠花」，少陵「竹葉於人既無分，菊花從此不須開」，是也。按：嚴羽滄浪詩話語同。

其二

多君相門女，學道愛神仙。素手掬青靄，羅衣曳紫烟。一往屏風疊，乘鸞著玉鞭。

【校】

〔著玉鞭〕兩宋本、繆本、蕭本、胡本、王本俱注云：一作不著鞭。

【注】

〔屏風疊〕見卷十一贈王判官時余歸隱居廬山屏風疊詩注。

【評箋】

今人詹鍈云：……騰空既貞元中尚在人間，此詩之作疑當在太白晚年。第二首云：「多君相門女，學道愛神仙。」此内疑指宗氏。第一首云：「……風掃石楠花。」按石楠正二月開花，此詩當是春季作。趙道一歷世真仙體道通鑑後集：蔡尋真……李騰空……唐德宗貞元中相友入廬山，騰空居屏風疊北淩雲峯下（道藏本）。按貞元中許渾方將蔡李隱廬山事上聞，非是時蔡李方入廬山也。

按：開元天寶遺事云：李林甫有女六人，各有姿色，……常日使六女戲於窗下，每有貴族子弟入謁，林甫即使女於窗中自選可意者事之。未知騰空即六人之一否？

贈内

三百六十日，日日醉如泥。雖爲李白婦，何異太常妻？

【注】

〔太常妻〕後漢書卷一〇九周澤傳：……澤爲太常，清潔循行，盡敬宗廟。常卧病齋宫，其妻哀澤老病，闚問所苦。澤大怒，以妻干犯齋禁，遂收送詔獄謝罪。當世疑其詭激。時人爲之語曰：「生世不諧，作太常妻。一歲三百六十日，三百五十九日齋。一日不齋醉如泥。」

在尋陽非所寄内

聞難知慟哭，行啼入府中。多君同蔡琰，流淚請曹公。知登吴章嶺，昔與死無分。崎嶇行石道，外折入青雲。相見若悲歎，哀聲那可聞？

【注】

〔非所〕王云：後漢書陳蕃傳：或禁錮閉隔，或死徙非所。晉書曹攄傳：獄有死囚，歲夕攄行獄，愍之曰：卿等不幸致此非所。後人以囹圄爲非所，本此。劉長卿有非所留繫聞長洲軍笛聲，亦用其字。按：全唐詩卷一四八劉長卿有罪所留繫寄張十四詩，與王氏所引不同。

〔蔡琰〕後漢書卷一一四列女傳：陳留董祀妻者，同郡蔡邕之女也。名琰，字文姬。……祀爲屯田都尉，犯法當死，文姬詣曹操請之，時公卿名士及遠方使驛坐者滿堂。操謂賓客曰：「蔡伯喈女在外，今爲諸君見之。」及文姬進，蓬首徒行，叩頭請罪。音辭清辯，旨甚酸哀，衆皆爲改容。操曰：「誠實相矜，然文狀已去奈何！」文姬曰：「明公厩馬萬匹，虎士成林，何惜疾足一騎而不濟垂死之命乎？」操感其言，乃追原祀罪。

〔吴章嶺〕王云：江西通志：吴章山在九江、南康二府之界，西去九江府城三十里，南去南康府城四十五里，與廬山相接，嶺路峻隘。宋孔武仲吴章嶺詩云：「廬山北轉是吴章，巖草紛紛静有香。」或云，昔有吴章者居此故名。或謂吴障山以其爲吴之障也。周必大泛舟游山録：上吴章嶺，亂石聱牙，頗亦險峻。嶺脊分江東西兩路界，過界便見五老峯，是爲山南。

【評箋】

今人詹鍈云：詩云：「多君同蔡琰，流淚請曹公。」蓋是時白妻宗氏居豫章，曾代白營求權貴也。起句云「聞難知痛哭，行啼入府中」，當是初入獄時作。宗氏南來疑即在本年（至德二載）。

南流夜郎寄内

夜郎天外怨離居，明月樓中音信踈。北雁春歸看欲盡，南來不得豫章書。

【注】

〔豫章〕王云：一統志：章山在湖廣德安府城東四十里，古文以爲内方山。左傳：吴自豫章與楚夾漢。舊圖經云：豫章即今之章山。唐李白娶安陸許氏。逮流夜郎，妻在父母家，有寄内詩云：「南來不得豫章書。」亦言安陸之豫章也。琦按魏顥序：太白始娶於許，終娶於宗，則此時之婦，乃宗也。因寓居豫章故云。一統志猶以流夜郎時之婦爲許相之女，以豫章爲德安府之豫章山，俱誤。按：輿地紀勝卷七七：德安府：章山在府東四十里。古文以爲内方山。左傳：吴自豫章與楚夾漢。圖經云：豫章即今之章山也。唐李白娶安陸許氏，及流夜郎，妻在父母家。有寄内詩曰：「南來不得豫章書」，亦言安陸之豫章也。左傳昭公十三年杜預注亦謂此豫章當在江北淮水南。王氏引一統志之説，蓋承王象之之説也。

越女詞五首

長干吴兒女，眉目豔星月。屐上足如霜，不著鴉頭襪。

【校】

〔題〕胡本題下云：越中書所見也。

【注】

〔長干〕見卷四長干行注。

〔屐上〕王云：晉書五行志：初作屐者，婦人頭圓，男子頭方。圓者順之義，所以别男女也。至太康初，婦人屐乃頭方，與男無别，則知古婦人亦著屐也。

其二

吴兒多白皙，好爲蕩舟劇。賣眼擲春心，折花調行客。

【注】

〔賣眼〕王云：賣眼即楚騷目成之意，梁武帝子夜歌：「賣眼拂長袖，含笑留上客。」

其三

耶溪採蓮女，見客棹歌回。笑入荷花去，佯羞不出來。

【校】

〔不出〕兩宋本、繆本俱作不肯。咸本注云：一作肯。

其四

東陽素足女，會稽素舸郎。相看月未墮，白地斷肝腸。

【注】

〔東陽〕王云：唐書地理志：婺州東陽郡有東陽縣，越州會稽郡有會稽縣，俱隸江南東道。

〔白地〕王云：白地猶俚語所謂平白地也。

【評箋】

王云：按謝靈運有東陽溪中贈答二詩。其一曰：「可憐誰家婦，緣流洗素足。明月在雲間，迢迢不可得。」其二曰：「可憐誰家郎，緣流乘素舸。但問情若何，月就雲中墮。」此詩自二作點化而出。

按：此出楊慎丹鉛總録卷一八，王氏未著出處。又：演繁露卷一三李太白越女詞曰：「白地斷肝腸」，此東坡長短句所取以爲平白地爲伊腸斷。

其五

鏡湖水如月，耶溪女如雪。新妝蕩新波，光景兩奇絶。

【注】

〔鏡湖〕王云：鏡湖在會稽、山陰兩縣界，若耶溪在會稽縣東南，北流入于鏡湖。

浣紗石上女

玉面耶溪女，青蛾紅粉妝。一雙金齒屐，兩足白如霜。

【注】

〔浣紗石〕王云：一統志：浣紗石在若耶溪側，是西施浣紗之所，或云在苧蘿山下。

示金陵子

金陵城東誰家子，竊聽琴聲碧窗裏。落花一片天上來，隨人直渡西江水。楚歌吴語嬌不成，似能未能最有情。謝公正要東山妓，攜手林泉處處行。

【校】

〔題〕兩宋本、繆本、蕭本、王本俱注云：一作金陵子詞。咸本作示金陵女子。

〔誰家子〕誰家，兩宋本、繆本俱注云：一作金陵。王本注云：一作金陵。

〔碧窗〕碧，兩宋本、繆本、王本俱注云：一作夜。

【注】

〔金陵子〕王云：妝樓記：金陵子能作醉來妝。

出妓金陵子呈盧六四首

安石東山三十春，傲然攜妓出風塵。樓中見我金陵子，何似陽臺雲雨人。

其二

南國新豐酒，東山小妓歌。對君君不樂，花月奈愁何！

【校】

〔花月〕蕭本作有。王本注云：蕭本作有。

【注】

〔新豐〕王云：梁元帝詩：「試酌新豐酒，遥勸陽臺人。」陸放翁入蜀記：早發雲陽，過新豐小憩。李太白詩云：「南國新豐酒，東山小妓歌。」又唐人詩云：「再入新豐市，猶聞舊酒香。」皆謂此地，非長安之新豐也。然長安新豐亦出名酒，見王摩詰詩。至今居民市肆頗盛。

【評箋】

況周儀云：新豐鎮在丹徒縣南四十五里。余自揚回常，泊新豐作甘草子詞，過拍云：「不見酒帘招，錯認新豐路。」自注：昔人云新豐美酒乃長安之新豐也。繼閱粟香五筆引李太白詩：「南國新豐酒，東山小妓歌。」以南國二字爲非長安之新豐之證。然王維少年行：「新豐美酒斗十千，咸陽游俠多少年。」則又似指長安而言。按三輔舊事：太上皇不樂關中，思慕鄉里，高祖徙豐沛屠兒沽酒鬻餅商人，立爲新豐。當日名區肇造，尊俎言懽，大酋六物之供，必有精益求精者，美酒由是得名。李詩云者，殆謂地則新豐，酒則猶是南州風味耳。丹徒之新豐，五筆云一作辛豐，有辛王廟，宋紹興七年立。（蘭雲菱夢樓筆記）

其三

東道烟霞主，西江詩酒筵。相逢不覺醉，日墮歷陽川。

【注】

〔歷陽〕見卷七金陵歌及卷十二對雪醉後贈王歷陽詩注。

其四

小妓金陵歌楚聲，家僮丹砂學鳳鳴。我亦爲君飲清酒，君心不肯向人傾。

【注】

〔丹砂〕王云：丹砂，太白奴名，見魏顥李翰林集序中。學鳳鳴，謂吹笙也。梁武帝鳳笙曲：朱脣玉指學鳳鳴。

巴女詞

巴水急如箭，巴船去若飛。十月三千里，郎行幾歲歸？

【注】

〔巴水〕王云：唐之渝州、涪州、忠州、萬州等處，皆古時巴郡地。其水流經三峽，下至夷陵，當盛漲時，箭飛之速，不是過矣。

哭晁卿衡

日本晁卿辭帝都，征帆一片遶蓬壺。明月不歸沉碧海，白雲愁色滿蒼梧。

【校】

〔題〕蕭本衡作行，誤。

【注】

〔晁卿〕王云：舊唐書：日本國，開元初遣使來朝，因請儒士授經。詔四門助教趙元默就鴻臚寺教之。所得錫賚，盡市文籍，泛海而還。其偏使朝臣仲滿慕中國之風，因留不去，改姓名爲朝衡，仕歷左補闕，儀王友。衡留京師五十年，好書籍，放歸鄉，逗遛不去。上元中，擢衡爲左散騎常侍、鎮南都護。新唐書：朝衡歷左補闕，儀王友，多所該識，久乃還。天寶十二載，朝衡復入朝云云。王維有送祕書晁監還日本國詩序，趙驊有送晁補闕歸日本詩，儲光羲有洛中貽朝校書衡詩，蓋晁字即古朝字，朝衡、晁衡實一人也。新、舊唐書俱不言衡終于何年，據太白是詩，則衡返棹日本而死矣，豈上元以後事耶，抑得之傳聞之譌耶！

【評箋】

按：唐人與晁衡往還者尚有包佶送日本國聘賀使晁巨卿東歸詩。或稱校書，或稱補闕，或稱少監，是其所歷之官不同，李詩稱卿，包詩稱聘賀使，乃泛稱也。巨卿蓋其字。

又按：近年日本方面考證朝衡事跡之文字有長勳阿倍仲麻呂及其時代，杉本直次郎安南與朝衡等文，我國則繆鳳林有留學中國之日本詩人等文。今摘其大要於下：晁衡者，日本阿倍朝臣仲麻呂之華名，或稱仲滿。衡生于日本文武帝二年，唐中宗嗣聖十五年（公元六九八）。靈龜二年（七一六）選爲遣唐學生，時年十九。明年三月，隨遣唐使多治比縣守并副使判官等，發自難波，一行五百十七人，乘船四艘。其以留學生西來，顯名於後世者，則吉備真備、大和長岡、玄昉及晁衡也。此行爲日本遣唐使之第九次，時爲唐玄宗開元五年。衡入京師，學於太學，與公卿貴游子弟比席受業，資用乏，輒由唐資給之。既卒業，爲司經局校書，尋授左拾遺、左補闕。二十二年冬，日本遣唐使多治比廣成將歸，吉備真備、大和長岡、玄昉等皆從行，衡留唐已十七年，亦以親老請歸，帝不許。衡感愴賦詩云：「慕義名空在，偷忠孝不全。報恩無有日，報國是何年？」天寶十二載，任祕書監，兼衛尉卿。是年日本遣唐使藤原清河，副使大伴古麻呂、吉備真備等復抵長安，衡奉命導觀府庫及三教殿。玄宗召見清河，禮遇甚優，衡請同返，玄宗因命爲使。時衡年五十六矣。自長安南行過揚州，十月十五日訪名僧鑑真於延光寺，邀同東渡。四船同發蘇州。衡與大使藤原同一船。十二月六日至琉球，遇風與他舟相失，漂至安南驩州沿岸，遇盜，同舟死者百七十餘人。獨衡與藤原展轉歸長安，時爲天寶十四載六月。此後經安禄山之亂，衡殆亦從玄宗肅宗避難。至上元中，受任爲左散騎常侍、鎮南都護。大曆初罷歸長安，五年正月卒，年七十三。日本寶龜十年，唐使孫興進及藤原女喜娘至日，凶問始達。衡之歸國遇難，白聞之，其飄至安南仍返長安，復升顯職，則非獨白不及知，中國人亦少知之者，賴日本紀載猶存其大略耳。

自溧水道哭王炎三首

白楊雙行行，白馬悲路旁。晨興見曉月，更似發雲陽。溧水通吴關，逝川去未央。故人萬化盡，閉骨茅山岡。天上墜玉棺，泉中掩龍章。名飛日月上，義與風雲翔。逸氣竟莫展，英圖俄夭傷。楚國一老人，來嗟龔勝亡。有言不可道，雪泣憶蘭芳。

【校】

〔題〕兩宋本、繆本、蕭本題下俱注云：宣州作。

〔憶蘭芳〕憶，兩宋本、繆本、咸本俱作惜。王本注云：繆本作惜。

【注】

〔溧水〕王云：元和郡縣志：溧水在宣州溧水縣南六里。江南通志：溧水一名瀨水，在溧陽縣西北，上承丹陽湖，東流爲宜興之荆溪，入太湖，舊名永陽江，又名中江。

〔王炎〕王云：一統志：王炎，宣城人，與李白爲友，嘗遊蜀，及死，白詩輓之。按：卷一劍閣賦自注云：送友人王炎入蜀，自即此詩中之王炎。

〔雲陽〕王云：謝靈運廬陵王墓下詩：「曉月發雲陽，落日次朱方。」李善注：越絶書：曲阿爲雲陽縣。

〔萬化〕任昉哭范僕射詩：「一朝萬化盡，猶我故人情。」

〔茅山〕王云：太平寰宇記：茅山在句容縣南五十里，本名句曲山，其山形如句字三曲。昔茅山君得道於此，後人遂名焉，其山接句容、金壇、延陵三縣界。

〔龔勝〕漢書卷九九王莽傳：遣謁者持安車印綬，即拜楚國龔勝爲太子師友祭酒。勝不應徵，不食而死。又卷七二本傳：有老父來弔，哭甚哀，既而曰：「嗟乎，薰以香自燒，膏以明自銷，龔生竟夭天年，非吾徒也。」遂趨而出，莫知其誰。

其二

王公希代寶，棄世一何早！弔死不及哀，殯宫已秋草。悲來欲脱劍，挂向何枝好？哭向茅山雖未摧，一生淚盡丹陽道。

【注】

〔弔死〕王云：言弔死而不及其新哀之時，殯宫之上已生秋草，蓋言久也。與左傳贈死不及尸，弔生不及哀，句同意異。

其三

王家碧瑶樹，一樹忽先摧。海内故人泣；天涯弔鶴來。未成霖雨用；先夭濟川材。一罷廣陵散，鳴琴更不開。

【校】

〔先夭〕夭，蕭本、胡本俱作失。王本注云：許本作失。

【注】

〔瑶樹〕世説賞譽篇：王戎云：太尉神姿高徹，如瑶林瓊樹，自然是風塵外物。

〔弔鶴〕太平御覽卷九一六陶侃別傳曰：侃丁母艱，在墓下，忽有二客來弔，不哭而退。儀服鮮異，知非常人。遣看之，但見雙鶴飛而沖天。

〔廣陵散〕晉書卷四九嵇康傳：康將刑東市，顧視日影，索琴彈之曰：「昔袁孝尼嘗從吾學廣陵散，吾每靳固之，廣陵散於今絶矣。……」初康嘗游乎洛西，暮宿華陽亭，引琴而彈，夜分，忽有客詣之，稱是古人，與康共談音律，辭致清辯，因索琴彈之，而爲廣陵散，聲調絶倫，遂以授康，仍誓不傳人，亦不言其姓字。

哭宣城善釀紀叟

紀叟黄泉裏，還應釀老春。夜臺無曉日，沽酒與何人？

【校】

〔題〕此首兩宋本、繆本俱注云：一作題戴老酒店，云：戴老黄泉下，還應釀大春，夜臺無李白，沽酒與何人。

【注】

〔老春〕王云：老春是紀叟所釀酒名。唐人名酒多帶春字。

〔夜臺〕王云：陸機詩：「送子長夜臺。」李周翰注：墳墓一閉，無復見明，故云長夜臺。後人稱夜臺本此。

宣城哭蔣徵君華

敬亭埋玉樹，知是蔣徵君。安得相如草；空餘封禪文。池臺空有月；詞賦舊淩雲。獨挂延陵劍，千秋在古墳。

【校】

〔安得〕安，繆本作果。王本注云：繆本作果。

〔空餘〕空，繆本作仍。王本注云：繆本作仍。

【注】

〔蔣徵君〕王云：一統志：蔣華墓在敬亭山。華唐人，嘗與李白游，白詩曰：「敬亭山下墓，知是蔣徵君。」

〔玉樹〕世說傷逝篇：庾文康亡，何揚州臨葬云：埋玉樹著土中，使人情何能已已。

〔淩雲〕史記司馬相如列傳：相如既奏大人之頌，天子大説，飄飄有淩雲之氣。……相如既病免，家居茂陵。天子曰：「司馬相如病甚，可往從悉取其書，若不然，後失之矣。」使所忠往而相如已死，家無書。問其妻，對曰：「長卿固未嘗有書也。時時著書，人又取去，即空居，長卿未死時，爲一卷書，曰有使來求書，奏之。無他書。」其遺札言封禪事。所忠奏其書，天子異之。

李白集校注卷二十六

表書九首

爲吴王謝責赴行在遲滯表

臣某言：伏蒙聖恩，追赴行在。臣誠惶誠恐，頓首頓首。臣聞胡馬矯首，嘶北風以踊顧；越禽歸飛，戀南枝而刷羽。所以流波思其舊浦，落葉墜於本根。在物尚然，矧于臣子。臣位叨盤石，辜負明時；才闕總戎，謬當强寇。駑拙有素，天實知之。伏惟陛下重紐乾綱，再清國步，愍臣不逮，賜臣生全，歸見白日，死無遺恨。然臣年過耳順，風瘵日加。鋒鏑殘骸，劣有餘喘。雖決力上道，而心與願違。貴貪尺寸之程，轉增犬馬之戀。非有他故，以疾淹留。今大舉天兵，掃除戎羯。所在郵驛，徵發交馳。臣逐便水行，難於陸進。瞻望丹闕，心魂若飛。慙墜履之還收，喜遺簪之再御。不勝涕戀屏營之至，謹奉表以聞。

【校】

〔頓首〕下頓首二字兩宋本、繆本無。王本注云：繆本少二字。

〔憖〕王本注云：當作慭。

〔以聞〕兩宋本、繆本俱無以上五字。王本注云：繆本少謹奉表以聞五字。

【注】

〔吴王〕王云：通鑑：天寶十四載十二月，安禄山以張通晤爲睢陽太守，與陳留長史楊朝宗將胡騎千餘東略地，郡縣官多望風降走。惟東平太守嗣吴王祇、濟南太守李隨起兵拒之。郡縣之不從賊者，皆依吴王爲名。十五載二月，上以吴王祇爲靈昌太守、河南都知兵馬使。三月戊辰，吴王祇擊謝元同走之，拜陳留太守、河南節度使。五月，太常卿張垍薦夷陵太守虢王巨有勇略，上徵吴王祇爲太僕卿，以巨爲陳留譙郡太守、河南節度使。至德二載十一月，張鎬率魯炅、來瑱、吴王祇、李嗣業、李奂五節度，徇河南河東郡縣，皆下之。其赴行在疑在徵爲太僕卿時事。

〔行在〕王云：漢書：徵詣行在所。顔師古曰：天子或在京師，或出巡狩，不可豫定，故言行在所耳。三輔黄圖：行在所，天子以四海爲家，不以京師宫室居處爲常，則當乘車輿以行天下。車輿所至，奏事皆曰行在。獨斷：天子所在曰行在所。十六國春秋：天子以四海爲家，故行曰乘輿，止曰行在。

〔誠惶誠恐〕按：齊東野語卷一三：今臣僚上表所稱誠惶誠恐及誠歡誠喜頓首稽首者，謂之中謝中賀。自唐以來，其體如此。蓋臣某以下亦略叙數語便入此句，然後敷陳其詳。如柳子厚平淮西賀表：臣負罪積釁，違尚書牋表十有四年，懷印曳綬，有社有人。語意未竟也。其下即云誠惶誠恐，蓋以此一句結上數語云爾。

〔辜負〕王云：韻會：孤，負也。毛氏曰：孤負之孤當作孤，俗作辜，非。

〔國步〕王云：詩大雅：國步斯頻。朱子注：步猶運也。

〔憖〕王云：廣韻：慭，憐也。憖，聰也。二字異義。世多以慭作憖，非是。

〔耳順〕論語述而篇：六十而耳順。

〔風瘵〕王云：郭璞爾雅注：今江東呼病曰瘵。△瘵音蔡。

〔劣〕王云：廣韻：劣，弱也，少也。按：劣有猶云僅有。

〔羯〕王云：韻會：羯本地名，上黨武鄉，羯室也，晉匈奴別部居之，後因號胡戎爲羯。

〔墜履〕新書：楚昭王與吴人戰，楚軍敗，昭王走而履決，背而行失之。行三十步，復旋取履。及至于隨，左右問曰：「王何惜一踦履乎！」昭王曰：「楚國雖貧，豈愛一踦履哉？惡與偕出，勿與俱反也。」自是之後，楚國之俗無相棄者。

〔遺簪〕韓詩外傳卷九：孔子出遊少源之野，有婦人中澤而哭，其音甚哀。孔子使弟子問焉，曰：「夫人何哭之哀？」婦人曰：「向者刈蓍薪，亡吾蓍簪，吾是以哀也。」弟子曰：「刈蓍薪而亡蓍簪，有何悲焉？」婦人曰：「非傷亡簪也，蓋不忘故也。」

〔屏營〕王云：廣雅：屏營，征伀也。國語：屏營傍偟於山林之中。後漢書：夙夜屏營，未知所立。蓋言惶懼之意。後人表箋言激切屏營，正是此義。

爲宋中丞請都金陵表

臣某言：臣誠惶誠恐，頓首頓首。臣聞社稷無常奉，明者守之；君臣無定位，闇者失之。所以父作子述，重光疊輝，天未絶晉，人惟戴唐。以功德有厚薄，運數有修短，功高而福祚長永，德薄而政教陵遲。三后之姓，於今爲庶，非一朝也。

【注】

〔宋中丞〕按：舊唐書玄宗紀：天寶十五載六月，以監察御史宋若思爲御史中丞，充置頓使，即其人。

〔社稷〕左傳昭三十二年：社稷無常奉，君臣無定位，自古已然。杜預注：奉之無常人，言惟德也。

〔絶晉〕左傳僖二十四年：介之推……曰：「獻公之子九人，唯君在矣。惠懷無親，外内棄之。天未絶晉，必將有主。主晉祀者，非君而誰？」

〔三后〕左傳昭三十二年：三后之姓，於今爲庶，主所知也。杜預注：三后，虞、夏、商也。

伏惟陛下欽六聖之光訓，擁千載之鴻休，有國之本，羣生屬望。粤自明兩，光岐之陽。昔有周太王之興，發跡于此。天啓有類，豈人事與？皇朝百五十年，金革不作，逆胡竊號，剥亂中原，雖平嵩丘，填伊洛，不足以掩宮城之骸骨；決洪河，灑秦雍，不足以蕩犬羊之羶臊。毒浸區宇，憤盈穹旻，此乃猛士奮劍之秋，謀臣運籌之日。夫不拯横流，何以彰聖德？不斬巨猾，無以興神功。十亂佐周而克昌，四凶及虞而乃去。去元凶者，非陛下而誰？且道有興廢，代有中季。漢當三七，莽亦爲災。赤伏再起，丕業終光。非陛下至神至聖，安能勃然中興乎？

【注】

〔六聖〕王云：六聖，高祖、太宗、高宗、中宗、睿宗、玄宗也。

〔明兩〕易離卦：象曰：明兩作離，大人以繼明照于四方。正義云：明兩作離者，離爲日，日爲明。今有上下二體，故云明兩作離也。

〔光岐〕王云：唐時岐州領天興、岐山、扶風、麟遊、普潤、寶雞、盩厔、虢、郿九縣，屬關内道，去京師三百十七里。周太王遷國於岐山之下，即其地也。魯頌云：后稷之孫，實惟太王。居岐之陽，實始翦商。天寶元年，改稱扶風郡。肅宗即位於靈武，改稱扶風爲鳳翔郡，二載，遂駐蹕於鳳翔。其年十月，克復兩京，始還長安。

〔十亂〕王云：書泰誓：予有亂臣十人，同心同德。正義云：亂，治也。謂我治理之臣有十人也。論語引此，而孔子論之，有一婦人焉，則十人之中其一是婦人。故先儒鄭玄等皆以十人爲文母、周公、太公、召公、畢公、榮公、太顛、閎夭、散宜生、南宫适也。

〔四凶〕左傳文十八年：昔帝鴻氏有不才子，……天下之民謂之渾敦。少皞氏有不才子，……天下之民謂之窮奇。顓頊氏有不才子，……天下之民謂之檮杌。此三族也，世濟其凶，增其惡名，以至於堯，堯不能去。縉雲氏有不才子，……天下之民以比三凶，謂之饕餮。舜臣堯，賓於四門，流四凶族，投諸四裔，以禦螭魅。

〔中季〕漢書卷八五谷永傳：時世有中季，天道有盛衰。顔師古注：中讀爲仲。

〔三七〕宋書符瑞志：漢元、成世，道士言讖者云：赤厄三七，三七二百一十年，有外戚之篡，祚極三六，當有龍飛之秀，興復祖宗，及莽篡漢，漢二百一十年矣，莽十八年而敗，光武興焉。

〔赤伏〕見卷九讀諸葛武侯傳……詩注。

以臣料人事得失，敢獻疑於陛下。臣猶望愚夫千慮，或冀一得。何者？賊臣楊國忠，蔽塞天聰，屠割黎庶，女弟席寵，傾國弄權。九土泉貨，盡歸其室。怨氣上激，水旱荐臻。重罹暴亂，百姓力屈。即欲平殄蟊賊，恐難應期。且圖萬全之計，以成一舉之策。

【校】

〔何者〕王本何下注云：當作向。

【注】

〔愚夫〕漢書卷三四韓信傳：廣武君曰：臣聞智者千慮，必有一失，愚者千慮，必有一得。

〔泉貨〕王云：太真外傳：楊氏權傾天下，每有囑請，臺省府縣若奉詔勅。四方奇貨，童僕駝馬，日輪其門。瀟湘録：楊國忠權勢漸高，四方奉貢珍寶，莫不先獻之，豪富奢華，朝廷間無敵。

〔水旱〕按：通鑑：天寶十三載，自去歲水旱相繼，關中大饑。蓋指此事。

〔蟊賊〕左傳成十三年：率我蟊賊以來，摇蕩我邊疆。杜預注：蟊賊，食禾稼蟲名。△蟊音茅。

今自河以北，爲胡所淩；自河之南，孤城四壘。大盜蠶食，割爲洪溝。宇宙峴屼，昭然可覩。臣伏見金陵舊都，地稱天險。龍盤虎踞，開扃自然。六代皇居，五福斯在。雄圖霸跡，隱賑由存。咽喉控帶，縈錯如繡。天下衣冠士庶，避地東吴，永嘉南遷，未盛于此。臣又聞湯及盤庚五遷其邑，典謨訓誥不以爲非。衛文徙居楚丘，風人流詠。伏惟陛下因萬人之蕩析，乘六合之譸張，去扶風萬有一危之近邦，就金陵太山必安之成策。苟利於物，斷在宸衷。

【校】

〔洪溝〕洪，咸本作鴻。

〔峴屼〕兩宋本、繆本、咸本俱作嶢杌。王本屼下注云：繆本作杌。

〔由存〕由，何校改猶。按：古由猶二字多通用。

【注】

〔四壘〕禮記曲禮：四郊多壘，卿大夫之辱也。

〔蠶食〕王云：漢書：稍蠶食六國。顔師古注：蠶食，謂漸吞滅之，如蠶食葉也。孔穎達毛詩正義：蠶食者，蠶之食桑，漸漸以食，使桑盡也。

〔龍盤〕見卷七金陵歌送别范宣注。

〔五福〕王云：石林燕語：太一有五福、太游、小游、四神、天一、地一、直符、君綦、臣綦、民綦凡十神，皆天之貴神，而五福所臨無兵疫。玉海：說者謂太一貴神有十，而尊曰五福。遷徙有常，率四十五歲而一易。靈遊所直之方，祥慶駢集，雨暘時叙，農扈屢豐，民物阜康，無或疵癘。

〔五遷〕王云：尚書序：盤庚五遷將治亳，殷民咨胥怨，作盤庚三篇。孔安國傳：自湯至盤庚凡五遷都。史記：帝盤庚之時，殷已都河北。盤庚渡河南，復居成湯之故居，乃五遷無定處，殷民咨胥皆怨不欲徙。盤庚乃告諭諸侯大臣。正義曰：湯自南亳遷西亳，仲丁遷敖，河亶甲居相，祖乙居耿，盤庚渡河南居西亳，是五遷也。

〔楚丘〕詩鄘風傳：定之方中，美衛文公也。衛爲狄所滅，東徙渡河，野處漕邑。齊桓公攘夷狄而封之，文公徙居楚丘，始建城市而營宫室，得其時制，百姓悦之，國家殷富焉。

〔譸張〕王云：書無逸：無或胥譸張爲幻。孔安國傳：譸張，誑也。劉琨答盧諶書：自頃輈張，困於逆亂。李善注：輈張，驚懼之貌。舊説輈譸通用，是太白所用譸張字，當作驚懼解。△譸音舟。

況齒革羽毛之所生，楩楠豫章之所出。元龜大貝，充牣其中；銀坑鐵冶，連綿相屬。剗銅陵爲金穴，煑海水爲鹽山。以征則兵強，以守則國富。横制八極，克復兩京，俗畜來蘇之歡，人多徯后之望。陛下西以峨嵋爲壁壘，東以滄海爲溝池，守海陵之倉，獵長洲之苑，雖上林五柞，復何加焉？上皇居天帝運昌之都，儲精真一之境，有虞則北閉劍閣，南扃瞿唐。蚩尤共工，五兵莫向。二聖高枕，人何憂哉？飛章問安，往復巴峽，朝發白帝，暮宿江陵，首尾相應，率然之舉。不勝屏營瞻雲望日之至，謹先奉表陳情以聞。

【校】

〔謹先〕兩宋本、繆本無以下八字。王本注云：謹先以下八字繆本缺。

【注】

〔齒革〕書禹貢：淮海惟揚州，……齒革羽毛惟木。孔安國傳：齒，象牙。革，犀皮。羽，鳥羽。毛，旄牛尾。木，楩梓豫章。

〔楩〕音便平聲。

〔元龜〕王云：大禹謨：昆命於元龜。正義曰：元龜，謂大龜也。白虎通：江出大貝，海出明珠。尚書正義：伏生書傳云：散宜生之江淮取大貝，如大車之渠。

〔銅陵〕王云：唐書地理志：揚州廣陵郡有丹陽監、廣陵監錢官二，江都縣有銅，六合縣有銅有鐵，海陵縣有鹽官，天長縣有銅。昇州江寧郡上元縣有銅，有鐵，句容縣有銅，溧水縣有銅，溧陽縣有銅，有鐵。剗，削也。銅陵，出銅之山。金穴，藏金之窟。漢書：採山銅以爲錢，煮海水以爲鹽。

〔來蘇〕書仲虺之誥：徯我后，后來其蘇。

〔海陵〕王云：漢書枚乘傳：轉粟西向，陸行不絶，水行滿河，不如海陵之倉。修治上林，雜以離宫，積聚玩好，圈守禽獸，不如長洲之苑。晉灼曰：海陵，海中山爲倉也。臣瓚曰：海陵，縣名也，有吴太倉。服虔曰：長洲，吴苑。孟康曰：以江水洲爲苑也。韋昭曰：長洲在吴東。太平寰宇記：海陵倉，即漢吴王濞之倉也。枚乘上書曰：轉粟西向，水行滿河，不如海陵之倉。謂海渚之陵，因以爲倉，今已堙滅。長洲苑在蘇州長洲縣西南七十里。藝文類聚：吴地記曰：長洲在姑蘇南太湖北岸，闔閭所遊獵處也。吴先主使徐詳至魏，魏太祖謂詳曰：「孤願越横江之津，與孫將軍遊姑蘇之上，獵長洲之苑，吾志足矣。」

〔五柞〕見卷一大獵賦注。

〔運昌〕文選左思蜀都賦：遠則岷山之精，上爲井絡。天帝運期而會昌，景福肸蠁而興作。劉淵林注：河圖括地象曰：岷山之地，上爲井絡，帝以會昌，神以建福，上爲天井。……昌，慶也，言天帝於此會慶建福也。

〔真一〕王云：甘泉賦：儲精垂恩。李善注：儲精，儲畜精誠也。羅苹路史注：三皇經云：皇人者，泰帝之所使，在峨眉山，黄帝往受真一五牙之法。楊谷授道記云：黄帝見天皇真一之經而不決，遂周流四方，謁皇人於蛾眉，而問真一之道。其言大率論水火絳宫大淵之事云。

〔蚩尤〕述異志：軒轅之初立也，有蚩尤氏兄弟七十二人，銅頭鐵額，食鐵石，軒轅誅之於涿鹿之野，蚩尤能作雲霧。涿鹿今在冀州，有蚩尤神，俗云人身牛蹄，四目六手。今冀州人掘地，得髑髏如銅鐵者，即蚩尤之骨也。秦漢間説蚩尤氏耳鬢如劍戟，頭有角，與軒轅鬬，以角觸人，人不能向。

〔共工〕淮南子原道訓：昔共工之力，觸不周之山，使地東南傾，與高辛争爲帝，遂潛於淵，宗族殘滅，繼嗣絶祀。

〔江陵〕見卷二十二早發白帝城詩注。

〔率然〕孫子：善用兵者譬如率然，率然者，常山之蛇也。擊其首則尾至，擊其尾則首至，擊其中則首尾俱至。

【評箋】

何焯云：觀此表，則當時談王説霸之徒便以永嘉南渡爲不可易之規，而肅宗之在彭原，方虞其爲懷之洛陽，愍之長安矣。不有汾陽臨淮，孰能再造唐室哉？（陸本李集校評）

爲宋中丞自薦表

臣某聞天地閉而賢人隱，雲雷屯而君子用。臣伏見前翰林供奉李白年五十有七，天寶初，五府交辟，不求聞達。亦由子真谷口，名動京師。上皇聞而悦之，召入禁掖，既潤色於鴻業，或間草於王言。雍容揄揚，特見褒賞。爲賤臣詐詭，遂放歸山。閑居製作，言盈數萬。屬逆胡暴亂，避地廬山，遇永王東巡脅行，中道奔走，却至彭澤，具已陳首，前後經宣慰大使崔渙及臣推覆清雪，尋經奏聞。

【校】

〔間草〕間，咸本作閬。草，郭本作進。王本注云：郭本作進。

〔崔渙〕兩宋本渙字缺。

【注】

〔宋中丞〕見前篇注。

〔天地〕王云：周易：天地閉，賢人隱。孔穎達正義謂二氣不相交通，天地否閉，賢人潛隱。又周易：雲雷屯，君子以經綸。王弼注：君子經綸之時也。

〔五府〕後漢書卷六六張楷傳：五府連辟，舉賢良方正不就。章懷太子注：五府，太傅、太尉、司徒、司空、大將軍也。

〔子真〕華陽國志先賢士女總讚：鄭子真，褒中人也，玄静守道，履至德之行，乃其人也。教曰：忠孝愛敬，天下之至行也。神中五徵，帝王之要道也。成帝元舅大將軍王鳳備禮聘之，不應。家谷口，號谷口子真。

〔彭澤〕舊唐書地理志：江南西道江州彭澤：武德五年置浩州，……八年，罷浩州，以彭澤屬江州。

〔崔涣〕新唐書宰相表：至德元載八月庚子，蜀郡太守崔涣爲門下侍郎、同中書門下平章事。十一月戊午，涣爲江南宣慰使。

臣聞古之諸侯，進賢受上賞，蔽賢受明戮。若三適稱美，必九錫光榮，垂之典謨，永以爲訓。臣所管李白，實審無辜。懷經濟之才，抗巢由之節，文可以變風俗，學可以究天人。一命不霑，四海稱屈。伏惟陛下大明廣運，至道無偏，收其希世之英，以爲清朝之寶。昔四皓遭高皇而不起，翼惠帝而方來。君臣離合，亦各有數。豈使此人名揚宇宙而枯槁當年？傳曰：舉逸人而天下歸心。伏惟陛下回太陽之高輝，流覆盆之下照。特請拜一京官，獻可替否，以光朝列，則四海豪俊，引領知歸。不勝慺慺之至，敢陳薦以聞。

【校】

〔明戮〕明，郭本作顯。按以明代顯，爲避唐諱，郭本非舊本原文。王本注云：郭本作顯。

〔三適〕適，咸本、郭本俱作道，誤。王本注云：郭本作道。

〔光榮〕光，兩宋本、繆本俱作先。王本注云：繆本作先。

〔典謨〕謨，兩宋本、繆本俱作謀。王本注云：繆本作謀。

〔所管〕管，兩宋本作薦，非。

【注】

〔一〕三適：漢書武帝紀：元朔元年詔曰：進賢受上賞，蔽賢蒙顯戮，古之道也。其與中二千石禮官博士議不舉賢者罪。有司奏議曰：古者諸侯貢士，一適謂之好德，再適謂之賢賢，三適謂之有功，乃加九錫。應劭曰：一曰車馬，二曰衣服，三曰樂器，四曰朱戶，五曰納陛，六曰虎賁，七曰鈇鉞，八曰弓矢，九曰秬鬯。此皆天子制度，尊之，故事事錫予，但數少耳。張晏曰：九錫經本無文，周禮以爲九命，春秋說有之。臣瓚曰：九錫備物，伯者之盛禮。齊桓、晉文猶不能備，今三進賢便受之，似不然也。當受進賢之一錫。尚書大傳云：三適謂之有功，賜以車服弓矢，是也。師古曰：總列九錫，應說是也。進賢一錫，瓚說是也。按：此文顯戮作明戮，避中宗諱也。

〔二〕一命：王云：周禮：一命受職，再命受服，三命受位，四命受器，五命賜則，六命賜官，七命賜國，八命作牧，九命作伯。孔穎達禮記正義：天子上士三命，中士再命，下士一命，後世以受初品官爲一命本此。

〔慺慺〕後漢書卷八四楊賜傳：豈敢愛惜垂没之年而不盡其慺慺之心哉？章懷太子注：慺慺，猶勤勤也。

代壽山答孟少府移文書

淮南小壽山謹使東峯金衣雙鶴銜飛雲錦書於維揚孟公足下曰：僕包大塊之氣，生洪荒之間，連翼軫之分野，控荆衡之遠勢。盤薄萬古，邈然星河。憑天霓以結峯，倚斗極而横嶂。頗能攢吸霞雨，隱居靈仙。産隋侯之明珠，蓄卞氏之光寶。罄宇宙之美，殫造化之奇。方與崑崙抗行，閬風接境。何人間巫廬台霍之足陳耶？

【校】

〔抗行〕行，咸本作衡。

【注】

〔壽山〕王云：方輿勝覽：壽山在德安府安陸縣西北六十里，昔山民有壽百歲者。前人德安府記：西揖白兆，峯巒秀出，其下李太白之廬，想見拏丹砂撫青海而淩八極。北壽山即太白所謂攢吸霞雨、隱居靈仙者也。人境之勝如此。一統志：壽山在湖廣德安府城西北六十里，與應山縣接境，山下居民有壽至百餘歲者，故名。按：德安安陸，王注原誤作常德安樂，今改正。

〔孟少府〕按：卷二十七有秋夜於安府送孟贊府兄還都序，當即指其人。

〔維揚〕王云：按唐書地理志：安州安陸郡隸淮南道。鶴色白，而曰金衣雙鶴，謂黄鶴也。維揚，揚州也。摘禹貢淮海維揚州之句以成文也。

〔大塊〕王云：高誘淮南子注：大塊，天地之間也。

〔翼軫〕王云：漢書：楚地，翼軫之分野也。今之南郡、江夏、零陵、桂陽、武陵、長沙及漢中、汝南郡，盡楚分也。宋書：翼軫，荆州之分也。

〔荆衡〕王云：荆、衡謂荆州、衡州之地，或曰荆山衡山也。荆山在湖廣襄陽府南漳縣西北八十里，衡山在衡州府衡山縣西三十里。

〔隋侯〕淮南子覽冥訓：隋侯之珠，和氏之璧。高誘注：隋侯見大蛇傷斷，以藥敷之，後蛇於江中銜大珠以報之，因曰隋侯之珠，蓋明珠也。

〔閬風〕水經注河水：崑崙之山三級：下曰樊桐，一名板桐。二曰玄圃，一名閬風。上曰增城，一名天庭，是謂太帝之居。又曰：崑崙山有三角：其一角正北，干辰星之輝，名曰閬風巔。其一角正西，名曰玄圃臺，其一角正東，名曰崑崙宫。

〔巫廬台霍〕王云：巫山在四川夔州府巫山縣，廬山在湖廣九江府德化縣，天台山在浙江台州府天台縣，霍山在江南六安州霍山縣。

昨於山人李白處見吾子移文，責僕以多奇，鄙僕以特秀，而盛談三山五岳之美。謂僕小山無名，無德而稱焉。觀乎斯言，何太謬之甚也？吾子豈不聞乎？無名爲天地之始，有名爲萬物之母。假令登封禋祀，曷足以大道譏耶？然能損人費物，庖殺致祭，暴殄草木，鐫刻金石。使載圖典，亦未足爲貴乎！且達人莊生常有餘論，以爲尺鷃不羨於鵬鳥，秋毫可並於太山。由斯而談，何小大之殊也？

【校】

〔昨於〕此句兩宋本、繆本、咸本上有一字，見上有奉字。王本注云：繆本作一昨于山人李白處奉見吾子移文。

〔鄙僕〕鄙，兩宋本、繆本俱作叱。王本注云：繆本作叱。郭本、咸本俱注云：一作叱。

〔無德〕疑當作無得。

【注】

〔無名〕二語出老子。

〔登封〕漢書武帝紀：元封元年：夏四月癸卯，上還登封泰山。注：孟康曰：王者功成治定，告成功於天。封，崇也，助天之高也。刻石紀號，有金策石函金泥玉檢之封焉。應劭曰：封者，壇廣十二丈，高二丈，階三等，封於其上，示增高也。刻石，紀績也。立石三丈一尺，其辭曰：事天以禮，立身以義，事親以孝，育民以仁。四守之内，莫不爲郡縣，四夷八蠻，咸來貢職。與天無極，人民蕃息，天禄永得，尚玄酒而俎生魚。下禪梁父祀地主示增廣。此古制也。

〔禋祀〕周禮大宗伯：以禋祀祀昊天上帝。賈疏案：尚書洛誥，予以秬鬯二卣明禋，注云：禋芬芳之祭。又案周語云：精義以享謂之禋。

〔尺鷃〕見卷一大鵬賦注。

〔秋毫〕莊子齊物論篇：天下莫大於秋毫之末而太山爲小。

又怪于諸山藏國寶隱國賢，使吾君牓道燒山，披訪不獲，非通談也。夫皇王登極，瑞物昭至，蒲萄翡翠以納貢，河圖洛書以應符，設天網而掩賢，窮月竁以率職，天不祕寶，地不藏珍，風威百蠻，春養萬物。王道無外，何英賢珍玉而能伏匿于巖穴耶？所謂牓道燒山，此則王者之德未廣矣。昔太公大賢，傅説明德，棲渭川之水，藏虞虢之巖，卒能形諸兆朕，感乎夢想。此則天道闇合，豈勞乎搜訪哉？果投竿詣麾，捨築作相，佐周文，讚武丁。總而論之，山亦何罪？乃知巖穴爲養賢之域，林泉非祕寶之區。則僕之諸山亦何負于國家矣？

【注】

〔牓道〕王云：晉書：孫惠詭稱南岳逸士秦祕之，以書干東海王越，越省書，牓道以求之，惠乃出見越。越即以爲記室參軍，專掌文疏，預參謀議。三國志注：文士傳曰：太祖雅聞阮瑀名，辟之不應，連見迫促，乃逃入山中。太祖使人焚山得瑀，送至。梁劭陵王貞白先生陶君碑：牓道求賢，焚林招士。

〔翡翠〕王云：酉陽雜俎：尉瑾曰：蒲萄實出於大宛，張騫所致，有黄白黑三種，成熟之時，子實逼側，星編珠聚。西域多釀以爲酒，每來歲貢。周書王會解：成周之會，倉吾翡翠，翡翠者所以取羽。琦按：蒲萄西域所産，翡翠南越所産，略舉二物，以見遠方納貢之意。

〔洛書〕易繫辭：河出圖，洛出書，聖人則之。

〔月窟〕文選顔延年宋郊祀歌：月窟來賓。吕延濟注：窟，窟也。月窟西極。△窟音毳，又音串。

〔傅説〕王云：孔安國尚書傳：傅氏之巖，在虞、虢之界，通道所經，有澗水壞道，常使胥靡刑人築護此道。説賢而隱，代胥靡築之以供食。正義曰：尸子云：傅巖在北海之州，傳言虞、號之界，孔必有所案據而言之也。

〔兆朕〕王云：廣韻：吉凶形兆謂之兆朕。△朕直引切。

近者逸人李白自峨眉而來，爾其天爲容，道爲貌，不屈己，不干人，巢由以來，一人而已。乃虬蟠龜息，遁乎此山。僕嘗弄之以緑綺，臥之以碧雲，嗽之以瓊液，餌之以金砂。既而童顔益春，真氣愈茂。將欲倚劍天外，挂弓扶桑，浮四海，横八荒，出宇宙之寥廓，登雲天之渺茫。俄而李公仰天長吁，謂其友人曰：吾未可去也。吾與爾達則兼濟天下，窮則獨善一身，安能餐君紫霞，映君青松，乘君鸞鶴，駕君虬龍，一朝飛騰，爲方丈蓬萊之人耳，此則未可也。乃相與卷其丹書，匣其瑶瑟，申管晏之談，謀帝王之術，奮其智能，願爲輔弼。使寰區大定，海縣清一，事君之道成，榮親之義畢。然後與陶朱留侯，浮五湖，戲滄洲，不足爲難矣。即僕林下之所隱容，豈不大哉？必能資其聰明，輔以正氣，借之以物色，發之以文章，雖烟花中貧，没齒無恨。其有山精木魅，雄虺猛獸，以驅之四荒，磔裂原野，使影跡絶滅，不干户庭，亦遺清風掃門，明月侍坐。此乃養賢之心，斯亦勤矣。孟子孟子，無深見責耶？明年青春，求我于此巖也。

【校】

〔此則未可也〕則，兩宋本、咸本俱作方。

〔隱容〕容，兩宋本、咸本俱作客。

〔以軀〕此以字與已通。

【注】

〔道爲貌〕莊子德充符篇：道與之貌，天與之形。

〔龜息〕抱朴子對俗篇：史記龜策傳云：江、淮間居人爲兒時，以龜支床，至後死，家人移床而龜故生，此亦不減五六十歲也。不飲不食如此之久而不死，其與凡物不同亦遠矣。仙經象龜之息，豈不有以乎！

〔猛獸〕王云：猛獸，猛虎也。唐人諱虎，或易稱武，或易稱獸。

〔磔〕王云：韻會：磔，裂也。△磔音摘。

上安州李長史書

白，嶔崎歷落可笑人也。雖然，頗嘗覽千載，觀百家，至於聖賢，相似厥衆。則有若似于仲尼，紀信似于高祖，牢之似于無忌，宋玉似于屈原。而遥觀君侯，竊疑魏洽。便欲趨就，臨然舉鞭。遲疑之間，未及迴避。且理有疑誤而成過，事有形似而類真，惟大雅含弘，方能恕之也。

【校】

〔成過〕過下郭本、王本俱注云：一本無過字。咸本注云：一本無此一字。

【注】

〔安州〕舊唐書地理志：江南東道安州：隋安陸郡，武德四年，平王世充，改爲安州。

〔嶔崎〕王云：晉書：桓彝字茂倫，雅爲周顗所重。顗嘗歎曰：「茂倫嶔崎歷落，固可笑人也。」

〔有若〕史記仲尼弟子列傳：孔子既没，弟子思慕，有若狀似孔子，弟子相與共立爲師，師之如夫子時也。

〔紀信〕王云：史記漢書載紀信誑楚事，不言其貌似高祖。惟白帖云：紀信貌似漢王，乘黄屋車左纛，詐稱漢王，出降項羽。不詳出於何書，要必有所本。

〔牢之〕〔宋玉〕王云：晉書：何無忌，劉牢之之甥，酷似其舅。襄陽耆舊傳：宋玉識音而善文，襄王好樂而愛賦，既美其才而憎其似屈原也，曰：「子盍從俗，使楚人貴子之德乎！」

白少頗周慎，忝聞義方，入暗室而無欺，屬昏行而不變。今小人履疑誤形似之迹，君侯流愷悌矜恤之恩。戢秋霜之威，布冬日之愛，睟容有穆，怒顔不彰。雖將軍息恨於長孺之前，此無慙德；司空受揖於元淑之際，彼未爲賢。一言見冤，九死非謝。

【校】

〔矜恤〕恤，兩宋本、繆本、咸本俱作捨。王本注云：繆本作捨。

〔長孺〕孺，兩宋本、繆本、郭本、咸本俱作孫，注云：一作孺。王本注云：一作孫。

〔此無〕此，宋甲本作比，誤。

〔受揖〕受，兩宋本作愛，誤。

〔見冤〕王本冤下注云：當作免。

【注】

〔暗室〕王云：南史梁簡文帝紀：弗欺暗室，豈況三光？又阮長之爲中書郎直省，夜往鄰省，誤著屐出閤，依事自列。門下以暗夜人不知，不受列。長之固遣送曰：一生不侮暗室。

〔昏行〕列女傳仁智傳：衛靈公……與夫人夜坐，聞車聲轔轔，至闕而止，過闕復有聲，公問夫人曰：「知此爲誰？」夫人曰：「此蘧伯玉也。」公曰：「何以知之？」夫人曰：「妾聞禮下公門，式路馬，所以廣敬也。夫忠臣與孝子不爲昭昭變節，不爲冥冥墮行。蘧伯玉，衛之賢大夫也，仁而有智，敬於事上，此其人必不以闇昧廢禮，是以知之。」

〔睟容〕文選王融三月三日曲水詩序：睟容有穆，賓儀式序。張銑注：睟，潤澤之貌也。穆，和也。△睟音粹。

〔長孺〕漢書卷五〇汲黯傳：汲黯，字長孺，……爲人性倨少禮，……大將軍青既益尊，姊爲皇后，然黯與亢禮。或説黯曰：「自天子欲令羣臣下大將軍，大將軍尊貴誠重，君不可以不拜。」黯曰：「夫以大將軍有揖客，反不重耶？」大將軍聞，愈賢黯，數請問以朝廷所疑，遇黯加於平日。

〔元淑〕王云：司空受揖事未詳。後漢書：趙壹，字元叔，漢陽西縣人。光和元年，舉郡上計到京師。是時司徒袁逢受計，計吏數百人皆拜伏庭中，莫敢仰視。壹獨長揖而已。逢望而異之，命左右往讓之曰：「下郡計吏而揖三公，何也？」對曰：「昔酈食其長揖漢王，今揖三公，何遽怪哉？」逢即斂衽下堂，延置上坐，因問西方事，大悦，顧謂坐中曰：「此漢陽趙元叔也，朝臣莫有過之者，吾請爲諸君分坐。」坐者皆屬觀。或用其事。司空當是司徒，元淑當是元叔之誤，未可知也。

依。白孤劍誰託，悲歌自憐。迫于悽惶，席不暇暖。寄絶國而何仰？若浮雲而無依。南徙莫從，北遊失路。遠客汝海，近還郢城。昨遇故人，飲以狂藥，一酌一笑，陶然樂酣。困河朔之清觴，飫中山之醇酎。屬早日初眩，晨霾未收。乏離朱之明，昧王戎之視。青白其眼，瞢而前行。亦何異抗莊公之輪，怒螳螂之臂？御者趨召，明其是非。入門鞠躬，精魄飛散。昔徐邈緣醉而賞，魏王却以爲賢；無鹽因醜而獲，齊君待之逾厚。白妄人也，安能比之？上挂國風相鼠之譏，下懷周易履虎之懼。慭以固陋，禮而遣之，幸容甯越之辜，深荷王公之德。銘刻心骨，退思狂愆，五情冰炭，罔知所措。晝愧于影，夜慙于魄，啓處不遑，戰跼無地。

【校】

〔遠客〕遠，兩宋本、繆本、咸本俱作言。王本注云：繆本作言。

〔邳城〕邳，郭本作邙。王本注云：蕭本作邙。

〔慭以〕慭，咸本作慙。王本慭下注云：當作愍。

〔狂愆〕愆，郭本作僭。

【注】

〔悽惶〕王云：班固答賓戲：聖哲之治，棲棲遑遑。孔席不暖，墨突不黔。李善注：棲遑，不安居之意也。韋昭曰：暖，温也，言坐不暖席也。淮南子：墨子無暖席。高誘曰：坐席不至於温，歷行諸國，汲汲於行道也。宋書：竈不得黔，席未暇暖。

〔郖城〕王云：史記正義：括地志云：安州安陸縣城，本春秋時鄖國城。杜預春秋經傳集解：鄖國在江夏，雲杜縣東南有鄖縣。郖城即鄖城也，古字通用。

〔狂藥〕晉書卷三五裴楷傳：長水校尉孫季舒嘗與石崇酣燕，慢傲過度。崇欲表免之，楷聞之，謂崇曰：「足下飲人狂藥，責人正禮，不亦乖乎？」

〔河朔〕初學記卷三魏文帝典論曰：大駕都許，使光禄大夫劉松北鎮袁紹軍，與紹子弟日共宴飲，常以三伏之際，晝夜酣飲極醉，至於無知，云以避一時之暑。故河朔有避暑飲。

〔飫〕音於去聲。

〔中山〕文選左思魏都賦：醇酎中山，流湎千日。劉淵林注：中山出好酎酒。其俗傳云：昔有人曰玄石者，從中山酒家沽酒，酒家與之千日之酒，語其節度，比歸百里，可至於醉。如其言飲之，至家而醉。其家不知其醉，以爲死也。棺斂而葬之。中山酒家計向千日，憶曰：「玄石前來沽酒，其醉向解也。」遂往問，其鄰人曰：「玄石死來三年，服已闋矣。」於是與其家至玄石冢上，掘而開其棺，玄石於是醉始解，起於棺中。其俗語曰：玄石飲酒，一醉千日。

〔酎〕説文：酎，三重醇酒也。△酎音宙。

〔晨霾〕王云：晨霾，早時昏霧之氣。△霾音埋。

〔離朱〕孟子離婁：離婁之明。趙岐注：離婁，古之明目者，黄帝時人也，黄帝亡其玄珠，使離朱索之。離朱即離婁也。能視百步之外，見秋毫之末。

〔王戎〕晉書卷四三王戎傳：戎幼而穎悟，神彩秀徹，視日不眩。裴楷見而目之曰：「戎眼爛爛如巖下電。」

〔青白〕晉書卷四九阮籍傳：籍又能爲青白眼。見禮俗之士，以白眼對之。及嵇喜來弔，籍作白眼，喜不懌而退。喜弟康聞之，乃齎酒挾琴造焉。籍大悦，乃見青眼。

〔莊公〕韓詩外傳卷八：齊莊公出獵，有螳螂舉足將搏其輪，問其御曰：「此何蟲也？」御曰：「此是螳螂也，其爲蟲知進而不知退，不量力而輕就敵。」莊公曰：「以爲人必爲天下勇士矣。」於是迴車避之，而勇士歸。

〔徐邈〕三國志魏志卷二七徐邈傳：爲尚書郎，時科酒禁，而邈私飲至於沉醉。校士趙達問以曹事，邈曰：「中聖人。」達白之太祖，太祖甚怒。……鮮于輔進曰：「平日醉客謂酒清者爲聖人，濁者爲賢人，邈性修慎，偶醉言耳。」竟坐得免刑。……文帝踐阼，……車駕幸許昌，問邈曰：「頗復中聖人否！」邈對曰：「昔子反斃於穀陽，御叔罰於飲酒。臣嗜同二子，不能自懲，時復中之。然宿瘤以醜見傳，而臣以醉見識。」帝大笑，顧左右曰：「名不虚立。」

〔相鼠〕詩鄘風相鼠：相鼠有皮，人而無儀。人而無儀，不死何爲？

〔履虎〕易履卦：履虎尾，咥人凶。

〔甯越〕世説政事篇：王安期作東海郡，吏録一犯夜人來，王問何處來，云從師家受書還，不覺日晚。王曰：「鞭撻甯越以立威名，恐非致理之本。」使吏送令歸家。按：甯越事見世説注引呂氏春秋云：甯越，中牟之鄙人也。……其友曰：「……學三十歲則可以達矣。」甯越曰：「請以十歲，人將休吾將不敢休，人將卧吾將不敢卧。」十五歲而周威公師之。王承語指此。

〔狂僭〕王云：廣韻：愆，過也。俗作僭。

〔冰炭〕王云：郭象莊子注：喜懼戰於胸中，固已結冰炭於五藏矣。

〔啓處〕詩小雅采薇：王事靡盬，不遑啓處。毛傳：遑，暇。啓，跪。處，居也。

伏惟君侯明奪秋月，和均韶風。掃塵詞場，振發文雅。陸機作太康之傑士，未可比肩；曹植爲建安之雄才，惟堪捧駕。天下豪俊，翕然趨風。白之不敏，竊慕餘論。何圖叔夜潦倒，不切于事情；正平猖狂，自貽于恥辱？一忤容色，終身厚顔。敢昧負荆，請罪門下？儻免以訓責，恤其愚蒙，如能伏劍結纓，謝君侯之德。敢以近所爲春遊救苦寺詩一首十韻，石巖寺詩一首八韻，上楊都尉詩一首三十韻，辭旨狂野，貴露下情，輕干視聽，幸乞詳覽。

【校】

〔建安〕安，兩宋本、繆本俱作武。王本注云：繆本作武，誤。

〔敢昧〕兩宋本、繆本俱作沐芳。王本注云：繆本作沐芳。

〔以近所爲〕此四字兩宋本、繆本俱作一夜力撰。

【注】

〔太康〕王云：陳思爲建安之傑，陸機爲太康之英。太康，西晉年號，時則有左思、潘岳、二張、二陸之詩。建安，漢末年號，時則有曹氏父子及鄴中七子之詩。

〔叔夜〕文選嵇叔夜與山巨源絶交書：足下舊知吾潦倒麁疎，不切事情。

〔正平〕後漢書卷一一〇禰衡傳：禰衡字正平，（孔）融既深愛衡才，數稱述於曹操。操欲見之，而衡素相輕疾，自稱狂病不肯往，而數有恣言。操懷忿，而以其才名不欲殺之。聞衡善擊鼓，乃召爲鼓史，因大會賓客，試閲音節。諸史過者，皆令脱其故衣，更著岑牟單絞之服。次至衡，衡方爲漁陽摻撾，蹀躡而前，容態有異，聲節悲壯，聽者莫不慷慨。衡進至操前而止。吏呵之曰：「鼓史何不改裝而輕敢進乎！」衡曰「諾。」於是先解衵衣，次釋餘服，裸身而立，徐取岑牟單絞而著之，復參撾而去，顔色不怍。操笑曰：「本欲辱衡，衡反辱孤。」

〔負荆〕史記廉頗藺相如列傳：廉頗聞之，肉袒負荆，因賓客至藺相如門謝罪。索隱：負荆者，荆，楚也，可以爲鞭也。

〔伏劍結纓〕王云：左傳：魏絳將伏劍，士魴、張老止之。孔穎達正義：将伏劍，謂仰劍刃，身伏其上而取死也。左傳：太子下，石乞盂黶敵子路，以戈擊之斷纓。子路曰：「君子死，冠不免。」結纓而死。江淹上建平王書：結纓伏劍，少謝萬一。猶云殺身以報德也。

〔救苦寺〕王云：方輿勝覽：救苦寺在德安府西四里，今名勝業院。今考集中三詩皆不傳。

按：德安，王注原誤作常德，今改。

【評箋】

今人詹鍈云：上安州裴長史書云：前此郡督馬公，朝野豪彦，一見盡禮，許爲奇才。因謂長史李京之曰：諸人之文，猶山無煙霞，春無草樹。李白之文，清雄奔放，句句動人。顧祖禹讀史方輿紀要卷五：史略：景雲二年，置都督二十四人，尋以權重難制，罷之。惟四大都督如故。開元十七年，以潞、益、并、荆、揚爲五大都督，又更定上中下都督之制，其中都督府凡十五，……按安州爲十五中都督府之一，則其復置當在是年。馬公即爲首任都督者也。此李長史必爲京之無疑。

與賈少公書

宿昔惟清勝。白綿疾疲薾，去期恬退，才微識淺，無足濟時。雖中原横潰，將何以救之？王命崇重，大總元戎。辟書三至，人輕禮重。嚴期迫切，難以固辭。扶力一行，前觀進退。且殷深源廬岳十載，時人觀其起與不起，以卜江左興亡。謝安高卧東山，蒼生屬望。白不樹矯抗之跡，恥振玄邈之風，混遊漁商，隱不絕俗，豈徒販賣雲壑，要射虚名？方之二子，實有慙德。徒塵忝幕府，終無能爲。唯當報國薦賢，持以自免，斯言若謬，天實殛之。以足下深知，具申中款。惠子知我，夫何間然？勾當小事，但增悚惕。

【校】

〔宿昔〕王云：上似有缺文。

〔王命〕王，郭本作生。

〔殷深源〕兩宋本、繆本俱無深字。

〔悚惕〕惕，郭本、咸本、王本俱注云：一作佩。

【注】

〔少公〕〔賈少公〕王云：唐人通呼縣尉曰少府，少公即少府也。書内有中原横潰及王命崇重、大總元戎、辟書三至、嚴期迫切等語，疑是永王璘脅行時所作。　按：卷二十七有秋日於太原南栅餞陽曲王贊公賈少公……序，當即其人。

〔殷深源〕世説賞譽篇：殷淵源在墓所幾十年，於時朝野以擬管葛，起不起以卜江左興亡。

〔惠子〕文選曹植與楊德祖書：其言之不慚，恃惠子之知我也。

〔勾當〕王云：勾當，幹辦也。唐宋時俚語，今北人猶有此言，俱作去聲呼。

【評箋】

今人詹鍈云：王譜繫至德元載下，注云：書有中原横潰及大總元戎、辟書三至、嚴期逼迫等語，疑其作應在是時，且疑是應永王辟命時之作。

爲趙宣城與楊右相書

某啓：辭違積年，伏戀軒屏。首冬初寒，伏惟相公尊體起居萬福。某蒙恩，才朽齒邁，徒延聖日。少參末吏，本乏遠圖。中年廢缺，分歸園壑。昔相公秉國憲之日，一拔九霄，拂刷前恥，昇騰晚官，恩貸稠疊，實戴丘山。落羽再振，枯鱗旋躍。運以大風之舉，假以磨天之翔。衣繡霜臺，含香華省。宰劇慙強項之名，酌貪礪清心之節。三典列郡，寂無成功。但宣布王澤，式酬天獎。伏惟相公開張徽猷，寅亮天地。入夔龍之室，持造化之權。安石高枕，蒼生是仰。某鳴躍無已，剪拂因人。銀章朱紱，坐榮宦達。身荷宸眷，目識龍顏。既齊飛于鵷鷺，復寄跡于門館。皆相公大造之力也。而鐘鳴漏盡，夜行不息，止足之分，實愧古人。犬馬戀主，迫于西汜。所冀枯松晚歲，無改節于風霜；老驥餘年，期盡力于蹄足。上答明主，下報相公，縷縷之誠，屏息於此。伏惟相公收遺簪于少昊，念亡弓于楚澤。衰當益壯，結草知歸。瞻望恩光，無忘景刻。

【校】

〔題〕兩宋本趙下脱宣字。

〔蒙恩〕按此二字不成句，似有脱誤。

〔磨天〕磨，王本注云：當作摩。

〔宸眷〕眷，兩宋本、繆本俱作睠。王本注云：繆本作睠。

〔縷縷〕兩宋本、繆本、郭本、咸本俱作慺慺。

〔少昊〕昊，王本注云：當作原。

【注】

〔趙宣城〕王云：趙宣城，宣城太守趙悦也。唐書：天寶十一載十一月庚申，楊國忠爲右相。按卷十一有贈宣城趙太守悦、卷二十八有趙公西候亭頌，俱可參看。

〔國憲〕王云：唐書楊國忠傳：天寶七載，擢給事中，兼御史中丞。蔡邕文烈侯楊公碑，逮作御史，允執國憲。

〔衣繡〕見卷十一在水軍宴贈幕府諸侍御詩注。

〔含香〕王云：初學記：應劭漢官儀曰：尚書郎含鷄舌香，伏奏事，黄門侍郎對揖跪受，故稱尚書郎懷香握蘭，趨走丹墀。宋書：尚書郎口含鷄舌香，以其奏事對答，欲使氣息芬芳也。

〔強項〕見卷十二贈宣城趙太守悦詩注。

〔酌貪〕晉書卷九〇吴隱之傳：廣州包帶山海，珍異所出，一篋之寄，可資數世。然多瘴疫，人情憚焉。惟貧寠不能自立者，求補長史，故前後刺史皆多黷貨。朝廷欲革嶺南之弊，隆安中以吴隱之爲……廣州刺史，……未至州二十里，地名石門，有水曰貪泉，飲者懷無厭之欲。隱之既至，語其親人曰：「不見可欲，使心不亂。越嶺喪清，吾知之矣。」乃至泉所酌而飲之，因賦詩曰：「古人云此水，一歃懷千金。試使夷齊飲，終當不易心。」及在州，清操逾厲。

〔天獎〕文選任昉奉答勅示七夕詩啓：式酬天獎。劉良注：式，用也。酬，答也。獎，猶恩也。

〔徽猷〕詩小雅角弓：君子有徽猷，小人與屬。毛傳：徽，美也。鄭箋：猷，道也。君子有美道以得聲譽，則小人亦樂與之而自連屬焉。

〔寅亮〕書周官：貳公弘化，寅亮天地。孔傳：敬信天地之教。

〔剪拂〕見卷三天馬歌注。

〔銀章朱紱〕見卷十一贈劉都使詩注。

〔夜行〕三國志魏志卷二六田豫傳：屢乞遜位，太傅司馬宣王以爲豫克壯，書喻未聽。豫書答曰：「年過七十而以居位，譬猶鐘鳴漏盡而夜行不休，是罪人也。」

〔西汜〕王云：楚辭：出自湯谷，入於蒙汜。王逸注：汜，水涯也。言日出東方湯谷之中，入西極蒙水之涯也。謝瞻詩：「扶光迫西汜。」吕延濟注：扶光，日也。迫，薄也。西汜，日入處也。

〔遺簪〕見本卷爲吴王謝責赴行在遲滯表注。

〔亡弓〕家語好生篇：楚王出遊亡弓，左右請求之。王曰：「止！楚王失弓，楚人得弓，又何求之？」

〔結草〕左傳宣十五年：魏顆敗秦師於輔氏，獲杜回，秦之力人也。初魏武子有嬖妾無子，武子疾，命顆曰：「必嫁是。」疾病，則曰：「必以爲殉。」及卒，顆嫁之，曰：「疾病則亂，吾從其治也。」及輔氏之役，顆見老人結草以亢杜回，杜回躓而顛，故獲之。夜夢之曰：「予而所嫁婦人之父也，爾用先人之治命，予是以報。」

與韓荆州書

白聞天下談士相聚而言曰：生不用萬户侯，但願一識韓荆州。何令人之景慕一至於此耶？豈不以有周公之風，躬吐握之事，使海内豪俊奔走而歸之，一登龍門，則聲譽十倍！所以龍盤鳳逸之士，皆欲收名定價於君侯，願君侯不以富貴而驕之，寒賤而忽之。則三千賓中有毛遂，使白得穎脱而出，即其人焉。白隴西布衣，流落楚漢。十五好劍術，徧干諸侯；三十成文章，歷抵卿相。雖長不滿七尺，而心雄萬夫，王公大人許與氣義。此疇曩心跡，安敢不盡於君侯哉？

【校】

〔題〕文粹荆州下有朝宗二字。

〔何令〕文粹無令字。

〔此耶〕文粹無耶字。

〔有周公〕文粹無有字。

〔大人〕人，兩宋本、繆本、郭本俱作臣。王本注云：舊本作臣。今從唐文粹本。

〔君侯哉〕哉，兩宋本，繆本俱作爲。王本注云：繆本作爲。

【注】

〔韓荆州〕王云：唐書：韓朝宗初歷左拾遺，累遷荆州長史。開元二十二年，初置十道採訪使，朝宗以襄州刺史兼山南東道，坐所任吏擅賦役，貶洪州刺史。天寶初，召爲京兆尹，出爲高平太守，貶吴興别駕卒。喜識拔後進，嘗薦崔宗之、嚴武於朝，當時士咸歸重之。

〔吐握〕韓詩外傳卷三：周公曰：「吾文王之子，武王之弟，成王之叔父也，又相天下，吾於天下亦不輕矣。然一沐三握髮，一飯三吐哺，猶恐失天下之士。」

〔龍門〕世説德行篇：「李元禮風格秀整，高自標持，欲以天下名教是非爲己任，後進之士有升其堂者，皆以爲登龍門。」

〔毛遂〕史記平原君列傳：「門下有毛遂者，前自贊於平原君，……平原君曰：「夫賢士之處世也，譬若錐之處囊中，其末立見。今先生處勝之門下，三年於此矣。左右未有所稱誦，勝未有所聞，是先生無所有也？……」毛遂曰：「臣乃今日請處囊中耳，使遂早得處囊中，乃穎脱而出，非特其末見而已。」

君侯制作侔神明，德行動天地，筆參造化，學究天人。幸願開張心顔，不以長揖見拒。必若接之以高宴，縱之以清談，請日試萬言，倚馬可待。今天下以君侯爲文章之司命，人物之權衡，一經品題，便作佳士。而君侯何惜階前盈尺之地，不使白揚眉吐氣，激昂青雲耶？

【校】

〔君侯制作〕君上文粹有而今二字。

〔筆參二句〕兩宋本、繆本、郭本、咸本參下究下各有於字。王本注云：舊本作筆參于造化，學究于天人，今從唐文粹本。

〔何惜〕文粹無何字。

【注】

〔倚馬〕世説文學篇：桓宣武北征，袁虎時從，被責免官，會須露布文，唤袁倚馬前令作，手不輟筆，俄得七紙，殊可觀。

昔王子師爲豫州，未下車即辟荀慈明，既下車又辟孔文舉。山濤作冀州，甄拔三十餘人，或爲侍中尚書，先代所美。而君侯亦薦一嚴協律，入爲祕書郎，中間崔宗之、房習祖、黎昕、許瑩之徒，或以才名見知，或以清白見賞。白每觀其銜恩撫躬，忠義奮發，以此感激，知君侯推赤心于諸賢腹中，所以不歸他人而願委身國士。儻急難有用，敢効微軀。

【校】

〔豫州〕州，兩宋本、繆本、郭本、咸本俱作章，誤。

〔薦一〕文粹作一薦。

〔以此〕文粹上有白字。

〔微軀〕軀，兩宋本、繆本、郭本俱作驅。王本注云：繆本作驅。

【注】

〔王子師〕後漢書卷九六王允傳：王允字子師，……拜豫州刺史，辟荀爽、孔融等爲從事。晉書卷五六江統傳：昔王子師爲豫州，未下車辟荀慈明，下車辟孔文舉。

〔山濤〕晉書卷四三山濤傳：出爲冀州刺史，……冀州俗薄，無相推轂。濤甄拔隱屈，搜訪賢才，旌命三十餘人，皆顯名當時，人懷慕尚，風俗頗革。

〔嚴協律〕按新唐書百官志，太常寺有協律郎。嚴名未詳。

〔崔宗之〕見卷十贈崔郎中之金陵詩注。

〔黎昕〕按：王維集有黎拾遺昕見過詩，當即一人。

且人非堯舜，誰能盡善？白謨猷籌畫，安能自矜？至於制作，積成卷軸，則欲塵穢視聽，恐雕蟲小技，不合大人。若賜觀芻蕘，則請給紙墨，兼之書人，然後退掃閑軒，繕寫呈上。庶青萍結緑，長價於薛卞之門。幸惟下流，大開獎飾，惟君侯圖之。

【校】

〔自矜〕矜，兩宋本、繆本、郭本、咸本俱作盡。王本注云：舊本作盡，今從唐文粹本。

〔則請〕兩宋本、繆本、郭本、咸本此句俱作請給以紙墨，文粹無則字。

〔兼之書人〕兩宋本、繆本、郭本俱作兼人書之。王本注云：舊本作兼人書之，今從唐文粹本。

〔退掃〕掃，兩宋本、繆本、郭本、咸本俱作歸。王本注云：舊本作歸，今從唐文粹本。

〔大開〕開，咸本作閑。

【注】

〔青萍結緑〕見卷九鄴中贈王大勸入高鳳石門山幽居及贈范金鄉二首詩注。

〔薛〕薛燭。見卷二古風第十六首注。

〔下〕卞和。見卷四鞠歌行注。

【評箋】

葉廷琯云：康熙末年，吴門繆曰芑武子重刊李翰林集三十卷，自題云得崑山徐氏所藏臨川晏處善本，重加校正梓之。余曾就俗刻古文總集中太白文二篇勘閲，與韓荆州書内一至於此，繆本此下有耶字。聲價十倍，繆本價字作譽。君侯不以富貴而驕人，繆本君侯上有願字。三千之中，繆本之字作賓。皆王公大人，繆本王公上無皆字。推赤心於諸賢之腹中，繆本無之字。請給紙筆，繆本作請給以紙墨。以上諸字，繆本皆勝於俗刻。惟昔王子師爲豫州，繆本作豫章。考之後漢書王允本傳，實是豫州，所稱辟荀爽、孔融事，太白即用本傳文，是繆本誤而俗刻不誤也。春夜宴桃李園序，繆本集首目録作春夜宴桃花園序，卷首子目及文前標目並同，序中亦云會桃花之芳園，前後四處皆作桃花，不作桃李，自非譌書，亦非臆改。（唐文粹選此序亦作桃花）又序首萬物之逆旅、百代之過客二語，繆本下皆有也字，煞脚末句作罰依金谷酒斗數，以上諸字亦皆繆本勝於俗刻也。太白此二文久膾炙人口，而俱經俗本删改，幸繆刻略存其真，其餘傳誦諸詩當亦有異文，尚未暇徧校，繆本總目附考異一卷，下注嗣出，所考必有可觀，第今未見流傳，嗣出或虚語耳。（吹綱録）

今人詹鍈云：王譜：太白與韓荆州書有三十成文章語，此書當是庚午以後甲戌以前四年中之作。注云：朝宗以襄州刺史兼山南東道，其爲荆州長史在是年以前。按舊唐書玄宗紀：開元十八年六月己丑，令范安及韓朝宗就瀍、洛水源流決置門，以節水勢。通鑑開元十八年六月下考異曰：按實録，是歲閏六月，以太子少保陸象先兼荆州長史。朝宗之爲荆州長史必在開元十八年以後。又張曲江集貶韓朝宗洪州刺史制：朝請大夫、荆州大都督府長史兼判襄州刺史、山南東道採訪處置等使、上柱國、長山縣開國伯韓朝宗云云，是朝宗兼判襄州時固仍爲荆州長史也。憶襄陽舊遊贈濟陰馬少府巨詩云：「昔爲大隄客，曾上山公樓。高冠佩雄劍，長揖韓荆州。」明言長揖韓荆州之地在襄陽而不在荆州。今書中云，幸願開張心顏（原書此二字誤），不以長揖見拒，則此篇之作當在本年二月以後。

按：詹氏據大唐詔令集開元二十二年二月十九日初置十道採訪使，以荆州長史韓朝宗兼山南東道採訪使。

上安州裴長史書

白聞天不言而四時行，地不語而萬物生。白人焉，非天地。安得不言而知乎？敢剖心析肝，論舉身之事，便當談笑以明其心，而粗陳其大綱，一快憤懣，惟君侯察焉！

【校】

〔白聞〕聞，文粹作言。

〔不語〕語，文粹作言。

〔萬物〕萬，文粹作百。

〔非天地〕地下兩宋本、繆本俱有也字。王本注云：繆本多一也字。

〔剖心〕剖，郭本作刻。王本注云：蕭本作刻心析肝。

〔大綱〕文粹作萬一。

〔一快〕文粹作悒快。

【注】

〔憤懣〕漢書司馬遷傳：是僕終已不得舒憤懣以曉左右。顏師古注：懣，煩悶也。

白本家金陵，世爲右姓，遭沮渠蒙遜難，奔流咸秦，因官寓家。少長江漢，五歲誦六甲，十歲觀百家，軒轅以來，頗得聞矣。常横經藉書，制作不倦，迄于今三十春矣。以爲士生則桑弧蓬矢，射乎四方，故知大丈夫必有四方之志。乃仗劍去國，辭親遠遊，南窮蒼梧，東涉溟海。見鄉人相如大誇雲夢之事，云楚有七澤，遂來觀焉。而許相公家見招，妻以孫女，便憩跡于此，至移三霜焉。

【校】

〔蒙遜〕此下文粹有之字。

〔藉書〕藉，郭本、王本俱作籍，今從兩宋本、繆本。

〔射乎〕乎，文粹作于。

〔仗劍〕仗，兩宋本、繆本、郭本俱作杖。王本注云：繆本作杖。

〔憩跡〕兩宋本、繆本俱無跡字。王本注云：繆本無跡字。

【注】

〔金陵〕王云：按晉書：涼武昭王諱暠，字玄盛，隴西成紀人，姓李氏，漢前將軍廣之十六世孫也。廣曾孫仲翔，後漢初爲將軍，討叛羌於素昌，素昌乃狄道也。衆寡不敵，死之。仲翔子伯考奔喪，因葬於狄道之東川，遂家焉。世爲西州右姓。玄盛當吕氏之末，爲羣雄所奉，遂啓霸圖，兵不血刃，坐定千里。進號大都督大將軍涼公，領秦、涼二州牧，據河右，遷都酒泉。薨，子歆嗣位，爲沮渠蒙遜所滅，諸弟酒泉太守翻、新城太守預、領羽林監密、左將軍眺、右將軍亮等，西奔燉煌，翻及弟燉煌太守恂與諸子等棄燉煌奔於北山。郡人宋丞、張弘以恂在郡有惠政，推爲冠軍將軍、涼州刺史。蒙遜屠其城。歆子重耳脱身奔於江左，仕於宋，後歸魏，爲弘農太守。蒙遜徙翻子寶等於姑臧。歲餘，北奔伊吾，後歸於魏。胡應麟續筆叢：涼武昭王之世，南北瓜分已久，即云先世金陵，後遷隴、蜀，亦萬萬不通。蓋後人因白僑寓白門而僞爲此書云云。琦按：自本家金陵至少長江漢二十餘字，必有缺文訛字，否則金陵或是金城之謬，亦未可知，斷爲僞作者非是。

〔右姓〕新唐書卷一九九柳冲傳：江左定氏族，凡郡上姓第一則爲右姓。大和以郡四姓爲右姓。齊浮屠曇剛類例：凡甲門爲右姓。周建德氏族，以四海通望爲右姓。隋開皇氏族以上品茂姓則爲右姓。唐貞觀氏族志：凡第一等則爲右姓。路氏著姓略，以盛門爲右姓。李冲姓族系録，凡四海望族則爲右姓。

〔六甲〕王云：禮記：九年教之數日。鄭康成注：朔望與六甲也。漢書：八歲入小學，學六甲五方書計之事。南史：顧歡年六七歲，知推六甲。六甲，今之六十甲子。按：馮浩樊南文集詳注卷七云：禮記，六年教之數與方名。注曰：方名東西。九年教之數日。注曰：朔望與六甲也。漢書志：日有六甲，辰有五子。王粲儒吏論：古者八歲入小學，學六甲五方書記之事。

〔横經藉書〕漢書卷一〇〇叙傳：徒樂枕經籍書，紆體衡門。

〔桑弧〕禮記射義：故男子生桑弧蓬矢六，以射天地四方。天地四方者，男子之所有事也。故必先有志於其所有事，然後敢用穀也。

〔雲夢〕見卷一大獵賦注。

〔許相公〕王云：許相公謂許圉師。按舊唐書：許紹，字嗣宗，本高陽人。梁末徙於周，因家於安陸，累官硤州刺史，封安陸郡公。少子圉師有器幹，博涉藝文，舉進士。顯慶二年，累遷黄門侍郎同中書門下三品。龍朔中，爲左相。爲李義府所擠，左遷虔州刺史，尋轉相州刺史。上元中再遷户部尚書，儀鳳四年卒。

曩昔東遊維揚，不踰一年，散金三十餘萬，有落魄公子，悉皆濟之。此則白之輕財好施也。又昔與蜀中友人吴指南同遊于楚，指南死于洞庭之上，白襌服慟哭，若喪天倫，炎月伏屍，泣盡而繼之以血。行路聞者，悉皆傷心。猛虎前臨，堅守不動。遂權殯于湖側，便之金陵。數年來觀，筋肉尚在。白雪泣持刃，躬身洗削，裹骨徒步，負之而趨，寢興攜持，無輟身手。遂丐貸營葬于鄂城之東。故鄉路遥，魂魄無主，禮以遷窆，式昭朋情。此則是白存交重義也。

【校】

〔此則〕則下文粹有是字。

〔泣盡而〕郭本、咸本俱無而字。王本注云：郭氏本無而字。

〔筋肉〕肉，兩宋本、郭本、咸本俱作骨。王本注云：集本作骨，今從唐文粹本。

〔躬身〕身，文粹作申。

〔朋情〕朋，兩宋本作明。

【注】

〔禫服〕儀禮士虞禮：朞而小祥，又朞而大祥，中月而禫。鄭注：中，猶間也。禫，祭名也。與大祥間一月，自喪至此，凡二十七月，禫之言澹，澹然平安意也。古文禫或爲導。王云：禮記：中月而禫，禫而纖。鄭康成注：黑經白緯曰纖。舊説，纖冠者采纓也。孔穎達正義：禫而纖者，禫祭之時，玄冠朝服，禫祭既訖而首著纖冠，身著素端黄裳，以至吉祭。禫服即素服之義。△禫音覃上聲。

〔鄂城〕王云：鄂城謂江夏郡城，本名鄂州，故曰鄂城。

〔窆〕王云：小爾雅：下棺謂之窆。△窆音貶。

又昔與逸人東嚴子隱於岷山之陽，白巢居數年，不跡城市，養奇禽千計，呼皆就掌取食，了無驚猜。廣漢太守聞而異之，詣廬親覩。因舉二人以有道，並不起。此則白養高忘機不屈之跡也。

【校】

〔東嚴〕嚴，文粹作巖。

【注】

〔岷山〕王云：尚書蔡傳：晁氏曰：蜀以山近江源者通爲岷山。連峯接岫，重疊險阻，不詳遠近，青城、天彭之所環遶，皆古之岷山。青城乃其第一峯也。地理今釋：岷山跨古雍、梁二州，自陝西鞏昌府岷州衛以西，大山重谷，谽谺起伏，西南走蠻箐中，直抵四川成都府之西境。凡茂州之雪嶺，灌縣之青城，皆其支脈，而導江之處則在今松潘衛北西番界之浪架嶺。漢書地理志所云：岷山在湔道縣西徼外，是也。

〔廣漢〕王云：太白，巴西郡人。唐之巴西郡，即漢之廣漢郡地，取舊名以代時稱，唐人多有此習，其實唐時無廣漢太守之名也。

〔有道〕王云：有道，唐取士科名。唐書高適傳：舉有道科中第是也。

又前禮部尚書蘇公出爲益州長史，白於路中投刺，待以布衣之禮，因謂羣寮曰：「此子天才英麗，下筆不休，雖風力未成，且見專車之骨，若廣之以學，可以相如比肩也。」四海明識，具知此談。前此郡督馬公，朝野豪彥，一見盡禮，許爲奇才，因謂長史李京之曰：「諸人之文，猶山無烟霞，春無草樹。李白之文，清雄奔放，名章俊語，絡繹間起，光明洞澈，句句動人。」此則故交元丹親接斯議。若蘇、馬二公愚人也，復何足陳？儻賢賢也，白有可尚。

【校】

〔羣寮〕羣，文粹作郡。

〔盡禮〕兩宋本、繆本俱無禮字。王本注云：繆本少盡字。

〔洞澈〕此下咸本注云：一本云：句句動人。此則故交元丹親接斯議，若蘇、馬二公愚人也。文粹無此數句。

〔復何足陳〕兩宋本、繆本足下有盡字。文粹作何以盡陳。王本足下注云：繆本多一盡字。

【注】

〔蘇公〕舊唐書卷八八蘇頲傳：開元四年遷紫微侍郎，進同紫微黄門平章事。八年，除禮部尚書罷政事。俄知益州大都督長史事。

〔專車〕國語魯語：昔禹致羣臣於會稽之山，防風氏後至。禹殺而戮之，其骨專車。

〔馬公〕按：今人詹鍈云：上安州裴長史書云：前此郡督馬公，朝野豪彦，一見盡禮，許爲奇才，因謂長史李京之曰：……李白之文清雄奔放，……顧祖禹讀史方輿紀要卷五：史略：景雲二年置都督二十四人，尋以權重難制，罷之，惟四大都督如故。開元十七年以潞益并荆揚爲五大都督，又更定上中下都督之制，其中都督府凡五……。（都督制置改易，通典、元和郡縣志、兩唐書均有紀載，然皆不若是之詳。）按安州爲十五中都督府之一，則其復置當在是年（開元十七年），馬公即首任都督者也。

〔元丹〕按：即元丹丘。見卷七西岳雲臺歌送丹丘子等詩注。

夫唐虞之際，於斯爲盛，有婦人焉，九人而已。是知才難不可多得。白野人也，頗工於文，惟君侯顧之，無按劍也。伏惟君侯貴而且賢，鷹揚虎視，齒若編貝，膚如凝脂，昭昭乎若玉山上行，朗然映人也。而高義重諾，名飛天京。四方諸侯聞風暗許。倚劍慷慨，氣干虹蜺。月費千金，日宴羣客。出躍駿馬，入羅紅顏。所在之處，賓朋成市。故時人歌曰：「賓朋何喧喧？日夜裴公門。願得裴公之一言，不須驅馬埒華軒。」白不知君侯何以得此聲于天壤之間，豈不由重諾好賢，謙以得也？而晚節改操，棲情翰林，天材超然，度越作者。屈佐鄖國，時惟清哉！稜威雄雄，下慴羣物。

【校】

〔君侯〕咸本以下注云：一本云：顧之無按劍也伏惟君侯。

〔玉山上行〕上，文粹作之。

〔映人也〕文粹無也字。

〔時人〕人，兩宋本、繆本俱作節。王本注云：繆本作節。

〔埒〕兩宋本、繆本俱作將。王本注云：繆本作將。

〔謙以〕文粹下有下士二字。

〔鄖國〕鄖，兩宋本、繆本俱作郧。王本注云：繆本作郧。

〔慴〕繆本作熠，宋甲本作慴。王本注云：繆本作熠。

【注】

〔唐虞〕論語泰伯篇：武王曰：予有亂臣十人，子曰：才難，不其然乎！唐虞之際，於斯爲盛，有婦人焉，九人而已。何晏注：十人謂周公旦、召公奭、太公望、畢公、榮公、太顛、閎夭、散宜生、南宮适，其一人謂文母。

〔編貝〕漢書卷六五東方朔傳：齒若編貝。

〔凝脂〕詩衛風碩人：膚如凝脂。

〔玉山〕世説容止篇：見裴叔則如玉山上行，光映照人。

〔翰林〕文選揚雄長楊賦：故藉翰林以爲主人，子墨爲客卿以風。李善注：翰林，文翰之多若林也。

白竊慕高義，已經十年，雲山間之，造謁無路。今也運會，得趨末塵，承顔接辭，八九度矣。常欲一雪心跡，崎嶇未便。何圖謗言忽生，衆口攢毁，將恐投杼下客，震於嚴威，然自明無辜，何憂悔吝？孔子曰：「畏天命，畏大人，畏聖人之言。」過此三者，鬼神不害。若使事得其實，罪當其身，則將浴蘭沐芳，自屏于烹鮮之地。惟君侯死生！不然，投山竄海，轉死溝壑，豈能明目張膽，託書自陳耶？昔王東海問犯夜者，曰：「何所從來？」答曰：「從師受學，不覺日晚。」王曰：「吾豈可鞭撻甯越以立威名？」想君侯通人，必不爾也。

【校】

〔謗言〕言，兩宋本、繆本俱作詈。王本注云：繆本作詈。

〔將恐〕恐，兩宋本、繆本俱作欲。王本注云：繆本作欲。

【注】

〔悔吝〕易繫辭：悔吝者，憂虞之象也。

〔天命〕論語季氏篇：孔子曰：君子有三畏，畏天命，畏大人，畏聖人之言。

〔烹鮮〕老子：治大國若烹小鮮。

〔東海〕見本卷上安州李長史書注。

願君侯惠以大遇，洞開心顔，終乎前恩，再辱英盼。白必能使精誠動天，長虹貫日，直度易水，不以爲寒。若赫然作威，加以大怒，不許門下，逐之長途，白即膝行于前，再拜而去，西入秦海，一觀國風，永辭君侯，黄鵠舉矣。何王公大人之門，不可以彈長劍乎？

【校】

〔大遇〕遇，文粹作愚。

〔作威〕作，文粹作振。

【注】

〔長虹〕見卷一擬恨賦注。

〔易水〕見卷一擬恨賦注。

〔秦海〕王云：秦海，秦地也。古以秦地爲陸海，故謂之秦海。

【評箋】

王云：容齋四筆：李太白上安州裴長史書：裴君不知何如人，至譽其貴而且賢，名飛天京，天才超然，度越作者，稜威雄雄，下慴羣物。予謂白以白衣入翰林，其蓋世英姿，能使高力士脱靴於殿上，豈拘拘然怖一州佐者耶？蓋時有屈伸，正自不得不爾。大賢不偶，神龍困於螻蟻，可勝嘆哉！白此書自序其生平云：昔與蜀中友人吴指南同遊，指南死於洞庭之上，白禫服慟哭，炎月伏尸，猛虎前臨，堅守不動，遂權殯於湖側。數年來觀，筋肉尚在，雪泣持刃，躬申洗削，裹骨徒步，負之而趨，遂丐貸營葬於鄂城。其存交重義如此。又與逸人東嚴子隱於岷山，巢居數年，不跡城市，養奇禽千計，呼皆就掌取食，了無驚猜，其養高忘機如此，而史傳不爲書之，亦爲未盡。

李白集校注卷十二

古近體詩二十五首

贈别舍人弟臺卿之江南

去國客行遠，還山秋夢長。梧桐落金井，一葉飛銀牀。覺罷攬明鏡，鬢毛颯已霜。良圖委蔓草，古貌成枯桑。欲道心下事，時人疑夜光。因爲洞庭葉，飄落之瀟湘。令弟經濟士，謫居我何傷？潛虬隱尺水，著論談興亡。客遇王子喬，口傳不死方。入洞過天地，登真朝玉皇。吾將撫爾背，揮手遂翺翔。

【校】

〔攬明〕兩宋本、繆本俱作把朝。王本注云：繆本作把朝。

〔飄落之〕此句兩宋本、繆本俱注云：一作流浪至瀟湘。王本注云：一作流浪至。

〔十〕兩宋本、繆本、王本俱注云：一作才。

〔謫居〕此句兩宋本、繆本、王本俱注云：一作出門見我傷。胡本作出門見我傷，注云：一作謫居見我傷。

〔尺水〕尺，兩宋本、繆本、王本俱注云：一作斗。

〔客遇〕客，兩宋本、繆本俱作玄。王本注云：一作玄。胡本作云見，似是。

〔揮手〕此句兩宋本、繆本、王本俱注云：一作攜手淩蒼蒼。

【注】

〔臺卿〕王云：按舊唐書永王璘傳云：璘以薛鏐、李臺卿、蔡珣爲謀主，其即此臺卿歟！太白之見辟於永王璘，想斯人爲之累也。按：詩意，李白已被罪謫居，而臺卿猶得之江南，必未受永王之累。今人詹鍈云：詩中又云：「吾將撫爾背，揮手遂翺翔。」知太白有請臺卿援引之意。李舍人臺卿與爲永王謀主者不知是否一人。設是一人，則臺卿亦必如季廣琛輩在永王尚未敗亡之前即已歸附王室矣。

〔銀牀〕王云：淮南王篇：「後園鑿井銀作牀，金瓶素綆汲寒漿。」庾肩吾詩：「銀牀落井桐。」韻會：井幹，井上木欄也。其形四角或八角，又謂之銀牀，皆井欄也。

〔夜光〕史記鄒陽列傳：明月之珠，夜光之璧，以闇投人於道路，人無不按劍相眄者。何則？無

因而至前也。

〔瀟湘〕今人詹鍈云：詩話總龜卷十六引陶岳零陵總記云：瀟水在永州西三十步，（出）自道州營道縣九嶷山中。湘水在永州北十里，出自桂林海陽山中，至零陵北，與瀟水合。二水……自零陵合流謂之瀟湘。故零陵亦有蕭湘之稱。此乃乾元二年秋，太白至零陵所作詩。

〔令弟〕按：令弟猶賢弟。

〔經濟〕按：古人以經國濟世爲經濟。

〔潛虯〕文選謝靈運登池上樓詩：「潛虯媚幽姿。」李善注：虯以深潛而保真。按：此句謂潛虯無可藏身，故猶著論談興亡也。

〔王子喬〕水經注汳水：仙人王子喬碑曰：王子喬者，蓋上世之真人，聞其仙不知興何代也。博問（王引作聞）道家，或言潁川，或言産蒙。

醉後贈王歷陽

書禿千兔毫，詩裁兩牛腰。筆蹤起龍虎，舞袖拂雲霄。雙歌二胡姬，更奏遠清朝。舉酒挑朔雪，從君不相饒。

【校】

〔題〕兩宋本、繆本題下俱注云：歷陽。

〔筆蹤〕蹤，蕭本作縱。王本注云：蕭本作縱。

〔雙歌〕歌，兩宋本、繆本、王本俱注云：一作寄。

〔更奏〕奏，兩宋本、繆本、王本俱注云：一作唱。

【注】

〔王歷陽〕按：本卷有對雪醉後贈王歷陽，卷二十三有嘲王歷陽不肯飲酒詩，當同指一人。舊唐書地理志：淮南道和州歷陽：隋爲歷陽郡，國初復爲和州，皆治此縣。參見卷八歷陽壯士勤將軍名思齊歌注。

〔牛腰〕王云：蘇頌曰：詩裁兩牛腰，言其卷大如牛腰也。

〔龍虎〕王云：梁武帝書評：王右軍書，字勢雄強，如龍跳天門，虎卧鳳闕。

〔清朝〕按：郡府古稱郡朝，縣府亦可稱縣朝，遠清朝當是言歌舞之地，距其縣府尚遠，亦流連忘反之意。或清朝謂清晨，而遠爲誤字。觀下文不相饒，似無非言殢酒不肯遽散也。李詩辨疑云：遠清朝義疑，或曰曲名，未知是否。

贈歷陽褚司馬時此公爲稚子舞故作是詩也

北堂千萬壽，侍奉有光輝。先同稚子舞；更著老萊衣。因爲小兒啼，醉倒月下

歸。人間無此樂，此樂世中稀。

【校】

〔故作是詩也〕兩宋本、繆本、咸本俱無此五字。

〔先同〕同，英華作教。

【注】

〔北堂〕詩衛風伯兮：焉得諼草，言樹之背。毛傳：背，北堂也。按：後人以北堂指奉母之地，本此。

〔老萊〕太平御覽卷四一三：師覺授孝子傳曰：老萊子者楚人，行年七十，父母俱存。至孝蒸蒸，常著班蘭之衣。爲親取飲，上堂脚跌，恐傷父母之心，因僵仆爲小兒啼。

對雪醉後贈王歷陽

有身莫犯飛龍鱗，有手莫辮猛虎鬚。君看昔日汝南市，白頭仙人隱玉壺。子猷聞風動窗竹，相邀共醉杯中緑。歷陽何異山陰時，白雪飛花亂人目。君家有酒我何愁？客多樂酣秉燭遊。謝尚自能鸜鵒舞，相如免脱鷫鸘裘。清晨鼓棹過江去，千里相思明月樓。

【校】

〔緑〕咸本作醁，兩宋本、繆本俱作渌。

〔鼓棹〕兩宋本、繆本、咸本俱作興罷。兩宋本、繆本俱注云：一作鼓棹。王本注云：一作興罷。

〔千里〕此句兩宋本、繆本、咸本俱作他日相看却月樓。兩宋本、繆本俱注云：一作千里相思明月樓。故本、王本俱注云：一作他日西看却月樓。

【注】

〔虎鬚〕莊子盜跖篇：疾走料虎頭，編虎鬚，幾不免虎口哉！

〔玉壺〕參見卷九贈饒陽張司户璲詩注及卷二十二下途歸石門舊居詩注。

〔子猷〕見卷九淮海對雪贈傅靄詩注。

〔謝尚〕晉書卷七九謝尚傳：司徒王導……辟爲掾，……始到府通謁，導以其有勝會，謂曰：「聞君能作鸜鵒舞，一坐傾想，寧有此理否？」尚曰：「佳。」便著衣幘而舞。導令坐者撫掌擊節，尚俯仰在中，旁若無人。△鵒音浴。

〔鷫鸘裘〕見卷四白頭吟注。

〔明月樓〕王云：吴均詩：「相思自有處，春風明月樓。」太平寰宇記：江陵縣湘東苑有明月樓。顔之推詩云：「屢陪明月宴。」將軍扈羲所造。又鮑照吴歌：「夏口樊城岸，曹公却月樓。」

贈宣城宇文太守兼呈崔侍御

白若白鷺鮮；清如清唳蟬。受氣有本性，不爲外物遷。飲水箕山上；食雪首陽巔。迴車避朝歌；掩口去盜泉。岧嶤廣成子；倜儻魯仲連。卓絶二公外，丹心無間然。

【校】

〔題〕兩宋本、繆本題下俱注云：宣城。

【注】

〔宣城〕王云：唐時宣州亦謂之宣城郡，隸江南西道，今之寧國府也。

〔宇文太守〕按：卷十四有宣城九日聞崔四侍御與宇文太守遊敬亭余時登響山不同此賞醉後寄崔侍御二首，又王維集中有送宇文太守赴宣城詩，當即其人。

〔崔侍御〕按：當即崔成甫。今人詹鍈云：李華崔孝公文集序：長子成甫進士擢第，校書郎，陝縣尉，知名當時，不幸早世。顔真卿崔孝公宅陋室銘記：長子成甫，倜儻有才名。進士，校書郎。早卒。以上二文均記成甫爲崔沔之子，祐甫之兄。崔祐甫上宰相牋：……左右提攜，仰於兄姊。屬中夏覆没，舉家南遷，内外相從，百有餘口。長兄宰豐城（今江西豐城

縣），間歲遭罹不淑。仲姊寓吉郡……。是成甫之卒當在至德元二載間，此詩必天寶中作無疑也。并參見卷十四宣城九日聞崔四侍御與宇文太守遊敬亭余時登響山不同此賞醉後寄崔侍御二首、寄崔侍御、遊敬亭寄崔侍御、卷十五聞李太尉大舉秦兵百萬出征東南懦夫請纓冀申一割之用半道病還留别金陵崔侍御十九韻、卷十九酬崔侍御、翫月金陵城西孫楚酒樓達曙歌吹日晚乘醉著紫綺裘烏沙巾與酒客數人棹歌秦淮往石頭訪崔四侍御、卷二十一登敬亭北二小山余時客逢崔侍御並登此地等詩。

〔鷺鮮〕隋書食貨志：是歲翟雉尾一值十縑，白鷺鮮半之。

〔唳〕按：玉篇本訓鳥鳴，蟬鳴亦借用之。

〔箕山〕見卷十贈崔司户文昆季詩注。

〔首陽〕王云：元和郡縣志：首陽山在河南府偃師縣西北二十五里。太平寰宇記：首陽山在偃師縣西北三十五里。阮籍詩云：「步出上東門，北望首陽岑。下有採薇士，上有嘉樹林。」山上有夷齊祠。詩國風：采苓采苓，首陽之巔。食雪事無考。

〔朝歌〕漢書卷五一鄒陽傳：邑號朝歌，墨子迴車。晉灼曰：紂作朝歌之音，朝歌者不時也。注：師古曰：朝歌，殷之邑名也。淮南子云：墨子非樂，不入朝歌。

〔盜泉〕水經注洙水：盜泉……出卞城東北卞山之陰。尸子曰：孔子至於勝母，暮矣而不宿。於盜泉，渴矣而不飲。惡其名也。故論語撰考讖曰：水名盜泉，仲尼不潄，即斯泉矣。

〔間然〕論語泰伯篇：禹，吾無間然矣。正義：間謂間廁，……言己不復能間廁其間也。

昔攀六龍飛，今作百鍊鉛。懷恩欲報主，投佩向北燕。彎弓綠弦開，滿月不憚堅。閑騎駿馬獵，一射兩虎穿。回旋若流光，轉背落雙鳶。胡虜三嘆息，兼知五兵權。鎗鎗突雲將，却掩我之妍。多逢勦絶兒，先著祖生鞭。據鞍空矍鑠，壯志竟誰宣。蹉跎復來歸，憂恨坐相煎。無風難破浪，失計長江邊。危苦惜頹光，金波忽三圓。時游敬亭上，閑聽松風眠。或弄宛溪月，虛舟信洄沿。顔公二十萬，盡付酒家錢。興發每取之，聊向醉中仙。過此無一事，静談秋水篇。

【校】

〔之妍〕此句下咸本注云：一本無此六句。

〔先著〕先，郭本、胡本俱作生。

〔壯志〕志，咸本作心，注云：一作志。

〔竟誰〕咸本作誰能，注云：一作竟誰。

〔二十萬〕兩宋本、繆本、咸本、胡本俱作三十萬。王本二下注云：繆本作三。

〔過此〕過，咸本作遂。

【注】

〔百鍊鉛〕王云：百鍊鉛言其柔，鉛性不能剛，經百鍊則益柔矣。按：文選劉琨重贈盧湛詩：「何意百鍊剛，化爲繞指柔。」剛即鋼字。此句即反其意而用之。

〔投佩〕按：投佩有棄文就武之意。

〔滿月〕按：滿月形容張弓。

〔五兵〕周禮夏官：司兵：掌五兵五盾。鄭注：鄭司農云：五兵者，戈、殳、戟、酋矛、夷矛。又云：車之五兵，鄭司農所云者是也，步卒之五兵，則無夷矛而有弓矢。

〔鎗鎗〕按：鎗鎗與鏘鏘近，皆形容聲音之疊字。

〔雲將〕莊子在宥篇：雲將東遊。司馬注：雲將，雲之主帥。按：此句意頗難明，未知是用莊子雲將，抑讀爲突雲之將。杜詩：「翻身向天仰射雲，一箭正墜雙飛翼。」形容射獵亦可云突雲也。

〔勦絶〕書甘誓：天用勦絶其命。按：此句意亦難明。

〔祖生〕晉書卷六二劉琨傳：與范陽祖逖爲友，聞逖被用，與親故書曰：「吾枕戈待旦，志梟逆虜，常恐祖生先吾著鞭。」其意氣相期如此。

〔坐相煎〕張相詩詞曲語辭匯釋云：坐，甚辭，猶深也，殊也。李白贈宣城太守兼呈崔侍御詩：「蹉跎復歸來，憂恨坐相煎。」坐相煎，猶云殊相逼也。又獨酌詩：「東風吹愁來，白髮坐相

侵。」猶云殊相侵也。又閨情詩：「黄鳥坐相悲，緑楊誰更攀。」坐相悲猶云深相悲也。又長干行「感此傷妾心，坐愁紅顏老。」坐愁猶云深愁也。

〔破浪〕宋書卷七六宗慤傳：願乘長風破萬里浪。

〔金波〕漢書禮樂志：月穆穆以金波。顔師古注：言月光穆穆若金之波流也。

〔敬亭〕元和郡縣志：江南道宣州宣城縣：敬亭山在州北十二里，即謝朓賦詩之所。清一統志：安徽寧國府：敬亭山在宣城縣北，一名昭亭山。

〔宛溪〕王云：江南通志：宛溪在寧國府東，水至清澈。參見卷二十五題宛溪館詩注。

〔顔公〕宋書卷九三陶潛傳：先是顔延之爲劉柳後軍功曹，在尋陽與潛情款，後爲始安郡經過，日日造潛，每往必酣飲致醉。臨去留二萬錢與潛，潛悉送酒家，稍就取酒。

〔秋水〕莊子篇名。

君從九卿來，水國有豐年。魚鹽滿市井，布帛如雲烟。下馬不作威，冰壺照清川。霜眉邑中叟，皆美太守賢。時時慰風俗，往往出東田。竹馬數小兒，拜迎白鹿前。含笑問使君，日晚可迴旋？遂歸池上酌，掩抑清風絃。曾標横浮雲，下撫謝朓肩。樓高碧海出，樹古青蘿懸。

【校】

〔九卿〕卿，咸本作鄉。

〔日晚〕日，兩宋本、繆本、王本俱注云：一作早。

〔遂歸〕遂，兩宋本、繆本、王本俱注云：一作還。

〔横浮雲〕兩宋本、繆本、王本俱注云：一作遊雲端。

【注】

〔九卿〕王云：唐以太常、光禄、衛尉、宗正、太僕、大理、鴻臚、司農、太府爲九卿，見通典。

〔下馬〕按：下馬謂初到官。

〔東田〕王云：謝朓爲宣城太守，有游東田詩。

〔竹馬〕後漢書卷六一郭伋傳：……乃調伋爲并州牧，……始至行部，到西河美稷，有童兒數百各騎竹馬道次迎拜。伋問：「兒曹何自遠來？」對曰：「聞使君到喜，故迎。」伋辭謝之。及事訖，諸兒復送至郭外，問使君何日當還。伋謂别駕從事計日當告之。行部既還，先期一日，伋爲違信於諸兒，遂止於野亭，須期乃入。

〔白鹿〕太平御覽卷九〇六謝承後漢書曰：鄭弘爲臨淮太守行春，有兩白鹿隨車俠轂而行。弘怪問主簿黄國，鹿爲吉凶？國拜賀曰：「聞三公車轓畫作鹿，明府當爲宰相。」後弘果爲太尉。

〔曾標〕蕭云：曾標言其標致之高也。

光禄紫霞杯，伊昔忝相傳。良圖掃沙漠，別夢繞旌旃。富貴日成疎，願言杳無緣。登龍有直道，倚玉阻芳筵。敢獻繞朝策，思同郭泰船。何言一水淺，似隔九重天。崔生何傲岸，縱酒復談玄。身爲名公子，英才苦迍邅。鳴鳳托高梧，淩風何翩翩？安知慕羣客，彈劍拂秋蓮？

【校】

〔苦〕蕭本、郭本俱作若。

〔慕〕咸本作幕，注云：一作慕。

〔秋蓮〕秋，兩宋本、繆本、王本俱注云：一作青。

【注】

〔光禄〕按：顔延年官終金紫光禄大夫，後人稱爲顔光禄。李蓋以陶潛自比，而以宇文比顔，故云「伊昔忝相傳」。

〔登龍〕後漢書卷九七李膺傳：膺獨持風裁，以聲名自高。士有被其容接者，名爲登龍門。章懷太子注：以魚爲喻也。龍門，河水所下之口，在今絳州龍門縣。辛氏三秦記曰：河津一名

龍門，水險不通，魚鼈之屬莫能上。江海大魚薄集龍門下數千不得上，上則爲龍也。

〔倚玉〕世説容止篇：魏明帝使后弟毛曾與夏侯玄共坐，時人謂蒹葭倚玉樹。

〔繞朝〕左傳文十三年：士會……乃行，繞朝贈之以策，曰：「子無謂秦無人，吾謀適不用也。」杜預注：策，馬檛。臨别授之馬檛，並示己所策以展情。繞朝，秦大夫。

〔郭泰〕後漢書卷九八郭太傳：郭太（泰），字林宗，太原界休人也。……乃遊於洛陽，始見河南尹李膺，膺大奇之，遂相友善，於是名震京師。後歸鄉里，衣冠諸儒送至河上，車數千兩。林宗唯與李膺同舟而濟，衆賓望之以爲神仙焉。

〔九重〕楚辭天問：圜則九重，孰營度之？王逸注：言天圜而九重孰營度而知之乎？

〔崔生〕按：即題中之崔侍御，集中屢言及崔侍御，蓋即崔成甫，爲崔沔之子，崔祐甫之兄，故此詩有「身爲名公子」之句。唐詩紀事稱成甫再尉關輔，貶湘陰，故有「英才苦迍邅」之句。

〔迍邅〕王云：左思詩：「英雄有迍邅，由來自古昔。」韻會：迍邅，難行不進之貌。

〔慕羣〕按：慕羣客，李白自謂有攀援之意也。鮑照詩：「安知慕羣客，咨嗟戀景況。」

【評箋】

今人詹鍈云：詩云：「投佩向北燕……金波忽三圓。」則自燕薊來宣城，至此僅三月耳。王譜繫此詩於天寶十三載下，注云：玩詩意，宇文乃天寶中爲宣城太守，而非至德以後始官其地者也。據趙公西候新亭頌，天寶十四載，趙悦來爲宣城守，則宇文之守宣城在其前，可意度也。

按太白於天寶十二載初秋來宣城，今寓宣城僅及三月，其時當仍在天寶十二載，不當爲天寶十三載也。王譜微誤。

按：此詩當是初到宣城投贈郡守，與下一首意旨相同，皆有干乞之意，知其南游亦頗困頓矣。

贈宣城趙太守悅

趙得寶符盛，山河功業存。三千堂上客，出入擁平原。六國揚清風，英聲何喧喧？大賢茂遠業，虎竹光南藩。錯落千丈松，虬龍盤古根。枝下無俗草，所植唯蘭蓀。

【注】

〔趙太守悅〕按：卷二十八趙公西候新亭頌云：惟十有四載，皇帝以歲之驕陽，秋五不稔，乃慎擇明牧，恤南方凋枯，伊四月孟夏，自淮陰遷我天水趙公作藩於宛陵，祇明命也。又卷二十六有爲趙宣城與楊右相書亦指趙悅。勞格唐御史臺碑名考卷三所載，亦係同一人。

〔寶符〕史記趙世家：簡子乃告諸子曰：「吾藏寶符於常山上，先得者賞。」諸子馳之常山上求無所得。毋卹還曰：「已得符矣。」簡子曰：「奏之。」毋卹曰：「從常山上臨代，代可取也。」

簡子於是知毋卹賢，……而以毋卹爲太子。

〔三千〕史記平原君列傳：平原君趙勝者，趙之諸公子也。諸子中勝最賢，喜賓客，賓客蓋至者數千人。

〔大賢〕按：此句指趙能繼平原之風。

〔南藩〕王云：東方朔七諫：聞南藩樂而欲往。王逸注：南國諸侯爲天子藩蔽，故稱藩也。此用其字以稱宣城，宣城在南方，故曰南藩。

〔千丈松〕世説賞譽篇：庾子嵩目和嶠森森如千丈松，雖磊砢有節目，施之大廈有棟梁之用。

〔蘭蓀〕王云：沈約詩：「今守馥蘭蓀。」劉良注：蘭蓀，香草也。詩意以千丈松喻平原君，蘭蓀喻趙太守，謂英豪之後其子孫自多俊異也。按：詩意似以千丈松喻趙，蘭蓀則謂趙能培植人才，暗爲下文求其汲引張本。王説稍泥。

憶在南陽時，始承國士恩。公爲柱下史，脱繡歸田園。伊昔簪白筆，幽都逐游魂。持斧佐三軍，霜清天北門。差池宰兩邑，鶚立重飛翻。焚香入蘭臺，起草多芳言。夔龍一顧重，矯翼淩翔鵷。赤縣揚雷聲，強項聞至尊。驚飈摧秀木，跡屈道彌敦。出牧歷三郡，所居猛獸奔。

【校】

〔佐三軍〕佐，蕭本、胡本俱作冠。王本注云：蕭本作冠。按：文義指御史爲幕職，不當作冠。

〔芳言〕芳，郭本作方。

〔摧秀木〕摧，蕭本作頹。王本注云：蕭本作頹。

【注】

〔柱下史〕見卷十一贈潘侍御論錢少陽詩注。

〔田園〕按：此蓋趙初自御史免歸，值白居南陽，爲相識之始。

〔白筆〕王云：章懷太子後漢書注：武帝置繡衣御史。通典：魏置御史八人，當大會殿中，御史簪白筆側陛而坐。帝問左右：「此何官，何主？」辛毗曰：「此爲御史，舊時簪筆以奏不法，當如今者直備位，但耗筆耳。」

〔幽都〕王云：淮南子：南至交趾，北至幽都。漢書：天兵四臨，幽都先加。顔師古注：幽都北方，謂匈奴。太平寰宇記：晉地道記曰：幽州因幽都以爲名。山海經有幽都之山，今列於北荒矣。鄭樵爾雅注：幽都即幽州，在今燕。

〔游魂〕易繫辭：精氣爲物，游魂爲變，是故知鬼神之情狀。按：白筆以下四句蓋指趙曾佐幽州軍幕，逐游魂謂討寇也。

〔持斧〕漢書卷七一雋不疑傳：武帝末，郡國盜賊羣起，暴勝之爲直指使者，衣繡衣持斧逐捕盜

賊，督課郡國，東至海，以軍興誅不從命者，威振州郡。

〔差池〕按：差池猶蹉跎，蓋謂趙未得高遷，僅爲縣令。

〔鶚立〕王云：埤雅：鶚性好跱，故每立更不移處，所謂鶚立，義取諸此。

〔蘭臺〕王云：漢書：御史中丞在殿中蘭臺，掌圖籍祕書，外督部刺史，内領侍御史。通典：御史所居之署，後漢以來謂之御史臺，亦謂之蘭臺寺。

〔赤縣〕王云：通典：大唐縣有赤、畿、望、緊、上、中、下七等之差。京都所治爲赤縣，京之旁邑爲畿縣，其餘則以户口多少資地美惡爲差。胡三省通鑑注：唐制，凡置都，其郭下縣爲赤縣，餘縣爲畿縣。通鑑辨誤：唐之西京以長安、萬年爲赤縣，東都以河南、洛陽爲赤縣。

〔強項〕後漢書卷一〇七董宣傳：後特徵爲洛陽令，時湖陽公主蒼頭白日殺人，因匿主家，吏不能得。及主出行而以奴驂乘，宣於夏門亭候之，……叱奴下車，因格殺之。主即還宮訴帝，……使宣叩頭謝主，宣不從，強使頓之。宣兩手據地，終不肯俯。……因敕強項令出。

〔跡屈〕按：此似指趙曾爲赤縣令而又罷黜。唐之赤縣令，秩爲正五品上，故雖罷黜而官資已顯，得再起爲郡守也。

〔猛獸奔〕按：此用後漢宋均事，見卷十一中丞宋公以吴兵三千……詩注。意亦謂殘暴斂迹也。

遷人同衛鶴，謬上懿公軒。自笑東郭履，側慚狐白温。閑吟步竹石，精義忘朝昏。顚頷成醜士，風雲何足論？獼猴騎土牛；羸馬夾雙轅。願借羲和景，爲人照覆盆。溟海不震蕩，何由縱鵬鯤？所期要津日，倜儻假騰騫。

【校】

〔醜士〕士，兩宋本俱作土。

〔羲和〕和，蕭本、胡本俱作皇。王本注云：蕭本作皇。

〔要津日〕蕭本作玄津白。王本注云：蕭本作玄津白。

【注】

〔懿公〕左傳閔二年：衛懿公好鶴，鶴有乘軒者。杜預注：軒，大夫車也。按：遷人，李白自謂。此句意謂謬受趙之寵遇。

〔東郭履〕史記滑稽列傳（褚先生補）：東郭先生久待詔公車，貧困飢寒，衣敝履不完。行雪中，履有上無下，足盡踐地。道中人笑之。東郭先生應之曰：「誰能履行雪中，令人視之，其上履也，其履下處乃似人足者乎？」

〔狐白〕文選王微雜詩：「詎憶無衣苦？但知狐白温。」吕向注：狐白，謂狐腋之白毛以爲裘也。

〔精義〕易繫辭：精義入神，以致用也。按：此二句詩蓋謂雖遭趙之優禮，而閒散之餘，憂思

轉甚，未能安此寂寞枯槁也。

〔土牛〕三國志魏志鄧艾傳注：世語曰：「司馬宣王……辟（州）泰，泰頻喪考妣祖，九年居喪，宣王留缺待之。至三十六日，擢爲新城太守。宣王爲泰會，使尚書鍾繇調泰：『君釋褐登宰府，三十六日擁麾蓋，守兵馬郡，乞兒乘小車，一何駛乎！』泰曰：『誠有此。君名公之子，少有文采，故守吏職，獼猴騎土牛，又何遲也？』」

〔要津〕文選古詩：「何不策高足，先據要路津？」呂向注：「要路津謂仕宦居要職者。」

【評箋】按：以爲趙悦上楊右相書及趙公西候新亭頌證之，此詩當作於天寶十四年。此詩雖有「遷人同衞鶴」及「照覆盆」等語，不必泥爲在白被罪以後。白自北南來，亦可云遷人，無人援引亦可云覆盆也。

贈從弟宣州長史昭

淮南望江南，千里碧山對。我行倦過之，半落青天外。宗英佐雄郡，水陸相控帶。長川豁中流，千里瀉吴會。君心亦如此，包納無小大。摇筆起風霜；推誠結仁愛。訟庭垂桃李；賓館羅軒蓋。何意蒼梧雲，飄然忽相會？才將聖不偶；命與

時俱背。獨立山海間，空老聖明代。知音不易得，撫劍增感慨。當結九萬期，中途莫先退。

【校】

〔淮南〕南，兩宋本、繆本、王本俱注云：一作北。

〔行倦〕倦，兩宋本、繆本、胡本、王本俱注云：一作盡。

〔過之〕過，咸本作逐。

〔感慨〕慨，兩宋本、繆本俱作槩。王本注云：繆本作槩。

【注】

〔長史〕王云：按宣州在唐爲上州，上州之長史爲從五品官。

〔李昭〕按：卷十四有書情寄邠州長史昭及寄從弟宣州長史昭二詩，當即一人。後一首似在既謫後，此詩有「淮南望江南」之句，則當在尚未至宣州時。又卷三十（繆本卷二三）有宣城長史弟昭贈余琴溪中雙舞鶴詩。又按：今人詹鍈謂新書二表中名昭者甚多，不知何者爲是。（一）蔡王房五世孫昭，雙流令，涼武昭王十一世孫。（二）姑臧大房丞之七世孫昭，涼武昭王九世孫。（三）趙郡李氏東祖房系之九世孫名昭者二人，一爲武進丞。（四）又十世孫昭，金吾長史，於涼武昭王當爲十世孫。

〔淮南〕王云：唐時之淮南道、江南道皆古揚州之境，中隔一江，江之北爲淮南，江之南爲江南。

〔宗英〕漢書卷一〇〇叙傳：四國絶祀，河間賢明。禮樂是修，爲漢宗英。

〔吴會〕王云：三國志孫賁傳：時策已平吴、會二郡。又朱桓傳：使部伍吴、會二郡。知吴會者，是吴郡與會稽也。然此詩所稱吴會，專指吴地而言。蓋在春秋戰國時爲吴國，在秦漢爲會稽郡，後又分爲吴郡，合而言之曰吴會也。王云：吴會之會，古外切，音膾。相會之會本音。按：王氏注吴會采顧炎武日知録卷三一所引之施宿會稽志。然顧氏則歷引魏文帝詩等，斷言不得以爲會稽之會。云：蓋漢初元有此名，如云吴都云爾。又引胡三省通鑑辨誤：太史公謂吴爲江南一都會，故後人謂吴爲吴會。黄汝成注引錢大昕之説略云：莊子釋文：淛江注云：浙江今在餘杭郡，後漢以爲吴會分界，今在會稽錢塘。其言分界，則言兩地尤明。褚伯玉，吴郡錢塘人，隱居剡山，齊太祖即位，手詔吴、會二郡，以禮徵遣，此證尤切。其實以吴會爲兩郡者，記事之詞宜然，以吴會爲泛指吴地，亦行文之便，不必泥也。又趙翼陔餘叢考卷二一，則以西漢時會稽郡治本在吴縣，時俗以郡縣連稱，故云吴會。又引孟浩然詩「幸值西風吹，得與故人會。……別後能相思，浮雲在吴會。」然則唐人猶以吴會作會稽讀。今觀李此詩以會字兩押，更於孟詩之外得一證矣。

〔九萬〕莊子逍遥遊篇：摶扶摇羊角而上者九萬里。

於五松山贈南陵常贊府

爲草當作蘭，爲木當作松。蘭幽香風遠，松寒不改容。松蘭相因依；蕭艾徒丰茸。雞與雞並食；鸞與鸞同枝。揀珠去沙礫，但有珠相隨。遠客投名賢，真堪寫懷抱。若惜方寸心，待誰可傾倒？虞卿棄趙相，便與魏齊行。海上五百人，同日死田横。當時不好賢，豈傳千古名？願君同心人，於我少留情。寂寂還寂寂，出門迷所適。長鋏歸來乎！秋風思歸客。

【校】

〔蘭幽〕幽，兩宋本、繆本、胡本俱作秋。王本注云：繆本作秋。

〔豈傳〕傳，咸本作借。

〔長鋏〕此句兩宋本、繆本俱作長劍歸乎來，注云：一作歌歸來。胡本注云：一作長劍歌歸來。王本注云：繆本作長劍歸乎來，一作長劍歌歸來。

【注】

〔五松山〕輿地紀勝卷二二池州：五松山在銅陵，李太白名曰五松山，因作詩以美。今五松山有寶雲院及李翰林祠堂。

〔南陵〕王云：南陵縣，唐時隸江南西道之宣州。一統志五松山在池州銅陵縣南五里，銅陵在唐爲南陵縣之銅官冶，南唐時始分置銅陵縣，隸昇州，宋改隸池州。

〔常贊府〕按：此與本卷書懷贈南陵常贊府、卷二十與南陵常贊府遊五松山兩詩中之「常贊府」爲同一人。又容齋隨筆卷一：唐人呼縣令爲明府，丞爲贊府。

〔丰茸〕文選司馬相如長門賦：羅丰茸之游樹兮。李善注：丰茸，衆飾貌。△茸音容。

〔礫〕音力。

〔虞卿〕史記范睢列傳：（秦）昭王乃遺趙王書曰：范君之仇魏齊在平原君之家，王使人疾持其頭來。不然，吾舉兵而伐趙，又不出王之弟於關。趙孝成王乃發卒圍平原君家急，魏齊夜亡出見趙相虞卿，虞卿度趙王終不可說，乃解其相印與魏齊亡。

〔田横〕史記田儋列傳：漢滅項籍，漢王立爲皇帝，……田横懼誅而與其徒屬五百餘人入海居島中。高帝聞之，以爲田横兄弟本定齊，齊人賢者多附焉，今在海中不收，恐後爲亂。乃使使赦田横罪而召之。……田横乃與其客二人乘傳詣洛陽，未至三十里，至尸鄉廄置……自剄，令客奉其頭，從使者馳奏之高帝，高帝爲之流涕，拜其二客爲都尉，發卒二千人，以王者禮葬田横。既葬，二客穿其冢旁孔皆自剄下從之。高帝聞之乃大驚，以田横之客皆賢，吾聞其餘尚五百人在海中，使使召之。至則聞田横死亦皆自殺，於是乃知田横兄弟能得士也。

〔長鋏〕按：史記孟嘗君列傳，馮驩彈劍而歌曰：長鋏歸來乎！無以爲家。此詩前後四語皆寂寞無聊，望其援引之意，皆寓居宣城時投贈長吏之詩。

自梁園至敬亭山見會公談陵陽山水兼期同游因有此贈

我隨秋風來，瑶草恐衰歇。中途寡名山，安得弄雲月？渡江如昨日，黄葉向人飛。敬亭愜素尚，弭棹流清輝。冰谷明且秀，陵巒抱江城。粲粲吴與史，衣冠耀天京。水國饒英奇，潛光卧幽草。會公真名僧，所在即爲寶。開堂振白拂，高論横青雲。雪山掃粉壁，墨客多新文。爲余話幽棲，且述陵陽美。天開白龍潭，月映清秋水。黄山望石柱，突兀誰開張？黄鶴久不來，子安在蒼茫。東南焉可窮？山鳥飛絶處。稠疊千萬峯，相連入雲去。聞此期振策，歸來空閉關。相思如明月，可望不可攀。何當移白足，早晚淩蒼山？且寄一書札，令予解愁顔。

【校】

〔題〕兩宋本、繆本題下俱注云：宣州作。

〔天京〕咸本注云：一本無此四句。

〔爲余〕余，咸本注云：一作念。

〔黄山〕以下二句兩宋本、繆本、胡本、王本俱注云：一作白柱插星漢，西崖誰開張。

〔山鳥〕此句兩宋本、繆本、咸本俱作山鳥絶飛處。兩宋本、繆本俱注云：一作猿狖絶行處。王本注云：繆本作山鳥絶飛處，一作猿狖絶行處。

【注】

〔梁園〕見卷九淮海對雪贈傅靄詩注。

〔敬亭山〕元和郡縣志卷二八：敬亭山：（宣）州北十二里，即謝朓賦詩之所。

〔陵陽〕王云：江南通志：陵陽山自石埭縣西北迤邐而來，三峯連亘，東接宣州。西二峯下有黄鶴池，昔竇子明跨鶴飛昇於此。有丹池，即子明鍊丹處。參見卷十四涇溪東亭寄鄭少府諤詩注。

〔瑶草〕按：此瑶草猶言芳草，非指仙人之瑶草。

〔弭棹〕文選江淹雜體詩：「弭棹阻風雪」，李善注：毛萇詩傳曰：弭，止也。

〔吴與史〕按：吴、史二人蓋宣城士人，名不可考。

〔白拂〕王云：法華經：手執白拂，侍立左右。

〔粉壁〕王云：「雪山掃粉壁」，謂畫雪山於粉壁之上。「墨客多新文」，謂文墨之客多以新文贊美之。會公蓋工於繪事者也。

〔白龍潭〕楊云：九域志：陵陽山在宣州。仙傳：竇子明棄官學道，釣得白龍，放之於此，因名

白龍潭。

〔黄山〕王云：江南通志：黄山在徽州歙縣西北二百八十里，寧國府太平縣南三十里。山當二郡之界，高一千三百七十丈，盤亘三百里。舊名黟山，唐天寶間勅改今名，以圖經稱爲軒轅棲真之所故也。上多古木靈藥，其泉香美清温，冬夏不變，沐浴飲之，百疾皆愈。有三十六峯、三十六泉。石柱山在寧國府旌德縣西六十里，雙石挺立，而一巨石承之，名豹子尖。

〔子安〕列仙傳：陵陽子明者，銍鄉人也。好釣魚，於旋溪釣得白龍。子明懼，解釣拜而放之。後得白魚，腹中有書，教子明服食之法。子明遂上黄山，採五石脂，沸水而服之，三年龍來迎去，止陵陽山上百餘年。山去地千餘丈，大呼山下人令上山半，告言溪中子安當來，問子明釣車在否。後二十餘年，子安死，人取葬石山下，有黄鶴來棲其塚邊樹，鳴呼子安云。參見本卷登敬亭山南望懷古贈竇主簿詩。

〔振策〕按：振策猶言舉杖。

〔白足〕法苑珠林卷二七：前魏太武時，沙門曇始甚有神異，常坐不卧，五十餘年，足不躡履，跣行泥穢中，奮足便净，色白如面，俗呼曰白足阿練也。魏書釋老志：惠始到京都，……或時跣行，雖履泥塵，初不汙足，色愈鮮白，世號之曰白足師。

〔書札〕文選古詩：「客從遠方來，遺我一書札。」張銑注：札，筆也。王云：顔師古漢書注：札，木簡之薄小者也。古時未有紙，故書於札。以爲筆者恐未是。

贈友人三首

蘭生不當户，别是閑庭草。夙被霜露欺，紅榮已先老。謬接瑶華枝，結根君王池。顧無馨香美，叨沐清風吹。餘芳若可佩，卒歲長相隨。

【注】

〔瑶華〕楚辭大司命：折疎麻兮瑶華。王逸注：瑶華，玉華也。按：瑶華以喻高貴之草木，無所實指也。與瑶草同，見卷十八送郄昂謫巴中詩。

〔卒歲〕詩小雅采薇：優哉游哉，聊以卒歲。

其二

袖中趙匕首，買自徐夫人。玉匣閉霜雪，經燕復歷秦。其事竟不捷，淪落歸沙塵。持此願投贈，與君同急難。荆卿一去後，壯士多摧殘。長號易水上，爲我揚波瀾。鑿井當及泉，張帆當濟川。廉夫惟重義，駿馬不勞鞭。人生貴相知，何必金與錢？

【校】

〔沙塵〕此句下咸本注云：一本無此二句。

〔急難〕兩宋本、繆本、胡本、王本俱注云：一作歲寒。

〔濟川〕濟，咸本作涉。

【注】

〔匕首〕見卷五君子有所思行及卷十一贈武十七諤詩注。

其三

慢世薄功業，非無胸中畫。謔浪萬古賢，以爲兒童劇。立産如廣費，匡君懷長策。但苦山北寒，誰知道南宅？歲酒上逐風，霜鬢兩邊白。蜀主思孔明，晉家望安石。時來列五鼎，談笑期一擲。虎伏避胡塵，漁歌游海濱。弊裘恥妻嫂，長劍託交親。夫子秉家義，羣公難與鄰。莫持西江水，空許東溟臣。他日青雲去，黄金報主人。

【校】

〔誰知〕知，胡本注云：一作分。

〔時來〕來，蕭本作人。胡本作人，注云：一作來。王本注云：蕭本作人。

〔夫子〕夫，蕭本作犬，郭本作夫。

【注】

〔道南宅〕三國志吴志周瑜傳：堅子策與瑜同年，獨相友善，瑜推道南大宅以舍策。升堂拜母，有無通共。

〔五鼎〕漢書卷六四主父偃傳：丈夫生不五鼎食，死則五鼎烹耳。注：張晏曰：五鼎食，牛、羊、豕、魚、麋也。補注：沈欽韓曰：聘禮注：少牢鼎五，羊、豕、腸胃、魚、腊，是五鼎無牛也。少牢饋食禮：五鼎，羊、豕、膚、魚、腊，腊用麋。

〔妻嫂〕戰國策秦策：蘇秦……説秦王書十上而説不行，黑貂之裘敝，黄金百斤盡，資用乏絶，去秦而歸，……歸至家，妻不下紝，嫂不爲炊。

〔長劍〕王云：「長劍託交親」，用馮煖事。

〔西江水〕莊子外物篇：莊周家貧，往貸粟於監河侯。監河侯曰：「諾，我將得邑金，將貸子三百金可乎！」莊周忿然作色曰：「周昨來，有中道而呼者，周顧視車轍中有鮒魚焉。周問之曰：鮒魚來，子何爲者耶！對曰：我東海之波臣也，君豈有升斗之水而活我哉？周曰：諾，我且南游吴越之王，激西江之水而迎子，可乎！鮒魚忿然作色曰：吾失我常與，我無所處，吾得升斗之水然活耳。君乃言此，曾不如早索我於枯魚之肆！」

【評箋】

按：以上三首命意不倫，蓋編者任意置於一處。其三則乞貸之詞顯然可見，與下一首陳情贈友人爲近。

陳情贈友人

延陵有寶劍，價重千黄金。觀風歷上國，暗許故人深。歸來挂墳松，萬古知其心。懦夫感達節，壯士激青衿。鮑生薦夷吾，一舉致齊相。斯人無良朋，豈有青雲望？臨財不苟取，推分固辭讓。後世稱其賢，英風邈難尚。論交但若此，有道孰云喪？多君騁逸藻，掩映當時人。舒文振頹波，秉德冠彝倫。卜居乃此地，共井爲比鄰。清琴弄雲月，美酒娱冬春。薄德中見捐，忽之如遺塵。英豪未豹變，自古多艱辛。他人縱以疎，君意宜獨親。奈何成離居，相去復幾許？飄風吹雲霓，蔽目不得語。投珠冀有報，按劍恐相拒。所思采芳蘭，欲贈隔荆渚。沉憂心若醉，積恨淚如雨。願假東壁輝，餘光照貧女。

【校】

〔人深〕此句下咸本注云：一本無此二句。

〔青衿〕青，咸本作素，此句兩宋本、繆本俱作壯氣激素衿。胡本注云：一作壯士激青衿。王本注云：繆本作壯氣激素衿。

〔青雲望〕此句下咸本注云：一本無此二句。

〔推分〕推，咸本、胡本俱作揣，注云：一作推。

〔有道〕有，王本注云：當作友，咸本、胡本俱作友。

〔秉德〕德，咸本作義。

〔有報〕有，蕭本作相。王本注云：蕭本作相。

〔荆渚〕荆，兩宋本、繆本、王本俱注云：一作脩。胡本作修，注云：一作荆。

〔如雨〕此句下咸本注云：一本無此二句。

【注】

〔寶劍〕見卷十叙舊贈江陽宰陸調詩注。

〔青衿〕詩鄭風子衿：青青子衿。毛傳：青衿，青領也，學子之所服。

〔比鄰〕王云：周禮大司徒職云：五家爲比。遂人職云：五家爲鄰。鄭玄注：鄭司農云：田野之居，其比伍之名，與國中異制，故五家爲鄰。玄謂異其名者，示相變耳。釋名：五家爲伍，以五爲名也。又謂之鄰，鄰，連也，相連接也。又曰：比，相親比也。

〔豹變〕易革卦：君子豹變，小人革面。正義：君子處之，雖不能同九五革命創制，如虎文之彪

炳，然亦潤色鴻業，如豹文之蔚縟，故曰君子豹變也。

〔飄風〕楚辭離騷：飄風屯其相離兮，帥雲霓而來御。王逸注：回風爲飄，飄風，無常之風，以興邪惡之象也。雲霓，惡氣也，以喻佞人。

〔貧女〕列女傳辯通傳：齊女徐吾者，齊東海上貧婦人也。與鄰婦李吾之屬會燭相從夜績。徐吾最貧而燭數不屬。李吾謂其屬曰：「徐吾燭數不屬，請無與夜。」徐吾曰：「是何言與？妾以貧，燭不屬之故，起常先，息常後，灑掃陳席以待來者，自與蔽薄，坐常處下，凡爲貧，燭不屬故也。夫一室之中，益一人燭不爲暗，損一人燭不爲明。何愛東壁之餘光，不使貧女得蒙見愛之恩，長爲妾役之事，使諸君常有惠施於妾，不亦可乎！」李吾莫能應，遂復與夜，終無後言。

【評箋】按：此詩似入京以前，在安陸時作，故云：「卜居乃此地，共井爲比鄰。」此後似無卜居之事，且不得云「英豪未豹變」也。此友人必交道不終者。

贈從弟冽

楚人不識鳳，重價求山雞。獻主昔云是，今來方覺迷。自居漆園北，久別咸陽西。風飄落日去，節變流鶯啼。桃李寒未開，幽關豈來蹊？逢君發花萼，若與青

雲齊。及此桑葉緑，春蠶起中閨。日出布穀鳴，田家擁鋤犂。顧余乏尺土，東作誰相攜？傅説降霖雨，公輸造雲梯。羌戎事未息，君子悲塗泥。報國有長策，成功羞執珪。無由謁明主，杖策還蓬藜。他年爾相訪，知我在磻溪。

【校】

〔鳳〕咸本注云：一作玉。

〔重價〕重，兩宋本、繆本、王本俱注云：一作高。

〔獻主〕獻，咸本注云：一作漢。

〔漆園北〕北，蕭本作地。王本注云：蕭本作地。

〔久别〕别，蕭本作識。咸本二字作别之，注云：一作久别。王本注云：蕭本作識。

〔布穀〕布，兩宋本、繆本、咸本俱作撥。王本注云：繆本作撥。

〔擁鋤〕擁，兩宋本俱作攘，恐非。

〔羌戎〕咸本作華戎。

〔明主〕主，宋甲本作王。

【注】

〔從弟冽〕按：新書世系表：李氏姑臧大房有冽，與卷十七送族弟單父主簿凝攝宋城主簿詩中

之凝爲兄弟。

〔山雞〕見卷九贈范金鄉詩第一首注。

〔漆園〕王云：太平寰宇記：漆園城在曹州冤句縣北五十里，莊周爲吏之所，城北有莊周釣臺。又濠州定遠縣有漆園，在縣東三十里，其地東西南北約方三百步。唐天寶中，尚有漆樹一二十株，野火燔燒其樹，在故縣村西一百步，即楚國莊周爲吏之處，今爲隴畝。一統志：漆園在鳳陽府定遠縣東三十里，相傳即莊生爲吏之處。又云：漆園城在山東曹縣西北五十里，莊生爲漆園吏即此。又云：漆園城在大名府東明廢縣東北二十里，今名漆園村，内有莊子廟，蓋莊周爲吏之所。據二書漆園有三，此所云者當指曹州漆園也。

〔花萼〕文選謝瞻於安城答靈運詩：「華萼相光飾，嚶嚶悦同響。李善注：毛詩曰：棠棣之華，鄂不韡韡。鄭玄曰：興者，喻弟以敬事兄，兄以榮覆弟也。

〔布穀〕王云：禽經：鳲鳩戴勝，布穀也。張華注：揚雄曰：鳲鳩戴勝生樹穴中，不巢生。爾雅曰：鵖鴔戴鵀即首上勝也，頭上尾起，故曰戴勝。農事方起，此鳥飛鳴於桑間，云五穀可布種也，故曰布穀。又云，此鳥鳴時耕事方作，農人以爲候。

〔東作〕書堯典：平秩東作。孔傳：歲起於東而始就耕，謂之東作。

〔霖雨〕書説命：若歲大旱，用汝作霖雨。

〔雲梯〕淮南子脩務訓：公輸天下之巧士，作雲梯之械，設以攻宋。高誘注：雲梯，攻城具，高

長上與雲齊，故曰雲梯。

〔執珪〕王云：呂氏春秋：得伍員者爵執圭。高誘注：周禮：侯執信圭，言爵之爲侯也。又高誘淮南子注：楚爵，功臣賜以圭，謂之執圭，比附庸之君也。漢書：遷爲執珪。張晏注：侯伯執珪，以朝位比之。

〔磻溪〕水經注渭水：渭水之右，磻溪水注之，水出南山兹谷，乘高激流，注于溪中。溪中有泉，謂之兹泉，泉水潭積，自成淵渚，即呂氏春秋所謂太公釣兹泉也。今人謂之丸谷，石壁深高，幽篁邃密，林障秀阻，人迹罕交。東南隅有一石室，蓋太公所居也。水次平石釣處，即太公垂釣之所也，其投竿跽餌兩膝遺跡猶存，是有磻溪之稱也。其水清泠神異，北流十二里注于渭。△磻音盤。

【評箋】

按：詩云：「久别咸陽西」，又云：「羌戎事未息。」似當在天寶九、十載間。

贈閭丘處士

賢人有素業，乃在沙塘陂。竹影掃秋月，荷衣落古池。閑讀山海經，散帙卧遥帷。且就田家樂，遂曠林中期。野酌勸芳酒，園蔬烹露葵。如能樹桃李，爲我結

茅茨。

【校】

〔荷衣〕衣，王本注云：霏玉本作花。郭本作花。胡本作花，注云：一作衣。

〔遂曠〕曠，兩宋本、繆本、王本俱注云：一作廣。二字咸本作逐日。注云：一作遂曠。

〔勸芳酒〕咸本注云：一作芳樽酒。

【注】

〔閭丘〕王云：江南通志：沙塘陂在宿松城外，唐閭丘處士築别業於此，李太白有詩贈之云云。按：通志但據李詩爲説，未必别有所本。參見卷十一贈閭丘宿松詩。又按：今人詹鍈引沈汾續仙傳云：隱化者二十人中有閭丘方遠，字大方，舒州宿松人也。不知是其人否。

〔山海經〕吴越春秋：（禹）巡行四瀆，與益、夔共謀，行到名山大澤，召其神而問之，山川脈理，金玉所有，鳥獸昆蟲之類，及八方之民俗，殊國異域土地里數，使益疏而記之，故名之曰山海經。

〔散帙〕王云：謝靈運詩：「散帙問所知。」劉良注：散帙，謂開書帙也。説文：帙，書衣也。按古時書卷必有帙包之，如裹袱之類，或以細竹爲簾，襲以薄繒，藏古書畫家尚存此製。

〔遥帷〕文選江淹雜體詩：錬藥矚虚幌，汎瑟卧遥帷。

〔露葵〕王云：宋玉諷賦：炊彫胡之飯，烹露葵之羹。爾雅翼：古者葵稱露葵，今摘葵必待露解。語曰：觸露不掐葵，日中不剪韭，各有宜也。按本草：葵一名露葵，今謂之滑菜，古人以爲常饌，四時皆可食。六七月種者爲秋葵，八九月種者爲冬葵，正二月種者爲春葵，有紫莖、白莖二種。大葉小花，花紫黄色，其實大如指頭，皮薄而扁，今人不復食，種者亦鮮。

〔茅茨〕王云：漢書：茅茨不翦。顔師古注：屋蓋曰茨，茅茨，以茅覆屋也。釋名：屋以草蓋曰茨。茨，次也。次草爲之也。

贈錢徵君少陽

白玉一杯酒，緑楊三月時。春風餘幾日？兩鬢各成絲。秉燭唯須飲；投竿也未遲。如逢渭水獵，猶可帝王師。

【校】

〔題〕兩宋本、繆本、蕭本、王本題下俱注云：一作送趙雲卿。

〔渭水〕水，咸本作川。王本注云：許本作川。

【注】

〔秉燭〕文選古詩：「晝短苦夜長，何不秉燭遊？」

〔投竿〕王云：投竿謂投竿於水而釣也。按：詩意蓋謂如有知我者，亦可立即投竿而起，不復從事於釣，正起下二句之意。王説未合。

【評箋】

今人詹鍈云：贈錢徵君少陽（卷十二）、送趙雲卿（卷十八），此二篇無一字差異，蓋本是一詩，編者重入未删。按文苑英華此詩亦兩見，一題作贈錢徵君少陽，一題作送趙雲卿，疑是各本太白集所本。各家注雖曾指出此二詩雷同，但究以何題爲是，尚無明文。詩云：「白玉一杯酒，……」可見並無送别之意，且被贈者本爲一隱居不仕之老翁，而今方有出仕之心，故曰：「猶可帝王師」也。升庵全集卷五十六：趙蕤，梓州人，字雲卿。按新唐書藝文志三：蕤字太賓，著有長短經。與雲卿非一人，楊氏所記有誤。舊唐書趙曄（新唐書作驊）傳：曄字雲卿，鄧州穰人。……開元中舉進士，連擢科第。補太子正字，累授大理評事，貶北陽尉，移雷澤、河東二丞。河東採訪使韋陟……表爲賓僚。陟罷，陳留採訪使郭納復奏曄爲支使。及安禄山陷陳留，因没於賊。……乾元初，三司議罪，貶晉江尉。數年，改録事參軍。在宦途五十年，累經貶謫，蹇躓備至。入仕三十年方霑省官。建中四年……以疾終。可見曄一生仕宦，並非隱士。唐摭言：李華與趙曄、蕭穎士、邵軫未冠游太學，李、趙、蕭三人同年，與（當作於）開元二十三年及第。李華蕭穎士文集序云：十九進士及第。知趙曄開元二十三年（七三五）時不過十九歲，下推至太白卒年（寶應元年，七六二），曄方四十六歲，亦不得「兩鬢各成絲」也。贈潘侍御論錢少陽詩

云：「雖無二十五老者，且有一翁錢少陽。」與此篇所稱年事正合，則此詩應題作贈錢徵君少陽明矣。

按：此詩當與卷十一贈潘侍御論錢少陽詩參看。

贈宣州靈源寺仲濬公

敬亭白雲氣，秀色連蒼梧。下映雙溪水，如天落鏡湖。此中積龍象，獨許濬公殊。風韻逸江左，文章動海隅。觀心同水月，解領得明珠。今日逢支遁，高談出有無。

【校】

〔仲濬〕仲，兩宋本、繆本、咸本俱作沖。王本注云：繆本作沖。

〔獨許〕許，咸本注云：一作診。

〔觀心〕觀，兩宋本、繆本、王本俱注云：一作了。

【注】

〔仲濬〕按：卷二十四有聽蜀僧濬彈琴詩，當與仲濬爲一人，其人爲蜀人，不妨駐錫於宣州也，又耿湋濬公院懷舊詩有「遠公傳教畢，身没向他方」之句，與蜀僧身世亦合，常即其人。又唐

詩紀事卷二〇李頎題濬公山池（按：全詩卷一三四題作璿公，疑誤。）云：「遠公遁跡廬山岑，開士出居祇樹林。片石孤峯窺色相；清池白月點禪心。指揮如意天花落；坐卧閒房春草深。此外俗塵都不染，唯餘玄度得相尋。」△濬音峻。

〔龍象〕王云：釋子中能負荷大法者謂之龍象。翻譯名義大論云：那伽或名龍，或名象，是五千阿羅漢諸羅漢中最大力，以是故言如龍如象。水行中龍力最大，陸行中象力最大。中阿含經：佛告鄔陀夷若沙門等，從人至天不以身口意害我説彼是龍象。

〔江左〕按：古以今江蘇南部爲江左。自晉南渡後大率稱江左。

〔水月〕王云：水月謂水中月影，非有非無。了不可執，慧者觀心，亦復如是。

〔明珠〕王云：解領，解悟也。明珠喻菩提大道也。按：解悟不能與上句觀心爲偶，領疑領字之誤。用莊子千金之珠必在九重之淵驪龍頷下語。

〔支遁〕世説言語篇注：高逸沙門傳曰：支遁字道林，河内林慮人，或曰陳留人，本姓關氏。少而任心獨往，風期高亮，家世奉法，嘗於餘杭山沈思道行，泠然獨暢。年二十五，始釋形入道，年五十三終於洛陽。

〔有無〕王云：僧肇維摩詰經注：不可得而有，不可得而無者，其唯大乘行乎！欲言其有，無相無名。欲言其無，萬德斯行。萬德斯行，故雖無而有。無相無名，故雖有而無。然則言有不乖無，言無不乖有，或説有行，或説無行，有無雖殊，其致一也。

贈僧朝美

水客淩洪波，長鯨湧溟海。百川隨龍舟，噓吸竟安在？中有不死者，探得明月珠。高價傾宇宙，餘輝照江湖。苞卷金縷褐，蕭然若空無。誰人識此寶？竊笑有狂夫。了心何言説，各勉黄金軀。

【校】

〔噓吸〕吸，兩宋本、繆本、咸本俱作噏。王本注云：繆本作噏。

【注】

〔長鯨〕見卷二古風第三首注。

【評箋】

王云：詩言水客泛舟大海，舟爲長鯨所噓吸，遂遭溺没，其中乃有不死者，反於海中得明月之珠，卷而藏之，不自眩耀，人亦不識。以喻人在煩惱海中。爲一切嗜慾所汩没，醉生夢死，飄流無極，乃其中有不昧本來者，反於煩惱海中悟得如來法寶。其價則傾乎宇宙，其光則照乎江湖，卷而懷之，不自以爲有而若空無者。然人皆不能識此寶，而唯我能識之。夫心既明了，更無言説可以酬對，唯有勸勉珍重此軀而已。蓋人身難得，六道之中以人道爲最，是此軀之重等於

黄金，未可輕忽。故曰「各勉黄金軀」也。又按後漢書：西方有神名曰佛，其形長丈六尺而黄金色。「各勉黄金軀」者，是勉以修道成佛之意。

贈僧行融

梁有湯惠休，常從鮑照游。峨眉史懷一，獨映陳公出。卓絶二道人，結交鳳與麟。行融亦俊發，吾知有英骨。海若不隱珠，驪龍吐明月。大海乘虚舟，隨波任安流。賦詩旃檀閣，縱酒鸚鵡洲。待我適東越，相攜上白樓。

【校】

〔梁有〕有，兩宋本、繆本、咸本俱作日。王本注云：繆本作日。

【注】

〔惠休〕王云：宋書：時有沙門釋惠休善屬文，辭采綺豔，徐湛之與之厚善。世祖命使還俗本姓湯，位至揚州從事史。鮑照有秋日示休上人及答休上人諸詩。

〔史懷一〕王云：盧藏用陳子昂别傳：友人趙貞固、鳳閣舍人陸餘慶、殿中侍御史畢構、監察御史王無競、亳州長史房融、右史崔泰之、處士郭襲微、道人史懷一皆篤歲寒之交。崔顥贈懷一上人詩：「法師東南秀，世實豪家子。削髮十二年，誦經峨嵋裏。」是史懷一爲峨嵋僧也。

〔海若〕按：海若爲海神，見莊子秋水篇。

〔驪龍〕莊子列禦寇篇：夫千金之珠必在九重之淵而驪龍頷下。陸德明注：驪龍，黑龍也。△驪音離。

〔虚舟〕文選謝靈運游赤石進帆海詩：「溟漲無端倪，虚舟有超越。」李周翰注：輕舟而進曰虚舟。

〔白樓〕見卷十贈僧崖公詩注。

贈黄山胡公求白鷴 并序

聞黄山胡公有雙白鷴，蓋是家雞所伏，自小馴狎，了無驚猜。以其名呼之，皆就掌取食。然此鳥耿介，尤難畜之。予平生酷好，竟莫能致。而胡公輟贈於我，唯求一詩，聞之欣然，適會宿意。因援筆三叫，文不加點以贈之。

請以雙白璧，買君雙白鷴。白鷴白如錦，白雪恥容顔。照影玉潭裏；刷毛琪樹間。夜棲寒月静；朝步落花閑。我願得此鳥，翫之坐碧山。胡公能輟贈，籠寄野人還。

【校】

〔容顔〕以上咸本注云：一本無此四句。

〔照影〕照，咸本注云：一作清。

〔朝步〕朝，蕭本作一，郭本作朝。

〔籠寄〕籠，咸本注云：一作寵。

【注】

〔白鷴〕王云：張華禽經注：白鷴似山雞而色白，行止閑暇。黄山志：白鷴性耿介難畜，雄采而文，素角玄英，二角壯時隆起出英上，有時靡縮，蓋因氣鼓而後壯也。觜爪皆赤，其羽末黑文如洒，戢若緣褺，又如界地錦，惟尾妥二莖無緇文班如也。志中亦載李白向黄山胡公求白鷴事，以胡公名暉，未詳何據，存之以廣異聞。

〔加點〕王云：郭璞爾雅注，以筆滅字爲點。南史：劉儒嘗在御座爲李賦，受詔便成，文不加點。

〔如錦〕王云：孔穎達禮記正義：素錦，白錦也。白鷴毛羽白質黑邊，有似錦文，故曰白如錦。

登敬亭山南望懷古贈竇主簿

敬亭一迴首，目盡天南端。仙者五六人，常聞此遊盤。谿流琴高水，石聳麻姑

壇。白龍降陵陽，黄鶴呼子安。羽化騎日月，雲行翼鴛鸞。下視宇宙間，四溟皆波瀾。汰絶目下事，從之復何難？百歲落半途，前期浩漫漫。强食不成味，清晨起長歎。願隨子明去，鍊火燒金丹。

【校】

〔常聞〕常，英華作多，注云：集作常。

〔谿流〕流，英華作深，注云：集作流。

〔鴛鸞〕鴛，英華作鶡，注云：集作鵷。胡本亦注云：一作鶡。

〔皆波瀾〕皆，英華作空。注云：集作皆。

〔汰絶〕汰，兩宋本、繆本俱作決。王本注云：繆本作決。

〔百歲〕歲，英華作年。注云：集作歲。

【注】

〔竇主簿〕今人詹鍈云：溧陽瀨水貞義女碑銘謂有主簿扶風竇嘉賓，不知與此竇主簿是一人否。

〔琴高水〕王云：江南通志：琴高山在寧國府涇縣北二十里，昔琴高於此山修煉得道，故名。有隱雨巖，是其控鯉上昇之所。巖下有煉丹洞，洞旁有釣臺，臺下流水即琴溪也。每歲上

已前後數日，溪中出小魚，謂之琴魚，傳爲仙人藥渣所化。

〔麻姑壇〕王云：九域志：宣州宣城郡有花姑山，亦謂之麻姑山，昔麻姑修道，於此上昇，有仙壇在焉。江南通志：麻姑山在寧國府城東三十五里，峯巒奇秀，作鎮郡東。昔麻姑修道，於此颷舉，有仙壇、丹竈、劍池、石棋枰、釣魚臺、天游亭諸跡。

〔子安〕水經注沔水：水出陵陽山下，徑陵陽縣西爲旋溪水，昔縣人陽子明釣得白龍處。後三年，龍迎子明上陵陽山，山去地千餘丈，後百餘年，呼山下人令上山半，與語谿中，子安問子明釣車所在。後二十年子安死，山下有黄鶴栖其冢樹，鳴常呼子安。

〔金丹〕王云：抱朴子：夫金丹之爲物，燒之愈久，變化愈妙。黄金入火，百鍊不消，埋之畢天不朽。服此二藥，錬人身體，故能令人不老不死。一統志：丹臺在陵陽山中峯之半，平夷可容數人，相傳竇子明嘗煉丹其上。

經亂後將避地剡中留贈崔宣城

雙鵝飛洛陽，五馬渡江徼。何意上東門，胡雛更長嘯？中原走豺虎；烈火焚宗廟。太白晝經天，頽陽掩餘照。王城皆蕩覆；世路成奔峭。四海望長安，嚬眉寡西笑。蒼生疑落葉，白骨空相弔。連兵似雪山，破敵誰能料？我垂北溟翼；且學

南山豹。崔子賢主人，歡娛每相召。胡牀紫玉笛，却坐青雲叫。楊花滿州城，置酒同臨眺。忽思剡溪去，水石遠清妙。雪晝天地明，風開湖山貌。悶爲洛生詠，醉發吳越調。赤霞動金光，日足森海嶠。獨散萬古意，閑垂一溪釣。猿近天上啼，人移月邊棹。無以墨綬苦，來求丹砂要。華髮長折腰，將貽陶公誚。

【注】

〔剡中〕見卷八秋浦歌第六首注。

〔崔宣城〕按：崔宣城名欽，見卷二十八趙公西候新亭頌。並參見卷十九江上答崔宣城詩。

〔雙鵝〕晉書五行志：孝懷帝永嘉元年二月，洛陽東北步廣里地陷，有蒼白二色鵝出，蒼者飛翔冲天，白者止焉。……陳留董養曰：步廣周之狄泉，盟會地也。白者金色，國之行也，蒼爲胡象，其可盡言乎？是後劉元海、石勒相繼亂華。

〔五馬〕晉書五行志：太安中童謠曰：「五馬游渡江，一馬化爲龍。」後中原大亂，宗藩多絶，惟琅琊、汝南、西陽、南頓、彭城同至江東，而元帝嗣統矣。

〔上東門〕晉書石勒載記：石勒……上黨武鄉羯人也。……年十四，隨邑人行販洛陽，倚嘯上東門。王衍見而異之，顧謂左右曰：「向者胡雛，吾觀其聲視有奇志，恐將爲天下之患。」

〔太白〕王云：漢書：太白經天，天下革政。孟康注：謂出東入西，出西人東也。太白陰星，出東當伏東，出西當伏西，過午爲經天。晉灼注：日陽也，日出則星亡，晝見午上爲經天。文

獻通考：肅宗至德二載七月己酉，太白晝見經天，至於十一月戊午不見，歷秦、周、楚、鄭、宋、燕之分。

〔西笑〕桓譚新論：關東鄙語曰：「人聞長安樂，出門向西笑。」

〔南山豹〕列女傳賢明傳：陶答子妻……妾聞南山有玄豹，霧雨七日而不下食者何也？欲以澤其毛而成文章也，故藏而遠害。

〔胡牀〕王云：胡三省通鑑注：胡牀今謂之交牀，其制本自虜來。隋惡胡字，改曰交牀。唐猶謂之胡牀，今之交椅是也。

〔剡溪〕王云：薛方山浙江通志：剡溪在紹興府嵊縣南，一名戴溪，溪有二源，一出天台，一出武義。……晉王徽之雪夜由此溪訪戴逵。參見卷九淮海對雪贈傅靄詩注。

〔洛生詠〕世説輕詆篇：人問顧長康：何以不作洛生詠？答曰：「何至作老婢聲？」劉孝標注：洛下書生詠音重濁，故云老婢聲。

〔墨綬〕漢書百官公卿表：秩比六百石以上皆銅印黑綬。按：表又言，縣令秩千石至六百石，崔爲宣城縣令，故以墨綬爲言，墨即黑也。

〔折腰〕南史卷七五陶潛傳：爲彭澤令，……郡遣督郵至縣，吏白應束帶見之。潛嘆曰：「我不能爲五斗米折腰向鄉里小人。」即日解印綬去職，賦歸去來以遂其志。

獻從叔當塗宰陽冰

金鏡霾六國，亡新亂天經。焉知高光起，自有羽翼也？蕭曹安峴屼，耿賈摧欃槍。吾家有季父，傑出聖代英。雖無三台位，不借四豪名。激昂風雲氣，終協龍虎精。弱冠燕趙來，賢彥多逢迎。魯連善談笑，季布折公卿。

【校】

〔題〕兩宋本、繆本題下俱注云：當塗。

〔亡新〕新，兩宋本俱作秦，繆本與王本同。

〔不借〕借，蕭本作惜。王本注云：蕭本作惜。

〔善談〕善，兩宋本、繆本、咸本俱作擅。王本注云：繆本作擅。

【注】

〔當塗〕舊唐書地理志：江南西道宣州當塗：晉分丹陽置于湖縣，成帝以江北當塗縣流人寓居于湖，乃改爲當塗縣。

〔陽冰〕宣和書譜：李陽冰字少温，趙郡人，官至將作少監。善詞章，留心小篆，迨三十年。初見李斯嶧山碑與仲尼延陵季子字，遂得其法，乃能變化開合，自名一家。推原字學，作筆法

論，以別其點畫。又嘗立説，謂於天地山川得其方員流峙之形，於日月星辰得其經緯昭回之度。近取諸身，遠取萬類，幽至鬼神情狀，細至於喜怒之舒慘，莫不畢載。後人不足以明此，於是誤謬滋多，義理掃地。雖李斯之博雅，以朿爲朿，蔡邕之知書，以豊作豐，故孔壁之餘文，汲冢之舊簡，所存無幾。幸天未喪斯文，宗旨在已。其自許慎至是作刊定説文三十卷，以紀其學，人指以爲蒼頡後身。方時顔真卿以書名世，真卿書碑必得陽冰題其額，欲以擅連璧之美，蓋其篆法妙天下如此。議者以蟲蝕鳥跡語其形，風行雨集語其勢，太阿龍泉語其利，嵩高華岳語其峻，實不爲過論。有唐三百年以篆稱者，唯陽冰獨步。

〔金鏡〕太平御覽卷七一七尚書考靈曜曰：「秦失金鏡，魚目入珠。」注：金鏡喻明道也。按：白居易詩：「一年十二月，每月有常令。君出臣奉行，謂之握金鏡。」

〔霾〕音埋。

〔亡新〕漢書卷九九王莽傳：……御王冠，即真天子位，定有天下之號曰新。

〔天經〕莊子在宥篇：亂天之經，逆物之情，玄天不成。

〔高光〕按：謂漢高帝及光武。

〔蕭曹〕按：指西漢初之功臣蕭何、曹參。

〔耿賈〕按：指東漢初之耿弇、賈復。

〔欃槍〕爾雅釋天：彗星爲欃槍。漢書天文志：歲星……縮西南，石氏見欃雲如牛，甘氏不出

三月，乃生天槍，左右鋭，長數丈。縮西北，石氏見槍雲如馬，甘氏不出三月，乃生天欃，本類星，末鋭，長數丈。△欃，初銜切，槍音撑。

〔四豪〕漢書卷六二游俠傳：由是列國公子，魏有信陵，趙有平原，齊有孟嘗，楚有春申，……皆以取重諸侯，顯名天下，搤（扼）掔（腕）而游談，以四豪爲稱首。

〔風雲〕易乾卦：雲從龍，風從虎。正義：龍是水畜，雲是水氣，故龍吟則景雲出，是雲從龍也。虎是威猛之獸，風是震動之氣，此亦是同類相感，故虎嘯則谷風生，是風從虎也。

〔季布〕史記季布列傳：單于嘗爲書嫚吕后，吕后大怒，召諸將議之。上將軍樊噲曰：「臣願得十萬衆横行匈奴中。」諸將皆阿吕后意曰：「然。」季布曰：「樊噲可斬也。夫高帝將兵四十餘萬衆困於平城，今噲奈何以十萬衆横行匈奴中？面欺。且秦以事於胡，陳勝等起，今瘡痍未瘳，噲又面諛欲動摇天下。」是時殿上皆恐，太后罷朝，遂不復議擊匈奴事。

遥知禮數絶，常恐不合并。惕想結宵夢，素心久已冥。顧慚青雲器，謬奉玉樽傾。山陽五百年，緑竹忽再榮。高歌振林木，大笑喧雷霆。落筆灑篆文，崩雲使人驚。吐辭又炳煥，五色羅華星。秀句滿江國，高才掞天庭。

【注】

〔禮數〕文選任昉出郡傳舍哭范僕射詩：「平生禮數絶，式瞻在國楨。」李善注：左氏傳曰：名

位不同，禮亦異數。李周翰注：禮數絶謂交道相得，雖品命有異，不爲禮數。

〔青雲器〕文選顔延年五君詠（阮咸）：「仲容青雲器。」李善注：青雲言高遠也。

〔山陽〕王云：三國志注：魏氏春秋曰：嵇康寓居河内之山陽縣，與陳留阮籍、河内山濤、河南向秀、籍兄子咸、琅邪王戎、沛人劉伶相與友善，游於竹林，號爲七賢。按阮籍叔姪與嵇康爲竹林之游，不知是何年，而康之死在魏景元二年以後，順數而下，至唐肅宗上元二年共得五百年，竹林之游，相去亦不過在此時。

〔高歌〕博物志：薛譚學謳於秦青，未窮青之旨，於一日遂辭歸。秦青不餞於郊衢，撫節悲歌，聲振林木，響遏行雲。

〔崩雲〕鮑照飛白書勢銘：輕如游霧，重似崩雲。

〔揼天庭〕文選左思蜀都賦：擒藻揼天庭。吕向注：揼猶蓋也。△揼，舒贍切。

辛邑艱難時，浮雲空古城。居人若薙草；掃地無纖莖。惠澤及飛走，農夫盡歸耕。廣漢水萬里，長流玉琴聲。雅頌播吴越，還如太階平。

【校】

〔太階〕太，咸本作泰。

【注】

〔薙〕說文：薙，除草也。△薙音替。

〔廣漢〕王云：詩國風：漢之廣矣，不可泳思。稱漢水曰廣漢本此，而非隴西之廣漢郡也。當塗之江與漢水殊遠，然漢水之下流亦由當塗而過。按：王説過於穿鑿，由當塗而過者又何止漢水？此廣漢當仍指漢以來治梓潼之廣漢。與李白家於綿州彰明之説頗相近。玩詩意似陽冰與白同爲蜀人。

〔玉琴〕王云：詩意取子賤彈琴而單父治之意，謂玉琴之聲與長流萬里漢水之聲相應，蓋亦倒裝句法也。

小子別金陵，來時白下亭。羣鳳憐客鳥，差池相哀鳴。各拔五色毛，意重太山輕。贈微所費廣，斗水澆長鯨。彈劍歌苦寒，嚴風起前楹。月銜天門曉，霜落牛渚清。長嘆即歸路，臨川空屏營。

【校】

〔相哀〕哀，王本注云：霏玉本作愛。郭本作愛。

【注】

〔白下亭〕王云：圖經：白下亭在上元縣北。景定建康志：舊志：白下亭，驛亭也。舊在城東

門外。李白獻從叔當塗宰陽冰詩曰：「小子別金陵，來時白下亭。」留別金陵諸公詩曰：「五月金陵西，祖予白下亭。」又云：「驛亭三楊樹，正當白下門。」按此亭在府西，蓋新舊各在一處。舊志所指，是其新者耳。

〔差池〕詩邶風燕燕：燕燕于飛，差池其羽。鄭箋曰：差池其羽，謂張舒其尾翼也。

〔苦寒〕王云：苦寒行，古清商曲也，因行役遇寒而作。

〔天門〕〔牛渚〕元和郡縣志卷二八：博望山在宣州當塗縣西三十五里，與和州對岸江西岸山曰梁山，兩山相望如門，俗謂之天門山。山上皆有却月城。宋車騎將軍王玄謨所築。牛渚山在〔宣州當塗〕縣北三十五里，山突出江中，謂之牛渚圻，古津渡處也。參見卷七横江詞第二首注。

〔屏營〕王云：後漢書：夙夜屏營。章懷太子注：屏營，彷徨也。

【評箋】

王云：詩云：「小子別金陵，來時白下亭。」知太白自金陵往當塗也。又云：「彈劍歌苦寒，嚴風起前楹。」則其時爲秋冬之交，非辛丑即壬寅二年中之作。（李太白年譜）

按：詩意亦是在金陵無所得，而乞援於陽冰。郭沫若李白與杜甫謂此詩係上元二年冬所作。

書懷贈南陵常贊府

歲星入漢年，方朔見明主。調笑當時人，中天謝雲雨。一去麒麟閣，遂將朝市乖。故交不過門，秋草日上階。當時何特達，獨與我心諧。置酒凌歊臺，歡娱未曾歇。歌動白紵山，舞迴天門月。問我心中事，爲君前致辭。君看我才能，何似魯仲尼？大聖猶不遇，小儒安足悲？雲南五月中，頻喪渡瀘師。毒草殺漢馬，張兵奪秦旗。至今西二河，流血擁僵屍。將無七擒略，魯女惜園葵。咸陽天下樞，累歲人不足。雖有數斗玉，不如一盤粟。賴得契宰衡，持鈞慰風俗。自顧無所用，辭家方未歸。霜驚壯士髮，淚滿逐臣衣。以此不安席，蹉跎身世違。終當滅衞謗，不受魯人譏。

【校】

〔秦旗〕秦，蕭本作雲。胡本注云：一作雲。

〔二河〕二，王本注云：當作洱。

〔天下〕下，兩宋本、繆本俱作地。

〔未歸〕未，咸本作求，蕭本作來。王本注云：蕭本作來。

〔身世〕身，蕭本作因。王本注云：蕭本作因。

【注】

〔常贊府〕按：見本卷於五松山贈南陵常贊府詩注。

〔淩歊臺〕王云：太平寰宇記：黄山在太平州當塗縣西北五里，上有宋淩歊臺，周圍五里一百步，高四十丈，石碑見存。參見卷十八登黄山淩歊臺……詩注。△歊音囂。

〔白紵山〕王云：太平寰宇記：白苧山在當塗縣東五里，本名楚山。桓温領妓游此山奏樂，好爲白苧歌，因改爲白苧山。

〔渡瀘〕文選諸葛亮出師表：故五月度瀘。李善注：蜀志曰：建興元年，南中諸部並皆叛亂，三年春，亮率衆征之，其秋悉平。漢書曰：瀘水出牂柯郡句町縣。

〔秦旗〕王云：關中之地，古秦地也，故謂關中兵旗曰秦旗。

〔西洱河〕王云：唐書：天寶十載四月壬午，劍南節度使鮮于仲通及雲南蠻戰于西洱河，敗績，大將王天運死之。十三載六月，劍南節度留後李宓及雲南蠻戰於西洱河，死之。按西洱河即葉榆河也。出雲南大理府之點蒼山，匯爲巨湖，周三百里，亦曰西洱海。傳云以形如人耳，故名。

〔七擒〕三國志蜀志諸葛亮傳：三年春，亮率衆南征……裴注：漢晉春秋曰：亮至南中，所在戰捷。聞孟獲者爲夷漢並所服，募生致之。既得，使觀於營陣之間，問曰：「此軍何如？」

獲對曰：「向者不知虚實，故敗。今蒙賜觀營陣，若祇如此，即定易勝耳。」亮笑，縱使更戰，七縱七擒而亮猶遣獲，獲止不去曰：「公，天威也，南人不復反矣。」

〔園葵〕列女傳仁智傳：魯漆室邑之女也，過時未適人。當穆公時，君老太子幼，女倚柱而嘯，……其鄰人婦從之游，謂曰：「何嘯之悲也？子欲嫁耶？吾爲子求偶。」漆室女曰：「嗟乎！吾豈爲不嫁不樂而悲哉？吾憂魯君老，太子幼。」鄰女笑曰：「此乃魯大夫之憂，婦人何與焉？」漆室女曰：「不然。……昔晉客舍吾家，繫馬園中，馬逸馳走，踐吾葵，使我終歲不食葵。……今魯君老悖，太子少愚，愚僞日起，夫魯國有患者，君臣父子皆被其辱，禍及衆庶。婦人獨安所避乎？吾甚憂之。子乃曰婦人無與者何哉？」鄰婦謝曰：「子之所慮，非妾所及。」三年魯果亂，齊楚攻之。魯連有寇，男子戰鬪，婦人轉輸不得休息。

〔不足〕王云：舊唐書：天寶十二載八月，京城霖雨米貴，令出太倉米十萬石，減價糶與貧人。十三載秋，霖雨積六十餘日，京城垣屋頽壞殆盡，物價暴貴，人多乏食，令出太倉米一百萬石，開場賤糶以濟貧民。

〔宰衡〕漢書卷九九王莽傳：采伊尹周公稱號加公爲宰衡。

〔衛謗〕蕭云：語：叔孫武叔毀仲尼，子貢曰：仲尼不可毀也。按：論語集解，叔孫武叔爲魯大夫，蕭氏以此釋衛謗，似未切。

贈汪倫

李白乘舟將欲行，忽聞岸上踏歌聲。桃花潭水深千尺，不及汪倫送我情。

【校】

〔題〕敦煌殘卷作桃花潭別汪倫。此下兩宋本、繆本俱注云：白游涇縣桃花潭，村人汪倫常醞美酒以待白。倫之裔孫至今寶其詩。

〔將欲行〕敦煌殘卷作欲遠行。

【注】

〔汪倫〕按：通鑑卷一八九：隋末，歙州賊汪華據黟、歙等五州，有衆一萬，自稱吴王，甲子，遣使來降，拜歙州總管。涇縣正其境内，汪氏當即其地之豪宗，汪倫或與汪華之族有關也。

〔踏歌〕通鑑卷二〇六：閻知微……爲虜蹋歌。……胡注：蹋歌者，連手而歌，蹋地以爲節。

〔桃花潭〕王云：一統志：桃花潭在寧國府涇縣西南百里，深不可測。輿地紀勝卷一九寧國府：桃花潭在南陵縣賞溪。

【評箋】

謝榛云：詩有四格：曰興，曰趣，曰意，曰理。太白贈汪倫曰：「桃花潭水深千尺，不及汪

倫送我情。」此興也。陸龜蒙詠白蓮曰：「無情有恨何人覺，月白風清欲墮時。」此趣也。王建宮詞曰：「自是桃花貪結子，錯教人恨五更風。」此意也。李涉上于襄陽曰：「下馬獨來尋故事，逢人惟説峴山碑。」此理也。悟者得之；庸心以求，或失之矣。（四溟詩話）

沈德潛云：若説汪倫之情比於潭水千尺，便是凡語，妙境只在一轉换間。（唐詩别裁）

于源云：贈人之詩，有因其人之姓借用古人，時出巧思，若直呼其姓名，似逕直無味矣。不知唐人詩有因此而入妙者，如「桃花流（潭）水深千尺，不及汪倫送我情」，「舊人惟有何戡在，更與殷勤唱渭城」，「平生不解藏人善，到處逢人説項斯」，皆膾炙人口。（鐙窗瑣話）

按：卷二十三有過汪氏别業二首，王本附録四引寧國府志載胡安定先生石壁詩序，稱此詩作題涇川汪倫别業二章，當與贈汪倫詩有關，可參證。

李白集校注卷十三

古近體詩二十五首

安陸白兆山桃花巖寄劉侍御綰

雲卧三十年，好閑復愛仙。蓬壺雖冥絶，鸞鳳心悠然。歸來桃花巖，得憩雲窗眠。對嶺人共語，飲潭猿相連。時昇翠微上，邈若羅浮巔。兩岑抱東壑，一嶂横西天。樹雜日易隱，崖傾月難圓。芳草换野色，飛蘿摇春烟。入遠構石室，選幽開山田。獨此林下意，杳無區中緣。永辭霜臺客，千載方來旋。

【校】

〔題〕此下兩宋本、繆本俱注云：安陸，一作春歸桃花巖寄許侍御。

〔雲卧六句〕兩宋本、繆本、胡本、王本俱注云：一作幼採紫房談，早愛滄溟仙。心跡頗相誤，世事空徂遷。歸來丹巖曲，得憩青霞眠。惟胡本霞作雲。鸞鳳，兩宋本、繆本俱作鸞鶴。

〔霜臺〕兩宋本、繆本、王本俱注云：一作繡衣。

〔來旋〕咸本作來還。

【注】

〔白兆山〕王云：太平寰宇記：白兆山在安州安陸縣西三十里。一統志：白兆山在德安府城西三十里，下有桃花巖及李太白讀書堂。按：高僧傳三集卷四神楷傳，有於安陸白趙山撰疏語，蓋白兆亦作白趙。

〔桃花巖〕輿地紀勝卷七七德安府：桃花巖在白兆山，即太白讀書之處。

〔飲潭〕王云：埤雅：猿不踐土，好上茂木，渴則接臂而飲。爾雅翼：猿好攀援，其飲水輒自高崖或大木上纍纍相接下飲，飲畢復相收而上。

〔羅浮〕王云：太平寰宇記：廣州增城縣東有羅浮山，浮水出焉，是爲浮山與羅山並體，故曰羅浮，非羽化莫有登其極者。嶮尖之峯四百四十有二，同歸於羅山。上則三峯争竦，各五六千仞，其穴冥然，莫測其極。北通句曲之山。茅君内傳云：第七洞名朱明耀真之天，璿房瑶室，七十有一，峎嵑穹窿，自然雲竦。（按：今本無此節。）參見卷八當塗趙炎少府粉圖山水歌注。

〔岏岑〕爾雅釋山：山小而高岑。邢昺疏：山形雖小而高嶔崟者名岑也。

〔區中〕文選謝靈運登江中孤嶼詩：「想像崑山姿，緬邈區中緣。」李善注：司馬相如大人賦曰：迫區中之隘狹。

〔霜臺〕王云：霜臺，御史臺也。

【評箋】

按：詩之首句云：「雲卧三十年」，當在三十歲以後。黄譜云：内有「歸來桃花巖，得憩雲窗眠」之句，此詩乃開元二十三年歷遊各處後至白兆山所作。

淮南卧病書懷寄蜀中趙徵君蕤

吴會一浮雲，飄如遠行客。功業莫從就，歲光屢奔迫。良圖俄棄捐，衰疾乃綿劇。古琴藏虛匣，長劍挂空壁。楚懷奏鍾儀，越吟比莊舄。國門遥天外，鄉路遠山隔。朝憶相如臺，夜夢子雲宅。旅情初結緝，秋氣方寂歷。風入松下清，露出草間白。故人不可見，幽夢誰與適？寄書西飛鴻，贈爾慰離析。

【校】

〔題〕兩宋本、繆本題下俱注云：淮南。咸本題中無淮南卧病書懷及蜀中等字。

〔首二句〕兩宋本、繆本、胡本、王本俱注云：一作萬里無主人，一身獨爲客。

〔楚懷〕此句蕭本、胡本俱作楚冠懷鍾儀。胡本注云：一作楚懷奏鍾儀。又以下二句兩宋本、繆本、胡本、王本俱注云：一作卧來恨已久，興發思逾積。（繆刻來誤作束，蓋宋乙本此字已壞之故。）

〔初結緝〕兩宋本、繆本、王本俱注云：一作如結骨。

〔不可見〕兩宋本、繆本俱作不在此，注云：一作不可見。

〔幽夢〕兩宋本、繆本俱作而我，注云：一作幽夢。此句下王本注云：一作故人不在此，而我誰與適。

〔離析〕析，宋甲本作柝。

【注】

〔淮南〕王云：唐書地理志：淮南道壽州壽春郡，本淮南郡，天寶元年更名。按：詩之首句云：「吴會一浮雲」，當是以淮南指揚州，王氏釋爲壽春，過泥。

〔趙徵君〕新唐書藝文志：趙蕤長短要術十卷。注云：字太賓，梓州人，開元中召之不赴。王云：北夢瑣言：趙蕤者，梓州鹽亭人。博學鈐韜，長於經世。夫妻俱有節操，不受交辟。撰長短經十卷，王霸之道見行於世。四川志：趙蕤，鹽亭人，隱於梓州郪縣長平山安昌巖。博考六經諸家同異，著長短經十卷，明王霸大略，其文亦申鑒論衡之流，凡六十三篇。又注

〔唐〕李　白　著
瞿蜕園　朱金城　校注

李白集校注

三

上海古籍出版社

李白集校注卷二十七

序二十首

暮春江夏送張祖監丞之東都序

吁嗟哉！僕書室坐愁，亦已久矣。每思欲遐登蓬萊，極目四海，手弄白日，頂摩青穹，揮斥幽憤，不可得也。而金骨未變，玉顔已緇，何嘗不捫松傷心，撫鶴嘆息？誤學書劍，薄遊人間。紫微九重，碧山萬里。有才無命，甘於後時。劉表不用於禰衡，暫來江夏；賀循喜逢於張翰，且欒船中。達人張侯，大雅君子，統泛舟之役，在清川之湄。談玄賦詩，連興數月，醉盡花柳，賞窮江山。王命有程，告以行邁，烟景晚色，慘爲愁容。繫飛帆於半天，泛渌水於遥海。欲去不忍，更開芳樽。樂雖寰中，趣逸天半。平生酣暢，未若此筵。至於清談浩歌，雄筆麗藻，笑飲醁酒，醉揮素琴，余實不愧於古人也。揚袂遠别，何時歸來？想洛陽之秋風，將鱠魚以相待。詩可贈遠，無乃闕乎？

【校】

〔題〕張祖監丞，文粹作張承祖。

〔何嘗〕嘗，兩宋本、繆本、郭本俱作常。

〔達人〕此上文粹有遇字。

〔王命〕兩宋本、繆本俱作國祖。何校陸本作國租。

〔晚色〕晚，文粹作之。

〔不忍〕忍，文粹作去。

〔天半〕半，咸本注云：一作外。

〔此筵〕筵，文粹作時。

〔將鱠魚〕文粹作鱠伊魚。

【注】

〔監丞〕按：唐文粹張祖作張承祖，卷十八有江夏送張丞，似即其人。據舊唐書職官志，諸監皆有監丞。

〔揮斥〕莊子田子方篇：夫至人者，上闚青天，下潛黄泉，揮斥八極，神氣不變。郭象注：揮斥猶縱放也。

〔賀循〕晉書卷九二張翰傳：賀循赴命入洛，經吴閶門，於船中彈琴。翰初不相識，乃就循言譚，便大相欽悦，問循知其入洛，翰曰：吾亦有事北京。便同載即去，而不告家人。

〔泛舟〕左傳僖十三年：秦輸粟于晉，自雍及絳相繼，命之曰汎舟之役。

〔膾魚〕見卷二十二秋下荆門詩注。

奉餞十七翁二十四翁尋桃花源序

昔祖龍滅古道，嚴威刑，煎熬生人，若墜大火。三墳五典，散爲寒灰。築長城，建阿房，并諸侯，殺豪俊，自謂功高羲皇，國可萬世。思欲淩雲氣，求仙人，登封太山，風雨暴作。雖五松受職，草木有知，而萬象乖度，禮刑將弛。則綺皓不得不遁于南山，魯連不得不蹈于東海，則桃源之避世者，可謂超昇先覺。夫指鹿之儔連頸而同死，非吾黨之謂乎！二翁耽老氏之言，繼少卿之作。文以述大雅，道以通至精，卷舒天地之心，脱落神仙之境。武陵遺跡可得而窺焉。問津利往，水引漁者，花藏仙谿。春風不知從來，落英何許流出！石洞來入，晨光盡開，有良田名池，竹果森列，三十六洞，别爲一天耶？今扁舟而行，笑謝人世，阡陌未改，古人依然，白雲何時而歸來，青山一去而誰往？諸公賦桃源以美之。

【校】

〔建阿房〕建，文粹作起。

〔則桃源〕文粹無則字，是。

〔笑謝〕兩宋本、咸本、繆本笑上俱有然字。何校：然字疑衍。

【注】

〔桃花源〕見卷二古風第三十一首注。

〔祖龍〕見卷二古風第三十一首注。

〔三墳〕左傳昭十二年：是能讀三墳五典八索九丘。正義：孔安國尚書序云：伏羲、神農、黄帝之書，謂之三墳，言大道也。少昊、顓頊、高辛、唐、虞之書，謂之五典，言常道也。

〔指鹿〕史記秦始皇本紀：趙高欲爲亂，恐羣臣不聽，乃先設驗，持鹿獻於二世曰：馬也。二世笑曰：「丞相誤耶！謂鹿爲馬。」問左右，左右或默，或言馬以阿順趙高。或言鹿者，高因陰中諸言鹿者以法。後羣臣皆畏高。

〔少卿〕王云：史記老莊申韓列傳：老子修道德，其學以自隱無名爲務。居周久之，見周之衰，乃遂去至關。關令尹喜曰：「子將隱矣，彊爲我著書。」於是老子乃著書上下篇，言道德之意五千餘言而去。莫知其所終。文選有李少卿與蘇武詩三首，老氏之言，少卿之作，俱切李氏事用。

〔三十六洞〕王云述異記：人間三十六洞天，知名者十耳，餘二十六天出九微志，不行於世也。

夏日陪司馬武公與羣賢宴姑熟亭序

通驛公館南有水亭焉。四甍翬飛，巉絶浦嶼。蓋有前攝令河東薛公棟而宇之；今宰隴西李公明化開物成務，又横其梁而閣之。晝鳴閑琴，夕酌清月。蓋爲接輶軒祖遠客之佳境也。製置既久，莫知何名。司馬武公長材博古，獨映方外。因據胡牀岸幘嘯詠而謂前長史李公及諸公曰：此亭跨姑熟之水，可稱爲姑熟亭焉。嘉名勝槩，自我作也。且夫曹官紱冕者，大賢處之，若遊青山、卧白雲，逍遥偃傲，何適不可？小才居之，窘而自拘，悄若桎梏，則清風朗月，河英嶽秀，皆爲棄物，安得稱焉？所以司馬南鄰，當文章之旗鼓；翰林客卿，揮辭鋒以戰勝。名教樂地，無非得俊之場也。千載一時，言詩紀志。

【校】

〔題〕兩宋本、繆本、咸本日下俱有奉字。王本注云：繆本于日下多一奉字。

【注】

〔武公〕王云：武公名幼成，爲宣州司馬，見後趙公西候亭頌。

〔姑熟亭〕王云：江南通志：太平府當塗縣有采虹橋，即下浮橋，唐李陽冰建亭在其上。李白序之，名姑熟亭，蓋走蕪湖道也。

〔公館〕按：接待來往者止宿之處爲公館，唐人文集中常見。

〔翬飛〕詩小雅斯干：如鳥斯革，如翬斯飛。鄭箋：伊洛而南，素質五色皆備成章曰翬。翬者，鳥之奇異者也。正義：斯革斯飛，言簷阿之勢似鳥飛也。

〔李公明化〕按：當即卷二十一陪族叔當塗宰遊化城寺升公清風亭詩中之「當塗宰」，卷二十九化城寺大鐘銘中之「李有則」。

〔開物〕易繫辭傳：夫易，開物成務，冒天下之道，如斯而已者矣。

〔方外〕世説簡傲篇：桓宣武……引謝奕爲司馬。奕既上，猶推布衣交，在温座席，岸幘嘯詠，無異常日。宣武每曰：我方外司馬。

〔姑熟之水〕王云：方輿勝覽：姑熟溪在太平州當塗縣南二里，西入大江。

〔翰林〕王云：翰林白自謂，於時爲客，故曰客卿。按：翰林客卿見前注，是長楊賦中語，白無自居於翰林之理，此指在坐賦詩之人耳。王説非。

〔名教〕世説任誕篇注引竹林七賢論：是時竹林諸賢之風雖高，而禮教尚峻。迨元康中，遂至放誕越禮。樂廣譏之曰：名教中自有樂地，何至於此？

【評箋】

按：卷二十八趙公西候新亭頌作於天寶十四載，則此篇亦當作於是年。

江夏送林公上人遊衡岳序

江南之仙山，黄鶴之爽氣，偶得英粹，後生俊人。林公世爲豪家，此土之秀。落髮歸道，專精律儀。白月在天，朗然獨出。既灑落於彩翰，亦諷誦於人口。閑雲無心，與化偕往。欲將振五樓之金策，浮三湘之碧波。乘杯泝流，考室名岳，瞰憩冥壑，凌臨諸天。登祝融之峯巒，望長沙之烟火。遥謝舊國，誓遺歸蹤。百千開士，鮮有此者。予所以歎其峻節，揚其清波，龍象先輩，迴眸拭視。比夫汩泥沙者，相去如牛之一毛。昔智者安禪於台山，遠公託志於廬嶽，高標勝概，斯亦嚮慕哉？紫霞摇心，青楓夾岸，目斷川上，送君此行，羣公臨流，賦詩以贈。

【校】

〔題〕文粹無上人二字。

〔諷誦〕誦，兩宋本、繆本俱作詩。王本注云：繆本作詩。

〔人口〕人，兩宋本、繆本、文粹俱作金。王本注云：繆木作金。

〔鮮有〕鮮，文粹作稀。

〔如牛〕牛上，文粹有九字。咸本如作九。

【注】

〔黄鶴〕方輿勝覽卷二八：黄鶴山一名黄鵠山，在江夏縣東九里，去縣西北二里有黄鶴磯。

〔白月〕王云：法苑珠林：西方一月分爲黑白。初月一日至十五日名爲白月，十六日已去至於月盡名爲黑月。此文所云白月，則指滿月而言也。華嚴經：何況如來金口所説。

〔祝融〕王云：一統志：祝融峯在衡山縣西北三十里，位值離宫，以配火德。乃祝融君遊息之所。上有青玉壇，道書以爲第二十四福地。湖廣通志：衡山有七十二峯，其最高者爲祝融峯，舊傳高九千七百三十丈，或云祝融峯去地二萬丈。唐盧載詩：「五千里地望皆見，七十二峯中最尊」，是也。峯頂有風穴，每將雨則風自穴發，又有雷池，禱雨皆驗。按唐書地理志：潭州長沙郡隸江南西道，領長沙、湘潭、湘鄉、益陽、醴陵、瀏陽六縣。

〔龍象〕王云：僧中能負荷大法者謂之龍象。

〔汩〕音骨。

〔智者〕傳燈録：智顗禪師，荆州華容人。十五禮佛像，誓志出家，怳焉如夢見大山臨海際，峯頂有僧招手接入一伽藍，云汝當居此。年十八，依僧法緒出家。陳大建七年，隱天台山佛隴峯，有定光禪師先居此峯，謂弟子曰：「不久當有善知識領徒至此。」俄而師至，光曰：「憶疇昔舉手招引否？」師即悟禮像之徵，悲喜交懷，乃執手共至菴所。其夜聞空中鐘磬之聲，師曰：「是何祥也？」曰：「是揵椎集僧得住之相。此處金地，吾已居之，北峯銀地，汝宜居焉。」開山後，宣帝建修禪寺，割始豐縣調以充衆費。及隋煬帝請師受菩薩戒，號師爲智者師，自始受禪教，終乎滅度，常披一壞衲，冬夏不釋。來往居天台山二十二年，建造大道場一十二所，國清最居其後。

〔遠公〕神僧傳：釋慧遠欲往羅浮，及届潯陽，見廬峯清浄，足以息心，始住龍泉精舍，此處去水本遠，遠乃以杖扣地曰：「若此中可得棲立，當使朽壤抽泉。」言畢，清流引出，浚以成溪，於是率衆行道，昏曉不絶，釋迦餘化，於斯復興。自遠卜居廬阜三十餘年，影不出山，跡不入俗，每送客遊履常以虎溪爲界。

金陵與諸賢送權十一序

斯高柄秦，嬴世不二。三傑伏草，與漢並出。莽夷朱暉，耿鄧乃起。自古英達，未必盡用于當年，去就之理，在大運爾。我君六葉繼聖，熙乎玄風；三清垂拱，穆然紫極，天人其一哉！所以青雲豪士，散在商釣。四坐明哲，皆清朝旅人。吾希風廣成，蕩漾浮世。素受寶訣，爲三十六帝之外臣。即四明逸老賀知章呼余爲謫仙人，蓋實録耳。而嘗採姹女於江華，收河車於清溪，與天水權昭夷服勤爐火之業久矣。之子也，沖恬淵静，翰才峻發，白每一篇一札，皆昭夷之所操。吁！捨我而南，若折羽翼，時歲律寒苦，天風枯聲，雲帆涉漢，冏若絶電。舉目四顧，霜天崢嶸，銜杯叙離，羣子賦詩以出餞，酒仙翁李白辭。

【校】

〔題〕英華權十一下多昭夷二字。

〔熙乎〕乎，文粹作于。

〔豪士〕英華豪上多之字。注云，集本文粹無之字。

〔翰才峻發〕文粹作才翰駿發。王本注云：唐文粹作才翰駿發。

〔羽翼〕羽，英華作兩，注云：集作羽。

〔寒苦〕苦，文粹作色。王本注云：唐文粹作色。

〔絶電〕電，兩宋本、繆本、文粹俱作雷。英華作電。王本注云：繆本作雷。

【注】

〔權十一〕按：卷十三獨酌清溪江石上寄權昭夷，卷十九答高山人兼呈權顧二侯等篇，亦疑即此人。

〔斯高〕王云：李斯、趙高執秦國之柄，毒痡天下，致嬴氏甫二世而亡。於是三傑輔漢高，以出定天下。王莽篡漢，耿弇、鄧禹之徒乃起而佐光武，以致中興。夷，滅也。朱暉，火之光暉也。漢以火德王，故云。史記：高祖曰：運籌策帷帳之中，決勝於千里之外，吾不如子房。鎮國家，撫百姓，給餽饟，不絶糧道，吾不如蕭何。連百萬之衆，戰必勝，攻必取，吾不如韓信。此三人皆人傑也，吾能用之，此吾所以取天下也。

〔耿鄧〕按：謂耿弇、鄧禹。

〔商釣〕王云：商釣，或隱於市，或漁於水也。

〔四坐〕王云：四坐明哲謂坐中諸賢。旅人謂未登仕籍，奔走四方。猶仲尼旅人之意。

〔廣成〕見卷二古風第二十五首注。

〔賀知章〕見卷二十三對酒憶賀監詩注。

〔姹女〕王云：姹女，汞也。河車，鉛也。皆煉丹藥物。參同契：河上姹女靈而最神，得火則飛，不見埃塵。陰真君金液還丹歌云：「北方正氣名河車。」

〔江華〕王云：唐書地理志：道州江華郡屬江南西道。清溪在池州秋浦縣。

〔天水〕唐書宰相世系表：權氏出自子姓，商武丁之裔，封於權，其地南郡當陽縣權城是也。楚武王滅權，遷於那處，其孫因以爲氏。秦滅楚，遷大姓於隴西，因居天水。

春于姑熟送趙四流炎方序

白以鄒魯多鴻儒，燕趙饒壯士，蓋風土之然乎！趙少翁才貌瓌雅，志氣豪烈，以黄綬作尉，泥蟠當塗。亦雞棲鶴籠，不足以窘束鸞鳳耳。以疾惡抵法，遷於炎方。辭高堂而墜心，指絶國以摇恨。天與水遠，雲連山長。借光景于頃刻，開壺觴于洲渚。黄鶴曉别，愁聞命子之聲；青楓暝色，盡是傷心之樹。然自吴瞻秦，日見喜氣。上當攫玉弩，摧狼狐，洗清天地，雷雨必作。冀白日迴照，丹心可明，巴陵半道，坐見還吴之棹。令雪解而松柏振色，氣和而蘭蕙開芳。僕西登天門，望子於西江之上。吾賢可流水其道，浮雲其身，通方大適，何往不可？何必戚戚于路岐哉？

【校】

〔燕趙〕趙，英華作魏，注云：集作趙。

〔風土〕土，英華注云：集作俗。

〔少翁〕翁，英華作公，注云：集作翁。王本注云：文苑英華作公爲是。

〔瓌雅〕雅，英華作雄，注云：集作雅。

〔亦雞棲〕亦下英華有猶字。

〔鸞鳳〕鳳，郭本、咸本俱作凰，注云：一作鳳。王本注云：一作凰。

〔以摇恨〕以，英華作而，注云：集作以。

〔借光景〕借，英華作惜。

〔西江〕西，英華作滄，注云：集作西。

〔路岐〕英華作岐路，注云：集作路岐。

【注】

〔姑熟〕王云：在晉時爲姑熟，在唐時爲宣州當塗縣。趙蓋爲當塗縣尉者也。

〔趙四〕今人詹鍈云：趙四當即當塗尉趙炎。按：文中有遷於炎方句，恐未合故犯其名，未敢謂即其人也。

〔青楓〕楚辭招魂：湛湛江水兮上有楓，目極千里兮傷春心。

〔狼狐〕按：狼疑當作琅，狐疑當作弧，琅弧玉弩，見卷一大獵賦。

〔雷雨〕易解卦：雷雨作解，君子以赦過宥罪。

〔天門〕見卷二十二天門山詩注。

秋于敬亭送從姪耑遊廬山序

余小時大人令誦子虛賦，私心慕之。及長，南遊雲夢，覽七澤之壯觀，酒隱安陸，蹉跎十年。初，嘉興季父謫長沙西還，時予拜見預飲林下，耑乃稚子，嬉遊在旁。今來有成，鬱負秀氣。吾衰久矣，見爾慰心，申悲導舊，破涕爲笑。方告我遠涉，西登香爐。長山横蹙，九江却轉，瀑布天落，半與銀河争流，騰虹奔電，潨射萬壑，此宇宙之奇詭也。其上有方湖石井，不可得而窺焉。羡君此行，撫鶴長嘯，恨丹液未就，白龍來遲。使秦人著鞭，先往桃花之水。孤負宿願，慚歸名山。終期後來，攜手五嶽，情以送遠，詩寧闕乎？

【校】

〔秀氣〕秀，英華作壯，注云：集作秀。

〔導〕咸本、英華俱作道。王本注云：當作道。

〔涕〕英華注云：集作啼。

〔方告〕方，英華注云：集作乃。

〔奔電〕電，英華作雷，注云：集作電。

〔澩〕英華作激，注云：集作澩。

〔慚歸名山〕英華、文粹作慚未歸於名山。王本注云：文苑英華作慚未歸于名山。

【注】

〔耑〕音端。

〔子虛賦〕見卷一大獵賦注。

〔雲夢〕方輿勝覽卷三一：雲夢澤在安陸縣南五十里。

〔嘉興〕按：此指白之叔父爲嘉興令者，據舊唐書地理志，嘉興爲蘇州屬縣。

〔方湖〕慧遠遊廬山記：自託此山，二十三載，再踐石門，四遊南嶺，東望香爐峯，北眺九江，傳聞有石井方湖，中有赤鱗湧出，野人不能叙，直嘆其奇而已。

〔白龍〕王云：用陵陽子明事，見卷十二登敬亭山……詩注。

送黃鐘之鄱陽謁張使君序

東南之美者有江夏黃公焉。白竊飲風流，嘗接談笑，亦有抗節玉立，光輝炯然。氣高時英，辯折天口，道可濟物，志棲無垠。鄱陽張公朝野榮望，愛客接士，即原嘗春陵之亞焉。每欽其辭華，懸榻見往。而黃公因訪古跡，便從貴遊，乃僑裝撰行，去國遐陟。諸子銜酒惜別，沾巾分贈。沉醉烔夕，惆悵涼月。天南迴以變夏，火西飛而獻秋。汀葭颯然，海草微落。夫子行邁，我心若何！毋金玉爾音，而有遐心。湖水演沔，勗哉是行。共賦武昌釣臺篇以慰別情耳。

【校】

〔竊飲〕竊，兩宋本、繆本作切。

〔嘗接〕嘗，郭本作始。王本注云：郭本作始。

〔烔然〕烔，兩宋本、繆本俱作冏。王本注云：繆本作冏。

〔見往〕往，王本注云：當作待。

〔沾巾〕兩宋本、繆本俱作脱巾。王本沾下注云：繆本作脱。

〔分贈〕兩宋本、繆本、咸本俱作贈分。按：贈分猶言贈別臨分，沉醉與惆悵分貼銜酒與沾巾，當以沾巾贈分爲是。

〔演沔〕演，兩宋本、繆本俱作悠。王本注云：繆本作悠。

【注】

〔鄱陽〕舊唐書地理志：江南西道饒州：隋鄱陽郡。

〔天口〕文選任昉宣德皇后令：辯折天口而似不能言。李善注：七略曰：齊田駢好談論，故齊人爲語曰：天口駢。天口者，言田駢子不可窮其口若事天。

〔懸榻〕見卷十四寄崔侍御詩注。

〔僑裝〕王云：廣韻：僑，客也。撰，定也。僑裝，謂客行之裝。撰行，謂定行日。遐陟，遠行也。

〔遐心〕詩小雅白駒：毋金玉爾音，而有遐心。正義：言汝雖不來，當傳書信，毋得自愛音聲，貴如金玉，不以遺問我而有疏遠我之心，恐遂疏己，故以恩責之，冀音信不絶。

〔演沔〕王云：廣韻：演，水長流貌。韻會：沔，流滿貌。△沔音免。

〔釣臺〕王云：太平寰宇記：釣臺在武昌城下，有石圻臨江懸峙，四眺極目。武昌記云：釣臺在城南。方輿勝覽：釣臺在武昌北門外大江中。郡志：孫權嘗整陳於釣臺。

早春于江夏送蔡十還家雲夢序

吾觀蔡侯奇人也。爾其才高氣遠，有四方之志。不然，何周流宇宙太多耶？白遐窮冥搜，亦以早矣。海草三緑，不歸國門，又更逢春，再結鄉思。一見夫子，冥心道存，窮朝晚以作宴，驅烟霞以輔賞。朗笑明月，時眠落花。斯遊無何，尋告睽索。來暫觀我，去還愁人。乃浮漢陽，入雲夢，鄉枻云叩，歸魂亦飛。且青山緑楓，累道相接，遇勝因賞，利君前行。既非遠離，曷足多歎？秋七月，結遊鏡湖，無愆我期，先子而往，敬慎好去，終當早來。無使耶川白雲不得復弄爾。鄉中廖公及諸才子爲詩略謝之。

【校】

〔亦以〕以，郭本作已。按古字通。

〔來暫觀我〕何校陸本云：觀疑歡。按：觀我用易觀卦「觀我生」語，何説非。

〔耶川〕耶川，咸本作晚耶，非。

【注】

〔耶川〕王云：耶川即若耶溪，與鏡湖俱在會稽。詳見卷六子夜吴歌第二首注。

〔廖公〕按：當即本卷送戴十五歸衡岳序之郚中廖侯。所謂鄉中即安州。

秋日于太原南栅餞陽曲王贊公賈少公石艾尹少公應舉赴上都序

天王三京，北都居一，其風俗遠，蓋陶唐氏之人歟！襟四塞之要衝，控五原之都邑，雄藩劇鎮，非賢莫居。則陽曲丞王公，神仙之冑也。爾其學鏡千古，知周萬殊。又若少府賈公，以述作之雄也，鰲弄筆海，虎攫辭場。又若石艾尹少公，廊廟之器，口折黄馬，手揮青萍。咸道貫于人倫，名飛于日下。實難沉屈，永懷青霄。劍有隱而氣衝七星，珠雖潛而光照萬壑。今年春，皇帝有事千畝，湛恩八埏，大搜羣才，以緝邦政。而王公以令宰見舉，賈公以王霸昇聞。海激佇乎三千，天飛期於六月，必有以也，豈徒然哉？有從兄太原主簿舒，才華動時，規謀匠物。乃默翠幕，筵虹梁。瓊羞霞開，羽觴電舉。然後抗目遠覽，憑軒高吟。屏俗事于煩襟，結浮歡于落景。俄而皓月生海，來窺醉容；黄雲出關，半起秋色。數君乃輟酌慷慨，摇心促裝。望丹闕而非遠，揮玉鞭而且去。白也不敏，先鳴翰林。幸叨玳瑁之筵，敢竭麒麟之筆。請各探韻，賦詩寵行。

【校】

〔默〕郭本作點。

〔高吟〕此下兩宋本、繆本有汾河鏡開，漲藍都之氣色，晉山屏列，横朔野之郊原。王本注云：繆本于此下多汾河鏡開，漲藍都之氣色，晉山屏列，横朔野之郊原四句。

【注】

〔陽曲〕王云：按唐書地理志：太原府有陽曲縣，有石艾縣。天寶元年，更石艾爲廣陽縣。容齋隨筆：唐人呼縣令爲明府，丞爲贊府，尉爲少府，李太白集有餞陽曲王贊公賈少公石艾尹少公序，蓋陽曲丞尉、石艾尉也，贊公、少公之語益奇。

〔賈少公〕按：卷二十六有與賈少公書，當即其人。

〔上都〕按：新唐書地理志：上都初曰京城，……肅宗元年曰上都。此文雖作於開元中，蓋已有此稱，特肅宗時始定爲正名耳。

〔三京〕王云：三京謂西京、東京、北京也。唐以雍州爲西京，河南爲東京，太原爲北京。通典：開元十一年，以并州高祖起義之地，置太原府，號曰北京。太平寰宇記：并州大都督府，天授元年置北都兼都督府。開元十一年元宗行幸至此，以此州王業所興，又建北都，仍改并州爲太原府，立起義堂碑以紀其事。

〔陶唐氏〕王云：通典：今之并州爲太原府，古唐國也。昔帝堯爲唐侯所封之國。太平寰宇記：并州太原郡，其人有唐堯之遺教，君子深思，小人儉陋。

〔四塞〕王云：盧諶理劉司空表：咸以并州之地，四塞爲固，東阻井陘，西限藍谷，前有太行之嶺，後有句注之關。

〔五原〕王云：五原，漢武帝所置郡，唐時鹽州、豐州、勝州皆其故地，去太原四百餘里。

〔神仙〕王云：王氏一支相傳，出自周靈王太子晉，即與浮丘公仙去者，故曰神仙之胄。

〔黄馬〕文選劉孝標廣絶交論：騁黄馬之劇談。李善注：莊子曰：惠施，其言黄馬驪牛三，辯者以此與惠施相應，終身無窮。司馬彪曰：牛馬以二爲三，兼與别也。曰馬曰牛，形之三也。曰黄曰驪，色之三也。曰黄馬曰驪牛，形與色之三也。

〔青萍〕見卷九鄴中贈王大勸入高鳳石門山幽居詩注。

〔日下〕王云：日下謂帝都。

〔七星〕王云：七星謂北斗之星，暗用豐城劍氣衝牛斗間事。

〔千畝〕王云：玉海：開元二十三年正月己亥，耕籍田，大赦，賜勳爵。所謂湛恩八埏、大搜羣才，正指斯事。

〔三千〕莊子逍遥游篇：鵬之徙於南冥也，水擊三千里，摶扶摇而上者九萬里，去以六月息者也。

〔太原主簿舒〕今人詹鍈云：按丹陽房粲之四世孫舒官工部郎中。

〔翠幕〕文選潘岳籍田賦：翠幕黕以雲布。

〔虹梁〕文選班固西都賦：抗應龍之虹梁。李善注：梁形似龍而曲如虹也。

〔羽觴〕王云：楚辭：瑶漿蜜勺，實羽觴些。王逸注：羽，翠羽也。觴，觚也。漢書：酌羽觴兮銷憂。劉德注：羽觴，酒疾行如羽也。孟康曰：羽觴，爵也，作生爵形，有頭尾羽翼。如淳曰：以瑇瑁覆翠羽於下徹上見。師古曰：孟説是也。张衡西京賦：羽觴行而無數。劉良注：羽觴，杯上綴羽以速飲也。

【評箋】

王云：按唐書，改京城爲西京，東都爲東京，北都爲北京，乃天寶元年事，而太白供奉翰林正在天寶初年，此文有「天王三京」及「先鳴翰林」二句，疑是其去國以後之作。然天寶改元以後不見有耕籍事，或是史臣失書亦未可定。而改石艾縣爲廣陽，則正在天寶元年，此文猶稱石艾，不稱廣陽，知爲天寶以前作也。三京之稱，或在先時已有此名，而翰林謂文翰之林，蓋先作詩，以爲文林之倡耳。

送戴十五歸衡岳序

白上探玄古，中觀人世，下察交道，海内豪俊，相識如浮雲。自謂德參夷顔，才亞孔墨，莫不名田口進，實從事退，而風義可合者，厥惟戴侯。戴侯寓居長沙，稟湖岳之氣；少長咸洛，窺霸王之圖。精微可以入神，懿重可以崇德，謨猷可以尊主，文藻可以成化，兼以五材，統以四美，何往而不濟也？其二三諸昆，皆以才秀擢用，辭翰炳發，昇聞天朝，而此君獨潛光後世，以期大用。鯤海未躍，鵬霄悠然。不遠千里，訪余以道。邳國之秀，有廖侯焉。人倫精鑒，天下獨立。每延以宴謔，許爲通人。獨孤有鄰及薛諸公，咸亦以爲信然矣。屬明主未夢，且歸衡陽，憩祝融之雲峯，弄茱萸之湍水。軒騎糾合，祖於魏公之林亭。笙歌鳴秋，劍舞增氣，況江葉墜緑，沙鴻冥飛，登高送遠，使人心醉。見周張二子，爲論平生雞黍之期，當速赴也。

【校】

〔戴侯寓〕兩宋本、繆本俱無戴侯二字。郭本無寓字。王本注云：繆本缺戴侯字，郭本缺寓字。

〔後世〕世，王本注云：一作時。

〔悠然〕悠，郭本作愍。

〔邲〕邲，郭本作却。王本注云：郭本作却，誤。

【注】

〔口進〕王云：人物志：夫名非實用之不效，故曰名由口進，而實從事退。中情之人，名不副實，用之有效，故名由衆退，而實從事章。

〔五材〕〔四美〕王云：姜子所謂五材者，勇、智、仁、信、忠也，勇則不可犯，智則不可亂，仁則愛人，信則不欺，忠則無二心，四美承上四句而言。

〔廖侯〕按：即本卷早春於江夏送蔡十還家雲夢序中之廖公。

〔獨立〕王云：獨立猶獨步之意。

〔通人〕後漢書卷六五鄭玄傳：袁紹客多豪俊，並有才説，見玄儒者，未以通人許之。

〔未夢〕書説命序：高宗夢得説，使百工營求諸野。按：未夢即未獲知遇之意。

〔茱萸〕王云：水經注：邵陵水東北出益陽縣，其間逕流山峽，名之爲茱萸江。海録碎事：潰江一名茱萸江，在衡山縣。一統志：茱萸灘在湖廣寶慶府城北四十里，潰江水勢險惡，昔人置銅柱於岸側以固牽挽，俗謂五十三灘四十八灘。此其首也。

〔雞黍〕王云：李善文選注：謝承後漢書：山陽范式，字巨卿，與汝南張元伯爲友，春別京師，以秋爲期。至九月十五日，殺雞作黍。二親笑曰：「山陽去此幾千里，何必至？」元伯曰：「巨卿信士，不失期者。」言未絶而巨卿至。

早夏于將軍叔宅與諸昆季送傅八之江南序

易曰：觀乎人文，以化成天下。窮此道者，其惟傅侯耶！侯篇章驚新，海内稱善。五言之作，妙絶當時。陶公愧田園之能，謝客慚山水之美。佳句籍籍，人爲美談。前許州司馬宋公蘊冰清之姿，重傅侯玉潤之德。妻以其子，鳳皇于飛，潘楊之好，斯爲睦矣。僕不佞也，忝于芳塵。宴同一筵，心契千古。清酌連曉，玄談入微。歡攜無何，旋告睽拆。將軍叔雄略蓋古，英明動神。天王貴宗，誕育賢子。八龍增秀以列次，五色相輝而有文。會言高樂，曉餞金門洗德，紘觴怡顔。朱明草木已盛，且江嶂若畫，賞盈前途，自然屏間坐遊，鏡裏行到，霞月千里，足供文章之用哉！征帆空懸，落日相逼，一季揮翰，詩其贈焉。

【校】

〔題〕兩宋本、繆本俱作早夏于江將軍宅云云。王本注云：繆本于字下多一江字。何校陸本云：江下疑有王字。按：何氏之意以爲既稱叔則必爲唐之宗室，然是時江王元祥已無嗣王者矣。

〔驚〕王本注云：當作警。

〔無何〕何，郭本作間。王本注云：郭本作間。

〔拆〕兩宋本、繆本俱作坼。王本注云：一本作析，繆本作坼。

〔叔雄〕雄，王本注云：舊本皆作英，今依劉本。

〔怡顏〕王本注云：上下似有闕文。

【注】

〔傅八〕按：卷九有淮海對雪贈傅靄詩，未知即其人否？

〔易曰〕出繫辭傳。

〔冰清〕晉書卷三六衛玠傳：玠妻父樂廣有重名，議者以爲婦公冰清，女壻玉潤。

〔鳳皇〕左傳莊二十二年：初，懿氏卜妻敬仲，其妻占之曰吉，是謂鳳凰于飛，和鳴鏘鏘。杜預注：雄曰鳳，雌曰凰。雄雌俱飛，相和而鳴鏘鏘然，猶敬仲夫妻相隨適齊，有聲譽。

〔潘楊〕文選潘岳楊仲武誄：潘楊之穆，有自來矣。又云：既藉三葉世親之恩，而子之姑又余之伉儷焉。

〔八龍〕後漢書卷九二荀淑傳：有子八人，儉、緄、靖、燾、汪、爽、肅、專，並有名稱，時人謂八龍。初荀氏舊里名西豪，潁陰令勃海苑康以爲昔高陽氏有才子八人，今荀氏亦有八子，故改其里曰高陽里。

冬日于龍門送從弟京兆參軍令問之淮南覲省序

紫雲仙季，有英風焉。吾家見之，若衆星之有月。貴則天王之令弟，寶則海岳之奇精，遊者所謂風生玉林，清明蕭灑，真不虚也。常醉目吾曰：兄心肝五藏皆錦繡耶？不然，何開口成文，揮翰霧散？吾因撫掌大笑，揚眉當之。使王澄再聞，亦復絶倒。觀夫筆走羣象，思通神明，龍章炳然，可得而見。歲十二月，拜省於淮南。思白華之長吟，眺黄雲之晚色。目斷心盡，情懸高堂。傾蘭醑而送行，赫金鞍而照地。錯轂蹲野，朝英滿筵，非才名動時，何以及此？日落酒罷，前山陰烟，殷勤惠言，吾道東坐。想洛橋春色，先到淮城。見千條之緑楊，折一枝以相贈。則華蕚情在，吾無恨焉。羣公賦詩，以光榮餞。

【校】

〔吾道東〕何校陸本云：東下疑有脱誤。

【注】

〔令問〕按：卷十三有秋夜宿龍門香山寺奉寄……從弟幼成令問詩，當亦指此令問。

〔紫雲〕王云：紫雲仙似其從弟之號。

〔王澄〕晉書卷三六衛玠傳：琅邪王澄有高名，少所推服。每聞玠言，輒歎息絶倒。故時人爲之語曰：衛玠談道，平子絶倒。

〔白華〕文選束皙補亡詩：白華朱蕚，被於幽薄。吕延濟注：喻孝子事父母之潔白，如朱蕚承白華於幽薄之中而鮮潔也。

〔醑〕王云：玉篇：醑，美酒也。△醑音胥上聲。

〔吾道〕按：後漢書卷六五鄭玄傳：（馬）融喟然謂門人曰：「鄭生今去，吾道東矣。」此句當用此事。坐字未詳。

〔華蕚〕王云：謝瞻詩：「花蕚相光飾。」吕延濟注：花蕚喻兄弟也。琦按：蕚，花蒂也。花蕚相倚附，不能相離，故古人取之以爲兄弟之喻。

江夏送倩公歸漢東序

謝安四十，卧白雲于東山；桓公累徵，爲蒼生而一起。常與支公遊賞，貴而不移。大人君子，神冥契合，正可乃爾。僕與倩公一面，不忝古人。言歸漢東，使我心痗。夫漢東之國，聖人所出，神農之後，季良爲大賢。爾來寂寂，無一物可紀。有唐中興，始生紫陽先生。先生六十而隱化，若繼跡而起者，惟倩公焉。蓄壯志而未就，期老成于他日。且能傾産重諾，好賢攻文。即惠休上人與江鮑往復，各一時也。僕平生述作，罄其草而授之。思親遂行，流涕惜別。今聖朝已捨季布，當徵賈生。開顔洗目，一見白日。冀相視而笑於新松之山耶？作小詩絶句，以寫別意。辭曰：

彼美漢東國，川藏明月輝。寧知喪亂後，更有一珠歸。

【校】

〔謝安〕繆本句首有昔字。王本注云：繆本作昔謝安四十。

〔累徵〕累，兩宋本作素。

〔冥契〕英華作契冥，注云：集作冥契。

〔一面〕郭本、咸本俱無一字。王本注云：郭本缺一字。

〔言歸漢東〕此下英華注云：古本作興言歸東。

〔季良〕季，郭本作李。王本注云：郭本作李，誤。

〔攻文〕英華作工文。

〔辭曰〕兩宋本、繆本無此二字。咸本作李白辭曰，注云：一本無此四字。王本注云：繆本少辭曰二字。

〔彼美〕王本注云：按繆本詩中重録此文，而寂寂作寂寞，辭曰作李白辭，彼美作路入，凡六字不同，蓋未及删正也。咸本注云：一作路入。按：英華作路入，注云：集作彼美。

【注】

〔倩公〕按：卷三十漢東紫陽先生碑銘云：有鄉僧貞倩雅仗才氣，請予爲銘。與此序語意相合，倩公即貞倩，其人蓋由釋入道者。

〔漢東〕王云：漢東，隨州也。本春秋時隨子之國，其地在漢水之東。左傳：漢東之國隨爲大，是也。後世以其地置州，謂之隨州，隋時改稱漢東郡，蓋依此立名。唐自天寶以前名隨州，天寶初改漢東郡，乾元初復爲隨州。

〔謝安〕王云：世説注：續晉陽秋曰：謝安悠游山水，以敷文析理自娱。桓温在西藩，欽其盛名，諷朝廷請爲司馬。以世道未夷，志存匡濟。年四十，起家應務。晉書：謝安寓居會稽，與王羲之及高陽許詢、桑門支遁游處，出則漁弋山水，入則言詠屬文，無處世意。參見卷七東山吟注。

〔心痗〕詩衛風伯兮：願言思伯，使我心痗。毛傳：痗，病也。

〔神農〕王云：元和郡縣志：厲山亦名烈山，在隨州隨縣北百里。禮記曰：厲山氏，炎帝也。起於厲山，故曰厲山氏。太平寰宇記：荆州記云：隨地有厲鄉村，有厲山，下有一穴，是神農所生穴也。穴口方一步，容數人立。今穴口石上有神農廟在。方輿勝覽：荆州記：隨州厲山有石穴，云是神農所生，遂即此地爲神農社，常年祀之。

〔季良〕王云：季良，隨之賢大夫，諫隨君無追楚師，事載左傳桓公六年。　按：左傳作季梁。

〔紫陽先生〕見卷三十紫陽先生碑銘。

〔惠休〕見卷十二贈僧行融詩注。

【評箋】

按：文中已捨季布一語，當是乾元二年遇赦以後之作。

餞李副使藏用移軍廣陵序

夫功未足以蓋世，威不可以震主。必挾此者，持之安歸？所以彭越醢于前，韓信誅于後。況權位不及于此者，虛生危疑，而潛包禍心，小拒王命。是以謀臣將啖以節鉞，誘而烹之。亦由借鴻濤于奔鯨，鱠生人于哮虎。呼吸江海，横流百川。左縈右拂，十有餘郡，國計未及，誰當其鋒？我副使李公，勇冠三軍，衆無一旅。横倚天之劍，揮駐日之戈。吟嘯四顧，熊羆雨集。蒙輪扛鼎之士，杖干將而星羅。上可以決天雲，下可以絶地維。翕振虎旅，赫張王師，退如山立，進若電逝。轉戰百勝，僵屍盈川。水膏于滄溟，陸血于原野。一掃瓦解，洗清全吴。可謂萬里長城，横斷楚塞。不然，五嶺之北，盡餌于修蛇，勢盤地蹙，不可圖也。而功大用小，天高路遐。社稷雖定于劉章，封侯未施于李廣。使慷慨之士，長吁青雲。且移軍廣陵，恭揖後命。組練照雪，樓船乘風，簫鼓沸而三山動，旌旗揚而九天轉。良牧出祖，烈將登筵。歌酣易水之風，氣振武安之瓦。海日夜色，雲帆中流。席闌賦詩，以壯三軍之事。白也筆已老矣，序何能爲？

【校】

〔此者〕英華無者字。

〔潛包〕包，兩宋本、繆本、咸本俱作苞。王本注云：繆本作苞。

〔國計〕計，英華作討。王本注云：文苑英華作討。

〔長吁〕吁，英華注云：集作呼。

〔旌旗〕旗，英華作旆，注云：集作旗。

〔烈將〕英華注云：集作列。

〔雲帆〕帆，文粹、兩宋本、繆本俱作河。王本注云：繆本作河。

〔之事〕事，英華作士。

【注】

〔藏用〕王云：通鑑：上元元年，宋州刺史劉展領淮西節度副使，剛強自用，爲其上者多惡之。時有謡言曰：手執金刀起東方。節度使王仲昇使監軍使、内左常侍邢延恩入奏：展倔彊不受命，姓名應謡讖，請除之。延恩因説上曰：「展方握強兵，宜以計去之。請除展江淮都統代李峘，俟其釋兵赴鎮，中道執之，此一夫之力耳。」上從之，以展爲都統淮南東、江南西、浙西三道節度使。密勑舊都統李峘及淮南東道節度使鄧景山圖之。延恩以制書授展，展疑之曰：「展自陳留參軍數年至刺史，可謂暴貴矣。江淮租賦所出，今之重任，展無勳勞，又非親賢，一旦恩命寵擢如此，得非有讒人間之乎？」因泣下，延恩懼曰：「公素有才望，主上以江淮爲憂，故不次用公，公反以爲疑，何哉！」展曰：「事苟不欺，印節可先得乎！」延恩曰：「可。」乃馳詣廣陵，與峘謀，解印節以授展。展得印節，乃上表謝恩，悉舉宋州兵七千趨廣陵。延恩知展已得其情，還奔廣陵，與李峘、鄧景山發兵拒之，移檄州縣言展反。展亦移檄言峘反，州縣莫知所從。峘引兵渡江屯京口，景山將萬人屯徐城。展素有威名，御軍嚴整，江淮人望風畏之。展倍道先期至，使人問景山曰：「吾奉詔書赴鎮，此何兵也！」景山不應。展使其將孫待封、張法雷擊之。景山衆潰，與延恩奔壽州，展引兵入廣陵，遣其將屈突孝標將兵三千徇濠楚，王晅將兵四千略淮西。展軍於白沙，設疑兵於瓜州，若將趨北固者。峘悉鋭兵守京口以待之，展乃自上流濟襲下蜀，峘軍聞之自潰，峘奔宣城。甲午，展陷潤州。丙申，陷昇州。李峘之去潤州也，副使李藏用謂峘曰：「處人尊位，食人重禄，臨難而逃之，非忠也。以數十州之兵食，三江五湖之險固，不發一矢而棄之，非勇也。失忠與勇，何以事君？」藏用請收餘兵，竭力以拒之。峘乃悉以後事授藏用，藏用收散卒得七百人，東至蘇州，募壯士得二千人，立栅以拒展。與展將張景超、孫待封戰於郁墅，兵敗奔杭州，景超遂據蘇州，待封進陷湖州。景超進逼杭州，藏用使其將温晁屯餘杭，展將下江州徇江西，於是屈突孝標陷濠、楚等州，王晅陷舒、和、滁、廬等州，所向無不摧靡，聚兵萬人，騎三千，横行江淮間。上命平盧兵馬使田神功將所部精兵三千討展，展聞之，始有懼色，自廣陵將兵八千拒之，選精兵二千渡淮，擊神功於都梁山。展敗走，至天長，以五百騎據橋拒戰，又敗。展獨與一騎亡渡江。上元二年正月，張景超引兵攻杭州，敗李藏用將李疆於石夷門。孫待封自武康南出，將會景超攻杭州，温晁據險擊敗之。辛亥夜，神功遣特進范知新等將四千人自白沙濟，西趨下蜀，展擊之不勝，弟殷勸展引兵逃入海可延歲月。展曰：「若事不濟，何用多殺人父子乎！死早晚等耳。」遂更率衆力戰，將軍賈隱林射展中目而仆，遂斬之。孫待封詣藏用降，张景超聚兵至七千餘人，聞展死，悉以兵授張法雷，使攻杭州，景超逃入海，法雷至杭州，李藏用擊破之，餘黨皆平。

〔彭越〕王云：漢書高帝紀：十一年春正月，淮陰侯韓信謀反長安，夷三族。三月，梁王彭越謀反，夷三族。此云越醢於前，信誅於後，恐誤。漢書黥布傳：漢誅梁王彭越，盛其醢以徧賜諸侯。

〔謀臣〕按：此指邢延恩也。

〔一旅〕左傳哀元年：有田一成，有衆一旅。杜預注：方十里爲成，五百人爲旅。

〔蒙輪扛鼎〕王云：左傳：狄虒彌建大車之輪而蒙之以甲以爲櫓，左執之，右拔戟，以成一隊。杜預注：蒙，覆也。史記：項籍長八尺餘，力能扛鼎。裴駰注：韋昭曰：扛，舉也。索隱曰：説文云：扛，横關對舉也，音江。

〔干將〕見卷十一贈潘侍御論錢少陽詩注。

〔五嶺〕王云：杜氏通典：自北徂南入越之道，必由嶺嶠，時有五處：塞上嶺一也，今南康郡大庾嶺是。騎田嶺二也，今桂陽郡臘嶺是。都龐嶺三也，今江華郡永明嶺是。甿渚嶺四也，今江華界白芒嶺是。越城嶺五也，今始安郡北零陵郡南臨源嶺是。西自衡山之南，東窮於海，一山之限也。文謂五嶺之北，蓋指江南江西二道而言。

〔劉章〕漢書文帝紀：高后崩，諸吕謀爲亂，欲危劉氏。丞相陳平、太尉周勃、朱虚侯劉章等共誅之。

〔李廣〕漢書卷五四李廣傳：廣與望氣王朔語曰：「自漢擊匈奴，廣未嘗不在其中，而諸妄校尉以下，材能不及中，以軍功取侯者數十人，廣不爲後人，然終無尺寸功，以得封邑者，何也！豈吾相不當侯邪！」

〔三山〕王云：元和郡縣志：三山在潤州上元縣西南五十里，晉王濬伐吴，宿於牛渚，部分明日前至三山，即此也。江南通志：三山在江寧府江寧縣西南五十七里，下臨大江，三峯排列，故名。晉王濬伐吴，順流鼓棹，徑造三山，即此地。

〔武安〕見卷六發白馬注。

【評箋】

王云：按通鑑：上元二年秋七月，以試少府監李藏用爲浙西節度副使。冬十月，江淮都統崔圓署李藏用爲楚州刺史。考異曰：劉展亂紀云：劉展既平，諸將争功疇賞，未及李藏用，崔圓乃署藏用爲楚州刺史，領二城而居盱眙。按實録：七月，藏用已除節度副使，蓋恩命未到耳。又獨孤及有爲杭州李使君論李藏用守杭州功表云：今都統使停，本職已罷。孤軍無主，莫知適從。將士嗷嗷，未有所隸。天高聽邈，無人爲言。遂使殊勳見委，忠節未録。口不言賞，賞亦不及。恐非聖朝旌有德表有功之義。此文所謂社稷雖定於劉章，封侯未施於李廣，蓋亦有深慨矣。未幾而藏用之牙將高幹挾故怨使人詣廣陵告藏用反，先以兵襲之，藏用走，幹追殺之，崔圓不能明其冤，遂簿責藏用將吏以驗之，將吏畏，皆附成其狀。獨孫待封堅言不反，且曰：「吾始從劉大夫奉詔書來赴鎮，人謂吾反。李公起兵滅劉大夫，今又以李公爲反，如此誰則非反者？吾寧就死，不能誣人以非罪。」圓亦斬之。蓋大亂之後，刑賞之謬若此。

今人詹鍈云：王譜繫此文上元二年下，注云：通鑑：上元二年七月，以試少府監李藏用爲浙西節度副使。十月，江淮都統崔圓署李藏用爲楚州刺史，領二城而居盱眙。文有社稷雖定於劉章，封侯未施於李廣，移軍廣陵，恭揖後命等語，知是十月以前之作。按序云：組練照雪，樓船乘風，簫鼓沸而三山動，旌旗揚而九天轉。元和郡縣志：三山在潤州上元縣西南五十里，則餞送之地當在金陵。

澤畔吟序

澤畔吟者，逐臣崔公之所作也。公代業文宗，早茂才秀。起家校書蓬山，再尉關輔，中佐于憲車，因貶湘陰。從宦二十有八載，而官未登于郎署，何遇時而不偶耶？所謂大名難居，碩果不食。流離乎沅湘，摧頹于草莽。同時得罪者數十人，或才長命夭，覆巢蕩室。崔公忠憤義烈，形于清辭，慟哭澤畔，哀形翰墨。猶風雅之什，聞之者無罪，覩之者作鏡。書所感遇，總二十章，名之曰澤畔吟。懼奸臣之猜，常韜之于竹簡，酷吏將至，則藏之于名山。前後數四，蠹傷卷軸。觀其逸氣頓挫，英風激揚，横波遺流，騰薄萬古，至於微而彰，婉而麗，悲不自我，興成他人，豈不云怨者之流乎？余覽之愴然，掩卷揮涕爲之序云。

【校】

〔題〕郭本作澤畔吟詩序。

〔關輔〕關，兩宋本、繆本俱作開。

〔摧頹〕頹，兩宋本、繆本、咸本俱作顇。王本注云：繆本作顇。

【注】

〔蓬山〕後漢書卷五三竇章傳：是時學者稱東觀爲老氏藏室，道家蓬萊山，（鄧）康遂薦章入東觀爲校書郎。章懷太子注：蓬萊，海中神山，爲仙府，幽經祕録並皆在焉。

〔湘陰〕舊唐書地理志：江南西道岳州湘陰：漢羅縣。

〔碩果〕易剥卦：碩果不食。孔穎達正義云：處卦之終，獨得完全，不被剥落，猶如碩大之果，不爲人食也。

【評箋】

今人詹鍈云：按澤畔吟作者即是崔成甫。成甫，崔孝公沔之子，故稱其代業文宗。公嘗爲校書郎，故稱其起家校書蓬山。舊唐書韋堅傳：天寶元年三月，擢堅爲陝郡太守，穿廣運潭。潭成，陝縣尉崔成甫以堅爲陝郡太守，鑿成新潭，又致揚州銅器，翻出此詞，廣集兩縣官，使婦人唱之。序中再尉關輔一語，即指其爲陝縣尉而言。成甫嘗攝監察御史，故稱其中佐於憲車。崔成甫贈李十二詩云：「我是瀟湘放逐臣」，與序中所稱貶湘陰事亦合。唐詩紀事於崔成甫下録李白澤畔吟序一條，全唐詩崔成甫小傳云：官校書郎，再尉關輔，貶湘陰，有澤畔吟，李白爲之序。皆不爲無據。按此序不及爲豐城令事，當是天寶十四載以前成甫尚未宰豐城時作。

按：有唐通議大夫守太子賓客贈尚書左僕射崔孝公（沔）墓誌後崔祐甫附記云：「孝公長子成甫，服闋授陝縣尉，以事貶黜。乾元初卒于江介。成甫之長子伯良，仕至殿中侍御史。次子仲德，仕至太子通事舍人。少子叔賢，不仕。并早卒。今有伯良之子詹、彦，并未仕。仲德之子，未名。」此與澤畔吟序中「再尉關輔，中佐于憲車，因貶湘陰」及「流離乎沅、湘，摧頽于草莽」等語相合。可證澤畔吟乃崔成甫所作無疑。又崔祐甫上宰相箋中之「長兄宰豐城間歲」，乃指曾爲向城縣令之成甫同祖長兄孟孫。故澤畔吟序中不及成甫爲豐城令事。又白文中所云「同時得罪者數十人」，蓋指李林甫構陷韋堅之冤案，成甫亦在其中。舊唐書韋堅傳云：「五載正月望夜，堅與河西節度、鴻臚卿皇甫惟明夜遊，同過景龍觀道士房，爲林甫所發，以堅戚里，不合與節將狎昵，是構謀規立太子。玄宗惑其言，遽貶堅爲縉雲太守，惟明爲播川太守。尋發使殺惟明于黔中，籍其資財。六月，又貶堅爲江夏員外別駕。又構堅與李適之善，貶適之爲宜春太守。七月，堅又長流嶺南臨封郡，堅弟將作少匠蘭、鄠縣令冰、兵部員外郎芝、堅男河南府户曹諒并遠貶。至十月，使監察御史羅希奭逐而殺之，諸弟及男諒并死。……倉部員外郎鄭章貶南豐丞，殿中侍御史鄭欽説貶夜郎尉，監察御史豆盧友貶富水尉，監察御史楊惠貶巴東尉，連累者數十人。」見郁賢皓李白詩中崔侍御考辨（文史哲一九七九年第一期）。并參見卷九贈崔侍御詩注「又按」。

夏日諸從弟登汝州龍興閣序

夫槿榮芳園，蟬嘯珍木，蓋紀乎南火之月也。可以處臺榭，居高明。吾之友于，順此意也。遂卜精勝，得乎龍興。留寶馬于門外，步金梯于閣上。漸出軒户，遐瞻雲天。晴山翠遠而四合，暮江碧流而一色。屈指鄉路，還疑夢中；開襟危欄，宛若空外。嗚呼！屈宋長逝，無堪與言。起予者誰？得我二季。當揮爾鳳藻，挹予霞觴，與白雲老兄俱莫負古人也。

【校】

〔題〕兩宋本汝州作沔州。

〔遐瞻〕遐，王本作霞，誤，今依各本改。

〔挹予〕兩宋本、繆本、郭本、咸本、文粹俱作搜乎需觴。英華作飛乎鸞觴。王本注云：郭本、繆本作搜乎需觴，文苑英華作飛乎鸞觴，今從劉本。

【注】

〔南火〕王云：南火謂大火星，於仲夏昏時正當南方。

〔高明〕禮記月令：仲夏之月，鹿角解，蟬始鳴，半夏生，木堇榮。是月也，可以居高明，可以遠眺望，可以升山陵，可以處臺榭。鄭玄注：順陽在上也，高明謂樓觀也，闍者謂之臺，有木者謂之榭。

〔友于〕今按書君陳：孝乎惟孝，友于兄弟。後人遂以友于爲兄弟之歇後語。如杜詩：「山鳥山花皆友于。」

秋夜于安府送孟贊府兄還都序

夫士有飾危冠、佩長劍、揚眉吐諾、激昂青雲者，咸誇炫意氣，託交王侯。若告之急難，乃十失八九。我義兄孟子，則不然耶！道合而襟期暗親，志乖而肝膽楚越。鴻騫鳳立，不循常流。孔明披書，每觀于大略；少君讀易，時作于小文。四方賢豪，眩然景慕。雖長不過七尺，而心雄萬夫。至于酒情中酣，天機俊發，則談笑滿席，風雲動天。非嵩丘騰精，何以及此？白以弱植，早飲香名。況親承光輝，恩甚華蕚，他鄉此別，誰無恨耶？時林風吹霜，散下秋草；海雁嘶月，孤飛朔雲。驚魂動骨，戛瑟落涕。抗手緬邁，傷如之何！且各賦詩，以寵行路。

【校】

〔咸誇〕咸，英華作莫不，注云：集作咸。

〔不過〕過，英華作滿，注云：集作過。

〔動天〕天，英華作人，注云：集作天。

〔騰精〕騰，英華作之，注云：集作騰。

〔飛朔〕英華作鶴翔，注云：集作飛朔。

〔落涕〕英華作涕流，注云：集作落涕。

〔行路〕行，兩宋本、繆本、咸本俱作歧。王本注云：繆本作岐。

【注】

〔安府〕王云：安府，安州也。唐於州設中都督府，故曰安府。

〔孟贊府〕按：卷二十六有代壽山答孟少府移文書，當即指其人。

〔危冠〕莊子盜跖篇：使子路去其危冠，解其長劍。陸德明音釋：李云：危，高也，子路好勇，冠似雄雞形。

〔少君〕王云：漢武帝外傳：薊遼字子訓，齊國臨淄人，李少君之邑人也。見少君有不死之道，遂以弟子之禮事少君而師事焉。性好清浄，嘗閑居讀易，時作小小文疏，皆有意義。此文以爲少君事，疑誤。

〔華萼〕王云：太白與孟雖異姓，而情不啻昆弟，故曰恩甚花萼，而稱之曰義兄也。

〔抗手〕王云：舉手拜別也。

〔緬邈〕王云：緬邈，遠行也。張九齡詩：「云胡當此時，緬邈復爲客。」

春夜宴從弟桃花園序

夫天地者，萬物之逆旅也；光陰者，百代之過客也。而浮生若夢，爲歡幾何？古人秉燭夜遊，良有以也。況陽春召我以烟景，大塊假我以文章。會桃花之芳園，序天倫之樂事。羣季俊秀，皆爲惠連；吾人詠歌，獨慚康樂。幽賞未已，高談轉清。開瓊筵以坐花，飛羽觴而醉月。不有佳詠，何伸雅懷？如詩不成，罰依金谷酒數。

【校】

〔題〕英華宴下有諸字，桃下無花字。

〔夫天地者萬物之逆旅也〕此句下，郭本、咸本俱注云：一本作夫萬物者天地之逆旅也。

〔桃花〕英華作桃李。

〔吾人〕英華作古今。

〔佳詠〕詠，英華作作，注云：集作詠。

〔酒數〕酒下，兩宋本、繆本、咸本俱有斗字。王本注云：繆本數字上多一斗字。

【注】

〔逆旅〕見卷二十四擬古第九首注。

〔秉燭〕文選魏文帝與吴質書：古人思秉燭夜遊，良有以也。

〔大塊〕見卷十一贈張相鎬二首詩注。

〔金谷〕石崇金谷詩序：遂各賦詩，以叙中懷，或不能者，罰酒三斗。

【評箋】

四六法海云：太白文蕭散流麗，乃詩之餘。然有一種腔調，易啓人厭，如陽春、大塊等語，殆令人聞之欲吐矣。陸務觀亦言其識度甚淺。

冬夜於隨州紫陽先生餐霞樓送烟子元演隱仙城山序

吾與霞子元丹、烟子元演，氣激道合，結神仙交。殊身同心，誓老雲海，不可奪也。歷行天下，周求名山。入神農之故鄉，得胡公之精術。胡公身揭日月，心飛蓬萊。起餐霞之孤樓，鍊吸景之精氣。延我數子，高談混元。金書玉訣，盡在此矣。白乃語及形勝，紫陽因大誇仙城。元侯聞之，乘興將往。別酒寒酌，醉青田而少留；夢魂曉飛，度渌水以先去。吾不凝滯於物，與時推移，出則以平交王侯，遁則以俯視巢許。朱紱狎我，緑蘿未歸。恨不得同棲烟林，對坐松月。有所款然，銘契潭石。乘春當來，且抱琴卧花，高枕相待。詩以寵別，賦而贈之。

【校】

〔題〕英華樓下有上字。

〔歷行〕行，兩宋本、咸本俱作可，英華作考。

〔精術〕術，英華作字，注云：集作術。

〔大誇〕英華誇下有其字。

〔青田〕青，咸本作月。

〔凝滯〕兩宋本、繆本俱無凝字，郭本作疑。

〔款〕咸本作疑。英華作感歎，注云：集作款。

【注】

〔隨州〕見卷二十五題隨州紫陽先生壁詩注。

〔紫陽先生〕見卷十三憶舊遊寄譙郡元參軍詩注。並參見卷二十五題隨州紫陽先生壁詩，卷三十漢東紫陽先生碑銘。

〔餐霞樓〕輿地紀勝卷八三隨州：餐霞閣舊與譙門對峙，今移於郡治之西。

〔仙城山〕輿地紀勝卷八三隨州：仙城山在州東八十里。……又名善光山。清一統志德安府：仙城山在隨州東南八十里。

〔元丹〕王云：元丹，疑即元丹丘也。蓋名與字之稍殊耳。上安州裴長史書曰：故交元丹親接斯議，是其結納固已久矣。元演約是其弟。胡公即紫陽先生。參見卷三十紫陽先生碑銘。

〔元演〕今人詹鍈云：元演似即元參軍。參見卷十三憶舊遊寄譙郡元參軍詩。

〔神農〕王云：初學記：盛弘之荆州記曰：隨郡北界有厲鄉村，村南有厲山，山下有一穴，父老相傳，云神農所生。林西有壍兩重，壍内周圍一頃二十畝，地中有九井，神農既育，九井自穿，汲一井則衆井水動，即以此爲神農社，年常祀之。庖犧生乎陳，神農育乎楚，考籍應圖，於是乎在。

〔胡公〕即紫陽先生。見卷三十漢東紫陽先生碑銘。

〔混元〕王云：後漢書：外運混元，内侵毫芒。章懷太子注：混元，天地之總名也。按語意以混元指道家之説，故下文云：金書玉訣盡在此矣。

〔金書〕武帝内傳：尊母欲得金書祕字六甲靈飛左右策精之文十二事，授劉徹。梁丘子黄庭内景玉經序：黄庭内景經一名大帝金書，扶桑大帝君宫中盡誦此經，以金簡刻書之，故曰金書。太平廣記：張楷有玉訣金匱之學，坐在立亡之道。

〔青田〕古今注：烏孫國有青田核，莫測其樹實之形。至中國者，但得其核耳。得清水則有酒味出，如醇美好酒。核大如六升瓠，空之以盛水，俄而成酒。劉章得兩核，集賓客設之，嘗供二十人之飲。一核盡，一核所盛以復飲，飲盡隨更注水，隨盡隨盛，不可久置，久置則苦不可飲，名曰青田酒。

【評箋】

按：憶舊遊寄譙郡元參軍詩云：「相隨迢迢訪仙城，三十六曲水迴縈。一溪初入千花明，萬壑度盡松風聲。銀鞍金絡到平地，漢東太守來相迎。紫陽之真人，邀我吹玉笙。餐霞樓上動仙樂，嘈然宛似鸞鳳鳴。」可與此文相印證。知仙城實爲山名，非泛言也。又文中朱紱狎我之句，似白已有出山之意矣。

李白集校注卷二十八

記頌讚二十首

任城縣廳壁記

風姓之後，國爲任城，蓋古之秦縣也。在禹貢則南徐之分，當周成迺東魯之邦。自伯禽到于順公，三十二代。遭楚蕩滅，因屬楚焉。炎漢之後，更爲郡縣。隋開皇三年，廢高平郡，移任城于舊居，邑乃屢遷，井則不改。

【校】

〔題〕英華作兗州任城縣令廳壁記。

〔古之秦〕英華作秦之古，注云：集作古之秦。咸本注云：一云秦之古縣也。王本注云：文苑英華作蓋秦之古縣也。

〔周成〕英華作成周。王本注云：文苑英華作成周。

〔到于〕到，英華作至，注云：集作到。

〔順公〕順，王本注云：當作頃。

〔三十二〕二，王本注云：當作三。

〔因屬〕因，英華作國。王本注云：文苑英華作國。

〔邑乃〕乃，英華作雖，注云：集作乃。王本注云：文苑英華作雖。

〔不改〕改，英華作失，注云：集作改。

【注】

〔任城〕舊唐書地理志：河南道兖州任城：漢縣。

〔廳壁記〕按：唐語林卷八：朝廷百司諸廳皆有壁記，叙官秩創置及遷授始末，原其作意，蓋欲著前政履歷，而發將來健羨焉。故爲記之體，貴其説事詳雅，不爲苟飾。而近時作記，多措浮詞。褒美人才，抑揚功閥，殊失記事之本意。韋氏兩京記云：郎官盛寫壁記，以紀當廳前後遷除出入，寖以成俗。然則壁記之起，當自國朝已來，始自臺省，遂流郡邑耳。

〔風姓〕元和郡縣志卷一〇：任城縣本漢縣也，屬東平國。古任國，太昊之後，風姓也。僖二十一年左傳曰：任、宿、須句，皆風姓也，實司太皞與有濟之祀。注曰：任，今任城縣也。魏志曰：文帝封鄢陵侯彰爲任城王。齊天保七年，移高平郡於此，任城縣屬焉。隋開皇三年，罷高平郡，縣屬兗州。

〔南徐〕按：南徐爲六朝之京口、唐之潤州，與此迴不相涉。文意蓋謂在南方之徐州耳。

〔東魯〕王云：元和郡縣志：兗州魯郡，禹貢兗州之域，兼得徐州之地。春秋時爲魯國。按史記：封周公旦於曲阜，是爲魯公。周公不就封，留佐武王，使其子伯禽代就封於魯。其後有考公、煬公、幽公、魏公、厲公、獻公、真公、武公、懿公、孝公、惠公、隱公、桓公、莊公、閔公、僖公、文公、宣公、成公、襄公、昭公、定公、哀公、悼公、元公、穆公、共公、康公、景公、平公、文公（文當作湣）、頃公。頃公二十四年，楚考烈王伐滅魯。魯起周公至頃公，凡三十四世，謂三十四君也。自伯禽起至頃公，當云三十三世，此云順公，又云三十二代，皆誤。

〔因屬〕按：英華因作國，於義爲長。據孟子：季任爲任處守，似戰國時任國在魯境内仍維持其附庸國之地位。至楚滅魯以後，方併屬於楚。作國字者，與下文更爲郡縣相對言之也。

〔廢高平郡〕按：隋開皇三年，改訂以州統郡以郡統縣之制，直接以州統縣。非謂專廢高平郡也。

〔不改〕易井卦：改邑不改井。

魯境七百里，郡有十一縣，任城其衝要。東盤琅邪，西控鉅野，北走厥國，南馳互鄉。青帝太昊之遺墟，白衣尚書之舊里。土俗古遠，風流清高，賢良間生，掩映天下。地博厚，川疎明。漢則名王分茅，魏則天人列土。所以代變豪侈，家傳文章。君子以才雄自高，小人則鄙朴難治。

【校】

〔十一〕英華作二十三，注云：集作十一。

〔衝要〕英華作要衝。

〔鉅野〕野，英華作鹿，注云：集作野。按：作野者是。

〔舊里〕里下英華有也字。

〔小人則〕則，英華作以，注云：集作則。

〔難治〕治，英華作理。

【注】

〔十一縣〕王云：按元和郡縣志：魯郡州境東西三百三十一里，南北三百五十三里，管縣十一：瑕丘、金鄉、魚臺、鄒縣、龔丘、乾封、萊蕪、曲阜、泗水、任城、中都，今新、舊唐書所載只十縣。以貞元中割中都入鄆州故也。

〔琅邪〕王云：漢書：齊地東有甾川、東萊、琅邪、高密、膠東。趙岐孟子注：琅邪，齊東境上邑也。唐時以河南道所屬之沂州爲琅邪郡，其地正在魯郡之東，相去三百八十里。

〔鉅野〕王云：水經注：何承天曰：鉅野湖澤廣大，南通洙、泗，北連清濟，舊縣故城正在澤中，故欲置戍於此城，城之所在則鉅野澤也，衍東北爲大野矣。昔西狩獲麟於是處也。元和郡縣志：大野澤一名鉅野，在鄆州鉅野縣東五里，南北三百里，東西百餘里。爾雅十藪：魯有大野，西狩獲麟於此澤。琦按魯郡之東，與鄆州接境，乃鉅野澤之故區，但屢遭河患，沖決填淤，高下易形，洄爲平陸，迄今畔岸不可復識矣。

〔厥國〕王云：章懷太子後漢書注：東平陸，縣名，古厥國也，屬東平國。今兗州平陸縣地。太平寰宇記：鄆州中都縣，古中都之地，漢爲東平陸縣，屬東平國，亦古之厥國地，今邑界有厥亭存。

〔互鄉〕王云：太平寰宇記：徐州沛縣合鄉故城，古互鄉之地。按劉芳徐州記云：古之互鄉，蓋孔子云難與言者。又曰：互鄉在陳州項城縣北一里，古老傳云互鄉之地。一統志：互鄉在河南開封府商水縣。論語云：互鄉難與言，即此。古今言互鄉者凡三處，今考魯郡之南與徐州接壤，則此文所指與沛縣之互鄉爲合。

〔青帝〕王云：獨斷注：青帝太昊木行。三皇本紀：太皞庖犧氏，風姓，代燧人氏繼天而王，都於陳。其後裔當春秋時，有任、宿、須句、顓臾，皆風姓之胤也。

〔白衣〕後漢書卷五七鄭均傳：鄭均，字仲虞，東平任城人。……帝東巡過任城，乃幸均舍，勑賜尚書禄以終其身。時人號爲白衣尚書。

〔分茅〕〔列土〕王云：後漢書：任城孝王尚，元和六年封，食任城、亢父、樊三縣。魏志：任城威王彰，黄初三年立爲任城王。

況其城池爽塏，邑屋豐潤。香閣倚日，淩丹霄而欲飛；石橋横波，驚彩虹而不去。其雄麗坱圠有如此焉。故萬商往來，四海縣歷。賨泉貨之槖籥，爲英髦之咽喉。故資大賢，以主東道。製我美錦，不易其人。

【校】

〔製〕兩宋本、繆本俱作制，誤。

【注】

〔爽塏〕左傳昭三年：初景公欲更晏子之宅，曰：子之宅近市，湫隘囂塵，請更諸爽塏者。杜注：爽，明。塏，燥也。

〔坱圠〕王云：賈誼服賦：大鈞播物，坱圠無垠。劉良注：坱圠，無涯際也。揚雄甘泉賦：據軨軒而周流兮，忽坱圠而無垠。李善注：坱圠，廣大貌。漢書作軮軋。顔師古注：軮軋，遠相映也。

〔東道〕見卷十望九華贈青陽韋仲堪詩注。
〔製錦〕見卷九贈徐安宜詩注。

今鄉二十六，户一萬三千三百七十一。帝擇明德，以賀公宰之。公温恭克修，儼碩有立。季野備四時之氣，士元非百里之才。撥煩彌閒，剖劇無滯。鏑百發克破於楊葉，刀一鼓必合於桑林。寬猛相濟，弦韋適中。一之歲肅而教之，二之歲惠而安之，三之歲富而樂之。然後青衿向訓，黄髮履禮。耒耜就役，農無遊手之夫；杼軸和鳴，機罕嚬蛾之女。物不知化，陶然自春。權豪鋤縱暴之心，黠吏返淳和之性。行者讓於道路，任者併於輕重。扶老攜幼，尊尊親親，千載百年，再復魯道。非神明博遠，孰能契于此乎？白探奇東蒙，竊聽輿論，輒記於壁，垂之將來。俾後賢之操刀，知賀公之絶迹者也。

【校】
〔七十一〕英華作一十七，注云：集作七十一。
〔儼碩〕碩，兩宋本俱作實。
〔非百里〕非，英華作紆，注云：集作非。

〔相濟〕濟，英華作須，注云：集作濟。

〔杼軸〕杼，兩宋本俱作持，誤。

〔千載百年〕載，英華作數，注云：集作載。

〔博遠〕遠，英華作達。

〔輿論〕論，英華作誦，注云：集作論。

〔操刀〕刀，郭本作力，誤。

【注】

〔賀公〕未詳。

〔儼碩〕詩陳風澤陂：有美一人，碩大且儼。毛傳：儼，矜莊貌。

〔季野〕按：即褚裒。晉書卷九三褚裒傳：謝安亦雅重之，恒言裒雖不言，而四時之氣亦備矣。

〔士元〕三國志蜀志卷七龐統傳：統以從事守耒陽令，在縣不治，免官。吴將魯肅遺先主書曰：龐士元非百里才也，使處治中別駕之任，始當展其驥足耳。

〔楊葉〕戰國策西周策：楚有養由基者善射，去柳葉百步而射之，百發百中。　按：漢書柳葉作楊葉。

〔桑林〕見卷十贈從孫義興宰銘詩注。

〔寬猛〕左傳昭二十一年：仲尼曰：……政寬則民慢，慢則糾之以猛。猛則民殘，殘則施之以寬。寬以濟猛，猛以濟寬，政是以和。

〔弦韋〕王云：韓非子：西門豹之性急，故佩韋以自緩。董安于之性緩，故佩弦以自急。華陽國志：西門豹佩韋以自寬，宓子賤帶弦以自急。

〔青衿〕詩鄭風子衿：青青子衿。毛傳：青衿，青領也。學子之所服。

〔行者〕家語卷二：虞、芮二國爭田而訟，連年不決，乃相謂曰：「西伯仁人也，盍往質之！」入其境，則耕者讓畔，行者讓路。

〔任者〕禮記王制：輕任并，重任分。正義：任謂有擔負者俱應擔負，老少並輕則併與少者擔之。老少並重不可併與少者一人，則分爲輕重，重與少者，輕與老者。

〔扶老〕王云：漢書：魯瀕洙泗之水，其民涉度，幼者扶老而代其任。淮南子：太公問周公曰：「何以治魯？」周公曰：「尊尊親親。」太公曰：「魯從此弱矣。」

〔東蒙〕太平寰宇記卷二三：東蒙山在沂州費縣西北七十五里，以其在蒙山之東，故曰東蒙。按：論語季氏篇：夫顓臾，昔者先王以爲東蒙主。李意指此，非泛舉此山也。

〔操刀〕見卷十贈從孫義興宰銘詩注。

【評箋】

今人詹鍈云：按游方任城縣橋亭記：邑大夫滎陽鄭公延華，……開元二十六年秋七月旬有四日云。而此文所稱縣令爲賀公，則賀之宰任城，當在開元二十六年以前。

趙公西候新亭頌

惟十有四載，皇帝以歲之驕陽，秋五不稔，乃慎擇明牧，恤南方凋枯。伊四月孟夏，自淮陰遷我天水趙公作藩于宛陵，祗明命也。惟公代秉天憲，作程南臺。洪柯大本，聿生懿德。宜乎哉！横風霜之秀氣，鬱王霸之奇略。初以鐵冠白筆，佐我燕京。威雄振肅，虜不敢視。而後鳴琴二邦，天下取則，起草三省，朝端有聲。天子識面，宰衡動聽。殷南山之雷，剖赤縣之劇。強項不屈，三州所居大化，咸列碑頌。至于是邦也，酌古以訓俗，宣風以布和。平心理人，兵鎮唯静，畫一千里，時無莠言。

【校】

〔題〕候，王刻誤作矦，今依各本改。

〔作程〕程，兩宋本、繆本俱作保。王本注云：繆本作保。

〔懿德〕德，郭本作右。

【注】

〔趙公〕按：卷十二有贈宣城趙太守悦詩，卷二十六有爲趙宣城與楊右相書，皆即其人。

〔不稔〕王云：廣韻：稔，歲熟也。廣雅：秋穀也。△稔音荏。按：舊唐書玄宗紀：天寶十四載三月，遣給事中裴士淹等巡撫河南、河北、淮南等道。蓋即爲旱災。

〔淮陰〕〔宛陵〕王云：唐時楚州淮陰郡治山陽縣，屬淮南道。宣州宣城郡治宣城縣，屬江南西道。按宣城郡本漢之丹陽郡，宣城縣本漢之宛陵縣，今爲寧國府地，太白稱宛陵，蓋本漢縣名也。

〔天憲〕文選范曄宦者傳論：手握王爵，口含天憲。李周翰注：天憲謂帝王法令也。

〔南臺〕王云：通典：御史所居之署，漢謂之御史府，亦謂之御史大夫寺，亦謂之憲臺。後漢以來謂之御史臺，亦謂之蘭臺寺。梁及後魏北齊或謂之南臺。後魏之制，有公事百官朝會名簿，自尚書令僕以下悉送南臺。胡三省通鑑注：御史臺謂之南臺。杜佑曰：御史臺在宮闕西南，故名南臺。

〔鐵冠白筆〕見卷十一贈潘侍御論錢少陽詩注。

〔燕京〕按：文意與贈宣城趙太守悦詩參看，蓋趙曾帶憲銜爲河北參佐。

〔鳴琴〕説苑政理篇：宓子賤治單父，彈鳴琴，身不下堂而單父治。

〔南山〕詩召南殷其雷：殷其雷，在南山之陽。毛傳：殷，雷聲也。鄭箋：雷以喻號令，於南山之陽，又喻其在外也。召南大夫以王命施號令於四方，猶雷隱然發聲於山之陽。

〔三州〕王云：金石録：淮陰太守趙悦遺愛碑，張楚金撰，行書。天寶十四載立。其二州碑頌無考。按：三州上似有奪文。

〔畫一〕漢書卷三九曹參傳：蕭何爲法，講若畫一。顔注：畫一，言整齊也。

〔莠言〕詩小雅正月：莠言自口。毛傳：莠，醜也。

退公之暇，清眺原隰。以此郡東塹巨海，西襟長江，咽三吴，扼五嶺，輶軒錯出，無旬時而息焉。出自西郭，蒼然古道。道寡列樹，行無清陰。至有疾雷破山，狂飈震壑，炎景爍野，秋霖灌途。馬逼側于谷口，人周章于山頂。亭候靡設，逢迎缺如。

【校】

〔旬時〕旬，兩宋本俱作自。

〔道寡〕寡，郭本作寬，誤。

〔馬逼〕逼，郭本作之，誤。

【注】

〔退公〕詩召南羔羊：退食自公。按：鄭箋以退食爲減膳。但習慣上仍從孔疏退朝而食之説。

〔原隰〕詩小雅皇皇者華：皇皇者華，于彼原隰。毛傳：高平曰原，下濕曰隰。

〔周章〕楚辭九歌雲中君：聊翺游兮周章。王逸注：周章，猶周流也。吕向注：周章，往來迅疾貌。

自唐有天下，作牧百數，因循齷齪，罔恢永圖。及公來思，大革前弊。實相此土，陟降觀之。壯其迴崗龍盤，沓嶺波起，勝勢交至，可以有作。方農之隙，廓如是營。遂鏟崖堙卑，驅石剪棘，削汙壤，階高隅，以門以墉，乃棟乃宇。儉則不陋，麗而不奢，森沉閈閎，燥溼有庇。若鼇之湧，如鵬斯騫。縈流鏡轉，涵映池底。納遠海之餘清，瀉連峯之積翠。信一方雄勝之郊，五馬踟蹰之地也。

【校】

〔鏟崖〕崖下兩宋本、繆本多一坦字，非。王本注云：繆本崖字下多一坦字。

〔閈閎〕閈，兩宋本、繆本俱作閉，誤。

〔鼇〕兩宋本、咸本、郭本俱作鼂。王本注云：郭本作鼂。

〔湧〕兩宋本俱作勇。

〔連〕兩宋本、咸本、郭本俱作蓮。王本注云：郭本作蓮。按：唐人所云蓮峯專指華山，作蓮者非。

【注】

〔齷齪〕王云：韻會：齷齪，急促局陿貌。

〔閈閎〕王云：左傳：高其閈閎。孔穎達正義：説文云：閈，門也。汝南平輿里門曰閈。釋宫云：衖門謂之閎。李巡云：衖，頭門也。然則閈閎皆門名，言高爲其門耳。△閈音岸。

〔五馬〕古羅敷行：「使君從南來，五馬立踟躕。」

長史齊公光乂，人倫之師表，司馬武公幼成，衣冠之髦彦，録事參軍吴鎮、宣城令崔欽，令德之後，良材間生。縱風教之樂地，出人倫之高格。卓絶映古，清明在躬，僉謀僝功，不日而就。總是役也，伊二公之力歟！過客沉吟以稱嘆，邦人聚舞以相賀。僉曰我趙公之亭也。羣寮獻議，請因謡頌以名之，則必與謝公北亭同不朽矣。白以爲謝公德不及後世，亭不留要衝，無勿拜之言，鮮登高之賦，方之今日，我則過矣。敢詢耆老而作頌曰：

眈眈高亭，趙公所營。如鼇背突兀于太清，如鵬翼開張而欲行。趙公之宇，千載有覩。必恭必敬，爰遊爰處。瞻而思之，罔敢大語。趙公來翔，有禮有章。煌煌鏘鏘，如文翁之堂。清風洋洋，永世不忘。

【校】

〔總是〕總，郭本作然。王本注云：郭本作然。

【注】

〔武公幼成〕見卷二十七夏日陪司馬武公與羣賢宴姑熟亭序注。

〔吴鎮〕本卷有宣城吴録事畫讚，可參看。

〔崔欽〕按：即卷十二經亂後將避地剡中留贈崔宣城、卷十九江上答崔宣城各詩中之崔宣城。

〔清明〕禮記孔子閒居：清明在躬，志氣如神。

〔孱功〕書堯典：共工方鳩孱功。孔傳：孱，見也。按：史記五帝本紀作方聚布功。解爲布是也。△孱音棧。

〔北亭〕太平寰宇記卷九九：北亭在（温）州北五里，枕永嘉江。謝靈運罷郡，於北亭與吏民别詩云：「前期眇已往，後會邈無因。」

〔勿拜〕詩召南甘棠：蔽芾甘棠，勿翦勿拜。鄭箋：拜之言拔也。

〔登高〕韓詩外傳卷七：孔子遊於景山之上，子路、子貢、顔淵從。孔子曰：「君子登高必賦，小子願者何！言其願，丘將啓汝。」

〔耽耽〕文選張衡西京賦：大廈耽耽。薛綜注：耽耽，深邃貌。

〔文翁〕王云：水經注：文翁爲蜀守，立講堂，作石室於南城。太平寰宇記：文翁學堂，一名周公禮殿。華陽國志：始文翁立學講堂精舍，作石室。一作玉堂，在城南。安帝永初後，學堂遇火。太守陳留高眹更修立，又增造一石室。任豫云：其欒櫨節制猶古建，堂基高六尺，夏屋三間，通皆圖畫古人之像及禮器瑞物，堂西有二石。李膺記云：後漢中平，火延學觀，廂廊一時蕩盡，惟此堂爂焰不及，構制雖古，巧異特奇。

崇明寺佛頂尊勝陀羅尼幢頌 并序

共工不觸山，媧皇不補天，其鴻波汩汩流！伯禹不治水，萬人其魚乎！禮樂大壞，仲尼不作，王道其昏乎！而有功包陰陽，力掩造化，首出衆聖，卓稱大雄，彼三者之不足徵矣。粤有我西方金仙之垂範，覺曠劫之大夢，碎羣愚之重昏。寂然不動，湛而常存。使苦海静滔天之波，疑山滅炎崑之火，囊括天地，置之清涼。日月或墜，神通自在。不其偉與！

【校】

〔鴻波〕鴻，兩宋本、繆本俱作洪。王本注云：繆本作洪。

【注】

〔陀羅尼幢〕王云：梵語陀羅尼者，華言總持，謂總統攝持，無有遺失，即呪之别名也。法苑珠林：陀羅尼者，西天梵音，東華人譯則云持也。持善不失，持惡不生。幢者，釋家旛蓋之類，此則以石爲幢形，而刻呪字於其上，即謂之幢也。△幢音牀。

〔共工〕〔媧皇〕論衡談天篇：儒書言：共工與顓頊争爲天子，不勝，怒而觸不周之山，使天柱折，地維絶。女媧銷煉五色石以補蒼天，斷鼇足以立四極。天不足西北，故日月移焉。地不足東南，故百川注焉。

〔其魚〕左傳昭元年：劉子曰：美哉禹功，明德遠矣。微禹吾其魚乎！

〔大雄〕法華經：大雄猛世尊，諸釋之法王。

〔重昏〕文選王屮頭陀寺碑：曜慧日於康衢，則重昏易曉。李善注：頭陀經：心王菩薩曰：我見覆蔽，飲雜毒酒，重昏常寢，云何得悟？慈心示語，便得開解。

〔滔天〕書堯典：浩浩滔天，下民其咨。

〔炎崑〕書胤征：火炎崑岡，玉石俱焚。

魯郡崇明寺南門佛頂尊勝陀羅尼石幢者，蓋此都之壯觀。昔善住天子及千大天遊于園觀，又與天女遊戲，受諸快樂，即於夜分中聞有聲曰：「善住天子七日滅後當生，七反畜生之身。」於是如來授之吉祥真經，遂脱諸苦，蓋之天徵爲大法印，不可得而聞也。我唐高宗時，有罽賓桑門，持入中土。猶日藏大寶，清園虚空，檀金浄彩，人皆悦見。所以山東開士舉國而崇之。時有萬商投珍，士女雲會，衆布蓄沓如陵。琢文石于他山，聳高標于列肆。鑱珉錯綵，爲鯨爲螭；天人海怪，若叱若語。貝葉金言刊其上，荷花水物形其隅，良工草萊，獻技而去。

【校】

〔天徵〕徵，郭本、咸本、王本俱注云：一作從。

〔開士〕開，郭本作聞。王本注云：郭本作聞。

〔沓〕兩宋本作魯。

〔如陵〕如，咸本作知。

【注】

〔法印〕大般若經：是如來真實法印，亦是一切聲聞緣覺真實法印。

〔罽賓〕王云：翻譯名義，佛陀波利，罽賓國人，忘身徇道，遍觀靈跡，聞文殊師利在清涼山，遠涉流沙，躬來禮謁。高宗儀鳳元年，杖錫五臺，虔禮聖容。忽見一翁從山出來，作婆羅門語，謂波利曰：「師何所求？」波利曰：「聞文殊隱此，欲求瞻禮。」翁曰：「師將佛頂尊勝陀羅尼經來不！此土衆生，多造諸罪，佛頂呪乃除罪祕方。若不將經，徒來無益。縱見文殊，未必能識。可還西國取經，傳此弟子，當示文殊所在。」波利作禮，舉頭不見老人，遂反本國，取得經來。狀奏高宗，遂令杜行顗及日照三藏於内共譯，經留在内。波利泣奏，志在利人，請布流行。帝愍專志，遂留所譯之經，還其梵本。波利將向西明與僧順貞共譯佛頂尊勝陀羅尼經，所願已畢，持經梵本，入於五臺不出。唐書西域傳：罽賓，隋漕國也。居葱嶺南，距京師萬二千里而贏。南距舍衞三千里，王居修鮮城，常役屬大月氏，地暑濕，人乘象，俗治浮屠法。魏書釋老志：諸服其道者，則剃落鬚髮，釋累辭家，結師資，遵律度，相與和居，治心修浄，行乞以自給，謂之沙門，或曰桑門，亦聲相近，總謂之僧，皆胡言也。僧譯爲和命衆，桑門爲息心，比丘爲行乞。

〔貝葉〕酉陽雜俎卷一八：貝多出摩伽陀國，長六七丈，經冬不凋。此樹有三種：一者多羅婆力叉貝多，二者多梨婆力叉貝多，三者部闍婆力叉貝多。多羅多梨，並書其葉。部闍一色，取其皮書之。貝多是梵語，漢翻爲葉，婆力叉貝多者，漢言樹葉也。西域經書用此三種皮葉，若能保護，亦得六七百年。

聖君垂拱南面，穆清而居，大明廣運，無幽不燭。以天下所立兹幢，多臨諸旗亭，喧囂湫隘，本非經行網繞之所。乃頒下明詔，令移于寶坊。吁！百尺中標，矗若雲斷，委翳苔蘚，周流星霜，俾龍象興嗟，仰瞻無地，良可嘆也。

【注】

〔穆清〕見卷一大獵賦注。

〔旗亭〕文選張衡西京賦：旗亭五重。薛綜注：旗亭，市樓也。

〔湫隘〕左傳昭三年：初景公欲更晏子之宅，曰：「子之宅近市，湫隘囂塵，不可以居。」杜預注：湫，下。隘，小。囂，聲。塵，土也。

〔經行〕王云：經行，謂僧衆遶幢循行，所以致其敬禮之心。綱繞，謂以綱圍繞其幢，所以使鳥雀不得棲止污穢。

〔龍象〕見卷十二贈宣州靈源寺仲濬公詩注。

我太官廣武伯隴西李公，先名琬，奉詔書改爲輔。其從政也，肅而寬，仁而惠。五鎮方牧，聲聞於天，帝乃加剖竹於魯，魯道粲然可觀。方將和陰陽于太階，致吾君于堯舜，豈徒閉閤坐嘯，鴻盤二千哉？乃再崇厥功，發揮象教。於是與長史盧公、司馬李公等，咸明明在公，綽綽有裕，韜大國之寶，鍾元精之和。榮兼半刺，道光列岳。才或大而用小，識無微而不通，政其有經，談豈更僕？

【校】

〔乃加〕加，郭本作知。

〔吾君〕兩宋本、繆本、咸本俱無吾字。王本注云：舊本少吾字，今從劉本。

〔不通〕兩宋本俱作有通。

【注】

〔廣武〕王云：廣武縣名，隸隴右道之蘭州，乾元二年，更名金城。所謂五鎮方牧者，輔歷官鄆、海、淄、唐、陳五州刺史也。所謂剖竹於魯，又爲魯郡都督也。見後虞城令李公去思碑。但碑文之名作浦，頌文之名作輔，未知孰是孰訛。

〔奉詔〕按：改名之事，蓋緣玄宗諸子名皆從玉之故。

〔剖竹〕見卷十一贈閭丘宿松詩注。

〔魯道〕見本卷任城縣廳壁記注。

〔閉閤〕王云：後漢書：吴祐遷膠東相，政惟仁簡，以身率物。民有争訴者，輒閉閤自責，然後斷其訟，以道譬之。此用其字，却另作閉門不理事解。

〔鴻盤〕王云：周易：漸卦六二，鴻漸於磐，飲食衎衎吉。王弼注：磐，山石之安者也，進而得位，居中而應，本無禄養，進而得之，其爲歡樂，願莫大焉。鴻磐二千，謂以二千石之職爲宴安之地也。按：盤、磐，字通。

〔象教〕文選王屮頭陀寺碑：正法既没，象教陵夷。李善注引曇無羅讖曰：釋迦佛正法住世五百年，像法一千年，末法一萬年。

〔明明〕詩魯頌有駜：夙夜在公，在公明明。鄭箋：言時臣憂念君事，早起夜寐，在於公之所，在於公之所，但明義明德也。

〔綽綽〕詩小雅角弓：此令兄弟，綽綽有裕。毛傳：綽綽，寬也；裕，饒也。

〔元精〕王云：後漢書：元精所生，王之佐臣。章懷太子注：元爲天元，精謂天之精氣。論衡：天稟元氣，人受元精。蔡邕陳太丘碑文：含元精之和，應期運之數。吕向注：元精，大道也。

〔半刺〕王云：北堂書鈔：庾亮答郭豫書曰：别駕舊與刺史别乘，同宣王化於萬里者，其任居刺史之半，安可任非其人？唐書百官志：高宗即位，改别駕皆爲長史。

〔更僕〕禮記儒行：遽數之不能終其物，悉數之乃留，更僕未可終也。正義：更，代也。言若委細悉説之，則大久，僕侍疲倦，宜更代之，若不代僕，則事未可盡也。

有律師道宗，心總羣妙，量包大千。日何瑩而常明，天不言而自運。識岸浪注，玄機清發。每口演金偈，舌摇電光，開關延敵，罕有當者。由萬竅同號于一風，衆流俱納于溟海。若乃嚴飾佛事，規矩梵天。法堂鬱以霧開，香樓岌乎島峙。皆我公之締構也。以天寶八載五月一日示滅大寺。百城號天，四衆泣血，焚香散花，扶櫬卧轍。仙鶴數十，飛鳴中絶。非至德動天，深仁感物者，其孰能與于此乎？三綱等皆論窮彌天，惠湛清月，傳千燈于智種，了萬法于真空。不謀同心，克樹聖跡。

【校】

〔量包〕包，兩宋本、繆本、郭本、咸本俱作苞。

【注】

〔金偈〕王云：佛所説之偈也。

〔電光〕文選揚雄解嘲：上説人主，下談公卿，目如耀星，舌如電光。李周翰注：電光，謂辭辯速如電光之閃也。

〔開關〕史記秦始皇本紀：秦人開關延敵，九國之師，逡巡逃遁而不敢進。

〔梵天〕法苑珠林：色界有十八天，初禪三天：一名梵衆天，二名梵輔天，三者大梵天。此大梵天無别住處，但於梵輔有層臺，高顯嚴博。大梵天王獨於上位以别羣下。於此三天之中，梵衆是庶民，梵輔是臣，大梵是君。惟此初禪，有君臣民庶之則，自此以上，悉皆無也。

〔四衆〕翻譯名義：自古皆以比丘、比丘尼、優婆塞、優婆夷爲四衆。

〔三綱〕翻譯名義：寺立三綱，上座、維那、典座也。

〔彌天〕晉書卷八二習鑿齒傳：時有桑門釋道安，俊辯有高才，自北至荆州，與習鑿齒初相見。道安曰：「彌天釋道安。」鑿齒曰：「四海習鑿齒」，人以爲佳對。

〔千燈〕王云：維摩詰經：譬如一燈，燃千百燈，冥者皆明，明終不盡。菩薩開導衆生，令發阿耨多羅三藐三菩提心，於其道意亦不滅盡，隨所説法而自增益一切善法，是名無盡燈也。法華經：成一切種智。一切種智，即佛智也。又謂之般若。釋典以一切萬有終歸於無，謂之爲空。人法皆空，則謂之真空，即般若智也。

太官李公乃命門于南，垣廟通衢。曾盤舊規，累構餘石。壯士加勇，力侔拔山。纔擊鼓以雷作，拖鴻縻而電掣。千人壯，萬夫勢，轉鹿盧于横梁，泯環合而無際。常六合之振動，崛九霄之峥嶸，非鬼神功，曷以臻此？況其清景燭物，香風動塵，羣形所需，積苦都雪。粲星辰而增輝，挂文字而不滅。雖漢家金莖，伏波銅柱，擬兹陋矣。或日月圓滿，方檀散華。清心諷持，諸佛稱贊。夫如是，亦可以從一天至一天，開天宫之門，見羣聖之顔。巍巍功德，不可量也。

【注】

〔金莖〕後漢書卷七〇班固傳：抗仙掌以承露，擢雙立之金莖。章懷太子注：前書曰：武帝時，作銅柱承露仙人掌之屬。三輔故事云：建章宫承露盤高二十丈，大七圍，以銅爲之，上有仙人掌承露和玉屑飲之。金莖，即銅柱也。

〔銅柱〕漢馬援在南方邊界處所立之銅柱。見水經注温水。

〔方檀〕按：檀疑當作壇。

〔一天〕王云：按釋典，欲界有六天：一四天王天，二忉利天，三夜摩天，四兜率天，五化樂天，六他化自在天。色界有十八天：一梵衆天，二梵輔天，三大梵天，四少光天，五無量光天，六光音天，七少浄天，八無量浄天，九徧浄天，十無雲天，十一福生天，十二廣果天，十三無想天，十四無煩天，十五無熱天，十六善見天，十七善現天，十八色究竟天。無色界有四天：一空處天，二識處天，三無所有處天，四非有想非無想天。凡三界共二十八天。天者，言其清浄光潔，最勝最尊，故名爲天，乃神境世界之位，與蒼蒼在上之天不同。一解：能修至勝之因，方能生其處，功有優劣，故所生之處有不同。

其録事參軍，六曹英寮，及十一縣官屬，有宏才碩德，含香繡衣者，皆列名碑陰，此不具載。郡人都水使者宣道先生孫太沖，得真人紫蕊玉笈之書，能令太一神自成還丹，以獻於帝。帝服享萬壽，與天同休。功成身退，謝病而去。不謂古之玄通微妙之士歟？乃謂白曰：「昔王文考觀藝于魯，騁雄辭于靈光；陸佐公知名在吴，銘雙闕于盤石，吾子盍可美盛德，揚中和？」恭承話言，敢不惟命？遂作頌曰：

揭高幢兮表天宫，嶷獨出兮淩星虹。神縱縱兮來空，仡扶傾兮蒼穹。西方大聖稱大雄，横絶苦海舟羣蒙。陀羅尼藏萬法宗，善住天子獲厥功。明明李君牧東魯，再新頹規扶衆苦。如大雲王注法雨，邦人清涼喜聚舞。揚鴻名兮振海浦，銘豐碑兮昭萬古。

【校】

〔縱縱〕兩宋本、繆本、咸本俱作摐摐。王本注云：繆本作摐摐，當是總總。

〔傾兮〕兮，咸本作乎。

〔法雨〕雨，郭本作再。王本注云：郭本作再。

【注】

〔六曹〕王云：按唐書，兖州魯郡爲上都督府。上都督府之屬官有録事參軍事一人，正七品上。有功曹、倉曹、户曹、田曹、兵曹、法曹、士曹參軍事各一人，正七品下。其曰六曹者，田曹後置，故仍其舊稱，不稱七而稱六也。

〔十一縣〕王云：所管瑕丘、曲阜、乾封、泗水、鄒縣、任城、龔丘、平陸、金鄉、魚臺、萊蕪凡十一縣。

〔孫太沖〕王云：册府元龜：孫太沖隱於嵩山。玄宗天寶三年，河南尹裴敦復上言：太沖於嵩山合鍊金丹，自成於竈中，精華特異，變化非常，請宣付史官，頒示天下，以彰靈瑞仙聖之應。從之。又孫逖有爲宰相賀中岳合鍊藥自成表：臣等伏見道士孫太沖奏事，奉進止令中使薛履信監臣於中岳嵩陽觀合煉，其竈中著水置炭，於竈側封固却回，已經數月。泥拭既密，緘封并全。即與縣官等對開門，其炭並盡，灰又别聚，不動人力，其藥已成。初乃五色發端，終則太陽輝於爐際。又河南尹裴敦復所奏，并奉勅令右補闕李成式往驗並同者。唐書百官志：都水監使者二人，正五品上，掌川澤津梁渠堰坡池之政。此云都水使者，乃寵異方士而以虚銜加之耳。

〔王文考〕王云：後漢書：王延壽，字文考，有儁才，少遊魯國，作靈光殿賦，後蔡邕亦造此賦未成，及見延壽所爲，甚奇之，遂輟翰而已。王延壽魯靈光殿賦序：魯靈光殿者，蓋景帝程姬之子恭王餘之所立也。初，恭王始都下國，好治宫室，遂因魯僖基兆而營焉。遭漢中微，盜賊奔突，自西京未央、建章之殿，皆見隳壞，而靈光巋然獨存，予客自南鄙，觀藝於魯，覩斯而眙曰：嗟乎！詩人之興，感物而作。故奚斯頌僖，歌其路寢。而功績存乎辭，德音昭乎聲。物以賦顯，事以頌宣，非賦非頌，將何述焉？遂作賦。張載注：藝，六經也。李周翰注：言魯有周孔遺風，思禮樂之美，故云觀藝。

〔陸佐公〕王云：梁書：陸倕，字佐公，吴郡吴人也。高祖雅愛倕才，詔爲石闕銘記奏之。敕曰：太子中舍人陸倕所製石闕銘，辭義典雅，足爲佳作。昔虞丘辨物，邯鄲獻賦，賞以金帛，前史美談。可賜絹三十匹。六朝事跡：縣北五里有四石闕，在臺城之門南，高五丈，廣三丈六尺。梁武帝所造，及成，朝士銘之。陸倕，字佐公，其文甚佳，士流推伏。

〔縱縱〕王云：當是總總。楚辭：紛總總其離合兮。王逸注：總總，聚貌。

〔仡〕説文：仡，勇壯也。△仡音魚乞切。

〔法雨〕法華經：悲體戒雷震，慈意妙大雲。澍甘露法雨，滅除煩惱燄。華嚴經：如大龍王能雨一切妙法雨故。

【評箋】

今人詹鍈云：序稱魯郡崇明寺南門佛頂尊勝陀羅尼石幢者，蓋此郡之壯觀。當是於魯郡作。序又云：我太官廣武伯隴西李公，先名琬，奉詔書改爲輔。按蘇源明小洞庭洄源亭讌四郡太守詩序曰：天寶十二載七月辛丑，東平太守扶風蘇源明觴……魯郡太守隴西李公蘭，濟南太守太原田公琦于洄源亭。是李輔之爲魯郡太守當在天寶十二載以前。王譜繫此文於天寶八載下，注云：文中言律師道宗以天寶八載示滅云云，詳其上下文義，頌之作也亦當在是年間。

當塗李宰君畫讚

天垂元精，岳降粹靈。應期命世，大賢乃生。吐奇獻策，敷聞王庭。帝用休之，揚光泰清。濫觴百里，涵量八溟。縉雲飛聲，當塗政成。雅頌一變，江山再榮。舉邑抃舞，式圖丹青。眉秀華蓋，目朗明星。鶴矯閬風，麟騰玉京。若揭日月，昭然運行。窮神闡化，永世作程。

【校】

〔揚光〕光，郭本作先。

【注】

〔李宰君〕王云：薛方山浙江通志：李陽冰，字少温，趙郡人，以辭翰名。乾元間爲縉雲令，修孔子廟，自爲文記之。歲旱禱雨於城隍神，與之約，五日不雨焚其祠，及期雨霑足。秩滿退居吏隱山，後遷當塗令。陽冰篆書尤著，舒元輿謂其不下李斯云。

〔濫觴〕王云：家語：江始出於岷山，其源可以濫觴。王肅注：觴可以盛酒，言其微也。此借言始仕之意。

〔縉雲〕〔當塗〕王云：縉雲縣，唐時隸江南東道之處州縉雲郡，西南至州八十五里。當塗縣，唐時隸江南西道之宣州宣城郡，東南至州一百九十里。

金陵名僧頵公粉圖慈親讚

神妙不死，惜生此身。託體明淑，而稱厥親。粉爲造化，筆寫天真。貌古松雪，心空世塵。文伯之母，可以爲鄰。

【校】

〔惜生〕惜，王本注云：當作借。

【注】

〔顗公〕按：高僧傳三集卷八曇璀傳：門弟子僧感僧顗等刻石紀事，未知即其人否。

〔粉圖〕見卷八當塗趙炎少府粉圖山水歌注。

〔文伯〕國語：公父文伯退朝朝其母，其母方績，文伯曰：「以歜之家而主猶績，懼干季孫之怒也，其以歜爲不能事主乎？」其母歎曰：「魯其亡乎！使僮子備官而未之聞邪？……君子勞心，小人勞力，先王之訓也。自上以下，誰敢淫心舍力？今我寡也，爾又在下位，朝夕處事，猶恐亡先人之業，況有怠惰，其何以避辟？……」仲尼聞之曰：「弟子志之！季氏之婦不淫矣。」

李居士讚

至人之心，如鏡中影。揮斥萬變，動不離静。彼質我斤，揮風是騁。了物無二，皆爲匠郢。吾族賢老，名喧寫真。貌圖粉繪，生爲垢塵。從白得衰，與天爲鄰。默然不滅，長存此身。

【校】

〔揮斥〕斥，兩宋本、郭本、咸本俱作斤。何校云：作揮斤者，緣下郢質之語而誤。

〔得衰〕咸本衰字作闕文。

〔默然不滅〕文粹作儼然不語。咸本作然然不滅，誤。

【注】

〔揮風〕見卷二古風第三十五首注。

〔得衰〕文選嵇康養生論：積損成衰，從衰得白，從白得老，從老得終。

安吉崔少府翰畫讚

齊表巨海，吴嗟大風。崔爲令族，出自太公。克生奇才，骨秀神聰。炳若秋月，騫然雲鴻。爰圖伊人，奪妙真宰。卓立欲語，謂行而在。清晨一觀，爽氣十倍。張之座隅，仰止光彩。

【注】

〔安吉〕舊唐書地理志：江南東道湖州安吉：武德四年置。

〔少府〕王云：按唐書宰相世系表有崔翰字叔清，汴宋觀察使巡官，試大理評事，未知即其人否。

〔大風〕左傳襄二十九年：吴公子札來聘，……請觀於周樂，……爲之歌齊，曰：美哉，泱泱乎，大風也哉！表東海者其太公乎！國未可量也。杜預注：太公封齊，爲東海之表式。

〔太公〕王云：唐書，崔氏出自姜姓。齊丁公伋嫡子季子讓國，叔乙食采於崔，遂爲崔氏。

宣城吴録事畫讚

大名之家，昭彰日月。生此髦士，風霜秀骨。圖真像賢，傳容寫髮。束帶岳立，如朝天闕。巖巖兮謂四方之削成，澹澹兮申五湖之澄明。武庫肅穆，辭峯峥嶸。大辯若訥，大音希聲。默然不語，終爲國楨。

【校】

〔申〕王本注云：劉本作曰。

〔訥〕郭本作納。

〔楨〕繆本作禎。

【注】

〔録事〕王云：吴名鎮，爲宣城郡之録事參軍，見趙公西候亭頌。

〔削成〕山海經西山經：太華之山，削成而四方，其高五千仞，其廣十里。

〔五湖〕王云：史記正義：韋昭曰：五湖，湖名耳，實一湖，今太湖是也，在吳西南。史記索隱：五湖者，郭璞江賦云：具區、兆滆、彭蠡、青草、洞庭，或云太湖周五百里，故曰五湖。

〔武庫〕晉書卷三五裴頠傳：頠字逸民，弘雅有遠識，博學稽古，自少知名。御史中丞周弼見而嘆曰：頠若武庫，五兵縱横，一時之傑也。

〔大辯〕〔大音〕語均出老子。

壁畫蒼鷹讚

突兀枯樹，旁無寸枝。上有蒼鷹獨立，若愁胡之攢眉。凝金天之殺氣，凛粉壁之雄姿。觜銛劍戟，爪握刀錐。羣賓失席以愕眙，未悟丹青之所爲。吾嘗恐出户牖以飛去，何意終年而在斯！

【校】

〔題〕兩宋本、繆本、郭本、咸本、王本題下俱注云：譏主人。

【注】

〔愁胡〕王云：孫楚鷹賦：疎尾闊臆，高髻頹顱，深目蛾眉，狀似愁胡。按：文選王延壽魯靈光殿賦：胡人遥集於上楹。……狀若悲愁於危處，憯嚬蹙而含悴。此愁胡二字所出。

【評箋】按：「出户牖以飛去」似用歷代名畫記：張僧繇畫龍破壁上天事。不過贊畫之逼真，非有寓意。

方城張少公廳畫師猛讚

張公之堂，華壁照雪。師猛在圖，雄姿奮發。森竦眉目，颯灑毛骨。鋸牙銜霜，鉤爪抱月。掣蹲胡以震怒，謂大廈之峴屼。永觀厥容，神駭不歇。

【校】

〔題〕郭本、咸本俱作師猛讚。王本注云：郭本少上七字。

〔森竦〕竦，兩宋本、繆本、王本俱注云：一作竦。

〔抱月〕抱，兩宋本、繆本、王本俱注云：一作把。

〔掣蹲胡〕咸本注云：一本云製存胡。

〔大廈〕大，兩宋本、繆本俱作有夏。咸本注云：一作有夏。王本大下注云：繆本作有。

〔峴屼〕兩宋本、繆本俱作嶢屼。王本注云：繆本作嶢屼。

〔永觀〕郭本注云：舊本無永觀厥容，神駭不歇二句。王本注云：一本少末二句。咸本注云：舊本附第二十卷，無永觀厥容，神駭不歇二句。

【注】

〔方城〕舊唐書地理志：山南東道唐州方城：前漢堵陽縣，……隋改爲方城縣。

〔蹲胡〕王云：蹲胡謂調獅之胡蹲踞而牽挽者，獅方震怒，曳獅之胡方若爲獅所曳也。

羽林范將軍畫讚

羽林列衛，壁壘南垣。四十五星，光輝至尊。范公拜將，遥承主恩。位寵虎臣，封傳雁門。瞻天蹈舞，踴躍精魂。逐逐鶚視，昂昂鴻騫。心豪祖逖，氣爽劉琨。名震大國，威揚列藩。麟閣之階，粉圖華軒。胡兵百萬，横行縱吞。爪牙帝室，功業長存。

【校】

〔星〕郭本作里。王本注云：郭本作里。

【注】

〔羽林〕見卷十七送羽林陶將軍詩注。

〔壁壘〕王云：甘氏星經：羽林軍四十五星，壘壁十二星，並在室南，主翊衛天子之軍入安飛將，星欲威明天下安，星暗兵盡失。西入室五度，去北辰一百二十三度。史記正義：羽林四十五星，三三而聚，散在壘壁南，天軍也，亦天宿衛，主兵革。壘壁陳十二星横列在營室南，天軍之垣壘。

〔祖逖〕〔劉琨〕晉書卷六二祖逖傳：逖琨並有英氣，每語世事，或中宵起坐，相謂曰：「若四海鼎沸，豪傑並起，吾與足下當相避於中原耳。」

〔爪牙〕詩小雅祈父：祈父！予王之爪牙。正義：鳥用爪，獸用牙，以防衛己身，此人自謂王之爪牙，以鳥獸爲喻也。

【評箋】

按：文意似作於亂後，白作此讚殆亦出於乞請，未必識其人也。

金銀泥畫西方浄土變相讚　并序

我聞金天之西，日没之所，去中華十萬億刹，有極樂世界焉。彼國之佛，身長六十萬億恒沙由旬，眉間白毫向右宛轉，如五須彌山，目光清白，若四海水。端坐説法，湛然常存。沼明金沙，岸列珍樹。欄楯彌覆，羅網周張。車渠瑠璃，爲樓殿之飾；頗黎碼磶，耀階砌之榮。皆諸佛所證，無虚言者。金銀泥畫西方浄土變相，蓋馮翊郡秦夫人奉爲亡夫湖州刺史韋公之所建也。夫人藴冰玉之清，敷聖善之訓，以伉儷大義，希拯拔于幽塗；父子恩深，用重修于景福。誓捨珍物，搆求名工。圖金創端，繪銀設像。八法功德，波動青蓮之池；七寶香花，光映黄金之地。清風所拂，如生五音，百千妙樂，咸疑動作。若已發願，未及發願，若已當生，未及當生，精念七日，必生其國，功德罔極，酌而難明。讚曰：

向西日没處，遥瞻大悲顔。目浄四海水，身光紫金山。勤念必往生，是故稱極樂。珠網珍寶樹，天花散香閣。圖畫了在眼，願託彼道場。以此功德海，冥祐爲舟梁。八十一劫罪，如風掃輕霜。庶觀無量壽，長願玉毫光。

【校】

〔金天〕天，文粹作方。王本注云：唐文粹作方。

〔恒沙〕恒，兩宋本、繆本俱作常，是避宋諱改。

〔若四〕四下，文粹有大字。王本注云：唐文粹作若四大海水。

〔秦夫人〕秦，文粹作太。王本注云：唐文粹作太。

〔以伉儷大義〕文粹無以字，大義作義大。王本注云：唐文粹無以字，大義作義大。

〔拯拔于〕郭本無于字。王本注云：郭本缺于字。

〔重修〕重，文粹作薰。王本注云：唐文粹作薰。

〔創端〕端，文粹作瑞。

〔八法功德〕文粹作八功德水。王本注云：唐文粹作八功德水。

〔未及〕文粹作及未。下同。是。王本注云：唐文粹作及未。

〔難明〕明，文粹作名。

〔四海〕四，文粹作碧。王本注云：唐文粹作碧。

〔一劫〕一，王本注云：當作億。

〔庶觀〕庶，文粹作諦。王本注云：唐文粹作諦。

〔長願〕願，文粹作放。王本注云：唐文粹作放。

【注】

〔浄土〕王云：西方浄土，即西方極樂國土也。法苑珠林：世界皎潔，目之爲浄，即浄所居，名之爲土。故攝論云：所居之土無於五濁，如玻瓈珂等，名清浄土。法華論云：無煩惱衆生住處，名爲浄土。

〔極樂〕阿彌陀經：佛告長老舍利弗，從是西方過十萬億佛土，有世界名曰極樂。其土有佛，號阿彌陀。今現在説法，彼土何故名爲極樂？其國衆生無有衆苦，但受諸樂，故名極樂。

〔由旬〕王云：觀無量壽經：無量壽佛身高六十萬億那由陁恒河沙由旬，眉間白毫右旋宛轉，如五須彌山，佛眼如四大海水，青白分明。法苑珠林毗曇論云：四肘爲一弓，五百弓爲一拘盧舍，八拘盧舍爲一由旬。以中國道里較之，一由旬合得十六里。

〔馮翊〕王云：按唐書地理志，同州馮翊郡隸關内道，湖州吴興郡隸江南東道。△馮音憑，翊音翼。

〔聖善〕詩邶風凱風：母氏聖善。鄭箋：母有叡智之善德。

〔熏修〕王云：釋氏要覽：薰義者，顯識論云，譬如燒香薰衣，香體滅而香氣在衣。此香不可言有，香體滅故。不可言無，香氣在衣故。

〔圖金〕王云：圖金創端者，泥金爲質地而以爲創始，繪銀設像者，以銀代彩色而繪成形像。

〔精念〕王云：精念即所謂一心不亂也。今人念念遷流，不能終日，若能注心浄土，無二無雜，至於七日，終不散亂，則心中佛境自然全現矣。或有不信是事，良由業障深重故耳。

〔功德〕王云：觀無量壽經：極樂國土有八池水，一一池水七寶所成，其寶香輭，從如意珠王生，分爲十四支，一一支作七寶色。黄金爲渠，渠下皆以雜色金剛以爲底砂，一一水中有六十億七寶蓮花，一一蓮花團圓正等十二由旬。其摩尼水流注花間，尋樹上下，其聲微妙，是爲八功德水。法苑珠林：八功德水，依順正理論云：一甘，二冷，三輭，四輕，五清浄，六不臭，七飲時不損喉，八飲已不傷腹。觀無量壽經：其諸寶樹七寶華葉無不具足，一一花葉作異寶色，琉璃色中出金色光，玻瓈色中出紅色光，碼碯色中出硨磲光，硨磲色中出緑真珠光，珊瑚琥珀一切衆寶以爲映飾。大阿彌陀經：七寶所謂黄金白銀水晶琉璃珊瑚琥珀硨磲。

〔紫金山〕王云：佛報恩經：我見佛身相喻如紫金山。法苑珠林：獅子月佛本生經云：遥見世尊，身放光明，如紫金山，普令大衆同於金色。

〔劫罪〕王云：觀無量壽佛經：若觀是地者，除八十億劫生死之罪。捨身他世，必生浄國。

〔玉毫〕王云：觀無量壽佛經，觀無量壽佛者，從一相好入，但觀眉間白毫極令明了，見眉間白毫者，八萬四千相好自然當現。

【評箋】王云：漁隱叢話：司空圖云：嘗觀杜子美祭太尉房公文，李太白佛寺碑贊，宏拔清厲，乃其歌詩也。

江寧楊利物畫讚

太華高嶽，三峯倚天。洪波經海，百代生賢。爲夔爲龍，廓土濟川。趙城開國，玉樹淩烟。筆鼓元化，形成自然。明珠獨轉，秋月孤懸。作宰作程，摧剛挫堅。德合窈冥，聲播蘭荃。鴻漸麟閣，英圖可傳。

【注】

〔江寧楊利物〕按：卷十三有新林浦阻風寄友人詩（一作金陵阻風雪書懷寄楊江寧）、宿白鷺洲寄楊江寧詩。卷二十有春日陪楊江寧及諸官宴北湖感古作，蓋即其人。江寧下當有宰字。王云：唐之江南東道有江寧縣，隸潤州丹陽郡，至德二載改隸昇州。

〔三峯〕太平御覽卷三九華山記云：山有三峯，謂蓮花、毛女、松檜也。

〔趙城〕王云：讚言楊氏出自關西，關西之地，山有華岳，川有黄河，山川精靈之氣，蓄積百世，挺生偉人，而爲當代之夔龍，出將則有廓土之功，入相則有濟川之蹟。以爵酬功，得封趙城。蓋推言其祖父之賢而且貴如此。玉樹以下，始讚利物。

〔玉樹〕世説言語篇：謝太傅問諸子姪，子弟亦何預人事，而正欲使其佳，諸人莫有言，車騎答曰：「譬如芝蘭玉樹，欲使其生於階庭耳。」

〔鴻漸〕王云：周易漸卦初六：鴻漸於干。孔穎達正義：鴻，水鳥也。漸進之道，自下升上，故進譬鴻飛自下而上也。後漢書蔡邕傳：鴻漸盈階，振鷺充庭。章懷太子注：易曰：鴻漸於陸。鴻，水鳥也。漸出於陸，喻君子仕進於朝。

金鄉薛少府廳畫鶴讚

高堂閑軒兮，雖聽訟而不擾。圖蓬山之奇禽，想瀛海之縹緲。紫頂煙䒷，丹眸星皎。昂昂佇眙，霍若驚矯。形留座隅，勢出天表。謂長鳴于風霄，終寂立于露曉。凝歆益古，俯察愈妍。舞疑傾市，聽似聞絃。儻感至精以神變，可弄影而浮烟。

【校】

〔高堂閑軒〕咸本注云：一作明軒窗。

〔瀛海〕海，文粹作洲。王本注云：唐文粹作洲。

〔縹緲〕兩宋本、繆本俱作瞟眇。王本注云：繆本作瞟眇。

〔昂昂〕文粹作昂然。

〔佇眙〕郭本、咸本、王本俱注云：一作欲飛。兩宋本、繆本俱作欲飛，注云：一作眝眙。

〔長鳴〕鳴，兩宋本、繆本俱作唳。郭本、咸本、王本俱注云：一作唳。

〔露〕文粹作霜。

〔可弄〕文粹可上有或字。

〔而浮烟〕而，文粹作以。

【注】

〔金鄉〕舊唐書地理志：河南道兖州金鄉縣：後漢縣。武德四年，於縣置金州，……貞觀十七年州廢，以金鄉……屬兖州。

〔佇眙〕文選左思吴都賦：士女佇眙。劉淵林注：佇眙，立視也。△眙音夷。

〔長鳴〕王云：藝文類聚：易通卦驗曰：立夏清風至而鶴鳴。春秋感精符：八月白露降，鶴即高鳴相警。風土記：白鶴性警，至八月，露降流於草葉上，滴滴有聲，則鳴。張華禽經注：露下則鶴鳴，鶴之馴養於家庭者，飲露則飛去。

〔傾市〕王云：吴越春秋：吴王有女滕玉，因謀伐楚，與夫人及女會，蒸魚王前，嘗半而與女。女怒曰：「王食魚辱我，不忍久生。」乃自殺。闔閭痛之，葬於國西閶門外，鑿池積土，文石爲槨，題凑其中，金鼎玉杯銀樽珠襦之寶皆以送女。乃舞白鶴於吴市，令萬民隨而觀之，還使男女與鶴俱入羨門，因發機以掩之，殺生以送死。鮑照舞鶴賦：出吴都而傾市。

〔聞絃〕韓非子十過篇：師曠……援琴而鼓，一奏之，有玄鶴二八，道南方來，集於廊門之垝，再奏之而列，三奏之延頸而鳴，舒翼而舞，音中宫商之聲，聲聞於天。

誌公畫讚

水中之月，了不可取。虚空其心，寥廓無主。錦幪鳥爪，獨行絶侣。刀齊尺梁，扇迷陳語。丹青聖容，何往何所？

【校】

〔其心〕心，兩宋本、繆本、王本俱注云：一作身。

〔獨行〕行，兩宋本、繆本、王本俱注云：一作游。

〔尺梁〕梁，兩宋本、繆本俱作量。王本注云：繆本作量。

〔何往〕往，兩宋本、繆本俱注云：一作住。咸本作何住，注云：一作去往何所。文粹作去往。王本注云：一作何住，一作去往。

【注】

〔誌公〕王云：傳燈録：寶誌禪師，金城人，姓朱氏。少出家，止道林寺，修習禪定，宋太始初，忽居止無定，飲食無時，髮長數寸，徒跣執錫杖，杖頭擐剪刀尺銅鑑，或挂一兩尺帛，數日不食無飢容，時或歌吟，詞如讖記，士庶皆共事之。齊建元中，武帝謂師惑衆，收付建康獄，明旦人見其入市，及檢獄如故。建康令以事聞，帝延之於宮中之後堂。師在華林園，忽一日重著三布帽，亦不知於何所得之。俄而武帝崩，豫章王文惠太子相繼薨，由是禁師出入。梁高祖即位，下詔曰：誌公跡拘塵垢，神遊冥寂。水火不能焦濡，蛇虎不能侵懼。語其佛理，則聲聞以上；談其隱淪，則遯仙高者。乃以俗士常情，空相拘制。何其鄙陋一至於此！自今勿得復禁。天監十二年冬，忽告衆僧，令移金剛神像出置寺外，密謂人曰：「菩薩將去。」未及旬日，無疾而終。舉體香煗，臨亡，燃一燭以付後閤舍人吴慶，慶以事聞，帝嘆曰：「大師不復留矣，燭者將以後事囑我也。」因厚禮葬於鍾山獨龍阜，仍立開善精舍，敕陸倕製銘於冢内，王筠勒碑於寺門。處處傳其遺像焉。南史：沙門釋寶誌雖剃鬚髮而常冠，下裙帽衲袍，故俗呼爲誌公。按：輿地紀勝卷八六：房州：誌公：俞商衡道林巖記云：房州西三十里鳳皇山道林巖寺有僧寶誌挂錫之地。誌出於宋齊梁陳之間，代有異迹，避居瓦屋山，自梁距今幾千禩，松間字畫猶存，李白有誌公畫讚。

〔水中〕王云：水中之月，只一影耳，初非真實，幻軀亦爾，雖賢聖降生，化身靈變，顯跡甚奇，要亦無殊於此。故曰了不可取。

〔陳語〕王云：南史：寶誌出入鍾山，往來都邑，年已五六十矣。齊宋之交，稍顯靈跡，被髮徒跣，語默不倫，或被錦袍，飲啖同於凡俗。神僧傳：寶誌面方而瑩徹如鏡，手足皆鳥爪，每行遊市中，其錫杖上嘗懸剪刀一事，尺一枝，麈尾扇一柄。剪刀者齊也，尺者量也，麈尾扇者塵也。蓋隱語歷齊、梁、陳三朝耳。

【評箋】

王云：楊士奇曰：今靈谷寺有石刻誌公像贊，吴道子畫，李白贊，顔真卿書，世稱三絶。舊刻已壞，此重刻者，不復見書法之妙矣。

今人詹鍈云：裴敬翰林學士李公墓碑：嘗遊上元蔣山寺，見翰林贊誌公云：水中之月，了不可取。刀齊尺量，扇迷陳語。即此文也。清葉奕苞金石録補卷十七：唐誌公畫像讚：右像吴道子畫，李白贊詞，顔真卿書。誌公即寶誌。此碑燬於宣德中，後靈谷寺僧本初以舊搨勒石，去原本遠也。石在揚州。

琴讚

嶧陽孤桐，石聳天骨。根老冰泉，葉苦霜月。斵爲緑綺，徽聲粲發。秋風入松，萬古奇絶。

【注】

〔孤桐〕王云：尚書：嶧陽孤桐。孔氏傳：孤，特也。嶧山之陽特生桐，中琴瑟。蔡氏集傳：地志云：東海郡下邳縣西有葛嶧山，古文以爲嶧山。陽者，山南也。孤桐，特生之桐，其材中琴瑟。詩曰：梧桐生矣，於彼朝陽。蓋草木之生，以向日爲貴也。封氏見聞記：兖州鄒嶧山南面平復，東西長數十步，廣數步，其處生桐柏；傳以爲禹貢嶧陽孤桐者也。土人云，此桐所以異於常桐者，諸山皆發地兼土，惟此山大石攢倚，石間周圍，皆通人行，山中空虚，故桐木絶響，是以珍而入貢也。△嶧音亦。

〔緑綺〕見卷二十遊太山詩第六首注。

〔徽〕王云：琴飾也。

朱虛侯讚

嬴氏穢德，金精摧傷。秦鹿克獲，漢風飛揚。赤龍登天，白日昇光。陰虹賊虐，諸呂擾攘。朱虛來歸，會酌高堂。雄劍奮擊，太后震惶。爰鋤産禄，大運乃昌。功冠帝室，於今不忘。

【注】

〔朱虛侯〕史記齊悼惠王世家：孝惠帝崩，吕太后稱制，……（齊哀王）弟章入宿衛於漢。吕太后封爲朱虛侯。……朱虛侯年二十，有氣力。忿劉氏不得職。嘗入侍高后燕飲，高后令朱虛侯劉章爲酒吏。章自請曰：「臣將種也，請得以軍法行酒。」太后曰：「可。」酒酣，章進飲歌舞，已而曰：「請爲太后言耕田歌。」高后兒子畜之，笑曰：「顧而父知田耳，若生而爲王子，安知田乎？」章曰：「臣知之。」太后曰：「試爲我言田。」章曰：「深耕穊種，立苗欲疏。非其種者，鋤而去之。」太后默然。頃之，諸吕有一人醉，亡酒，章追拔劍斬之，而還報曰：「有亡酒一人，臣謹行法斬之。」太后左右皆大驚，業已許其軍法，無以罪也。因罷。自是諸呂憚朱虚侯，雖大臣皆依朱虚侯。……其明年，高后崩，呂禄爲上將軍，呂産爲相國，皆居長安中，聚兵以威大臣，欲爲亂。……朱虚侯與太尉勃、丞相平等誅之，朱虚侯首先斬呂産，於是太尉勃等乃得盡誅諸呂。

觀佽飛斬蛟龍圖讚

佽飛斬長蛟，遺圖畫中見。登舟既虎嘯，激水方龍戰。驚波動連山，拔劍曳雷電。鱗摧白刃下，血染滄江變。感此壯古人，千秋若對面。

【校】

〔千秋〕秋，兩宋本、繆本、王本俱注云：一作載。

【注】

〔佽飛〕淮南子道應訓：荆有佽非得寶劍於干隊，還反渡江，至於中流，陽侯之波，兩蛟俠繞其船。佽非謂枻船者曰：「嘗有如此而得活者乎！」對曰：「未嘗見也。」於是佽非瞑目，勃然攘臂拔劍曰：「武士可以仁義之禮説也，不可劫而奪也。此江中之腐肉朽骨，棄劍而已，予有奚愛焉！」赴江刺蛟，遂斷其頭，船中人盡活，風波畢除。荆爵爲執珪。按：佽飛、佽非通。

地藏菩薩讚 并序

大雄掩照，日月崩落。惟佛知慧大而光生死雪，賴假普慈力，能救無邊苦。獨出曠劫，導開橫流，則地藏菩薩爲當仁矣。弟子扶風竇滔，少以英氣爽邁，結交王侯，清風豪俠，極樂生疾。乃得惠劍於真宰，湛本心於虚空。願圖聖容，以祈景福。庶冥力憑助，而厥苦有瘳。爰命小才，式讚其事，讚曰：

本心若虚空，清浄無一物。焚蕩淫怒癡，圓寂了見佛。五綵圖聖像，悟真非妄傳。掃雪萬病盡，爽然清涼天。讚此功德海，永爲曠代宣。

【校】

〔光生〕按此下四字難於句讀，疑有脱誤。

〔惠劍〕惠，王本注云：當作慧。按：惠慧古通用。

【注】

〔地藏〕地藏菩薩本願經：地藏菩薩於過去久遠不可説劫爲大長者子，時世有佛號曰師子，奮迅具足萬行如來，時長者子見佛相好，千福莊嚴，因問彼佛作何行願而得此相。佛告長者子，欲證此身，當須久遠脱度一切受苦衆生。時長者子因發願，言我今盡未來際不可計劫，爲是罪苦六道衆生廣設方便，盡令解脱，而我自身方成佛道。以是於彼佛前立斯大願，於今百千萬億那由他劫尚爲菩薩。

〔曠劫〕王云：楞嚴經：我曠劫來，心得無礙。曠劫，謂久遠之劫也。横流，謂苦海也。地藏菩薩本願經：爾時世尊舒金色臂，摩百千萬億無量阿僧祇世界諸分身地藏菩薩頂而作是言：汝觀吾累劫勤苦度脱如是等難化剛强罪苦衆生，其有未調伏者，隨業報應，若墮惡趣，受大苦時，汝當憶念吾在忉利天宫殷勤付囑，令娑婆世界至彌勒出世已來衆生，悉使解脱永離諸苦，遇佛授記。爾時諸世界分身地藏菩薩各復一形，涕淚哀戀白佛言：我從久遠劫來，蒙佛接引，使獲不可思議神力，具大智慧，我所分身，遍滿百千萬億恒河沙世界，每一世界化百千萬億身，每一身度百千萬億人，令歸敬三寶，永離生死，至涅槃樂，但於佛法中所爲善事，一毛一諦，一沙一塵，或毫髮，許我漸度脱，使獲大利。惟願世尊不以後世惡業衆生爲慮。

〔聖容〕地藏菩薩本願經：臨命終時，男女眷屬將是命終人舍宅財物寶貝衣服塑畫地藏形像，或使病人眼耳聞見，知其眷屬將合宅寶貝等爲其自身塑畫地藏形像，若是業報，合受重病，承斯功德，尋即除愈，壽命增益。

〔圓寂〕王云：人心虚净，本無一物。躭著於色，則起而爲淫。觸於忿戾，則發而爲怒。蔽於邪見，昧於大道，則流而爲癡。三者謂之三毒，皆心之累也。苟能一切捐棄，若火之焚，若水之蕩，而盡去之，不使一毫少累其心，則心之本體見矣。心即佛也，見心不即見真佛哉！翻譯名義：涅槃，奘三藏翻爲圓寂，賢首云：德無不備稱圓，障無不盡稱寂。

【評箋】

孫璧文考古録云：江南通志稱金地藏名喬覺，暹羅國王子，少落髪爲沙門。至德初行脚至九華山，……今白集中有地藏菩薩序贊，……白爲古地藏作贊，非爲金地藏作贊也。……此篇文筆平庸，不類太白，恐係贋作，後人以白嘗遊九華，僞造此篇，託白以自重。

按：此文本與金地藏無關，亦與九華無關，不應因俗傳九華山地藏菩薩之説而牽及，遂疑其爲僞造也。

魯郡葉和尚讚

海英岳靈，誕彼開士。了身皆空，觀月在水。如薪傳火，朗徹生死。如雲開天，廓然萬里。寂滅爲樂，江海而閑。逆旅形内，虚舟世間。邈彼崑閬，誰云可攀？

【注】

〔開士〕王云：開士謂僧之有德行者。見卷二十一登巴陵開元寺詩注。

〔觀月〕〔傳火〕王云：四大幻身，本來空無，故智者觀之，如水中月影，初非真實。慧遠形盡神不滅論：火之傳於薪，猶神之傳於形，火之傳異薪，猶神之傳異形。前薪非後薪，則知指窮之術妙。前形非後形，則悟情數之感深。惑者見形朽於一生，便以謂神情俱喪，猶覩火窮於一木，謂終期都盡耳。

〔寂滅〕王云：涅槃經，諸行無常，是生滅法，生滅滅已，寂滅爲樂。

〔江海〕莊子刻意篇：無江海而閒，不道引而壽。

〔虚舟〕見卷十贈僧崖公詩注。

李白集校注卷二十九

銘碑祭文九首

化城寺大鐘銘 并序

噫！天以震雷鼓羣動，佛以鴻鐘驚大夢。而能發揮沉潛，開覺茫蠢。則鐘之取象，其義博哉！夫揚音大千，所以清真心，警俗慮；協響廣樂，所以達元氣，彰天聲；銘勳皇宮，所以旌豐功，昭茂德。莫不配美金鼎，增輝寶坊。仍事作制，豈徒然也！

【校】

〔驚〕文粹作警。王本注云：唐文粹作警。

【注】

〔化城寺〕見卷二十陪族叔當塗宰遊化城寺升公清風亭詩注。

粤有唐宣城郡當塗縣化城寺大鐘者，量函千盈，蓋邑宰李公之所剏也。公名有則，系玄元之英蕤，茂列聖之天枝。生于公族，貴而秀出。少藴才略，壯而有成。西逾流沙，立功絶域。帝疇乎厥庸，始學古從政。歷宰潔白，聲聞于天。天書褒榮，輝之簡牘。稽首三復，子孫其傳。天寶之初，鳴琴此邦，不言而治。日計之無近功，歲計之有大利。物不知化，潛臻小康。神明其道，越不可尚。

【校】

〔量函〕此四字文粹作量函千鈞，聲盈萬釜。王本注云：唐文粹作量函千鈞聲盈萬釜八字。

〔有成〕成，文粹作聞。王本注云：唐文粹作聞。

〔其傳〕文粹脱傳字。

〔而治〕治，文粹作理。王本注云：唐文粹作理。

【注】

〔有則〕按：此當即卷二十七夏日陪司馬武公與羣賢宴姑熟亭序中之「今宰隴西李公明化」，與卷二十陪族叔當塗宰遊化城寺升公清風亭詩之「族叔當塗宰」爲同一人。

〔玄元〕王云：唐追號老子爲玄元皇帝。

〔流沙〕漢書地理志：張掖郡居延縣，居延澤在東北，古文以爲流沙。顔師古曰：流沙在燉煌西。王先謙補注：禹貢山水澤地篇：流沙地在居延縣東北。注云：澤在縣故城東北，尚書所謂流沙者也。形如月生五日，弱水入流沙，沙與水流行也。

方入于禪關，覩天宫峥嶸，聞鐘聲瑣屑，乃謂諸龍象曰：「盍不建大法鼓，樹之層臺，使羣聾六時有所歸仰，不亦美乎？」於是發一言以先覺，舉百里而咸應。秋毫不挫，人多子來。銅崇朝而山積，工不日而雲會。乃采鳧氏，撰鳴鐘，火天地之爐，扇陰陽之炭。回禄奮怒，飛廉震驚。金精轉涾以融熠，銅液星熒而璀燦。光噴日道，氣歊天維。紅雲點于太清，紫烟矗于遥海。烜赫宇宙，功侔鬼神。瑩而察之，吁駭人也。

【校】

〔咸應〕咸，兩宋本、繆本、咸本俱作感。王本注云：繆本作感。

〔鳴鐘〕鳴，文粹作鴻。王本注云：唐文粹作鴻。

〔星熒〕熒，兩宋本、繆本、咸本俱作縈。王本注云：繆本作縈。

〔敺〕文粹作蔽，兩宋本、咸本、郭本俱作敵。王本注云：郭本作敵，唐文粹作蔽。

〔駭人〕文粹作可駭。

【注】

〔六時〕王云：西域記：時極短者謂刹那也，百二十刹那爲一呾刹那，六十呾刹那爲一臘縛，三十臘縛爲一牟呼栗多，五牟呼栗多爲一時，六時合成一日一夜，是中國以一晝夜分作十二時者，西國只分爲六時也。

〔秋毫〕莊子山木篇：北宮奢爲衛靈公賦斂以爲鐘，爲壇乎國門之外，三月而成上下之懸。王子慶忌見而問焉，曰：「子何術之設？」奢曰：「一之間無敢設也。」奢聞之，既雕既琢，復歸於朴。侗乎其無識，儻乎其怠疑，萃乎芒乎，其送往而迎來。來者勿禁，往者勿止，從其彊梁，隨其曲傅，因其自窮，故朝夕賦斂而毫毛不挫，而況有大塗者乎？」

〔子來〕王云：詩大雅：庶民子來。趙岐曰：衆民自來趣之，若子來爲父使之也。

〔崇朝〕詩鄘風蝃蝀：崇朝其雨。毛傳：崇，終也。從旦至食時爲終朝。

〔鳧氏〕周禮考工記：鳧氏爲鐘。

〔回禄〕〔飛廉〕王云：國語：回録信於聆隧。韋昭解：回録，火神。博雅：風師謂之飛廉。

〔轉湝〕王云：説文：湝，涫溢也。今河朔方言謂沸溢爲湝。△湝音達。

〔熠〕王云：韻會：熠，説文：盛光也。又閃鑠貌。△熠音逸。

〔日道〕王云：隋書：日循黄道東行，一日一夜行一度，三百六十五日有奇而周天。六經天文編：日所行之路謂之黄道，與赤道相交，半出赤道外，半入赤道内。

爾其龍質炳發，虎形躨跜。縻金索以上組，懸寶樓而迭擊。旁振萬壑，高聞九天。聲動山以隱隱，響奔雷而闐闐。赦湯鑊于幽途，息劍輪于苦海。景福肸蠁，被于人天。非李公好謀而成，弘濟羣有，孰能興于此乎？

【校】

〔隱隱〕王本注云：唐文粹作殷殷。按：明本文粹仍作隱隱。

〔奔雷〕雷，兩宋本、繆本俱作電。

〔羣有〕有，文粹作物。王本注云：唐文粹作物。

〔興〕咸本、郭本俱作與。王本注云：郭本作與。

【注】

〔絙〕音耕。

〔闐〕音田。

〔湯鑊〕王云：法苑珠林：阿鼻地獄，有十八劍輪地獄，十八湯鑊地獄。翻譯名義集：若打鐘時一切惡道諸苦，並得停止。△鑊音穫。

〔肸蠁〕文選左思蜀都賦：景福肸蠁而興作。吕向注：肸蠁，濕生蟲，蚊類是也。其羣望之如氣之布寫也，言大福之興有如此蟲羣飛而多也。△肸，義乙切；蠁音響。

丞尉等並衣冠之龜龍，人物之標準。大雅君子，同僚盡心，聞善賈勇，贊成厥美。寺主昇朝，閑心古容，英骨秀氣。灑落毫素，謙柔笑言。海受水而皆納，鏡無形而不燭。直道妙用，乃如是言。常虚懷忘情，潔己利物。是人行空寂，不動見如來。有若上座靈隱，都維那則舒，名僧日暉、藴虚、常因、調護，賢哉六開士，普聞八萬法。深入禪惠，精修律儀。將博我以文章，求我以述作。功德大海，酌而難名。白昔忝侍從，備遂與六曹豪吏，姑熟賢老，乃緇乃黄，鳧趨梵庭，請揚宰君之鴻美。於辭臣，恭承德音，敢闕清風之頌，其辭曰：

【校】

〔是言〕言，兩宋本、繆本、咸本俱作然。文粹言下有然字。王本注云：繆本作然。

〔律儀〕儀，郭本、咸本俱作義。王本注云：郭本作義。

【注】

〔寺主〕王云：翻譯名義集：僧史略云：詳其寺主，起乎東漢白馬寺也。寺既爰處，人必主之，於時雖無寺主之名，而有知事之者，東晉以來，此職方盛，故梁武造光宅寺，召法雲爲寺主，創立僧制。

〔上座〕王云：唐六典：每寺上座一人，寺主一人，都維那一人，共綱紀衆事。翻譯名義集：五分律：佛言上更無人名上座，道宣勅爲西明寺上座，列寺主維那之上。毗尼母云：從無夏至九夏是下座，自十夏至十九夏是中座，自二十夏至四十夏是上座。毗婆娑論云：有三上座，一生年上座即尊長者，具舊戒名真生故。二世俗上座，即知法富貴大財大位大族大力大眷屬，雖年二十，皆應和合推爲上座。三法性上座，即阿羅漢。維那，南山云：聲論翻爲次第，謂知僧事之次第。寄歸傳云：華梵兼舉也，維是綱維，華言也，那是梵語，删去羯磨陀三字也。僧史略云：梵語羯磨陀那，譯爲事知，亦云悦衆，謂知其事，悦其衆也。

〔開士〕見卷二十一登巴陵開元寺……詩注。

〔八萬法〕報恩經：八萬法者，如樹根莖枝葉，名爲一樹。佛爲衆生始終説法，名爲一藏，如是八萬。又云：佛一坐説法名爲一藏，如是八萬。又云：十六字爲半偈，三十二字爲一偈，如是八萬。又云：長短偈四十二字爲一偈，如是八萬。又云：如半月説戒爲一藏，如是八萬。又云：佛自説六萬六千偈爲一藏，如是八萬。又云：佛説塵勞有八萬，法藏亦八萬，名八萬法藏。

〔禪惠〕王云：禪惠即禪慧。王中頭陀寺碑文：惟此名區，禪慧攸託。李善注：禪慧，禪定智慧，即六度之二行也。

〔六曹〕見卷二十八崇明佛頂尊勝陀羅尼幢頌。

〔乃緇乃黄〕王云：緇謂僧人緇服者，黄謂道士黄冠者。

〔清風〕詩大雅烝民：吉甫作誦，穆如清風。

雄雄鴻鐘砰隱天，雷鼓霆擊警大千，含號烜爀聲無邊，摧慴魑魅招靈仙，旁極六道極九泉，劍輪輟苦期息肩，湯鑊猛火停熾燃。愷悌賢宰人父母，興功利物信可久，德方金鐘永不朽。

【校】

〔含號〕含，郭本作合。王本注云：郭本作合。

〔道極〕極，文粹作下。陸本作拯。王本注云：唐文粹作下。

〔德方〕文粹作傳芳。王本方下注云：唐文粹作芳。

【注】

〔砰隱〕漢書禮樂志：休嘉砰隱溢四方。顔師古注：砰隱，盛意。

〔慴〕廣韻：慴，懾也。△慴音疊。

〔六道〕王云：釋家以天、人、阿修羅、地獄、餓鬼、畜生六種衆生謂之六道。

【評箋】

胡仔云：司空圖云：嘗觀杜子美祭太尉房公文，李太白佛寺碑贊，宏拔清厲，乃其歌詩也。（苕溪漁隱叢話）

今人詹鍈云：王譜於寶應元年下注云：集中有陪族叔當塗宰遊化城寺升公清風亭詩，又有化城寺大鐘銘。詩稱升公湖山秀，粲然有辯才。濟人不利己，立俗無嫌猜云云，是昇朝、升公本一人。而詩與銘之作大約相去不遠也。銘序稱當塗邑宰李公以西逾流沙，立功絶域，帝疇乎厥庸，始學古從政，歷宰潔白，聲聞於天。天寶之初，鳴琴此邦。其時代履歷與陽冰不類，則所謂族叔當塗宰者乃另是一人，在天寶中來爲邑令者，非上元後作當塗宰之李陽冰也。今按王説是也。

按：此文既云「天寶之初，鳴琴此邦」，則可知必不作於天寶二年，詹氏繫於天寶二年，非。疑當作於天寶十四載前後。參見卷二十陪族叔當塗宰遊化城寺升公清風亭詩注。

天門山銘

梁山博望，關扃楚濱。夾據洪流，實爲吴津。兩坐錯落，如鯨張鱗。惟海有若，唯川有神。牛渚怪物，目圍車輪。光射島嶼，氣淩星辰。卷沙揚濤，溺馬殺人。國泰呈瑞，時訛返珍。開則九江納錫，閉則五岳飛塵。天險之地，無德匪親。

【校】

〔無德〕德，兩宋本、繆本俱作安。王本注云：繆本作安。

【注】

〔天門山〕王云：江南通志：博望山在太平府西南三十里，梁山在和州南六十里，兩山石狀巉巖，東西相向，横夾大江，對峙如門，俗呼梁山曰西梁山，呼博望山曰東梁山，總謂之天門山。春秋時楚獲吴艅艎於此，實大江要害之地。自六代建都金陵，皆於此屯兵扞禦，兩岸山頂各有一城。宋將王元謨所築。輿地紀勝卷四八：天門山本名梁山，在歷陽縣南五十五里，俯瞰大江。宋書云：大明七年，孝武帝登梁山，大閱水師於江中，因立雙闕於博望山，今二山之顛各有城，皆王元謨所築。李白銘云：梁山博望，關扃楚濱。夾據洪流，實爲吴津。自采石臨江觀梁山博望二山若蛾眉然。又同卷碑記云：李白天門山銘在天門山。

〔牛渚〕王云：牛渚磯在太平州當塗縣西北三十里大江之濱，與天門山相去不及百里。晉書：牛渚磯水深不可測，世云其下多怪物，温嶠燬犀角而照之，須臾見水族覆火，奇形異狀，或乘車馬著赤衣者，其夜夢神謂曰：「與君幽明道别，何意相照也！」

〔納錫〕書禹貢：九江納錫大龜。孔疏：納錫是言龜不常用，故錫命乃納之。

溧陽瀨水貞義女碑銘 并序

皇唐葉有六聖，再造八極，鏡照萬方，幽明咸熙，天秩有禮。自太古及今，君君臣臣烈士貞女，采其名節尤彰可激清頹俗者，皆掃地而祠之。蘭蒸椒漿，歲祀罔缺，而茲邑貞義女光靈翳然，埋冥古遠，琬琰不刻。豈前修博達者爲邦之意乎？

【校】

〔鏡照〕照，英華作清。

〔太古〕文粹無太字。王本注云：唐文粹無太字。

〔采其〕此下文粹有史傳二字。王本注云：唐文粹下多史傳二字。

〔埋冥〕冥，文粹作名。王本注云：唐文粹作名。

【注】

〔貞義女〕王云：六朝事跡：大唐貞義女碑，李白文。在溧陽縣潁陽江北，周必大泛舟游山録：去溧陽縣四十里，有貞義女廟。女姓史，黄山人，李太白作記，題云瀨水上古貞義女碑銘并序，前翰林院内供奉學士隴西李白述。景定建康志：溧水一名瀨水，在溧陽縣西北四十里，東流爲潁陽江，江上有渚曰瀨渚。伍子胥乞食投金處。故又曰投金瀨。吳越春秋：子胥奔吳，疾於中道，乞食溧陽，適會女子擊綿於瀨水之上，筥中有飯，子胥謂曰：「夫人，可得一餐乎！」女子曰：「妾獨與母居，三十未嫁，飯不可得。」子胥曰：「夫人賑窮途少飯，亦何嫌哉！」女子知非恒人，遂許之。發其簞筥飯其盎漿，長跪而與之，子胥再餐而止。女子曰：「君有遠逝之行，何不飽而餐之。」子胥已餐而去，謂女子曰：「掩夫人之壺漿，無令其露。」女子嘆曰：「嗟乎！妾獨與母居三十年，自守貞明，不願從適，何宜饋飯而與丈夫？越虧禮儀，妾不忍也。子行矣！」子胥行，反顧女子，已自投於瀨水矣。於乎，貞明執操，其丈夫女哉！

〔六聖〕王云：六聖：高祖、太宗、高宗、中宗、睿宗、玄宗也。再造八極，謂玄宗平韋氏之難而天下復定也。

〔天秩〕王云：皋陶謨：天秩有禮，自我五禮有庸哉！正義云：天次序有禮，謂使賤事貴，卑承尊，是天道使之然也。天意既然，人君當順天意，用我公侯伯子男五等之禮以接之。使之貴賤有常也。唐會要：天寶七載五月十五日詔：上古之君，存諸氏號。雖事先書契，而道著皇王。緬懷厥功，寧王咸秩。其三皇以前帝王，宜於京城内共置一廟，仍與三皇、五帝廟相近，以時致祭。天皇氏、地皇氏、人皇氏、有巢氏、燧人氏，其祭料及樂，請准三皇、五帝廟，以春秋二時享祭。歷代帝王肇跡之處，未有祠宇者，所由郡置一廟享祭，仍取當時將相德業可稱者二人配享，令郡縣長官春秋二時擇日，粢盛蔬饌時果酒脯，潔誠置祭。其忠臣義士孝婦烈女史籍所載德行彌高者，所在宜置祠宇，量事致祭。殷相傅説等忠臣十六人，吴太伯等義士八人，周太王妃太姜等孝婦七人，周宣王齊姜等烈女十四人，並令郡縣長官春秋二時擇日准前致祭。

〔掃地〕禮記禮器：至敬不壇，掃地而祭。

〔蘭蒸〕楚辭九歌東皇太一：蕙肴蒸兮蘭藉，奠桂酒兮椒漿。王逸注：蕙肴，以蕙草蒸肉也。椒漿，以椒置漿中也。

〔琬琰〕王云：琬琰不刻謂未刊立碑石。△琰音鹽上聲。

貞義女者，溧陽黄山里史氏之女也，以家溧陽，史闕書之。歲三十，弗移天于人。清英潔白，事母純孝。手柔荑而不龜，身擊漂以自業。當楚平王時，平王虐忠助讒，苛虐厥政，芟于尚，斬于奢，血流于朝，赤族伍氏。怨毒于人，何其深哉？子胥始東奔勾吴，月涉星遁，或七日不火；傷弓于飛。逼迫于昭關，匍匐于瀨渚，捨車而徒，告窮此女。目色以臆，授之壺漿。全人自沉，形與口滅。卓絶千古，聲淩浮雲。激節必報之讎，雪誠無疑之地。難乎哉！

【校】

〔弗移〕此句五字文粹作不移其志。王本注云：唐文粹作不移其志。

〔擊漂〕擊，文粹作激。

〔平王虐忠〕文粹無平字。王本注云：文粹缺平字。

〔東奔〕東，英華作來。

【注】

〔移天〕王云：移天謂嫁也。

〔柔荑〕詩衛風碩人：手如柔荑。△荑音題。

〔不龜〕莊子逍遥遊篇：宋人有善爲不龜手之藥者，世世以洴澼絖爲事。陸德明音釋：龜手，司馬云：文拆如龜文也。又云：如龜攣縮也。李云：洴澼絖者，擊漂於水上。△龜音麕。

〔赤族〕王云：揚雄解嘲：不知一跌將赤吾之族也。顔師古注：見誅殺者必流血，故云赤族。李善注：赤謂誅滅也。海録碎事：古人謂空盡無物曰赤。如赤地千里，南史稱其家赤貧，是也。赤族言盡殺無類也。漢書注以爲流血丹其族，大謬。

〔昭關〕王云：史記：伍胥奔吴，到昭關，昭關欲執之，伍胥獨身步走，幾不得脱。索隱云：昭關，其關在西江，乃吴、楚之境。江南通志：昭關在和州含山縣小峴西，伍子胥自楚奔吴過此。

借如曹娥潛波，理貫于孝道；聶姊殞肆，槩動于天倫。魯姑棄子，以却三軍之衆；漂母進飯，没受千金之恩。方之于此，彼或易耳。卒使伍君開張闔閭，傾蕩鄢郢。吴師鞭屍于楚國，申胥泣血于秦庭。我亡爾存，亦各壯志。張英風于古今，雪大憤于天地。微此女之力，雖云爲之士，焉能咆哮烜爀，施于後世也！望其溺所，愴然低迴而不能去。每風號吴天，月苦荆水，響像如在，精魂可悲。惜其投金有泉，而刻石無主，哀哉！

【校】

〔易耳〕易，文粹作異。

〔雖云爲〕此句文粹爲下有忠孝二字，焉能上有亦字。王本注云：唐文粹作雖云爲忠孝之士亦焉能咆哮烜爀。

【注】

〔曹娥〕後漢書卷七四列女傳：孝女曹娥者，上虞人。父盱，能絃歌爲巫祝，漢安二年五月五日，於縣江泝濤迎婆娑神，溺死不得尸骸，娥年十四，乃沿江號哭，晝夜不絶聲，旬有七日，遂投江而死。至元嘉元年，縣長度尚改葬娥於江南道旁，爲立碑焉。

〔聶姊〕史記刺客列傳：聶政……刺殺俠累，……因自皮面決眼，自屠出腸，遂以死。韓取聶政屍暴於市，購問莫知誰子。於是韓購懸之，有能言殺相俠累者予千金，久之莫知也。政姊榮聞人有刺殺韓相者，賊不得，國不知其名姓，暴其尸而懸之千金。乃於邑曰：「其是吾弟歟！……」立起如韓之市，而死者果政也。伏屍哭極哀曰：「是軹深井里所謂聶政者也。」市行者諸衆人皆曰：「此人暴虐吾國相，王懸購其姓名千金，夫人不聞歟！何敢來識之也！」榮應之曰：「聞之，……然政……以妾尚在之故，重自刑以絶從，妾其奈何畏没身之誅，終滅賢弟之名！」乃大呼天者三，卒於邑悲哀而死政之旁。晉、楚、齊、衛聞之，皆曰：「非獨政能也，乃其姊亦烈女也。」

〔魯姑〕列女傳節義傳：魯義姑姊者，魯野之婦人也。齊攻魯至郊，望見一婦人，抱一兒攜一兒而行。軍且及之，棄其所抱，抱其所攜而走山，兒隨而啼，婦人遂行不顧。……齊將乃追之，……問所抱者誰也，所棄者誰也。對曰：「所抱者妾兄之子也，所棄者妾之子也。見軍之至，力不能兩護，故棄妾之子。」齊將曰：「子之於母，其親愛也，痛甚於心，今釋之而反抱兄之子，何也！」婦人曰：「己之子，私愛也，兄之子，公義也，夫背公義而向私愛，亡兄子而存妾子，幸而得全，則魯君不吾畜，大夫不吾養，庶民國人不吾與也。夫如是，則脅肩無所容，而累足無所履也。子雖痛乎，獨謂義何！故忍棄子而行義，不能無義而視魯國。」於是齊將按兵而止，使人言於齊君曰：「魯未可伐也，乃至於境，山澤之婦人耳，猶知持節行義，不以私害公，而況於朝臣士大夫乎！請還。」齊君許之。魯君聞之，賜婦人束帛百端，號曰義姑姊。

〔申胥〕見卷十九酬裴侍御對雨感時見贈詩注。

〔荆水〕王云：荆水，荆溪也。溧陽縣志：溧水在縣西北，一名瀨水，上承丹陽湖，東流爲宜興縣之荆溪，下注於太湖，舊名永陽江，又曰中江。

〔投金〕王云：吴越春秋：子胥既破楚，過溧陽瀨水之上，乃長嘆息曰：「吾嘗饑於此，乞食於一女子，女子飼我，遂投水而亡，將欲報以百金，而不知其家。」乃投金水中而去。有頃，一老嫗行哭而來，人問曰：「何哭之悲？」嫗曰：「吾有女子，守志三十不嫁，往年擊綿於此，遇一窮途君子而輒飯之。恐事泄，自投於瀨水。今聞伍君來，不得其償，自傷虚死，是故悲耳。」人曰：「子胥欲報百金，不知其家，投金水中而去矣。」老嫗遂取金而歸。一統志：投金瀨在溧陽縣西北四十里。

邑宰滎陽鄭公名晏，家康成之學，世子産之才，琴清心閑，百里大化。有若主簿扶風竇嘉賓，縣尉廣平宋陟，丹陽李濟，南郡陳然，清河張昭，皆有卿才霸略，同事相協。緬紀英淑，勒銘道周。雖陵頹海竭，文或不死。其辭曰：

【校】

〔南郡〕郡，兩宋本、繆本、咸本、郭本俱作朝。王本注云：諸集本皆作朝，今從文苑英華、唐文粹本作郡。

【注】

〔滎陽〕王云：按唐時滎陽郡即鄭州，屬河南道。扶風郡即岐州，屬關内道。廣平郡即洺州，屬河北道。丹陽郡即潤州，屬江南東道。南郡即荆州，屬山南東道。清河郡即貝州，屬河北道。皆諸人之族望，故冠於姓名之上，而實非産於其地者也。猶之太白生於蜀，而自稱隴西李白，退之生於南陽而自稱昌黎韓愈耳。按：唐人多不歸本籍，見容齋隨筆。苟非生長南方如孟郊、張籍者，其所稱籍貫多不足據。歐陽詹玩月詩序云：予與鄉人安陽邵楚長、濟南林蘊、潁川陳詡，亦旅長安。此三人明是閩人，而稱安陽、濟南、潁川，即其例。

〔鄭公名晏〕按：卷十一有戲贈鄭溧陽詩，當即其人。

〔康成〕後漢書卷六五鄭玄傳：鄭玄字康成，北海高密人也。……通京氏易、公羊春秋、三統曆、九章算術。又從東郡張恭祖受周官、禮記、左氏春秋、韓詩、古文尚書。

〔子産〕史記鄭世家：子産者，鄭成公少子也，爲人仁，愛人，事君忠厚。孔子嘗過鄭，與子産如兄弟云。及聞子産死，孔子爲泣曰：古之遺愛也。

〔縣尉〕王云：唐時上縣置尉二人，而此之列名者四人，豈一時之制稍有增益與！　按：此蓋員外置同正員之尉。

〔宋陟〕按：卷十有贈溧陽宋少府陟詩，當即其人。

〔李濟〕按：卷十八登黄山淩歊臺送族弟溧陽尉濟詩，當即其人。

粲粲貞女，孤生寒門。上無所天，下報母恩。春風三十，花落無言。乃如之人，激漂清源。碧流素手，縈彼潺湲。求思不可，秉節而存。伍胥東奔，乞食於此。女分壺漿，滅口而死。聲動列國，義形壯士。入郢鞭屍，還吴雪恥。投金瀨沚，報德稱美。明明千秋，如月在水。

【注】

〔乃如之人〕詩衛風蝃蝀：乃如之人也。

〔求思〕詩周南漢廣：漢有游女，不可求思。

【評箋】

陸以湉云：李太白溧陽瀨水貞義女碑銘，歐陽公集古録、趙德甫金石録皆不著録，其文則見於唐文粹。考史記伍子胥傳，不誌貞義女事，自太白詳述之而其事始顯。（冷廬雜識）

沈家本云：冷廬雜識云：李太白溧陽瀨水貞義女碑銘，歐陽公集古録、趙德甫金石録皆不著録，其文則見於唐文粹。考史記伍子胥傳，不志貞義女事，自太白辨述之而其事始顯。按唐時溧陽有貞義女廟，邑宰鄭晏爲之立碑，太白爲之文，載本集中，與文粹本字句小有異同，原碑已亡，故歐、趙皆不及録。其事詳見吴越春秋王僚使公子光傳，非由是碑而顯也。傳不言女何姓，碑稱姓史，恐後人附會之詞也。（日南隨筆）

天長節使鄂州刺史韋公德政碑 并序

太虚既張，惟天之長。所以白帝真人，當高秋八月五日，降西方之金精，採天長爲名，將傳之無窮，紀聖誕之節也。我高祖創業，太宗成之，三后繼統，王猷如一。大盜間起，開元中興。力倍造化，功包天地。不然，何能遏犧農之頹波，返淳朴于太古？雖軒后至道，由聞蚩尤之師，今網漏吞舟，而胡夷起于轂下。光天文武孝感皇帝，越在明兩，總戎扶風。正帝車于北斗，拯横流于鯨口；迴日轡于西山，拂蒙塵于帝顔。呼吸而收兩京，烜爀而安六合。歷列辟而罕匹，顧將來而無儔。太陽重輪，合耀並出。宇宙翕變，草木增榮。一麾而静妖氛，成功不處；五讓而傳劍璽，德冠樂推。

【校】

〔題〕王本注云：使字疑誤。按：文義顯然不應有使字。

〔光天〕光，各本皆作先，今據唐史改正。

【注】

〔鄂州〕王云：唐書地理志：鄂州江夏郡隸江南西道。胡三省通鑑注：鄂州，春秋夏汭之地。江夏記云：一名夏口，一名魯口，吴始築郡城，晉末始立郢州，隋平陳，改爲鄂州，因鄂渚爲名。

〔韋公〕按：王譜注云：即江夏韋太守良宰。

〔天長〕王云：玉海：實録：玄宗以垂拱元年八月五日生於東都。開元十七年八月癸亥，宴百僚於花萼樓下，左相乾曜右相説上表曰：少昊著流虹之感，商湯本元鳥之命。陛下二氣合神，九龍浴聖。月惟仲秋，日在端五。長星不見之夜，祥光照室之朝。請以爲千秋節。著之甲令，布之天下，咸令宴樂。羣臣以是日獻甘露醇酎，上萬歲壽酒，王公戚里進金鏡綬帶，士庶以結絲承露囊相遺問，村社作壽酒宴樂，名爲賽白帝，報田神。天實七載八月己亥改爲天長節。

〔太虚〕文選孫綽遊天台山賦：太虚遼廓而無閡。李善注：太虚，天也。

〔三后〕王云：三后謂高宗、中宗、睿宗。

〔大盜〕王云：大盜指韋武諸賊臣，以其謀危宗社，故曰大盜。

〔光天〕舊唐書肅宗紀：至德三載正月甲戌朔戊寅，上皇御宣政殿，册皇帝尊號曰光天文武大聖孝感皇帝，上以徽號中有大聖二字，上表固讓，不允。乾元二年春正月己巳朔，上御含元殿受尊號曰乾元大聖光天文武孝感皇帝。

〔明兩〕見卷二十六爲宋中丞請都金陵表注。

〔扶風〕見卷十一流夜郎半道承恩……詩注。

〔帝車〕王云：甘氏星經：北斗星謂之七政，天之諸侯，亦謂帝車。第一名天樞，第二名璇，第三名璣，第四名權，第五名衡，第六名闓陽，第七名瑶光。

〔五讓〕漢書卷四九袁盎傳：陛下至代邸，西鄉讓天子者三，南鄉讓天子者再。夫許由一讓，陛下五以天下讓，過許由四矣。

於戲！昔堯及舜禹皆無聖子。審曆數去己，終大寶假人，飾讓以成千載之美。未若以文明鴻業，授之元良，與天同休，相統億祀。則我唐至公而無私，越三聖而殊軌。騰萬人之喜氣，爛八極之祥雲。上皇思汾陽而高蹈，解負重于吾君。能事斯畢，與人更始。乃展祀郊廟，望秩山川。方掩骼于河洛，弔人于幽燕。但誅元凶，不問小罪。噫大塊之氣，歌炎漢之風。雲滂洋，雨汪濊。澡渥澤，除瑕纇。削平國步，改號乾元。至矣哉！其雄圖景命有如此者。

【校】

〔授之〕授，宋乙本、咸本俱作受，誤。

【注】

〔於戲〕禮記大學：詩云：於戲前王不忘。詩周頌烈文作於乎。

〔舜禹〕王云：堯舜無聖子，文乃兼禹言之，誤也。

〔汾陽〕莊子逍遥遊篇：堯治天下之民，平海内之政，往見四子藐姑射之山，汾水之陽，窅然喪其天下焉。

〔望秩〕書舜典：望秩於山川。孔傳：……諸侯境内名山大川，如其秩次望祭之，謂五岳牲禮視三公，四瀆視諸侯，其餘視伯子男。

〔汪濊〕漢書卷五七司馬相如傳：湛恩汪濊。顔師古注：汪濊，深廣也。△濊音穢。

〔類〕音類。

我邦伯韋公，大彭之洪胤，扶陽之貴族。雄略邁古，高文變風。運當一賢，才堪三事。歷職剖劇，能聲旁流。振繡而白筆横冠，分符而彤襜入境。曩者，永王以天人授鉞，東巡無名，利劍承喉以脅從，壯心堅守而不動。房陵之俗，安于泰山；休奕列郡，去若始至。帝召岐下，深嘉直誠。移鎮夏口，救時艱也。慎厥職，康乃人。滅兵歸農，除害息暴。大水滅郭，洪霖注川。人見憂于魚鼈，岸不辨于牛馬。公乃抗辭正色，言于城隍曰：「若三日雨不歇，吾當伐喬木，焚清祠。」精心感動，其應如響。無何，中使銜命，偏祈名山，廣徵牲牢，驟欲致祭。公又盱衡而稱曰：「今主上明聖，懷於百靈。此淫昏之鬼，不載祀典。若煩國禮，是荒巫風。」其秉心達識，皆此類也。物不知化，如登春臺。

【校】

〔扶陽〕陽，郭本作楊，誤。王本注云：郭本作楊。

〔振繡〕振，兩宋本、繆本俱作衣。王本注云：繆本作衣。

〔三日〕三，兩宋本、繆本俱作一。王本注云：繆本作一。

〔中使〕中，郭本作巾，誤。王本注云：郭本作巾。

〔偏祈〕偏，兩宋本、繆本俱作常。咸本注云：一作常。王本注云：繆本作常。

【注】

〔大彭〕王云：唐書：韋氏出自風姓，顓頊孫大彭，爲夏諸侯。少康之世，封其別孫元哲於豕韋，其地滑州韋城是也。豕韋、大彭迭爲商伯，周赧王時，始失國徙居彭城，以國爲氏。韋伯遐二十四世孫孟爲漢楚王傅，去位徙居魯國鄒縣，孟四世孫賢，漢丞相扶陽節侯，又徙京兆杜陵。

〔一賢〕王云：甄鸞笑道論：文始傳云：五百年一賢，千年一聖。

〔三事〕見卷十九酬談少府詩注。

〔振繡而白筆〕見卷十一贈潘侍御論錢少陽詩注。

〔分符〕見卷五塞下曲第五首注。

〔彤襜〕見卷十四宣州九日……詩注。

〔房陵〕舊唐書地理志：山南東道房州：天寶元年改爲房陵郡。按：舊唐書韋述傳：父景駿，房州刺史。又全唐文卷五〇六權德輿韋渠牟墓誌銘亦云：祖景駿，房州刺史。所謂「房陵之俗，安於太山」，謂此也。

〔休奕〕晉書卷四七傅玄傳：字休奕。按：傅玄傳中未見此事，待考。

〔夏口〕通典：鄂州：孫權嘗都之，孫皓又徙都之，常爲重鎮，歷代亦爲兵衝，其地亦曰夏口。

〔牛馬〕莊子秋水篇：秋水時至，百川灌河，涇流之大，兩涘渚涯之間不辨牛馬。

〔城隍〕王云：按城隍之祀莫詳所自。蕪湖城隍，相傳建於吳赤烏二年，則其來久矣。南史：梁邵陵王綸祭城隍神。北史：慕容儼鎮郢城，城中先有神祠一所號城隍神。唐李陽冰縉雲縣城隍神記：城隍神祀典無之，惟吳越有爾。風俗水旱疾疫必禱焉。太平廣記：吳俗畏鬼，每州縣必有城隍神。陸游云：唐以來郡縣皆祭城隍，今世尤謹，守令謁見，儀在他神祠上。社稷雖尊，特以令式從事，至祈禳報賽獨城隍而已。按：趙翼陔餘叢考卷三五云：王敬哉冬夜雜記謂城隍之名見于易，所謂城復于隍也。又引禮記，天子大蜡八，水庸居其七。水則隍也，庸則城也。以爲祭城隍之始，固已。然未竟名之爲城隍也。按北史：慕容儼鎮郢城，梁大都督侯瑱等舟師至城外，城中先有神祠一所，俗號城隍神。儼于是順人心禱之，須臾風浪大起。凡斷其荻洪鐵鎖三次，城人大喜，以爲神助，遂破瑱等。隋書五行志：梁武陵王紀祭城隍神，將烹牛，有赤蛇繞牛口。是城隍之祀蓋始於六朝也。至唐則漸遍。唐文粹有李陽冰縉雲縣城隍記，謂城隍神祀典所無，惟吴越有之。是唐初尚未列於祀典。張曲江集有祭洪州城隍神文，杜甫詩有「十年過父老，幾日賽城隍」之句，杜牧集有祭城隍祈雨文，則唐中葉各州郡皆有城隍。

〔中使〕王云：唐書：肅宗嘗不豫，太卜建言祟在山川，王嶼遣女巫乘傳，分禱天下名山大川，巫皆盛服，中人護領。此文所云中使銜命常祈名山，即其事也。

〔盱衡〕王云：漢書：盱衡厲色。孟康注：眉上曰衡。盱衡，舉目揚眉也。左思魏都賦：有睟其容，乃盱衡而誥。劉淵林注：盱衡，舉眉大視也。

〔春臺〕老子：衆人熙熙，如享太牢，如登春臺。河上公注：春陰陽交通，萬物咸動，登臺觀之，意志淫淫然也。

有若江夏縣令薛公，揖四豪之風，當百里之寄。幹蠱有立，含章可貞。遵之典禮，恤疲于和樂。政其成也，臻於小康。中京重覩于漢儀，列郡還聞于舜樂。選鄂之勝，帳于東門。乃登豳歌，擊土鼓。祀蓐收，迎田祖。招摇回而大火乃落，閶闔啓而涼風始歸。笙竽和籥之音，象星辰而迭奏；吴楚巴渝之曲，各土風而備陳。禮容有穆，簪笏列序。羅衣蛾眉，立乎玳筵之上；班劍虎士，森乎翠幕之前。千變百戲，分曹賈勇。蘭子跳劍，迭躍流星之輝；都盧尋橦，倒挂浮雲之影。百川繞郡，落天鏡于江城；四山入牖，照霜空之海色。獻觴醉于晚景，舞袖紛于廣庭。鶴髮之叟，雁序而進曰：恭聞天子無戲言，恐轉公以大用；老父不畏死，願留公以上聞。悦坐棠而餐風，庶刻石以賓美。白觀樂入楚，聞韶在齊，採諸行謡，遂作頌曰：

【校】

〔遵之典禮〕何校陸本云：典禮以下有脱誤。按：全文皆偶句，小康以上十七字必有脱誤。

〔蘭〕王本注云：當作蘭。

〔賓美〕兩宋本、繆本、咸本俱作寘。王本注云：繆本作寘。

【注】

〔江夏〕王云：江夏縣，鄂州附郭之縣。

〔四豪〕見卷十二獻從叔當塗宰陽冰詩注。

〔幹蠱〕易蠱卦：幹父之蠱。孔疏：蠱者事也。

〔含章〕易坤卦：含章可貞。孔疏：能自降退，不爲事始，惟内含章美之道，待命乃行，可以得正，故曰含章可貞。

〔中京〕新唐書地理志：上都初曰京城。天寶元年曰西京，至德二載曰中京，上元二年復曰西京。

〔豳歌〕王云：周禮：籥章掌土鼓豳籥，凡國祈年於田祖，歈豳雅，擊土鼓，以樂田畯。鄭康成注：杜子春云：土鼓，以瓦爲匡，以革爲兩面，可擊也。田祖，始耕田者，謂神農也。豳雅，七月也。七月有于耜舉趾饁彼南畝之事，是以亦歌其類。謂之雅者，以其言男女之正。蓐收，司秋令之神。詩小雅：琴瑟擊鼓，以御田祖。毛傳曰：田祖，先嗇也。正義曰：郊特牲注云：先嗇若神農。春官籥章注云：田祖始耕田者，謂神農是也。以祖者始也，始教造田，謂之田祖。先爲稼穡，謂之先嗇。神其農業，謂之神農。名殊而實同也。

〔招搖〕王云：鄭康成禮記注：招搖星在北斗杓端，主指者。正義曰：招搖，北斗七星也，北斗居四方宿之中，以斗末從十二月建而指之，則四方宿不差。大火，心星也。閶闔，西極之門。禮月令：孟秋之月涼風至。

〔笙竽〕王云：荀子：鼓似天，鐘似地，磬似水，竽簫笎籥似星辰日月，鼗柷拊鞷椌楬似萬物。隋書：匏之屬：一曰笙，一曰竽，並女媧之所作也。笙列管十九子，匏内施簧而吹之，竽大三十六管。風俗通：大笙謂之巢，小笙謂之和。郭璞爾雅注：籥如笛三孔而短小，廣雅云：七孔。

〔巴渝〕王云：漢書樂志：巴俞鼓員三十六人。顔師古注：巴，巴人也。俞，俞人也。當高祖初爲漢王，得巴、俞人，並趫捷善鬭，與之定三秦滅楚，因存其武樂。巴、俞之樂因此始也。巴即今之巴州，俞即今之渝州，各其本地。晉書：漢高祖自蜀漢將定三秦，閬中范因率賨人以從帝爲前鋒，及定秦中，封因爲閬中侯，復賨人七姓。其俗喜舞，高祖樂其猛鋭，數觀其舞，後使樂人習之，閬中有渝水，因其所居，故名曰巴渝舞。舞曲有矛渝本歌曲、弩渝本歌曲、安臺本歌曲、行辭本歌曲，總四篇。

〔班劍〕王云：班劍，按文選注：李善曰：晉公卿禮秩曰：諸公及開府位從公者，給虎賁二十人，持班劍焉。漢官儀曰：班劍者，以虎皮飾之。李周翰曰：班劍，木劍無刃，假作劍形，畫之以文，故曰班也。文獻通考：班劍本漢朝服帶劍，晉易以木，謂之象劍，取裝飾斑斕之義，此一説也。又文選注：劉良曰：班劍謂執劍而從行者也。吕向曰：班，列也，言使勇士行列持劍以爲儀仗也。胡三省通鑑注：班劍，持劍爲班，立在車前也。又曰：班，列也，持劍成列，夾道而行也，以班爲行列之義，又一説也。未知孰是。

〔蘭子〕列子説符篇：宋有蘭子者，以技干宋元，宋元召而使見其伎，以雙枝長倍其身，屬其脛，並趨並馳，弄七劍，迭而躍之，五劍常在空中。元君大驚，立賜金帛。注：此所謂蘭子者，以技妄遊者也。

〔都盧尋橦〕王云：初學記：尋橦，今之緣竿。文獻通考：緣橦之技衆矣，漢武帝時謂之都盧。都盧國名，其人體輕而善緣也。

〔坐棠〕風俗通義：召公：自陜以西，召公主之。當農桑之時，重爲所煩勞，不舍鄉亭，止於棠樹之下聽訟決獄，百姓各得其所。壽百九十餘乃卒，後人思其德美，愛其樹而不敢伐，詩甘棠之所作也。

〔觀樂〕左傳襄二十九年：吴公子札來聘，……請觀於周樂。

〔聞韶〕論語述而篇：子在齊聞韶，三月不知肉味。王云：鄂州本楚國之地，故曰入楚，因入楚而觀樂，親見其美，猶之在齊而聞韶，二句乃流水對法，或疑入楚爲誤者，非也。

垂休萬年。孽胡挻災，大人有作。雷霆發揚，欃槍乃落。九服交泰，五雲縈薄。掃雪屯蒙，洗清寥廓。軒后訪道，來登峨嵋。上皇西去，異代同時。六龍轉駕，兩曜

爽朗太白，雄光下射。峥嶸金天，華岳旁連。降精騰氣，赫矣昭然。誕聖五日，

迴規。重遭唐主，更覩漢儀。肅肅韋公，大邦之翰。秀骨岳立，英謀電斷。宣風樹聲，遠威逆亂。不長不極，樂奏爭觀。丸劍揮霍，魚龍屈盤。東迴舞袖，西笑長安。頌聲載路，豐碑是刊。

【校】

〔峨嵋〕郭本作娥眉。王本注云：郭本作娥眉。

【注】

〔太白〕王云：史記正義：天官占云：太白者，西方金之精，白帝之子，上公大將軍之象也。徑一百里。太白即金星也，附日而行，或行在日之先，或行在日之後，雖無定所，而總之日行一度。其光芒所射五星之中，惟太白最爲明朗。參見卷三胡無人詩注。

〔挻〕王云：韻會：説文、方言：楚部謂取物而逆曰挻。一曰揉也。增韻：引也。△挻音羶。

〔九服〕周禮夏官司馬：乃辨九服之邦國。方千里曰王畿，其外方五百里曰侯服，又其外方五百里曰甸服，又其外方五百里曰男服，又其外方五百里曰采服，又其外方五百里曰衛服，又其外方五百里曰蠻服，又其外方五百里曰夷服，又其外方五百里曰鎮服，又其外方五百里曰藩服。

〔軒后〕抱朴子地真篇：昔黄帝……到峨嵋山見天真皇人於玉堂，請問真一之道。皇人曰：

「子既君四海，復欲求長生，不亦貪乎？」

〔丸劍〕文選張衡西京賦：跳丸劍之揮霍。薛綜注：揮霍謂丸劍之形也。

〔魚龍〕漢書卷九六西域傳：作巴俞都盧海中碭極曼衍魚龍角抵之戲。顏師古注：魚龍者，爲舍利之獸，先戲於庭極，畢乃入殿前激水，化成比目魚，跳躍漱水，作霧障日，畢化爲黄龍八丈，出水敖戲於庭，炫耀日光。西京賦云：海鱗變而成龍，即爲此色也。

〔西笑〕見卷十二經亂後將避地剡中留贈崔宣城詩注。

〔載路〕詩大雅生民：厥聲載路。

【評箋】

按：郎官石柱題名考卷一二引新表，東眷韋氏閬公房：廣州都督琳子延安，鄂州刺史。又引元結别王佐卿序稱癸卯歲（廣德元年）主人鄂州刺史韋延安。又引李華登頭陀寺東樓詩序稱侍御韋公延安威清江漢。案頭陀寺，唐在鄂州江夏縣，延安當即鄂州刺史，侍御即其所兼憲官。序文有「時王師北舉幽朔，太尉公分麾下之旅，付帷幄之賓，與前相張洪州來攻海寇，方收東越」云云，考新紀，平幽州袁晁俱在廣德元年。以上均題名考之言。光緒重修湖北通志引金石存佚考遂以此碑之韋公爲韋延安。王氏則以爲韋良宰，今人詹鍈亦引唐書世系表韋氏彭城公房有名良宰者一人，謂以其行輩度之，當在斯時，兩説當以後説爲可信。

比干碑

太宗文皇帝既一海内，明君臣之義，貞觀十九年，征島夷，師次殷墟，乃詔贈少師比干爲太師，謚曰忠烈公。遣大臣持節弔祭，申命郡縣，封墓葺祠，置守冢，以少牢時享，著于甲令，刻于金石。故比干之忠益彰，臣子得述其志。昔商王受毒痛于四海，悖于三正，肆厥淫虐，下罔敢諍。于是微子去之，箕子囚之，而公獨死之。非夫捐生之難，處死之難，故不可死而死，是輕其生，非孝也。可死而不死，是重其死，非忠也。王曰叔父，親其至焉。國之元臣，位莫崇焉。親不可以觀其危，昵不可以忘其祖，則我臣之業將墜于泉，商王之命將絶于天。整扶其顛，遂諫而死。剖心非痛，亡殷爲痛。公之忠烈，其若是焉。故能獨立危邦，横抗興運。周武以三分之業，有諸侯之師，實其十亂之謀，總其一心之衆。當公之存也，乃戢彼西土，及公之喪也，乃觀乎孟津。公存而殷存，公喪而殷喪。興亡兩繫，豈不重與？且聖人立教，懲惡勸善而已矣。人倫大統，父子君臣而已矣。少師存則垂其統，殁則垂其教。奮乎千古之上，行乎百王之末，俾夫淫者懼，佞者慙，義者思，忠者勸。其爲戒也，不亦大哉？而夫子稱殷有三仁，是豈無微旨？嘗敢頤之曰：存其身，存其宗，亦仁矣。存其名，存其祀，亦仁矣。亡其身，圖其國，亦仁矣。若進死者，退生者，狂狷之士將奔走之。褒生者，貶死者，宴安之人將寘力焉。故同歸諸仁，各順其志，殊塗而一揆，異行而齊致，俾後人優柔而自得焉。蓋春秋微婉之義，必將建皇極，立彝倫，闢在三之門，垂不二之訓，以明知于世。則夫人臣者，既移孝于親而致之于君，焉有聞親失而不諍，親危而不救，從容安地而自得？甚哉不然矣！夫孝于其親，人之親皆欲其子；忠于其主，人之主皆欲其臣。故歷代帝王皆欲精顯。周武下車而封其墓，魏武南遷而創其祠。我太宗有天下，禋百神，盛其禮，追贈太師，謚曰忠烈，申命郡縣，封墳葺祠，置守冢五家，以少牢時享，著于甲令，刻于金石。於戲，哀傷列辟，主君封德，正與神明，秩視郡王，身滅而榮益大，世絶而祀愈長。然後知忠烈之道，激天感人深矣。天寶十祀，余尉于衛，拜首祠堂，魄感精動。而廟在鄰邑，官非式閭，斲石銘表，以誌丕烈。銘曰：

糜軀非仁，蹈難非智。死于其死，然後爲義。忠無二軀，烈有餘氣。正直聰明，至今猛視。咨爾來代，爲臣不易。

【校】

〔征島夷〕王本注云：唐文粹作東征島夷。

〔乃詔贈少師〕王本注云：文粹作乃下詔追贈殷少師。

〔弔祭〕王本祭下注云：文粹作贈

〔守冢〕王本冢下注云：文粹多五家二字。

〔得述其志〕王本注云：文粹作得以述其志也。

〔四海〕海，王本注云：文粹下多一德字。

〔敢諍〕王本諍下注云：文粹作諫。

〔非夫捐生之難處死之難〕此句下王本注云：文粹作非捐生之難，處死之難，非處死之難，得死之難。

〔而死〕王本注云：文粹下多一之字。

〔可死〕王本注云：文粹作得其死。

〔王曰〕王本曰下注云：文粹作之。

〔親其〕王本其下注云：文粹作莫。

〔親不可以〕王本親下注云：文粹作崇高二字。

〔昵不可以〕王本昵下注云：文粹作親昵二字。

〔我臣〕王本臣下注云：文粹作成湯二字。

〔亡殷爲痛〕王本注云：文粹作殷亡是痛。

〔公之忠烈〕王本烈下注云：文粹下多一也字。

〔是焉〕王本焉下注云：文粹作乎。

〔實其〕王本實下注云：文粹作資。又下文總其，王本注云：文粹少二其字。

〔乃戢〕王本乃下注云：文粹作則。

〔觀乎〕王本乎下注云：文粹作于。

〔兩繫〕王本兩下注云：郭本作而，文粹作所。

〔垂其統〕王本垂下注云：文粹作正。

〔義者〕王本義下注云：文粹作睿。

〔爲戒〕王本戒下注云：文粹作式。

〔而夫子〕王本注云：文粹缺而字。

〔是豈〕王本注云：文粹缺是字。

〔敢頤〕王本頤下注云：文粹作論。

〔存其名〕王本名下注云：一作身。

〔圖其國亦仁矣〕以上九句，王本注云：文粹作存其身存其祀亦仁也，亡其身存其國亦仁也，缺中間九字。

〔奔走之〕王本之下注云：文粹作焉。

〔俾後〕王本後下注云：文粹多之字。

〔闢在三之門〕王本注云：文粹作彌在三之規。

〔以明知于世〕王本注云：文粹作以昭于世。

〔失而不諍〕王本諍下注云：文粹下多一覩字。

〔從容安地〕此句下王本注云：文粹作從容安地而稱得理是不然矣。

〔夫孝于其親〕此句下至其臣王本注云：文粹作孝于其親者人之親皆願其爲子，忠于其君者人之君皆欲其爲臣。

〔皆欲精顯〕王本注云：文粹作莫不欲旌顯。

〔魏武〕王本武下注云：文粹作氏，琦按當作文。

〔百神〕王本神下注云：文粹多一而字。

〔封墳〕王本墳下注云：文粹作墓。

〔主君封德〕王本注云：文粹作主食舊封。

〔正與〕此二句王本注云：文粹作德爲神明，秩視羣望。

〔而榮〕王本榮下注云：文粹作名。

〔激天感人〕王本注云：文粹作感激天人。

〔拜首〕王本首下注云：文粹作手。

〔斲石〕王本斲下注云：文粹作刊。

〔銘曰〕王本銘下注云：文粹作詞。

〔二軀〕王本軀下注云：文粹作體。

〔猛視〕王本猛下注云：文粹作猶。

【評箋】

王云：唐文粹載李翰所作殷太師比干碑即此篇也。雖文句之間略有不同，然異者只八十餘字而已。按唐書李翰傳：翰擢進士第，調衞尉，天寶末，房琯、韋陟俱薦爲史官，宰相不肯擬，與此文所云天寶十祀余尉於衞，極爲脗合。疑是太白代翰起草，而瀚竄改數字以上石者歟！或謂翰亦以文鳴，似無倩人代筆之理，不知一行作吏，簿書鞅掌之不遑，代言視草，勢所不免。如李衞公一品集序鄭亞所作，亦命李義山起草而自加更定者也。又何疑於翰焉？第其文質實疏達，與集中諸作另成一格，恐實出自翰手，後之編輯者或誤以李翰爲李翰林，遂爾採入集中耶！巨眼者必能辨之。

按：此篇斷非李白之文，自當以文粹爲可信。

武昌宰韓君去思頌碑 并序

仲尼，大聖也，宰中都而四方取則；子賤，大賢也，宰單父人到于今而思之。乃知德之休明不在位之高下，其或繼之者得非韓君乎？君名仲卿，南陽人也。昔延陵知晉國之政必分於韓。獻子雖不能遏屠岸之誅，存孤嗣趙，太史公稱天下陰德也。其賢才羅生，列侯十世，不亦宜哉！七代祖茂，後魏尚書令安定王。五代祖鈞，金部尚書。曾祖晙，銀青光禄大夫雅州刺史。祖泰，曹州司馬。考睿素，朝散大夫桂州都督府長史。分茅納言，剖符佐郡，奕葉明德，休有烈光。君乃長史之元子也。妣有吴錢氏。及長史即世，夫人早孀，弘聖善之規，成名四子，文伯孟軻二母之儔歟！少卿，當塗縣丞，感槩重諾，死節於義。雲卿，文章冠世，拜監察御史，朝廷呼爲子房。紳卿，尉高郵，才名振耀，幼負美譽。

【校】

〔嗣趙〕趙，郭本作起。王本注云：郭本作起。

〔睿素〕新唐書世系表及李翺韓公行狀均作濬素。

〔奕葉〕葉，郭本作業。王本注云：郭本作業。

〔有吴〕吴，郭本作吾。王本注云：郭本作吾。

【注】

〔韓君〕新唐書卷一七六韓愈傳：七世祖茂有功於後魏，封安定王。父仲卿，爲武昌令，有美政，既去，縣人刻石頌德，終祕書郎。

〔中都〕史記孔子世家：其後定公以孔子爲中都宰一年，四方皆則之。

〔嗣趙〕王云：新唐書：韓氏出自姬姓，晉穆侯濆少子曲沃桓叔成師生武子萬，食采韓原，生定伯，定伯生子輿，子輿生獻子厥，從封遂爲韓氏。史記晉世家：吴延陵季子來使，與趙文子、韓宣子、魏獻子語曰：晉國之政，卒歸此三家矣。又韓世家：晉景公之三年，司寇屠岸賈將作亂，誅靈公之賊趙盾，盾已死矣，欲誅其子趙朔，韓厥止賈，賈不聽，厥告趙朔令亡，朔曰：「子必能不絶趙祀，死不恨矣。」韓厥許之。及賈誅趙氏，厥稱疾不出，程嬰、公孫杵臼之藏趙孤趙武也，厥知之，景公十一年，晉作六卿，而韓厥在一卿之位，號爲獻子。景公十七年疾，卜大業之後不遂者爲祟。韓厥稱趙成季之功今後無祀，以感景公，景公問曰：「尚有世乎！」厥於是言趙武，而復與故趙氏田邑，續趙氏祀。太史公曰：韓厥之感晉景公，紹趙孤之子武，以成程嬰、公孫杵臼之義，此天下之陰德也。韓氏之功，於晉未覩其大者也。然與趙魏終爲諸侯十餘世，宜乎哉！琦按全趙孤者，韓獻子厥也。延陵季子所稱者，韓宣子起也，今太白似作一人用，疑誤。

〔金部等〕王云：通典：魏尚書有金部郎，其後歷代多有之。北齊金部主才量尺度内外諸庫藏文帳。唐書百官志：文散階從三品曰銀青光禄大夫，從五品下曰朝散大夫。雅州盧山郡屬劍南道，曹州濟陰郡屬河南道，桂州始安郡屬嶺南道。

〔睿素〕王云：北史：韓茂，字元興，安定安武人，爲武賁郎將，録前後功，拜散騎常侍殿中尚書，進爵安定公。文成踐阼，拜尚書令，加侍中，征南大將軍，卒贈安定王。長子備，襲爵安定公。備弟均字天德，初爲中散，賜爵范陽子，遷金部尚書。兄備卒，均襲爵安定公，征南大將軍，歷定、青、冀三州刺史，除大將軍，廣阿鎮大將，加都督三州諸軍事，復授定州刺史。按此則鈞字是均字之誤，但均乃茂之子，非茂之孫，與七代五代之文不合。而唐書宰相世系表亦以爲茂生二子備、均，均生晙，晙生仁泰，仁泰生叡素，則疑文之誤也。唐書之誤又因此文之誤而誤歟！李翺韓文公行狀：曾祖泰，皇任曹州司馬。祖濬素，皇任桂州長史。父仲卿，皇任祕書郎。皇甫湜韓文公神道碑：曾祖叡素，爲唐桂州長史，善化行於江嶺之間。

〔分茅〕〔納言〕分茅，見卷十五感時留別從兄徐王延年詩注。王云：漢書：龍作納言，出入帝命。應劭注：納言如今尚書官，王之喉舌也。北堂書鈔：尚書，唐虞官也，唐虞曰納言，周官爲内史。大唐新語：尚書，古之納言。潘岳馬汧督誄：剖符專城，紆青拖墨之司。李善

注：東觀漢紀：韋彪上議曰：二千石皆以選出京師，剖符典千里。張銑注：剖符謂剖竹分符，猶今之印也。分茅謂加王爵，納言謂爲尚書，剖符謂爲刺史長史，佐郡謂爲司馬。

〔聖善〕詩邶風凱風：母氏聖善，我無令人。

〔文伯孟軻〕列女傳母儀傳：魯季敬姜者，……魯大夫公父穆伯之妻，文伯之母……也。博達知禮，穆伯先死，敬姜守養。文伯出學而還歸，敬姜側目而盼之。見其友上堂，從後階降而却行，奉劍而正履，若事父兄。文伯自以爲成人矣，敬姜召而數之曰：「以子年之少而位之卑，所與遊者皆爲服役，……子之不益，亦以明矣。」文伯乃謝罪。於是乃擇嚴師賢友而事之，所與遊處者皆黄耄倪齒也。文伯引衽攘捲而親饋之。敬姜曰：「子成人矣。」君子謂敬姜備於教化。又：鄒孟軻之母也，號孟母。……孟子……既學而歸，孟母方績，問曰：「學所至矣。」孟子曰：「自若也。」孟母以刀斷其機，孟子懼而問其故，孟母曰：「子之廢學，若吾斷斯織也。夫君子學以立名，問以廣知，是以居則安寧，動則遠害。今而廢之，是不免於廝役，而無以離於禍患也。何以異於織績而食，中道廢而不爲，寧能衣其夫子而長不乏糧食哉！女則廢其所食，男則墮於修德，不爲竊盜，則爲虜役矣。」孟子懼，旦夕勤學不息，師事子思，遂成天下之名儒。君子謂孟母知爲人母之道矣。

〔雲卿〕王云：皇甫湜韓文公神道碑：叔父雲卿，當肅宗代宗朝，獨爲文章冠。李翺韓君夫人韋氏墓誌銘：禮部郎中雲卿，好立義節，有大功於昭陵，其文章出於時，而官不甚高。韓愈科斗書後記：愈叔父當大曆世，文辭獨行中朝，天下之欲銘述其先功行，取信於來世者，咸歸韓氏。昌黎集注：韓雲卿，上元辛丑特進、試鴻臚卿、兼御史中丞，仕終禮部侍郎。唐書百官志：御史臺有監察御史十五人，正八品下。韓愈虢州司户韓府君墓志銘：安定桓王五世孫叡素，爲桂州長史，化行南方。有子四人，最季曰紳卿，文而能言，嘗爲揚州録事參軍，事故宰相崔圓。圓狎愛州民丁某，至顧省其家，後大衙會日，司録君趨以前大言曰：「公與小民狎，至至其家，害於政。」圓驚謝曰：「録事言是，圓實過。」乃自署罰五十萬錢，由是遷涇陽令，破豪家水碾利，名田頃凡百萬。琦按此文本頌韓公德政，而兼及其諸弟，蓋因上文成名四子而叙其事以實之也。又此文序其兄弟少長名諱，皆與昌黎集合，乃唐書宰相世系表以叡素生七子，無少卿而有晉卿、季卿、子卿、升卿，與此大異。夫以歐陽公所修之史表，而與其家傳不能無誤繆，信史蓋難言矣。唐時淮南道有高郵縣，隸揚州廣陵郡。按：今人詹鍈云：細按東雅堂本韓昌黎集科斗書後記篇注云：上元辛丑，特進、試鴻臚卿兼御史中丞田神功平劉展於淮西，雲卿爲平淮碑。知特進試鴻臚卿兼御史中丞者乃田神功，非韓雲卿也。王琦失其句讀，遂致巨誤。

君自潞州銅鞮尉調補武昌令。未下車，人懼之；既下車，人悦之。惠如春風，三月大化。姦吏束手，豪宗側目。有爨玉者，三江之巨横，白額且去，清琴高張。

兼操刀永興，二邑同化。時鑿齒磨牙而兩京，宋城易子而炊骨。吴楚轉輸，蒼生熬然，而此邦晏如，襁負雲集。居未二載，户口三倍其初。銅鐵曾青未擇地而出。太冶鼓鑄，如天降神。既烹且爍，數盈萬億，公私其賴之。官絶請託之求，吏無絲毫之犯。

【校】

〔夔玉〕玉，咸本作王。

〔巨横〕王本注云：此下似有缺文。

〔而兩京〕而，王本注云：當作于。

〔太冶〕太，王本注云：當作大。

【注】

〔銅鞮〕〔永興〕舊唐書地理志：河東道潞州銅鞮：漢縣。又江南西道鄂州永興：漢鄂縣地。又武昌：漢鄂縣。

〔白額〕見卷一大獵賦注。

〔鑿齒〕王云：揚雄長楊賦：昔有彊秦，封豕其士，窫窳其民，鑿齒之徒，相與磨牙而争之。應劭曰：淮南子云：堯之時，窫窳、封豨、鑿齒皆爲民害。鑿齒齒長五尺食人。（今本漢書注作服虔曰：鑿齒長五寸，亦食人。）李奇曰：以喻秦貪婪殘食其民也，此以喻禄山陷兩京而肆暴也。按：此句疑當作兩京鑿齒而磨牙，與下句相偶。

〔炊骨〕王云：史記：楚莊王圍宋五月，城中食盡，易子而食，析骨而炊。按春秋時宋國，在唐時爲宋州睢陽郡。當至德二載三月，賊將尹子奇圍睢陽，至五月始退去。七月復圍睢陽，張巡、許遠據城死守，至十月救兵不至，城遂陷。先是城中食盡，士卒食茶紙，茶紙既盡，遂食馬，馬盡，羅雀掘鼠，鼠雀又盡，括城中婦人食之，繼以男子老弱，人知必死，莫有叛者。所謂宋城易子炊骨，正指其事。

〔曾青〕王云：唐書地理志：永興縣有銅有鐵，武昌縣有銀有銅有鐵。太平御覽：本草經曰：曾青出蜀郡名山，其山有銅者曾青出其陽。曾青者銅之精，能化金銀。

本道採訪大使皇甫公侁聞而賢之，擢佐輶軒，多所弘益。尚書右丞崔公禹稱之于朝，相國崔公渙特奏授鄱陽令，兼攝數縣，所謂投刃而皆虚，爲其政而則理成，去若始至，人多懷恩。新辛王公名庭璘，巖然太華，浼然洪河。含章可貞，幹蠱有立。接武比德，絃歌連聲。服美前政，聞諸耆老，與邑中賢者胡思泰一十五人，及諸寮吏，式歌且舞，願揚韓公之遺美，白採謡刻石而作頌曰：

【校】

〔巃嵸〕巃，郭本作巖。王本注云：郭本作嚴。

〔可貞〕貞，郭本作真。

【注】

〔本道〕王云：本道謂江南西道。册府元龜：開元中始置節度使，其後又置諸道採訪使，皆以刺史爲之。節度使以司戎事，採訪使以聽民政。

〔輶軒〕按：此謂充採訪使判官。

〔爲其政〕王云：爲其政句似有缺文。

〔巃嵸〕王云：巃嵸太華，喻其高峻如華岳。

〔浼然〕王云：韻會：浼浼，水流平貌。詩：河水浼浼。浼然洪河，喻其廣大如黄河。

〔接武〕禮記曲禮：堂上接武。鄭注：武，跡也。

峨峨楚山，浩浩漢水。黄金之車，大吴天子。武昌鼎據，實爲帝里。時艱世訛，薄俗如燬。韓君作宰，撫兹遺人。滂汪王澤，猶鴻得春。和風潛暢，惠化如神。刻石萬古，永思清塵。

【校】

〔滂汪〕汪，兩宋本、繆本俱作注。王本注云：繆本作注。

【注】

〔黄金〕王云：通典：鄂州自春秋以來皆屬楚，有江、漢二水在州西合。秦屬南郡，漢高祖置江夏郡，吴分江夏更置武昌郡，孫權嘗都之，孫皓又徙都之，常爲重鎮。三國志孫權傳：黄龍元年春，公卿百司皆勸權正尊號。夏四月丙申，即皇帝位，大赦改年。初興平中，吴中童謡曰：黄金車，班蘭耳。開閶門，出天子。

【評箋】

今人詹鍈云：舊唐書永王璘傳：璘兵敗將投嶺外，爲江西採訪使皇甫侁下防禦兵所擒，……知皇甫侁爲江西採訪使在至德二載三月以前。宋城易子而炊胥乃張巡、許遠守睢陽時事，睢陽之陷在至德二載十月。又崔涣以至德元載十一月爲江南宣慰大使，二載八月罷爲散騎常侍餘杭太守。據此則韓仲卿之爲武昌宰在至德元二載間，碑文蓋至德二載冬季，或乾元元年作。

虞城縣令李公去思頌碑 并序

王者立國君人，聚散六合，咸土以百里，雷其威聲。革其俗而風之，漁其人而涵之。其猶衆鮮洋洋，樂化在水，波而動之則憂，赬尾之刺作焉。徐而清之則安，頒首之頌興焉。苟非大賢，孰可育物？而能光昭絃歌，卓立振古，則有虞城宰公焉。公名錫，字元勳，隴西成紀人也。高祖楷，隋上大將軍，繇、益、原三州刺史，封汝陽公。曾祖騰雲，皇朝廣、茂二州都督，廣武伯。祖立節，起家韓王府記室參軍，襲廣武伯。父浦，郢、海、淄、唐、陳五州刺史，魯郡都督，廣平太守，襲廣武伯。皆納忠王庭，名鏤鐘鼎，侯伯繼跡，故可略而言焉。

【校】

〔革其〕革，兩宋本、繆本俱作華。王本注云：繆本作華。

〔父浦〕何校陸本云：浦，崇明寺石幢頌作輔，未詳孰是。

【注】

〔虞城〕王云：虞城縣，唐時隸河南道之宋州睢陽郡。金石録：唐虞城令李公去思頌，李白撰，王遹書，碑側題云：元和四年二月重篆，蓋遹不與白同時，此碑後來始建。歐陽集古録云遹在陽冰前者誤也。按此則此碑宋未南渡以前猶存。

〔李公〕按：此與卷十對雪獻從兄虞城宰詩所指同爲一人。詩云：「昨夜梁園裏，弟寒兄不知。」則其任虞城宰時，白正爲梁宋之遊。此文云：天寶四載拜虞城令，按其年月亦頗相合。

〔威聲〕王云：趙岐孟子注：諸侯方百里，象雷震也。藝文類聚：論語讖曰：雷震百里，聲相附近。宋均注曰：雷動百里，故因以制國也。雷聲，謂諸侯之政教所至相附近也。

〔赬尾〕詩周南汝墳：魴魚赬尾。毛傳：赬，赤也，魚勞則尾赤。正義：婦人言魴魚勞則尾赤，以興君子苦則容悴。△赬音稱。

〔頒首〕詩小雅魚藻：魚在在藻，有頒其首。毛傳：頒，大首貌。鄭箋：魚之依水草，猶人之依明王也。魚處於藻，既得其性，則肥充，其首頒然。△頒音焚。

〔振古〕詩周頌載芟：振古如兹。毛傳：振，自也。

〔隴西〕王云：唐時成紀縣屬秦州天水郡，不屬渭州隴西郡，此云隴西成紀，蓋叙族望，本古郡縣而言也。

〔上大將軍〕王云：按隋唐百官志：上大將軍高祖所置，其位在柱國之下，大將軍之上，蓋散爵也，所以酬功臣者。

〔緜益原〕王云：隋時緜州、益州皆在蜀地，原州在秦地。汝陽，縣名，蔡州汝南郡所統。唐時廣州南海郡隸嶺南道，設中都督府，有都督一人，正三品。茂州通化郡隸劍南道，設下都督府，有都督一人，從三品。廣武，縣名，隴右道蘭州所屬，乾元二年更名金城。唐書百官志：王府官有記室參軍事二人，掌表啓書疏。鄆州富水郡隸山南東道。海州東海郡、淄州淄川郡，皆隸河南道。唐州淮安郡，隸山南東道。陳州淮陽郡，隸河南道。魯郡即兖州，隸河南道，設上都督府，有都督一人，從二品。廣平郡即洺州，隸河北道。

〔父浦〕詳見下評箋。

公即廣武伯之元子也。年十九，拜北海壽光尉。心不挂細務，口不言人非，羣吏罕測，望風敬憚。秩滿，轉右武衛倉曹參軍，次任趙郡昭慶縣令。奉詔修建初、啓運二陵，總徒五郡，支用三萬貫。畢築雷野，不鞭一人，功成餘八千貫。其幹能之聲大振乎齊趙矣。時名卿巡按，陵有黄赤氣，上衝太微，散爲慶雲數千處，蓋精勤動天地也如此。因粉圖奏名，編入國史。

【校】

〔羣吏〕羣，咸本作郡。

〔昭慶〕慶，咸本作應，誤。

【注】

〔壽光〕舊唐書地理志：河南道青州壽光：漢縣。

〔倉曹〕新唐書百官志：左右武衛有倉曹參軍事各二人，正八品下。

〔昭慶〕王云：元和郡縣志：河北道趙州有昭慶縣，東北至州九十里，隋爲大陸縣。武德四年改爲象城縣。天寶元年改爲昭慶縣。皇十三代祖宣皇帝建初陵，高四丈，周迴八十步。皇十二代祖光皇帝啟運陵，高四丈，周迴六十步。二陵共塋，周迴一百五十六步，在縣西南二十里。唐會要：獻祖宣皇帝葬趙州昭慶縣界，儀鳳二年五月一日追封爲建昌陵，開元二十八年七月十八日，詔改爲建初陵。懿祖光皇帝葬趙州昭慶縣，儀鳳二年五月一日追封爲延光陵，開元二十八年七月十八日，詔改爲啓運陵。（按：此處引元和郡縣志，非原文。）

〔慶雲〕王云：漢書：若烟非烟，若雲非雲，郁郁紛紛，蕭索輪囷，是爲慶雲。慶雲見，喜氣也。

天寶四載，拜虞城令，而天章寵榮，俾金玉王度，烱若七曜，昭回堂隅。於戲，敬之哉！宸威臨顧，作訓以理，其俗魯而木，舒而徐。急則狼戾，緩則鳥散。公酌以釣道，和之琴心。于是安四人，敷五教，處必糲食，行惟單車。觀其約而吏儉，仰其敬而俗讓，激直士之素節，揚廉夫之清波。三月政成，鄰境取則。因行春，見枯骸于路隅，惻然疚懷，出俸而葬。由是百里掩骼，四封歸仁。有居喪行號城市者，習以成俗，公勗之親鄰，厄以凶事，而鰥寡惸獨，衆所賴焉。可謂變其頹風，永錫爾類。

【校】

〔烱若〕烱，兩宋本、繆本俱作冏。王本注云：繆本作冏。

〔宸威〕威，郭本作滅，誤。王本注云：郭本作滅。

〔狼戾〕狼，兩宋本、繆本俱作很。王本注云：繆本作很。

〔釣道〕釣，兩宋本、繆本、咸本俱作鈎。王本注云：繆本作鈎。

〔鄰境〕境，郭本作墳。王本注云：郭本作墳。

〔掩骼〕骼，兩宋本、繆本俱作骸。王本注云：繆本作骸。

【注】

〔釣道〕説苑政理篇：宓子賤爲單父宰，過於陽晝，曰：「子亦有以送僕乎？」陽晝曰：「吾少也賤，不知治民之術，有釣道二，請以送子。」

〔琴心〕王云：王儉褚淵碑文：參以酒德，間以琴心。此文借用其字，垂釣鼓琴皆能令人心静，承上文緩急之事而言其當静以治之也。

〔掩骼〕禮記月令：孟春之月，掩骼埋胔。鄭注：骨枯曰骼。△骼音格。

〔永錫〕詩大雅既醉：孝子不匱，永錫爾類。鄭箋：永，長也。孝子之行，非有竭極之時，長以與汝之族類，謂廣之以教導天下也。

先時邑中有聚黨横猾者，實惟二耿之族，幾百家焉。公訓爲純人，易其里曰大忠正之里。北境黎丘之古鬼焉，或醉父以刃其子，自公到職，蔑聞爲災。官宅舊井，水清而味苦，公下車嘗之，莞爾而笑曰：「既苦且清，足以符吾志也。」遂汲用不改，變爲甘泉。蠡丘館東有三柳焉，公往來憩之，飲水則去，行路勿剪，比於甘棠，鄉人因樹而書頌四十有六篇。

【校】

〔大忠〕忠，王本注云：當作中。

〔因樹〕因，郭本作田。

【注】

〔黎丘〕王云：太平寰宇記：黎丘在虞城縣北二十里，高二丈。吕氏春秋：梁北有黎丘部，有奇鬼焉，善效人之子姪昆弟之狀，邑丈人有之市而醉歸者，黎丘之鬼效其子之狀，扶而道苦之，丈人歸，酒醒而誚其子曰：「吾爲汝父也，豈謂不慈哉！我醉，汝道苦我，何故？」其子泣而觸地曰：「孽矣，無此事也。昔也往責於東邑人可問也。」其父信之曰：「嘻，是必夫奇鬼也！我固嘗聞之矣。」明日端復飲於市，欲遇而刺殺之。明旦之市而醉，其真子恐其父之不能反也，遂逝迎之，丈人望見其真子，拔劍而刺之，丈人智惑於其似子者而殺其真子。按此事在戰國時，引此以頌德政，近乎戲言，豈唐時此鬼復作歟！

〔莞〕王云：韻會：莞，小笑貌。△莞音綏。

〔甘泉〕王云：河南通志：李令泉在虞城縣治内，縣令李錫有清操。李白撰錫去思頌載其事，後因以名。

〔甘棠〕史記燕召公世家：召公之治西方，甚得兆民和，召公巡行鄉邑，有棠樹，決獄政事其下，自侯伯至庶人，各得其所，無失職者。召公卒而民人思召公之政，懷棠樹不敢伐，歌詠之，作甘棠之詩。

惟公志氣塞乎天地，德音發乎聲容，縞乎若寒崖之霜，湛乎若清川之月。彈惡雪善，速若箭飛。尤能筆工新文，口吐雅論。天下美士，多從之遊。非汝陽三公三伯之積德，則何以生此？邑之賢老劉楚瓌等乃相謂曰：我李公以神明之化，大賴於虞人，虞人陶然，歌詠其德。官則敬，去則思。山川鬼神猶懷之，況于人乎？乃咨羣寮，興去思之頌。縣丞王彦暹，員外丞魏陟，主簿李詵，縣尉李向、趙濟、盧榮等，同德比義，好謀而成。相與採其瓌蹤茂行，俾刻石篆美，庶清風令名，奮乎百世之上。其詞曰：

【校】

〔三伯〕三，郭本、咸本俱作二。王本注云：郭本作二。

【注】

〔員外丞〕按：唐代之閒職有員外置同正員者，此丞即員外置之縣丞也。

激揚之水兮，白石有鑿。李公之來兮，雪虞人之惡。厥德孔昭，折獄既清。五教大行，殷雲雷之聲。既父其父，又子其子。春之以風，化成草靡。乃影我崗，乃雨我田。陽無驕僭，四載有年。人戴公之賢，猶百里之天。棄余往矣，茫如墜川。哀喪惠博，掩骼仁深。苦井變甘，凶人易心。三柳勿剪，永思清音。

【校】

〔僭〕兩宋本、繆本、咸本俱作僭，是。王本注云：繆本作僭。

〔棄余〕余，郭本作金，誤。

【注】

〔白石〕詩唐風揚之水：揚之水，白石鑿鑿。毛傳：鑿鑿，鮮明貌。鄭箋：激揚之水，波流湍疾，洗去垢濁，白石鑿鑿然。興者，喻桓叔盛強，除民所惡，民得以有禮義也。

〔孔昭〕詩小雅鹿鳴："我有嘉賓，德音孔昭。"鄭箋："孔，甚也。昭，明也。"

【評箋】

今人詹鍈云：按碑文稱公名錫，……父浦，鄆、海、淄、唐、陳五州刺史，魯郡都督，廣平太守，襲廣武伯。崇明寺佛頂尊勝陀羅尼幢頌云："我太官廣武伯隴西李公，先名琬，奉詔書改爲輔。其從政也，五鎮方牧，聲聞于天，帝乃加剖竹於魯，魯道粲然可觀。"王注："所謂五鎮方牧者，輔歷官鄆、海、淄、唐、陳五州刺史也。所謂剖竹於魯者，又爲魯郡都督也。"但碑文之名作浦，頌文之名作輔，未知孰是。碑文於魯郡都督之後列廣平太守，而頌文不及焉，則碑之作當在頌後可知矣。李浦之轉廣平太守，當在天寶十二載七月以前。

按：歐陽修集古録跋尾卷八："右虞城李令去思頌，李白撰文，王遹篆。唐世以書自名者多，而小篆之學不數家，自陽冰獨擅，後無繼者，其前惟有碧落碑而不見名氏。遹開元天寶時人，在陽冰前而相去不遠，然當時不甚知名，雖字畫不爲工而一時未有及者。"據此，則此文已于當時書丹刊石矣。而跋下注云元和四年，編次亦在諸元和碑刻之列。

又按：岑仲勉唐集質疑云："金石録九：唐虞城令李公去思頌，李白撰，王遹篆書，元和四年六月。同書二九云：碑側題云元和四年二月重篆，蓋遹不與白同時，此碑後來追建爾。歐陽公集古録云遹在陽冰前者，誤也。考太白集二九去思頌碑稱天寶四載：拜虞城令。又「陽無驕僭，四載有年」，則其碑約天寶七八載立。碑又云：高祖楷，隋上大將軍，鄃、益、源三州刺史，封汝陽公。曾祖騰雲，皇朝廣、茂二州都督，廣武伯。祖立節，起家韓王府記室參軍，襲廣武伯。父浦，郢、海、淄、唐、陳五州刺史，魯郡都督、廣平太守，襲廣武伯。以隋書五五獨孤楷傳及元和姓纂獨孤姓之文（今誤收入辨證内）合勘之，高祖楷者獨孤楷也。隋書五四：獨孤楷字修則，不知何許人也，本姓李氏，父屯，從齊神武帝與周師戰於沙苑，齊師敗績，因爲柱國獨孤信所擒，配爲士伍，給使信家，漸得親近，賜姓獨孤氏。楷嘗官原、益、并三州總管。後轉長平（澤州）太守，未視事卒。不載繇州，豈李文有訛歟！楷不知何許人，而碑顧云：公名錫，字元勳，隴西成紀人也，則猶是王必稱太原，張必稱清河之故套。姓纂：楷子騰雲，荆府長史，廣武公。當以集作騰者近是。復次：姓纂：騰雲生奉節，生琬、炎，琬太僕卿，開元中，上表請改姓李氏名俌。碑之浦與姓纂之俌，僅偏旁略差。天寶元年改郡，乃號太守，今碑既叙浦五州刺史，末又著廣平太守，顯見改郡後尚存。不稱太僕卿，或許時尚未任。況復姓李氏，固自俌始，碑不曰獨孤錫，而曰李錫，尤徵錫即俌子，亦浦與俌同爲一人之證。所異者中間奉節、立節名差一字，其爲任一有誤，或立、奉本昆仲而俌出嗣，尚未能斷定耳。

爲竇氏小師祭璿和尚文

年月日某謹以齋蔬之奠，敢昭告於和尚之靈。伏惟和尚降靈自天，依化遊世。角立獨出，嶷然生知。鳳皇開九苞之翼，豫章横萬頃之陂。始傳燈而納照，因落髮以從師。邁龍象以蹴踏，爲天人之羽儀。紹釋風于西域，迴佛日于東維。若大塊之噫氣，鼓和風而一吹。熱惱清灑，道芽榮滋。走吴楚以宗仰，將掃地而歸之。嗚呼！來無所從，去復何適？水還火歸，蕭散本宅。寶舟輟棹，禪月掩魄。痛一往而無蹤，愴雙林之變白。某早承訓誨，偏荷恩慈。忝餐風于法侶，旋落蔭于禪枝。號無輟響，泣有餘悲。手撰茗藥，精誠嚴思。冀神道之昭格，庶明靈而饗之。

【校】

〔九苞〕苞，兩宋本、繆本、咸本俱作包。王本注云：繆本作包，二字通用。

〔落蔭〕蔭，郭本作陰。王本注云：郭本作陰。

【注】

〔小師〕王云：釋氏要覽：受戒十夏以前，西天皆稱小師。毘奈耶云：難陀比丘呼十七衆比丘爲小師，此蓋輕呼之也，亦通沙門之謙稱也。梵言烏波遮迦，于闐國翻爲和尚，華言力生，即親教師也，謂出家者因師之力，生長法身，出功德財，養知慧命。

〔璿和尚〕見後評箋。

〔角立〕後漢書卷八三徐穉傳：爰自江南卑薄之域而角立傑出。章懷太子注：角立，如角之特立也。

〔嶷然〕詩大雅生民：克岐克嶷。毛傳：岐，知意也。嶷，識也。正義：岐爲有智之意，嶷爲有識之貌。

〔九苞〕見卷三上雲樂注。

〔傳燈〕王云：釋家師弟子以佛法遞相傳受，繼續不絶，如以燈遞相燃點，光明常在，終不熄滅，故謂之傳燈。

〔蹴蹋〕維摩詰經：十方無量菩薩，或有人從乞手足耳鼻頭目腦髓血肉皮骨聚落城邑妻子奴婢象馬車乘金銀瑠璃硨磲瑪瑙珊瑚琥珀真珠珂貝衣服飲食，如此乞者，多是住不可思議解脱菩薩以方便力而往試之，令其堅固。所以者何？住不可思議解脱菩薩有威德力，故行逼迫，示諸衆生，如是難事，凡夫下劣，無有力勢，不能如是逼迫菩薩，譬如龍象蹴蹋，非驢所堪，是名住不可思議解脱菩薩智慧方便之門。

〔熱惱〕法苑珠林卷一〇七：願我出大風，微密滿虚空。諸有熱惱處，扇之以清涼。

〔水還〕圓覺經：我今此身，四大和合，所謂毛髮齒皮肉筋骨腦垢色，皆歸於地，吐涕濃血津液涎沫痰淚精氣大小便利皆歸於水，暖氣歸火，動轉歸風，四大各離，今者妄身當在何處？

〔雙林〕涅槃經：佛在拘尸那城力士生地阿利羅跋提河邊娑羅雙樹間，二月十五日臨涅槃時，爾時拘尸那城娑羅樹林其林變白，猶如白鶴。後分曰：娑羅樹林四雙八隻，西方一雙在如來前，東方一雙在如來後，北方一雙在佛之首，南方一雙在佛之足。爾時世尊娑羅林下寢卧寶床，於其中夜，入第四禪，寂然無聲，於是時頃，便槃涅槃。其娑羅林東西二雙合爲一樹，南北二雙合爲一樹，垂覆寶床蓋於如來，其樹即時慘然變白，猶如白鶴，枝葉華果皮幹，悉皆爆裂墮落，漸漸枯悴，摧折無餘。

【評箋】

今人詹鍈云：王右丞集有謁璿上人詩。宋高僧傳卷十七：唐金陵鍾山元崇傳：元崇以開元末年，因從瓦官寺璿律師諮受心要，……至德初，並謝絶人事，杖錫去郡，歷於上京，遂入終南，至白鹿，下藍田，於輞川得右丞王公維之别業，松生石上，水流松下。王公焚香静室，與崇相遇神交。按舊唐書王維傳：乾元中，遷太子中庶子、中書舍人，復拜給事中，轉尚書右丞。……晚年得宋之問藍田别墅在輞口，輞水周於舍下。璿和尚之卒，當在乾元以後。乾元中，太白方流夜郎，則祭文之作又當在上元以後矣。

按：李頎集中有題璿公山池詩云：「遠公遯跡廬山岑，開山幽居祇樹林。片石孤峯窺色相，清池皓月照禪心。指揮如意天花落，坐卧閒房春草深。此外俗塵都不染，惟餘玄度得相尋。」時代相接，必即此璿和尚也。豈其示寂於輞川，而此文乃遥祭乎？

爲宋中丞祭九江文

謹以三牲之奠敬祭于長源公之靈。惟神包括乾坤，平準天地。劃三峽以中斷，流九道以争奔。綱紀南維，朝宗東海。牲玉有禮，祀典無虧。今萬乘蒙塵，五陵慘黷。蒼生悉爲白骨，赤血流于紫宫。宇宙倒懸，欃槍未滅，含識結憤，思剪元凶。若思參列雄藩，各當重寄。遵奉王命，大舉天兵。照海色于旌旗，肅軍威于原野。而洪濤渤潏，狂飈振驚。惟神使陽侯卷波，羲和奉命，樓船先濟，士馬無虞。掃妖孽于幽燕，斬鯨鯢于河洛。惟神佑我，降休于民。敬陳精誠，庶垂歆饗！

【校】

〔慘黷〕郭本作慘瀆。王本注云：當作摻黷，郭本作慘瀆，尤非。

〔若思〕咸本、郭本俱作而況。按：下文云各當重寄，自不應獨出若思一人之名。

〔王命〕王，兩宋本、繆本俱作天。按：似不應二句連用二天字。

【注】

〔宋中丞〕按：宋中丞爲宋若思。卷十一有中丞宋公以吴兵三千……，卷二十二有陪宋中丞武昌夜飲懷古各詩，卷二十六有爲宋中丞請都金陵表及爲宋中丞自薦表，均可參看。

〔九江〕王云：漢書地理志：禹貢：九江在尋陽南，皆東合爲大江。應劭曰：江自廬江尋陽分爲九。水經注：劉歆云：湖漢等九水入彭蠡，故言九江矣。

〔長源公〕王云：按舊唐書：天寶六載，封河瀆爲靈源公，濟瀆爲清源公，江瀆爲廣源公，淮瀆爲長源公，今祭江神而曰長源公，蓋字之誤也。

〔墋黷〕文選陸機漢高祖功臣頌：茫茫宇宙，上墋下黷。李善注：天以清爲常，地以静爲本，今上墋下黷，言亂常也。墋，不清澄之貌也；黷，媟也。李周翰注：墋，垢也；黷，濁也。

李白集校注卷三十

詩文補遺七十一首

雜言用投丹陽知己兼奉宣慰判官

客從崑崙來，遺我雙玉璞。云是古之得道者西王母食之餘，食之可以淩太虚。如今雖在卞和手，□□正憔悴了了知之亦何益？恭聞士有調相如，始從鎬京還，復欲鎬京去，能上秦王殿，何時迴光一相盼？欲投君，保君年。幸君持取無棄捐。無棄捐，服之與君俱神仙。

【校】

〔題〕此首見兩宋本及繆本卷九。

【注】

〔判官〕王云：唐時丹陽郡即潤州也。屬江南東道。肅宗至德元載十一月，以崔涣爲江南宣慰使。所謂宣慰判官，乃涣之僚屬也。太白有上崔相涣詩數首，此詩乃與其僚屬者歟！

〔玉璞〕抱朴子仙藥篇：玉亦仙藥。玉經曰：服金者壽如金，服玉者壽如玉也。又曰：服元真者其命不極。元真者玉之別名也。令人身輕飛舉，不但地仙而已。……不可用已成之器，傷人無益，當得璞玉，乃可用也。

【評箋】

王云：此詩多有缺文訛字，與下八首蕭氏本皆不録，唯姑蘇繆氏依宋本所刊者有之。

南陵五松山別荀七

六即潁水荀，何慙許郡賓？相逢太史奏，應是聚賢人。玉隱且在石，蘭枯還見春。俄成萬里別，立德貴清真。

【校】

〔題〕此首見兩宋本及繆本卷十三。

【注】

〔南陵五松山〕見卷十二於五松山贈南陵常贊府詩注。

〔荀七〕按：卷二十二有宿五松山下荀媪家詩，荀七或即荀媪之子。

〔六即〕王云：六即，唐詩類苑作軒昂，琦按六字恐是草書君字之訛。

〔許郡〕王云：後漢書：陳寔字仲弓，潁川許人也。荀淑字季和，潁川潁陰人也。異苑：陳仲弓從諸子姪造荀季和父子，于時德星聚，太史奏五百里内有賢人聚。按：唐之許州即古潁川，變州言郡以取叶音節耳，非必指漢之許縣也。

觀魚潭

觀魚碧潭上，木落潭水清。日暮紫鱗躍，圓波處處生。涼烟浮竹盡；秋月照沙明。何必滄浪去？兹焉可濯纓。

【校】

〔題〕此首見兩宋本、繆本卷十七。

自廣平乘醉走馬六十里至邯鄲登城樓覽古書懷

醉騎白花駱，西走邯鄲城。揚鞭動柳色，寫鞚春風生。入郭登高樓，山川與雲平。深宫翳緑草，萬事傷人情。相如章華巔，猛氣折秦嬴。兩虎不可鬬，廉公終負荆。提攜袴中兒，杵臼及程嬰。空孤獻白刃，必死耀丹誠。平原三千客，談笑盡豪英。毛君能穎脱，二國且同盟。皆爲黄泉土，使我涕縱横。磊磊石子岡，蕭蕭白楊聲。諸賢没此地，碑版有殘銘。太古共今時，由來互衰榮。傷哉何足道！感激仰空名。趙俗愛長劍，文儒少逢迎。閑從博徒遊，帳飲雪朝酲。歌酣易水動；鼓震叢臺傾。日落把燭歸，淩晨向燕京。方陳五餌策，一使胡塵清。

【校】

〔題〕此下兩宋本、繆本俱注云：燕趙。按：此首見兩宋本、繆本卷二十，咸本卷十五。

〔白花駱〕駱，兩宋本、繆本、王本俱注云：一作馬。

〔動柳色〕動，咸本作度，注云：一作動。

〔深宫〕此句兩宋本、繆本、王本俱注云：一作雄都半古冢。英華作雄都半古冢，注云：一作深宫翳緑草。

〔章華〕華，王本注云：當作臺。

〔杵臼〕以下四句，咸本注云：一本無此四句。

〔空孤獻〕兩宋本、繆本、王本俱注云：一作立孤就。

〔豪英〕豪，英華作雄，注云：集作豪。

〔毛君〕以下四句，咸本注云：一本無此四句。

〔諸賢〕兩宋本、繆本、王本俱注云：一作賢豪。以下四句咸本注云：一本無此四句。

〔仰空〕空，兩宋本、繆本、王本俱注云：一作虚。英華作仰虚，注云：集作抑空。

〔博徒〕徒，兩宋本、繆本俱作陵，注云一作徒。王本注云：一作陵。

〔朝醒〕兩宋本、繆本、王本俱注云：一作中醒。

【注】

〔廣平〕王云：廣平，唐時郡名，即洺州也，隸河北道。邯鄲縣名，初隸洺州，代宗永泰中改隸磁州。

〔駱〕爾雅釋畜：白馬黑鬣駱。

〔秦嬴〕史記秦本紀：於是孝王曰：「昔柏翳爲舜主畜，畜多息，故有土，賜姓嬴，今其後世亦爲朕息馬，朕其分土爲附庸，邑之秦，使復續嬴氏祀。」號曰秦嬴。

〔負荆〕史記廉頗藺相如列傳：……以相如功大，拜爲上卿，位在廉頗之右。廉頗曰：「我爲趙將，有攻城野戰之大功，而藺相如徒以口舌爲勞，而位居我上。且相如素賤人，吾羞，不忍爲之下。」宣言曰：「我見相如必辱之。」相如聞，不肯與會。相如每朝時，常稱病，不欲與廉頗爭列，已而相如出，望見廉頗，相如引車避匿，於是舍人相與諫……相如曰：「夫以秦王之强，而相如廷叱之，辱其廷臣，相如雖駑，獨畏廉將軍哉？顧吾念之，彊秦所以不敢加兵於趙者，徒以吾兩人在也，今兩虎共鬬，其勢不俱生，吾所以爲此者，以先國家之急而後私讎也。」廉頗聞之，肉袒負荆，因賓客至藺相如門謝罪曰：「鄙賤之人，不知將軍寬之至此也。」索隱：負荆者，荆，楚也，可以爲鞭也。

〔程嬰〕史記趙世家：……屠岸賈……擅與諸將攻趙氏於下宫，殺趙朔……皆滅其族。趙朔妻，成公姊，有遺腹，走公宫匿。趙朔客曰公孫杵臼，謂朔友人程嬰曰：「胡不死？」程嬰曰：「朔之婦有遺腹，幸而男，吾奉之。即女也，吾徐死耳。」居無何而朔婦免身生男，屠岸賈聞之，索于宫中，夫人置兒絝中祝曰：「趙宗滅乎！若號。即不滅，若無聲。」及索，兒竟無聲。已脱，程嬰謂公孫杵臼曰：「今一索不得，後必且復索之，奈何！……」一人謀取他人嬰兒負之，衣以文葆，匿山中。程嬰出，謬謂諸將曰：「誰能與我千金，吾告趙氏孤處。」……許之，發師隨程嬰，攻……殺杵臼與孤兒。……然趙氏真孤乃反在。居十五年，……景公因韓厥之衆以脅諸將，而見趙孤。趙孤名曰武，……遂……攻屠岸賈滅其族，及趙武冠爲成人，程嬰乃……謂趙武曰：「昔下宫之難，我非不能死，我思立趙氏之後，今趙武既立爲成人，復故位，我將下報趙宣孟與公孫杵臼。」遂自殺。

〔石子岡〕王云：太平寰宇記：邯鄲縣有石子岡，隋圖經云：歷陵城西十里有石子岡，實山也，而高大，有冢如硯子，世謂之碽子冢，是趙簡子冢。

〔叢臺〕元和郡縣志卷一五：叢臺在（磁州邯鄲）縣城内東北隅。

〔五餌〕漢書卷四八賈誼傳顔師古注：賜之盛服車乘以壞其目，賜之盛食珍味以壞其口，賜之音樂婦人以壞其耳，賜之高堂邃宇倉庫奴婢以壞其腹，于來降者上以召幸之相娱樂，親酌而手食之以壞其心，此五餌也。

月夜金陵懷古

蒼蒼金陵月，空懸帝王州。天文列宿在，霸業大江流。渌水絶馳道，青松摧古丘。臺傾鳷鵲觀，宫没鳳皇樓。别殿悲清暑，芳園罷樂游。一聞歌玉樹，蕭瑟後庭秋。

【校】

〔題〕兩宋本、繆本題下俱注云：金陵。按：此首見兩宋本、繆本卷二十，咸本卷十五。

〔霸業〕霸，兩宋本、繆本、王本俱注云：一作鼎。

〔蕭瑟〕以下五字，兩宋本、繆本、王本俱注云：一作千古不勝愁。

【注】

〔鳳皇樓〕王云：景定建康志：案宫苑記：鳳凰樓在鳳臺山上，宋元嘉中建，有鳳凰集此爲名。

〔清暑〕王云：晉書：太元二十一年春正月造清暑殿。景定建康志：清暑殿在臺城内，晉孝武帝建。殿前重樓複道通華林園，爽塏奇麗，天下無比，雖暑月常有清風，故以爲名。

〔樂游〕王云：太平寰宇記：樂遊苑在覆舟山南，北連山築臺觀，苑内起正陽、林光等殿。六朝事跡：樂遊苑，輿地志云：在晉爲藥園。宋元嘉中，以其地爲北苑，更造樓觀，後改爲樂遊苑。宋孝武大明中，造正陽林光殿于内。侯景之亂，焚毁略盡。陳天嘉六年，更加修葺，陳亡遂廢，其地在覆舟山南，去縣六里。

〔玉樹〕王云：隋書：陳禎明初，後主作新歌，詞甚哀怨，令後宫美人習而歌之。其辭曰：「玉樹後庭花，花開不復久。」時人以歌讖，此其不久兆也。

金陵新亭

金陵風景好，豪士集新亭。舉目山河異，偏傷周顗情。四坐楚囚悲，不憂社稷傾。王公何慷慨！千載仰雄名。

【校】

〔題〕此首見兩宋本、繆本卷二十，咸本卷十九。

【注】

〔新亭〕王云：方輿勝覽：新亭在建康府城南十五里。江南通志：新亭在江寧府城西南十五里，俯近江渚，一名中興亭。

〔風景〕晉書卷六五王導傳：過江人士每至暇日，相邀出新亭飲宴，周顗中座而嘆曰：「風景不殊，舉目有江山之異。」皆相視流涕，惟導愀然變色曰：「當共戮力王室，克復神州，何至作楚囚相對泣耶！」衆收淚而謝之。△顗音以。

庭前晚開花

西王母桃種我家，三千陽春始一花。結實苦遲爲人笑，攀折唧唧長咨嗟。

【校】

〔題〕此首見兩宋本、繆本卷二十三。

【注】

〔西王母〕漢武内傳：七月七日，王母至，侍女以玉盤盛仙桃七顆，大如鴨卵，形圓青色，以呈王母。母以四顆與帝，三顆自食，桃味甘美，口有盈味。帝食輒收其核，王母問帝，帝曰：「欲種之。」王母曰：「此桃三千年一開花，三千年一結實，中夏地薄，種之不生。」帝乃止。

宣城長史弟昭贈余琴溪中雙舞鶴詩以見志

令弟佐宣城，贈余琴溪鶴。謂言天涯雪，忽向窗前落。白玉爲毛衣，黄金不肯博。當風振六翮，對舞臨山閣。顧我如有情，長鳴似相託。何當駕此物，與爾騰寥廓！

【校】

〔題〕此首見兩宋本、繆本卷二十三。

【注】

〔弟昭〕按：卷十二有贈從弟宣州長史昭，卷十四有寄從弟宣州長史昭及書情寄從弟邠州長史昭等篇，皆當即一人。

〔博〕王云：韻會：博，易也。

暖酒

熱暖將來賓鐵文，暫時不動聚白雲。撥却白雲見青天，掇頭裏許便乘仙。

【校】

〔題〕此首見兩宋本、繆本卷二十三。按：以上九首王本俱録自繆本。

【注】

〔賓鐵〕王云：寶藏論：賓鐵出波斯，堅利可切金玉。

【評箋】

王云：琦按：庭前晚開花及此首語尤凡俗，不類太白。

戲贈杜甫

飯顆山頭逢杜甫，頭戴笠子日卓午。借問别來太瘦生，總爲從前作詩苦。

【校】

〔題〕此首王本録自本事詩，又見唐摭言、唐詩紀事及胡本卷二一附録。

〔飯顆山頭〕王本注云：摭言作飯顆山前，一作長樂坡前。

〔别來〕王本注云：摭言作因何，一作新來。

〔總爲從前〕王本注云，摭言作祇爲從來。

【注】

〔長樂坡〕王云：元和郡縣志：長樂坡在京兆府萬年縣東北十三里，即滻川之西岸，舊名滻阪，隋文帝惡其阪名，改曰長樂坡。雍録：通化門東七里有長樂坡，下臨滻水，本名滻阪，隋文帝惡其名音與反同，故改阪爲坡。自其北可望長樂宫，故名長樂坡也。

〔太瘦生〕王云：歐陽永叔曰：太瘦生，唐人語也。至今猶以生爲語助。如作麽生、何似生之類是也。按：此語見六一詩話。

【評箋】

容齋四筆：太白與子美詩，略不見一句，或謂堯祠亭别杜補闕者是已，乃殊不然。杜但爲右拾遺，不曾任補闕，兼自諫省出爲華州司功，迤邐避難入蜀，未嘗復至東州，所謂飯顆山頭之嘲，亦好事者所爲耳。

王云：唐本事詩：李白才逸氣高，與陳拾遺齊名，先後合德，其論詩云：梁陳已來，豔薄斯極，沈休文又尚以聲律，將復古道，非我而誰？故陳、李二集律詩殊少。嘗言寄興深微，五言不如四言，七言又其靡也。况使束于聲調俳優哉？故戲杜曰：飯顆山頭逢杜甫云云，蓋譏其拘束也。此詩又見摭言、唐詩紀事云：此詩載唐舊史。

寒女吟

昔君布衣時，與妾同辛苦。一拜五官郎，便索邯鄲女。妾欲辭君去，君心便相許。妾讀蘼蕪書，悲歌淚如雨。憶昔嫁君時，曾無一夜樂。不是妾無堪，君家婦難作。起來強歌舞，縱好君嫌惡。下堂辭君去，去後悔遮莫。

【校】

〔題〕此首王本録自才調集。

【注】

〔五官郎〕王云：按通典：漢時中郎將分掌三署郎，有議郎中郎侍郎郎中，凡四等，無員，多至千人。三署者，五官左右也。凡郎官皆主更直執戟，宿衛諸殿門，出充車騎，年五十以上者屬五官。五官中郎比二千石，五官中郎比六百石，五官侍郎比四百石，五官郎中比三百石。

〔蘼蕪〕王云：古詩：「上山採蘼蕪，下山逢故夫。長跪問故夫，新人復何如？新人雖言好，未若故人姝。顏色類相似，手爪不相如。新人從門入，故人從閤去。新人工織縑，故人工織素。織縑日一匹，織素五丈餘。將縑來比素，新人不如故。」

會別離

結髮生別離，相思復相保。如何日已遠，五變庭中草。渺渺天海途，悠悠漢江島。但恐不出門，出門無遠道。道遠行既難，家貧衣復單。嚴風吹雨雪，晨起鼻何酸！人生各有志，豈不懷所安？分明天上日，生死誓同歡。

【校】

〔題〕此首王本録自才調集。

【評箋】

王云：文苑英華、郭茂倩樂府俱作孟雲卿詩，詩題文苑作離別曲，樂府作生別離。

初月

玉蟾離海上，白露濕花時。雲畔風生爪；沙頭水浸眉。樂哉絃管客；愁殺戰征兒。因絶西園賞，臨風一詠詩。

【校】
〔題〕此首王本録自英華卷一五一。又見胡本卷二一附録。

雨後望月

四郊陰靄散，開户半蟾生。萬里舒霜合，一條江練横。出時山眼白，高後海心明。爲惜如團扇，長吟到五更。

【校】
〔題〕此首王本録自英華卷一五二。又見胡本卷二一附録。

對雨

卷簾聊舉目，露濕草綿綿。古岫披雲毳；空庭織碎烟。水紅愁不起；風線重難牽。盡日扶犁叟，往來江樹前。

【校】
〔題〕此首王本録自英華卷一五三。又見胡本卷二一附録。

〔水紅〕紅，王本注云：文苑英華注云，疑作紋。

【注】

〔岫〕王云：廣韻：山有穴曰岫。△岫音袖。

〔毳〕王云：廣韻：獸毛之縟細者爲毳。△毳音脆。

曉晴

野涼疎雨歇，春色偏萋萋。魚躍青池滿；鶯吟綠樹低。野花妝面溼；山草紐斜齊。零落殘雲片，風吹挂竹溪。

【校】

〔題〕此首王本録自英華卷一五五。又見胡本卷二一附録。

望夫石

髣髴古容儀，含愁帶曙輝。露如今日淚；苔似昔年衣。有恨同湘女；無言類楚妃。寂然芳靄内，猶若待夫歸。

【校】

〔題〕此首王本録自英華卷一六〇。又見胡本卷二一附録。

〔待夫〕待，英華作帶，注云：一作待。王本注云：一作帶。

【注】

〔湘女〕王云：楚辭章句：堯以二女娶舜，有苗不服，舜往征之，二女從而不反，道死於沅湘之中，因爲湘夫人。

〔楚妃〕左傳莊十四年：楚子……滅息以息嬀歸，生堵敖及成王焉。未言。楚子問之，對曰：「吾一婦人而事二夫，縱勿能死，其又奚言？」

冬日歸舊山

未洗染塵纓，歸來芳草平。一條藤徑緑，萬點雪峯晴。地冷葉先盡，谷寒雲不行。嫩篁侵舍密，古樹倒江横。白犬離村吠，蒼苔上壁生。穿廚孤雉過，臨屋舊猿鳴。木落禽巢在，籬疎獸路成。拂牀蒼鼠走，倒篋素魚驚。洗硯修良策，敲松擬素貞。此時重一去，去合到三清。

【校】

〔題〕此首王本録自英華卷一六〇。又見胡本卷二一附録。

〔蒼鼠〕蒼，英華、王本俱注云：一作山。

鄒衍谷

燕谷無暖氣，窮巖閉嚴陰。鄒子一吹律，能迴天地心。

【校】

〔題〕此首王本録自英華卷一六〇。又見胡本卷二一附録。

【注】

〔燕谷〕王云：太平御覽：劉向别録曰：方士傳言：鄒衍在燕，燕有谷，地美而寒，不生五穀。鄒子居之，吹律而温氣至，谷中生黍，至今名黍谷焉。一統志：黍谷山在順天府懷柔縣東四十里，跨密雲縣界，亦名燕谷山。劉向云：燕有谷，地美而寒，不生黍稷，鄒衍吹律以温其氣，故名山曰黍谷，衍廟基猶存。

入清溪行山中

輕舟去何疾！已到雲林境。起坐魚鳥間，動摇山水影。巖中響自合，溪裏言彌靜。無事令人幽，停橈向餘景。

【校】

〔題〕此首王本録自英華卷一六六。

〔自合〕合，英華注云：疑作答。王本注云：文苑英華注云：疑作答。

【評箋】

王云：文苑英華一百六十六卷載李白入清溪行山中凡二首，其一即本集七卷中「清溪清我心」一首，其一乃此首也。按崔顥集亦載此首，題云入若耶溪，當是顥作也。按：「清溪清我心」一首即卷八清溪行，王氏所記卷數誤。

日出東南隅行

秦樓出佳麗，正值朝日光。陌頭能駐馬，花處復添香。

【校】

〔題〕此首王本録自英華卷一九三。

【注】

〔日出〕王云：日出東南隅行即樂府之陌上桑也。一曰豔歌羅敷行。古辭曰：「日出東南隅，照我秦氏樓。秦氏有好女，自名爲羅敷」云云，後人擬之，或即以首句名篇。

【評箋】

王云：郭茂倩樂府載此首以爲殷謀詩。

代佳人寄翁參樞先輩

等閑經夏復經寒，夢裏驚嗟豈暫安？南國風光當世少，西陵演浪過江難。周旋小字挑燈讀，重疊遥山隔霧看。直是爲君餐不得，書來莫説更加餐。

【校】

〔題〕此首王本録自英華卷二六二。

【注】

〔先輩〕王云：演繁露：唐世舉人呼已第者爲先輩。國史補：互相推敬謂之先輩。

【評箋】

嚴羽云：文苑英華有太白寄翁參樞先輩七言律一首，乃晚唐之下者。（滄浪詩話）

王云：舊注云：此詩總目及李集皆不載，惟英華諸本有之。

按：非但詩格爲晚唐之下者，即先輩之稱亦爲晚唐之習俗。翁參樞疑即天祐元年奉使至閩冊封之翁承贊也。

送客歸吴

江村秋雨歇，酒盡一帆飛。路歷波濤去，家唯坐卧歸。島花開灼灼，汀柳細依依。别後無餘事，還應掃釣磯。

【校】

〔題〕此首王本録自英華卷二六九。

〔島花〕王本注云：一作山桃。

送友生遊峽中

風静楊柳垂，看花又别離。幾年同在此，今日各驅馳。峽裏聞猿叫，山頭見月時。殷勤一杯酒，珍重歲寒姿。

【校】

〔題〕此首王本録自英華卷二六九。

【評箋】

王云：此詩亦載張籍集中。

送袁明府任長江

別離楊柳青，樽酒表丹誠。古道攜琴去；深山見峽迎。暖風花遶樹；秋雨草沿城。自此長江內，無因夜犬驚。

【校】

〔題〕此首王本録自英華卷二六九。

【注】

〔長江〕舊唐書地理志：劍南道遂州長江：東晉巴興縣，魏改爲長江。

送史司馬赴崔相公幕

峥嶸丞相府，清切鳳凰池。羨爾瑶臺鶴，高棲瓊樹枝。歸飛晴日暖；吟弄惠風吹。正有乘軒樂；初當學舞時。珍禽在羅網，微命苦猶絲。願託周周羽，相銜漢水湄。

【校】

〔題〕王本注云：詩題上一本多賦得鶴三字。按：此首王本録自英華卷二六九。又見胡本卷二一附録，題上多賦得鶴三字。

〔晴日暖〕暖，英華作好。

【注】

〔史司馬〕按：卷十一江夏使君叔席上贈史郎中有「希君生羽翼，一化北溟魚」之句，據其上文云「昔放三湘去，今還萬死餘」，而卷二十三與史郎中欽（飲）聽黄鶴樓上吹笛云「一爲遷客去長沙」，皆足證其爲李白初遇赦歸所作。此詩云「珍禽在羅網，微命苦猶絲。願託周周羽，相銜漢水湄」，時地既皆合，而與卷十一一首語意亦相關，頗疑即是一人。若然則當決爲李白作，非岑參作矣。（參下評箋）

〔崔相公〕按：卷十一有獄中上崔相涣及繫尋陽上崔相涣，卷二十四有上崔相百憂章，可參證。

【評箋】

王云：既以鶴比司馬，以珍禽自喻，復以周周銜羽事作結，似乎淩亂，恐有錯誤。滄浪詩話：文苑英華有送史司馬赴崔相公幕一首云云，此或太白之逸詩也。不然，亦是盛唐人之作。

琦按：末二聯或是太白在尋陽獄中之作，所謂崔相公者即是崔涣，似亦近之。而岑參集中亦載此詩，一云無名氏詩。

戰城南

戰地何昏昏！戰士如羣蟻。氣重日輪紅，血染蓬蒿紫。烏鳥銜人肉，食悶飛不起。昨日城上人，今日城下鬼。旗色如羅星，鼙聲殊未已。妾家夫與兒，俱在鼙聲裏。

【校】

〔題〕此首王本録自英華卷一九六。

【注】

〔題〕見卷三戰城南詩注。

【評箋】

王云：文苑英華一百九十六卷太白「去年戰桑乾源」之後，載此一首，不録作者姓名。後人採太白遺詩，兼入此作。

胡無人行

十萬羽林兒，臨洮破郅支。殺添胡地骨；降足漢營旗。寒闊牛羊散；兵休帳幕移。空餘隴頭水，嗚咽向人悲。

【校】

〔題〕此首王本録自英華卷一九六。又見胡本卷二一附録。

【評箋】

王云：文苑英華一百九十六卷太白「嚴風吹霜海草凋」之後，載此一首，不録作者姓名，後人採入太白遺詩。然考陳陶集中亦載此作，當是陶詩。

鞠歌行

麗莫似漢宫妃，謙莫似黄家女。黄女持謙齒髮高，漢妃恃麗天庭去。人生容德不自保，聖人安用推天道？君不見蔡澤嵌枯詭怪之形狀，大言直取秦丞相。又不見田千秋才智不出人，一朝富貴如有神。二侯行事在方册，泣麟老人終困厄。夜光抱恨良嘆悲，日月逝矣吾何之？

【校】

〔題〕此首王本録自英華卷二〇三。又見胡本卷二一附録。

〔嘆悲〕嘆，王本注云：一作撲。

【注】

〔黄家〕王云：尹文子：齊有黄公者，好謙卑，有二女皆國色。以其美也，常謙辭毁之，以爲醜惡。醜惡之名遠布，年過而一國無聘者。衛有鰥夫時冒娶之，果國色，然後曰：「黄公好謙，故毁其子。」其妹美。于是争禮之，亦國色也。國色實也，醜惡名也，此違名而得實矣。

〔蔡澤〕史記范雎蔡澤列傳：蔡澤，燕人也，……曷鼻巨肩魋顔蹙齃膝攣。……西入秦，……秦昭王與語，大説之。拜爲客卿。……范雎免相，昭王新説蔡澤計畫，遂拜爲秦相。

〔田千秋〕漢書卷六六車千秋傳：車千秋本姓田氏，……衛太子爲江充所譖敗。久之，千秋上急變，訟太子冤，……武帝見而悦之，立拜千秋爲大鴻臚。數月，遂代劉屈氂爲丞相，封富民侯，千秋無他材能術學，又無伐閲功勞，特以一言寤意，旬月取宰相封侯，世未嘗有也。

〔泣麟〕王云：孔叢子：叔孫氏之車子曰鉏商，樵于野而獲獸焉。衆莫之識，以爲不祥，棄之五父之衢。冉有告夫子曰：「麕身而肉角，豈天下之妖乎！」夫子曰：「今何在，吾將觀焉。」遂往。謂其御高柴曰：「若求之言，其必麟乎！」到視之果信。言偃問曰：「飛者宗鳳，走者宗麟，爲其難致也，敢問今見其誰應之？」子曰：「天子布德，將致太平，則麟鳳龜龍先爲之祥。今宗周將滅，天下無主，孰爲來哉！」遂泣曰：「予之于人，猶麟之于獸也。麟出而死，吾道窮矣。」乃歌曰：「唐虞世兮麟鳳游，今非其時來何求！麟兮麟兮我心憂。」

【評箋】

王云：文苑英華二百三卷太白「玉不自言如桃李」之後載此一首，失録作者姓名，後人遂編入太白遺詩。

又云：右十七首見文苑英華，前十四首皆注太白姓名于下。後三首録于太白詩之後，空白其下，不書姓名，後人以爲皆太白之作也。編太白遺詩者遂并及焉。今因之，附録于此。滄浪詩話：文苑英華有太白代寄翁參樞先輩七言律一首，乃晚唐之下者。又有五言律三首，其一送客歸吴，其二送友生游峽中，其三送袁明府任長江，集本皆無之，其家數正在大曆、貞元間，亦非太白之作。又有五言雨後望月一首，對雨一首，望夫石一首，冬日歸舊山一首，皆晚唐之語。又有「秦樓出佳麗」四句，亦不類太白，是皆後人假名也。

題許宣平菴壁

我吟傳舍詩，來訪真人居。烟嶺迷高跡，雲林隔太虚。窺庭但蕭索，倚柱空躊躇。應化遼天鶴，歸當千歲餘。

【校】

〔題〕此首王本録自太平廣記。又見胡本卷二一附録。

【注】

〔許宣平〕王云：太平廣記：許宣平，新安歙人也。唐睿宗景雲中，隱于城陽山南塢，結菴以居。不知其服餌，但見不食，顔色若四十許人，行如奔馬。時或負薪以賣，擔常挂一花瓢及曲竹杖，每醉，騰騰拄之以歸。獨吟曰：「負薪朝出賣，沽酒日西歸。路人莫問歸何處，穿入白雲行翠微。」邇來三十餘年，或拯人懸危，或救人疾苦，城市人多訪之不見，但覽菴壁題詩曰：「隱居三十載，築室南山巔。静夜玩明月，閑朝飲碧泉。樵人歌隴上，谷鳥戲巖前。樂矣不知老，都忘甲子年。」好事者多詠其詩，有時行長安，于驛路洛陽、同、華間傳舍是處題之。天寶中，李白自翰林出，東遊經傳舍覽之，吟詠嗟嘆曰：「此仙詩也。」乃詰之于人，得宣平之實，白于是游及新安，涉溪登山，屢訪之不得，乃題其菴壁曰云云：是冬野火燎其菴，莫知宣平蹤跡。百餘年後，咸通七年，郡人許明奴家有嫗，嘗逐伴入山採樵，獨于南山中見一人坐石上，方食桃甚大。問嫗曰：「汝許明奴家人也，我明奴之祖宣平。」嫗言嘗聞已得仙矣，曰：「汝歸爲我語明奴，言我在此山中，與汝一桃食之，不可將出山，虎狼甚多，山神惜此桃。」嫗乃食桃甚美，宣平遣嫗隨樵人歸家言之，明奴之族甚異之，傳聞于郡人（出續仙傳）。太平寰宇記：城陽山在歙縣南，環迴孔高，爲城郭之衿帶，居郡之南，故號爲城陽山焉。即許宣平得道之所，亦爲李白所尋不遇。今山上有遺跡存。

〔傳舍〕王云：漢書：沛公至高陽傳舍。顔師古注：傳舍者，人所止息，前人已去，後人復來，轉相傳也。一音張戀反，謂傳置之舍也，其義兩通。後漢書：光武乃稱邯鄲使者入傳舍。章懷太子注：傳舍，客館也。

題峯頂寺

夜宿峯頂寺，舉手捫星辰。不敢高聲語，恐驚天上人。

【校】

〔題〕此首王本録自侯鯖録、苕溪漁隱叢話等書。

【評箋】

王云：侯鯖録：曾阜爲蘄州黄梅令，縣有峯頂寺，去城百餘里，在亂山羣峯間，人跡所不到。阜按田偶至其上，梁間小榜，流塵昏晦，乃李白所題詩也。其字亦豪放可愛，詩云：「夜宿峯頂寺」云云。或曰：王元之少登樓詩云：「危樓高百尺，手可摘星辰。不敢高聲語，恐驚天上人。」漁隱叢話：西清詩話云：蘄州黄梅縣峯頂寺在水中央，環伏萬山，人跡所罕到。曾阜爲令時，因事登其上，見梁間一粉板，塵暗粉落，拂滌視之，乃謫仙詩云「夜宿峯頂寺」云云，世傳楊大年幼時詩，非也。邵氏聞見後録：舒州峯頂寺有李太白題詩「夜宿峯頂寺」云云，曾子山始見之，不出于集中，恐少作耳。太倉稊米集云：聞道長庚曾入夢，已應能作上樓詩。注云：唐人載李白在襁褓中，其家攜之上樓，問頗能作詩否，即應聲作絶句一首，所謂「不敢高聲語，恐驚天上人」者是也。又竹坡詩話：世傳楊文公方離襁褓，猶未能言，一日家人攜以登樓，忽自語如成人。因戲問之，今日上樓，汝能作詩乎？即應聲曰：「危樓高百尺，手可摘星辰。不敢高聲語，怕驚天上人。」舊見古今詩話載此一事，後又見一石刻，乃李太白夜宿山寺所題，字畫清勁而大，且云布衣李白作，豈好事者竊太白之詩以神文公之事歟！抑亦太白之碑爲僞耶！　按：輿地紀勝卷四七蘄州：王得臣塵史云：蘄之黄梅有烏石山僧舍小詩，曰李太白也。「夜宿烏牙寺，舉手捫星辰。不敢高聲語，恐驚天上人。」李集中無之。據此則塵史所引作烏牙寺，不作峯頂寺，與侯鯖録等書所引異。

瀑布

斷巖如削瓜，嵐光破崖緑。天河從中來，白雲漲川谷。玉案赤文字，落落不可讀。攝衣淩青霄，松風吹我足。

【校】

〔題〕此首王本録自苕溪漁隱叢話等書。又見胡本卷二一及咸本附録。

【評箋】

王云：二老堂詩話：司空山在舒州太湖縣界，初經重報寺，過馬玉河，至金輪院，有僧本浄肉身塔，及不受葉蓮花池，連理山茶，自塔院乃上山，至本浄坐禪巖，精巧天成，中途斷崖絶壑，旁臨萬仞，號牛背石。宗室善修者言石如劍脊中起，側足覆身而過，危險之甚，度此步步皆佳。上有一寺及李太白讀書堂，一峯玉立，有太白瀑布詩云：「斷巖如削瓜，嵐光破崖緑。天河從中來，白雲漲川谷。玉案赤文字，落落不可讀。攝衣淩清霄，松風吹我足。」予兄子中守舒日，得此于宗室公霞。今胡仔漁隱叢話載蔡絛西清詩話不言此山，但云太白仙去後人有見其詩，略云：「斷崖如削瓜，嵐光破崖緑。天河從中來，白雲漲川谷。玉案敕文字，世眼不可讀。攝身淩青霄，松風吹我足。」又云：「舉袖露條脱，招我飯胡麻。」真烟雲中語也。既誤以斷巖爲斷崖，與第二句相重，赤文作敕文，落落作世眼，攝衣作攝身，皆淺近，與前句大相遠。當塗太白集本原無此詩，因子中録寄郡守，遂刻于後。然皆從蔡絛誤本，子中爭之不從，僅能改敕爲赤而已。唐詩紀事：近世傳白詩云：「斷崖如削瓜，嵐光破崖緑。天河從中來，白雲漲川谷。玉案赤文字，落落不可讀。攝衣淩清雲，松風拂我足。」又不同者數字。

斷句

舉袖露條脱，招我飯胡麻。

野禽啼杜宇，山蝶舞莊周。

【校】

〔題〕此二則王本録自苕溪漁隱叢話等書。前一則又見胡本卷二一附録。

〔舉袖〕王云：唐詩紀事亦載此句，舉袖作舉手。

【注】

〔條脱〕王云：太平廣記：條脱似指環而大。唐詩紀事：文宗問宰臣：「古詩云：輕衫襯條脱，跳脱是何物？」宰臣未對，上曰：「即今之腕釧也。」真誥言安妃有斲粟金跳脱，是臂飾。跳脱即條脱也。

〔胡麻〕王云：太平廣記：劉晨、阮肇入天台采藥，有二女子邀還家，其饌有胡麻飯、山羊脯。按胡麻即今之芝麻也，相傳張騫自大宛得其種以歸，以其出自胡中，故曰胡麻。

【評箋】

王云：漁隱叢話：法藏碎金云：予記太白有詩云：「野禽啼杜宇，山蝶舞莊周。」後又見潘佑有感懷詩：「幽禽唤杜宇，宿蝶夢莊周。席地一尊酒，思與元化浮。但莫孤明月，何必秉燭遊？」予謂才思暗合，古今無殊，不可怪也。

陽春曲

茉苡生前徑，含桃落小園。春心自摇蕩，百舌更多言。

【校】

〔題〕此首王本録自萬首唐人絶句。

【注】

〔芣苡〕王云：陸璣草木疏：芣苡，一名馬舄，一名車前，一名當道，喜在牛馬跡中生，故曰車前當道，今藥中車前子是也。幽州人謂之牛舌草，可鬻作茹大滑，其子治婦人難産。△芣音浮，苡音以。

〔含桃〕王云：埤雅：櫻桃爲木多陰，其果先熟，一名含桃。許慎曰：鶯之所含食，故曰含桃也。謂之鶯桃，則亦以鶯之所含食，故謂之鶯桃也。爾雅翼：櫻桃朱實甘美，飛鳥所含，故又名含桃，爾雅謂之荆桃，其花在梅後，至果熟則最先。

〔百舌〕王云：本草綱目：百舌處處有之，居樹孔窟穴中，狀如鸜鵒而小，身略長，灰黑色，微有班點，喙亦尖黑，行則頭俯，好食蚯蚓。立春後鳴囀不已，夏至後則無聲，十月後則藏蟄。月令：仲夏反舌無聲，即此。

舍利佛

金繩界寶地，珍木蔭瑶池。雲間妙音奏，天際法蠡吹。

【校】

〔題〕此首王本録自萬首唐人絶句。

【注】

〔法蠡〕王云：法華經：時娑婆世界即變清浄，琉璃爲地，寶樹莊嚴，黄金爲繩，以界八道。又云：雨大法雨，吹大法螺。文獻通考：貝之爲物，其大可容數升，蠡之大者也。南蠻之國取而吹之，所以節樂也。今之梵樂用之，以和銅鈸，釋氏所謂法螺，赤土國吹螺以迎隋使是也。法蠡即法螺也。古螺字一作蠡，通用。

【評箋】

按：今人任半塘唐戲弄云：舍利弗與摩多樓子爲唐代之兩樂曲名。樂府詩集及萬首唐人絶句皆載李白所作舍利弗辭一首：「金繩界寶地，珍木蔭瑶池。雲間妙音奏，天際法蠡吹。」内容範圍屬佛教，不能必其即演故事，摩多樓子有李白辭，亦五言四句：「從戎向邊北，遠行辭密親。借問陰山候，還知塞上人。」有李賀辭，五言十二句：「玉塞去金人，二萬四千里。風吹沙作雲，一時渡遼水。天白水如練，甲絲雙串斷。行行莫苦辛，城月猶殘半。曉氣溯煙上，䟒趗胡馬蹄。行人臨水別，隔隴長東西。」内容皆是塞上曲，賀辭平仄兼協而韻再轉，實五言四句之三首耳。……舍利弗與摩多樓子原皆人名，初爲六師外道之人，後則共爲佛弟子，摩多樓子者即目犍連，略稱目連，舍利與摩多樓皆母名，「弗」亦云「子」也。

摩多樓子

從戎向邊北，遠行辭密親。借問陰山候，還知塞上人。

【校】

〔題〕此首王本録自萬首唐人絶句。

【評箋】

王云：郭茂倩樂府詩集，三首俱作無名氏。

春感

茫茫南與北，道直事難諧。榆莢錢生樹；楊花玉糝街。塵縈游子面；蝶弄美人釵。却憶青山上，雲門掩竹齋。

【校】

〔題〕此首王本録自唐詩紀事所引彰明逸事。

【評箋】

王云：彰明逸事：太白遊成都，賦春感詩云云，益州刺史蘇頲見而奇之。

殷十一贈栗岡硯

殷侯三玄士，贈我栗岡硯。灑染中山毫，光映吴門練。天寒水不凍，日用心不倦。攜此臨墨池，還如對君面。

【校】

〔題〕此首王本録自高似孫硯箋。

【注】

〔殷十一〕按：卷八有酬殷明佐見贈五雲裘歌，卷二十二有夜泊黄山聞殷十四吴吟詩，疑與有關。

〔中山毫〕王云：王羲之筆經：諸郡毫惟中山兔毫肥而毫長可用。

〔吴門練〕王云：韓詩外傳：颜回望吴門焉，見一匹練。孔子曰：馬也。此用其字而意則指吴中所出之絹素。與原事無涉。

普照寺

天台國清寺，天下爲四絶。今到普照遊，到來復何别？枏木白雲飛，高僧頂殘雪。門外一條溪，幾回流歲月？

【校】

〔題〕此首王本録自咸淳臨安志。

【注】

〔四絶〕王云：咸淳臨安志：浄明寺在富陽縣北五里，舊名普照，天福五年重建，治平二年改今額。寺枕高山，名曰舒壁。山坳有龍潭，澗水横流，上有橋亭，李翰林白詩「天台國清寺，天下爲四絶」云云。一統志：國清寺在浙江台州府天台縣北十里。隋煬帝爲智顗禪師建。晏殊類要云：齊州靈巖，荆州玉泉，潤州棲霞，台州國清世稱四絶。

〔枏木〕王云：本草拾遺：枏木高大，葉如桑，出南方山中。△枏音楠。

【評箋】

王云：蘇東坡曰：予舊在富陽，見國清院太白詩絶凡近。即此篇也。漁隱叢話：新安水西寺，寺依山背，下瞰長溪。太白題詩斷句云：「檻外一條溪，幾回流碎月。」今集中無之。琦按漁隱所引即此篇末二句也。蓋未覩全篇，故訛以爲題水西寺斷句耶！

釣臺

磨盡石嶺墨，尋陽釣赤魚。靄峯尖似筆，堪畫不堪書。

【校】

〔題〕此首王本録自方輿勝覽。亦見輿地紀勝。

【注】

〔釣臺〕王云：方輿勝覽：釣臺在徽州黟縣南十八里，亦名尋陽臺。相傳李白嘗釣于此，有詩云：磨盡石嶺墨云云。太平寰宇記：墨嶺山在黟縣南十八里，嶺上石如墨色，嶺有穴，中有墨石軟膩，土人取爲墨，色碧甚鮮明，可以記文字。

〔靄峯〕方輿勝覽卷十六：靄峯在黟縣南十五里，孤峭如削。

【評箋】

王云：九域志、錦繡萬花谷、一統志皆引「靄峯尖似筆」之句，以爲太白詩。羅願新安郡志曰：太白常稱金華五百灘之勝，而思爲新安之遊，又嘗自回溪十六渡至黄山湯泉之下，則吾土山川勝槩頗已寄于逸想。其贈許宣平詩，沈汾述以爲傳，當不虚也。又有答山中人所謂「桃花流水杳然去，别有天地非人間」，相傳以爲入黟所作。而俗又有石墨嶺與水西興唐寺詩，語不類太白，東坡嘗疑富陽國清、彭澤興唐詩及姑熟十詠非太白所作，而王平甫疑十詠出于李赤。按南唐自有一翰林學士李白，曾子固以爲十詠是此人所爲，然則此間墨嶺興唐詩，豈亦此類耶！

小桃源

黟縣小桃源，煙霞百里間。地多靈草木，人尚古衣冠。

【校】

〔題〕此首王本録自方輿勝覽。

【評箋】

王云：方輿勝覽：樵貴谷在徽州黟縣北，昔土人入山，行七日，至一穴豁然，周三十里，中有十餘家，云是秦人避入此地。按邑圖有潛村，至今有數十家，同爲一村，或謂之小桃源。李白詩：「黟縣小桃源」云云。錦繡萬花谷亦載此詩，以爲太白作。琦按此詩乃南唐許堅詩，其後尚有二韻，非太白作也。

題竇圌山

樵夫與耕者，出入畫屏中。

【校】

〔題〕此則王本録自方輿勝覽。

【評箋】

王云：方輿勝覽：竇圌山在綿州彰明縣，李白題竇圌山詩：「樵夫與耕者，出入畫屏中。」又送竇主簿詩：「願隨子明去，煉火燒金丹。」竇子明名圌，隱此山，故名。琦按後二句已見集中之十二卷，所謂子明者，是陵陽子明，以爲竇圌之字殊不可信。

贈江油尉

嵐光深院裏，傍砌水泠泠。野燕巢官舍，溪雲入□廳。日斜孤吏過，簾捲亂峯青。五色神仙尉，焚香讀道經。

【校】

〔題〕此首王本録自楊升菴全蜀藝文志。

清平樂令二首

禁庭春晝，鶯羽披新繡。百草巧求花下鬬，只賭珠璣滿斗。　日晚却理殘妝，御前閑舞霓裳。誰道腰肢窈窕，折旋消得君王。

【校】

〔題〕此二首王本録自絶妙詞選。題下注云：翰林應制。

其二

禁幃秋夜，月探金窗罅。玉帳鴛鴦噴沉麝，時落銀燈香灺。女伴莫話孤眠，六宫羅綺三千。一笑皆生百媚，宸遊教在誰邊？

【校】

〔月探〕此句王本注云：升菴詞品作明月探窗罅。

〔沉麝〕王本沉下注云：詞品作蘭。

〔宸遊〕王本遊下注云：詞品作衷。

【評箋】

王云：歐陽炯花間集序曰：在明皇朝則有李太白應制清平樂詞四首。絶妙詞選曰：唐呂鵬遏雲集載太白應制詞四首，以後二首無清逸氣韻，疑非太白所作，故只存其二。胡應麟筆叢曰：太白清平樂蓋五代人僞作，因李有清平調故贋作此詞傳之。

清平樂三首

烟深水闊，音信無由達。惟有碧天雲外月，偏照懸懸離別。盡日感事傷懷，愁眉似鎖難開。夜夜長留半被，待君魂夢歸來。

【校】

〔題〕此三首王本録自全唐詩。

其二

鸞衾鳳褥，夜夜常孤宿。更被銀臺紅蠟燭，學妾淚珠相續。花貌些子時光，抛入遠泛瀟湘。欹枕悔聽寒漏，聲聲滴斷愁腸。

其三

畫堂晨起，來報雪花墜。高捲簾櫳看佳瑞，皓色遠迷庭砌。盛氣光引爐烟，素草寒生玉佩。應是天仙狂醉，亂把白雲揉碎。

桂殿秋

仙女下，董雙成。漢殿夜涼吹玉笙。曲終却從仙官去，萬户千門惟月明。河漢女，玉鍊顔。雲輧往往在人間。九霄有路去無跡，嫋嫋香風生佩環。

【校】

〔題〕此首王本録自全唐詩。

【評箋】

王云：吴虎臣曰：此太白詞也，有得于石刻而無其腔。劉無言倚其聲歌之，音極清雅。邵氏聞見後録以此詞爲李文饒迎神、送神二曲，予游秦尚有能宛轉度之者，或并爲一曲，謂李太白作，許彦周詩話亦作李衛公步虚詞。

連理枝二首

雪蓋宫樓閉，羅幕昏金翠。鬬壓闌干，香心澹薄，梅梢輕倚。噴寶猊香燼麝烟濃，馥紅綃翠被。

【校】

〔題〕此二首王本録自全唐詩。

其二

淺畫雲垂帔，點滴昭陽淚。咫尺宸居，君恩斷絶，似遥千里。望水晶簾外竹枝寒，守羊車未至。

雜題四則

乘興踏月，西入酒家。不覺人物兩忘，身在世外。

【校】

〔題〕此四則王本録自龍江夢餘録。

其二

夜來月下卧醒，花影零亂，滿人衿袖，疑如濯魄於冰壺也。

【評箋】

王云：方輿勝覽：象耳山在眉州彭山縣，有太白書臺，有石刻太白留題夜來月下臥醒云云。

其三

樓虚月白，秋宇物化。於斯凭闌，身勢飛動。非把酒自忘，此興何極？

其四

吾頭懵懵，試書此不能自辨，賀生爲我讀之。

【評箋】

王云：唐錦龍江夢餘録：胡文穆記李白三帖，其一云：乘興踏月。其二云：月下臥醒。其三云：樓虚月白。余亦見其一帖云，吾頭懵懵。雖其字跡真贋有不可必者，然詞語豪爽，趣韻自别，信非太白不能道也。

鶴鳴九皋

胎化呈仙質，長鳴在九皋。排空散清唳；映日委霜毛。萬里思寥廓；千山望鬱陶。香凝光不見；風積韻彌高。鳳侶攀何及；雞羣思忽勞。昇天如有應，飛舞去蓬蒿。

【校】

〔題〕此首見文苑英華，無姓名，傅校作李白，不知何據。觀詩題及詩格皆應試之作，必非白詩。

上清寶鼎詩二首

朝披夢澤雲，笠釣青茫茫。尋絲得雙鯉，中有三元章。篆字若丹蛇，逸勢如飛翔。歸來問天老，奥義不可量。金刀割青素，靈文爛煌煌。嚥服十二環，奄見仙人房。暮跨紫鱗去，海氣侵肌涼。龍子善變化，化作梅花妝。贈我纍纍珠，靡靡明月光。勸我穿絳縷，繫作裙間璫。挹子以攜去，談笑聞遺香。

人生燭上花，光滅巧妍盡。春風繞樹頭，日與化工進。只知雨露貪，不聞零落近。我昔飛骨時，慘見當塗墳。青松靄朝霞，縹緲山下村。既死明月魄，無復玻璃魂。念此一脱灑，長嘯祭崑崙。醉著鸞皇衣，星斗俯可捫。

【校】

〔題〕此兩首録自蘇軾書李白詩墨跡。又見唐宋詩醇。胡本卷二一附録作上清寶典詩。第一首作我居清空表，君處紅埃中。仙人持玉尺，度君多少才。玉尺不可盡，君才無時休。第二首作嚥服十二環，奄有仙人房。暮騎紫鱗去，海氣侵肌涼。贈我纍纍珠，靡靡明月光。題下注云：前見東觀餘論，後見王直方詩話。

〔裙間〕詩醇作裾間。

〔挹子〕詩醇作揖余。

〔攜去〕詩醇作辭去。

〔化工〕詩醇作花工。

〔不聞〕詩醇作不念。

〔朝霞〕詩醇作明霞。

〔無復〕詩醇作無彼。

〔鸞皇〕詩醇作鸞鳳。

白微時募縣小吏入令卧内嘗驅牛經堂下令妻怒將加詰責白亟以詩謝云

素面倚欄鉤，嬌聲出外頭。若非是織女，何得問牽牛？

【校】

〔題〕此首見唐詩紀事引彰明逸事。又見胡本卷二一附録及王琦李太白年譜。

桃源二首

昔日狂秦事可嗟，直驅雞犬入桃花。至今不出烟溪口，萬古潺湲二水斜。

露暗烟濃草色新，一番流水滿溪春。可憐漁父重來訪，只見桃花不見人。

【校】

〔題〕此二首見輿地紀勝卷六八常德府。王本拾遺考證謂非李白詩。

句一

焰隨紅日遠，烟逐暮雲飛。

【校】

〔題〕此見唐詩紀事引彰明逸事。又見胡本卷二一附録及王琦李太白年譜。

句二

緑鬢隨波散，紅顔逐浪無。因何逢伍相，應是想秋胡。

【校】

〔題〕此見唐詩紀事引彰明逸事。又見胡本卷二一附録及王琦李太白年譜。

句三

玉階一夜留明月，金殿三春滿落花。

漢東紫陽先生碑銘

〔題〕此見全唐詩逸。

【校】

嗚呼紫陽，竟夭其志以默化，不昭然白日而升九天乎！或將潛賓皇王，非世所測，□□□□□□□□□挺列仙明拔之英姿，明堂平白，長耳廣顙，揮手振骨，百關有聲，殊毛秀采，居然逸異，□□□□□□□□而直達。何龜鶴早世，蟪蛄延秋，元命乎，遭命乎！予長息三日，懵于變化之理。先生姓胡氏□□□□□□族也。代業黄老，門清儒素，皆龍脱世網，鴻冥高雲。但貴天爵，何徵閥閲？始八歲經仙城山，□□□□□□□□□□有清都紫微之遐想。九歲出家，十二休糧，二十遊衡山，雲尋洞府，水涉冥壑。神王□□□□□□□召爲威儀及天下採經使，因遇諸真人，受赤丹陽精，石景水母，故常吸飛根，吞日魂，密而修之，□□□□□□所居苦竹院，置餐霞之樓，手植雙桂，棲遲其下。聞金陵之墟，道始盛於三茅，波乎四許，華陽□□□□□□□陶隱居傳昇元子，昇元子傳體元，體元傳貞一先生，貞一先生傳天師李含光，李含光合契乎紫陽。□□□□□於神農之里，南抵朱陵，北越白水，稟訓門下者三千餘人。鄰境牧守，移風問道，忽遇先生之宴坐，□□□□□隱机雁行而前。爲時見重，多此類也。天寶初，威儀元丹丘道門龍鳳，厚禮致屈，傳籙於嵩山。東京大唐□□宫，三請固辭偃卧，未幾而詔書下責，不得已而行。入宫一革軌儀，大變都邑，然海鳥愁臧文之享，猿狙裂周公之衣，志往跡留，稱疾辭帝。尅期離闕，臨别自祭。其文曰：神將厭予，予非厭世。乃顧命姪道士胡齊物具平肩輿，歸骨舊土。王公卿士，送及龍門，入葉縣，次王喬之祠，目若有睹，泊然而化，天香引道，尸輕空衣。及本郡太守裴公以幡花郊迎，舉郭雷動，□□□□開顔如生，觀者日萬，羣議駭俗。至其年十月二十三日，葬於郭東之新松山，春秋六十有二。先生含弘光大，不修小節，書不盡妙。鬱有崩雲之勢；文非夙工，時動雕龍之作。存也宇宙而無光，殁也浪化而蟬蜕，豈□□□□□□□乎！有鄉僧貞倩雅仗才氣，請予爲銘。予與紫陽神交，飽餐素論，十得其九。弟子元丹丘等咸思鸞鳳之羽儀，想珠玉之雲氣。灑掃松月，載揚仙風。篆石頌德，與兹山不朽。其詞曰：

賢哉仙士，六十而化。光光紫陽，善與時而爲龍蛇，固亦以生死爲晝夜。有力者挈之而趨。劫運頹落，終歸於無。惟元神不滅，湛然清都。延陵既没，仲尼嗚呼。青青松柏，離離山隅。篆石頌德，名揚八區。

【校】

〔題〕此篇王本録自劉大彬茅山志。

【注】

〔紫陽〕王云：真誥：句曲山，漢有三茅君來治其上，時父老又轉名茅君之山。三君往，曾各乘一白鵠，各集山之三處，時人互有見者，是以發於歌謡，乃復因鵠集之處，分句曲山爲大茅君、中茅君、小茅君三山焉。總而言之，盡是句曲之一山耳。山生黄金，漢靈帝時，詔敕郡縣採句曲之金以充武庫。逮孫權時，又遣宿衛人採金常輸官，兵帥百家遂屯居伏龍之地，因改爲金陵之墟名也。三茅者，漢景帝中元間人，長兄名盈，次弟名固，又次弟名衷，俱得仙道。老君拜盈爲司命真君。固爲定録真君，衷爲保生真君，故號爲三茅君。四許者：許穆，汝南平輿人，官至護軍長史，晉太和中入茅山修道，功成仙去，爲上清真人。第三子玉斧先於太和五年在茅山尸解，爲上清仙官。長子揆，次子虎牙，並亦得道。南史：陶弘景，丹陽秣陵人，爲諸王侍讀，除奉朝請，上表辭禄，止於句容之句曲山。恒曰：此山下是第八洞宫，名金壇華陽之天，周迴一百五十里。昔漢有咸陽三茅君，得道來掌此山，故謂之茅山，乃中山立館，自號華陽陶隱居。人間書疏，即以隱居代名。舊唐書：王遠知，琅琊人。

少聰敏，博綜羣書，入茅山，師事陶弘景，傳其道法。太宗登極，將加重位，固請歸山。貞觀九年，謂弟子潘師正曰：吾見仙格，以吾少時誤損一童子吻，不得白日昇天。見署少室伯，將行在即。翌日沐浴加冠衣，焚香而寢，卒年一百二十六歲。調露二年，追贈太中大夫，謚曰昇真先生，天授二年，改謚曰昇元先生。潘師正，趙州贊皇人。師事王遠知，盡以道門隱訣及符籙授之。高宗幸東都，因召見焉。永淳元年卒，時年九十八。高宗追思不已，贈太中大夫，賜謚曰體元先生。司馬承禎，字子微，河内温人。少好學，薄於爲吏，遂爲道士，事潘師正，傳其符籙及辟穀導引服餌之術，師正特賞異之，卒時年八十九。其弟子表稱：死之日有雙鶴遶壇，及白雲從擅中湧出，上連於天，而師容色如生。玄宗深嘆異之，贈銀青光禄大夫，號貞一先生。顔真卿元静先生李君碑：先生姓李，諱含光，廣陵江都人。本姓弘，以孝敬皇帝廟諱改焉。提孩則有殊異，晬日獨取孝經如捧讀焉。開元十七年，從司馬鍊師于王屋山，傳授大法，靈文金記，一覽無遺，綜覈古今，該明奧旨。玄宗知先生偏得子微之道，乃詔先生居王屋山陽臺觀以繼之。歲餘，請歸茅山，纂修經法，頻徵皆謝病不出。天寶四載冬，乃命中官賫璽書徵之，既至，延入禁中，每欲諮稟，必先齋沐，他日請傳道法，先生辭以足疾，不任科儀者數焉。玄宗知不可強而止。先生常以茅山靈蹟，蕪焉將墜，真經祕録，亦多散落，請歸修葺，特詔於楊許舊居紫陽觀以宅之，仍賜絹二百匹，法衣兩副，香爐一具，御製詩及序以餞之。初隱居先生以三洞真經傳昇元先生，昇元付體元先生，體元付貞一先生，貞一付先生，自先生距於隱居，凡五葉矣，皆總襲妙門大正真法。

【評箋】

王云：按宋敏求後序謂吕縉叔出漢東紫陽先生碑而殘缺間莫能辨，不復收入本集。太平寰宇記：紫陽先生塔銘，李白譔，在廢光化縣，今不知存否。此本從道藏劉大彬茅山志中録出，雖有缺文，然與集中所稱紫陽先生元丹丘僧倩公仙城山餐霞樓等句多所取證，且其文係太白真作，銘詞玄奥可喜，宋氏棄之不收，固矣。按：輿地紀勝卷八三隨州：紫陽先生歸自京師，至葉縣王喬祠，目若有覩，泊然而化。道俗迎之，忽開顔如生。又同卷云紫陽先生碑陰，李白撰，柳公綽書，碑角殘缺，字漫漶不可讀，碑陰寶歷三年。又云：紫陽先生碑銘，李白撰碑，寰宇記在廢光化縣。又按：卷二十七有江夏送倩公歸漢東序，此文中之貞倩當即其人。

北斗延生經注解序

原夫太素未分，無光無象，混黄成化，有始有終。則昇清而滯穢，輔善而貶凶。置百二十曹局，列於冥府；造三十六部經，祕於瓊宫。度天人之有道，啓含識之不矇。余歎曰：莫非三界十方，天地人倫，斯所以爲道之紀也。今竊見聖世幸逢，豐年得遇，皇朝將道德而安家邦，效勳華而育黎庶。而況天下晏然，太元彰耀。今即啓有道之心者，扶風氏等，志奉日新，慕真歲久。禱天祐而制凶魔，求師訓而傳道要。遂得遇崆峒山元元真人，明龍漢之元文，演赤文之妙奧。教符十洞，三乘化列，萬機一義，注解北斗延生經一卷。上則有飛神金闕，中則有保國寧家，次則有延齡益壽。普度有情之品，同登無礙之門。於是謹作斯文，用題經首。李白謹序。

【校】

〔題〕此篇見全唐文卷三四九。

題上陽臺

山高水長，物象千萬，非有老筆，清壯何窮？十八日上陽臺書，太白。

【校】

〔題〕此爲李白所書墨跡，録自文物精華第二集。有宋徽宗跋云：「太白嘗作行書，乘興踏月，西入酒家，不覺人物兩忘，身在世外一帖，字畫飄逸，豪氣雄健，乃知白不特以詩鳴也。」

附録一　年譜

李太白年譜

王　琦撰

據太白詩文自述，系出隴西漢將軍李廣後，見贈張相鎬詩。于涼武昭王爲九世孫。當隋之末，其先世以事徙西域，隱易姓名。故唐興以來，漏於屬籍。至武后時，子孫始還内地，于蜀之綿州家焉，因逋其邑，遂以客爲名，即太白父也。李陽冰草堂集序曰：李白，隴西成紀人，涼武昭王暠九世孫。蟬聯珪組，世爲顯著。中葉非罪，謫居條支，易姓與名，累世不大曜。神龍之初，逃歸于蜀，復指李樹而生伯陽。范傳正翰林學士李公新墓碑曰：其先隴西成紀人，公之孫女於箱篋中得公之子伯禽手疏十數行，紙壞字缺，不能詳備。約而計之，涼武昭王九代孫也。隋末多難，一房被竄於碎葉，流離散落，隱易姓名，故自國朝以來，漏於屬籍。神龍初，潛還廣漢，因僑爲郡人。父客以逋其邑，遂以客爲名，高卧雲林，不求禄仕。按陽冰序乃太白在時所作，所述家世，必出於太白自言。傳正碑據太白之子所手疏，二文序述無有異詞，此其可信而無疑者也。新唐書李白本傳曰：李白，興聖皇帝九世孫，其先隋末以罪徙西域，神龍初遁還客巴西，蓋本二文以爲依據也。太白之爲蜀人，固彰彰矣。魏顥李翰林集序亦曰：白本隴西，乃放形因家于綿。劉全白翰林學士李君碣記云：君廣漢人，其説皆同。是知世謂太白爲隴西成紀人者，本其先世族望而言也，或謂蜀人，或謂綿州，或曰巴西，或曰廣漢，皆指其生長之地，或據當時之名，或援前古之名而互言之也。至若杜子美元微之稱爲山東李白，則又因其流寓之地而言之也。舊唐書竟以白爲山東人，且云父爲任城尉因家焉，與諸説獨異。南部新書云：李白山東人，父爲任城尉因家焉，少與魯人隱徂徠山，號竹溪六逸，俗稱蜀人非也。今任城令廳有白之祠尚存，蓋仍舊史之誤而云耳。不可信也。

【傳疑】輿地廣記曰：綿州彰明縣有唐李白碑，白之先世嘗流巂州，其後内移，白生于此縣。杜詩補遺曰：范傳正李白新墓碑云：白本宗室子，厥先避仇客居蜀之彰明，太白生焉。彰明，綿州之屬邑，有大小康山，白讀書于大康山，有讀書堂尚存，其宅在清廉鄉。洪邁容齋續筆曰：杜子美贈李太白詩：康山讀書處，頭白好歸來。説者以爲即廬山也。吴曾能改齋漫録内辨誤一卷，正辨是事。引杜田杜詩補遺云：范傳正李白新墓碑云：白本宗室子，厥先避仇，客居蜀之彰明，太白生焉。彰明，緜州之屬邑，有大小康山，白讀書于大康山，有讀書堂尚存，其宅在清廉鄉，後廢爲僧房，稱隴西院，蓋以太白得名。院有太白像。吴君以是證杜句，知康山在蜀，非廬山也。予按：當塗所刊太白集，其首載新墓碑，宣、歙、池等州觀察使范傳正撰，凡千五百餘字，初無補遺所紀七十餘言。豈非好事者僞爲此書，如開元遺事之類，以附會杜老之詩耶！歐陽忞輿地廣記云：彰明有李白碑，白生于此縣，蓋亦傳説之誤，當以范碑爲證。方輿勝覽：李陽冰草堂集序：李白，興聖皇帝之九世孫，其先以罪謫居條支，神龍之始，逃歸于蜀之昌明。今本李陽冰草堂集序無昌明字。按彰明縣自先天以前止曰隆昌，後避玄宗諱始曰昌明。五代時改曰彰明。楊升菴文集引成都古今記云：李白生於彰明之青蓮鄉。

唐長安元年辛丑　即武后之大足元年也，十月始改長安。

太白生。舊譜起于聖曆二年己亥，云白生于是年。按曾鞏序，享年六十四，李陽冰序載白卒于寶應元年十一月，自寶應元年逆數六十四年，乃聖曆二年也。薛氏據之，故曰白生於是年。然李華作太白墓誌曰年六十二，則應生於長安元年，以代宋中丞自薦表核之，表作于至德二載丁酉，時年五十有七合之，長安元年爲是。若生聖曆二年，則當云五十有九矣。自當以表爲正。故訂以長安元年爲太白始生之歲。又按李陽冰序云：神龍之始逃歸於蜀，復指李樹而生伯陽。范傳正墓碑云：神龍初潛還廣漢，今以李誌、曾序參互考之，神龍改元，太白已數歲，豈神龍之年號乃神功之訛，抑太白之生在未家廣漢之前歟！驚姜之夕，長庚入夢，故名白，以太白字之。若青蓮居士、酒仙翁，又其所自號者。青蓮居士見答湖州迦葉司馬詩及答僧中孚贈仙人掌茶詩序。青蓮花出西竺，梵語謂之優鉢羅花，清浄香潔，不染纖塵。太白自號疑取此義。眉公祕笈謂其生於彰明之青蓮鄉故號青蓮。按青蓮鄉在綿州舊彰明縣内，彰明逸事原作清廉鄉，疑後人因太白生於此，故易其字作青蓮耳。謂太白因此而取號，恐未是。酒仙翁見送權十一序。

長安二年壬寅

長安三年癸卯

長安四年甲辰

神龍元年乙巳　是年中宗復位。

　太白年五歲，能誦六甲。

神龍二年丙午

景龍元年丁未　即神龍三年，九月改元景龍。

景龍二年戊申

景龍三年己酉

景雲元年庚戌　即景龍四年，六月改元唐隆。睿宗即位，七月改元景雲。

　太白年十歲，通詩書，觀百家。

景雲二年辛亥

先天元年壬子　是年正月改元太極。五月改元延和。八月玄宗即位，始改先天。

開元元年癸丑　即先天二年，十二月始改開元。

【附考】舊譜：開元元年十月甲辰，帝獵渭川，有大獵賦。按賦序但云以孟冬十月大獵于秦，而不書年分。考通鑑：先天元年十月癸卯，上幸新豐，獵于驪山之下。開元元年十月甲辰，獵於渭川。八年十月壬午，畋於下邽。十年而獵于秦地。凡三見。舊譜竟屬之癸丑歲者，大約以太白生於聖曆二年，至是合十有五歲，因十五觀奇書作賦淩相如一詩而附會其說。若以太白生自長安元年數之，至是始十有三歲耳，恐未是。

開元二年甲寅

開元三年乙卯

太白年十五。上韓荆州書云：十五好劍術，徧干諸侯。贈張相鎬詩云：十五觀奇書，作賦淩相如。按太白明堂賦序：歷遡天皇、天后、中宗而不及睿宗，則是賦之作不特在未改乾元殿之先，并在睿宗未崩之先矣。考睿宗之崩在開元四年六月，制改明堂爲乾元殿在開元五年七月，賦之作應在三四年間，豈所謂十五觀奇書，作賦淩相如者，即是明堂一賦歟！

開元四年丙辰

開元五年丁巳

開元六年戊午

開元七年己未

開元八年庚申

太白年二十，性倜儻，喜縱横術，擊劍爲任俠，嘗手刃數人。輕財重施，不事産業。是年禮部尚書蘇頲出爲益州長史，舊唐書蘇頲傳：開元八年，頲除禮部尚書，罷政事，俄知益州大都督府長史事。太白于路中投刺，頲待以布衣之禮，因謂羣寮曰：此子天才英麗，下筆不休，雖風力未成，且見專車之骨。若廣之以學，可以相如比肩。逸人東嚴子者，隱於岷山之陽，東嚴子姓名不可考。楊升菴以爲即徵君趙蕤，梓州鹽亭人字雲卿者是。又曰：岷山之陽即指匡山，杜子美贈詩所謂匡山讀書處。其説見晏公類要，鄭谷詩所謂雪下文君沽酒店，雲藏李白讀書山者也。俱恐未是。太白從之遊。巢居數年，不跡城市，養奇禽千計，呼皆就掌取食，了無驚猜。郡守聞而異之，詣廬親覩，因舉二人以有道科，並不起。上二事見太白所上安州裴長史書中，自叙歷歷，然無歲月可考。而蘇頲之爲益州長史實惟開元八年，故連其少年諸事并叙於此。又書中先言隱居岷山，後言投刺蘇公。玩其文義，作兩段敘述，非接次而言者。州舉有道，應是見蘇公以後事。新唐書本傳曰：白既長隱岷山，州舉有道不應。蘇頲爲益州長史，見白異之，曰：是子天才英特，少益以學，可比相如，蓋依書辭順序之耳。恐未是。又楊升菴以廣漢太守爲蘇頲，且引頲薦疏所謂趙蕤術數、李白文章爲證。今按：蘇頲爲益州長史，未嘗爲廣漢太守，據書中所説明是兩人，楊説殊謬。

【傳疑】唐詩紀事引東蜀楊天惠彰明逸事云：元符二年春正月，天惠補令於此，從學士大夫求問逸事。聞唐李白本邑人，微時募縣小吏，入令臥内，嘗驅牛經堂下，令妻怒，將加詰責。太白亟以詩謝云：素面倚欄鉤，嬌聲出外頭。若非是織女，何必問牽牛？令驚異不問。稍親招引侍硯席，令一日賦山火詩云：野火燒山後，人歸火不歸，思軋不屬。太白從旁綴其下句云：焰隨紅日遠，烟逐暮雲飛。令慚止。頃之，從令觀漲，有女子溺死江上，令復苦吟云：二八誰家女，飄來倚岸蘆。鳥窺眉上翠，魚弄口旁朱。太白輒應聲繼之云：緑髮隨波散，紅顔逐浪無。何因逢伍相？應是想秋胡。令滋不悦。太白恐棄去，隱居戴天大匡山。往來旁郡，依潼江趙徵君蕤。蕤亦節士，任俠有氣，善爲縱横學，著書號長短經。太白從學歲餘，去遊成都。賦春感詩云：茫茫南與北，道直事難諧。榆莢錢生樹；楊花玉糝街。塵縈遊子面；蝶弄美人釵。却憶青山上，雲門掩竹齋。益州刺史蘇頲見而奇之。時太白齒方少，英氣溢發，諸爲詩文甚多，微類宫中行樂詞體。今邑人所藏百篇，大抵皆格律也。雖頗體弱，然短羽襹褷，已有鳳雛態。淳化中，縣令楊遂爲之引，謂爲少作是也。遂，江南人，自名能詩，累謫爲令云。

琦按：此編今已不傳，晁公武讀書志曰：蜀本太白集附入左綿邑人所裒白隱處少年所作詩六十篇，尤爲淺俗。今蜀本李集亦不可見，疑文苑英華所載五律數首或即是與。始太白與杜甫相遇梁、宋間，結交歡甚，久乃去，客居魯徂徠山。甫從嚴武成都，太白益流落不能歸，故甫詩云：匡山讀書處，頭白好歸來。然學者多疑太白爲山東人，又以匡山爲匡廬，皆非也。今大匡山猶有讀書臺，而清廉鄉故居遺地尚在，廢爲寺，名隴西院，有唐梓州刺史碑，失其名。太平寰宇記：綿州彰明縣有李白碑，在寧梵寺門下，梓州刺史于邵文。元豐九域志：綿州有李太白碑，唐梓州刺史于邵文。及綿州刺史高祝記。太白有子曰伯禽，女曰平陽，皆生太白去蜀後。有妹月圓，前嫁邑子，留不去，以故葬邑下。墓今在隴西院旁百步外，或傳院乃其所捨云。

開元九年辛酉

開元十年壬戌

開元十一年癸亥

開元十二年甲子

有蟾蜍薄太清詩。新唐書：開元十二年七月，廢皇后王氏爲庶人，舊注謂蟾蜍薄太清一篇爲廢后而作，玩詩意當是。

開元十三年乙丑

太白出遊襄、漢，南泛洞庭，東至金陵、揚州，更客汝海，還憩雲夢，故相許圉師家以孫女妻之，遂留安陸者十年。以上遊歷之處，略見上安州李長史、裴長史二書中，其歲月皆無可考，而娶于許氏，約計當在是年之後，故并叙于此。

訪戴天山道士不遇詩，登峨嵋山詩，登錦城散花樓詩在蜀所作者，皆是年以前詩。

開元十四年丙寅

開元十五年丁卯

開元十六年戊辰

開元十七年己巳

開元十八年庚午

太白年三十。上韓荆州書云：三十成文章，歷抵卿相。上安州裴長史書云：五歲誦六甲，十歲觀百家，常横經枕籍，制作不倦，迄于今三十春矣。以爲士生則桑弧蓬矢，射乎四方，故知大丈夫必有四方之志。乃杖劍去國，辭親遠遊，南窮蒼梧，東涉溟海，見鄉人相如大誇雲夢之事，云楚有七澤，遂來觀焉。而許相公家見招，妻以孫女，憩跡于此，至移三霜焉。按太白送從姪耑遊廬山序云：余少時大人令誦子虛賦，私心慕之。及長，南遊雲夢，覽七澤之壯觀，酒隱安陸，蹉跎十年。是太白寓居安陸蓋十年也。合之此書觀之，約其旅遊安陸，娶于許氏，當在開元十三年之後。太白於時年二十六七矣。踰三年年始三十，有上裴長史書，有憩跡於此至移三霜之語，則開元十八年也。又踰四年年三十五，則開元二十三年，計此十年間，正是其酒隱安陸之十年。自是而出遊太原，轉之齊魯矣。其蒼梧、洞庭、溟海、維揚、金陵、鄂城之遊，皆在二十六七以前，此皆參互可考者。曾子固序曰：白出居襄、漢之間，南遊江、淮，至楚觀雲夢。雲夢許氏者，高宗宰相圉師之家也，以女妻白，因留雲夢者三年。三年字尚欠精審。曩昔東遊維揚，不踰一年，散金三十餘萬，有落魄公子悉皆濟之。又昔與蜀中友人吴指南同遊於楚，指南死於洞庭之上，白伏屍慟哭，若喪天倫，行路聞者悉皆傷心。猛虎前臨，堅守不動，遂權殯於湖側，便之金陵。數年來觀，筋肉尚在，雪泣持刃，躬申洗削，裹骨徒步，寢興攜持，丐貸營葬於鄂城之東。又曰：前此郡督馬公，朝野豪彦，一見盡禮，許爲奇才。因謂長史李京之曰：諸人之文，猶山無烟霞，春無草樹。李白之文，清雄奔放，名章俊語，絡繹間起，光明洞徹，句句動人。故交元丹，親接斯議。

有安陸白兆山桃花巖寄劉侍御綰詩，詩有雲卧三十年，好閑復愛仙之句，雖未必即是三十歲所作，亦其上下數年間詩也。舊譜列是詩於戊午年下，蓋既以聖曆二年爲太白始生之歲，又誤以三十爲二十耳。考其時太白尚未出蜀，又舊譜以門有車馬客行及答湖州迦葉司馬詩皆列於三十歲之下。按門有車馬客詩曰：嘆我萬里遊，飄飖三十春。此嘆其客遊之久，非紀其始壯之年。觀下文北風揚胡沙，埋翳周與秦之句，應是禄山殘破兩京之後所作，答湖州迦葉司馬詩云：青蓮居士謫仙人，酒肆藏名三十春。恐是長安遇賀監以後之作，故有謫仙人之稱。其曰三十春者，是言放浪酒中約三十年，非謂是時年甫及三十也，兹皆不采。安州應城玉女湯詩，安州般若寺水閣納涼喜遇薛員外乂詩，代壽山答孟少府移文書，秋夜於安府送孟贊府還都序，上安州李長史書，上安州裴長史書，皆在安陸十年中之作。

開元十九年辛未

開元二十年壬申

有送梁公昌從信安王北征詩。是年正月，以禮部尚書信安郡王禕爲河東河北道行軍副元帥，將兵擊奚、契丹。三月，信安郡王禕與幽州長史趙含章大破奚、契丹于幽州之北。

開元二十一年癸酉

開元二十二年甲戌

〔按：太白與韓荆州書有三十成文章語，此書當是庚午以後甲戌以前四年中之作。唐書韓朝宗傳：朝宗累遷荆州長史。開元二十二年，初置十道採訪使，朝宗以襄州刺史兼山南東道，其爲荆州長史在是年以前。其憶襄陽舊遊贈濟陰馬少府詩曰：昔爲大堤客，曾上山公樓。高冠佩雄劍，長揖韓荆州。魏顥作公集序云：長揖韓荆州。荆州延飲，白誤拜，韓讓之，白曰：酒以成禮。荆州大悦，皆是時事。

開元二十三年乙亥

太白遊太原，有秋日於太原南栅餞陽曲王贊公賈少公石艾尹少公應舉赴上都序。是年太白遊太原，因南栅餞飲一序知之。舊唐書：開元二十三年春正月乙亥，親耕籍田，加至九推而止，卿以下終其畝。大赦天下。在京文武官及朝集採訪使三品以上加一爵，四品以下加一階，外官賜勳一轉。其才有霸王之略、學究天人之際及堪將帥牧宰者，令五品以上清官及刺史各舉一人。致仕官量與改職，依前致仕。賜酺三日。此文所云今春皇帝有事千畝，湛恩八埏，大搜羣材，以緝邦政，王公以令宰見舉，賈公以王霸聲聞，正其事也。又開元十九年春正月丙子，帝親耕于興慶宫龍池。此乃帝欲知稼穡之事，故習爲之，雖曰親耕，與籍田大禮不同，無恩典逮下，與此文所言不合，故訂其的爲是年之作。識郭子儀於行伍中，言於主帥，脱其刑責。與譙郡元參軍攜妓遊晉祠，浮舟弄水。見憶舊遊寄譙郡元參軍詩。皆是時事。已而去之齊、魯，寓家任城，與孔巢父、韓準、裴政、張叔明、陶沔會徂徠山，酣飲縱酒，號竹溪六逸。遊齊、魯歲月不可詳考，并附於此。

有五月東魯行答汶上翁詩曰：顧余不及仕，學劍來山東。舉鞭訪前途，獲笑汶上翁。是初遊魯地之作。又有送韓準裴政孔巢父還山詩，是酣飲竹溪時之作。

【附考】是年司馬子微化形於天台。劉大彬茅山志：司馬子微于開元乙亥歲六月十八日蜕形於天台。按太白大鵬賦序云：余昔於江陵見天台司馬子微，謂余有仙風道骨，可與神遊八極之表，因著大鵬遇希有鳥賦以自廣，此賦未詳作于何年。舊譜列于開元十年之下，未知何據。

開元二十四年丙子

開元二十五年丁丑

開元二十六年戊寅

【附考】是年潤州刺史齊澣開伊婁河于揚州南瓜洲浦。太白有題瓜洲新河餞族叔舍人賁詩曰：齊公鑿新河，萬古流不絕。豐功利生人，天地同朽滅。正指其事。乃是年以後之作。

開元二十七年己卯

開元二十八年庚辰

太白年四十。

【附考】是年孟浩然卒。王士源孟浩然集序曰：開元二十八年，王昌齡遊襄陽，時浩然疾疹發背且愈，相得甚歡，浪情宴謔，食鮮疾動，終於治城南園，年五十有二。太白有贈孟浩然詩，黃鶴樓送孟浩然之廣陵詩，春日歸山寄孟浩然詩，皆是年以前之作。

開元二十九年辛巳

天寶元年壬午

時太白遊會稽，與道士吴筠共居剡中。會筠以召赴闕，薦之於朝，玄宗乃下詔徵之。太白至京師，與太子賓客賀知章遇于紫極宫，一見賞之。曰：此天上謫仙人也。因解金龜换酒爲樂。言於玄宗，召見金鑾殿，論當世務，草答蕃書，辯若懸河，筆不停綴。又上宣唐鴻猷一篇。帝嘉之，以七寶牀賜食，御手調羹以飯之。謂曰：卿是布衣，名爲朕知，非素蓄道義，何以得此？命供奉翰林，專掌密命。本事詩曰：李太白初自蜀至京師，按太白出蜀之後，歷遊吴、楚、齊、魯，多涉年所，而後入京，謂自蜀至京師誤也。舍于逆旅，賀監知章聞其名，首訪之。既奇其姿，復請所爲文，出蜀道難以示之，讀未竟，稱嘆者數四，號爲謫仙。解金龜换酒，與傾盡醉，期不間日，由是稱譽光赫。賀又見其烏棲曲，或言是烏夜啼。嘆賞苦吟曰：此詩可以泣鬼神矣。摭言曰：李太白謁賀知章，知章曰：公非人世之人，可不是太白星精耶！魏顥序曰：白久居峨眉，與丹丘因持盈法師達，白亦因之入翰林。按李陽冰及樂史序皆言天寶中召入翰林，劉全白碣記，范傳正新墓碑云：天寶初，太白代宋中丞作自薦表，亦曰：天寶初，五府交辟，不求聞達，亦由子真谷口，名動京師。上皇聞而悦之，召入禁掖。既潤色于鴻業，亦間草于王言，雍容揄揚，特見褒賞。考其時當在天寶元二年間，蓋太白爲知章所薦，而知章之辭職在天寶二年之十二月，其祖餞出京，在三年之正月。則太白之因其薦而入朝及爲飲中八仙之遊，在二年十二月以前，不居然可知乎！又按太白之召見，舊唐書以爲吴筠薦之，新唐書以爲賀知章言之，新書蓋本之樂史别集序。考太白有别内赴徵三首，則其西入京師，乃應詔而至，非浪遊也。疑當時吴筠薦之于先，賀知章復言之于後，在玄宗于筠之薦，視太白不過與預薦諸人一例等視而已。及得知章之稱譽，而後以奇才相待，異禮有加。世但知有賀之薦，而不知有吴之薦，殆未稽之于舊史耳。至魏顥序謂丹丘因持盈法師達，白亦因之入翰林。持盈法師謂玉真公主也，太白有玉真公主別館苦雨詩，想其才名炫燿，竦動一時，公主亦欲識其人而揚聲于人主之前，亦理之所有者乎！

有遊太山詩，古本題下有注云：天寶元年四月，從故御道上太山，則其時在魯而不在會稽，并未嘗入京可知也。但未知遊太山之後方入會稽，抑入會稽在遊太山之先，皆不可考。第一首云：四月上太山，石平御道開。第五首云：山花異人間，五月雪中白。其時在四月五月之交矣。別内赴徵詩。

【附考】按開元二十九年正月始立崇玄學，置生徒，令習老子、莊子、列子、文子，每年准明經例考試。天寶元年二月，號莊子爲南華真人，文子爲通玄真人，列子爲沖虛真人，庚桑子爲洞虛真人。太白有送于十八應四子舉落第還嵩山詩，中有炎炎四真人句，應爲是時以後之作。

【附考】是年改鄆州平陸縣爲中都縣，析涇縣南陵秋浦三縣置青陽縣。公有別中都明府兄詩，酬中都小吏攜斗酒雙魚於逆旅見贈詩，改九子山爲九華山與高霽韋權輿聯句詩，又有望九華山贈青陽韋仲堪詩，皆是時以後所作。

【附考】是年胡紫陽卒，據紫陽碑文，紫陽之卒在天寶元年，其葬以十月望後。公有題紫陽先生壁詩，冬夜於隨州紫陽先生餐霞樓送烟子元演隱仙城山序，皆是年以前之作。其漢東紫陽先生碑銘，是年以後所作。

天寶二年癸未

公在長安，與賀知章、汝陽王璡、崔宗之、裴周南爲酒中八仙之遊。李陽冰集序云：害能成謗，帝用疎之。公乃浪跡縱酒，以自昏穢，與賀知章、崔宗之等自爲八仙之遊，謂公謫仙人，朝列賦謫仙之歌，凡數百首，多言公之不得意。據此則八仙之遊乃被讒以後事，賀監以天寶三載正月歸越時，公作詩送之，則其酣飲同遊，正在元二年間，豈供奉無多日即遭讒毁，賀監未去之前已不能安其身歟！八仙之名，李序舉其二，曰賀知章、崔宗之，與太白而三。范碑舉其四，曰賀知章、汝陽王、崔宗之、裴周南，與太白而五。新唐書本傳云：白與知章、李適之、汝陽王璡、崔宗之、蘇晉、張旭、焦遂爲酒中八仙人。蓋據杜子美飲中八仙歌而記之耳。錢牧齋譏其既云天寶初供奉，又云與蘇晉同遊，爲自相矛盾。蓋蘇晉以開元二十二年先卒，見舊唐書，而謂于天寶初與李白同遊，恐其誤也。然子美與太白同時，徧舉其人，自必不妄。或者天寶初蘇晉尚存，舊書二十二年之下，卒字之上尚有缺文，遂致兹誤，亦未可知。其裴周南一人不入杜詩所詠之數，意者如今時文酒之會，行之日久，一人或亡則以一人補之，以致姓名流傳參差不一，其以此歟！

天寶三載甲申　五月改年爲載。

太白在翰林，代草王言。然性嗜酒，多沉飲，有時召令撰述，方在醉中不可待，左右以水沃面稍解，即令秉筆，頃之而成，帝甚才之。數侍宴飲，因沉醉，引足令高力士脱靴。力士恥之，因摘其詩句以激太真妃。帝三欲官白，妃輒沮之，又爲張垍讒譖。公自知不爲親近所容，懇求還山，帝乃賜金放歸。本事詩云：李白才逸氣高，與陳拾遺齊名。玄宗聞之，召入翰林，以其才藻絶人，器識兼茂，便以上位處之，故未命以官。嘗因宫人行樂，謂高力士曰：「對此良辰美景，豈可獨以聲伎爲娱？儻時得逸才詞人詠出之，可以誇耀於後。」遂命召白。時寧王邀白飲酒已醉，既至，拜舞頹然。上知其薄聲律，謂非所長，命爲宫中行樂五言律詩十首。白頓首曰：「寧王賜臣酒，今已醉，儻陛下賜臣無畏，始可盡臣薄技。」上曰：「可。」即遣二内臣掖扶之，命研墨濡筆以授之。又令二人張朱絲欄于其前。白取筆抒思，略不停綴，十篇立就，更無加點。筆跡遒利，鳳跌龍拏，律度對屬，無不精絶。出入宫中，恩禮殊厚，竟以疎縱乞歸。上亦以非廊廟器，優詔罷遣之。松窗録云：開元中，禁中初重木芍藥，即今牡丹也，得四本，紅紫淺紅通白者。上移植於興慶池東沉香亭前。會花方繁開，上乘照夜白，太真妃以步輦從。詔特選梨園弟子中尤者得樂十六部，李龜年以歌擅一時之名，手捧檀板押衆樂前，將歌之。上曰：「賞名花，對妃子，焉用舊樂詞爲？」遂命龜年持金花箋，宣賜翰林供奉李白，立進清平調辭三章。白欣然承旨，猶苦宿酲未解，因援筆賦之。其辭曰：雲想衣裳花想容，春風拂檻露華濃。若非羣玉山頭見，會向瑶臺月下逢。一枝紅豔露凝香，雲雨巫山枉斷腸。借問漢宫誰得似？可憐飛燕倚新妝。名花傾國兩相歡，長得君王帶笑看。解釋春風無限恨，沉香亭北倚欄杆。龜年遽以辭進，上命梨園弟子約略調撫絲竹，遂促龜年以歌。太真妃持玻瓈七寶盞，酌西涼州蒲桃酒，笑領歌意甚厚。上因調玉笛以倚曲，每曲徧將换，則遲其聲以媚之。太真妃飲罷，斂繡巾重拜上。龜年常語於五王，獨憶以歌得自勝者，無出於此。抑亦一時之極致耳。上自是顧李翰林尤異于他學士。會高力士終以脱靴爲深耻，異日太真妃重吟前詞，力士戲曰：「比以妃子怨李白深入骨髓，何反拳拳如是？」太真妃驚曰：「何翰林學士能辱人如斯！」力士曰：「以飛燕指妃子，是賤之甚矣。」太真妃深然之，上嘗三欲命李白官，卒爲宫中所捍而止。松窗録，唐韋叡撰，今亡。此則自太平廣記中録出，樂史别集序中所載，蓋本之此書。摭言云：開元當是天寶之誤。中，李翰林白應詔草白蓮花開序及宫辭十首，時方大醉，中貴人以冷水沃之稍醒，白於御前索筆一揮，文不加點。今本摭言缺此一則，太平廣記中引之。按所謂草白蓮花開序，疑即范墓碑所云泛白蓮池序也。所謂宫詞十首，疑即本事詩所云宫中行樂詞五言律十首也。蓋皆得之傳聞，故其説不無少異。今宫詞僅存八首，白蓮序已亡。鍾泰華文苑四史云：唐書曰：玄宗召李白草白蓮辭，使太真捧硯，力士脱靴，今唐書無此文，恐出自稗官小説，鍾蓋誤引耳。魏顥集序云：上皇豫遊召白，白時爲貴門邀飲，比至半醉，令製出師詔，不草而成，許中書舍人。諸書皆言太白以醉中應詔而作詩文，宫中行樂詞多言中春之景。沉香亭賦清平調值牡丹繁開，則春暮矣。泛白蓮池又夏中事，出師詔不詳何時。大抵各舉其所聞之一事而言，致有不同，非傳聞之錯互也。杜子美詩云：李白一斗詩百篇，長安市上酒家眠。天子呼來不上船，自稱臣是酒中仙。想其扶醉而見天子，固不止偶然一次矣。唐國史補云：李白在翰林，多沉飲。玄宗令撰樂詞，醉不可待，以水沃之，白稍能動，索筆一揮十數章，文不加點。後對御令高力士脱靴，上令小閹排出之。舊唐書：白嘗沉醉殿上，引足令高力士脱靴，由是斥去。酉陽雜俎云：李白名播海内，玄宗於便殿召見，神氣高朗，軒軒若霞舉，上不覺忘萬乘之尊，因命納履。白遂展足與高力士曰：「去靴。」力士失勢，遽爲脱之，及出，上指白謂力士曰：「此人固窮相。」李陽冰集序云：醜正同列，害能成謗，格言不入，帝用疎之。公乃浪跡縱酒，以自昏穢。詠歌之際，屢稱東山。天子知其不可留，乃賜金歸之。按李陽冰、魏顥皆嘗與太白遊處，二序所紀出處，較之他文定爲真確可信。陽冰所謂醜正同列，害能成謗，顥序所謂以張垍讒逐，劉全白翰林學士李君碣記亦曰：爲同列者所謗，詔令歸山。三書大約相同，而新舊史皆不載，知其疎略矣。野客叢書曰：李白事所説不一，魏顥作文集序曰：上皇豫遊召白，白時爲貴朋邀飲，比至半醉，令製出師詔，不草而就，許中書舍人。以張垍讒逐，遊海、岱間，年五十餘，尚無禄位。樂史作別集序則又云：上與太真在沉香亭賞木芍藥，令李龜年持金花箋宣賜李白，立進清平調，白宿酲未解，援筆賦之。會高力士挾脱靴之恨，譖白于妃，由是上三欲官白，輒爲妃沮。劉全白作碣記曰：天寶初，玄宗辟翰林待詔，因爲和蕃書并上宣唐鴻猷一篇。上重之，欲以綸誥之任委之。爲同列者所謗，詔令歸山，遂浪跡天下。范傳正新墓碑曰：天寶初，召見於金鑾殿，論當世務，草答蕃書。玄宗嘉之，遂直翰林，專掌密命，將處司言之任。他日泛白蓮池，公不在宴。皇歡既洽，召公作序，時公被酒于翰苑中，命高將軍扶以登舟，優寵如是。既而上疏請還舊山，玄宗甚愛其材，或慮乘醉出入省中，不能不言温室樹，恐掇後患，惜而遂之。其説紛紜不同如此。惟樂史所説頗與傳文合。傳曰：白供奉翰林，猶與飲徒醉於市，帝坐沉香亭，意有所感，欲得白爲樂章，召入而白已醉，左右以水頮面稍解，援筆成文，婉麗精切無留思。帝愛其材，數宴飲，白嘗侍帝，醉使高力士脱靴，力士數貴，恥之，摘其詩以激楊貴妃。帝欲官白，妃輒沮之。白自知不爲親近所容，懇求歸山，帝賜金放還。所載如此。僕謂李白不容於朝，固由高力士之譖，然其爲人疎曠不密，觀傳正所謂乘醉出入省中，不能不言温室樹，又觀李陽冰草堂集序謂出入翰林中，問以國政，潛草詔誥，人無知者，醜正同列，害能成謗，疑其醉中曾泄漏禁中事機，或者云云，明皇因是疎之。

計太白在長安不過三年，所賦諸詩，其玉真公主別館苦雨贈衛尉張卿詩，灞陵行送別詩，送程劉二侍御獨孤判官赴安西幕府詩，望終南山寄紫閣隱者詩，下終南山過斛斯山人宿置酒詩，春歸終南山松龍舊隱詩，登太白峯詩，杜陵絶句，夕霽杜陵登樓寄韋繇詩，怨歌行，注云：長安見内人出嫁，友人令予代爲之。皆在長安中之作，先後不可考。其侍從宜春苑奉詔賦龍池柳色初青聽新鶯百囀歌，宮中行樂詞，清平調詞，送賀監歸四明應制詩，送賀賓客歸越詩，舊唐書：天寶二年十二月乙酉，太子賓客賀知章請度爲道士還鄉。三載正月庚子，遣左右相以下祖別賀知章於長樂坡，上賦詩贈之。太白二詩，一乃應制，一私自送行而作者也。其對酒憶賀監二首，又重憶一首，皆知章没後之作。朝下過盧郎中叙舊遊詩，金門答蘇秀才詩，侍從遊宿温泉宮詩，駕去温泉宮後贈楊山人詩，温泉侍從歸逢故人詩，同王昌齡送族弟襄歸桂陽詩，詩曰：秦地見碧草，楚謡對金樽。把酒爾何思，鷓鴣啼南園。予欲羅浮隱，猶懷明主恩。躊躕紫宮戀，孤負滄洲言。知此詩在翰林時之作。其聞王昌齡左遷龍標遥有此寄詩，則在是時以後，至德以前。皆供奉翰林時所作。

翰林讀書言懷呈集賢院内諸學士詩，送裴十八圖南歸嵩山詩，詩曰：何處可爲別，長安青綺門。臨當上馬時，我獨與君言。風吹芳蘭折，日没鳥雀喧。舉手指飛鴻，此情難具論。同歸無早晚，潁水有清源。應是被讒而去志已决之語。乃遭讒之後所作。

還山留別金門知己詩，初出金門尋王侍御不遇詠壁上鸚鵡詩，將去長安時所作。

玉壺吟，鳳凰初下紫泥詔，謁帝稱觴登御筵。揄揚九重萬乘主，謔浪赤墀青瑣賢。朝天數換飛龍馬，敕賜珊瑚白玉鞭。走筆贈獨孤駙馬詩，是時僕在金門裏，待詔公車謁天子。長揖蒙垂國士恩，壯心剖出酬知己。一別蹉跎朝市間，青雲之交不可攀。贈從弟南平太守之遥詩，天門九重謁聖人，龍顔一解四海春。彤庭左右呼萬歲，拜賀明主收沉淪。翰林秉筆迴英盼，麟閣峥嵘誰可見？承恩初入銀臺門，著書獨在金鑾殿。龍駒雕鐙白玉鞍，象牀綺食黄金盤。當時笑我微賤者，却來請謁爲交歡。一朝謝病遊江海，疇昔相知幾人在？前門長揖後門關，今日結交明日改。憶舊遊寄譙郡元參軍詩，此時行樂難再遇，西遊因獻長楊賦。北闕青雲不可期，東山白首還歸去。寄王屋山人孟大融詩，我昔東海上，勞山餐紫霞。中年謁漢主，不愜還歸家。留別廣陵諸公詩，中迴日月顧，揮翰淩雲烟。騎虎不敢下，攀龍忽墜天。感時留別從兄徐王延年從弟延陵詩，小子謝麟閣，雁行忝肩隨。別韋少府詩，西出蒼龍門，南登白鹿原。欲尋商山皓，猶戀漢皇恩。魯中送二從弟赴舉之西京詩，魯客向西笑，君門若夢中。霜凋逐臣髮，日憶明光宫。送楊燕之東魯詩，我固侯門士，謬登聖主筵。一辭金華殿，蹭蹬長江邊。送岑徵君歸鳴皋山詩，余亦謝明主，今稱偃蹇臣。酬張卿夜宿南陵見贈詩，我昔辭林丘，雲龍忽相見。客星動太微，朝去洛陽殿。答高山人兼呈權顧二侯詩，輕塵集嵩岳，虚點盛明意。謬揮紫泥詔，獻納青雲際讒惑英主心，恩疎佞臣計。彷徨庭闕下，嘆息光陰逝。未作仲宣詩，先流賈生涕。挂帆秋江上，不爲雲羅制。答杜秀才五松山見贈詩，昔獻長楊賦，天開雲雨歡。當時待詔承明裏，皆道揚雄才可觀。敕賜飛龍二天馬，黄金絡頭白玉鞍。浮雲蔽日不復返，總爲秋風摧紫蘭。角巾東出商山道，採秀行歌詠芝草。秋夜獨坐懷故山詩，天書訪江海，雲卧起咸京。入侍瑶池宴，出陪玉輦行。誇胡新賦作，諫獵短書成。拙薄遂疎絶，歸閑事耦耕。皆去朝以後之作。

于是就從祖陳留採訪大使彦允請北海高天師授道籙於齊州紫極宫，自是浮遊四方，北抵趙、魏、燕、晉，西涉邠、岐，歷商於，至洛陽，南遊淮、泗，再入會稽，而家寓魯中，故時往來齊魯間，前後十年中惟遊梁宋最久。此自天寶三載以後至十三載以前十年中遊歷久暫約略可考者也。并録于此。太白贈蔡舍人詩曰：一朝去京國，十載客梁園。以此知其遊梁最久。其梁園吟曰：我浮黄河去京闕，挂席欲進波連山。天長水闊厭遠涉，訪古始及平臺間，是去長安之後即爲梁宋之遊也。魏顥酬白詩曰：去秋忽乘興，命駕來東土。謫仙遊梁園，愛子在鄒魯。兩處不一見，拂衣向江東。考是詩爲天寶十四載所作，而言去秋，則十三載之秋也。自天寶三載至十三載，中間十年，客遊梁、宋之間，而家在東魯，往來其地，有時北抵趙、魏、燕、晉，西涉邠、岐，歷商於，到洛陽，皆未嘗久羈，而一過再過，盤桓税駕，多歷歲時，則惟梁地爲然。故其自言寓遊之地不舉其他而數稱梁園，良有以也。

有奉餞高尊師如貴道士傳道籙畢歸北海詩，留別西河劉少府詩，太白在開元時嘗遊晉矣，於太原南棚餞飲一序見之。天寶改元以後復遊晉地，於留別西河劉少府一詩見之。所謂秋髮已種種，所爲竟無成，知非壯年時語。又有謂我是方朔，人間落歲星。白衣千萬乘，何事去天庭。是不得於朝而去後之作也。單父東樓秋夜送族弟沉之秦詩，有長安宫闕九天上，此地曾經爲近臣。又曰：屈平顦顇滯江潭，亭伯流離竄遼海。知是去朝後復歸東魯之作。送族弟單父主簿凝攝宋城主簿至郭南月橋却回棲霞山留飲贈詩，送族弟凝至晏堌詩，送族弟凝之滁求婚崔氏詩，數詩之作，大抵皆在此十年中。

【附考】新唐書杜甫傳曰：甫少與李白齊名，時號李杜。嘗從白及高適過汴州，酒酣登吹臺，慷慨懷古，人莫測也。子美遣懷詩云：昔與高李輩，論交入酒壚。兩公壯藻思，得我色敷腴。氣酣登吹臺，懷古視平蕪。又昔遊詩云：昔者與高李，晚登單父臺。寒蕪際碣石，萬里風雲來。白有魯郡東石門送杜二甫詩，沙丘城下寄杜甫詩，皆在是時。按杜子美寄太白二十韻詩云：乞歸優詔許，遇我宿心親。是其結交歡好之日，在太白賜金放歸之後，子美未獻三大禮賦以前，乃天寶三載至十載間事，其與高達夫詩酒倡和，爲單父吹臺之遊，正其時也。

【附考】是年三月，改天下諸郡玄元廟爲紫極宫，白有尋陽紫極宫感秋詩，是時以後之作。是年改邠州爲新平郡，白有豳歌行上新平長史粲詩，登新平樓詩，贈新平少年詩，皆是時以後之作。

天寶四載乙酉

天寶五載丙戌

【附考】是年五月以劍南節度使章仇兼瓊爲户部尚書。十月，改臨淄郡爲濟南郡，白有答杜秀才五松山見贈詩，聞君往年遊錦城，章仇尚書倒屣迎。飛牋絡繹奏明主，天書降問迴恩榮。陪從祖濟南太守泛鵲山湖詩，皆是時以後所作。

天寶六載丁亥

【附考】是年正月，杖殺北海太守李邕、淄川太守裴敦復，白有上李邕詩，係少年時作。有題江夏修静寺詩，蓋傷邕也。係是時以後之作。

天寶七載戊子

天寶八載己丑

有虞城令李公去思碑頌，舊譜列是作於天寶四載下。按其文曰：天寶四載，拜虞城令，此紀其受職之年，非紀其去官之日。其下又云：陽無驕僭，四載有年，則李公在虞四年而後去，去思碑頌應作于是年矣。其對雪獻從兄虞城宰詩，亦是此四年中所作。崇明寺佛頂尊勝陀羅尼幢頌。文中言律師道宗以天寶八載五月一日示滅云云，詳其上下文義，頌之作也亦當在是年間。

【附考】是年六月，隴右節度使哥舒翰攻吐蕃石堡城，拔之。白有答王十二寒夜獨酌有懷詩云：君不能學哥舒，橫行青海夜帶刀，西屠石堡取紫袍。又云：君不見李北海，英風豪氣今何在！君不見裴尚書，土墳三尺蒿棘居。知爲是時以後之作。

天寶九載庚寅

太白年五十。

天寶十載辛卯

有羽檄如流星詩，是年四月，劍南節度使鮮于仲通伐雲南，戰於西洱河，敗績，士卒死者六萬人。楊國忠大募兩京及河南兵以伐雲南。詩曰：借問此何爲，答言楚徵兵。度瀘及五月，將赴雲南征云云，知此詩爲是時之作。比干碑。文曰：天寶十載，余尉于衛，拜首祠堂云云，是代衛縣尉李翰作者，然此文似非白筆。

天寶十一載壬辰

【附考】是年四月，御史大夫王鉷賜死，禮部員外郎崔國輔以鉷近親貶竟陵郡司馬。白有送崔度還吳度故人禮部員外國輔之子云云，乃是年以後之作。

天寶十二載癸巳

有書情贈蔡舍人詩，詩曰：遭逢聖明主，敢進興亡言。白璧竟何辜？青蠅遂成冤。一朝去京國，十載客梁園。是作詩時太白已去朝十年矣。故定爲是時之作，下二首同。贈崔司户文昆季詩，詩云：惟昔不自媒，擔簦西入秦。攀龍九天上，忝列歲星臣。布衣侍彤墀，密勿草絲綸。才微惠渥重，讒巧生緇磷。一去已十年，今來復盈旬。留別曹南羣官之江南詩，詩曰：時來不關人，談笑遊軒皇。獻納少成事，歸休辭建章。十年罷西笑，攬鏡如秋霜。自梁園至敬亭山見會公談陵陽山水兼期同遊詩。按獨孤及送李白之曹南序曰：出車桐門，將駕於曹。送子何所，平臺之隅。合上一詩觀之，則公之行踪由梁園而曹南，由曹南旋反，遂往宣城，然後遊歷江南各處。爾後往來宣城不止一次，而其始遊則自兹時始矣。

天寶十三載甲午

太白遊廣陵，與魏萬相遇，遂同舟入秦淮，上金陵，與萬相别，復往來宣城諸處。按魏顥集序曰：解攜明年，四海大盜。據此推之，則相遇之時乃天寶十三載也。又序曰：命駕江東訪白，遊天台，還廣陵見之。太白送萬詩序曰：於廣陵相見。萬酬太白詩曰：雪上天台山，春逢翰林伯。惕然意不盡，更逐西南去。同舟入秦淮，建業龍蟠處。故知其相遇於廣陵，又同舟自秦淮而上金陵也。太白詩曰：五月造我語，知非佁儗人。是其相處之久，自春徂夏凡數月，皆可考而知也。魏顥序云：顥始名萬，命駕江東訪白，遊天台，還廣陵見之，眸子炯然，哆如餓虎。或時束帶，風流醖籍。顥平生自負，人或爲狂，白相見泯合，有贈之作，謂余：爾必著大名於天下，無忘老夫與明月奴。因盡出其文，命顥爲集。

有送王屋山人魏萬詩，贈宣城宇文太守兼呈崔侍御詩，宣城九日聞崔四侍御與宇文太守遊敬亭余時登響山不同此賞醉後寄崔侍御詩。玩詩意，宇文乃天寶中爲宣城太守，而非至德以後始官其地者也。據趙公西候新亭頌，天寶十四載，趙悦來爲宣城守，則宇文之守宣城在其前，可意度也。崔四侍御未詳其名，太白又有酬崔侍御詩云：自是客星辭帝座，元非太白醉揚州。此是攝監察御史崔成甫，未知與此崔四侍御即一人否。舊唐書曰：侍御史崔宗之謫官金陵，與白詩酒唱和，嘗月夜乘舟自采石達金陵，白衣宫錦袍，於舟中顧瞻笑傲，旁若無人。按崔宗之乃崔日用之子，唐書但言其襲封齊國公而不紀其官爵。崔祐甫作日用集序云：嗣子宗之開元中爲起居郎，再爲尚書禮部員外郎，遷本司郎中，終於右司郎中。其爲侍御史及謫官金陵，莫之載也。新唐書削去侍御史及謫官等字，而但云白浮遊四方，嘗乘舟與崔宗之自采石至金陵，著宫錦袍坐舟中，旁若無人，似亦知舊史之誤故耳。考太白集中有與崔宗之詩三首，皆云郎中，又叙其同遊南陽之白水過菊潭上，遺孔子琴等事，而遊金陵采石事不一及焉。恐舊唐書所載者是侍御史崔成甫而誤以爲宗之耳。春日陪楊江寧及諸公宴北湖感古詩，宿白鷺洲寄楊江寧詩，金陵阻風雪書懷寄楊江寧詩，江寧楊利物畫贊，太白贈魏萬詩曰：吾友楊子雲，絃歌播清芬。雖爲江寧宰，好與山公羣。乘興但一行，且知我愛君。蓋謂江寧宰楊利物也。集中與楊江寧諸詩皆在是時前後之作。書懷贈南陵常贊府詩，與南陵常贊府遊五松山詩，於五松山贈南陵常贊府詩，按是年六月，劍南留後李宓率兵伐雲南蠻，至西洱河，舉軍陷没。又關中自去秋水旱相繼，人多乏食，詔出太倉米一百萬石賤糶以濟貧民。太白詩所謂雲南五月中，頻喪渡瀘師。毒草殺漢馬，張兵奪秦旗。至今西洱河，流血擁僵屍。咸陽天下樞，累歲人不足。雖有數盤玉，不如一斗粟。正言是年事。下二詩亦其時先後之作。金陵送權十一序。序言四明逸老賀知章呼余爲謫仙人，又言我君六葉繼聖，熙乎玄風，三清垂拱，穆然紫極，是固天寶中既見賀監之後，而幽燕未亂以前之作也。考其送別之地在金陵，當爲是年先後間之作無疑。

天寶十四載乙未

太白在宣城。

有贈宣城趙太守悦詩，爲趙宣城與楊右相書，趙公西候新亭頌，文曰：惟十有四年，皇帝以歲之驕陽，秋五不稔，乃慎擇明牧，恤南方凋枯。四月孟夏，自淮陰遷我天水趙公作藩於宛陵。又具載一時僚佐長史齊光乂、司馬武幼成、録事參軍吴鎮、宣城令崔欽之名於下，知太白與諸公遊處皆在是時。夏日陪司馬武公與羣賢宴姑熟亭序，宣城吴録事畫贊。

肅宗至德元載丙申 即天寶十五載也。七月肅宗即位於靈武，始改元至德。

太白自宣城之溧陽，又之剡中，遂入廬山。永王璘爲江陵府都督，充山南東路及嶺南、黔中、江南西路四道節度使，重其才名，辟爲府僚佐。及璘擅引舟師東下，脅以偕行。舊唐書：玄宗幸蜀，在途以永王璘爲江淮兵馬都督揚州節度使，白在宣州謁見，遂辟從事。與太白詩文所自序者不同。且永王官爵與其本傳所載亦異。

有春於姑熟送趙四流炎方序，據文中所謂自吴瞻秦日見喜氣，上當攫玉弩，摧狼狐，洗清天地，雷雨必作。則禄山既反之後，玄宗未幸蜀以前所作也。又有少府以黄綬作尉，泥蟠當塗之語。集中有當塗趙少府炎粉圖山水歌，送當塗趙少府赴長蘆詩，寄當塗趙少府炎詩，皆是時以前之作。贈武十七諤詩，序曰：門人武諤，深於義者也。聞中原作難，西來訪予。愛子伯禽在魯，許將冒胡兵以致之。酒酣感激，援筆而贈。詩曰：狄犬吠東洛，天津成塞垣。愛子隔東魯，空悲斷腸猿。是此詩爲東京陷後所作。猛虎行，詩曰：旌旗繽紛兩河道，戰鼓驚山欲傾倒。秦人半作燕地囚，胡馬翻銜洛陽草。一輪一失關下兵，朝降夕叛幽薊城。巨鼇未斬海水動，魚龍奔走安得寧？皆指是時事。詳見本詩注中。又有昨日方爲宣城客，掣鈴交通二千石，及溧陽酒樓三月春，楊花茫茫愁殺人句。是知太白遊宣城之溧陽，而是詩之作在三月時。經亂後將避地剡中留贈崔宣城詩，太白又有江上答崔宣城詩曰：太華三芙蓉，明星玉女峯。尋仙下西岳，陶令忽相逢。當是前此之作，疑另是一崔宣城。爲吳王謝責赴行在遲滯表，通鑑天寶十五載二月，以吳王祇爲靈昌太守河南都知兵馬使。三月，拜陳留太守河南節度使。表所謂才缺總戎，謬當強寇是也。五月，徵吳王祇爲太僕卿。表所謂愍臣不逮，賜臣生全是也。其曰：伏蒙聖恩，追赴行在。又曰：重整乾綱，再清國步。則作表之時當在玄宗幸蜀太子即位於靈武之後矣。疑吳王是時迂道入吳，將由水路上泝荆、襄，轉趨商、洛，以至靈武，表中所謂大舉天兵，掃除戎羯，所在郵驛，徵發交馳，臣逐便水行，難於陸進，是也。太白於時相遇，爲之代作此表歟！集中又有上吳王詩三首，同吳王送杜秀才入京詩，皆是時以前之作。贈王判官時余歸隱居廬山屏風疊詩，詩曰：大盜割鴻溝，如風掃秋葉。吾非濟代人，且隱屏風疊。此正兩京陷没之後，將避地廬山時之作。與賈少公書，書有中原横潰，及王命崇重，大總元戎，辟書三至，嚴期逼迫等語。疑其作應在是時，且疑是應永王辟命時之作。門有車馬客行。詩有北風揚胡沙，埋翳周與秦。大運且如此，蒼穹寧匪仁。亦是兩京陷後之作。

至德二載丁酉

二月，永王璘兵敗，太白亡走彭澤，坐繫尋陽獄。按通鑑及新舊唐書，永王璘，玄宗第十六子也。

天寶十五載六月，玄宗幸蜀，至漢中郡，下詔以璘爲山南東路、嶺南、黔中、江南西路四道節度採訪等使，江陵郡大都督。七月，璘至襄陽。九月，至江陵，召募士將得數萬人，以薛鏐、李臺卿、韋子春、劉巨鱗、蔡駉爲謀主，補署郎官御史。時江、淮租賦鉅億萬，所在山委，恣情破用。肅宗聞之，詔璘還覲上皇於蜀，璘不從命。璘生長宫中，未更人事，自視富強，其子襄成王偒勇而有力，握兵權，爲左右眩惑，遂謀狂悖，勸璘取金陵，以季廣琛、渾惟明、高仙奇、馮季康爲將，甲士五千人。十二月，擅引舟師東下，遣渾惟明向吴郡，襲採訪使李希言，季廣琛趨廣陵，攻採訪使李成式。璘進至當塗，希言遣其將元景曜及丹徒太守閻敬之將兵拒之。成式亦遣其將李承慶來拒。璘擊斬敬之以徇，景曜承慶並降於璘，江淮震動。時河南招討判官李銑在廣陵，有騎百八十人，進屯揚子。成式遣判官裴戎以廣陵步卒三千拒於伊婁埭，廣張旗幟，大閲士卒于江津，璘與偒登陴望之，有懼色。季廣琛知事不集，與渾惟明、馮季康謀，各率衆亡走，是夜銑陣江北，夜然束葦，人執二炬以疑之，影亂水中，覘者以倍告。璘軍亦舉火應之。璘疑王師已濟，攜兒女及麾下遁去，遲明覺其紿，復入城具舟楫，使偒驅衆趨晉陵。江北之兵齊進至新豐，璘使偒與仙奇逆擊之，銑張左右翼搏戰，射偒中肩，軍遂敗。璘奔鄱陽，將南走嶺外。江西采訪使皇甫侁遣兵追及之，戰大庾嶺，璘中矢被執，潛殺之於傳舍，偒爲亂兵所害。薛鏐等皆伏誅。永王璘弄兵之始末如此。太白入其幕中，世頗非之。然考天寶末年宗室諸王若吴王祇、虢王巨皆受命將兵，文人才士豈無入其幕者！太白之受辟于永王璘何以異是？後之擅領舟師東下，命將交兵，其始豈遽料其至此乎？新唐書載季廣琛謂諸將之言曰：吾與公等從王，豈欲反耶！上皇播遷，道路不通，而諸子無賢於王者。如總江、淮鋭兵長驅雍、洛，大功可成。今乃不然，使吾等名挂叛逆，如後世何！太白初見，要亦類此。太白本傳謂永王璘辟白爲府僚佐，及璘起兵，白逃還彭澤，是廣琛奔走廣陵之日，即太白逃亡彭澤之日也。乃廣琛以擁衆歸降，位至節度。太白以隻身逃遁，不免竄流。固遇之幸不幸也夫！觀其爲宋中丞自薦表曰：屬逆胡暴亂，避地廬山，遇永王東巡脅行，中道奔走，却至彭澤，其憶舊遊書懷詩云：僕卧香爐頂，餐霞嗽瑶泉。半夜水軍來，尋陽滿旌旃。空名適自誤，迫脅上樓船。徒賜五百金，棄之若浮烟。辭官不受賞，翻責夜郎天。其自序固甚明也。蘇東坡謂太白之從永王璘，當由迫脅。以璘之狂肆寢陋，雖庸人知其必敗。太白能識郭子儀之爲人傑，而不能知璘之無成，此理之必不然者。蔡寬夫謂太白豈從人爲亂者！蓋其學本出縱横，以氣俠自任，當中原擾攘之時，欲藉之以立功名耳。大抵才高意廣，如孔北海之徒，固未必有成功，而知人料事，尤其所難。議者或責以璘之猖獗，而欲仰以立事，不能如孔巢父、蕭穎士察于未萌，斯可矣，若其志亦可哀矣。宣慰大使崔涣及御史中丞宋若思爲之推覆清雪，若思率兵赴河南，釋其囚，使參謀軍事，并上書薦白才可用，不報。新唐書本傳：長流夜郎，會赦還尋陽，坐事下獄。時宋若思將吴兵三千赴河南，道尋陽，釋囚辟爲參謀。曾南豐集序云：永王璘節度東南，白時卧廬山，璘迫致之。璘軍敗丹陽，白奔亡至宿松，坐繫尋陽獄。宣撫大使崔涣與御史中丞宋若思驗治明白，以爲罪薄宜貰，而若思軍赴河南，遂釋白囚，使謀其軍事，上書肅宗，薦白才可用，不報。乾元元年，終以污璘事長流夜郎。新書稱白流夜郎，還尋陽坐事下獄，宋若思釋之者，不合於白之自序，蓋史誤也。琦按太白所作爲宋中丞自薦表云：前後經宣慰大使崔涣及臣推覆清雪，尋經奏聞，是尋陽下獄而宋若思釋之，正坐永王璘事也。新唐書以一事分爲二事，殊謬。

有永王東巡歌，按舊唐書：至德元載十二月甲辰，江陵大都督永王璘擅領舟師下廣陵。新唐書：玄宗本紀亦以璘反爲十二月甲辰事。肅宗本紀又以璘反爲十月事，陷鄱陽郡爲二載正月事，與此詩所謂永王正月東出師者殊異，恐正字有誤。在水軍宴贈幕府諸侍御詩，在水軍宴韋司馬樓船觀妓詩，奔亡道中詩，南奔書懷詩，送張秀才謁高中丞詩，序曰：余時繫尋陽獄中。尋陽非所寄内詩，萬憤詞投魏郎中，上崔相百憂章，獄中上崔相涣詩，雜言用投丹陽知己兼奉宣慰判官詩，按涣以至德元載十一月爲江南宣慰大使，次年八月罷爲左散騎常侍餘杭太守，數詩皆其未罷使以前之作。中丞宋公以吴兵三千赴河南軍次尋陽脱余之囚參謀幕府因贈之詩，陪宋中丞武昌夜飲懷古詩，爲宋中丞祭九江文，爲宋中丞請都金陵表，爲宋中丞自薦表，武昌懷古有天河落曉霜句，乃暮秋時作。是年九月癸卯，廣平王復西京，十月壬子，廣平王復東京，請都金陵表當是未聞西京尅復捷音以前之作。贈張相鎬詩，通鑑：至德二載八月，以張鎬爲河南節度採訪等使都督淮南諸軍事，二詩之作在是月之後。詩曰：卧病古松滋，蒼山空四鄰。則其時以病暫寓宿松，又不在宋中丞幕矣。集中又有贈閭丘宿松贈閭丘處士二詩，疑皆是時所作。上皇西巡南京歌。上皇以十二月丙午歸長安，戊午改蜀郡爲南京。詩有上皇歸馬若雲屯，及南京還有散花樓之句，蓋是上皇既歸之後所作。

【附考】是年正月乙卯，安禄山爲其子慶緒所殺。酉陽雜俎云：禄山反，太白製胡無人言太白入月敵可摧。及禄山死，太白入月，按新、舊唐書俱無太白入月事，其説恐誤。舊唐書：至德二載九月，改宣州綏安縣爲廣德縣，以縣界廣德故城爲名。白有送韓侍御之廣德詩，爲是年以後之作。太白有至陵陽山登天柱石酬韓侍御見招隱黄山詩云：天子昔避狄，與君亦乘驄。擁兵五陵下，長策遏胡戎。時泰解繡衣，脱身若飛蓬。亦是此時所作。是年以潤州之江寧縣置昇州，至上元二年乃廢，白有贈昇州王使君忠臣詩，是四年中之作。是年十二月，改西京爲中京，白有峨眉山月歌送蜀僧晏入中京詩，乃自後五年中之作。舊譜列於開元六年誤。

乾元元年戊戌 即至德三年也。二月改乾元，復以載爲年。

終以永王事長流夜郎，遂泛洞庭，上三峽，至巫山。樂史别集序云：白有知鑒，客并州，識汾陽王郭子儀於行伍中，爲脱其刑責而奬重之。及翰林坐永王之事，汾陽功成，請以官爵贖翰林，上許之，因而免誅。新唐書本傳：璘敗當誅，初白遊并州，見郭子儀奇之，子儀嘗犯法，白爲救免，至是子儀請解官以贖，有詔長流夜郎。

有流夜郎於烏江留别宗十六璟詩，流夜郎贈辛判官詩，贈劉都使詩，有而我謝明主，銜哀投夜郎句。贈易秀才詩，有竄逐我因誰句。贈别鄭判官詩，有竄逐勿復哀，慚君問寒灰句。憶秋浦桃花舊遊時竄夜郎詩，流夜郎永華寺寄尋陽羣官詩，流夜郎至西塞驛寄裴隱詩，流夜郎至江夏陪長史叔及薛明府宴興德寺南閣詩，張相公出鎮荆州尋除太子詹事予時流夜郎行至江夏與張公相去千里公因太府丞王昔使車寄羅衣二事及五月五日贈予詩予答以此詩。按張鎬爲太子賓客，新、舊唐書皆不載年月。獨孤及所作洪州刺史張公鎬遺愛頌曰：拜公荆州大都督府長史。明年元良肇建，上曰：疇若余樂正父師之職，汝作賓客，卒調護太子，嘉言惟允。於是授太子賓客。則似在乾元二年中也。考舊唐書云：乾元元年五月戊子，以河南節度使中書侍郎平章事張鎬爲荆州大都督府長史本州防禦使。庚寅，立成王俶爲皇太子，則二事相去不過二日。獨孤及所云明年元良肇建者誤也。若云張公之爲太子賓客在明年則可，然與此題所云尋除者又不合。其云詹事或傳聞之誤，或先除詹事後除賓客，亦未可知。鸚鵡洲詩，詩有遷客此時徒極目句，是流夜郎至江夏時之作。泛沔州城南郎官湖詩，序云：乾元歲秋八月，白遷於夜郎，遇故人尚書郎張謂出使夏口，沔州牧杜公漢陽宰王公觴於江城之南湖，樂天下之再平也。寄王漢陽詩，詩云：南湖秋月白，王宰夜相邀。錦帳郎官醉，羅衣舞女嬌。蓋泛郎官湖以後之作。醉題王漢陽廳詩，詩有我似鷓鴣鳥，南遷嬾北飛句，謂遷夜郎也。三詩實一時之作。放後遇恩不霑詩，流夜郎聞酺不與詩，題葵葉詩，上三峽詩。

【附考】是年六月，京兆尹嚴武貶巴州刺史，時郄昂亦自拾遺貶清化尉，二人意氣友善，時賦詩高會。見羊士諤詩集。公有送郄昂謫巴州詩，亦是此時所作。

乾元二年己亥

未至夜郎，遇赦得釋。按唐書本紀：乾元元年二月丁未，以改元大赦。四月乙卯，以有事南郊大赦。十月甲辰，以册立太子大赦。二年三月丁亥，以旱降死罪，流以下原之。公之遇赦，當在此數月中。還憩江夏岳陽，復如尋陽。

有南流夜郎寄内詩，詩有北雁春歸看欲盡，南來不得豫章書句，蓋是三月中作。留别賈舍人至詩，詩有君爲長沙客，我獨之夜郎句，是未遇赦以前之作。流夜郎半道承恩放還兼欣剋復之美書懷示息秀才詩，經亂離後天恩流夜郎憶舊遊書懷贈江夏韋太守良宰詩，詩有傳聞赦書至，却放夜郎回句。天長節鄂州刺史韋公德政碑，鄂州刺史韋公，即江夏韋太守良宰也，詩與文俱一時之作。江夏使君叔席上贈史郎中詩，詩有昔放三湘去，今還萬死餘句。與史郎中飲聽黄鶴樓上吹笛詩，江夏贈韋南陵冰詩，贈從弟南平太守之遥詩，贈韋南陵詩有天地再新法令寬，夜郎遷客帶霜寒句，是遇赦以後之作。又曰：賴遇南平豁方寸，況兼夫子持清論。則知與贈從弟南平太守之遥詩皆一時所作。寄韋南陵冰余江上乘興訪之遇尋顔尚書笑有此贈詩，考肅宗時尚書而顔姓者惟魯公一人，則所尋之顔尚書必魯公也。按唐書：乾元元年，顔真卿由工部尚書出爲饒州刺史，二年六月，由饒州刺史爲昇州刺史，充浙江西道節度使。此詩應在是時前後之作。自漢陽病酒歸寄王明府詩，有去歲左遷夜郎道，今年勑放巫山陽句。早春寄王漢陽詩，望漢陽柳色寄王宰詩，陪族叔侍郎曄及中書賈舍人至遊洞庭詩，李曄之貶，在乾元二年四月，則公與曄遊飲應在是年之秋，而與賈至作詩贈答亦在此時矣。陪侍郎叔游洞庭醉後詩，巴陵贈賈舍人詩，與賈舍人於龍興寺剪落梧桐枝望㴩湖詩，江夏送倩公歸漢東詩，詩序有聖朝已舍季布，當徵賈生語，是遇赦以後之作。九日登巴陵置酒望洞庭水軍，注云：時賊逼華容縣。通鑑：乾元二年八月，康楚元、張嘉延據襄州作亂，楚元自稱南楚霸王。九月，張嘉延襲破荆州，有衆萬餘人，商州刺史韋倫起兵討之。十一月進軍擊之，生擒楚元，其衆潰散，荆、襄皆平。此詩與下二首皆是年之作。司馬將軍歌，有狂風吹古月，竊弄章華臺句，當是荆州陷後之作。荆州賊平臨洞庭言懷作。

唐詩紀事曰：韋渠牟，韋述之從子也，少警悟，工爲詩。李白異之，授以古樂府。權載之叙其文曰：初君年十一，嘗賦銅雀臺絶句，右拾遺李白見而大駭，因授以古樂府之學。按舊唐書韋渠牟傳：渠牟以貞元十七年卒，時年五十三，逆數其十一歲見太白時在乾元二年中。

上元元年庚子　即乾元三年也。閏四月改元上元。

太白年六十。

有江上贈竇長史詩，有萬里南遷夜郎國，三年歸及長風沙句，應在是時作。運速天地閉一首，詩有胡風結飛霜，六龍頽西荒句，謂禄山背畔，玄宗西狩也。有鴛鴦非越鳥，何爲眷南翔句，謂南遷夜郎也。有太白出東方，彗星揚精光句。按唐書乾元三年四月丁巳，有彗星見於東方，凡五旬餘，閏四月辛酉朔，有彗星出於西方，至五月乃滅，正是時事。此詩爲是年之作。

上元二年辛丑　是年九月，制去上元年號，但稱元年，以建子月爲歲首。

太白遊金陵，又往來宣城、歷陽二郡間。

有餞李副使藏用移軍廣陵序，通鑑：上元二年七月，以試少府監李藏用爲浙西節度副使。十月，江淮都統崔圓署李藏用爲楚州刺史，領二城而居盱眙。文有社稷雖定於劉章，封侯未施於李廣，移軍廣陵，恭揖後命等語，知是十月以前之作。聞李太尉大舉秦兵百萬出征東南懦夫請纓冀申一割之用半道病還留别金陵崔侍御詩，通鑑：上元二年五月，以李光弼爲河南副元帥，太尉兼侍中，都統河南、淮南東西、山南東、荆南、江南西、浙江東西八道行營節度，出鎮臨淮，是其事也。詩中有舊國見秋月，長江流寒聲之句，乃是是年秋中之作。宣城送劉副使入秦詩。舊唐書：上元二年正月辛卯，温州刺史季廣琛爲宣州刺史，充浙江西道節度使。詩中所謂秉鉞有季公，凛然負英姿，正指季廣琛也。所謂統兵捍吴越，豺虎不敢窺，指劉展餘黨張景超、孫待封占據蘇湖，將犯杭州之事。所謂大勳竟莫叙，已過秋風吹，是送餞之時約在冬時矣。

寶應元年壬寅　是年四月甲子，改元寶應，復以正月爲歲首。己巳，代宗即位。

時李陽冰爲當塗令，太白往依之，十一月，以疾卒，年六十二。曾南豐序作六十四，以其序之本文考之，既以乾元之前一年參謀宋若思軍事時，謂白年五十有七，合之寶應元年病卒之歲，正是六十二耳。其曰四者，恐是書寫之訛。范傳正新墓碑曰：晚歲渡牛渚磯，至姑熟，悦謝家青山，有終焉之志，盤桓利居，竟卒於此。李華墓誌云：年六十二不偶，賦臨終歌而卒。集中作臨路歌。劉全白碣記云：偶遊至此，遂以疾終。代宗即位，廣拔淹滯，時君亦拜拾遺，聞命之後，君亦逝矣。

【傳疑】摭言曰：李白著宫錦袍，遊采石江中，傲然自得，旁若無人，因醉入水中捉月而死。容齋隨筆曰：世俗多言李太白在當塗采石，因醉泛舟於江，見月影俯而取之，遂溺死，故其地有捉月臺。予按李陽冰作太白草堂集序云：陽冰試絃歌於當塗，公疾亟，草藁萬卷，手集未修，枕上授簡，俾予爲序。又李華作太白墓志亦云賦臨終歌而卒，乃知俗傳良不足信。蓋與杜子美因食白酒牛炙而死者同也。二老堂雜誌曰：世傳太白因醉溺江，故有捉月臺。梅聖俞詩云：采石月下逢謫仙，夜披錦袍坐釣船。醉中愛月江底懸，以手弄月身翻然。不應暴落飢蛟涎，便當騎鯨上青天。蓋信此而爲之説也。舊唐書本傳云：白以飲酒過度，死於宣城。新唐書云：李陽冰爲當塗令，白依之而卒。陽冰之序白集，亦謂白疾亟，枕上授簡，俾予爲集序，初無捉月之説。豈古不弔溺，故史氏爲白諱耶？抑小説多妄而詩人好奇，姑假以發新意耶！方輿勝覽曰：李白初葬采石，後遷青山，去舊墳九里。按李陽冰草堂集序：劉全白作墓碣，皆謂以疾終。五侯鯖録載太白過采石，酒狂捉月，恐好事者爲之。千一録：杜子美之没，旅殯岳陽四十餘年，乃克襄事於首陽。元微之之誌詳矣。李太白卒於當塗，以集託族叔邑令陽冰，陽冰之序明矣，而稗家之説乃云皆以溺死。二公生同聲而没亦同毁，豈相嫉者流言，而志奇者不察耶！

有獻從叔當塗宰陽冰詩，詩云：小子別金陵，來自白下亭，知太白自金陵往當塗也。又云：彈劍歌苦寒，嚴風起前楹。月銜天門曉，霜落牛渚清。則其時爲秋冬之交也。是非辛丑即壬寅二年中之作。當塗李宰君畫贊。贊有縉雲飛聲，當塗政成之句，則所贊者爲陽冰無疑。集中又有陪族叔當塗宰遊化城寺升公清風亭詩，又有化城寺大鐘銘詩，稱升公湖山秀，粲然有辯才。濟人不利己，立俗無嫌猜云云，銘序稱寺主朝昇英骨秀氣，虛懷忘情，潔己利物云云，是朝昇、升公本一人，而詩與銘之作大約相去不遠也。銘序稱當塗邑宰李公以西逾流沙，立功絶域，帝疇乎厥庸，始學古從政，歷宰潔白，聲聞於天。天寶之初，鳴琴此邦。其時代履歷，與陽冰不類，則所謂族叔當塗宰者乃另是一人，在天寶中來爲邑令者，非上元後作當塗宰之李陽冰也。

翰林李太白年譜一帙，宋薛仲邕所編集也。薛，關中人，宋紹興間爲右奉議郎。薛以吕大防爲杜詩年譜，韓柳二公亦有年譜，而太白之集無之，因采唐史及李陽冰、曾鞏諸序，參校詩文而爲此。惜其疎略，又不無牴牾。余嘗參伍諸詩，而補訂其先後。太白生於蜀中，出蜀之後，不復旋返，凡蜀地諸作皆少作也。中年遊京師，出京之後不復再入，凡秦地諸作皆天寶初年中作也。未至京師之前，寓家東魯，而往來於燕、晉、梁、宋、吴、越諸州郡。洎去京師之後，至天寶之末，猶寓家東魯，復往來燕、晉、梁、宋、吴、越諸州郡。故凡燕、晉、梁、宋、吴、越之詩，有作自開元中者，有作自天寶中者。至德以後不復再至中原，所經歷者，岳陽、江夏、金陵、宣城諸處而已。雖開元中亦嘗遊歷其地，然其詩要作於至德後爲多。以此應證舊譜，分别疑似，或删或補，雖不能廣引旁羅，年經月緯，悉以詩筆分隸其間，然依此考之，若者作於開元時，若者作於天寶中，若者作於至德以後，洎寶應初年，亦約略可定矣。太白事跡多無實在年月可考，因朝廷一二巨事及同時諸人列傳詩文中相關合者，參互考訂，稍可分屬。故雖以詩文分繫某年之下，多云其時者，謂在是年先後之間，其尤難分屬者，則云是時以前，是時以後。惟是居今考古，與太白相去千有餘歲，典籍之散亡，金石之磨滅，遺文舊跡日就湮銷而不可復見，較之薛氏之世益又倍焉。薛不能廣輯於前，而思欲拾遺補闕於後，自知其拙矣。況集中亥魯豕魚之字錯謬實多，或雜以他人之作，未能别其真贋，證之史書，年月尚多參錯不一，其雜家記録，聞見異辭，寧遂足爲文獻之徵乎！今採其一説而依以爲據，雖云增益，較昔爲多，安知其舛謬較昔不又多耶！至於傳聞之異辭者，謂太白生於昌明之清廉鄉，讀書於大匡山，而其死也由捉月於采石，之數事昔人多以爲不足信，然在唐時已傳説如此，而圖經地誌且引爲故實，名公才士亦往往見於詩文。故附録之而并載昔人之辯論於其下。若其出自唐以後之書，本之委巷流傳，而依附撰擬，尤不可憑，槩不採輯。非不知多文以爲富也，闕其疑正以見所存者之可信焉耳。

附録二　碑傳

故翰林學士李君墓誌 并序

李　華

嗚呼！姑熟東南，青山北址，有唐高士李白之墓。嗚呼哀哉！夫仁以安物，公其懋焉。義以濟難，公其志焉。識以辯理，公其博焉。文以宣志，公其懿焉。宜其上爲王師，下爲伯友。年六十有二不偶，賦臨終歌而卒。悲夫！聖以立德，賢以立言，道以恒世，言以經俗。雖曰死矣，吾不謂其亡矣也。有子曰伯禽，天然長能持，幼能辯，數梯公之德，必將大其名也已矣。銘曰：

立德謂聖，立言謂賢。嗟君之道，奇于人而侔于天。哀哉！

唐故翰林學士李君碣記

劉全白

君名白，廣漢人。性倜儻，好縱横術，善賦詩，才調逸邁，往往興會屬詞，恐古人之善詩者亦不逮。尤工古歌。少任俠，不事産業，名聞京師。天寶初，玄宗辟翰林待詔，因爲和蕃書，并上宣唐鴻猷一篇。上重之，欲以綸誥之任委之。同列者所謗，詔令歸山。遂浪跡天下，以詩酒自適。又志尚道術，謂神仙可致，不求小官，以當世之務自負。流離轗軻，竟無所成名。有子名伯禽，偶遊至此，遂以疾終，因葬于此。文集亦無定卷，家家有之。代宗登極，廣拔淹瘁，時君亦拜拾遺。聞命之後，君亦逝矣。嗚呼！與其才不與其命，悲夫！全白幼則以詩爲君所知，及此投弔，荒墳將毁，追想音容，悲不能止。邑有賢宰顧公遊秦，志好爲詩。亦常慕效李君氣調，因嗟盛才冥寞，遂表墓式墳，乃題貞石，冀傳于往來也。貞元六年四月七日記，沙門履文書，墳去墓記一百二十步。

唐左拾遺翰林學士李公新墓碑　并序

范傳正

騏驥筋力成，意在萬里外。歷塊一蹶，斃於空谷。惟餘駿骨，價重千金。大鵬羽翼張，勢欲摩穹昊。天風不來，海波不起。塌翅別島，空留大名。人亦有之。故左拾遺、翰林學士李公之謂矣。公名白，字太白，其先隴西成紀人。絶嗣之家，難求譜牒。公之孫女搜于箱篋中，得公之亡子伯禽手疏十數行，紙壞字缺，不能詳備。約而計之，涼武昭王九代孫也。隋末多難，一房被竄于碎葉，流離散落，隱易姓名。故自國朝已來，漏于屬籍。神龍初，潛還廣漢，因僑爲郡人。父客以逋其邑，遂以客爲名。高卧雲林，不求禄仕。公之生也，先府君指天枝以復姓，先夫人夢長庚而告祥，名之與字，咸所取象。受五行之剛氣，叔夜心高；挺三蜀之雄才，相如文逸。瓌奇宏廓，拔俗無類。少以俠自任，而門多長者車。常欲一鳴驚人，一飛沖天，彼漸陸遷喬，皆不能也。由是慷慨自負，不拘常調，器度弘大，聲聞于天。天寶初，召見于金鑾殿，玄宗明皇帝降輦步迎，如見園、綺。論當世務，草答蕃書，辯如懸河，筆不停綴。玄宗嘉之，以寶牀方丈賜食于前，御手和羹，德音褒美。褐衣恩遇，前無比儔。遂直翰林，專掌密命。將處司言之任，多陪侍從之游。他日泛白蓮池，公不在宴。皇歡既洽，召公作序。時公已被酒于翰苑中，仍命高將軍扶以登舟，優寵如是。既而上疏請還舊山，玄宗甚愛其才，或慮乘醉出入省中，不能不言温室樹，恐掇後患，惜而遂之。公以爲千鈞之弩，一發不中，則當摧橦折牙而永息機用，安能傚碌碌者蘇而復上哉！脱屣軒冕，釋羈韁鎖，因肆情性，大放宇宙間。飲酒非嗜其酣樂，取其昏以自富。作詩非事于文律，取其吟以自適。好神仙非慕其輕舉，將不可求之事求之。欲耗壯心，遺餘年也。在長安時，祕書監賀知章號公爲謫仙人。吟公烏栖曲云：此詩可以哭鬼神矣。時人又以公及賀監、汝陽王、崔宗之、裴周南等八人爲酒中八仙。朝列賦謫仙歌百餘首。俄屬戎馬生郊，遠身海上，往來于斗牛之分，優游没身。偶乘扁舟，一日千里，或遇勝境，終年不移。長江遠山，一泉一石，無往而不自得也。晚歲渡牛渚磯，至姑熟，悦謝家青山，有終焉之志。盤桓利居，竟卒于此。其生也，聖朝之高士；其往也，當塗之旅人。代宗之初，搜羅俊逸，拜公左拾遺。制下于彤庭，禮降于玄壤。生不及禄，没而稱官，嗚呼命與！傳正共生唐代，甲子相懸。常于先大夫文字中見與公有潯陽夜宴詩，則知與公有通家之舊。于人間得公遺篇逸句，吟咏在口。無何叨蒙恩獎，廉問宣、池。按圖得公之墳墓，在當塗屬邑。因令禁樵採，備灑掃，訪公之子孫，欲申慰薦。凡三四年，乃獲孫女二人，一爲陳雲之室，一爲劉勸之妻，皆編户甿也。因召至郡庭，相見與語，衣服村落，形容朴野，而進退閑雅，應對詳諦，且祖德如在，儒風宛然。問其所以，則曰：父伯禽以貞元八年不禄而卒，有兄一人，出游一十二年，不知所在。父存無官，父殁爲民，有兄不相保，爲天下之窮人。無桑以自蠶，非不知機杼；無田以自力，非不知稼穡。況婦人不任，布裙糲食，何所仰給？儷于農夫，救死而已。久不敢聞于縣官，懼辱祖考。鄉閭逼迫，忍恥來告。言訖淚下，余亦對之泫然。因云：先祖志在青山，遺言宅兆，頃屬多故，殯于龍山東麓，地近而非本意。墳高三尺，日益摧圮，力且不及，知如之何。聞之憫然，將遂其請。因當塗令諸葛縱會計在州，得諭其事。縱亦好事者，學爲歌詩，樂聞其語。便道還縣，躬相地形，卜新宅于青山之陽，以元和十二年正月二十三日遷神于此。遂公之志也。西去舊墳六里，南抵驛路三百步。北倚謝公山，即青山也。天寶十二載勅改名焉。因告二女，將改適于士族。皆曰：夫妻之道命也，亦分也。在孤窮既失身于下俚，仗威力乃求援于他門。生縱偷安，死何面目見大父于地下？欲敗其類，所不忍聞。余亦嘉之，不奪其志，復井税免徭役而已。今士大夫之葬必誌于墓，有勳庸道德之家，兼樹碑于道。余才術貧虚，不能兩致。今作新墓銘，兼刊二石，一寘于泉扃，一表于道路。亦峴首漢川之義也。庶芳聲之不泯焉。文集二十卷，或得之于時之文士，或得之于宗族，編輯斷簡，以行于代。銘曰：

嵩嶽降神，是生輔臣。蓬萊謫真，斯爲逸人。晉有七賢，唐稱八仙。應彼星象，唯公一焉。晦以麴蘖，暢于文篇。萬象奔走乎筆端，萬慮泯滅乎罇前。卧必酒甕，行惟酒船。吟風咏月，席地幕天。但貴乎適其所適，不知夫所以然而然。至今尚疑其醉在千日，寧審乎壽終百年？謝家山兮李公墓，異代詩流同此路。舊墳卑庳風雨侵，新宅爽塏松柏林。故鄉萬里且無嗣，二女從民永于此。猗歟琢石爲二碑，一藏幽隧一臨岐。岸深谷高變化時，一存一毁名不虧。

翰林學士李公墓碑

裴　敬

李翰林名白，字太白，以詩著名，召入翰林。世稱才名，占得翰林，他人不復争先。其後以脅從得罪，既免，遂放浪江南，死宣城，葬當塗青山下。李陽冰序詩集，粗具行止。敬嘗游江表，過其墓下，愛其才，壯其氣，味其嗜酒，知其取適，作碑於墓。且曰：先生得天地秀氣耶！不然，何異於常之人耶！或曰：太白之精下降，故字太白，故賀監號爲謫仙，不其然乎！故爲詩格高旨遠，若在天上物外，神仙會集，雲行鶴駕，想見飄然之狀。視塵中屑屑米粒，蟲睫紛擾，菌蠢羈絆蹂躪之比。又嘗有知鑒，客并州，識郭汾陽於行伍間，爲免脱其刑責而奬重之。後汾陽以功成官爵請贖翰林。上許之，因免誅。其報也。又常心許劍舞裴將軍，予曾叔祖也。嘗投書曰：如白願出將軍門下。其文高，其氣雄。世稀其本，懼失其傳，故序傳之。大和初，文宗皇帝命翰林學士爲三絶贊，公之詩歌與將軍劍舞洎張旭長史草書爲三絶。夫天付上才，必同靈氣。賢傑相投，龍虎兩合，可爲知者言，非常人所知也。予嘗過當塗，訪翰林舊宅，又於浮屠寺化城之僧得翰林自寫訪賀監不遇詩云：東山無賀老，却棹酒船回。味之不足，重之爲寶，用獻知者。又於歷陽郡得翰林與劉尊師書一紙，思高筆逸。又嘗遊上元蔣山寺，見翰林贊誌公云，水中之月，了不可取，刀齊尺量，扇迷陳語。文簡事備，誠爲作者。夫古以名德稱，占其官謚者甚希。前以詩稱者，若謝吏部、何水部、陶彭澤、鮑參軍之類。唐朝以詩稱，若王江寧、宋考功、韋蘇州、王右丞、杜員外之類。以文稱者，若陳拾遺、蘇司業、元容州、蕭功曹、韓吏部之類。以德行稱者，元魯山、陽道州。以直稱者，魏文貞、狄梁公。以忠烈稱者，顔魯公、段太尉。以武稱者，李衛公、英公。以學行文翰俱稱者，虞祕監。唐之得人，于斯爲盛。翰林其以詩稱之一也，附於此云。會昌三年二月中，敬自湋水草堂南遊江左，過公墓下，四過青山，兩發塗口，徘徊不忍去，與前濮州鄄城縣尉李劭同以公服拜其墓，問其墓左人畢元宥實備灑掃，留綿帛具酒饌祭公。知公無孫，有孫女二人，一娶劉勸，一娶陳雲，皆農夫也。且曰二孫女不拜墓已五六年矣，因告邑宰李君都傑，請免畢元宥力役，俾專灑掃事。嘻！享名甚高，後事何薄！謝公舊井，新墓角落。青山白雲，共爲蕭索。巨竹拱木，如公卓犖。天長地久，其名不朽。此爲祭文，寫授元宥。又爲碑曰：貴盡皆然，名存則難。故予重名不重官。作李翰林碑十五字而已。

舊唐書文苑列傳

劉昫

李白，字太白，山東人。少有逸才，志氣宏放，飄然有超世之心。父爲任城尉，因家焉。少與魯中諸生孔巢父、韓準、裴政、張叔明、陶沔等隱於徂徠山，酣歌縱酒，時號竹溪六逸。天寶初，客游會稽，與道士吴筠隱於剡中。筠徵赴闕，薦之於朝，與筠俱待詔翰林。白既嗜酒，日與飲徒醉於酒肆。玄宗度曲，欲造樂府新詞，亟召白，白已卧於酒肆矣。召入，以水灑面，即令秉筆，頃之成十餘章，帝頗嘉之。嘗沉醉殿上，引足令高力士脱靴，由是斥去。乃浪跡江湖，終日沉飲。時侍御史崔宗之謫官金陵，與白詩酒唱和，嘗月夜乘舟自采石達金陵，白衣宫錦袍於舟中顧瞻笑傲，旁若無人。初賀知章見白賞之曰：此天上謫仙人也。禄山之亂，玄宗幸蜀，在塗以永王璘爲江淮兵馬都督、揚州節度大使，白在宣州謁見，遂辟從事。永王謀亂兵敗，白坐長流夜郎。後遇赦得還，竟以飲酒過度，死於宣城。有文集二十卷行於時。

新唐書文藝列傳

宋　祁

李白，字太白，興聖皇帝九世孫。其先隋末以罪徙西域，神龍初遁還，客巴西。白之生，母夢長庚星，因以命之。十歲通詩書，既長，隱岷山，州舉有道不應。蘇頲爲益州長史，見白異之，曰：是子天材英特，少益以學，可比相如。然喜縱横術，擊劍爲任俠，輕財重施。更客任城，與孔巢父、韓準、裴政、張叔明、陶沔居徂徠山，日沉飲，號竹溪六逸。天寶初，南入會稽，與吴筠善。筠被召，故白亦至長安。往見賀知章，知章見其文，嘆曰：子謫仙人也。言於玄宗，召見金鑾殿，論當世事，奏頌一篇。帝賜食，親爲調羹。有詔供奉翰林。白猶與飲徒醉於市。帝坐沉香亭子，意有所感，欲得白爲樂章，召入而白已醉，左右以水頮面稍解。援筆成文，婉麗精切無留思。帝愛其才，數宴飲。白常侍帝醉，使高力士脱靴，力士素貴，恥之。摘其詩以激楊貴妃。帝欲官白，妃輒沮止。白自知不爲親近所容，益驁放不自修。與知章、李適之、汝陽王璡、崔宗之、蘇晉、張旭、焦遂爲酒中八仙人。懇求還山，帝賜金放還。白浮游四方，嘗乘舟與崔宗之自采石至金陵，著宫錦袍，坐舟中，旁若無人。安禄山反，轉側宿松、匡廬間，永王璘辟爲府僚佐。璘起兵，逃還彭澤，璘敗當誅。初白游并州，見郭子儀奇之。子儀嘗犯法，白爲救免。至是子儀請解官以贖，有詔長流夜郎。會赦還尋陽，坐事下獄。時宋若思將吴兵三千赴河南，道尋陽，釋因辟爲參謀，未幾辭職。李陽冰爲當塗令，白依之。代宗立，以左拾遺召，而白已卒，年六十餘。白晚好黄老，度牛渚磯至姑熟，悦謝家青山，欲終焉。及卒，葬東麓。元和末，宣歙觀察使范傳正祭其塚，禁樵採，訪後裔，惟二孫女，嫁爲民妻，進止仍有風範。因泣曰：先祖志在青山，頃葬東麓，非本意。傳正爲改葬，立二碑焉。告二女將改妻士族，辭以孤窮失身命也，不願更嫁。傳正嘉嘆，復其夫徭役。文宗時，詔以白歌詩、裴旻劍、張旭草書爲三絶。

唐李白小傳

朱駿聲

李白，字太白，自號青蓮居士，晚稱酒仙翁。系出隴西，漢李廣後涼武昭王暠九世孫。父名客，家蜀之緜州。白生於長安元年（辛丑），生之夕，母長庚入夢。五歲能誦六甲，十歲通詩書，涉百家。開元三年（乙卯），年十五，好劍術，作明堂賦一篇。性倜儻任俠，弱冠時嘗手刃數人。開元八年（庚申），蘇頲以尚書出爲益州長史，白於路中投刺謁，頲奇賞之。東巖子者，隱岷山，白從之遊，數年不迹廛市，郡守舉二人有道科，並不起。繼與友人吴指南遊襄漢，泛洞庭，指南死，白慟哭若天倫，猛虎前臨，堅守不動，權殯湘畔，後數年爲營葬。東至金陵揚州，不一年散金三十餘萬。更客汝海，還憩雲夢，故相許圉師以女孫妻之，遂留安陸者十年，郡督馬公一見奇其才，白曾上韓荆州書，荆州延飲，白誤拜，韓讓之，白對曰：酒以成禮。乃大悦。開元二十三年（乙亥），遊太原，識郭子儀行伍中，時郭有薄過，言於主帥脱其刑責。與譙郡元參軍攜妓遊晉祠，浮舟弄水。已而去之齊魯，寓任城，與孔巢父、韓準、裴政、張叔明、陶沔會徂徠山，縱酒，號竹溪六逸。天寶元年（壬午），遊會稽，與道士吴筠居剡中，會筠以召赴闕薦之朝，白應詔至京師，遇太子賓客賀知章於紫極宫，賀歎曰：此天上謫仙人也。因解金龜换酒爲樂。言於玄宗，玉真公主亦薦揚之。召見金鑾殿，論當世務，草答蕃書，又上宣唐鴻猷一篇。帝嘉之，以七寶牀賜食，御手調羹飯焉。命供奉翰林，專掌密命。時年四十二矣。詩才與陳拾遺齊名，又與賀知章、汝陽王璡、崔宗之、裴周南等爲酒中八仙之遊。（杜詩有李適之、蘇晉、張旭、焦遂，無裴周南，想前後存亡屢易，杜據當時言之耳。）白入翰林，嗜酒沈醉，常召撰述，以水沃面解醒，所製出師詔、宫中行樂詞、泛白蓮池序、清平調、龍池柳色詩，皆應詔之作。數侍宴，因醉引足令高力士脱韡，高恥之，摘清平調詩句以怒太真。帝三欲官白，妃沮之，又爲張垍讒譖。白在京三年，自知不容於近幸，乞還山。帝乃賜金放歸。就從祖陳留采訪大使彦允請北海高天師授道籙于齊州紫極宫。厥後北抵趙魏燕晉，西涉邠岐，歷商於至洛陽，南遊淮泗，再入會稽，而家寓魯中，故時往來齊魯間，前後十年，惟遊梁宋最久，與杜甫交在斯時也。（李杜相遇當在天寶三、四、五載間。）天寶十三載（甲午），年五十四，遊廣陵，與魏萬（即顥也。）同至秦淮數月，别後往來宣城間。至德元載（丙申），之溧陽，又之剡中，遂入廬山，永王璘時爲節度使，重白才名，辟爲僚佐，及璘逆命，引舟師東下，脅以行。二載（丁酉），璘敗，白亡走彭澤，坐繫尋陽獄。崔渙、宋若思爲昭雪，若思率兵赴河南，釋其囚，使參謀軍事，又上書薦之廷，不報。乾元元年（戊戌），以永王事論死。時汾陽功成，請以官爵爲贖，乃詔長流夜郎，遂泛洞庭，上三峽，至巫山，未至戍，遇赦得釋還，憩江夏、岳陽，復如尋陽，授韋渠牟以古樂府之學。上元二年（辛丑），遊金陵，又去來宣城歷陽二郡。寶應元年（壬寅），渡牛渚磯至姑熟，悦謝家青山，有終焉之志。杜詩山東李白，蓋東山倒字。依從叔當塗令陽冰所。是年代宗即位，有拜拾遺之命，而白已于十一月以疾卒，年六十有二，卒時，賦臨路歌一篇。

録自傳經室文集卷八

附録三　序跋

草堂集序

李陽冰

李白，字太白，隴西成紀人，涼武昭王暠九世孫，蟬聯珪組，世爲顯著。中葉非罪，謫居條支，易姓與名。然自窮蟬至舜，五世爲庶，累世不大曜，亦可歎焉。神龍之始，逃歸於蜀，復指李樹而生伯陽。驚姜之夕，長庚入夢，故生而名白，以太白字之。世稱太白之精得之矣。不讀非聖之書，恥爲鄭、衛之作。故其言多似天仙之辭。凡所著述，言多諷興。自三代已來，風騷之後，馳驅屈、宋，鞭撻揚、馬，千載獨步，唯公一人。故王公趨風，列岳結軌。羣賢翕習，如鳥歸鳳。盧黄門云：陳拾遺横制頹波，天下質文翕然一變，至今朝詩體，尚有梁、陳宫掖之風。至公大變，掃地併盡。今古文集，遏而不行。唯公文章，横被六合。可謂力敵造化歟。天寶中，皇祖下詔，徵就金馬，降輦步迎，如見綺、皓。以七寶牀賜食，御手調羹以飯之，謂曰：卿是布衣，名爲朕知，非素蓄道義何以及此？置于金鑾殿，出入翰林中，問以國政，潛草詔誥，人無知者。醜正同列，害能成謗，格言不入，帝用疏之。公乃浪跡縱酒，以自昏穢。詠歌之際，屢稱東山。又與賀知章、崔宗之等自爲八仙之遊，謂公謫仙人，朝列賦謫仙之歌，凡數百首，多言公之不得意。天子知其不可留，乃賜金歸之，遂就從祖陳留採訪大使彦允，請北海高天師授道籙于齊州紫極宫。將東歸蓬萊，仍羽人駕丹丘耳。陽冰試絃歌於當塗，心非所好，公遐不棄我，乘扁舟而相顧。臨當挂冠，公又疾亟。草藁萬卷，手集未修。枕上授簡，俾予爲序。論關雎之義，始愧卜商；明春秋之辭，終慚杜預。自中原有事，公避地八年，當時著述，十喪其九，今所存者，皆得之他人焉。時寶應元年十一月乙酉也。

李翰林集序

魏　顥

自盤古劃天地，天地之氣艮於西南。劍門上斷，横江下絶，岷、峨之曲，别爲錦川。蜀之人無聞則已，聞則傑出。是生相如、君平、王褒、揚雄，降有陳子昂、李白，皆五百年矣。白本隴西，乃放形因家于綿。身既生蜀，則江山英秀。伏羲造書契後，文章濫觴者六經。六經糟粕離騷，離騷糠粃建安七子。七子至白，中有蘭芳。情理宛約，詞句妍麗，白與古人争長。三字九言，鬼出神入，瞠若乎後耳。白久居峨眉，與丹丘因持盈法師達。白亦因之入翰林，名動京師。大鵬賦時家藏一本，故賓客賀公奇白風骨，呼爲謫仙子。由是朝廷作歌數百篇。上皇豫游召白，白時爲貴門邀飲，比至半醉，令製出師詔，不草而成，許中書舍人。以張垍讒逐，游海、岱間，年五十餘尚無禄位。禄位拘常人，横海鯤，負天鵬，豈池籠桊之？顥始名萬，次名炎，萬之日不遠命駕江東訪白，遊天台，還廣陵見之，眸子炯然，哆如餓虎，或時束帶，風流醖籍。曾受道籙於齊，有青綺冠帔一副。少任俠，手刃數人。與友自荆徂揚，路亡權窆，迴棹方暑，亡友糜潰，白收其骨，江路而舟。又長揖韓荆州，荆州延飲，白誤拜，韓讓之，白曰：酒以成禮。荆州大悦。白始娶于許，生一女一男，曰明月奴，女既嫁而卒。又合于劉。劉訣，次合于魯一婦人，生子曰頗黎，終娶於宋。間攜昭陽、金陵之妓迹類謝康樂，世號爲李東山，駿馬美妾，所適二千石郊迎，飲數斗醉，則奴丹砂撫青海波，滿堂不樂，白宰酒則樂。顥平生自負，人或爲狂，白相見泯合，有贈之作，謂余爾後必著大名于天下，無忘老夫與明月奴。因盡出其文，命顥爲集。顥今登第，豈符言耶！解攜明年，四海大盜，宗室有潭者，白陷焉。謫居夜郎，罪不至此，屢經昭洗，朝廷忍白久爲長沙汨羅之儔，路遠不存，否極則泰，白宜自寛。吾觀白之文義，有濟代命，然千鈞之弩，魏王大瓠，用之有時。議者奈何以白有叔夜之短，儻黄祖過禰，晉帝罪阮，古無其賢。所謂仲尼不假蓋于子夏。經亂離，白章句蕩盡，上元末，顥于絳偶然得之。沉吟累年，一字不下。今日懷舊，援筆成序，首以贈顥作，顥酬白詩，不忘故人也。次以大鵬賦、古樂府諸篇積薪而録，文有差互者兩舉之。白未絶筆，吾其再刊。付男平津子掌。其他事跡，存於後序。

李翰林別集序

樂史

李翰林歌詩，李陽冰纂爲草堂集十卷，史又別收歌詩十卷，與草堂集互有得失，因校勘排爲二十卷，號曰李翰林集。今于三館中得李白賦序表讚書頌等亦排爲十卷，號曰李翰林別集。翰林在唐天寶中，賀祕監聞於明皇帝，召見金鑾殿。降步輦迎，如見綺、皓。草和蕃書，思若懸河。帝嘉之，七寶方丈，賜食于前，御手調羹。于是置之金鑾殿，出入翰林中。其諸事跡，草堂集序、范傳正撰新墓碑，亦略而詳矣。史又撰李白傳一卷，事又稍周，然有三事近方得之。開元中，禁中初重木芍藥，即今牡丹也。得四本，紅紫淺紅通白者。上因移植于興慶池東沉香亭前。會花方繁開，上乘照夜車，太真妃以步輦從。詔選梨園弟子中尤者，得樂一十六色。李龜年以歌擅一時之名，手捧檀板，押衆樂前，將欲歌之。上曰：賞名花，對妃子，焉用舊樂辭焉！遽命龜年持金花牋宣賜翰林供奉李白，立進清平調詞三章，白欣然承詔旨。由若宿酲未解，因授筆賦之。其一曰：雲想衣裳花想容，春風拂檻露華濃。若非羣玉山頭見，會向瑤臺月下逢。其二曰：一枝紅豔露凝香，雲雨巫山枉斷腸。借問漢宮誰得似？可憐飛燕倚新妝。其三曰：名花傾國兩相歡，長得君王帶笑看。解釋春風無限恨，沉香亭北倚闌干。龜年以歌辭進，上命梨園弟子略約調撫絲竹，遂促龜年以歌之。太真妃持頗梨七寶杯，酌西涼州蒲萄酒，笑領歌辭意甚厚。上因調玉笛以倚曲，每曲徧將換，則遲其聲以媚之。太真妃飲罷，斂繡巾重拜。上自是顧李翰林尤異于諸學士。會高力士終以脱靴爲深恥。異日太真妃重吟前辭，力士曰：始以妃子怨李白深入骨髓，何翻拳拳如是耶！太真妃因驚曰：何翰林學士能辱人如斯！力士曰：以飛燕指妃子，賤之甚矣。太真妃頗深然之。上嘗三欲命李白官，卒爲宮中所捍而止。白嘗有知鑒。客并州，識汾陽王郭子儀于行伍間，爲脱其刑責而奬重之。及翰林坐永王之事，汾陽功成，請以官爵贖翰林。上許之，因而免誅。翰林之知人如此，汾陽之報德如彼。白之從弟令問嘗目白曰：兄心肝五臟皆錦繡耶！不然，何開口成文，揮翰霞散爾爾！傳中漏此三事，今書于序中。白有歌云：吟詩作賦北窗裏，萬言不及一杯水，蓋嘆乎有其時而無其位。嗚呼！以翰林之才名，遇玄宗之知見，而乃飄零如是。宋中丞薦于聖真云：一命不霑，四海稱屈。得非命與！白居易贈劉禹錫詩云：詩稱國手徒爲爾，命壓人頭不奈何。斯言不虚矣。凡百有位，無自輕焉。撰集之次，聊存梗槩而已。時在繞雷州中，咸平元年三月三日序。

李太白文集後序

唐李陽冰序李白草堂集十卷云：當時著述，十喪其九。咸平中，樂史別得白歌詩十卷，合爲李翰林集二十卷，凡七百七十六篇，史又纂雜著爲別集十卷。治平元年，得王文獻公溥家藏白詩集上中二帙，凡廣一百四篇，惜遺其下帙。熙寧元年，得唐魏萬所纂白詩集二卷，凡廣四十四篇，因裒唐類詩諸編，洎刻石所傳別集所載者，又得七十七篇，無慮千篇。沿舊目而釐正其彙次，使各相從，以別集附於後。凡賦表書序碑頌記銘讚文六十五篇，合爲三十卷。同舍呂縉叔出漢東紫陽先生碑，而殘缺間莫能辨，不復收云。夏五月晦常山宋敏求題。

李白集三十卷，舊歌詩七百七十六篇，今千有一篇，雜著六十五篇者，知制誥常山宋敏求字次道之所廣也。次道既以類廣白詩，自爲序，而未考次其作之先後。余得其書，乃考其先後而次第之。蓋白蜀郡人，初隱岷山，出居襄漢之間，南游江淮，至楚觀雲夢。雲夢許氏者，高宗時宰相圉師之家也，以女妻白，因留雲夢者三年。去之齊、魯，居徂來山竹溪。入吴，至長安。明皇聞其名，召見，以爲翰林供奉。頃之不合去，北抵趙、魏、燕、晉，西涉岐、邠，歷商於，至洛陽，游梁最久。復之齊、魯，南游淮、泗，再入吴，轉徙金陵，上秋浦、尋陽。天寶十四載，安禄山反。明年，明皇在蜀，永王璘節度東南，白時卧廬山，璘迫致之。璘軍敗丹陽，白奔亡至宿松，坐繫尋陽獄。宣撫大使崔涣與御史中丞宋若思驗治白，以爲罪薄宜貰，而若思軍赴河南，遂釋白囚，使謀其軍事。上書肅宗，薦白才可用，不報。是時白年五十有七矣。乾元元年，終以汙璘事長流夜郎，遂汎洞庭，上峽江，至巫山。以赦得釋，憩岳陽、江夏。久之，復如尋陽，過金陵，徘徊於歷陽、宣城二郡。其族人陽冰爲當塗令，白過之，以病卒，年六十有四。是時寶應元年也。其始終所更涉如此。此白之詩書所自叙可考者也。范傳正爲白墓誌，稱白偶乘扁舟，一日千里，或遇勝景，終年不移。則見於白之自序者，蓋亦其略也。舊史稱白山東人，爲翰林待詔。又稱永王璘節度揚州，白在宣城謁見，遂辟爲從事，而新書又稱白流夜郎，還尋陽，坐事下獄，宋若思釋之者，皆不合於白之自叙。蓋史誤也。白之詩連類引義，雖中於法度者寡。然其辭閎肆儁偉，殆騷人所不及，近世所未有也。舊史稱白有逸才，志氣宏放，飄然有超世之心。余以爲實録。而新書不著其語，故録之，使覽者得詳焉。南豐曾鞏序。

臨川晏公知止字處善守蘇之明年，政成暇日，出李翰林詩，以授於漸曰：白之詩歷世浸久，所傳之集，率多訛缺。予得此本，最爲完善，將欲鏤板以廣其傳。漸切謂李詩爲人所尚，以宋公編類之勤，而曾公考次之詳，世雖甚好，不可得而悉見。今晏公又能鏤板以傳，使李詩復顯於世，實三公相與成始而成終也。元豐三年夏四月，信安毛漸校正謹題。

宋咸淳本李翰林集序

江萬里

當塗獨以太白故見稱，學有祠，墓有祭文，有亭曰脱韈，無不可以想見其人，及問其詩集，乃無有，蓋漫滅棄毀久矣。後來文字亦有當塗不必刻者，而白集不見刻，豈非恨也。豈士大夫察其名者實亦有所未至，將由學道者衆，無所事乎此也。蓋予將去，甫及此，廣文戴覺民又能以餘力趣成之，予猶及見其成而去。咸淳乙巳三月上澣日江萬里書。

補注李太白集序例

蕭士贇

唐詩大家數李、杜爲稱首，古今注杜詩者號千家，注李詩者曾不一二見，非詩家一欠事與！僕自弱冠知誦太白詩。時習舉子業，雖好之未暇究也。厥後乃得專意于此，間趨庭以求聞所未聞，或從師以蘄解所未解。冥思遐想，章究其意之所寓；旁搜遠引，句考其字之所原。若夫義之顯者，概不贅演。或疑其贋作，則移置卷末，以俟巨眼者自擇焉。此其例也。一日得巴陵李粹甫家藏左綿所刊春陵楊君齊賢子見注本讀之，惜其博而不能約，至取唐廣德以後事及宋儒記録詩詞爲祖，甚而併杜注内僞作蘇東坡箋事已經益守郭知達删去者，亦引用焉。因取其本類此者爲之節文，擇其善者存之。注所未盡者，以予所知附其後，混爲一注。全集有賦八篇，子見本無注，此則併注之，標其目曰分類補注李太白集。吁！晦菴朱子曰：太白詩從容于法度之中，蓋聖于詩者，則其意之所寓，字之所源，又豈予寡陋之見所能知？乃欲以意逆志于數百載之上，多見其不知量矣。注成不忍棄置，又從而刻之棗者，所望于四方之賢師友是正之，發明之，增而益之，俾箋注者由是而十百千焉，與杜注等，顧不美歟！其毋笑以注蟲魚，幸甚。至元辛卯中秋日章貢金精山北冰厓後人粹齋蕭士贇粹可。

李詩選題辭

楊慎

南豐曾子固曰：李白字太白，蜀郡人。遊江淮娶雲夢許氏，去之齊魯，入吴，至長安。明皇召爲翰林供奉，不合去，北抵趙、魏、燕、晉，西涉岐、邠，歷商於，至洛陽，遊梁最久。復之齊、魯，南游淮、泗，再入吴，轉金陵，上秋浦潯陽，卧廬山，永王璘以僞命逼致之，璘敗，白奔宿松，坐繫潯陽獄。宣撫崔涣與御史宋若思驗治，謂其罪薄，薦其才，不報。先是白嘗識郭子儀于未遇時，子儀請解官贖白罪，乃長流夜郎，遂泛洞庭，上峽江，至巫山，以赦得釋，復如潯陽。族人陽冰爲當塗令，白過之，以病卒，年六十四。成都古今記云：李白生于彰明之青蓮鄉，而劉全白李翰林墓碣記以爲廣漢人，蓋唐代彰明屬廣漢，故獨舉郡稱云。載考公之自序，上裴長史書曰：白少長江漢，見鄉人相如大誇雲夢之事，云楚有七澤，遂來觀焉。又與逸人東巖子隱于岷山之陽，巢居數年，不跡城市。廣漢太守聞而異之，因舉二人有道，並不起。今按：東巖子，梓州鹽亭人，趙蕤，字雲卿。岷山之陽則指匡山。杜子美贈詩所謂匡山讀書處，其説見晏公類要。鄭谷詩所謂雪下文君沽酒店，雲藏李白讀書山者也。廣漢太守則蘇頲也。頲薦疏曰：趙蕤術數、李白文章。即其事也。公後在淮南，寄趙徵君詩曰：國門遥天外，鄉路遠山隔。朝憶相如臺，夜夢子雲宅。可證矣。五代劉昫修唐書，以白爲山東人，自元稹序杜詩而誤。詩云：汝與山東李白好，欒史云：李白慕謝安風流，自號東山李白，杜子美所云乃是東山，後人倒讀爲山東，元稹之序亦由于倒讀杜詩也。不然，則太白之詩云：學劍來山東，又云：我家寄東魯，豈自誣乎？宋有晁公武者，孟浪人也。信舊唐書及元稹之誤，乃曰太白自序及詩皆不足信。噫！世安有己之族姓己自迷之，而傍取他證乎！新唐書知其誤，乃更之爲唐宗室，蓋以隴西郡望爲標也。善乎劉子元之言曰：作史者爲人立傳，皆取舊號施之于今，爲王氏傳必曰琅琊臨沂人，爲李氏傳必曰隴西成紀人，欲求實録，不亦難乎！且人無定所，因地而生。生于荆者言皆成楚，生于晉者齒便成黄。豈有世歷百年，人更七葉，而猶以本國爲是，此鄉爲非，則是孔子里于昌平，陰氏家于新野，而系纂微子，源承管仲，乃爲齊宋之人，非曰鄒魯之士乎！宋景文修唐書其弊正坐此。夫族姓郡國，關係亦大矣。誦其詩，不知其人可乎！予故詳著而明辨之，以訂史氏之誤，姓譜之缺焉。若夫公之詩歌，泣鬼神而冠古今矣，豈容喙哉！吾友禺山張子愈光，自童習至白紛與走共爲詩者，嘗謂予曰：李杜齊名，杜公全集外，節抄選本凡數十家，而李何獨無之？乃取公集中膾炙人口者一百六十餘首，刻之明詩亭中，屬慎題辭其端云。

合刻李杜詩集序

王穉登

李、杜詩無合刻，刻之自許子元祐始。既成，問序于王子。王子曰：是烏可序乎！非獨不可，蓋有所不能，且不敢也。夫此光燄萬丈者，誰何傖父偃然任爲嚆矢哉！曰：奈何刻者一李而九杜耶！學之者亦若是，請問祖將誰左？王子曰：余曷敢言詩！聞諸言詩者，有云供奉之詩仙，拾遺之詩聖，聖可學，仙不可學，亦猶禪人所謂頓漸，李頓而杜乃漸也。杜之懷李曰詩無敵，李之寄杜曰作詩苦，二先生酬贈亦各語其極耳。今試語杜之極，如彤庭所分帛，本自寒女出。鞭撻其夫家，聚斂貢城闕。或紅如丹砂，或黑如點漆。雨露之所濡，甘苦齊結實。中丞髑髏血模糊，手提擲還崔大夫。非夫所謂驚人泣鬼者哉！斯蓋匠心獨苦而非不似從人間來也。至若語李之極，則如羅幃舒卷，似有人開。明月直入，無心可猜。莫捲龍鬚席，從他生網絲，且留琥珀枕，或有夢來時。東風爾來爲阿誰，蝴蝶忽然滿芳草。江上相逢借問君，語笑未了風吹斷。若其言猶含霞吸月，火食腹腸疇能貯此？仙與聖、頓與漸之分何俟更僕數耶！然乃分路揚鑣，或同一軌。二先生詩不同而語其極則一耳。今之學杜者不驚人泣鬼而木僵膚立，學李者不含霞吸月而空疎無當，是安得爲李、杜？爲李、杜罪人矣。許子工于詩，能去彼取此，曷患不李、杜哉！是刻既出，二先生之集，將同運並行，且俾學者各法其極，不空疎無當與木僵膚立乎！剞劂之功，實弘多矣。余之序，姑述昔人之論，明刻者之旨，以復許子之問。若曰評隲二先生詩，是蛙坐井而談蒼旻廣狹，鼠飲河而測洪流淺深也，則吾豈敢！

王穉登

李翰林分體全集序

古今論詩者，自三百十九而後，必遵李、杜。李才情俊，杜才情鬱，李情曠達，杜情孤憤。

李若飛將軍，用兵不按古法，士卒逐水草自便。杜則肅部伍，嚴刁斗，西宫衛尉之師也。供奉讀書匡山，烏雀就掌取食，散金十萬如飛塵，沉湎至尊之前，嘯傲御座之側，目中不知有開元天子，何况太真妃高力士哉？當其稍能自屈，可立躋華要，乃掉臂不顧，飄然去之，坎壈以終其身。迨長流夜郎，與魑魅爲伍，而其詩無一羈旅牢愁之語，讀之如餐霞吸露，欲蜕骨沖舉。非天際真人，胸臆疇能及此？其放浪于麯生柔曼，醉月迷花，特託而逃焉耳。予友劉少彝取李、杜集合刻之。前此非無合刻者，然蒼素溷淆，元黄雜遝，箋注訓詁，人自爲政，蒙茸猥瑣，猶痱厲蟣虱，使二先生之作不免珠殘玉碎，未嘗不扼腕□體，掩卷太息。少彝皆削去之，正其舛訛，定其真贋，芟薙其重複龐雜，品列昭分，諸體各以類從，名曰分體，以李序見屬。展讀之際，使耳目滌清，神情開朗，誠哉千古大快也。予生平敬慕青蓮，願爲執鞭而不可得。竊謂李能兼杜，杜不能兼李，李蓋天授，杜由人力，軌轍合迹，鞅轡異趨，如禪宗有頓有漸，難與耳食之士言也。少彝工于詩，清俊似太白，沉鬱似子美，故于二集恒津津焉。此刻成而紙價當十倍矣。予怪夫宗李者畫虎難成，妄加呰議，指永王璘之事爲從逆。嗟乎！禄山篡亂，翠華西幸，靈武之位未正，社稷危于累棋，璘以同姓諸王，建義旗，倡忠烈，恢復神器，不使未央井中璽落羣凶手，白亦王孫帝胄，慨然從之。識郭令公于行間，卒復唐祚。甫雖間關行在，流離秦、隴，非不謂忠，然視白之功眇矣。夫璘非逆而從璘者乃爲逆乎！王維亦嘗陷賊，以凝碧管絃詩獲免。青蓮故不幸而罹銷骨之口，豈不冤哉！予序其集而并論其人若此，少彝以爲然與否耶！

合刻李杜分體全集序

劉世教

自三百篇後，學士大夫稱詩之盛，前無踰漢，而後宜莫唐若。開元天寶間隴西、襄陽二先生出，遂窮詩律之能事，觀于是止矣。是二先生者，其雄材命世同，其横絶來禩同，坎壈弗得志又無弗同。顧千載而下，使人披其編想見其爲人，若隴西不勝樂而襄陽不勝憂者，何也？隴西趨風，風故蕩詄，出于情之極而以辭羣者也。襄陽趨雅，雅故沈鬱，入于情之極而以辭怨者也。迨近趨若異而軌無勿同，故無有能軒輊之者。蓋自唐以後，諸尚論之士，人持其指而莫之一。世瑯琊長公而二先生之論始定。顧隴西好稱古調，其于近體若雅意所不屑，而襄陽沾沾此技，篇什最稱繁富，意又若不屑古調者。然隴西之于古，離之不啻遠，而襄陽象貌色澤猶若未盡澌滅也者，是又二先生同異之微指，可解而不可解者也。於戲！當漢盛時，子虚之賦奏至，使人主冀幸同時而慮不可得。而是二先生者，佹遇而佹失之，終其身抑塞而弗獲少信。彼中郎、太中、文園、都尉諸人，即遇合雖殊，要之無一廢棄者，胡二先生之湮没甚也！蓋觀漢諸君子之無失職，而知其時人無弗盡之材，觀二先生之失志，而知其時材多未盡之用。此固當世得失之林，而二代治亂之朕也。其故蓋難言之矣。不佞少習其言，薄有當陽之癖，而不無憎其編次之淆雜，時從藏書家詢求善本弗可得。每讀昔人所箋詁，往往未終簡而輒棄去。竊不自量，間嘗區分其體裁，擬盡蒐諸家訓故之籍，筆削爲一家言。方屈首俗業，困京兆者十年，已困公車者又十年，鉛槧屢更，殺青未竟。客歲南邁，從子鑒進而請曰：先生必將箋而後行乎！夫解者之不必箋，而箋者之不必解也。于是相與謀之梓人，而二豎肆眚，乃與友人姚君孟承往復參訂，始克卒業。諸所釐正，頗極苦心。語具凡例中。再逾年始獲竣事。輒論著其事，質諸同好。夫自二先生分轡而馳，而士各以其質之所近尸且祝焉。有能祫享一堂之上者，吾未見其人也。今而後庶幾有並擷其精而上探盛漢以直遡風雅之緒者，必自兹藉始矣。萬曆玄默困敦夏六月朔平原劉世教序。

又

劉　鑒

予伯父少彝先生刻李、杜分體全集，役將竣，客有以私問者曰：青蓮少陵兩公並爲詩壇不祧之主，固也。然而飯顆之逢，陰鏗之擬，爾時兩公相輕已甚。自唐迄今，賢豪揚扢，左右互袒，幾成聚訟。意者都宫南面各全其尊，而埒享一堂，吾未見靈之妥也。夫詩之合離，主興象不主體裁；篇之瑜纇，徵識力亦徵齒候。昔人編年不爲無據，矧二公集中一題而古今具體，詎容擘裂？今妄顧原本，惟體之從，分則分矣，奈剥膚何！予曰：唯唯否否，客曙其一，未曙其二。夫壎篪異竅而叶奏，圭璧殊制而儷珍，物固有之，人亦宜然。李、杜齊名，光燄千古，後之君子，誰能軒輊？即或偏嗜者畸贊，顓詣者謬詘，抑何關兩公之殿最耶！至如杜之推李，傾倒鄭重，層見篇什，李之心服，寧自口出？偶摭一語，謂其相輕。二公有知，政堪頤解。夫詩有古近律絶，體莫備于唐代，而妙莫兼于兩公。第世行本少有善者。編年雜陳，作者之心目交眯；分類糺龐，作者之形神不湊。衷而裁之，無如分體。雖然，更有説焉。太史公曰：詩三百篇大抵聖賢發憤之所爲作也。予伯父固云李源風，杜源雅，相提而論，乃知兩公之詩體從風雅出而情從憤入矣。李何憤？憤宫鄰之階厲，杜何憤？憤皇輿之洊傾。然青蓮梁父、行路諸吟，巧言、巷伯之倫也。少陵驪山、洞房等咏，匪風、下泉之思也。其存君興國，發于性情心術之隱者，夫既合不翅合，而或風或雅，互爲經緯，非古近殊體幾于分無可分。伯父殫二十餘年丹鉛之功于二集，而以纂次當窮愁之著書。史遷所稱發憤，述之于作，將無同乎哉！而子猶規規然猜其後，吾亦謂子望洋向若不免見笑于大方之家。客啞然謝去。書成，爰誌其語于末簡。

李維楨

又

鹽官劉氏世紹雕龍之慶，而孝廉少彝著名文苑最早。其于供奉、工部二家，討論窮精，蓋垂二十年，二家分體全集始成。其集以古近諸體分，而先後仍本編年，古賦及雜文如之。其體則古近律絶各以類從，而删長短句之目。其以他人集誤入者黜之，其確爲二家所作而偶遺者收之。其本古體而誤入律，及二家自注誤入目中，若字句之訛，音釋之謬者更之。其諸家注與評不盡佳，可筆則筆之，可削則削之，校讐讀滯，幾無纖微憾，而要領莫重于分體矣。蓋論二家者，楊誠齋以李爲神，如列子御風無待者也；以杜爲聖，如靈均乘桂舟駕玉車，有待而未嘗有待者也。允矣，而體未分也。王弇州以李五七言絶爲神，七言歌行爲聖，五言次之；杜五言律七言歌行爲神，七言律爲聖。而總論二家五言古選，各有所宗所主所貴。體分矣而體所從來未晰也。少彝以李好稱古，于近體若不屑，而于古離之不啻遠，杜若不屑古，而氣象色澤若未盡離。李趨風，故詄蕩，杜趨雅，故沉鬱。即弇州亦言讀李使人飄揚欲仙，讀杜使人情事欲絶。第就歌行一端論，而少彝則以全集舉矣。夫詩至唐而體備，體至李、杜而衆長備，而李、杜所以得之成體者，則本三百篇。學記曰：三王之祭川也，先河而後海，或原也，或委也，此之謂務本。後人知有李、杜不知有三百篇，是以學李學杜往往失之。少彝爲之分體，直指其本于風雅。學人得所從來，可以爲李，可以爲杜，可以兼爲李、杜。可以爲風，可以爲雅，可以兼爲風雅。可以自爲聖，可以自爲神，不至爲李、杜作使。寧惟有功二家，其于詩道，豈曰小補之哉？是説也，少彝亦本之李、杜，李之言曰：興寄深遠，五言不如四言，若七言靡矣，況束于聲調俳優哉？杜戲爲六絶句，其末章意以遞相祖述，未及前賢，惟裁僞體，親風雅，則轉益多師而得汝師。夫李、杜學詩必本三百篇，人安能舍三百篇學李、杜？少彝見及此，宜其詩駸駸李、杜齊名也。同參訂者姚君孟承，從子伯臨，皆名下士。

李太白集輯注齊序

齊召南

注古人書，慮聞見不博也，尤慮其識不精。既博且精，又慮心偶不虛不公，知有疑勿闕，有誤亦曲爲解。風騷後詩至李、杜，齊名方駕。一如飛行絶跡，乘雲馭風之仙，一如萬象不同，化工肖物之聖。觀止矣，蔑以加矣。後學因元相誌杜墓，抑李揚杜，遂乃議論滋繁，妄分軒輊。詎知少陵生平心服，明推爲無敵不羣。即後此才高力厚，起衰八代之昌黎公，固合贊以光燄萬丈。深慨流落人間者僅分泰山豪芒，而先笑撼大樹不自量之蚍蜉乎哉！兩集本非手定，後人搜羅採摭，篇章遞增，其中時有真贋參錯，轉寫譌舛，李集更多。蓋自寶應元年往依族子陽冰，得疾以卒。遂葬當塗青山東麓。陽冰序草堂集十卷，即云當時著作十喪其九，今所存者皆得之他人。魏顥序翰林集二卷亦云：上元末偶得於絳，此即劉全白碣記所謂集無定卷，家家有之者也。至宋時，宜黄樂史始輯别集，常山宋敏求廣裒遺文，始合爲三十卷。南豐曾鞏始考定先後次第。元豐中，信安毛漸始校刻於蘇。紹興中，閩薛仲邕始爲年譜。太白本末，惟諸序記誌，范、裴二碑及舊唐新唐二書可證本詩。世遠事湮，疑謬雜出，寧得免焉？而兩集之有注也，一榮一枯，斯又不可言者。注杜自宋至今名氏更僕難數，後出多所因，考辨易覈，去取易嚴也。然且必殫精神，需歲月，盡彙羣籍以折其衷，説始有當。若李集所有可見之注止楊、蕭、胡氏三家，今欲廣爲訂正，與注杜較工拙，不亦難易懸隔太甚乎？余茲閱錢塘王載菴先生輯注而深嘆其好學不倦，能數十年專心致志爲人所不能爲也。憶余自幼好誦李、杜詩，苦於不能盡解。往在都中，友朋聚談，聞有優劣李、杜者，余曰：杜誠不可及矣，自李而外，可與杜頡頏者誰與？必謂仙不如聖，一在學行甚正，一在流離造次不忘君國，猶有説焉。然李云：受氣有本性，不爲外物遷。又云：我志在删述，垂輝映千春。又云：天地皆得一，澹然四海清。此其胸襟與自許稷、契者何以異？始見賞許公，後見奇賀監，居山東爲竹溪六逸，遊長安爲醉中八仙，識汾陽於行間，折力士於殿上。輕富貴如塵土，樂山水以逍遥，嗜酒慕仙，浩然自放，即遭危困，未見其憂，豈非天際真人之邈不可攀者耶？談者始稍稍息。今得此編，持論平正。其輯三家去短從長，援引本本原原，斟酌至慎。固陋如余，向所不解，今漸解之，則知此編爲太白功臣也。善讀者當不以余言爲河漢。乾隆己卯中秋天台齊召南撰。

李太白集輯注趙序

趙信

同里王君載菴輯注太白詩文集，詳引博據，考索綜核，殆仿李善注文選，不厭過於繁釀。即被書簏之名亦所不顧。噫！可爲勤矣。太白詩，西河毛太史嘗謂不耐入細，與三唐律法迥别。然其奡兀之氣，自不可泯。其持論毋乃太過與！太白之才不可以格律繩。臞翁評如劉安雞犬遺響白雲，覈其歸存，恍無定處。滄浪評李、杜，不當論以優劣。太白有妙處，子美不能道，子美不能爲。太白之飄逸，正如金翅擘海，香象渡河，下視郊、島輩直蛩吟草砌耳。其天才豪逸，多率然而成，學者於每篇中要識其安身立命處，始見其妙，所謂天仙之辭，信不虚也。是以杜有千家注，李注僅止三家，正以李不易注，而欲求其瞭然千載之下，不其難哉！載菴窮半生之精力以成此書，一注可以敵千家。李、杜光燄並昭耀於兩間，有功後學，良非淺尠。平居闔户睎書，天情孤潔，有林處士之風，惟汲汲以著述立身後名。其意欲争勝於寒梅瘦鶴耶！嘗謂余曰：李善注文選，有子邕以續其志，此書之釋事忘意，動有無窮之憾。又以余松谷三兄注右丞詩相藉揚搉，久行於世。今此書不得與松谷析疑辨謬，共助落成，益又爲之感歎已。余樂叙其書，并識其言而傳其人之高誼有如此。意林趙信拜書於平安里。

李太白集輯注杭序

杭世駿

作者不易，箋疏家尤難，何也？作者以才爲主，而輔之以學，興到筆隨，第抽其平日之腹笥而縱横曼衍以極其所至，不必沾沾獺祭也。爲之箋與疏者，必語語核其指歸，而意象乃明，必字字還其根據，而證佐乃確。才不必言，夫必有什倍於作者之卷軸而後可以從事焉。空陋者固不足以與乎此，粗疏者尤未可以輕試也。李供奉太白才兼仙佛，致離騷之幽，著太史之潔。

其於杜也，並驅方軌，未易軒輊也。然注杜者自宋以後已有千家，至我朝而錢、朱、顧、仇之書出，搜括無遺藴矣。太白之集，歷五百年而始有蕭、楊二家，又歷五百年而始有鹽官胡氏孝轅。孝轅亡後，今且百餘年矣。文士林立，未有起而補其闕者。吾友王君載庵以三家之注之典未核也，結轖之未疏瀹也，疵繆之未剗削也，專精覃思，寤寐太白於千載之上，一一扣其出處而究其指歸。太白之精神與前注之得失，軒然若揭日月，其諸太白之功臣與，其諸三家之争友與！吾不敢謂載庵之學果什倍於太白，孝轅博極羣書而載庵能掇其瑕礫，即謂之什倍於孝轅可也。且吾言太白才兼仙佛，其藴蓄爲何如耶！二氏之書與吾儒之著述相埒，上下千古而能盡讀之者，吾於唐得一人焉，曰段柯古。吾於宋得一人焉，曰釋氏贊寧。吾於前明得一人焉，曰宋氏潛溪。以近代而論，蒙叟研精内典，而玄門之旨奥未窺，竹垞朱氏自言於竺乾之書，詩文未敢闌入，則并蒙叟之長而猶且怖若河漢，他可知矣。載庵早鰥，閴處如退院老僧，空山道士，日研尋於二氏之精英，以其餘事而爲是書，足以發太白難顯之情而抉三家未窺之妙。書來質余，方望洋驚歎，五體投地，而敢以一言半句相益乎！然其苦心孤詣，余學雖未至而心故識之。聊識數言以冠其篇端，以稔夫世之讀太白之集者之不易，并稔夫注是集者之尤難也。乾隆己卯閏月望後一日友弟杭世駿。

李太白集輯注王序

王　琦

詩人李杜並稱，古今注杜者百餘家，而李之注傳於世者乃少。余所見楊子見、蕭粹齋、胡孝轅三家，外此寥寥無聞矣。世固軒李而輕杜哉！何言詩之士嚮往於太白不及嚮往於子美者多耶？夫二公之詩，一以天分勝，一以學力勝，同時角立雄視於文場筆海之中，名相齊，才亦相埒，無少遜也。自優劣之論出，而左右其袒者紛如，以文論，謂太白如史記，子美如漢書。以兵法喻，謂太白如李廣，子美如孫吴。以人物喻，謂太白仙而子美聖。以性根喻，謂太白頓而子美漸，此皆論之兩持其平者也。其餘甲杜而乙李者，大約十居七八。可異者，評杜則多恕辭，多過情之譽，評李則多深文而索垢。是何意見之辟耶？宋人黄介讀李杜優劣論曰：論文正不當如此。山谷嘆以爲知言。夫山谷固服膺子美者也，豈不能言其優劣，蓋亦見其沈雄俊逸之概，本於性而成於學者，各有登峯造極之美，不可以後人私淺之見妄爲輕議焉耳。余於二公之詩，有兼愛，無偏好。嘗讀錢蒙叟、顧修遠諸家杜注，以爲勝於昔人，譬之積薪，後來者居上。惜李集無有斐然繼起者，爰合三家之注訂之，芟柞繁蕪，補增闕略，析疑匡謬，頻有更定。至於山川古蹟之地形，鳥獸草木之名狀，尤加詳考，不厭繁複，蓋將以爲多識之助。而觀者議其過於綺碎鱗雜，無當于詩之本義。自念徵經引史，亦不無郢書燕説之誤，或失作者命意修辭之旨。雖摩研編削，虚耗歲時，以上視錢、顧諸先輩無能爲役。安敢與之接武而抗行哉？第思粹齋之作補注，所以補子見之闕也，而未能盡補其闕。孝轅作李詩通，力正楊、蕭二家之謁，而亦未能盡正其謁。余承三子之後，捃摭其殘膏剩馥，而廣爲綜緝。夫豈誇多而炫麗哉！將以竟三子之業也。雖才力未逮，然念博物洽聞之士，世固不乏，必有起而集其成者。蒐羅軼典，抉發奥思，俾夫闕者譌者罔不甄釋，將與杜注諸家之善本並傳藝苑，而爲新學之津梁。彼楊與蕭實爲之草創于其先者也。余得肩隨胡氏之後而附於討論修飾之列，其亦可乎！乾隆二十三年歲次戊寅正月望日王琦載菴漫述。

李太白集輯注拾遺考證

王　琦

類書中多摘引太白詩句，然不能無錯繆。海録碎事、錦繡萬花谷二編，學士家以其出自宋人，尤珍尚之。其所引太白斷句甚多，亦有誤者。如：雨吟春破碎，貧飲客彫零。山含紅樹隨時老，天帶黄昏一例愁。茶褐園林新柳色，鹿胎田地落梅香。江邊石上誰知處，緑戰紅酣别是春。只有人間閑婦女，一枚煎餅補天穿。皆是李覯詩。（因覯字太伯，遂譌作太白。）上有萬仞山，下有千丈水。蒼蒼兩崖間，闊狹各一葦，是白樂天詩。晚花紅艷静，高樹緑陰初。亭午清無比，溪山畫不如，是杜牧詩。虬鬚顛頷羽林郎，曾入甘泉侍武皇。鶻没夜雲知御苑，馬隨仙仗識天香，是李郢詩。而皆以爲太白詩矣。又若：霜結梅梢玉，陰疑竹幹銀。竹粉千腰白，桃皮半頰紅。心爲殺人劍，淚是報恩珠。綺樓何氛氲，朝日正杲杲。玉顔上哀囀，絶耳非世有。佳人微醉玉顔酡，笑倚妝樓澹小蛾。借問單棲與同穴，可能銀漢勝重泉。露暗烟濃草色新，一番流水滿溪春。可憐漁父重來訪，只見桃花不見人。昔日狂秦事可嗟，直驅雞犬入桃花。至今不出烟巒口，萬古潺湲一水斜。庭中繁樹乍含芳，紅錦重重翦作囊。還合炎蒸留爍景，題來消得好篇章諸句，未詳爲誰氏之作，其句法皆與太白不相似，亦皆以爲太白詩矣。羅鄂州新安郡志謂南唐時另有一翰林學士李白，姑熟十咏是其所作，然則後人所傳李白諸逸詩及斷句之爲諸書所誤引而其名莫可考者，烏知非斯人之作耶！昔人論杜詩真僞，謂人才之不同，如其面焉，耳目口鼻，相去亦無幾，諦視之未有不差殊者，詩至少陵，固不可得而亂也。斯言良是，夫學力如少陵，其詩不可得而亂，天才若青蓮，其詩固可得而亂耶？然知其不可亂而猶彙之編之，而附之於本集之後。豈曰務博？良欲存此以爲後人辨其真贋，而知所取法焉耳。

宋魏菊莊詩人玉屑十四卷載歷論諸家一條，其下有旁注李太白集四字，厥後漢魏詩乘因而采之，而昧者互相引用，遂以爲真太白之文矣。今按其前曰：詩之興也，兆基邃古，唐歌虞詠，始載典謨。商頌周雅，方陳金石。其後研志緣情，二京彌甚，含毫瀝思，魏晉彌繁。李都尉鴛鴦之辭，纏綿巧妙；班婕妤霜雪之句，發越清迥。平子桂林，理在文外；伯喈翠鳥，意盡行間。河朔人物，王、劉爲稱首；洛陽才子，潘、左爲覺先。乃若子建之牢籠羣彦，士龍之籍甚當時，並文苑之羽儀，詩人之龜鑑。凡一百二十五字，是駱賓王和閨情詩啟之前數行。其後云：駱賓王爲詩格高旨遠，若在天上物外，神仙會集，雲行物駕，想見飄然之狀，凡二十九字，其二十六字是裴敬所作太白墓碑中數語。蓋駱賓王之下爲詩格高旨遠之上皆有缺文，原屬兩條，抄録者不察其舛誤，而相聯屬爲一則。在菊莊原本要未嘗繆誤至此，漢魏詩乘因菊莊俗本之誤而承其誤，蓋有由矣。即是推之，今所編輯拾遺，安知不類于是？而宋次道所裒益全集之詩文又安知不亦類于是耶？後之讀者，尚有鑒于斯哉！

鄭樵通志藝文略别集内載云：李白草堂集二十卷，李陽冰録。又度北門集一卷，於制誥類中複載云，李白度北門集一卷。劉少彝曰：度北門集當是供奉翰林時代言之草，豈通考所謂翰林集者故已彙入，然今本無一字存者，其爲湮佚無疑矣。余考舊唐書之經籍志，新唐書之藝文志及太白列傳，皆不載此書，而他籍亦鮮有言之者。豈亦南唐之翰林學士李白所作耶！抑李白度者其人名，北門集者其書名，而後人誤讀之耶！聊志于末，以俟博學者辯之。

重刻李太白全集序

李調元

唐初王、楊、盧、駱之徒，相沿綺靡。自吾蜀射洪陳伯玉起而復古，風氣始爲之一變，而摧陷廓清，力挽狂瀾於既倒者，則太白之功居多。世之尊太白者，每與杜子美並衡，意以非子美不足以並太白，而吾謂太白不借子美而後尊也。太白詩根本風騷，馳驅漢、魏，以遺世獨立之才，汗漫自適，志氣宏放，故其言縱恣傲岸，飄飄然有淩雲馭風之意，以視乎循規蹈矩含宮咀商者，真塵飯土羹矣。蓋仙風道骨，實能不食人間烟火，故世之負尸載肉而行者，望之張目咋舌，譬如天馬行空，不施鞚勒，其能絶塵而追者幾人哉？且太白亦非徒闊落浩蕩而無涯涘也。

今之人半以子美沈酣六籍，集古今大成，爲風雅正宗，使追步者有徑可尋，有門可窺，故譚藝家迄今奉爲矩矱，遂視太白爲聖，穹然不可幾及者，豈不謬哉？以太白之仙才，文質炳煥，發爲詩歌，無體不備，無體不精。當其時使無子美，則後之人尋思玩繹於擺脱駢麗軼蕩不羣之外，求其聲律，固自有軌轍可遵，亦何致怖如河漢也！太白詩云：大雅久不作，吾衰竟誰陳，又曰：我志在删述，垂輝映千春。又嘗言將復古道非我而誰，則欲括風雅之源流，明著作之意旨，舍太白其誰與師哉！世之言詩者，不問津於太白而先以子美爲寶筏，是猶所謂斷港絶航而望至於海也，其視蓬島十二樓何啻三千弱水之隔耶！余自束髮受書，即喜太白所爲詩歌文章，每手一編，朝吟而夕攬之，藏之篋笥有日矣。余友玉齋爲彰明廣文，即太白所生之地，生平酷嗜太白詩，因秩滿來京，寓予齋之西偏，相與把酒聯吟，因出所訂太白全集以示余，而余亦出素所摩挲舊本而參考之，將付之剞劂，屬予爲序。且曰：吾蜀爲古今文獻風教之祖，迄今而遂淪没，吾雖秉鐸於一鄉一邑，其何以不廣昭先賢之遺風而使鄉之人揚風扢雅有所從入之路也！有爲者亦若是，非子與余之願哉！因壯其志而爲之序。乾隆甲申菊月紋江李調元撰。

録自李調元、鄧在珩編李太白全集

晁公武郡齋讀書志

李翰林集二十卷　右唐李白太白也。白舊集十卷，唐李陽冰序。咸平中樂史别得白歌詩十卷，凡歌詩七百七十六篇，又纂雜著爲别集十卷。宋次道治平中，得王文獻及唐魏萬所纂白詩，又裒唐類詩洎刻石所傳者，通李陽冰樂史集共一千一篇，雜著六十五篇。曾子固乃考其先後而次第之，云：白蜀郡人，天寶初至長安，明皇召爲翰林供奉，頃之不合去，安禄山反，明皇在蜀，永王璘節度東南，白時卧廬山，迫致之，璘敗，坐繫潯陽獄，崔涣、宋若思驗治白，以爲罪薄，釋白囚，使謀其軍。乾元元年，終以汙璘事長流夜郎，釋過當塗以卒。其始終更涉如此，此白之詩書所自叙可考者也。舊史稱白山東人，爲翰林待詔，又稱白在宣城謁見永王璘，遂辟爲從事，而新書又稱白流夜郎還潯陽，坐事下獄，宋若思釋之者，皆不合於白之自序，蓋史誤也。予按杜甫詩，亦以白爲山東人，而蘇子瞻嘗恨白集爲庸俗所亂，則白之自序亦未可盡信而以爲史誤。近蜀本又附入左緜邑人所裒，曰白隱處少年所作六十篇，尤爲淺俗。白天才英麗，其辭逸蕩儁偉，飄然有超世之心，非常人所及，讀者自可别其真僞也。

陳振孫直齋書録解題

李翰林集三十卷　唐翰林供奉廣漢李白撰。唐志有草堂集二十卷者，李陽冰所録也。今按陽冰序文但言十喪其九，而無卷數。又樂史序文稱李翰林集十卷，别收歌詩十卷，因校勘爲二十卷，又於館中得賦、序、表、書、贊、頌等亦爲十卷，號爲别集。然則三十卷者樂史所定也。

家所藏本不知何處本，前二十卷爲詩，後十卷爲雜著，首載陽冰、史及魏顥、曾鞏四序，李華、劉全白、范傳正、裴敬碑誌，卷末又載新史本傳，而姑孰十詠、笑牟、悲來、草書三歌行亦附焉。復著東坡辨證之語，其本最爲完善，别有蜀刻大小二本，卷數亦同，而首卷專載碑序，餘二十三卷歌詩，而雜著止六卷。有宋敏求後序言舊集歌詩七百七十六篇，又得王溥及唐魏萬集本，因裒唐類詩諸編及石刻所傳，廣之無慮千篇，以别集雜著附其後，曾鞏蓋因宋本而次第之者也。以校舊藏本篇數如其言，然則蜀本即宋本也耶！末又有元豐中毛漸題，云：以宋公編類之勤，曾公考次之詳，而晏公又能鏤板以傳於世。乃晏知止刻於蘇州者。然則蜀本蓋傳蘇本，而蘇本不復有矣。

錢曾讀書敏求記

李翰林全集三十卷　太白集宋刻絶少，此是北宋鏤本，闕十六卷之二十二，十六卷之三十，予以善本補録，遂成完書。前二十卷爲歌詩，後十卷爲雜著，卷下注别集，簡端冠以李陽冰序，蓋通考所載陳氏家藏，不知何處本。或即此耶！

李太白集輯注跋五則

王　琦

太白詩文，當天寶之末，嘗命魏萬集録，遭亂盡失去。及將終，取草稿手授其族叔陽冰，俾令爲序者，乃得之時人所傳録，于生平著述僅存十之一二而已。然其詩要皆膾炙人口，而無闌入他人所作可知也。陽冰序中不言卷數。舊唐書李白列傳云：有文集二十卷行于時。新唐書藝文志云：李白草堂集二十卷，李陽冰録。乃樂史作序則云：翰林歌詩李陽冰纂爲草堂集十卷，豈其時草堂原本已有亡其半者，抑或未亡而後人并爲十卷耶！史别收其歌詩十卷，與草堂集互相校勘，排爲二十卷，號曰李翰林集。又于三館中得其賦表書序等文，排爲十卷，號曰李翰林别集，凡得詩七百七十六篇，雜文若干篇。熙寧中，宋敏求廣搜逸稿，又得詩二百二十五篇，并其舊集總爲編次，題以類别，析爲二十四卷，雜文六十五篇，析爲六卷，共三十卷。篇數雖多于舊，然不免闌入他人所作。元豐中，晏知止爲蘇守，出其本刻之郡中，廣行于代。樂史本後佚不傳，陳振孫書録解題言其家藏李翰林集，不知何處本，前二十卷爲詩，後十卷爲雜著，其本最爲完善。余嘗臆擬其分卷與樂史本相符，豈即樂史本耶！陳氏又言其首載李陽冰、樂史、魏顥、曾鞏四序，李華、劉全白、范傳正、裴敬碑誌，卷末有宋祁新史本傳，而姑熟十咏、笑矣、悲來、草書三歌行亦附焉。兼綴以東坡辯語。夫宋與曾、蘇三公皆生樂氏後，據此驗之，即使其本出自樂氏，已爲後人增益，而非咸平中所定之原本矣。楊升菴集中亦言其家藏太白詩有樂史本最善，未知即七百七十六篇之本否，今之傳世者，皆宋氏增定之本也。噫！自樂氏校勘之本出，而草堂原本遂湮。自宋氏分類之本出，而樂氏之本又亡。後起之士欲求古本而觀之，有若丹書緑圖，邈然不可得見，能無爲之嘅嘆哉！

李詩全集之有評，自滄浪嚴氏始也，世人多尊尚之。然求其批却導窾，指肯綮以示人者，十不得一二。其有注自子見楊氏始，（子見名齊賢，永州寧遠人，古春陵城在其地，故稱春陵楊齊賢云。宋慶元五年進士，兩應制試第一，執政以賢良方正薦，授通直郎。）繼之者粹齋蕭氏，作分類補注李太白集，附楊注後合刊之。（粹齋名士贇，一字粹可，贛州寧都人，淳祐進士蕭立之之仲子，潛心篤學，入元，遂隱居不出。）蕭譏楊取唐廣德以後事及宋儒記録詩詞爲祖，併引用杜詩僞蘇注之非，因爲節文而存其善者。今所傳楊注非全文也。然蕭注亦不能無冗泛踳駮處。明季孝轅胡氏作李詩通二十一卷，頗有發明，及駁正舊注之紕繆，最爲精確，但惜其不廣。（胡名震亨，號遯叟，浙江海鹽人，萬曆丁酉舉人，累官兵部職方員外郎。）選本則有愈光張氏之李詩選，（張名含，雲南永昌衛人，正德丁卯舉人。）選而評則有泗源應氏之李詩緯，（應，本朝康熙間人。）余所見祇此。夫自太白至今已及千載，後人評注寧僅僅止此？大抵散亡磨滅而不傳者有矣。即傳而余所未見者又不知其有焉否耶！

宋時李詩刊本始自蘇守晏公，所謂蘇本也。其後又有蜀本，有當塗本，據書録解題謂其時蘇本已不復有，家藏蜀刻有大小二本，卷數相同，首卷專載碑序，餘二十三卷爲歌詩，六卷爲雜著，末有宋敏求、曾鞏、毛漸題序。以此考之而知蜀本蓋傳自蘇本云。晁公武讀書志謂近時蜀本附入左綿邑人所裒太白少年詩六十篇，而書録不之及，似其本又在陳氏所藏二本之外。蕭粹齋得巴陵李粹甫家藏左緜所刊楊齊賢注本，斯又蜀刻而有注者之一種。其當塗本，周益公二老堂詩話謂當塗太白集後有續刻司空山瀑布詩一首，陸放翁渭南集中一跋謂當塗本雖字大可喜，然極多謬誤。宋刊之見于書傳而可考者，有此數種，今則漸已銷亡，不能復覩。流傳于世者惟蕭氏注本爲多，其本拔古賦八篇列于前爲一卷，次以歌詩二十四卷，凡二十五卷而止。明嘉靖間，吴中郭氏取而重刊之，以其注之泛且複也，删節約半，于古風五十九首增入徐昌穀評語，又取雜文五卷另爲編次附其後，共成三十卷。（跋云：是集三十卷，余合别集而成之者，緣舊注繁雜，倣徐迪功先生古風例，將不切題義者删去，且恨其文之不載，更以别集編次五卷附于詩後，俾成全書，冀四方觀者免瀚漫分散之嘆。嘉靖癸卯春正月吴人郭雲鵬謹識。）嗣後有依郭氏增删之本而刊者，爲霏玉堂本。有依舊注原本而刊者爲玉几山人本，爲長洲許元祐本。有全去其注且分析其體爲五七言古律絶句者，爲劉世教本，劉書雖缺訓詁，然校訂同異，改正譌舛，殊見苦心。又余三十年前，于古書肆中見有毛氏汲古閣刊本，問其值。書之主人亦數十年前所稱時文名士也，性頗怪傲，邂逅間不肯遽售。友人謂予毛氏刻去今未遠，其印本行世者尚多，何難别購，而乃刺刺不休，儼若借荆州于彼哉？洎求之歷年，竟不能得。追憶刻，有與俗本異者，足以資考訂，另託友人往問，則益不肯售。余念毛氏所梓書多本宋前書，不知歸于誰氏架中。噫！板行之書甫及百年，俄得之而竟失之，殆有緣在耶！會姑蘇繆氏獲崑山傳是樓所藏宋刊本，重梓行于時，其書字畫悉倣古刻，精整可玩，賈人漬染之，宛然故紙，剪去卷尾重刊諸字及弁首小序，僞作宋板以欺人，不知者多以重價購去。其本叙次先後、卷帙多寡與蕭、郭二本稍異，而與陳氏所言蜀本相合，即非蘇本亦蜀本也，第不知較汲古閣本何如。其中亦有譌字顯然誤筆未正者，據序尚有考異一卷，然未付剞劂，俟之多年竟不出。（序云：李翰林集三十卷，常山宋次道編類，而南豐曾氏所考次者也。歲久譌缺，俗本雜出，增損互異，無所是正，余嘗病之。癸巳秋，得崑山徐氏所藏臨川晏處善本，重加校正，梓之家塾。其與俗本不同者别爲考異一卷，庶使讀是編者不失古人之舊，而余亦得以廣其傳焉。康熙五十六年五月，吴門繆曰芑題于城西之雙泉草堂。）兹本自二十五卷以前，略依蕭本，雜文四卷，略依郭本，而以繆本參訂其間。郭本雜文五卷，今依繆本合序文二卷爲一卷，别採蕭本所逸而繆本有者得詩九首，（繆本較蕭本多十首，其送倩公歸漢東一絶已載序後，不復重録，故祇九首。）及他書所録集外諸作，彙爲拾遺一卷，以合三十卷之數。友人詰予，嘗非宋氏本闌入他人所作，今拾遺所蒐緝，確知其僞，概收録之而不忍棄，何耶！予曰：是不相妨也。昔人編韓、柳集者，咸有外集附于後，錢牧齋作杜詩箋注亦附録逸詩四十八篇，皆有僞作在其間。夫不慊于宋者爲其混之而至于不可别也。若先别之而使其無可混，正足以資後學之考核而甄别其體裁矣，夫又何尤？

南豐曾氏序謂太白詩之存者千有一篇，雜著六十五篇，今蕭本詩祇九百八十八篇，繆本祇九百九十八篇，咸不及曾氏所云之數，賦與文六十六篇，較舊文又多其一，疑非曾氏所考次原本矣。意者曾氏并數魏萬、崔宗之、崔成甫三詩于内，故云千有一篇，其送倩公歸漢東序已冠于小詩之首，序中不應重見，而後人誤增入之歟！世稱太白斗酒百篇，計其詩章不下萬餘，陽冰作序已云十喪八九。今集中所存若長干行、去婦詞、送别、軍行等作，互見他人集中，若懷素草書等作，詞意淺鄙，與太白手筆判若仙凡，復雜然並列。東坡嘗言太白詩爲庸俗所亂，可爲太息。説者以咎宋次道貪多務得之所致。嗟乎！真者不能盡傳，傳者又未必皆真，更有妄庸之人，憑臆而談，舉其佳者，諓諓焉妄以爲贋，顛倒錯謬以眩後人之心目，不尤可怪哉！昔人稱太白天才英麗，其詩逸蕩俊偉，飄然有超世之心，非常人所及，讀者自可别其真僞。余以爲才不俊，識不卓，學不充，則是非淆雜視朱若紫混鄭爲雅者多矣。學者欲區别其真贋而無所差失，寧可輕易言之歟！

世之論太白者，毁譽多過其實，譽之者以其脱子儀之刑責，俾得奮起而遂以成中興之功，辱高力士于上前而稱其氣蓋天下，作清平調、宫中行樂詞得國風諷諫之體。毁之者謂十章之詩言婦人與酒者有九，而議其人品污下。又謂其當王室多難，海宇横潰之日，作爲歌詩，不過豪俠任氣，狂醉花月之間。視杜少陵之憂國憂民，不可同年而語。試爲平情論之，識子儀爲豪傑之士，救免其刑責而力爲推奬，知人之明誠足稱矣。若夫雲蒸霧變，戡大難而奏膚功，爲一朝名佐，太白初亦不料其至是。謂中興勳業，太白與有力焉，此豈通人之論哉？力士獲寵于君，士大夫争趨附焉，太白醉中令其脱靴，儼以僕隸相視，此其平日必先有惡之之念存于中，故酒酣之後，忽焉觸發，而故于帝前辱之，其氣可謂豪矣。然非沉醉亦未必若是。後人深快其事，而多爲溢美之言以稱之，然核其實，太白亦安能如論者之期許哉！若夫清平調、宫中行樂詞皆應詔而賦者，其辭以富麗爲工，其意以頌美爲主，刺譏之語無庸涉其筆端，理也。或乃尋撦其引用之故事，鉤稽其點綴之虚詞，曰此爲隱諷，此爲譎諫，支離其語，娓娓動人。然按之正文，皆節外生枝，杳無當于詩人之本意。殆有似夫讒人險士，吹毛洗垢而求索其疵瘢，以爲口實者，馴致其弊爲梗于語言文字者不淺。不但有悖于温柔敦厚之教而已。善言詩者駭之而勿敢道也。至謂其詩多甘酒愛色之語，遂目以人品污下，是蓋忘唐時風俗而又未明其詩之義旨也。唐時侑觴多以女伎，故青蛾皓齒，歌扇舞衫，見之宴飲詩中，即老杜亦未能免俗，他文士又無論已。豈惟太白哉？若其古風、樂府、怨情、感興等篇多屬寓言，意有託寄，陽冰所謂言多諷興者也，而反以是相詆訾。然則指楚辭之望有娀、留二姚、捐玦採芳以遺湘君下女之辭，而謂靈均之人品污下，指閑情賦語之褻，又指其詩中篇篇有酒，而謂靖節之人品污下，可乎？若謂彼皆有所託而言之爲無害，則太白又何以異于彼耶？至謂其當國家多難之日而酣歌縱飲，無杜少陵憂國憂民之心，以此爲優劣，則又不然。詩者性情之所寄，性情不能無偏，或偏于多樂，或偏于多憂，本自不同。况少陵奔走隴、蜀僻遠之地，頻遭喪亂，困頓流離，妻子不免飢寒。太白往來吴、楚安富之壤，所至郊迎而致禮者非二千石則百里宰，樂飲賦詩，無間日夕，其境遇又異。兼之少陵爵禄曾列于朝，出入曾詔于國，白頭幕府，職授郎官。太白則白衣供奉，未霑一命，逍遥人外，蟬蛻塵埃，一以國事爲憂，一以自適爲樂，又事理之各殊者。奈何欲比而同之，而以是爲優劣耶！後之文士左祖太白者不甘其説，而思有以矯之，以杜有詩史之名，則擇李集中憂時憫亂之辭而捃摭史事以釋之，曰此亦可稱詩史。以杜有一飯未嘗忘君之譽，則索李集中思君戀主之句而極力表揚，曰身在江湖心存魏闕，與杜初無少異。此其意不過欲揞抑李者之口而與之相抗，豈知論説杜詩而沾沾于是，顛倒事實，强合歲時，昔人已有厭而闢之者。何乃拾其牙後慧，而又爲李集之駢拇枝指哉！讀者當盡去一切偏曲泛駁之説，惟深泝其源流，熟參其指趣，反覆玩味于二體六義之間，而明夫敷陳情理託物比興之各有攸當，即事感時是非美刺之不可淆混，更考其時代之治亂，合其生平之通塞，不以無稽之毁譽入而爲主于中，庶幾于太白之歌詩有以得其情性之真，太白之人品亦可以得其是非之實夫。乾隆己卯秋九月王琦漫識。

四庫全書總目提要三則

李太白集三十卷（安徽巡撫採進本）　唐李白撰。舊唐書白傳稱山東人，新唐書則作隴西成紀人。考杜甫作崔端薛復筵醉歌，有近來海内爲長句，汝與山東李白好句。楊慎丹鉛録據魏顥李翰林集序有世號爲李東山之文，謂杜集傳寫誤倒其字，似乎有理。然元稹作杜甫墓誌亦稱與山東人李白，其文鑿然，如倒之作東山人則語不成文。又不得以魏序爲解。檢白集寄東魯二子詩，有我家寄東魯句，顥序亦稱合於魯一婦人，生子曰頗黎。蓋居山東頗久，故人亦以是稱之。實則非其本籍，劉昫等誤也。至於隴西成紀，乃唐時李氏以郡望通稱，故劉知幾史通因習篇自注曰：近代史爲王氏傳云瑯琊臨沂人，爲李氏傳云隴西成紀人，非唯王、李二族久離本郡，亦自當時無此郡縣，皆是魏、晉以前舊名。今勘驗唐書地理志，果如所説，則宋祁等因襲舊文，亦不足據。惟李陽冰序稱涼武昭王暠之後，謫居條支，神龍之始，逃歸於蜀，復指李樹而生伯陽。驚姜之夕，長庚入夢。顥序稱白本隴西，乃因家於綿，身既生蜀云云，則白爲蜀人，具有確證，二史所書，皆非其實也。陽冰序不言卷數，新唐書藝文志則曰草堂集二十卷，李陽冰編。案宋敏求後序曰：唐李陽冰序李白草堂集十卷，咸平中樂史則得歌詩十卷，合爲李翰林集二十卷，史又云，雜著爲别集十卷，然則草堂集原本十卷，唐志以陽冰所編爲二十卷者，殊失之不考。今草堂集不傳，樂史所編亦罕見，此本乃宋敏求得王溥及唐魏顥本，又裒唐類詩諸編暨刻石所傳，編爲一集，曾鞏又考其先後而次第之，爲三十卷，首卷惟載諸序碑記，二卷以下乃爲歌詩，爲二十三卷，雜著六卷，流傳頗少。國朝康熙中吴縣繆曰芑始重刊之，後有曰芑跋云，得臨川晏氏宋本，重加校正，較坊刻頗爲近古。然陳氏書録解題、晁氏讀書志並題李翰林集，而此乃云太白全集，未審爲宋本所改，曰芑所改，是則稍稍可疑耳。據王琦注本，是刻尚有考異一卷，而坊間印本皆削去曰芑序目以贋宋本，遂並考異而削之，以其文已全載王琦本中，今亦不更補録焉。

分類補注李太白集三十卷（通行本）　宋楊齊賢集注而元蕭士贇所删補也。杜甫集自北宋以來，注者不下數十家，李白集注，宋元人所撰輯者，今惟此本行世而已。康熙中，吴縣繆曰芑翻刻宋本李翰林集，前二十三卷爲歌詩，後六卷爲雜著，此本前二十五卷爲古賦樂府歌詩，後五卷爲雜文，且分標門類，與繆本目次不同，其爲齊賢改編或士贇改編，原書無序跋，已不可考。惟所輯注文則以齊賢曰、士贇曰互爲標題以别之，故猶可辨識。注中多徵引故實，兼及意義，卷帙浩博，不能無失。唐覲延州筆記嘗摘士贇注寄遠詩第七首滅燭解羅衣句，不知出史記滑稽傳淳于髡語，乃泛引謝瞻、曹植諸詩，又如臨江王節士歌，齊賢以爲史失其名，士贇則引樂府俠遊曲證之，不知漢書藝文志臨江王及愁思節士歌原各爲一篇，自南齊陸厥始併作臨江王節士歌，後來庾信、杜甫俱承其誤，白詩亦屬沿譌，齊賢等不爲辨析，而轉以爲史失名。此類俱未爲精核，然其大致詳贍，足資檢閲，中如廣武戰場懷古一首，士贇謂非太白之詩，釐置卷末，亦具有所見。其於白集固不爲無功焉。齊賢字子見，春陵人，士贇字粹可，寧都人，宋辰州通判立等之子，篤學工詩，與吴澄相友善，所著有詩評二十餘篇及冰崖集，俱已久佚，獨此本爲世所共傳云。

李太白詩集注三十六卷（浙江巡撫採進本）　國朝王琦撰，琦字琢崖，錢塘人。注李詩者，自楊齊賢、蕭士贇後，明林兆珂有李詩鈔述注十六卷，簡陋殊甚。胡震亨駁正舊注，作李詩通二十一卷，琦以其尚多漏略，乃重爲編次箋釋，定爲此本。其詩參合諸本，益以逸篇，釐爲三十卷，以合曾鞏序所言之數，别以序誌、碑傳、贈答、題咏、詩文評語、年譜、外紀爲附録六卷，而繆氏本所謂考異一卷，散入文句之下，不另列焉。其注欲補三家之遺闕，故采摭頗富，不免微傷於蕪雜。然捃拾殘賸，時亦寸有所長。自宋以來，注杜詩者林立，而注李詩者寥寥僅二三本，録而存之，亦足以資考證，是固物少見珍之義也。

黄丕烈百宋一廛書録

李太白集　讀書敏求記云：李翰林全集三十卷。太白集宋刻絶少，此是北宋鏤本。前二十卷爲歌詩，後十卷爲雜著。今此刻亦三十卷，卷一載序及墓誌、碣、新碑文、碑文等，卷二至二十四爲歌詩，卷二十五至卷三十爲古賦，表、書、序、讚、頌、銘、記、碑文，與遵王所藏者異矣。其先藏自郡城繆氏，繆曾用以翻刊，楮精墨妙，嘗以僞亂真，曾欲作考異一卷而未成，其夾籤猶在卷中也。余以一百五十金得之繆氏。昔繆氏藏此，特構一樓，名曰太白樓，今余兩遷居矣，居各有樓，亦以此集貯於樓上，謫仙人其好樓居耶？行款序次，翻本多同，余不復贅。藏書諸家如崑山徐氏其最著者，此外有王氏敬美、錢氏南金、王印彦淳、王氏君復，皆不詳其人，惟袁氏與之，則吾吴六俊之一也。

李太白集跋

顧千里

道光丙戌，在揚州校刊姚鉉文粹，因偏搜唐集之存於今者，互相勘訂，覺此尚多疵漏，雖出宋、曾二公手，仍未可全據。繆氏自言有考異，不知成否，且作之非易，或草創而旋輟歟！樂史舊編翰林集廿卷，今未見，又編别集十卷，嘉靖時六駿袁氏有翻本，前在洪殿撰家見之，實此後六卷藍本也。

録自思適齋集卷十五

書李翰林别集

王芑孫

宋樂史所編李翰林别集十卷後有袁翼題記，謂是淳熙舊本，明正德中元大所刻。元大不知何人。翼，蘇州府志載其高行，此版不知何由入吾家，庋城西怡老園西樓之下，近百年來未有印行。去秋余以檢理先文恪公文集舊版獲之，堆積歲久，中多闕蝕。按樂氏原序，此本當題爲别集，而版心仍題李翰林集，明人於校讐體例疎舛類然，今亦不能改，獨爲補刊重印，廣其流傳，以校繆氏雙泉堂所翻臨川晏處善宋本，文字篇目增多，是本有不可廢也。

録自愓甫未定稿卷二十三

重跋李翰林集

王芑孫

按蘇州府志：袁翼，字飛卿，吴縣人。十歲能文，長而博覽，聞有異書奔走求之，或解衣爲質。正德丙子舉于鄉，以母老不副公車，逡巡二十年，平生口不言財利，與人處無崖谷城府，而任情矯伉，是非必達其志。晚歲隱居不出，築小圃藝菊，或饔飧不繼，欣然忘其貧也。又按顧元慶夷白齋詩話：陸子元大，本洞庭涵村世家，性疏嬾，好遠遊，晚歲業書，浮湛吴市。嘗刻漫稿，中有寄余云，嘗記尋君過滸墅，竹青塘上唤輕橈，蓋紀實也。據此則元大乃書賈之能詩者，余前跋未詳其姓，兹得其姓矣，而名仍莫考。涵村在洞庭西山，太湖備考人物不及元大，并漫稿之名亦未著録。翼以鄉貢隱居，其性行出處與余略肖。翼跋之三百年前，余跋之三百年後，豈是書緣契有在故耶！

録自惕甫未定稿卷二十六

丁丙善本書室藏書志五則

李翰林集三十卷（宋咸淳刊本） 前二十卷詩，後十卷文。前有李陽冰、樂史、魏顥、曾鞏序，李華撰墓志，劉全白撰碣記，范傳正、裴敬撰墓碑。每卷有目録，連屬正文，每葉二十行，行二十字，後附新唐書本傳。又紹熙元年七月開封趙汝愚題云：右李太白題司空山瀑布詩，得之東里周子中，附於卷末。又咸淳己巳天台戴覺民希尹跋云：是集多趙同舍崇鑒養大所校正，晏知止本歌吟在六七兩卷，此則在第十七卷，餘亦前後參差，曾鞏序首數句與元豐類稿合，與晏殊元刊補注本異，或此爲南豐本彼爲次道本歟！

分類補注李白詩二十五卷（元至大辛亥刊本，錢叔蓋藏書）　唐李白撰。宋元人注白集者惟推此兩家。齊賢履貫具前題。士贇寧都人，自署冰崖後人，蓋其父宋辰州通判立等之號也，書二十五卷，分二十二類，前有至元辛卯中秋粹齋自序，弱冠誦太白詩，厥後真思遐想，章究其意之所寓；旁搜遠引，句考其字之所原。一日得左綿所刊楊君子見注本，惜其博不能約，因取其本類比爲之節文，善者存之，注所未盡者，以所見附其後。賦八篇，子見本無注，則併注之，目録後有建安余氏勤有堂刊篆文木記，目録末葉版心記至大辛亥三月刊。按天禄琳琅所收元刊本前載唐李陽冰、宋樂史、宋敏求、曾鞏、毛漸五序，劉全白李君碣記，此本並佚。有錢松叔美印信，白文方印，松字叔美，號耐青，晚號西郭外史，錢塘人，工篆刻書畫。

分類補注李太白詩文集三十卷（明嘉靖刊本，春陵楊齊賢子見集注，章貢蕭士贇粹可補注，吴會後學郭雲鵬校刻）　前有唐宣州當塗令李陽冰序，次朝散大夫行尚書職方員外郎直史館上柱國樂史述别集序，次殿中侍御史李華李公墓誌，次尚書膳部員外郎劉全白撰李君碣記，次常山宋敏求後記，次南豐曾鞏後序。詩二十五卷，先標楊齊賢、蕭士贇之名，以文集無兩家注故也。後有雲鵬自跋，並嘉靖癸卯春元月寶善堂梓行小木記，槧印精潔，殊可珍也。

李翰林別集十卷（明正德刊本）　集前載朝散大夫行尚書職方員外郎直史館上柱國樂史序云：李翰林歌詩李陽冰纂爲草堂集十卷，史又別收歌詩十卷，與草堂集互有得失，因校刊排爲二十卷，號曰李翰林別集，時咸平元年三月三日。此明正德間吴郡袁翼所刊，後有跋稱重刻淳熙本。四庫書目提要云樂史所編罕見，蓋當時此本未出也。

李詩選注十三卷辯疑二卷（明刊本，温州樂清蕩南朱諫選注，姪守仁校刊）　按諫字君佐，吉安太守，居雁蕩山之南，號曰蕩南，選注李白集并爲辯疑。嘉靖間天長志序云：范傳正李翰林新墓碑載文集二十卷，得之文士與其宗族，編輯斷簡，至曾子固序白詩集二十卷，舊七百若干篇，今九百若干篇，宋敏求之所廣也。傳正元和十二年作碑，去白死纔五十七年爾，既云編輯斷簡，則已不能無誤。況敏求去傳正又二百餘年，更五代亂，所廣二百餘篇安在必爲白作無疑也？乃取諸家注覽之類，旁引曲證，少所發明，而是非真僞往往莫能辯正。今觀所著，如朱子釋經例，先解文義，次述興意，微辭奥旨，燦然明白。其辯疑則取舛悖卑陋煩複者，指摘疵纇而雪洗其贋誣之辱，將没封遺厥子守宣，俾守掌焉。隆慶壬申知温州府婺洪垣又因其從子瑶山刻於郡齋，並加序於首。

北宋本李太白文集跋

陸心源

李太白文集三十卷，每葉二十二行，每行二十字，即吴門繆武子刊本所從出也。繆本摹刊精工，幾欲亂真。愚竊謂行款避諱及刊工姓名既一一摹刊，宋本即有誤處，亦宜仍之，别爲考異注於下，繆本改易既多，譌誤亦不少，且有不照宋本摹刊者，卷一李翰林别集序，揮翰霧散耳，勤有堂李詩注同，今本譌耳爲爾爾，翰林學士李公墓碑，留縣帛，今本譌縣爲緜，巨竹拱墓，今本譌墓爲木。卷二古風第三十五首，一揮成斧斤，勤有本同，今本譌斧爲風。卷三中山孺子妾歌，不如延年妹，勤有本同，今本譌妹爲姝。此宋本不誤而繆本譌誤者也。卷四上之回，千旗揚采虹，宋本虹誤紅。卷七永王東巡歌，却似文皇欲渡遼，宋本文譌天。卷八上李邕，宣父猶能畏後生，宋本父譌公。卷十六五月東魯行，能取聊城功，宋本聊譌遼。卷十七崔成甫贈李十二攝監察御史詩，宋本列於酬崔侍御之前。卷十七遊南陽清泠泉，西耀逐水流，宋本逐譌遊。卷二十四秋浦感主人歸燕寄内，雙雙語前簷，宋本簷誤簷。此宋本誤字而繆本改易者也。宋本卷二第十葉末行有卷終二字，無第十一葉，今本不摹卷終二字，而增一葉於後，宋本目録一葉至第十葉板心皆有六七二字，繆本僅摹三四兩葉，餘則否。此失於摹刊者也。是書有乾學之印四字白文方印，王氏敬美白文方印，崑山徐氏家藏朱文長方印，錢應庚白文方印，南金朱文方印，丕烈、蕘夫兩朱文小方印。元豐距今九百餘年，屢經王敬美、徐乾學、黄丕烈、錢應庚諸家收藏，完善如新，可寶也。

録自儀顧堂集卷二十

陸心源皕宋樓藏書志

李太白文集三十卷(北宋蜀刊本,王敬美舊藏) 案此北宋蜀刊本,每葉二十二行,每行二十字,版心有六七四一等字,即百宋一廛賦中所謂翰林歌詩,古香益紙,據染亂真,對此色死者也。卷中有徐乾學印白文方印,健菴二字白文方印,崑山徐氏家藏朱文長印,錢氏南金朱文方印,錢應庚白文方印,王杲之印、王氏敬美白文兩方印,百宋一廛朱文長印。

繆荃孫藝風藏書記

李翰林集三十卷 宋刊本,次行題翰林供奉李白,與他刻本不同。每卷有目録,連屬正文。每半葉十行,每行二十字,白口,前有李陽冰、樂史、魏顥、曾鞏序,李華撰墓志,劉全白撰碣記,范傳正、裴敬撰墓碑,後有咸淳己巳戴覺民希尹跋,此集即覺民所刻,又有江萬里跋,大行書。

劉世珩景刻宋咸淳本跋

予一日與同舍劉辰翁會孟評詩至太白,會孟曰:且止。當塗稱太白太白,且其詩安在。

戴覺民

予於是曉然媿於其言。蓋舊刻之不存，雷電取將久矣。予爲學官，修復經始，每每不暇給，抑豈不可後，顧將去此，獨不能爲太白一日之役，以藏不朽，孰有如予之汨且陋乎？明日以告古心公，公喟然曰：歲晚矣，奈何！吾成子之志，亟爲之。則裨凡費集衆工，不足則布之諸郡，不兩月而集，集成而公亦召矣。或謂白雖天才，了不可莊語，少删之其庶幾乎？孟曰：不然，近年甫有此論，子美退之所不敢聞也。詩患不深於情，今人地（第）稱脱韡脱韡，直偶然固不自以爲高，高固不可及，彼無所擇，自不害其超然耳。予愛其言有理，因復識之。是集多趙同舍崇鍳養大所校正。咸淳乙巳三月望天台戴覺民希尹書。

劉世珩景刻宋咸淳本跋

劉世珩

李翰林集三十卷，宋刻本每葉二十行，行二十字，白口單邊，每邊目録連屬正文，復附新唐書本傳。有紹熙元年七月開封趙汝愚題云，右李太白題司空山瀑布詩得之東里周子中，附之卷末。又咸淳乙巳三月天台戴覺民希尹跋云，是集多趙同舍崇鍳養大所校正。又有江萬里序，係手書上板。晏知止本歌吟在六七兩卷，此則在第十七卷，餘亦前後參差。丁陸兩家書目有此本而江序均佚去，亦可貴也。近時李集止繆刻蜀本爲當世所重，不知此本有勝繆刻處，具詳札記中。且爲當塗本。予池人也，亟影刊之，以增吾皖南一故事云。光緒戊申四月八日貴池劉世珩記，時在天津幣廠。

劉世珩景刻宋咸淳本李翰林集校記

劉世珩

太白集分類本，世所傳楊子見、蕭粹可合注及繆武子翻宋臨川晏氏本皆三十卷。錢唐王琢厓氏太白詩文注雖不標分類，其編第與楊、繆略同，而遵用繆本幾十之八九。王又間采霏玉本、許本、郭本，所幸尚未遽改原本。霏玉本即明霏玉齋翻蕭粹可本，非別有一本也，王氏與蕭本岐而言之，誤矣。王依楊本以古賦居首，詩次之，雜文又次之，與繆小異。余所得宋咸淳戴覺民刊李翰林集三十卷，每卷次行題翰林供奉李白，卷爲一目，連屬正文，與他本不同。集中一作較異於楊、繆兩本，有此作某而與兩本一作同者，或爲兩本原文而此爲一作者，又或王氏所據別本而與此本同者，此本分類與兩本稍有不同，編目次第自八卷下羼廁出入漫以意定，遂與兩本迥異。蓋宋人結習如是，不足怪也。自卷二十一至三十，計文十卷，與明人覆宋淳熙本李翰林集十卷白口十行一作悉同。惟此本行二十字，淳熙本十八字，少異耳。淳熙中自用樂子正別集本刊行，至咸淳本而合之，獨不失宋次道與子正編次離合之舊，及楊本與晏處善本或改詩爲二十五卷或二十四卷，而原第盡失，則此本固仍可貴也。

附録四　詩文

贈李白

杜　甫

秋來相顧尚飄蓬，未就丹砂媿葛洪。痛飲狂歌空度日，飛揚跋扈爲誰雄？

贈李白

杜　甫

二年客東都，所歷厭機巧。野人對羶腥，蔬食常不飽。豈無青精飯，使我顔色好？苦乏買藥資，山林跡如掃。李侯金閨彦，脱身事幽討。亦有梁宋遊，方期拾瑶草。

與李十二白同尋范十隱居

杜　甫

李侯有佳句，往往似陰鏗。余亦東蒙客，憐君如弟兄。醉眠秋共被，攜手日同行。更想幽期處，還尋北郭生。入門高興發，侍立小童清。落景聞寒杵，屯雲對古城。向來吟橘頌，誰欲討蓴羹？不願掄簪笏，悠悠滄海情。

送孔巢父謝病歸遊江東兼呈李白

杜　甫

巢父掉頭不肯住，東將入海隨烟霧。詩卷長留天地間，釣竿欲拂珊瑚樹。深山大澤龍蛇遠，春寒野陰風景暮。蓬萊織女迴雲車，指點虚無引歸路。自是君身有仙骨，世人那得知其故？惜君只欲苦死留，富貴何如草頭露？蔡侯静者意有餘，清夜置酒臨前除。罷琴惆悵月照席，幾歲寄我空中書。南尋禹穴見李白，道甫問信今何如。

飲中八仙歌

杜　甫

知章騎馬似乘船，眼花落井水底眠。汝陽三斗始朝天，道逢麴車口流涎。恨不移封向酒泉。左相日興費萬錢，飲如長鯨吸百川。銜杯樂聖稱避賢。宗之瀟灑美少年，舉觴白眼望青天。皎如玉樹臨風前。蘇晉長齋繡佛前，醉中往往愛逃禪。李白一斗詩百篇，長安市上酒家眠。天子呼來不上船，自稱臣是酒中仙。張旭三盃草聖傳，脱帽露頂王公前。揮毫落紙如雲烟。焦遂五斗方卓然，高談雄辯驚四筵。

冬日有懷李白

杜　甫

寂寞書齋裏，終朝獨爾思。更尋嘉樹傳；不忘角弓詩。短褐風霜入；還丹日月遲。未因乘興去，空有鹿門期。

春日憶李白

杜　甫

白也詩無敵；飄然思不羣。清新庾開府；俊逸鮑參軍。渭北春天樹；江東日暮雲。何時一尊酒，重與細論文？

夢李白二首

杜　甫

死別已吞聲，生別常惻惻。江南瘴癘地，逐客無消息。故人入我夢，明我常相憶。恐非平生魂，路遠不可測。魂來楓林青，魂返關塞黑。君今在羅網，何似有羽翼？落月滿屋梁，猶疑照顏色。水深波浪闊，無使蛟龍得。

其二

浮雲終日行，遊子久不至。三夜頻夢君，情親見君意。告歸常局促，苦道來不易。江湖多風波，舟楫恐失墜。出門搔白首，若負平生志。冠蓋滿京華，斯人獨顦顇。孰云網恢恢，將老身反累。千秋萬歲名，寂寞身後事。

天末懷李白

杜　甫

涼風起天末，君子意如何？鴻雁幾時到，江湖秋水多。文章憎命達，魑魅喜人過。應共冤魂語，投詩弔汨羅。

寄李十二白二十韻

杜　甫

昔年有狂客，號爾謫仙人。筆落驚風雨，詩成泣鬼神。聲名從此大，汩没一朝伸。文采承殊渥，流傳必絶倫。龍舟移棹晚，獸錦奪袍新。白日來深殿，青雲滿後塵。乞歸優詔許，遇我宿心親。未負幽棲志，兼全寵辱身。劇談憐野逸，嗜酒見天真。醉舞梁園夜，行歌泗水春。才高心不展，道屈善無鄰。處士禰衡俊，諸生原憲貧。稻粱求未足，薏苡謗何頻？五嶺炎蒸地，三危放逐臣。幾年遭鵩鳥，獨泣向麒麟。蘇武先還漢，黄公豈事秦？楚筵辭醴日，梁獄上書辰。已用當時法，誰將此義陳？老吟秋月下，病起暮江濱。莫怪恩波隔，乘槎與問津。

不見 近無李白消息

杜甫

不見李生久，佯狂真可哀。世人皆欲殺，吾意獨憐才。敏捷詩千首，飄零酒一盃。匡山讀書處，頭白好歸來。

蘇端薛復筵簡薛華醉歌

杜甫

坐中薛華能醉歌，歌辭自作風格老。近來海内爲長句，汝與山東李白好。何劉沈謝力未工，才兼鮑照愁絶倒。

昔遊

杜甫

昔者與高李，晚登單父臺。寒蕪際碣石，萬里風雲來。桑柘葉如雨，飛藿去徘徊。清霜大澤凍，禽獸有餘哀。

遣懷

杜甫

憶與高李輩，論交入酒壚。兩公壯藻思，得我色敷腴。氣酣登吹臺，懷古視平蕪。芒碭雲一去，雁鶩空相呼。

初至巴陵與李十二白裴九同泛洞庭湖三首

賈　至

江上相逢皆舊遊，湘山永望不堪愁。明月秋風洞庭水，孤鴻落葉一扁舟。

其二

楓岸紛紛落葉多，洞庭秋水晚來波。乘興輕舟無近遠，白雲明月弔湘娥。

其三

江畔楓葉初帶霜，渚邊菊花亦已黄。輕舟落日興不盡，三湘五湖意何長！

洞庭送李十二赴零陵

賈　至

今日相逢落葉前，洞庭秋水遠連天。共説金華舊遊處，迴看北斗欲潸然。

雜言寄李白

任華

古來文章有奔逸氣，聳高格，清人心神，驚人魂魄。我聞當今有李白。大鵬賦，鴻猷文，嗤長卿，笑子雲，班張所作瑣細不入耳，未知卿雲得在嗤笑限否？登廬山，觀瀑布，海風吹不斷，江月照還空，余愛此兩句。登天台，望渤海，雲垂大鵬飛，山壓巨鰲背，斯言亦好在。至于他作，多不拘常律。振擺超騰，既俊且逸。或醉中操紙，或興來走筆。手下忽然片雲飛，眼前劃見孤峯出。而我有時白日忽欲睡，睡覺忽然起攘臂。任生知有君，君還知有任生未？中間聞道在長安，及余戾止，君已江東訪元丹。邂逅不得見君面，每常把酒向東望良久。見說往年在翰林，胸中矛戟何森森！新詩傳在宮人口，佳句不離明主心。身騎天馬多意氣，目送飛鴻對豪貴。承恩召入凡幾回，待詔歸來仍半醉。權臣妒盛名，羣犬多吠聲。有敕放君却歸隱淪處，高歌大笑出關去。且向東山爲外臣，諸侯交迓馳朱輪。白璧一雙買交者，黄金百鎰相知人。平生傲岸，其志不可測。數十年爲客，未嘗一日低顔色。八詠樓中坦腹眠，五侯門下無心憶。繁花越臺上，細柳吴宫側。緑水青山知有君，白雲明月偏相識。養高兼養閑，可望不可攀。莊周萬物外，范蠡五湖間。又聞訪道滄海上，丁令王喬時還往。蓬萊經是曾到來，方丈豈惟方一丈。伊余每欲乘興遠相尋，江湖擁隔勞寸心。今朝忽遇東飛翼，寄此一章表胸臆。倘能報我一片言，但訪任華有人識。

送李白之曹南序

獨孤及

曩子之入秦也，上方覽子虚之賦，喜相如同時。由是朝詣公車，夕揮宸翰。一旦襆被金馬，蓬累而行。出入燕宋，與白雲爲伍。然則適來時行也，適去時止也。彼碌碌者徒見三河之游倦，百鎰之金盡，乃議子于得失虧成之間，曾不知才全者無虧成，志全者無得失，進與退于道德乎何有？是日也，出車桐門，將駕于曹。仙藥滿囊，道書盈篋。異乎莊舃之辭越，仲尼之去魯矣。送子何所，平臺之隅。短歌薄酒，擊筑相和。大丈夫各乘風波，未始有極。哀樂且不足累上士之心，況小别乎！請偕賦詩以見交態。

調張籍

韓　愈

李杜文章在，光燄萬丈長。不知羣兒愚，那用故謗傷？蚍蜉撼大樹，可笑不自量。伊我生其後，舉頸遥相望。夜夢多見之，晝思反微茫。徒觀斧鑿痕，不矚治水航。想當施手時，巨刃磨天揚。垠崖劃崩豁，乾坤擺雷硠。惟此兩夫子，家居率荒涼。帝欲長吟哦，故遣起且僵。剪翎送籠中，使看百鳥翔。平生千萬篇，金薤垂琳琅。仙官勅六丁，雷電下取將。流落人間者，泰山一毫芒。我願生兩翅，捕逐出八荒。精誠忽交通，百怪入我腸。刺手拔鯨牙，舉瓢酌天漿。騰身跨汗漫，不著織女襄。顧語地上友，經營無忝茫。乞君飛霞佩，與我高頡頏。

讀李杜詩集因題卷後

白居易

翰林江左日；員外劍南時。不得高官職；仍逢苦亂離。暮年逋客恨；浮世謫仙悲。吟詠留千古；聲名動四夷。文場供秀句；樂府待新詞。天意君須會，人間要好詩。

江行無題

錢　起

高浪如銀屋，江風一發時。筆端降太白，才大語終奇。

漫成

李商隱

李杜操持事略齊，三才萬象共端倪。集仙殿與金鑾殿，可是蒼蠅惑曙雞！

讀李白集

鄭　谷

何事文星與酒星，一時鍾在李先生。高吟大醉三千首，留著人間伴月明。

弔李翰林

曹松

李白雖然成異物，逸名猶與萬方傳。昔朝曾侍玄宗側；大夜應歸賀老邊。山木易高迷故壠；國風長在見遺編。投金渚畔春楊柳，自此何人繫酒船？

李翰林　負逸氣者必有真放以李翰林爲真放焉

皮日休

吾愛李太白，身是酒星魄。口吐天上文，跡作人間客。磥砢千丈林，澄徹萬尋碧。醉中草樂府，十幅筆一息。召見承明廬，天子親賜食。醉曾吐御牀，傲幾觸天澤。權臣妒逸才，心如斗筲窄。失恩出内署，海岳甘自適。刺謁戴接䍦，赴宴著穀屐。諸侯百步迎，明君九天憶。竟遭腐脇疾，醉魄歸八極。大鵬不可籠，大椿不可植。蓬壺不可見，姑射不可識。五岳爲辭鋒，四海作胸臆。惜哉千萬年，此俊不可得。

古意

釋貫休

常思李太白，仙筆驅造化。玄宗致之七寶牀，虎殿龍樓無不可。一朝力士脱靴後，玉上青蠅生一箇。紫皇案前五色麟，忽然掣斷黄金鎖。五湖大浪如銀山，滿船載酒搥鼓過。賀老成異物，顛狂誰敢和？寧知江邊墳，不是猶醉卧。

讀李白集

釋齊己

竭雲濤，刳巨鰲，搜括造化空牢牢。冥心入海海神怖，驪龍不敢爲珠主。人間物象不供取，飽飲遊神向玄圃。鏘金鏗玉千餘篇，膾吞炙嚼人口傳。須知一二丈夫氣，不是綺羅兒女言。

李翰林

徐夤

謫下三清列八仙，獲調羹鼎侍龍顔。吟開鎖闥窺天近；醉卧金鑾待詔閑。舊隱不歸劉備國；旅魂常寄謝公山。遺編往簡應飛去，散入祥雲瑞日間。

經李翰林廬山屏風疊所居

許彬

放逐非多罪；江湖偶不迴。深居應有爲；濟代豈無才？疊巘晴舒障；寒川暗動雷。誰能續高興，醉死一千杯。

太白戲聖俞

歐陽修

開元無事二十年，五兵不用太白閑。太白之精下人間，李白高歌蜀道難。蜀道之難難于上青天，李白落筆生雲烟。千奇萬險不可攀，却視蜀道猶平川。宫娃扶來白已醉，醉裏詩成醒不記。忽然乘興登名山，龍咆虎嘯松風寒。山頭婆娑弄明月，九域塵土悲人寰。吹笙飲酒紫陽家，紫陽真人駕雲車。空山流水空落花，飄然已去流青霞。下視區區郊與島，螢飛露濕吟秋草。

李太白雜言

徐積

噫嘻欷奇哉！自開闢以來，不知幾千萬餘年。至于開元間，忽生李詩仙。是時五星中，一星不在天。不知何物爲形容，何物爲心胸，何物爲五臟，何物爲喉嚨。開口動舌生雲風。當時大醉騎遊龍。開口向天吐玉虹。玉虹不死蟠胸中。然後吐出光燄萬丈淩虚空。蓋自有詩人以來，我未嘗見大澤深山，雪霜冰霰，晨霞夕霏，千變萬化，雷轟電掣，花葩玉潔，青天白雲，秋江曉月，有如此之人，如此之詩。屈生何悴，宋玉何悲。賈生何戚，相如何疲。人生何用自縲絏，當須犖犖不可羈。乃知公是真英物，萬疊秋山清聳骨。當時杜甫亦能詩，恰如老驥追霜鶻。戴烏紗，著宫錦。不是高歌即酣飲。飲時獨對月明中，醉來還抱清風寢。嗟君逸氣何飄飄！枉教謫下青雲霄。大抵人生有用有不用，豈可戚戚反効兒女曹？採蟠桃於海上，尋紫芝於山腰。吞漢武之金莖沆瀣，吹弄玉之秦樓鳳簫。

讀李白集戲用奴字韻

李　綱

謫仙英豪蓋一世，醉使力士如使奴。當時左右悉佞諛，驚怪恇怯應逃逋。我生端在千載後，祭公只用一束芻。遺編凜凜有生氣，玩味無斁誰如吾？

讀四家詩選　四首之一

李　綱

謫仙乃天人，薄遊人間世。詞章號俊逸，邁往有英氣。明皇重其名，召見如綺季。萬乘尚僚友，公卿何芥蔕？脱靴使將軍，故耳非爲醉。乞身歸舊隱，來去同一戲。沉吟紫芝歌，緬邈青霞志。笑著宫錦袍，江山聊傲睨。肯從永王璘？此事不須洗。垂天賦大鵬，端爲真隱子，神遊八極表，捉月初不死。

題漢陽郎官湖

夏　倪

太白當年夜郎謫，一樽聊與故人留。南湖乞得郎官號，自此名傳五百秋。

讀李杜詩

陸　游

濯錦滄浪客，青蓮澹蕩人。才名塞天地，身世老風塵。士固難推挽，人誰不賤貧？明窗數編在，長與物華新。

讀李翰林詩

陳　藻

杜陵尊酒罕相逢，舉世誰堪入此公？莫怪篇篇吟婦女，別無人物與形容。

經采石渡留一絶句

吴　璞

抗議金鑾反見仇，一抔蟬蜕楚江頭。當時醉弄波間月，今作寒光萬里流。

白下亭

任斯菴

金鑾殿上脱靴去，白下亭東索酒嘗。一自青山冥漠後，何人來道柳花香？（見景定建康志）

雜書

方回

人言太白豪，其詩麗以富。樂府信皆爾，一掃梁陳腐。餘篇細讀之，要自有樸處。最于贈答篇，肺腑露情愫。何至昌谷生，一一雕麗句？亦焉用玉溪，纂組失天趣？沈宋非不工，子昂獨高步。畫肉不畫骨，乃以帝閑故。

過池陽有懷唐李翰林

薩天錫

我思李太白，有如雲中龍。垂光紫皇案，御筆生青紅。羣臣不敢視，射目目盡盲。脱靴手污巇，蹴踏將軍雄。沉香走白兔，玉環失顔容。春風不成雨，殿閣懸妖虹。長嘯拂紫髯，手撚青芙蓉。挂席千萬里，遨遊江之東。濯足五湖水，挂巾九華峯。放舟玉鏡潭，弄月秋浦中。羈懷正浩蕩，行樂未及終。白石爛齒齒，貂裘淚濛濛。神光走霹靂，水底鞭雷公。采石波浪惡；青山雲霧重。我有一斗酒，和淚洒天風。

采石懷太白

薩天錫

夢斷金雞萬里天，醉揮禿筆掃鸞箋。錦袍日進酒一斗，采石江空月滿船。金馬重門深似海，青山荒塚夜如年。祇應風骨蛾眉妒，不作天仙作水仙。

李謫仙

舒 遜

召對金鑾殿；榮膺白玉堂。氣吞高力士，眼識郭汾陽。醉骨生疑蜕；詩名死更香。何由見顔色？月落照空梁。

夜聞謝太史讀李杜詩

高 啓

前歌蜀道難，後歌偪仄行。商聲激烈出破屋，林烏夜起鄰人驚。我愁寂寞正欲眠，聽此起坐心茫然。高歌隔舍與相和，雙淚迸落青燈前。李供奉，杜拾遺。當時流落俱堪悲。嚴公欲殺力士怒，白骨江海常憂飢。二公高才且如此，君今謂我將何如？

弔李白

方孝孺

君不見唐朝李白特達士，其人雖亡神不死。聲名流落天地間，千載高風有誰似？我今誦詩篇，亂髮飄蕭寒。若非胸中湖海闊，定有九曲蛟龍蟠。却憶金鑾殿上見天子，玉山已頽扶不起。脱靴力士祇羞顔，捧硯楊妃勞玉指。當時豪俠應一人，豈愛富貴留其身？歸來長安弄明月，從此不復朝金闕。酒家有酒頻典衣，日日醉倒身忘歸。詩成不管鬼神泣，筆下自有烟雲飛。丈夫襟懷真磊落，將口談天日月薄。泰山高兮高可夷，滄海深兮深可涸。惟有李白天才奪造化，世人孰得窺其作？我言李白古無雙，至今采石生輝光。嗟哉石崇空豪富，終當埋没聲不揚。黄金白璧不足貴，但願男兒有筆如長杠。

過采石弔李謫仙

丘　濬

蛾眉亭下弔詩魂，千古才名世共聞。江上洪濤生德色；磯頭草木帶餘醺。光争日月常如在；思入風雲迥不羣。岸芷汀蘭無限意，臨風三復楚騷文。

丁卯歲過采石弔李白

丘　濬

采石江頭，黄土一抔。其東有蛾眉之亭，其西有謫仙之樓。謫仙仙去不復返，惟有江水日夜流。人生一世幾何久，不如眼前一杯酒。飢來文字不堪餐，死後虚名竟何有？請君看此李謫仙，掀揭宇宙聲轟然。長安市上眠不足，長來采石江頭眠。百世光陰一大夢，衾天枕地無人共。寧知浩浩長江流，不是糟丘春酒甕？此翁自是太白精，星月自合相隨行。當時落水非失脚，直駕長鯨歸紫清。至人雖死神不滅，終古長庚伴月明。

李太白

李東陽

醉别蓬萊定幾年，被人呼是謫神仙。人間未有飛騰地，老去騎鯨却上天。

過采石懷李白

宗　臣

閶闔天門夜不關，酒星何事謫人間？爲君五斗金莖露，醉殺江南千萬山。

其二

憶君乘月下金陵，何處吴山不夜登？一曲瀟湘秋萬里，至今疑在白雲層。

其三

楚水秋風薜荔高，千帆明月大江濤。蛾眉亭下芙蓉色，猶似當年宫錦袍。

其四

夜夜銀河倒不流，長虹西挂綵雲愁。醉來江底抱明月，驚落天心萬片秋。

其五

到處孤槎秋萬重，滄江終夜卧魚龍。天風驅盡瀟湘色，衹爲仙人破醉容。

其六

秋山萬仞落秋潭，無限青楓好駐驂。君跨長鯨去不返，獨留明月照江南。

其七

采石磯頭望白雲，青楓滿地落紛紛。夜深吹笛江亭上，明月窺人恐是君。

其八

楚江南折是天門，江上蛟龍日夜喧。爲爾片帆開暮雨，至今秋色鎖雲根。

其九

短筇踏破楚山青，日日蒼梧醉洞庭。何事淹留姑熟水，千秋風雨怨湘靈。

其十

西望匡廬接九華，當年醉色傲烟霞。可憐一片寒江月，猶爲千峯護落花。

采石磯弔李太白

王叔承

插江采石三千尺，何處蒼苔酣李白？乘風夜上金陵船，宮錦袍明浪花赤。天子將袍覆酒仙，沉香亭下百花前。幸臣脱靴紫貂恥，貴妃捧硯青娥憐。詞成投筆六宮羨，教坊回首新聲傳。一斗百篇猶未半，零落風騷走江漢。夜郎逐客潯陽囚，一片青山魂爛熳。山頭問月呼蒼旻，笑傲萬古空無人。古人既往君亦去，杯中舊月年年新。古今一明月，大化同精靈。人間傳羽蜕，天上懸才名。椒漿酹君還自傾，釣磯采采如飛鯨。安知太白不在此？江東忽見長庚星。

采石磯弔李太白

梁辰魚

停橈磯下奠椒觴，草木猶聞翰墨香。飛燕已辭青瑣闥；長鯨自上白雲鄉。他年有夢游天姥；此夕無魂到夜郎。西望長安漫惆悵，金鑾春殿久荒涼。

過南陵太白酒坊

許夢熊

謫仙過日酒初熟，此日猶傳新酒坊。風度不隨茅屋改；山川時作錦衣香。千秋客到千留珮；一歲花開一舉觴。莫向斜陽嗟往事，人生不朽是文章。

五君詠 五首之一

尤　侗

酒星不在天，謫向人間住。玉環斂繡巾，笑領春風句。采石漾蘭舟，足踏鼉龍去。却入廣寒宫，醉倒珊瑚樹。

七思 七首之一

尤　侗

我思李供奉，醉草金花箋。玉笛媚新聲，天香照嬋娟。一朝夜郎去，錦繡埋蠻烟。惟餘一杯酒，搔首問青天。

讀李青蓮集

鄭日奎

青蓮詩負一代豪，横掃六宇無前茅。英雄心魄神仙骨，溟渤爲闊天爲高。興酣染翰恣狂逸，獨任天機摧格律。筆鋒縹緲生雲烟，墨騎縱横飛霹靂。有如懷素作草書，崩騰歷亂龍蛇攄。更如公孫舞劍器，渾脱瀏漓雷電避。冥心一往搜微茫，乾端坤倪失伏藏。佛子嵌空鬼母泣，千秋詞客孰雁行？我讀君詩起我意，飄然如有淩雲思。便欲麾手謝塵緣，相從飲酒學仙去。

讀李太白詩

魏裔介

三謝與鮑庾，江左稱獨步。太白更絶塵，汗血如飛兔。擲筆振金石，有文懸瀑布。萬象羅胸中，百代生指顧。是氣曰浩然，不衹爲章句。沉香亭畔詞，諷諫有微趣。奴視高將軍，才人豈能慕？羽翮落九天，挂席逐烟霧。留滯東魯雲，蹭蹬采石路。我思汾陽王，再衍晉陽祚。云誰識此人？青蓮慧眼故。無知功未酬？夜郎竟遠戍。璘也實惷愚，偶而被籠敚。龍章與鳳姿，豈若争食鶩？古今稱謫仙，斯言良不誤。黄金如可成，須並子美鑄。

論詩絶句

王士禛

青蓮才筆九州横，六代淫哇總廢聲。白紵青山魂魄在，一生低首謝宣城。

李太白碑陰記

蘇軾

李太白狂士也，又嘗失節于永王璘，此豈濟世之人哉！而畢文簡公以王佐期之，不亦過乎！曰：士固有大言而無實，虚名不適于用者，然不可以此料天下士。士以氣爲主，方高力士用事，公卿大夫争事之，而太白使脱靴殿上，固已氣蓋天下矣。使之得志，必不肯附權倖以取容，其肯從君于昏乎！夏侯湛贊東方生云：開濟明豁，包含弘大。陵轢卿相，嘲哂豪傑。籠罩靡前，跆籍貴勢。出不休顯，賤不憂戚。戲萬乘若僚友，視儔列如草芥。雄節邁倫，高氣蓋世，可謂拔乎其萃游方之外者也。吾于太白亦云。太白之從永王璘，當由迫脅。不然，璘之狂肆寢陋，雖庸人知其必敗也！太白識郭子儀之爲人傑，而不能知璘之無成，此理之必不然者也。吾不可以不辨。端明殿學士兼翰林侍讀學士眉山蘇軾撰。

代人祭李白文

曾鞏

子之文章，傑立人上。地闢天開，雲蒸雨降。播産萬物，瑋麗瑰奇。大巧自然，人力何施？又如長河，浩浩奔放。萬里一瀉，末勢猶壯。大騁厥辭，至于如此。意氣飄然，發揚儁偉。飛黄駃騠，軼羣絶類。擺棄羈馽，脱遺轍軌。捷出横步，志狹四裔。側睨駑駘，與無物比。始來玉堂，旋去江湖。麒麟鳳凰，世豈能拘？古今僻儒，鉤章摘字。下里之學，辭卑義鄙。士有一曲，拘牽泥滯。亦或狡巧，争馳勢利。子之可異，豈獨兹文？輕世肆志，有激斯人。姑孰之野，予來長民。舉觴墓下，感嘆餘芬。

李太白贊

馬光祖

天地英靈之氣，曠千載而幾人。恍天仙之下墮，驂雲霧而絶風塵。以匹夫而動九重，乃供奉乎翰林。將國論其與聞之，奚兒女子之云云？蓋其抱負霸王之略，或庶幾乎少伸。手攜郭令公，足蹋賀季真。至于奉珪印以贖之，有以信志業之等倫。豈爲其道骨之可蜕，詩思之不羣耶！鬱鬱此山，悠悠大川。公不來游，今五百年。

李太白贊

方孝孺

唐治既極，氣鬱弗舒。乃生人豪，泄天之奇。矯矯李公，雄蓋一世。麟遊龍驤，不可控制。心粃糠萬物，甕盎乾坤。狂呼怒叱，日月爲奔。或入金門，或登玉堂。東遊滄海，西歷夜郎。心觸化機，噴珠湧璣。翰墨所在，百靈護持。此氣之充，無上無下。安能瞑目，閟于黄土？手搏長鯨，鞭之如羊。至于扶桑，飛騰帝鄉。惟昔戰國，其豪莊周。公生雖後，其文可侔。彼何小儒！氣餒如鬼。仰瞻英風，猶虎與鼠。斯文之雄，實以氣充。後有作者，尚視于公。

李白贊

楊　榮

匡廬之山，神秀所鍾。瀑布千尺，宛然飛虹。偉哉謫仙，銀河在目。咳吐天風，燦然珠玉。

附録五　叢説

國朝能爲歌詩者不少，獨李太白爲稱首。蓋氣骨高舉，不失頌詠風刺之道。（吳融禪月集序）

歌詩之風，蕩來久矣。大抵喪於南朝，壞於陳叔寶。然今之業是者，苟不能求古於建安，即江左矣，苟不能求麗於江左，即南朝矣。或過爲豔傷麗病者，即南朝之罪人也。吾唐來有業是者，言出天地外，思出鬼神表，讀之則神馳八極，測之則心懷四溟，磊磊落落，真非世間語者，有李太白。（皮日休劉棗强碑文）

張碧，貞元中人，自序其詩云：碧嘗讀李長吉集，謂春拆紅翠，闢開蟄户，其奇峭者不可攻也。及覽李太白辭，天與俱高，青且無際，鵾觸巨海，瀾濤怒翻，則觀長吉之篇，若陟嵩之巔視

諸阜者耶！（唐詩紀事）

宋景文諸公在館，嘗評唐人詩云：太白仙才，長吉鬼才。（文獻通考）

人言太白仙才，長吉鬼才。不然，太白天仙之詞，長吉鬼仙之詞耳。（滄浪詩話）

世傳杜甫詩，天才也；李白詩，仙才也；長吉詩，鬼才也。（迂齋詩話）

唐人以李白爲天才絶，白樂天人才絶，李賀鬼才絶。（海録碎事）

詩總不離乎才也，有天才，有地才，有人才。吾于天才得李太白，於地才得杜子美，於人才得王摩詰。太白以氣韻勝，子美以格律勝，摩詰以理趣勝。太白千秋逸調，子美一代規模，摩詰精大雄氏之學，句句皆合聖教。（徐而菴説唐詩）

嘗戲論唐人詩，王維佛語，孟浩然菩薩語，李白飛仙語，杜甫聖語，李賀才鬼語。（居易録）

荆公云：詩人各有所得，清水出芙蓉，天然去雕飾，此李白所得也。或看翡翠蘭苕上，未掣鯨鯢碧海中。此老杜所得也。横空盤硬語，妥帖力排奡。此韓愈所得也。（漁隱叢話）

李文叔云：予嘗與宋遐叔言：孟子之言道，如項羽用兵，直行曲施，逆見錯出，皆當大敗。而舉世莫能當者，何其横也！左丘明之於辭令亦甚横，自漢後千年，唯韓退之之於文，李太白之於詩，亦皆横者。（墨莊漫録）

李唐羣英，唯韓文公之文，李太白之詩，務去陳言，多出新意。至於盧仝、貫休輩效其顰，張籍、皇甫湜輩學其步，則怪且醜，僵且仆矣。（珊瑚鈎詩話）

雪浪齋日記：爲詩欲氣格豪逸，當看退之太白。（詩人玉屑）

莊周、李白，神于文者也，非工于文者也。文非至工，則不可爲神。然神非工之所可至也。（楊升菴外集）

文至莊，詩至太白，草書至懷素，皆兵法所謂奇也。正有法可循，奇則非神解不能及。（顧璘息園存稿）

觀太白詩者，要識真太白處。太白天才豪逸，語多卒然而成者。學者於每篇中要識其安身立命處可也。太白發句，謂之開門見山。（滄浪詩話）

臞翁詩評：李太白如劉安雞犬，遺響白雲，覈其歸存，恍無定處。（詩人玉屑）

李太白詩語帶烟霞，肺腑纏錦繡。（釋德洪跋蘇養直詩）

李太白周覽四海名山大川，一泉之旁，一山之阻，神林鬼冢，魑魅之穴，猿狖所家，魚龍所宫，往往遊焉。故其爲詩疎宕有奇氣。（孫覿送删定姪歸南安序）

太白歌詩度越六代，與漢魏樂府爭衡。（黄山谷文集）

明皇世章句之風，大得建安體，論者推李翰林、杜工部爲尤。（皮日休郢州孟亭記）

詩眼云：建安詩辯而不華，質而不俚，風調高雅，格力遒壯。其言直致而少對偶，指事情而綺麗，得風雅騷人之氣骨，最爲近古者也。唐諸詩人，高者學陶、謝，下者學徐、庾，惟老杜、李太白、韓退之早年皆學建安，晚乃各自變成一家耳。如老杜：崆峒小麥熟，人生不相見，皆全體作建安語。今所存集第一第二卷中頗多。韓退之孤臣昔放逐，暮行河堤上，亦皆此體，但頗自加新奇。李太白亦多建安句法，而罕全篇，多雜以鮑明遠體。（漁隱叢話）

李太白始終學選詩，所以好。杜子美詩好者，亦多是傚選詩。後漸放手，夔州諸詩則不然也。（朱子語類）

李、杜、韓、柳初亦皆學選詩者，然杜、韓變多而李、柳變少，變不可學而不變可學。（朱考亭跋病翁先生詩）

鮑明遠才健，其詩乃選之變體，李太白專學之。（朱子語類）

雪浪齋日記云：或云太白詩其源流出于鮑明遠，如樂府多用白紵，故子美云：俊逸鮑參軍，蓋有譏也。（漁隱叢話）

李、杜二子往往推重鮑、謝，用其全句甚多。（李夢陽章園餞會詩引）

郭璞構思險怪，而造語精圓，李、杜精奇處皆取此。謝靈運以險爲主，以自然爲宗，李、杜深處多取此。六朝文氣衰緩，惟劉越石、鮑明遠有西漢氣骨，李、杜筋骨取此。（陳繹曾詩譜）

李太白詩逸態淩雲，映照千載，然時作齊、梁間人體段，略不近渾厚。（西清詩話）

李太白詩非無法度，乃從容于法度之中，蓋聖於詩者也。古風兩卷多效陳子昂，亦有全用其句處。太白去子昂不遠，其尊慕之如此。然多爲人所亂，有一篇分爲三篇者，有二篇合爲一

篇者。（朱子語類）

唐之有天下，陳子昂、蘇源明、元結、李白、杜甫、李觀皆各以其所能鳴。（韓退之送孟東野序）

陳子昂懸文宗之正鵠，李太白曜風雅之絶麟。（楊升菴四川總志序）

陳子昂爲海内文宗，李太白爲古今詩聖。（楊升菴周受菴詩選序）

王荆公嘗謂太白才高而識卑。山谷又云：好作奇語，自是文章之病。建安以來好作奇語，故其氣象衰薾。愚謂二公所言太白病處，正在裏許。（古賦辯體）

太白詩飄逸絶塵而傷於易，學之者又不至，玉川子是也，猶有可觀者。有狂人李赤乃敢自比謫仙，比律不應從重。又有崔顥者，曾未豁達，李老作黄鶴樓詩頗似上士遊山水，而世俗云李白，蓋與徐凝一場決殺醉中聯爲一笑。（蘇東坡集）

周伯弜云：言詩而本於唐，非因於唐也，自河梁而後，詩之變至於唐而止也。謫仙號爲雄俊，而法度最爲森嚴，況餘者乎！（趙宧光彈雅）

潘禎應昌嘗言其父受于鄉先輩曰：詩有五聲，全備者少，惟得宫聲者爲最優。蓋可以兼衆聲也。李太白、杜子美之詩爲宫，韓退之之詩爲角，以此例之，雖百家可知也。（懷麓堂詩話）

詩人多蹇，如陳子昂、杜甫各授一拾遺，而迍剥至死，李白、孟浩然輩不及一命，窮悴終身。

（白樂天與元微之書）

人徒知李、杜爲詩人而已矣，而不知其行之高識之卓也。杜甫能知君，故陷賊能自拔，而從明肅於搶攘之中也。李白能知人，故陷賊而有救，以能知郭汾陽於卒伍之中也。（草木子）

李白、杜甫、陶淵明皆有志於吾道。（陸象山語録）

新唐書杜甫傳贊曰：昌黎韓愈於文章慎許可，至歌詩獨推曰李、杜文章在，光燄萬丈長，誠可信云。予讀韓詩，其稱李、杜者數端。石鼓歌曰：少陵無人謫仙死，才薄將奈石鼓何！酬盧雲夫曰：高揖羣公謝名譽，遠追甫白感至誠。薦士曰：國朝盛文章，子昂始高蹈。勃興得李杜，萬類困陵暴。醉留東野曰：昔年因讀李白杜甫詩，長恨二人不相從。感春曰：近憐李、杜無檢束，爛熳長醉多文辭。并唐書所引，蓋六用之。（容齋四筆）

予嘗論書，以爲鍾、王之跡蕭散簡遠，妙在筆墨之外，至顔、柳始集古今筆法而盡發之，極書之變。天下翕然以爲宗師，而鍾、王之法益微。至于詩亦然，蘇、李之天成，曹、劉之自得，陶、謝之超然，蓋亦至矣。而李太白、杜子美以英瑋絶世之姿，淩跨百代，古今詩人盡廢，然魏、晉以來高風絶塵，亦少衰矣。（蘇東坡書黄子思詩集後）

作詩先看李、杜，如士人治本經，本既立，方可看蘇、黄以次諸家。（朱子語類）

詩之極至有一，曰入神，詩而入神，至矣盡矣，蔑以加矣。惟李、杜得之，他人得之蓋寡也。（滄浪詩話）

李、杜數公如金翅劈海，香象渡河，下視郊、島輩，直蟲吟草間耳。（滄浪詩話）

李太白、杜子美詩皆掣鯨手也。余觀太白古風，子美偶題二篇，然後知二子之源流遠矣。李云：大雅久不作，吾衰竟誰陳？王風委蔓草，戰國多荊榛。則知李之所得在雅。杜云：文章千古事，得失寸心知。騷人嗟不見，漢道盛於斯。則知杜之所得在騷。（韻語陽秋）

作詩者陶冶萬物，體會光景，必貴乎自得，蓋格有高下，才有分限，不可強力至也。譬之秦武陽，氣蓋全燕，見秦王則戰掉失色。淮南王安雖爲神仙，謁帝猶輕其舉止，此豈由素習哉！予以爲少陵、太白當險阻艱難，流離困躓，意欲卑而語未嘗不高。至于羅隱、貫休得意於偏霸，誇彫逞奇，語欲高而意未嘗不卑，乃知天稟自然有不能易也。（詩人玉屑）

唐自李、杜之出，焜燿一世，後之言詩者皆莫能及。（呂居仁江西宗派圖序）

詩之所以爲詩，所以歌詠性情者，祇見三百篇耳。秦、漢之際，騷賦始盛。大抵怨讟煩冤從諛侈靡之文，性情之作衰矣。至蘇、李贈答，下逮建安，後世之詩，始立根柢，簡静高古，不事夫辭，猶有三代之遺風。至潘、陸、顔、謝則始事夫辭，以及齊、梁辭遂盛矣。至李、杜兼魏、晉以追風雅，尚辭以詠性情，則後世詩之至也。然而高古不逮夫蘇、李之初矣。（郝經與撤彦舉論詩書）

唐人諸體之作與代終始，而李、杜爲正宗。（虞伯生傅于礪詩序）

詩之尊李、杜，文之尚韓、歐，此猶山之有泰、華，水之有江、河，無不仰止而取益焉。（吳偉

業與宋尚木論詩書）

天寶末詩人，杜甫與李白齊名，而白自負文格放達，譏甫齷齪，而有飯顆山之嘲誚。元和中，詞人元稹論李、杜之優劣曰：予讀詩至杜子美而知小大之有所總萃焉。始堯、舜之時君臣以賡歌相和，是後詩人繼作，歷夏、殷、周千餘年。仲尼緝拾選揀，取其干預教化之尤者三百，餘無所聞，騷人作而怨憤之態繁，然猶去風雅日近，尚相比擬。秦、漢以還，採詩之官既廢，天下妖謡民謳，歌頌諷賦，曲度嬉戲之辭，亦隨時間作。至漢武賦柏梁而七言之體興，蘇子卿、李少卿之徒尤工爲五言。雖句讀文律各異，雅鄭之音亦雜，而辭意簡遠，指事言情，自非有爲而爲，則文不妄作。建安之後，天下之士遭罹兵戰。曹氏父子，鞍馬間爲文，往往横槊賦詩，故其遒壯抑揚，冤哀悲離之作，尤極於古。晉世風槩稍存，宋、齊之間教失根本，士以簡謾歙習舒徐相尚，文章以風容色澤放曠精清爲高。蓋吟寫性靈留連光景之文也，意義格力無取焉。陵遲至於梁、陳，淫豔刻飾佻巧小碎之詞劇，又宋、齊之所不取也。唐興，官學大振，歷世之文能者互出，而又沈、宋之流研練精切，穩順聲勢，謂之爲律詩。由是之後，文體之變極焉。然而莫不好古者遺近，務華者去實，効齊、梁則不逮於魏、晉，工樂府則力屈於五言。律切則骨格不存，閒暇則纖濃莫備。至于子美，蓋所謂上薄風騷，下該沈、宋，言奪蘇、李，氣吞曹、劉，掩顔、謝之孤高，雜徐、庾之流麗，盡得古今之體勢，而兼人之所獨專矣。使仲尼考鍛其旨要，尚不知貴其多乎哉！苟以爲能所不能，無可無不可，則詩人以來未有如子美者。是時山東人李白，亦以奇文取稱，時人謂之李、杜，余觀其壯浪縱恣，擺去拘束，模寫物象，及樂府歌詩，誠亦差肩於子美矣。至若鋪陳終始，排比聲韻，大或千言，次猶數百，詞氣豪邁而風調清深，屬對律切而脱棄凡近，則李尚不能歷其藩翰，況堂奧乎！自後屬文者以稹論爲是。（舊唐書杜甫傳）

元微之作李杜優劣論，謂太白不能窺杜甫之藩籬，況堂奥乎！唐人未嘗有此論，而稹始爲之。至退之曰：李杜文章在，光燄萬丈長。不知羣兒愚，那用故謗傷？則不復爲優劣矣。洪慶善作韓文辯證，著魏道輔之言，謂退之此詩爲微之作也。微之雖不當自作優劣，然指稹爲愚兒，豈退之之意乎！（竹坡詩話）

予評李白詩，如黄帝張樂於洞庭之野，無首無尾，不主故常，非墨工槧人所可議擬。吾友黄介讀李杜優劣論曰：論文正不當如此。予以爲知言。（黄山谷文集）

李、杜二公正不當優劣，太白有一二妙處，子美不能道，子美有一二妙處，太白不能作。子美不能爲太白之飄逸，太白不能爲子美之沉鬱。太白夢遊天姥吟、遠别離等，子美不能道，子美北征、兵車行、垂老别等，太白不能作。論詩以李、杜爲準，挾天子以令諸侯也。少陵詩法如孫、吳，太白詩法如李廣。（滄浪詩話）

杜甫、李白以詩齊名。韓退之云：李杜文章在，光燄萬丈長。似未易以優劣也。然杜詩思苦而語奇，李詩思疾而語豪。杜集中言李白詩處甚多，如李白一斗詩百篇，清新庾開府，俊逸鮑參軍，何時一樽酒，重與細論文之句，似譏其太俊快。李白論杜甫，則曰飯顆山頭逢杜甫，頭戴笠子日卓午。爲問因何太瘦生，只爲從來作詩苦。似譏其太愁肝腎也。杜牧云：杜詩韓筆愁來讀，似倩麻姑癢處搔。天外鳳凰誰得髓，何人解合續鸞膠？則杜甫詩唐朝已來一人而已，豈白所能望耶？（韻語陽秋）

李太白一斗百篇，援筆立成，杜子美改罷長吟，一字不苟。二公蓋亦互相譏嘲。太白贈子美云：借問因何太瘦生，只爲從前作詩苦。苦之一辭，譏其困雕鎸也。子美寄太白云：何時一樽酒，重與細論文。細之一字，譏其欠縝密也。（鶴林玉露）

詩之豪者世稱李白。李之作才矣奇矣，人不逮矣。索其風雅比興，十無一焉。杜詩最多，可傳者千餘首，至於貫穿古今，覼縷格律，盡工盡善，又過于李焉。然撮其新安、石壕、潼關吏、蘆子關、花門之章，朱門酒肉臭，路有凍死骨之句，亦不過十三四。（白樂天與元微之書）

李、杜號詩人之雄，而白之詩多在于風月草木之間，神仙虚無之説，亦何補於教化哉！惟杜陵野老負王佐之才，有意當世，而骯髒不偶。胸中所蘊一切寫之於詩。（趙次公杜工部草堂記）

李太白當王室多難海宇横潰之日，作爲歌詩，不過豪俠使氣，狂醉於花月之間耳。社稷蒼生，曾不繫其心膂。其視杜少陵之憂國憂民，豈可同年語哉！唐人每以李、杜並稱，韓退之識見高邁，亦惟曰李杜文章在，光燄萬丈長，無所優劣也。至宋朝諸公，始知推尊少陵。東坡云：古今詩人多矣，而惟稱杜子美爲首，豈非以其饑寒流落而一飯未嘗忘君也歟！又曰：北征詩識君臣大體，忠義之氣與秋色争高，可貴也。朱文公曰：李白見永王璘反，便從臾之，詩人没頭腦至於如此。杜子美以稷、契自許，未知做得與否，然子美却高，其救房琯亦正。（鶴林玉露）

李謫仙，詩中龍也，矯矯焉不受約束。杜則麟遊靈囿，鳳鳴朝陽，自是人間瑞物。施諸工用，則力牛服箱，德驥駕輅，李亦不能爲也。（藝圃折中）

李、杜詩雖齊名，而器識迥不同。子美之言曰：廟堂知至理，風俗盡還淳。舜舉十六相，身尊道何高！秦時任商鞅，法令如牛毛。用爲羲和天道平，用爲水土地爲厚。其志意可知。若太白所謂爲君談笑靖胡沙，又如調笑可以安儲皇，此皆何等語也！（水東日記）

清新俊逸，子美嘗稱太白，自謂不如也耶！太白得古詩之奇放，專效之者久則索然。老杜以平實叙悲苦而備衆體，是以平實無奇而得自在者也。（方以智通雅）

太白天才放逸，故其詩自爲一體。子美學優才贍，故其詩兼備衆體，而植綱常繫風化爲多。三百篇以後之詩，子美其集大成也。（傅若金清江集）

李白詩類其爲人，駿發豪放，華而不實，好事喜名而不知義理之所在也。語用兵，則先登陷陣，不以爲難。語游俠，則白晝殺人，不以爲非。此豈其誠能也哉！白始以酒詩奉事明皇，遇讒而去，所至不改其舊。永王將竊據江、淮，白起而從之不疑，遂以放死。今觀其詩固然。唐詩人李、杜稱首，今其詩皆在，杜甫有好義之心，白所不及也。漢高祖歸豐、沛作歌曰：大風起兮雲飛揚，威加海内兮歸故鄉，安得猛士兮守四方！高祖豈以文字高世者哉！帝王之度固然，發於中而不自知也。白詩反之曰：但歌大風雲飛揚，安用猛士守四方！其不達理如此。老杜贈白詩有細論文之句，謂此類也哉。（蘇欒城集）

唐以詩取士，三百年中能詩者不啻千餘家，專其美者獨李、杜二人而已。李頎不及，止又一杜。（草木子）

李、杜光燄，千古人人知之。滄浪並極推尊，而不能致辨。元微之獨重子美，宋人以爲談柄。近時楊用修爲李左袒，輕俊之士往往耳傳。要其所得俱影響之間。五言選體及七言歌行太白以氣爲主，以自然爲宗，以俊逸高暢爲貴。子美以意爲主，以獨造爲宗，以奇拔沉雄爲貴。其歌行之妙，詠之使人飄飄欲仙者，太白也。使人慷慨激烈歔欷欲絶者，子美也。選體，太白多露語率語，子美多穉語累語，置之陶、謝間便覺傖父面目，乃欲使之奪曹氏父子位耶！五言律七言歌行，子美神矣，七言律，聖矣。五七言絶，太白神矣，七言歌行，聖矣，五言次之。太白之七言律，子美之七言絶皆變體，間爲之可耳，不足多法也。十首以前，少陵較難入，百首以後，青蓮較易厭。揚之則高華，抑之則沉實，有色有聲，有氣有骨，有味有態，濃淡深淺，奇正開闔，各極其則，吾不能不服膺少陵也。青蓮擬古樂府而以己意己才發之，尚沿六朝舊習，不如少陵以時事創新題也。少陵自是卓識，惜不盡得本來面目耳。太白不成語者少，老杜不成語者多，如無食無兒一婦人，舉家聞若欬，及麻鞋見天子，垢膩脚不韈之類。凡看二公詩不必病其累句，亦不必曲爲之護。正使瑕瑜不掩，亦是大家。太白五言沿洄漢、魏、晉，樂府出入齊、梁，近體周旋開、寶，獨絶句超然自得，冠絶古今。子美五言，北征、述懷、新婚、垂老等作，雖格本前人，而調由己創。五七言律廣大悉備，上自垂拱，下逮元和，宋人之蒼，元人之綺，靡不兼總，故古體則脱棄陳規，近體則兼該衆善，此杜所獨長也。太白筆力變化，極於歌行。少陵筆力變化，極於近體。李變化在調與辭，杜變化在意與格。然歌行無常矱，易於錯綜，近體有定規，難於伸縮。詞調超逸，驟如駭耳，索之易窮，意格精深，始若無奇，繹之難盡。此其微不同者也。以古詩爲律詩，其調自高，太白、浩然所長，儲侍御亦多此體，以律詩爲古詩，其格易卑，雖子美不免。（藝苑卮言）

才超一代者李也，體兼一代者杜也。李如星懸日揭，照耀太虚；杜若地負海涵，包羅萬彙。李唯超出一代，故高華莫並，色相難求。杜唯兼綜一代，故利鈍雜陳，巨細咸蓄。李才高氣逸而調雄，杜體大思精而格渾。超出唐人而不離唐人者李也，不盡唐調而兼得唐調者杜也。

備諸體於建安者陳王也，集大成於開元者工部也。青蓮才之逸並駕陳王，氣之雄齊驅工部，可謂撮勝二家。第古風既乏温醇，律體微乖整栗，故令評者不無軒輊。少陵不效四言，不倣離騷，不用樂府舊題，自是此老胸中壁立處。然風騷樂府遺意往往得之。太白以百憂等篇擬風雅，鳴皋等作擬離騷，俱相去懸遠，樂府奇偉，高出六朝，古拙不如兩漢，較輸杜一籌也。（胡應麟詩藪）

四明沈明臣嘉則嘗言：今人多稱李、杜，率無定品。余謂李如春草秋波，無不可愛。然注目易盡耳。至如老杜，如堪輿中然，太山喬岳，長河巨海，纖草穠花，怪松古柏，惠風微波，嚴霜烈日，何所不有？吾當李則雁行，當杜則北面。聞者驚愕。

王安石所選杜、韓、歐、李詩，其置李於末而歐反在其上，或亦謂有抑揚云。（文獻通考）

舒王以李太白、杜子美、韓退之、歐陽永叔編爲四家詩，而以歐公居太白之上，世莫曉其意。舒王嘗曰：太白詞語迅快，無疎脱處，然其識污下，詩詞十句九句言婦人酒耳。（冷齋夜話）

荆公論李、杜、韓、歐四家詩，而以歐公居太白之上，曰：李白詩詞迅快，無疎脱處，然其識污下，十句九句言婦人酒耳。予謂詩者妙思逸想所寓而已。太白之神氣當游戲萬物之表，其於詩寓意焉耳。豈以婦人與酒敗其志乎？不然，則淵明篇篇有酒，謝安石每遊山必攜妓，亦可謂之其識不高耶？歐陽公文字寓興高遠，多喜爲風月閑適之語，蓋效太白爲之，故東坡作歐公集序亦云詩賦似李白，此未可以優劣論也。（捫虱新話）

世言荆公四家詩後李白，以其十首九首説酒及婦人。恐非荆公之言。白詩樂府外及婦人者亦少。言酒固多，比之陶淵明輩亦未爲過。此乃讀白詩未熟者，妄立此論耳。四家詩未必有次序，使誠不喜白，當自有故。蓋白識度甚淺，觀其詩中如中宵出飲三百杯，明朝歸揖二千石，揄揚九重萬乘主，謔浪赤墀青瑣賢，王公大人借顔色，金章紫綬來相趨，一别蹉跎朝市間，青雲之交不可攀，歸來入咸陽，談笑皆王公，高冠佩雄劍，長揖韓荆州之類，淺陋有索客之風。集中此等語至多，世但以其辭豪俊動人，故不深考耳。又如以布衣得一翰林供奉，此何足道？遂云當時笑我微賤者，却來請謁爲交歡。宜其終身坎壈也。（老學菴筆記）

鍾山語録云：荆公次第四家詩，以李白最下，俗人多疑之。公曰：白詩近俗，人易悦故也。白識見污下，十首九説婦人與酒。然其材豪俊，亦可取也。王定國聞見録云：黄魯直嘗問王荆公：世謂四選詩丞相以韓歐高於李太白耶！荆公曰：不然。陳和叔嘗問四家之詩，乘間簽示和叔，時書史適先持杜詩來，而和叔遂以其所送先後編集，初無高下也。李杜自昔齊名者也，何可下之？魯直歸問和叔，和叔與荆公之説同。今乃以太白下韓、歐而不可破也。遯齋閑覽云：或問王荆公云：編四家詩以杜甫爲第一，太白爲第四，豈白之才格詞致不逮甫耶！公曰：白之歌詩，豪放飄逸，人固莫及。然其格止於此而已，不知變也。至於甫則悲歡窮泰，發斂抑揚，疾徐縱横，無施不可。故其詩有平淡簡易者，有綺麗精確者，有嚴重威武若三軍之帥者，有奮迅馳驟若泛駕之馬者，有淡泊閑静若山谷隱士者，有風流藴籍若貴介公子者，蓋其緒密而思深，觀者苟不能臻其閫奥，未易識其妙處，夫豈淺近者所能窺哉！此甫所以光掩前人而後來無繼也。元稹以爲兼人所獨專，斯言信矣。或者又曰：評詩謂甫期白太過，反爲白所誚。公曰：不然。子美贈白詩則曰：清新庾開府，俊逸鮑參軍，但比之庾信鮑照而已。又曰：李侯有佳句，往往似陰鏗，鏗之詩又在庾鮑下矣。飯顆之嘲，雖一時戲劇之談，然二人名

既相逼，亦不能無相忌也。（漁隱叢話）

介甫選四家之詩，第其質文，以爲先後之序。余謂子美詩閎深典麗，集諸家之大成。永叔詩温潤藻豔，有廊廟富貴之器。退之詩雄厚雅健，毅然不可屈。太白詩豪邁清逸，飄然有淩雲之志。皆詩傑也。其先後固自有次第。誦其詩者，可以想見其爲人。乃知心聲之發，言志詠情，得於自然，不可以勉強到也。（李綱讀四家詩選序）

子美之詩非無文也，而質勝文。永叔之詩非無質也，而文勝質。退之之詩質而無文。太白之詩文而無質。介甫選四家詩而次第之，其序如此。（李綱書四家詩選後）

王荆公以杜詩後來莫繼信矣。若子美第一太白第四，無乃太遠！子美憐君如弟兄之句，正可爲二家詩評耳。或謂杜稱李太過，反爲所誚，不然也。斗酒百篇，遺逸多矣。韓退之詩已有泰山毫芒之慨，當時相贈答者可盡見耶！太白雖天仙之才，豈無心人！黄鶴樓推崔顥不啻己出，乃輕子美耶！或又以杜比李於庾鮑爲輕之，又不然。庾、鮑豈可易者耶！文人齊名如李杜之相得者，足爲古今美談，後人乃以浮薄意妄測前賢耳。（方弘静千一録）

五言長篇自古樂府焦仲卿而下，繼者絶少。唐初亦不多見，逮李、杜二公始盛。至其鋪陳終始，排比聲韻，大或千言，次猶數百，詞意曲折，隊仗森嚴。人皆雕飾乎語言，我則直露其肺腑。人皆專犯乎忌諱，我則回護其褒貶。此少陵所長也，太白次之。（唐詩品彙）

李青蓮是快活人，當其得意，斗酒百篇，無一語一字不是高華氣象。及流竄夜郎後，作詩甚少，當由興趣消索。杜少陵是固窮之士，平生無大得意事，中間兵戈亂離，飢寒老病，皆其實歷，而所閲苦楚，都于詩中寫出。故讀少陵詩即當得少陵年譜看。（江盈科雪濤詩評）

李、杜齊名，古今不敢軒輊。予謂太白才由天縱，故能以其高敵子美之大，至論其胎骨，則清新庾開府，俊逸鮑參軍，杜之目李確不可易。豈與攀屈、宋而駕曹、劉者可同日論哉！（黄生白山杜詩説）

李白詩祖風騷，宗漢、魏，下至鮑照、徐、庾亦時用之。善掉弄造出奇怪，驚動心目，忽然撇出，妙入無聲，其詩家之仙者乎！格高於杜，變化不及。（陳繹曾詩譜）

杜子美上薄風雅，下該沈、宋，才奪蘇、李，氣吞曹、劉，掩顏、謝之孤高，雜徐、庾之流麗，真所謂集大成者。而諸作皆廢矣。並時而作有李太白，宗風騷及建安七子，其格極高，其變化若神龍之不可羈。（宋濂答章秀才論詩書）

或謂杜萬景皆實，李萬景皆虚，乃右實而左虚，遂謂李、杜優劣在虚實之間。顧詩有虚有實，有虚虚，有實實，有虚而實，有實而虚，並行錯出，何可端倪？且杜若秋興諸篇，託意深遠，畫馬行諸作，神情横逸，直將播弄三才，鼓鑄羣品，安在其萬景皆實！李如古風數十首感時託物，慷慨沉著，安在其萬景皆虚？（屠緯真文集）

太白詩宗風騷，薄聲律，開口成文，揮翰霧散，似天仙之詞。而樂府詩連類引義，尤多諷興，爲近古所未有。迄今稱詩者推白與少陵爲兩大家曰李、杜，莫能軒輊云。（李詩通）

鍾山語録云：杜甫固奇，就其分擇之好句亦自有數。李白雖無深意，大體俊逸，無疎謬處。（漁隱叢話）

歐公不甚喜杜詩，謂韓吏部絶倫。吏部於唐世文章未嘗屈下，獨稱道李、杜不已，歐貴韓而不悦子美，所不可曉。然於李白甚賞愛，將由李白超趠飛揚爲感動也。（中山詩話）

唐世詩稱李、杜，文章稱韓、柳，今杜詩語及太白處，無論數十篇，而太白未嘗有與杜子美詩。只有飯顆一篇，意頗輕甚。論者謂以此可知子美傾倒太白至難。晏元獻公嘗言韓退之扶導聖教，剗除異端，是其所長。若其祖述墳典，憲章騷雅，上傳三古，下籠百氏，横行闊視於綴述之場，子厚一人而已。然學者至今但雷同稱述，其實李杜韓柳豈無優劣！達者觀之自可默喻。（捫虱新話）

論詩文雅正，則少陵、昌黎。若倚馬千言，放辭追古，則杜、韓恐不及太白、子厚也。（楊升菴外集）

楊誠齋云：李太白之詩，列子之御風也。杜少陵之詩，靈均之乘桂舟駕玉車也。無待者神於詩者與！有待而未嘗有待者，聖於詩者與！宋則東坡似太白，山谷似少陵。徐仲車云：太白之詩，神鷹瞥漢，少陵之詩，駿馬絶塵。二公之評，意同而語亦相近。予謂太白詩，仙翁劍客之語，少陵詩，雅士騷人之詞。比之文，太白則史記，少陵則漢書也。（楊升菴外集）

歌行，李飄逸工部老而或失於俚，趙宋藉爲帡幪，翰林逸而或流於滑，胡元拾爲香草。

而失之輕率，杜沉雄而失之粗硬，選家辨其兩短，斯爲失之。（詩辨坻）

以天分勝者近李，以學力勝者近杜，學者各自審焉可也。（陶開虞説杜）

李白樂府三卷，於三綱五常之道數致意焉。慮君臣之義不篤也，則有君道曲之篇，所謂軒后爪牙常先太山稽，如心之使臂，小白鴻翼於夷吾，劉葛魚水本無二。慮父子之義不篤也，則有東海勇婦之篇，所謂淳于免詔獄，漢主爲緹縈，津妾一棹歌，脱父於嚴刑，十子若不肖，不如一女英。慮兄弟之義不篤也，則有上留田之篇，所謂田氏倉卒骨肉分，青天白日摧紫荆，交柯之木本同形，東枝顦顇西枝榮，無心之物尚如此，參商胡乃尋天兵！慮朋友之義不篤也，則有箜篌謡之篇，所謂貴賤結交心不移，惟有嚴陵及光武，輕言託朋友，對面九疑峯，管鮑久已死，何人繼其踪！慮夫婦之情不篤也，則有雙燕離之篇，所謂雙燕復雙燕，雙飛令人羨，玉樓珠閣不獨棲，金窗繡户長相見。（韻語陽秋）

近讀古樂府，始知後作者皆有所本。至李謫仙絶出衆作，真詩豪也。然古詞務協律而猶未工。陳仲孚嘗問詩工所從始，予謂謝玄暉。杜子美曰：謝朓每篇堪諷詠，蓋嘗得法於此耳。李云：解道澄江浄如練，令人却憶謝玄暉，與子美同意。（陳傅良記陳仲孚問語）

予嘗評諸家之作，李太白最高。而微短於韻。（周紫芝古今諸家樂府序）

古樂府：暫出白門前，楊柳可藏烏。歡作沉水香，儂作博山爐。李白用其意，衍爲楊叛兒歌曰：君歌楊叛兒，妾勸新豐酒。何許最關情？烏啼白門柳。烏啼隱楊花，君醉留妾家。博山爐中沉香火，雙烟一氣淩紫霞。古樂府：朝見黄牛，暮見黄牛。三朝三暮，黄牛如故。李白則云：三朝見黄牛，三暮行太遲。三朝又三暮，不覺鬢成絲。古樂府云：郎今欲渡畏風波。李白則云：郎今欲渡緣何事，如此風波不可行。古樂府云：春風復多情，吹我羅裳開。李反其意云：春風復無情，吹我夢魂散。古人謂李詩出自樂府古選，信矣。其楊叛兒一篇即暫出白門前之鄭箋也。因其拈用而古樂府之意益顯，其妙益見。如李光弼將子儀軍，旗幟益精明。又如神僧拈佛祖語，信口無非妙道。豈生吞義山拆洗杜詩者比乎？故其贈杜甫詩有飯顆山前之句，蓋譏其拘束也。（楊升菴外集）

太白古樂府杳冥惝怳，縱横變幻，極才人之致，然自是太白樂府。（藝苑卮言）

樂府則太白擅奇古今，少陵嗣跡風雅，蜀道難、遠别離等篇出鬼入神，惝怳莫測。兵車行、新婚别等作述情陳事，懇惻如見。張、王欲以拙勝，所謂差之毫釐；温、李欲以巧勝，所謂謬以千里。（詩藪）

樂府體不尚論宗而叙事，故每以緩失之，故杜少陵無樂府也。太白篇什雖繁，而自放者多矣，然有出乎唐人之上者。似晉雜曲而清雋過之。天實生才，豈易言哉！吾定古唐諸樂府，攷其正變，則其人與世可知矣。而獨於太白尤低佪三復云。（李詩緯）

太白愠於羣小，乃放還山，而縱酒以浪游，豈得已哉！故於樂府多清怨，蓋不敢忘君也。夫怨生於情，而情每於兒女間爲切切焉，讀者勿以辭害意可矣。（李詩緯）

詩至開元、天寶間，神秀聲律，粲然大備。李翰林天才縱逸，軼蕩人羣，上薄曹、劉，下該沈、鮑，其樂府古調能使儲光羲、王昌齡失步，高適、岑參絶倒，況其下乎？（唐詩品彙）

唐五言古詩凡數變。約而舉之，奪魏、晉之風骨，變梁、陳之俳優，陳伯玉之力最大，曲江公繼之，太白又繼之，感寓古風諸篇，可追嗣宗詠懷、景陽雜詩。（王阮亭五言詩選凡例）

唐五言詩，杜甫沉鬱，多出變調，李白韋應物超然復古。然李詩有古調，有唐調，要須分别觀之。（居易録）

新城阮亭王先生五言詩選，於漢取全，於魏、晉以下遞嚴，而遞有所録，而猶不廢夫齊、梁、陳、隋之作者。於唐僅得五人，曰陳子昂、張九齡、李白、韋應物、柳宗元，蓋以齊、梁、陳、隋之詩雖遠於古，尚不失爲古詩之餘派。唐賢風氣自爲畛域，成其爲唐人之詩而已。而五人者，其力足以存古詩於唐詩之中，則以其類合之，明其變而不失於古云爾。（姜宸英阮亭選五言古詩序）

七言古詩要鋪叙，要開合，要風度，要迢遞險怪，雄峻鏗鏘，忌庸俗軟腐。須是波瀾開合，如江海之波，一波未平，一波復起。又如兵家之陣，方以爲正，又復爲奇，方以爲奇，忽復是正，奇正出入，變化不可紀極。備此法者，惟李、杜也。（范德機詩評）

盛唐工七言古調者多張皇氣勢，陟頓始終，綜覈乎古今，博大其文辭，則李、杜尚矣。（唐詩品彙）

太白天仙之詞，語多率然而成者，故樂府歌詞咸善。或謂其始以蜀道難一篇見賞於知音，爲明主所愛重。此豈淺材者徼幸際其時而馳騁哉！不然也。白之所蘊非止是，今觀其遠别離、長相思、烏棲曲、鳴皋歌、梁園吟、天姥吟、廬山謡等作，長篇短韻，驅駕氣勢，殆與南山秋氣並高可也。雖少陵猶有讓焉，餘子瑣瑣矣。（唐詩品彙）

七言古詩惟杜子美不失初唐氣格，而縱横有之。太白縱横往往强弩之末，間雜長語，英雄欺人耳。（李攀龍選唐詩序）

七言古，初唐以才藻勝，盛唐以風神勝，李杜以氣槩勝，而才藻風神稱之，加以變化靈異，遂爲大家。七言歌行，垂拱四子詞極藻豔，然未脱梁、陳也。張、李、沈、宋稍汰浮華，漸趨平實，唐體肇矣，然而未暢也。高、岑、王、李音節鮮明，情致委折，濃纖修短，得衷合度，暢矣，然而未大也。太白、少陵大而化矣，能事畢矣。歌行至唐大暢，王、楊四子，宛轉流麗，李、杜二家，逸宕縱横。闔闢縱横，變幻超忽，疾雷震電，淒風急雨，歌也。位置森嚴，筋脈聯絡，走月流雲，輕車熟路，行也。太白多近歌，少陵多近行。李、杜歌行擴漢、魏而大之，而古質不及。盧、駱歌行衍齊、梁而暢之，而富麗有餘。古詩窘於格調，近體束於聲律。唯歌行大小短長，錯綜闔闢，素無定體，故極能發人才思。李、杜之才不盡於古詩而盡於歌行。李、杜歌行雖沉鬱逸宕不同，然皆才大氣雄，非子建、淵明判不相入者比。（詩藪）

七言歌行，唐代盧、駱粗壯，沈、宋軒華，高、岑豪激而近質，李、杜迂佚而好變，元、白迤邐而詳盡，温、李朦朧而綺密。陳其格律，校其高下，各有耑詣，不容班雜。太白天縱逸才，落筆警挺，其歌行跌宕自喜，不閑整栗，唐初規制掃地欲盡矣。（詩辨坻）

開元大曆諸作者，七言爲盛，王、李、高、岑四家篇什尤多。李太白馳騁筆力，自成一家。大抵嘉州之奇峭，供奉之豪放，更爲創獲。（王阮亭七言詩歌行鈔）

七言古詩惟杜甫横絶古今，同時大匠無敢抗行。李白、岑參二家别出機杼，語羞雷同，亦稱奇特。（居易録）

盛唐五言律句之妙，李翰林氣象雄逸。（唐詩品彙）

太白恥爲鄭、衛之作，律詩故少，編者多以律類入古中，不知其近體猶存雅調耳。集中五言仄律亦多。（千一録）

青蓮五言律自流水法外，頗近正始，不似子美達夫諸公創體，迥異昔觀。（詩辨坻）

吾讀五言律一體，知唐人反正之功爲多云，靡麗如南五季，文敝甚矣。文質彬彬，唐人有之，向使唐人無所取裁，其不流爲宋、元末尚也幾希！然或失之矜持，蓋從齊、梁而變也。若太白五律猶爲古詩之遺，情深而詞顯，又出乎自然，要其旨趣所歸，開鬱宣滯，特於風騷爲近焉。（李詩緯）

畢忠吉曰：予觀唐三百年以二律並稱擅長者，獨子美一人，供奉長於五而短於七。（辟疆園杜詩注解序）

李白古風六十首富於子昂之感遇，儉於嗣宗之詠懷，其詩宗風騷，薄聲律，故終身作七言近體，僅八首而已。（陸生口譜）（王琦云：按陽冰詩序謂太白著述十喪其九，當時翰林應制之作，集賢倡和之章，所作七言近體，今皆不見。大抵亡失者多耳。陸氏謂其終身所作僅只集中所存之八首，誤矣。）

李、杜爲有唐宗匠，而子美不長於文，太白不長於七律，故集中厥體遂少。（柴虎臣家誡）

五言排律，開元後作者爲盛，聲律之備，獨王右丞、李翰林爲多，而孟襄陽、高渤海輩實相與並鳴。（唐詩品彙）

讀盛唐排律，太白輕爽雄麗，如明堂黼黻，冠蓋輝煌，武庫甲兵，旌旗飛動。少陵變幻閎深，如涉崑崙，泛溟渤，千峯羅列，萬彙汪洋。（詩藪）

排律宋、沈二氏藻贍精工，太白、右丞明秀高爽。（詩藪）

唐人樂府多唱詩人絶句，王少伯、李太白爲多。（楊升菴外集）

絶句之源出於樂府，貴有風人之致，其聲可歌，其趣在有意無意之間，使人莫可捉著，盛唐惟青蓮、龍標二家。（李維楨）

五七言絶句，李青蓮、王龍標最稱擅場，爲有唐絶唱。少陵雖工力悉敵，風韻殊不逮也。（藝苑卮言）

天生太白、少伯以主絶句之席，勿論有唐三百年，兩人爲政，亘古今來無復有驂乘者矣。

子美恰與兩公同時，又與太白同遊，乃恣其崛強之性，頹然自放，獨成一家。可謂巧於用拙，長於用短，精於用粗，婉於用戇者也。（盧世㴶紫房餘論）

予嘗品唐人之詩，樂府本效古體而意反近，絶句本自近體而意實遠，欲求風雅之仿佛者莫如絶句。唐人之所偏長獨至而後人力追莫嗣者也。擅長則王江寧，驂乘則李彰明，偏美則劉中山，遺響則杜樊川。少陵雖號大家，不能兼善。一則拘於對偶，二則汩於典故，拘則未成之律詩而非絶體，汩則儒生之書袋而乏性情。故觀其全集，自錦城絲管之外，咸無譏焉。近世有愛而忘其醜者，專取而効之惑矣。（楊升菴唐絶增奇序）

盛唐長五言絶而不長七言絶者，孟浩然也。長七言絶而不長五言絶者，高達夫也。五七言各極其工者太白，五七言俱無所解者少陵也。少陵、太白七言律絶獨出詞場，然少陵律多險拗，太白絶間率露，大家故宜有此。杜之律，李之絶，皆天授神詣，然杜以律爲絶，如窗含西嶺千秋雪，門泊東吴萬里船等句，本七律壯語，而以爲絶句，則斷錦裂繒類也。李以絶爲律，如十月吴山曉，梅花落敬亭等句，本五言絶句，而以爲律詩，則駢拇枝指類也。古人作詩，各成己調，未嘗互相師襲。以太白之才就聲律，即不能爲杜，何至遽減嘉州？以少陵之才攻絶句，即不能爲李，詎謂不若摩詰？彼自有不可磨滅者，無事更屑屑也。（詩藪）

詩以神行，使人得其意於言之外，若遠若近，若無若有，若雲之於天，月之於水，心得而會之，口不得而言之，斯詩之神者也。而五七言絶尤貴以此道行之。昔之擅其妙者，在唐有太白一人，蓋非摩詰、龍標之所及。吾嘗以太白爲五七言絶之聖，所謂鼓之舞之以盡神，由神入化，爲盛德之至者也。（屈紹隆粤遊雜詠序）

小樂府之遺，唐人裁爲絶句，體之流變，蓋微有辨焉。惟李白所製猶得其遺，篇什雖簡，而如入思婦勞人之心，何婉曲可諷耶！濟南李氏曰：李白五七言絶句實唐三百年一人。蓋以不用意得之，即太白亦不自知其所至，而工者顧失焉。至哉言乎！自唐以來能爲詩者多矣，其詞與理未始不璀璨焉，然而觀止矣。予讀李白詩，想見其心，如入天際，渺乎莫從其所之。太史公曰：詩有之，高山仰止，景行行止，雖不能至，然心鄉往之。予於李詩亦云。（李詩緯）

丁龍友曰：李白樂府本晉三調雜曲，其絶句從六朝清商小樂府來。至其氣槩揮斥，迴飈掣電，且令人縹緲天際，此殆天授，非人力也。（李詩緯）

五言絶句，開元後李白、王維尤勝諸人。（唐詩品彙）

五言絶句起自古樂府，至唐而盛，李白、崔國輔號爲擅場。（宋牧仲漫堂説詩）

五言絶句惟太白擅場。杜子美詩曰：李侯有佳句，往往似陰鏗。陰工此體，子美之稱太白者在是。（徐而菴説唐詩）

五言絶句，李太白氣體高妙。（王阮亭唐人萬首絶句選凡例）

七言絶句，太白高於諸人，王少伯次之。（唐詩品彙）

七言絶句，王少伯與太白争勝毫釐，俱是神品。（藝苑卮言）

七言絶，太白、江寧各有至處，大槩李寫景入神，王言情造極，王宫辭樂府李不能爲，李覽勝紀行王不能作。（詩藪）

龍標、隴西真七絶當家，足稱聯璧。（焦弱侯詩評）

三唐七絶並堪不朽，太白、龍標絶倫逸羣。（漫堂説詩）

七言絶起忌矜勢，太白多直抒旨趣，兩言後只用溢思作波掉，唱嘆有餘響。拙手往往安排起法，欲留佳思在後作好，首既嚼蠟，後十四字中地窄而舞拙，意滿而詞滯。（詩辨坻）

李太白詩不專是豪放，亦有雍容和緩的。如首篇大雅久不作，多少和緩。（朱子語類）

古風第四十四首不言棄絶，但言恩畢，斯得怨而不怒之意。欲言難言，而又不能無言，將何爲三字無限深情。（嚴滄浪評）

朱文公題廣成子像云：陳光澤見示此像，偶記李太白詩云：世道日交喪，澆風變淳源。不求桂樹枝，反棲惡木根。所以桃李樹，吐花竟不言。大運有興没，羣動争飛奔。歸來廣成子，去入無窮門。因寫以示之。今人捨命作詩，開口便説李、杜，以此觀之，何曾夢見他脚板耶？（鶴林玉露）

李太白遠别離、蜀道難，與子美寓居同谷七歌，風騷之極致，不在屈原之下。（李廌師友記聞）

遠别離篇最有楚人風。所貴乎楚言者，斷如復斷，亂如復亂，而詞義反復屈折行乎其間，實未嘗斷而亂也。使人一唱三嘆而有遺音。至於收淚謳吟，又足以興夫三綱五典之重者，豈虚也哉！兹太白所以爲不可及也。（范德機評）

文章如精金美玉，經百鍊歷萬選而後見，今觀昔人所選，雖互有得失，至其盡善盡美，則所謂鳳凰芝草人人皆以爲瑞，閲數千百年經千萬人而莫有異議焉。如李太白遠别離、蜀道難，杜子美秋興、諸將、詠懷、古跡、新婚别、兵車行，終日誦之不厭也。（懷麓堂詩話）

古律詩各有音節，然皆限於字數，求之不難。惟樂府長短句初無定數，最難調疊。然亦有自然之聲。古所謂聲依永者，謂有長短之節，非徒永也。故隨其長短，皆可以播之律吕，而其太長太短之無節者則不足以爲樂。若往復諷詠，久而自有所得，得之於心而發之乎聲，則雖千變萬化，如珠之走盤，自不越乎法度之外矣。如李太白遠别離、杜子美桃竹杖皆極其操縱，曷嘗按古人聲調，而和順委曲乃如此。固初學所未到，然學而未至於是，亦未可與言詩也。（懷麓堂詩話）

太白公無渡河，乃從堯、禹治水説起，迂癡有致，然筆墨率肆，無足取焉。蜀道難等篇亦然，開後人惡道。（詩辨坻）

李白性嗜酒，志不拘檢，常林棲十數載，故其爲文章率皆縱逸，至如蜀道難等篇，可謂奇之又奇，自騷人以還鮮有此體調也。（河岳英靈集）

李太白作蜀道難，乃爲房、杜危之也。其略曰：劍閣峥嶸而崔嵬，一夫當關，萬夫莫開。

所守或非人，化爲狼與豺。朝避猛虎，夕避長蛇。磨牙吮血，殺人如麻。錦城雖云樂，不如早還家。蜀道之難難於上青天，側身西望長咨嗟。李翰林作此歌，朝右聞之，疑嚴武有劉焉之志。（雲溪友議）

李白嘗爲蜀道難歌，曰：蜀道難難於上青天，以刺嚴武也。（太平廣記）

蜀道難或曰作於天寶初，或曰作於天寶末，二説皆出於後世，以意逆之曰：此爲房、杜危之也，陸暢去白未遠，作蜀道易以美韋皐，傳之當時。而蜀道難之詞曰：錦城雖云樂，不如早還家，其意必有所屬，房、杜之説，蓋近之矣。（南部新書）

嚴武傳：武爲劍南節度使，房琯以故相爲部内刺史，武慢倨不爲禮。最厚杜甫，然欲殺甫數矣，李白爲蜀道難者，乃爲房、杜危之也。韋皐傳：天寶時，李白爲蜀道難以斥嚴武，陸暢更爲蜀道易以美韋皐。摭言云：太白自蜀至京，以新業贄謁賀知章，知章覽蜀道難一篇，揚眉謂之曰：公非人世人，豈非太白星精耶！然則蜀道難之作久矣，非爲房、杜也。（唐詩紀事）

嚴武傳：李白作蜀道難者，乃爲房、杜危之也，此宋人穿鑿之論，其説又見韋皐傳。蓋因陸暢之蜀道易而造爲之耳。李白蜀道難之作當在開元、天寶間，時人共言錦城之樂而不知畏塗之險，異地之虞，即事成篇，别無寓意。及玄宗西幸，升爲南京，則又爲詩曰：誰道君王行路難？六龍西幸萬人歡。地轉錦江成渭水，山迴玉壘作長安。一人之作前後不同如此，亦時爲之矣。（日知録）

蜀道之難難於上青天，篇中凡三見，與莊子逍遥篇同。吾嘗謂作古詩長篇須讀莊子、史記，子美歌行純學史記，太白歌行純學莊子。（徐而菴説唐詩）

李太白古風兩卷近七十篇，身欲爲神仙者殆十三四。或欲把芙蓉而躡太清，或欲挾兩龍而淩倒影，或欲留玉舄而上蓬山，或欲折若木而遊八極，或欲結交王子晉，或欲高揖衛叔卿，或欲借白鹿於赤松，或欲餐金光於安期。豈非因賀季真有謫仙之目，而因爲是以信其説耶！抑身不用鬱鬱不得志，而思高舉遠引耶！嘗觀其所作梁父吟，首言釣叟遇文王，又言酒徒遇高祖，卒自嘆己之不遇。有云：我欲攀龍見明主，雷公砰訇震天鼓，帝旁投壺多玉女。三時大笑開電光，倏爍晦冥起風雨。閶闔九門不可通，以額扣關閽者怒。人間門户尚不可入，則太清倒景豈易淩躡乎！太白忤楊妃而去國，所謂玉女起風雨者，乃怨懟妃子之詞也。（韻語陽秋）

黄雲城邊烏欲棲，邊一作南，聲調便惡，此用字陰陽之殊。（趙宧光彈雅）

漢、魏詩多不可點，所以爲好者，其氣象自不同耳。李詩好處亦難點，點之則全篇有所不可擇焉。若烏棲曲與烏夜啼可謂精金粹玉矣。（范德機評）

國初人有作九言者，謂昨夜西風擺落千林稍，渡頭小艇捲入寒塘坳，以爲可備一體。不知九言起於高貴鄉公，鮑明遠、沈休文亦有此體，唐人則李太白蜀道難然後天梯石棧相鈎連，上有六龍迴日之高標，下有衝波逆折之回川。杜集中烱如一段清冰出萬壑，置在迎風露寒之玉壺。又何時眼前突兀見此屋，吾廬獨破受凍死亦足。此九言之最妙者。詩有十字成句者，太白黄帝鑄鼎於荆山鍊丹砂，丹砂成騎龍飛上太清家。又有十一字成句者，杜詩：王郎酒酣拔劍斫地歌莫哀，我能拔爾抑塞磊落之奇才。李詩：紫皇乃賜白兔所擣之藥方。韋應物詩：一百二十鳳凰羅列含明珠。若坡公山中故人應有招我歸來篇，似可讀作兩句矣。（懷麓堂詩話）

揚子雲長楊賦：西壓月窟，東震日域。服虔注以爲日月所生，恐非。李太白詩：天馬來出月支窟，月窟即指月支之國，日域指日逐單于也。蓋借日月字以形容威伏四夷之遠耳。太白妙得其解矣。（楊升菴外集）

王彦輔曰：古之善賦詩者，工於用人語，渾然若出於己意。予於李、杜見之。顔延年赭白馬賦曰：旦刷幽、燕，晝秣荆、楚。子美驄馬行云：晝洗須騰涇、渭深，夕移可刷幽、并夜。太白天馬歌云：雞鳴刷燕晡秣越，蓋皆用顔賦也。韓退之曰：李、杜文章在，光燄萬丈長，信哉！（楊升菴外集）

客言李、杜詩中説馬，如相馬經，有能過之者乎？僕曰：毛詩過之。曰：六經固不可擬，然亦未嘗仔細説馬態相行步也。僕曰：願熟讀之，兩驂如舞，此駔語所謂花踏羊蹄行也。兩驂如手，此駔語所謂熟使唤也。思之便覺走過掣電傾城，知與神行電邁躡恍惚爲難騎耳。（許彦周詩話）

東坡寫李白行路難闕其中間八句，道子胥、屈原、陸機、李斯事，此老不應有所遺忘，意其删去必當有説。（朱子語類）

蔡寬夫詩話云：唐末五代俗流以詩自名者，多好妄立格法，取前人詩句爲例，議論鋒出，甚有獅子跳躑毒龍顧尾等勢，覽之每使人拊掌不已。大抵皆宗賈島輩，謂之賈島格。而於李、杜詩不少假借。李白女媧戲黄土，摶作愚下人。散在六合間，濛濛若埃塵。目曰調笑格，以爲調笑之資。子美冉冉谷中寺，娟娟林外峯。闌干更上處，結締坐來重。目爲病格，以爲言語突兀，聲勢蹇澀。此豈韓退之所謂蚍蜉撼大木，可笑不自量者耶！（漁隱叢話）

李太白北風行云：燕山雪花大如席。秋浦歌云：白髮三千丈，其句可謂豪矣。奈無此理何！（漁隱叢話）

李太白俠客行云：事了拂衣去，深藏身與名。元微之俠客行云：俠客不怕死，怕死事不成。事成不肯藏姓名。或云：二詩同詠俠客，而意不同如此。予謂不然。太白詠俠不肯受報，如朱家終身不見季布是也。微之詠俠欲有聞於後世，如聶政姊之死恐終滅吾賢弟之名是也。（邵氏聞見後録）

吕氏童蒙訓云：曉月出天山，蒼茫雲海間，長風幾萬里，吹度玉門關。及沙墩至梁苑，二十五長亭，大舶夾雙櫓，中流鵝鸛鳴之類。皆氣蓋一世。學者能熟味之，自然不褊淺矣。（漁隱叢話）

李太白詩過人，其生平所享如浮花浪蕊。其詩云：羅帷舒卷，似有人開。明月直入，無心可猜。不可及也。（蘇欒城集）

詩言窮則盡，意褻則醜，韻軟則庳。杜少陵麗人行、李太白楊叛兒一以雅道行之，故君子言有則也。（陸時雍評）

李太白荆州歌有漢謡之風。唐人詩可入漢、魏樂府者，惟太白此首及張文昌白鼉謡，李長吉鄴城謡三首而止。杜子美却無一篇可入此格。（楊升菴外集）

太白白頭吟二首頗有優劣，其一蓋初本也。天仙之才不廢討潤，何必不加點！今人落筆便刊布，縱云揮珠，無怪多纇耳。（千一録）

閨裏佳人年十餘，頗有四傑風格，差逸宕耳。要之此等是太白佳作。（詩辨坻）

太白集中少年行只有數句類太白，其他皆淺近浮俗，決非太白所作，必誤入也。（滄浪詩話）

六一居士曰：落日欲没峴山西，倒著接羅花下迷。襄陽小兒齊拍手，大家争唱白銅鞮。此常語也。至於清風明月不用一錢買，玉山自倒非人推。然後見太白之横發，所以驚動千古者，固不在此乎。（漁隱叢話）

杜子美飲中八仙歌：知章騎馬似乘船，又天子呼來不上船，用兩船字韻。汝陽三斗始朝天，又舉觴白眼望青天，用二天字韻。蘇晉長齋繡佛前，又皎如玉樹臨風前，又脱帽露頂王公前，用三前字韻。眼花落井水底眠，又長安市上酒家眠，用兩眠字韻。牽牛織女詩：蛛絲小人態，曲綴瓜果中，又防身動如律，竭力機杼中，用兩中字韻。李太白襄陽歌：鸕鷀杓，鸚鵡杯，百年三萬六千日，一日須傾三百杯，用兩杯字韻。廬山謡：影落前湖青黛光，金闕前開二峯長，又翠影紅霞映朝日，鳥飛不到吴天長，用兩長字韻。韓退之李花詩：冰盤夏薦碧實脆，斥去不御慚其花，又誰堆平地萬堆雪，剪刻作此連天花，用兩花字韻。雙鳥詩：兩鳥各閉口，萬象銜口頭，又百舌舊饒聲，從此甞低頭，用兩頭字韻。示爽詩：冬夜豈不長，達旦燈燭然，又此來南北近，閭里故依然，用兩然字韻。猛虎行：猛虎死不辭，但慚前所爲，又親故且不保，人誰信汝爲，用兩爲字韻。子美、太白、退之於詩無遺恨矣，當自有體耶！（邵氏聞見後録）

絶句字少意多，四句而反覆議論，如李白横江詞氣格合歌行之盛，使人嘆詠。其贈汪倫非必其詩之佳，要見古人風致如此。（范德機評）

太白横江辭六首，章雖分局，意如貫珠。俗本以第一首編入長短句，後五首編入七言絶句，首尾衡決，殊失作者之意。如杜詩秋興八首亦分作二處，予特正之。凡古人詩歌不可分類以此。（楊升菴外集）

東坡送人守嘉州古詩，其中云：峨眉山月半輪秋，影入平羌江水流，謫仙此語誰解道？請君見月時登樓。上兩句全是李謫仙詩，故繼之以謫仙此語誰解道，請君見月時登樓之句，此格本出於李謫仙。其詩云：解道澄江静如練，令人還憶謝玄暉，蓋澄江浄如練即玄暉全句也。後人襲用此格，愈變愈工。（漁隱叢話）

金沙集有公取古詩一條，謂始於太白，未必也。任華贈白詩已用海風吹不斷及雲垂大鵬

飛等句，則知彼時作此格者蓋多矣。（彈雅）

玄宗棄國出奔，太白乃盛稱蜀中之美。西巡果盛事乎！猗嗟譏莊而贊其藝，副笄刺宣而美其容，太白雖爲亡國諱，而亡國之恥正在言表。（唐汝詢唐詩解）

沈雲卿詩：船如天上坐，人似鏡中行，原於王逸少語，所謂山陰路上行如在鏡中遊之句，然李太白入清溪山詩云：人行明鏡中，鳥度屏風裏，雖有所襲而語益工。（胡元任評）

竹未嘗香也，而杜子美詩云：雨洗娟娟静，風吹細細香。雪未嘗香也，而李太白詩云：瑶臺雪花數千點，片片吹落春風香。（韻語陽秋）

詩用淚字，若沾衣沾裳之類，不爲剽竊，然亦有出奇者。潘岳涕淚應情隕，杜子美近淚無乾土，李太白淚盡日南珠，劉禹錫巴人淚應猿聲落，賈島淚落故山遠，孟雲卿至哀反無淚。（謝榛四溟山人集）

李太白以布衣入翰林，既而不得官，唐史言高力士以脱靴爲恥，摘其詩以激楊貴妃，爲妃所沮止。今集中有雪讒詩一章，大率言婦人淫亂敗國。其略云：彼婦人之猖狂，不如鵲之彊彊。彼婦人之淫昏，不如鶉之奔奔。坦蕩君子，無容簧言。又云：妲己滅紂，褒女惑周，漢祖吕氏，食其在旁。秦皇太后，毐亦淫荒。螮蝀作昏，遂掩太陽。萬乘尚爾，匹夫何傷？詞殫意窮，心切理直。如或妄談，昊天是殛。予味此詩，豈貴妃與禄山淫亂而太白曾發其奸乎！不然，則飛燕在昭陽之句，何足深怨也！（容齋隨筆）

宋之問不愁明月盡，自有夜珠來，李白只愁歌舞散，化作彩雲飛，語意皆殊，調亦不類。高下則差足雁行。宋又有夜絃響松月，朝楫弄苔泉，李有蘿月挂朝鏡，松風鳴夜絃，詞意皆同，李直出數丈。（彈雅）

李白跌宕不羈，鍾情於花酒風月則有矣，而肯自縛於枯禪，則知淡泊之味賢於膾炙遠矣。白始學於白眉空，得大地了徹鏡，迴旋寄輪風之旨，中謁太山君，得冥機發天光獨照謝世氛之旨，晚見道崖，則此心豁然更無凝滯矣。所謂啓開八窗牖，託宿掣雷霆，又有談玄之作云：茫茫大夢中，惟我獨先覺。騰轉風火來，假合作容貌。問語前後際，始知金仙妙。則所得於佛氏者益邃。（韻語陽秋）

李、杜長篇全集中不多見。北征一首沉著森嚴，龍門叙事之筆也。憶舊書懷一首，飄揚恣肆，南華寓言之遺也。光燄萬丈，於此乎見之。（柳亭詩話）

李白詩：清水出芙蕖，天然去彫飾。論詩者謂只一出字便是去彫飾也。（餘冬序録）

子美詩以後二句續前二句處甚多。如寄張山人詩云：曹植休前輩，張芝更後身，數篇吟可老，一字買堪貧。喜杜觀到詩云：待爾嗔烏鵲，抛書示鶺鴒。枝間喜不去，原上急曾經。晴詩云：啼烏争引子，鳴鶴不歸林。下食遭泥去，高飛恨久陰。卧病詩云：滑憶彫胡飯，香聞錦帶羹。溜匙兼暖腹，誰欲致杯甖？如此之類多矣。此格起於謝靈運廬陵王之墓下詩云：延州協心許，楚老惜蘭芳。解劍竟何及？撫墳徒自傷。李太白亦時有此格。毛遂不墮井，曾參

寧殺人？虚言誤公子，投杼惑慈親，是也。（韻語陽秋）

梁虞騫詩：落暉散長足，細雨織斜文。太白亦用其字曰：日足森海嶠。然其驚人泣鬼，所謂自鑄偉辭前無古人者乎！（楊升菴外集）

太白楊花落盡與樂天殘燈無燄，體同題類，而風趣高卑，自覺天壤。（詩辨坻）

曹植怨詩：願作東北風，吹我入君懷。懷徐幹詩：將心寄明月，流影入君懷。太白詩：我寄愁心與明月，隨風直到夜郎西。兼裁其意，撰成奇語。（梅禹金）

詩眼云：山谷言學者若不見古人用意處，但得其皮毛，所以去之愈遠。若風吹柳花滿店香，若人能復爲此句，亦未是太白。至於吴姬壓酒勸客嘗，壓字他人亦難及。金陵子弟來相送，欲行不行各盡觴，益不同。請君試問東流水，别意與之誰短長！此乃真太白妙處，當潛心焉。故學者先以識爲主，禪家所謂正法眼，直須具此眼目方可入道。（漁隱叢話）

金陵酒肆留别，山谷云：此乃真太白妙處，而須溪云：終是太白語别。予許須溪知言云。（詩辨坻）

李太白詩：風吹柳花滿店香，温庭筠詠柳詩：香隨静婉歌塵起，影伴嬌嬈舞袖垂。傳奇詩：莫唱踏陽春，令人離腸結。郎行久不歸，柳自飄香雪。其實柳花亦有微香，詩人之言非誣也。柳花之香，非太白不能道，竹之香，非子美不能道。（楊升菴外集）

太白詩：吴姬壓酒唤客嘗。説者以爲工在壓字，不知吴人方言至酒家有旋壓酒子相待之

語。（雲麓漫抄）

李白人分千里外，興在一杯中，高適功名萬里外，心事一杯中，如武夫之對韻士。而胡元瑞云：二詩甚類。予謂字面則同，句意懸絶。（彈雅）

杜之北征、述懷皆長篇叙事，然高者尚有漢人遺意，平者遂爲元、白濫觴。李送魏萬等篇，自是齊、梁，但才力加雄，辭藻加富耳。（詩藪）

太白詩：浮雲遊子意，落日故人情，對景懷人，意味深永。少陵詩：寒空巫峽曙，落日渭陽情，亦是寫景贈别，而語意淺短。杜詩佳處固多，此等句法却不如李。（仇滄柱杜詩詳注）

太白讀書匡山，十年不下山，潯陽獄中猶讀留侯傳。以彼仙才苦心如此，今忽忽白日而嘐嘐古人，是自絆而希千里也。（千一録）

詩貴意，意貴遠不貴近，貴淡不貴濃。濃而近者易識，淡而遠者難知。如杜子美鈎簾宿鷺起，丸藥流鶯轉，李太白桃花流水窅然去，别有天地非人間，王摩詰反景入深林，復照青苔上，皆淡而愈濃，近而愈遠，可爲知者道，難與俗人言也。（懷麓堂詩話）

曹子建詩：譬海出明珠，與太白如天落雲錦句法同。太白五言如菖蒲花紫茸，及登華不注峯，與此句皆奇崛異常。（楊升菴外集）

世多言李太白以醉入水捉月溺死，此談者好奇之過。太白對月，能作今人不見古時月，今月曾經照古人之句，意氣本自超出宇宙，對影三人，雖醉豈復狂惑至此！（玉澗雜書）

李太白云：刬却君山好，平鋪湘水流。杜子美云：斫却月中桂，清光應更多。二公所以爲詩人冠冕者，胸衿闊大故也。此皆自然流出，不假安排。（鶴林玉露）

洞庭西望楚江分，水盡南天不見雲。日落長沙秋色遠，不知何處弔湘君。此詩之妙不待贊，前句云不見，後句云不知，讀之不覺其複。此二不字決不可易。大抵盛唐大家正宗作詩，取其流暢，不似後人之拘拘耳。（楊升菴絶句衍義）

宋之問所得駱氏靈隱警句：樓觀滄海日，門對浙江潮，李太白天台曉望詩：門標赤城霞，樓棲滄島月，最相似。（文翔鳳雲夢藥溪談）

吟詠瀑水衆矣，大抵比況耳，未有得於所見鑿空下語爲興詩者。太白獨曰：海風吹不斷，江月照還空，氣象雄傑，古今絶唱。（王阮義豐集）

李白鸚鵡洲詩，調既迅急而多複字，兼離唐韻，當是五言古詩耳。（詩辨坻）

七言絶句，初唐風調未諧，開元、天寶諸名家無美不備，李白、王昌齡尤爲擅場。昔李滄溟推秦時明月漢時關一首壓卷，余以爲未允。必求壓卷，則王維之渭城朝雨，李白之朝辭白帝，王昌齡之奉帚平明，王之渙之黄河遠上，其庶幾乎！而終唐之世絶句亦無出四章之右者矣。（王阮亭唐人萬首絶句選凡例）

盛弘之荆州記狀巫峽江水之迅，云朝發白帝，暮到江陵，其間千二百里，雖乘奔御風不以疾也。杜子美詩：朝發白帝暮江陵，頃來目擊信有徵。李太白詩：朝辭白帝彩雲間，千里江陵一日還。兩岸猿聲啼不盡，扁舟已過萬重山。雖同用盛弘之語，而優劣自別。今人謂李杜不可以優劣論，此語亦太憒憒。（楊升菴外集）

盛弘之荆州記云：白帝至江陵一千二百里，春水盛時，行舟朝發夕至，雲飛鳥逝，不是過也。太白述之爲韻語，驚風雨而泣鬼神矣。（楊升菴絶句衍義）

越中覽古詩，前三句賦昔日豪華之盛，末一句詠今日淒涼之景。大抵唐人弔古之作，多以今昔盛衰搆意，而縱横變化存乎體裁。此與韓退之遊曲江寄白舍人詩、元微之劉阮天台詩皆以落句轉合，有抑揚，有開合，此格唐詩中亦不多得。（敖子發）

太白詩：牛渚西江夜，青天無片雲。登舟望秋月，空憶謝將軍。余亦能高咏，斯人不可聞。明朝挂帆席，楓樹落紛紛。襄陽詩：挂席幾千里，名山都未逢。泊舟尋陽郭，始見香爐峯。嘗讀遠公傳，永懷塵外蹤。東林不可見，日暮空聞鐘。詩至此，色相俱空，如羚羊挂角，無跡可求，畫家所謂逸品是也。（王阮亭分甘餘話）

寧國府志載胡安定先生石壁詩一首，其序曰：余嘗覽李翰林題涇川汪倫别業二章，其詞俊逸，欲屬和之。今十月自新安歷旌德，而仙尉曾公望同遊石壁，蓋勝境也。奇峯對聳，清溪中流，路出半峯，佳秀可愛。傳聞新建汪公所居不遠，掩映溪岫，率類於此。且欲尋訪，迫暮不獲。因思旌川即涇川接境也，而幽勝過之，汪公亦倫之别派也，而儒雅勝之。豈可使諷詠不及於古乎！輒成一首，題於汪公屋壁，雖不及藻飾佳境，比肩英流，庶俾謫仙之詩不獨專美。

其詩曰：李白好溪山，浩蕩涇川遊。題詩汪氏壁，聲動桃花洲。英辭逸無繼，爾來三百秋云云。按太白本集詩題祇云過汪氏別業，而此序乃云題涇川汪倫別業。先生非妄言者，又去唐時未遠，當必有據。

詩五平五仄句，或謂自宋始有之，非也。顔延年詩：獨静闕偶語，陰蟲先秋聞。李太白詩：處世若大夢，胡爲勞其生？孟東野詩：夜鏡不照物，朝光何時升？（餘冬序録）

法藏碎金云：太白夜懷有句云：宴坐寂不動，大千入毫髮。潘佑獨坐有句云：凝神入混茫，萬象成虚宇。予愛二子吐辭精敏之力，入道深密之狀，合而書之聊爲己用。（漁隱叢話）

今人作詩多忌重疊。右丞早朝，妙絶古今，猶未免五用衣冠之論。太白訪戴天山道士不遇詩：水聲飛泉，樹松桃竹，語皆犯重。吁！古人言外求佳，今人於句中求隙，去之遠矣。（唐詩解）

太白詩：斗酒渭城邊，壚頭耐醉眠，乃岑參之詩誤入。塞上曲：騮馬新跨白玉鞍，乃王昌齡之詩，亦誤入。昌齡本有二篇，前篇乃秦時明月漢時關也。（滄浪詩話）

蜀國曾聞子規鳥，宣城還見杜鵑花，一叫一迴腸一斷，三春三月憶三巴。此太白寓宣州懷西蜀故鄉之作也。太白爲蜀人，見於劉全白誌銘，曾南豐集序，楊遂故宅記，及自叙書，不一而足。此詩又一證也。近日吾鄉一士夫爲山東人作詩序云，太白非蜀人，乃山東人也，予以前所引證詰之。答曰：且諂山東人，祈綽楔資，何暇核實？（楊升菴外集）

哭宣城善釀紀叟，予家古本作夜臺無李白，此句絶妙，不但齊一生死，又且雄視幽明矣。昧者改爲夜臺無曉日。夜臺自無曉日，又與下句何人字不相干，甚矣士俗不可醫也。（楊升菴外集）

小曲有咸陽沽酒寶釵空之句，云是李白所製，然李白集中有清平樂詞四首，獨欠是詩，而花間集所載咸陽沽酒寶釵空乃云是張泌所爲，莫知孰是。（夢溪筆談）

附録六　外記

逸事

李太白少時，夢所用之筆頭上生花，後天才贍逸，名聞天下。（天寶遺事）

李白有天才俊逸之譽，每與人談論，皆成句讀，如春葩麗藻，粲於齒牙之下，時人號曰李白粲花之論。（天寶遺事）

李白嗜酒，不拘小節，然沉酣中所撰文章未嘗錯誤，而與不醉之人相對議事，皆不出太白所見，時人號爲醉聖。（天寶遺事）

李白於便殿對明皇撰詔誥，時十月大寒，筆凍莫能書字。帝敕宮嬪數十人侍白左右，各執牙筆呵之，遂取而書其詔。其受聖眷如此。（天寶遺事）

明皇召諸學士宴於便殿，因酒酣，顧謂李白曰：我朝與天后之朝何如？白曰：天后朝政出多門，國由奸幸，任人之道如小兒市瓜，不擇香味，惟揀肥大者。我朝任人如淘沙取金，剖石采玉，皆得其精粹。明皇笑曰：學士過有所飾。（天寶遺事）

寧王宮有樂妓寵姐，美姿色，善謳唱，每宴外客，其諸妓女盡在目前，惟寵姐客莫能見。飲故半酣，詞客李太白恃醉戲曰：白久聞王有寵姐善歌，今酒殽醉飽，羣公宴倦，王何怯此女示於衆！王笑謂左右曰：設七寶花障，召寵姐於障後歌之。白起謝曰：雖不許見面，聞其聲亦幸矣。（天寶遺事）

李白登華山落雁峯曰：此山最高，呼吸之氣想通天帝座矣。恨不攜謝朓驚人詩來，搔首問青天耳。搔首集。（雲仙雜記）

李白遊慈恩寺，寺僧用水松牌刷以吴膠粉，捧乞新詩。白爲題訖，僧獻元沙鉢緑英梅檀香筆蘭縑袴紫瓊霜。海墨徽言。（雲仙雜記）

李白開元中謁宰相，封一板，上題云海上釣鰲客李白，相問曰：先生臨滄海，釣巨鰲，以何物爲鈎線？白曰：以風浪逸其情，乾坤縱其志，以虹蜺爲絲，明月爲鈎。相曰：何物爲餌？曰：以天下無義丈夫爲餌。時相悚然。（侯鯖録）

唐劍具稍短，常施於脇下者名腰品。隴西人韋景珍有四方志，呼盧酣酒，衣玉篆袍，佩玉鞘兒腰品，修飾若神人，李太白常識之，見感寓詩云：玉劍誰家子，西秦豪俠兒。謂景珍也。（清異録）

舊聞李太白好飲玉浮粱，不知其果何物。余得吴婢使釀酒，因促其功。答曰：尚未熟，但浮粱耳。試取一盞至，則浮蛆酒脂也。乃悟太白所飲蓋此耳。（清異録）

薛稷，天后朝位至少保，文章學術，名冠當時，學書師褚河南，畫蹤閻令。祕書省有畫鶴，時號一絶。曾旅遊新安郡，遇李白，因留連書永安寺額，兼畫西方像一壁，筆力瀟洒，風姿逸發，曹、張之亞也。二跡之美，李翰林題贊見在。（太平廣記）（王琦云：按薛稷本傳：稷坐竇懷貞事賜死。開元元年七月中事也。是時太白年甫十五，未出蜀中，安得與稷相遇於新安郡？蓋傳聞之謁也。）

李太白有薛稷之畫贊。（宣和畫譜）（王琦云：按：薛稷畫贊本集不載，蓋已佚之矣。）

許雲封，樂工知笛者。貞元初，韋應物自蘭臺郎出爲和州牧，輕舟東下，夜泊靈壁驛。時雲天初瑩，秋露凝冷，舟中吟瓢，將以屬詞。忽聞雲封笛聲，嗟嘆良久。韋公洞曉音律，謂其笛聲酷似天寶中梨園法曲李謩所吹者，遂召雲封問之，乃是李外孫也。雲封曰：某任城舊士，多年不歸，天寶改元，初生一月，時東封迴駕，次至任城。（王琦云：按玄宗東封泰山乃開元十三年事，去天寶改元時凡十八年，小説家言固多舛誤。）外祖聞某初生，相見甚喜，乃抱詣李白學士，乞撰令名。李白方坐旗亭，高聲命酒，當壚賀蘭氏年且九十餘，邀李置飲於樓上，外祖送酒，李公握管，醉書某胸前曰：樹下彼何人，不語真吾好。語若及日中，烟霏謝成寶。外祖辭曰：本於學士乞名，今不解所書之語。李公曰：此即名在其間也。樹下人是木子，木子李字也。不語是莫言，莫言謩也。好是女子，女子外孫也。語及日中是言午，言午許也。烟霏謝成寶，是雲出封中，乃是雲封也。即李謩外孫許雲封也。後遂名之。（楊巨源李謩吹笛記及甘

澤謡）

李白前後三擬文選，不如意，悉焚之，惟留恨、別賦。（酉陽雜俎）

李白才逸氣高，與陳拾遺齊名，先後合德。其論詩云：梁、陳以來，豔薄斯極，沈休文又尚以聲律，將復古道，非我而誰與！故陳、李二集，律詩殊少。嘗言興寄深微，五言不如四言，七言又其靡也。況使束於聲調俳優哉？故戲杜曰：飯顆山頭逢杜甫，頭戴笠子日卓午。借問別來太瘦生，總爲從前作詩苦。蓋譏其拘束也。（本事詩）

李白有馬名黄芝。采蘭雜志。（瑯嬛記）

每宴飲無不先及，每慶具無不先霑。中厩之馬代其勞，内廚之膳給其食。李白傳。（合璧事類）

李白外傳云：白作樂章賜錦袍。（蔡夢弼杜詩注）

李白遊華陰，縣令開門方決事，白乘醉跨驢過門，宰怒，引至庭下，汝何人輒敢無禮。白乞供狀曰：無姓名，曾用龍巾拭吐，御手調羹。力士脱靴，貴妃捧硯。天子殿前尚容走馬；華陰縣裏不得騎驢。（合璧事類）

毛文岐李太白騎驢處詩：華陰道上華山側，想見當年李太白。縣令不許騎驢過，自稱天子殿中客。一斗百篇逸興豪，到處山水皆故宅。胸懷放曠天地小，應是玉皇香案謫。予亦廿載喜遨遊，勞勞萬里媿行役。

吴筠東遊會稽，嘗於天台剡中往來，與詩人李白、孔巢父詩篇酬和，逍遥泉石，人多從之。（舊唐書）

吴筠所善孔巢父、李白，歌詩略相甲乙云。（新唐書）

唐司馬承禎與陳子昂、盧藏用、宋之問、王適、畢構、李白、孟浩然、王維、賀知章爲仙宗十友。（海録碎事）

李太白僧伽歌曰：此僧本住南天竺，爲法頭陀來此國。又云：嗟予落泊江、淮久，罕遇真僧説空有。時僧伽已顯於淮、泗之上矣。豪傑中識郭子儀，隱逸中識司馬子微，浮屠中識僧伽，則太白亦異人也哉！（邵氏聞見後録）

杜甫與李白、高適、衞賓相友善，時賓年最少，號小友。（唐史拾遺）

許宣平，新安歙人也。睿宗景雲中，隱於城陽山南塢，結菴以居。不知其服餌，但見不食，顔若四十許人，輕健行疾奔馬。時或負薪以賣，薪擔常挂一花瓢及曲竹杖。每醉行騰騰以歸，吟曰：負薪朝出賣，沽酒日西歸。借問家何處，穿雲入翠微。邇來三十餘年，或濟人危急，或救人疾苦，城市之人多訪之不見。但覽菴壁題詩曰：隱居三十載，築室南山巔。静夜翫明月；閑朝飲碧泉。樵人歌隴上；谷鳥戲巖前。樂矣不知老，都忘甲子年。好事者多誦其詩。有抵長安者，於驛路洛陽同、華間傳舍是處題之。天寶中，李白自翰林出，東遊經傳舍，覽詩吟之，嘆曰：此仙人詩也。詰之于人，得宣平之實，白於是遊新安，涉溪登山，累訪之不得。乃題詩於菴壁曰：我吟傳舍詩，來訪仙人居。烟嶺迷高跡；雲林隔太虛。窺庭但蕭索；倚杖空躊躕。應化遼天鶴，歸當千歲餘。宣平歸菴，見壁詩，又吟曰：一池荷葉衣無盡，兩畝黄精食有餘。又被人來尋討著，移菴不免更深居。其菴後爲野火燒之，莫知宣平蹤跡。（續仙傳）

李白來訪許宣平，於紫陽山下過渡，得破船，有老翁在，問宣平家，老翁指船篙賦詩曰：面前一竿竹，便是許公家。即宣平也。二仙相遇甚奇。（方虚谷詩集）

浣沙皐在徽州府南二里，相傳李白來訪許宣平，皐上待渡。（江南通志）

州南數里有岸特高，號浣紗皐，隔溪對龍井山，望城陽不遠，相傳李太白訪許宣平，徘徊岸上甚久。（羅願新安郡志）

南康軍圖經云：李白性喜名山，飄然有物外志，以廬阜水石佳處，遂往遊焉。至五老峯，愛其險峭奇勝，曰：天下之壯觀也。卜築於此，吾將老焉。今峯下有書堂舊基。白後北歸猶不忍去，乃指廬山曰：與君再會，不敢寒盟，丹崖緑壑，神其鑒之。（黄鶴杜詩注）

唐人言李白不能屈身，以腰間有傲骨。（鼠璞）

李太白作玉關定、望遠、黄鶴樓、玉堂清、對月吟。（楊正表琴譜）（王琦云：按：譜中對月吟凡十二段，并有詞，詞不類太白。其第八段隱括漢下白登道一詩在内。第十一段有彷佛浮槎邀遊赤壁之句，乃後人所擬也，故不録。）

唐文宗曾以時諺謂杜甫李白輩爲四絶問丁居晦。（册府元龜）

李白嘗作長相思樂府一章，末曰：不信妾腸斷，歸來看取明鏡前。其婦從旁觀之曰：君不聞武后詩乎！不信比來常下淚，開箱驗取石榴裙。太白爽然自失，此即所謂相門女也，具此才情，故當與尋真騰空爲侶，第不知嬌女平陽能繼林下風否。（柳亭詩話）

遺跡

龍安府平武縣有蠻婆渡，在江油青蓮壩，相傳李白母浣紗於此，有魚躍入籃内，烹食之，覺有孕，是生白。廣輿記：白生蜀之青蓮鄉，舊志以爲彰明人，蓋平武實割江、彰、劍、梓之地以爲邑，今蠻婆渡青蓮鄉俱隸平武，則白生之地在今平武無疑矣。（四川總志）

李白故宅在綿州彰明縣南二十里，古碑刻猶有存者。（四川總志）

清廉壩一名青蓮鄉，太白故宅在焉，去江油縣三十里，壩有太白墨池。（朱樟白舫集）

楊遂李太白故宅記：先生諱白，字太白，事蹟已具范傳正姑孰碑及李陽冰文集序矣。夫蛟龍能神於雲雨，不能爲人用；鳳凰能瑞於王者，不能爲人畜。先生以天成之材，能神於爲文，異人之表，能瑞於當世，始投袂而來，竟解組而去。所謂不能爲人用與人畜也。爍哉庚星，儲精參絡。屬開元天子御宇日久，天下無事，聿修文教，卷四溟而袂寰宇，頓八紘而羅英傑。先生拖屐劍閣，西入長安，天子聞其名，忻若有得。召見之日，前席禮之，延於金鑾，待如僚友。自是疇咨若采，潛俾草奏，造膝説詞，人莫知者。恩隆寵洽，王公向風，不浹日而聲烜於華夏。亦先生之遇代之盛也。夫有高世之德，則訕謗者伺其隙；有超人之行，則嫉妒者窺其釁。故士無賢與不肖，女無美與醜，睹先生以興嘆也。值非常之時，遭非常之主，宜必立非常之事，建非常之功。以開元之盛，非謂無時矣，以玄宗之明，非謂無主矣，然而青蠅之營營，棘藩斯止；貝錦之萋菲，豺虎可投。賈誼既疏，崔駰亦棄。豈非得時不難，得君難，得君不難，立事難，立事不難，建功難，故功難成而易敗，事難就而易毀者歟！先生所以卷舒無悔吝，趨舍有進退。遂乃北遊燕、趙，東訪梁、宋，南憩郢、楚，周流數十載，思與喬松遊而餌金丹爲事耳。由是縱情肆志，劉伯倫之遨世也，賦詩寓懷，阮嗣宗之窮途也，學仙養生，嵇叔夜之邁俗也。觀其才思駿發，浩蕩無涯，組繡史籍，粉繪經典，若鼓號鐘而鬼神雜沓，闢武庫而劍戟森羅。而又縹緲悠揚，迥出風塵之外，不作人間之語。故當時號爲謫仙人焉。如蜀道難可以戒爲政之人矣，梁甫吟可以勵有志之臣矣，猛虎行可以勗立節之士矣，上雲曲可以化愚夫之懵矣，懷古可以革澆風之俗矣。其餘所作，雖以感物因事而發，終以輔世匡君爲意。自西竄夜郎，南流江左，坎壈頓躓，飄泊羈屑。悲夫！僕嘗論蜀中自古多出名人才士。其尤者，漢則司馬長卿、王子淵、揚子雲，唐則陳子昂暨先生耳。長卿遇武皇之重，終卧病而閑，子淵獲宣帝之好，亦無用於世，子雲會王莽之亂，復貧困而卒，子昂憤文章之壞，一變有道，又以貶爲退，先生振風雅之綱，再革今弊，竟以放而去。噫！天厚其才而薄其命乎！不然，以褒貶聖賢，毁譽今古，主陰者罰之乎！又不然，以才學富多，器識儁茂，司命者黜之乎！是烏可知也？然此數子，千百年後莫不聳慕，宗爲楷則，亦可謂拔乎其萃者矣。先生舊宅在清廉鄉，後往戴天山讀書，今舊宅已爲浮屠者居之。僕少覽先生之文，每爲太息。辛卯謫湴斯邑，因暇披莽，挈侣來尋，嗟乎！城郭皆是，丘陵如故，其人已往，其迹空在。遼海玄鶴，尚千年而却歸；蒼梧白雲，竟一去而不返。爲銘勒石，寘之金田。其辭曰：岷山之精，上爲金星。母乃協夢，先生以生。厥名與字，則而象之。出風塵表，標天人資。詞源學派，若洩尾閭。自古王佐，欲致唐、虞。謂予弗起，蒼生其如！遂來京師，荃芬蘭藹。天子詔我，金鑾賜對。禮爲前席，千載一會。王公卿士，莫不傾蓋。英聲雷飛，輷於區外。有始有卒，其惟聖人。孰謂誰來，我思奉身。稽顙丹陛，願乞骸骨。天子從之，出蒼龍闕。鶴返青漢，雲歸碧天。緬追安期，邈尋偓佺。夕餌瓊蕊，晨漱玉泉。放情肆志，養吾浩然。詩吟千首，酒飲百船。西浮南泛，夫何繫焉？龍飲山前，涪江之涘。先生一去，宅留故里。數變喬木，幾千人世。草蔓荒蹊，棘羅廢址。鄉人故老，猶話厥美。吁哉先生，不爲不遇。命也如何！拂衣自去。蓬萊金闕，崑崙珠樹。定往遊否，孰知其故？悠悠我思，傷心日暮。

遵義府有太白宅在夜郎里，有題碑記。（四川總志）

磨鍼溪在眉州象耳山下，世傳李太白讀書山中，未成棄去。過小溪，逢老媪方磨鐵杵，問之，曰：欲作鍼。太白感其意，還卒業。媪自言姓武，今溪旁有武氏巖。（方輿勝覽）

讀書臺在四川眉州象耳山，唐李白嘗讀書於此。上有石刻白詞。宋杜光庭詩：山中猶有讀書臺，風掃晴嵐畫嶂開。華月冰壺依舊在，青蓮居士幾時來？（一統志）

太白臺在龍州江油縣，太白與江油尉往來，故有臺在尉廳，蒲翰爲之記。（方輿勝覽）

太白讀書臺在龍安府平武縣牛心山，宋州守史祁手書石刻，并太白贈江油尉詩，一在大匡山。（四川總志）

太白臺在四川龍州牛心山上，太白嘗讀書於此，遺址尚存。（一統志）

龍安府江油縣大明寺，在治西南，有李白讀書臺。（四川總志）

龍安府平武縣有明月沉潭，在明月渡，舊傳每夜有月影，李白有詩，歲久漫滅，今石壁上存宋宇文通詩刻。（四川通志）

龍安府平武縣有匡山碑，鐫李白出山詩，或云在江油縣。（四川通志）

龍安府江油縣有大匡山，在縣治西三十里，山勢高聳，狀如匡字，唐李白讀書處。（全蜀總志）

大匡山在保寧府江油縣西三十里，唐李白嘗讀書於此。（一統志）

大匡山在成都府彰明縣北三十里，一名康山，唐杜甫寄李白詩：匡山讀書處，頭白好歸來。亦名戴天山。（一統志）

彰明縣北五十里有李白讀書臺。（四川通志）

點燈山在龍安府江油縣南二十里，一名小匡山，夜有光如燈，故名。上有李白讀書臺及白祠。（四川通志）

杜詩云：匡山讀書處，頭白早歸來。李太白青州人，多遊匡廬，故謂之匡山。綿州圖經云：戴天山在縣北五十里，有大明寺，開元中李白讀書於此寺，又名大康山，即杜甫所謂康山讀書處也。恐圖經之妄。（西溪叢語）

載籍之間所言地理，訛舛甚多，不可勝述。李白讀書於匡山，正綿州大匡山小匡山之處，而寰海記舊注乃指江州匡廬山爲白讀書之所。（野客叢書）

王琦云：按太白卧廬山，爲永王璘迫致幕府，坐是得罪，杜少陵匡山讀書處，頭白早歸來之句，當以匡廬之解爲正。至於太白讀書之處，不但地志所云歷歷可據，即鄭谷蜀中詩亦有雪下文君沽酒店，雲藏李白讀書山之句，在唐時已相傳若此矣。因杜注之援引未確，乃并太白讀書之地而亦疑其出於附會，抑又偏矣。

濯筆溪在潼川州西一里，古傳李白訪趙蕤，習書於此。（四川通志）

李白彰明人，周遊四方，經宕渠過南陽有詩。（四川通志）

白雲寺在夔州奉節縣治北，李白寓夔州，有白雲寺詩刻懸崖間。（四川總志）

太白巖在夔州府萬縣西山，上有絶塵龕三字在石壁，有唐人詩刻，相傳太白讀書於此。（潛確居類書）

曹學佺萬縣西太白祠堂記：縣西有太白巖，在西山，即絶塵龕也。王象之輿地碑目云：絶塵龕三字在西山上石壁，字畫瘦勁，類晉、宋間物，唐人題詠甚多。相傳李太白讀書於此，有大醉西巖一局棋之語。太白蜀人也，其詩之見於蜀者，若成都散花樓、漢嘉峨眉山、白帝城、蜀道難等篇，在集中可考。而紀事稱其爲彰明小吏時，令屬辭不偶，輒爲接之，令遜其佳，以此見妒。則東蜀楊天惠所載也。予得諸碑刻，有題江油主簿廳，爲米芾書，及象耳山留題云：夜來醉卧月下，花影零亂，滿人衣袖，恍如濯魄於冰壺也。此真天仙語。本集皆不載。而涪陵有渡曰李渡，以太白曾渡此，即婦人稚子能知之矣。獨萬縣西山者，不甚著聞，至爲天仙橋以别之，而過者未嘗問也。予詩落句云：一自金陵問消息，無人指向萬州看。蓋甚致慨。然黄魯直勒風院記爲西山之勝，東望巫峽，西盡郁鄢，不敢與之争抗。魯直在蜀久，斯言不誣。予謂太白讀書此巖中，宜有太白祠，而萬令方君好古樂善，予門人典客陸昇彤等唯唯叶力，遂書原委於道士常明，且係以詞曰：太白先生，金行之精。隴西帝裔，産於昌明。起家小吏，不習逢迎。牽牛堂下，諧謔隨聲。逢彼之怒，離鄉遂輕。扁舟下峽，出白帝城。顧瞻西山，岩㟏峥嶸。挺然拔出，巧類削成。青開練石，翠點秋屏。絶塵龕上，夫非世情。栖泊厥跡，讀書著名。何時非醉，而忍獨醒？何事非幻，遑問變更？事在有無，語類不經。人心愛之，夸詡爲真。樹若曾倚，其色敷榮。泉若曾酌，其聲清泠。何以祠之，厂廲上平。裁虹爲楝，架蜺作楹。峽江蒼蒼，白雲自横。飛鳥時過，嚶彼其鳴。薄言訪之，而懷友生。悵然不見，涕淚沾巾。聿觀兹役，堂構以新。懷賢述古，二美則并。江山勝豁，文明道亭。千秋之後，令名不湮。

錦江山在四川嘉定州北四十里。太白亭在錦江山之巔，唐李白嘗於此賦詩，宋黄庭堅因以名亭。（一統志）

太白亭在嘉定州北十里錦岡山上，下即平羌峽，相傳太白曾遊此，黄庭堅建亭於山之絶頂，遂以太白名之。亭今廢，尚有石斗石鯨在荒址中。（四川志）

竹溪六逸堂在徂徠山西北巉石峯下，唐天寳間，孔巢父、李白、韓準、裴政、張叔明、陶沔隱居於此，有金翰林承旨党懷英撰碑石刻。（一統志）

方豪竹溪記：李白與孔巢父、韓準、裴政、張叔明、陶沔居徂徠山，日沉飲，號竹溪六逸，而竹溪之名滿天下。自予有知，即慕其地，意必清流之上，修竹萬竿，蕭森潔爽，若神仙之居，使人即之而忘去，去之思復即也。近予以審録之行，登太山，望徂徠，詢所謂竹溪者，不過荒烟野草之區。溪既非舊，竹亦何嘗一幹之存哉？然而言竹溪者不絶焉，無乃六逸之力耶！夫六逸者，固一時之英也，而唯太白爲最顯。其他若孔巢父，人亦稍知其姓名而已。餘則併姓名而昧之。嗚呼！白於竹溪可謂有獨力者矣。

李白自幼好酒，於兖州習業，平居多飲，又於任城縣構酒樓，日與同志荒宴，客至少有醒時。邑人皆以白重名，望其里而加敬焉。（太平廣記）

李白酒樓在濟寧州南城上，唐李白客任城時，縣令賀知章觴之於此，今樓與當時碑刻俱存。元著作郎陳儼重修李白酒樓記，其末有歌曰：公昔去兮乘龍，窅雲氣兮蓬萊宫。衿青霞兮佩明月，横四海兮焉窮？濟水兮無波，泰山繚兮鬱崔嵬。思故國兮神遊，悦臨風兮浩歌。醉而生兮醉而死，曩孰非兮今孰是？千鍾百榼兮彼且奚適，操一瓢兮吉其止。攬香風兮折瓊芳，援北斗兮斟桂漿。浩溟溟兮徙倚以望，歸來歸來兮舉我觴。（一統志）（王琦云：按太白任城縣廳壁記所云邑宰賀公，其名不可考，後人遽以賀知章當之，誤也。據新、舊二書，知章初未嘗爲任城令。噫！因一人之誤，致後人詩文遂因之而皆誤，職蒐討者可不慎歟！）

濟寧州太白樓下俯漕河，憑高眺遠，據一州之勝，碑板林立，惟唐人沈光記大篆最古。碑製六面如幢，其左爲二賢祠，祀太白賀監，其東有太白浣筆泉。（王阮亭秦蜀驛程後記）

沈光李白酒樓記：有唐咸通辛巳歲正月壬午，吴興沈光過任城，題李白酒樓。夫觸强者靦緬而不發，乘險者帖薾而不進，潰毒者隱忍而不能就其鍼砭，搏猛者持疑而不能盡其膽勇。而復視其强者弱之，險者夷之，毒者甘之，猛者柔之，信乎酒之作於人也如是。翰林李公太白，聰明才韻，至今爲天下倡首。業術匡救，天必付之矣。致其君如古帝王，進其臣如古藥石，揮直刃以血其邪者，推義轂以輦其正者，豈憑酒而作也？憑酒而作者，强非真勇。太白既以峭訐矯時之狀，不得大用，流斥齊魯，眼明耳聰，恐貽顛踣，故狎弄杯觴，沉溺麴蘖，耳一淫雅，目混黑白。或酒醒神健，視聽鋭發，振筆著紙，乃以聰明移於月露風雲，使之涓潔飛動，移於草木禽魚，使之妍茂軒騰，移於邊情閨思，使之壯氣激人，離情溢目，移於幽巖邃谷，使之遼歷物外，爽人精魄，移於車馬弓矢悲憤酣歌，使之馳騁決發，如睨幽并，而失意放懷盡見窮通焉。嗚呼！太白觸文之強，乘文之險，潰文之毒，搏文之猛而作，狎弄杯觴，沉溺麴糵，是真塞其聰，翳其明，醒則移于賦詠，宜乎醉而生，醉而死。予徐思之，使太白疎其聰，決其明，移於行事，強犯時忌，其不得醉而生死也。當時骨鯁忠赤，遞有其人，收其逸才，萃於太白。至於齊、魯，結構淩雲者無限。獨斯樓也，廣不踰數席，瓦缺椽蠹，雖樵兒牧豎，過亦指之曰：李白嘗醉於此矣。

劉楚登太白酒樓記：太白酒樓在故濟州今濟寧府南城門上。壯麗雄偉，四望夷曠，有汶、泗二水經其前，開河、安山、山湖諸水匯其西，鳧繹、龜蒙、徂徠、岱宗諸山復左顧聯絡於東北。皆紆青浮白，以舒斂出没於雲烟縹緲之際，而齊、魯方千里之勝可指顧而見矣。樓之規制，不知重修何時，其與昔之高卑大小殆不可辯。意其上下千數百年間，其修葺而因仍者，殆皆類此耳。右階西南上有古石柱，高可丈四五，觚植而湧蓋，其上周圍刻小篆記文者，唐沈光之所作也。其左階東南隅有二賢祠記石刻二通，蓋昔之州人嘗祀太白與知章賀公於其上者也。祠有二賢何，舊傳開元中以知章爲任城宰而來，其來而止也嘗飲於此，此樓之所以名也。惟李白負奇氣，好仙遊，其足跡幾半天下，凡江、漢、荆、湘、吴、楚、巴、蜀與夫秦、晉、齊、魯山水名勝之區，亦何所不登眺，何日不酣暢？而以酒樓名，天下有二焉。其在洛陽天津橋南董糟丘所造者，其事尤奇偉卓絶。今其存亡興廢，類不可知，獨兹樓以沈光記文遂留傳至今，豈偶然哉！

趙弼太白酒樓賦，濟城之巔，有樓歸焉。檐阿翼以四出，觚棱揭其高騫。謝溷濁於埃壒，焕金碧於雲煙。可以騁遐矚，寫幽悁，蓋太白昔所登臨而盤桓者也。粤惟濟郡，唐爲任城。雜舟車於水陸，紛人物之俊英。俗尚詩書而民勤稼穡，夫豈他邦可與抗衡？於是四明狂客，適宰兹邑。温恭克脩，儼碩有立。訟庭闃其虚閒，聊遊衍乎原隰。爾其長庚真人，興聖孫子。薄遊東魯，寄家於此。邂逅之間，亶其樂只。想夫二賢之登斯樓也，形忘兮有終，心超兮無始。藩五嶽兮張屏，隱三山兮列几。剩天漢兮爲漿，舉斗筐兮作匕。左浮丘伯喬以振衣，右安期羨門而正履。眼空四海，氣蓋千古。豪吟吐萬丈之虹，醉吻涸三江之水。嘯歌玩空界之日月，震盪駐人寰之風雨。風流豪邁，直使人精神飛越，欲淩風而遐舉。爰有豪梁趙子，博賽好脩。倦遊湖海，養痾林丘。乘休暇，偕朋儔。攜濁醪，昇芳羞。而相與登兹樓。仰天宇兮嵺廓，俯山川兮繆流。草木黄落兮氣蕭瑟，禽獸號鳴兮悲窮秋。凭闌兮四望，豁我兮遠眸。東則嵬嶧突起，嶔崟摧嵬。削芙蓉於半空，挹蒼翠於百里。悵禹桐之安在，慨秦碑之就毁。西則平湖浸空，灝漾皎潔。霜露降而潦水澂，蒲荷瘁而蒹葭折。惟漁艇與鷗羣，互出没而明滅。南則野蕪蒼蒼，河流湯湯。濤霝波雪，歕注吕梁。微神禹之疏鑿，民何由而奠康？北則平原漭漫，一望無極。泰山巖巖，遠露秋色。顧汶、泗之縈迴，知發源乎其側。周覽既畢，逡巡就席。浩歌起舞，痛飲盡石。客有徘徊歔欷，淚下霑襟而告趙子曰：太白不云乎！既無長繩繫白日，又無大藥駐朱顔。昔人安在，登高望遠，但見山青青而水潺潺。而況吾儕小人，皇皇朝夕，汩汩塵埃，死與草木同腐，不亦可哀也哉！趙子逌爾而笑，舉酒觴客而謂之曰：吾亦聞諸太白云：天地者萬物之逆旅，光陰者百代之過客。故由今而眂昔，則既往之日焉窮，由今而眂後，則方來之日未嗇。徒以區區百年之身，欲與之計銖兩而較尋尺。良非惑與！吾聞之也，君子見其大而略其細，薄於人而厚於躬。惟脩身以俟命，舍聖哲吾誰從？故遇則伊尹周公，道行於當時，不遇則仲尼孟軻，言垂於無窮。彼死生得喪，如蟲蝱之過乎前，曾何足以蒂芥乎胸中？且夫夏蟲不可與語冰，井蛙不可與言大。非達人之大觀，其孰能邈圜方而無外也？客於是軃然而歎，灑然而饋。洗觴酌酒，爲太白之酹。已而長烟冪於林薄，明月出於東山。衆客皆醉，盡興而思還矣。履霜磴之溜滑，挾天風之高寒。各扶攜而雲散，及清夜之未闌。念兹會兮不偶，獨喟然而永歎也。

趙孟頫太白酒樓詩，城迥當平野；樓高屬暮陰。謫仙何俊逸！此地昔登臨。慷慨空懷古；徘徊獨賞心。嶧山明眼望，百里見遥岑。

陳中孚題太白酒樓：昔聞李太白，山東飲酒有酒樓。我今登樓來，北風吹髮寒颼颼。太白天酒仙，人間不可留。金光絳氣九萬里，翩然而上騎赤虬。左蹴大江濤，右翻黄河流。手攀北斗招搖柄，瓊田倒瀉銀灣秋。銀灣吸乾日月液，蟾驚兔泣黄姑愁。太白方悠然，掀髯送汀鷗。炯如曉霞一點映秋水，紅痕微湧玉色浮。太虛變化如蜉蝣，仙今何在不可求。惟有胸中燦爛五色錦，化爲元氣包神州。我欲起從仙之遊，安得羽翮飛上崑崙丘？

宋褧太白酒樓詩：我昔在髫年，知有謫仙人。少壯讀所作，天才氣淩雲。潯陽紫極宫，往歲聞佳句。采石青山頭，前月拜荒墓。夜宿簷下雲，秋弄江上月。何如任城樓，狂飲興豪發。況有任城宰，具酒復知音。酒酣溢八極，世事徒騷騷。內子香閨夢，伯禽嬌且啼。人間火宅謾煎逼，正是玉山傾倒時。散披紫綺裘，倒著白接羅。銀臺金馬直一吐，方瀛絳闕行將去。仙之酒杯失，遺基樓觀雄。垣表暗題詠，石榴海柏森西東。謫仙人，今何在？汶水嵬山暗蒼靄。手揮玉鞭騎玉鯨，應在浮雲九州外。仙人魂魄茫氛氲，望之不見矧可親。明朝我亦玉京去，願謁蓬山賀季真。

周權謫仙樓詩：大羅仙人李太白，秋水疎蓮浮玉色。笑傲玉堂金馬中，詩酒猖狂天子客。飄飄豪氣秋風起，登樓曾醉山東市。放浪形骸宫錦袍，榮華富貴東流水。酒酣揮灑翻河筆，險語能令鬼神泣。至今光燄照塵寰，一字堪償雙白璧。我來懷古空悽愴，風月千年尚無恙。何時相見崑崙丘，汗漫從遊九天上？

趙文輝登太白酒樓詩：火冷昆明棟宇新，笑談應覺半天聞。坐邀采石江頭月；卧看徂徠頂上雲。寓意自知非嗜酒；傷心誰與共論文？騎鯨一去無消息，雲海茫茫澹夕曛。

劉基李白酒樓詩：小徑紆行客，危樓舍酒星。河分洸水碧；天倚嶧山青。昭代空文藻；斯人憶斷萍。登臨無賀老，誰與共忘形？

王世貞太白酒樓詩：昔聞李供奉，長嘯獨登樓。此地一垂顧，高名百代留。白雲海色曙；明月天門秋。欲竟重來者，潺湲濟水流。

陸深登太白樓詩：夜郎一去幾千秋，尚有任城太白樓。身後功名空自好；眼前汶、泗只交流。當年狂客心偏戀；近代風人誰與儔？拍碎闌干呼不起，月明風細憶神遊。

屠應峻太白樓詩：當時不見謫仙人，城上高樓空復春。勢極中原臨岱岳；境非吾土異三秦。遥鄰避世東方朔；生有相知賀季真。斗酒狂歌自今古，志存删述與誰論？

莫如忠太白樓詩：縹緲層樓霄漢隈，南城山色鏡中開。不知仙馭遊何處；長擬星辰謫上台。林杪鶴巢珠樹徧；日邊鯨負海濤來。秦碑魯殿俱銷歇，未覺浮名勝酒杯。

鄺堯齡太白樓詩：謫仙人去已千秋，河水依然盡日流。滿地濕雲生紫閣；半天晴雨落滄洲。名從白雪空詞苑；興到青山買酒樓。遥憶賀公能醉客，齊名二老至今留。

汪琬李太白酒樓歌：任城酒樓高插天，樓東桃樹非昔年。騎鯨仙人不知處，狂客還歸四明路。誰能醉卧胡姬壚，惟見春風拂花絮。我作東門遊，攜尊樓上頭。可憐魯酒薄，無復蘭陵篘。借問當時造酒者，何如紀叟董糟丘？堯祠遺蹟空荒荆，遠望徂徠何限情？放歌一曲下樓去，汶水東流日夕聲。

汪琬濟寧太白樓詩：先生本非狂，古之天人也。至今矚遺像，丰采猶瀟灑。憶當供奉時，才譽傾朝野。高標南山松，駿氣西極馬。勳名不能羈，況乃富貴假？一醉詩百篇，吐納皆大雅。呟然鍾吕鳴，餘子悉喑啞。游戲酒人中，夫豈沈湎者？遺址任城隅，千年構廣廈。隱隱面層巒，鱗鱗俛萬瓦。尊醽時見酹，碑文每争打。（原注：其碑記爲吾家文節公所作。）神爽遊八極，乘雲儻來下。

王士禛雨中登太白樓詩：開元陳跡去悠悠，猶有城南舊酒樓。吴語曾呼狂太白，洛陽何必董糟丘？黿鼉縹緲當窗出，汶泗蒼茫遶檻流。眼底無人具賓主，任城烟雨可憐秋。

浣筆泉在兖州府濟寧州東門外，舊傳李太白浣筆處。嘉靖間，主事白沛築亭其上。（潛確居類書）

浣筆泉在濟寧州城東關外，去會通河不數武，出土中，一方池，一圓池，相傳爲李太白浣筆處。（行水金鑑）

太白山在汶上縣東五十里，李白遊魯，嘗登其上。（山東通志）

濟南西北匡山，濟河路出其下，世傳李白嘗讀書于此。（元好問濟南行記）（王琦云：按山東通志：濟南府無匡山，而有筐山。山在府城西十里，其形如筐，故名。疑元氏記中所云之匡山即此山也。謂李白嘗讀書于此，殆彼土之人將依附杜詩「匡山讀書處，頭白好歸來」之句，以證太白爲山東人耳。）

浮休既投跡少陵，一日有以水磨求售者。相其地乃古之宜春苑也，今謂之韋曲，自漢唐以來諸韋居之，與後周逍遥公晒書臺，唐杜岐公韓退之舊業，鄭都官之園池，鄰里籬落垠堮皆在。又云：李太白常居此也，仰終南之雲物，俯潏水之清湍，喬木隱天，修竹蔽日，真天下之奇觀，關中之絶景也。（張舜民水磨賦序）

唐吴融題兖州泗河中石牀詩：一片苔牀水漱痕，何人清賞動乾坤？謫仙醉後雲爲態，野客吟時月作魂。光景不回波自遠；風流難問石無心。邇來多少登臨客，千載誰將勝事論？注云：李白杜甫皆此飲詠。

李白書堂在五老峯下，唐李白嘗至此，愛其險峭，嘆曰：天下之壯觀。因卜築讀書於此。（一統志）

李太白書堂在南康府青玉峽西一里，太白過此，愛其峭峻，嘆爲天下壯觀，因築堂讀書於此。杜子美贈白詩曰：匡廬讀書處，頭白好歸來，遂因以傳焉。（江西通志）

簡寂觀後有樵徑，涉石澗，攀崇岡，屈折而上五六里許，則日照菴，四圍山色，空翠欲滴，香爐、犀牛、漢陽三峯，縹緲插雲，即太白讀書處也。（吴道賢匡廬紀遊）

太白書堂在華頂峯，李白嘗遊天台，後人因爲建堂。（天台山志）

諸葛羲太白書堂詩：太白已千載，書堂今在兹。丹青銷畫壁；苔蘚没殘碑。山暝涼生早；天長鳥去遲。屋梁新月色，彷彿見鬚眉。

值雪山在安慶府望江縣西十八里，上有平岡，相傳唐李白遊此山值雪，故名。（一統志）

太白書堂在安慶府望江縣，唐李白避禄山之亂於此讀書，遺址尚存。（江南通志）

獨阜山在安慶府太湖縣北五十里，上有石刻隴西字，世傳李白嘗避地於此。（江南通志）

對酌亭在安慶府宿松縣南臺，李白舉杯邀月處。（江南通志）

讀書臺在安慶府宿松縣南三里，唐李白避禄山亂至宿松，依邑宰閭丘，築臺讀書。（江南通志）

李太白書堂在化城寺龍女泉之側。天寶間，李白訪道江、漢，遥望九子山，顧而樂之，易號九華，會故人韋仲堪爲邑令，遂僑居焉，建讀書堂於其地。宋南渡後蕪没不存。（九華山志）

九華山龍女泉，其旁乃李太白書堂，今爲張氏墳地，或謂書堂在半霄亭旁者非。（周必大泛舟遊山録）

醉石在香泉溪滸，昔李青蓮遊此，遶石醉呼，故名。（黄山志）

有醉石酩酊層巖上，行者懼其迎風墮也，相傳李謫仙曾踏歌其旁。（汪灝遊黄山記）

婺源縣西七十里有湖山，山外有太白渡，相傳唐李白過此，故名。（弘治徽州府志）

施愚山歙城西太平十寺詩曰：數峯存十字，紺宇入蒼烟；得徑穿雲窟，從僧問雪泉。江橋秋樹外，山郭夕嵐邊。大好留詩處，何人繼謫仙？注云：李太白經此留詩。又有集河西太平寺詩曰：僧廬路入披雲嶺，仙客詩留碎月篇。注云：唐許宣平隱居披雲嶺，李白有灘前流碎月之句。（學餘詩集）

李白書堂在五松山，李白來遊，樂其山水之勝，建堂讀書於此。（一統志）

林楠太白五松書院詩：翰林最愛五松山，嘗説千年未擬還。而我抗塵良自媿，來遊只得片時閑。

李白巖在梧州藤縣東六十里赤水峽，深闊丈餘，項有竅通日光，相傳唐李白謫夜郎時過此。（一統志）

太白巖在柳州懷遠縣下石門，李白謫夜郎，築石嘯詠於此。（廣西通志）

問月亭在湖廣施州衞，城北有臺，孤高獨出碧波峯之中，建亭其上，相傳李白謫夜郎嘗于此賞月。（一統志）

湖廣武昌府治南三十里有李白讀書堂。（一統志）

大安山在湖廣德安府城西六十里。唐相許圉師家此山下。李白忤高力士放還，許相家以孫女娶之。黄晦叔桃花巖詩云：大安婦翁舍，時來枕流眠。正謂此。（王琦云：事見方輿勝覽及一統志。考太白娶于許氏在未入長安之前，謂忤力士以後事大繆。）

太白湖在漢陽九真山南，一名白湖，周二百餘里，半屬沔陽州，舊傳李太白游泛于此。（潛確居類書）

梁山在靖州會同縣東四十里。昔李白遊其巔，手引一泉，清涼甘美，久旱不竭，俗名涼山。（湖廣通志）

輿地紀勝：白社山在靖州會同縣，李白流夜郎時于此結社。（潛確居類書）

李白宅在當塗縣青山麓，白至姑熟，依當塗令族人陽冰，見兹山幽邃，營宅以居。裴敬碑云：余過當塗訪李翰林舊宅，即此。（江南通志）

采石山在太平府城北二十五里牛渚北，昔人于此取石，因名。臨江有磯曰采石磯，唐李白嘗乘月與崔宗之自采石至金陵，著宮錦袍坐舟中，即此。（一統志）

牟存叟端明（名子才。）守當塗日，郡圃有脱靴亭，以謫仙采石得名。存叟繪以爲圖，系以讚曰：錦袍兮烏幘，神清兮氣逸。淩轢兮萬象，麾斥兮八極。我思古人，伊李太白。孰爲使之，朝禁林而慕采石也，其天寶之嬖幸與！疏擿詞章，浸潤宮掖。吾觀脱靴之圖，未嘗不嫉小人之情狀而傷君子之疎直。公之高躅兮，霍神龍之不可以羈紲。矧富貴如敝屣兮，其得失又何所欣戚也？（齊東野語）（王琦云：或以讚詞爲元人貫酸齋之作，自天寶之嬖幸以下摘去五十餘字，未知孰是。）

捉月亭在采石山，世傳李白過采石酒狂水中捉月，後人因以名亭。（一統志）

暮雲亭在采石鎮唐賢坊神霄宮内，舊名捉月亭，元時圮，後重建，乃藏李白宮錦處。（太平府志）

王綬暮雲亭記：余治郡之二年，防禦使王侯明護軍犀渚，江波不動，烽燧不驚，鎮以無事。顧瞻唐李翰林墓下，祠宇卑陋，勿稱揭虔。三年春，撤而新之，築亭其旁，高明顯敞，足爲游觀吟眺之勝。聞與見者咸咨嗟嘆異，謂侯能爲人所未暇爲之事，是可喜也。余曰：太白聲名在天地間，猶青天白日，鳳凰芝草，孰不知爲美瑞？何待騷人墨客始知敬耶？又世之論太白者徒知錦繡心口，明月肺腸，才思清新，歌詞婉麗，獨步當時。然此餘事耳。方高力士驟貴，公卿大夫争相取容，惴惴然恐失其意，而太白使脱靴殿上，奴視弗顧，可謂氣蓋天下矣。士以氣爲主，脂韋軟熟，脅肩諂笑，同流合污者，氣之不足也。富貴不能淫，威武不能屈，稱大丈夫者，氣之所充也。使太白得時行志，寄命託孤，臨大節而不可奪，非斯人吾誰與！昔畢文簡公以王佐期之，豈過論哉？晚歲脱屣軒冕，縱情詩酒，樂天知命，遺形釋智，澹乎若深淵之靚，泛乎若不繫之舟，飄然超世之志，曾不以生死動其心，未可以清狂少之也。余遂書其事，俾刻諸石，且摭杜少陵春日憶白之句，名其亭曰暮雲。宋紹定六年。

李白墓在太平府城東青山之北，白嘗依族人當塗令李陽冰，悦謝家青山，欲終焉。及卒，葬采石之龍山，後改葬青山。宋郡守趙松年爲建祠，給田付僧看護。（一統志）

姑熟青山李白墓生蘆，其形如筆，號筆蘆。績溪舒頔道原有詩云：筆蘆蕭蕭青山巔。（池北偶談）

筆蘆星竹生青山李白墓上，陶安李翰林墓詩云：自别金鑾抵夜郎，江南有夢到朝堂。酒酣采石風生袂；崖老青山月滿梁。龍管鳳笙遺韻事；筆蘆星竹借文章。雲飛荒野苔碑斷，時有詩人醉一觴。注云：墓上産蘆如筆，有竹散點如星。（太平府志）

李白墳在太平州采石鎮民家菜圃中，遊人亦多留詩，然州之南有青山，乃有正墳。或曰：太白平生愛謝家青山，葬其處，采石特空墳耳。世傳太白過采石，酒狂捉月，竊意當時藁葬於此，至范侍郎爲遷窆青山焉。（侯鯖録）

采石江之南岸田畈間有墓，世傳爲李白葬所，纍甓圍之，其墳略可高三尺許，前有小祠堂甚草草，中繪白像，布袍裹軟脚幞頭，不知其傳真否也。白嘗供奉翰林，終不得官，則所衣白袍是矣。范傳正作白碑曰：白之孫女言曰：嘗殯龍山之東麓，墳高三尺，傳正時爲宣歙觀察使，諭當塗令諸葛縱改葬于青山，則在舊瘞之東六里矣。其時元和十二年也。然則龍山青山兩地皆著白墳，亦有實矣。至謂白以捉月自投於江，則傳者誤也。曾鞏曰：范傳正志白墓，稱白偶乘扁舟一日千里，白之歌詩亦自云如此。或者因其豪逸，又嘗草瘞江邊，乃飾爲此説耳。正史及范碑皆無捉月事，則可證矣。（演繁露）

采石江頭李太白墓在焉。往來詩人題詠殆徧。有客書一絶云：采石江邊一抔土，李白詩名耀千古。來的去的寫兩行，魯班門前掉大斧。亦確論也。（蓬軒別記）

白居易李白墓詩：采石江邊李白墳，遶田無限草連雲。可憐荒隴窮泉骨，曾有驚天動地文。但是詩人多薄命，就中淪落不過君。

項斯經李白墓詩：夜郎歸未老，醉死此江邊。葬闕官家禮，詩殘樂府篇。遊魂應到蜀，小碣豈旌賢？身没猶何罪，遺墳野火燃。

許渾途經李白翰林墓詩：氣逸何人識，才高舉世疑。禰生狂善賦，陶令醉能詩。碧水鱸魚興，青山鵩鳥悲。不堪遺塚在，荆棘楚江湄。

杜荀鶴經謝公青山弔李翰林詩：何謂先生死，先生道日新。青山明月夜，千古一詩人。天地空銷骨，聲名不傍身。誰移耒陽塚，來此作吟鄰。

姚合送潘秀才歸宣州詩：李白墳三尺，嵯峩萬古名。因君還故里，爲我弔先生。晴日移虹影，空山出鶴聲。老郎閑未得，無計此中行。

殷文圭經李翰林墓詩：詩中日月酒中仙，平地雄飛上九天。身謫蓬萊金籍外，寶裝方丈玉堂前。虎靴醉索將軍脱，鴻筆悲無令子傳。十字遺碑三尺墓，只應吟客弔秋烟。

曾鞏謁李白墓詩：世間遺草三千首，林下荒墳二百年。信矣輝光争日月，依然精爽動山川。曾無近屬持門户，空有鄉人拂几筵。顧我自慚才力薄，欲將何物弔前賢？

晁補之采石李白墓詩：客星一點太微旁，談笑青蠅玉失光。載酒五湖狂到死，只今天地不能藏。

陸游弔李翰林墓詩：飲似長鯨快吸川，思如渴驥勇奔泉。客從縣令初何有，醉忤將軍亦偶然。駿馬名姬如昨日，斷碑喬木不知年。浮生今古同歸此，回首桓公亦故阡。（桓温塚亦在當塗。）

尤袤李白墓：嗚呼謫仙，一世之英。乘雲御風，捉月騎鯨。來遊人間，蜕骨遺形。其卓然不朽，與江山相爲終始者，則有萬古之名。吾意其峥嶸犖落，决不與化俱盡，或吐爲長虹而聚爲華星。青山之下，埋玉荒塋。祠貌巍然，斷碑誰銘？

高翥經李謫仙墓詩：蕭蕭高塚倚雲根，父老相傳太白墳。白骨定隨風月冷，青山常共姓名存。平生出處猶如見，一死浮沉那可論？客子開元書記後，故來澆酒些清魂。

宋無李翰林墓詩：嗜酒傲明時，何因賀監知？承恩金馬詔，失意玉環詞。名與三間並，身將四皓期。匡山有書讀，應亦嘆歸遲。一騎紫鯨去，空掩謝山塋。落月今誰弔，長庚夜自明。乾坤沉秀氣，江水帶哀聲。天上多官府，文章不可輕。

白珽李翰林墓詩：出城得佳山，兩峯特奇詭。一如植躬圭，一峯拱而侍。我見猶愛之，而况謫仙子。孤墳在其下，政爾直一死。謫仙真天人，出處見諸史。豈敢傲吾君？辛苦植唐祀。嗟予偘偘者，塵土正如此。停車不忍發，載拜顙有泚。仰止青山高，清風與終始。孰謂千載人，不在天地裏？

施閏章經李太白墓詩：共説騎鯨捉月遊，孤墳細草野風秋。夜郎幽憤無多淚，萬古長江楚水流。

異聞

頃在祕閣抄書，得續樹萱録一卷，其中載隱君子元撰夜見吴王夫差，與唐諸詩人吟詠事，李翰林詩曰：芙蓉露濃紅壓枝，幽禽感秋花畔啼。玉人一去未回馬，梁間燕子三見歸。張司業曰：緑頭鴨兒咂萍藻，採蓮女郎笑花老。杜舍人曰：鼓鼙夜戰北窗風，霜葉沿階貼亂紅。三人皆全篇，杜工部曰：紫領寬袍漉酒巾，江頭蕭散作閑人。白少傅曰：不因霜葉辭林去，的當山翁未覺秋。李賀曰：魚鱗砌空排嫩碧，露桂稍寒挂團璧。三人皆未終篇，細味其體格語句，往往逼真。後閲秦少游集，有秋興九首，皆擬唐人，前所載咸在焉。關子東爲秦集序云：擬古數篇曲盡唐人之體，正謂是也。（容齋隨筆）（王琦云：何子楚云：續樹萱録乃王性之所撰而託名他人。今其書才有三事，其一曰賈博喻，一曰全若虚，一曰元撰，詳命名之義，蓋取諸子虚亡是公云。）

東坡集中載李白謫仙詩一首，其詞曰：我居清空裏，君隱黄埃中。聲形不相弔，心事難形容。欲乘明月光，訪君開素懷。天盃飲清露，展翼登蓬萊。佳人持玉尺，度君多少才。玉尺不可盡，君才無時休。對面一笑語，共躡金鰲頭。絳宫樓闕百千仞，霞衣誰與雲烟浮。東觀餘論曰：我居青空表，君處紅埃中。仙人持玉尺，度君多少才。玉尺不可盡，君才無時休。此上清寶典李太白詩也。

紹聖二年四月甲申，山谷以史事謫黔南，道間作竹枝辭二篇，題歌羅驛曰：撑崖拄谷蝮蛇愁，入箐攀天猿掉頭。鬼門關外莫言遠，五十三驛是皇州。浮雲一百八盤縈，落日四十九渡明。鬼門關外莫言遠，四海一家皆弟兄。又自書其後曰：古樂府有巴東三峽巫峽長，猿鳴三聲淚沾裳。但以抑怨之音，和爲數疊，惜其聲今不傳。余自荆州上峽入黔中，備嘗山川險阻，因作二疊，傳與巴娘，令以竹枝歌之。前一疊可和云：鬼門關外莫言遠，五十三驛是皇州。後一疊可和云：鬼門關外莫言遠，四海一家皆弟兄。或各用四句入陽關小秦王，亦可歌也。是夜宿于驛，夢李白相見於山間，曰：予往謫夜郎，於此聞杜鵑，作竹枝詞三疊，世傳之否？予細憶集中無有，三誦而使之傳焉。其辭曰：一聲望帝花片飛，萬里明妃雪打圍。馬上胡兒那解聽？琵琶應道不如歸。竹竿坡面蛇倒退，摩圍山腰胡孫愁。杜鵑無血可續淚，何日金雞赦九州？命輕人鮓甕頭船，日瘦鬼門關外天。北人墮淚南人笑，青壁無梯聞杜鵑。今豫章集所刊，蓋自謂夢中語也。音響節奏似矣，而不能掩其真，亦寓言之流歟！（程史）

先伯父熙寧九年四月二十七日夜夢至一處，牓曰清香館。東偏有别院，東壁有詩牌云：題冀公功德院，山東李白。其詩曰：秋風吹桂子，只在此山中。待得春風起，還應生桂叢。桂叢日以滿，清香何時斷？只爲愛清香，故號清香館。伯父自作記夢一篇，書之甚詳。（許彦周詩話）

徐積夢李白詩：烏紗巾，紫綺裘。夢中太白從吾遊。陶陶爛醉江山秋。半夜起來覓不見。頭背長安淚如霰。

陳廷敬夢太白詩：太白天上人，入世思沉冥。昔過酒樓下，扁舟繫客情。昨夜忽夢公，千載猶峥嶸。花月十年醉，聲名一日榮。此義我贈君，出處亦甚明。年至不歸去，惜哉身後名。風雅亦細故，所患在有生。無生斯無死，天人渾一成。餘語不可悉，孤蓬急晨征。明當過酒樓，靈爽使人驚。（自注：十年花月西園醉，一日聲名北斗高。予庚子歲夢中所得句。）

貞元五年，李白子伯禽充嘉興監徐浦下場糴鹽官，場界有蔡侍郎廟，伯禽因謁廟，顧見廟中神女數人，中有美麗者，因戲言曰：娶婦得如此足矣。遂瀝酒祝語之。後數日，正晝視事，忽聞門外有車騎聲，伯禽驚起良久，具服迎於門，折旋而入，人吏驚愕，莫知其由。乃命酒殽，久之祗叙而去。後乃語蔡侍郎來，明日又來，旁人並不知見。伯禽迎於門庭，言叙云：幸蒙見録，得事高門，再拜而坐，竟夕飲食而去。伯禽乃告其家曰：吾已許蔡侍郎論親。治家事，别親黨，數日而卒。出通幽録。（太平廣記）（王琦云：紫桃軒又綴：通幽録載貞元中李白子伯禽爲乍浦下場鹽官，戲侮神祠玉女，發狂而卒。魏顥李翰林集叙載白初娶許，生子曰明月奴，又合於魯一婦人，生子曰玻璃，所謂伯禽者其即明月奴耶！太白一生作詩，喜言酒與婦人，又喜言神仙，最不耐塵俗事。其子縱誕，乃至垂情木偶，自取夭折，豈其氣類鍾育固有自也！琦按范傳正新墓碑，據其二女所云伯禽以貞元八年不禄而卒，與通幽録所傳貞元五年者不合。又云父存無官，則又與所傳充嘉興監徐浦下場糴鹽官者不合。蓋一時訛傳，而小説家以爲異而記之。其真僞固不得而定也。胡應麟筆叢似欲爲太白諱者，乃云有兩李伯禽，一太白子，一嘉興監與神昏，析而二之，亦恐未是。）

法書

李白，字太白，生於巴西，彌月之初，母夢長庚，故因以取名。丱歲知通書，及長好擊劍，落落不羈束。喜與酒徒縱飲，世有六逸八仙之目。賀知章一見，號謫仙人，薦之明皇，以布衣召見金鑾殿，爲降輦步迎，如見園綺，論當世務，草答蕃書，筆不停綴。帝嘉之，以寶牀賜食于前，手爲和羹，令待詔金馬門，當時榮之。未幾，不爲親近所喜，有詔放還。徘徊江左，依李陽冰，愛謝家青山，有終焉之志。澄江月滿，拏舟夜渡，著宮錦袍，吟嘯其間，端是風塵表物也。唐人作詩未有如杜甫，時白亦得差肩于甫，至其名章俊語，鬱鬱芊芊之氣，見於毫端者，固已逼人。是豈可與泥筆墨蹊徑者爭工拙哉！嘗作行書，有乘興踏月，西入酒家，不覺人物兩忘，身在世外一帖，字畫尤飄逸，乃知白不特以詩名也。今御府所藏五，行書太華峯乘興帖，草書歲時文詠酒詩醉中帖。（宣和書譜）

中興館閣儲藏名賢墨蹟一百二十六軸，有李白廿日醉題詩一，送賀八歸越詩一。（陳騤中興館閣録）

賈似道留心書畫，家藏名蹟多至千卷，其宣和紹興祕府故物往往乞請得之，有李白乘興帖。（清河書畫舫）

予評李白詩如黄帝張樂於洞庭之野，無首無尾，不主故常，非墨工槧人所可擬議。及觀其藁書，大類其詩，彌使人遠想慨然。白在開元、至德間，不以能書傳，今其行草殊不減古人，蓋所謂不煩繩削而自合者與。（黄山谷題李白詩草後）

潤州蘇氏家有李太白天馬歌真跡。（墨莊漫録）

李翰林醉墨是葛八叔忱贗作，以嘗其婦翁，諸蘇果不能别，蓋叔忱翰墨亦自度越諸賢，可寶藏也。（黄山谷跋翟公巽所藏石刻）

李太白醉草葛叔忱戲欺其婦公者，山谷嘗言之矣。雖自九天分派，不與萬李同林。步處雷驚電繞，空餘翰墨窺尋。此趙德麟跋薳所藏李太白醉草後，其實自謂也。（何薳春渚紀聞）

世傳李太白草書數軸，乃葛叔忱僞書。叔忱豪放不羣，或嘆太白無字畫可傳，叔忱偶在僧舍，縱筆作字一軸，題之曰李太白書，且與其僧約，異日無語人，蓋欲其僧信於人也。其所謂得之丹徒僧舍者，乃書之丹徒僧舍也。今世所傳法書要録、法書苑、墨藪等書，著古今能書人姓名盡矣，皆無太白書之品第也。太白自負王霸之略，飲酒鼓琴，論兵擊劍，鍊丹燒金，乘雲仙去，其志之所存者靡不振發之，而草書奇崛如此，寧謙退自晦無一言及之乎？叔忱翰墨自絶人，故可以戲一世之士也。晁以道爲予言如此。（邵氏聞見後録）

藁書世傳李太白遺文，或謂謝氏子弟誑武功蘇才元所書，更不復詳考所出，而推舉過重，便謂不減魯公。然此書雖少繩墨，不可考以法度，要是軒前輊後，度越淩突，令人想見酒酣賦詩時也。王僧虔論書，或以其人可想，或以其法可存，世人恧（恧，小篆愛字。）李太白名，至僞書一卷亦聲價增重，豈以人可想故耶！（廣川書跋）

李白在開元間不以能書名，今其行草不減古人，龍江夢餘録載其二帖是也。本事詩言太白筆迹遒利，鳳跌龍拏，今世傳有二帖。（楊升菴外集）

蜀之石泉，禹生之地，謂之禹穴，其石杳深，人跡不到，頃巡撫儀封劉遠夫脩蜀志，搜訪古碑刻，有禹穴二字，乃李白所書。（楊升菴外集）

禹穴在四川石泉縣治之北石紐村，大禹生此。石穴杳深，人跡不到，掘地得古碑有禹穴二字，乃李白所書。識者因疑會稽禹穴之誤。（潛確居類書）

壯觀碑在金鄉縣儒學明倫堂前，二大字乃唐李白所書。碑陰題云：賀知章爲任城令與太白友善，過城鎮有所觀覽，書此二字。元至治初，新豐里人得此碑於沛中，置諸堂。元末兵起，付於草萊，明初置今所。（山東通志）

滕陽驛廳事前古槐之下有石碣刻壯觀二字，殊勁挺，蓋青蓮筆也。（六研齋筆記）

壯觀，唐李太白書，刻於大同府懷仁縣磁峽東崖上，筆力遒勁，人多摹榻。（山西通志）

宴喜臺在徐州碭城縣東五十步，臺上有石刻三大字，相傳唐李白筆。（江南通志）

吴天章雯説薊州獨樂寺觀音閣凡三層，其額乃李太白書。（居易録）

宋牧仲薊州獨樂寺詩曰：署書傳太白，遺碣有蒙哥。注云：寺有李太白書觀音之閣四字，及元蒙哥帝爲賽典赤所立賢牧碑。（西陂類稿）

李白清風亭墨蹟，舊在化城寺，今亡。（太平府志）

金陵僧志安於化城寺得會昌中所傳李太白真本，知縣滕宗諒繪傳之。（太平府志）

太白書得無法之法。（鄭杓衍極）

李士訓紀異曰：大曆初，霸上耕得石函絹素古文孝經，初傳李白受李陽冰，盡通其法，皆三十二章，今本亦如之。（墨池編）

張長史旭傳顔平原真卿、李翰林白、徐會稽浩。（解縉春雨雜述中序書學傳授一條）

圖畫

中興館閣儲藏圖畫有李白像一，不知名氏。（宋中興館閣續録）

祕閣畫有小本李白寫真，崔令欽題。（周必大二老堂雜志）

釋貫休觀李翰林真二首：日角浮紫氣，凜然塵外清。雖稱李太白，知是那星精。御宴千鍾飲；蕃書一筆成。宜哉杜工部，不錯道騎鯨。誰氏子丹青，毫端曲有靈。屹如山忽墮；爽似酒初醒。天馬難攏勒；仙房向閉扃。若非如此輩，何以傲彤庭？

蘇軾書丹元子所示李太白真詩：天人幾何同一漚，謫仙非謫乃其遊。麾斥八極隘九州，化爲兩鳥鳴相酬，一鳴一止三千秋。開元有道爲少留，縻之不得矧肯求。西望太白横峩岷，眼高四海空無人。大兒汾陽中令君，小兒天台坐忘身。生平不識高將軍，手污吾足乃敢嗔？作詩一笑君應聞。（王琦云：春渚紀聞：士之所尚，忠義節氣，不以摛詞摘句爲勝。唐室宦官用事，呼吸之間，生殺隨之。李太白以天挺之才，自結明主，意有所疾，殺身不顧。王舒公言太白人品污下，詩中十句九句説婦人與酒。先生作太白贊則曰：開元有道爲少留，縻之不得矧肯求。又平生不識高將軍，手污吾足乃敢嗔。二公立論，正以見二公胸次也。漁隱叢話：李杜畫像，古今詩人題詠多矣。若杜子美，其詩高妙固不待言，要當知其平生用心處，則半山老人之詩得之矣。若太白，其高氣蓋世，千載之下，猶可嘆想，則東坡居士之贊盡之矣。）

饒節李太白畫像歌：先生之氣蓋天下，當時流輩退百舍。醉中咳唾落珠璣，身後聲名滿夷夏。青山木拱三百年，今晨乃拜先生畫。烏紗之巾白紵袍，岸巾攘臂方出遨。神遊八極氣自穩，冰壺玉斗霜風高。嗚呼先生態絶倫，仙風道骨語甚真。蕭然可望不可親，懸知野鶴非雞羣。天寶之初天子逸，先生辭去不肯屈。采石江頭明月出，鼓枻酣歌志願畢。只今遺像粉墨間，尚有英風爽毛骨。宣州長史粉黛工，誰令寫此人中龍。細看筆意有俯仰，妙處果在阿堵中。人云此畫人莫比，吴侯得之喜不寐。意侯所愛豈徒爾，亦惜真才死泥滓。先生朽骨如可起，誰爲獵之奉天子。作爲文章文聖世，千秋萬古誦盛美。再拜先生淚如洗，振衣濯足吾往矣。

陳師道和饒節詠周昉畫李白真詩：君不見，浣花老翁醉騎驢，熊兒捉轡驥子扶。金華仙伯哦七字，好事不勝千金摹。青蓮居士亦其亞，斗酒百篇天所借。英姿秀骨尚可似，逸氣高懷那得畫？周郎韻勝筆有神，解衣磅礴未必真。一朝寫此英妙質，似悔只識如花人。醉色欲盡玉色起，分明尚帶金井水。烏紗白苧真天人，不須更著山巖裏。平生潦倒飽丘園，禁省不識將軍尊。袖手猶懷脱靴氣，豈是從來骨相屯？仰視雲空鴻鵠舉，眼前紛紛那得顧？是非榮辱不到處，正恐朝來有新句。勿言身後不要名，尚得吴侯費百金。江西勝士與長吟，我吟，後來不憂身陸沉。（王琦云：文獻通考：後村劉氏曰：陳後山題太白畫像云：江西勝士與後來不憂身陸沉。勝士謂饒德操。按德操詩云手污吾足之作，大争地位。太白非德操，遂陸沉耶？似非篤論。）

周紫芝李太白畫像二首：欲與天仙論等差，短長何止但詞華？誰人解屈將軍手，爲脱烏皮六縫靴。少陵詩瘦平生苦，太白才高一醉間。捉得江心波底月，却歸天上玉京仙。

李俊民李太白圖：謫在人間凡幾年，詩中豪傑酒中仙。不因采石江頭月，那得騎鯨去上天？

李端甫李白扇頭：巖冰澗雪謫仙才，碧海騎鯨望不回。今日霜紈見遺像，飄然疑自月中來。

王彝題李太白像：青天無人代天語，一星西落銀雲渚。嫦娥戲弄青瑶波，傾向人間金叵羅。龍孫醉吸海爲酒，日月雙飛織錦梭。仙鬼千年王母宴，謫來醉卧金鑾殿。玉環腮上桃花小，玉尖香膩龍涎硯。靴塵煖撲貂璫兒，踏破青天捉月飛，一聲叫斷扶桑雞。海枯化作蓬萊雪，夢裏長庚大如月。

高啓題謫仙像：妃子嗔來供奉歸，金陵酒涴舊宫衣。若教直上樓船去，此像人間寫亦稀。

徐賁題謫仙像：鼙鼓聲來已亂離，錦袍脱却恨歸遲。秋風江上長吟裏，不唱清平古調詞。

僧大圭題太白像：歌罷秦樓月滿闌，天風兩袖錦袍寬。花前莫草清平調，飛燕深宫不耐寒。

王澤李太白像：春殿龍香試綵毫，詩成奪得錦宫袍。歸來笑擁如花妓，卧看薔薇月上高。

沈周題李太白像：風骨神仙品，文章浩蕩人。世間金鷟鷟；天上玉麒麟。江月狂歌夜；宫花醉眼春。獨輸蕭穎士，不見永王璘。

文徵明題太白像：宫袍錯落洒春風，玉雪淋漓殢酒容。殘夜屋梁棲落月；碧天秋水洗芙蓉。麒麟豈是人間物？眉宇今從畫裏逢。一語不酬千載話，匡廬山下有雲松。

宋濂李太白像贊：元行臺治書侍御史亦憐真班所藏李太白像，係祕閣傳本，吾友危君太樸嘗爲之贊，自後流落於金陵駱氏酒家。洪武己酉秋，郡士王宗溥購獲之，尋以摹本見貺，因造贊曰：長庚降精，下爲列仙。陵厲日月，呼噏風烟。錦衣玉顔，揮毫帝前。氣吞閹竪，視若烏鳶。頓挫萬象，隨機回旋。金童來迎，絡節翠旜。下土穢濁，孰堪後先？囅然一笑，騎鯨上天。

唐韓幹畫，御府所藏，有李白封官圖。（宣和畫譜）

賀知章李白合像，不知誰作。

樓鑰題賀監李謫仙二像詩：不有風流賀季真，更誰能識謫仙人？金龜換酒今何在，相對畫圖如有神。　斗酒澆詩動百篇，鑑湖牛渚兩俱仙。早知今日猶相對，不向稽山回酒船。

李白送别杜子美圖

華愛題李白送别杜子美發魯郡圖：杜陵有客才名早，却與東山李白好。短褐飄飄泗水春，登臨落日同傾倒。浮踪轉盼各飛蓬，石門一别風烟渺。同心之誼祛形骸，相期直在雲霞表。渭北江東日渺茫，王孫不見凄芳草。由來造化躓英賢，奈爾風流天地老。

李白脱靴圖

陳旅題李白脱靴圖：威鳳翔寥廓，妖蟇窟廣寒。翻令趙飛燕，無處倚闌干。

李白還山圖

劉秉忠太白還山圖：一片靈臺照世明，共傳太白是元精。心中有道時時樂；眼底無塵物物清。千首未知詩作癖；百杯尋與酒爲盟。長安多少風和月，不盡先生吟醉情。

李白騎驢圖

元好問李白騎驢圖：八表神遊下筆難，畫師胸次自酸寒。風流五鳳樓前客，枉作襄陽雪裏看。

邵寶太白像：仙人騎驢如騎鯨，睥睨塵海思東瀛。等閑相逢但叱咤，誰知萬古千秋情？醉來天地小於斗，鞭策雷霆鬼神走。豪奇自比齊東人，大雅猶懷魯中叟。青春想像華清宫，解識仙人圖畫中。拍浮緑酒唤不醒，葛巾颯颯生天風。

喬仲常有李白捉月圖。（畫繼）

蔡珪太白捉月圖：寒江覓得釣魚船，月影江心月在天。世上不能容此老，畫圖常看水中仙。

程鉅夫謫仙捉月圖：牛渚磯前白錦袍，蛾眉亭上月初高。江波滿眼平如地，醉倒長庚一世豪。

王惲李白撈月圖：詩中無敵飲中豪，四海飄蕭一錦袍。千丈醉魂無處着，青山磯上月輪高。

李白泛月圖

宋九嘉題李白泛月圖：江心月影盡一掬，船頭月影盡一吸。夜涼風露點宫袍，天地之間一李白。

李白玩月圖

余闕李白玩月圖：春池細雨柳纖纖，手倦揮毫日上簾。想得停杯江海夜，月明照見水精盤。

嚴氏書畫記有戴文進李白問月圖。（汪砢玉珊瑚網）

張以寧題李白問月圖：誰提明月天上懸，九州蕩蕩青無煙。天東天西走不駐，姮娥鬢霜垂兩肩。中有桂樹萬里長，吴剛玉斧聲闐闐。顧兔杵藥宵不眠，天翁下視爲爾憐。頗聞昔時錦袍客，乃是月中之謫仙。帝命和予羽衣曲，虹橋一斷心茫然。竹王祠前霧如雨，躑躅花開啼杜鵑。月在天上缺復圓，人間塵土多英賢。舉杯問月月不言，風吹海水秋無邊。滄波盡捲金尊裏，清影長隨舞袖前。相期迢迢在雲漢，嗚呼此意誰能傳？騎鯨寥廓忽千年，金薤青熒垂萬篇。浮雲起滅焉足異？終古明月懸青天。

張以寧題李白問月圖：青天出皓月，碧海收微煙。舉杯一問月，我本月中仙。醉狂謫人世，於今幾何年？桂樹日已老，我别何當還？兔藥日已熟，我鬢何由玄？迢迢夜郎外，垂光一何偏？問月月不語，舉杯復陶然。青天自萬古，皓月長在天。明當躡倒影，飛步崑崙巔。

李白獨酌圖，宣和所藏，李伯時筆。（元遺山集）

元好問太白獨酌圖：謫仙去世三百年，海中鯨魚渺翩翩。豈知龍眠天馬筆，忽有玉樹秋風前。金鑾歸來身散仙，世事悠悠白髮邊。會稽賀老何處在？千里名山入酒船。清景已隨詩句盡，風流合向畫圖傳。往時長安酒家眠，焦遂不狂張不顛。想得三更風露下，醉和江月弄江烟。

王惲太白獨酌圖：九重春色醉仙桃，何似江山照賜袍。千丈氣豪愁不管，青山磯上月輪高。

李白醉飲圖

詹同李白醉飲圖：百川鯨吸散清狂，豈但文章萬丈光？最是有功唐社稷，眼中先識郭汾陽。

李白扶醉圖

李東陽太白扶醉圖：半擁宫袍拂錦韉，有誰扶醉敢朝天？玉堂記得風流事，知是吾宗老謫仙。

李白醉歸圖

吕子羽李白醉歸圖：春風醉袖玉山頽，落魄長安酒肆迴。忙殺中官尋不得，沉香亭北牡丹開。

劉秉忠太白醉歸圖：五斗先生未解醒，一生愛酒不曾醒。人間詞翰傳名字；天上星辰粹性靈。雁帶煖回波泛緑；燕銜春至草抽青。紗巾醉岸南山道，幾處哦詩補畫屏。

顧觀太白醉歸圖：歌成芍藥倒金壺，並轡宫官馬上扶。樂部餘音隨彩旆；仙班小隊下清都。長庚萬丈文章燄；後世千年粉墨圖。江左青山舊時月，一杯誰慰客墳孤？

王惲李白醉歸圖：雲陣横陳大渡河，一書能解六蠻和。仙韶莫詑君王寵，七寶莊嚴未是多。

陳顥太白醉歸圖：偶向長安醉市沽，春風十里倩人扶。金鑾殿上文章客，不減高陽舊酒徒。

李白舟中醉卧圖

劉秉忠太白舟中醉卧圖：仙籍標名世不收，錦袍當在酒家樓。水天上下兩輪月；吴越經過一葉舟。壺内乾坤無晝夜；江邊花鳥自春秋。浮雲能蔽長安日，萬事紛紛一醉休。

李白酒船圖

趙孟頫題太白酒船圖二首：載酒向何處，稽山鏡水邊。若爲無賀老，興盡便回船。

瀟洒稽山道，風流賀季真。相思不相見，愁殺謫仙人。

李白扁舟圖

宋無太白扁舟圖：錦袍烟艇夜郎西，酒思金鑾入直時。不道相思杜陵老，愁吟落月屋梁詩。

潘伯修題李伯時畫太白泛舟小像：李白自號謫仙人，更得龍眠爲寫真。一箇青蓮初出水；千年金粟再來身。胸中元氣詩如海；物外還丹酒借春。一笑掀髯緣底事，桃花潭上見汪倫。

李白納涼圖

陳高題太白納涼圖：六月炎天飛火烏，土焦石爍河流枯。邇來衰病更畏熱，呼叫欲狂揮汗珠。飲冰嚼藕廢朝夕，小室如爐眠不得。閒將圖畫懸四壁，漫想深山好泉石。就中此圖尤絶奇，青林飛瀑吹涼颸。何人展席坐蒼蘚？乃是謫仙初醉時。露頂裸裎投羽扇，仰看雲生白成練。松陰如雨毛骨寒，豈識人間絆促倦？只今匡廬道阻修，雁蕩天台近可遊。便欲致身丘壑裏，挂巾石壁繼風流。

李白泰山觀日出圖

段輔題李白泰山觀日出圖：岱宗鬱鬱天下雄。謫仙落落人中龍。兹山兹人乃相從。氣奪直宰愁豐隆。玉堂一任雲霧封。長嘯飛渡秦皇松。夜呼日出滄海東。再爲斯世開鴻濛。鈞天帝居深九重。醉舞踏碎青芙蓉。天孫玉女爲斂容。却視五岳秋毫同。長鯨一去不復逢。乾坤萬里號秋蟲。當年咳唾留絶峯。至今樹石生春風。我欲追之杳無蹤。不意邂逅會此中。屋梁六月依然空。

成化戊戌仲秋，姚子購得趙孟頫所製李白廬山觀瀑圖，尺紙而匡廬五老宛如目擊，妙入神品。國朝鉅公珠玉輝映，誠古圖史中之奇品也。（姚綬穀菴集）

王世貞爾雅樓所藏名畫有錢舜舉李白觀瀑圖。（珊瑚網）

錢選舜舉寫李青蓮觀開先瀑布圖，無論此君神采欲飛動，即一騎一從亦見生色。唯兩瀑不甚雄，乏直下三千尺勢，當由小窘邊幅耳。圖後綴舜舉一詩，不免蛇足。又有劉文成、宋文憲、胡文穆題詩，皆名手，而首則解大紳印記及小楷五字極佳。當是劉、宋題後歸大紳而文穆始題之耳。後爲上海朱太學邦憲家物。邦憲，予故人也，白晳美姿容，酒態絶出青蓮上，詩亦雁行，没可二十年矣。嗣子上林家教舉以遺予。噫，在人間世作太白觀，在上林所作邦憲觀亦可也。予何所與？爲成二歌，題後還之上林，聊寓雪鴻之跡而已。（弇州續集）

張黄門靖之先生性喜繪事，不輕與人點染。余曾見其李白看廬山爆布圖，泉壑樹石，終横森布，一唐帽紅衫人仰面掀髯，豪態溢出，知其有傾河倒峽之氣，鬱盤於胸也。（紫桃軒雜綴）

張翥題李白觀瀑泉圖：玻璃杯中春酒緑，醉墨淋漓牡丹曲。平生合置七寶牀，白紵烏紗美如玉。阿瞞荒宴百不理，寧計宫花銜野鹿？何物老嫗生此兒，偷向金雞帳中宿。高將軍纔奴隷耳，誤使脱靴吾所辱。要留汙韈蹋鯨魚，鼠子何堪煩一蹴？尋常溝瀆不可濯，何處容伸遭汙足。翩然却下匡廬雲，五老峯前看飛瀑。

僧大訢題太白觀瀑布圖：我本白雲人，見山每回首。披圖得松泉，感我塵埃久。我家只在九江口，從此扁舟到牛斗。翻愁天下銀濤堆，石轉雲崩萬雷吼。水行地底不上天，龍泓豈與滄溟連？風葉無聲飛鳥絶，月光雲影天茫然。丈人何來自空谷，謫仙招隱當不辱。林梢噴雪舞飛華，尚想隨風唾珠玉。馬首青山如唤人，歸來好及松華春。泉香入新釀，解公頭上巾。今者孰不樂？荒墳委荆榛。遂令畫師意，萬古留酸辛。酸辛復何益？東海飛紅塵。

劉基題李太白觀瀑布圖：憶昔李謫仙，泛舟彭湖東。遂登廬山頂，直上香爐峯。遥望瀑布水，自天垂白虹。大聲回九地，浮光散虚空。萬木震辟易，千崖殷鐘鏞。清凉入肌骨，如歸廣寒宫。賦詩留人間，至今響渢渢。丹青極摹寫，欲代元造功。逸駕不可追，舉頭睇飛鴻。倚歌無人和，引袖垂長風。

宋濂題李太白觀瀑布圖：長庚曄曄天之章。精英下化爲酒狂。匡廬五老森開張。銀河萬丈挂石梁。下馬傲睨立欲僵。聳肩袖手神揚揚。憶昔開元朝上皇。宫中賜食七寶牀。淋漓醉墨蛟龍驤。人疑錦繡爲肝腸。麾斥力士如犬羊。營營青蠅集於房。金鑾不復承龍光。并州幸識郭汾陽。不幸丹陽逢永王。大風吹沙日爲黄。狻猊哀啼聞夜郎。蒼天欲使詩道昌。頓挫萬物歸奚囊。何處更覓延年方？北海天師八尺長。芙蓉作冠雲爲裳。授以蕊笈青琳瑯。蓬萊屹起滄海洋。羣仙遲汝相翺翔。誰將粉墨圖縑緗？顧我一見心倀倀。

詩成仰視天茫茫。夜半太白生寒芒。

方孝孺題李太白觀瀑圖：天寶之亂唐已亡，中興幸有汾陽王。孤軍疋馬跨河北，手扶紅日照萬方。淩烟功臣世争羡，李侯先識英雄面。沉香亭北對蛾眉，眼中已見漁陽亂。故令邊將儲虎臣，爲君談笑清胡塵。朝廷策勳當第一，珪組不敢縻天人。西遊夜郎探月窟，南浮萬里窮楚越。雲山勝地有匡廬，銀河挂空洒飛雪。醉中信馬踏清秋，白眼望天天爲愁。金閨老奴污吾足，更欲坐濯清溪流。英風逸氣掀宇宙，千載人間寧復有？夢魂飛度南斗旁，笑酹廬山一巵酒。雲松可巢今在無，九江落照連蒼梧。欲從李侯叫虞舜，盡傾江水洗寰區。

王世貞題錢舜舉太白觀瀑圖：匡廬萬古瀑，太白千秋才。兩奇偶相值，後人何有哉！及展舜舉圖，恍登文殊臺。立起青蓮枯，來聽萬壑雷。始知丹青力，可以迴寒荄。

王世貞爾雅樓所藏名畫有周官飲中八仙圖。（珊瑚網）

鄭虔遺跡，傳世絶少，新都王氏藏虔竹溪六逸卷，紙本淺絳色極佳，後有蘇子瞻題跋，米元暉鑒定，紹興御府等印記。（清河書畫舫）

錢舜舉有竹溪六逸圖。（都穆寓意編）

陳旅題竹溪六逸圖：千畝松篁野徑開，一溪流水碧于苔。山樽共醉徂徠石，何用楊妃七寶杯。

舊有唐人出遊圖，謂宋之問、王維、李白、高適、史白、岑參六人，多畫七賢，不知第七人爲

誰，或云是潘逍遥，然未見據。（樓鑰攻媿集）

世傳七賢過關圖，或以爲即竹林七賢，屢有人持其畫來求題跋，漫無所據。觀其畫衣冠騎從，當是晉、魏間人物，意態若將避地者，或謂即論語作者七人像而爲畫爾。姜南賓舉人曰：是開元間冬雪後，張説、張九齡、李白、李華、王維、鄭虔、孟浩然出藍田關遊龍門寺，鄭虔圖之。虞伯生有題孟浩然像詩：風雪高堂破帽温，七人圖裏一人存。又有槎溪張輅詩：二李清狂狎二張，吟鞭遥指孟襄陽。鄭虔筆底春風滿，摩詰圖中詩興長。是必有所傳云。（玉堂漫筆）（王琦云：按開元時太白未嘗至京師，至天寶改元，則張説已亡矣，安得有並轡出藍田關事？至攻媿集所載之七人，其生死先後更不同時，蓋出自後人以生平所慕好者而妄指以實圖畫中人，何足據乎？）

論七賢過關圖者多矣，會稽劉孟熙霏雪録所載差詳，蓋黄山谷嘗題之曰：眉山老書生作此圖，人物各有意態。又謂七子者皆詩人，此筆乃少丘壑意，以爲趙雲子之苗裔，摹擬漸密，而放浪閒遠則不逮。其言止此，不指爲誰某也。元曹文貞公伯啓集有詩曰：清談飄逸事陵遲，七子高風世所師。公室傾危無底柱，服牛乘馬欲何之？意指當代清談之流，不知何據。今漢泉集乃無此詩，不知有别本否也。録又稱虞邵菴有題孟浩然像詩曰：風雪高堂破帽温，七人圖裏一人存。又稱國初唐愚士有詩曰：七騎從容出帝閽，蹇驢驄馬襟山犉。瀛洲學士參差出，十八人中一半人。則是皆以爲唐人矣。予觀雪樓程鉅夫集有詩曰：長庚自是謫仙人，子美逢時稷契臣。風雪茫茫五君子，醉吟猶得繼清塵。又嘗聞吾友倪文毅公岳稱其父文僖公嘗見舊圖，人各有標目，有王維史白者，而不能悉記也。吾甥崔禮部傑世興近得錢舜舉白描卷，自題曰：七賢相顧度關時，正是天寒雪又飛。大抵功名俱有分，跨鞍何事不知歸？卷後西河李進者題長句有曰：開元天寶全盛時，閭閻巷陌皆能詩。又曰：承平何事有行役，況復衝寒欲何適？無乃漁陽兵亂後，奔走天涯共爲客。又曰：宋公七言變風雅，崔、李、王、岑各相亞。誰言行輩不同時？雪裏芭蕉古曾畫。又海鹽李孟璿題曰：摩詰也知偏善畫，謫仙應是最能詩。又三山泰懋題曰：輞川圖繪吳興畫，太白文章檇李詩。海鹽李季衡曰：謫仙、之問詩無敵，輞川繪事尤難匹。高、岑、崔、史總奇才，豈少佳章紀行役。大抵以爲唐人也。今此圖摹寫偏天下，而牛驢羸馬，氈裘大帽，關山風雪之狀，皆略相似，蓋必有所本者。而鑒賞考索之家竟不能得其本末何哉？崔甥間以質予，予亦不能悉也，姑輯舊聞以俟。（李東陽七賢過關圖跋）

七賢過關事，不經見於書傳，而畫家乃偏傳於好事者之家，究其姓名，未的其誰何？先師李文正公嘗辨之。慎近見洪武中高得暘題錢舜舉寒林七賢圖古風云：尚疑高、李六君子，當時未見潘逍遥。道同氣合志相感，雖曠百世如同僚。畫史貌出有深意，況自昔日傳今朝。屋梁落月見顔色，妙氣不待窮摹描。又熊直題云：七賢之名奚所徵？七賢去國身何輕？歲晚征途天雨雪，數騎聯翩行欲歇。不如灞陵橋上翁，破帽吟詩自清絶。惜哉命不偶，奔走半道周。

人生遇坎軻，窮苦奚足尤？左遷與投散，逝者良悠悠。他人未足説，所惜柳與劉。天涯相聚一回首，往事于人亦何有？莫念玄都舊種桃，且往愚溪牓裁柳。風流畫史真絶倫，毫端點染太精神。據此則高適、李白、孟浩然與劉禹錫、柳宗元不同時，潘逍遥宋人，又在後矣。合而圖之繆甚，亦不足深辨也。博雅之士，賞其畫則可，必湊合姓名，不亦鑿乎！（楊升菴集）

祠廟

太白祠在彰明縣治南。（四川總志）

銅陵縣有寶雲寺，李白祠堂在焉。（周必大乾道庚寅奏事録）

李白祠舊在銅陵縣五松山，後移置縣學之側。（一統志）

李綱遊五松山觀李太白祠堂詩：大江東南流，鼓枻江水上。薄遊五松山，獲見謫仙像。嗚呼天寶間，治亂如反掌。兵戈暗中原，豪傑多長往。謫仙當此時，逸氣溢天壤。脱身來江東，縹緲青霞賞。作詩幾千篇，醉筆籠萬象。迄今有遺祠，識者共瞻仰。嗟予豈後裔？愚拙誰復尚？珥筆玉殿螭，謫官閩嶺瘴。荷恩許生還，冒險理歸槳。於焉覯仙風，足以慰遐想。願言繼清芬，何由挹英爽？

載昺五松山太白祠堂詩：艤舟來訪寶雲寺，快上山頭尋五松。捉月仙人呼不醒，一間老屋戰西風。（自注：太白讀書之地，詩有要迴長舞袖，拂盡五松山，即此地也。）

李白書院有四：一在貴州苦竹嶺。一在青陽九華山化城寺西，斷碑存焉。一在銅陵五松山。一在石埭杉山。（江南通志）

李翰林祠在寧國府涇縣震山，祀唐李白。（江南通志）

李白祠在漢陽府郎官湖北，宋咸淳間學官蕭鑒因其亭久廢，重建祠塑太白像。（一統志）

范梈題郎官湖李白祠詩：當時郎官奉使出咸京，仙人千里來相迎。畫船吹笛弄緑水，何意芳洲遺舊名？唐祠蕪没知何代，惟有東流水長在。黎侯獨起梁棟之，彷彿雲中昔軒蓋。南飛越鳥北飛鴻，今古悠悠去住同。富貴何如一杯酒？愁來無地酹西風。大别山高幾千尺，隔城正與祠相值。青猿夜抱月光啼，挂在東湖之石壁。黎侯本在斗南家，枕戈猶自憶煙霞。祇擬將身報天子，不負胸中書五車。昨者相逢玉闕下，别來幾日秋瀟灑。黄葉當頭亂打人，門前繫著青驄馬。君今歸去釣晴湖，我亦明年辭帝都。若過湖邊定相見，爲問仙人安穩無？

屈紹隆太白祠詩：翰林餘俎豆，宫錦至今香。光復真由汝；功名亦可王。山川增氣勢；風雅有輝光。一片郎官水，風流未忍忘。

太平府有謫仙樓，即采石山太白祠。始基於唐，明正統間巡撫周忱建清風亭於江滸祀之。皇清順治間燬，知府吴季瀛命僧募建。（江南通志）

程大約采石阻風謁太白祠詩：北風遥阻渡江船，因喜從容覲謫仙。一代詩名誰與共？千秋酒態自堪憐。錦袍却憶清波映，玉貌長瞻白日懸。欲薦渚蘋行又迫，不堪回首隔雲烟。

屈紹隆采石題太白祠四首：才人自古蛟龍得，太白三間兩水仙。辭賦已同雙日月，精靈還作一山川。江間絶壁丹青出，木末飛樓俎豆懸。千載人稱詩聖好，風流長在少陵前。（朱紫陽嘗謂太白聖于詩，祠上有亭，當翠螺山頂，予因題曰詩聖亭。）英雄有命在文章，豈惜飄零蜀道長？談笑不須同太傅；功名自可比汾陽。青蓮一去無仙客；金粟重來只醉鄉。白玉盤中雙照影，輸君華髮似秋霜。牛渚西江月色新，清光常見謫仙人。詩多諷諫因天寳；道在佯狂得季真。金鉉已銷飛燕口；錦袍空映鳳凰身。垂輝不用多删述，天與英雄只老春。樂府篇篇是楚詞，湘纍之後汝爲師。烏棲豈寫亡吴怨；猿嘯唯傳幸蜀悲。湘水蒼茫投賦地，霜林寂歷禮魂時。重華一别無消息，終古魚龍恨在兹。

王士禛太白祠詩：白也祠堂在，前臨牛渚磯。風流映江左，山水尚清暉。小謝東田近；開元舊事非。姑溪好風月，遊子亦忘歸。

端宏謫仙樓詩：謫仙樓閣倚江頭，一度登臨一繫舟。遺像有涯天地老；雄才無敵古今留。天門雨過雙蛾出；牛渚潮平萬馬收。倚徧闌干追往事，斷雲殘照若爲愁？

李東陽采石登謫仙樓詩：江天日暮雨蕭蕭，城邊野亭春寂寥。浮雲東來蔽江色，明月墮地誰當招？我懷古人坐不寐，鯨背之子神仙標。風鬢露鬣事恍惚，豈有赤脚淩青霄？舉杯問天天不語，予亦沉吟俯江渚。縱有神仙亦妒才，不然豈謫來中土？昭陽殿前牝雞午，老鳳低飛入簾户。網羅横空鎩其羽，雝雝和鳴竟何補？燕雀之輩安足數？平生豪氣隘九區，寸地未可容公軀。有才如此不得意，自古非一誰當吁？杜陵野老憐才客，思君不負青山色。千古波濤百丈深，至今猶恐蛟龍得。英雄一去俱陳迹，楚水吴山眼中碧。鳳去龍飛不復還，仗劍悲歌竟何益？

王寵月夜謫仙樓詩：秋月出海珊瑚明，舉眼忽見太白精。雲光錯落照顔色，草堂拂拭蛟龍驚。修眉玉頰桃李春，虬鬚如戟真天人。屋梁落月想像真，彷佛猶得交其神。我聞王孫豪氣昔如龍，天然不與凡骨同。江湖落魄黄金盡，昂霄吐氣成飛虹。蓬萊閬苑在掌上，長覺兩腋生清風。天子不能屈，四海不足容。飄飄九華山，自有青芙蓉。獨留神采照天地，令人萬古如相逢。

鄭廉謫仙樓上作：昔日曾聞太白樓，偶經牛渚暫維舟。攀巖竹樹襟前動，躡磴風雲脚下浮。圖畫兩間驚絶調，龍蛇千載枕寒流。夜郎還客留遺像，記取人豪據上游。

太平府采石鎮唐賢坊神霄宫内有太白祠。宋嘉泰年建。（江南通志）

唐拾遺李白祠在太平府治青山麓，每歲清明前一日祭。（太平府志）

李太白祠堂在青山之西北，距山尚十五里。墓在祠後，有小岡阜起伏，蓋亦青山之别支也。祠莫知其始，有唐劉全白所作墓碣，及近歲張真甫舍人所作重修祠碑。太白烏巾白衣錦袍，又有道帽氅裘，侑食於側者郭功甫也。（陸放翁入蜀記）（王琦云：按郭功甫名祥正，當塗人，舉進士，元豐中知端州，元祐初階至朝請大夫，請老歸家青山下。其生也，母夢李白而生，少有詩名，句調俊逸。梅聖俞嘗稱之曰：天才如此，真太白後身也。有贈功甫詩曰：采石月下訪謫仙，夜披錦袍坐釣船。醉中愛月江底懸，以手弄月身翻然。不應暴落飢蛟涎，便當騎鯨上青天。青山有塚人謾傳，却來人間知幾年？在昔熟識汾陽王，納官貰死義難忘。今觀郭裔奇俊郎，眉目真似工文章。死生往復如康莊，樹穴探環知姓羊。蓋用其事。後人以功父配享太白以此哉。）

隆慶府有李杜祠，按劍門題詩，以太白子美爲重，而世未有並祠之者。會從李參預璧得所賜阜陵御書蜀道難，又從李左史得趙忠定汝愚大書劍門詩，因建祠刻二書于前，榜其堂曰文焰，取韓退之詩語也。（方輿勝覽）

李杜祠在秦州天靖山玉泉觀，祀李翰林白、杜工部甫。（陝西通志）

楊恩李杜祠詩：吁嗟天水一抔土，兩賢遺跡留今古。磊落崎嶔千載人，流離奔走一生苦。淋漓醉墨帝王前，怨起清平第二篇。言路豈能留闇相，覆師不見濤斜川。禍福自掇寧自保，當時無乃惑草草？失脚千重雲霧深，去國一日乾坤老。蜀道崎嶇走欲僵，何日金雞下夜郎？耒陽縣外船難進，采石江頭事可傷。當時不得一日樂，後世徒瞻萬丈光。秦川城下聊迴步，手拂塵埃開像塑。安知天靖山頭今日祠，不是二賢昔日經行處？並袂聯榻儼若生，安得杯酒一相賡？瓣香拜罷高回首，滿目山川無限情。

濟寧州太白樓旁有二賢祠，祀唐李太白、賀知章。（一統志）

二仙祠在寧國府治後，祀謝眺、李白。（江南通志）

五賢祠在寧國府敬亭山，祀南齊謝眺，唐李白、韓愈，宋晏殊、范仲淹。（江南通志）

三賢祠在開封府城東南三里吹臺上，祀唐李白、杜甫、高適。以天寶中三人相遇於梁、宋間，共飲吹臺上，酒酣悲嘯，懷古賦詩，後人因立祠以祀之。（河南通志）

十賢堂在綿州學東，繪龐統、蔣琬、杜微、尹默、李白、陳該、蘇易簡、王仲華、歐陽修、黃庭堅十人之像以祀之。（一統志）

思賢堂在綿州治東，内繪揚雄、杜甫、李白、樊紹述、蘇易簡、歐陽修、司馬光、蘇軾、唐庚九賢之像以祀之。（一統志）

尊賢堂在嘉定州治，有唐李太白等八畫像。（一統志）

名世堂在潼川府治，畫屈原、司馬相如、王褒、揚雄、嚴君平、陳子昂、李太白、蘇子瞻八人。（方輿勝覽）

思賢樓在劍州東北七十五里劍門關水門上，有張載、李白、杜甫、柳宗元畫像。（一統志）

安賢祠在寧國府南陵縣開化寺，祀張巡、李白、杜牧、李經、何琦、吳景。（江南通志）

王琦云：太白事蹟，自新、舊二史外，其雜書所載半出于好事者僞撰。乃愛古嗜奇之士多樂引之，非以其人可思慕故耶！余既采正史及諸家文集之傳信者以補薛氏年譜之闕，其附會叵信及流傳細瑣諸事另録爲外記一卷，并蒐輯後人詩賦碑記綴于其下。自笑不免爲蛇畫足，蓋亦愛古嗜奇之癖有明知而故蹈者。曹石倉作萬縣西山太白祠堂記有云：事在有無，語類不經。人心愛之，夸詡爲真。樹若曾倚，其色敷榮。泉若曾酌，其聲清泠數語，余最喜其警策。夫非其人爲人所深思而極慕者，何以能至是？後之人苟得斯意以讀斯編，一展卷而太白宛然在矣。彼事之雜于真僞有無又遑論乎哉？

後記

朱金城

李白是我國繼往開來的偉大詩人，可是千餘年來，他的全集的注釋整理工作，却是做得比較少的。譬如和李白齊名的杜甫，在生前也是非常窮愁潦倒的，但死後經過元稹、白居易和宋人的推崇、提倡，整理和注釋杜集者輩出，號稱千家。惟有李白集的注釋却寥寥無幾。所以清人杭世駿慨嘆説：「注杜者自宋已後，已有千家。至我朝而錢、朱、顧、仇之書出，搜括無遺藴矣。太白之集，歷五百年而始有蕭、楊二家。又歷五百年而始有鹽官胡氏孝轅。孝轅亡後，今且百餘年矣。文士林立，未有起而補其闕者。」（杭世駿李太白集輯注序）杭氏的話是符合實際情況的。一直到了清代乾隆時著名學者王琦，他嫌南宋楊齊賢注的李翰林集二十五卷繁瑣而有錯誤，又認爲元代蕭士贇删補楊注而成的分類補注李太白集繁蕪而有疏漏，明代胡震亨的李詩通二十一卷又過於簡略，乃積數十年的精力，彙集了楊、蕭、胡三家注的長處，補充和改正了他們的疏漏和錯誤，輯注李太白文集三十六卷，成爲當時李白詩文合注最完備的本子。

王琦注本對於典故和地理方面的詮釋考證，用力最勤。他生當乾隆初年，樸學風氣還没有大開，注李集頗能不爲舊説所囿，提出較新的見解。如秋浦歌十七首之十四（卷八）：「爐火照天地，紅星亂紫烟。赧郎明月夜，歌曲動寒川。」他據新唐書地理志證其係指冶煉而言，爲李白生活經濟基礎的研究提供一新綫索。涇溪東亭寄鄭少府諤詩（卷十四）「龍門蹙波虎眼轉」注引劉禹錫詩「汴水東流虎眼文」，解釋「虎眼轉」爲「水波旋轉，有光相映，若虎眼之光」。在潯陽非所寄内詩（卷二五）中的「吴章嶺」注，引江西通志證以宋孔武仲吴章嶺詩「廬山北轉是吴章」，知其地與廬山相接。這些都有助於對原詩的正確理解。在校勘方面，王注不是機械地迷信版本，而能從文義及有關旁證，作出非常精確的論斷。如東海有勇婦詩（卷五）「何慚蘇子卿」注，引曹植精微篇「關東有賢女，自字蘇來卿。壯年報父仇，身没垂功名」證「蘇子卿」爲「蘇來卿」之誤。憶舊遊寄譙郡元參軍詩（卷十三）「行來北涼歲月深」，注云：「北涼即張掖郡。按：漢武帝始置張掖郡，魏、晉時隸涼州，及沮渠蒙遜立國於此，號爲北涼，以涼州五郡，張掖在其北也。唐時爲甘州，又謂之張掖郡。然上文言并州太行，下文言晉祠，中間忽言北涼，不合，當是北京之訛耳。蓋天寶之初號太原爲北京也。」王氏的考證很精闢，今天我們看到的李白集，包括最早的宋本在内，都誤作「北涼」，可是河嶽英靈集和流傳到現在的黄山谷書太白詩卷墨跡都作「北京」，翁方綱復初齋文集卷二九跋黄山谷書太白詩卷一文，也認爲應作

「當作一。」考李壁王荆文公詩箋注卷四八引此詩正作「一萬八千丈」。凡此都足以説明王注本具有較高的學術質量。當然，王注本也是有不少缺點的，首先是徵引和採集資料「傷於蕪雜」〔一〕，其次是箋釋的繆誤及人事考證的疏陋，這有待於下文論及。

今人在李白作品的研究、考證方面也取得了不少的成就。如岑仲勉在唐史研究中，對李白的人事交遊，作出了很多考證。詹鍈李白詩文繫年繼王琦之後，系統地將李白詩文的編年、箋釋、考證工作向前大大推進了一步，解決了很多歷來李集中存在的學術問題。又如李白兩入長安及遊邠州、坊州問題，本書曾在酬坊州王司馬與閻正字對雪見贈（卷十九）、春陪商州裴使君遊石娥溪（卷二十）、春歸終南山松龍舊隱（卷二三）等詩箋釋中，對傳統的論點提出了疑問，當時得到稗山同志的贊同。他不久就發表了李白兩入長安辨（中華文史論叢第二輯），最先系統地提出了李白兩次進長安的主張，初步解決了李白生平和作品編年中的重要關鍵問題，并把第一次入長安的時間擬定在開元二十六年與二十八年之間。這個發現逐漸爲學術界所接受，如郭沫若李白與杜甫中，不僅承認李白開元年間到過長安，而且還推定他第一次入長安在開元十八年，比稗山的説法還提早了十年左右。近年郁賢皓李白兩入長安及有關交游考辨（南京師院學報一九七八年第四期）一文，又肯定、補充了稗山和郭沫若「李白兩次入長安」的論點。又如他的李白詩中崔侍御考辨（文史哲一九七九年第一期）一文，從稀見的唐代墓誌拓片中，考證出李白詩中的「崔侍御」、「崔成甫」、「崔宗之」三者不能混爲一人，從而弄清了崔成甫的家世和生平，糾正了歷來李白研究者所没有搞清楚的問題。這些都足以説明，我國對李白的學術研究，通過不斷的刻苦鑽研，不斷深入，後來居上，在某些方面突破舊説，取得了十分可喜的成就。

李白的全部作品，在唐代已經亡佚很多，至今保存下來的只是其中的一部份。李陽冰草堂集序説：「草稿萬卷，手集未修。……自中原有事，公避地八年，當時著述，十喪其九，今所存者，皆得之他人焉。」舊唐書李白傳説他有文集二十卷，新唐書藝文志也著録李白草堂集二十卷。北宋時宋敏求把樂史編的二十卷七百七十六篇擴充到三十卷一千篇，搜求雖然比較完備，但收入了不少僞作。元豐中晏知止據宋敏求所編、曾鞏考次三十卷本鏤板行世，後世稱作蘇本，根據蘇本翻刻的蜀本，就是現在流傳最早的宋本，也就是清繆曰芑影刻的祖本。另一系統是繼承蜀本的南宋楊齊賢注的左綿刊本，元至元時蕭士贇删補楊注而成蕭本。王本二十五卷以前略依蕭本，雜文四卷略依郭本（郭雲鵬本，這是蕭本舊注的删節本，但比蕭本增多五卷，共爲三十卷），而以繆本參訂其間，另外輯録詩文拾遺一卷，附録六卷，共爲三十六卷。王本的卷次雖然和蕭本相同，但删去了蕭本的分類標目及詩題下原來宋本所注的李白遊踪，給讀者和研究者帶來了不便，這是它的不足之處。

王琦輯注的李太白文集，雖然採摭宏富，考訂精確，較前人大爲提高，然而還没有達到應有的精密和完備程度。尤其是王注編成二百多年來，李集研究領域中不斷出現新的研究成果，爲了適應今天研究者的需要，我們編注了這部李白集校注。此書共分校、注、評箋三部份。校的部份以王琦注本爲底本，並校勘北京圖書館藏宋刊本李太白文集（這個刊本原缺卷十五至卷二十四十卷，以繆刻本配補）、日本京都大學人文科學研究所影印静嘉堂藏宋刊本李太白文集（即陸心源皕宋樓藏本）等重要刊本十餘種及唐、宋兩代重要總集及選本多種。注和評箋部份，以王琦注本爲基礎，並參考楊、蕭、胡三家注本，滙集歷代筆記、詩話、研究專著及有關考證評論等，尤着重總結王琦以後的研究成果，並糾正了前人及王注本不少校勘、注釋錯誤。如經亂離後天恩流夜郎憶舊遊贈江夏韋太守良宰詩（卷十一）中的「韋太守良宰」王注誤爲韋景駿。江夏贈韋南陵冰詩（卷十一）王注失考韋冰的世系（據岑仲勉唐集質疑考證）。又如贈別從甥高五詩（卷十）中的高五即醉後贈從甥高鎮詩（卷十）中的高鎮。贈盧司户詩（卷十一）中的盧司户是盧象。夜別張五詩（卷十五），據岑仲勉唐人行第録補注爲張垍之弟張埱。王注均失考。早過漆林渡寄萬巨詩（卷十四）中的萬巨，王氏無注，從盧綸及韓翃兩人送萬巨詩，可以考知，萬巨曾爲江南幕職，他和李白交往時還很年輕。陪族叔當塗宰遊化城寺升公清風亭詩（卷二〇）中的「族叔當塗宰」是天寶十四載前後任當塗令的李有則明化，絶非寶應初任當塗令的李陽冰。爲竇氏小師祭璿和尚文（卷二九）中的璿和尚，據宋高僧傳卷十七唐金陵鍾山元崇傳、王維謁璿上人詩、李頎題璿公山池，知其人爲金陵瓦官寺僧。王注也都無考。以上這些例子足以説明，王注在人事的箋釋、考證方面没有盡到搜羅的能事。此外，在前人和王注中，也有不少值得商榷和補充的。如司馬將軍歌（卷四）「將軍自起舞長劍，壯士呼聲動九垓」，楊注誤釋指「項莊舞劍」，王注無考，據唐覲延州筆記，這裏用的是洛陽伽藍記中田僧超、崔延伯的典故。丁督護歌（三）（卷六）「君看石芒碭，掩淚悲千古」，王注説：「謂芒碭産此文石，千古不絶，則千古嘗爲民累，有心者能不睹之而生悲哉！」其中將「芒碭」注釋成地名。而胡震亨李詩通的注説：「芒，石稜；碭，石文。指所鑿盤石而言。」假如照王注的解釋，芒碭是地名，那麽「石芒碭」應該寫作「芒碭石」，否則語法不通。實際上「芒碭」二字是叠韻聯緜字，也形容石頭的粗重難移，似乎仍以胡氏的解釋比較合理。少年行（卷六）「五陵年少金市東，銀鞍白馬度春風」中的「金市」，王注誤以爲在洛陽，今據向達唐代長安與西域文明引日本石田幹之助所考，并旁證薛用弱集異記王四郎條，知李詩中的金市是長安的西市。又如贈劉都使詩（卷十一）王注誤都水監使爲兼銜，獻從叔當塗宰陽冰詩（卷十二）王注誤釋「廣漢水萬里」爲漢水，憶舊遊寄譙郡元參軍詩（卷十三）「漢中太守醉起舞」係漢東之誤，金陵白下亭留别詩（卷十五）「正當白下門」引沈家本日南隨筆補注爲「泛指白下之門」，送姪良攜二妓赴會稽戲有此贈（卷十七）及與從姪杭州刺史良遊天竺寺（卷二〇）二詩據勞格讀書雜識杭州刺史考補注李良爲開元間刺史，宣州謝朓樓餞别校書叔雲詩（卷十八）中之「中間小謝又清發」王注誤爲謝惠連，入彭蠡經松門觀石鏡緬懷謝康樂題詩書遊覽之志詩（卷二二）「金精」王注引郭璞江賦誤作木華海賦，代壽山答孟少府移文書（卷二六）、上安州李長史書（卷二六）王注引方輿勝覽德安府俱誤爲常德府等。又如夜泛洞庭尋裴侍御清酌詩（卷二〇）中之裴逸人，各家俱無注，今據晉書卷三五裴頠傳補注「裴頠，字逸民，唐諱民字改爲人，非泛指爲逸人」。哭晁卿衡詩（卷二五），據日本方面考證資料補注晁衡的生平，并糾正王注的錯誤。虞城縣令李公去思頌碑（卷二九）中「員外丞」補注爲「唐代之閑職有員外置同正員者，此丞即員外置之縣丞也」。除上述者外，其他糾正前人繆誤和補充的地方還有很多，這裏不一一列舉了。

本書是瞿蜕園師和我兩人共同編撰，付型于一九六五年，當時未及印行。蜕園師已于一九七三年去世，現略加修訂，附校補記于後，并請王運熙同志撰寫前言。由于作者水平所限，書中難免存在不少錯誤，殷切地希望得到專家和讀者的指正。

一九七九年九月

〔一〕四庫全書總目提要對它的評價。
〔二〕據資治通鑑胡注，此詩各本俱誤作都護。

重版後記

瞿蜕園先生（一八九四—一九七三）在新中國成立後，寓居滬上，以著述爲業，後被中華書局上海編輯所（即上海古籍出版社前身）聘爲特約編輯，在此期間，與朱金城先生（一九二一—二〇一一）合作，撰成李白集校注。書稿於一九六五年業已付型待刊，然「文革」興起，出版之事即告中斷，直至一九七九年方續前業。重新發稿後，上海古籍出版社請原責任編輯亦即本書的合撰者朱金城先生重讀校樣，又得若干增訂，其中部分可挖改紙型，尚有部分增補和少量改動無法以挖改紙型處理，則以朱金城先生所撰本書後記所説的「校補記」的形式補排附後。今再版重排，上述校補記内容自當納入正文。原校補記凡四十八條，於校、注、評箋均有局部補説訂誤，唯第四十七條將原補遺文中的建丑月十五日虎丘山夜宴序、冬夜裴郎中薛侍御宴集序、鄭縣劉少府兄宅月夜登臺宴集序三篇删去。朱金城先生以爲上述三篇本爲獨孤及文，文苑英華卷七一〇編於李白夏日諸從弟登汝州龍興閣序後，脱獨孤及名，清人黄錫珪李太白年譜僅據四六法海及古今圖書集成輯録，而未能窮本溯源、細校文苑英華，致有此誤。這是新版李白集校注與初版最大的不同之處，今補記於此，以便讀者明白其中原委。也以此書紀念爲古籍整理事業作出貢獻的前輩。

上海古籍出版社
二〇一五年五月

聊齋志異會校會注會評本	[清]蒲松齡著　張友鶴輯校
敬業堂詩集	[清]查慎行著　周劭標點
納蘭詞箋注	[清]納蘭性德著　張草紉箋注
方苞集	[清]方苞著　劉季高校點
樊榭山房集	[清]厲鶚著　[清]董兆熊注　陳九思標校
劉大櫆集	[清]劉大櫆著　吴孟復標點
儒林外史彙校彙評(增訂版)	[清]吴敬梓著　李漢秋輯校
小倉山房詩文集	[清]袁枚著　周本淳標校
忠雅堂集校箋	[清]蔣士銓著　邵海清校　李夢生箋
甌北集	[清]趙翼著　李學穎、曹光甫校點
惜抱軒詩文集	[清]姚鼐著　劉季高標校
兩當軒集	[清]黄景仁著　李國章校點
惲敬集	[清]惲敬著　萬陸、謝珊珊、林振岳標校　林振岳集評
茗柯文編	[清]張惠言著　黄立新校點
瓶水齋詩集	[清]舒位著　曹光甫點校
龔自珍全集	[清]龔自珍著　王佩諍校點
龔自珍詩集編年校注	[清]龔自珍著　劉逸生、周錫䪖校注
水雲樓詩詞箋注	[清]蔣春霖著　劉勇剛箋注
人境廬詩草箋注	[清]黄遵憲著　錢仲聯箋注
嶺雲海日樓詩鈔	[清]丘逢甲著　丘鑄昌標點

隱秀軒集	[明]鍾惺著　李先耕、崔重慶標校
譚元春集	[明]譚元春著　陳杏珍標校
張岱詩文集(增訂本)	[明]張岱著　夏咸淳輯校
陳子龍詩集	[明]陳子龍著 施蟄存、馬祖熙標校
夏完淳集箋校(修訂本)	[明]夏完淳著　白堅箋校
牧齋初學集	[清]錢謙益著　[清]錢曾箋注 錢仲聯標校
牧齋有學集	[清]錢謙益著　[清]錢曾箋注 錢仲聯標校
牧齋雜著	[清]錢謙益著　[清]錢曾箋注 錢仲聯標校
牧齋初學集詩注彙校	[清]錢謙益著　[清]錢曾箋注 卿朝暉輯校
李玉戲曲集	[清]李玉著 陳古虞、陳多、馬聖貴點校
吴梅村全集	[清]吴偉業著　李學穎集評標校
歸莊集	[清]歸莊著
顧亭林詩集彙注	[清]顧炎武著　王蘧常輯注 吴丕績標校
安雅堂全集	[清]宋琬著　馬祖熙標校
吴嘉紀詩箋校	[清]吴嘉紀著　楊積慶箋校
陳維崧集	[清]陳維崧著　陳振鵬標點 李學穎校補
屈大均詩詞編年校箋	[清]屈大均著　陳永正等校箋
秋笳集	[清]吴兆騫撰　麻守中校點
漁洋精華録集釋	[清]王士禛著 李毓芙、牟通、李茂肅整理

渭南文集箋校	[宋]陸游著　朱迎平箋校
范石湖集	[宋]范成大撰　富壽蓀標校
范成大集校箋	[宋]范成大撰　吴企民校箋
于湖居士文集	[宋]張孝祥著　徐鵬校點
稼軒詞編年箋注(定本)	[宋]辛棄疾撰　鄧廣銘箋注
辛棄疾詞校箋	[宋]辛棄疾著　吴企明校箋
姜白石詞編年箋校	[宋]姜夔著　夏承燾箋校
後村詞箋注	[宋]劉克莊著　錢仲聯箋注
瀛奎律髓彙評	[元]方回選評　李慶甲集評校點
雁門集	[元]薩都拉著 殷孟倫、朱廣祁校點
揭傒斯全集	[元]揭傒斯著　李夢生標校
高青丘集	[明]高啓著　[清]金檀注 徐澄宇、沈北宗校點
唐寅集	[明]唐寅著　周道振、張月尊輯校
文徵明集(增訂本)	[明]文徵明著　周道振輯校
震川先生集	[明]歸有光著　周本淳校點
海浮山堂詞稿	[明]馮惟敏著 凌景埏、謝伯陽標校
滄溟先生集	[明]李攀龍著　包敬第標校
梁辰魚集	[明]梁辰魚著　吴書蔭編集校點
沈璟集	[明]沈璟著　徐朔方輯校
湯顯祖詩文集	[明]湯顯祖著　徐朔方箋校
湯顯祖戲曲集	[明]湯顯祖著　錢南揚校點
白蘇齋類集	[明]袁宗道著　錢伯城校點
袁宏道集箋校	[明]袁宏道著　錢伯城箋校
珂雪齋集	[明]袁中道著　錢伯城點校

嘉祐集箋注	[宋]蘇洵著　曾棗莊、金成禮箋注
王荆文公詩箋注(修訂版)	[宋]王安石著　[宋]李壁箋注 高克勤點校
王令集	[宋]王令著　沈文倬校點
蘇軾詩集合注	[宋]蘇軾著　[清]馮應榴注 黄任軻、朱懷春校點
東坡樂府箋	[宋]蘇軾著　[清]朱孝臧編年 龍榆生校箋
東坡詞傅幹注校證	[宋]蘇軾著　[宋]傅幹注 劉尚榮校證
欒城集	[宋]蘇轍著　曾棗莊、馬德富校點
山谷詩集注	[宋]黄庭堅著　[宋]任淵、史容、 史季温注　黄寶華點校
山谷詩注續補	[宋]黄庭堅著　陳永正、何澤棠注
山谷詞校注	[宋]黄庭堅著　馬興榮、祝振玉校注
淮海集箋注	[宋]秦觀撰　徐培均箋注
淮海居士長短句箋注	[宋]秦觀著　徐培均箋注
清真集箋注	[宋]周邦彦著　羅忼烈箋注
石門文字禪校注	[宋]釋惠洪撰　周裕鍇校注
石林詞箋注	[宋]葉夢得著　蔣哲倫箋注
樵歌校注	[宋]朱敦儒著　鄧子勉校注
李清照集箋注(修訂本)	[宋]李清照著　徐培均箋注
吕本中詩集箋注	[宋]吕本中著　祝尚書箋注
陳與義集校箋	[宋]陳與義著　白敦仁校箋
蘆川詞箋注	[宋]張元幹著　曹濟平箋注
劍南詩稿校注	[宋]陸游著　錢仲聯校注
放翁詞編年箋注(增訂本)	[宋]陸游著　夏承燾、吴熊和箋注 陶然訂補

劉禹錫集箋證	[唐]劉禹錫著　瞿蜕園箋證
白居易集箋校	[唐]白居易著　朱金城箋校
柳宗元詩箋釋	[唐]柳宗元著　王國安箋釋
柳河東集	[唐]柳宗元著　[宋]廖瑩中輯注
元稹集校注	[唐]元稹著　周相録校注
長江集新校	[唐]賈島著　李嘉言新校
張祜詩集校注	[唐]張祜著　尹占華校注
三家評注李長吉歌詩	[唐]李賀著　[清]王琦等評注 蔣凡校點
樊川文集	[唐]杜牧著　陳允吉校點
樊川詩集注	[唐]杜牧著　[清]馮集梧注
温飛卿詩集箋注	[唐]温庭筠著　[清]曾益等箋注
玉谿生詩集箋注	[唐]李商隱著　[清]馮浩箋注 蔣凡校點
樊南文集	[唐]李商隱著　[清]馮浩詳注 錢振倫、錢振常箋注
皮子文藪	[唐]皮日休著　蕭滌非、鄭慶篤整理
鄭谷詩集箋注	[唐]鄭谷著 嚴壽澂、黄明、趙昌平箋注
韋莊集箋注	[五代]韋莊著　聶安福箋注
李璟李煜詞校注	[南唐]李璟、李煜著　詹安泰校注
張先集編年校注	[宋]張先著　吴熊和、沈松勤校注
二晏詞箋注	[宋]晏殊、晏幾道著　張草紉箋注
乐章集校箋	[宋]柳永著　陶然、姚逸超校箋
梅堯臣集編年校注	[宋]梅堯臣著　朱東潤編年校注
歐陽修詩文集校箋	[宋]歐陽修著　洪本健校箋
歐陽修詞校注	[宋]歐陽修著　胡可先、徐邁校注
蘇舜欽集	[宋]蘇舜欽著　沈文倬校點

蕭繹集校注	[南朝梁]蕭繹著　陳志平、熊清元校注
玉臺新咏彙校	吴冠文、談蓓芳、章培恒彙校
王梵志詩校注(增訂本)	[唐]王梵志著　項楚校注
盧照鄰集箋注	[唐]盧照鄰著　祝尚書箋注
駱臨海集箋注	[唐]駱賓王著　[清]陳熙晉箋注
王子安集注	[唐]王勃著　[清]蔣清翊注
陳子昂集(修訂本)	[唐]陳子昂撰　徐鵬校點
孟浩然詩集箋注(增訂本)	[唐]孟浩然著　佟培基箋注
王右丞集箋注	[唐]王維著　[清]趙殿成箋注
李白集校注	[唐]李白著　瞿蜕園、朱金城校注
高適集校注(修訂本)	[唐]高適著　孫欽善校注
杜詩趙次公先後解輯校	[唐]杜甫著　[宋]趙次公注　林繼中輯校
新刊校定集注杜詩	[唐]杜甫著　[宋]郭知達輯注　聶巧平點校
新定杜工部草堂詩箋斠證	[唐]杜甫著　[宋]魯訔編　[宋]蔡夢弼會箋　曾祥波新定斠證
杜詩鏡銓	[唐]杜甫著　[清]楊倫箋注
錢注杜詩	[唐]杜甫著　[清]錢謙益箋注
杜甫集校注	[唐]杜甫著　謝思煒校注
岑參集校注	[唐]岑參著　陳鐵民、侯忠義校注
戴叔倫詩集校注	[唐]戴叔倫著　蔣寅校注
韋應物集校注(增訂本)	[唐]韋應物著　陶敏、王友勝校注
權德輿詩文集	[唐]權德輿撰　郭廣偉校點
王建詩集校注	[唐]王建著　尹占華校注
韓昌黎詩繫年集釋	[唐]韓愈著　錢仲聯集釋
韓昌黎文集校注	[唐]韓愈著　馬其昶校注　馬茂元整理

《中國古典文學叢書》已出書目

詩經今注	高亨注
楚辭集注	[宋]朱熹撰　黄靈庚點校
楚辭今注	湯炳正、李大明、李誠、熊良智注
司馬相如集校注	[漢]司馬相如著　金國永校注
揚雄集校注	[漢]揚雄著　張震澤校注
張衡詩文集校注	[漢]張衡著　張震澤校注
阮籍集	[魏]阮籍著　李志鈞等校點
陸機集校箋	[晉]陸機著　楊明校箋
陶淵明集校箋(修訂本)	[晉]陶潛著　龔斌校箋
世説新語箋疏(修訂本)	[南朝宋]劉義慶撰　余嘉錫箋疏　周祖謨等整理
世説新語校釋(增訂本)	[南朝宋]劉義慶撰　[南朝梁]劉孝標注　龔斌校釋
鮑参軍集注	[南朝宋]鮑照著　錢仲聯增補集説校
謝宣城集校注	[南朝齊]謝朓著　曹融南校注集説
江文通集校注	[南朝梁]江淹著　丁福林、楊勝朋校注
文心雕龍義證	[南朝梁]劉勰著　詹鍈義證
詩品集注(增訂本)	[梁]鍾嶸著　曹旭集注
文選	[梁]蕭統編　[唐]李善注